2019

安徽统计年鉴

ANHUI STATISTICAL YEARBOOK

（总第26期　NO.26）

安徽省统计局
ANHUI STATISTICAL BUREAU
国家统计局安徽调查总队
NBS SURVEY OFFICE IN ANHUI
编
COMPILED

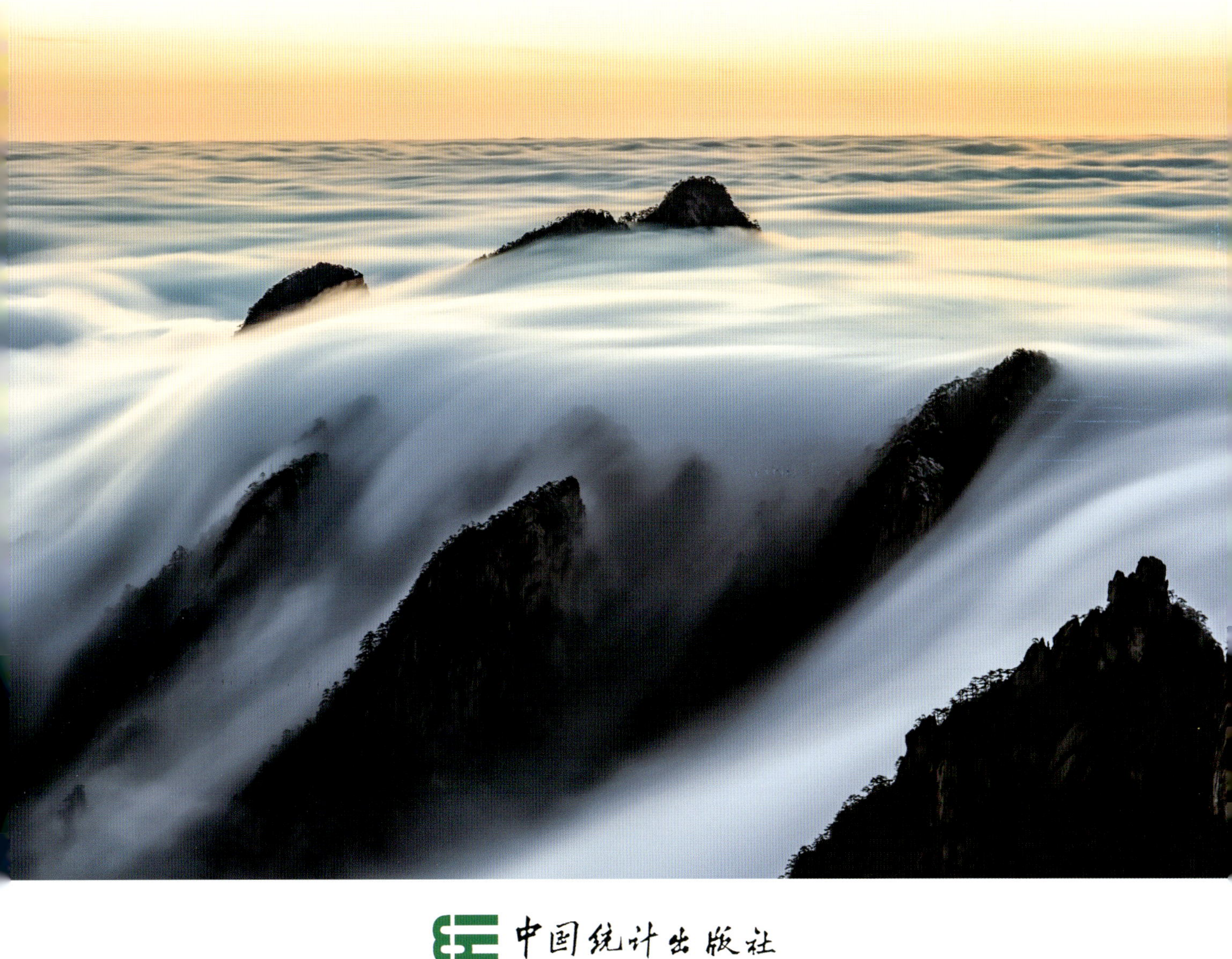

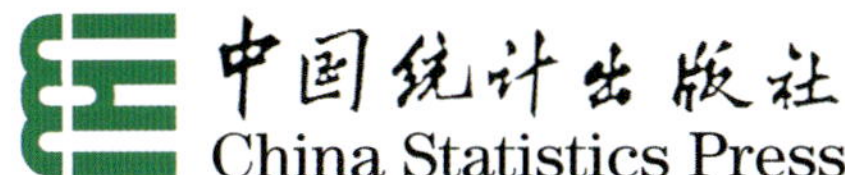

《安徽统计年鉴—2019》

ANHUI STATISTICAL YEARBOOK-2019

图书在版编目（CIP）数据

安徽统计年鉴. 2019 : 汉英对照/ 安徽省统计局, 国家统计局安徽调查总队编.
-- 北京 : 中国统计出版社, 2019.9
ISBN 978-7-5037-8932-8
Ⅰ. ①安…
Ⅱ. ①安… ②国…
Ⅲ. ①统计资料 - 安徽 - 2019 - 年鉴 - 汉、英
Ⅳ. ①C832.54-54
中国版本图书馆CIP数据核字(2019)第182148号

安徽统计年鉴-2019

作　　者/ 安徽省统计局 · 国家统计局安徽调查总队
责任编辑/ 钟钰　熊威　田野　汪剑
装帧设计/ 徽韵书坊
出版发行/ 中国统计出版社有限公司
地　　址/ 北京市丰台区西三环南路甲6号
邮　　编/ 100073
电　　话/ 邮购（010）63376909　书店（010）68783171
网　　址/ http:// www.zgtjcbs.com
印　　刷/ 安徽新华印刷股份有限公司
经　　销/ 新华书店
开　　本/ 890mm×1240mm　1/16
字　　数/ 1500 千字
印　　张/ 45.75　彩页6页
版　　别/ 2019年11月第 1 版
版　　次/ 2019年11月第 1 次印刷
定　　价/ 450元　Price:450.00(RMB)
本书附同版本CD-ROM一张，光盘内容以书面文字为准。
如有印装差错，由本社发行部调换。

《安徽统计年鉴—2019》编辑委员会

AnHui Statistical Yearbook-2019 Editorial Board

《安徽统计年鉴—2019》编辑部

AnHui Statistical Yearbook-2019 Editorial Department

Editor-in-Chief: Gao Bozhou

Associate Editor-in-Chief: Zhou Ping Lv Junsong

Coordinators: Zhong Yu Xiong Wei Tian Ye Wang Jian

Editorial Staff: (in order of strokes of Chinese surname)

Wang Fang	Wang Sanlong	Wang Wenfu	Wang Tianyu
Wang Chuanlong	Wang Baorong	Wang Xuesong	Kong Xiaoteng
Wei Wei	Ran Di	Feng Hui	Fu Shuyun
Shi Shibin	Liu Yuru	Liu Qiang	Liu Yanli
Yan Xieping	An Jian	Li Xin	Li Lei
Shen Guoquan	Wu Anqi	Wu Runqing	Zou Shanshan
Zhang Bo	Zhang Jun	Zhang Qing	Zhang Zhiyong
Zhang Wei	Yang Xiaoxiao	Zhou Yuhua	Zhou Wenwen
Zheng Xinhua	Zhao Yixuan	Yao Chuang	Gao Wei
Gao Yaqi	Hu Longxiang	Geng Yajun	Xu Chengzhou
Ma Limin	Huang Shaolin	Bao Rongfa	Chu Xianchen
Cai Jingjing	Kan Tianyu		

English Translator: Sun Naijing

CD-ROM Designer: Sun Daozhi

编辑说明

一、《安徽统计年鉴—2019》全面、系统地收录了2018年全省及各市、县经济和社会各方面统计数据，重点展示统计部门服务现代化五大发展美好安徽建设的成果，是一部全面反映安徽省国民经济和社会发展情况的资料性年刊。

二、全书内容共分23个篇章和附录，即：综合；国民经济核算；人口；就业人员和工资；固定资产投资；能源生产和消费；财政、金融、保险；物价指数；城乡人民生活；城市概况；自然资源和环境保护；农业；工业；建筑业；运输和邮电；国内贸易；对外经济贸易；旅游；教育和科技；卫生和社会服务；文化和体育；公共管理及其他；省级和县级主要经济指标及位次。附录部分主要有：安徽农村劳动力非农就业基本情况、企业电子商务情况。为帮助读者理解和使用有关数据，各篇章附有简要说明和主要指标解释，介绍了统计范围和统计方法。

三、本年鉴使用国民经济行业分类(GB/T4754-2011)。

四、本年鉴中使用的度量衡单位均采用国际统一标准计量单位。

五、本年鉴符号使用说明：年鉴各表中的“空格”表示该项统计指标数据不足本表最小单位数、数据不详或无该项数据。“#”表示其中的主要项。

六、本年鉴中部分合计数或相对数由于单位取舍不同产生的计算误差，均未作机械调整。全书中英文对照，配套出版磁质光盘。

Preface

Ⅰ. Anhui statistical yearbook – 2019 comprehensively and systematically includes statistical data on economic and social aspects of the province, cities and counties in 2018. it focuses on the achievements of the five great developments of modernization of service provided by statistical departments in Anhui province. it is an informative annual that fully reflects the national economic and social development of Anhui province.

Ⅱ. The content of the book is divided into 23 chapters and appendices, namely: comprehensive; National economic accounting; Population; Employment and wages; Investment in fixed assets; Energy production and consumption; Finance, finance and insurance; Price index; People's life in urban and rural areas; City profile; Natural resources and environmental protection; Agriculture; Industry; Construction industry; Transport and telecommunications; Domestic trade; Foreign economic relations and trade; Travel; Education and science and technology; Health and social services; Culture and sports; Public administration and others; Main economic indicators and ranking at the provincial and county levels. The appendix mainly includes: the basic situation of non–agricultural employment of rural labor force in Anhui, and the e–commerce situation of enterprises. In order to help readers understand and use the relevant data, each chapter is accompanied by a brief explanation and an explanation of the main indicators, introducing the statistical scope and methods.

Ⅲ. In this yearbook , We use the classification of national economic industries (GB / T4754–2011).

Ⅳ. The units of measurement used in this book are internationally standardized measurement units.

Ⅴ. Notations used in this book: （blank space）indicates that the figure is not large enough to be measured with the smallest unit in the table, or data are unknown ,or are not available; "#" indicates a major items of the total.

Ⅵ. Statistical discrepancies due to rounding are not adjusted in this book. Anhui Statistical Yearbook is compiled bilingually in Chinese and English and a magnetic CD–ROM has been published to form a complete set.

目　　录
CONTENTS

一、综　　合
Chapter 1 General Survey

二、国民经济核算
Chapter 2 National Accounts

三、人　口
Chapter 3 Population

四、就业人员和工资
Chapter 4 Employment and Wages

五、固定资产投资
Chapter 5 Investment in Fixed Assets

六、能源生产和消费
Chapter 6 Production and Consumption of Energy

七、财政、金融、保险
Chapter 7 Finance, Banking and Insurance

八、物价指数
Chapter 8 Price Indices

九、城乡人民生活
Chapter 9 Livelihood of Urban and Rural People

十、城市概况
Chapter 10 General Survey of Cities

十一、自然资源和环境保护
Chapter 11 Natural Resources and Environment Protection

十二、农　　业
Chapter 12 Agriculture

十三、工　　业
Chapter 13 Industry

十四、建 筑 业
Chapter 14 Construction

十五、运输和邮电
Chapter 15 Transport, Post and Telecommunication Services

十六、国内贸易
Chapter 16 Domestic Trade

十七、对外经济贸易
Chapter 17 Foreign Trade and Economic Cooperation

十八、旅　游
Chapter 18 Tourism

十九、教育和科技
Chapter 19 Education and Science

二十、卫生和社会服务
Chapter 20 Public Health and Social Services

二十一、文化和体育
Chapter 21 Culture amd Sports

二十二、公共管理及其他
Chapter 22 Public Management and Others

二十三、省级和县级主要经济指标及位次
Chapter 23 Main Economic Indicators and Their Orders of Precedence of Province and County

附　录
Appendix

第 一 篇

Chapter 1

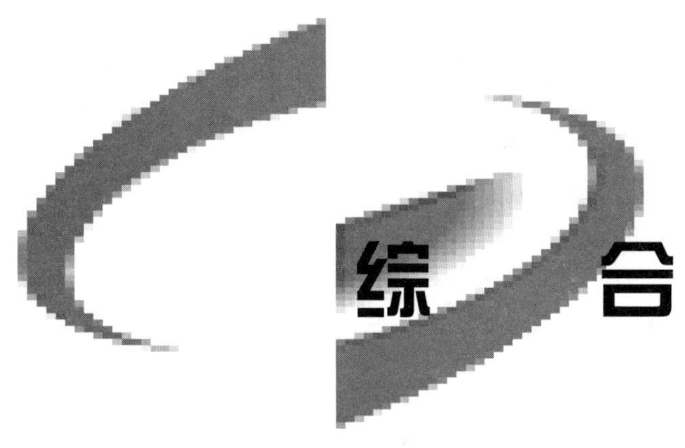

GENERAL SURVEY

简要说明

一、本篇包括我省行政区划、国民经济综合资料等内容。

二、国民经济综合资料中的“各部门机构数”为第三次全国经济普查后部分行业企业资料更新维护数据。

三、国民经济总量、速度、结构、比例和效益指标均取自本年鉴各篇；国民经济综合资料由省统计局综合处整理。

四、我省境内国家级旅游景点黄山、九华山风景区旅游基本情况，由所在地统计部门提供。

Brief Introduction

I. This chapter covers the summary data on national economy.

II. "Department of national economy comprehensive information agency number" for the part after the third national census of basic industry enterprise information update maintenance data.

III. Data on the total value, speed, structure, ratio and effects on the national economy are extracted from the concerned data in other chapters in this yearbook. The summary data on national economy are prepared by the Division of Integrated Statistics of Anhui Statistical Bureau.

IV. Data on the basic conditions of national scenic spot-Mount Huang and Mount Jiuhua are provided by the statistical department where they are.

1—1 全省行政区划（2018年末）
Administrative Divisions in Anhui (End of 2018)

单位：个（unit）

市名称 Name of City		市级区划数 Number of Regions at Cities Level	县级区划数 Number of Regions at County Level	县级市 Cities at County Level	县 Counties	市辖区 Districts under the Jurisdiction of Cities	乡镇级区划数 Number of Regions at Townships Level	镇 Towns	乡 Townships
总　　计	**Total**	**16**	**105**	**7**	**54**	**44**	**1239**	**968**	**271**
合肥市	Hefei	1	9	1	4	4	81	65	16
淮北市	Huaibei	1	4		1	3	18	18	
亳州市	Bozhou	1	4		3	1	79	72	7
宿州市	Suzhou	1	5		4	1	94	71	23
蚌埠市	Bengbu	1	7		3	4	55	43	12
阜阳市	Fuyang	1	8	1	4	3	149	125	24
淮南市	Huainan	1	7		2	5	71	59	12
滁州市	Chuzhou	1	8	2	4	2	94	85	9
六安市	Luan	1	7		4	3	130	87	43
马鞍山市	Maanshan	1	6		3	3	35	33	2
芜湖市	Wuhu	1	8		4	4	44	44	
宣城市	Xuancheng	1	7	1	5	1	78	60	18
铜陵市	Tongling	1	4		1	3	34	27	7
池州市	Chizhou	1	4		3	1	45	37	8
安庆市	Anqing	1	10	2	5	3	131	84	47
黄山市	Huangshan	1	7		4	3	101	58	43

1—2 全省县以上行政区划（2018年末）
Administrative Divisions of Counties and Above in Anhui (End of 2018)

省辖市 City Under Province Administration	县（市、区） Name of County (City) , District Under Administative
合肥市 Hefei	蜀山区、庐阳区、瑶海区、包河区、巢湖市、长丰县、肥东县、肥西县、庐江县 Shushan District，Luyang District, Yaohai District，Baohe District，Chaohu，Changfeng，Feidong，Feixi，Lujiang
淮北市 Huaibei	相山区、杜集区、烈山区、濉溪县 Xiangshan District，Duji District，Lieshan District，Suixi
亳州市 Bozhou	谯城区、涡阳县、蒙城县、利辛县 Qiaocheng District，Guoyang，Mengcheng，Lixin
宿州市 Suzhou	埇桥区、砀山县、萧　县、灵璧县、泗　县 Yongqiao District，Dangshan，Xiaoxian，Lingbi，Sixian
蚌埠市 Bengbu	蚌山区、龙子湖区、禹会区、淮上区、怀远县、五河县、固镇县 Bengshan District，Longzihu District，Yuhui District，Huaishang District，Huaiyuan，Wuhe，Guzhen
阜阳市 Fuyang	颍州区、颍东区、颍泉区、界首市、临泉县、太和县、阜南县、颍上县 Yingzhou District，Yingdong District，Yingquan District，Jieshou，Linquan，Taihe，Funan，Yingshang
淮南市 Huainan	田家庵区、大通区、谢家集区、八公山区、潘集区、凤台县、寿　县 Tianjiaan District，Datong District，Xiejiaji District，Bagongshan District，Panji District，Fengtai，Shouxian
滁州市 Chuzhou	琅琊区、南谯区、明光市、天长市、来安县、全椒县、定远县、凤阳县 Langya District，Nanqiao District，Mingguang，Tianchang，Laian，Quanjiao，Dingyuan，Fengyang
六安市 Luan	金安区、裕安区、叶集区、霍邱县、舒城县、金寨县、霍山县 Jinan District，Yuan District，Yeji District, Huoqiu，Shucheng，Jinzhai，Huoshan
马鞍山市 Maanshan	雨山区、花山区、博望区、当涂县、含山县、和　县 Yushan District，Huashan District，Bowang District，Dangtu，Hanshan，Hexian
芜湖市 Wuhu	鸠江区、弋江区、三山区、镜湖区、芜湖县、繁昌县、南陵县、无为县 Jiujiang District，Yijiang District，Sanshan District，Jinghu District，Wuhu，Fanchang，Nanling，Wuwei
宣城市 Xuancheng	宣州区、宁国市、郎溪县、广德县、泾　县、旌德县、绩溪县 Xuanzhou District，Ningguo，Langxi，Guangde，Jingxian，Jingde，Jixi
铜陵市 Tongling	铜官区、郊　区、义安区、枞阳县 Tongguan District，Suburban District，Yian District，Zongyang
池州市 Chizhou	贵池区、东至县、石台县、青阳县 Guichi District，Dongzhi，Shitai，Qingyang
安庆市 Anqing	大观区、迎江区、宜秀区、桐城市、潜山市、怀宁县、太湖县、宿松县、望江县、岳西县 Daguan District，Yingjiang District，Yixiu District，Tongcheng，Qianshan，Huaining，Taihu，Susong，Wangjiang，Yuexi
黄山市 Huangshan	屯溪区、黄山区、徽州区、歙　县、休宁县、黟　县、祁门县 Tunxi District，Huangshan District，Huizhou District，Shexian，Xiuning，Yixian，Qimen

1—3 各行业机构单位数（2018年）
Number of Grass Root Units in Various Sectors (2018)

单位：个（unit）

行业类别	Industrial Category	单位数 Number of Units	#法人单位 Legal Entities	#限额以上单位 Above Designated Unit
合　计	**Total**	**1034226**	**907942**	**40885**
农、林、牧、渔业	**Agriculture, Forestry, Animal Husbandry and Fishery**	**112714**	**111187**	
农　业	Farming	59077	58842	
林　业	Forestry	6314	6050	
畜牧业	Animal Husbandry	22073	21938	
渔　业	Fishery	7944	7896	
农、林、牧、渔专业及辅助性活动	Agriculture, Forestry, Animal Husbandry and Fishery Major and Supporting Activities	17306	16461	
采矿业	**Mining**	**1394**	**1237**	**310**
煤炭开采和洗选业	Mining and Washing of Coal	102	60	20
石油和天然气开采业	Extraction of Petroleum and Natural Gas	5	2	
黑色金属矿采选业	Mining and Processing of Ferrous Metal Ores	245	231	59
有色金属矿采选业	Mining and Processing of Non-Ferrous Metal Ores	176	146	50
非金属矿采选业	Mining and Processing of Non-metal Ores	783	727	175
开采专业及辅助性活动	Mining Profession and Auxiliary Activities	32	26	6
其他采矿业	Mining of Other Ores	51	45	
制造业	**Manufacturing**	**114987**	**112646**	**18079**
农副食品加工业	Processing of Food from Agricultural Products	7573	7306	1608
食品制造业	Manufacture of Foods	3342	3265	482
酒、饮料和精制茶制造业	Manufacture of Liquor, Beverages and Refined Tea	4118	4061	385
烟草制品业	Manufacture of Tobacco	14	8	5
纺织业	Manufacture of Textile	3486	3437	678
纺织服装、服饰业	Manufacture of Textile, Wearing Apparel and Accessories	9374	9185	1022
皮革、毛皮、羽毛及其制品和制鞋业	Manufacture of Leather, Fur, Feather and Related Products and Footwear	1903	1863	329
木材加工和木、竹、藤、棕、草制品业	Processing of Timber, Manufacture of Wood, Bamboo, Rattan, Palm and Straw Products	5786	5749	584
家具制造业	Manufacture of Furniture	3400	3361	311
造纸及纸制品业	Manufacture of Paper and Paper Products	1988	1972	224
印刷和记录媒介复制业	Printing and Reproduction of Recording Media	2756	2701	330
文教、工美、体育和娱乐用品制造业	Manufacture of Articles for Culture, Education, Arts and Crafts, Sport and Entertainment Activities	3391	3332	538
石油、煤炭及其他燃料加工业	Petroleum, Coal and Other Fuel Processing Industries	439	424	43
化学原料和化学制品制造业	Manufacture of Raw Chemical Materials and Chemical Products	4177	4089	968
医药制造业	Manufacture of Medicines	1677	1634	480
化学纤维制造业	Manufacture of Chemical Fibres	136	135	47
橡胶和塑料制品业	Manufacture of Rubber and Plastics Products	6503	6432	1097
非金属矿物制品业	Manufacture of Non-metallic Mineral Products	11393	11091	2077
黑色金属冶炼和压延加工业	Smelting and Pressing of Ferrous Metals	499	483	133
有色金属冶炼和压延加工业	Smelting and Pressing of Non-ferrous Metals	736	719	219
金属制品业	Manufacture of Metal Products	8964	8815	1085
通用设备制造业	Manufacture of General Purpose Machinery	8163	7993	1146

1—3 续表1 continued

单位：个（unit）

行业类别	Industrial Category	单位数 Number of Units	#法人单位 Legal Entities	#限额以上单位 Above Designated Unit
专用设备制造业	Manufacture of Special Purpose Machinery	6291	6160	917
汽车制造业	Manufacture of Automobiles	3095	3019	884
铁路、船舶、航空航天和其他运输设备制造业	Manufacture of Railway, Ship, Aerospace and Other Transport Equipments	760	737	159
电气机械和器材制造业	Manufacture of Electrical Machinery and Apparatus	5282	5156	1221
计算机、通信和其他电子设备制造业	Manufacture of Computers, Communication and Other Electronic Equipment	3515	3461	641
仪器仪表制造业	Manufacture of Measuring Instruments and Machinery	1678	1657	148
其他制造业	Other Manufacture	2165	2145	121
废弃资源综合利用业	Utilization of Waste Resources	945	937	186
金属制品、机械和设备修理业	Repair Service of Metal Products, Machinery and Equipment	1438	1319	11
电力、热力、燃气及水生产和供应业	**Production and Supply of Electricity, Heat, Gas and Water**	**7193**	**5608**	**373**
电力、热力的生产和供应业	Production and Supply of Electric Power and Heat Power	4877	3646	226
燃气生产和供应业	Production and Supply of Gas	382	248	78
水的生产和供应业	Production and Supply of Water	1934	1714	69
建筑业	**Construction**	**70823**	**62461**	**4273**
房屋建筑业	Construction of Buildings	17511	13970	1906
土木工程建筑业	Civil Engineering	14020	11604	1093
建筑安装业	Building Installation	9505	8395	461
建筑装饰、装修和其他建筑业	Architectural Decoration, Decoration and Other Construction Industries	29787	28492	813
批发和零售业	**Wholesale and Retail Trades**	**273837**	**242064**	**7434**
批发业	Wholesale Trade	121908	115678	2434
零售业	Retail Trade	151929	126386	5000
交通运输、仓储和邮政业	**Transport, Storage and Post**	**31625**	**24425**	**1528**
铁路运输业	Railway Transport	49	8	1
道路运输业	Road Transport	20181	18093	1060
水上运输业	Water Transport	1213	1103	215
航空运输业	Air Transport	71	49	6
管道运输业	Transport Via Pipelines	9	4	1
多式联运和运输代理业	Multimodal Transport and Transportation Agency	1718	1326	42
装卸搬运和运输代理业	Loading, Unloading and Forwarding Agency	3595	2910	151
邮政业	Post	4789	932	52
住宿和餐饮业	**Hotels and Catering Services**	**20785**	**16738**	**1814**
住宿业	Hotels	4803	4294	562
餐饮业	Catering Services	15982	12444	1252
信息传输、软件和信息技术服务业	**Information Transmission, Software and Information Technology**	**35020**	**30440**	**599**
电信、广播电视和卫星传输服务	Telecommunication, Radio and Television and Satellite Transmission Service	3996	1067	86
互联网和相关服务	Internet and Related Service	5934	5584	95
软件和信息技术服务业	Software and Information Technology	25090	23789	418

1—3　续表2　continued

单位：个（unit）

行业类别	Industrial Category	单位数 Number of Units	#法人单位 Legal Entities	#限额以上单位 Above Designated Unit
金融业	**Financial Intermediation**	**10415**	**3270**	
货币金融服务	Monetary and Financial Service	5038	1180	
资本市场服务	Capital Market Service	1215	802	
保险业	Insurance	3555	807	
其他金融业	Other Financial Activities	607	481	
房地产业	**Real Estate**	**33603**	**26697**	**4256**
租赁和商务服务业	**Leasing and Business Services**	**99058**	**90578**	**783**
租赁业	Leasing	11068	10540	62
商务服务业	Business Services	87990	80038	721
科学研究和技术服务业	**Scientific Research and Technical Services**	**47898**	**41985**	**514**
研究和试验发展	Research and Experimental Development	5902	5631	47
专业技术服务业	Professional Technical Services	25513	21210	400
科技推广和应用服务业	Science and Technology Popularization and Application Services	16483	15144	67
水利、环境和公共设施管理业	**Management of Water Conservancy, Environment and Public Facilities**	**8036**	**6425**	**161**
水利管理业	Management of Water Conservancy	1827	983	2
生态保护和环境治理业	Ecological Protection and Environmental Treatment	632	557	12
公共设施管理业	Management of Public Facilities	5238	4643	143
土地管理业	Land Management	339	242	4
居民服务、修理和其他服务业	**Service to Households, Repair and Other Services**	**22599**	**21003**	**155**
居民服务业	Service to Households	9345	8639	60
机动车、电子产品和日用产品修理业	Repair of Motor Vehicle, Electronics and Household Products	9475	8915	59
其他服务业	Other Services	3779	3449	36
教　育	**Education**	**36876**	**25508**	**178**
卫生和社会工作	**Health and Social Service**	**18438**	**11564**	**145**
卫　生	Health	14455	8135	140
社会工作	Social Service	3983	3429	5
文化、体育和娱乐业	**Culture, Sports and Entertainment**	**22868**	**21349**	**283**
新闻和出版业	Journalism and Publishing Activities	296	242	35
广播、电视、电影和影视录音制作业	Radio, Television, Motion Picture and Videotape Programme Production Services	1785	1575	92
文化艺术业	Cultural and Art Activities	6960	6315	66
体　育	Sports Activities	1810	1600	13
娱乐业	Entertainment	12017	11617	77
公共管理、社会保障和社会组织	**Public Management, Social Security and Social Organization**	**66057**	**52757**	
中国共产党机关	Organs of Communist Party of China	1516	1351	
国家机构	Government Agencies	27004	14442	
人民政协、民主党派	People's Political Consultative Conference and Democratic Parties	289	286	
社会保障	Social Security	584	305	
群众团体、社会团体和其他成员组织	Non-Governmental Organizations, Social Organizations and Other Organizations	18207	17978	
基层群众自治组织及其他组织	Land Management Industry of Grassroots Mass Self-Governing Organizations and Other Organizations	18457	18395	

注：限额以上单位不含其它有5000万元以上在建项目法人单位。

a)　Limitation above unit contains no other project legal person units are being built in 50 million yuan of above.

1—4 各市按三次产业和机构类型分法人单位数（2018年）
Number of Legal Entities by Three Strata of Industry and Type of Institutions and Region (2018)

单位：个（unit）

地区	Region	法人单位数 Number of Legal Entities	按三次产业分 Grouped by Three Strata of Industry			按机构类型分 By Type of Institutions				
			第一产业 Primary Industry	第二产业 Secondary Industry	第三产业 Tertiary Industry	企业法人 Business Entity	事业法人 Institution Entity	机关法人 Government Entity	社会团体 Social Organization	其他 Others
总计	**Total**	**907942**	**94726**	**180607**	**632609**	**744179**	**23927**	**8700**	**13073**	**118063**
合肥市	Hefei	257791	8564	42115	207112	241964	2640	841	2432	9914
淮北市	Huaibei	18551	1741	3667	13143	14975	679	330	444	2123
亳州市	Bozhou	65580	19938	9219	36423	44802	1030	360	525	18863
宿州市	Suzhou	59353	11160	11045	37148	42382	1935	467	557	14012
蚌埠市	Bengbu	41329	3025	7858	30446	33236	1173	467	809	5644
阜阳市	Fuyang	81616	11511	17552	52553	63604	2326	772	747	14167
淮南市	Huainan	33775	2466	6011	25298	24864	1412	616	654	6229
滁州市	Chuzhou	52508	4765	13092	34651	40840	1643	576	763	8686
六安市	Luan	50770	13081	9654	28035	35445	2249	636	1158	11282
马鞍山市	Maanshan	37543	2223	9414	25906	32855	946	427	674	2641
芜湖市	Wuhu	58525	3238	13563	41724	51376	1270	542	797	4540
宣城市	Xuancheng	29739	1923	8650	19166	23657	1191	558	592	3741
铜陵市	Tongling	20171	2150	4222	13799	16555	861	328	497	1930
池州市	Chizhou	20498	2003	5153	13342	15394	945	381	610	3168
安庆市	Anqing	57327	5582	14959	36786	45190	2278	801	1062	7996
黄山市	Huangshan	22866	1356	4433	17077	17040	1349	598	752	3127

1—5 各市按控股情况分企业法人单位数（2018年）
Numbers of Corporate Enterprises the Status of Holdings by Region (2018)

单位：个（unit）

地区	Region	企业单位数 Nimber of Enterprises	国有控股 State-holding	集体控投 Collective-holding	私人控股 Private-holding	港澳台商控股 Hong Kong, Macao and Taiwan-holding	外商控股 Foreign-holding	其他 Others
总计	**Total**	**744179**	**7543**	**5330**	**676638**	**970**	**663**	**53035**
合肥市	Hefei	241964	1830	743	224381	289	210	14511
淮北市	Huaibei	14975	250	70	13990	15	11	639
亳州市	Bozhou	44802	308	251	38889	22	9	5323
宿州市	Suzhou	42382	458	330	39358	43	16	2177
蚌埠市	Bengbu	33236	522	275	30807	59	26	1547
阜阳市	Fuyang	63604	460	549	58569	50	13	3963
淮南市	Huainan	24864	389	369	22363	30	11	1702
滁州市	Chuzhou	40840	377	324	37882	62	75	2120
六安市	Luan	35445	450	512	32237	30	18	2198
马鞍山市	Maanshan	32855	339	227	29661	70	54	2504
芜湖市	Wuhu	51376	438	336	44643	113	99	5747
宣城市	Xuancheng	23657	299	153	21764	41	30	1370
铜陵市	Tongling	16555	249	261	13256	28	9	2752
池州市	Chizhou	15394	278	181	13946	17	19	953
安庆市	Anqing	45190	500	615	39668	56	42	4309
黄山市	Huangshan	17040	396	134	15224	45	21	1220

1—6　各市按注册类型分企业法人单位数（2018年）
Number of Business Entities the Status of Registration by Region (2018)

单位：个（unit）

地　区	Region	企业单位数 Nimber of Enterprises	内资企业 Domestic Funded Enterprises	国有企业 State-oened Enterprises	集体企业 Collective-owned Enterprises	有限责任公司 Limited Kiability Corporations
总　计	**Total**	**744179**	**742093**	**2538**	**3022**	**245002**
合 肥 市	Hefei	241964	241320	416	468	73649
淮 北 市	Huaibei	14975	14937	73	44	4737
亳 州 市	Bozhou	44802	44762	102	173	14762
宿 州 市	Suzhou	42382	42310	250	238	12599
蚌 埠 市	Bengbu	33236	33128	164	137	11158
阜 阳 市	Fuyang	63604	63515	248	412	20146
淮 南 市	Huainan	24864	24812	141	212	7931
滁 州 市	Chuzhou	40840	40670	178	189	14182
六 安 市	Luan	35445	35383	206	209	10121
马鞍山市	Maanshan	32855	32703	73	143	11343
芜 湖 市	Wuhu	51376	51108	105	170	22549
宣 城 市	Xuancheng	23657	23565	76	44	6330
铜 陵 市	Tongling	16555	16503	66	94	7832
池 州 市	Chizhou	15394	15339	74	127	4499
安 庆 市	Anqing	45190	45077	207	279	18031
黄 山 市	Huangshan	17040	16961	159	83	5133

地　区	Region	股份有限公司 Share-holding Corporations Ltd.	私　营 Private	其　他 Others	港澳台商投资企业 Enterprises with Funds from Hong Kong, Macao and Taiwan
总　计	**Total**	**7924**	**482630**	**363**	**1148**
合 肥 市	Hefei	1622	165037	35	350
淮 北 市	Huaibei	183	9892	1	18
亳 州 市	Bozhou	431	29166	68	23
宿 州 市	Suzhou	516	28609	47	47
蚌 埠 市	Bengbu	309	21324	1	73
阜 阳 市	Fuyang	735	41866	36	54
淮 南 市	Huainan	279	16208	1	32
滁 州 市	Chuzhou	499	25577	26	71
六 安 市	Luan	693	24007	93	34
马鞍山市	Maanshan	328	20773	15	90
芜 湖 市	Wuhu	576	27675	7	139
宣 城 市	Xuancheng	428	16668	5	45
铜 陵 市	Tongling	192	8291		31
池 州 市	Chizhou	189	10423	12	25
安 庆 市	Anqing	697	25795	16	67
黄 山 市	Huangshan	247	11319		49

1—7 国民经济和社会发展总量与速度指标

指　　标		Item		总量指标 2005
人口与就业		**Population and Employment**		
人　　口		**Population**		
年底总人口	（万人）	Population at the Year-end	(10000 persons)	6516
#市镇人口		Urban		2313
乡村人口		Rural		4203
#男性人口		Male		3388
女性人口		Female		3127
出生人口	（万人）	Births	(10000 persons)	75.9
死亡人口	（万人）	Deaths	(10000 persons)	37.9
人口密度	（人/平方公里）	Density of Population (person/sq.km)		465
年末总户数	（万户）	Total Number of Households at the Year-end	(10000 households)	1849.4
#乡村户数		Numbers of Rural Households		1346.1
就　　业	**（万人）**	**Employment**	**(10000 persons)**	
经济活动人口		Economically Active Population		3712.8
从业人员		Employment		3669.7
#国有经济		State-owned Units		208.7
城镇集体经济		Urban of Other Types of Ownership		30.8
港澳台投资经济		Economic Units Funded by Entreneurs from Hong Kong Macao and Taiwan		3.7
外商投资经济		Foreign Funded Units		6.7
城镇私营经济		Urban Private Enteprises		86.5
城镇个体		Urban Self-employed Individuals		123.6
城镇非私营单位就业人员数		The Private Institutions in Cities and Towns of Employment		317.4
国有经济		State-owned Units		199.2
城镇集体经济		Urban of Other Types of Ownership		28.2
其他经济		Units of Other Types of Ownership		90.1
城镇登记失业人数		Registered Unemployed in Urban Areas		27.8
宏观经济		**Macroeconomic Indicator**		
国民经济核算	**（亿元）**	**National Accounting**	**(100 million yuan)**	
生产总值		Gross Domestic Product		5350.2
第一产业		Primary Industry		966.5
第二产业		Secondary Industry		2245.9
#工　　业		Industry		1837.4
第三产业		Tertiary Industry		2137.8
支出法生产总值		Gross Domestic Expenditures		5350.2
#最终消费		Total Consumption		3006.7
居民消费		Resident Consumption		2399.4
政府消费		Public Consumption		607.3
资本形成总额		Total Investment		2354.1
固定资本形成		Fixed Assets		2214.0
存货增加		Stock		140.0
固定资产投资	**（亿元）**	**Investment in Fixed Assets**	**(100 million yuan)**	
固定资产投资额		Fixed Assets Investment		
#第一产业		Primary Industry		
第二产业		Secondary Industry		
第三产业		Tertiary Industry		
#房地产开发		Real Estate Development		459.4

注：自2011年起，固定资产投资统计口径为500万元以上项目及房地产。

Principal Aggregate Indicators On National Economic and Social Development and Their Related Indices and Growth Rates

Aggregate Date				速度指标 (%) Indices and Growth Rates						
				指 数 (2018年为以下各年) Index (2018 as Percentage of the Following Years)				平均增长速度 Average Annual Growth Rate		
2010	2015	2017	2018	2005	2010	2015	2017	2006—2010	2011—2015	2016—2018
6827	6949	7059	7083	108.7	103.8	101.9	100.3	0.9	0.4	0.6
2949	3509	3776	3874	167.5	131.3	110.4	102.6	5.0	3.5	3.3
3878	3440	3283	3209	76.4	82.8	93.3	97.7	-1.6	-2.4	-2.3
3543	3615	3666	3676	108.5	103.8	101.7	100.3	0.9	0.4	0.6
3283	3334	3393	3407	108.9	103.8	102.2	100.4	1.0	0.3	0.7
75.7	79.0	87.6	78.1	102.8	103.1	98.8	89.1	-0.5	0.9	-0.4
35.4	36.3	36.7	37.5	98.9	105.9	103.2	102.1	-1.4	0.5	1.1
487	496	504	506	108.7	103.8	101.9	100.3	1.0	0.4	0.6
2093.4	2131.7	2149.3	2157.5	116.7	103.1	101.2	100.4	2.5	0.4	0.4
1424.3	1478.2	1473.2	1475.3	109.6	103.6	99.8	100.1	1.1	0.7	-0.1
4096.8	4384.0	4418.6	4424.9	119.2	108.0	100.9	100.1	2.0	1.4	0.3
4050.0	4342.1	4377.9	4385.3	119.5	108.3	101.0	100.2	2.0	1.4	0.3
206.0	189.1	184.0	181.2	86.8	88.0	95.8	98.5	-0.3	-1.7	-1.4
17.9	14.7	13.1	12.5	40.7	70.2	85.1	95.7	-10.3	-3.8	-5.3
7.0	15.9	15.7	12.4	335.0	177.3	78.2	78.9	13.6	17.8	-7.9
14.7	19.8	18.4	15.9	237.1	108.3	80.1	86.3	17.0	6.2	-7.1
133.3	325.0	449.6	463.8	536.2	347.9	142.7	103.2	9.0	19.5	12.6
264.1	423.1	564.0	635.6	514.2	240.7	150.2	112.7	16.4	9.9	14.5
372.9	513.8	516.2	592.3	186.6	158.8	115.3	114.7	3.3	6.6	4.9
206.0	189.1	184.0	181.2	90.9	88.0	95.8	98.5	0.7	-1.7	-1.4
17.9	14.7	13.1	12.5	44.5	70.2	85.1	95.7	-8.7	-3.8	-5.3
149.1	310.0	319.1	398.6	442.4	267.3	128.6	124.9	10.6	15.8	8.7
28.5	30.9	29.0	28.1	101.0	98.6	90.8	96.8	0.5	1.6	-3.2
12359.33	22005.63	27018.00	30006.82	398.0	212.5	127.3	108.0	13.4	10.8	8.4
1729.02	2456.69	2582.27	2638.01	172.4	136.4	110.3	103.2	4.8	4.4	3.3
6436.62	10946.83	12838.28	13842.09	528.2	227.1	126.8	108.5	18.4	12.4	8.2
5407.40	9264.82	10916.31	11663.94	582.0	237.9	128.5	109.2	19.6	13.1	8.7
4193.68	8602.11	11597.45	13526.72	367.7	219.7	132.8	108.6	10.8	10.6	9.9
12359.33	22005.63	27018.00	30006.82							
6213.15	10970.50	13498.86								
4873.35	8522.46	10670.37								
1339.80	2448.04	2828.49								
6171.54	11312.33	13723.44								
6061.09	11106.51	13569.15								
110.45	205.82	154.29								
						138.6	111.8	37.5		11.5
						135.2	133.0			10.6
						153.1	124.6			15.3
						133.2	105.6			10.0
2251.8	4424.9	5612.5	5974.1			135.0	106.4	37.4		10.5

a) Since 2011, the statistical caliber of investment in fixed assets was projects and real estate over 5 million yuan.

1—7 续表1 continued

指 标		Item		总量指标 2005
财 政	**(亿元)**	**Public Finance**	**(100 million yuan)**	
财政收入		Total Revenue		656.6
中 央		Central Covernment		277.0
地 方		Local Governments		334.0
#增值税		Value-added Tax		57.7
营业税		Operation Tax		78.1
企业所得税		Enterprises' Income Tax		30.1
财政支出		Total Expenditures		713.1
地 方		Local Governments		713.1
#一般公共服务		General Public Service		
教 育		Education		
社会保障和就业		Social Security and Employment		
物价总指数	**(上年=100)**	**Price Indices**	**(preceding year=100)**	
商品零售价格指数		Retail Price Index		100.6
居民消费价格指数		Consumer Price Index		101.4
农业生产资料价格指数		Price Indices of Agricultural Means of Production		108.3
农产品生产价格指数		Production Price Indices of Agricultural Products		98.7
工业生产者出厂价格指数		Ex-factory Industrial Producer Price Index		103.3
工业生产者购进价格指数		Industrial Producer Purchasing Price Index		107.1
固定资产投资价格指数		Price Indices of Investment in Fixed Assets		101.0
利用外资	**(万美元)**	**Utilization of Foreign Capital**	**(USD 10000)**	
外商直接投资合同金额		The Contract Amount of Foreign Investment		155358
实际利用外商直接投资额		The Actual Use of Foreign Direct Investment		68845
能源生产与消费	**(万吨标准煤)**	**Production and Consumption of Energy**	**(10000 tons of SCE)**	
能源生产总量		Total Energy Production		6215.4
能源消费总量		Total Energy Consumption		6506.0
产 业		**Industry**		
农 业		**Agriculture**		
耕地面积	(千公顷)	Cultivated Areas	(1000 hectares)	
总播种面积	(千公顷)	Total Sown Area	(1000 hectares)	8755.2
#粮食播种面积		Sown Area of Grain Crops		5988.1
农林牧渔业总产值	(亿元)	Gross Output Value of Farming, Forestry, Animal Husbandry and Fishery	(100 million yuan)	1666.2
主要农产品产量		Output of Major Farm Products		
粮 食	(万吨)	Grain	(10000 tons)	2605.3
棉 花	(万吨)	Cotton	(10000 tons)	31.1
油 料	(万吨)	Oil-bearing Crops	(10000 tons)	270.7
黄红麻	(万吨)	Jute and Ambary Hemp	(10000 tons)	1.9
烤 烟	(万吨)	Flue-cured Tobacco	(10000 tons)	2.5
茶 叶	(万吨)	Tea	(10000 tons)	6.0
猪 肉	(万吨)	Pork	(10000 tons)	231.7
牛 肉	(万吨)	Beef	(10000 tons)	31.5
羊 肉	(万吨)	Mutton	(10000 tons)	17.6
肉猪出栏	(万头)	Number of Slaughtered Fattened Hogs	(10000 heads)	2812.1
奶 类	(万吨)	milk	(10000 tons)	11.0
水产品	(万吨)	Aquatic Products	(10000 tons)	177.6
农业机械总动力	(万千瓦)	Total Agricultural Machinery Power	(10000 kw)	3983.8
有效灌溉面积	(千公顷)	Irrigated Area	(1000 hectares)	3330.8
化肥使用量	(万吨)	Consumption of Chemical Fertilizers	(10000 tons)	285.7
农村用电量	(亿千瓦时)	Electricity Consumed in Rural Areas	(100 million kwh)	64.2

Aggregate Date				速度指标　(%)　Indices and Growth Rates						
				指　数　(2018年为以下各年) Index (2018 as Percentage of the Following Years)				平均增长速度 Average Annual Growth Rate		
2010	2015	2017	2018	2005	2010	2015	2017	2006—2010	2011—2015	2016—2018
2063.8	4012.2	4857.6	5363.3	816.8	259.9	133.7	110.4	25.7	14.2	10.2
831.8	1339.3	1784.2	2019.1	728.9	242.7	150.8	113.2	24.6	10.0	14.7
1149.4	2454.3	2812.4	3048.7	912.8	265.2	124.2	108.4	28.0	16.4	7.5
129.5	273.1	803.4	906.0				112.8	17.5	16.1	
291.9	586.8							30.2	15.0	
106.6	235.6	274.7	334.7	1111.9	314.0	142.1	121.8	28.8	17.2	12.4
2587.6	5239.0	6203.8	6572.1	921.6	254.0	125.4	105.9	29.4	15.2	7.8
2587.6	5239.0	6203.8	6572.1	921.6	254.0	125.4	105.9	29.4	15.2	7.8
273.7	400.1	453.3	506.1		184.9	126.5	111.7		7.9	8.2
386.3	856.7	1014.9	1113.3		288.2	129.9	109.7		17.3	9.1
334.2	691.5	862.5	954.7		285.7	138.1	110.7		15.7	11.3
103.2	99.7	101.7	101.9	130.3	113.8	104.5	101.9	2.7	1.7	1.5
103.1	101.3	101.2	102.0	138.2	119.6	105.1	102.0	2.9	2.6	1.7
102.0	101.6	101.3						5.3	4.2	
110.8	99.8	98.4	99.0	169.3	118.6	98.1	99.0	7.4	3.8	-0.6
109.0	93.9	108.0	103.0	122.8	104.8	109.6	103.0	3.2	-0.9	3.1
111.8	93.5	109.2	105.3	141.7	108.4	113.1	105.3	5.5	-0.9	4.2
105.4	96.9	107.4	105.8	142.5	120.0	112.8	105.8	3.5	1.2	4.1
216462	393800	905549	607542	391.1	280.7	154.3	67.1	6.9	12.7	15.5
501446	1361945	1589351	1700160	2469.5	339.1	124.8	107.0	48.8	22.1	7.7
9689.3	9972.6	9144.0	9116.4	146.7	94.1	91.4	99.7	9.3	0.6	-2.9
9706.6	12332.0	13051.9	13228.9	203.3	136.3	107.3	101.4	8.3	4.9	2.4
	5876.6	5870.0	5887.3							
9054.9	8950.5	8853.6	8771.1	100.2	96.9	98.0	99.1	0.7	-0.2	-0.7
6616.4	6632.9	6642.5	7316.3	122.2	110.6	110.3	110.1	2.0	0.05	3.32
2815.0	4183.1	4597.9	4672.7	170.9	132.0	116.3	102.6	5.3	4.3	3.3
3207.7	4077.2	4019.7	4007.3	153.8	124.9	98.3	99.7		4.9	-0.6
25.8	14.8	8.6	8.9	28.5	34.4	60.0	102.9		-10.6	-15.7
176.1	171.4	154.7	158.0	58.4	89.7	92.2	102.2		-0.5	-2.68
0.2	0.2	0.1	0.1	6.1	46.8	63.2	111.5		-5.8	-14.2
1.7	2.5	2.1	2.0	78.9	115.1	78.1	96.2		8.1	-7.9
8.0	11.0	10.8	11.2	187.4	140.4	101.9	104.3		6.6	0.6
234.9	249.8	242.7	243.9	105.3	103.8	97.6	100.5		1.2	-0.8
13.6	8.3	8.1	8.7	27.6	63.8	104.5	107.8		-9.4	1.5
11.4	10.3	16.5	17.1	97.4	150.7	165.8	103.8		-1.9	18.3
2737.2	2872.2	2828.9	2837.4	100.9	103.7	98.8	100.3		1.0	-0.4
19.1	28.6	29.8	30.8	278.7	160.9	107.6	103.2		8.4	2.5
193.3	209.3	218.0	225.0	126.7	116.4	107.5	103.2		1.6	2.4
5409.8	6581.0	6312.9	6543.8	164.3	121.0	99.4	103.7	6.3	4.0	-0.2
3519.8	4400.3	4504.1	4538.3	136.3	128.9	103.1	100.8	1.1	4.6	1.0
319.8	338.7	318.7	311.8	109.1	97.5	92.0	97.8	2.3	1.2	-2.7
107.4	156.7	171.3	180.8	281.6	168.3	115.3	105.5	10.8	7.9	4.9

1—7 续表2 continued

指 标		Item		总量指标 2005
工 业（规模以上）		**Industry**		
主要工业产品产量		Output of Major Industrial Products		
布	（亿米）	Cloth	(100 million m)	5.6
家用电冰箱	（万台）	Household Refrigerators	(10000 units)	530.4
房间空气调节器	（万台）	Air Conditioners	(10000 units)	515.0
家用洗衣机	（万台）	Household Washing Machines	(10000 units)	441.8
彩色电视机	（万部）	Colour Television Sets	(10000 units)	374.4
原 煤	（亿吨）	Coal	(100 million tons)	0.8
发电量	（亿千瓦时）	Electricity	(100 million kwh)	645.7
粗 钢	（万吨）	Crude Steel	(10000 tons)	1105.6
钢 材	（万吨）	Rolled Steel	(10000 tons)	1141.6
水 泥	（万吨）	Cement	(10000 tons)	3218
企业单位数	（个）	Number of Industrial Enterprises	(unit)	5277
#大型企业		Large		61
工业总产值	（亿元）	Gross Industrial Output Value	(100 million yuan)	4567.2
工业增加值	（亿元）	Value Added of Industry	(100 million yuan)	1483.8
资产总计	（亿元）	Total Assets	(100 million yuan)	5067.1
负债合计	（亿元）	Total Liabilities	(100 million yuan)	3029.0
主营业务收入	（亿元）	Revenue from principal Business	(100 million yuan)	4523.3
利润总额	（亿元）	Total Profits	(100 million yuan)	218.2
建 筑 业		**Construction**		
企业单位数	（个）	Number of Enterprises	(unit)	1946
企业从业人员	（万人）	Number of Persons Engaged	(10000 persons)	98.6
建筑业总产值	（亿元）	Gross Output Value	(100 million yuan)	923.1
房屋建筑施工面积	（万平方米）	Floor Space of Buildings Under Construction	(10000 sq.m)	9869.5
房屋建筑竣工面积	（万平方米）	Floor Space of Buildings Completed	(10000 sq.m)	5081.3
#住宅面积		Residential Buildings		3073.9
交通运输		**Transportation**		
货 运 量	（万吨）	Freight Traffic	(10000 tons)	67128
铁 路		Railways		10386
公 路		Highways		49614
水 运		Waterways		7125
民 航		Total Civil Aviation Routes		3.0
客 运 量	（万人）	Passenger Traffic	(10000 persons)	72871
铁 路		Railways		3486
公 路		Highways		68927
水 运		Waterways		244
民 航		Total Civil Aviation Routes		214
内河港口货物吞吐量	（万吨）	Volume of Freight Handled in Major Ports	(10000 tons)	17157
公路里程	（公里）	Total Length of Highways	(km)	72807
等级公路里程	（公里）	Length of Expressway and Class Ⅰ to Ⅳ Highway	(km)	67083
邮电通信业		**Postal and Telecommunication Services**		
邮电业务总量	（亿元）	Total Business Revenue	(100 million yuan)	284.0
函 件	（亿件）	Number of Letters Delivered	(100 million pieces)	2.1
报刊期发数	（万份）	Number of Newspapers and Magazines Distributed	(10000 copies)	738.0
移动电话年末用户	（万户）	Number of Mobile Telephone Subsecribers at Year-end	(10000 subscribers)	1046.9
固定电话年末用户	（万户）	Number of Fixed Telephone Subsecribers at Year-end	(10000 subscribers)	1349.5
城 市		Urban		680.0
农 村		Rural		669.5
公用电话	（万户）	Public Telephone	(10000 subscribers)	65.5

注：自2011年起，规模以上工业企业统计范围为年主营业务收入2000万元及以上工业企业。

Aggregate Date				速度指标 (%) Indices and Growth Rates						
2010	2015	2017	2018	指　数 (2018年为以下各年) Index (2018 as Percentage of the Following Years)				平均增长速度 Average Annual Growth Rate		
				2005	2010	2015	2017	2006—2010	2011—2015	2016—2018
10.9	14.1	14.1						14.1	5.4	
2078.9	2888.2	3338.3						31.4	6.8	
1666.1	3176.1	3781.2						26.5	13.8	
1267.0	1725.2	2056.0						23.5	6.4	
395.3	1176.9	1399.6						1.1	24.4	
1.3	1.3	1.2						9.1	0.6	
1443.9	2034.2	2419.7						17.5	7.1	
1853.8	2506.0	2793.4						10.9	6.2	
2446.4	3334.7	3143.9						16.5	6.4	
7874	13085	13394						19.6	10.7	
16277	19077	18883	18775			98.4	99.4	25.3		-0.5
100	278	257	252			90.6	98.1	10.4		-3.2
18732.0	39875.7									
5290.6	9589.2									
15930.3	31360.0	35039.7	36673.6			116.9	104.7	25.7		5.4
9565.9	18028.2	19732.3	20693.7			114.8	104.9	25.9		4.7
18164.6	39064.4	43109.5	37208.0			95.2	86.3	32.1		-1.6
1445.6	2000.1	2352.4	2664.2			133.2	113.3	46.0		10.0
2469	2867	3216	3980	204.5	161.2	138.8	123.8	4.9	3.0	11.6
158.0	168.8	171.6	186.9	189.6	118.3	110.7	109.0	9.9	1.3	3.5
2865.0	5695.9	6829.7	7888.5	854.6	275.3	138.5	115.5	25.4	14.7	11.5
23295.7	41479.7	44221.3	46758.4	473.8	200.7	112.7	105.7	18.7	12.2	4.1
10512.4	15553.6	14981.2	15894.5	312.8	151.2	102.2	106.1	15.6	8.1	0.7
6461.5	10501.8	10137.1	10729.1	349.0	166.0	102.2	105.8	16.0	10.2	0.7
228106	345756	403421	406628	605.7	178.3	117.6	100.8	27.7	8.7	5.6
12091	10158	8932	7932	76.4	65.6	78.1	88.8	3.1	-3.4	-7.9
183658	230649	280471	283817	572.1	154.5	123.1	101.2	29.9	4.7	7.2
32355	104947	114015	114877	1612.3	355.1	109.5	100.8	35.3	26.5	3.1
2.2	2.3	2.4	2.1	70.4	96.8	92.2	88.0	-6.2	1.0	-2.7
159597	87107	69429	63659	87.4	39.9	73.1	91.7	17.0	-11.4	-9.9
5552	8553	11470	12306	353.0	221.6	143.9	107.3	9.8	9.0	12.9
153697	78072	57365	50770	73.7	33.0	65.0	88.5	17.4	-12.7	-13.4
139	185	253	240	98.4	172.7	129.7	94.9	-10.6	5.9	9.1
208	297	341	343	160.3	164.8	115.4	100.6	-0.6	7.4	4.9
32502	48044	51249	51135	298.0	157.3	106.4	99.8	13.6	8.1	2.1
149382	186940	203285	208826	286.8	139.8	111.7	102.7	15.5	4.6	3.8
142340	182877	201081	207942	310.0	146.1	113.7	103.4	16.2	5.1	4.4
300.3	740.0	915.3	2574.6							
2.1	0.8	0.5	0.4	18.8	18.8	47.3	80.7	平	-16.9	-22.1
602.2	597.0	509.0	487.7	66.1	81.0	81.7	95.8	-4.0	-0.2	-6.5
2798.7	4232.6	4884.3	5535.8	528.8	197.8	130.8	113.3	21.7	8.6	9.4
1231.0	739.4	551.4	517.2	38.3	42.0	69.9	93.8	-1.8	-9.7	-11.2
612.9	505.3	392.6	374.2	55.0	61.1	74.1	95.3	-2.1	-3.8	-9.5
618.1	234.1	158.7	143.0	21.4	23.1	61.1	90.1	-1.6	-17.6	-15.2
87.9	59.2	32.9	31.6	48.3	36.0	53.4	96.3	6.1	-7.6	-18.9

a) Since 2011, the statistical scope of the industrial enterprises were industrial companies with revenue from principal business over 20 million yuan.

1—7 续表3 continued

指　　标		Item		总量指标 2005
国内商业		**Domestic Trade**		
社会消费品零售总额	（亿元）	Total Retail Sales of Consumer Goods	(100 million yuan)	1776.7
#餐饮收入		Catering income		
商品零售		Commodity retail		
批发零售业购进总额	（亿元）	Total Goods Purchases of Enterprises in Wholesale and Retail Sale Trade	(100 million yuan)	1513.1
批发零售业销售总额	（亿元）	Total Sales of Enterprises in Wholesale and Retail Sale Trade	(100 million yuan)	1615.5
批发零售业库存总额	（亿元）	Total Inventory of Enterprises in Wholesale and Retail Sale Trade	(100 nillion yuan)	116.2
对外经济贸易		**Foreign Trade**		
进出口总额	（万美元）	Total Exports and Tourists	(USD 10000)	911971
进口额		Imports		392933
出口额		Exports		519038
国际旅游		**International Tourism**		
入境旅游人数	（万人次）	Total Number of Tourists	(10000 persons)	63.3
#外国人		Foreigners		41.1
旅游外汇收入	（万美元）	Foreign Exchange Earnings from Tourism	(USD 10000)	18559
旅游星级宾馆个数	（个）	Number of Tourist Hotel of Star Class	(unit)	373
金融保险		**Finance and Insurance**		
金融机构人民币存款余额	（亿元）	Financial Institutions Renminbi Deposit Balance	(100 million yuan)	5993.8
金融机构人民币贷款余额	（亿元）	Financial Institutions RMB Loan Balance	(100 million yuan)	4313.6
保险公司保费收入	（亿元）	Income From Premium of Insurance Companies	(100 million yuan)	133.2
保险公司赔款及给付	（亿元）	Amount Reparations of Insurance Companies	(100 million yuan)	30.4
教育、科技、文化		**Education, Science and Technology and Culture**		
教　育		**Education**		
幼儿园数	（个）	Number of Kindergartens	(unit)	2715
入园儿童数	（万人）	Student Enrollment in Kingdergartens	(10000 persons)	72.38
学龄儿童入学率	（%）	Percentage of School-age Children Enrolled	（%）	99.54
专任教师数	（万人）	Full-time Teachers	(10000 persons)	
普通高等学校		Regular Institutions of Higher Education		3.24
中等专业学校		Specialized Secondary Schools		0.61
普通中学		Regular Secondary Schools		19.70
#高　中		Senior Secondary Schools		5.11
职业中学		Vocational Secondary Schools		1.73
小　学		Primary Schools		25.95

Aggregate Date				速度指标　(%)　Indices and Growth Rates						
2010	2015	2017	2018	指　数　(2018年为以下各年) Index (2018 as Percentage of the Following Years)				平均增长速度 Average Annual Growth Rate		
				2005	2010	2015	2017	2006—2010	2011—2015	2016—2018
4300.5	8908.0	11192.6	12100.1	681.0	281.4	135.8	108.1	19.3	15.7	10.7
527.9	995.9	1225.2	1522.5		288.4	152.9	124.3		13.5	15.2
3772.6	7912.1	9967.4	10577.5		280.4	133.7	106.1		16.0	10.2
4653.0	8389.5	10172.9	11206.3	740.6	240.8	133.6	110.2	25.2	12.5	10.1
5144.1	9454.9	11491.8	13000.9	804.8	252.7	137.5	113.1	26.1	12.9	11.2
397.5	757.1	948.0	1222.3	1051.9	307.5	161.4	128.9	27.9	13.8	17.3
2427677	4880808	5363607	6297422	690.5	259.4	129.0	117.4	21.6	15.0	8.9
1186388	1569384	2315443	2676506	681.2	225.6	170.5	115.6	24.7	5.8	19.5
1241288	3311424	3048164	3620916	697.6	291.7	109.3	118.8	19.1	21.7	3.0
198.4	444.6	549.2	607.0	959.0	305.9	136.5	110.5	25.7	17.5	10.9
117.4	259.2	321.0	354.1	861.5	301.6	136.6	110.3	23.4	17.2	11.0
82025	226287	288078	318757	1717.5	388.6	140.9	110.6	34.6	22.5	12.1
453	441	331	308	82.6	68.0	69.8	93.1	4.0	-0.5	-11.3
16366.1	34482.9	45608.9	50677.3	845.5	309.6	147.0	111.1	22.2	16.1	13.7
11452.3	25489.1	34481.2	38815.3	899.8	338.9	152.3	112.6	21.6	17.4	15.0
438.2	698.9	1107.2	1209.7	908.2	276.0	173.1	109.3	26.9	9.8	20.1
104.6	276.9	397.7	419.2	1379.1	400.7	151.4	105.4	28.0	21.5	14.8
4018	6988	8257	8782	323.5	218.6	125.7	106.4	8.2	11.7	7.9
100.82	185.65	200.85	207.24	286.3	205.6	111.6	103.2	6.9	13.0	3.7
99.93	99.96	99.99	99.98							
4.93	5.81	6.04	6.11	188.6	123.9	105.2	101.2	8.8	3.3	1.7
0.77	1.11	1.52	1.90	311.5	245.3	171.2	125.0	4.9	7.5	19.6
23.01	22.72	23.35	23.75	120.6	103.2	104.5	101.7	3.2	-0.2	1.5
6.69	7.63	7.80	7.86	153.8	117.5	103.0	100.8	5.5	2.7	1.0
1.40	1.61	1.04	0.64	37.0	45.8	39.8	61.5	-4.2	2.9	-26.5
24.57	23.83	24.50	24.93	96.1	101.5	104.6	101.8	-1.1	-0.6	1.5

1—7 续表4 continued

指 标		Item		总量指标 2005
在校学生数	（万人）	Student Enrollment	(10000 persons)	
普通高等学校		Regular Institutions of Higher Education		58.91
中等专业学校		Specialized Secondary Schools		18.55
普通中学		Regular Secondary Schools		460.86
#高 中		Senior Secondary Schools		116.90
职业中学		Vocational Secondary Schools		54.78
小 学		Primary Schools		584.11
在校学生毕业生数	（万人）	Graduates of Student Enrollment	(10000 persons)	
普通高等学校		Regular Institutions of Higher Education		11.70
中等专业学校		Specialized Secondary Schools		3.78
普通中学		Regular Secondary Schools		142.61
#高 中		Senior Secondary Schools		30.10
职业中学		Vocational Secondary Schools		14.51
小 学		Primary Schools		116.25
预算内教育经费支出	（亿元）	Government Expenditures on Education	(100 million yuan)	117.40
科 技		**Science and Technology**		
研究与试验发展人员	（万人）	Research and Experimental Developers	(10000 persons)	
研究与试验发展经费支出	（亿元）	Expenditures on Research and Development	(100 million yuan)	45.61
技术市场成交额	（万元）	Volume of Transaction in Technical Markets	(10000 yuan)	142553
文 化		**Culture**		
出版数量		Publicatons		
图 书	（万册）	Number of Books Published	(10000 copies)	25220
杂 志	（万册）	Number of Magazines Issued	(10000 copies)	5804
报 纸	（万份）	Number of Newspapers Issued	(10000 copies)	98134
公共图书馆	（个）	Number of Public Libraries	(unit)	88
公共图书馆藏书量	（万册）	Total Collections of Public Libraries	(10000 volumes)	847.4
电视节目制作时间	（小时）	Production Hours of TV Programs	(hours)	58725
广播覆盖率	（%）	Broadcast Covering Rate	(%)	95.6
电视覆盖率	（%）	TV Covering Rate	(%)	95.0
家庭、生活、环境		**Family, People's Livelihood and Environment**		
家 庭		**Family**		
城镇居民平均每户人口	（人）	Average Household Size in Urban Areas	(person)	2.95
农村居民平均每户人口	（人）	Average Household Size in Rural Areas	(person)	4.08
婚 姻	**（万对）**	**Marriages and Divorces**	**(10000 couple)**	
结婚数		Number of Marriages		43.94
离婚数		Number of Divorces		5.75
居 住	**（平方米）**	**Housing**	**(sq.m)**	
城镇居民人均居住面积		Per Capita Gross Floor Space of Urban Residents		19.90
农村居民人均居住面积		Per Capita Net Floor Space of Rural Residents		27.00
生 活		**People's Livelihood**		
城镇居民人均可支配收入	（元）	Per Capita Annual Disposable Income of Urban Households	(yuan)	
城镇居民人均消费性支出	（元）	Per Capita Annual Living Expenditures of Urban Residents	(yuan)	
#食品支出		Food		
农村居民人均可支配收入	（元）	Rural Residents per Capita Disposable Income	(yuan)	
农村居民人均生活费支出	（元）	Per Capita Annual Living Expenditures of Rural Residents	(yuan)	
#食品支出		Food		

Aggregate Date				速度指标 (%) Indices and Growth Rates						
				指　数 (2018年为以下各年) Index (2018 as Percentage of the Following Years)				平均增长速度 Average Annual Growth Rate		
2010	2015	2017	2018	2005	2010	2015	2017	2006—2010	2011—2015	2016—2018
93.90	113.07	114.74	113.91	193.4	121.3	100.7	99.3	9.8	3.8	0.2
28.93	27.53	33.88	39.42	212.5	136.3	143.2	116.4	9.3	-1.0	12.7
406.58	303.63	310.67	316.64	68.7	77.9	104.3	101.9	-2.5	-5.7	1.4
127.60	113.55	108.50	107.47	91.9	84.2	94.6	99.1	1.8	-2.3	-1.8
48.68	30.90	19.28	14.99	27.4	30.8	48.5	77.7	-2.3	-8.7	-21.4
460.44	422.50	440.52	456.84	78.2	99.2	108.1	103.7	-4.6	-1.7	2.6
23.22	29.25	32.28	33.52	286.5	144.3	114.6	103.8	14.7	4.7	4.6
9.61	8.49	8.85	9.84	260.3	102.4	115.9	111.2	20.5	-2.5	5.0
136.57	107.39	99.37	100.58	70.5	73.6	93.7	101.2	-0.9	-4.7	-2.2
44.38	43.30	37.57	36.92	122.7	83.2	85.3	98.3	8.1	-0.5	-5.2
17.76	13.54	9.00	6.90	47.6	38.8	51.0	76.7	4.1	-5.3	-20.1
87.41	64.32	69.13	68.23	58.7	78.1	106.1	98.7	-5.5	-6.0	2.0
436.06	951.43	1118.84	1501.18	1278.7	344.3	157.8	134.2	30.0	16.9	16.4
	20.48	22.82	23.27			113.6	102.0	21.5	8.8	4.3
163.72	431.75	564.92	648.95	1422.8	396.4	150.3	114.9	29.1	21.4	14.5
461470	1905334	2495697	3213131	2254.0	696.3	168.6	128.7	26.5	32.8	19.0
23891	27329	30704	32077	127.2	134.3	117.4	104.5	-1.1	2.7	5.5
5842	5251	4399	4321	74.4	74.0	82.3	98.2	0.1	-2.1	-6.3
116988	104830	71577	67725	69.0	57.9	64.6	94.6	3.6	-2.2	-13.6
88	122	124	126	143.2	143.2	103.3	101.6	平	6.8	1.1
1235.8	1942.4	2537.1	2909.7	343.4	235.4	149.8	114.7	7.8	9.5	14.4
82427	77470	76538	78913	134.4	95.7	101.9	103.1	7.0	-1.2	0.6
97.3	98.8	99.0	99.8							
97.5	98.9	99.2	99.8							
2.84	2.95	2.87	3.02	102.4	106.4	102.5	105.3	-0.8	0.7	0.8
4.03	3.02	2.96	3.08	75.4	76.4	101.8	104.0	-0.2	-5.6	0.6
65.09	73.80	67.24	61.91	140.9	95.1	83.9	92.1	8.2	2.5	-5.7
13.24	18.12	24.17	24.39	424.2	184.3	134.6	100.9	18.1	6.5	10.4
31.55	34.71	37.44	41.19			118.7	110.0			5.9
32.05	46.76	50.74	52.94			113.2	104.3			4.2
	26936	31640	34393			127.7	108.7			8.5
	17234	20740	21523			124.9	103.8			7.7
	5802	6665	6672			115.0	100.1			4.8
	10821	12758	13996			129.3	109.7			9.0
	8975	11106	12748			142.0	114.8			12.4
	3212	3726	4208			131.0	112.9			9.4

1—7 续表5 continued

指　　标	Item	总量指标 2005
工资、居民生活和保障	**Wages, Living and Pprotection**	
城镇非私营单位就业人员工资总额 (亿元)	Total Wages of Employed Persons of Urban Non-private Owned Units (100 million yuan)	484.13
国有单位	State-owned Units	307.16
城镇集体单位	Urban Collective-ownad Units	27.69
其他单位	Units of Other Types of Ownership	149.28
城镇非私营单位就业人员平均工资 (元)	Average Wage of Employed Persons of Urban Non-private Owned Units (yuan)	15334
城镇居民最低生活保障人数 (人)	Number of Subsistence Allowances for Urban Residents (person)	977182
农村居民最低生活保障人数 (人)	Number of Subsistence Allowances for Rural Residents (person)	251183
卫　生	**Health Care**	
卫生机构数 (个)	Number of Health Institutions (unit)	32044
医院、卫生院	Hospitals	2663
疾病防治中心	Disease Prevention and Controlling	132
妇幼保健站	Maternity and Child Care Centers	117
卫生机构床位数 (张)	Number of Beds in Health Institutions (unit)	127179
#医院、卫生院	Hospitals	119625
卫生机构人员数 (人)	Number of Persons Engaged in Health Institutions (person)	193973
专业卫生技术人员 (人)	Number of Technical Personnel in Hospitals (person)	159788
#执业（助理）医师	Licensed (Assistant) Doctors	66102
注册护士	Registered Nurse	47329
市政建设	**City Construction**	
供水管道长度 (公里)	Length of Water Supply Pipelines (km)	8745
供水总量 (万立方米)	Total Annual Volume of Water Supply (10000 cu.m)	206386
#居民家庭用水	Household Water	49728
天然气供气量 (万立方米)	Supply of Natural Gas (10000 cu.m)	11564
#家庭用量	Consumption of Coal Gas for Residential Use	5123
液化石油气供气量 (吨)	Liquefied Petroleum Gas (ton)	613614
#家庭用量	Consumption of Liquefied Gas for Residential Use	195508
污水排放量 (万立方米)	Volume of Sewage Discharged (10000 cu.m)	126761
污水处理厂处理量 (万立方米)	Sewage Treatment Plant Capacity (10000 cu.m)	66347
排水管长度 (公里)	Length of Drainage (km)	7606
生活垃圾清运量 (万吨)	Volume of Garbage Swept Away (10000 tons)	477.0
生活垃圾无公害处理量 (万吨)	Volume of Garbage Treated (10000 tons)	83.9
公共汽（电）车总数 (辆)	Total Number of Public Buses and Trolley Buses (unit)	8450
出租汽车数 (辆)	Number of Taxis (unit)	34287
铺装道路长度 (公里)	Length of Paved Roads (km)	7985
公园面积 (公顷)	Area of Parks (hectare)	3970
园林绿地面积 (公顷)	Area of Urban Green Areas (hectare)	41896
建成区绿化覆盖率 (%)	Afforestation Covering Rate in the Constructed Area (%)	27.5
环境、灾害	**Environment and Disaster**	
污染治理项目本年完成投资额 (万元)	Actual Investment in Implemrnyation of the Project for Pollution Treatment in the Project (10000 yuan)	45443
化学需氧量排放量 (万吨)	Amount of CoD Discharged (10000 tons)	44.4
二氧化硫排放量 (万吨)	Volume of Sulphur Dioxide Emission (10000 tons)	67.2
突发环境事件次数 (次)	Number of Environmental Accidents (time)	28
环境污染直接经济损失 (万元)	Losses Converted Into Cash (10000 yuan)	275.4
火灾事故发生数 (起)	Number of Fire Disasters (cases)	9182
火灾伤亡人数 (人)	Number of Casualties in Fire Disasters (person)	191
火灾损失金额 (万元)	Fire Loss (10000 yuan)	4956.1
交通事故发生数 (起)	Number of Traffic Accidents (cases)	17474
交通受伤人数 (人)	Number of Injured in Traffic Accidents (person)	19771
交通死亡人数 (人)	Number of Death in Traffic Accidents (person)	4355
交通事故损失金额 (万元)	Loss of Traffic Accidents (10000 yuan)	6118.0

Aggregate Date				速度指标　(%)　Indices and Growth Rates						
				指　数　(2018年为以下各年) Index (2018 as Percentage of the Following Years)				平均增长速度 Average Annual Growth Rate		
2010	2015	2017	2018	2005	2010	2015	2017	2006—2010	2011—2015	2016—2018
1225.12	2823.84	3323.71	4354.89	899.5	355.5	154.2	131.0	20.4	18.2	15.5
691.48	1135.30	1383.84	1677.65	546.2	242.6	147.8	121.2	17.6	10.4	13.9
42.56	69.69	73.89	79.78	288.1	187.5	114.5	108.0	9.0	10.4	
491.07	1618.86	1865.97						26.9	26.9	
33341	55139	65150	74378	485.1	223.1	134.9	114.2	16.8	10.6	10.5
883944	646672	479292	426833	43.7	48.3	66.0	89.1	-2.0	-6.1	-12.9
2146238	1963293	1554727	1806407	719.2	84.2	92.0	116.2	53.6	-1.8	-2.7
23019	24853	24484	24926	77.8	108.3	100.3	101.8	-6.4	1.5	0.1
2167	2401	2462	2505	94.1	115.6	104.3	101.7	-4.1	2.1	1.4
124	121	121	120	90.9	96.8	99.2	99.2	-1.2	-0.5	-0.3
119	121	118	120	102.6	100.8	99.2	101.7	0.3	0.3	-0.3
186116	267405	305554	328123	258.0	176.3	122.7	107.4	7.9	7.5	7.1
171389	253716	289851	312103	260.9	182.1	123.0	107.7	7.5	8.2	7.1
247493	377387	407530	426851	220.1	172.5	113.1	104.7	5.0	8.8	4.2
205403	280768	313546	333492	208.7	162.4	118.8	106.4	5.2	6.5	5.9
81097	107792	120857	126782	191.8	156.3	117.6	104.9	4.2	5.9	5.6
76550	119303	138166	149703	316.3	195.6	125.5	108.4	10.1	9.3	7.9
14730	23842	27200	29392	336.1	199.5	123.3	108.1	11.0	10.1	7.2
160816	174263	189892	200824	97.3	124.9	115.2	105.8	-4.9	1.6	4.8
50889	68319	79978	86209	173.4	169.4	126.2	107.8	0.5	6.1	8.1
112190	234585	311230	342510	2961.9	305.3	146.0	110.1	57.5	15.9	13.4
25154	71773	97363	106238	2073.7	422.3	148.0	109.1	37.5	23.3	14.0
615770	736312	131054	156494	25.5	25.4	21.3	119.4	0.1	3.6	-40.3
166335	104259	92047	96224	49.2	57.8	92.3	104.5	-3.2	-8.9	-2.6
124449	150642	153008	171689.45	135.4	138.0	114.0	112.2	-0.4	3.9	4.5
89086	138293	143591	162995.35	245.7	183.0	117.9	113.5	6.1	9.2	5.6
13136	24399	29108	30978	407.3	235.8	127.0	106.4	11.5	13.2	8.3
435.3	491.94	612.22	612.03	128.3	140.6	124.4	100.0	-1.8	2.5	7.6
281.0	489.7	611.9	612.0	729.5	217.8	125.0	100.0	27.3	11.8	7.7
11875	18622	22413	24765	293.1	208.5	133.0	110.5	7.0	9.4	10.0
50068	55217	55810	55330	161.4	110.5	100.2	99.1	7.9	2.0	0.1
10157.3	13375	13997	15018	188.1	147.9	112.3	107.3	4.9	5.7	3.9
8685	12043	14454	15893	400.3	183.0	132.0	110.0	16.9	6.8	9.7
71463	93786	102402	107515	256.6	150.4	114.6	105.0	11.3	5.6	4.7
37.5	41.2	42.2	42.5							
58895	233110	2109334						5.3		
41.1	87.1	49.6						-1.5	16.2	
53.3	48.0	23.5						-4.5	-2.1	
30	8	4	4	14.3	13.3	50.0	100.0	1.4	-23.2	-20.6
231.6	75.3	6.2	3.7	1.3	1.6	4.9	59.7	-3.4	-20.1	-63.4
5174	10880	9467	7861	85.6	151.9	72.3	83.0	-10.8	16.0	-10.3
56	75	54	62	32.5	110.7	82.7	114.8	-21.8	6.0	-6.1
8474.3	11221	12842	13691	276.2	161.6	122.0	106.6	20.1	5.8	6.9
7714	13736	11454	11328	64.8	146.8	82.5	98.9	-15.1	12.2	-6.2
9364	15342	12750	12499	63.2	133.5	81.5	98.0	-13.9	10.4	-6.6
2808	2595	2671	2642	60.7	94.1	101.8	98.9	-8.4	-1.6	0.6
2349.6	6122.5	5420.0	5502.0	89.9	234.2	89.9	101.5	-17.4	21.1	-3.5

1—8 国民经济和社会发展结构指标
Structural Indicators on National Economic and Social Development

单位：%

指　标	Item	2005	2010	2015	2017	2018
人口与就业	**Population and Employment**					
人　口	**Population**					
城乡结构	Urban and Rural Structure					
城　镇	Urban	35.5	43.2	50.5	53.5	54.7
乡　村	Rural	64.5	56.8	49.5	46.5	45.3
性别结构	Sexual Structure					
男	Male	52.0	51.9	50.8	51.9	51.9
女	Female	48.0	48.1	49.2	48.1	48.1
就　业	**Employment**					
产业结构	Industrial Structure					
第一产业	Primary Industry	48.6	39.1	32.1	31.1	30.9
第二产业	Secondary Industry	21.4	25.1	28.4	28.8	28.8
第三产业	Tertiary Industry	30.0	35.8	39.5	40.1	40.3
宏观经济	**Macro Economy**					
国民核算	**National Accounting**					
生产总值产业结构	Structure of Total Investment in Fixed Assets					
第一产业	Primary Industry	18.1	14.0	11.2	9.6	8.8
第二产业	Secondary Industry	42.0	52.1	49.7	47.5	46.1
第三产业	Tertiary Industry	39.9	33.9	39.1	42.9	45.1
投　资	**Investment**					
固定资产投资产业结构	Structure of Total Investment in Fixed Assets					
第一产业	Primary Industry	3.0	1.9	3.2	2.7	
第二产业	Secondary Industry	39.5	47.4	44.6	44.6	
第三产业	Tertiary Industry	57.5	50.7	52.2	52.7	
资金来源结构	Structure of Funded Sources					
国家预算内资金	State Budgetary Appropriation	4.6	7.3	5.1	7.0	
国内贷款	Domestic Loans	17.4	9.4	5.2	7.5	
利用外资	Foreign Investment	1.8	0.9	0.3	0.3	
自筹和其他投资	Fundraising	76.2	82.4	89.5	85.2	
财　政	**Government Finance**					
财政收入结构	Structure of Government Revenue					
中　央	Central Government	42.2	40.3	33.4	36.7	37.6
地　方	Local Government	50.9	55.7	61.2	57.9	56.8
能源生产与消费	**Energy Production and Consumption**					
能源生产总量结构	Composition of Total Energy Production					
原　煤	Coal	99.8	98.4	96.0	91.6	93.1
一次电力	Primary Power	0.2	1.2	2.2	5.1	7.3
能源消费总量结构	Composition of Total Energy Consumption					
煤　品	Coal	88.6	86.2	76.8	72.5	
油　品	Petroleum	10.5	10.3	16.2	17.4	
天 然 气	Natural Gas	0.2	1.8	3.8	4.5	
一次电力	Primary Power	0.7	1.2	1.8	3.6	
其　他	Other		0.5	1.4	2.1	
产　业	**Industrial**					
农　业	**Agriculture**					
农林牧渔业产值结构	Structure of Gross Output Value					
农　业	Farming	49.1	52.5	49.7	48.7	48.2
林　业	Forestry	4.7	4.8	6.9	6.9	7.1

1—8 续表1 continued

单位：%

指　　标	Item	2005	2010	2015	2017	2018
牧　　业	Animal Husbandry	33.2	29.5	28.9	28.7	28.2
渔　　业	Fishery	9.9	9.5	10.3	10.4	10.8
工　　业	**Industry**					
工业总产值规模结构	Structure of Gross Output Value of Industry					
大型企业	Large Enterprises	41.2	34.3	31.6		
中型企业	Medium-sized Enterprises	32.2	25.9	19.7		
小微型企业	Small and Mini Enterprises	26.6	39.9	48.8		
建 筑 业	**Construction**					
建筑业总产值结构	Structure of Gross Output Value of Construction Enterprises					
建筑工程	Construction Projects	85.1	87.5	85.7	84.8	85.3
安装工程	Installation Projects	10.8	8.6	7.6	7.7	7.9
其　　他	Others	4.1	3.9	6.6	7.5	6.8
运 输 业	**Transportation**					
货运量结构	Structure of Freight Traffic					
铁　　路	Railways	15.5	5.3	2.9	2.2	2.0
公　　路	Highways	73.9	80.5	66.7	69.5	69.8
水　　运	Waterways	10.6	14.2	30.4	28.3	28.3
民　　航	Total Civil Aviation Routes	0.004	0.001	0.001	0.001	0.001
国内商业	**Domestic Trade**					
社会消费品零售总额构成	Composition of Retail Sales of Consumer Goods					
城　镇	Urban		83.8	80.7	84.0	83.9
乡　村	Rural		16.2	19.3	16.0	16.1
对外经济贸易	**Foreign Trade**					
出口商品结构	Structure of Exports					
初级产品	Primary Goods	7.1	6.3	5.5	6.5	6.1
工业制成品	Manufactured Goods	92.9	93.7	94.5	93.5	93.9
进口商品结构	Structure of Imports					
初级产品	Primary Goods	53.0	53.1	50.8	47.5	47.9
工业制成品	Manufactured Goods	47.0	46.9	49.2	52.5	52.1
国际旅游	**International Tourism**					
来华旅游人数结构	Structure of Tourists					
外国人	Foreigners	64.9	59.2	58.3	58.4	58.3
港澳台同胞	Compatriots form Hong Kong, Macao and Taiwan	35.1	40.8	41.7	41.6	41.7
金融保险业	**Finance and Insurance**					
金融机构资金来源结构	Structure of Sources of Funds in State Banks					
#各项存款	Deposits	96.3	103.4	98.0	94.1	93.2
其　　他	Others	3.7	-3.4	2.0	5.9	6.8
金融机构资金运用结构	Structure of Fund Uses in State Banks					
#各项贷款	Loans	69.3	72.4	72.5	71.2	71.4
有价证券及投资	Securities and Investment	3.1	4.7			
教育、科技、文化	**Education, Science and Culture**					
教　　育	**Education**					
在校学生结构	Structure of Student Enrollment					
大 学 生	College and University Students	4.7	8.2	10.4	10.2	9.9
中 学 生	Secondary School Students	41.2	39.9	30.8	29.4	28.8
小 学 生	Primary School Students	46.7	40.4	38.9	39.2	39.6
专任教师结构	Full-time Teachers by Type					
大　　学	College and University Students	6.1	8.5	9.4	9.3	9.2
中　　学	Secondary School Students	40.4	42.3	39.3	37.6	36.7
小　　学	Primary School Students	49.0	42.5	38.5	37.7	37.5
科　　技	**Science and Technology**					
研究与试验发展经费筹集款结构	Structure of Funding for Research and Development Outlat					
#政府资金	Government Fund	31.7	22.0	20.0	16.5	16.2
企业资金	Enternment Fund	60.1	72.6	76.7	78.9	80.9

1—8 续表2 continued

单位：%

指　标	Item	2005	2010	2015	2017	2018
研究与试验发展经费支出	Research and Development Expenses					
#基础研究	Basic Research	9.0	7.5	5.6	6.5	6.5
应用研究	Applied research	20.1	9.6	7.8	8.0	7.8
试验发展	Experimental development	61.4	83.0	86.6	85.5	85.7
生活、环境	**People's Livelihood and Environment**					
生　活	**People's Livelihood**					
城镇居民消费结构	Consumption Structure of Urban Residents					
食 品 类	Food	43.7	38.0	33.7	32.1	31.0
衣 着 类	Clothing	12.0	10.6	8.1	7.4	7.7
居　住	Residence	9.3	10.7	20.1	20.4	22.8
生活用品及服务	Household Facilities, Articles and Services	4.6	5.9	5.4	5.9	6.1
医疗保健	Health Care and medical Services	6.3	6.4	6.2	6.1	6.6
交通通信	Transport and Communications	10.6	11.8	13.1	14.1	12.2
教育文化娱乐服务	Education, Cultural and Recreation Services	10.5	12.9	11.1	11.4	11.0
其他商品及服务	Other Goods and Services	3.1	3.8	2.3	2.5	2.5
农村居民消费结构	Consumption Structure of Rural Residents					
食 品 类	Food	45.5	40.7	35.8	33.5	33.0
衣 着 类	Clothing	5.4	5.8	5.6	5.1	5.0
居　住	Residence	15.7	21.6	21.2	23.6	23.6
生活用品及服务	Household Facilities, Articles and Services	4.8	5.8	5.6	5.3	6.1
交通通信	Transport and Communications	9.0	8.5	11.8	12.1	12.2
教育文化娱乐服务	Education, Cultural and Recreation Services	11.7	9.1	9.3	9.7	10.0
医疗保健	Health Care and medical Services	6.1	6.6	9.0	9.1	8.1
其他商品及服务	Other Goods and Services	1.8	2.0	1.8	1.6	2.0
卫　生	**Health Care**					
卫生技术人员结构	Composition of medical Technical personnel					
#执业（助理）医师	Licensed (Assistant) Doctors	41.4	39.5	38.4	38.5	38.0
注册护士	Registered Nurses	29.6	37.3	42.5	44.1	44.9
医院床位结构	Hospital Beds by Area					
综合医院	Comprehensive Hospitals			71.2	70.6	69.8
中医医院	Hospitals of Traditional Chinese Medicine			13.5	13.8	13.6
专科医院	Specialized Hospitals			14.3	13.9	14.5
环境、灾害	**Environment and Disasters**					
治理污染资金使用结构	Uses of Funds in Pollution Treatment					
治理废水	Waste Water Treatment	53.1	24.2	24.9	0.2	
治理废气	Waste Gas Treatment	36.9	52.5	57.4	7.7	
治理固体废物	Solid Wastes Treatment	6.4		5.8		
治理噪声	Noise Abatement	0.5	0.2	3.1		
其　他	Others	3.1	23.1	8.7	92.1	
火灾事故损失额结构	Structure of Fire Losses Converted into Cash					
特　大	Extraordinarily Serious Fires	10.7	29.4			
重　大	Serious Fires	10.9	29.5			
较　大	Larger			0.7	0.7	1.1
一　般	Ordinary Fires	78.4	41.0	99.3	99.3	98.9

1—9 国民经济和社会发展比例和效益指标
Indicators on Proportions and Efficiency in National Economic and Social Development

指　标	Item	2005	2010	2015	2017	2018
人　口	**Population**					
出生率 (‰)	Birth Rate (‰)	12.43	12.70	12.92	14.07	12.41
死亡率 (‰)	Death Rate (‰)	6.23	5.95	5.94	5.90	5.96
自然增长率 (‰)	Natural Growth Rate (‰)	6.20	6.75	6.98	8.17	6.45
就　业	**Employment**					
三次产业从业者比例（以第一产业为100）	Employment Ratio by Type of Industry (Employment in primary industry=100)					
第一产业	Primary Industry	100.0	100.0	100.0	100.0	100.0
第二产业	Secondary Industry	44.0	64.2	88.5	92.4	93.3
第三产业	Tertiary Industry	61.8	91.6	123.1	128.7	130.6
城镇登记失业率 (%)	Registered Unemployment Rate in Urban Areas	4.4	3.7	3.1	2.9	2.8
国民核算	**National Accounting**					
全社会劳动生产率 （元/人）	Overall Labor Productivity (yuan/person)	14709	30752	50680	61830	68484
第一产业	Primary Industry	5345	10979	17596	18802	19419
第二产业	Secondary Industry	29590	63966	88847	102501	109736
第三产业	Tertiary Industry	19975	29165	50193	66505	76780
人均生产总值 （元）	Per Capita GDP (yuan)	8631	20888	35997	43401	47712
固定资产投资	**Investment in Fixed Assets**					
固定资产投资相当于生产总值比例 (%)	Proportion of Investment in Fixed Assets to GDP (%)	47.1	95.9	108.9	108.0	
房地产开发企业房屋建筑面积竣工率 (%)	Real Estate Development Enterprise Housing Construction Area Ccompletion Rate (%)	34.2	17.2	16.2	12.1	10.9
财　政	**Finance**					
财政收入相当于生产总值比例 (%)	Proportion of Government Revenue to GDP (%)	12.3	16.7	18.2	18.0	17.9
财政支出相当于生产总值比例 (%)	Proportion of Government Expenditure of GDP (%)	13.3	20.9	23.8	23.0	21.9
地方收入相当于中央财政收入比例 (%)	Proportion of Local Government Revenue to Central Government Revenue (%)	120.6	138.2	183.2	157.6	151.0
利用外资	**Utilization of Foreign Capital**					
实际利用外资额相当于签订利用外资额比例 (%)	Proportion of Foreign Capital Actually Used to Total Amount of Foreign Capital for Utilization by Signed Contracts or Agreements (%)	44.3	231.7	345.8	175.5	279.8
能源生产与消费	**Production and Consumption of Energy**					
能源生产弹性系数	Elasticity Ratio of Energy Production	0.54	0.30	0.68		
电力生产弹性系数	Elasticity Ratio of Electricity Production	0.51	0.69	0.16	1.14	1.29
能源消费弹性系数	Elasticity Ratio of Energy Consumption	0.71	0.62	0.31	0.33	0.26
电力消费弹性系数	Elasticity Ratio of Electricity Consumption	1.08	0.90	0.40	0.83	1.39
每万元生产总值消耗的能源 （吨标准煤）	Energy Consumption per 10000 yuan GDP (ton of SCE)	1.22	0.79	0.60	0.53	0.47

1—9 续表1 continued

指　　标	Item	2005	2010	2015	2017	2018
农　业	**Agriculture**					
农业从业者人均农产品产量（公斤）	Output of Farm Products per Agricultural (kg)					
粮　食	Grain	1474	2108	2933	2958	2939
棉　花	Cotton	18	17	11	6	6
油　料	Oil-bearing Crops	153	116	123	114	116
肉　类	Meat	217	245	299	306	309
水 产 品	Aquatic Products	100	127	151	160	165
每公顷播种面积农产品产量（公斤）	Output of Farm Crops per Hectare of Sown Area (kg)					
粮　食	Grain	4351	4617	5600	5490	5477
棉　花	Cotton	816	918	881	976	1025
油　料	Oil-bearing Crops	2077	2546	2982	2984	3038
工　业	**Industry**					
总资产贡献率 (%)	Ratio of Total Assets to Industrial Output Value (%)	38.90	16.22	12.25	12.18	12.88
资产负债率 (%)	Assets-liability Ratio (%)	61.63	60.05	57.49	56.31	56.43
成本费用利润率 (%)	Ratio of Profits to Industrial Cost (%)	5.14	8.63	5.41	5.78	7.62
流动资产周转次数 (次/年)	Number of Times of Annual of Turnover Circulating Funds (times/year)	2.25	2.63	2.83	2.58	2.13
产品销售率 (%)	Proportion of products Sold (%)	98.24	97.57	97.3	97.71	96.77
建 筑 业	**Construction**					
技术装备率 (元/人)	Value of Machinery per Laborer (yuan/peron)	9020	9287	10361.2	9334	9895.52
产值利税率 (%)	Ratio of Per-tax Profits to Gross Output Value (%)	5.4	7.33	6.34	6.00	6.38
劳动生产率 (元/人)	Overall Labor Productivity (yuan/person)	95803	177486	340696	388522	421493
交通运输业	**Transportation**					
铁路网密度 (公里/万平方公里)	Railway Density (km/10000 sq.km)	168	203	298	305	305
公路网密度 (公里/万平方公里)	Highway Density (km/10000 sq.km)	5197	10663	13343	14510	14906
铁路货运密度 (吨/公里)	Railway Freight Traffic Density (ton/km)	44139	42424	24367	20897	18553
公路货运密度 (吨/公里)	Highway Freight Traffic Density (ton/km)	6814	12295	12338	13797	13591
邮电通信业	**Postal and Telecommunications Services**					
全省电话普及率（按年末常住人口计算）(部/百人)	Access to Telephones, National (set/100 persons)	39.16	67.65	80.93	86.90	95.72
#移动电话普及率	Access to Mobile Phones	17.11	46.98	68.89	78.09	87.54
国内商业	**Domestic Trade**					
批零和住宿餐饮业人均消费品零售额 (元)	Per Capita Retail Sales And Accommodation of Consumer Good (yuan)	2700	6096	12831	15892	17112
对外经济贸易	**Foreign Trade**					
进出口总额相当于生产总值比例 (%)	Proportion of Total Imports & Exports to GDP (%)	13.9	13.3	13.8	13.4	13.9
国际旅游	**International Tourism**					
每一来华游客花费 (美元)	Expenditure per International Tourist in China(USD)	293	413	509	525	525
国内旅游人均花费 (元)	Expenditure per Domestic Tourist (yuan)	662	838	896	958	974

1—9　续表2　continued

指　　标	Item	2005	2010	2015	2017	2018
金融保险	**Finance and Insurance**					
金融机构存款相当于生产总值比例 (%)	Bank Deposits as Percentage of GDP (%)	112.03	132.42	156.70	168.81	168.89
金融机构贷款相当于生产总值比例 (%)	Bank Loans as Percentage of GDP (%)	80.63	92.66	115.83	127.62	129.35
教　育	**Education**					
学龄儿童入学率 (%)	Net Enrollment Ratio of Primary Schools (%)	99.54	99.93	99.96	99.99	99.98
小学升学率 (%)	Promotion Rate from Primary Schools to Junior Secondary Schools (%)	99.56	99.92	100.18	101.60	102.60
初中升学率 (%)	Promotion Rate from Junior Secondary Schools to Senior Secondary Schools (%)	60.51	83.86	96.80	96.50	96.30
学校教师负担系数 (%)	Student-teacher Ratio (in percentage) (%)					
高等学校	Colleges and Universities	18.16	19.05	19.46	19.00	18.64
中等学校	Secondary Schools	24.24	19.23	14.23	14.04	14.11
小学学校	Primary Schppls	22.51	18.74	17.73	17.98	18.32
科　技	**Science and Technology**					
研究与发展经费支出相当于生产总值比例 (%)	Expenditure on Research and Development is Equivalent to the Proportion of GDP (%)	0.85	1.32	1.96	2.05	2.16
卫　生	**Health Care**					
每万人执业(助理)医师数 (人)	Number of Doctors per 10000 Persons (person)	10.19	11.91	15.51	17.12	17.90
每万人医院床位数 (张)	Number of Hospital Beds per 10000 Persons (unit)	12.60	17.90	29.17	33.04	35.80
医院病床使用率 (%)	Utilization Rate of Hospital Beds (%)	68.6	85.9	85.0	80.1	77.2
文　化	**Culture**					
每百万人有艺术表演团体 (个)	Number of Troupes per Million Persons (unit)	1.42	0.81	23.24	37.38	40.36
每百万人有公共图书馆 (个)	Number of Public Libraries per Million Persons (unit)	1.36	1.29	1.76	1.76	1.78
每百万人有博物馆 (个)	Number of Museums per Million Persons (unit)	0.66	1.76	2.46	2.78	2.84
家　庭	**Family**					
负担少儿系数 (%)	Dependency Ratio of Children (%)	34.51	24.68	25.99	26.95	27.65
负担老年系数 (%)	Dependency Ratio of the Aged (%)	15.08	14.21	16.74	17.94	19.02
婚　姻	**Marriages and Divorces**					
离 婚 率 (‰)	Divorce Rate (‰)	1.77	3.22	5.22	6.87	6.89
生　活	**People's Livelihood**					
城镇与农村居民收入增长率比例（实际扣除价格因素）	Proportion of Growth Rate of Annual Income of Urban Residents to the Growth Rate of Annual Net Income of Rural Residents			0.91	0.92	0.87
市政建设	**City Construction**					
城市自来水普及率 (%)	Percentage of Households with Access to Tap Water (%)	90.52	96.06	98.79	99.43	99.75
城市用气普及率 (%)	Percentage of Households with Access to Tap Gas (%)	72.29	90.52	97.55	98.57	98.56
人均公园绿地面积 (平方米)	Public Green Areas per Person (sq.m)		10.95	13.37	14.32	14.67

1—10 社会经济主要指标人均水平
Major Per Capita Indicators of Social and Economy

项　　目		Item		2015	2017	2018
地区生产总值	**（元）**	**Gross Domestic Product**	**(yuan)**	**35997**	**43401**	**47712**
农林牧渔业总产值	**（元）**	**Gross Output Value of Farming, Forestry, Animal Husbandry and Fishery**	**(yuan)**	**6325**	**6712**	**6608**
主要产品产量		**Output of Major Products**				
原　　煤	（吨）	Coal	(ton)	1.9	1.7	
焦　　炭	（吨）	Coke	(ton)	0.1	0.2	
发 电 量	（千瓦小时）	Electricity	(kwh)	2930.1	3435.6	
粗　　钢	（公斤）	Crude Steel	(kg)	361.0	396.6	
钢　　材	（公斤）	Steel Products	(kg)	480.3	446.4	
水　　泥	（公斤）	Cement	(kg)	1884.8	1901.8	
布	（米）	Cloth	(m)	20.4	20.0	
粮　　食	（公斤）	Grain	(kg)	587.3	570.7	566.7
棉　　花	（公斤）	Cotton	(kg)	2.1	1.2	1.3
油　　料	（公斤）	Oil-bearing Crops	(kg)	24.7	22.0	22.4
肉　　类	（公斤）	Meat	(kg)	59.8	58.9	59.6
社会消费品零售额	**（元）**	**Total Retail Sales of Consumer Goods**	**(yuan)**	**12831.1**	**15891.8**	**17112.4**
人民生活	**（元）**	**People's Livelihood**	**(yuan)**			
城镇非私营单位就业人员平均工资		Average Wage of Employed Persons and Related Index of Urban Non-private Owned Units		55139	65150	74378
国　　有		State-owned Units		60433	75733	93210
集　　体		Urban Collective-owned Units		47261	56758	63843
城镇常住居民可支配收入		Annual Disposable Income of Urban Residents		26936	31640	34393
城镇居民消费性支出		Living Expenditure of Urban Residents		17234	20740	21523
农村常住居民可支配收入		Farmers Disposable Income		10821	12758	13996
农民家庭生活消费支出		Living Expenditure of Rural Residents		8975	11106	12748.08

1—11　人民物质文化生活提高情况
Improvement of People's Material and Cultural Life

项　　目	Item	2015	2017	2018
城乡居民收入　（元）	**Income of Rural and Urban Residents　(yuan)**			
城镇常住居民人均可支配收入	Annual Per Capita Disposable Income of Urban Residents	26936	31640	34393
农村常住居民人均可支配收入	Per Capita Disposable Income of Farmers	10821	12758	13996
城镇非私营单位就业人员平均工资	Average Wage of Employed Persons and Related Index of Urban Non-private Owned Units	55139	65150	74378
平均每人住房面积　（平方米）	**Per Capita Floor Space of Residential Buildir　(sq.m)**			
城镇居民建筑面积	Urban Residents	34.71	37.44	41.19
农村居民建筑面积	Rural Residents	46.76	50.74	52.94
生活、文化、教育、卫生	**Livelihood, Culture, Education and Public Health**			
每百户拥有（抽样）	Number of Durable Consumer Goods Owned Per 100 Households by Sample			
彩色电视机　（台）	TV (Color)　(unit)			
城镇居民	Urban Residents	129.63	133.83	132.91
农　　民	Rural Residents	121.33	129.44	129.12
洗衣机　（台）	Washing Machine　(unit)			
城镇居民	Urban Residents	94.09	97.30	97.80
农　　民	Rural Residents	73.58	84.83	86.23
移动电话　（部）	Mobile Telephone　(unit)			
城镇居民	Urban Residents	216.75	229.82	246.01
农　　民	Rural Residents	205.34	233.76	265.59
每百人每天拥有报纸　（份）	Newspapers per 100 Persons per Day　(copy)	4.1	2.8	2.6
每人每年拥有期刊　（册）	Number of Magazines per Person per Year　(copy)	0.8	0.6	0.6
每万人口中在校大学生　（人）	Number of Enrollment Students of Regular Institutions of Higher Education per 10000 Persons　(person)	185.0	184.3	181.1
每千人口中医院床位数　（张）	Number of Hospital Bed per 1000 persons　(unit)	3.3	3.3	3.6
每千人口中卫生技术人员（人）	Number of Medical Technical Personnel Per 1000 Persons　(person)	4.6	4.5	4.7

1—12 平均每天主要社会经济活动
Selected Indicators on Average Daily Social and Economic Activities

指 标	Item	2005	2010	2015	2017	2018
每天创造的财富	**Daily Production**					
安徽生产总值 (万元)	Gross Domestic Product (10000 yuan)	146580	338612	601247	740219	822105
第一产业	Primary Industry	26479	47371	67123	70747	72274
第二产业	Secondary Industry	61532	176346	299094	351734	379235
工 业	Industry	50339	148148	253137	299077	319560
建 筑 业	Construction	11193	28198	46419	53248	60307
第三产业	Tertiary Industry	58569	114895	235030	317738	370595
财政收入 (万元)	Government Revenue (10000 yuan)	17988	56543	109624	133084	146940
#地 方	Local	9151	31490	67057	77053	83525
粮 食 (吨)	Grain (ton)	71378	87882	111705	110129	109788
棉 花 (吨)	Cotton (ton)	852	706	404	236	242
油 料 (吨)	Oil-bearing Crops (ton)	7416	4825	4697	4237	4330
布 (万米)	Cloth (10000 m)	154	298	386	386	
原 煤 (万吨)	Coal (10000 tons)	23.11	35.70	36.6	32.1	
发 电 量 (亿千瓦时)	Electricity (100 million kwh)	1.77	3.96	5.56	6.6	
钢 (万吨)	Steel (10000 tons)	3.03	5.08	6.85	7.65	
成品钢材 (万吨)	Rolls Steel (final products) (10000 tons)	3.13	6.70	9.11	8.61	
水 泥 (万吨)	Cement (10000 tons)	8.82	21.57	35.75	36.70	
家用电冰箱 (台)	Household Refrigerator (unit)	14532	56956	78913	91460	
家用洗衣机 (台)	Household Washing Machines (unit)	12104	34712	47137	56329	
每天消费量	**Daily National Consumption**					
居民消费总额 (万元)	Resident Consumption (10000 yuan)	65737	133516	232854	292339	
农村居民	Rural Residents	24115	41078	64313	77454	
城镇居民	Urban Residents	41622	92438	168542	214885	
政府消费总额 (万元)	Governmert Consumption Expenditure (10000 yuan)	16638	36707	66886	77493	
能源消费量 (万吨标准煤)	Energy Consumption (10000 tons of SCE)	17.8	26.6	33.7	35.8	36.2
每天其他经济活动	**Other Daily Economic Activities**					
货物运输量 (万吨)	Volume of Freight Traffic (10000 tons)	183.9	624.9	944.7	1105.3	1114.0
旅客运输量 (万人)	Volume of Passenger Traffic (10000 persons)	199.6	437.3	238.0	190.2	174.4
邮电业务总量 (万元)	Business Volume of Postal and Telecommunications Services (10000 yuan)	7781	8228	20219	25078	70536
出版图书 (万册)	Books Published (10000 copies)	69	65	74.7	84.1	87.9
出版杂志 (万册)	Magzines Published (10000 copies)	15.9	16.0	14.3	12.1	11.8
出版报纸 (万份)	Newspaper Published (10000 copies)	269	321	286.4	196.1	185.5
固定资产投资 (万元)	Investment in Fixed Assets (10000 yuan)	69068	324642	654796	799615	
城 镇	Urban	58607	299409			
农 村	Rural	10461	25233			
社会消费品零售总额 (万元)	Total Retail Sales of Consumer Goods (10000 yuan)	48677	117822	243388	306647	331510
进出口总额 (万美元)	Total Value of Imports and exports (USD 10000)	2499	6651	13336	14695	17253
出口额	Exports	1422	3401	9048	8351	9920
进口额	Imports	1077	3250	4288	6344	7333
实际利用外资额 (万美元)	Foreign Capital Actually Used (USD 10000)	188.6	1373.8	3721	4354	4658
国际旅游外汇收入(万美元)	Foreign Exchange Earnings from International Tourism (USD 10000)	50.8	224.7	618.3	789.3	873.3
每天人口变动和婚姻	**Daily Population Changes and Marriages**					
出 生 (人)	Births (person)	2079	2060	2158	2715	2404
死 亡 (人)	Deaths (person)	1038	964	992	1138	1155
结 婚 (对)	Marriages (couple)	1204	1783	2016	1842	1696
离 婚 (对)	Divorces (couple)	157	363	495	662	668

1-13 中部6省国民经济和社会发展主要指标（2018年）
Main Indicators of National Economic and Social Development of 6 Middle Provinces (2018)

指　标		Item		中部6省合计 Total of 6 Middle Provinces	中部6省占全国比重(%) The Proportion of 6 Middle Provinces to National Total
自然资源		**Natural Resources**			
土地面积	（万平方公里）	Area of Land	(10000 sq.km)	102.8	10.7
人　口		**Population**			
年末常住人口	（万人）	Population at Year-end	(10000 persons)	37109.9	26.6
国民经济核算		**National Accounting**			
地区生产总值	（亿元）	Gross Domestic Product	(100 million yuan)	192657.9	21.4
第一产业		Primary Industry		16176.5	25.0
第二产业		Secondary Industry		84758.8	23.2
#工　业		Industry			
第三产业		Tertiary Industry		91722.6	19.5
固定资产投资		**Investment in Fixed Assets**			
全社会固定资产投资总额	（亿元）	Total Investment in Fixed Assets	(100 million yuan)		
#房地产开发		Real Estate Development			
国内商业		**Domestic Trade**			
社会消费品零售总额	（亿元）	Total Retail Sales of Consumer Goods	(100 million yuan)	81571.6	21.4
对外贸易		**Foreign Trade**			
货物进出口总额	（亿美元）	Total Value of Imports and Exports	(100 million USD)	2996.6	6.5
出口额		Exports		2008.8	8.1
进口额		Imports		1132.7	5.3
财　政		**Government Finance**			
地方财政收入	（亿元）	Local Governments Revenue	(100 million yuan)	17645.2	18.0
农　业		**Agriculture**			
主要农产品产量	（万吨）	Output of Major Farm Products	(10000 tons)		
粮　食		Grain		20089.6	30.5
棉　花		Cotton		43.7	7.2
油　料		Oil-bearing Grops		1462.3	42.6
糖　料		Sugar Crops		151.8	1.3
蔬　菜		Vegetables		19523.7	27.8
水　果		Fruits		6586.3	25.6
工　业		**Industry**			
规模以上工业主要指标		Main Indicators of Industrial Enterprises above Designated Size			
主营业务收入	（亿元）	Revenue From Principal Business	(100 million yuan)	214520.6	21.0
主营业务成本	（亿元）	Cost From Principal Business	(100 million yuan)	180974.1	21.1
主营业务税金及附加	（亿元）	Business and Extra Charges	(100 million yuan)		

1—13 续表 continued

指 标		Item		中部6省合 计 Total of 6 Middle Provinces	中部6省占全国比重 (%) The Proportion of 6 Middle Provinces to National Total
销售费用	(亿元)	Operating Expense	(100 million yuan)	5769.4	18.7
利润总额	(亿元)	Total Profits	(100 million yuan)	13497.6	20.3
税金总额	(亿元)	Total Tax	(100 million yuan)		
亏损企业亏损总额	(亿元)	Total Loss of Loss-making enterprises	(100 million yuan)	1316.2	16.6
应收账款	(亿元)	Accounts Receivable	(100 million yuan)	25083.8	17.5
产成品	(亿元)	Finished Product	(100 million yuan)	7546.2	17.5
资产合计	(亿元)	Total Assets	(100 million yuan)	216914.3	19.1
负债合计	(亿元)	Total Liabilities	(100 million yuan)	123843.9	19.3
主要工业产品产量		Output of Major Industrial products			
农用化肥	(万吨)	Chemical Fertilizer	(10000 tons)	1722.1	31.7
水 泥	(万吨)	Cement	(10000 tons)	59260.8	26.8
生 铁	(万吨)	Pig Iron	(10000 tons)	16376.8	21.2
粗 钢	(万吨)	Crude Steel	(10000 tons)	19260.7	20.8
钢 材	(万吨)	Rolled Steel	(10000 tons)	20355.2	18.4
汽 车	(万辆)	Motor Vehicles	(10000 unit)	501.9	18.0
家用电冰箱	(万台)	Household Refrigerators	(10000 unit)	3334.6	41.7
发电量	(亿千瓦小时)	Electricity	(100 million kwh)	14615.0	20.6
建筑业		**Construction**			
企业个数	(个)	Number of Enterprises	(unit)	22046	23.1
总产值	(亿元)	Gross Output Value	(100 million yuan)	55029.1	23.4
交通运输业		**Transportation**			
客运量	(万人)	Total Passenger-kilometer	(10000 persons)	463320.2	25.8
货运量	(万吨)	Total Freight Ton-kilometer	(10000 tons)	1486690.0	28.9
教 育		**Education**			
普通高等学校（研究生和本专科教育）		Regular Institutions of Higher Education (Postgraduate, Undergraduate and Specialty Undergraduate Education)			
招生数	(万人)	New Student Enrollment	(10000 persons)	258.9	29.5
在校学生数	(万人)	Student Enrollment	(10000 persons)	828.7	26.7
毕业生数	(万人)	Number of Graduates	(10000 persons)	225.3	27.7
普通高中		Regular Secondary Schools			
招生数	(万人)	New Student Enrollment	(10000 persons)	232.1	29.3
在校学生数	(万人)	Student Enrollment	(10000 persons)	686.2	28.9
毕业生数	(万人)	Number of Graduates	(10000 persons)	222.3	28.5

注：本表数据为初步统计数。中部6省包括山西、安徽、江西、河南、湖北和湖南。

a) Data in this table are preliminary statistics. 6 middle provinces include: Shanxi, Anhui, Jiangxi, Henan, Hubei and Hunan.

1—14　黄山旅游区域主要经济指标（2018年）
Main Economic Indicators of Tourist Region of Mount Huang (2018)

指　　标	Item	黄山市市区 HuangShan Region Of City	歙　县 SheXian	休宁县 XiuNing	黟　县 YiXian	祁门县 QiMen
土地面积（平方公里）	Total Land Area (sq.km)	2358	2122	2126	857	2215
年末总人口（万人）	Population at the Year-end (10000 persons)	46.39	47.32	26.83	9.34	18.70
年末城镇从业人员数（万人）	Employment at the Year-ent (10000 persons)	7.55	1.81	1.24	0.61	0.90
生产总值（万元）	Gross Domestic Product (10000 yuan)	3184152	1687127	902901	321524	683440
第一产业	Primary Industry	169253	166986	129853	37026	65907
第二产业	Secondary Industry	951971	732554	336137	116647	228653
第三产业	Tertiary Industry	2062928	787587	436911	167851	388880
农业总产值（可比价）（万元）	Gross Agricultural Output Value (Constant Price) (10000 yuan)	308287	276121	232370	66643	101541
农业增加值（万元）	Value-added of Agriculture (10000 yuan)	172459	170048	134860	38489	67355
工业增加值（万元）	e-added of Industry (10000 yuan)	669329	620883	261037	86848	178553
公路通车里程（公里）	Length of Highways (km)	1851	1826	1489	623	1313
邮电业务总量(现行价)（万元）	Business Volume of Post and Telecommunications (Current Price) (10000 yuan)	64783	25346	13845	6485	11356
全社会固定资产投资增速	Growth Rate of Fixed Assets Investment in the Whole Society	14.88	10.59	22.80	9.41	15.00
#500万元以上项目投资增速	Investment Growth Rate of Projects with More than 5 Million Yuan	18.80	32.07	-0.01	20.73	-12.77
房地产投资额（万元）	Investment in Real Estate Development (10000 yuan)	1081742	174020	120106	65193	70564
社会消费品零售总额（万元）	Total Retail Sales of Consumer Goods (10000 yuan)	2125903	780740	435541	140353	291869
年末职工人数（在岗）（万人）	Number of Staff and Workers at the Year-end (Fully Employed) (10000 persons)	11.04	1.68	1.09	0.49	0.81
职工工资总额（在岗）（万元）	Total Wages of Staff and Workers (Fully Employed) (10000 yuan)	510117	137055	83781	38596	65829
财政收入（不含基金）（万元）	Government Revenue (Excluding Fund) (10000 yuan)	716082	176006	121175	50065	75206
财政支出（不含基金）（万元）	Government Expenditure (Excluding Fund) (10000 yuan)	958763	358834	226910	128253	183387
住户存款（万元）	Household Deposits (10000 yuan)	3047942	1951608	1070301	500140	813177
农村居民人均可支配收入（元）	Per Capita Disposable Income of Rural Residents (yuan)	15391	15266	15199	15462	15202
接待旅游人数（万人）	Tourists Received (10000 persons)	3393.6	1000.5	597.6	1196.1	298.9
#国际游客	International Tourists	158.30	32.63	22.09	48.98	0.79
国内游客	Domestic Tourists	3235.27	967.84	575.47	1147.11	298.11
旅游外汇收入（万美元）	Foreign Exchange Earnings from Tourism (USD 10000)	54674	10388	6785	12198	118

注：1．第一产业增加值与农业增加值不一致，原因是第一产业增加值剔除农业增加值中的农林牧渔服务业增加值。
2．GDP含研发的核减数、区县同口径。

a) The first industrial added value and added value of agriculture, the reason is that the first industrial added value of eliminating the added value of services of agriculture and forestry in the added value of agriculture.

b) GDP includes R & D reduction and the same caliber of districts and counties.

1—15 九华山旅游区域主要经济指标（2018年）
Main Economic Indicators of Tourist Region of Mount Jiu Hua (2018)

指　　标	Item	池州市市区 ChiZhou Reigon Of City	青阳县 QingYang	石台县 ShiTai	东至县 DongZhi
土地面积 （平方公里）	Total Land Area (sq.km)	2539	1196	1414	3250
年末总人口 （万人）	Population at the Year-end (10000 persons)	67.17	29.38	10.78	54.90
年末城镇从业人员数 （万人）	Employment at the Year-ent (10000 persons)	17.40	5.50	1.30	5.50
生产总值 （万元）	Gross Domestic Product (10000 yuan)	3674595	1033808	265044	1678298
第一产业	Primary Industry	304892	112851	45366	283483
第二产业	Secondary Industry	1724659	474582	70966	644129
第三产业	Tertiary Industry	1645044	446375	148712	750686
农业总产值（现行价） （万元）	Gross Agricultural Output Value (Current Price) (10000 yuan)	536296	193242	74967	523823
农业增加值 （万元）	Value-added of Agriculture (10000 yuan)	313447	119293	46026	303908
工业增加值 （万元）	Value-added of Industry (10000 yuan)	1396591	410951	53229	552512
公路通车里程 （公里）	Length of Highways (km)	3065	1458	1021	2857
邮电业务总量(现行价) （万元）	Business Volume of Post and Telecommunications (Current Price) (10000 yuan)				
全社会固定资产投资增速	Growth Rate of Fixed Assets Investment in the Whole Society	11.90	12.30	14.80	12.20
#500万元以上项目投资增速	Investment Growth Rate of Projects with More than 5 Million Yuan	27.70	15.52	5.51	22.01
社会消费品零售总额 （万元）	Total Retail Sales of Consumer Goods (10000 yuan)	1413917	426267	150926	512361
年末职工人数（在岗） （万人）	Number of Staff and Workers at the Year-end (Fully Employed) (10000 persons)	5.98	1.54	0.58	1.68
职工工资总额（在岗） （万元）	Total Wages of Staff and Workers (Fully Employed) (10000 yuan)	430090	106491	39064	120114
财政收入（不含基金） （万元）	Government Revenue (Excluding Fund) (10000 yuan)	675482	160818	28060	157707
财政支出（不含基金） （万元）	Government Expenditure (Excluding Fund) (10000 yuan)	815227	230805	132611	315264
城乡居民储蓄存款年末余额 （万元）	Outstanding Amount of Saving Deposits in Urban and Rural Areas at the Year-end (10000 yuan)	3059410	1332459	394248	1836144
农村居民可支配收入 （元）	Rural Residents' Disposable Income (yuan)	15283	15483	10513	14721
接待旅游人数 （人）	Tourists Received (person)	17337239	14407370	9579843	11767070
#国际游客	International Tourists	400639	195410	59466	78500
国内游客	Domestic Tourists	16936600	14211960	9520377	11688570
旅游营业收入 （万元）	Income of Tourism (10000 yuan)	2046603	1802000	711208	1052646
旅游外汇收入 （万美元）	Foreign Exchange Earnings from Tourism (USD 10000)	23371	11399	3469	4579

主要统计指标解释

可比价格

指计算各种总量指标所采用的扣除了价格变动因素的价格，可进行不同时期总量指标的对比。按可比价格计算总量指标有两种方法：一种是直接用产品产量乘某一年的不变价格计算；另一种是用价格指数进行缩减。

平均增长速度

我国计算平均增长速度有两种方法：一种是习惯上经常使用的“水平法”，又称几何平均法，是以间隔期最后一年的水平同基期水平对比来计算平均每年增长（或下降）速度；另一种是“累计法”，又称代数平均法或方程法，是以间隔期内各年水平的总和同基期水平对比来计算平均每年增长（或下降）速度。在一般正常情况下，两种方法计算的平均每年增长速度比较接近；但在经济发展不平衡、出现大起大落时，两种方法计算的结果差别较大。

本《年鉴》内所列的平均增长速度，均用“水平法”计算。从某年到某年平均增长速度的年份，均不包括基期年在内。如建国四十三年的平均增长速度是以 1949 年为基期计算的，则写为 1950-1992 年平均增长速度，其余类推。

企业（单位）登记注册类型

是以在工商行政管理机关登记注册的各类企业为划分对象，以工商行政管理部门对企业登记注册的类型为依据，将企业登记注册类型分为内资企业、港澳台商投资企业和外商投资企业三大类。内资企业包括国有企业、集体企业、股份合作企业、联营企业、有限责任公司、股份有限公司、私营公司和其他企业；港澳台商投资企业和外商投资企业分别包括合资经营企业、合作经营企业、独资经营企业和股份有限公司。对不在工商行政管理部门进行登记注册的行政机关、事业单位和社会团体，主要按其经费来源和管理方式进行划分。

法人单位

指具备以下条件的单位：（一）依法成立，有自己的名称、组织机构和场所，能够独立承担民事责任；（二）独立拥有和使用（或授权使用）资产，承担负债，有权与其他单位签订合同；（三）会计上独立核算，能够编制资产负债表。法人单位包括企业法人、事业单位法人、机关法人、社会团体法人和其他法人。按照下属是否有产业活动单位，又分为单产业法人和多产业法人。

产业活动单位

法人单位所属的产业活动单位，指具备以下条件的单位：（一）在一个场所从事一种或主要从事一种社会经济活动；（二）相对独立组织生产经营或业务活动；（三）能够掌握收入和支出等业务核算资料。

单位数

表中的单位数为单产业法人数和多产业法人所属的产业活动单位数之和。

国有企业

指企业全部资产归国家所有，并按《中华人民共和国企业法人登记管理条例》规定登记注册的非公司制的经济组织。不包括有限责任公司中的国有独资公司。

集体企业

指企业资产归集体所有，并按《中华人民共和国企业法人登记管理条例》规定登记注册的经济组织。

股份合作企业

指以合作制为基础，由企业职工共同出资入股，吸收一定比例的社会资产投资组建，实行自主经营，自负盈亏，共同劳动，民主管理，按劳分配与按股分红相结合的一种集体经济组织。

联营企业

指两个及两个以上相同或不同所有制性质的企业法人或事业单位法人，按自愿、平等、互利的原则，共同投资组成的经济组织。联营企业包括国有联营企业、集体联营企业、国有与集体联营企业和其他联营企业。

有限责任公司

指根据《中华人民共和国公司登记管理条例》规定登记注册，由两个以上、五十个以下的股东共同出资，每个股东以其所认缴的出资额对公司承担有限责任，公司以其全部资产对其债务承担责任的经济组织。有限责任公司包括国有独资公司以及其他有限责任公司。

股份有限公司

指根据《中华人民共和国公司登记管理条例》规定登记注册，其全部注册资本由等额股份构成并通过发行股票筹集资本，股东以其认购的股份对公司承担有限责任，公司以其全部资产对其债务承担责任的经济组织。

私营企业

指由自然人投资设立或由自然人控股，以雇佣劳动为基础的营利性经济组织。包括按照《公司法》、《合伙企业法》、《私营企业暂行条例》规定登记注册的私营有限责任公司、私营股份有限公司、私营合伙企业和私营独资企业。

其他内资企业

指上述企业之外的其他内资经济组织。

与港澳台商合资经营企业

指港澳台地区投资者与内地企业依照《中华人民共和国中外合资经营企业法》及有关法律的规定，按合同规定的比例投资设立、分享利润和分担风险的企业。

与港澳台商合作经营企业

指港澳台地区投资者与内地企业依照《中华人民共和国中外合作经营企业法》及有关法律的规定，依照合作合同的约定进行投资或提供条件设立、分配利润和分担风险的企业。

港澳台商独资经营企业

指依照《中华人民共和国外资企业法》及有关法律的规定，在内地由港澳台地区投资者全额投资设立的企业。

港澳台商投资股份有限公司

指根据国家有关规定，经外经贸部依法批准设立，其中港、澳、台商的股本占公司注册资本的比例达 25% 以上的股份有限公司。凡其中港、澳、台商的股本占公司注册资本的比例小于 25%的，属于内资企业中的股份有限公司。

中外合资经营企业

指外国企业或外国人与中国内地企业依照《中华人民共和国中外合资经营企业法》及有关法律的规定，按合同规定的比例投资设立、分享利润和分担风险的企业。

中外合作经营企业

指外国企业或外国人与中国内地企业依照《中华人民共和国中外合作经营企业法》及有关法律的规定，依照合作合同的约定进行投资或提供条件设立、分配利润和分担风险的企业。

外资企业

指依照《中华人民共和国外资企业法》及有关法律的规定，在中国内地由外国投资者全额投资设立的企业。

外商投资股份有限公司

指根据国家有关规定，经外经贸部依法批准设立，其中外资的股本占公司注册资本的比例达 25% 以上的股份有限公司。凡其中外资股本占公司注册资本的比例小于 25%的，属于内资企业中的股份有限公司。

行政机关、事业单位和社会团体

参照企业登记注册类型，主要按其经费来源和管理方式划分。具体规定如下：

⑴行政机关：包括国家机关和政党机关，原则上均列为“国有”。但有特殊规定的，如供销社等，则列为“集体”。

⑵事业单位：包括经国家机构编制部门和有关业务主管部门批准成立的各类事业单位，不包括实行企业化管理的事

业单位。事业单位的划分办法如下：

①由国家财政预算拨款或列入财政预算外资金管理以及经费主要来源于国有主管部门或国有上级单位的事业单位，列为“国有”。

②经费主要来源于集体单位的事业单位，列为“集体”。

③公民个人（或个人合伙）开办的事业单位，列为“私营”。

④上述以外的其他事业单位，如果其经费来源不明确，按管理方式进行归类。

⑶社会团体：包括经民政部门批准成立以及未纳入社会团体管理条例范围的工会、妇联等各类社会团体。社会团体的划分办法如下：

①未纳入民政部社会团体管理条例范围的工会、妇联、共青团、青联、工商联、科协、侨联等社会团体，国家拨款设立的基金会或基金管理组织以及经费主要来源于国有业务主管部门或国有上级单位的社会团体，列为“国有”。

②经费主要来源于集体单位的社会团体，列为“集体”。

③公民个人（或个人合伙）开办的社会团体，划为“私营”。

④上述以外的其他社会团体，如果其经费来源不明确，改按管理方式进行归类。

Explanatory Notes for Major Statistical Indicators

Comparable Prices

Refer to prices that are used to remove the factors of price change in calculating economic aggregates, so as to facilitate comparison of aggregates over time. Two methods are used for calculating economic aggregates at comparable prices: 1.Multiplying the output of products by their constant prices of certain year; 2.Deflation of data at current prices by relevant price index.

Average Annual Growth Rate

Two methods for calculating average annual growth rate are applied in China, one is often called "level approach" or the method of calculating geometric average, which is derived by comparing the level of the last year of the interval with that of the beginning year; the other is called "accumulative approach" or algebraic average or equation method, which is derived by the summation of the actual figure of each year in the interval divided by the figure in the base year.

Usually the results calculated by the two methods are fairly close, but they differed sharply when uneven economic development occurred with striking fluctuations in growth.

The average annual growth rates listed in this statistical yearbook are calculated by level approach except for the growth rate of investment in fixed assets. The base years are not listed when the years are listed for average annual growth rates. For instance, the average annual growth rate of 43 years since 1949 is listed as average annual growth rate of 1950-1992 without listing the base year 1949. And the analogy of this is also the same for the rest of the years.

Registration Status of Enterprises

Enterprises are classified into 3 categories, namely domestic-funded enterprises, enterprises with investment from Hong Kong, Macao and Taiwan, and enterprises with foreign investment, in the light of the registration status of an enterprise in industrial and commercial administration agencies. Domestic-funded enterprises include state-owned enterprises, collective-owned enterprises, cooperative enterprises, joint ownership enterprises, limited liability corporations, share-holding corporations Ltd., private enterprises and other enterprises. Included in the enterprises with investment from Hong Kong, Macao and Taiwan and enterprises with foreign investment are joint-venture enterprises, cooperative enterprises, sole investment enterprises and share-holding corporations Ltd. For government agencies, institutions and social organizations which are not requested to be registered in industrial and commercial administration agencies, they are classified mainly by their sources of funds and way of management.

State-owned Enterprises

Refer to non-corporation economic units where the entire assets are owned by the state and which have registered in accordance with the Regulation of the People's Republic of China on the Management of Registration of Corporate Enterprises. Excluded from this category are sole state-funded corporations in the limited liability corporations.

Collective-owned Enterprises

Refer to economic units where the assets are owned collectively and which have registered in accordance with the Regulation of the People's Republic of China on the Management of Registration of Corporate Enterprises.

Cooperative Enterprises

refer to a form of collective economic units (enterprises) where capitals come mainly from employees as their shares, with certain proportion of capital from the outside, where production is organized on the basis of independent operation, independent accounting for profits and losses, joint work, democratic management, and a distribution system that integrates remuneration according to work with dividend according to capital share.

Joint Ownership Enterprises

Refer to economic units established by two or more corporate enterprises or corporate institutions of the same or different ownership, through joint investment on the basis of equality, voluntary participation and mutual benefits. They include state joint ownership enterprises, collective joint ownership enterprises, joint state-collective enterprises, other joint ownership enterprises.

Limited Liability Corporations

Refer to economic units established with investment from 2-50 investors and registered in accordance with the Regulation of the People's Republic of China on the Management of

Registration of Corporations, each investor bearing limited liability to the corporation depending on its share of investment, and the corporation bearing liability to its debt to the maximum of its total assets. Limited liability corporations include exclusive state-funded limited liability corporations and other limited liability corporations.

Share-holding Corporations Ltd

Refer to economic units registered in accordance with the Regulation of the People's Republic of China on the Management of Registration of Corporations, with total registered capitals divided into equal shares and raised through issuing stocks. Each investor bears limited liability to the corporation depending on the holding of shares, and the corporation bears liability to its debt to the maximum of its total assets.

Private Enterprises

Refer to profit-making economic units invested and established by natural persons, or controlled by natural persons using employed labour. Included in this category are private limited liability corporations, private share-holding corporations Ltd., private partnership enterprises and private-funded enterprises registered in accordance with the Corporation Law, Partnership Enterprises Law and Interim Regulations on Private Enterprises.

Other Domestic-funded Enterprises

Refer to domestic-funded economic units other than those mentioned above.

Joint-venture Enterprises with Funds from Hong Kong, Macao and Taiwan

Refer to enterprises jointly established by investors from Hong Kong, Macao and Taiwan with enterprises in the mainland of China in accordance with the Law of the People's Republic of China on Sino-foreign Joint Venture Enterprises and other relevant laws, where the share of investment, profits and risks is stipulated in the contract.

Cooperative Enterprises with Funds from Hong Kong Macao and Taiwan

Established by investors from Hong Kong, Macao and Taiwan with enterprises in the mainland of China in accordance with the Law of the People's Republic of China on Sino-foreign Cooperative Enterprises and other relevant laws, where the investment or provision of facilities, and the share of profits and risks is stipulated in the cooperative contract.

Enterprises with Sole (exclusive) Investment from Hong Kong, Macao and Taiwan

Refer to enterprises established in the mainland of China with exclusive investment from investors from Hong Kong, Macao and Taiwan in accordance with the Law of the Peoples Republic of China on Foreign-Funded Enterprises and other relevant laws.

Share-holding Corporations Ltd. with Investment from Hong Kong, Macao and Taiwan

refer to share-holding corporations Ltd. established with the approval from the Ministry of Foreign Trade and Economic Relations in line with relevant state regulations, where the share of investment from Hong Kong, Macao or Taiwan businessmen exceeds 25% of the total registered capital of the corporation. In case the share of investment from Hong Kong, Macao or Taiwan is less than 25% of the total registered capital, the enterprise is to be classified as domestic-funded share-holding corporation Ltd.

Joint-venture Enterprises with Foreign Investment

Refer to enterprises jointly established by foreign enterprises or foreigners with enterprises in the mainland of China in accordance with the Law of the People's Republic of China on Sino-foreign Joint Venture Enterprises and other relevant laws, where the share of investment, profits and risks is stipulated in the contract.

Cooperation Enterprises with Foreign Investment

Refer to enterprises jointly established by foreign enterprises or foreigners with enterprises in the mainland of China in accordance with the Law of the People's Republic of China on Sino-foreign Cooperative Enterprises and other relevant laws, where the investment or provision of facilities, and the share of profits and risks is stipulated in the cooperative contract.

Enterprises with Sole (exclusive) Foreign Investment

Refer to enterprises established in the mainland of China with exclusive investment from foreign investors in accordance with the Law of the People's Republic of China on Foreign-Funded Enterprises and other relevant laws.

Share-holding Corporations Ltd. with Foreign Investment

refer to share-holding corporations Ltd. established with the approval from the Ministry of Foreign Trade and Economic Relations in line with relevant state regulations, where the share of investment from foreign investors exceeds 25% of the total registered capital of the corporation. In case the share of foreign investment is less than 25% of the total registered capital, the enterprise is to be classified as domestic-funded share-holding corporation Ltd.

Government Agencies, Institutions and Social Organizations

are classified into following categories by source of funds and way of management taking reference of the registration status of enterprises:

(1) Government agencies: include state and party agencies, classified in principle as “state-owned”. There are exceptions, such as supply and marketing cooperatives which are classified as “collective”.

(2) Institutions: include institutions of various types established with the approval by organization and staffing departments of the government, but exclude institutions where enterprise management system is introduced. Institutions are further classified as follows:

a) Institutions whose main budget is listed in the government budget appropriations or extra-budget funds, or allocated from the budget of their competent government agencies. Such institutions are classified as “state-owned”.

b) Institutions whose budget mainly comes from collective units. Such institutions are classified as “collective”.

c) Institutions other than those mentioned above whose source of budget are not clear. Such institutions are classified by way of management.

(3) Social organizations: include social organizations established with the approval from the Ministry of Civil Affairs, and organizations that are not covered by social organization management regulations such as trade unions, women's federations etc. Social organizations are further classified as follows:

a) Social organizations that are not covered by social organization management regulations of the Ministry of Civil Affairs such as trade unions, women's federations, communist youth leagues, youth associations, industrial and commerce associations, scientists associations, overseas Chinese associations, etc., foundations and fund management organizations established with funds from the state, and social organizations whose funds mainly come from the budget of their competent government agencies. Such institutions are classified as “state-owned”.

b) Social organizations whose budget mainly comes from collective units. Such institutions are classified as “collective”.

c) Social organizations established by individual or a group of citizens, which are classified as “private”.

d) Social organizations other than those mentioned above whose source of budget are not clear. Such organizations are classified by way of management.

第 二 篇

Chapter 2

NATIONAL ACCOUNTS

简要说明

一、居民消费水平是按人口平均计算的居民消费额，它综合反映一个国家(或地区)人民物质文化生活水平。

二、有关“指数”部分分为“以上年为 100 的指数”和“以 1978 年为 100 的指数”两个方面，“以上年为 100 的指数”表中 2000 年以前(含 2000 年)的数据按 1990 年价格计算，2001-2005 年的数据按 2000 年价格计算，2006—2010 年的数据按 2005 年价格计算，2011—2015 年的数据按 2010 年价格计算，2016 年及以后的数据按 2015 年价格计算；“以 1978 年为 100 的指数”是以 1978 年为基数，每年指数相乘得到的。

三、市级人均 GDP 按年平均常住人口计算，县（市）人均 GDP 按年均户籍人口计算。

四、2016 年及以前年份数据为不含研发支出新增 GDP 数据。

Brief Introduction

I. Consumption level of residents is average consumption value by population, and reflects people's standard of material and culture life in a country (region).

II. The "index" part is divided into "index of 100 in the previous year" and "index of 100 in 1978". Data before 2000 (including 2000) in the "index of 100 in the previous year" table are calculated at 1990 prices, data from 2001 to 2005 are calculated at 2000 prices, data from 2006 to 2010 are calculated at 2005 prices, data from 2011 to 2015 are calculated at 2010 prices, and data from 2016 and beyond are calculated at 2015 prices. "Index of 100 in 1978" is based on 1978 and is obtained by multiplying the indexes every year.

III. Municipal GDP per capital is calculated by the annual average resident population. Country (Municipal) GDP per capital is calculated by the annual household populations.

Ⅳ. Data in 2016 and previous year do not include R&D expenditure for new add GDP data .

2—1 安徽生产总值
Gross Domestic Product

本表按当年价格计算。 Data in value terms in this table are calculated at current price.

年份 Year	生产总值 (亿元) Gross Domestic Product (100 million yuan)	第一产业 Primary Industry	第二产业 Secondary Industry	工业 Industry	建筑业 Construction	第三产业 Tertiary Industry	人均生产总值(按常住人口计算)(元/人) Per Capita GDP by Permanent Residents (yuan/person)
2005	5350.17	966.50	2245.90	1837.36	408.54	2137.77	8631
2010	12359.33	1729.02	6436.62	5407.40	1029.22	4193.69	20888
2011	15300.65	2015.31	8309.38	7062.00	1247.38	4975.96	25659
2012	17212.05	2178.73	9404.84	8025.84	1379.00	5628.48	28792
2013	19229.34	2267.15	10390.04	8880.45	1524.11	6572.15	32001
2014	20848.75	2392.39	11077.67	9455.48	1638.32	7378.69	34425
2015	22005.63	2456.69	10946.83	9264.82	1698.92	8602.11	35997
2016	24117.89	2567.72	11590.25	9845.18	1763.53	9959.92	39092
2017	27018.00	2582.27	12838.28	10916.31	1943.56	11597.45	43401
2018	30006.82	2638.01	13842.09	11663.94	2201.22	13526.72	47712

注：1．2005—2008年的数据按2008年经济普查结果进行修订。
2．2013年及以后省市数据行业分类采用《国民经济行业分类》（GB/T 4754—2011），产业分类按照国家统计局2012年制定的三次产业划分规定。产业分类和行业分类的关系：第一产业是指农林牧渔业（不含农林牧渔服务业），第二产业是指工业（不含开采辅助活动，金属制品、机械和设备修理业）和建筑业，第三产业是指除第一产业、第二产业以外的其他行业（下同）。
3．2016年及以前年份省、市数据为不含研发支出新增GDP（下同）。
4．2018年数据为初步核算数（下同）。

a) In 2005-2008, data carries on the revision according to the economical general survey result in 2008.
b) In 2013 and later data classification using national standand in classification of economic sectors (GB/T 4754-2011), industry classification adopted the National Bureau of statistics in 2012 to develop the three-industry Division Rules. Industrial classification and relationship of industry classification: primary industry refers to an ecological-economic (not including agriculture, forestry and services), the second industry refers to the industry (excluding mining auxiliary activities, metal products, machinery and equipment repair) and the construction industry, the third industry is to point to in addition to the primary industry, secondary industry of other industries (The same below).
c) Provincial and municipal data for 2016 and previous years are new GDP excluding R & D expenditures (the same below).
d) The data for 2018 are preliminary accounting figures (the same below).

2—2 安徽生产总值构成
Composition of Gross Domestic Product

本表按当年价格计算。（单位：%） Data in value terms in this table are calculated at current price. (%)

年份 Year	生产总值 Gross Domestic Product	第一产业 Primary Industry	第二产业 Secondary Industry	工业 Industry	建筑业 Construction	第三产业 Tertiary Industry
2005	100.00	18.06	41.98	34.34	7.64	39.96
2010	100.00	13.99	52.08	43.75	8.33	33.93
2011	100.00	13.17	54.31	46.16	8.15	32.52
2012	100.00	12.66	54.64	46.63	8.01	32.70
2013	100.00	11.79	54.03	46.18	7.93	34.18
2014	100.00	11.47	53.14	45.35	7.86	35.39
2015	100.00	11.16	49.75	42.10	7.72	39.09
2016	100.00	10.64	48.06	40.82	7.31	41.30
2017	100.00	9.56	47.52	40.40	7.19	42.92
2018	100.00	8.79	46.13	38.87	7.34	45.08

2—3 安徽生产总值指数
Indices of Gross Domestic Product

本表按不变价格计算。 (上年为100) The indices in this table are calculated at constant price. (preceding year=100)

年份 Year	生产总值 Gross Domestic Product	第一产业 Primary Industry	第二产业 Secondary Industry	工业 Industry	建筑业 Construction	第三产业 Tertiary Industry	人均生产总值 Per Capita GDP
2005	110.97	101.73	118.39	119.46	113.61	108.24	110.91
2008	112.67	106.20	116.08	117.51	108.70	111.10	112.44
2009	112.94	105.02	116.83	117.38	113.78	111.04	112.83
2010	114.59	104.61	120.68	121.86	113.91	110.05	118.77
2011	113.51	104.03	117.96	119.60	109.38	110.58	112.63
2012	112.10	105.55	114.36	115.28	109.07	110.95	111.80
2013	110.44	103.38	111.49	112.33	106.71	111.20	109.88
2014	109.20	104.57	109.94	110.40	107.07	109.48	108.40
2015	108.73	104.24	108.34	108.30	108.59	110.81	107.72
2016	108.68	102.69	107.98	108.49	105.12	111.27	107.69
2017	108.46	104.05	108.22	108.46	106.82	109.88	107.49
2018	108.02	103.20	108.49	109.19	104.38	108.59	106.92

2—4 安徽生产总值指数
Indices of Gross Domestic Product

本表按不变价格计算。 (1978=100) The indices in this table are calculated at constant price. (1978=100)

年份 Year	生产总值 Gross Domestic Product	第一产业 Primary Industry	第二产业 Secondary Industry	工业 Industry	建筑业 Construction	第三产业 Tertiary Industry	人均生产总值 Per Capita GDP
2005	1377.89	326.55	2715.18	2664.87	3000.53	3209.22	1033.31
2008	1994.46	375.59	4478.86	4557.47	4131.23	4395.21	1513.38
2009	2252.63	394.44	5232.61	5349.35	4700.42	4880.36	1707.48
2010	2581.20	412.64	6314.85	6518.59	5354.28	5370.83	2027.97
2011	2929.86	429.26	7449.23	7796.04	5856.69	5938.94	2284.10
2012	3284.37	453.08	8518.94	8987.27	6387.89	6589.25	2553.62
2013	3627.39	468.40	9497.39	10095.55	6816.49	7327.25	2805.89
2014	3961.12	489.82	10441.59	11145.34	7298.09	8021.67	3041.58
2015	4306.92	510.59	11312.42	12070.41	7925.00	8888.81	3276.39
2016	4680.76	524.32	12215.15	13095.19	8330.76	9890.58	3528.34
2017	5076.75	545.55	13219.24	14203.04	8898.92	10867.77	3792.61
2018	5483.91	563.01	14341.55	15508.30	9288.69	11801.31	4055.06

2—5 三次产业贡献率
Contribution Rate of the Three Industries

本表按不变价格计算。 （单位：%） The indices in this table are calculated at constant price. (%)

年份 Year	生产总值 Gross Domestic Product	第一产业 Primary Industry	第二产业 Secondary Industry	工业 Industry	第三产业 Tertiary Industry
2005	100.00	2.89	64.72	55.89	32.39
2008	100.00	7.46	58.94	53.77	33.60
2009	100.00	5.57	62.19	54.46	32.24
2010	100.00	4.22	70.17	63.19	25.61
2011	100.00	4.17	69.26	63.47	26.57
2012	100.00	5.88	64.21	58.20	29.91
2013	100.00	3.78	60.90	56.19	35.32
2014	100.00	5.44	60.42	54.73	34.14
2015	100.00	5.09	53.78	46.50	41.13
2016	100.00	3.46	45.76	41.21	50.78
2017	100.00	4.85	48.54	42.62	46.61
2018	100.00	3.88	52.78	48.87	43.35

注：产业贡献率指各产业增加值增量与GDP增量之比。
a) Industrial Contributing refers to the proportion of increment of every industrial value-added to increment of GDP.

2—6 三次产业拉动率
Pulling Rate of the Three Industries

本表按不变价格计算。 （单位：百分点） The indices in this table are calculated at constant price. (percentage points)

年份 Year	生产总值 Gross Domestic Product	第一产业 Primary Industry	第二产业 Secondary Industry	工业 Industry	第三产业 Tertiary Industry
2005	10.97	0.32	7.10	6.13	3.55
2008	12.67	0.94	7.47	6.81	4.26
2009	12.94	0.72	8.05	7.05	4.17
2010	14.59	0.62	10.23	9.22	3.74
2011	13.51	0.56	9.36	8.58	3.59
2012	12.10	0.71	7.77	7.04	3.62
2013	10.44	0.39	6.36	5.87	3.69
2014	9.20	0.50	5.56	5.03	3.14
2015	8.73	0.44	4.70	4.06	3.59
2016	8.68	0.30	3.97	3.58	4.41
2017	8.46	0.41	4.11	3.60	3.94
2018	8.02	0.31	4.23	3.92	3.48

注：产业拉动率指GDP增长速度与各产业贡献率之乘积。
a) The industrial pulling rate to GDP growth refers to the growth rate of GDP multiplying the industrial contributing rate.

2—7 按行业、产业和收入法构成分的安徽生产总值
According to the Industry, the Industry and the Income Method of GDP in Anhui

本表按当年价格计算。(单位：亿元)　　Data in this table are calculated at current price. (100 million yuan)

指　　标	Item	2015	2017
安徽生产总值	**Gross Domestic Product**	**22005.63**	**27018.00**
按行业分	**Grouped by Sector**		
农、林、牧、渔业	Agriculture, Forestry, Animal Husbandry and Fishery	2550.29	2706.74
工　业	Industry	9264.82	10916.31
建筑业	Construction	1698.92	1943.56
批发和零售业	Wholesale and Retail Trades	1640.93	1910.47
交通运输、仓储和邮政业	Transport, Storage and Post	791.72	875.38
住宿和餐饮业	Hotels and Catering Services	417.81	500.57
信息传输、软件和信息技术服务业	Information Transmission, Software and Information Technology	331.79	510.62
金融业	Financial Intermediation	1241.87	1663.59
房地产业	Real Estate	870.07	1390.48
租赁和商务服务业	Leasing and Business Services	831.52	1168.92
科学研究和技术服务业	Scientific Research and Technical Services	144.13	282.60
水利、环境和公共设施管理业	Management of Water Conservancy, Environment and Public Facilities	120.26	167.49
居民服务、修理和其他服务业	Service to Households, Repair and Other Services	377.85	603.06
教　育	Education	509.61	764.06
卫生和社会工作	Health and Social Service	342.44	471.07
文化、体育和娱乐业	Culture, Sports and Entertainment	199.34	328.40
公共管理、社会保障和社会组织	Public Management, Social Security and Social Organization	672.26	814.68
按产业分	**Grouped by Industry**		
第一产业	Primary Industry	2456.69	2582.27
第二产业	Secondary Industry	10946.83	12838.28
第三产业	Tertiary Industry	8602.11	11597.45
按收入法构成分	**According to the Income Method**		
劳动者报酬	Compensation of Employees	10275.97	12496.49
生产税净额	Net Taxes on Production	3425.34	4071.54
固定资产折旧	Depreciation of Fixed Assets	3134.88	3634.32
营业盈余	Operation Surplus	5169.44	6815.65

2—8 第三产业增加值
Value-added of the Tertiary Industry

本表按当年价格计算。（单位：亿元） Data in value terms in this table are calculated at current price. (100 million yuan)

行　业	Sector	2015	2017	2018
总　计	**Total**	**8602.11**	**11597.45**	**13526.72**
批发和零售业	Wholesale and Retail Trades	1640.93	1910.47	2006.86
交通运输、仓储和邮政业	Transport, Storage and Post	791.72	875.38	985.77
住宿和餐饮业	Hotels and Catering Services	417.81	500.57	543.73
信息传输、软件和信息技术服务业	Information Transmission, Software and Information Technology	331.79	510.62	
金融业	Financial Intermediation	1241.87	1663.59	2064.55
房地产业	Real Estate	870.07	1390.48	1897.52
租赁和商务服务业	Leasing and Business Services	831.52	1168.92	
科学研究和技术服务业	Scientific Research and Technical Services	144.13	282.60	
水利、环境和公共设施管理业	Management of Water Conservancy, Environment and Public Facilities	120.26	167.49	
居民服务、修理和其他服务业	Service to Households, Repair and Other Services	377.85	603.06	
教　育	Education	509.61	764.06	
卫生和社会工作	Health and Social Service	342.44	471.07	
文化、体育和娱乐业	Culture, Sports and Entertainment	199.34	328.40	
公共管理、社会保障和社会组织	Public Management, Social Security and Social Organization	672.26	814.68	

注：根据新的三次产业划分标准，第三产业不仅包括以上行业，还包括农林牧渔业中的农林牧渔服务业，工业中的开采辅助活动和金属制品、机械和设备修理业，所以以上行业之和不等于第三产业（下同）。

a) According to the new standard of the three divisions of industry, the tertiary industry is not only including the above industry, also include the services of agriculture and forestry, animal husbandry fishery industry in mining activities and metal products, machinery and equipment repair, so the above industry is not equal to the sum of the third industry (The same below).

2—9 第三产业增加值构成
Composition of Value-added of the Tertiary Industry

本表按当年价格计算。（单位：%） Data in value terms in this table are calculated at current price. (%)

行　业	Sector	2015	2017	2018
总　计	**Total**	**100.0**	**100.0**	**100.0**
批发和零售业	Wholesale and Retail Trades	19.1	16.5	14.8
交通运输、仓储和邮政业	Transport, Storage and Post	9.2	7.5	7.3
住宿和餐饮业	Hotels and Catering Services	4.9	4.3	4.0
信息传输、软件和信息技术服务业	Information Transmission, Software and Information Technology	3.9	4.4	
金融业	Financial Intermediation	14.4	14.3	15.3
房地产业	Real Estate	10.1	12.0	14.0
租赁和商务服务业	Leasing and Business Services	9.7	10.1	
科学研究和技术服务业	Scientific Research and Technical Services	1.7	2.4	
水利、环境和公共设施管理业	Management of Water Conservancy, Environment and Public Facilities	1.4	1.4	
居民服务、修理和其他服务业	Service to Households, Repair and Other Services	4.4	5.2	
教　育	Education	5.9	6.6	
卫生和社会工作	Health and Social Service	4.0	4.1	
文化、体育和娱乐业	Culture, Sports and Entertainment	2.3	2.8	
公共管理、社会保障和社会组织	Public Management, Social Security and Social Organization	7.8	7.0	

2—10 第三产业增加值指数
Indices of Value-added of the Tertiary Industry

本表按不变价格计算。（上年为100） The indices in this table are calculated at constant price. (preceding year=100)

行　　业	Sector	2015	2017	2018
总　　计	**Total**	**110.81**	**109.88**	**108.59**
批发和零售业	Wholesale and Retail Trades	107.62	106.02	105.66
交通运输、仓储和邮政业	Transport, Storage and Post	101.29	104.60	103.18
住宿和餐饮业	Hotels and Catering Services	108.67	107.34	105.78
信息传输、软件和信息技术服务业	Information Transmission, Software and Information Technology	116.50	127.62	
金融业	Financial Intermediation	119.72	110.92	104.98
房地产业	Real Estate	105.37	104.97	105.91
租赁和商务服务业	Leasing and Business Services	117.69	116.14	
科学研究和技术服务业	Scientific Research and Technical Services	112.81	109.89	
水利、环境和公共设施管理业	Management of Water Conservancy, Environment and Public Facilities	113.56	111.85	
居民服务、修理和其他服务业	Service to Households, Repair and Other Services	114.51	111.91	
教　育	Education	112.26	112.40	
卫生和社会工作	Health and Social Service	112.21	109.63	
文化、体育和娱乐业	Culture, Sports and Entertainment	116.03	115.02	
公共管理、社会保障和社会组织	Public Management, Social Security and Social Organization	112.68	107.80	

2—11 各市生产总值和指数
Gross Domestic Product and Its Indices by Region

本表绝对数按当年价格计算，指数按不变价格计算。
Level data in this table are calculated at current prices while indices at constant prices.

地　区	Region	生产总值（亿元） Gross Domestic Product (100 million yuan)					指　数（上年=100） Indices (preceding year=100)				
		2005	2010	2015	2017	2018	2005	2010	2015	2017	2018
合肥市	Hefei	1056.21	2961.67	5660.27	7003.05	7822.91	116.4	117.0	110.5	108.5	108.5
淮北市	Huaibei	205.14	461.64	760.39	924.01	985.19	111.9	114.2	104.4	107.6	103.6
亳州市	Bozhou	235.40	512.78	942.61	1149.79	1277.19	110.4	113.8	109.1	109.2	110.1
宿州市	Suzhou	313.79	650.57	1235.83	1466.45	1630.22	106.6	113.1	108.9	109.1	108.5
蚌埠市	Bengbu	302.45	638.05	1253.05	1550.66	1714.66	108.2	114.5	110.2	109.1	108.5
阜阳市	Fuyang	329.03	721.51	1267.45	1571.12	1759.52	111.8	113.6	109.5	109.0	109.5
淮南市	Huainan	312.20	702.93	901.08	1060.18	1133.31	115.8	112.6	103.7	106.9	104.3
滁州市	Chuzhou	317.35	695.65	1305.70	1604.39	1801.75	105.5	115.6	109.9	109.0	109.1
六安市	Luan	264.23	580.94	1016.49	1168.05	1288.05	111.5	111.9	106.9	107.9	107.6
马鞍山市	Maanshan	411.79	949.09	1365.30	1710.09	1918.10	111.9	114.7	109.2	108.7	108.2
芜湖市	Wuhu	492.04	1341.12	2457.32	2963.26	3278.53	113.3	117.6	110.3	108.9	108.4
宣城市	Xuancheng	242.54	525.96	971.46	1185.56	1317.20	108.6	115.0	108.2	108.5	108.3
铜陵市	Tongling	221.70	587.11	911.60	1122.10	1222.36	114.0	116.5	109.4	108.2	103.9
池州市	Chizhou	121.00	300.84	544.74	624.35	684.93	113.3	116.1	108.5	105.5	105.7
安庆市	Anqing	375.28	868.54	1417.43	1708.83	1917.59	108.2	113.4	107.4	108.2	107.8
黄山市	Huangshan	158.64	309.45	530.90	611.32	677.91	111.0	113.1	106.1	107.8	107.7

2—12 各市生产总值 （2018年）
Gross Domestic Product by Region (2018)

本表绝对数按当年价格计算，指数按可比价格计算。 （单位：亿元）
Level data in this table are calculated at current prices while indices at constant prices. (100 million yuan)

地区	Region	第一产业 Primary Industry	第二产业 Secondary Industry	第三产业 Tertiary Industry	工业 Industry	建筑业 Construction	批发零售业 Wholesale, Retail Trade	交通运输、仓储和邮政业 Transport, Storage and Postal Services	住宿和餐饮业 Accommodation and Catering Trade	金融业 Banking
合肥市	Hefei	277.59	3612.25	3933.07	2862.49	752.74	557.78	271.18	113.56	656.52
淮北市	Huaibei	65.29	539.97	379.93	494.91	45.54	60.61	31.53	15.35	48.74
亳州市	Bozhou	210.41	496.80	569.99	399.81	97.16	89.07	40.71	24.24	70.47
宿州市	Suzhou	253.62	600.57	776.03	503.37	97.20	110.58	44.99	32.73	109.67
蚌埠市	Bengbu	207.89	762.29	744.48	650.95	111.34	106.44	55.54	41.10	72.09
阜阳市	Fuyang	310.68	737.22	711.62	639.53	97.82	117.57	54.28	29.52	123.26
淮南市	Huainan	122.41	527.81	483.09	445.23	84.95	87.09	40.79	27.91	55.77
滁州市	Chuzhou	220.73	930.07	650.95	810.16	119.91	93.90	57.71	30.17	83.96
六安市	Luan	196.68	523.09	568.28	424.37	98.72	85.38	46.90	25.99	97.41
马鞍山市	Maanshan	86.85	1027.96	803.29	911.58	116.56	133.57	46.91	33.20	111.20
芜湖市	Wuhu	133.03	1710.64	1434.86	1539.37	190.81	190.59	102.69	52.76	242.05
宣城市	Xuancheng	135.40	641.62	540.18	551.77	96.56	81.43	45.40	24.88	78.15
铜陵市	Tongling	50.00	712.02	460.34	647.52	68.13	67.47	40.66	23.73	80.50
池州市	Chizhou	74.95	289.67	320.31	238.54	51.60	47.79	23.16	24.90	48.79
安庆市	Anqing	200.01	956.27	761.31	840.52	116.93	124.37	44.92	66.28	92.30
黄山市	Huangshan	56.90	236.60	384.42	181.66	55.24	52.67	31.54	23.06	46.98

地区	Region	房地产业 Real Estate Trade	构成（%） Composition			指数 Preceding year=100				人均生产总值（元/人） Per Capita GDP (yuan/person)
			第一产业 Primary Industry	第二产业 Secondary Industry	第三产业 Tertiary Industry	生产总值 Gross Domestic Product	第一产业 Primary Industry	第二产业 Secondary Industry	第三产业 Tertiary Industry	
合肥市	Hefei	647.15	3.5	46.2	50.3	108.5	102.2	109.5	108.0	97470
淮北市	Huaibei	47.43	6.6	54.8	38.6	103.6	102.0	100.8	108.0	43962
亳州市	Bozhou	71.14	16.5	38.9	44.6	110.1	103.8	111.0	112.1	24547
宿州市	Suzhou	80.38	15.6	36.8	47.6	108.5	103.2	109.1	110.3	28757
蚌埠市	Bengbu	98.07	12.1	44.5	43.4	108.5	103.5	109.2	109.4	50662
阜阳市	Fuyang	67.91	17.7	41.9	40.4	109.5	103.5	110.3	111.8	21589
淮南市	Huainan	53.70	10.8	46.6	42.6	104.3	103.2	104.1	104.9	32487
滁州市	Chuzhou	78.02	12.3	51.6	36.1	109.1	103.2	110.9	109.1	43999
六安市	Luan	99.18	15.3	40.6	44.1	107.6	102.9	108.6	108.6	26731
马鞍山市	Maanshan	125.93	4.5	53.6	41.9	108.2	102.8	108.6	108.2	82695
芜湖市	Wuhu	171.38	4.0	52.2	43.8	108.4	103.1	108.6	108.5	88085
宣城市	Xuancheng	56.73	10.3	48.7	41.0	108.3	103.1	110.2	107.4	50065
铜陵市	Tongling	74.48	4.1	58.2	37.7	103.9	103.0	104.9	101.9	75524
池州市	Chizhou	35.83	10.9	42.3	46.8	105.7	103.3	107.1	104.9	46865
安庆市	Anqing	77.71	10.4	49.9	39.7	107.8	104.0	107.9	108.8	41088
黄山市	Huangshan	53.24	8.4	34.9	56.7	107.7	103.1	110.2	106.6	48579

2—13 支出法安徽生产总值
Gross Domestic Product of Anhui by Expenditure Approach

本表按当年价格计算，2005—2008年数据按2008年经济普查结果进行修订。
Data in value terms in this table are calculated at current prices, In 2005-2008, data carries on the revision according to the economical general survey result in 2008.

年份 Year	支出法生产总值 (亿元) Gross Domestic Product by Expenditure Approach (100 million yuan)	最终消费 Final Consumption Expenditure	资本形成总额 Gross Captital Formation	货物和服务净出口 Net Export of Goods and Services	最终消费率 (消费率) (%) Final Consumption Rate (%)	资本形成率 (投资率) (%) Capital Formation Rate (%)
2005	5350.17	3006.70	2354.10	-10.59	56.20	44.00
2009	10062.82	5179.08	4914.15	-30.41	51.47	48.83
2010	12359.33	6213.15	6171.54	-25.36	50.27	49.93
2011	15300.65	7604.30	7725.04	-28.69	49.70	50.49
2012	17212.05	8439.01	8855.77	-82.73	49.03	51.45
2013	19229.34	9281.22	10018.25	-70.13	48.27	52.10
2014	20848.75	10136.81	10905.76	-193.82	48.62	52.31
2015	22005.63	10970.50	11312.33	-277.20	49.85	51.41
2016	24117.89	12131.96	12198.84	-212.91	50.30	50.58
2017	27018.00	13498.86	13723.44	-204.30	49.96	50.79

注：2016年及以前年份数据为不含研发支出新增GDP数据（下同）。
a) Data for 2016 and previous years are new GDP data excluding R & D expenditures (the same below).

2—14 支出法安徽生产总值结构
Structure of Gross Domestic Product Calculated by Expenditure Approach

本表按当年价格计算，2005—2008年数据按2008年经济普查结果进行修订。
Data in value terms in this table are calculated at current prices, In 2005-2008, data carries on the revision according to the economical general survey result in 2008.

年份 Year	最终消费 Final Consumption Expenditure								资本形成总额 Gross Capital Formation			
	绝对数 (亿元) Absolute Figure (100 million yuan)				比重 Proportion				绝对数 (亿元) Absolute Figure (100 million yuan)		比重 (资本形成总额=100) Proportion (Gross Capital Formation=100)	
					最终消费=100 Final Consumption Expenditure=100		居民消费=100 Household Consumption=100					
	居民消费 Household Consumption Expenditure	城镇居民 Urban Household	农村居民 Rural Household	政府消费 Government Consumption Expenditure	居民消费 House hold Consumption Expenditure	政府消费 Government Consumption Expenditure	城镇居民 Urban Household	农村居民 Rural Household	固定资本形成总额 Gross Fixed Capital Formation	存货变动 Change in Inventories	固定资本形成总额 Gross Fixed Capital Formation	存货变动 Change in Inventories
2005	2399.40	1519.20	880.20	607.30	79.80	20.20	63.32	36.68	2214.00	140.00	94.05	5.95
2009	4188.29	2862.56	1325.73	990.79	80.87	19.13	68.35	31.65	4820.46	93.69	98.09	1.91
2010	4873.35	3374.00	1499.35	1339.80	78.44	21.56	69.23	30.77	6061.09	110.45	98.21	1.79
2011	5779.16	3973.86	1805.30	1825.14	76.00	24.00	68.76	31.24	7594.37	130.67	98.31	1.69
2012	6301.91	4439.49	1862.42	2137.10	74.68	25.32	70.45	29.55	8712.90	142.87	98.39	1.61
2013	7051.18	5091.19	1959.99	2230.04	75.97	24.03	72.20	27.80	9836.54	181.71	98.19	1.81
2014	7839.17	5657.95	2181.22	2297.64	77.33	22.67	72.18	27.82	10723.84	181.92	98.33	1.67
2015	8522.46	6168.62	2353.84	2448.04	77.69	22.31	72.38	27.62	11106.51	205.82	98.18	1.82
2016	9541.62	6965.48	2576.14	2590.34	78.65	21.35	73.00	27.00	12036.23	162.61	98.67	1.33
2017	10670.37	7843.30	2827.07	2828.49	79.05	20.95	73.51	26.49	13569.15	154.29	98.88	1.12

2—15 居民消费水平
Household Consumption

本表绝对数按当年价格计算，指数按不变价格计算，2005—2008年数据按2008年经济普查结果进行修订。
Level data in this table are calculated at current prices while indices at constant prices.
In 2005-2008, data carries on the revision according to the economical general survey result in 2008.

年份 Year	绝对数（元） Value (yuan)			城乡消费水平对比（农民=1） Urban/Rural Consumption Ratio (Agricultural Households=1)	指数（上年为100） Index (Preceding year=100)			指数（1978年为100） Index (1978=100)		
	全省居民 All Households	城镇居民 Urban Household	农村居民 Rural Household		全省居民 All Households	城镇居民 Urban Household	农村居民 Rural Household	全省居民 All Households	城镇居民 Urban Household	农村居民 Rural Household
1990	670	1236	570	2.17	96.68	100.16	95.48	210.03	206.34	199.30
1994	1251	2671	969	2.76	105.74	114.23	103.69	283.07	363.27	226.22
1995	1669	3441	1300	2.65	107.20	101.84	109.43	303.45	369.95	247.55
1996	1945	4073	1488	2.74	113.12	111.64	112.85	343.26	413.02	279.37
1997	2275	4429	1796	2.47	114.34	106.02	118.52	392.48	437.90	331.12
1998	2370	4675	1845	2.53	107.10	107.05	106.20	420.06	468.78	351.40
1999	2523	4985	1939	2.57	106.60	107.40	104.70	447.96	503.34	367.83
2000	2588	5323	1922	2.77	104.30	108.00	100.70	466.94	543.36	370.43
2001	2739	5806	1985	2.92	106.31	109.13	104.05	496.40	592.97	385.43
2002	2988	4468	2353	1.90	105.96	111.52	101.01	525.99	661.28	389.32
2003	3312	4933	2572	1.92	108.04	109.83	104.65	570.17	726.28	407.42
2004	3707	5343	2910	1.84	106.80	104.90	106.40	608.94	761.86	433.49
2005	3870	7102	2167	3.28	110.40	106.30	110.40	672.27	809.86	478.57
2006	4409	7886	2427	3.25	112.10	109.20	110.50	753.61	884.37	528.82
2007	5276	9204	2878	3.20	112.90	109.80	111.30	850.83	971.04	588.58
2008	6006	10196	3259	3.13	110.90	108.40	109.30	943.57	1052.61	643.32
2009	6829	11301	3683	3.07	110.30	107.90	108.80	1040.76	1135.77	699.93
2010	8237	13259	4447	2.98	114.51	111.26	114.89	1191.77	1263.66	804.15
2011	9692	15179	5397	2.81	115.30	107.50	113.30	1374.11	1358.43	911.10
2012	10541	16268	5732	2.84	106.67	110.80	108.60	1465.76	1505.14	989.45
2013	11734	17958	6175	2.91	105.10	104.00	105.70	1540.51	1565.35	1045.85
2014	12944	19259	6994	2.75	107.00	104.10	109.80	1648.35	1629.53	1148.34
2015	13941	20251	7674	2.64	107.20	104.80	108.80	1767.03	1707.75	1249.39
2016	15466	22030	8565	2.57	108.10	105.80	109.30	1910.16	1806.80	1365.59
2017	17141	23888	9610	2.49	108.10	105.60	109.70	2064.88	1907.98	1498.05

注：根据国家统计局制度规定，从2003年起按常住人口计算，2002年数据作同口径调整。

a) In accordance with the regulation of NBS, the permanent population has been used since the year 2003 and the data of 2002 have been adjusted in the same scope.

2—16 各市、县生产总值及指数（2018年）

Gross Domestic Product and Indices by County or City (2018)

市、县 County、city		生产总值（亿元）Gross Domestic Product (100 million yuan)	第一产业 Primary Industry	第二产业 Secondary Industry	第三产业 Tertiary Industry	生产总值指数（%）Indices of Gross Domestic Product (2017=100)	第一产业 Primary Industry	第二产业 Secondary Industry	第三产业 Tertiary Industry	人均生产总值（元/人）Per Capita GDP (yuan/person)
合 肥 市	**Hefei**	**7822.91**	**277.59**	**3612.25**	**3933.07**	**108.5**	**102.2**	**109.5**	**108.0**	**97470**
巢湖市	Chaohu	381.37	35.38	193.42	152.57	108.2	104.3	109.7	107.0	44418
长丰县	Changfeng	477.72	58.79	277.28	141.65	108.6	104.1	109.8	108.0	61485
肥东县	Feidong	619.54	64.50	379.08	175.96	108.5	103.4	110.2	106.1	57754
肥西县	Feixi	703.08	52.36	445.00	205.72	108.7	102.5	111.5	103.0	84585
庐江县	Lujiang	317.68	52.16	125.19	140.32	108.1	103.4	112.4	105.1	26315
淮 北 市	**Huaibei**	**985.19**	**65.29**	**539.97**	**379.93**	**103.6**	**102.0**	**100.8**	**108.0**	**43962**
濉溪县	Suixi	341.88	43.35	176.30	122.23	107.1	101.8	108.6	107.2	30412
亳 州 市	**Bozhou**	**1277.19**	**210.41**	**496.80**	**569.99**	**110.1**	**103.8**	**111.0**	**112.1**	**24547**
涡阳县	Guoyang	300.27	44.74	131.56	123.97	111.0	103.7	112.7	112.4	17739
蒙城县	Mengcheng	294.40	53.80	110.63	129.96	109.8	103.8	110.6	111.9	20426
利辛县	Lixin	229.96	49.13	66.46	114.38	109.2	103.6	110.9	110.8	13312
宿 州 市	**Suzhou**	**1630.22**	**253.62**	**600.57**	**776.03**	**108.5**	**103.2**	**109.1**	**110.3**	**28757**
砀山县	Dangshan	204.11	33.33	93.29	77.50	108.5	103.0	109.7	110.8	20402
萧 县	Xiaoxian	298.27	55.41	114.47	128.39	109.1	103.4	110.6	111.0	21368
灵璧县	Lingbi	222.65	52.25	74.10	96.30	107.7	103.2	106.8	111.3	17261
泗 县	Sixian	208.94	50.05	63.77	95.12	108.5	103.4	108.0	112.1	21727
蚌 埠 市	**Bengbu**	**1714.66**	**207.89**	**762.29**	**744.48**	**108.5**	**103.5**	**109.2**	**109.4**	**50662**
怀远县	Huaiyuan	311.53	63.78	131.83	115.92	107.0	103.7	109.5	106.3	23482
五河县	Wuhe	215.84	52.90	56.81	106.13	108.2	103.5	108.0	111.2	31239
固镇县	Guzhen	240.74	63.97	91.05	85.72	107.4	103.8	108.3	109.3	36723
阜 阳 市	**Fuyang**	**1759.52**	**310.68**	**737.22**	**711.62**	**109.5**	**103.5**	**110.3**	**111.8**	**21589**
界首市	Jieshou	216.04	26.20	135.36	54.48	111.1	103.8	112.9	111.0	26101
临泉县	Linquan	211.05	72.53	56.09	82.43	108.7	103.7	108.9	113.9	9190
太和县	Taihe	272.26	48.66	127.96	95.64	110.0	103.6	111.6	112.1	15346
阜南县	Funan	179.98	49.80	59.70	70.49	109.2	103.4	109.3	114.1	10432
颍上县	Yingshang	279.59	49.82	144.95	84.82	109.6	103.5	110.5	112.2	15651
淮 南 市	**Huainan**	**1133.31**	**122.41**	**527.81**	**483.09**	**104.3**	**103.2**	**104.1**	**104.9**	**32487**
凤台县	Fengtai	272.31	35.80	160.79	75.71	104.7	105.3	104.3	105.5	40245
寿 县	Shouxian	178.58	45.57	62.55	70.47	109.1	104.5	117.1	105.8	12780
滁 州 市	**Chuzhou**	**1801.75**	**220.73**	**930.07**	**650.95**	**109.1**	**103.2**	**110.9**	**109.1**	**43999**
天长市	Tianchang	400.05	32.28	247.39	120.37	107.9	103.2	108.1	109.0	63252
明光市	Mingguang	152.61	34.48	46.32	71.81	106.5	103.5	107.2	107.7	23674
来安县	Laian	179.86	22.25	91.89	65.73	109.7	103.4	111.1	110.5	36793
全椒县	Quanjiao	161.93	21.59	70.83	69.51	109.3	102.5	111.4	110.3	35600
定远县	Dingyuan	201.76	53.97	63.74	84.05	106.5	103.1	110.0	106.5	20681

注：本表绝对额按当年价格计算，指数按可比价格计算。

a) Level data in this table are calculated at current prices while indices at constant prices.

2—16 续表 continued

市、县 County、city		生产总值（亿元）Gross Domestic Product (100 million yuan)	第一产业 Primary Industry	第二产业 Secondary Industry	第三产业 Tertiary Industry	生产总值指数（%）Indices of Gross Domestic Product (2017=100)	第一产业 Primary Industry	第二产业 Secondary Industry	第三产业 Tertiary Industry	人均生产总值（元/人）Per Capita GDP (yuan/person)
凤阳县	Fengyang	207.97	36.84	83.44	87.68	108.8	103.3	111.5	109.2	26460
六安市	**Luan**	**1288.05**	**196.68**	**523.09**	**568.28**	**107.6**	**102.9**	**108.6**	**108.6**	**26731**
霍邱县	Huoqiu	227.45	51.62	78.84	96.99	105.8	103.0	106.0	107.2	13900
舒城县	Shucheng	197.34	30.67	82.47	84.20	106.3	102.8	106.4	107.9	19788
金寨县	Jinzhai	113.94	18.90	40.95	54.09	107.9	102.8	112.2	106.6	16676
霍山县	Huoshan	176.69	15.73	95.77	65.19	108.9	102.9	112.1	104.9	48691
马鞍山市	**Maanshan**	**1918.10**	**86.85**	**1027.96**	**803.29**	**108.2**	**102.8**	**108.6**	**108.2**	**82695**
当涂县	Dangtu	385.78	29.55	233.07	123.16	108.2	103.0	109.3	107.1	80695
含山县	Hanshan	173.58	20.32	84.65	68.60	108.1	103.0	109.6	107.6	38886
和　县	Hexian	198.21	24.74	101.14	72.33	108.5	103.0	109.7	109.0	36538
芜湖市	**Wuhu**	**3278.53**	**133.03**	**1710.64**	**1434.86**	**108.4**	**103.1**	**108.6**	**108.5**	**88085**
芜湖县	Wuhu	270.81	19.50	163.68	87.63	108.8	102.2	110.3	107.4	77816
繁昌县	Fanchang	283.14	9.49	186.11	87.54	108.0	104.6	109.9	103.3	102461
南陵县	Nanling	245.52	30.68	110.19	104.65	108.1	103.4	112.0	104.8	44547
无为县	Wuwei	438.15	45.39	208.68	184.08	108.7	104.0	110.7	107.3	36163
宣城市	**Xuancheng**	**1317.20**	**135.40**	**641.62**	**540.18**	**108.3**	**103.1**	**110.2**	**107.4**	**50065**
宁国市	Ningguo	323.03	21.75	196.15	105.13	109.0	103.3	111.1	106.2	84024
郎溪县	Langxi	148.67	15.54	86.14	46.99	108.4	103.3	109.7	107.8	42653
广德县	Guangde	260.14	22.25	133.97	103.92	110.0	103.4	112.3	108.5	50032
泾　县	Jingxian	107.16	17.57	44.62	44.97	107.0	102.9	107.9	107.9	30424
绩溪县	Jixi	73.43	11.68	36.02	25.74	105.4	103.0	109.2	101.6	41886
旌德县	Jingde	42.98	6.92	19.40	16.66	106.8	103.1	108.5	106.5	28761
铜陵市	**Tongling**	**1222.36**	**50.00**	**712.02**	**460.34**	**103.9**	**103.0**	**104.9**	**101.9**	**75524**
枞阳县	Zongyang	259.50	33.96	126.51	99.03	106.2	103.0	107.4	105.7	26721
池州市	**Chizhou**	**684.93**	**74.95**	**289.67**	**320.31**	**105.7**	**103.3**	**107.1**	**104.9**	**46865**
东至县	Dongzhi	167.83	28.35	64.41	75.07	105.7	103.4	106.9	105.6	30528
石台县	Shitai	26.50	4.54	7.10	14.87	104.2	103.2	100.8	106.5	24532
青阳县	Qingyang	103.38	11.29	47.46	44.63	106.9	103.3	107.9	106.7	37548
安庆市	**Anqin**	**1917.59**	**200.01**	**956.27**	**761.31**	**107.8**	**104.0**	**107.9**	**108.8**	**41088**
桐城市	Tongcheng	300.41	26.36	193.70	80.36	108.5	104.0	110.3	106.0	39745
潜山市	Qianshan	169.58	22.71	88.29	58.58	108.7	104.3	110.2	108.7	28995
怀宁县	Huaining	244.67	19.53	155.10	70.03	108.3	104.0	110.5	105.3	34650
太湖县	Taihu	129.60	26.80	57.91	44.90	106.7	104.1	106.1	109.4	22333
宿松县	Susong	193.44	42.14	84.77	66.54	108.2	104.1	110.5	107.9	22103
望江县	Wangjiang	126.91	25.64	59.15	42.13	108.6	104.0	111.3	108.1	19839
岳西县	Yuexi	98.75	14.36	53.66	30.73	107.7	104.1	107.6	110.2	23910
黄山市	**Huangshan**	**677.91**	**56.90**	**236.60**	**384.42**	**107.7**	**103.1**	**110.2**	**106.6**	**48579**
歙　县	Shexian	168.71	16.70	73.26	78.76	108.1	102.3	110.1	107.2	35599
休宁县	Xiuning	90.29	12.99	33.61	43.69	107.7	103.9	109.5	107.2	33617
黟　县	Yixian	32.15	3.70	11.66	16.79	108.0	103.0	108.5	108.9	34371
祁门县	Qimen	68.34	6.59	22.87	38.89	107.6	103.2	109.3	107.1	36481

主要统计指标解释

国内生产总值（GDP）

指按市场价格计算的一个国家（或地区）所有常住单位在一定时期内生产活动的最终成果。国内生产总值有三种表现形态，即价值形态、收入形态和产品形态。从价值形态看，它是所有常住单位在一定时期内生产的全部货物和服务价值超过同期投入的全部非固定资产货物和服务价值的差额，即所有常住单位的增加值之和；从收入形态看，它是所有常住单位在一定时期内创造并分配给常住单位和非常住单位的初次收入之和；从产品形态看，它是所有常住单位在一定时期内最终使用的货物和服务价值减去货物和服务进口价值。在实际核算中，国内生产总值有三种计算方法，即生产法、收入法和支出法。三种方法分别从不同的方面反映国内生产总值及其构成。

三次产业

三次产业的划分是世界上较为常用的产业结构分类，但各国的划分不尽一致。根据国家统计局 2012 年制定的三次产业划分规定：

第一产业是指农、林、牧、渔业（不含农、林、牧、渔服务业）；

第二产业是指采矿业（不含开采辅助业），制造业（不含金属制品、机械和设备修理业），电力、热力、燃气及水的生产和供应业，建筑业；

第三产业是指除第一、二产业以外的其他行业。

劳动者报酬

指劳动者因从事生产活动所获得的全部报酬。包括劳动者获得的各种形式的工资、奖金和津贴，既包括货币形式的，也包括实物形式的，还包括劳动者所享受的公费医疗和医药卫生费、上下班交通补贴、单位支付的社会保险费、住房公积金等。对于个体经济来说，其所有者所获得的劳动报酬和经营利润不易区分，这两部分统一作为劳动者报酬处理。

生产税净额

指生产税减生产补贴后的余额。生产税指政府对生产单位从事生产、销售和经营活动以及因从事生产活动使用某些生产要素（如固定资产、土地、劳动力）所征收的各种税、附加费和规费。生产补贴与生产税相反，指政府对生产单位的单方面转移支出，因此视为负生产税，包括政策亏损补贴、价格补贴等。

固定资产折旧

指一定时期内为弥补固定资产损耗按照规定的固定资产折旧率提取的固定资产折旧，或按国民经济核算统一规定的折旧率虚拟计算的固定资产折旧。它反映了固定资产在当期生产中的转移价值。各类企业和企业化管理的事业单位的固定资产折旧是指实际计提的折旧费；不计提折旧的政府机关、非企业化管理的事业单位和居民住房的固定资产折旧是按照统一规定的折旧率和固定资产原值计算的虚拟折旧。原则上，固定资产折旧应按固定资产当期的重置价值计算，但是目前我国尚不具备对全社会固定资产进行重估价的基础，所以暂时只能采用上述办法。

营业盈余

指常住单位创造的增加值扣除劳动者报酬、生产税净额和固定资产折旧后的余额。它相当于企业的营业利润加上生产补贴，但要扣除从利润中开支的工资和福利等。

支出法国内生产总值

是从最终使用的角度反映一个国家（或地区）一定时期内生产活动最终成果的一种方法，包括最终消费支出、资本形成总额及货物和服务净出口三部分。计算公式为：

支出法国内生产总值=最终消费支出+资本形成总额+货物和服务净出口

最终消费支出

指常住单位为满足物质、文化和精神生活的需要，从本国经济领土和国外购买的货物和服务的支出。它不包括非常住单位在本国经济领土内的消费支出。最终消费支出分为居民消费支出和政府消费支出。

居民消费支出

指常住住户在一定时期内对于货物和服务的全部最终消费支出。居民消费支出除了直接以货币形式购买的货物和服务的消费支出外，还包括以其他方式获得的货物和服务的消费支出，即所谓的虚拟消费支出。居民虚拟消费支出包括如下几种类型：单位以实物报酬及实物转移的形式提供给劳动者的货物和服务；住户生产并由本住户消费了的货物和服务，其中的服务仅指住户的自有住房服务；金融机构提供的金融媒介服务；保险公司提供的保险服务。

政府消费支出

指政府部门为全社会提供的公共服务的消费支出和免费或以较低的价格向居民住户提供的货物和服务的净支出，前者等于政府服务的产出价值减去政府单位所获得的经营收入的价值，后者等于政府部门免费或以较低价格向居民住户提供的货物和服务的市场价值减去向住户收取的价值。

资本形成总额

指常住单位在一定时期内获得减去处置的固定资产和存货的净额，包括固定资本形成总额和存货增加两部分。

固定资本形成总额

指常住单位在一定时期内获得的固定资产减处置的固定资产的价值总额。固定资产是通过生产活动生产出来的，且其使用年限在一年以上、单位价值在规定标准以上的资产，不包括自然资产。可分为有形固定资本形成总额和无形固定资本形成总额。有形固定资本形成总额包括一定时期内完成的建筑工程、安装工程和设备工器具购置（减处置）价值，以及土地改良、新增役、种、奶、毛、娱乐用牲畜和新增经济林木价值。无形固定资本形成总额包括矿藏的勘探、计算机软件等获得减处置。

存货变动

指常住单位在一定时期内存货实物量变动的市场价值，即期末价值减期初价值的差额，再扣除当期由于价格变动而产生的持有收益。存货变动可以是正值，也可以是负值，正值表示存货上升，负值表示存货下降。存货包括生产单位购进的原材料、燃料和储备物资等存货，以及生产单位生产的产成品、在制品和半成品等存货。

货物和服务净出口

指货物和服务出口减货物和服务进口的差额。出口包括常住单位向非常住单位出售或无偿转让的各种货物和服务的价值；进口包括常住单位从非常住单位购买或无偿得到的各种货物和服务的价值。由于服务活动的提供与使用同时发生，一般把常住单位从非常住单位得到的服务作为进口，非常住单位从常住单位得到的服务作为出口。货物的出口和进口都按离岸价格计算。

Explanatory Notes for Major Statistical Indicators

Gross Domestic Product (GDP)

refers to the final products at market prices produced by all resident units in a country (or a region) during a certain period of time. Gross domestic product is expressed in three different perspectives, namely value, income, and products respectively. GDP in its value perspective refers to the total value of all goods and services produced by all resident units during a certain period of time, minus the total value of input of goods and services of the nature of non-fixed assets; in other words, it is the sum of the value-added of all resident units. GDP from the perspective of income includes the primary income created by all resident units and distributed to resident and non-resident units. GDP from the perspective of products refers to the value of all goods and services for final consumption by all resident units minus the net exports of goods and services during a given period of time. In the practice of national accounting, gross domestic product is calculated from three approaches, namely production approach, income approach and expenditure approach, which reflect gross domestic product and its composition from different angles.

Three Strata of Industry

Classification of economic activities into three strata of industry is a common practice in the world, although the grouping varies to some extent form country to country. In China economic activities are categorized into the following three strata of industry:

Primary industry refers to agriculture, forestry, animal husbandry and fishery and services in support of these industries.

Secondary industry refers to mining and quarrying, manufacturing, production and supply of electricity, water and gas, and construction.

Tertiary industry refers to all other economic activities not included in the primary or secondary industries.

Labourers Remuneration

refers to the total payment of various forms to labourers for the productive activities they are engaged in. It includes wages, bonuses and allowances, which the labourers earn in cash and in kind. It also includes the free medical services provided to the labourers and the medicine expenses, transport subsidies and social insurance, and housing fund paid by the employers. As regards the individual economy, since labourers remuneration is not easily distinguishable from the operating profit, both parts are treated as labourer remuneration.

Net Taxes on Production

refers to taxes on production less subsidies on production. The taxes on production refers to the various taxes, extra charges and fees levied on the production units on their production, sale and business activities as well as on the use of some factors of production, such as fixed assets, land and labour in the production activities they are engaged in. In contrast to taxes on production, subsidies on production refer to the unilateral government transfer to the production units and are therefore regarded as negative taxes on production. They include subsidies on the loss due to implementation of government policies, price subsidies, etc.

Depreciation of Fixed Assets

refers to the depreciation of fixed assets in a given period, drawn in accordance with the stipulated depreciation rate for the purpose of compensating the wear-and-tear loss of the fixed assets or the depreciation of fixed assets imputed in accordance with the stipulated unified depreciation rate in the national economic accounting system. It reflects the value of transfer of the fixed assets in the production of the current period. The depreciation of fixed assets in various enterprises and institutions managed as enterprises refers to the depreciation expenses actually drawn. In government agencies and institutions not managed as enterprises which do not draw the depreciation expenses, as well as for the houses of residents, the depreciation of fixed assets is the imputed depreciation, which is calculated in accordance with the stipulated unified depreciation rate. In principle, the depreciation of fixed assets should be calculated on the basis of the re-purchased value of the fixed assets. However, currently the conditions in China do not facilitate the revaluation of all the fixed assets. Therefore, only the above-mentioned methods can be adopted at present.

Operating Surplus

refers to the balance of the value added created by the resident units after deducting the labourers remuneration, net taxes on production and the depreciation of fixed assets. It is equivalent to the business profit of the enterprises plus subsidies to production, but the wages and welfare expenses paid from the profits should be deducted.

GDP by Expenditure Approach

refers to the method of measuring the final results of production activities of a country (region) during a given period from the perspective of final uses. It includes final consumption expenditure, gross capital formation and net export of goods and services. The formula for computation is.:

GDP by expenditure approach = final consumption expenditure + gross capital formation + net export of goods and services

Final Consumption Expenditure

refers to the total expenditure of resident units for purchases of goods and services from both the domestic economic territory and abroad to meet the needs of material, cultural and spiritual life. It does not include the expenditure of non-resident units on consumption in the economic territory of the country. The final consumption expenditure is broken down into household consumption expenditure and government consumption expenditure.

Household Consumption Expenditure

refers to the total expenditure of resident households on the final consumption of goods and services. In addition to the consumption of goods and services bought by the households directly with money, the household consumption expenditure also includes expenditure on goods and services obtained by the households in other ways, i.e. the so-called imputed consumption expenditure, which includes the following: (a) the goods and services provided to households by employers in the form of payment in kind and transfer in kind; (b) goods and services produced and consumed by the households themselves, in which the services refer only to the owner-occupied housing; (c) financial intermediate services provided by financial institutions; (d) insurance services provided by insurance companies.

Government Consumption Expenditure

refers to the consumption expenditure spent for the provision of public services provided by the government to the whole country and the net expenditure on the goods and services provided by the government to households free of charge or at reduced prices. The former equals to the output value of the government services minus the value of operating income obtained by the government departments. The latter equals to the market value of the goods and services provided by the government free of charge or at reduced prices to the households minus the value received by the government from the households.

Gross Capital Formation

refers to the fixed assets acquired less disposals and the net value of inventory, thus including gross fixed capital formation and changes in inventories.

Gross Fixed Capital Formation

refers to the value of acquisitions less those disposals of fixed assets during a given period. Fixed assets are the assets produced through production activities with unit value above a specified amount and which could be used for over one year. Natural assets are not included. Gross fixed capital formation can be categorized into total tangible fixed capital formation and total intangible fixed capital formation. Total tangible fixed capital formation includes the value of the construction projects and installation projects completed and the equipment, apparatus and instruments purchased (less those disposed) as well as the value of land improved, the value of draught animals, breeding stock and animals for milk, for wool and for recreational purposes and the newly increased forest with economic value. Total intangible fixed capital formation includes the prospecting of minerals and the acquisition of computer software minus the disposal of them.

Changes in Inventories

refers to the market value of the change in the physical volume of inventory of resident units during a given period, i.e. the difference between the values at the beginning and at the end of the period minus the gains due to the change in prices. The changes in inventories can have a positive or a negative value. A positive value indicates an increase in inventory while a negative value indicates a decrease in inventory. The inventory includes raw materials, fuels and reserve materials purchased by the production units as well as the inventory of finished products, semi-finished products and work-in-progress.

Net Export of Goods and Services

refers to the exports of goods and services subtracting the imports of goods and services. Exports include the value of various goods and services sold or gratuitously transferred by resident units to non-resident units. Imports include the value of various goods and services purchased or gratuitously acquired resident units from non-resident units. Because the provision of services and the use of them happen simultaneously, the acquisition of services by resident units from abroad is usually treated as import while the acquisition of services by non-resident units in this country is usually treated as export. The exports and imports of goods are calculated at FOB.

第 三 篇

Chapter 3

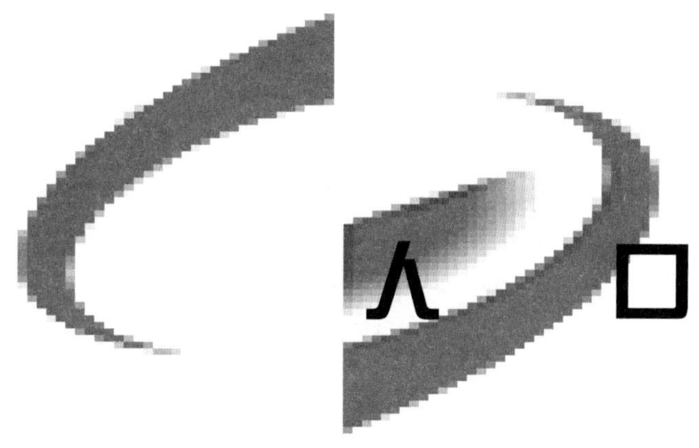

POPULATION

简要说明

一、本篇资料反映我省2018年及主要年份人口方面的基本情况，包括全省主要人口统计数据，主要指标有：总户数、总人口、家庭户规模、性别比、少年儿童系数、老年系数、老少比、文化程度状况、少年儿童抚养系数、老年抚养系数、总抚养系数、婚姻构成、就业者身份等。

二、本篇资料来源主要有以下三个方面：

1. 家庭户数据、人口性别比、人口受教育程度、抚养系数等资料，根据历年人口抽查调查和人口普查数据整理计算。

2. 历史上六次人口普查资料，根据历次人口普查资料整理。

3. 户籍人口、户籍城镇人口、户籍乡村人口，根据省公安厅提供的2018年度户籍人口统计年报资料整理。

三、本篇资料均由省统计局人口和社会科技统计处整理编制。

Brief Introduction

I. Data in this chapter show the basic conditions of Anhui's population in 2018, including the main data of population statistics of the whole province, such as family size, sex ratio, children ratio, the aged ratio, ratio of the aged to children, educational level, children dependency ratio, the aged dependency ratio, and total dependency ratio.

II. There are three main sources for Data published in this chapter.

1. Materials on Households, sex ratio, educational level and dependency ratio are tabulated according to the data of the population sample survey and census of the past years.

2. The historical data of the six population censuses are prepared in accordance with the previous population censuses.

3. Urban population census register population, household register, the household registration in rural population, according to the provincial public security department for the 2018 census register population statistical yearbook data of finishing.

III. Data in this chapter are prepared by the Population and Social Science Division, Anhui Statistical Bureau.

3—1 主要年份人口指标
Major Population Indicators in Main Year

年份 Year	户籍人口 Residence Populations		常住人口 Permanent Populations					流向省外半年以上的人数（万人） Floating Out of This Province for More Than Half a Year (10000 persons)
	总数（万人） Total (10000 persons)	城镇人口比重(%) Proportion of Urban Populations (%)	总数（万人） Total (10000 persons)	城镇人口比重(%) Proportion of Urban Populations (%)	出生率(‰) Birth Rate (‰)	死亡率(‰) Death Rate (‰)	自然增长率(‰) Natural Growth Rate (‰)	
2005	6516	20.99	6120	35.50	12.43	6.23	6.20	842
2009	6795	22.33	6131	42.10	13.07	6.60	6.47	992
2010	6827	22.71	5957	43.20	12.70	5.95	6.75	1038
2011	6876	22.93	5968	44.80	12.23	5.91	6.32	1199
2012	6902	22.89	5988	46.50	13.00	6.14	6.86	1157
2013	6929	22.92	6030	47.86	12.88	6.06	6.82	1130
2014	6936	22.69	6083	49.15	12.86	5.89	6.97	1053
2015	6949	27.58	6144	50.50	12.92	5.94	6.98	1045
2016	7027	29.52	6196	51.99	13.02	5.96	7.06	1052
2017	7059	31.07	6255	53.49	14.07	5.90	8.17	1058
2018	7083	32.65	6324	54.69	12.41	5.96	6.45	1048

注：1. 户籍人口为公安户籍统计数，常住人口为人口普查或人口抽样调查推算数；
2. 常住人口是指常住本地的人，不包括户籍人口中到省外半年以上的人口，包括外省来我省常住半年以上的人口；
3. 以下各表除加以注明的外，均为常住人口数。

a) Residence population is taken from the annual reports of the Department of Public Security and permanent population is calculated from the Sample Survay of Population.
b) Permanent population refers to people inhabit local place, excluding those residence population that going out of this province for more than one year and including the population moving to this province from other province for more than one year.
c) Data in the following tables refer to permanent populations excluding those with notes.

3—2 主要年份人口系数
Ratio of Population in Main Year

单位：%

年份 Year	少年儿童系数 Ratio of Children	老年系数 Retio of the Aged	老少比 Ratio of the Aged to Children	少年儿童抚养系数 Chilren Dependency Ratio	老年抚养系数 The Aged Dependency Ratio	总抚养系数 Dependency Ratio	年龄中位数(岁) Median of Age (year)
2005	23.07	10.08	43.69	34.51	15.08	49.59	34.32
2009	19.40	11.43	58.92	28.05	16.52	44.57	37.79
2010	17.77	10.23	57.57	24.68	14.21	38.89	36.36
2011	18.59	11.41	61.36	26.56	16.30	42.86	38.83
2012	18.35	12.08	65.83	26.37	17.36	43.73	39.79
2013	18.51	12.24	66.15	26.72	17.68	44.40	40.12
2014	18.68	11.71	62.72	26.83	16.83	43.66	39.42
2015	18.21	11.73	64.41	25.99	16.74	42.73	39.68
2016	18.31	12.00	65.54	26.27	17.22	43.49	38.63
2017	18.60	12.38	66.56	26.95	17.94	44.89	39.62
2018	18.85	12.97	68.81	27.65	19.02	46.67	40.08

注：2010年为普查数据，其余年份为人口变动抽样调查数。

a) Data in 2010 are taken from National Population Cansuses and data of other years were taken from the annual National Sample Surveys on Population Changes.

3—3 六次全省人口普查基本情况

Basic Statistics on National Population Census in 1953, 1964, 1982, 1990, 2000 and 2010

指 标		Item		1953	1964	1982	1990	2000	2010
总 人 口	**(万人)**	**Total Population**	**(10000 persons)**	**3066.3**	**3124.1**	**4966.6**	**5618.1**	**5900.0**	**5950.0**
男		Male		1610.7	1618.2	2576.4	2902.6	3043.8	3024.6
女		Female		1455.7	1506.0	2390.2	2715.5	2856.2	2925.5
育龄妇女	(15—49岁)	Women at Childbearing Age	(Age 15-49)	705.4	741.2	1150.8	1498.8	1576.9	1702.8
总 户 数	**(万户)**	**Total Number of Households**	**(10000 household)**	**713.2**	**765.2**	**1052.2**	**1337.7**	**1650.5**	**1932.2**
家 庭 户		Family Households				1047.1	1332.0	1631.4	1886.2
集 体 户		Non-family Households				5.1	5.6	19.2	46.0
家庭户规模	**(人/户)**	**Average Family Size**	**(person/household)**	**4.3**	**4.1**	**4.6**	**4.1**	**3.5**	**3.0**
各年龄组人口	**(万人)**	**Population by Age**	**(10000 persons)**						
0—6岁		Age 0-6		624.7	542.7	679.9	781.5	515.4	511.7
7—14岁		Age 7-14		481.0	657.6	1115.4	813.4	988.7	545.9
15—64岁		Age 15-64			1849.6	2968.5	3719.5	3948.0	4284.0
65岁以上		Age 65 and Over			74.2	202.8	303.7	448.0	608.5
劳动年龄人口		Population Within Working Age		1649.3	1657.6	2615.9	3336.7	3535.1	3725.1
男60岁、女55岁以上人口		Males Aged 60 and Females Aged 55 and Over				425.7	577.1	761.6	1072.7
民族人口	**(万人)**	**Nationality Population**	**(10000 persons)**						
汉 族		Han Nationality		3052.7	3108.6	4940.4	5585.7	5860.2	5910.5
少数民族		Minority Nationalities		13.6	15.5	26.2	32.4	39.8	39.6
15岁及以上人口	**(万人)**	**Marital Status of Population Aged 15 and Over**	**(10000 persons)**			**3171.3**	**4023.2**	**4396.0**	**4892.4**
未 婚		Unmarried				954.6	1112.5	964.2	951.2
有 配 偶		Married				1959.3	2641.9	3199.9	3582.5
丧 偶		Widowed				237.2	247.7	177.1	310.3
离 婚		Divorced				20.2	21.1	54.8	48.4
每十万人拥有受教育程度人口	**(人)**	**Population with Education Attainment Per 10000 from Population Censuses**	**(person)**						
大专以上		Colleges and Over			258	408	883	2312	6733
高 中		Senior Secondary School			1010	3977	5037	7653	10840
初 中		Junior Secondary School			3861	14236	19970	32826	38604
小 学		Primary School			19307	29716	34701	37362	27763
文盲人口及文盲率		**Illiterate Population and Illiterate Rate**							
文盲人口	(万人)	Illiterate Population	(10000 persons)			1900.7	1381.8	602.2	484.4
文 盲 率	(%)	Illiterate Rate	(%)			31.8	24.6	10.1	8.1
市镇乡人口	**(万人)**	**Population of Cities, Towns and Townships**	**(10000 persons)**						
市		City		112.5	214.7	488.5	692.1	843.5	1218.3
镇		Town		153.8	146.7	219.7	310.3	733.2	1339.5
乡		Townships		2800.1	2762.7	4258.4	4615.7	4323.4	3392.3
人口平均预期寿命	**(岁)**	**Population Life Expectancy**	**(age)**				**70.22**	**72.62**	**75.10**

3—4 各市主要年份人口城镇化率
Main Year Rate of Urbanization by Region

单位：%

地　区	Region	2010	2015	2016	2017	2018
总　计	**Total**	**43.20**	**50.50**	**51.99**	**53.49**	**54.69**
合肥市	Hefei	63.00	70.40	72.05	73.75	74.97
淮北市	Huaibei	54.50	60.76	62.13	63.61	65.11
亳州市	Bozhou	29.10	36.96	38.28	39.77	41.01
宿州市	Suzhou	31.40	38.73	40.03	41.56	42.74
蚌埠市	Bengbu	45.00	52.22	53.74	55.31	57.22
阜阳市	Fuyang	31.90	38.81	40.24	41.75	43.29
淮南市	Huainan	62.90	60.67	62.05	63.46	64.11
滁州市	Chuzhou	41.60	49.02	50.40	51.89	53.42
六安市	Luan	35.90	42.81	43.99	45.41	46.08
马鞍山市	Maanshan	58.00	65.15	66.49	67.89	68.25
芜湖市	Wuhu	54.60	61.96	63.46	65.05	65.54
宣城市	Xuancheng	43.30	50.64	52.14	53.69	55.21
铜陵市	Tongling	73.50	52.73	54.14	55.79	55.99
池州市	Chizhou	44.50	51.11	52.30	53.67	54.10
安庆市	Anqing	36.80	45.87	47.19	48.57	49.22
黄山市	Huangshan	41.10	48.28	49.56	50.90	51.46

3—5 各市常住人口出生率、死亡率（2018年）
Resident Population Birth Rate, Mortality by Region (2018)

地　区	Region	出生率（‰） Birth Rate （‰）	死亡率（‰） Mortality （‰）	自然增长率（‰） Natural Growth Rate （‰）
总　计	**Total**	**12.41**	**5.96**	**6.45**
合肥市	Hefei	13.20	4.41	8.79
淮北市	Huaibei	12.44	4.80	7.64
亳州市	Bozhou	14.50	5.82	8.68
宿州市	Suzhou	14.78	6.60	8.18
蚌埠市	Bengbu	13.31	5.72	7.59
阜阳市	Fuyang	16.01	5.17	10.84
淮南市	Huainan	11.81	6.90	4.91
滁州市	Chuzhou	12.06	6.04	6.02
六安市	Luan	11.98	6.73	5.25
马鞍山市	Maanshan	11.52	5.89	5.63
芜湖市	Wuhu	10.67	5.24	5.43
宣城市	Xuancheng	11.54	7.39	4.15
铜陵市	Tongling	9.23	6.51	2.72
池州市	Chizhou	10.03	6.87	3.16
安庆市	Anqing	11.85	5.05	6.80
黄山市	Huangshan	11.79	6.39	5.40

3—6 各市主要人口指标（2018年）
Main Population Indicators by Region (2018)

地 区	Region	户籍人口 Residence Populations 总数（万人）Total (10000 persons)	城镇人口比重(%) Proportion of Urban Populations (%)	常住人口 Permanent Populations 总数（万人）Total (10000 persons)	城镇人口比重(%) Proportion of Urban Populations (%)
总 计	**Total**	**7082.89**	**32.65**	**6323.60**	**54.69**
合肥市	Hefei	757.96	50.04	808.74	74.97
淮北市	Huaibei	217.86	53.36	225.41	65.11
亳州市	Bozhou	656.83	19.33	523.72	41.01
宿州市	Suzhou	656.56	22.70	568.14	42.74
蚌埠市	Bengbu	383.94	35.95	339.20	57.22
阜阳市	Fuyang	1070.83	20.20	820.72	43.29
淮南市	Huainan	389.66	43.39	348.95	64.11
滁州市	Chuzhou	453.75	31.96	411.42	53.42
六安市	Luan	588.57	21.93	483.74	46.08
马鞍山市	Maanshan	229.11	49.86	233.71	68.25
芜湖市	Wuhu	388.85	52.41	374.82	65.54
宣城市	Xuancheng	278.94	28.18	264.83	55.21
铜陵市	Tongling	170.78	43.16	162.91	55.99
池州市	Chizhou	162.23	35.07	147.45	54.10
安庆市	Anqing	528.44	31.28	469.13	49.22
黄山市	Huangshan	148.58	34.39	140.71	51.46

注：本表常住人口总数及城镇人口比重为2018年人口抽样调查推算数。

a) The permanent populations and proportion of urban populations in this table are taken from the estimated number by the end of 2018.

3—7 各市户数、人口数和性别比（2018年）
Number of Households, Population, and Sex Ratio by Region (2018)

地 区	Region	户数（万户）Number of Households (10000 household)	人口数（万人）Population (10000 persons)	男 Male	性别比（女=100）Sex Ratio (Female=100)
总 计	**Total**	**2157.54**	**7082.89**	**3676.23**	**107.91**
合肥市	Hefei	250.06	757.96	389.40	105.66
淮北市	Huaibei	71.91	217.86	111.80	105.41
亳州市	Bozhou	176.26	656.83	344.82	110.52
宿州市	Suzhou	196.12	656.56	341.18	108.18
蚌埠市	Bengbu	112.64	383.94	198.89	107.48
阜阳市	Fuyang	281.05	1070.83	557.89	108.76
淮南市	Huainan	123.55	389.66	204.27	110.19
滁州市	Chuzhou	140.49	453.75	235.46	107.87
六安市	Luan	189.85	588.57	310.59	111.73
马鞍山市	Maanshan	74.22	229.11	117.88	105.97
芜湖市	Wuhu	130.04	388.85	200.43	106.37
宣城市	Xuancheng	99.11	278.94	143.80	106.40
铜陵市	Tongling	54.08	170.78	87.62	105.36
池州市	Chizhou	51.89	162.23	82.92	104.54
安庆市	Anqing	155.42	528.44	273.28	107.10
黄山市	Huangshan	50.86	148.58	76.01	104.74

注：本表为公安户籍年报统计数。

a) Data in this table are taken from the annual reports of Department of Puplis Security.

3—8 各市主要年份总人口文盲率

Illiteracy Ratio by Region in the Primary Years

单位：%

地　区	Region	2000	2005	2010	2015	2017	2018
总　　计	**Total**	**10.06**	**11.74**	**8.14**	**5.79**	**5.45**	**5.25**
合 肥 市	Hefei	7.69	8.67	5.28	4.69	4.53	4.31
淮 北 市	Huaibei	8.42	7.59	6.54	4.96	4.74	4.46
亳 州 市	Bozhou	10.70	14.59	10.76	6.87	7.08	7.07
宿 州 市	Suzhou	10.28	11.32	8.64	6.34	6.79	6.78
蚌 埠 市	Bengbu	10.60	12.17	6.90	5.38	5.21	5.12
阜 阳 市	Fuyang	11.25	13.18	9.25	6.85	6.33	6.23
淮 南 市	Huainan	8.32	10.47	6.67	4.95	5.01	4.63
滁 州 市	Chuzhou	10.77	13.14	9.07	5.98	5.25	5.24
六 安 市	Luan	9.75	12.67	7.92	5.82	5.56	5.55
马鞍山市	Maanshan	8.87	7.94	5.24	5.02	4.68	4.63
芜 湖 市	Wuhu	10.81	10.45	5.87	5.23	4.91	4.90
宣 城 市	Xuancheng	8.88	14.47	9.46	5.85	5.88	5.72
铜 陵 市	Tongling	10.76	7.20	6.88	7.14	5.28	4.77
池 州 市	Chizhou	11.29	11.21	8.53	5.84	4.98	4.97
安 庆 市	Anqing	11.84	11.80	8.80	4.97	4.63	4.62
黄 山 市	Huangshan	8.35	8.26	6.25	3.92	3.26	3.25

3—9 各市人均受教育年限

The average number of years of Education by Region

单位：年（year）

地　区	Region	2017年人均受教育年限 The average number of years of Education 1n 2017			2018年人均受教育年限 The average number of years of Education 1n 2018		
		合　计 Total	男 Male	女 Female	合　计 Total	男 Male	女 Female
总　　计	**Total**	**9.27**	**9.77**	**8.79**	**9.30**	**9.81**	**8.83**
合 肥 市	Hefei	11.26	12.06	10.47	11.27	11.91	10.60
淮 北 市	Huaibei	9.65	10.09	9.24	9.77	10.39	9.18
亳 州 市	Bozhou	8.30	8.79	7.84	8.31	9.07	7.55
宿 州 市	Suzhou	8.67	9.17	8.20	8.68	9.30	8.09
蚌 埠 市	Bengbu	9.85	10.34	9.40	9.95	10.46	9.47
阜 阳 市	Fuyang	8.42	8.98	7.91	8.52	9.09	7.99
淮 南 市	Huainan	9.38	9.75	9.02	9.39	9.86	8.93
滁 州 市	Chuzhou	8.98	9.53	8.45	9.10	9.79	8.42
六 安 市	Luan	8.78	9.20	8.38	8.79	9.38	8.20
马鞍山市	Maanshan	9.16	9.85	8.48	9.39	10.04	8.74
芜 湖 市	Wuhu	10.12	10.62	9.64	10.13	10.76	9.47
宣 城 市	Xuancheng	8.71	9.07	8.36	8.81	9.32	8.29
铜 陵 市	Tongling	9.28	9.85	8.75	9.58	10.23	8.96
池 州 市	Chizhou	9.07	9.49	8.69	9.08	9.80	8.40
安 庆 市	Anqing	9.01	9.57	8.48	9.14	9.85	8.43
黄 山 市	Huangshan	9.00	9.49	8.55	9.32	9.87	8.77

注：本表数据为人口变动抽样调查推算数。

a) Data in this table are estimated from the changing sample survey of population.

3—10 按年龄和性别分人口数（2018年）
Population by Age and Sex (2018)

年 龄 Age	人口数 （人） Population (person)			占总人口比重 （%） Percentage to Total Population (%)			性别比 （女=100） Sex Ratio (female=100)
	合 计 Total	男 Male	女 Female	合 计 Total	男 Male	女 Female	
总 计 Total	**642304**	**323721**	**318583**	**100.00**	**50.40**	**49.60**	**101.61**
0—4	38585	20605	17979	6.01	3.21	2.80	114.61
5—9	42390	23007	19383	6.60	3.58	3.02	118.70
10—14	40099	21765	18334	6.24	3.39	2.85	118.71
15—19	33341	17946	15396	5.19	2.79	2.40	116.56
20—24	34083	17735	16348	5.31	2.76	2.55	108.49
25—29	45604	22105	23500	7.10	3.44	3.66	94.06
30—34	40112	19124	20988	6.24	2.98	3.27	91.12
35—39	38652	18803	19849	6.02	2.93	3.09	94.73
40—44	45624	22778	22846	7.10	3.55	3.56	99.70
45—49	64872	32034	32838	10.10	4.99	5.11	97.55
50—54	64471	31760	32711	10.04	4.94	5.09	97.09
55—59	36672	18308	18365	5.71	2.85	2.86	99.69
60—64	34492	17526	16966	5.37	2.73	2.64	103.30
65+	83307	40629	42678	12.97	6.33	6.64	95.20

3—11　各市常住人口基本情况（2018年）

Basic Conditions of Population by Region (2018)

地　区	Region	家庭户人口占总人口比重（%）Proportion of Family Members to the Total Population (%)	人口性别比（女=100）Sex Ratio (female=100)	外出半年以上人员性别比（女=100）Sex Ratio of Persons Having Gone out for More Than A Half Year (female=100)	农林牧渔业人口占在业人口比重（%）Proprtion of Farming, Forestry, Husbandary and Fishery People to the Total (%)	其他行业人口占在业人口比重（%）Proportion of People in Other Sectors to the Total (%)
总　计	**Total**	**98.58**	**101.62**	**123.05**	**29.19**	**70.81**
合肥市	Hefei	95.48	104.61	113.68	17.12	82.88
淮北市	Huaibei	99.84	99.57	126.35	25.78	74.22
亳州市	Bozhou	99.60	106.10	140.72	41.38	58.62
宿州市	Suzhou	99.90	100.31	144.67	48.97	51.03
蚌埠市	Bengbu	96.50	101.00	124.90	31.43	68.57
阜阳市	Fuyang	99.14	100.17	136.96	36.60	63.40
淮南市	Huainan	99.26	102.01	115.69	35.82	64.18
滁州市	Chuzhou	99.33	102.11	127.75	27.47	72.53
六安市	Luan	99.36	103.23	131.73	36.99	63.01
马鞍山市	Maanshan	96.41	100.11	114.19	23.94	76.06
芜湖市	Wuhu	98.68	102.44	110.68	18.64	81.36
宣城市	Xuancheng	99.23	100.48	112.41	35.18	64.82
铜陵市	Tongling	99.69	98.31	125.89	20.30	79.70
池州市	Chizhou	99.61	97.84	113.19	28.84	71.16
安庆市	Anqing	99.21	100.50	124.91	24.75	75.25
黄山市	Huangshan	98.72	99.75	107.76	28.26	71.74

注：本表及3—12、3—13、3—19、3—20、3—21、3—22为2018年人口抽样调查样本推算数。

a)　This form and 3-12、3-13、3-19、3-20、3-21、3-22 are computative data of population sample survey in 2018.

3—12　各市按家庭户规模分的户数构成（2018年）

Composition of Households by Size of Household and Region (2018)

单位：%

地　区	Region	家庭户规模（人/户）Size of Family Household (person/household)	一人户 One Person	二人户 Two Persons	三人户 Three Persons	四人户 Four Persons	五人户 Five Persons	六人及六人以上户 Six Persons and Over
总　计	**Total**	**3.16**	**13.79**	**27.81**	**25.36**	**17.21**	**9.00**	**6.83**
合肥市	Hefei	2.89	15.99	28.51	28.29	16.36	6.60	4.26
淮北市	Huaibei	3.14	12.10	28.05	27.57	18.39	7.65	6.25
亳州市	Bozhou	3.77	11.16	23.19	17.69	23.27	12.22	12.47
宿州市	Suzhou	3.30	14.04	28.50	19.86	20.35	9.04	8.22
蚌埠市	Bengbu	3.27	12.91	27.39	24.76	17.95	8.94	8.06
阜阳市	Fuyang	3.62	12.17	23.52	19.67	22.28	10.92	11.42
淮南市	Huainan	3.01	15.93	31.14	24.37	15.72	7.11	5.71
滁州市	Chuzhou	3.28	12.37	26.43	24.73	17.54	10.63	8.29
六安市	Luan	3.32	12.89	26.12	22.99	18.65	10.67	8.67
马鞍山市	Maanshan	2.85	16.76	32.92	26.07	12.60	7.25	4.41
芜湖市	Wuhu	3.06	13.79	26.54	29.28	15.87	9.23	5.30
宣城市	Xuancheng	2.86	16.83	33.23	24.31	12.88	8.54	4.21
铜陵市	Tongling	2.85	13.39	30.74	32.71	14.29	6.01	2.85
池州市	Chizhou	3.02	13.78	29.57	27.43	15.46	8.75	5.02
安庆市	Anqing	3.45	10.31	22.65	26.73	19.45	11.79	9.07
黄山市	Huangshan	2.87	15.73	30.72	28.43	12.94	7.98	4.21

3—13 各市人口年龄结构（2018年）
Age Composition of Population by Region (2018)

单位：%

地 区	Region	总人口（万人）Total Population (10000 persons)	年龄构成 Proportion to Total Populations 0—14岁 Age 0-14	15—64岁 Age 15-64	15—59岁 Age 15-59	65岁及以上 Age 65 and Over	抚养比 Dependency Ratio 总抚养比 Gross Dependency Ratio	少儿抚养比 Children Dependency Ratio	老年抚养比 The Aged Dependency Ratio
总 计	**Total**	**6323.60**	**18.85**	**68.18**	**62.81**	**12.97**	**46.67**	**27.65**	**19.02**
合 肥 市	Hefei	808.74	15.70	71.71	66.73	12.59	39.45	21.90	17.55
淮 北 市	Huaibei	225.41	18.88	69.08	64.16	12.05	44.76	27.32	17.44
亳 州 市	Bozhou	523.72	25.36	63.87	60.16	10.77	56.57	39.71	16.86
宿 州 市	Suzhou	568.14	22.46	64.15	59.49	13.39	55.89	35.02	20.87
蚌 埠 市	Bengbu	339.20	19.59	67.90	63.06	12.51	47.27	28.84	18.43
阜 阳 市	Fuyang	820.72	25.43	63.92	60.09	10.65	56.45	39.79	16.67
淮 南 市	Huainan	348.95	18.60	66.22	59.78	15.18	51.02	28.09	22.93
滁 州 市	Chuzhou	411.42	15.70	70.82	64.72	13.48	41.21	22.17	19.03
六 安 市	Luan	483.74	18.71	67.86	61.61	13.43	47.37	27.58	19.79
马鞍山市	Maanshan	233.71	13.92	69.04	62.65	17.04	44.85	20.17	24.68
芜 湖 市	Wuhu	374.82	14.56	71.84	65.87	13.60	39.20	20.26	18.94
宣 城 市	Xuancheng	264.83	14.04	70.55	62.59	15.42	41.75	19.90	21.85
铜 陵 市	Tongling	162.91	14.69	71.37	65.33	13.94	40.11	20.58	19.52
池 州 市	Chizhou	147.45	15.51	71.38	63.53	13.11	40.10	21.73	18.37
安 庆 市	Anqing	469.13	16.02	71.03	65.59	12.95	40.79	22.56	18.23
黄 山 市	Huangshan	140.71	14.61	70.40	62.23	14.98	42.04	20.76	21.28

3—14 各市按性别分的15岁及以上文盲人口（2018年）
Illiterate Population Aged 15 and Over by Sex and Region (2018)

地 区	Region	15岁及以上人口（人）Population Aged 15 and Over (person)	男 Male	女 Female	文盲人口（人）Illiterate Population (person)	男 Male	女 Female	文盲人口占15岁及以上人口的比重 Percentage of Illiterate Population to Total Aged 15 and Over (%)	男 Male	女 Female
总 计	**Total**	**518320**	**256540**	**261780**	**40384**	**10117**	**30267**	**7.79**	**3.94**	**11.56**
合 肥 市	Hefei	55281	28320	26961	3232	768	2463	5.85	2.71	9.14
淮 北 市	Huaibei	20293	9914	10379	1270	295	975	6.26	2.97	9.39
亳 州 市	Bozhou	23352	11565	11787	3022	771	2251	12.94	6.66	19.10
宿 州 市	Suzhou	25442	12282	13161	3199	911	2288	12.57	7.42	17.38
蚌 埠 市	Bengbu	32790	16102	16688	2519	686	1833	7.68	4.26	10.99
阜 阳 市	Fuyang	42382	20381	22001	4353	1171	3182	10.27	5.74	14.46
淮 南 市	Huainan	32798	16134	16664	2096	676	1420	6.39	4.19	8.52
滁 州 市	Chuzhou	39634	19661	19974	2969	671	2298	7.49	3.41	11.51
六 安 市	Luan	33546	16602	16944	2917	798	2119	8.70	4.81	12.50
马鞍山市	Maanshan	27810	13801	14009	1783	367	1416	6.41	2.66	10.11
芜 湖 市	Wuhu	36889	18704	18186	2943	788	2154	7.98	4.22	11.85
宣 城 市	Xuancheng	28918	14400	14518	2257	588	1669	7.80	4.08	11.50
铜 陵 市	Tongling	23009	11234	11775	1165	243	922	5.06	2.16	7.83
池 州 市	Chizhou	18365	8920	9445	1646	351	1295	8.96	3.93	13.71
安 庆 市	Anqing	49627	24595	25032	3553	760	2793	7.16	3.09	11.16
黄 山 市	Huangshan	28185	13927	14258	1460	273	1187	5.18	1.96	8.33

3—15 各市每十万人口拥有受教育程度人口（2018年）
Population by Educational Level and Region Per 100 Thousand Persons (2018)

单位：人（person）

地　区	Region	大专及以上 College and Higher Level	高中和中专 Senior Secondary School	初　中 Junior Secondary School	小　学 Primary School
总　计	**Total**	**13878**	**12404**	**35583**	**25356**
合 肥 市	Hefei	23900	17141	29518	20009
淮 北 市	Huaibei	12227	12982	39955	19596
亳 州 市	Bozhou	6259	7660	40750	28294
宿 州 市	Suzhou	7741	9999	38983	25195
蚌 埠 市	Bengbu	17477	14709	35377	21327
阜 阳 市	Fuyang	6147	9462	40083	26006
淮 南 市	Huainan	10901	14104	39153	24124
滁 州 市	Chuzhou	13286	12939	36217	25693
六 安 市	Luan	9209	12117	34395	29259
马鞍山市	Maanshan	15507	12271	34848	26200
芜 湖 市	Wuhu	17875	14213	33101	24831
宣 城 市	Xuancheng	10063	13462	36576	27348
铜 陵 市	Tongling	13090	16580	31760	28280
池 州 市	Chizhou	14410	12883	31163	28689
安 庆 市	Anqing	12547	11548	32926	28908
黄 山 市	Huangshan	12044	12120	38274	25929

3—16 各市2018—2019学年小学初中入学率状况
Percentage of Children Enrolled in Primary Schools and Junior Secondary Schools by Region (2018-2019)

单位：%

地　区	Region	初中净入学率 Net Enrollment Ratio of Junior Secondary Schools		小学净入学率 Net Enrollment Ratio of Primary Schools	
		小　计 Total	女 Female	小　计 Total	女 Female
总　计	**Total**	**99.56**	**99.85**	**99.98**	**99.99**
合 肥 市	Hefei	100.00	100.00	100.00	100.00
淮 北 市	Huaibei	100.00	100.00	100.00	100.00
亳 州 市	Bozhou	100.00	100.00	100.00	100.00
宿 州 市	Suzhou	100.00	100.00	100.00	100.00
蚌 埠 市	Bengbu	100.00	100.00	100.00	100.00
阜 阳 市	Fuyang	100.00	100.00	100.00	100.00
淮 南 市	Huainan	92.56	97.53	99.99	99.99
滁 州 市	Chuzhou	99.74	99.75	99.99	99.99
六 安 市	Luan	99.99	99.98	100.00	100.00
马鞍山市	Maanshan	100.00	100.00	100.00	100.00
芜 湖 市	Wuhu	99.86	99.85	99.65	99.74
宣 城 市	Xuancheng	99.84	100.00	100.00	100.00
铜 陵 市	Tongling	100.00	100.00	99.99	99.98
池 州 市	Chizhou	100.00	100.00	100.00	100.00
安 庆 市	Anqing	100.00	100.00	100.00	100.00
黄 山 市	Huangshan	100.00	100.00	100.00	100.00

3—17 各市婚姻人口构成（2018年）
Composition of Marriage Status by Region (2018)

单位：%

地　区	Region	15岁及15岁以上的人口合计（人） Total Population Aged 15 and Over (person)	未婚 Never Married	有配偶 With Spouses	离婚 Divorced	丧偶 Widowed
总　计	**Total**	**518320**	**18.50**	**73.17**	**1.90**	**6.43**
合肥市	Hefei	55281	21.31	71.73	1.62	4.91
淮北市	Huaibei	20293	18.51	72.50	2.34	6.20
亳州市	Bozhou	23352	20.62	71.15	2.24	5.55
宿州市	Suzhou	25442	16.58	73.39	2.50	7.09
蚌埠市	Bengbu	32790	18.21	72.16	2.27	6.91
阜阳市	Fuyang	42382	15.79	76.05	1.97	5.75
淮南市	Huainan	32798	17.39	73.05	2.17	6.95
滁州市	Chuzhou	39634	19.09	72.06	1.43	6.97
六安市	Luan	33546	14.90	74.86	2.68	7.12
马鞍山市	Maanshan	27810	16.87	74.91	1.88	5.90
芜湖市	Wuhu	36889	19.34	72.77	1.38	6.06
宣城市	Xuancheng	28918	16.38	74.91	1.28	6.99
铜陵市	Tongling	23009	17.51	73.98	1.25	6.81
池州市	Chizhou	18365	19.21	72.79	1.44	6.12
安庆市	Anqing	49627	17.45	72.50	2.05	7.57
黄山市	Huangshan	28185	14.60	74.63	2.65	7.69

注：本表15岁及以上人口为2018年人口变动抽样调查实际调查数。

a) This form and Population aged 15 and over are the actual survey data of population changing sample survey in 2018.

3—18 全省育龄妇女分年龄孩次的生育率（2018年）
Fertility Rate of Women At Childbearing Age by Age and Children's Order (2018)

单位：‰

年　龄 Age	生育率 Fertility-rate	第一孩生育率 The First Child	第二孩生育率 The Second Child	第三孩及以上生育率 The Third Child and Over
总　计 Total	**43.70**	**18.11**	**23.35**	**2.25**
15-19	**13.27**	**12.21**	**1.06**	
20-24	**79.47**	**52.75**	**25.49**	**1.23**
20	37.00	27.51	9.49	
21	63.79	44.64	17.92	1.23
22	81.75	56.70	23.26	1.79
23	98.18	63.75	33.11	1.31
24	105.77	65.19	38.97	1.61
25-29	**116.54**	**53.35**	**57.98**	**5.21**
25	119.17	72.45	42.21	4.51
26	130.77	70.64	56.11	4.03
27	128.82	57.32	67.91	3.58
28	107.86	40.26	60.61	6.99
29	97.23	31.57	59.04	6.62
30-34	**78.93**	**15.09**	**57.23**	**6.61**
30	91.05	21.05	64.27	5.73
31	94.75	18.87	69.65	6.22
32	76.69	15.15	54.77	6.78
33	63.73	10.08	45.06	8.58
34	62.73	8.02	48.65	6.06
35-39	**32.57**	**5.00**	**25.11**	**2.46**
40-44	**8.90**	**2.14**	**5.89**	**0.87**
45-49	**2.26**	**1.31**	**0.82**	**0.13**

注：本表中的生育率为2018年人口抽样调查样本推算数。

a) The fertility rate of this table are computative data of population sample survey in 2018.

3—19　各市按行业分的在业人口比例（2018年）

Proportion of Employment Population by Industry by Region (2018)

单位：%

地　区	Region	合　计（人）Total (person)	农、林、牧、渔业 Farming, Forestry, Animal Husbandry and Fishery	工　业 Industry	建筑业 Construction	交通运输、仓储及邮电通讯业 Transport, Storage, Post & Telecommunications	批发零售、住宿餐饮业 Wholesale and Retail, Hotels and Catering Services	其　他 Other
总　计	**Total**	**344949**	**33.18**	**17.14**	**9.22**	**4.14**	**17.74**	**18.59**
合 肥 市	Hefei	36473	19.77	13.22	12.20	5.84	21.51	27.47
淮 北 市	Huaibei	11796	29.64	24.66	6.20	5.69	14.27	19.55
亳 州 市	Bozhou	16227	48.10	9.96	8.43	3.25	16.08	14.18
宿 州 市	Suzhou	16535	56.52	9.06	8.04	3.30	11.58	11.50
蚌 埠 市	Bengbu	20768	35.41	15.25	6.64	4.83	20.15	17.72
阜 阳 市	Fuyang	29051	41.01	10.79	11.44	3.92	19.68	13.16
淮 南 市	Huainan	20425	40.06	18.22	5.22	3.97	15.47	17.06
滁 州 市	Chuzhou	27166	31.35	25.28	6.66	4.43	15.87	16.41
六 安 市	Luan	23463	39.73	17.54	11.10	3.65	13.81	14.17
马鞍山市	Maanshan	17950	25.83	23.83	8.93	3.42	16.98	21.01
芜 湖 市	Wuhu	24266	22.06	20.76	8.65	4.53	22.81	21.19
宣 城 市	Xuancheng	20256	39.19	15.96	8.50	3.80	15.15	17.41
铜 陵 市	Tongling	14925	22.28	25.63	8.55	4.11	21.11	18.32
池 州 市	Chizhou	11675	33.22	15.74	9.54	3.67	15.21	22.61
安 庆 市	Anqing	33689	28.82	19.83	12.33	3.11	17.23	18.67
黄 山 市	Huangshan	20283	31.80	11.71	8.79	3.98	20.46	23.26

3—20　各市外出半年以上人口比重、性别比及流向（2018年）

Proportion, Sexual Distinction and Floating Direction of Persons Going Out for More Than Half a Year by Region (2018)

地　区	Region	占总人口比重(%) Percentage to Total Population (%)	外出人口性别比(女=100) Sexual Distinction of Persons Going Out (Female=100)	外出流向构成 Composition of Floating Directions			
				本县其他乡镇街道 Other Villages, Towns or Neighbourhoods in This County	本市其他县区 Other Counties or Districts in This City	本省其他市 Other Cities in This Province	外省 Other Provinces
总　计	**Total**	**22.14**	**123.05**	**15.47**	**7.11**	**10.60**	**66.82**
合 肥 市	Hefei	17.54	113.68	47.11	18.82	4.03	30.05
淮 北 市	Huaibei	15.48	126.35	25.97	13.68	16.37	43.98
亳 州 市	Bozhou	21.66	140.72	7.37	0.88	7.22	84.53
宿 州 市	Suzhou	25.63	144.67	10.95	2.63	8.59	77.83
蚌 埠 市	Bengbu	22.00	124.90	16.24	6.61	7.57	69.58
阜 阳 市	Fuyang	28.34	136.96	4.51	3.03	5.94	86.52
淮 南 市	Huainan	34.70	115.69	9.49	6.96	17.62	65.93
滁 州 市	Chuzhou	20.12	127.75	18.49	10.35	8.73	62.44
六 安 市	Luan	23.17	131.73	11.49	3.99	15.75	68.77
马鞍山市	Maanshan	25.91	114.19	25.68	9.43	10.79	54.10
芜 湖 市	Wuhu	15.40	110.68	23.71	10.05	9.21	57.02
宣 城 市	Xuancheng	26.55	112.41	26.13	4.23	9.43	60.22
铜 陵 市	Tongling	17.24	125.89	13.28	5.69	20.27	60.75
池 州 市	Chizhou	21.81	113.19	13.38	3.72	14.30	68.60
安 庆 市	Anqing	15.62	124.91	12.80	5.99	14.25	66.97
黄 山 市	Huangshan	20.86	107.76	25.23	9.24	7.63	57.90

3—21 各市流向省外半年以上的流动人口构成（2018年）
Composition of Persons Floating Out of the Province for More Than Half a Year by Region (2018)

单位：%

地 区	Region	合计（人）Total (person)	江苏 Jiangsu	浙江 Zhejiang	上海 Shanghai	广东 Guangdong	北京 Beijing	福建 Fujian	山东 Shandong
总 计	**Total**	**75133**	**28.14**	**25.67**	**23.66**	**4.61**	**3.66**	**2.08**	**1.63**
合肥市	Hefei	2689	34.33	15.28	23.65	2.90	8.59	2.19	1.04
淮北市	Huaibei	1471	28.55	30.39	15.98	4.08	3.94	1.09	1.97
亳州市	Bozhou	4799	24.53	32.32	13.29	6.38	1.50	2.19	3.98
宿州市	Suzhou	5718	38.27	25.83	11.59	2.87	3.64	2.47	1.19
蚌埠市	Bengbu	4956	28.33	32.14	23.63	5.06	1.65	3.23	0.56
阜阳市	Fuyang	12431	17.42	36.70	18.18	6.75	3.25	1.87	2.57
淮南市	Huainan	8142	26.16	13.24	48.40	3.17	1.20	2.26	0.43
滁州市	Chuzhou	4789	45.10	20.11	25.33	2.76	1.67	0.63	0.73
六安市	Luan	5776	42.69	19.96	25.16	3.53	2.58	0.73	0.81
马鞍山市	Maanshan	4158	45.67	7.89	11.81	3.03	13.06	1.25	2.89
芜湖市	Wuhu	3117	28.04	7.15	32.66	3.91	10.56	0.83	1.73
宣城市	Xuancheng	4588	20.12	25.04	42.02	3.40	1.50	1.20	1.02
铜陵市	Tongling	2001	41.73	20.14	16.74	4.05	3.45	0.65	1.05
池州市	Chizhou	2587	20.95	32.97	21.92	5.30	2.86	2.74	1.39
安庆市	Anqing	4517	14.66	25.28	15.83	8.70	4.78	6.60	2.68
黄山市	Huangshan	3394	11.08	57.54	15.00	4.63	1.92	2.33	1.38

地 区	Region	天津 Tianjin	河南 Henan	河北 Hebei	新疆 Xinjiang	辽宁 Liaoning	湖北 Hubei	陕西 Shanxi	流向其他省市 Floating to Other Provinces or Cities
总 计	**Total**	**1.23**	**0.92**	**1.00**	**0.65**	**0.62**	**0.79**	**0.74**	**4.60**
合肥市	Hefei	1.41	0.45	0.82	2.05	0.52	1.04	0.22	5.51
淮北市	Huaibei	1.50	1.77	0.41	1.02	1.02	0.82	0.68	6.78
亳州市	Bozhou	1.29	0.88	2.50	1.40	0.83	0.40	0.40	8.11
宿州市	Suzhou	1.28	1.28	1.00	0.89	0.23	0.31	5.33	3.82
蚌埠市	Bengbu	0.63	0.50	0.48	0.30	0.26	0.44	0.32	2.47
阜阳市	Fuyang	2.50	2.18	1.70	1.40	0.90	0.88	0.31	3.39
淮南市	Huainan	0.28	0.43	0.44	0.22	0.21	0.44	0.29	2.83
滁州市	Chuzhou	0.77	0.21	0.15	0.15	0.23	0.29	0.10	1.77
六安市	Luan	0.45	0.69	0.26	0.19	0.07	0.59	0.16	2.13
马鞍山市	Maanshan	0.65	0.63	2.86	0.94	0.77	1.66	0.72	6.17
芜湖市	Wuhu	2.92	0.99	1.76	0.10	0.51	0.93	0.83	7.08
宣城市	Xuancheng	0.15	0.57	0.11	0.09	0.37	0.70	0.22	3.49
铜陵市	Tongling	0.30	0.35	0.40	0.05	0.60	0.90	0.70	8.89
池州市	Chizhou	1.20	0.46	0.81	0.31	1.08	0.81	0.27	6.93
安庆市	Anqing	2.75	0.84	0.77	0.42	2.52	2.32	0.60	11.25
黄山市	Huangshan	0.38	0.50	0.24	0.03	0.27	0.71	0.27	3.72

3—22 各市省内跨市外出半年以上的流动人口构成（2018年）

Composition of Floating Population From City to City in the Province by Region (2018)

单位：%

地　区 Region	合　计（人）Total (person)	合肥市 Hefei	淮北市 Huaibei	亳州市 Bozhou	宿州市 Suzhou	蚌埠市 Bengbu	阜阳市 Fuyang	淮南市 Huainan
总　计 Total	**13190**	**55.98**	**2.26**	**1.27**	**2.22**	**3.23**	**1.85**	**2.67**
合肥市 Hefei	407		2.73	3.64	2.28	2.96	2.73	5.92
淮北市 Huaibei	529	32.57		3.43	34.10	7.62	3.43	2.10
亳州市 Bozhou	597	53.43	1.87		2.91	5.41	9.56	1.04
宿州市 Suzhou	2496	40.12	20.06	0.87		13.13	1.59	2.74
蚌埠市 Bengbu	868	53.91	3.06	1.99	3.98		1.99	7.50
阜阳市 Fuyang	530	59.87	3.57	5.15	0.21	2.31		7.46
淮南市 Huainan	794	73.88	1.29	1.10	0.72	1.86	2.55	
滁州市 Chuzhou	1083	67.06	2.64	0.26	1.19	9.75	0.40	2.90
六安市 Luan	476	80.69	0.21	0.21	0.14	1.99	1.37	3.02
马鞍山市 Maanshan	726	45.37	1.43	1.21	0.66	3.74	0.77	5.62
芜湖市 Wuhu	874	46.40	0.18	0.72	1.26	3.42	1.98	1.08
宣城市 Xuancheng	641	37.68	1.54	1.18	1.07	1.90	1.07	1.66
铜陵市 Tongling	1357	31.20		0.13	0.13	1.83	0.39	1.17
池州市 Chizhou	418	41.01	0.89	0.45	0.59	1.04	2.53	2.38
安庆市 Anqing	608	69.75	0.35	0.70	1.22	1.22	1.22	1.92
黄山市 Huangshan	787	54.04	1.58	0.79	1.78	0.79	1.58	1.58

地　区 Region	滁州市 Chuzhou	六安市 Luan	马鞍山市 Maanshan	芜湖市 Wuhu	宣城市 Xuancheng	铜陵市 Tongling	池州市 Chizhou	安庆市 Anqing	黄山市 Huangshan
总　计 Total	**2.34**	**2.76**	**3.90**	**10.74**	**1.49**	**1.67**	**2.24**	**3.71**	**1.67**
合肥市 Hefei	14.81	9.79	12.30	24.15	2.51	5.01	2.28	7.06	1.82
淮北市 Huaibei	0.95	1.90	0.95	8.95	1.33	0.19	0.19	0.57	1.71
亳州市 Bozhou	4.37	2.08	8.73	6.86	1.46			1.46	0.83
宿州市 Suzhou	4.04	1.44	3.90	6.78	2.60	0.43	0.14	1.30	0.87
蚌埠市 Bengbu	5.97	2.76	4.90	7.96	1.99	0.61	0.46	2.14	0.77
阜阳市 Fuyang	1.16	1.58	6.51	8.82	0.53	0.53	0.11	1.37	0.84
淮南市 Huainan	1.60	6.58	2.51	4.64	0.61	0.72	0.23	0.80	0.91
滁州市 Chuzhou		0.26	5.67	6.32	0.53	0.53	0.40	1.98	0.13
六安市 Luan	1.10		1.72	5.09	0.27	0.76	0.62	2.13	0.69
马鞍山市 Maanshan	3.63	2.09		30.95	1.43	0.55	0.55	1.10	0.88
芜湖市 Wuhu	1.80	1.98	13.49		9.17	10.43	1.98	3.78	2.34
宣城市 Xuancheng	1.66	1.42	4.27	29.98		1.66	2.25	2.73	9.95
铜陵市 Tongling	0.52	1.17	2.48	10.31	0.65		26.50	22.72	0.78
池州市 Chizhou	1.04	2.82	1.63	15.75	2.08	6.24		18.57	2.97
安庆市 Anqing	1.74	2.53	2.70	9.68	0.52	2.27	1.83		2.35
黄山市 Huangshan	2.37	1.18	3.35	11.64	6.90	3.94	4.14	4.34	

3—23 全省外出半年以上人口分年龄构成（2018年）
Composition of Population Going out More Than Half a Year in the Whole Province (2018)

单位：%

年　龄 Age	合　计 Total	男 Male	女 Female	性别比 (女=100) Sex Ratio (Female=100)
总计 Total	**100.00**	**55.14**	**44.86**	**122.91**
0-4	**5.67**	**3.10**	**2.57**	**120.72**
5-9	**5.03**	**2.87**	**2.16**	**132.55**
10-14	**4.30**	**2.42**	**1.88**	**129.10**
15-19	**5.09**	**3.18**	**1.91**	**166.82**
15岁	0.70	0.42	0.29	146.78
16岁	0.85	0.54	0.31	170.05
17岁	0.98	0.62	0.36	173.60
18岁	1.19	0.76	0.43	177.32
19岁	1.37	0.85	0.52	162.67
20-24	**10.38**	**5.82**	**4.56**	**127.42**
20岁	1.67	0.94	0.73	128.00
21岁	1.77	0.99	0.78	127.25
22岁	2.03	1.16	0.87	133.06
23岁	2.40	1.34	1.05	127.12
24岁	2.51	1.38	1.12	123.04
25-29	**14.82**	**7.83**	**7.00**	**111.85**
25岁	2.48	1.29	1.19	109.17
26岁	2.87	1.53	1.34	113.62
27岁	2.92	1.56	1.36	114.12
28岁	3.41	1.82	1.60	113.82
29岁	3.14	1.63	1.51	108.26
30-34	**10.22**	**5.26**	**4.96**	**106.12**
30岁	2.49	1.26	1.22	103.46
31岁	2.36	1.22	1.14	107.30
32岁	1.94	1.00	0.94	106.73
33岁	1.75	0.91	0.84	108.37
34岁	1.68	0.86	0.82	105.46
35-39	**9.02**	**5.06**	**3.96**	**127.95**
35岁	1.79	1.02	0.77	131.17
36岁	1.89	1.07	0.81	131.70
37岁	1.73	0.93	0.80	115.94
38岁	1.79	1.03	0.76	134.62
39岁	1.82	1.02	0.80	126.59
40-44	**9.53**	**5.49**	**4.03**	**136.20**
40岁	1.90	1.11	0.79	141.48
41岁	1.77	1.01	0.76	132.74
42岁	1.92	1.09	0.82	132.56
43岁	1.91	1.11	0.80	137.85
44岁	2.03	1.17	0.86	136.37
45-49	**10.17**	**5.62**	**4.54**	**123.77**
45岁	1.96	1.14	0.82	137.98
46岁	2.06	1.16	0.90	129.88
47岁	2.06	1.13	0.93	122.52
48岁	2.10	1.12	0.99	113.54
49岁	1.98	1.07	0.91	117.16
50-54	**7.49**	**4.06**	**3.42**	**118.78**
50岁	1.95	1.04	0.90	115.87
51岁	1.45	0.79	0.66	119.57
52岁	1.52	0.84	0.67	125.24
53岁	1.37	0.76	0.61	122.89
54岁	1.20	0.63	0.57	110.24
55-59	**2.65**	**1.53**	**1.12**	**136.25**
60-64	**2.36**	**1.30**	**1.07**	**121.32**
65+	**3.28**	**1.59**	**1.68**	**94.91**

3—24 各市按外出时间分的外出人口比例（2018年）
Proportion of Persons Going Out by Time and Region (2018)

单位：%

地　区	Region	合　计（人）Total (person)	半年至一年 6Month —1 Year	一年至二年 1—2 Year	二至五年 2—5 Year	五年以上 5 Year and Over
总　　计	**Total**	**124444**	**55.68**	**12.55**	**12.94**	**18.83**
合 肥 市	Hefei	10107	52.94	11.30	13.51	22.25
淮 北 市	Huaibei	3239	42.61	17.75	18.56	21.09
亳 州 市	Bozhou	5788	66.43	13.84	7.88	11.85
宿 州 市	Suzhou	7461	70.43	13.40	9.17	6.98
蚌 埠 市	Bengbu	7886	59.26	10.97	12.44	17.32
阜 阳 市	Fuyang	14715	68.22	11.14	11.46	9.18
淮 南 市	Huainan	14169	39.84	11.72	17.63	30.81
滁 州 市	Chuzhou	8320	56.98	14.92	12.61	15.52
六 安 市	Luan	8618	56.18	15.24	12.02	16.56
马鞍山市	Maanshan	8045	50.76	13.98	14.05	21.21
芜 湖 市	Wuhu	5741	50.53	13.20	16.01	20.28
宣 城 市	Xuancheng	8350	42.57	11.63	12.98	32.81
铜 陵 市	Tongling	3917	46.11	17.82	14.50	21.60
池 州 市	Chizhou	4251	65.07	8.33	12.07	14.56
安 庆 市	Anqing	7602	65.97	10.37	10.97	12.69
黄 山 市	Huangshan	6236	54.49	11.05	11.24	23.24

3—25 历年全省总人口、总户数
Total Populations and Households of the Province Over the Years

单位：万户、万人（10000 households、10000 persons）

年　份 Year	总户数 Total Number of Households	总人口 Population 合　计 Total	男 Male	女 Female	性别比(女=100) Sex Ratio (Female=100)	城镇人口 Urban Population	乡村人口 Rural Population
1978	1018	4713	2439	2274	107.27	504	4209
1980	1051	4893	2530	2363	107.10	556	4337
1985	1174	5156	2683	2473	108.46	724	4432
1990	1445	5661	2934	2727	107.57	843	4818
1995	1551	6000	3116	2884	108.08	1044	4956
2000	1656	6278	3258	3020	107.87	1230	5048
2005	1849	6516	3388	3127	108.34	1368	5148
2010	2093	6827	3543	3283	107.92	1550	5276
2011	2118	6876	3567	3309	107.80	1577	5299
2012	2139	6902	3580	3322	107.78	1580	5322
2013	2144	6929	3599	3330	108.08	1588	5341
2014	2123	6936	3610	3326	108.57	1574	5362
2015	2132	6949	3615	3334	108.43	1917	5032
2016	2142	7027	3652	3374	108.24	2075	4952
2017	2149	7059	3666	3393	108.04	2193	4866
2018	2158	7083	3676	3407	107.91	2313	4770

注：本表为公安户籍年报统计数，2015年原非农业人口、农业人口调整为城镇人口、乡村人口。

a) Public security household annual report data in this table is based on statistics, in 2015 changed the non-agricultural population, agricultural population to urban population and rural population.

3—26 各市、县、区户数、人口数（2018年）

Total Number of Households and Population by City, County and Region (2018)

地 区	Region	总户数（万户）Total Number of Households (10000 household)	户籍人口（万人）Registered Population (10000 persons)	男 Male	女 Female	性别比（女=100）Sex Ratio (Female=100)	城镇人口 Urban Population	常住人口（万人）Permanent Population (10000 persons)
总 计	**Total**	**2157.54**	**7082.89**	**3676.23**	**3406.66**	**107.91**	**2312.60**	**6323.6**
合肥市	**Hefei**	**250.06**	**757.96**	**389.40**	**368.56**	**105.66**	**379.25**	**808.7**
市辖区	Region of City	96.48	281.27	142.18	139.09	102.23	270.18	393.9
瑶海区	Yaohai District	22.78	66.57	33.69	32.88	102.48	63.57	100.0
庐阳区	Luyang District	16.82	50.02	25.09	24.92	100.68	48.76	68.3
蜀山区	Shushan District	34.13	99.11	50.28	48.83	102.98	94.23	128.7
包河区	Baohe District	22.75	65.57	33.11	32.46	102.03	63.62	97.0
巢湖市	Chaohu	31.01	85.92	44.19	41.73	105.91	21.29	79.6
长丰县	Changfeng	25.74	78.41	40.74	37.67	108.13	19.53	66.7
肥东县	Feidong	34.29	107.70	56.54	51.16	110.51	22.92	89.6
肥西县	Feixi	24.91	83.81	43.22	40.59	106.46	20.53	78.0
庐江县	Lujiang	37.64	120.86	62.54	58.32	107.24	24.80	100.9
淮北市	**Huaibei**	**71.91**	**217.86**	**111.80**	**106.06**	**105.41**	**116.25**	**225.4**
市辖区	Region of City	35.99	104.91	53.54	51.37	104.21	69.74	119.6
杜集区	Duji District	10.76	30.06	15.47	14.59	106.06	17.44	34.2
相山区	Xiangshan District	14.07	42.36	21.22	21.14	100.38	35.81	50.8
烈山区	Lieshan District	11.16	32.50	16.85	15.65	107.66	16.49	34.6
濉溪县	Suixi	35.91	112.95	58.26	54.69	106.53	46.50	105.8
亳州市	**Bozhou**	**176.26**	**656.83**	**344.82**	**312.01**	**110.52**	**126.97**	**523.7**
谯城区	Qiaocheng District	53.30	168.34	87.45	80.88	108.13	34.59	152.3
涡阳县	Guoyang	34.77	170.35	89.72	80.63	111.28	36.41	131.2
蒙城县	Mengcheng	35.02	144.85	76.17	68.68	110.90	31.08	115.4
利辛县	Lixin	53.16	173.30	91.48	81.82	111.81	24.89	124.8
宿州市	**Suzhou**	**196.12**	**656.56**	**341.18**	**315.38**	**108.18**	**149.05**	**568.1**
埇桥区	Yongqiao District	60.34	191.82	99.14	92.68	106.97	61.02	174.3
砀山县	Dangshan	33.32	100.21	52.13	48.08	108.43	20.04	84.5
萧县	Xiaoxian	41.53	139.58	72.81	66.77	109.06	26.51	119.8
灵璧县	Lingbi	33.73	128.84	67.39	61.44	109.69	20.67	104.4
泗县	Sixian	27.20	96.11	49.69	46.41	107.07	20.82	85.1
蚌埠市	**Bengbu**	**112.64**	**383.94**	**198.89**	**185.05**	**107.48**	**138.02**	**339.2**
市辖区	Region of City	39.09	115.67	58.21	57.46	101.31	71.84	122.4
龙子湖区	Longzihu District	6.46	17.49	8.68	8.81	98.57	14.29	22.4
蚌山区	Bengshan District	12.11	34.30	16.94	17.36	97.56	27.47	40.7
禹会区	Yuhui District	12.25	36.03	18.36	17.67	103.88	19.94	35.7
淮上区	Huaishang District	8.27	27.86	14.24	13.62	104.55	10.14	23.6
怀远县	Huaiyuan	36.50	133.07	69.97	63.10	110.89	29.84	99.3
五河县	Wuhe	19.58	69.34	36.34	32.99	110.15	18.89	59.8
固镇县	Guzhen	17.47	65.86	34.36	31.50	109.08	17.46	57.6

注：本表户籍人口为公安户籍年报统计数，常住人口为抽样调查加权汇总推算数。

a) The annual report data of census register population for public security census register and permanent population sampling survey Weighted summary Calculation number.

3—26　续表1　continued

地区	Region	总户数(万户) Total Number of Households (10000 household)	户籍人口(万人) Registered Population (10000 persons)	男 Male	女 Female	性别比(女=100) Sex Ratio (Female=100)	城镇人口 Urban Population	常住人口(万人) Permanent Population (10000 persons)
阜阳市	**Fuyang**	**281.05**	**1070.83**	**557.89**	**512.94**	**108.76**	**216.31**	**820.7**
市辖区	Region of City	57.73	229.88	118.08	111.79	105.63	84.43	201.5
颍州区	Yingzhou District	22.48	89.06	45.05	44.01	102.35	39.65	82.4
颍东区	Yingdong District	16.43	66.66	34.73	31.92	108.79	22.08	56.9
颍泉区	Yingquan District	18.82	74.16	38.31	35.85	106.83	22.70	62.2
界首市	Jieshou	23.21	82.95	43.15	39.80	108.44	12.09	60.8
临泉县	Linquan	55.37	229.53	118.93	110.61	107.52	25.58	165.0
太和县	Taihe	53.45	177.33	93.44	83.89	111.38	45.11	144.6
阜南县	Funan	43.72	172.75	90.05	82.70	108.89	17.20	120.1
颍上县	Yingshang	47.58	178.38	94.23	84.14	111.99	31.89	128.7
淮南市	**Huainan**	**123.55**	**389.66**	**204.27**	**185.39**	**110.19**	**169.06**	**349.0**
市辖区	Region of City	54.88	168.60	86.71	81.89	105.89	109.36	173.3
大通区	Datong District	6.47	18.62	9.53	9.09	104.83	10.39	18.7
田家庵区	Tianjiaan District	19.35	58.06	29.47	28.59	103.05	49.15	62.9
谢家集区	Xiejiaji District	10.42	30.88	15.81	15.07	104.92	20.60	32.8
八公山区	Bagongshan District	5.36	15.40	7.89	7.51	105.05	13.12	17.7
潘集区	Panji District	13.27	45.63	24.01	21.62	111.05	16.10	41.2
凤台县	Fengtai	25.19	81.43	43.23	38.20	113.17	24.92	59.8
寿县	Shouxian	43.48	139.63	74.33	65.30	113.83	34.78	105.4
滁州市	**Chuzhou**	**140.49**	**453.75**	**235.46**	**218.28**	**107.87**	**145.00**	**411.4**
市辖区	Region of City	19.70	55.76	28.05	27.71	101.21	37.12	59.3
琅琊区	Langya District	9.75	28.05	13.98	14.07	99.40	27.15	32.6
南谯区	Nanqiao District	9.95	27.70	14.06	13.64	103.08	9.97	26.7
天长市	Tianchang	18.91	63.28	32.12	31.16	103.08	25.39	62.4
明光市	Mingguang	20.98	64.46	33.27	31.19	106.65	17.75	54.9
来安县	Laian	17.07	48.68	24.90	23.78	104.68	12.76	44.8
全椒县	Quanjiao	15.75	45.28	23.45	21.83	107.42	14.43	40.3
定远县	Dingyuan	26.72	97.63	51.96	45.67	113.77	21.14	81.4
凤阳县	Fengyang	21.35	78.65	41.72	36.93	112.97	16.41	68.3
六安市	**Luan**	**189.85**	**588.57**	**310.59**	**277.98**	**111.73**	**129.05**	**483.7**
市辖区	Region of City	73.53	220.48	116.08	104.40	111.19	60.44	200.1
金安区	Jinan District	31.03	88.47	45.91	42.56	107.87	28.18	85.3
裕安区	Yuan District	33.81	104.26	55.33	48.92	113.10	25.68	91.4
叶集区	Yeji District	8.69	27.75	14.84	12.91		6.57	23.4
霍邱县	Huoqiu	53.07	163.84	87.00	76.84	113.22	30.29	119.8
舒城县	Shucheng	31.75	99.64	51.81	47.83	108.31	18.43	77.2
金寨县	Jinzhai	20.09	68.35	36.89	31.46	117.23	12.12	53.6
霍山县	Huoshan	11.41	36.26	18.82	17.45	107.86	7.77	32.9
马鞍山市	**Maanshan**	**74.22**	**229.11**	**117.88**	**111.24**	**105.97**	**114.24**	**233.7**
市辖区	Region of City	28.04	82.49	41.59	40.90	101.69	65.72	98.0
花山区	Huashan District	13.22	37.68	18.69	18.99	98.41	36.07	45.4
雨山区	Yushan District	8.99	25.97	12.97	13.00	99.78	22.93	34.1
博望区	Bowang District	5.82	18.84	9.93	8.91	111.45	6.71	18.6
当涂县	Dangtu	15.80	47.85	24.53	23.32	105.20	20.77	47.6
含山县	Hanshan	13.95	44.55	23.41	21.14	110.72	14.66	39.5
和县	Hexian	16.43	54.22	28.35	25.87	109.55	13.09	48.6
芜湖市	**Wuhu**	**130.04**	**388.85**	**200.43**	**188.43**	**106.37**	**203.79**	**374.8**
市辖区	Region of City	52.64	150.26	76.03	74.23	102.43	110.57	169.7

3—26 续表2 continued

地　区	Region	总户数（万户）Total Number of Households (10000 household)	户籍人口（万人）Registered Population (10000 persons)	男 Male	女 Female	性别比（女=100）Sex Ratio (Female=100)	城镇人口 Urban Population	常住人口（万人）Permanent Population (10000 persons)
镜湖区	Jinghu District	17.04	45.61	22.63	22.98	98.48	42.63	57.2
弋江区	Yijiang District	8.77	24.12	12.10	12.03	100.57	24.12	34.0
鸠江区	Jiujiang District	20.58	60.43	31.04	29.40	105.59	36.37	62.8
三山区	Sanshan District	6.26	20.09	10.27	9.83	104.48	7.45	15.7
芜湖县	Wuhu	11.65	34.85	18.00	16.85	106.82	14.57	30.6
繁昌县	Fanchang	10.03	27.61	14.17	13.43	105.53	10.07	27.1
南陵县	Nanling	17.95	55.08	28.53	26.55	107.45	22.51	42.0
无为县	Wuwei	37.77	121.05	63.69	57.36	111.03	46.08	105.4
宣城市	**Xuancheng**	**99.11**	**278.94**	**143.80**	**135.14**	**106.40**	**78.62**	**264.8**
宣州区	Xuanzhou District	31.02	86.40	44.26	42.14	105.02	22.17	81.9
宁国市	Ningguo	13.73	38.40	19.71	18.69	105.43	12.43	40.3
郎溪县	Langxi	11.94	34.75	17.91	16.84	106.34	10.78	33.5
广德县	Guangde	17.42	51.86	26.86	25.00	107.42	15.60	49.9
泾　县	Jingxian	13.59	35.13	18.29	16.84	108.60	8.41	30.7
绩溪县	Jixi	6.77	17.49	9.04	8.45	106.92	5.50	16.0
旌德县	Jingde	4.65	14.91	7.74	7.17	107.94	3.73	12.5
铜陵市	**Tongling**	**54.08**	**170.78**	**87.62**	**83.17**	**105.36**	**73.71**	**162.9**
市辖区	Region of City	25.62	73.77	37.11	36.66	101.23	47.79	91.5
铜官区	Tongguan District	12.35	36.10	18.04	18.06	99.88	34.79	40.7
郊　区	Suburban District	2.93	8.19	4.08	4.11	99.21	5.66	23.9
义安区	Yian District	10.34	29.47	14.99	14.48	103.48	7.34	26.9
枞阳县	Zongyang	28.46	97.02	50.51	46.51	108.61	25.92	71.4
池州市	**Chizhou**	**51.89**	**162.23**	**82.92**	**79.32**	**104.54**	**56.90**	**147.4**
贵池区	Guichi District	22.00	67.17	34.12	33.05	103.21	26.81	63.1
东至县	Dongzhi	17.38	54.90	28.19	26.72	105.50	18.33	48.9
石台县	Shitai	3.37	10.78	5.57	5.21	106.97	3.25	9.9
青阳县	Qingyang	9.14	29.38	15.04	14.34	104.92	8.51	25.5
安庆市	**Anqing**	**155.42**	**528.44**	**273.28**	**255.16**	**107.10**	**165.30**	**469.1**
市辖区	Region of City	25.79	73.83	36.83	36.99	99.57	53.50	84.4
迎江区	Yingjiang District	7.99	21.28	10.61	10.68	99.32	17.78	27.3
大观区	Daguan District	8.85	25.94	12.93	13.01	99.38	20.03	29.3
宜秀区	Yixiu District	8.94	26.60	13.30	13.30	99.96	15.69	27.8
桐城市	Tongcheng	21.29	75.38	38.33	37.05	103.46	20.72	68.3
潜山市	Qianshan	16.22	58.40	30.13	28.27	106.59	14.02	51.9
怀宁县	Huaining	20.44	70.61	36.55	34.06	107.30	18.00	61.0
太湖县	Taihu	17.21	57.94	30.31	27.63	109.68	13.55	53.2
宿松县	Susong	24.92	87.04	46.44	40.61	114.37	21.86	62.0
望江县	Wangjiang	17.39	64.01	32.98	31.02	106.33	14.16	55.1
岳西县	Yuexi	12.15	41.24	21.71	19.54	111.10	9.47	33.3
黄山市	**Huangshan**	**50.86**	**148.58**	**76.01**	**72.57**	**104.74**	**51.09**	**140.7**
市辖区	Region of City	16.32	46.39	23.29	23.10	100.81	24.19	49.2
屯溪区	Tunxi District	7.46	20.65	10.11	10.55	95.84	14.57	24.2
黄山区	Huangshan District	5.56	16.20	8.30	7.90	105.04	5.76	15.3
徽州区	Huizhou District	3.29	9.53	4.88	4.65	104.88	3.86	9.7
歙　县	Shexian	16.91	47.32	24.55	22.76	107.88	11.95	41.8
休宁县	Xiuning	8.18	26.83	13.74	13.09	104.97	7.21	25.2
黟　县	Yixian	3.45	9.34	4.79	4.55	105.18	2.76	8.2
祁门县	Qimen	6.00	18.70	9.64	9.06	106.33	4.98	16.3

主要统计指标解释

人口数

指一定时点、一定地区范围内的有生命的个人的总和。

常住人口

是指具有中华人民共和国国籍并在中华人民共和国境内常住的人。

（1）居住本乡、镇、街道，户口在本乡、镇、街道的人；

（2）居住本乡、镇、街道半年以上，户口在外乡、镇、街道的人；

（3）在本乡、镇、街道居住不满半年，离开户口登记地半年以上的人；

（4）居住本乡、镇、街道，户口待定的人；

（5）原住本乡、镇、街道，现在国外工作学习，暂无户口的人；

常住户口在本乡、镇、街道，但已离开本乡、镇、街道半年以上的人，在户口所在地只登记人数，不计入户口所在地的常住人口数内。

总人口文盲率

15 岁及以上不识字人数与总人口数的比例。

出生率（又称粗出生率）

指在一定时期内（通常为一年）平均每千人所出生的人数的比率，一般用千分率表示。

计算公式为：

出生率＝年出生人数/年平均人数×1000‰

式中：出生人数指活产婴儿，即胎儿脱离母体时（不含怀孕月数），有过呼吸或其他生命现象。年平均人数指年初、年底人口数的平均数，也可用年中人口数代替。

死亡率（又称粗死亡率）

指在一定时期内（通常为一年）一定地区的死亡人数与同期平均人数（或期中人数）之比，一般用千分率表示。

计算公式为：

死亡率＝年死亡人数/年平均人数×1000‰

人口自然增长率

指在一定时期内（通常为一年）人口自然增加数（出生人数减死亡人数）与该时期内平均人数（或期中人数）之比，一般用千分率表示。

计算公式为：

人口自然增长率＝（年出生人数－年死亡人数）/年平均人数×1000‰

＝人口出生率－人口死亡率

在业人口（又称就业人口）

指十六周岁及十六周岁以上人口中从事一定的社会劳动并取得劳动报酬或经营收入的人口。

未工作人口

指十六周岁及十六周岁以上人口中未从事社会劳动的人口，包括在校学生、料理家务、待升学、失去工作、离退休、退职、丧失劳动能力等非在业人口。

抚养系数

指被抚养人口（0-14 岁和 65 岁以上人口）与 15-64 岁人口的比例。

计算公式为：

抚养系数＝被抚养人口/15-64 岁人口×100%

老年抚养系数

指老年人口（65 岁以上人口）与 15-64 岁人口的比例。

计算公式为：

老年抚养系数＝老年人口/15-64 岁人口×100%

少年儿童抚养系数

指 0-14 岁少年儿童与 15-64 岁人口的比例。

计算公式为：

少年儿童抚养系数＝少年儿童人口/15-64 岁人口×100%

Explanatory Notes for Major Statistical Indicators

Total Population

refers to the total number of people alive at a certain point of time within a given area.

Permanent Population

refers to the persons who hold the nationality of, and have permanent residing place in the People's Republic of China.

a) Those who reside in the townships, towns and street communities and have their permanent household registration there.

b) Those who have resided in the townships, towns and street communities for more than 6 months but the places of their permanent household registration are elsewhere.

c) Those who have resided in the townships, towns and street communities for less than 6 months but have been away from the place of their permanent household registration for more than 6 months.

d) Those who live in the townships, towns and street communities while the places of their household registration have not yet settled.

e) Those who used to live in the townships, towns and street communities but are working or studying abroad and have no permanent household registration for the time being.

Those who have their permanent household registration in the townships, towns and street communities but have been away from these places for more than 6 months are only registered as total population not counted as permanent population of the places of their household registration.

Total Population Illiterate Ratio

refers to the ratio of the number of illiterate people aged 15 and over to total population.

Birth Rate or (Crude Birth Rate)

refers to the ratio of the number of births to the average population during a certain period of time (usually a year) which is often expressed in‰. The following formula is used:

Birth Rate=Number of Births/Average Number of Population×1000‰

Number of births refers to live births i.e. the births when babies had showed any vital phenomena regardless of the length of pregnancy.

Annual Average Number of Population is the average of the number of population at the beginning of the year and that at the end of the year. Sometimes it is substituted for with the mid year population.

Death Rate (or Crude Death Rate)

refers to the ratio of the number of deaths to the average population (or mid year population) during a certain period of time (usually a year) which is often expressed in‰. The following formula is used:

Death Rate umber of Deaths=Number of Deaths/Annual Average Number of Population×1000‰

Natural Growth Rate of Population

refers to the ratio of natural increase in population (number of births minus number of deaths) in a certain period of time (usually a year) to the average population (or mid year population) of the same period which is often expressed in‰. The following formulas are applied:

Natural Growth of Population=(Number of Births-Number of Deaths)/Average Number of Population×1000‰

Natural Growth Rate of Population=Birth Rate-Death Rate

Employed Population

refers to population aged 16 or over engaging in social labour which generates income.

Not Working Population

refers to population aged 16 or over not engaging in any social labour which generates income, including students enrolled in schools, house wives, students waiting for entering schools with higher level, persons losing their jobs, retirees, job quitters, disabled, etc.

Total Dependency Ratio

refers to the ratio of number of dependents to the total population aged 15-64, the number of dependents being population aged 0-14 and population aged 65 and over. The total dependency ratio is calculated as follows:

Total Dependency Ratio=Number of dependents/Population aged 15-64×100%

The Aged Dependency Ratio

refers to the ratio of the number of the aged population to the total population aged 15-64, the aged being population aged 65 and over. The aged dependency ratio is calculated as follows:

The Aged Dependency Ratio=Number of the aged population/Population aged 15-64×100%

The Juvenile and Children Dependency Ratio

refers to the ratio of the number of the juvenile and children to the total population aged 15-64, the juvenile and children being population aged 0-14. The juvenile and children dependency ratio is calculated as follows:

The Juvenile and Children Dependency Ratio=Number of juvenile and children/Population aged 15-64×100%

第四篇

Chapter 4

EMPLOYMENT AND WAGES

简要说明

一、本篇资料反映我省 2018 年及主要年份劳动经济方面的基本情况，包括全省和 16 个市主要劳动统计数据。主要指标有：就业人员、私营和个体就业人员、城镇登记失业人员及失业率、单位就业人员、工资总额和平均工资等。

二、本篇资料来源主要有四个方面：

1. 就业人员数、工资总额、平均工资，根据《2018 年度全省劳动统计年报》汇总整理提供。

2. 私营企业和个体就业人员，根据省工商局提供的资料整理。

3. 城镇登记失业人数、新增就业人数、城镇登记失业率，根据省人力资源和社会保障厅提供的资料整理。省人力资源和社会保障厅提供的分市数据，均为老区划口径数据。

4. 就业基本情况根据全省劳动统计年报、全省 2016 年人口变动抽样调查资料、省统计局农业统计年报、省工商统计年报等综合编制。

三、1998 年及以后城镇单位就业人员、职工工资、工资总额、平均工资等指标中不再包括离开本单位仍保留劳动关系的职工及其生活费。

四、本篇资料均由省统计局人口和社会科技统计处整理编制。

Brief Introduction

I. Data in this chapter show the basic conditions of Anhui's labor economy in 2018 and the mainly previous years, including the main data of labor statistics of the whole province and 16 prefectures such as number of the employed persons, number of persons employed in the urban private enterprises and self-employment, registered urban unemployed persons and unemployment rate, number of employment in units, total wages and average wages.

II. There are four main sources for Data published in this chapter.

1. Data on number of employed persons, total wages and average wages are tabulated and provided in accordance with "the Annual Labor statistical Report of Anhui Province in 2018".

2. Data on the number of person employed in private enterprises and self-employed persons are tabulated in accordance with the data supplied by the Provincial Administration for Industry and Commerce.

3. Data on newly employed registered unemployees in urban area, registered urban unemployed persons and unemployment rate and employment services and situations in employment services of labor departments are tabulated in accordance with data supplied by the Department of Labor and Social Insurance. Man club hall, data, are all old diameter data.

4. Data on persons employed are provided in accordance with the Provincial Annual Labour Statistical Report, Sample Survey of population changes in 2016, annual agricultural statistical report of Anhui Statistical Bureau, annual statistical report of industry and commerce .

III. The scope of statistics on employed person in urban areas, total number of staff and workers, total wage bills, average wages do not include the persons who had left their working units and while keeping their labour contract/employment relation unchanged since 1998.

Ⅳ.Data in this chapter are prepared by the Population and Social Science Division, Anhui Statistical Bureau.

4—1 就业基本情况
Basic Conditions of Employment

单位：万人（10000 persons）

项　目	Item	2005	2010	2015	2017	2018
经济活动人口	**Economically Active Population**	**3712.8**	**4096.8**	**4384.0**	**4418.6**	**4424.9**
就业人员合计	**Total Number of Employed Persons**	**3669.7**	**4050.0**	**4342.1**	**4377.9**	**4385.3**
第一产业	Primary Industry	1783.3	1583.6	1396.2	1363.3	1353.6
第二产业	Secondary Industry	783.9	1016.5	1232.1	1259.5	1263.3
第三产业	Tertiary Industry	1102.4	1449.9	1713.8	1755.1	1768.4
就业人员构成（合计=100）	**Composition of Employed Persons (total=100)**					
第一产业	Primary Industry	48.6	39.1	32.1	31.1	30.9
第二产业	Secondary Industry	21.4	25.1	28.4	28.8	28.8
第三产业	Tertiary Industry	30.0	35.8	39.5	40.1	40.3
按城乡分就业人员	**Number of Employed Persons by Urban and Rural Areas**					
城镇就业人员	Urban Employed Persons	730.5	973.5	1292.1	1378.5	1385.3
#国有单位	State-owned Units	208.7	206.0	189.1	184.0	181.2
城镇集体单位	Urban Collective Owned Units	30.8	17.9	14.7	13.1	12.5
股份合作单位	Share Holding Units	3.9	4.7	3.3	2.9	2.5
联营单位	Joint Owned Units	0.8	0.8	0.3	0.2	0.3
有限责任公司	Limited Liability Corporations	52.3	80.0	203.7	213.8	291.0
股份有限公司	Share-holding Corporations Ltd.	24.8	37.7	60.8	61.5	69.7
港澳台商投资单位	Units Funded by Entrepreneurs from Hong Kong, Macao & Taiwan	3.7	7.0	15.9	15.7	12.4
外商投资单位	Foreign Funded Units	6.7	14.7	19.8	18.4	15.9
乡村就业人员	Rural Employed Persons	2939.2	3076.5	3050.0	2999.4	3000.0
城镇非私营单位就业人数	**The Private Institutions in Cities and Towns of Employment**	**317.4**	**372.9**	**513.8**	**516.2**	**592.3**
国有单位	State-owned Units	199.2	206.0	189.1	184.0	181.2
城镇集体单位	Urban Collective Owned Units	28.2	17.9	14.7	13.1	12.5
其他单位	Units of Other Types of Ownership	90.1	149.1	310.0	319.1	398.6
城镇单位女性就业人员	**Number of Female Employment in Urban Units**	**112.4**	**121.3**	**170.2**	**178.6**	**198.0**
城镇登记失业人数	**Number of Registered Unemployed Persons in Urban Areas**	**27.8**	**28.5**	**30.9**	**29.0**	**28.1**
城镇登记失业率　（%）	**Registered Unemployment Rate in Urban Areas　(%)**	**4.4**	**3.7**	**3.1**	**2.9**	**2.8**

注：1．全社会就业人员总计、城镇和乡村就业人员小计资料根据有关部门资料进行了调整，因此分市、分类型、分行业的资料相加不等于总计。（下同）

a) Data on the total employed persons and the sub-total of employed persons in urban and rural areas have been adjusted in accordance with the data of related departments. As a result, the sum of the data by city, by ownership or by sector is not equal to the total. The same as in the following tables.

4—2 各市按三次产业分的就业人员数（2018年）
Number of Employed Persons by Type of Industry and Region (2018)

地 区	Region	就业人员（万人）Total (10000 persons)	第一产业 Primary Industry	第二产业 Secondary Industry	第三产业 Tertiary Industry	构 成（合计=100）Composition in Percentage (total=100) 第一产业 Primary Industry	第二产业 Secondary Industry	第三产业 Tertiary Industry
总 计	**Total**	**4385.3**	**1353.6**	**1263.3**	**1768.4**	**30.9**	**28.8**	**40.3**
合 肥 市	Hefei	542.8	70.4	189.5	282.9	13.0	34.9	52.1
淮 北 市	Huaibei	122.3	37.9	37.8	46.6	31.0	30.9	38.1
亳 州 市	Bozhou	367.6	132.5	90.5	144.6	36.1	24.6	39.3
宿 州 市	Suzhou	389.2	138.7	113.6	136.9	35.6	29.2	35.2
蚌 埠 市	Bengbu	262.2	111.8	57.3	93.1	42.6	21.9	35.5
阜 阳 市	Fuyang	692.2	227.7	211.6	252.9	32.9	30.6	36.5
淮 南 市	Huainan	219.5	61.3	67.1	91.1	27.9	30.6	41.5
滁 州 市	Chuzhou	310.4	105.0	96.9	108.5	33.8	31.2	35.0
六 安 市	Luan	407.8	143.7	88.2	175.9	35.3	21.6	43.1
马鞍山市	Maanshan	144.3	33.6	42.6	68.1	23.3	29.5	47.2
芜 湖 市	Wuhu	221.8	49.3	63.6	108.9	22.2	28.7	49.1
宣 城 市	Xuancheng	204.0	64.2	57.4	82.4	31.5	28.1	40.4
铜 陵 市	Tongling	116.5	33.3	31.8	51.4	28.6	27.3	44.1
池 州 市	Chizhou	114.6	42.7	28.0	43.9	37.3	24.4	38.3
安 庆 市	Anqing	334.2	109.3	106.5	118.4	32.7	31.9	35.4
黄 山 市	Huangshan	99.6	34.0	25.2	40.4	34.1	25.3	40.6

4—3 主要年份按城乡分的就业人员数
Number of Employed Persons by Residence in Urban and Rural Areas and Region in Main Year

单位：万人（10000 persons）

年份 Year	合计 Total	城镇 Urban Area				
		小计 Sub-total	国有单位 State-owned Units	集体单位 Collective-owned Units	股份合作单位 Share Holding Units	联营单位 Joint-owned Units
2000	3450.7	652.9	314.8	91.2	8.4	1.2
2005	3669.7	730.5	208.7	30.8	3.9	0.8
2009	3988.0	936.2	202.1	18.8	4.5	0.8
2010	4050.0	973.5	206.0	17.9	4.7	0.8
2011	4120.9	1038.3	219.0	18.3	5.2	1.1
2012	4206.8	1141.0	225.7	17.2	4.9	0.8
2013	4275.9	1226.2	196.4	16.2	3.4	0.4
2014	4311.0	1277.4	198.8	15.6	3.3	0.4
2015	4342.1	1292.1	189.1	14.7	3.3	0.3
2016	4361.6	1327.5	191.1	14.2	3.6	0.3
2017	4377.9	1378.5	184.0	13.1	2.9	0.2
2018	4385.3	1385.3	181.2	12.5	2.5	0.3

年份 Year	城镇 Urban Area				乡村小计 Rural Area Sub-total
	有限责任公司 Limited Liability Corporations	股份有限公司 Share Holding Corpara-tions Ltd.	港澳台商投资单位 Economic Units Funded by Entrepreneurs from Hong Kong, Macao and Taiwan	外商投资单位 Foreign Funded Economic Units	
2000	38.0	20.2	2.3	3.8	2797.7
2005	52.3	24.8	3.7	6.7	2939.2
2009	75.9	35.7	5.4	12.6	3051.8
2010	80.0	37.7	7.0	14.7	3076.5
2011	94.0	43.6	8.3	16.7	3082.6
2012	112.6	45.0	8.0	15.9	3065.8
2013	201.5	59.4	15.9	20.3	3049.7
2014	200.4	58.9	16.7	20.9	3033.6
2015	203.7	60.8	15.9	19.8	3050.0
2016	204.4	62.0	15.4	19.6	3034.1
2017	213.8	61.5	15.7	18.4	2999.4
2018	291.0	69.7	12.4	15.9	3000.0

4—4 各市分行业城镇非私营单位就业人员数（2018年）
Number of Employed Persons by Sector and Region (2018)

单位：人（person）

地 区	Region	合 计 Total	农林牧渔业 Agriculture, Forestry, Animal Husbandry and Fishery	采矿业 Mining	制造业 Manufacturing	电力、热力、燃气及水的生产和供应业 Production and Supply of Electricity, Heat, Gas and Water	建筑业 Construction	批发和零售业 Wholesale and Retail Trade	交通运输、仓储和邮政业 Transport, Storage, Post & Telecommunications	住宿和餐饮业 Accommodation and Catering Trade	信息传输、计算机服务和软件业 Information, Circulation Computer Services and Software
总 计	**Total**	**5923299**	**31171**	**190349**	**1395231**	**102702**	**1393958**	**230068**	**245180**	**63520**	**93312**
合肥市	Hefei	1832891	697	787	361224	42060	726237	83860	89532	32412	48843
淮北市	Huaibei	201432	20	64055	28828	3364	19906	2938	5537	681	1989
亳州市	Bozhou	264803		5665	63857	1035	24992	14027	14569	3212	3045
宿州市	Suzhou	308625	698	8113	48380	2832	78643	9916	10622	2227	4677
蚌埠市	Bengbu	276062	338		58086	3743	63578	11346	14319	1592	2160
阜阳市	Fuyang	395805	1559	8124	72572	8150	46544	19352	19243	2081	3270
淮南市	Huainan	279461	5327	74237	21960	17670	19307	8672	8591	1199	1822
滁州市	Chuzhou	313412	3923	1039	107314	3100	51728	9351	9710	1259	2367
六安市	Luan	229486	703	3506	51898	2643	29822	7184	4932	2223	2644
马鞍山市	Maanshan	278964	642	19617	88392	3331	58633	4424	8253	506	4111
芜湖市	Wuhu	529334	258	291	205525	4129	99033	28355	29590	4778	5532
宣城市	Xuancheng	209141	1312	82	71316	1266	27092	6207	4130	1505	2632
铜陵市	Tongling	181009	2171	2895	60057	1903	37555	3678	7027	1561	1319
池州市	Chizhou	113349	717	1391	25623	909	16891	4388	4166	1059	1467
安庆市	Anqing	388547	12387	547	111757	5260	71595	13194	11007	3631	5565
黄山市	Huangshan	120978	419		18442	1307	22402	3176	3952	3594	1869

地 区	Region	金融业 Banking	房地产业 Real Estate	租赁和商务服务业 Leasing and Commercial Services	科学研究和技术服务业 Scientific Research and Technical Services	水利、环境和公共设施管理业 Water Conservancy, Environmental and Public Facilities Management	居民服务、修理和其他服务业 Residents Service, Repair and Other Services	教育 Education	卫生和社会工作 Health and Social Work	文化、体育和娱乐业 Culture, Sports and Entertainment	公共管理、社会保障和社会组织 Public Management, Social Security and Social Organization
总 计	**Total**	**240999**	**146706**	**87703**	**93251**	**61224**	**13149**	**640925**	**324585**	**33279**	**535987**
合肥市	Hefei	42330	42747	36150	45980	8786	2315	115932	60910	11546	80543
淮北市	Huaibei	7554	4877	1548	3529	455	108	23369	14015	454	18205
亳州市	Bozhou	15393	7118	2711	2397	4190	3311	49335	18989	1677	29280
宿州市	Suzhou	14650	8066	2927	3784	1869	655	50637	23623	1322	34984
蚌埠市	Bengbu	14481	9453	5673	5307	4710	765	36370	18617	1377	24147
阜阳市	Fuyang	32163	9145	2070	2335	5825	339	74261	35224	1432	52116
淮南市	Huainan	16827	5031	5470	4058	6048	319	34831	18501	1415	28176
滁州市	Chuzhou	12553	9095	2412	4334	5738	492	36063	19036	1103	32795
六安市	Luan	6794	5147	1467	2494	6465	228	42393	21353	1293	36297
马鞍山市	Maanshan	13585	5133	3832	3749	3261	797	23720	10708	921	25349
芜湖市	Wuhu	18061	14646	9009	5642	2592	685	40897	22812	3213	34286
宣城市	Xuancheng	11811	4966	3646	682	2191	104	20740	13292	1193	34974
铜陵市	Tongling	5661	5287	4915	1650	824	176	15413	8538	1038	19341
池州市	Chizhou	9492	2447	1080	1932	1147	1035	14301	7048	767	17489
安庆市	Anqing	11481	10266	3272	4045	4360	1748	48532	22369	2516	45015
黄山市	Huangshan	8163	3282	1521	1333	2763	72	14131	9550	2012	22990

4—5 主要年份私营企业年末就业人员数
Number of Employed Persons in Private Enterprises at the Year-end in Main Year

单位：户、人（household, person）

年份 Year	合计 Total 户数 Number of Enterprises	合计 就业人员 Number of Employed Persons	合计 #投资者 Employers	城镇 Urban Areas 户数 Number of Enterprises	城镇 就业人员 Number of Employed Persons	城镇 #投资者 Employers	乡村 Rural Areas 户数 Number of Enterprises	乡村 就业人员 Number of Employed Persons	乡村 #投资者 Employers
2000	46934	651992	110350	28495	375760	72252	18439	276232	38098
2005	105998	1656948	270425	63586	864874	160040	42412	792074	110385
2006	130476	2301402	314300	65551	861291	160332	64925	1440111	153968
2007	144895	2179457	363612	103584	1372856	255183	41311	806601	108429
2008	174046	1996617	376738	80506	921748	169862	93540	1074869	206876
2009	189525	1970807	395790	91342	925024	181707	98183	1045783	214083
2010	228670	2392061	490754	128891	1332913	270648	99779	1059148	220106
2011	263483	2707088	581356	172314	1650453	365985	91169	1056635	215371
2012	303857	2966537	664084	218179	1964634	459880	85678	1001903	204204
2013	353841	3231604	757489	268220	2226542	555401	85621	1005062	202088
2014	452338	3731508	929084	367081	2724092	724640	85257	1007416	204444
2015	570835	4270606	1134527	482899	3250357	927087	87936	1020249	207440
2016	733289	4967119	1394694	630108	3867098	1165889	103181	1100021	228805
2017	915621	5887534	1774887	733832	4495617	1428096	181789	1391917	346791
2018	1128262	6727114	2085379	768022	4638063	1476057	360240	2089051	609322

4—6 各市私营企业年末就业人员数（2018年）
Number of Employed Persons in Private Enterprises at the Year-end by Region (2018)

单位：户、人（household, person）

地区	Region	合计 Total 户数 Number of Enterprises	合计 就业人员 Number of Employed Persons	合计 #投资者 Employers	城镇 Urban Areas 户数 Number of Enterprises	城镇 就业人员 Number of Employed Persons	城镇 #投资者 Employers	乡村 Rural Areas 户数 Number of Enterprises	乡村 就业人员 Number of Employed Persons	乡村 #投资者 Employers
总计	**Total**	**1128262**	**6727114**	**2085379**	**768022**	**4638063**	**1476057**	**360240**	**2089051**	**609322**
合肥市	Hefei	348667	1199810	643616	228608	818067	438217	120059	381743	205399
淮北市	Huaibei	27010	207991	44038	14057	105582	23434	12953	102409	20604
亳州市	Bozhou	78249	522989	111705	23403	191803	36561	54846	331186	75144
宿州市	Suzhou	57013	334430	87339	39849	242531	59211	17164	91899	28128
蚌埠市	Bengbu	46492	211420	81782	35709	152498	61697	10783	58922	20085
阜阳市	Fuyang	98114	631457	145455	58640	382633	88061	39474	248824	57394
淮南市	Huainan	40045	223615	69026	30835	172512	54059	9210	51103	14967
滁州市	Chuzhou	63137	583372	109191	48365	478300	83948	14772	105072	25243
六安市	Luan	62920	408529	113504	51986	348195	93049	10934	60334	20455
马鞍山市	Maanshan	48771	280620	87212	39399	212396	69384	9372	68224	17828
芜湖市	Wuhu	75189	629682	243929	53445	445531	203461	21744	184151	40468
宣城市	Xuancheng	43053	424593	84915	34146	311074	64238	8907	113519	20677
铜陵市	Tongling	24103	198305	46220	19638	150270	34634	4465	48035	11586
池州市	Chizhou	21057	142437	38921	15698	92303	28255	5359	50134	10666
安庆市	Anqing	70448	504417	132282	55928	367154	103167	14520	137263	29115
黄山市	Huangshan	23795	222249	45075	18145	166154	33633	5650	56095	11442
其他	Others	199	1198	1169	171	1060	1048	28	138	121

4—7 主要年份个体年末就业人员数
Number of New Additional Employment and Individual at the End of the Year

单位：户、人（household, person）

年份 Year	合计 Total 户数 Number of Enterprises	合计 Total 就业人员 Number of Employed Persons	城镇 Urban Areas 户数 Number of Enterprises	城镇 Urban Areas 就业人员 Number of Employed Persons	乡村 Rural Areas 户数 Number of Enterprises	乡村 Rural Areas 就业人员 Number of Employed Persons
2000	1489085	3363571	627100	1347892	861985	2015679
2005	1110417	2668794	522609	1236364	587808	1432430
2006	1201167	2820534	530394	1194970	670773	1625564
2007	1125342	2673128	579524	1337874	545818	1335254
2008	1142457	2446113	701914	1445017	440543	1001096
2009	1250875	2633497	868141	1848366	382734	785131
2010	1341472	3315820	999110	2640651	342362	675169
2011	1436690	3277866	1106730	2551327	329960	726539
2012	1522643	3516154	1201810	2861106	320833	655048
2013	1678333	3819037	1399830	3012423	278503	806614
2014	1878153	4432571	1597745	3829463	280408	603108
2015	2018755	4800098	1739521	4230774	279234	569324
2016	2357198	5596556	2036420	4932811	320778	663745
2017	2715364	6439323	2338868	5640087	376496	799236
2018	3115351	7373122	2641590	6355880	473761	1017242

4—8 各市个体年末就业人员数（2018年）
Number of New Additional Employment and Individual at the End of the Year by Region (2018)

单位：户、人（household, person）

地区	Region	合计 Total 户数 Number of Enterprises	合计 Total 就业人员 Number of Employed Persons	城镇 Urban Areas 户数 Number of Enterprises	城镇 Urban Areas 就业人员 Number of Employed Persons	乡村 Rural Areas 户数 Number of Enterprises	乡村 Rural Areas 就业人员 Number of Employed Persons
总计	**Total**	**3115351**	**7373122**	**2641590**	**6355880**	**473761**	**1017242**
合肥市	Hefei	456601	1074779	402079	958869	54522	115910
淮北市	Huaibei	121861	364628	109977	336553	11884	28075
亳州市	Bozhou	294994	569355	192911	370100	102083	199255
宿州市	Suzhou	214570	448617	171585	361985	42985	86632
蚌埠市	Bengbu	164260	327206	143378	292685	20882	34521
阜阳市	Fuyang	366482	931970	303153	779815	63329	152155
淮南市	Huainan	144739	268232	132573	248341	12166	19891
滁州市	Chuzhou	196772	472882	177311	401295	19461	71587
六安市	Luan	197647	782902	167637	714317	30010	68585
马鞍山市	Maanshan	116802	242005	109688	229711	7114	12294
芜湖市	Wuhu	194732	447649	177653	411359	17079	36290
宣城市	Xuancheng	162611	380435	147260	347072	15351	33363
铜陵市	Tongling	71625	156423	66741	146920	4884	9503
池州市	Chizhou	89760	196988	65061	148184	24699	48804
安庆市	Anqing	243375	541053	210026	466316	33349	74737
黄山市	Huangshan	78520	167998	64557	142358	13963	25640

4—9 城镇非私营单位就业人员数
Number of Employed Persons of Urban Non-private Owned Units

单位：万人（10000 persons）

行　业	Sector	2017	2018
总　　计	**Total**	**516.21**	**592.33**
农、林、牧、渔业	Agriculture, Forestry, Animal Husbandry and Fishery	3.80	3.12
采矿业	Mining	20.26	19.03
制造业	Manufacturing	119.77	139.52
电力、热力、燃气及水的生产和供应业	Production and Supply of Electricity, Heat, Gas and Water	10.20	10.27
建筑业	Construction	93.26	139.40
批发和零售业	Wholesale and Retail Trades	22.72	23.01
交通运输、仓储和邮政业	Transport, Storage and Post	24.21	24.52
住宿和餐饮业	Hotels and Catering Services	5.41	6.35
信息传输、软件和信息技术服务业	Information Transmission, Software and Information Technology	8.19	9.33
金融业	Financial Intermediation	23.69	24.10
房地产业	Real Estate	11.19	14.67
租赁和商务服务业	Leasing and Business Services	7.36	8.77
科学研究和技术服务业	Scientific Research and Technical Services	8.90	9.33
水利、环境和公共设施管理业	Management of Water Conservancy, Environment	7.02	6.12
居民服务、修理和其他服务业	Services to Households, Repair and Other Services	1.00	1.31
教　育	Education	63.61	64.09
卫生和社会工作	Health and Social Service	31.46	32.46
文化、体育和娱乐业	Culture, Sports and Entertainment	3.19	3.33
公共管理、社会保障和社会组织	Public Management, Social Security and Social Organization	50.98	53.60

4—10 各市城镇非私营单位就业人员数（2018年）
Number of Employed Persons of Urban Non-private Owned Units by Region (2018)

单位：万人（10000 persons）

地　区	Region	合　计 Total	国有单位 State-owned Units	城镇集体单位 Urban Collective-owned Units	其他单位 Units of Other Types of Ownership	比重（%）Proportion（%） 国有单位 State-owned Units	城镇集体单位 Urban Collective-owned Units	其他单位 Units of Other Types of Ownership
总　计	**Total**	**592.33**	**181.16**	**12.54**	**398.63**	**30.58**	**2.12**	**67.30**
合肥市	Hefei	183.29	33.20	1.08	149.01	18.11	0.59	81.30
淮北市	Huaibei	20.14	5.60	0.88	13.66	27.82	4.35	67.83
亳州市	Bozhou	26.48	11.43	0.82	14.23	43.17	3.10	53.73
宿州市	Suzhou	30.86	11.82	2.08	16.96	38.30	6.73	54.97
蚌埠市	Bengbu	27.61	9.64	0.79	17.17	34.93	2.87	62.20
阜阳市	Fuyang	39.58	20.90	1.18	17.49	52.81	2.99	44.19
淮南市	Huainan	27.95	9.79	0.61	17.54	35.05	2.20	62.76
滁州市	Chuzhou	31.34	10.69	0.96	19.69	34.12	3.06	62.82
六安市	Luan	22.95	11.39	0.77	10.80	49.62	3.34	47.04
马鞍山市	Maanshan	27.90	6.67	0.88	20.35	23.90	3.16	72.94
芜湖市	Wuhu	52.93	11.08	0.28	41.58	20.92	0.52	78.55
宣城市	Xuancheng	20.91	7.77	0.42	12.73	37.15	2.00	60.85
铜陵市	Tongling	18.10	5.08	0.33	12.69	28.08	1.82	70.10
池州市	Chizhou	11.33	4.84	0.18	6.32	42.68	1.57	55.74
安庆市	Anqing	38.85	15.94	1.10	21.81	41.02	2.83	56.14
黄山市	Huangshan	12.10	5.30	0.18	6.61	43.85	1.51	54.64

4—11 城镇非私营单位专业技术人员数（2018年）
Professional and Technical Personnel of Urban Non-private Owned Units (2018)

单位：人（person）

行业	Sector	合计 Total	国有单位 State-owned Units	城镇集体单位 Urban Collective-owned Units	其他单位 Units of Other Types of Ownership
总计	**Total**	**1547540**	**894649**	**54602**	**598289**
按执行会计制度类别分组	**Grouped by Executive Acounting System Type**				
企业	Enterprises	644012	59738	12602	571672
事业	Institutions	818436	762212	41710	14514
机关	Agencies & Organizations	69904	69872	32	
民间非营利组织	Non-profit Organizations	8414	55	252	8107
其他	Others	6774	2772	6	3996
按国民经济行业分组	**Grouped by Economic Sector**				
农、林、牧、渔业	Agriculture, Forestry, Animal Husbandry and Fishery	4344	4229	21	94
采矿业	Mining	16629	213	16	16400
制造业	Manufacturing	172450	6507	400	165543
电力、热力、燃气及水的生产和供应业	Production and Supply of Electricity, Heat, Gas and Water	15590	5735	39	9816
建筑业	Construction	187273	3592	3704	179977
批发和零售业	Wholesale and Retail Trade	21849	2456	331	19062
交通运输、仓储和邮政业	Transport, Storage and Postal Services	25719	6887	957	17875
住宿和餐饮业	Accommodation and Catering Trade	3482	222	16	3244
信息传输、计算机服务和软件业	Information Circulation, Computer Service and Software	31715	2651	84	28980
金融业	Banking	61351	21685	4765	34901
房地产业	Real Estate	25392	1902	80	23410
租赁和商务服务业	Leasing and Commercial Services	10341	2008	114	8219
科学研究和技术服务业	Scientific Research and Technical Services	56275	27593	419	28263
水利、环境和公共设施管理业	Water Conservancy, Environmental and Public Facilities Management	10730	8916	183	1631
居民服务、修理和其他服务业	Residents Service, Repair and Other Services	1471	448	25	998
教育	Education	545669	514358	2130	29181
卫生和社会工作	Health and Social Work	263183	194875	40493	27815
文化、体育和娱乐业	Culture, Sports and Entertainment	14879	11850	244	2785
公共管理、社会保障和社会组织	Public Management, Social Security and Social Organization	79198	78522	581	95

4—12 各市城镇非私营单位专业技术人员数（2018年）
Professional and Technical Personnel of Urban Non-private Owned Units by Region (2018)

单位：人（person）

地区	Region	合计 Total	国有单位 State-owned Units	城镇集体单位 Urban Collective-owned Units	其他单位 Units of Other Types of Ownership
总计	**Total**	**1547540**	**894649**	**54602**	**598289**
合肥市	Hefei	404208	148882	5219	250107
淮北市	Huaibei	51458	30724	3841	16893
亳州市	Bozhou	84130	60219	4627	19284
宿州市	Suzhou	97053	64201	7135	25717
蚌埠市	Bengbu	79702	52159	3254	24289
阜阳市	Fuyang	137520	108273	5630	23617
淮南市	Huainan	67380	45595	1304	20481
滁州市	Chuzhou	83291	54899	4431	23961
六安市	Luan	80165	60511	5658	13996
马鞍山市	Maanshan	67870	31683	1574	34613
芜湖市	Wuhu	117415	57414	1447	58554
宣城市	Xuancheng	52527	35982	2094	14451
铜陵市	Tongling	44646	24701	1477	18468
池州市	Chizhou	34633	24345	949	9339
安庆市	Anqing	108377	70943	4555	32879
黄山市	Huangshan	37165	24118	1407	11640

4—13 城镇非私营单位分行业就业人员数（2018年）

Number of Employed Persons of Urban Non-private Owned Units by Status (2018)

单位：人（person）

行业	Sector	合计 Total	国有单位 State-owned Units	城镇集体单位 Urban Collective-owned Units	其他单位 Units of Other Types of Ownership
总计	**Total**	**5923299**	**1811552**	**125410**	**3986337**
按执行会计标准类别分组	**Grouped by Executive Acounting System Type**				
企业	Enterprises	4326967	312918	71195	3942854
事业	Institutions	1099249	1025044	53453	20752
行政单位	Administrative Unit	468757	468454	303	
民间非营利组织	Non-profit Organizations	12820	113	347	12360
其他	Others	15506	5023	112	10371
按国民经济行业分组	**Grouped by Economic Sector**				
农、林、牧、渔业	**Agriculture, Forestry, Animal Husbandry and Fishery**	**31171**	**30005**	**300**	**866**
农业	Farming	22456	21941	265	250
林业	Forestry	4089	4020		69
畜牧业	Animal Husbandry	440	160		280
渔业	Fishery	389	289	35	65
农林牧渔专业及辅助性活动	Agriculture, Forestry, Animal Husbandry and Fishery Major and Supporting Activities	3797	3595		202
采矿业	**Mining**	**190349**	**1974**	**618**	**187757**
煤炭开采和洗选业	Coal Mining and Washing	158438	882		157556
黑色金属矿采选业	Black Metal Mining and Dressing Industry	24541		618	23923
有色金属矿采选业	Nonferrous Metal Mining and Dressing Industry	4658	974		3684
非金属矿采选业	Mining and Dressing of Nonmetallic Minerals	1494	118		1376
开采专业及辅助性活动	Mining Profession and Auxiliary Activities	1218			1218
制造业	**Manufacturing**	**1395231**	**18407**	**4457**	**1372367**
农副食品加工业	Processing of Food from Agricultural Products	55346	255	48	55043
食品制造业	Manufacture of Foods	27649	276		27373
酒、饮料和精制茶制造业	Manufacture of Liquor, Beverages and Refined Tea	43129	156	80	42893
烟草制品业	Manufacture of Tobacco	10874	3671	817	6386
纺织业	Manufacture of Textile	45591	4	87	45500
纺织服装、服饰业	Manufacture of Textile, Wearing Apparel and Accessories	89777	32	7	89738
皮革、毛皮、羽毛及其制品和制鞋业	Manufacture of Leather, Fur, Feather and Related Products and Footwear	24827	9	58	24760
木材加工和木、竹、藤、棕、草制品业	Processing of Timber, Manufacture of Wood, Bamboo, Rattan, Palm and Straw Products	13033	11		13022
家具制造业	Manufacture of Furniture	11981			11981
造纸及纸制品业	Manufacture of Paper and Paper Products	9871		393	9478
印刷和记录媒介复制业	Printing and Reproduction of Recording Media	14906	68	469	14369
文教、工美、体育和娱乐用品制造业	Manufacture of Articles for Culture, Education, Arts and Crafts, Sport and Entertainment Activities	22118	158	38	21922
石油、煤炭及其他燃料加工业	Petroleum, Coal and Other Fuel Processing Industries	4838			4838
化学原料和化学制品制造业	Manufacture of Raw Chemical Materials and Chemical Products	74959		49	74910
医药制造业	Manufacture of Medicines	49208	8		49200
化学纤维制造业	Manufacture of Chemical Fibres	6151			6151
橡胶和塑料制品业	Manufacture of Rubber and Plastics Products	67901	123	255	67523
非金属矿物制品业	Manufacture of Non-metallic Mineral Products	72667	19	394	72254
黑色金属冶炼和压延加工业	Smelting and Pressing of Ferrous Metals	49535			49535

4—13 续表1 continued

单位：人（person）

行 业	Sector	合 计 Total	国有单位 State-owned Units	城镇集体单位 Urban Collective-owned Units	其他单位 Units of Other Types of Ownership
有色金属冶炼和压延加工业	Smelting and Pressing of Non-ferrous Metals	29821			29821
金属制品业	Manufacture of Metal Products	53191	1748	544	50899
通用设备制造业	Manufacture of General Purpose Machinery	89651	3537	209	85905
专用设备制造业	Manufacture of Special Purpose Machinery	60391	44	219	60128
汽车制造业	Manufacture of Automobiles	132894			132894
铁路、船舶、航空航天和其他运输设备制造业	Manufacture of Railway, Ship, Aerospace and Other Transport Equipments	10149	1415	135	8599
电气机械和器材制造业	Manufacture of Electrical Machinery and Apparatus	160534		379	160155
计算机、通信和其他电子设备制造业	Manufacture of Computers, Communication and Other Electronic Equipment	142935	3509	44	139382
仪器仪表制造业	Manufacture of Measuring Instruments and Machinery	6687			6687
其他制造业	Other Manufacture	6348	1006		5342
废弃资源综合利用业	Utilization of Waste Resources	4290			4290
金属制品、机械和设备修理业	Repair Service of Metal Products, Machinery and Equipment	3979	2358	232	1389
电力、热力、燃气及水生产和供应业	**Production and Supply of Electricity, Heat, Gas and Water**	**102702**	**48089**	**572**	**54041**
电力、热力的生产和供应业	Production and Supply of Electric Power and Heat Power	76737	42100	484	34153
燃气生产和供应业	Production and Supply of Gas	9829			9829
水的生产和供应业	Production and Supply of Water	16136	5989	88	10059
建筑业	**Construction**	**1393958**	**23492**	**32218**	**1338248**
房屋建筑业	Construction of Buildings	854495	12292	22530	819673
土木工程建筑业	Civil Engineering	340115	8553	1763	329799
建筑安装业	Building Installation	64435	689	3714	60032
建筑装饰、装修和其他建筑业	Architectural Decoration, Decoration and Other Construction Industries	134913	1958	4211	128744
批发和零售业	**Wholesale and Retail Trades**	**230068**	**21762**	**3116**	**205190**
批发业	Wholesale Trade	87060	18605	1466	66989
零售业	Retail Trade	143008	3157	1650	138201
交通运输、仓储和邮政业	**Transport, Storage and Post**	**245180**	**85109**	**6645**	**153426**
铁路运输业	Railway Transport	38727	38454		273
道路运输业	Road Transport	133448	15589	3443	114416
水上运输业	Water Transport	10923	133	2300	8490
航空运输业	Air Transport	4901	713		4188
管道运输业	Transport Via Pipelines	69			69
多式联运和运输代理业	Multimodal Transport and Transportation Agency	5931	378	71	5482
装卸搬运和仓储业	Handling and Storage Industry	10877	4993	134	5750
邮政业	Post	40304	24849	697	14758
住宿和餐饮业	**Hotels and Catering Services**	**63520**	**2770**	**395**	**60355**
住宿业	Hotels	23587	2219	194	21174
餐饮业	Catering Services	39933	551	201	39181
信息传输、软件和信息技术服务业	**Information Transmission, Software and Information Technology**	**93312**	**8405**	**192**	**84715**
电信、广播电视和卫星传输服务	Telecommunication, Radio and Television and Satellite Transmission Service	55037	7999	175	46863
互联网和相关服务	Internet and Related Service	5178	346	17	4815
软件和信息技术服务业	Software and Information Technology	33097	60		33037

4—13 续表2 continued

单位：人（person）

行业	Sector	合计 Total	国有单位 State-owned Units	城镇集体单位 Urban Collective-owned Units	其他单位 Units of Other Types of Ownership
金融业	**Financial Intermediation**	**240999**	**78398**	**15531**	**147070**
货币金融服务	Monetary and Financial Service	110585	37329	15518	57738
资本市场服务	Capital Market Service	4197	1825		2372
保险业	Insurance	124564	38482	13	86069
其他金融业	Other Financial Activities	1653	762		891
房地产业	**Real Estate**	**146706**	**7454**	**564**	**138688**
租赁和商务服务业	**Leasing and Business Services**	**87703**	**14774**	**3773**	**69156**
租赁业	Leasing	2130	174		1956
商务服务业	Business Services	85573	14600	3773	67200
科学研究和技术服务业	**Scientific Research and Technical Services**	**93251**	**43547**	**664**	**49040**
研究和试验发展	Research and Experimental Development	12443	9295	87	3061
专业技术服务业	Professional Technical Services	69426	27201	384	41841
科技推广和应用服务业	Science and Technology Popularization and Application Services	11382	7051	193	4138
水利、环境和公共设施管理业	**Management of Water Conservancy, Environment and Public Facilities**	**61224**	**45505**	**1082**	**14637**
水利管理业	Management of Water Conservancy	16423	16098	123	202
生态保护和环境治理业	Ecological Protection and Environmental Treatment	1856	1147	5	704
公共设施管理业	Management of Public Facilities	42228	27753	940	13535
土地管理业	Land Management	717	507	14	196
居民服务、修理和其他服务业	**Service to Households, Repair and Other Services**	**13149**	**2777**	**515**	**9857**
居民服务业	Service to Households	6357	2551	206	3600
机动车、电子产品和日用产品修理业	Repair of Motor Vehicle, Electronics and Household Products	1026	162	47	817
其他服务业	Other Services	5766	64	262	5440
教　育	**Education**	**640925**	**588462**	**2489**	**49974**
卫生和社会工作	**Health and Social Service**	**324585**	**236409**	**49432**	**38744**
卫　生	Health	321127	233501	49316	38310
社会工作	Social Service	3458	2908	116	434
文化、体育和娱乐业	**Culture, Sports and Entertainment**	**33279**	**20758**	**516**	**12005**
新闻和出版业	Journalism and Publishing Activities	6241	3869	24	2348
广播、电视、电影和影视录音制作业	Radio, Television, Motion Picture and Videotape Programme Production Services	12224	9267	107	2850
文化艺术业	Cultural and Art Activities	10129	6344	385	3400
体　育	Sports Activities	1370	840		530
娱乐业	Entertainment	3315	438		2877
公共管理、社会保障和社会组织	**Public Management, Social Security and Social Organization**	**535987**	**533455**	**2331**	**201**
中国共产党机关	Organs of Communist Party of China	17900	17900		
国家机构	Government Agencies	504130	502446	1559	125
人民政协、民主党派	People's Political Consultative Conference and Democratic Parties	2760	2662	98	
社会保障	Social Security	3113	3045	16	52
群众团体、社会团体和其他成员组织	Non-Governmental Organizations, Social Organizations and Other Organizations	6832	6573	235	24
基层群众自治组织及其他组织	Rassroots Mass Autonomous Organizations and Other Organizations	1252	829	423	

4—14 城镇非私营单位分行业女性就业人员占全部就业人员比重（2018年）

Proportion of Female Employed to Total of Urban Non-private Owned Units by Status by Sector (2018)

以本类型从业人员为100 (Total number of this item employed=100)　　单位：%

行　业	Sector	合　计 Total	国有单位 State-owned Units	城镇集体单位 Urban Collective-owned Units	其他单位 Units of Other Types of Ownership
总　　计	**Total**	**33.4**	**40.7**	**38.8**	**30.0**
按执行会计标准类别分组	**Grouped by Executive Acounting System Type**				
企　业	Enterprises	29.9	34.2	26.6	29.6
事　业	Institutions	48.5	48.0	55.0	59.2
行政单位	Administrative Unit	28.9	28.9	35.0	
民间非营利组织	Non-profit Organizations	64.8	55.8	50.7	65.3
其　他	Others	56.6	53.0	93.8	57.9
按国民经济行业分组	**Grouped by Economic Sector**				
农、林、牧、渔业	**Agriculture, Forestry, Animal Husbandry and Fishery**	**29.8**	**29.4**	**28.0**	**44.6**
农　业	Farming	31.3	31.1	29.8	48.4
林　业	Forestry	25.2	25.2		23.2
畜牧业	Animal Husbandry	43.9	39.4		46.4
渔　业	Fishery	24.9	26.6	14.3	23.1
农林牧渔专业及辅助性活动	Agriculture, Forestry, Animal Husbandry and Fishery Major and Supporting Activities	24.8	23.3		51.5
采矿业	**Mining**	**10.2**	**12.6**	**69.6**	**10.0**
煤炭开采和洗选业	Coal Mining and Washing	8.1	2.8		8.1
黑色金属矿采选业	Black Metal Mining and Dressing Industry	18.1		69.6	16.8
有色金属矿采选业	Nonferrous Metal Mining and Dressing Industry	26.9	19.0		29.0
非金属矿采选业	Mining and Dressing of Nonmetallic Minerals	18.1	33.1		16.9
开采专业及辅助性活动	Mining Profession and Auxiliary Activities	52.1			52.1
制造业	**Manufacturing**	38.3	22.3	35.2	38.6
农副食品加工业	Processing of Food from Agricultural Products	47.6	22.0	14.6	47.7
食品制造业	Manufacture of Foods	55.8	9.1		56.3
酒、饮料和精制茶制造业	Manufacture of Liquor, Beverages and Refined Tea	36.3	34.6	30.0	36.4
烟草制品业	Manufacture of Tobacco	23.0	22.8	31.6	22.0
纺织业	Manufacture of Textile	64.5	0.0	52.9	64.5
纺织服装、服饰业	Manufacture of Textile, Wearing Apparel and Accessories	78.7	31.3	14.3	78.8
皮革、毛皮、羽毛及其制品和制鞋业	Manufacture of Leather, Fur, Feather and Related Products and Footwear	69.2	33.3	48.3	69.3
木材加工和木、竹、藤、棕、草制品业	Processing of Timber, Manufacture of Wood, Bamboo, Rattan, Palm and Straw Products	40.0	54.5		40.0
家具制造业	Manufacture of Furniture	37.3			37.3
造纸及纸制品业	Manufacture of Paper and Paper Products	41.0		38.7	41.1
印刷和记录媒介复制业	Printing and Reproduction of Recording Media	46.3	30.9	47.8	46.4
文教、工美、体育和娱乐用品制造业	Manufacture of Articles for Culture, Education, Arts and Crafts, Sport and Entertainment Activities	61.5	10.1	89.5	61.8
石油、煤炭及其他燃料加工业	Petroleum, Coal and Other Fuel Processing Industries	22.0			22.0
化学原料和化学制品制造业	Manufacture of Raw Chemical Materials and Chemical Products	27.7		20.4	27.7
医药制造业	Manufacture of Medicines	50.1	25.0		50.1
化学纤维制造业	Manufacture of Chemical Fibres	35.0			35.0
橡胶和塑料制品业	Manufacture of Rubber and Plastics Products	37.1	25.2	46.7	37.1
非金属矿物制品业	Manufacture of Non-metallic Mineral Products	27.6	15.8	54.6	27.5
黑色金属冶炼和压延加工业	Smelting and Pressing of Ferrous Metals	13.0			13.0

4—14 续表1 continued

单位：%

行业	Sector	合计 Total	国有单位 State-owned Units	城镇集体单位 Urban Collective-owned Units	其他单位 Units of Other Types of Ownership
有色金属冶炼和压延加工业	Smelting and Pressing of Non-ferrous Metals	20.8			20.8
金属制品业	Manufacture of Metal Products	26.5	26.3	31.3	26.5
通用设备制造业	Manufacture of General Purpose Machinery	25.3	21.2	20.1	25.4
专用设备制造业	Manufacture of Special Purpose Machinery	27.2	27.3	29.7	27.2
汽车制造业	Manufacture of Automobiles	26.7			26.7
铁路、船舶、航空航天和其他运输设备制造业	Manufacture of Railway, Ship, Aerospace and Other Transport Equipments	22.9	9.5	13.3	25.2
电气机械和器材制造业	Manufacture of Electrical Machinery and Apparatus	37.0		25.6	37.1
计算机、通信和其他电子设备制造业	Manufacture of Computers, Communication and Other Electronic Equipment	42.2	24.9	72.7	42.6
仪器仪表制造业	Manufacture of Measuring Instruments and Machinery	34.8			34.8
其他制造业	Other Manufacture	29.1	30.9		28.8
废弃资源综合利用业	Utilization of Waste Resources	29.6			29.6
金属制品、机械和设备修理业	Repair Service of Metal Products, Machinery and Equipment	21.7	21.5	11.6	23.7
电力、热力、燃气及水生产和供应业	**Production and Supply of Electricity, Heat, Gas and Water**	**23.8**	**24.7**	**20.5**	**23.0**
电力、热力的生产和供应业	Production and Supply of Electric Power and Heat Power	19.9	22.3	18.0	17.0
燃气生产和供应业	Production and Supply of Gas	31.1			31.1
水的生产和供应业	Production and Supply of Water	37.8	41.3	34.1	35.6
建筑业	**Construction**	**11.8**	**17.3**	**13.6**	**11.7**
房屋建筑业	Construction of Buildings	12.7	17.0	15.4	12.5
土木工程建筑业	Civil Engineering	10.8	15.6	27.1	10.6
建筑安装业	Building Installation	12.5	49.9	4.7	12.6
建筑装饰、装修和其他建筑业	Architectural Decoration, Decoration and Other Construction Industries	8.8	15.6	5.9	8.8
批发和零售业	**Wholesale and Retail Trades**	**53.7**	**25.4**	**37.9**	**57.0**
批发业	Wholesale Trade	38.3	22.1	30.1	42.9
零售业	Retail Trade	63.2	44.9	44.8	63.8
交通运输、仓储和邮政业	**Transport, Storage and Post**	**26.3**	**27.3**	**30.4**	**25.6**
铁路运输业	Railway Transport	12.7	12.7		19.4
道路运输业	Road Transport	27.3	29.7	24.6	27.0
水上运输业	Water Transport	20.7	22.6	32.5	17.5
航空运输业	Air Transport	41.4	32.8		42.8
管道运输业	Transport Via Pipelines	37.7			37.7
多式联运和运输代理业	Multimodal Transport and Transportation Agency	17.0	32.0	28.2	15.9
装卸搬运和仓储业	Handling and Storage Industry	27.4	27.6	26.1	27.3
邮政业	Post	37.0	48.0	52.9	17.8
住宿和餐饮业	**Hotels and Catering Services**	**62.5**	**56.4**	**63.5**	**62.7**
住宿业	Hotels	61.2	55.2	59.8	61.9
餐饮业	Catering Services	63.2	61.3	67.2	63.2
信息传输、软件和信息技术服务业	**Information Transmission, Software and Information Technology**	**40.4**	**32.9**	**24.5**	**41.2**
电信、广播电视和卫星传输服务	Telecommunication, Radio and Television and Satellite Transmission Service	39.0	33.1	26.9	40.1
互联网和相关服务	Internet and Related Service	52.0	28.3		53.9
软件和信息技术服务业	Software and Information Technology	40.9	23.3		40.9

4—14 续表2 continued

单位：%

行业	Sector	合计 Total	国有单位 State-owned Units	城镇集体单位 Urban Collective-owned Units	其他单位 Units of Other Types of Ownership
金融业	**Financial Intermediation**	**54.7**	**53.9**	**39.5**	**56.8**
货币金融服务	Monetary and Financial Service	45.4	42.3	39.5	49.1
资本市场服务	Capital Market Service	41.5	46.7		37.4
保险业	Insurance	63.6	65.8	53.8	62.6
其他金融业	Other Financial Activities	38.7	37.1		40.1
房地产业	**Real Estate**	**40.2**	**31.2**	**41.3**	**40.7**
租赁和商务服务业	**Leasing and Business Services**	**31.3**	**26.4**	**29.8**	**32.4**
租赁业	Leasing	23.1	17.2		23.6
商务服务业	Business Services	31.5	26.5	29.8	32.7
科学研究和技术服务业	**Scientific Research and Technical Services**	**26.0**	**27.0**	**31.9**	**24.9**
研究和试验发展	Research and Experimental Development	30.2	30.3	60.9	29.2
专业技术服务业	Professional Technical Services	25.2	25.8	29.4	24.8
科技推广和应用服务业	Science and Technology Popularization and Application Services	26.2	27.8	23.8	23.7
水利、环境和公共设施管理业	**Management of Water Conservancy, Environment and Public Facilities**	**35.4**	**33.2**	**24.8**	**43.0**
水利管理业	Management of Water Conservancy	24.8	24.8	22.0	26.2
生态保护和环境治理业	Ecological Protection and Environmental Treatment	27.2	29.2	20.0	23.9
公共设施管理业	Management of Public Facilities	39.8	38.0	25.3	44.4
土地管理业	Land Management	44.1	50.1	14.3	30.6
居民服务、修理和其他服务业	**Service to Households, Repair and Other Services**	**44.0**	**27.4**	**41.6**	**48.9**
居民服务业	Service to Households	41.1	28.1	39.3	50.4
机动车、电子产品和日用产品修理业	Repair of Motor Vehicle, Electronics and Household Products	19.5	12.3	31.9	20.2
其他服务业	Other Services	51.7	34.4	45.0	52.2
教育	**Education**	**49.5**	**48.7**	**56.9**	**58.7**
卫生和社会工作	**Health and Social Service**	**63.6**	**64.2**	**56.0**	**69.7**
卫生	Health	63.6	64.3	56.0	69.8
社会工作	Social Service	59.3	58.2	56.0	67.1
文化、体育和娱乐业	**Culture, Sports and Entertainment**	**44.9**	**42.2**	**39.9**	**49.8**
新闻和出版业	Journalism and Publishing Activities	41.5	40.4	33.3	43.2
广播、电视、电影和影视录音制作业	Radio, Television, Motion Picture and Videotape Programme Production Services	43.0	38.4	34.6	58.2
文化艺术业	Cultural and Art Activities	48.2	48.7	41.8	48.1
体育	Sports Activities	42.1	38.1		48.5
娱乐业	Entertainment	49.5	51.1		49.3
公共管理、社会保障和社会组织	**Public Management, Social Security and Social Organization**	**28.5**	**28.4**	**49.4**	**30.3**
中国共产党机关	Organs of Communist Party of China	24.1	24.1		
国家机构	Government Agencies	28.2	28.2	43.2	25.6
人民政协、民主党派	People's Political Consultative Conference and Democratic Parties	28.7	26.0	100.0	
社会保障	Social Security	48.4	48.5	62.5	40.4
群众团体、社会团体和其他成员组织	Non-Governmental Organizations, Social Organizations and Other Organizations	41.7	42.0	35.7	33.3
基层群众自治组织及其他组织	Rassroots Mass Autonomous Organizations and Other Organizations	67.2	67.1	67.4	

4—15 城镇非私营单位主要年份就业人员工资总额和指数
Total Wages of Employed Persons and Related Index of Urban Non-private Owned Units in Major Years

年 份 Year	工 资 总 额 (万元) Total Wages (10000 yuan)				指 数 (上年=100) Index (Preceding year=100)			
	合 计 Total	国有单位 State-owned Units	城镇集体单位 Urban Collective-owned Units	其他单位 Units of Other Types of Ownership	合 计 Total	国有单位 State-owned Units	城镇集体单位 Urban Collective-owned Units	其他单位 Units of Other Types of Ownership
2000	2755252	2015830	317435	421987	103.2	102.1	99.0	112.2
2005	4841315	3071572	276909	1492834	114.9	109.5	107.0	129.7
2009	9742920	5634976	339225	3768719	115.4	113.8	85.4	121.7
2010	12251179	6914813	425619	4910747	119.3	117.1	117.8	122.8
2011	15901381	8495347	517561	6888473	129.8	122.9	121.6	140.3
2012	19259839	10080897	580353	8598589	121.1	118.7	112.1	124.8
2013	24637193	9517563	607624	14512006	127.9	94.4	104.7	168.8
2014	26315988	10271162	643610	15401216	106.8	107.9	105.9	106.1
2015	28238432	11353008	696857	16188567	107.3	110.5	108.3	105.1
2016	30128307	12550426	721317	16856565	106.7	110.5	103.5	104.1
2017	33237088	13838446	738939	18659703	110.3	110.3	102.4	110.7
2018	43548900	16776530	797838	25974533	131.0	121.2	108.0	139.2

4—16 城镇非私营单位主要年份就业人员平均工资及指数
Average Wage of Employed Persons and Related Index of Urban Non-private Owned Units in Major Years

年 份 Year	平均货币工资 (元) Average Wage in Monetary Terms (yuan)				指 数 (上年=100) Index (Preceding year=100)			
	合 计 Total	国有单位 State-owned Units	城镇集体单位 Urban Collective-owned Units	其他单位 Units of Other Types of Ownership	合 计 Total	国有单位 State-owned Units	城镇集体单位 Urban Collective-owned Units	其他单位 Units of Other Types of Ownership
2000	6989	7471	4762	7310	107.3	105.3	108.0	114.3
2005	15334	15450	9894	16788	118.6	114.3	126.2	124.8
2009	29658	30220	20606	30011	112.5	114.1	112.4	108.2
2010	33341	33793	23869	33867	115.8	115.9	119.1	115.2
2011	39352	39287	29539	40445	118.0	116.3	123.8	119.4
2012	44601	44818	34741	45209	113.3	114.1	117.6	111.8
2013	47806	48683	37927	47765	107.2	108.6	109.2	105.7
2014	50894	51974	41741	50657	106.5	106.8	110.1	106.1
2015	55139	60433	47261	52302	108.3	116.3	113.2	103.2
2016	59102	66210	50976	55076	107.2	109.6	107.9	105.3
2017	65150	75733	56758	59346	110.2	114.4	111.3	107.8
2018	74378	93210	63843	66089	114.2	123.1	112.5	111.4

注：本表所涉及指标，2010年以前为在岗职工相关指标，2010年及以后为就业人员相关指标。

a) Before 2010,the indicators involved in this table were related as employment workers, and after 2010 as the staff and workers indicators.

4—17 城镇非私营单位分行业就业人员工资总额（2018年）

Total Wages of Employed Persons of Urban Non-private Owned Units by Sector (2018)

单位：万元（10000 yuan）

行　业	Sector	合　计 Total	国有单位 State-owned Units	城镇集体单位 Urban Collective-owned Units	其他单位 Units of Other Types of Ownership
总　　计	**Total**	**43548900**	**16776530**	**797838**	**25974533**
按执行会计标准类别分组	**Grouped by Executive Acounting System Type**				
企　业	Enterprises	28680856	2563137	434395	25683324
事　业	Institutions	10601094	10073468	359394	168232
行政单位	Administrative Unit	4072606	4070365	2241	
民间非营利组织	Non-profit Organizations	64710	1325	1346	62039
其　他	Others	129635	68235	462	60938
按国民经济行业分组	**Grouped by Economic Sector**				
农、林、牧、渔业	**Agriculture, Forestry, Animal Husbandry and Fishery**	**130968**	**126794**	**1020**	**3154**
农　业	Farming	82078	80401	890	787
林　业	Forestry	23388	23088		300
畜牧业	Animal Husbandry	1527	514		1013
渔　业	Fishery	1140	721	129	289
农林牧渔专业及辅助性活动	Agriculture, Forestry, Animal Husbandry and Fishery Major and Supporting Activities	22834	22070		764
采矿业	**Mining**	**1767320**	**14357**	**3049**	**1749913**
煤炭开采和洗选业	Coal Mining and Washing	1500252	5957		1494295
黑色金属矿采选业	Black Metal Mining and Dressing Industry	220841		3049	217792
有色金属矿采选业	Nonferrous Metal Mining and Dressing Industry	31847	7688		24158
非金属矿采选业	Mining and Dressing of Nonmetallic Minerals	8273	712		7562
开采专业及辅助性活动	Mining Profession and Auxiliary Activities	6107			6107
制造业	**Manufacturing**	**9253516**	**213032**	**28226**	**9012258**
农副食品加工业	Processing of Food from Agricultural Products	272147	929	143	271075
食品制造业	Manufacture of Foods	139516	957		138559
酒、饮料和精制茶制造业	Manufacture of Liquor, Beverages and Refined Tea	221286	2086	226	218974
烟草制品业	Manufacture of Tobacco	195159	53831	6957	134371
纺织业	Manufacture of Textile	213371	8	278	213085
纺织服装、服饰业	Manufacture of Textile, Wearing Apparel and Accessories	422294	192	15	422086
皮革、毛皮、羽毛及其制品和制鞋业	Manufacture of Leather, Fur, Feather and Related Products and Footwear	125481	26	278	125176
木材加工和木、竹、藤、棕、草制品业	Processing of Timber, Manufacture of Wood, Bamboo, Rattan, Palm and Straw Products	58709	87		58622
家具制造业	Manufacture of Furniture	60410			60410
造纸及纸制品业	Manufacture of Paper and Paper Products	54228		3445	50784
印刷和记录媒介复制业	Printing and Reproduction of Recording Media	84299	372	3657	80270
文教、工美、体育和娱乐用品制造业	Manufacture of Articles for Culture, Education, Arts and Crafts, Sport and Entertainment Activities	96185	1238	143	94804
石油、煤炭及其他燃料加工业	Petroleum, Coal and Other Fuel Processing Industries	45199			45199
化学原料和化学制品制造业	Manufacture of Raw Chemical Materials and Chemical Products	516313		248	516065
医药制造业	Manufacture of Medicines	249674	9		249665
化学纤维制造业	Manufacture of Chemical Fibres	40907			40907
橡胶和塑料制品业	Manufacture of Rubber and Plastics Products	409918	626	933	408359
非金属矿物制品业	Manufacture of Non-metallic Mineral Products	429122	103	2149	426871
黑色金属冶炼和压延加工业	Smelting and Pressing of Ferrous Metals	427717			427717

4—17 续表1 continued

单位：万元（10000 yuan）

行 业	Sector	合 计 Total	国有单位 State-owned Units	城镇集体单位 Urban Collective-owned Units	其他单位 Units of Other Types of Ownership
有色金属冶炼和压延加工业	Smelting and Pressing of Non-ferrous Metals	252938			252938
金属制品业	Manufacture of Metal Products	350910	25560	3190	322160
通用设备制造业	Manufacture of General Purpose Machinery	609504	21013	929	587562
专用设备制造业	Manufacture of Special Purpose Machinery	411917	263	687	410968
汽车制造业	Manufacture of Automobiles	1007413			1007413
铁路、船舶、航空航天和其他运输设备制造业	Manufacture of Railway, Ship, Aerospace and Other Transport Equipments	75037	12602	731	61704
电气机械和器材制造业	Manufacture of Electrical Machinery and Apparatus	1191378		2658	1188720
计算机、通信和其他电子设备制造业	Manufacture of Computers, Communication and Other Electronic Equipment	1120269	54136	207	1065926
仪器仪表制造业	Manufacture of Measuring Instruments and Machinery	61296			61296
其他制造业	Other Manufacture	47437	6284		41152
废弃资源综合利用业	Utilization of Waste Resources	22135			22135
金属制品、机械和设备修理业	Repair Service of Metal Products, Machinery and Equipment	41348	32710	1352	7286
电力、热力、燃气及水生产和供应业	**Production and Supply of Electricity, Heat, Gas and Water**	**1087300**	**592834**	**4207**	**490258**
电力、热力的生产和供应业	Production and Supply of Electric Power and Heat Power	905411	556214	3665	345532
燃气生产和供应业	Production and Supply of Gas	70391			70391
水的生产和供应业	Production and Supply of Water	111498	36620	542	74335
建筑业	**Construction**	**8175225**	**108010**	**154283**	**7912932**
房屋建筑业	Construction of Buildings	4707278	54065	89952	4563262
土木工程建筑业	Civil Engineering	2316359	38669	10242	2267449
建筑安装业	Building Installation	379551	4207	21617	353727
建筑装饰、装修和其他建筑业	Architectural Decoration, Decoration and Other Construction Industries	772037	11070	32473	728494
批发和零售业	**Wholesale and Retail Trades**	**1366200**	**182100**	**9918**	**1174182**
批发业	Wholesale Trade	676385	169160	4231	502994
零售业	Retail Trade	689815	12941	5686	671188
交通运输、仓储和邮政业	**Transport, Storage and Post**	**1750814**	**806929**	**27196**	**916689**
铁路运输业	Railway Transport	473871	471120		2751
道路运输业	Road Transport	738701	86455	13084	639163
水上运输业	Water Transport	57868	992	4784	52092
航空运输业	Air Transport	55260	5737		49523
管道运输业	Transport Via Pipelines	450			450
多式联运和运输代理业	Multimodal Transport and Transportation Agency	47999	1690	662	45646
装卸搬运和仓储业	Handling and Storage Industry	57776	21104	645	36027
邮政业	Post	318890	219832	8022	91037
住宿和餐饮业	**Hotels and Catering Services**	**237442**	**13022**	**1400**	**223020**
住宿业	Hotels	103981	10777	576	92627
餐饮业	Catering Services	133462	2245	824	130393
信息传输、软件和信息技术服务业	**Information Transmission, Software and Information Technology**	**779056**	**58813**	**1158**	**719084**
电信、广播电视和卫星传输服务	Telecommunication, Radio and Television and Satellite Transmission Service	466745	52346	978	413421
互联网和相关服务	Internet and Related Service	47396	6077	180	41139
软件和信息技术服务业	Software and Information Technology	264915	390		264525

4—17 续表2 continued

单位：万元（10000 yuan）

行业	Sector	合计 Total	国有单位 State-owned Units	城镇集体单位 Urban Collective-owned Units	其他单位 Units of Other Types of Ownership
金融业	**Financial Intermediation**	**1964357**	**588664**	**167391**	**1208302**
货币金融服务	Monetary and Financial Service	1375044	423954	167025	784065
资本市场服务	Capital Market Service	58062	24320		33742
保险业	Insurance	511934	135332	366	376237
其他金融业	Other Financial Activities	19317	5059		14259
房地产业	**Real Estate**	**999308**	**46634**	**2888**	**949786**
租赁和商务服务业	**Leasing and Business Services**	**492959**	**77925**	**14739**	**400294**
租赁业	Leasing	11245	1421		9824
商务服务业	Business Services	481714	76504	14739	390471
科学研究和技术服务业	**Scientific Research and Technical Services**	**861212**	**422398**	**3954**	**434860**
研究和试验发展	Research and Experimental Development	116967	87328	425	29214
专业技术服务业	Professional Technical Services	661836	278002	2100	381734
科技推广和应用服务业	Science and Technology Popularization and Application Services	82409	57069	1429	23912
水利、环境和公共设施管理业	**Management of Water Conservancy, Environment and Public Facilities**	**385187**	**309384**	**5095**	**70707**
水利管理业	Management of Water Conservancy	132980	129976	1121	1883
生态保护和环境治理业	Ecological Protection and Environmental Treatment	15554	8907	50	6597
公共设施管理业	Management of Public Facilities	231455	167374	3883	60199
土地管理业	Land Management	5198	3128	42	2028
居民服务、修理和其他服务业	**Service to Households, Repair and Other Services**	**55499**	**18264**	**2324**	**34911**
居民服务业	Service to Households	30164	17141	932	12092
机动车、电子产品和日用产品修理业	Repair of Motor Vehicle, Electronics and Household Products	4600	741	166	3693
其他服务业	Other Services	20735	383	1226	19126
教　育	**Education**	**6296051**	**5939903**	**26424**	**329724**
卫生和社会工作	**Health and Social Service**	**3087382**	**2491656**	**326141**	**269585**
卫　生	Health	3066760	2474006	325590	267164
社会工作	Social Service	20622	17650	551	2421
文化、体育和娱乐业	**Culture, Sports and Entertainment**	**231046**	**155188**	**2613**	**73246**
新闻和出版业	Journalism and Publishing Activities	52924	32918	104	19902
广播、电视、电影和影视录音制作业	Radio, Television, Motion Picture and Videotape Programme Production Services	78587	63592	605	14390
文化艺术业	Cultural and Art Activities	68719	47383	1905	19431
体　育	Sports Activities	10586	8368		2218
娱乐业	Entertainment	20230	2927		17304
公共管理、社会保障和社会组织	**Public Management, Social Security and Social Organization**	**4628061**	**4610621**	**15812**	**1628**
中国共产党机关	Organs of Communist Party of China	185414	185414		
国家机构	Government Agencies	4312330	4299860	11515	955
人民政协、民主党派	People's Political Consultative Conference and Democratic Parties	31537	31207	330	
社会保障	Social Security	24858	24255	70	534
群众团体、社会团体和其他成员组织	Non-Governmental Organizations, Social Organizations and Other Organizations	67589	65947	1503	139
基层群众自治组织及其他组织	Rassroots Mass Autonomous Organizations and Other Organizations	6334	3940	2394	

4—18 各市城镇非私营单位分行业就业人员工资总额（2018年）

Total Wages of Employed Persons of Urban Non-private Owned Units by Sector and Region (2018)

单位：万元（10000 yuan）

地区	Region	合计 Total	农林牧渔业 Agriculture, Forestry, Animal Husbandry and Fishery	采矿业 Mining	制造业 Manufacturing	电力、热力、燃气及水的生产和供应业 Production and Supply of Electricity, Heat, Gas and Water	建筑业 Construction	批发和零售业 Wholesale and Retail Trade	交通运输、仓储和邮政业 Transport, Storage, Post & Telecommunications	住宿和餐饮业 Accommodation and Catering Trade	信息传输、计算机服务和软件业 Information, Circulation Computer Services and Software
总计	**Total**	**43548900**	**130968**	**1767320**	**9253516**	**1087300**	**8175225**	**1366200**	**1750814**	**237442**	**779056**
合肥市	Hefei	15358072	4557	4507	3138745	542929	4869458	601209	799080	116018	420078
淮北市	Huaibei	1411282	163	543806	128359	24286	112207	16007	40414	2729	12247
亳州市	Bozhou	1581145		45985	288820	6048	94159	68761	68136	11075	20600
宿州市	Suzhou	1932958	2874	57812	208876	28585	388831	43165	57403	7200	32676
蚌埠市	Bengbu	1789270	1303		307982	26348	336399	54330	106239	5867	17462
阜阳市	Fuyang	2510089	4908	83752	337945	71533	214947	86212	89887	7520	22765
淮南市	Huainan	2207725	17147	777868	109628	190991	90112	40328	40443	4342	16807
滁州市	Chuzhou	2266074	17862	8138	687778	22909	299130	53137	49439	5443	21637
六安市	Luan	1729160	3431	24446	279613	16352	156730	44325	30486	8093	28848
马鞍山市	Maanshan	2218888	4997	188913	666652	32426	347980	25321	53534	2079	32779
芜湖市	Wuhu	3591521	887	1600	1389576	35573	401844	156665	219005	21514	49880
宣城市	Xuancheng	1433716	6863	397	394359	10490	146329	35611	27529	6148	22789
铜陵市	Tongling	1380220	10844	19606	436181	17643	198221	22403	44984	6150	10786
池州市	Chizhou	762889	4140	7315	142320	6870	79420	26352	25981	4063	13546
安庆市	Anqing	2510242	47525	3175	641058	42774	353458	73162	70348	13201	38707
黄山市	Huangshan	865648	3469		95624	11547	86004	19213	27906	16000	17449

地区	Region	金融业 Banking	房地产业 Real Estate	租赁和商务服务业 Leasing and Commercial Services	科学研究和技术服务业 Scientific Research and Technical Services	水利、环境和公共设施管理业 Water Conservancy, Environmental and Public Facilities Management	居民服务、修理和其他服务业 Residents Service, Repair and Other Services	教育 Education	卫生和社会工作 Health and Social Work	文化、体育和娱乐业 Culture, Sports and Entertainment	公共管理、社会保障和社会组织 Public Management, Social Security and Social Organization
总计	**Total**	**1964357**	**999308**	**492959**	**861212**	**385187**	**55499**	**6296051**	**3087382**	**231046**	**4628061**
合肥市	Hefei	566352	337337	235051	484177	67195	11983	1313910	802193	88167	955125
淮北市	Huaibei	46764	23494	5700	20293	2701	587	211707	95209	2988	121619
亳州市	Bozhou	79932	47542	11779	18287	21869	8573	418563	155640	9562	205816
宿州市	Suzhou	111365	45898	12500	29835	10186	3570	461460	185114	7195	238416
蚌埠市	Bengbu	101846	53623	23628	43707	34581	4380	292624	154923	9885	214143
阜阳市	Fuyang	205667	57587	8708	17343	17125	1467	630373	298519	8268	345564
淮南市	Huainan	100246	30127	29168	30074	34715	1632	340773	140640	8917	203769
滁州市	Chuzhou	99046	70067	9773	29735	30513	2462	385943	162555	6500	304011
六安市	Luan	74806	37789	7064	18786	41728	1415	452970	199379	10888	292012
马鞍山市	Maanshan	93147	40052	18687	41506	24345	3471	300129	92875	7374	242621
芜湖市	Wuhu	138282	93401	59869	53346	21725	3843	403422	236523	22917	281651
宣城市	Xuancheng	83817	35613	20603	4781	9989	484	193697	120709	7918	305591
铜陵市	Tongling	54510	27499	23485	13978	5058	1075	195134	98471	7423	186770
池州市	Chizhou	59465	14687	5276	16568	6464	1877	134975	57245	4933	151394
安庆市	Anqing	90547	60588	14317	28094	29797	7933	412366	203991	15523	363684
黄山市	Huangshan	58567	24005	7352	10704	27197	747	148005	83399	12588	215874

4—19 各市城镇非私营单位就业人员工资总额（2018年）
Total Wages of Employed Persons of Urban Non-private Owned Units at Their Posts by Region (2018)

单位：万元（10000 yuan）

地 区	Region	合 计 Total	国有单位 State-owned Units	城镇集体单位 Urban Collective-owned Units	其他单位 Units of Other Types of Ownership
总 计	**Total**	**43548900**	**16776530**	**797838**	**25974533**
合 肥 市	Hefei	15358072	4123757	78174	11156141
淮 北 市	Huaibei	1411282	439570	49769	921942
亳 州 市	Bozhou	1581145	869558	44306	667282
宿 州 市	Suzhou	1932958	964954	105186	862818
蚌 埠 市	Bengbu	1789270	832905	46981	909384
阜 阳 市	Fuyang	2510089	1532578	96161	881350
淮 南 市	Huainan	2207725	787253	27960	1392512
滁 州 市	Chuzhou	2266074	984562	67816	1213696
六 安 市	Luan	1729160	1049042	60026	620092
马鞍山市	Maanshan	2218888	699732	57849	1461307
芜 湖 市	Wuhu	3591521	1099959	17571	2473991
宣 城 市	Xuancheng	1433716	675669	32530	725518
铜 陵 市	Tongling	1380220	533066	18877	828277
池 州 市	Chizhou	762889	422383	12671	327836
安 庆 市	Anqing	2510242	1248576	67451	1194216
黄 山 市	Huangshan	865648	512967	14510	338172

4—20 城镇非私营单位分行业就业人员年平均工资
Average Wage of Employed Persons of Urban Non-private Owned Units by Sector

单位：元（yuan）

行 业	Sector	2017	2018
总 计	**Total**	**65150**	**74378**
农、林、牧、渔业	Agriculture, Forestry, Animal Husbandry and Fishery	36132	41274
采矿业	Mining	73210	90747
制造业	Manufacturing	59089	66006
电力、热力、燃气及水的生产和供应业	Production and Supply of Electricity, Heat, Gas and Water	98235	104472
建筑业	Construction	52814	60785
批发和零售业	Wholesale and Retail Trades	53081	59766
交通运输、仓储和邮政业	Transport, Storage and Post	65444	72012
住宿和餐饮业	Hotels and Catering Services	36966	40071
信息传输、软件和信息技术服务业	Information Transmission, Software and Information Technology	77304	84256
金融业	Financial Intermediation	79039	84882
房地产业	Real Estate	61085	68033
租赁和商务服务业	Leasing and Business Services	51665	56024
科学研究和技术服务业	Scientific Research and Technical Services	83571	93035
水利、环境和公共设施管理业	Management of Water Conservancy, Environment	53681	62816
居民服务、修理和其他服务业	Services to Households, Repair and Other Services	48500	45070
教 育	Education	72792	98697
卫生和社会工作	Health and Social Service	83435	96596
文化、体育和娱乐业	Culture, Sports and Entertainment	62014	68973
公共管理、社会保障和社会组织	Public Management, Social Security and Social Organization	74487	87207

4—21 各市城镇非私营单位分行业就业人员年平均工资（2018年）

Average Wage of Employed Persons of Urban Non-private Owned Units by Sector By Region (2018)

单位：元（yuan）

地 区 Region	合 计 Total	农林牧渔业 Agriculture, Forestry, Animal Husbandry and Fishery	采矿业 Mining	制造业 Manufacturing	电力、热力、燃气及水的生产和供应业 Production and Supply of Electricity, Heat, Gas and Water	建筑业 Construction	批发和零售业 Wholesale and Retail Trade	交通运输、仓储和邮政业 Transport, Storage, Post & Telecommunications	住宿和餐饮业 Accommodation and Catering Trade	信息传输、计算机服务和软件业 Information, Circulation Computer Services and Software
总 计 Total	**74378**	**41274**	**90747**	**66006**	**104472**	**60785**	**59766**	**72012**	**40071**	**84256**
合肥市 Hefei	85074	65567	56832	87433	128546	67886	73399	92236	40451	87791
淮北市 Huaibei	70263	81700	83114	45156	70640	60899	52707	74168	40315	59021
亳州市 Bozhou	61326		82101	46050	59583	43991	48767	47297	35171	69995
宿州市 Suzhou	61692	40759	68824	42234	97692	48521	43347	54852	34153	69155
蚌埠市 Bengbu	67694	38102		52268	69118	62375	47969	74502	37300	81523
阜阳市 Fuyang	64501	31021	100266	47140	86091	48359	44058	42738	37373	69047
淮南市 Huainan	77941	31712	101667	49302	103636	45628	45262	46026	36797	90848
滁州市 Chuzhou	73608	44365	77427	64491	76083	62003	57278	50567	44320	91025
六安市 Luan	75671	48528	70347	53636	61313	52992	61358	64494	42462	104596
马鞍山市 Maanshan	79030	76883	94950	73881	96362	59381	55970	64897	40769	80977
芜湖市 Wuhu	69797	33730	51932	66734	85614	48584	55804	75571	44376	91239
宣城市 Xuancheng	69907	49837	46741	57270	83516	56071	57326	65939	41907	85418
铜陵市 Tongling	72427	48605	66505	62904	92274	52448	60468	64345	37296	81586
池州市 Chizhou	68430	57736	53790	55676	75825	47116	60054	62081	38551	91590
安庆市 Anqing	65253	37790	58574	58124	80296	50716	55417	63877	36020	69305
黄山市 Huangshan	73627	80122		52569	88008	43054	60474	69818	45084	92964

地 区 Region	金融业 Banking	房地产业 Real Estate	租赁和商务服务业 Leasing and Commercial Services	科学研究和技术服务业 Scientific Research and Technical Services	水利、环境和公共设施管理业 Water Conservancy, Environmental and Public Facilities Management	居民服务、修理和其他服务业 Residents Service, Repair and Other Services	教育 Education	卫生和社会工作 Health and Social Work	文化、体育和娱乐业 Culture, Sports and Entertainment	公共管理、社会保障和社会组织 Public Management, Social Security and Social Organization
总 计 Total	**84882**	**68033**	**56024**	**93035**	**62816**	**45070**	**98697**	**96596**	**68973**	**87207**
合肥市 Hefei	136355	79610	65811	107710	76411	53092	115283	135705	76006	119606
淮北市 Huaibei	62286	47319	36967	61198	59094	54380	90686	67934	66548	66915
亳州市 Bozhou	53051	67378	44317	76258	53195	25931	85308	83399	57223	72229
宿州市 Suzhou	80032	56103	42897	72398	54645	54590	87282	78465	54020	68119
蚌埠市 Bengbu	76830	57424	46429	82544	73482	50174	81581	84750	70710	89588
阜阳市 Fuyang	68048	63986	42540	74625	29303	43661	87987	86575	56900	67088
淮南市 Huainan	60168	60242	52583	72432	56529	51163	97923	76618	62706	73301
滁州市 Chuzhou	84945	76468	40703	68058	53541	49735	106691	86360	58721	94039
六安市 Luan	109831	72393	48284	75264	64815	62070	106321	95429	83557	81384
马鞍山市 Maanshan	68435	78028	47903	108202	74725	52039	127503	87609	80063	96194
芜湖市 Wuhu	83418	62757	56915	94735	80944	55772	99323	104628	70083	82693
宣城市 Xuancheng	73292	68790	56712	69187	45864	47412	93987	91710	64957	88107
铜陵市 Tongling	96598	51075	49788	83448	61309	59414	126317	116286	71581	96797
池州市 Chizhou	70215	58936	50101	85755	56698	62766	93428	81965	63652	87078
安庆市 Anqing	80208	58995	43875	69437	67967	45959	84303	92404	61671	82072
黄山市 Huangshan	75473	73906	48113	80179	97235	100959	105740	87733	62194	94715

4—22 城镇非私营单位就业人员年平均工资（2018年）
Average Wage of Employed Persons of Urban Non-private Owned Units at Their Posts (2018)

单位：元（yuan）

行业	Sector	合计 Total	在岗职工 On-the-job Worker	国有单位 State-owned Units	城镇集体单位 Urban Collective-owned Units	其他单位 Units of Other Types of Ownership
总计	**Total**	**74378**	**77196**	**93210**	**63843**	**66089**
按执行会计标准类别分组	**Grouped by Executive Acounting System Type**					
企业	Enterprises	67156	69178	82176	60822	66067
事业	Institutions	96979	99908	98773	68023	82309
行政单位	Administrative Unit	87918	92980	87926	74700	
民间非营利组织	Non-profit Organizations	52295	53503	119324	44708	51864
其他	Others	83361	95208	135173	41259	58645
按国民经济行业分组	**Grouped by Economic Sector**					
农、林、牧、渔业	Agriculture, Forestry, Animal Husbandry and Fishery	41274	46374	41428	33874	38274
采矿业	Mining	90747	92202	73287	48022	91066
制造业	Manufacturing	66006	66320	115810	62766	65352
电力、热力、燃气及水的生产和供应业	Production and Supply of Electricity, Heat, Gas and Water	104472	105640	122717	72045	88842
建筑业	Construction	60785	61220	45312	47670	61401
批发和零售业	Wholesale and Retail Trade	59766	60282	83041	31335	57700
交通运输、仓储和邮政业	Transport, Storage and Postal Services	72012	73548	94357	41007	60718
住宿和餐饮业	Accommodation and Catering Trade	40071	40225	47061	35808	39755
信息传输、计算机服务和软件业	Information Circulation, Computer Service and Software	84256	87198	69932	60649	85746
金融业	Banking	84882	117611	77210	107848	86518
房地产业	Real Estate	68033	68787	62113	50396	68426
租赁和商务服务业	Leasing and Commercial Services	56024	55477	52684	39128	57652
科学研究和技术服务业	Scientific Research and Technical Services	93035	96685	97027	59906	89894
水利、环境和公共设施管理业	Water Conservancy, Environmental and Public Facilities Management	62816	68067	67871	47311	48235
居民服务、修理和其他服务业	Residents Service, Repair and Other Services	45070	45818	65487	46470	38682
教育	Education	98697	101377	101344	106981	66838
卫生和社会工作	Health and Social Work	96596	98697	107205	66749	70318
文化、体育和娱乐业	Culture, Sports and Entertainment	68973	71407	74210	50634	60684
公共管理、社会保障和社会组织	Public Management, Social Security and Social Organization	87207	92029	87283	69901	81420

4—23 各市城镇非私营单位就业人员年平均工资（2018年）
Average Wage of Employed Persons of Urban Non-private Owned Units at Their Posts by Region (2018)

单位：元（yuan）

地区	Region	合计 Total	在岗职工 On-the-job Worker	国有单位 State-owned Units	城镇集体单位 Urban Collective-owned Units	其他单位 Units of Other Types of Ownership
总计	**Total**	**74378**	**77196**	**93210**	**63843**	**66089**
合肥市	Hefei	85074	89022	125511	75066	76084
淮北市	Huaibei	70263	72146	78447	58054	67666
亳州市	Bozhou	61326	64547	77076	55348	48706
宿州市	Suzhou	61692	64089	80454	50237	50034
蚌埠市	Bengbu	67694	70034	87090	59803	56545
阜阳市	Fuyang	64501	66886	75307	81965	50679
淮南市	Huainan	77941	84508	80467	43088	77823
滁州市	Chuzhou	73608	75494	92578	71220	63218
六安市	Luan	75671	77499	92613	78868	57615
马鞍山市	Maanshan	79030	82120	105329	63078	71227
芜湖市	Wuhu	69797	71364	99841	63047	61602
宣城市	Xuancheng	69907	72357	87328	78443	58713
铜陵市	Tongling	72427	74690	104808	57728	60709
池州市	Chizhou	68430	70720	87421	70236	53425
安庆市	Anqing	65253	68286	78063	62167	55831
黄山市	Huangshan	73627	76269	97133	80653	53710

4—24 城镇私营单位就业人员和工资情况（2018年）
Wages of Employed Persons in Private Enterprises of Urban Areas (2018)

行　业	Sector	单位就业人员年末人数（人）Number of Employed Persons per Unit at the End of the Year (person)	工资总额（千元）Total Wage (1000 yuan)	平均工资（元）Average Wage (yuan)
总　计	**Total**	**4422113**	**195836102**	**44964**
按国民经济行业分组	**Grouped by Economic Sector**			
农、林、牧、渔业	Agriculture, Forestry, Animal Husbandry and Fishery	56917	1773213	31652
采矿业	Mining	7360	369551	50818
制造业	Manufacturing	1451344	68217686	47537
电力、热力、燃气及水的生产和供应业	Production and Supply of Electricity, Heat, Gas and Water	10765	450733	41550
建筑业	Construction	998220	50985766	52739
批发和零售业	Wholesale and Retail Trade	734554	25961381	35615
交通运输、仓储和邮政业	Transport, Storage and Postal Services	146823	6299345	43339
住宿和餐饮业	Accommodation and Catering Trade	139888	4778765	35582
信息传输、计算机服务和软件业	Information Circulation, Computer Service and Software	105977	5697792	54780
金融业	Banking	9801	388861	39863
房地产业	Real Estate	158243	7062878	44562
租赁和商务服务业	Leasing and Commercial Services	328188	13200700	40462
科学研究和技术服务业	Scientific Research and Technical Services	100800	4834547	48222
水利、环境和公共设施管理业	Water Conservancy, Environmental and Public Facilities Management	20445	566136	28317
居民服务、修理和其他服务业	Residents Service, Repair and Other Services	78729	2309530	29501
教　育	Education	16834	699545	41575
卫生和社会工作	Health and Social Work	12379	613210	50243
文化、体育和娱乐业	Culture, Sports and Entertainment	44846	1626463	36344
公共管理、社会保障和社会组织	Public Management, Social Security and Social Organization			

4—25 城镇非私营单位分行业就业人员年平均工资（2018年）
Average Wage of Employed Persons of Urban Non-private Owned Units by Sector (2018)

单位：元（yuan）

行业	Sector	合计 Total	国有单位 State-owned Units	城镇集体单位 Urban Collective-owned Units	其他单位 Units of Other Types of Ownership
总计	**Total**	**74378**	**93210**	**63843**	**66089**
按执行会计标准类别分组	**Grouped by Executive Acounting System Type**				
企业	Enterprises	67156	82176	60822	66067
事业	Institutions	96979	98773	68023	82309
行政单位	Administrative Unit	87918	87926	74700	
民间非营利组织	Non-profit Organizations	52295	119324	44708	51864
其他	Others	83361	135173	41259	58645
按国民经济行业分组	**Grouped by Economic Sector**				
农、林、牧、渔业	**Agriculture, Forestry, Animal Husbandry and Fishery**	**41274**	**41428**	**33874**	**38274**
农业	Farming	35825	35833	33727	37646
林业	Forestry	56507	56714		44162
畜牧业	Animal Husbandry	34401	31164		36315
渔业	Fishery	29005	24872	34919	43848
农林牧渔专业及辅助性活动	Agriculture, Forestry, Animal Husbandry and Fishery Major and Supporting Activities	59401	60598		37827
采矿业	**Mining**	**90747**	**73287**	**48022**	**91066**
煤炭开采和洗选业	Coal Mining and Washing	92283	70249		92398
黑色金属矿采选业	Black Metal Mining and Dressing Industry	89024		48022	90101
有色金属矿采选业	Nonferrous Metal Mining and Dressing Industry	67187	77426		64473
非金属矿采选业	Mining and Dressing of Nonmetallic Minerals	57654	60297		57417
开采专业及辅助性活动	Mining Profession and Auxiliary Activities	50932			50932
制造业	**Manufacturing**	**66006**	**115810**	**62766**	**65352**
农副食品加工业	Processing of Food from Agricultural Products	49147	36000	31130	49224
食品制造业	Manufacture of Foods	49259	34297		49408
酒、饮料和精制茶制造业	Manufacture of Liquor, Beverages and Refined Tea	52651	153346	28300	52370
烟草制品业	Manufacture of Tobacco	176662	143894	84634	207235
纺织业	Manufacture of Textile	47032	16400	32267	47064
纺织服装、服饰业	Manufacture of Textile, Wearing Apparel and Accessories	47438	60125	21857	47435
皮革、毛皮、羽毛及其制品和制鞋业	Manufacture of Leather, Fur, Feather and Related Products and Footwear	50188	28778	48000	50201
木材加工和木、竹、藤、棕、草制品业	Processing of Timber, Manufacture of Wood, Bamboo, Rattan, Palm and Straw Products	46261	62286		46243
家具制造业	Manufacture of Furniture	51965			51965
造纸及纸制品业	Manufacture of Paper and Paper Products	54715		85898	53400
印刷和记录媒介复制业	Printing and Reproduction of Recording Media	56372	52366	76185	55732
文教、工美、体育和娱乐用品制造业	Manufacture of Articles for Culture, Education, Arts and Crafts, Sport and Entertainment Activities	44505	77849	37579	44270
石油、煤炭及其他燃料加工业	Petroleum, Coal and Other Fuel Processing Industries	95537			95537
化学原料和化学制品制造业	Manufacture of Raw Chemical Materials and Chemical Products	68609		50633	68621
医药制造业	Manufacture of Medicines	51347	11500		51353
化学纤维制造业	Manufacture of Chemical Fibres	65326			65326
橡胶和塑料制品业	Manufacture of Rubber and Plastics Products	62385	51727	36461	62506
非金属矿物制品业	Manufacture of Non-metallic Mineral Products	59420	54263	53847	59452
黑色金属冶炼和压延加工业	Smelting and Pressing of Ferrous Metals	85682			85682

4—25 续表1 continued

单位：元（yuan）

行业	Sector	合计 Total	国有单位 State-owned Units	城镇集体单位 Urban Collective-owned Units	其他单位 Units of Other Types of Ownership
有色金属冶炼和压延加工业	Smelting and Pressing of Non-ferrous Metals	65426			65426
金属制品业	Manufacture of Metal Products	66273	146645	57581	63603
通用设备制造业	Manufacture of General Purpose Machinery	67807	58795	42601	68245
专用设备制造业	Manufacture of Special Purpose Machinery	69351	57174	31352	69501
汽车制造业	Manufacture of Automobiles	74371			74371
铁路、船舶、航空航天和其他运输设备制造业	Manufacture of Railway, Ship, Aerospace and Other Transport Equipments	74213	90464	58512	71808
电气机械和器材制造业	Manufacture of Electrical Machinery and Apparatus	73438		70325	73445
计算机、通信和其他电子设备制造业	Manufacture of Computers, Communication and Other Electronic Equipment	78736	157145	45956	76801
仪器仪表制造业	Manufacture of Measuring Instruments and Machinery	91871			91871
其他制造业	Other Manufacture	74375	61912		76734
废弃资源综合利用业	Utilization of Waste Resources	51765			51765
金属制品、机械和设备修理业	Repair Service of Metal Products, Machinery and Equipment	104652	140568	57288	52491
电力、热力、燃气及水生产和供应业	**Production and Supply of Electricity, Heat, Gas and Water**	**104472**	**122717**	**72045**	**88842**
电力、热力的生产和供应业	Production and Supply of Electric Power and Heat Power	115933	131316	74190	98032
燃气生产和供应业	Production and Supply of Gas	71195			71195
水的生产和供应业	Production and Supply of Water	69292	61526	60267	73973
建筑业	**Construction**	**60785**	**45312**	**47670**	**61401**
房屋建筑业	Construction of Buildings	58401	42960	40893	59152
土木工程建筑业	Civil Engineering	68951	45121	50327	69695
建筑安装业	Building Installation	58724	60881	58049	58741
建筑装饰、装修和其他建筑业	Architectural Decoration, Decoration and Other Construction Industries	55807	55598	70455	55298
批发和零售业	**Wholesale and Retail Trades**	**59766**	**83041**	**31335**	**57700**
批发业	Wholesale Trade	77758	90180	28804	75345
零售业	Retail Trade	48714	40809	33527	49085
交通运输、仓储和邮政业	**Transport, Storage and Post**	**72012**	**94357**	**41007**	**60718**
铁路运输业	Railway Transport	121940	122074		102642
道路运输业	Road Transport	55682	55274	37968	56276
水上运输业	Water Transport	52650	74556	20513	61098
航空运输业	Air Transport	115076	80347		121142
管道运输业	Transport Via Pipelines	65246			65246
多式联运和运输代理业	Multimodal Transport and Transportation Agency	81188	43906	90699	83693
装卸搬运和仓储业	Handling and Storage Industry	53303	42048	48119	63361
邮政业	Post	81790	87813	123980	68408
住宿和餐饮业	**Hotels and Catering Services**	**40071**	**47061**	**35808**	**39755**
住宿业	Hotels	44224	48416	30326	43907
餐饮业	Catering Services	37338	41488	40990	37253
信息传输、软件和信息技术服务业	**Information Transmission, Software and Information Technology**	**84256**	**69932**	**60649**	**85746**
电信、广播电视和卫星传输服务	Telecommunication, Radio and Television and Satellite Transmission Service	84194	65383	56207	87483
互联网和相关服务	Internet and Related Service	87334	177696	106118	81173
软件和信息技术服务业	Software and Information Technology	83836	62871		83878

4—25 续表2 continued

单位：元（yuan）

行　业	Sector	合　计 Total	国有单位 State-owned Units	城镇集体单　位 Urban Collective-owned Units	其他单位 Units of Other Types of Ownership
金融业	**Financial Intermediation**	**84882**	**77210**	**107848**	**86518**
货币金融服务	Monetary and Financial Service	124145	112931	107702	135858
资本市场服务	Capital Market Service	137881	133186		141475
保险业	Insurance	44588	37449	281462	47828
其他金融业	Other Financial Activities	118149	68638		158784
房地产业	**Real Estate**	**68033**	**62113**	**50396**	**68426**
租赁和商务服务业	**Leasing and Business Services**	**56024**	**52684**	**39128**	**57652**
租赁业	Leasing	52695	80756		50173
商务服务业	Business Services	56107	52346	39128	57869
科学研究和技术服务业	**Scientific Research and Technical Services**	**93035**	**97027**	**59906**	**89894**
研究和试验发展	Research and Experimental Development	94048	94103	48897	95160
专业技术服务业	Professional Technical Services	96305	102229	54677	92778
科技推广和应用服务业	Science and Technology Popularization and Application Services	72232	80834	75598	57480
水利、环境和公共设施管理业	**Management of Water Conservancy, Environment and Public Facilities**	**62816**	**67871**	**47311**	**48235**
水利管理业	Management of Water Conservancy	80584	80346	89664	94165
生态保护和环境治理业	Ecological Protection and Environmental Treatment	81349	77520	124500	86920
公共设施管理业	Management of Public Facilities	54852	60308	41350	44578
土地管理业	Land Management	73207	61935	46667	103469
居民服务、修理和其他服务业	**Service to Households, Repair and Other Services**	**45070**	**65487**	**46470**	**38682**
居民服务业	Service to Households	55664	67193	45887	45373
机动车、电子产品和日用产品修理业	Repair of Motor Vehicle, Electronics and Household Products	44440	42563	34562	45424
其他服务业	Other Services	35384	59828	49241	34480
教　育	**Education**	**98697**	**101344**	**106981**	**66838**
卫生和社会工作	**Health and Social Service**	**96596**	**107205**	**66749**	**70318**
卫　生	Health	96987	107788	66784	70447
社会工作	Social Service	60369	60989	51037	58473
文化、体育和娱乐业	**Culture, Sports and Entertainment**	**68973**	**74210**	**50634**	**60684**
新闻和出版业	Journalism and Publishing Activities	84719	84448	43125	85602
广播、电视、电影和影视录音制作业	Radio, Television, Motion Picture and Videotape Programme Production Services	63845	68180	56495	50054
文化艺术业	Cultural and Art Activities	67551	74071	49473	57303
体　育	Sports Activities	76104	97876		41373
娱乐业	Entertainment	59889	67278		58796
公共管理、社会保障和社会组织	**Public Management, Social Security and Social Organization**	**87207**	**87283**	**69901**	**81420**
中国共产党机关	Organs of Communist Party of China	105110	105110		
国家机构	Government Agencies	86388	86419	76921	76424
人民政协、民主党派	People's Political Consultative Conference and Democratic Parties	114512	117318	35106	
社会保障	Social Security	80709	80500	43625	104686
群众团体、社会团体和其他成员组织	Non-Governmental Organizations, Social Organizations and Other Organizations	99031	100421	64231	58000
基层群众自治组织及其他组织	Rassroots Mass Autonomous Organizations and Other Organizations	51957	49371	56860	

4—26 城镇登记失业人数及失业率
Number of Registered Urban Unemployed Persons and Unemployment Rate

单位：万人（10000 persons）

年 份 Year	本年新登记失业人数 Number of New Unemployed Persons in this Year	登记失业人员中新增就业人数 New Added Employees of the Registered Urban Unemployed Persons	年末实有登记失业人数 Number of Unemployed Persons (Year-end)	#女 性 Female	城镇登记失业率(%) Urban Unemployed Ratio (%)
2000	31.59	12.26	16.52	9.12	3.30
2005	34.63	32.88	13.60	13.60	4.40
2009	25.24	26.08	30.07	13.89	3.92
2010	28.48	31.69	26.86	13.01	3.66
2011	36.91	30.64	33.13	15.65	3.74
2012	36.38	37.17	31.30	14.04	3.68
2013	39.53	38.14	32.36	14.31	3.41
2014	39.32	39.93	31.45	14.20	3.21
2015	35.44	35.91	30.91	9.34	3.14
2016	26.22	25.89	30.45	14.44	3.20
2017	28.60	29.49	28.99	12.84	2.88
2018	22.41	22.69	28.08	7.38	2.83

4—27 各市城镇登记失业人数及失业率（2018年）
Number of Registered Urban Unemployed Persons and Unemployment Rate by Region (2018)

单位：人（person）

地 区 Region	本年新登记失业人数 Number of New Unemployed Persons in this Year	登记失业人员中新增就业人数 New Added Employees of the Registered Urban Unemployed Persons	年末实有登记失业人数 Number of Unemployed Persons (Year-end)	#女 性 Female	城镇登记失业率(%) Urban Unemployed Ratio (%)
总 计 Total	**224108**	**226924**	**280755**	**73793**	**2.83**
合肥市 Hefei	29866	27779	109453	10241	2.94
淮北市 Huaibei	19828	20027	16196	1821	2.57
亳州市 Bozhou	10136	9861	5211	2715	2.75
宿州市 Suzhou	5583	6931	10132	5942	2.60
蚌埠市 Bengbu	16990	16637	18444	4154	3.18
阜阳市 Fuyang	7271	4693	6156	2499	2.14
淮南市 Huainan	21038	18558	21874	1567	3.13
滁州市 Chuzhou	7246	9243	7940	4323	2.76
六安市 Luan	7248	7703	8514	4475	2.72
马鞍山市 Maanshan	51398	54185	22036	9805	2.61
芜湖市 Wuhu	11090	10839	16745	8418	2.80
宣城市 Xuancheng	7013	6718	9136	3333	3.08
铜陵市 Tongling	6429	6706	9125	4311	2.77
池州市 Chizhou	7366	8749	5641	2635	2.68
安庆市 Anqing	5732	7017	9887	5042	2.50
黄山市 Huangshan	9874	11278	4265	2512	2.68

主要统计指标解释

就业人员

指从事一定社会劳动并取得劳动报酬或经营收入的全部劳动力。包括：1. 全部职工；2. 城镇私营企业从业人员；3. 城镇个体劳动者；4. 农村社会劳动者；5. 其他社会劳动者。这一指标反映了一定时期内全部劳动力资源的实际利用情况，是研究基本国情国力的重要指标。

单位就业人员

指在各级国家机关、政党机关、社会团体及企业、事业单位中工作，取得工资或其他形式的劳动报酬的全部人员。包括在岗职工、再就业的离退休人员、民办教师以及在各单位中工作的外方人员和港澳台方人员、兼职人员、借用的外单位人员和第二职业者。不包括离开本单位仍保留劳动关系的职工。各单位的从业人员反映了各单位实际参加生产或工作的全部劳动力。

城镇私营和个体就业人员

城镇私营就业人员指在工商管理部门注册登记，其经营地址设在县城关镇（含城关镇）以上的私营企业从业人员；包括私营企业投资者和雇工。城镇个体从业人员指在工商管理部门注册登记，并持有城镇户口或在城镇长期居住，经批准从事个体工商经营的从业人员；包括个体经营者和在个体工商户劳动的家庭帮工和雇工。

城镇登记失业人员

指有非农业户口，在一定的劳动年龄内，有劳动能力，无业而要求就业，并在当地就业服务机构进行求职登记的人员。

城镇登记失业率

指城镇登记失业人数同城镇从业人数与城镇登记失业人数之和的比。计算公式为：

城镇登记失业率=城镇登记失业人数/（城镇从业人数+城镇登记失业人数）×100%

在岗职工

指在本单位工作并由单位支付工资的人员，以及有工作岗位，但由于学习、病伤产假等原因暂未工作，仍由单位支付工资的人员。

专业技术人员

指从事专业技术工作的人员以及从事专业技术管理工作且已在 1983 年以前评定了专业技术职称或在 1984 年以后聘任了专业技术职务的人员。

专业技术人员具体指工程技术人员、农业技术人员、科研人员（含自然科学研究、社会科学研究及实验技术人员）、卫生技术人员、教学人员（含高等院校、中等专业学校、技工学校、中学、小学）、民用航空飞行技术人员、船舶技术人员、经济人员、会计人员、统计人员、翻译人员、图书资料、档案、文博人员、新闻、出版人员、律师、公证人员、广播电视播音人员、工艺美术人员、体育人员、艺术人员及政工人员。

专业技术管理人员具体指企业、事业单位的领导；企业、事业单位下设的职能机构、企业的生产车间和辅助车间（或附属辅助生产单位）中从事生产、技术、经济管理和政治工作的人员。

按照公务员管理或参照公务员管理的人员不统计为专业技术人员。

就业人员工资总额

指根据《关于工资总额组成的规定》（1990 年 1 月 1 日国家统计局发布的一号令）进行修订，本单位在报告期内（季度或年度）直接支付给本单位全部就业人员的劳动报酬总额。包括计时工资、计件工资、奖金、津贴和补贴、加班加点工资、特殊情况下支付的工资，是在岗职工工资总额、劳务派遣人员工资总额和其他从业人员工资总额之和。

在岗职工工资总额

指本单位在报告期内直接支付给本单位全部在岗职工的劳动报酬总额。在岗职工工资总额由基本工资、绩效工资、工资性津贴和补贴、其他工资四部分组成。工资总额不包括病假、事假等情况的扣款。

就业人员平均工资

指本单位就业人员在报告期内平均每人所得的工资额。

在岗职工平均工资

指本单位在岗职工在报告期内平均每人所得的工资额。

Explanatory Notes for Major Statistical Indicators

Employed Persons

refers to the persons who are engaged in social labor and receive remuneration payment or earn business income, including: (1)Total staff and workers; (2)Employed persons in private enterprises in urban areas; (3)Self-employed individuals in urban areas; (4)Social laborers in rural areas; (5)Other social laborers. It reflects the utilization of total labor force during a given period of time.

Persons Employed in Various Units

refer to all the persons working in government agencies of various levels, political and party organizations, social organizations, enterprises and institutions, and receiving wages or other forms of payment. They include fully-employed staff and workers, re-employed retirees, teachers in schools run by the local people, foreigners and Chinese compatriots from Hong Kong, Macao, and Taiwan working in various units, part-time employees, employees of other units working temporarily at current posts, and employees holding the second job, but exclude staff and workers who have left their working units while keeping their labour contract (employment relation) unchanged. This indicator reflects the total number of laborers actually engaged in production or other operations in various units.

Persons Employed in Private Enterprises and Self-Employed Individuals in Urban Areas

Persons employed in private enterprises refer to the persons employed in the private enterprises which have been registered at the departments of industrial and commercial administration and are situated at a county town (i.e. a town where the county government is located) for business operation or at urban areas with the level higher than a county town. The self-employed individuals in urban areas refer to persons who hold the certificates of residence in urban areas or have resided in the urban areas for a long time and have been registered at the departments of industrial and commercial administration and approved to be engaged in individual industrial or commercial business, including self-employed persons as well as helpers and hired labourers who work in the individual households engaged in industrial or commercial business.

Registered Urban Unemployed Persons

The registered unemployed persons in urban areas refer to the persons who are registered as permanent residents in the urban areas engaged in non-agricultural activities, aged within the range of working age, capable to labour, unemployed but desirous to be employed and have been registered at the local employment service agencies to apply for a job.

Registered Urban Unemployment Rate

Registered unemployment rate in urban areas refers to the ratio of the number of the registered unemployed persons to the sum of the number of employed persons and the registered unemployed persons. The formula is as follows:

Registered urban unemployment rate =number of registered urban unemployed persons/(urban employed person number + registered urban unemployed person number)×100%

Fully Employed Staff and Workers

refer to persons who work in, and receive wages from their working units, as well as persons who have their work posts, but are temporarily absent from work for reasons of study or on sick, injury or maternal leave and still receive wages from their working units.

Professional and Technical Personnel

refers to professional, technical and managerial staff members in institutions who were rated professional and technical titles before 1983 or appointed professional and technical posts after 1984.

Professional and technical personnel includes the following: Engineering, Agriculture, Scientific Research (including natural science, social science and laboratory technique), Health care, Teaching, civil aviation, shipping, economics, accounting, statistics, translating, archives, publishing, lawyer, broadcasting, craft, physical culture, art and political workers.

Managerial staff refers to the leadership of enterprises and institutions and persons engaged in production, technology, economic management and political work in functioning organizations under enterprises or institutions and workshop of enterprises.

Public servants or the personnel in light of public service are not included.

Total wages of employed persons

According to the "Regulations of total wages" (No.1 decree issued in January 1, 1990 by the National Bureau of Statistics), it is revised, the unit during the report period (quarterly or annual) paid directly to the total remuneration of the units of all employees. Including hourly wages, piece-rate wages, bonuses, allowances and subsidies, overtime wages, wages under special circumstances, It is on the total wages of staff and workers, labor dispatch staff wages and other employees wages .

Total wages of employed staff and workers

Refers to the total remuneration directly to the total staff and workers of the units in the report period. Total wages of staff are made of four parts., the basic salary, performance salary, wages and allowances and subsidies, and other wages ,Total wages does not include Deduction by sick, personal leave and other ituation.

The average wage of employed persons

Refers to the average wages of staff in the report period

Average wages of employed staff and workers

Refers to the average wages of employed staff in the report period

第五篇

Chapter 5

INVESTMENT IN FIXED ASSETS

简要说明

一、按照国家统计局现行统计制度规定，固定资产投资统计的范围包括：⑴城镇投资500万元以上项目；⑵房地产开发投资。按登记注册类型分，包括内资、港澳台商及外商投资。

二、固定资产投资统计资料来源为：项目建设单位填报的报表和“一套表”平台房地产开发企业填的报表，由省统计局投资处加工整理提供。

三、固定资产投资统计的调查方法，均为全面统计报表。

Brief Introduction

I. According to the current statistical system stipulated by State Statistical Bureau, the fixed assets investment includes: (1) items in town with investment of five million yean and above; (2) the real estate investment, they include domestic investment, investment from Hong Kong, Macao and Taiwan and investment from foreign countries.

II. Data sources for the statistics of investment in fixed assets are as follows: These tables filled by the project construction units and real estate development enterprises of a set of tables platform are provided and processed by investment department of Anhui Provincial Bureau of Statistics

III. Method of data collection: Urban and rural areas are collected by sample surveys.

5—1 固定资产投资主要指标增长情况（2018年）
Growth of Main Indicators of Fixed Asset Investment (2018)

单位：%

指　　标	Item	增　　长 Growth
固定资产投资	**Investment in Fixed Assets**	**11.80**
按构成分	According to Composition	
建筑安装工程	Construction and Installation	8.57
设备工器具购置	Purchase of Instruments	14.50
其他费用	Other Expenses	25.20
按三次产业分	According to the Three Industry Points	
第一产业	Primary Industry	32.98
第二产业	Secondary Industry	24.64
第三产业	Tertiary Industry	5.63
按投资资金来源分	According to the Source of Investment Funds	13.19
国家预算资金	State Budget Funds	38.44
国内贷款	Domestic Loans	-3.84
债　券	Bonds	34.54
利用外资	Foreign Investment	-34.62
自筹资金	Self-raising Funds	6.31
其他资金来源	Other Sources of Funding	-29.89
按建设规模分	According to the Construction Scale	
建设总规模	Total Construction Scale	7.73
在建总规模	Total Scale Under Construction	11.24
在建净规模	Net Scale Under Construction	6.95
房屋建筑面积	Building Area	
本年施工房屋面积	Area of Houses Under Construction This Year	-5.02
#住　宅	Residential	7.74
本年竣工房屋面积	Housing Area Completed This Year	-5.88
#住　宅	Residential	-7.86

注：由于投资统计方法变化，增速为可比口径。
a) Due to changes in investment statistics methods, the growth rate is comparable.

5—2 各行业按登记注册类型分固定资产投资增长情况（2018年）

Growth of Investment in Fixed Assets by Industry by Type of Registration (2018)

行业	Sector	固定资产投资 Investment in Fixed Assets	内资企业 Domestic Funded Enterprise	国有企业 State-owned Enterprise
总计	**Total**	**11.80**	**12.12**	**0.67**
农、林、牧、渔业	**Agriculture, Forestry, Animal Husbandry and Fishery**	**32.98**	**33.16**	**23.74**
农业	Farming	27.41	28.95	55.81
林业	Forestry	-15.72	-15.72	37.32
畜牧业	Animal Husbandry	81.57	78.74	-30.50
渔业	Fishery	23.91	24.19	-33.51
农林牧渔业及辅助性活动	Agriculture, Forestry, Animal Husbandry and Fishery Major and Supporting Activities	28.02	28.12	10.58
采矿业	**Mining**	**80.57**	**81.60**	**-7.03**
煤炭开采和洗选业	Mining and Washing of Coal	36.68	38.23	25.84
黑色金属矿采选业	Mining and Processing of Ferrous Metal Ores	326.44	326.44	-37.34
有色金属矿采选业	Mining and Processing of Non-Ferrous Metal Ores	20.10	20.10	5.64
非金属矿采选业	Mining and Processing of Non-metal Ores	146.09	146.17	295.03
开采专业及辅助性活动	Mining Profession and Auxiliary Activities	-73.64	-73.64	-73.44
其他采矿业	Mining of Other Ores	-86.22	-86.22	
制造业	**Manufacturing**	**33.33**	**32.70**	**7.68**
农副食品加工业	Processing of Food from Agricultural Products	22.70	25.16	147.49
食品制造业	Manufacture of Foods	35.66	31.82	-7.60
酒、饮料和精制茶制造业	Manufacture of Liquor, Beverages and Refined Tea	59.26	65.80	69.48
烟草制品业	Manufacture of Tobacco	-45.13	-45.13	-20.60
纺织业	Manufacture of Textile	84.89	81.99	112.57
纺织服装、服饰业	Manufacture of Textile, Wearing Apparel and Accessories	52.21	50.88	280.59
皮革、毛皮、羽毛及其制品和制鞋业	Manufacture of Leather, Fur, Feather and Related Products and Footwear	30.98	30.98	
木材加工和木、竹、藤、棕、草制品业	Processing of Timber, Manufacture of Wood, Bamboo, Rattan, Palm and Straw Products	70.03	70.49	
家具制造业	Manufacture of Furniture	76.02	75.08	
造纸及纸制品业	Manufacture of Paper and Paper Products	42.93	45.38	
印刷和记录媒介复制业	Printing and Reproduction of Recording Media	10.51	1.08	-30.43
文教、工美、体育和娱乐用品制造业	Manufacture of Articles for Culture, Education, Arts and Crafts, Sport and Entertainment Activities	14.11	12.11	-22.93
石油加工、炼焦及核燃料加工业	Processing of Petroleum, Coking and Processing of Nuclear Fuel	65.84	82.29	30.67
化学原料及化学制品制造业	Manufacture of Raw Chemical Materials and Chemical Products	16.08	15.60	10.43
医药制造业	Manufacture of Medicines	53.20	50.33	81.31
化学纤维制造业	Manufacture of Chemical Fibres	11.52	19.33	-31.07
橡胶和塑料制品业	Manufacture of Rubber and Plastics Products	31.33	30.02	-87.98
非金属矿物制品业	Manufacture of Non-metallic Mineral Products	50.14	49.16	177.10
黑色金属冶炼和压延加工业	Smelting and Pressing of Ferrous Metals	-32.48	-29.55	151.67
有色金属冶炼和压延加工业	Smelting and Pressing of Non-ferrous Metals	19.35	15.57	-72.25

单位：%

集体企业 Collective-owned Enterprise	股份合作企业 Share Holding Cooperative Enterprises	联营企业 Joint Owned Enterprises	有限责任公司 Limited Liability Corporations	股份有限公司 Share-holding Corporations Ltd.	私营企业 Private Enterprises	其他企业 Other Enterprises	港、澳、台商投资企业 Enterprises Funded by Entrepreneurs from Hong Kong, Macao and Taiwan	外商投资企业 Foreign Funded Enterprises	个体经营 Individual Management
-38.75	**-58.89**	**32.60**	**18.35**	**0.55**	**17.26**	**-37.33**	**-24.54**	**37.63**	**9.31**
128.89	**-80.16**	**2346.67**	**44.53**	**-53.41**	**31.61**	**48.71**	**-78.28**	**1136.14**	**86.09**
153.66			59.72	-70.46	19.99	29.87	-78.28		-8.66
			-21.32		-26.65	369.55			
	-13.58		426.31		54.92	165.52		1110.40	522.01
			-24.64	101.08	35.29	25.63			-21.09
-59.32		2346.67	2.16		154.10	-36.52			
			98.16	**37.63**	**116.39**	**173.78**			
			16.36	8.01	538.26	3579.25			
			1093.47		4.57				
			43.14		7.84				
			259.70	-27.90	155.01	-11.09			
					-64.55				
			-86.47		-30.77				
85.10	**28.43**	**-74.29**	**11.83**	**24.29**	**53.08**	**-6.65**	**13.54**	**57.82**	**-52.88**
152.03			-11.95	3.20	38.55	40.79		18.54	
134.29			40.58	-10.99	32.86	-47.46		248.35	
156.33			10.61	113.36	114.76	-7.07	-40.12	195.91	
			-36.21						
			14.07	-29.68	132.57	-70.32	295.13	208.13	
			-1.60	-91.69	71.25	19.60	184.84		-96.12
			-12.47	103.18	38.68				
			3.90	322.40	88.19	60.78			-54.85
			73.53		72.26	-11.43			
			34.95		60.50	-87.43	133.76	-89.87	
			-36.41	-31.87	36.94	135.59	156.96		
			-24.65	469.21	39.32	-18.79	-3.30	161.24	
			-5.89	24.88	151.37		-19.21		
			-2.38	27.23	28.54	406.60	-29.12	103.32	
140.46			52.07	5.34	55.43	20.02	141.96	165.29	
	-39.08		511.29		18.92				
			33.06	38.72	33.61	14.42	-37.18	54.03	-93.41
	-13.82		17.66	20.61	68.06	-37.10	1.64	211.49	845.00
			-67.87	-25.74	20.36	-82.70		-79.99	
			-2.09	1511.16	37.84	86.84	57.67	66.24	

5—2 续表1 continued

行 业	Sector	固定资产投资 Investment in Fixed Assets	内资企业 Domestic Funded Enterprise	国有企业 State-owned Enterprise
金属制品业	Manufacture of Metal Products	36.99	36.25	0.57
通用设备制造业	Manufacture of General Purpose Machinery	56.53	53.89	447.42
专用设备制造业	Manufacture of Special Purpose Machinery	26.44	26.37	-61.13
汽车制造业	Manufacture of Automobiles	24.23	18.59	-54.47
铁路、船舶、航空航天和其他运输设备制造业	Manufacture of Railway, Ship, Aerospace and Other Transport Equipments	28.94	28.82	411.21
电气机械和器材制造业	Manufacture of Electrical Machinery and Apparatus	25.71	24.94	425.99
计算机、通信和其他电子设备制造业	Manufacture of Computers, Communication and Other Electronic Equipment	23.27	22.26	-58.74
仪器仪表制造业	Manufacture of Measuring Instruments and Machinery	51.50	54.51	-19.25
其他制造业	Other Manufacture	71.87	71.76	-69.42
废弃资源综合利用业	Utilization of Waste Resources	85.14	115.99	-20.30
金属制品、机械和设备修理业	Repair Service of Metal Products, Machinery and Equipment	7.15	7.15	
电力、热力、燃气及水生产和供应业	**Production and Supply of Electricity, Heat, Gas and Water**	**-19.36**	**-19.11**	**4.36**
电力、热力生产和供应业	Production and Supply of Electric Power and Heat Power	-29.63	-29.08	-11.97
燃气生产和供应业	Production and Supply of Gas	-16.27	-30.60	25.27
水的生产和供应业	Production and Supply of Water	26.53	24.69	38.25
建筑业	**Construction**	**2.28**	**2.28**	**-59.43**
房屋建筑业	Construction of Buildings	-64.31	-64.31	-67.59
土木工程建筑业	Civil Engineering	26.24	26.24	-59.94
建筑安装业	Building Installation	8.21	8.21	
建筑装饰、装修和其他建筑业	Architectural Decoration, Decoration and Other Construction Industries	-73.55	-73.55	269.01
批发和零售业	**Wholesale and Retail Trades**	**5.00**	**11.86**	**-19.67**
批发业	Wholesale Trade	0.52	6.51	-42.55
零售业	Retail Trade	7.93	15.53	-1.17
交通运输、仓储和邮政业	**Transport, Storage and Post**	**2.29**	**2.04**	**6.28**
铁路运输业	Railway Transport	-3.33	-3.33	-53.17
道路运输业	Road Transport	2.55	2.32	6.96
水上运输业	Water Transport	-21.67	-22.62	302.49
航空运输业	Air Transport	442.43	442.43	
管道运输业	Transport Via Pipelines	1210.11	1210.11	
多式联运和运输代理业	Multimodal Transport and Transportation Agency	0.37	0.37	57.78
装卸搬运和运输代理业	Loading, Unloading and Forwarding Agency	2.21	1.69	-13.50
邮政业	Post	-7.43	-7.43	436.17
住宿和餐饮业	**Hotels and Catering Services**	**6.87**	**4.26**	**74.61**
住宿业	Hotels	3.19	-0.48	120.12
餐饮业	Catering Services	17.20	17.28	-30.80
信息传输、软件和信息技术服务业	**Information Transmission, Software and Information Technology**	**-14.80**	**-14.50**	**-9.82**
电信、广播电视和卫星传输服务	Telecommunication, Radio and Television and Satellite Transmission Service	7.67	9.34	-6.72
互联网和相关服务	Internet and Related Service	-29.02	-28.56	25.07
软件和信息技术服务业	Software and Information Technology	-30.18	-31.08	-39.90

单位：%

集体企业 Collective-owned Enterprise	股份合作企业 Share Holding Cooperative Enterprises	联营企业 Joint Owned Enterprises	有限责任公司 Limited Liability Corporations	股份有限公司 Share-holding Corporations Ltd.	私营企业 Private Enterprises	其他企业 Other Enterprises	港、澳、台商投资企业 Enterprises Funded by Entrepreneurs from Hong Kong, Macao and Taiwan	外商投资企业 Foreign Funded Enterprises	个体经营 Individual Management
			49.45	-45.37	47.80	10.87	213.44	-23.19	
	181.36		11.66	210.71	71.24	-2.35	405.58	63.14	-74.69
	91.17		23.56	8.84	32.31	-8.28	-23.86	44.70	
	1012.67		4.01	6.94	45.72	-45.71	248.95	92.39	
			79.57	99.49	3.25	8.16			
	448.07		11.89	61.02	24.54	42.21	24.83	40.94	
			4.04	287.18	113.11	-33.56	-11.22	50.69	
			62.28		58.55	-90.20		-80.28	
			177.48	-95.11	85.40		138.28		
			88.36	1011.50	146.36	48.94			
			-63.48		186.87				
-37.87	**-80.19**	**25.85**	**-22.12**	**-58.37**	**-40.24**	**-57.84**	**-33.10**	**43.01**	
-48.97	-80.19		-26.70	-68.38	-42.42	-44.16	-32.21	-73.40	
			-38.26		-32.80	-12.68	-37.13	122.17	
-14.38		6.42	15.56	10.66	-10.47	-91.64	-49.28	11574.01	
			299.20		**35.01**	**66.21**			
					32.31				
			783.55		219.68	53.65			
					2318.70				
					-95.27				
-36.24	**-59.36**		**10.66**	**-24.83**	**25.58**	**30.91**	**-63.38**	**-23.44**	
	-59.36		-5.25	-65.60	30.72	284.48	-80.23		
-36.24			17.58	36.72	21.59	-52.44	-56.68	-23.44	
-57.62	**-71.78**		**6.92**	**-29.68**	**0.45**	**-93.16**	**43.57**	**72.84**	
			285.78						
-92.42	-71.78		7.39	-36.68	1.77	-95.57		186.85	
			-46.02		-31.80				
			374.88		653.94				
			272.47						
			-24.72		-18.88				
319.96			-15.58	43.38	23.76	-54.68	-3.58	46.07	
			-35.76		-33.48				
1490.05			**4.77**	**-27.27**	**-9.81**	**226.49**	**265.47**		**16.90**
1398.95			-11.71	-48.09	-14.61	254.23	265.47		19.25
			63.97	59.69	1.33	-22.54			
50.00			**-23.43**	**10.93**	**-14.40**	**-83.73**	**-54.93**		
50.00			11.73	41.60			-98.92		
			-55.48		-11.79				
			-26.42	-70.30	-17.53	-83.73			

5—2 续表2 continued

行 业	Sector	固定资产投 资 Investment in Fixed Assets	内资企业 Domestic Funded Enterprise	国有企业 State-owned Enterprise
金融业	**Financial Intermediation**	**-14.15**	**-14.15**	**-47.02**
货币金融服务	Monetary and Financial Service	-42.18	-42.18	-58.42
资本市场服务	Capital Market Service	75.53	75.53	59.74
保险业	Insurance	-8.25	-8.25	
其他金融业	Other Financial Activities	-36.40	-36.40	-34.99
房地产业	**Real Estate**	**5.80**	**7.10**	**-15.47**
租赁和商务服务业	**Leasing and Business Services**	**27.31**	**28.81**	**-6.84**
租赁业	Leasing	22.26	22.26	-52.93
商务服务业	Business Services	27.54	29.12	-4.79
科学研究和技术服务业	**Scientific Research and Technical Services**	**15.93**	**14.31**	**-7.83**
研究和试验发展	Research and Experimental Development	18.59	18.59	-41.43
专业技术服务业	Professional Technical Services	-30.74	-34.36	-35.20
科技推广和应用服务业	Science and Technology Popularization and Application Services	115.91	115.91	660.86
水利、环境和公共设施管理业	**Management of Water Conservancy, Environment and Public Facilities**	**10.01**	**10.02**	**9.14**
水利管理业	Management of Water Conservancy	4.32	4.32	4.80
生态保护和环境治理业	Ecological Protection and Environmental Treatment	42.10	41.52	90.07
公共设施管理业	Management of Public Facilities	10.85	10.88	8.82
土地管理业	Land Management	-38.26	-38.26	-32.74
居民服务、修理和其他服务业	**Service to Households, Repair and Other Services**	**8.20**	**8.20**	**-1.39**
居民服务业	Service to Households	31.94	31.94	23.10
机动车、电子产品和日用产品修理业	Repair of Motor Vehicle, Electronics and Household Products	-56.42	-56.42	
其他服务业	Other Services	-79.68	-79.68	
教 育	**Education**	**-0.18**	**-0.24**	**-3.42**
卫生和社会工作	**Health and Social Service**	**-8.85**	**-9.47**	**-21.15**
卫 生	Health	-6.56	-7.35	-14.95
社会工作	Social Service	-16.89	-16.89	-73.61
文化、体育和娱乐业	**Culture, Sports and Entertainment**	**8.76**	**8.68**	**-25.27**
广播、电视、电影和影视录音制作业	Radio, Television, Motion Picture and Videotape Programme Production Services	104.63	104.63	146.63
文化艺术业	Cultural and Art Activities	-8.71	-8.71	-23.53
体 育	Sports Activities	-13.65	-13.65	-34.18
娱乐业	Entertainment	84.20	83.73	55.99
公共管理、社会保障和社会组织	**Public Management, Social Security and Social Organization**	**-16.79**	**-16.79**	**-10.29**
中国共产党机关	Organs of Communist Party of China	64.48	64.48	64.48
国家机构	Government Agencies	-12.34	-12.34	-8.44
社会保障	Social Security	-15.91	-15.91	-14.24
群众团体、社会团体和其他成员组织	Non-Governmental Organizations, Social Organizations and Membership Organizations	-26.24	-26.24	-24.32
基层群众自治组织及其他组织	Land Management Industry of Grassroots Mass Self-Governing Organizations and Other Organizations	-71.77	-71.77	-50.31

单位：%

集体企业 Collective-owned Enterprise	股份合作企业 Share Holding Cooperative Enterprises	联营企业 Joint Owned Enterprises	有限责任公司 Limited Liability Corporations	股份有限公司 Share-holding Corporations Ltd.	私营企业 Private Enterprises	其他企业 Other Enterprises	港、澳、台商投资企业 Enterprises Funded by Entrepreneurs from Hong Kong, Macao and Taiwan	外商投资企业 Foreign Funded Enterprises	个体经营 Individual Management
267.88			**104.14**	**-58.61**	**1.83**				
267.88			87.85	-63.10	306.29				
			120.57						
			1206.25	-34.40	2.17				
			-67.83						
-81.60	**-85.37**		**22.29**	**-8.92**	**-7.88**	**-98.82**	**-43.37**	**-44.27**	
-42.39			**58.20**	**44.15**	**21.50**	**-11.41**	**-70.42**		
			66.00	80.26	40.99	-34.77			
-42.39			58.09	40.58	19.40	-11.06	-70.42		
			38.28	-95.16	44.47	4988.35			
			334.30	-95.16	-55.14				
			-50.73		2.15				
			-7.20		118.49	4017.48			
-61.84	**-92.70**	**22.94**	**20.95**	**12.01**	**45.17**	**-71.36**			
-7.53			32.21		-35.18	-79.81			
-44.03			-6.36		-8.02	-99.96			
-65.34	-92.70	22.94	22.07	12.01	54.55	-68.91			
			47.64		-37.33	-3.16			
			73.32		-33.10	27.13			
					-16.63				
			-57.24		-80.16				
-22.75		**307.56**	**17.16**		**0.59**	**-11.35**	**-34.68**		
-25.09	**-67.78**	**316.57**	**9.51**	**-17.69**	**-0.20**	**45.80**			**317.62**
6.59	-45.53	316.57	11.22	438.26	-14.59	59.52			317.62
-76.35			6.87		22.24	-56.38			
133.64			**85.63**	**112.55**	**41.03**	**-19.69**			
			246.67		-84.78				
133.75			59.35		0.02	-81.03			
			26.71		270.69	1118.08			
			140.31	-60.04	64.94	41.04			
-92.59			**-64.10**	**-34.64**	**-97.27**	**-60.52**			
857.37			-57.67	-34.64	-92.20	-94.20			
			264.08						
			-92.77			61.28			
-96.42						-74.26			

5—3 各行业按隶属构成控股分固定资产投资增长情况（2018年）

Growth of Investment in Fixed Assets in Various Industries According to Their Membership (2018)

行　　业	Sector	固定资产投资 Investment in Fixed Assets	按隶属关系分 By Affiliation	
			中　央 Central Investment	地　方 Local Investment
总　　计	**Total**	**11.80**	**-12.56**	**12.44**
#房地产开发	Real Estate Development	6.44	-31.43	6.99
农、林、牧、渔业	**Agriculture, Forestry, Animal Husbandry and Fishery**	**32.98**	**3.79**	**32.99**
农　业	Farming	27.41		27.48
林　业	Forestry	-15.72		-15.72
畜牧业	Animal Husbandry	81.57		81.57
渔　业	Fishery	23.91		23.91
农林牧渔业及辅助性活动	Agriculture, Forestry, Animal Husbandry and Fishery Major and Supporting Activities	28.02		27.86
采矿业	**Mining**	**80.57**	**-73.23**	**91.58**
煤炭开采和洗选业	Mining and Washing of Coal	36.68	-74.18	53.72
黑色金属矿采选业	Mining and Processing of Ferrous Metal Ores	326.44		326.44
有色金属矿采选业	Mining and Processing of Non-Ferrous Metal Ores	20.10		20.10
非金属矿采选业	Mining and Processing of Non-metal Ores	146.09		145.75
开采专业及辅助性活动	Mining Profession and Auxiliary Activities	-73.64		-73.64
其他采矿业	Mining of Other Ores	-86.22		-86.21
制造业	**Manufacturing**	**33.33**	**9.63**	**33.85**
农副食品加工业	Processing of Food from Agricultural Products	22.70		22.73
食品制造业	Manufacture of Foods	35.66		35.66
酒、饮料和精制茶制造业	Manufacture of Liquor, Beverages and Refined Tea	59.26		59.63
烟草制品业	Manufacture of Tobacco	-45.13	-20.60	-45.95
纺织业	Manufacture of Textile	84.89		84.89
纺织服装、服饰业	Manufacture of Textile, Wearing Apparel and Accessories	52.21		52.21
皮革、毛皮、羽毛及其制品和制鞋业	Manufacture of Leather, Fur, Feather and Related Products and Footwear	30.98		30.98
木材加工和木、竹、藤、棕、草制品业	Processing of Timber, Manufacture of Wood, Bamboo, Rattan, Palm and Straw Products	70.03		70.03
家具制造业	Manufacture of Furniture	76.02		76.02
造纸及纸制品业	Manufacture of Paper and Paper Products	42.93		42.93
印刷和记录媒介复制业	Printing and Reproduction of Recording Media	10.51		11.38
文教、工美、体育和娱乐用品制造业	Manufacture of Articles for Culture, Education, Arts and Crafts, Sport and Entertainment Activities	14.11		14.11
石油加工、炼焦及核燃料加工业	Processing of Petroleum, Coking and Processing of Nuclear Fuel	65.84	20.27	81.31
化学原料及化学制品制造业	Manufacture of Raw Chemical Materials and Chemical Products	16.08	-16.02	18.98
医药制造业	Manufacture of Medicines	53.20		52.35
化学纤维制造业	Manufacture of Chemical Fibres	11.52		11.52
橡胶和塑料制品业	Manufacture of Rubber and Plastics Products	31.33		31.43
非金属矿物制品业	Manufacture of Non-metallic Mineral Products	50.14	25.15	51.50
黑色金属冶炼和压延加工业	Smelting and Pressing of Ferrous Metals	-32.48	-72.76	-18.63
有色金属冶炼和压延加工业	Smelting and Pressing of Non-ferrous Metals	19.35		19.35

单位：%

按构成分 According to Composition				按控股情况分 According to the Holding Situation					
建筑工程 Construction Engineering	安装工程 Installation Engineering	设备工器具购置 Purchase of Equipment, Tools and Appliances	其他费用 Other Expenses	国有控股 State Holding	集体控股 Collective Holding	私人控股 Private Holding	港澳台商控股 Hong Kong, Macao and Taiwan Holding Company	外商控股 Foreign Holding	其他 Other
9.77	**-0.23**	**14.50**	**25.20**	**2.05**	**27.78**	**17.84**	**-4.80**	**12.90**	**19.35**
-3.05	-9.98	2.48	41.42	-9.42	62.93	9.48	1.69	-0.11	3.33
38.96	**27.69**	**10.08**	**14.03**	**23.50**	**161.83**	**33.48**	**-78.28**	**1110.40**	**45.25**
34.07	20.74	-5.08	22.20	71.45	109.64	25.34	-78.28		-10.26
-13.45	-36.35	-27.41	-7.12	37.32		-26.47			32.85
80.30	118.65	83.55	58.28	-33.49	1094.20	72.19		1110.40	350.26
50.86	-39.67	-45.82	-25.89	-35.95		26.89			6.23
25.73	43.73	71.02	8.70	6.70	-3.05	79.07			89.12
99.15	**41.94**	**108.09**	**-9.78**	**57.55**	**268.43**	**84.70**			**319.74**
66.58	16.07	41.49	-4.37	17.01					1845.57
273.93	64.70	541.25	87.74	831.59		59.65			349.02
64.83	-13.05	-25.84	-55.28	22.91		24.57			-59.16
121.57	168.59	247.23	32.69	205.96		152.87			104.82
-79.34		412.44	-97.63	-73.44		-64.55			
-77.25	-100.00	-96.29	-60.92			-61.54			
39.71	**23.22**	**28.66**	**27.41**	**-0.94**	**41.73**	**40.60**	**30.12**	**14.99**	**55.32**
24.85	-11.16	36.35	-14.89	87.00	-12.01	23.46		91.52	9.48
61.73	-18.66	15.73	21.37	-67.15	175.57	30.85		296.99	142.86
41.14	29.34	180.28	-34.47	125.90	-1.52	79.96		41.61	23.08
-47.42	-29.89	-85.24	-100.00	-34.09					
60.29	78.18	113.60	198.25	45.12		101.13	201.55	181.72	-7.54
43.71	-7.98	97.29	15.51	199.40		47.07	179.68		37.45
12.22	-1.88	82.66	183.09	-58.40		30.58			125.00
52.35	59.67	101.49	134.54			70.50			69.72
74.79	59.00	77.35	150.23			67.90			150.86
40.56	7.23	50.82	76.43			51.72		-96.87	5.23
18.95	2.14	4.12	4.73	26.49	64.82	6.63	116.17		-41.79
-4.10	51.15	79.28	-5.03	-13.06		15.90	-13.97	43.81	125.02
101.05	43.60	58.15	-15.02	5.83		181.15	-19.21		-85.76
26.80	41.04	-0.09	17.96	2.41	167.41	24.10	-14.40	41.07	37.48
58.79	48.44	51.73	-0.02	20.65	288.32	63.46	297.21	24.15	9.78
63.49	-46.92	-18.04	926.44	-31.07	-39.08	15.31			
25.41	3.16	46.31	14.83	48.70	1857.45	27.82	-81.27	54.35	21.63
59.87	33.49	56.82	-27.67	51.35	60.32	48.98	3.83	208.82	45.94
-42.07	-27.82	-19.21	-49.35	-44.63		-36.87	441.67		475.85
12.44	-32.45	30.59	157.21	-37.90	5.32	42.32	56.09	66.24	36.21

5—3 续表1 continued

行业	Sector	固定资产投资 Investment in Fixed Assets	按隶属关系分 By Affiliation 中央 Central Investment	地方 Local Investment
金属制品业	Manufacture of Metal Products	36.99	-17.63	39.03
通用设备制造业	Manufacture of General Purpose Machinery	56.53	-76.93	57.58
专用设备制造业	Manufacture of Special Purpose Machinery	26.44		25.89
汽车制造业	Manufacture of Automobiles	24.23	729.28	18.12
铁路、船舶、航空航天和其他运输设备制造业	Manufacture of Railway, Ship, Aerospace and Other Transport Equipments	28.94	-26.52	33.46
电气机械和器材制造业	Manufacture of Electrical Machinery and Apparatus	25.71	261.66	25.20
计算机、通信和其他电子设备制造业	Manufacture of Computers, Communication and Other Electronic Equipment	23.27	-30.42	23.94
仪器仪表制造业	Manufacture of Measuring Instruments and Machinery	51.50		51.50
其他制造业	Other Manufacture	71.87	-66.27	75.36
废弃资源综合利用业	Utilization of Waste Resources	85.14		85.14
金属制品、机械和设备修理业	Repair Service of Metal Products, Machinery and Equipment	7.15	-63.96	73.84
电力、热力、燃气及水生产和供应业	**Production and Supply of Electricity, Heat, Gas and Water**	**-19.36**	**4.93**	**-23.41**
电力、热力生产和供应业	Production and Supply of Electric Power and Heat Power	-29.63	6.03	-37.29
燃气生产和供应业	Production and Supply of Gas	-16.27	-60.49	-14.30
水的生产和供应业	Production and Supply of Water	26.53	-75.02	27.07
建筑业	**Construction**	**2.28**	**35.84**	**1.71**
房屋建筑业	Construction of Buildings	-64.31		-64.31
土木工程建筑业	Civil Engineering	26.24	35.84	26.02
建筑安装业	Building Installation	8.21		8.21
建筑装饰、装修和其他建筑业	Architectural Decoration, Decoration and Other Construction Industries	-73.55		-73.55
批发和零售业	**Wholesale and Retail Trades**	**5.00**	**-6.78**	**5.49**
批发业	Wholesale Trade	0.52	-48.15	5.69
零售业	Retail Trade	7.93	1029.09	5.36
交通运输、仓储和邮政业	**Transport, Storage and Post**	**2.29**	**-24.41**	**2.96**
铁路运输业	Railway Transport	-3.33	-62.96	8.30
道路运输业	Road Transport	2.55	-26.08	3.16
水上运输业	Water Transport	-21.67	237.02	-22.56
航空运输业	Air Transport	442.43		413.47
管道运输业	Transport Via Pipelines	1210.11		899.78
多式联运和运输代理业	Multimodal Transport and Transportation Agency	0.37		0.37
装卸搬运和运输代理业	Loading, Unloading and Forwarding Agency	2.21	-11.89	2.96
邮政业	Post	-7.43		-11.10
住宿和餐饮业	**Hotels and Catering Services**	**6.87**		**6.59**
住宿业	Hotels	3.19		3.19
餐饮业	Catering Services	17.20		16.16
信息传输、软件和信息技术服务业	**Information Transmission, Software and Information Technology**	**-14.80**	**247.33**	**-21.06**
电信、广播电视和卫星传输服务	Telecommunication, Radio and Television and Satellite Transmission Service	7.67	247.33	-7.18
互联网和相关服务	Internet and Related Service	-29.02		-29.02
软件和信息技术服务业	Software and Information Technology	-30.18		-30.18

单位：%

按构成分 According to Composition				按控股情况分 According to the Holding Situation					
建筑工程 Construction Engineering	安装工程 Installation Engineering	设备工器具购置 Purchase of Equipment, Tools and Appliances	其他费用 Other Expenses	国有控股 State Holding	集体控股 Collective Holding	私人控股 Private Holding	港澳台商控股 Hong Kong, Macao and Taiwan Holding Company	外商控股 Foreign Holding	其他 Other
37.08	43.61	33.87	60.40	-4.69	3215.87	39.68		-94.79	23.05
52.95	4.42	64.58	173.76	28.98	114.23	62.88	96.65	104.03	39.07
22.87	15.68	32.51	35.42	68.88	7.68	29.22	-23.86	286.97	-20.36
19.49	2.50	33.57	-0.68	-18.76	-8.30	35.06	266.27	77.78	30.50
13.15	150.11	55.87	-12.39	-29.42		22.91			245.55
42.94	12.11	12.21	28.06	78.85	-2.38	20.86	-44.59	-8.32	50.86
62.86	64.53	4.57	89.98	-10.18		60.36	36.45	-40.48	190.53
37.99	52.19	64.20	87.22	183.82		59.41		-80.28	12.10
69.41	167.65	65.18	34.17	-52.98		44.28	132.76		388.34
53.50	270.88	122.88	103.37	402.34	128.93	107.18			-26.56
32.14	-44.38	-8.18	-87.82	-63.96		69.77			79.29
-10.07	**-13.04**	**-30.91**	**-38.88**	**-5.94**	**-58.54**	**-38.59**	**-34.23**	**11.39**	**-28.39**
-30.28	-17.26	-31.80	-39.51	-18.84	-68.51	-43.04	-33.88	-71.34	-34.15
-10.56	6.30	-43.96	-32.65	-11.16		-34.54	-39.47	242.77	-1.96
43.59	7.97	-17.97	-36.49	30.99	0.20	11.03	-40.83	350.94	-7.85
13.89	**59.37**	**-50.75**	**-49.30**	**-1.57**		**22.76**			**-4.23**
-64.88	-9.57	-91.68	10.08	-67.59		-57.03			
52.83	77.29	-50.50	-54.36	14.84		241.48			53.65
-45.88	-86.27	136.01	5281.82			2318.70			
-64.83		-89.19	-79.98	-45.60		-92.25			
20.84	**39.66**	**-34.94**	**-40.38**	**-8.65**	**-47.94**	**20.37**	**-63.38**	**1243.28**	**6.60**
19.79	18.64	-43.62	-52.06	-14.02	-85.00	13.33	-80.23		14.98
21.56	49.00	-30.00	-31.39	-5.28	-17.95	25.17	-56.68	1243.28	0.27
9.24	**7.10**	**-47.75**	**-13.13**	**3.75**	**-63.51**	**-7.90**	**-91.35**	**99.59**	**6.13**
3.96	-99.05	-51.97	-1.73	-5.14		66.29			
9.68	-22.21	-56.59	-16.62	3.68	-74.07	10.95		186.85	-32.66
7.11	3.51	-65.42	0.05	98.64	-42.16	-53.57		23.36	-9.54
38.37	-85.56	22.68	225408.33	-25.51		766.06			
6885.14	-73.68	125.30	7900.00						128.60
22.80	197.56	-37.97	2225.58	89.17		-35.03			
4.92	201.03	-9.51	-58.06	-21.15	67.38	9.78	-91.35	46.07	30.59
-18.25	17.68	-19.40	604.95	436.17		-34.20			
16.45	**-43.02**	**38.85**	**-22.66**	**67.56**	**1490.05**	**-10.00**	**265.47**		**146.15**
19.51	-43.42	4.04	-32.41	120.67	1398.95	-19.31	265.47		144.87
9.15	-37.56	98.29	17.12	-32.36		15.74			152.42
-23.65	**-22.32**	**15.29**	**-67.36**	**20.67**	**258.33**	**-58.55**	**-54.93**		**50.40**
-5.50	-4.27	25.35	50.08	9.94	258.33		-98.92		
-12.68	-55.91	-20.17	-70.32	236.13		-55.14			26.40
-45.69	-30.83	19.50	-91.20	33.02		-60.14			64.14

5—3 续表2 continued

行 业	Sector	固定资产投资 Investment in Fixed Assets	按隶属关系分 By Affiliation 中 央 Central Investment	地 方 Local Investment
金融业	**Financial Intermediation**	**-14.15**	**-72.71**	**11.56**
货币金融服务	Monetary and Financial Service	-42.18	-80.79	-8.08
资本市场服务	Capital Market Service	75.53		75.53
保险业	Insurance	-8.25	-34.40	5.95
其他金融业	Other Financial Activities	-36.40		-36.40
房地产业	**Real Estate**	**5.78**	**-34.58**	**6.40**
租赁和商务服务业	**Leasing and Business Services**	**27.31**	**117.19**	**26.44**
租赁业	Leasing	22.26		22.26
商务服务业	Business Services	27.54	117.19	26.63
科学研究和技术服务业	**Scientific Research and Technical Services**	**15.93**	**-64.28**	**33.31**
研究和试验发展	Research and Experimental Development	18.59	-64.65	103.50
专业技术服务业	Professional Technical Services	-30.74	77.33	-30.85
科技推广和应用服务业	Science and Technology Popularization and Application Services	115.91		115.91
水利、环境和公共设施管理业	**Management of Water Conservancy, Environment and Public Facilities**	**10.01**	**-30.96**	**10.74**
水利管理业	Management of Water Conservancy	4.32	-33.86	5.61
生态保护和环境治理业	Ecological Protection and Environmental Treatment	42.10	-59.34	43.87
公共设施管理业	Management of Public Facilities	10.85	-27.31	11.36
土地管理业	Land Management	-38.26		-38.26
居民服务、修理和其他服务业	**Service to Households, Repair and Other Services**	**8.20**		**8.20**
居民服务业	Service to Households	31.94		31.94
机动车、电子产品和日用产品修理业	Repair of Motor Vehicle, Electronics and Household Products	-56.42		-56.42
其他服务业	Other Services	-79.68		-79.68
教 育	**Education**	**-0.18**	**-44.06**	**0.91**
卫生和社会工作	**Health and Social Service**	**-8.85**	**175.86**	**-8.88**
卫 生	Health	-6.56	175.86	-6.60
社会工作	Social Service	-16.89		-16.89
文化、体育和娱乐业	**Culture, Sports and Entertainment**	**8.76**		**8.92**
广播、电视、电影和影视录音制作业	Radio, Television, Motion Picture and Videotape Programme Production Services	104.63		104.63
文化艺术业	Cultural and Art Activities	-8.71		-8.51
体 育	Sports Activities	-13.65		-13.54
娱乐业	Entertainment	84.20		84.20
公共管理、社会保障和社会组织	**Public Management, Social Security and Social Organization**	**-16.79**	**79.32**	**-17.42**
中国共产党机关	Organs of Communist Party of China	64.48		64.48
国家机构	Government Agencies	-12.34	89.97	-13.05
社会保障	Social Security	-15.91		-14.05
群众团体、社会团体和其他成员组织	Non-Governmental Organizations, Social Organizations and Membership Organizations	-26.24		-26.24
基层群众自治组织及其他组织	Land Management Industry of Grassroots Mass Self-Governing Organizations and Other Organizations	-71.77		-71.77

单位：%

按构成分 According to Composition				按控股情况分 According to the Holding Situation					
建筑工程 Construction Engineering	安装工程 Installation Engineering	设备工器具购置 Purchase of Equipment, Tools and Appliances	其他费用 Other Expenses	国有控股 State Holding	集体控股 Collective Holding	私人控股 Private Holding	港澳台商控股 Hong Kong, Macao and Taiwan Holding Company	外商控股 Foreign Holding	其他 Other
-5.85	**111.57**	**6.83**	**-69.45**	**-46.62**	**-93.01**	**55.13**			**177.90**
-47.94	81.49	-27.03	-71.82	-58.43	-93.01	149.99			130.88
73.00	-3.33	46.55	138.81	1.58		99.43			388.30
18.05	287.05	16.83	-94.40	-34.40		5.95			
53.41	-100.00		-100.00	-34.99		-49.60			
-2.52	**-9.19**	**-9.01**	**38.82**	**-5.14**	**67.20**	**9.32**			**1.45**
38.07	**-11.71**	**0.02**	**12.09**	**31.59**	**164.59**	**12.15**			**46.66**
134.83	84.36	-8.47	-52.00	-9.25		31.99			19.10
36.98	-14.31	3.65	12.74	32.45	164.59	10.42			47.04
24.20	**-36.86**	**1.10**	39.69	6.78	20.32	8.69			196.56
15.79	-92.32	-25.55	754.01	17.43		22.31			22.72
-19.59	30.68	-37.22	-97.32	-28.36		-62.99			313.62
121.06	50.49	227.91	-29.27	82.31	20.32	108.24			6067.12
9.78	**18.36**	**0.81**	**11.96**	**9.68**	**-26.43**	**17.71**			**22.58**
2.96	-34.37	-45.92	11.12	6.19	-3.38	-43.64			-60.51
39.29	116.20	7.09	91.64	61.66	-44.03	-10.10			-53.65
10.51	20.65	9.48	10.81	9.35	-21.99	25.83			39.72
-38.72	-100.00	-15.78	-65.16	-29.43					
11.54	**192.74**	**22.87**	-59.17	67.02		-47.33			-37.27
46.82	315.76	99.17	-80.42	103.48		-47.81			-4.22
-91.72	-100.00	-100.00	1095.26	-70.66		-22.52			
-73.11	-95.69	-87.96	-99.94			-67.68			-84.97
6.49	**8.70**	**-37.33**	**-23.48**	**3.30**	**292.11**	**-17.78**	**-34.68**		**-10.91**
-0.48	**-39.53**	**-2.76**	**-51.25**	**-12.39**	**-34.35**	**-16.43**			**60.78**
1.62	-39.07	2.52	-49.49	-10.64	-1.10	-14.27			51.17
-6.96	-42.12	-45.16	-55.27	-23.93	-89.04	-19.34			101.36
12.76	**62.84**	**49.23**	**-47.31**	**-16.78**	**208.64**	**68.64**			**84.66**
157.46	-59.30	38.83	36.22	150.87		63.87			-10.95
5.18	-9.84	-33.45	-49.16	-16.18	133.75	16.24			-11.25
-14.61	94.37	231.34	-82.95	-26.23		185.48			6290.58
71.64	380.77	120.72	22.18	12.66		85.76			123.57
-12.72	**-25.92**	**-19.43**	**-63.91**	**-12.41**	**-93.31**	**-89.26**			**-51.36**
31.10				64.48					
-8.60	-19.52	-11.53	-60.60	-10.73	-50.60	-66.46			-95.78
-13.03	-100.00		-100.00	-12.96					
-7.68	21.16	-87.36	-84.86	-24.32		-90.14			76.68
-68.16	-100.00	-89.61	-84.47	-52.10	-96.54				-43.69

5—4 各行业固定资产投资资金来源增长情况（2018年）

Growth of Sources of Funds for Fixed Assets Investment in Various Industries (2018)

行　业	Sector	本年资金来源合计 Total Sources of Funds for the Year
总　计	**Total**	**13.19**
#房地产开发	Real Estate Development	7.42
农、林、牧、渔业	**Agriculture, Forestry, Animal Husbandry and Fishery**	**36.61**
农　业	Farming	36.01
林　业	Forestry	-4.44
畜牧业	Animal Husbandry	78.01
渔　业	Fishery	20.80
农林牧渔业及辅助性活动	Agriculture, Forestry, Animal Husbandry and Fishery Major and Supporting Activities	14.86
采矿业	**Mining**	**95.45**
煤炭开采和洗选业	Mining and Washing of Coal	36.35
黑色金属矿采选业	Mining and Processing of Ferrous Metal Ores	513.00
有色金属矿采选业	Mining and Processing of Non-Ferrous Metal Ores	24.44
非金属矿采选业	Mining and Processing of Non-metal Ores	215.78
开采专业及辅助性活动	Mining Profession and Auxiliary Activities	
其他采矿业	Mining of Other Ores	-83.66
制造业	**Manufacturing**	**38.55**
农副食品加工业	Processing of Food from Agricultural Products	25.05
食品制造业	Manufacture of Foods	20.68
酒、饮料和精制茶制造业	Manufacture of Liquor, Beverages and Refined Tea	78.15
烟草制品业	Manufacture of Tobacco	-41.24
纺织业	Manufacture of Textile	98.94
纺织服装、服饰业	Manufacture of Textile, Wearing Apparel and Accessories	64.93
皮革、毛皮、羽毛及其制品和制鞋业	Manufacture of Leather, Fur, Feather and Related Products and Footwear	32.79
木材加工和木、竹、藤、棕、草制品业	Processing of Timber, Manufacture of Wood, Bamboo, Rattan, Palm and Straw Products	95.39
家具制造业	Manufacture of Furniture	122.96
造纸及纸制品业	Manufacture of Paper and Paper Products	46.89
印刷和记录媒介复制业	Printing and Reproduction of Recording Media	39.67
文教、工美、体育和娱乐用品制造业	Manufacture of Articles for Culture, Education, Arts and Crafts, Sport and Entertainment Activities	12.16
石油加工、炼焦及核燃料加工业	Processing of Petroleum, Coking and Processing of Nuclear Fuel	24.62
化学原料及化学制品制造业	Manufacture of Raw Chemical Materials and Chemical Products	53.15
医药制造业	Manufacture of Medicines	50.08
化学纤维制造业	Manufacture of Chemical Fibres	33.52
橡胶和塑料制品业	Manufacture of Rubber and Plastics Products	33.12
非金属矿物制品业	Manufacture of Non-metallic Mineral Products	52.77
黑色金属冶炼和压延加工业	Smelting and Pressing of Ferrous Metals	-30.53
有色金属冶炼和压延加工业	Smelting and Pressing of Non-ferrous Metals	14.66

单位：%

国家预算资金 State Budget Funds	国内贷款 Domestic Loans	债券 Bonds	利用外资 Foreign Investment	自筹资金 Self-raising Funds	其他资金来源 Other Sources of Funding
38.44	**-3.84**	**34.54**	**-34.62**	**6.31**	**27.17**
	-17.53			-10.68	25.70
-4.37	**20.36**		**-76.24**	**39.02**	**224.13**
25.78	33.07			26.56	507.56
-61.30	-53.16			3.97	3.09
	1169.85			71.84	264.15
	-12.62			47.82	-87.26
-2.00				39.41	444.33
	56.36			**96.97**	**106.66**
	74.62			37.21	
	1299.67			438.14	
	-100.00			29.55	-73.34
	78.24			304.08	-90.49
				-83.66	
52.89	**69.94**	**18.24**	**-4.23**	**32.76**	**153.68**
-30.18	91.95		-58.99	21.16	333.14
	301.20			11.98	58.39
	59.87		12.77	78.59	453.47
	-100.00			-39.18	
	43.19			105.88	4.11
	225.59			69.16	192.51
				23.72	1011.00
	-69.91			99.03	71.72
	24.98			121.52	36.28
	728.67			37.57	299.83
	619.67			16.30	414.84
	-55.45			36.17	-87.52
	-1.71			31.63	
	163.75		-77.48	16.04	18.63
	107.85		-73.77	47.25	294.00
	700.00			22.85	244.83
	-65.07			48.34	213.62
	-65.91		-91.09	55.37	836.35
				-29.56	-58.39
	1045.10			-4.77	-25.81

5—4 续表1 continued

行　业	Sector	本年资金来源合计 Total Sources of Funds for the Year
金属制品业	Manufacture of Metal Products	48.89
通用设备制造业	Manufacture of General Purpose Machinery	97.82
专用设备制造业	Manufacture of Special Purpose Machinery	33.59
汽车制造业	Manufacture of Automobiles	25.32
铁路、船舶、航空航天和其他运输设备制造业	Manufacture of Railway, Ship, Aerospace and Other Transport Equipments	31.44
电气机械和器材制造业	Manufacture of Electrical Machinery and Apparatus	29.96
计算机、通信和其他电子设备制造业	Manufacture of Computers, Communication and Other Electronic Equipment	16.45
仪器仪表制造业	Manufacture of Measuring Instruments and Machinery	78.05
其他制造业	Other Manufacture	68.66
废弃资源综合利用业	Utilization of Waste Resources	137.06
金属制品、机械和设备修理业	Repair Service of Metal Products, Machinery and Equipment	129.69
电力、热力、燃气及水生产和供应业	**Production and Supply of Electricity, Heat, Gas and Water**	**-26.49**
电力、热力生产和供应业	Production and Supply of Electric Power and Heat Power	-35.20
燃气生产和供应业	Production and Supply of Gas	-19.36
水的生产和供应业	Production and Supply of Water	30.69
建筑业	**Construction**	**10.88**
房屋建筑业	Construction of Buildings	-92.76
土木工程建筑业	Civil Engineering	66.36
建筑安装业	Building Installation	
建筑装饰、装修和其他建筑业	Architectural Decoration, Decoration and Other Construction Industries	
批发和零售业	**Wholesale and Retail Trades**	**16.97**
批发业	Wholesale Trade	29.53
零售业	Retail Trade	9.54
交通运输、仓储和邮政业	**Transport, Storage and Post**	**4.92**
铁路运输业	Railway Transport	-1.32
道路运输业	Road Transport	6.95
水上运输业	Water Transport	-12.91
航空运输业	Air Transport	-31.44
管道运输业	Transport Via Pipelines	583.44
多式联运和运输代理业	Multimodal Transport and Transportation Agency	69.80
装卸搬运和运输代理业	Loading, Unloading and Forwarding Agency	-8.19
邮政业	Post	-16.90
住宿和餐饮业	**Hotels and Catering Services**	**15.77**
住宿业	Hotels	14.87
餐饮业	Catering Services	18.32
信息传输、软件和信息技术服务业	**Information Transmission, Software and Information Technology**	**-44.96**
电信、广播电视和卫星传输服务	Telecommunication, Radio and Television and Satellite Transmission Service	-37.77
互联网和相关服务	Internet and Related Service	-42.14
软件和信息技术服务业	Software and Information Technology	-50.36

单位：%

国家预算资金 State Budget Funds	国内贷款 Domestic Loans	债券 Bonds	利用外资 Foreign Investment	自筹资金 Self-raising Funds	其他资金来源 Other Sources of Funding
	161.13			44.47	274.77
-83.85	-21.53		-47.87	92.51	1050.70
	-1.29	-100.00	152.35	31.97	84.51
-83.33	186.34			20.30	142.27
	35.45			26.12	1677.02
24515.00	26.68		-10.13	28.36	29.42
-6.13	100.05		45.67	8.37	123.89
	459.47			47.16	3050.09
	2.19			39.67	233.79
				100.20	375.96
	25.00			97.09	1004.29
12.48	**-8.30**	**-38.48**	**-66.94**	**-34.44**	**-20.19**
-9.14	-12.26		-67.88	-44.22	7.94
150.81	200.00		-63.08	-18.74	
123.92	31.02	65.37		36.94	-64.27
-34.66				**-29.42**	
				-63.64	
-3.49				-22.37	
-33.02	**-64.19**		**3813.89**	**29.64**	**-41.26**
	73.17			24.67	-46.23
-15.66	-80.76			33.11	-38.18
45.98	**15.83**			**-7.98**	**-18.90**
-81.41	62.69			-16.65	2367.68
53.26	19.30			-9.51	-21.56
113.60	-65.19			-13.78	521.30
				18.52	
				583.44	
				63.95	
36.16	-41.57			-3.31	-47.00
	-100.00			**-11.85**	
	5.18			**21.14**	**-21.99**
	20.98			22.80	-38.51
	-32.75			16.88	260.38
7.65	**-46.90**			**-50.26**	**85.98**
-35.12				-36.80	-81.41
441.82				-55.18	-90.91
	-92.87			-53.94	399.40

5—4 续表2 continued

行 业	Sector	本年资金来源合计 Total Sources of Funds for the Year
金融业	**Financial Intermediation**	**-43.00**
货币金融服务	Monetary and Financial Service	-46.95
资本市场服务	Capital Market Service	67.29
保险业	Insurance	-27.01
其他金融业	Other Financial Activities	
房地产业	**Real Estate**	**6.85**
租赁和商务服务业	**Leasing and Business Services**	**33.81**
租赁业	Leasing	50.36
商务服务业	Business Services	33.36
科学研究和技术服务业	**Scientific Research and Technical Services**	**58.53**
研究和试验发展	Research and Experimental Development	98.72
专业技术服务业	Professional Technical Services	-7.47
科技推广和应用服务业	Science and Technology Popularization and Application Services	109.02
水利、环境和公共设施管理业	**Management of Water Conservancy, Environment and Public Facilities**	**23.42**
水利管理业	Management of Water Conservancy	15.18
生态保护和环境治理业	Ecological Protection and Environmental Treatment	35.96
公共设施管理业	Management of Public Facilities	26.98
土地管理业	Land Management	-54.95
居民服务、修理和其他服务业	**Service to Households, Repair and Other Services**	**81.28**
居民服务业	Service to Households	79.94
机动车、电子产品和日用产品修理业	Repair of Motor Vehicle, Electronics and Household Products	558.87
其他服务业	Other Services	-70.72
教 育	**Education**	**10.19**
卫生和社会工作	**Health and Social Service**	**-6.16**
卫 生	Health	-5.09
社会工作	Social Service	-9.62
文化、体育和娱乐业	**Culture, Sports and Entertainment**	**14.53**
广播、电视、电影和影视录音制作业	Radio, Television, Motion Picture and Videotape Programme Production Services	319.98
文化艺术业	Cultural and Art Activities	-3.95
体 育	Sports Activities	-18.42
娱乐业	Entertainment	99.62
公共管理、社会保障和社会组织	**Public Management, Social Security and Social Organization**	**-2.04**
中国共产党机关	Organs of Communist Party of China	
国家机构	Government Agencies	-0.84
社会保障	Social Security	-12.29
群众团体、社会团体和其他成员组织	Non-Governmental Organizations, Social Organizations and Membership Organizations	-36.28
基层群众自治组织及其他组织	Land Management Industry of Grassroots Mass Self-Governing Organizations and Other Organizations	-23.51

单位：%

国家预算资金 State Budget Funds	国内贷款 Domestic Loans	债券 Bonds	利用外资 Foreign Investment	自筹资金 Self-raising Funds	其他资金来源 Other Sources of Funding
				-43.52	**-68.18**
				-62.45	-43.20
				9.63	
				152.40	
7.22	**-19.53**	**-96.23**	**18.20**	**-9.79**	**25.93**
235.97	**35.88**			**24.52**	**53.78**
				64.11	9.20
235.97	35.88			23.50	57.93
799.34	**21.29**			**8.41**	**191.12**
				2.32	-19.57
-48.31	-46.61			-10.78	57.55
				39.23	6452.35
60.76	**6.59**	**377.24**	**-16.89**	**8.09**	**17.05**
184.07	23.67	654.74	83.86	-63.40	32.46
9.98	-11.58		-45.39	83.55	39.42
16.15	6.71	356.39	20.77	40.61	13.51
				-59.89	
-99.94	**4558.09**			**-48.83**	**10188.65**
-99.94	15737.50			-65.33	20821.17
				859.88	
				-67.57	
-2.91	**70.27**		**-35.11**	**2.29**	**43.15**
11.42	**-39.73**	**-48.55**	**-91.29**	**-10.94**	**187.96**
18.30	-55.03	-48.55		-10.45	270.84
	744.01		-91.29	-12.09	-80.94
-9.20	**67.13**			**9.56**	**86.19**
	416.58			1598.25	-4.00
-22.35	-24.66			-8.54	92.36
-0.84	320.04			-30.06	-88.54
205.51	205.99			87.97	160.07
17.79	**72.43**			**-19.90**	**-26.71**
26.63	62.93			-20.85	-25.28
-100.00					
				-38.74	
-93.44					

5—5 各行业按建设性质项目分固定资产投资增长情况（2018年）
Growth of Investment in Fixed Assets by Construction Projects in Various Industries (2018)

单位：%

行　业	Sector	新　建 New Construction	扩　建 Expansion Construction	改建和技术改造 Reconstruction and Technical Transformation
总　计	**Total**	**10.51**	**-3.41**	**47.98**
农、林、牧、渔业	**Agriculture, Forestry, Animal Husbandry and Fishery**	**34.43**	**4.48**	**32.32**
农　业	Farming	26.40	12.04	315.60
林　业	Forestry	-20.19	412.44	-84.48
畜牧业	Animal Husbandry	85.72	-24.17	35.55
渔　业	Fishery	31.28	14.27	-77.53
农林牧渔业及辅助性活动	Agriculture, Forestry, Animal Husbandry and Fishery Major and Supporting Activities	34.34	-59.08	30.03
采矿业	**Mining**	**199.98**	**64.86**	**34.89**
煤炭开采和洗选业	Mining and Washing of Coal	130.68		32.12
黑色金属矿采选业	Mining and Processing of Ferrous Metal Ores	1481.80	1685.67	-8.09
有色金属矿采选业	Mining and Processing of Non-Ferrous Metal Ores	38.93	21.28	-3.71
非金属矿采选业	Mining and Processing of Non-metal Ores	173.13	361.83	119.72
开采专业及辅助性活动	Mining Profession and Auxiliary Activities	-89.32		
其他采矿业	Mining of Other Ores		-30.77	-86.47
制造业	**Manufacturing**	**19.83**	**17.55**	**65.39**
农副食品加工业	Processing of Food from Agricultural Products	39.42	-8.84	17.99
食品制造业	Manufacture of Foods	11.36	0.89	129.09
酒、饮料和精制茶制造业	Manufacture of Liquor, Beverages and Refined Tea	10.49	10.14	210.77
烟草制品业	Manufacture of Tobacco			-31.05
纺织业	Manufacture of Textile	99.08	97.07	78.60
纺织服装、服饰业	Manufacture of Textile, Wearing Apparel and Accessories	31.71	92.30	63.61
皮革、毛皮、羽毛及其制品和制鞋业	Manufacture of Leather, Fur, Feather and Related Products and Footwear	19.29	15.62	76.52
木材加工和木、竹、藤、棕、草制品业	Processing of Timber, Manufacture of Wood, Bamboo, Rattan, Palm and Straw Products	99.40	28.74	43.48
家具制造业	Manufacture of Furniture	69.20	38.27	129.25
造纸及纸制品业	Manufacture of Paper and Paper Products	47.24	160.95	26.33
印刷和记录媒介复制业	Printing and Reproduction of Recording Media	-25.52	-24.31	89.56
文教、工美、体育和娱乐用品制造业	Manufacture of Articles for Culture, Education, Arts and Crafts, Sport and Entertainment Activities	10.77	72.45	4.23
石油加工、炼焦及核燃料加工业	Processing of Petroleum, Coking and Processing of Nuclear Fuel	48.58	131.42	85.52
化学原料及化学制品制造业	Manufacture of Raw Chemical Materials and Chemical Products	1.14	0.60	33.57
医药制造业	Manufacture of Medicines	43.22	66.26	100.68
化学纤维制造业	Manufacture of Chemical Fibres	132.80	88.06	-45.23
橡胶和塑料制品业	Manufacture of Rubber and Plastics Products	7.72	72.50	53.13
非金属矿物制品业	Manufacture of Non-metallic Mineral Products	14.75	129.35	124.71
黑色金属冶炼和压延加工业	Smelting and Pressing of Ferrous Metals	-63.28	9.33	-19.64
有色金属冶炼和压延加工业	Smelting and Pressing of Non-ferrous Metals	20.31	-40.68	48.37

5—5 续表1 continued

单位：%

行　　业	Sector	新　　建 New Construction	扩　　建 Expansion Construction	改建和技术改造 Reconstruction and Technical Transformation
金属制品业	Manufacture of Metal Products	47.04	2.59	36.31
通用设备制造业	Manufacture of General Purpose Machinery	41.89	-0.26	100.37
专用设备制造业	Manufacture of Special Purpose Machinery	18.94	-4.09	53.13
汽车制造业	Manufacture of Automobiles	-8.88	4.09	80.94
铁路、船舶、航空航天和其他运输设备制造业	Manufacture of Railway, Ship, Aerospace and Other Transport Equipments	3.11	16.53	142.03
电气机械和器材制造业	Manufacture of Electrical Machinery and Apparatus	-5.59	15.19	77.43
计算机、通信和其他电子设备制造业	Manufacture of Computers, Communication and Other Electronic Equipment	19.18	-2.58	62.41
仪器仪表制造业	Manufacture of Measuring Instruments and Machinery	4.29	270.97	178.11
其他制造业	Other Manufacture	69.13	663.61	-4.82
废弃资源综合利用业	Utilization of Waste Resources	84.69	55.18	101.69
金属制品、机械和设备修理业	Repair Service of Metal Products, Machinery and Equipment	-66.98		541.21
电力、热力、燃气及水生产和供应业	**Production and Supply of Electricity, Heat, Gas and Water**	**-27.59**	**3.35**	**7.67**
电力、热力生产和供应业	Production and Supply of Electric Power and Heat Power	-39.47	4.57	-2.42
燃气生产和供应业	Production and Supply of Gas	-18.53	-25.48	25.98
水的生产和供应业	Production and Supply of Water	26.73	5.82	54.76
建筑业	**Construction**	**36.92**	**-75.70**	**-19.96**
房屋建筑业	Construction of Buildings	-64.02		
土木工程建筑业	Civil Engineering	88.09	-69.82	-27.97
建筑安装业	Building Installation	1046.96		
建筑装饰、装修和其他建筑业	Architectural Decoration, Decoration and Other Construction Industries	-75.31		83.06
批发和零售业	**Wholesale and Retail Trades**	**12.71**	**-56.91**	**0.71**
批发业	Wholesale Trade	10.15	-53.93	19.31
零售业	Retail Trade	14.14	-61.19	-11.40
交通运输、仓储和邮政业	**Transport, Storage and Post**	**11.39**	**-23.17**	**-8.45**
铁路运输业	Railway Transport	-4.32		-84.18
道路运输业	Road Transport	11.35	-22.01	-6.27
水上运输业	Water Transport	-20.30	59.95	-31.86
航空运输业	Air Transport	1642.75		-86.52
管道运输业	Transport Via Pipelines	837.63		
多式联运和运输代理业	Multimodal Transport and Transportation Agency	36.58		252.93
装卸搬运和运输代理业	Loading, Unloading and Forwarding Agency	17.79	-71.03	-36.85
邮政业	Post	-9.54	15.78	
住宿和餐饮业	**Hotels and Catering Services**	**7.41**	**-1.03**	**16.51**
住宿业	Hotels	4.64	23.12	-27.85
餐饮业	Catering Services	16.05	-21.96	403.72
信息传输、软件和信息技术服务业	**Information Transmission, Software and Information Technology**	**-18.45**	**-0.83**	**-46.71**
电信、广播电视和卫星传输服务	Telecommunication, Radio and Television and Satellite Transmission Service	-2.85	11.05	-36.22
互联网和相关服务	Internet and Related Service	-20.81	9.65	-92.61
软件和信息技术服务业	Software and Information Technology	-28.30	-86.70	-21.29

5—5 续表2 continued

单位：%

行 业	Sector	新 建 New Construction	扩 建 Expansion Construction	改建和技术改造 Reconstruction and Technical Transformation
金融业	**Financial Intermediation**	**-16.43**	**1223.10**	**-78.82**
货币金融服务	Monetary and Financial Service	-45.28	808.87	
资本市场服务	Capital Market Service	71.14		-9.41
保险业	Insurance	-8.25		
其他金融业	Other Financial Activities	-36.40		
房地产业	**Real Estate**	**-3.14**	**17.80**	**63.95**
租赁和商务服务业	**Leasing and Business Services**	**29.62**	**-14.65**	**303.05**
租赁业	Leasing	38.55	-42.36	
商务服务业	Business Services	29.26	-13.42	303.05
科学研究和技术服务业	**Scientific Research and Technical Services**	**25.22**	**-54.76**	**-17.93**
研究和试验发展	Research and Experimental Development	28.73	-91.88	-70.00
专业技术服务业	Professional Technical Services	-30.80	6.10	-42.33
科技推广和应用服务业	Science and Technology Popularization and Application Services	135.55	-70.14	756.60
水利、环境和公共设施管理业	**Management of Water Conservancy, Environment and Public Facilities**	**16.39**	**-37.51**	**22.14**
水利管理业	Management of Water Conservancy	9.35	-43.50	36.91
生态保护和环境治理业	Ecological Protection and Environmental Treatment	43.89	-68.80	9091.11
公共设施管理业	Management of Public Facilities	18.02	-33.11	10.31
土地管理业	Land Management	-32.85	-98.31	
居民服务、修理和其他服务业	**Service to Households, Repair and Other Services**	**-41.87**	**169.18**	**483.40**
居民服务业	Service to Households	-36.52	891.10	556.02
机动车、电子产品和日用产品修理业	Repair of Motor Vehicle, Electronics and Household Products	-41.31		
其他服务业	Other Services	-78.03		
教 育	**Education**	**3.18**	**-10.92**	**-43.41**
卫生和社会工作	**Health and Social Service**	**-0.72**	**-38.34**	**-26.39**
卫 生	Health	2.15	-41.22	-2.66
社会工作	Social Service	-9.78	-21.45	-70.92
文化、体育和娱乐业	**Culture, Sports and Entertainment**	**12.75**	**17.02**	**-58.80**
广播、电视、电影和影视录音制作业	Radio, Television, Motion Picture and Videotape Programme Production Services	78.87	91.06	172.31
文化艺术业	Cultural and Art Activities	-1.20	65.42	-85.33
体 育	Sports Activities	-16.50	143.18	
娱乐业	Entertainment	96.92	-84.17	1455.56
公共管理、社会保障和社会组织	**Public Management, Social Security and Social Organization**	**-10.65**	**-44.26**	**-46.60**
中国共产党机关	Organs of Communist Party of China		-52.82	-19.33
国家机构	Government Agencies	-3.23	-42.47	-57.45
社会保障	Social Security	-15.76	-76.33	108.56
群众团体、社会团体和其他成员组织	Non-Governmental Organizations, Social Organizations and Membership Organizations	-53.10		57.53
基层群众自治组织及其他组织	Land Management Industry of Grassroots Mass Self-Governing Organizations and Other Organizations	-72.59	-70.28	

5—6 各市固定资产投资增长情况（2018年）
Growth of Investment in Fixed Assets by Region (2018)

单位：%

地 区	Region	固定资产投 资 Investment in Fixed Assets	项目投资 Project Investment	工业投资 Industrial Investment	房地产投资 Real Estate Investment	基础设施投 资 Infrastructure Investment	其他投资 Other Investments
总 计	**Total**	**11.80**	**15.2**	**24.8**	**6.4**	**7.0**	**5.0**
合 肥 市	Hefei	7.08	15.3	17.5	-1.9	22.9	1.6
淮 北 市	Huaibei	9.23	6.0	8.2	17.4	-16.0	19.6
亳 州 市	Bozhou	17.95	22.2	51.5	13.5	15.7	-10.6
宿 州 市	Suzhou	15.50	15.5	16.8	15.5	38.5	-0.3
蚌 埠 市	Bengbu	13.99	19.6	38.0	7.4	4.4	2.0
阜 阳 市	Fuyang	22.12	28.9	29.5	14.2	38.9	21.2
淮 南 市	Huainan	2.40	-1.9	-3.5	14.9	7.5	-4.7
滁 州 市	Chuzhou	15.36	24.4	36.6	3.4	14.5	-2.1
六 安 市	Luan	13.39	14.2	16.9	12.3	3.0	24.6
马鞍山市	Maanshan	10.09	21.5	46.0	-11.1	-7.0	-3.6
芜 湖 市	Wuhu	9.67	10.6	20.1	7.8	-4.1	-3.0
宣 城 市	Xuancheng	14.91	18.5	51.5	6.6	-27.3	-2.8
铜 陵 市	Tongling	9.03	4.0	9.6	26.7	-4.7	0.2
池 州 市	Chizhou	12.12	23.3	39.3	-11.1	0.5	29.6
安 庆 市	Anqing	12.59	11.8	26.5	15.8	-14.8	22.7
黄 山 市	Huangshan	14.99	11.4	22.6	22.4	8.6	5.1
宿 松 县	Susong	8.70	5.4	38.2	26.5	-27.4	12.6
广 德 县	Guangde	19.20	12.4	54.9	60.2	-40.3	-18.2

5—7 各市按登记注册类型分固定资产投资增长情况（2018年）

Growth of Fixed Asset Investment by Registration Type by Region (2018)

单位：%

地　区	Region	内资企业 Domestic Funded Enterprise	国有企业 State-owned Enterprise	集体企业 Collective-owned Enterprise	股份合作企业 Share Holding Cooperative Enterprises	联营企业 Joint Owned Enterprises	有限责任公司 Limited Liability Corporations
总　计	**Total**	**12.12**	**0.67**	**-38.75**	**-58.89**	**32.60**	**18.35**
合 肥 市	Hefei	8.79	20.45		-85.57	394.52	13.02
淮 北 市	Huaibei	12.04	-15.99	-87.23			75.76
亳 州 市	Bozhou	17.78	-6.32	167.01	13.60		4.11
宿 州 市	Suzhou	16.22	22.22	-80.18	-86.74	-46.27	13.53
蚌 埠 市	Bengbu	13.07	-22.37	-93.76			6.85
阜 阳 市	Fuyang	21.54	5.75	-79.46	-14.81	52.23	39.75
淮 南 市	Huainan	3.51	-6.08	-35.64	-51.87		11.85
滁 州 市	Chuzhou	10.23	-5.32	-94.43	-83.97		38.66
六 安 市	Luan	12.80	1.70	94.34	-6.16		33.15
马鞍山市	Maanshan	14.34	-20.45	50.30		-92.90	50.48
芜 湖 市	Wuhu	10.09	-21.70	-44.92	1012.67	2346.67	16.72
宣 城 市	Xuancheng	13.85	1.63	44.36	114.85	-41.63	8.78
铜 陵 市	Tongling	10.21	1.63	-47.98	252.26		12.70
池 州 市	Chizhou	11.99	-3.71	-51.48			27.32
安 庆 市	Anqing	11.58	-4.63	-79.96	-43.34	130600.00	23.07
黄 山 市	Huangshan	16.10	15.76	157.16	-85.48		1.77

地　区	Region	股份有限公司 Share-holding Corporations Ltd.	私营企业 Private Enterprises	其他企业 Other Enterprises	港、澳、台商投资企业 Enterprises Funded by Entrepreneurs from Hong Kong, Macao and Taiwan	外商投资企业 Foreign Funded Enterprises	个体经营 Individual Management
总　计	**Total**	**0.55**	**17.26**	**-37.33**	**-24.54**	**37.63**	**9.31**
合 肥 市	Hefei	-1.23	-7.06	-37.64	-35.47	-0.44	
淮 北 市	Huaibei	-59.82	8.56	20.81	-20.56	-78.59	15.18
亳 州 市	Bozhou	254.52	99.22	-67.95	125.30		
宿 州 市	Suzhou	-51.92	30.84	-36.54	-87.46	-17.84	
蚌 埠 市	Bengbu	-5.12	82.97	-87.79	17.84	151.31	
阜 阳 市	Fuyang	19.40	18.39	1.25	513.44	242.85	-3.35
淮 南 市	Huainan	-18.03	6.65	-4.75	-64.74	-40.45	60.09
滁 州 市	Chuzhou	-3.70	1.96	-84.51	27.87	215.25	
六 安 市	Luan	-45.75	8.41	-13.63	56.75	84.48	496.12
马鞍山市	Maanshan	37.45	9.51	-27.84	-68.05	31.89	
芜 湖 市	Wuhu	43.81	16.07	13.88	-20.88	28.04	
宣 城 市	Xuancheng	-16.52	31.53	-42.66	137.72	21.79	247.42
铜 陵 市	Tongling	96.09	7.64	46.04	-75.65	-19.56	
池 州 市	Chizhou	43.56	6.15	13.37	126.85	21.53	-4.17
安 庆 市	Anqing	-16.49	24.73	1.72	44.85	152.12	-74.51
黄 山 市	Huangshan	-0.46	51.25	-56.23	-49.23	-30.61	-5.12

5—8 各市按隶属构成控股分固定资产投资增长情况（2018年）

Growth of Fixed Asset Investment by Controlling Shares According to Membership Composition by Region (2018)

单位：%

地 区	Region	按隶属关系分 By Affiliation		按构成分 According to Composition			
		中央 Central Investment	地方 Local Investment	建筑工程 Construction Engineering	安装工程 Installation Engineering	设备工器具购置 Purchase of Equipment,Tools and Appliances	其他费用 Other Expenses
总计	**Total**	**-12.56**	**12.44**	**9.77**	**-0.23**	**14.50**	**25.20**
合肥市	Hefei	-20.27	8.21	6.67	-6.05	-7.88	20.83
淮北市	Huaibei	72.42	8.90	-2.55	-3.39	92.76	23.05
亳州市	Bozhou	-71.00	18.63	8.61	-8.97	83.22	69.31
宿州市	Suzhou	-80.53	16.46	5.86	7.47	19.61	130.03
蚌埠市	Bengbu	-4.67	14.69	15.45	13.16	37.96	-11.87
阜阳市	Fuyang	-34.15	22.68	23.08	11.61	-0.54	34.96
淮南市	Huainan	-33.85	3.47	11.70	-18.70	-7.94	-10.93
滁州市	Chuzhou	109.21	15.03	13.54	-12.40	25.60	37.47
六安市	Luan	-32.02	15.19	8.72	1.11	33.68	42.22
马鞍山市	Maanshan	-33.26	10.83	2.02	-1.65	33.80	14.14
芜湖市	Wuhu	-4.04	10.19	9.03	1.10	-1.20	81.22
宣城市	Xuancheng	52.22	13.20	3.25	9.88	117.63	-6.91
铜陵市	Tongling	198.29	8.13	12.63	-20.92	4.78	21.30
池州市	Chizhou	1359.13	10.87	8.99	11.57	45.99	-2.94
安庆市	Anqing	-48.35	14.71	8.24	16.30	38.37	4.19
黄山市	Huangshan	63.05	14.61	11.66	-1.33	58.01	16.71

地 区	Region	按控股情况分 According to the Holding Situation					
		国有控股 State Holding	集体控股 Collective Holding	私人控股 Private Holding	港澳台商控股 Hong Kong, Macao and Taiwan Holding Company	外商控股 Foreign Holding	其他 Other
总计	**Total**	**2.05**	**27.78**	**17.84**	**-4.80**	**12.90**	**19.35**
合肥市	Hefei	3.03	216.21	9.60	-8.71	2.59	7.56
淮北市	Huaibei	8.44	-15.04	1.88	120.01	54.75	67.36
亳州市	Bozhou	1.28	151.92	31.55	351.88		-3.81
宿州市	Suzhou	15.08	40.42	21.48	-87.46	53.67	-8.10
蚌埠市	Bengbu	2.82	5.13	29.23	45.33	158.22	-10.17
阜阳市	Fuyang	11.96	-38.27	24.53	513.99	-69.59	58.40
淮南市	Huainan	0.64	41.43	3.17	-59.90	-33.96	36.58
滁州市	Chuzhou	8.82	-46.21	9.29	-2.26	-41.38	138.84
六安市	Luan	3.37	-29.59	17.25	-49.08	120.88	30.29
马鞍山市	Maanshan	-6.62	56.53	17.71	0.66	44.58	5.08
芜湖市	Wuhu	-6.56	-73.73	24.42	-6.59	8.32	-1.38
宣城市	Xuancheng	-13.77	100.22	28.53	68.18	-10.99	41.68
铜陵市	Tongling	-5.97	1.47	8.95	-78.78	-14.35	119.27
池州市	Chizhou	4.88	11.97	12.47		-5.85	31.25
安庆市	Anqing	-6.13	-59.31	21.70	28.13	60.18	74.92
黄山市	Huangshan	6.66	-24.02	31.33	-43.03	8.65	-6.10

5—9 各市按行业新增固定资产投资增长情况（2018年）

Growth of Investment in Newly Added Fixed Assets by Industry by Region (2018)

单位：%

地区	Region	本年新增固定资产 New Fixed Assets Added This Year	农林牧渔业 Agriculture, Forestry, Animal Husbandry and Fishery	采矿业 Mining	制造业 Manufacturing	电力、热力、燃气及水的生产和供应业 Production and Supply of Electricity, Heat, Gas and Water	建筑业 Construction	批发和零售业 Wholesale and Retail Trade	交通运输、仓储和邮政业 Transport, Storage, Post & Telecommunications	住宿和餐饮业 Accommodation and Catering Trade	信息传输、计算机服务和软件业 Information, Circulation Computer Services and Software
总计	**Total**	**13.73**	**59.14**	**-41.75**	**47.00**	**-24.89**	**87.30**	**102.39**	**-9.42**	**35.16**	**-23.30**
合肥市	Hefei	34.91	-41.91	20.00	81.16	38.29		227.46	-11.77	-47.02	2.69
淮北市	Huaibei	-23.09	-41.75	79.16	-4.27	-67.23		-95.95	81.92		
亳州市	Bozhou	2.58	2689.47		52.95	-36.39			135.21		3.83
宿州市	Suzhou	-7.40	-50.50		122.03	-66.95		33.51	56.01		
蚌埠市	Bengbu	52.99			211.02	1264.42		589.32	-43.91		181.60
阜阳市	Fuyang	7.39	-57.52		20.33	-35.81		4.59	21.65	326.93	
淮南市	Huainan	-10.40	90.30	-93.46	38.04	-63.57		335.32	68.24	960.08	292.69
滁州市	Chuzhou	61.87	2.26		136.31	-30.65		-88.31	803.05	140.20	
六安市	Luan	-20.41	1624.60		-26.79	-12.01			-19.05		
马鞍山市	Maanshan	64.63	623.03		194.60	-56.30			476.21	-32.85	
芜湖市	Wuhu	-23.67	-25.39		-9.38	-82.37		-4.38	-65.65	-0.78	-89.56
宣城市	Xuancheng	57.05	525.63	-57.65	171.99	36.38		-74.08	-5.16	-39.57	
铜陵市	Tongling	-2.49	1140.21	207.96	6.36	24.05		43.03	-45.59	557.60	675.92
池州市	Chizhou	15.59	528.27	13277.00	72.07	-30.87		1205.12	-63.10	-75.05	157.76
安庆市	Anqing	56.36	208.91	-90.97	22.86	225.21		169.04	128.25	240.83	-67.15
黄山市	Huangshan	-22.87	-72.65		104.90	-60.12		4086.44	-22.20	927.10	-80.34

地区	Region	金融业 Banking	房地产业 Real Estate	租赁和商务服务业 Leasing and Commercial Services	科学研究和技术服务业 Scientific Research and Technical Services	水利、环境和公共设施管理业 Water Conservancy, Environmental and Public Facilities Management	居民服务、修理和其他服务业 Residents Service, Repair and Other Services	教育 Education	卫生和社会工作 Health and Social Work	文化、体育和娱乐业 Culture, Sports and Entertainment	公共管理、社会保障和社会组织 Public Management, Social Security and Social Organization
总计	**Total**	**-23.81**	**-4.06**	**22.62**	**194.19**	**25.02**	**-34.93**	**-2.87**	**-1.92**	**179.33**	**-30.35**
合肥市	Hefei		38.41	71.00	6807.94	-13.12	-100.00	-8.28	-84.35	302.41	3.35
淮北市	Huaibei	600.12	-36.94	-19.61	53.26	-29.56		73.48		1111.45	-87.66
亳州市	Bozhou		-49.58		5094.44	-27.20	-99.97	59.34	744.18	36.64	-4.42
宿州市	Suzhou		-22.73	-69.97	-28.99	-41.42		-39.52	-21.40	125.96	-12.67
蚌埠市	Bengbu	1.33	-44.88	210.11	100.94	123.86	1115.69	-0.08	435.02	916.34	495.81
阜阳市	Fuyang		15.07			209.08		22.52	-73.47	3.73	
淮南市	Huainan		35.28	35.80		-6.73		-15.31	-15.63	852.02	397.13
滁州市	Chuzhou		-16.54	-23.53	797.27	59.95		178.95	1803.88	815.69	-48.53
六安市	Luan		-32.27	534.77	1566.67	4.85		-77.19	-0.54		-79.26
马鞍山市	Maanshan		0.27	489.77	39245.26	13.51		2327.75		68.92	
芜湖市	Wuhu	-66.00	-21.33	412.84	116.62	20.04		-56.71	-93.99	222.36	
宣城市	Xuancheng		16.29	961.19		-0.97		44.55	168.56	27.67	36.60
铜陵市	Tongling		-31.79	-89.07		-31.52		26.59		148.09	
池州市	Chizhou		13.73	113.78		33.18			-41.69		-38.35
安庆市	Anqing		19.28	25.05	-43.65	135.32	844.52	18.49	-54.60	-22.21	51.39
黄山市	Huangshan		-53.75	34.97		-38.17		217994.44	242.40	2215.12	

5—10 各市按行业分固定资产投资增长情况（2018年）

Growth of Fixed Asset Investment by Industry by Region (2018)

单位：%

地　区	Region	固定资产投　资 Investment in Fixed Assets	农　林牧渔业 Agriculture, Forestry, Animal Husbandry and Fishery	采矿业 Mining	制造业 Manufac-turing	电力、热力、燃气及水的生产和供应业 Production and Supply of Electricity, Heat, Gas and Water	建筑业 Construction	批发和零售业 Wholesale and Retail Trade	交　通运输、仓储和邮政业 Transport, Storage, Post & Telecomm-unications	住宿和餐饮业 Accommo-dation and Catering Trade	信息传输、计算机服务和软件业 Information, Circulation Computer Services and Software
总　计	**Total**	**11.80**	**32.98**	**80.57**	**33.33**	**-19.36**	**2.28**	**5.00**	**2.29**	**6.87**	**-14.80**
合肥市	Hefei	7.08	24.81	195.63	22.15	-18.80	284.54	-1.05	11.27	-30.09	8.05
淮北市	Huaibei	9.23	18.44	50.87	2.89	7.29	-84.49	-72.81	-21.58		74.97
亳州市	Bozhou	17.95	118.05	505.34	53.68	4.91		1030.34	-19.18	-16.91	-44.10
宿州市	Suzhou	15.50	-30.30	8.79	49.04	-52.15	985.59	-24.43	33.70	8300.25	-76.64
蚌埠市	Bengbu	13.99	88.49		42.34	16.79	-95.20	298.28	-14.89		-30.63
阜阳市	Fuyang	22.12	54.80	-51.34	45.99	-25.20		-24.69	54.17	55.79	19.10
淮南市	Huainan	2.40	48.52	-10.14	43.13	-67.36	74.54	-31.57	-20.94	-24.45	-24.58
滁州市	Chuzhou	15.36	-0.06	3569.78	45.65	-17.40	148.10	-19.31	5.93	21.34	-77.51
六安市	Luan	13.39	102.69	817.53	32.18	-26.85		-9.18	-11.26	-14.93	45.68
马鞍山市	Maanshan	10.09	15.62	659.88	48.17	-21.92	-90.78	-31.87	37.82	129.24	-51.18
芜湖市	Wuhu	9.67	3.05	71.16	22.94	-15.91	-96.62	-8.91	-5.20	3.29	-58.94
宣城市	Xuancheng	14.91	86.82	49.62	55.08	38.84	-65.99	108.40	-22.74	-41.86	
铜陵市	Tongling	9.03	15.19	12.61	8.09	21.09	-68.09	-9.60	-27.43	-15.52	38.51
池州市	Chizhou	12.12	104.08	151.20	34.97	12.35	-74.07	916.31	7.10	-18.95	-11.77
安庆市	Anqing	12.59	37.84	-48.15	36.33	-25.92	25.40	-26.30	-11.18	93.62	-29.98
黄山市	Huangshan	14.99	-20.95	-26.04	13.29	63.62	220.99	-15.57	-1.99	4.97	90.03

地　区	Region	金融业 Banking	房地产业 Real Estate	租赁和商务服务业 Leasing and Commercial Services	科学研究和技术服务业 Scientific Research and Technical Services	水利、环境和公共设施管理业 Water Conservancy, Environmental and Public Facilities Management	居民服务、修理和其他服务业 Residents Service, Repair and Other Services	教　育 Education	卫生和社会工作 Health and Social Work	文　化、体育和娱乐业 Culture, Sports and Entertain-ment	公共管理、社会保障和社会组织 Public Management, Social Security and Social Organization
总　计	**Total**	**-14.15**	**5.78**	**27.31**	**15.93**	**10.01**	**8.20**	**-0.18**	**-8.85**	**8.76**	**-16.79**
合肥市	Hefei	-46.32	0.52	-27.16	52.86	30.57	-91.98	-0.59	-30.05	-15.80	-54.73
淮北市	Huaibei	358.44	19.68	13.62	16.45	-23.99	14578.76	16.34	147.20	259.43	-72.95
亳州市	Bozhou	1757.62	3.21	92.68	-5.46	48.28	-35.30	-5.23	6.74	19.96	14.43
宿州市	Suzhou		13.52	7.32	20.62	38.67	-96.10	16.55	-54.85	159.34	19.35
蚌埠市	Bengbu	51.79	6.25	103.13	100.40	28.16	-1.22	-24.68	-37.36	-57.07	-39.01
阜阳市	Fuyang		14.68	-19.28	-9.65	23.01	-5.18	21.58	15.94	43.69	19.97
淮南市	Huainan		4.62	35.29	-34.04	14.97	-82.57	-16.38	-13.56	-7.61	40.74
滁州市	Chuzhou	327.48	2.39	58.40	319.14	16.66	-79.40	29.83	-26.25	-8.94	-0.91
六安市	Luan	-72.07	11.07	67.99	78.75	5.46		-25.68	52.72	17.90	-6.13
马鞍山市	Maanshan	122.42	-11.64	6.06	-58.07	-7.52	-77.90	33.13	-60.32	29.15	-79.82
芜湖市	Wuhu	-2.67	6.82	146.23	47.34	-1.67	-58.28	-9.37	-24.04	11.32	-44.02
宣城市	Xuancheng		3.18	988.54	-53.51	-27.08	-70.10	-32.55	15.90	6.10	35.50
铜陵市	Tongling	142.89	22.43	-39.31	-43.04	4.51	224.20	24.66	97.35	21.04	45.38
池州市	Chizhou	28.42	-12.31	54.74	-45.91	-6.25	-66.77	48.22	100.05	201.88	10.49
安庆市	Anqing		22.48	51.74	-33.14	-16.99	-3.24	-21.50	11.69	37.20	-25.72
黄山市	Huangshan		17.73	96.87	144.55	11.03	23.80	58.84	54.91	21.15	-32.64

5—11　各市固定资产投资资金来源增长情况（2018年）

Growth of Capital Sources for Fixed Asset Investment by Region (2018)

单位：%

地　区	Region	本年资金来源合计 Total Sources of Funds for the Year	国家预算资　金 State Budget Funds	国内贷款 Domestic Loans	债　券 Bonds	利用外资 Foreign Investment	自筹资金 Self-raising Funds	其　他资金来源 Other Sources of Funding
总　计	**Total**	**13.19**	**38.44**	**-3.84**	**34.54**	**-34.62**	**6.31**	**27.17**
合 肥 市	Hefei	2.19	179.70	-14.67		149.96	-21.32	29.37
淮 北 市	Huaibei	-7.81	292.56	-35.53		-73.17	-18.63	5.87
亳 州 市	Bozhou	7.35	-9.51	-14.68	-63.16	585.95	13.06	9.37
宿 州 市	Suzhou	13.49	19.26	38.87		59.57	1.06	29.50
蚌 埠 市	Bengbu	37.99	184.92	18.58		266.38	27.15	49.46
阜 阳 市	Fuyang	22.04	6.86	10.36	-70.16	1439.38	25.15	25.37
淮 南 市	Huainan	13.99	23.02	62.82	-46.15	-77.00	4.21	27.31
滁 州 市	Chuzhou	23.89	-31.53	-1.86			23.85	46.63
六 安 市	Luan	4.67	-15.85	-13.64		-75.47	8.65	7.92
马鞍山市	Maanshan	19.38	56.87	12.99		-52.78	26.24	5.54
芜 湖 市	Wuhu	13.50	-10.23	-11.17		7.99	10.19	35.28
宣 城 市	Xuancheng	17.74	-4.61	16.00		-52.98	28.00	11.48
铜 陵 市	Tongling	3.09	-32.47	-37.74	391.28	-100.00	3.90	34.56
池 州 市	Chizhou	16.87	136.42	-46.39		485.71	35.85	0.84
安 庆 市	Anqing	25.71	-4.46	4.33		82.31	20.18	52.73
黄 山 市	Huangshan	23.02	42.30	-37.11	490.71	402.70	39.75	18.56

5—12 各市按建设性质项目分固定资产投资增长情况（2018年）
Growth of Investment in Fixed Assets by Construction Projects by Region (2018)

单位：%

地 区	Region	新 建 New Construction	扩 建 Expansion Construction	改建和技术改造 Reconstruction and Technical Transformation
总 计	**Total**	**10.51**	**-3.41**	**47.98**
合肥市	Hefei	13.07	3.96	47.70
淮北市	Huaibei	-6.85	18.59	63.88
亳州市	Bozhou	20.01	14.63	44.06
宿州市	Suzhou	8.80	-11.82	51.77
蚌埠市	Bengbu	-0.08	-80.25	346.42
阜阳市	Fuyang	27.14	-6.21	49.93
淮南市	Huainan	-8.40	19.27	6.74
滁州市	Chuzhou	20.83	1.76	56.27
六安市	Luan	10.77	44.00	0.74
马鞍山市	Maanshan	37.39	-30.10	18.33
芜湖市	Wuhu	4.41	-8.21	69.23
宣城市	Xuancheng	4.25	57.92	48.02
铜陵市	Tongling	11.42	-1.60	3.54
池州市	Chizhou	22.16	0.20	31.75
安庆市	Anqing	-0.03	5.90	56.58
黄山市	Huangshan	11.89	-23.58	31.53

5—13 各市民间投资和技改投资增长情况（2018年）
Growth of Private Investment and Technological Innovation Investment by Region (2018)

单位：%

地 区	Region	民间投资 Private Investment	技改投资 Investment in Technological Transformation
总 计	**Total**	**18.45**	**34.60**
合肥市	Hefei	12.66	27.82
淮北市	Huaibei	9.23	69.46
亳州市	Bozhou	22.51	48.53
宿州市	Suzhou	15.54	28.09
蚌埠市	Bengbu	18.64	30.05
阜阳市	Fuyang	29.39	16.00
淮南市	Huainan	7.16	1.91
滁州市	Chuzhou	19.56	20.94
六安市	Luan	18.15	2.74
马鞍山市	Maanshan	19.49	49.57
芜湖市	Wuhu	17.33	58.49
宣城市	Xuancheng	29.13	44.84
铜陵市	Tongling	18.89	7.65
池州市	Chizhou	15.55	81.00
安庆市	Anqing	24.48	50.85
黄山市	Huangshan	26.18	52.04

5—14 房地产开发主要指标
Main Indicators of Real Estate Development

指　标	Item	2005	2010	2015	2017	2018
企业个数　　（个）	Number of Enterprises　(unit)	1917	3385	3620	3889	3939
登记注册类型	Registration type					
内　资	Domestic Funded	1811	3249	3534	3817	3904
#国　有	State-owned Enterprises	145	136	60	30	36
集　体	Collective Enterprises	51	25	6	4	1
港、澳、台投资	Funded by Entrepreneurs from Hong Kong, Macao and Taiwan	56	78	57	55	28
外商投资	Foreign Funded	50	58	29	17	7
企业控股情况	Controlling Stake of Enterprises					
国有控股	Controlling Stake of State-owner		312	283	333	349
集体控股	Controlling Stake of Group		116	59	58	43
私人控股	Controlling Stake of Priate		2620	2816	3015	3102
港、澳、台商控股	Controlling Stake of Hong Kong, Macao and Taiwan Businessman		80	51	48	46
外商控股	Controlling Stake of Foreign Businessman		61	30	19	15
其　他	Other		196	381	416	384
本年完成投资额　　（万元）	Investment Completed this Year　(10000 yuan)	4594413	22518045	44248584	56124725	59741086
#住　宅	Residential Buildings	3233619	15952464	28491942	40069994	45634100
本年土地购置面积（万平方米）	Land Space Purchased this Year　(10000 sq.m)	1896.39	2611.07	1805.94	3776.54	2938.98
资金来源小计　　（万元）	Source of Funds　(10000 yuan)	5430807	28636982	49907807	76369836	82032665
#国内贷款	Domestically Loans	757235	3237258	5642296	9657683	7964579
自筹资金	Fundraising	2288821	12110747	18601276	26865048	23997095
房屋建筑面积　（万平方米）	Floor Space of Buildings　(10000 sq.m)					
施工面积	Floor Space Under Construction	5306.92	17541.90	34244.67	39169.24	41128.34
竣工面积	Floor Space Completed	1816.86	3020.57	5537.74	4747.71	4488.40
本年新开工面积	Floor Space Started this Year	2623.41	7317.60	7759.35	11398.66	10849.59
#住　宅	Residential Buildings	2181.61	5770.46	5254.68	8601.75	8454.68
商品房屋销售面积(万平方米)	Floor Space of Selling House　(10000 sq.m)	1907.21	4113.88	6174.09	9200.71	10038.43
#住　宅	Residential Buildings	1686.03	3604.87	5356.81	7949.28	8901.25
商品房屋销售价格(元/平方米)	Selling Price of House　(yuan/sq.m)	2220	4212	5457	6375	7050
#住　宅	Residential Buildings	2065	3907	5067	6137	6937
实收资本合计　　（万元）	Total Capital Hold　(10000 yuan)	2976285	8603456	22029739	27507143	29380220
资产合计　　（万元）	State Capital　(10000 yuan)	12152955	54332428	168467240	229880835	284294451
负债合计　　（万元）	Total Liabilities　(10000 yuan)	8530794	40828272	132704740	186472549	229762342
资产负债率　　（%）	Ratio of Liabilities to Assets　(%)	70.20	75.15	78.77	81.12	80.82
主营业务收入　　（万元）	Total Revenue　(10000 yuan)	2720528	13150647	26455215	33637086	46632904
#土地转让收入	Land Transferred	12785	81646	408642	263195	120270

5—15 房地产开发投资（2018年）
Investment in Real Estate Development (2018)

指　　标	Item	总　　计 Total	内　　资 Domestic Funded	国　　有 State-owned Enterprises
计划总投资	Total Planned Investment	360717632	354343805	590552
自开始建设累计完成投资	Accumulative Investment Actually Made Since Starting of Construction up to the End	246782070	242214138	490814
本年完成投资	Investment Made this Year	59741086	58805123	43733
#国有控股	State Controlling Share Hold Enterprises	6619394	6619394	43733
按构成分：建筑工程	Grouped by Composition: Construction Project	34745458	34266053	31651
安装工程	Installation Project	5928996	5816765	1130
设备工器具购置	Purchase of Equipment and Instrument	808684	790654	100
其他费用	Other Expenses	18257948	17931651	10852
#旧建筑物购置费	Total Expenses of Purchasing Old Buildings	51954	51954	
土地购置费	Total Value of Land Purchased	16797489	16483653	2352
按工程用途分：	Grouped by the Use of Project			
住　宅	Residential Buildings	45634100	44921336	32440
#90平方米以下	Below 90m^2	6996840	6748672	21076
144平方米以上	Above of 144m^2	5440619	5337419	958
#别墅、高档公寓	Villas and Good Apartments	971781	882963	370
办公楼	Office Buildings	1869555	1801278	4
商业营业用房	Houses for Business Use	7940897	7804337	2477
其　他	Other	4296534	4278172	8812
本年新增固定资产	Newly Increased Fixed Assets This Year	15703946	15261934	74811
待开发土地面积　（平方米）	Land Space Prepared for Development　(sq.m)	30165213	29644273	39896
本年购置土地面积　（平方米）	Land Space Purchased this Year　(sq.m)	29389847	29098500	
本年土地成交价款	Land Costs This Year	13377065	13295414	
#拆迁补偿费	Compensation for Demolition	66932	66932	

单位：万元（10000 yuan）

集　体 Collective Enterprises	港、澳、台投资 Funded by Entrepreneurs from Hong Kong, Macao and Taiwan	外商投资 Foreign Funded	中　央 Central Government	省 Province	市 City	县级及以下 County Level and Below	其　他 Other
12000	4838827	1535000	3830880	16322771	50664389	20283666	269615926
5447	3033321	1534611	2695911	12444440	37127909	11885834	182627976
5447	722249	213714	545636	2168572	8761387	4228837	44036654
5447			415452	1577241	2301304	716786	1608611
2801	340918	138487	329588	1223878	5043993	2362202	25785797
	66567	45664	42109	306491	937091	338841	4304464
	8080	9950	3788	44804	106994	47834	605264
2646	306684	19613	170151	593399	2673309	1479960	13341129
2277				360	11110	4868	35616
	305036	8800	144857	525170	2497723	1404243	12225496
2766	548766	163998	421851	1748802	6592453	3411296	33459698
2766	236698	11470	79093	277861	1125358	331704	5182824
	60562	42638	69160	139709	816246	251909	4163595
	46588	42230	35400		105440	68364	762577
1665	26987	41290	16551	65683	343920	71854	1371547
	129042	7518	41577	285626	967256	456601	6189837
1016	17454	908	65657	68461	857758	289086	3015572
	314064	127948	161976	677201	1932648	550730	12381391
	272905	248035	626604	529392	2316278	2757609	23935330
	291347			447097	2437743	4611870	21893137
	81651			515405	1215367	1885089	9761204
				2610	11905	11361	41056

5—16 房地产开发企业财务状况（2018年）
Enterprise's Financial Situation in Real Estate Development (2018)

项 目	Item	流动资产合计 Circulating Funds	#存货 Stock	固定资产原价 Original Value of Fixed Assets	累计折旧 Accumulated Depreciation	资产合计 Total Assets
总 计	**Total**	**245708532**	**128479047**	**6776795**	**1386882**	**284294451**
国有及国有控股企业	State Controlling Share Hold Enterprises	57723105	28862875	1935720	285588	71563998
按注册类型分	**Grouped by Status of Registration**					
内 资	Domestic Funded	241568082	126472788	6469357	1319186	279213137
#国 有	State-owned Enterprises	5236075	1051551	69112	17984	6694769
集 体	Collective Enterprises	4156	3093	665	406	4414
港、澳、台投资	Funded by Entrepreneurs from Hong Kong, Macao and Taiwan	3414719	1541796	206581	49145	4206999
外商投资	Foreign Funded	725732	464464	100858	18551	874315
按隶属关系分	**Grouped by Administrative Relationship**					
中 央	Central Government	8287252	2899731	74050	13632	9714733
地 方	Local Government	38397388	20171480	1461630	243139	45081151
其 他	Other	199023892	105407837	5241116	1130111	229498567
按资质等级分	**Grouped by qualification grade**					
一 级	First Grade	9263689	3602187	201581	57210	12485321
二 级	Second Grade	27286681	12043692	1225039	325753	33043527
三 级	Third Grade	42617667	20696951	2043403	443341	52763766
四 级	Forth Grade	3793995	2060481	185117	53520	4388204
暂 定	Tentative	136998412	74770912	2646241	439622	153471350
其 他	Other	25528059	15143674	414984	60740	27688698

5—17 各市房地产开发企业财务状况（2018年）
Enterprise's Financial Situation in Real Estate Development by Region (2018)

地 区	Region	流动资产合计 Circulating Funds	#存货 Stock	固定资产原价 Original Value of Fixed Assets	累计折旧 Accumulated Depreciation	资产合计 Total Assets
总 计	**Total**	**245708532**	**128479047**	**6776795**	**1386882**	**284294451**
合 肥 市	Hefei	77554547	41648001	2272552	456419	92458568
淮 北 市	Huaibei	4966335	2580989	209629	30374	6234945
亳 州 市	Bozhou	14214982	6930734	164220	25393	16092100
宿 州 市	Suzhou	8346344	4930749	207278	27705	10021642
蚌 埠 市	Bengbu	13088328	7351405	381743	77072	14484801
阜 阳 市	Fuyang	20871939	10872872	448679	71455	23230984
淮 南 市	Huainan	9636808	4770069	195207	50660	10809478
滁 州 市	Chuzhou	16299793	7230568	772822	164098	18314875
六 安 市	Luan	13481651	7259596	175750	46334	14567646
马鞍山市	Maanshan	7634133	4662516	170467	46854	8509018
芜 湖 市	Wuhu	27297127	13671473	500206	107384	32410043
宣 城 市	Xuancheng	7675981	3950461	133480	37885	8455440
铜 陵 市	Tongling	6452649	3377876	151545	53971	7411936
池 州 市	Chizhou	3973369	2301518	482200	54776	4675954
安 庆 市	Anqing	9108854	4426691	301931	82791	10950771
黄 山 市	Huangshan	5105693	2513529	209087	53712	5666251

单位：万元（10000 yuan）

负债合计 Total Liabilities	资产负债率(%) Ratio of Liabilities to Assets (%)	所有者权益合计 Owners Equity	实收资本 Capital Hold	主营业务收入 Main Business Income	土地转让收入 Revenue of Land Transfer	主营业务成本 Main Business Cost	主营业务税金及附加 Main Business and Extra Charges	营业利润 Operating profit	应付职工薪酬 The payable staff pay
229762342	**80.8**	**54532109**	**29380220**	**46632904**	**120270**	**33703569**	**2067208**	**7285586**	**1185336**
51566875	72.1	19997123	7769745	6745276	82121	5214257	305701	1085735	157427
226334481	81.1	52878656	28440379	45811102	120270	33267286	1972625	7045086	1159725
4462933	66.7	2231837	1129020	495443	138	322717	21978	160510	13033
3561	80.7	852	852	349		279	8	-50	54
2748309	65.3	1458691	804746	562758		255873	79299	194010	20933
679552	77.7	194763	135094	259044		180409	15284	46490	4678
7916456	81.5	1798278	1051161	1054616		701649	75601	268583	34650
34680716	76.9	10400435	4615789	5006526	81993	3957109	165387	578355	131215
187165170	81.6	42333396	23713269	40571763	38277	29044811	1826220	6438647	1019471
9345830	74.9	3139491	2281232	1638936		1126097	68888	297709	40063
26247144	79.4	6796384	3805749	4490081	100	3481776	215570	652393	138591
39491939	74.8	13271827	5222282	8661745	7907	5946415	419618	1440464	186972
3309944	75.4	1078260	591310	1213216	3976	906773	41232	164613	35754
127810925	83.3	25660425	15045054	26636321	21599	19448990	1157397	4030871	676353
23417562	84.6	4271136	2330593	3909429	8809	2737179	162764	675129	107255

单位：万元（10000 yuan）

负债合计 Total Liabilities	资产负债率(%) Ratio of Liabilities to Assets (%)	所有者权益合计 Owners Equity	实收资本 Capital Hold	主营业务收入 Main Business Income	土地转让收入 Revenue of Land Transfer	主营业务成本 Main Business Cost	主营业务税金及附加 Main Business and Extra Charges	营业利润 Operating profit	应付职工薪酬 The payable staff pay
229762342	**80.8**	**54532109**	**29380220**	**46632904**	**120270**	**33703569**	**2067208**	**7285586**	**1185336**
73287208	79.3	19171360	10265208	11797072	9	7647017	696583	2606976	290159
5046244	80.9	1188700	684049	730590	4103	565103	22652	55854	21466
12417565	77.2	3674535	1300721	2489414	14195	1771668	92458	322431	58731
8158340	81.4	1863301	910116	1664461	10	1277153	62416	171772	60023
11928211	82.3	2556590	1298978	3124270		2494830	120245	341191	73531
19539493	84.1	3691491	2503790	4223687	1693	3149534	167974	431302	95037
8771866	81.1	2037612	1438428	1550256	171	1075926	43958	298058	44030
15382713	84.0	2932162	1693463	4189503	80800	2958402	196987	665463	116278
12690078	87.1	1877568	1084316	3120492	5676	2425266	98612	346248	72528
6453276	75.8	2055742	969443	2183740	3813	1531136	76380	451508	50737
25737691	79.4	6672351	2572669	4273050		3344934	194869	598964	94025
7307578	86.4	1147861	744660	1503336	856	1154987	59496	128390	51623
6493017	87.6	918919	905874	918768	1199	684227	28106	68739	33348
3235327	69.2	1440628	741891	896979	1883	774104	42904	120463	18897
8421101	76.9	2529670	1521187	3007705	5862	2198407	117242	530736	63767
4892632	86.3	773619	745427	959581		650874	46326	147492	41158

5—18 房地产开发企业（单位）财务状况
Enterprise's Financial Situation in Real Estate Development

单位：万元（10000 yuan）

项　目	Item	2005	2010	2015	2017	2018
年初存货	**Opening Stock This Year**	**3403211**	**19892008**	**69197069**	**80553941**	**102970392**
年末资产负债	**Assets and Liabilities at the Year-end**					
流动资产合计	Total of Current Assets	10211981	46759621	141925366	198431582	245708532
#应收账款	Receivable Accounts			4574491	7364292	11479955
存　货	Stock	5013742	24613144	79781966	103915558	128479047
固定资产合计	Fixed Assets			4260390	5414036	
固定资产原价	Prime Cost of Fixed Assets	642349	1537883	4300126	5141680	6776795
累计折旧	Progressive Depreciation	115739	316551	857190	1090842	1386882
#本年折旧	Depreciation This Year	28292	67026	183218	199390	338424
在建工程	Projects In building			2318210	3174485	3397246
资产总计	Total of Assets	12152955	54332428	168467240	229880835	284294451
流动负债合计	Current Liabilities			111884489	154391328	190593491
#应付账款	Payables			11531651	12833174	16453635
非流动负债合计	Non-Current Liabilities			20820251	32081221	37956832
负债合计	Total of Liabilities	8530794	40828272	132704740	186472549	229762342
所有者权益合计	Total of Ownership Interest	3622161	13504156	35762501	43408287	54532109
#实收资本	Pail-up Capital	2976285	8603456	22029739	27507143	29380220
损益及分配	**Profit and Loss and Distribution**					
营业收入	Business Income			26973951	34830399	47104216
#主营业务收入	Main Business Earning	2720528	13150647	26455215	33637086	46632904
土地转让收入	Earning of Land Transfer	12785	81646	408642	263195	120270
商品房屋销售收入	Sales Revenue of Commercial Houses	2643962	12719888	24832862	32259510	44536997
房屋出租收入	Rental Income of Buildings	17969	85698	169620	158352	215648
其他收入	Other Income	45812	263415	1044091	732299	1633854
营业成本	Business Cost			20543191	26426647	34308647
#主营业务成本	Main Business Cost	2150369	9672150	20244368	25324925	33703569
营业税金及附加	Business Tax and Affixation			2188629	1968602	2180962
#主营业务税金及附加	Main Business Tax and Affixation	165159	972105	2081260	1621438	2067208
其他业务利润	Other Business Profit	14302	36519	14218	49247	155328
销售费用	Sales Expense	79057	325905	934452	1238242	1813226
管理费用	Management Expense	193611	539208	1184320	1205258	1507335
财务费用	Financial Expense	57022	166459	610686	654635	725203
营业利润	Operating Profit	89612	1547277	1657790	3420024	7285586
投资收益	Investment Yield	2949	29217	135155	216456	224927
利润总额	Total of Profit	91318	1349105	1994345	3635543	6995225
应交所得税	Payable Income Tax	45306	270053	567289	866296	1257862
人工成本	**Labor cost**					
应付职工薪酬（贷方累计发生额）	Payable Employee Compensation Credit Cumulative Amount			727047	868129	1185336

5—19 房地产开发企业（单位）投资、资金和土地情况
Investment, Funds and Land Condition of Real Estate Developer

单位：万元（10000 yuan）

指 标	Item	2010	2015	2017	2018
计划总投资	Total Planned Investment	89896777	251053015	334636419	360717632
自开始建设累计完成投资	Accumulative Investment Actually Made Since Starting of Construction up to the End	59445213	171677082	232618646	246782070
本年完成投资	Investment Made this Year	22518045	44248584	56124725	59741086
#国有控股	State-holding Stock	3582149	6134806	7307951	6619394
按构成分：建筑工程	Grouped by Composition: Construction Project	14092819	30569270	35838797	34745458
安装工程	Installation Project	1524652	5219369	6585954	5928996
设备工器具购置	Purchase of Equipment and Instrument	250578	584514	789086	808684
其他费用	Other Expenses	6649996	7875431	12910888	18257948
#旧建筑物购置费	Total Expenses of Purchasing Old Buildings	92803	116710	59765	51954
土地购置费	Total Value of Land Purchased	5161690	6419885	11203689	16797489
按工程用途分：	Grouped by the Use of Project				
住 宅	Residential Buildings	15952464	28491942	40069994	45634100
#90平方米以下	Below 90m^2	4402937	10547222	8746278	6996840
144平方米以上*	Above of 144m^2	1213521	2353790	4780943	5440619
别墅、高档公寓	Villas and Good Apartments	765862	668618	876889	971781
办公楼	Office Buildings	656341	2042490	1945911	1869555
商业营业用房	Houses for Business Use	2924003	10258620	10110574	7940897
其 他	Other	2985237	3455532	3998246	4296534
本年新增固定资产	Newly Increased Fixed Assets This Year	8564748	21065233	15028472	15703946
本年资金来源合计	Total by Source of Funds This Year	33029854	64989108	99613602	105402762
上年末结余资金	Surplus Funds at the End of Last Year	4392872	15081301	23243766	23370097
本年资金来源小计	Total Funds this Year	28636982	49907807	76369836	82032665
国内贷款	Domestic Loans	3237258	5642296	9657683	7964579
利用外资	Foreign Investment	61827	10186	13584	
自筹资金	Self-raising Fund	12110747	18601276	26865048	23997095
其他资金来源	Others	13227150	25654049	39833521	50070991
本年各项应付款合计	Total of All Payable Account This Year	3511325	14915267	21058470	22289363
#工程款	Project Account	1658561	7727866	11237418	12165700
待开发土地面积 （万平方米）	Land Space Prepared for Development (10000 sq.m)	1709.09	2472.35	3229.79	3016.52
本年购置土地面积 （万平方米）	Land Space Purchased this Year (10000 sq.m)	2611.07	1805.94	3776.54	2938.98
本年土地成交价款	Land Costs This Year	3599668	4793219	16643792	13377065

注：*2010年为140平方米以上的口径。
a) In 2010,Statistics is for over 140 square meters.

5—20 房地产开发企业（单位）施工、销售和待售情况（2018年）
Construction, sale and for sale in Real Estate Development Units (2018)

指标	Item	合计 Total	按用途分 Grouped by the Use of Project 住宅 Residential Buildings	#90平米以下 below 90 sq.m	#别墅、高档公寓 Villas and Good Apartments	办公楼 Office Buildings	商业营业用房 Houses for Business Use	其他 Others
房屋施工面积 （万平方米）	Floor Space of Buildings Under Construction (10000 sq.m)	41128.3	29191.1	5643.5	501.6	1232.6	6132.9	4571.8
#新开工面积	Newly Started	10849.6	8454.7	802.2	111.4	230.4	955.3	1209.3
房屋竣工面积 （万平方米）	Floor Space of Buildings Completed (10000 sq.m)	4488.4	3184.2	621.6	46.2	191.0	631.5	481.8
#不可销售面积	Not for Sale	179.1	68.7	15.0	0.1	8.2	38.6	63.7
住宅竣工套数 （套）	Sets of Commercial Residential Buildings Completed (set)		290667	79218	2173			
房屋竣工价值 （万元）	Value of Buildings Completed (10000 yuan)	13092559	9247583	1755668	173559	547162	2064436	1233378
批准预售面积 （万平方米）	Advanced Sale Area by Authorization (10000 sq.m)	5981.0	5364.9	250.4	39.1	80.5	420.1	115.5
批准预售住宅套数 （套）	Advanced Sale Units by Authorization (set)		460987	33694	3289			
出租房屋面积 （万平方米）	Floor Space of Buildings for Renting (10000 sq.m)	20.2	0.9			6.8	4.7	7.7
商品房销售面积（万平方米）	Floor Space of Selling House (10000 sq.m)	10038.4	8901.2	946.6	98.8	169.4	784.3	183.5
#现房销售面积	Floor Space of Accomplished Buildings Sold	1100.4	788.4	230.6	10.7	59.1	198.5	54.5
期房销售面积	Floor Space of Futures Marketable Housings Sold	8938.0	8112.9	716.0	88.1	110.3	585.9	128.9
商品房销售额 （万元）	Total Sales of Commercial Houses (10000 yuan)	70769542	61748460	5927033	1032956	1431698	6756260	833124
#现房销售额	Sales Value of Accomplished Buildings	5936677	3757916	998041	92035	485860	1507480	185421
期房销售额	Sales Value of Futures House	64832864	57990544	4928992	940921	945838	5248780	647703
商品住宅销售套数 （套）	Sets of Commercial Residential Buildings Sold (set)		828007	157862	7293			
#现房销售套数	Sets of Accomplished Buildings Sold		79487	32227	614			
期房销售套数	Sets of Futures House		748520	125635	6679			
待售面积 （万平方米）	Floor Space of Vacant Houses (10000 sq.m)	1682.6	777.6	196.0	49.5	76.4	614.5	214.1
待售1—3年	Vacant 1-3 Years	910.9	452.9	107.7	23.6	35.9	305.2	117.0
待售3年以上	Vacant More than 3 Years	184.7	70.0	32.2	19.9	12.2	83.3	19.3

5—21 各市房地产开发企业（单位）个数（2018年）
Number of Enterprises for Real Estate Development by Region (2018)

单位：个（unit）

地 区	Region	企业个数 Number of Enterprises	内资企业 Domestic Funded Enterprises	#国有 State-owned	#集体 Collective-owned	#私营 Private Units	港澳台投资企业 Funded by Entrepreneurs from Hong Kong, Macao and Taiwan	外商投资企业 Foreign Funded Enterprises	国有控股 State-owned holdings
总 计	**Total**	**3939**	**3904**	**36**	**1**	**1352**	**28**	**7**	**349**
合肥市	Hefei	567	551	13		150	12	4	101
淮北市	Huaibei	118	118	1		43			14
亳州市	Bozhou	160	160			34			17
宿州市	Suzhou	200	200	3		82			15
蚌埠市	Bengbu	214	212	1		84	1	1	22
阜阳市	Fuyang	283	282	2		105	1		17
淮南市	Huainan	168	167	2		65	1		17
滁州市	Chuzhou	428	428	3		200			17
六安市	Luan	243	243			104			14
马鞍山市	Maanshan	177	175	2		53	1	1	21
芜湖市	Wuhu	278	276	2		60	2		24
宣城市	Xuancheng	214	213			70	1		10
铜陵市	Tongling	193	193	2		71			19
池州市	Chizhou	151	151			52			9
安庆市	Anqing	345	341	4	1	107	4		20
黄山市	Huangshan	200	194	1		72	5	1	12

5—22 各市按控股情况分的房地产企业（单位）个数（2018年）
Number of Real Estate Enterprises (units) by Controlled Holdings by Region (2018)

单位：个（unit）

地 区	Region	企业个数 Number of Enterprises	国有控股 State-owned Controlled Holdings	集体控股 Collective-owned Controlled Holdings	私人控股 Private Units Collective-owned Controlled Holdings	港澳台商控股 Funded by Entrepreneurs from Hong Kong, Macao and Taiwan Controlled Holdings	外商控股 Foreign Funded Enterprises Controlled Holdings	其他 Other
总 计	**Total**	**3939**	**349**	**43**	**3102**	**46**	**15**	**384**
合肥市	Hefei	567	101	8	358	16	3	81
淮北市	Huaibei	118	14	1	95	1	1	6
亳州市	Bozhou	160	17	2	126			15
宿州市	Suzhou	200	15	1	168		1	15
蚌埠市	Bengbu	214	22	7	173	2	1	9
阜阳市	Fuyang	283	17	3	228	2		33
淮南市	Huainan	168	17	2	138	1		10
滁州市	Chuzhou	428	17	1	383	1		26
六安市	Luan	243	14	3	193		1	32
马鞍山市	Maanshan	177	21		137	6	3	10
芜湖市	Wuhu	278	24	1	199	4		50
宣城市	Xuancheng	214	10	1	182		2	19
铜陵市	Tongling	193	19	5	147	2		20
池州市	Chizhou	151	9	1	123			18
安庆市	Anqing	345	20	7	285	3	1	29
黄山市	Huangshan	200	12		167	8	2	11

5—23 各市房地产开发建设投资总规模及完成投资（2018年）
General Scale of and Actually Completed Investment in Real Estate Development by Region (2018)

单位：万元（10000 yuan）

地 区	Region	计划总投资 Total Investment Actually Needed	自开始建设至本年底累计完成投资 Accumulative Investment Actually Made Since Starting of Construction up to the End of this Year	本年完成投资 Investment Made this Year	全部建成尚需投资 Further Investment Required for the Completion of Construction
总　计	**Total**	**360717632**	**246782070**	**59741086**	**113935562**
合肥市	Hefei	103715526	66709498	15271740	37006028
淮北市	Huaibei	10032340	7700972	1317395	2331368
亳州市	Bozhou	17097851	11716536	3648750	5381315
宿州市	Suzhou	15191259	9829077	2972480	5362182
蚌埠市	Bengbu	27401794	22386847	5766422	5014947
阜阳市	Fuyang	29188003	16039868	5897215	13148135
淮南市	Huainan	13390883	7900229	2222377	5490654
滁州市	Chuzhou	25097999	17224043	4416354	7873956
六安市	Luan	17356501	11123855	3297807	6232646
马鞍山市	Maanshan	14770785	11768182	2303030	3002603
芜湖市	Wuhu	32295819	25443508	4932473	6852311
宣城市	Xuancheng	13473711	9909354	1978551	3564357
铜陵市	Tongling	12515515	9551468	1576242	2964047
池州市	Chizhou	6679903	5589708	747027	1090195
安庆市	Anqing	11139889	7398294	1881598	3741595
黄山市	Huangshan	11369854	6490631	1511625	4879223

5—24 各市按用途分的房地产开发企业（单位）完成投资额（2018年）
Actually Completed Investment of Enterprises for Real Estate Development by Region and by Use (2018)

单位：万元（10000 yuan）

地 区	Region	本年完成投资额 Investment Made this Year	住宅 Residential Buildings	#90平米以下 Below 90 sq.m	144平米以上 Above of 144 sq.m	#别墅、高档公寓 Villas and Good Apartments	办公楼 Office Buildings	商业营业用房 Houses for Business Use	其他 Other
总　计	**Total**	**59741086**	**45634100**	**6996840**	**5440619**	**971781**	**1869555**	**7940897**	**4296534**
合肥市	Hefei	15271740	11658622	2097454	1790102	326480	1072710	1523560	1016848
淮北市	Huaibei	1317395	1015812	269515	48407	7672	27403	207437	66743
亳州市	Bozhou	3648750	2483713	262325	272077	24834	51425	569620	543992
宿州市	Suzhou	2972480	2197635	342479	178819	11525	32015	555839	186991
蚌埠市	Bengbu	5766422	4265605	775928	404825	81128	98634	914647	487536
阜阳市	Fuyang	5897215	4344969	398125	299108	32151	170691	875977	505578
淮南市	Huainan	2222377	1902340	418793	319230	3893	39313	169951	110773
滁州市	Chuzhou	4416354	3594238	451694	505370	120202	9265	632910	179941
六安市	Luan	3297807	2610780	317994	179575	45792	42230	427500	217297
马鞍山市	Maanshan	2303030	1966055	329368	242057	113128	89174	131957	115844
芜湖市	Wuhu	4932473	3623068	687847	557254	36526	133901	903711	271793
宣城市	Xuancheng	1978551	1690774	218005	187717	63160	10749	194928	82100
铜陵市	Tongling	1576242	1206248	100937	86583	820	26103	169422	174469
池州市	Chizhou	747027	610488	69558	64802	4664	8234	98591	29714
安庆市	Anqing	1881598	1418575	107248	152432	43704	48951	255877	158195
黄山市	Huangshan	1511625	1045178	149570	152261	56102	8757	308970	148720

5—25 各市房地产开发企业（单位）资金来源（2018年）
Sources of Funds of Enterprises for Real Estate Development by Region (2018)

单位：万元（10000 yuan）

地 区	Region	本年资金来源合计 Total Sources of Funds	上年末结余资金 Funds by the End of Last Year	本年资金来源小计 Total Funds This Year	国内贷款 Domestic Loans	#银行贷款 Bank Loan	自筹资金 Self-raising Funds
总 计	**Total**	**105402762**	**23370097**	**82032665**	**7964579**	**5516835**	**23997095**
合 肥 市	Hefei	30308829	7515765	22793064	4108364	2790481	5199018
淮 北 市	Huaibei	1886087	410184	1475903	91598	58078	572555
亳 州 市	Bozhou	5736474	1045896	4690578	262895	213300	1576983
宿 州 市	Suzhou	4672790	1047193	3625597	257214	246220	1216276
蚌 埠 市	Bengbu	8077782	1737864	6339918	454941	319940	2161290
阜 阳 市	Fuyang	10460475	1887697	8572778	694166	386116	2341361
淮 南 市	Huainan	3652483	819478	2833005	93564	72567	894103
滁 州 市	Chuzhou	8255663	1615762	6639901	545592	396302	2080430
六 安 市	Luan	6821380	1807881	5013499	178360	136900	1038933
马鞍山市	Maanshan	3519712	736632	2783080	165463	128758	1228924
芜 湖 市	Wuhu	8378475	1826758	6551717	732750	524186	2044793
宣 城 市	Xuancheng	3566066	761217	2804849	87323	28823	802801
铜 陵 市	Tongling	2379496	654161	1725335	76500	71500	579818
池 州 市	Chizhou	1413624	339732	1073892	68170	20085	301291
安 庆 市	Anqing	4251043	731344	3519699	92186	69286	1286904
黄 山 市	Huangshan	2022383	432533	1589850	55493	54293	671615

5—26 各市房地产开发建设房屋建筑面积和造价（2018年）
Floor Space of Buildings and their Cost in Real Estate Development by Region (2018)

地区	Region	施工房屋面积（平方米）Floor Space of Buildings Under Construction (sq.m)	新开工 Newly Started	竣工房屋面积（平方米）Floor Space of Buildings Completed (sq.m)	房屋建筑面积竣工率（%）Ratio of Floor Space of Buildings Completed (%)	竣工房屋价值（万元）Value of Buildings Completed (10000 yuan)	竣工房屋造价（元/平方米）Cost of Buildings Completed (yuan/sq.m)
总计	**Total**	**411283418**	**108495931**	**44883987**	**10.9**	**13092559**	**2917**
合肥市	Hefei	82332158	17898332	14197926	17.2	4604841	3243
淮北市	Huaibei	15226650	2191584	427089	2.8	149824	3508
亳州市	Bozhou	23648365	6346317	610818	2.6	179339	2936
宿州市	Suzhou	20250141	5732118	2508831	12.4	627143	2500
蚌埠市	Bengbu	36130683	8695528	2882527	8.0	727884	2525
阜阳市	Fuyang	44439730	13955475	2135720	4.8	570084	2669
淮南市	Huainan	17256010	4123048	1301684	7.5	313382	2408
滁州市	Chuzhou	33287432	9828676	2959143	8.9	848490	2867
六安市	Luan	29635769	7271343	1919509	6.5	422160	2199
马鞍山市	Maanshan	14611488	5370368	3334933	22.8	1161465	3483
芜湖市	Wuhu	29461297	8038278	4894480	16.6	1501384	3068
宣城市	Xuancheng	16416488	4108346	1848299	11.3	504510	2730
铜陵市	Tongling	12280662	3115622	1502035	12.2	310067	2064
池州市	Chizhou	8835028	2046209	1229956	13.9	324827	2641
安庆市	Anqing	20019721	7242919	2386852	11.9	657516	2755
黄山市	Huangshan	7451796	2531768	744185	10.0	189643	2548

5—27 各市按用途分的房地产开发企业（单位）新开工房屋面积（2018年）

Floor Space Started in Real Estate Development by Region and by Use (2018)

地区	Region	本年新开工房屋面积 Floor Space Started This Year	住宅 Residential Buildings	#90平米以下 Below 90 sq.m	144平米以上 Above of 144 sq.m	#别墅、高档公寓 Villas and Good Apartments	办公楼 Office Buildings	商业营业用房 Houses for Business Use	其他 Other
总计	**Total**	**108495931**	**84546840**	**8021891**	**8239018**	**1113528**	**2303846**	**9552657**	**12092588**
合肥市	Hefei	17898332	12615514	2037427	1035016	96552	1393287	1304019	2585512
淮北市	Huaibei	2191584	1792395	255253	56594	6465	720	164815	233654
亳州市	Bozhou	6346317	5226582	377479	674708	83125	72609	633550	413576
宿州市	Suzhou	5732118	4750618	373626	345393	19892	35377	579413	366710
蚌埠市	Bengbu	8695528	6611706	516852	981096	41608	63425	685867	1334530
阜阳市	Fuyang	13955475	10499175	626674	635973	16360	196343	1378337	1881620
淮南市	Huainan	4123048	3536050	149343	713930	14178	7308	315617	264073
滁州市	Chuzhou	9828676	8044195	1053590	765296	201939	6368	708564	1069549
六安市	Luan	7271343	5538105	339795	320063	21112	141288	890276	701674
马鞍山市	Maanshan	5370368	4511258	894374	354460	308657	21148	350067	487895
芜湖市	Wuhu	8038278	6590664	556257	710497	27179	57498	608694	781422
宣城市	Xuancheng	4108346	3146903	188134	520000	67449	44895	424452	492096
铜陵市	Tongling	3115622	2485453	74262	92186		100563	159437	370169
池州市	Chizhou	2046209	1691690	131467	137485	58969	38336	158439	157744
安庆市	Anqing	7242919	5646505	149941	486840	19944	119609	797104	679701
黄山市	Huangshan	2531768	1860027	297417	409481	130099	5072	394006	272663

5—28 各市商品房屋销售情况（2018年）
Selling of Commercial Houses by Region (2018)

地区	Region	房屋销售面积（平方米）Floor Space of Commercial-ized Buildings Sold (sq.m)	#住宅 Residential Buildings	现房 Completed Buildings	期房 Buildings Completed in Future	商品房销售额（万元）Total Sales of Commercial-ized Buildings (10000 yuan)	#住宅 Residential Buildings	现房 Completed Buildings	期房 Buildings Completed in Future
总　计	**Total**	**100384259**	**89012495**	**11004475**	**89379784**	**70769542**	**61748460**	**5936677**	**64832865**
合肥市	Hefei	13895794	11038785	961499	12934295	16879147	14426184	935701	15943446
淮北市	Huaibei	1731098	1456242	203307	1527791	1095084	865071	126378	968706
亳州市	Bozhou	6277083	5463167	614780	5662303	3923819	3344339	221502	3702317
宿州市	Suzhou	7702686	6734767	1352490	6350196	4407831	3226261	758269	3649562
蚌埠市	Bengbu	8946881	7839424	842387	8104494	5224630	4435095	497672	4726958
阜阳市	Fuyang	10465117	9191584	283945	10181172	6848740	5884248	163413	6685327
淮南市	Huainan	3729676	3602960	218428	3511248	2477279	2355721	92701	2384578
滁州市	Chuzhou	10687346	9944403	420007	10267339	6430836	5910446	225490	6205346
六安市	Luan	6801726	6264311	571712	6230014	4030690	3664988	211468	3819222
马鞍山市	Maanshan	4886711	4542815	1404869	3481842	3138589	2896843	722782	2415807
芜湖市	Wuhu	8148160	7675187	1469990	6678170	6021264	5571533	681350	5339914
宣城市	Xuancheng	5626842	5030533	848101	4778741	3370999	3029833	390687	2980312
铜陵市	Tongling	2446672	2287792	435333	2011339	1374764	1270777	184947	1189817
池州市	Chizhou	1812399	1630374	280852	1531547	1059604	951441	138817	920787
安庆市	Anqing	5097271	4483842	816593	4280678	3202406	2786375	444176	2758230
黄山市	Huangshan	2128797	1826309	280182	1848615	1283860	1129305	141324	1142536

5—29 各市按用途分的商品房屋实际销售面积（2018年）
Floor Space of Commercial Houses Actually Sold by Use and by Region (2018)

单位：平方米（sq.m）

地区	Region	房屋销售面积 Floor Space of Selling House	商品住宅 Residential Buildings	#90平米以下 Below 90 sq.m	144平米以上 Above of 144 sq.m	#别墅、高档公寓 Villas and Good Apartments	办公楼 Office Buildings	商业营业用房 Houses for Business Use	其他 Other
总　计	**Total**	**100384259**	**89012495**	**9465629**	**7664592**	**987687**	**1693892**	**7843176**	**1834696**
合肥市	Hefei	13895794	11038785	1939986	1245476	252023	865090	1310225	681694
淮北市	Huaibei	1731098	1456242	153179	46567	27573	101498	155850	17508
亳州市	Bozhou	6277083	5463167	372850	675719	5296	46279	618874	148763
宿州市	Suzhou	7702686	6734767	690499	348875	17895	76786	802189	88944
蚌埠市	Bengbu	8946881	7839424	1359980	597543	122042	126700	943776	36981
阜阳市	Fuyang	10465117	9191584	210784	413049	52679	80049	909675	283809
淮南市	Huainan	3729676	3602960	262281	356940		5465	118942	2309
滁州市	Chuzhou	10687346	9944403	797646	1182035	200464	18009	601687	123247
六安市	Luan	6801726	6264311	298823	392280	33690	19106	450060	68249
马鞍山市	Maanshan	4886711	4542815	1162887	538748	167096	34880	286806	22210
芜湖市	Wuhu	8148160	7675187	907166	634910	25532	139612	332734	627
宣城市	Xuancheng	5626842	5030533	431578	564559	37195	54861	450426	91022
铜陵市	Tongling	2446672	2287792	331385	81036	10003	33801	103262	21817
池州市	Chizhou	1812399	1630374	110681	87857	10189	27481	135278	19266
安庆市	Anqing	5097271	4483842	195339	348074	7070	56716	432281	124432
黄山市	Huangshan	2128797	1826309	240565	150924	18940	7559	191111	103818

5—30 各市按用途分的商品房屋平均销售价格（2018年）
Average Selling Price of Commercial Houses by Region and by Use (2018)

单位：元/平方米（yuan/sq.m）

地区	Region	房屋平均销售价格 Average Selling Price of Houses	商品住宅 Residential Buildings	#90平米以下 Below 90 sq.m	144平米以上 Above of 144 sq.m	#别墅、高档公寓 Villas and Good Apartments	办公楼 Office Buildings	商业营业用房 Houses for Business Use	其他 Other
总　　计	**Total**	**7050**	**6937**	**6262**	**8508**	**10458**	**8452**	**8614**	**4541**
合 肥 市	Hefei	12147	13069	10947	15196	17236	10625	9312	4601
淮 北 市	Huaibei	6326	5940	5978	6993	5908	7639	9159	5561
亳 州 市	Bozhou	6251	6122	5547	7445	7664	5864	8148	3231
宿 州 市	Suzhou	5722	4790	4165	6560	8495	7846	12249	15597
蚌 埠 市	Bengbu	5840	5657	4052	7377	5645	6222	7364	4252
阜 阳 市	Fuyang	6544	6402	6039	6951	5878	5855	9003	3476
淮 南 市	Huainan	6642	6538	5614	6944		5575	9880	4331
滁 州 市	Chuzhou	6017	5943	6500	6626	9181	4737	7766	3618
六 安 市	Luan	5926	5851	4874	7055	10378	6902	7278	3658
马鞍山市	Maanshan	6423	6377	4997	6407	8787	6880	7221	4792
芜 湖 市	Wuhu	7390	7259	4752	10239	10627	6201	10902	6348
宣 城 市	Xuancheng	5991	6023	6628	7038	7890	4686	6354	3213
铜 陵 市	Tongling	5619	5555	3609	6863	9110	4622	8189	1740
池 州 市	Chizhou	5846	5836	5230	6742	7322	4642	6543	3578
安 庆 市	Anqing	6283	6214	5575	6186	8413	5058	7790	4066
黄 山 市	Huangshan	6031	6184	5952	6986	9671	4974	5982	3513

5—31 各市按用途分的商品房待售情况（2018年）
Commercial House for Sale by Used by Region (2018)

单位：平方米（sq.m）

地区	Region	房屋待售面积 Square House for Sale	商品住宅 Residential Buildings	#90平米以下 Below 90 sq.m	144平米以上 Above of 144 sq.m	#别墅、高档公寓 Villas and Good Apartments	办公楼 Office Buildings	商业营业用房 Houses for Business Use	其他 Other
总　　计	**Total**	**16825861**	**7776247**	**1960305**	**1095562**	**494609**	**763752**	**6145280**	**2140582**
合 肥 市	Hefei	1912575	399927	96781	206340	88956	197336	393959	921353
淮 北 市	Huaibei	588467	278170	208091	45219	1311	15394	241105	53798
亳 州 市	Bozhou	421421	108361	3777	1733	11836	16382	296678	
宿 州 市	Suzhou	638902	374339	200569	31303	8057	113	184229	80221
蚌 埠 市	Bengbu	710612	424821	88768	19816	42147	38490	240285	7016
阜 阳 市	Fuyang	433548	128076	1588	148		40908	232438	32126
淮 南 市	Huainan	769395	428953	185325	11889		12566	320688	7188
滁 州 市	Chuzhou	1697321	781670	241378	34794	30850	52450	768984	94217
六 安 市	Luan	1599667	1208706	239305	357242	10370	14224	313268	63469
马鞍山市	Maanshan	1105882	647974	260474	32760	146048	1010	426601	30297
芜 湖 市	Wuhu	1111575	308030	69735	62393	14655	182675	558702	62168
宣 城 市	Xuancheng	950696	540554	31951	10176	6841	30059	309692	70391
铜 陵 市	Tongling	1498667	483014	125311	61577	18494	48967	596566	370120
池 州 市	Chizhou	802036	328544	36451	24652	28197	46645	360631	66216
安 庆 市	Anqing	1631045	925413	56913	77452	59499	51505	494129	159998
黄 山 市	Huangshan	954052	409695	113888	118068	27348	15028	407325	122004

主要统计指标解释

固定资产投资

固定资产投资额是以货币表现的建造和购置固定资产活动的工作量，它是反映固定资产投资规模、速度、比例关系和使用方向的综合性指标。固定资产投资按经济类型可分为国有、集体、个体、联营、股份制、外商、港澳台商、其他等。按照管理渠道，全社会固定资产投资统计的范围包括：⑴城镇和农村 500 万元以上固定资产投资项目；⑵房地产开发投资；⑶农村非农户投资。

房地产开发投资

指房地产开发公司、商品房建设公司及其他房地产开发法人单位和附属于其他法人单位实际从事房地产开发或经营的活动单位统一开发的包括统代建、拆迁还建的住宅、厂房、仓库、饭店、宾馆、度假村、写字楼、办公楼等房屋建筑物和配套的服务设施，土地开发工程（如道路、给水、排水、供电、供热、通讯、平整场地等基础设施工程）的投资；不包括单纯的土地交易活动。

建设总规模

是指在报告期内所有施工项目的计划总投资。

在建总规模

是指在报告期末所有在建项目的计划总投资。

在建净规模

是指报告期末所有在建项目建成投产尚需的投资总量。

在建净规模＝在建总规模－未投产项目（期末在建）累计完成投资。

固定资产投资的资金来源

根据固定资产投资的资金来源不同，分为国家预算内资金、国内贷款、利用外资、自筹资金和其他资金来源。

⑴国家预算资金：包括一般预算、政府性基金预算、国有资本经营预算和社保基金预算。各类预算中用于固定资产投资的资金全部用为国家预算资金填报，其中一般预算中用于固定资产投资的部分包括基建投资、车购税、灾后恢复重建基金和其他投资。各级政府债券也归入国家预算资金。

⑵国内贷款：指报告期内企、事业单位向银行及非银行金融机构借入的用于固定资产投资的各种国内借款。包括银行利用自有资金及吸收的存款发放的贷款、上级主管部门拨入的国内贷款、国家专项贷款（包括煤代油贷款、劳改煤矿专项贷款等）、地方财政专项资金安排的贷款、国内储备贷款、周转贷款等。

⑶利用外资：指报告期内收到的用于固定资产投资的国外资金，包括统借统还、自借自还的国外贷款，中外合资项目中的外资，以及对外发行债券和股票等。国家统借统还的外资指由我国政府出面同外国政府、团体或金融组织签订贷款协议、并负责偿还本息的国外贷款。

⑷自筹资金：指建设单位报告期内收到的，用于进行固定资产投资的上级主管部门、地方和企、事业单位自筹资金。

⑸其他资金来源：指报告期内收到的除以上各种拨款。

固定资产投资按建设性质分

建设项目的性质一般分为新建、扩建、改建、迁建、恢复。基本建设按建设项目划分建设性质，更新改造、国有单位其他固定资产投资及城镇集体投资等按整个企业、事业单位的建设情况确定建设性质，房地产开发单位、农村投资等投资不划分建设性质。

⑴新建：一般是指从无到有、“平地起家”新开始建设的单位。有的单位原有的基础很小，经过建设后其新增加的固定资产价值超过原有固定资产价值（原值）三倍以上的也算新建。

⑵扩建：一般是指为扩大原有产品的生产能力，在厂内或其他地点增建主要生产车间（或主要工程）、独立的生产线或分厂的企业；事业单位和行政单位在原单位增建业务用房（如学校增建教学用房、医院增建门诊部或病床用房、行政机关增建办公楼等）也作为扩建。

⑶改建：一般是指现有企业、事业单位为了技术进步，提高产品质量，增加花色品种，促进产品升级换代，降低消耗和成本，加强资源综合利用和三废治理、劳保安全等，采用新技术、新工艺、新设备、新材料等对现有设施、工艺条件进行技术改造或更新（包括相应配套的辅助性生产、生活福利设施）。有的企业为充分发挥现有生产能力，进行填平补齐而增建不增加本单位主要产品生产能力的车间等，也属于改建。

固定资产投资按构成分

固定资产投资活动按其工作内容和实现方式分为建筑安装工程，设备、工具、器具购置，其他费用三个部分。

⑴建筑安装工程（建筑安装工作量）：指各种房屋、建筑物的建造工程和各种设备、装置的安装工程。包括各种房屋建造工程，各种用途设备基础和各种工业窑炉的砌筑工程；为施工而进行的各种准备工作和临时工程以及完工后的清理工作等；铁路、道路的铺设，矿井的开凿及石油管道的架设等；水利工程；防空地下建筑等特殊工程；以及各种机械设备的安装工程；为测定安装工程质量，对设备进行的试运工作。在安装工程中，不包括被安装设备本身的价值。

⑵设备、工具、器具购置：指购置或自制达到固定资产标准的设备、工具、器具的价值，固定资产的标准按财务部门规定。新建单位、扩建单位的新建车间按照设计和计划要求购置或自制的全部设备、工具、器具，不论是否达到固定资产标准均计入“设备、工具、器具购置”中。

⑶其他费用：指在固定资产建造和购置过程中发生的，除建筑安装工程和设备、工具、器具购置以外的各种应摊入固定资产的费用。

施工项目

指报告期内曾进行建筑或安装工程施工活动的建设项目，包括报告期内新开工项目、报告期以前开工跨入报告期继续施工的项目以及报告期施过工并在报告期内全部建成投产或停缓建的项目。

全部建成投产项目

工业项目是指设计文件规定形成生产能力的主体工程及其相应配套的辅助设施全部建成，经负荷试运转，证明具备生产设计规定合格产品的条件，并经过验收鉴定合格或达到竣工验收标准，与生产性工程配套的生活福利设施可以满足近期正常生产的需要，正式移交生产的建设项目。非工业项目是指设计文件规定的主体工程和相应的配套工程全部建成，能够发挥设计规定的全部效益，经验收鉴定合格或达到竣工验收标准，正式移交使用的建设项目。

商品住宅

指房地产开发企业（单位）建设并出售、出租给使用者，仅供居住用的房屋。

土地开发投资额

指房地产开发企业完成的前期工程投资，即路通、水通、电通、场地平整等（也称七通一平）所完成的投资。一般指生地开发成熟地的投资。在旧城区（老区拆迁）的开发中，如果有统一的规划，如政府有关部门批准的小区建设的前期工程中，有场地平整，原有建筑物、构筑物拆除，供水供电工程等工作量也可计算。未进行开发工程、只进行单纯的土地交易活动不作为土地开发投资统计。土地开发投资额在房屋用途分组中能分摊的部分就分摊，不能分摊的全部计入其他。

土地购置费

指房地产开发企业为取得土地使用权而支付的费用。土地购置费按当期发生数计入投资，如土地购置费为分期付款的，可分期计入投资；不计入新增固定资产。土地购置费支出包括：①通过草拟方式取得的土地使用权所支付的土地补偿费、附着物和青苗补偿费、安置补偿费及土地征收管理费等；②通过出让方式取得土地使用权所支付的出让金。

投资额按房屋工程用途分组

指投资额中用于各类房屋建设的投资。

住宅

指专供居住的房屋，包括别墅、公寓、职工家属宿舍和集体宿舍（包括职工单身宿舍和学生宿舍）等。但不包括住宅楼中作为人防用、不住人的地下室等。

别墅、高档公寓

一般指单位建筑面积造价高于当地同等地段商品住宅平均造价一倍以上的公寓或别墅，或者经有权审批房地产投资计划的审批单位审定为高档公寓、别墅的房地产投资项目。

本年完成开发土地面积

指报告期内对土地进行开发并已完成七通一平等前期开发工程，具备进行房屋建筑物施工或出让条件的土地面积。

本年购置土地面积

指在本年内通过各种方式获得土地使用权的土地面积。

本年土地成交价款

指进行土地使用权交易活动的最终金额。在土地一级市场，是指土地最后的划拨款和出让价；在土地二级市场是指土地转让、出租、抵押等最后确定的合同价格。土地成交价款与土地购置面积同口径，目的是正确计算平均土地购置价格。

房屋施工面积

指报告期内施工的全部房屋建筑面积。包括本期新开工的面积和上年开工跨入本期继续施工的房屋面积，以及上期已停建在本期恢复施工的房屋面积。本期竣工和本期施工后又停建缓建的房屋面积仍包括在施工面积中，多层建筑应填各层建筑面积之和。

房屋竣工面积

指报告期内房屋建筑按照设计要求已全部完工，达到住人和使用条件，经验收鉴定合格或达到竣工验收标准（实行房地产开发小区综合验收的城市，应经小区综合验收合格），可正式移交使用的各栋房屋建筑面积的总和。

实际销售面积

指报告期内已竣工的房屋面积中已正式交付给购房者或已签订（正式）销售合同的商品房屋面积。不包括已签订预售合同正在建设的商品房屋面积，但包括报告期或报告期以前签订了预售合同，在报告期又竣工的商品房屋面积。

Explanatory Notes for Major Statistical Indicators

Total Investment in Fixed Assets in the Whole Country

Amount of investment in fixed assets refers to the volume of activities in construction and purchases of fixed assets in monetary terms. It is a comprehensive indicator which shows the size, pace, proportional relations and use orientation of the investment in fixed assets. Total investment in fixed assets in the whole country includes, by status of economic ownership, the investment by the state-owned units, collective units, individuals, joint ownership units, share-holding units, as well as investment by businessmen from foreign countries and from Hong Kong, Macao and Taiwan, and by other units. According to management channels, the statistical ranges of the investment in fixed assets include: (1) item invested half million Yuan and over in urban; (2) investment of real estates; (3) investment in rural district not by farmer; (4) investment in rural district by farmer.

Investment in Real Estate Development

It includes the investment by the real estate development companies, commercial buildings construction companies and other real estate development units of various types of ownership in the construction of house buildings, such as residential buildings, factory buildings, warehouses, hotels, guesthouses, holiday villages, office buildings, and the complementary service facilities and land development projects, such as roads, water supply, water drainage, power supply, heating, telecommunications, land leveling and other projects of infrastructure. It excludes the activities in simple land transactions.

Total Size of Construction

refers to the planned total investment for all construction projects during the reference period.

Total Size of Investment in Projects under Construction

refers to the planned total investment of all projects under construction at the end of the reference period.

Net Size of Investment in Projects under Construction

refers to the outstanding requirement of investment of all projects under construction at the end of the reference period.

Net size of investment in projects under construction= Total size of investment – Accumulated completed investment of projects under construction

Sources of Funds for Investment in Fixed Assets

state budgetary appropriation, domestic loans, foreign investment, self-raised funds, and others.

a) State budgetary appropriation refers to appropriation in the budget of the central and local governments earmarked for capital construction and for innovation projects, and the special appropriation from the budget of the central government for capital construction and for the transfer fund to banks to be issued as loans for capital construction projects.

b) Domestic loans refer to various funds borrowed by enterprises and institutions from banks and non-bank financial institutions during the reference period for the purpose of investment in fixed assets, including loans issued by banks from their self-owned funds and deposit, loans appropriated by higher responsible authorities, special loans by government (including loan for replacing petroleum with coal, special loan for reform-through-labour coal mines), loans arranged by local government from special funds, domestic reserve loan, and working loan, etc.

c) Foreign Investment refers to foreign funds received during the reference period for the purpose of investment in fixed assets, including foreign funds borrowed and managed by the government, by individual units, foreign fund in joint venture program, and issue of bonds and stocks at the international financial markets. The foreign funds borrowed and managed by the government refer to foreign loans borrowed by the government from foreign governments, organizations, or financial institutions under official agreements signed by both parties, under which government is responsible for the repayment of both the principal and interests of the foreign loans.

d) Self-raised funds refer to funds received by construction enterprises from their higher responsible authorities, local governments, or raised by enterprises or institutions themselves for the purpose of investment in fixed assets during the reference period.

f) Others refer to funds received during the reference period which are not included in the above-mentioned sources.

Investment in Fixed Assets by Type of Construction

The construction projects in general can be classified by the type of construction into new construction, expansion, reconstruction and moving away. In capital construction, the type of construction is determined by the condition of the project. In investment in innovation, in other investment by state-owned units and investment by collective-owned units, the type of construction is determined by the condition of the whole enterprise or institutions. Investment by type of construction is not applied to investment by real-estate development units, investment in rural areas.

a) New construction in general refers to newly constructed units. In the case in which the value of the original fixed assets is quite small, and the value of newly added fixed assets exceeds the original ones by three times, the expansion construction is considered as new construction.

b) Expansion refers to construction of new major production workshop or independent production line within a factory or in other locations, or construction of a branch factory so as to increase the production capacity of the original products. Newly constructed business houses in institutions and administrative organizations (such as the newly constructed teaching buildings in schools, clinics or bed building in hospitals, and office buildings in administrative agencies, etc.) are also classified as expansion.

c) Reconstruction refers to technical innovation and transformation of the existing equipment and technical conditions undertaken by enterprises and institutions for the purposes of technological advancement, improvement in product quality, enlarging variety of products, promoting new generation of products, reducing production consumption and cost, promoting comprehensive utilization of resources, strengthening treatment of waste gas, waste water and solid wastes, and safety in production, etc. through application of new technologies and techniques, use of new equipment and new materials (including accessory facilities for production or for living and welfare purposes).Construction of new workshops for improving existing production capacity rather than increasing production capacity is also considered as reconstruction.

Investment in Fixed Assets by Structure

refers to the three major parts of investment activities, i.e. construction and installation, purchase of equipment and instrument, and other expenses.

a) Construction and installation (work volume of construction and installation) refers to the construction of various houses and buildings and installation of various kinds of equipment and instruments, including construction of various houses, equipment foundations and industrial kilns and stoves, preparation works for project construction, and clearing up works post project construction, pavement of railways and roads, drilling of mines and putting up of oil pipes, construction of projects of water conservancy, construction of underground air-raid shelters and construction of other special projects, installation of various machinery equipment, testing operation for pre-testing the quality of installation projects. The value of equipment installed is not included in the value of installation projects.

b) Purchase of equipment and instruments refers to the total value of equipment, tools, and vessels purchased or self-produced which come up to standards for fixed assets. Equipment, tools and vessels purchased or self-produced for new workshops by newly established or expanded units are categorized as purchase of equipment and instruments no matter whether they come up to the standards for fixed assets or not.

c) Other expenses refer to expenses occurring during the construction or purchase of fixed assets other than construction, installation or purchase of equipment and instruments.

Projects Under Construction

refer to projects having construction and installation activities undertaken in the reference period, including projects started in the reference period, or continued from the previous period, or completed and put into production or suspended in the reference period.

Projects Completed and Put into Use

Industrial projects refer to the major projects and accessory facilities completed which result in forming production capacity and have been checked and accepted while the living and welfare facilities have been completed and can ensure normal production and formally put into production. Non-industrial projects refer to the major projects and accessory facilities completed which possess the designed capacity and have been checked, accepted and formally put into production.

Commercial Housing

refers to the building just for living sailed and rented to the user by real estate development company.

Amount of Investment on Land

refers to the previous construction investment completed by real estate development company, which includes road project completed, water project completed, electricity project completed, site grading and so on (and also called seven completed one grading). This investment is usually called fresh land developed in to mature land. If there lave unified planning in old section of city (the moving of old district) development, for example, in the prior project of housing estate construction authorized by related party of government the amount of work of site grading, demolition of primary buildings water supply project and power supply project can be calculated. The project without development and purely transaction of land can't be the statistics of development and investment in land. The amount of land development and investment must be apportioned if they can be apportioned in the group by the use of building. If the part can't be apportioned, they can be calculated in others wholly.

The Cost of Buying Land

refers to the cost paid by the real estate company, which can be used for gaining the usufruct of land. The cost of buying land can be calculated for investment based on the current period amounts. The cost of buying land can be calculated for investment by stages if the cost of buying land is divided payments. The cost of buying land can't be calculated for the new permanent assets. The cost of buying land includes ① compensation cost of land, adhesive material, green croups, allocation and management expenses of land expropriation paid by the land-use right in rough style. ②fees for assignment paid by the land-use right in remised style.

Amount of Investment Classified by the Use of Building

Engineering

refers to the investment of all types of building construction among of the amount of investment.

House

refers to the building for living merely including villa, apartment, dormitory of employee, collective dormitory (including the dormitory for bachelors and students) and so on, excluding the basement of resident buildings for civil air defense and no living.

Villas, High-grade Apartments

refer to per construction cost on villas or high-grade apartments are higher by over 100% compared with the average prices of commercial housing at the same place, or projects for the construction of villas or high-grade apartments approved by competent departments in chare of real estate development and investment plans.

Exploitative Land Area Completed This Year

refers to prior development project of land (seven completed one grading and soon) which was developed and completed at report period. The land area has building operations or remised condition.

The Land Area Bought This Year

refers to the area attained land-use right by all kinds of modes this year.

Bargain Price of Land This Year

refers to final sum bargained for the land-use right. The price refers to the final transfer and remised price at land primary market; The price refers to the finally affirmed contract price with land remised, rented, mortgage and so on at land secondary market. Bargain price of land have the same caliber with the land buying area, the aim is to calculate the mean land buying price correctly.

Floor Space Under Construction

refers to total floor space of all buildings under construction during the reference period, including floor space of newly started buildings during the reference period, floor space of construction extended from the previous period to the current period, floor space of construction suspended during the previous period and resumed in the current period, floor space of construction completed in the current period, and floor space of construction started and then suspended in the current period.

Floor Space of Buildings Completed

refers to the floor space of buildings completed in the reference period, which have come up to the designed standards and have been put into use.

第六篇

Chapter 6

PRODUCTION AND CONSUMPTION OF ENERGY

简要说明

一、本篇主要内容有：能源生产、消费及品种构成，能源生产和消费弹性系数，近年来综合能源平衡表和电力平衡表，分行业分主要能源品种的消费量等。

二、2011 年及以前年份为分行业主要能源品种消费量、分行业工业用水量是指全部国有及年销售收入 500 万元以上工业企业。2011 年起为全部国有及年销售收入 2000 万元以上工业企业，与历史年份不可比。

三、本篇资料取自省统计局能源处，按照国家统计局报表制度逐级汇总整理。

四、关于数据口径与计算的说明

1. 行业分类采用现行统一的国民经济行业分类国家标准。

2. 能源生产与消费弹性系数分别以能源生产、消费增长速度与国内生产总值增长速度相比求得。

Brief Introduction

I. Data in this chapter cover mainly the energy production, consumption and their composition, the elasticity ratio of energy production and consumption, the overall balance of energy and the balance of electricity, the consumption of energy by sector and by main variety.

II. The consumption of energy by sector and by main variety and industrial water consumption by sector include all state-owned industrial enterprises and the industrial enterprises with yearly sales revenue over five million yuan.

III. Data in this chapter are prepared and provided by the Division of Energy, Anhui Statistical Bureau, in accordance with the national reporting system.

IV. Coverage and calculation of data:

1. The state classification of national economic sectors is used in the classification of sectors.

2. The elasticity ratio of energy production is calculated as the quotient of the growth rate of energy production divided by the growth rate of GDP; and the elasticity ratio of energy consumption is calculated as the quotient of the growth rate of energy consumption divided by the growth of GDP.

6—1 能源生产和消费总量及电力生产和消费量
Total Production and Consumption of Energy and Electricity

年 份 Year	能源生产总量（万吨标准煤）Total Energy Production（10000 tons of SCE)	电力生产量（亿千瓦时）Electricity (100 million kwh)	能源消费总量（万吨标准煤）Total Energy Consumption（10000 tons of SCE)	电力消费量（亿千瓦时）Electricity (100 million kwh)
2000	3436.14	364.63	4878.82	338.92
2005	6215.42	648.38	6505.98	581.65
2010	9673.79	1463.31	9414.00	1077.92
2011	10281.42	1655.07	10251.86	1221.19
2012	10933.04	1807.84	11015.00	1361.10
2013	10056.33	1977.73	11696.39	1528.07
2014	9413.25	2033.92	12011.02	1585.18
2015	9972.64	2061.89	12331.97	1639.79
2016	9305.72	2252.69	12694.96	1794.98
2017	9144.04	2470.25	13051.87	1921.48
2018	9116.39	2725.98	13228.91	2135.07

注：1.电力生产量为全社会发电量。能源生产和消费量按等价热值计算。2006年后能源生产总量不含跨地区原煤产量。
2.根据第三次全国经济普查结果，2010—2013年的有关数据有所调整（下同）。
3.2018年能源生产和消费数据为快报数据（下同）。

a) Electricity Production is the whole social power rate.Energy Production and Consumption are calculated on the basis of equal caloric value. After 2006, Total Energy Production does not contain the trans-regional raw coal output.

b) According to the results of the third national economic census, the relevant data for 2010-2013 have been adjusted (the same below).

c) Energy production and consumption data for 2018 are express data (the same below).

6—2 综合能源平衡表
Overall Energy Balance

单位：万吨标准煤（10000 tons of SCE）

指 标	Item	2005	2010	2015	2017	2018
可供消费的能源总量	**Total Energy Available for Consumption**	**6523.52**	**9375.50**	**12371.18**	**13085.43**	**13208.02**
一次能源生产量	Primary Energy Output	6215.42	9673.79	9972.64	9144.04	9116.39
能源消费总量	**Total Energy Consumption**	**6505.98**	**9414.00**	**12331.97**	**13051.87**	**13228.91**
在总量中：	Consumption by Sector:					
农、林、牧、渔业	Agriculture, Forestry, Animal Husbandry and Fishery	149.10	198.41	221.11	250.44	254.35
工 业	Industry	5016.86	6977.07	8471.39	8541.64	8380.99
建筑业	Construction	54.32	137.04	209.47	241.21	253.87
交通运输、仓储和邮政业	Transport, Storage and Postal Services	280.27	643.81	1052.17	1149.88	1177.87
批发、零售业和住宿、餐饮业	Wholesale and Retail Trades, Hotels and Catering Services	101.75	170.98	317.69	378.52	399.45
其他行业	Other Sectors	132.90	289.56	515.98	691.13	759.63
生活消费	Household Consumption	770.78	997.11	1544.15	1799.05	2002.75
在总量中：	Consumption by Usage:					
终端消费	Final Consumption	6126.54	9269.33	12337.92	13131.69	13296.73
#工 业	Industry	4637.41	6832.40	8477.34	8621.46	8448.81
加工转换损失量	Losses in Processing and Transformation	379.44	370.18	357.64	325.62	369.20
输配损失量	Losses in Transportation and Delivery	155.34	244.63	298.90	336.55	363.96
平衡差额	**Balance**	**17.54**	**-38.50**	**39.21**	**33.56**	**-20.89**

6—3 能源生产弹性系数
Elasticity Ratio of Energy Production

年 份 Year	能源生产比上年增长(%) Growth Rate of Energy Production over preceding Year (%)	电力生产比上年增长(%) Growth Rate of Electricity Production over Preceding Year (%)	能源生产弹性系数 Elasticity Ratio of Energy Production	电力生产弹性系数 Elasticity Ratio of Electricity Production
2005	6.32	6.02	0.57	0.55
2010	4.15	10.14	0.36	0.69
2015	5.94	1.38	0.68	0.16
2017	-1.74	9.66		1.14
2018	-0.30	10.35		1.29

注：能源生产增长速度按等价热值计算；电力生产增长速度按实物量计算。

a) The rate of rise of energy production is calculated on the basis of equal caloric value; The rate of rise of electricity production is calculated on the basis of real amount.

6—4 能源消费弹性系数
Elasticity Ratio of Energy Consumption

年 份 Year	能源消费比上年增长(%) Growth Rate of Energy Consumption over Preceding Year (%)	电力消费比上年增长(%) Growth Rate of Electricity Consumption over Preceding Year (%)	能源消费弹性系数 Elasticity Ratio of Energy Consumption	电力消费弹性系数 Elasticity Ratio of Electricity Consumption
2005	8.33	12.74	0.76	1.16
2010	9.11	13.19	0.62	0.90
2015	2.67	3.44	0.31	0.40
2017	2.81	7.05	0.33	0.83
2018	2.12	11.12	0.26	1.39

注：能源消费增长速度按等价热值计算；电力消费增长速度按实物量计算。

a) The rate of rise of energy consumption is calculated on the basis of equal caloric value; The rate of rise of electricity consumption is calculated on the basis of real amount.

6—5 能源加工转换效率
Efficiency of Energy Conversion

单位：%

年 份 Year	总效率 Total Efficiency	火力发电 Thermal Power Generation	炼 焦 Coking	炼 油 Petroleum Refining
2005	65.58	34.66	88.99	94.17
2010	65.87	39.95	95.76	99.45
2015	68.14	41.46	95.20	99.50
2017	66.43	41.91	95.36	98.41
2018	64.23	42.12	91.44	98.35

6—6 主要年份电力平衡表
Electricity Balance Sheet in Main Year

单位：亿千瓦时（100 million kwh）

指　　标	Item	2005	2010	2015	2017	2018
可供量	**Total Energy Available for Consumption**	**581.65**	**1077.92**	**1639.79**	**1921.48**	**2135.07**
生产量	Output	648.38	1463.31	2061.89	2470.25	2725.98
水力发电及其它发电	Hydraulic Power Generation and Others	13.48	43.47	72.97	159.62	207.18
火　电	Thermal Power	634.90	1419.84	1988.92	2310.64	2518.80
消费量	**Total Energy Consumption**	**581.65**	**1077.92**	**1639.79**	**1921.48**	**2135.07**
在消费量中	Consumption by Sector					
农、林、牧、渔业	Agriculture, Forestry, Animal Husbandry and Fishery	11.75	11.91	16.85	23.97	27.88
工　业	Industry	430.98	777.18	1132.78	1268.32	1373.47
#输配电损失量	Losses in Transmission	43.81	76.81	100.82	114.76	124.74
建筑业	Construction	4.88	14.75	25.21	29.05	34.01
交通运输、仓储和邮政业	Transport, Storage and Postal Services	4.98	14.58	26.74	36.42	41.36
批发、零售业和住宿、餐饮业	Wholesale and Retail Trades, Hotels and Catering Services	12.57	34.97	67.01	85.38	102.09
其他行业	Other Sectors	26.79	50.55	120.02	157.27	190.18
生活消费	Household Consumption	89.70	173.98	251.18	321.06	366.07

6—7 主要年份平均每天各种能源消费量
Average Daily Energy Consumption by Variety in Main Year

指　　标		Item		2005	2010	2015	2017	2018
合　计	**（万吨标准煤）**	**Total**	**(10000 tons of SCE)**	**17.82**	**25.79**	**33.79**	**35.76**	**36.24**
原　煤	（万吨）	Coal	(10000 tons)	23.24	41.03	49.96	49.65	48.63
焦　炭	（万吨）	Coke	(10000 tons)	1.48	2.49	3.19	2.87	3.03
原　油	（万吨）	Crude Oil	(10000 tons)	1.14	1.31	1.89	2.06	2.00
燃料油	（万吨）	Fuel Oil	(10000 tons)	0.07	0.03	0.04	0.06	0.06
汽　油	（万吨）	Gasoline	(10000 tons)	0.24	0.54	1.25	1.57	1.72
柴　油	（万吨）	Diesel Oil	(10000 tons)	0.58	1.29	1.68	1.73	1.74
电　力	（亿千瓦小时）	Electricity	(100 million kwh)	1.59	2.95	4.49	5.26	5.85

6—8 主要年份生活能源消费量
Average Annual Energy Consumption for Households in Main Year

指　标		Item		2005	2010	2015	2017	2018
合　计	**（万吨标准煤）**	**Total**	**(10000 tons of SCE)**	**770.78**	**997.11**	**1544.15**	**1799.05**	**2002.75**
煤　炭	（万吨）	Coal	(10000 tons)	580.00	312.00	256.08	178.20	143.32
液化石油气	（万吨）	Liquefied Petroleum Gas	(10000 tons)	28.11	42.13	94.19	106.44	91.89
天然气	（亿立方米）	Natural Gas	(100 million cu.m)	0.40	2.80	13.80	16.36	20.04
热　力	（万百万千焦）	Heat	(10 billion kilo-joule)	653.00	1599.88	1157.41	1562.30	2325.17
电　力	（亿千瓦小时）	Electricity	(100 million kwh)	89.70	173.98	251.18	321.06	366.07

6—9 主要年份人均生活能源消费量
Annual per Capita Energy Consumption of Households in Main Year

指　标		Item		2005	2010	2015	2017	2018
平均每人生活消费能源（千克标准煤）		**Annual per Capita Consumption for Households**	**(kg of SCE)**	**124.84**	**164.98**	**252.59**	**289.00**	**318.44**
煤　炭	（千克）	Coal	(kg)	93.94	**51.62**	41.89	28.63	22.79
液化石油气	（千克）	Liquefied Petroleum Gas	(kg)	4.55	6.97	15.41	17.10	14.61
天然气	（立方米）	Natural Gas	(cu.m)	0.65	4.63	22.57	26.28	31.86
热　力	（万千焦）	Heat	(kilo-joule)	10.58	26.47	18.93	25.10	36.97
电　力	（千瓦小时）	Electricity	(kwh)	145.29	287.86	410.87	515.74	582.06

注：按年平均常住人口数计算。

a) According to the annual average resident population is calculated.

6—10 主要年份能源消耗指标
Energy Consumption Indices in Main Year

年 份 Year	单位地区生产总值能耗（等价值）Unit GDP Energy Consumption (Equal Values)		单位工业增加值能耗（规模以上，当量值）Energy Consumption per Unit of Industrial Added Value (Above Scale, Equivalent Value)		单位地区生产总值电耗 Unit GDP Electricity Consumption	
	指标值（吨标准煤/万元）Indices (standard coal ton /10000Yuan)	上升或下降（±%）Up or Down	指标值（吨标准煤/万元）Indices (standard coal ton /10000Yuan)	上升或下降（±%）Up or Down	指标值（千瓦小时/万元）Indices (kilowatt-hour/10000 yuan)	上升或下降（±%）Up or Down
2005	1.216		3.13		1088.11	
2010	0.970	-4.78	1.82	-12.94	1075.99	-1.17
2015	0.600	-5.58	0.88	-9.04	798.37	-4.87
2017	0.497	-5.28	0.97	-5.38	731.73	-1.37
2018	0.468	-5.45	1.14	-6.40	755.92	2.87

注：1、2005和2010年，地区生产总值按照2005年可比价格计算；2015年，地区生产总值按照2010年可比价格计算；2016年以后，地区生产总值按照2015年可比价格计算。

2、按2015年可比价格计算的2015年单位地区生产总值能耗为0.560，单位工业增加值能耗为0.93，单位地区生产总值电耗为745.17。

3、计算单位地区生产总值能耗上升或下降时，两年单位地区生产总值能耗数据保留4位小数。

4、计算单位工业增加值能耗上升或下降时，使用当年规上工业企业单位工业增加值能耗除以上年同批企业的同期单位工业增加值能耗。

a) From 2005 and 2010, regional GDP was calculated at comparable prices in 2005; From 2015, the GDP is calculated according to the comparable price in 2010. After 2016, regional GDP will be calculated at 2015 comparable prices.

b) As caculating by 2015 comparable price, Unit GDP Energy Consumption is 0.560, Energy consumption per unit of industrial added value 0.93, Unit GDP Electricity Consumption is 745.17.

C) Calculating energy consumption per unit GDP rise or fall, two years for energy consumption per unit GDP data retention 4 decimal places.

d) When calculating the increase or decrease of energy consumption per unit of industrial added value, the energy consumption per unit of industrial added value of industrial enterprises in the current year shall be divided by the energy consumption per unit of industrial added value for the same period of the same batch of enterprises in the previous year.

6—11 各市能源消耗指标（2018年）
Energy Consumption Indices by Region (2018)

地 区	Region	单位地区生产总值能耗（等价值）Unit GDP Energy Consumption (Equal Values)		单位工业增加值能耗（规模以上，当量值）Energy Consumption per Unit of Industrial Added Value (Above Scale, Equivalent Value)		单位地区生产总值电耗 Unit GDP Electricity Consumption	
		指标值（吨标准煤/万元）Indices (standard coal ton /10000Yuan)	上升或下降（±%）Up or Down	指标值（吨标准煤/万元）Indices (standard coal ton /10000Yuan)	上升或下降（±%）Up or Down	指标值（千瓦小时/万元）Indices (kilowatt-hour/10000 yuan)	上升或下降（±%）Up or Down
合肥市	Hefei	0.310	-4.00	0.47	-9.12	462.76	7.29
淮北市	Huaibei	0.686	-2.93	1.44	3.98	714.95	3.47
亳州市	Bozhou	0.355	-5.77	0.82	-4.81	546.10	5.12
宿州市	Suzhou	0.452	-7.39	0.99	-8.93	564.90	3.51
蚌埠市	Bengbu	0.358	-5.59	0.66	10.37	525.84	1.42
阜阳市	Fuyang	0.609	-6.64	0.76	-12.16	865.73	4.66
淮南市	Huainan	0.637	-7.50	3.52	1.47	814.14	-0.51
滁州市	Chuzhou	0.426	-6.08	0.57	-8.94	1000.35	3.98
六安市	Luan	0.449	-3.58	0.58	-11.20	717.33	5.62
马鞍山市	Maanshan	1.126	-5.97	3.18	-7.16	1156.45	-3.54
芜湖市	Wuhu	0.381	-7.10	0.78	-9.11	597.60	-1.11
宣城市	Xuancheng	0.516	-2.84	0.98	-9.57	1019.48	8.29
铜陵市	Tongling	0.688	-2.98	2.24	-2.58	791.43	0.84
池州市	Chizhou	0.790	-4.64	2.34	-8.29	1068.61	3.13
安庆市	Anqing	0.501	-5.56	0.99	-8.28	604.30	4.07
黄山市	Huangshan	0.307	-1.22	0.29	-4.66	550.91	8.30

6—12 全社会用电情况
Electricity Used in Whole Society

单位：亿千瓦时（100 million kwh）

类 别	Types	2015	2017	2018
全社会用电量总计	**Total of Electricity Used in Whole Society**	**1639.79**	**1921.48**	**2135.07**
全行业用电量合计	Total of Electricity Used in Whole Trade	1388.61	1600.42	1769.00
第一产业	Primary Industry	16.85	17.22	21.73
第二产业	Secondary Industry	1157.99	1292.84	1406.31
第三产业	Tertiary Industry	213.77	290.37	340.96
城乡居民生活用电量合计	Electricity Used for Life	251.18	321.06	366.07
城镇居民	Urban	108.27	140.87	162.91
乡村居民	Rural	142.91	180.19	203.16
分行业用电	Grouped by Trade			1769.00
农、林、牧、渔业	Agriculture, Forestry, Animal Husbandry and Fishery	16.85	24.07	27.88
工 业	Industry	1132.79	1263.77	1372.43
#采矿业	Mining and Quarrying	103.59	89.69	86.08
制造业	Manufacturing	792.54	886.07	963.92
电力、热力、燃气及水生产和供应业	Production and Supply of Electricity, Heat, Gas and Water	236.66	288.01	322.43
建筑业	Construction	25.20	29.09	34.01
交通运输、仓储和邮政业	Transport, Storage and Postal Services	26.74	36.49	41.36
信息传输、软件和信息技术服务业	Information Circulation, Computer Services and Software	13.68	18.49	20.93
批发和零售业	Wholesale and Retail Trades		65.28	78.53
住宿和餐饮业	Hotels and Catering Services		20.14	23.56
金融业	Financial Intermediation		4.71	5.51
房地产业	Real Estate	67.01	29.05	37.06
租赁和商务服务业	Leasing and Business Services	45.57	10.64	12.35
公共服务及管理组织	Public Service and Management Organization	60.77	98.70	115.36

注：2018年起，省电力公司电力报表的行业分类按照2017年新版《国民经济行业分类》（GB/T 4754—2017)标准实行。2017年数据也相应调整。

a) Since 2018, the industry classification of the electricity report forms of provincial power companies was implemented in accordance with the 2017 new edition of the National Economic Industry Classification (GB/T 4754-2017). Data for 2017 will be adjusted accordingly.

6—13 电力建设情况
Electric Power Construction Situation

类 别		Types		2015	2017	2018
发电量	**（亿千瓦时）**	**Electric Power Generated**	**(100 million kwh)**	**2061.89**	**2470.25**	**2725.98**
线损率	**（%）**	**Electricity Loss Rate on Lines**	**(%)**	**7.42**	**7.18**	**6.95**
年末发电设备容量	**（万千瓦）**	**Power Generating Equipment Capacity (year-end)**	**(10000 kw)**	**5160.55**	**6468.44**	**7089.29**
架空线长度	**（公里）**	**Length of Overhead Lines**	**(km)**	**63194**	**70021**	**80131**
交流特高压		AC UHV		901	1223	1223
直流特高压		DC UHV		771	1461	7303
交流和直流500KV		500KV AC and DC		6170	6951	9062
220KV		220KV		14385	15726	16314
110KV		110KV		17083	19392	20303
35KV		35KV		23884	25268	25927
电缆长度	**（公里）**	**Length of Cable**	**(km)**	**1329.77**	**1056.49**	**1171.60**
220KV		220KV		33.66	11.49	17.42
110KV		110KV		873.32	404.00	424.18
35KV		35KV		422.79	641.00	730.00
公用变电容量	**（万千伏安）**	**Public Transformer Capacity**	**(10000 kva)**	**15530**	**18049**	**20058**
交流特高压		AC UHV		900	900	900
直流特高压		DC UHV				600
500KV		500KV		2885	3460	4080
220KV		220KV		5704	6468	6578
110KV		110KV		4392	5295	5629
35KV		35KV		1649	1926	2271
用电最高负荷	**（万千瓦）**	**Transport, Storage and Postal Services**	**(10000 kw)**	**2875.65**	**3622.00**	**3915.00**

注：2015年起，线损率按照省电力公司的合并口径（含所辖县公司）填报。

a) Since 2015, the line loss rate has been reported in accordance with the combined caliber of the provincial power company (including the company in the county).

6—14 主要年份规模以上工业企业主要能源品种消费量
Major Energy Consumption of Industrial Enterprises Above Designated Size in Major Years

指　标		Item		2005	2010	2015	2017	2018
原　煤	（万吨）	Coal	(10000 tons)	7121.30	13521.91	17139.99	17302.48	17096.13
洗精煤	（万吨）	Washed and Refined Coal	(10000 tons)	643.14	1257.91	1436.57	1421.07	1498.54
其他洗煤	（万吨）	Other Washed Coal	(10000 tons)	105.49	171.72	388.15	407.33	432.18
焦　炭	（万吨）	Coke	(10000 tons)	537.63	900.88	1048.30	1010.27	1060.32
原　油	（万吨）	Crude Oil	(10000 tons)	414.49	477.57	690.47	751.60	728.33
汽　油	（万吨）	Gasoline	(10000 tons)	4.98	7.48	6.45	5.99	4.85
煤　油	（万吨）	Kerosene	(10000 tons)	0.44	0.61	0.44	0.29	0.23
柴　油	（万吨）	Diesel Oil	(10000 tons)	21.22	33.26	33.80	31.81	30.86
燃料油	（万吨）	Fuel Oil	(10000 tons)	19.82	9.53	5.64	7.75	4.66
热　力	（万百万千焦）	Heat	(10 billion kilo-joule)	5381.30	5840.68	7506.41	7895.44	8322.21

6—15 经销企业能源购进、销售与库存情况（2018年）
Energy Distribution Enterprise Purchase, Sales and Inventory (2018)

单位：万吨（10000 tons）

指　标	Item	年初商品库存量 Inventory At the Beginning of the Year	累计购进量 Total Purchase	#购自省外 Purchased from Outside the Province	累计销售量 Total Sales	#销往省外 Sold to the province	期末商品库存量 Inventories at the end of Period
原　煤	Coal	127.74	7810.57	4819.78	7768.14	2254.24	167.78
焦　炭	Coke	1.00	81.72	65.30	81.51	0.46	1.20
汽　油	Gasoline	22.08	562.22	376.66	558.39	6.86	25.90
柴　油	Diesel Oil	16.62	497.14	251.94	497.05	10.32	16.69
燃料油	Fuel Oil	0.42	34.60	4.76	34.62	1.26	0.40
液化石油气	Liquefied Petroleum Gas	0.58	37.25	8.63	37.08	0.08	0.69

6—16 主要年份全社会工业分行业用电量
Electricity Consumption of the Whole Society, Industry and Sub-industry in Major Years

单位：亿千瓦时（100 million kwh）

行 业	Sector	2005	2010	2015	2017	2018
消 费 总 量	**Total Consumption**	**430.98**	**777.18**	**1132.78**	**1268.32**	**1372.43**
煤炭开采和洗选业	Coal Mining and Dressing	37.09	55.81	57.82	45.77	42.10
黑色金属矿采选业	Mining and Dressing of Ferrous Metals	5.74	13.63	20.63	23.22	19.98
有色金属矿采选业	Mining and Dressing of Nonferrous Metals	1.09	4.23	10.15	9.87	10.26
非金属矿采选业	Mining and Dressing of Nonmetal Minerals	2.05	5.78	10.95	10.21	9.05
其他采矿业	Other mining			3.70	4.17	4.40
农副食品加工业	Agricultural and Non-staple Food Processing Industry	4.34	14.78	18.77	20.13	22.96
食品制造业	Food Production	4.52	3.56	6.87	8.35	11.79
酒、饮料和精制茶制造业	Wine, Beverages and Refined tea Manufacturing	2.72	3.75	5.69	6.92	4.47
烟草制品业	Tobacco Products	1.55	1.01	1.25	1.22	1.54
纺织业	Textiles	15.28	17.07	22.82	26.59	31.41
纺织服装、服饰业	Textile and Apparel, Clothing Industry	1.39	2.97	4.23	4.70	5.85
皮革、毛皮、羽毛及其制品和制鞋业	Leather, fur, feather and its products and footwear	0.49	1.15	1.19	1.65	2.80
木材加工和木、竹、藤、棕、草制品业	Wood Processing and Wood, Bamboo, Cane, Palm, Ggrass Products	3.90	9.61	12.20	12.86	13.85
家具制造业	Furniture Manufacturing	0.11	0.67	2.46	3.02	3.61
造纸和纸制品业	Paper and Paper Products	0.10	9.43	19.18	19.16	20.83
印刷和记录媒介复制业	Duplicating Industry Printing and Recording Media	1.29	2.75	2.30	2.59	2.86
文教、工美、体育和娱乐用品制造业	Cultural and Educational Supplies Manufacturing, Industrial, Sports and Entertainment	0.49	1.40	0.79	1.06	2.17
石油加工、炼焦和核燃料加工业	Petroleum Processing, Coking and Nuclear Fuel Processing	2.11	3.38	8.36	16.97	20.88
化学原料和化学制品制造业	Chemical Raw Materials and Chemical Products Manufacturing	65.13	77.33	134.52	135.55	137.20
医药制造业	Medical and Pharmaceutical Products	3.96	5.33	6.93	9.12	10.40
化学纤维制造业	Chemical Fiber	7.41	7.01	11.45	12.35	8.27
橡胶和塑料制品业	Rubber and Plastic Products	8.22	15.39	27.50	35.97	41.05
非金属矿物制品业	Nonmetal Mineral Products	59.89	114.84	168.82	186.42	188.34
黑色金属冶炼和压延加工业	Smelting and Pressing of Ferrous Metals	66.74	126.24	148.02	142.65	153.23
有色金属冶炼和压延加工业	Smelting and Pressing of Nonferrous Metals	9.67	16.61	35.23	38.78	33.67
金属制品业	Metal Products	7.37	22.05	38.96	52.32	70.11
通用设备制造业	General Equipment Manufacturing Industry	5.04	12.42	13.69	18.30	16.84
专用设备制造业	Equipment for Special Purposes	1.77	2.82	7.29	9.41	13.25
汽车制造业	Automobile Manufacturing Industry	6.32	12.49	19.77	25.74	14.92
铁路、船舶、航空航天和其他运输设备制造业	Railway, Shipbuilding, Aerospace, and Other Transportation Equipment Manufacturing Industry			3.03	3.69	12.84
电气机械和器材制造业	Electric Equipment and Machinery	5.65	15.35	32.27	42.60	46.41
计算机、通信和其他电子设备制造业	Computers, Communications and Other Electronic Equipment Manufacturing Industry	1.77	3.47	26.19	34.34	52.94
仪器仪表制造业	Instrument Manufacturing			0.86	0.96	0.96
其他制造业	Other Manufacturing	3.12	5.61	10.50	13.96	15.18
废弃资源综合利用业	Comprehensive Utilization of Waste Resources	0.51	0.90	1.56	2.27	3.15
金属制品、机械和设备修理业	Metal Products, Machinery and Equipment Repair			0.17	0.18	0.14
电力、热力生产和供应业	Electricity, Heat Production and Supply Industry	88.61	179.61	222.95	267.64	304.11
燃气生产和供应业	Gas Production and Supply Industry	0.64	1.20	2.26	2.98	1.94
水的生产和供应业	Water Production and Supply I	4.90	7.53	11.45	14.28	16.38

6—17 规模以上工业企业分行业取水情况（2018年）

Water Intake by Industries of Industrial Enterprises Above Designated Size (2018)

单位：万立方米（10000 M^3）

行　业	Sector	工业取水总　量 Industrial Water Got Total Amount of Industrial Water Got	地表淡水 Earth's Ssurface Fresh Water	地下淡水 Undergr-ound Water	自来水 Tap Water	其他水 Other Water	重复用水数　量 Repeat of Water Consump-tion
消 费 总 量	**Total Consumption**	**360060.9**	**277309.9**	**27727.4**	**44380.3**	**1437.7**	**2206858.0**
煤炭开采和洗选业	Coal Mining and Dressing	6574.7	704.9	4680.9	766.5		24912.2
黑色金属矿采选业	Mining and Dressing of Ferrous Metals	2619.3	1413.2	559.0	214.7	156.7	11324.4
有色金属矿采选业	Mining and Dressing of Nonferrous Metals	436.4	73.0	107.1	48.3	14.2	453.8
非金属矿采选业	Mining and Dressing of Nonmetal Minerals	734.1	637.6	30.3	29.6	0.03	175.3
开采辅助活动	Mining Auxiliary Activities	6.6		5.9	0.7		2.1
农副食品加工业	Agricultural and Non-staple Food Processing Industry	2068.4	191.1	654.4	1209.7	10.8	178.2
食品制造业	Food Production	2322.2	233.2	567.7	1521.0	0.02	1528.1
酒、饮料和精制茶制造业	Wine, Drinks and Refined Tea Manufacturing	2743.9	447.5	911.0	1369.4	14.8	396.8
烟草加工业	Tobacco Processing	134.9		1.7	133.2		25.7
纺织业	Textiles	2653.5	815.2	56.3	1664.6	114.3	932.3
纺织服装、服饰业	Textile and Garment, Apparel Industry	934.2	25.4	55.3	853.4	0.1	12.5
皮革毛皮羽毛及其制品和制鞋业	Leather, Furs, Down and Related Products	958.3	343.9	139.3	468.4	6.7	112.5
木材加工及竹藤棕草制品业	Timber Processing, Bamboo, Cane, Palm Fiber and Straw Products	416.6	25.2	170.0	219.2	0.03	142.7
家具制造业	Furniture Manufacturing	129.7	1.4	9.3	119.0	0.01	1.4
造纸及纸制品业	Papermaking and Paper Products	4038.9	3243.1	303.2	401.8	87.0	1611.8
印刷和记录媒介复制业	Printing and Record Medium Reproduction	320.2	18.3	30.2	271.7		28.1
文教、工美、体育和娱乐用品制造业	Cultural and Educational Supplies Manufacturing, Industrial, Sporting and Entertainment	270.5	20.6	51.1	198.7	0.02	27.9
石油加工、炼焦和核燃料加工业	Petroleum Processing, Coking and Nuclear Fuel Processing	2812.2	733.6	6.9	2071.7		122983.2
化学原料及制品制造业	Raw Chemical Materials and Chemical Products	15959.7	10204.6	1127.3	3425.2	853.7	159188.3
医药制造业	Medical and Pharmaceutical Products	2877.6	633.9	601.4	1592.0	50.3	4154.5
化学纤维制造业	Chemical Fiber	1445.2	627.1	200.9	617.2		44200.6
橡胶和塑料制品业	Rubber and Plastic Products	1585.8	303.8	104.1	1175.4	0.6	10325.1
非金属矿物制品业	Nonmetal Mineral Products	12757.3	6687.7	1870.1	4029.8	43.9	21878.4
黑色金属冶炼和压延加工业	Smelting and Pressing of Ferrous Metals	23385.1	19730.6	8.5	537.4	0.01	317235.5
有色金属冶炼和压延加工业	Smelting and Pressing of Nonferrous Metals	5320.0	244.8	12.5	3664.7	23.4	59463.8
金属制品业	Metal Products	1411.4	74.0	65.9	1261.1	9.6	124.9
通用设备制造业	Equipment in Current Use	1823.1	33.6	220.5	1566.3	0.6	669.3
专用设备制造业	Equipment in Special Use	1038.5	22.2	33.9	982.2	0.3	377.2
汽车制造业	Automobile Manufacturing Industry	2068.5	94.0	44.0	1916.0	0.7	2377.9
铁路、船舶、航空航天和其他运输设备制造业	Railway, Shipbuilding, Aerospace, and Other Transportation Equipment Manufacturing Industry	477.3	28.5	7.7	441.1		15.0
电气机械和器材制造业	Electric Equipment and Machinery	3313.4	43.1	182.8	3079.4	5.4	612.4
计算机、通信和其他电子设备制造业	Computer, Communication and Other Electronic Equipment Manufacturing Industry	4172.1	9.8	17.5	4112.0	30.5	40759.7
仪器仪表制造业	Instrument Manufacturing	60.2	0.1	1.9	58.1	0.1	0.5
其他制造业	Other Manufacturing	122.2	61.8	4.5	56.0		1.3
废弃资源综合利用业	Comprehensive Utilization of Waste Resource	150.5	25.1	23.1	87.0	1.1	76.6
金属制品、机械和设备修理业	Metal Products, Machinery and Equipment Repair	28.7		0.02	28.7		0.5
电力、热力生产和供应业	Electricity, Heat Production and Supply Industry	43760.4	38099.8	1576.2	803.8	12.4	1380315.0
燃气生产和供应业	Production and Supply of Gas	66.4	0.5	3.4	62.0	0.5	159.5
水的生产和供应业	Production and Supply of Tap Water	208062.8	191457.8	13281.5	3323.5		73.1

6—18 规模以上工业企业分行业主要能源品种消费量（2018年）
Industrial Enterprises Above Designated Size Consume Major Energy Resources in Different Industries (2018)

行　业	Sector	原　煤（吨）Raw Coal (ton)
消 费 总 量	**Total Consumption**	**170961262**
煤炭开采和洗选业	Coal Mining and Dressing	38939016
黑色金属矿采选业	Mining and Dressing of Ferrous Metals	66673
有色金属矿采选业	Mining and Dressing of Nonferrous Metals	242
非金属矿采选业	Mining and Dressing of Nonmetal Minerals	254793
开采专业及辅助性活动	Mining Profession and Auxiliary Activities	
农副食品加工业	Agricultural and Non-staple Food Processing Industry	262831
食品制造业	Food Production	42690
酒、饮料和精制茶制造业	Wine, Drinks and Refined Tea Manufacturing	228957
烟草制品业	Tobacco Processing	7457
纺织业	Textiles	32880
纺织服装、服饰业	Textile and Garment, Apparel Industry	12370
皮革、毛皮、羽毛及其制品和制鞋业	Leather, Fur, Feather and Its Products and Footwear	7125
木材加工和木、竹、藤、棕、草制品业	Timber Processing, Bamboo, Cane, Palm Fiber and Straw Products	25995
家具制造业	Furniture Manufacturing	182
造纸和纸制品业	Papermaking and Paper Products	1412795
印刷和记录媒介复制业	Printing and Record Medium Reproduction	13626
文教、工美、体育和娱乐用品制造业	Cultural and Educational Supplies Manufacturing, Industrial, Sporting and Entertainment	33576
石油加工、炼焦和核燃料加工业	Petroleum Processing, Coking and Nuclear Fuel Processing	647495
化学原料和化学制品制造业	Raw Chemical Materials and Chemical Products	8899520
医药制造业	Medical and Pharmaceutical Products	367558
化学纤维制造业	Chemical Fiber	552052
橡胶和塑料制品业	Rubber and Plastic Products	196887
非金属矿物制品业	Nonmetal Mineral Products	18776963
黑色金属冶炼和压延加工业	Smelting and Pressing of Ferrous Metals	4351381
有色金属冶炼和压延加工业	Smelting and Pressing of Nonferrous Metals	329532
金属制品业	Metal Products	33374
通用设备制造业	Equipment in Current Use	609131
专用设备制造业	Equipment in Special Use	7888
汽车制造业	Automobile Manufacturing Industry	19365
铁路、船舶、航空航天和其他运输设备制造业	Railway, Shipbuilding, Aerospace, and Other Transportation Equipment Manufacturing Industry	59
电气机械和器材制造业	Electric Equipment and Machinery	20152
计算机、通信和其他电子设备制造业	Computers, Communications and Other Electronic Equipment Manufacturing Industry	2942
仪器仪表制造业	Instrument Manufacturing	
其他制造业	Other Manufacturing	206
废弃资源综合利用业	Comprehensive Utilization of Waste Resources	46250
金属制品、机械和设备修理业	Metal Products, Machinery and Equipment Repair	
电力、热力生产和供应业	Production and Supply of Electric Power and Heating Power	94759297
燃气生产和供应业	Production and Supply of Gas	
水的生产和供应业	Production and Supply of Tap Water	

洗精煤（吨）Washed and Refined Coal (ton)	其他洗煤（吨）Other Washed Coal (ton)	煤制品（吨）Coal Product (ton)	焦炭（吨）Coke (ton)	焦炉煤气（万立方米）Coke Oven Coal Gas (10000 cu.m)	原油（吨）Crude Oil (ton)
14985424	**4321786**	**98861**	**10603182**	**213671**	**7283313**
4406896	1795522				
		37	213		30
	1901		75		
				731	
		4110			
	294				
		129			
3552099	22		35368	29429	7283242
	390874			7150	
			218		
	13656	157	21522	231	
7026429	543569	94397	10428279	165786	
			33191	5301	
	1		74541	2317	
			2566	673	40
			4662		
	319	31	1966		
	145		417	10	
					1
	7265				
			160		
	1568218			2042	

6—18 续表 continued

行　业	Sector	汽　油 (吨) Gasoline (ton)
消 费 总 量	**Total Consumption**	**48530**
煤炭开采和洗选业	Coal Mining and Dressing	2904
黑色金属矿采选业	Mining and Dressing of Ferrous Metals	187
有色金属矿采选业	Mining and Dressing of Nonferrous Metals	198
非金属矿采选业	Mining and Dressing of Nonmetal Minerals	1065
开采专业及辅助性活动	Mining Auxiliary Activities	112
农副食品加工业	Agricultural and Non-staple Food Processing Industry	1970
食品制造业	Food Production	610
酒、饮料和精制茶制造业	Wine, Drinks and Refined Tea Manufacturing	886
烟草制品业	Tobacco Processing	370
纺织业	Textiles	220
纺织服装、服饰业	Textile and Garment, Apparel Industry	1501
皮革、毛皮、羽毛及其制品和制鞋业	Leather, Fur, Feather and Its Products and Footwear	777
木材加工和木、竹、藤、棕、草制品业	Timber Processing, Bamboo, Cane, Palm Fiber and Straw Products	150
家具制造业	Furniture Manufacturing	360
造纸和纸制品业	Papermaking and Paper Products	186
印刷和记录媒介复制业	Printing and Record Medium Reproduction	1333
文教、工美、体育和娱乐用品制造业	Cultural and Educational Supplies Manufacturing, Industrial, Sporting and Entertainment	268
石油加工、炼焦和核燃料加工业	Petroleum Processing, Coking and Nuclear Fuel Processing	12
化学原料和化学制品制造业	Raw Chemical Materials and Chemical Products	1589
医药制造业	Medical and Pharmaceutical Products	512
化学纤维制造业	Chemical Fiber	24
橡胶和塑料制品业	Rubber and Plastic Products	1679
非金属矿物制品业	Nonmetal Mineral Products	2651
黑色金属冶炼和压延加工业	Smelting and Pressing of Ferrous Metals	394
有色金属冶炼和压延加工业	Smelting and Pressing of Nonferrous Metals	413
金属制品业	Metal Products	2252
通用设备制造业	Equipment in Current Use	3249
专用设备制造业	Equipment in Special Use	2777
汽车制造业	Automobile Manufacturing Industry	3244
铁路、船舶、航空航天和其他运输设备制造业	Railway, Shipbuilding, Aerospace, and Other Transportation Equipment Manufacturing Industry	379
电气机械和器材制造业	Electric Equipment and Machinery	4313
计算机、通信和其他电子设备制造业	Computers, Communications and Other Electronic Equipment Manufacturing Industry	2128
仪器仪表制造业	Instrument Manufacturing	516
其他制造业	Other Manufacturing	268
废弃资源综合利用业	Comprehensive Utilization of Waste Resources	0
金属制品、机械和设备修理业	Metal Products, Machinery and Equipment Repair	165
电力、热力生产和供应业	Production and Supply of Electric Power and Heating Power	8087
燃气生产和供应业	Production and Supply of Gas	282
水的生产和供应业	Production and Supply of Tap Water	498

煤　油 （吨） Kerosene (ton)	柴　油 （吨） Diesel Oil (ton)	液化石油气 （吨） Liquefied Petroleum Gas (ton)	天然气（气态） （万立方米） Natural Gas (Gaseous) (10000 cu.m)	热　力 （百万千焦） Heat (10 billion kilo-joule)	电　力 （万千瓦时） Electric Power (10000 kh)	生物燃料 （吨标准煤） Biofuels (tons of SCE)
2326	**308578**	**6972**	**197480**	**83222056**	**11940401**	**2077351**
	17525		18186		436596	
	10264		182		171122	
	2635		5		31083	
	31582		274	3440947	70064	1940
	236				304	
	2328	226	6086	521090	241303	28381
	930	91	4072	1100311	92530	19748
	829	26	3673	3185359	70184	29005
	798		889	189671	12901	
7	329	7	2764	916146	272593	21641
	1109	2	636	78628	71374	6280
	327		411	42471	29881	16050
	2119		215		113109	35987
	375		1	1	25036	215
	2268		2320	15578339	221423	52928
1	802	10	1263	159233	49542	5439
	510	275	806	8789	38788	3031
	334	51	15	12884283	148689	1083
1	6057		20748	28720714	1238507	37928
	725	626	3415	3401592	117615	49302
	178		306	1445654	73938	2051
79	2467	1100	6264	2352754	357940	21887
47	158964	3296	46426	245061	1718776	41822
	12920		16932	5411609	1641052	
31	7102	31	19179	2224104	457346	
91	6281	197	5751	93185	281044	2687
457	7473	80	4138		289766	1090
2	4218	62	4313	70984	135432	953
318	9699	182	7442	397649	268534	2899
	847	4	794		38430	454
4	2792	706	6509	221220	435714	172
19	686		3421	108628	473777	1977
1	26		45		10374	
	266		35		17719	
	393		516		35563	2390
1264	1284		141		5813	
2	10458		1972	423633	2152917	1690009
3	118		7005		13619	
	322		328		80000	

6—19 规模以上工业企业能源购进、消费及库存（2018年）

Buys, Consumes and Stock of the Energy of Above Designated Size Industrial Enterprises (2018)

能源名称	Energy Item	购进量 Purchasing Amount	消费量 Consumption Amount			年末库存量 Volume of Stock of the end of the Year
			工业生产消费 Consumption of Industrial Production	#用于原材料 Used in the Raw Materials	非工业生产消费 Used in non-consumption of Industrial Production	
原　煤（吨）	Raw Coal (ton)	139833325	170846411	3459667	114850	6284824
#无烟煤	Anthracite	5214384	5209828	463114	186	167990
炼焦烟煤	Byerlyte	5203020	6075779		3	6675
一般烟煤	Generally Bituminous Coal	129408717	159553600	2996553	114661	6109359
褐　煤	Lignite	7104	7204			800
洗精煤（吨）	Washed and Refined Coal (ton)	10764365	14985424			552522
其他洗煤（吨）	Other Washed Coal (ton)	2509392	4321786	380864		149582
煤制品（吨）	Coal Product (ton)	98880	98857		4	1072
焦　炭（吨）	Coke (ton)	5775701	10603171	2955	11	255662
其他焦化产品（吨）	Other Coking Products (ton)	147907	149136	122407		13054
焦炉煤气（万立方米）	Coke Oven Coal Gas (10000 cu.m)	19623	213501		170	
高炉煤气（万立方米）	Blast Furnace Gas (10000 cu.m)	15079	3449716		36	
转炉煤气（万立方米）	Converter Coal Gas (10000 cu.m)	1038	264742			
发生炉煤气（万立方米）	Producer Gas (10000 cu.m)					
天然气(气态)（万立方米）	Natural Gas(Gaseous) (10000 cu.m)	178610	196576	1987	904	188
液化天然气（吨）	Liquefied Natural Gas (ton)	15560	15378		83	93
煤层气（万立方米）	Coalbed methane (CBM) (10000 cu.m)					
原　油（吨）	Crude Oil (ton)	7284651	7283313			101587
汽　油（吨）	Gasoline (ton)	48566	30116	162	18332	438
煤　油（吨）	Kerosene (ton)	2094	1050		1276	35
柴　油（吨）	Diesel Oil (ton)	308455	260664	1659	47914	16046
燃料油（吨）	Fuel Oil (ton)	48710	46597		9	5369
液化石油气（吨）	Liquefied Petroleum Gas (ton)	6912	6883	23	89	1897
炼厂干气（吨）	Refinery Gas (ton)	961	322984			
润滑油（吨）	Lubricating Oil (ton)	19931	19738	75	26	905
石　蜡（吨）	Paraffin (ton)	2683	2643	1711		175
溶剂油（吨）	Solvent Oil (ton)	2674	2619	1326		137
石油焦（吨）	Refinery Coke (ton)	121809	116212	10100		16671
石油沥青（吨）	Petroleum asphalt (ton)	12782	12700	7541		190
其他石油制品（吨）	Other Petroleum Products (ton)	648755	1478626	451369	4636	18024
热　力（百万千焦）	Heat (10 billion kilo-joule)	45255167	82928132		301429	
电　力（万千瓦时）	Electric Power (10000 kh)	9124656	11795890		144510	
煤矸石(用于燃料)（吨）	Coal Gangue (for fuel) (ton)	1166985	3042089		100	8695
城市垃圾(用于燃料)（吨）	Municipal Waste (for fuel) (ton)	4303566	4493971			304805
生物燃料（吨标准煤）	Biofuels (tons of standard coal)	2115210	2077331		20	195905
余热余压（百万千焦）	Afterheat Excess Pressure (10 billion kilo-joule)	1234091	76294624		445634	
工业废料(用于燃料)（吨）	Industrial waste (for fuel) (ton)	133225	267780			932
其他燃料（吨标准煤）	Other fuels (tons of standard coal)	99929	101417		1	

6—20 地区能源消费与单位GDP能耗

Energy Consumption and Unit GDP Energy Consumption

单位：万吨标准煤（10000 tons of SCE）

指　　标	Item	2015	2017	2018
能源消费总量（等价值）	Unit GDP Energy Consumption (Equal Values)	12331.97	12694.96	13228.91
第一产业能源消费	Primary Industry Energy Consumption	221.11	245.65	254.35
第二产业能源消费	Secondary Industry Energy Consumption	8680.86	8709.98	8634.86
工业能源消费	Industry Energy Consumption	8471.39	8489.29	8380.99
建筑业能源消费	Construction Industrial Energy Consumption	209.47	220.69	253.87
第三产业能源消费	Tertiary Industry Energy Consumption	1885.84	2019.00	2336.95
#交通运输业能源消费	Transportation Industry Energy Consumption	1052.17	1080.05	1177.87
居民生活用能	Residences Life Energy Consumption	1544.15	1720.33	2002.75
城市居民	Urban	803.06	894.05	1138.93
农村居民	Rural	741.09	826.29	863.82
单位GDP能耗(等价值)(吨标准煤/万元)	Unit GDP Energy Consumption (ton of SCE/10000 yuan)	0.600	0.531	0.468

注：2015年，GDP按照2010年可比价格计算；2016年以后，GDP按照2015年可比价格计算。

a) In 2015, GDP was calculated at comparable prices in 2010; After 2016, regional GDP will be calculated at 2015 comparable prices.

6—21 各市全社会用电情况（2018年）

Electricity Used in Whole Society by Region (2018)

单位：亿千瓦时（100 million kwh）

地　区	Region	全社会用电量总计 Total of Electricity Used in Whole Society	全行业用电量合计 Total of Electricity Used in Whole Trade	第一产业 Primary Industry	第二产业 Secondary Industry	第三产业 Tertiary Industry	城乡居民生活用电量合计 Electricity Used for Life	城镇居民 Urban	乡村居民 Rural
总　计	**Total**	**2135.07**	**1769.00**	**21.73**	**1406.31**	**340.96**	**366.07**	**162.91**	**203.16**
合 肥 市	Hefei	344.83	281.67	2.36	180.50	98.81	63.16	46.06	17.10
淮 北 市	Huaibei	63.77	52.45	0.73	43.36	8.35	11.32	5.49	5.83
亳 州 市	Bozhou	67.59	41.49	1.41	24.10	15.98	26.10	8.78	17.33
宿 州 市	Suzhou	87.74	60.94	1.73	40.70	18.50	26.80	9.66	17.14
蚌 埠 市	Bengbu	86.32	67.25	1.95	47.62	17.69	19.06	8.72	10.35
阜 阳 市	Fuyang	143.35	99.68	1.84	70.69	27.16	43.67	11.59	32.08
淮 南 市	Huainan	87.95	67.86	0.83	53.04	13.99	20.09	9.30	10.80
滁 州 市	Chuzhou	171.47	146.35	2.06	120.16	24.13	25.12	9.78	15.34
六 安 市	Luan	89.18	64.78	1.11	43.98	19.69	24.40	7.48	16.92
马鞍山市	Maanshan	205.71	190.49	1.53	174.08	14.88	15.22	8.03	7.20
芜 湖 市	Wuhu	192.86	167.72	1.65	140.17	25.90	25.14	10.41	14.73
宣 城 市	Xuancheng	124.73	106.89	1.79	90.99	14.10	17.84	7.71	10.13
铜 陵 市	Tongling	89.69	81.71	0.31	71.92	9.49	7.98	4.11	3.87
池 州 市	Chizhou	66.70	58.55	0.52	51.27	6.75	8.15	3.25	4.90
安 庆 市	Anqing	107.92	84.60	1.37	67.57	15.66	23.32	8.07	15.25
黄 山 市	Huangshan	36.84	28.15	0.53	17.74	9.88	8.68	4.49	4.20

注：总计包括安徽电网主网架厂网损，各市不包括。

a) In total including anhui grid ZhuWangJia factory network loss, cities is not included.

6—22 各市主要年份工业用电量
Industrial Electricity Used in Main Year by Region

单位：亿千瓦时（100 million kwh）

地 区	Region	2005	2010	2015	2017	2018
总 计	**Total**	**430.98**	**777.18**	**1132.79**	**1268.32**	**1372.43**
合 肥 市	Hefei	34.07	64.10	130.93	150.39	172.03
淮 北 市	Huaibei	20.51	31.63	40.79	41.46	42.62
亳 州 市	Bozhou	9.05	13.42	21.47	19.09	21.40
宿 州 市	Suzhou	13.55	20.32	32.85	34.95	38.35
蚌 埠 市	Bengbu	23.44	34.32	37.43	43.12	46.07
阜 阳 市	Fuyang	18.80	36.89	58.21	60.50	66.78
淮 南 市	Huainan	31.61	47.49	55.68	52.94	51.91
滁 州 市	Chuzhou	16.36	30.39	90.73	104.53	117.68
六 安 市	Luan	14.73	24.42	31.99	37.65	41.68
马鞍山市	Maanshan	60.64	104.54	155.34	168.44	173.07
芜 湖 市	Wuhu	27.03	62.03	117.32	133.62	138.57
宣 城 市	Xuancheng	23.93	48.13	62.51	74.51	88.75
铜 陵 市	Tongling	28.37	47.08	68.51	70.63	71.55
池 州 市	Chizhou	10.07	18.82	39.13	47.28	50.75
安 庆 市	Anqing	27.86	44.41	53.42	60.48	65.74
黄 山 市	Huangshan	4.12	7.89	12.36	14.69	17.07

注：1. 2010年以后的工业用电量是区划调整后数据。
2. 总计包括安徽电网主网架厂网损，各市不包括。

a) Since 2010, the industrial electricity consumption is division after adjusting the data.
b) In total including anhui grid ZhuWangJia factory network loss, cities is not included.

6—23 各市规模以上工业企业取水情况（2018年）
Water Intake by Industrial Enterprises Above Designated Size by Region (2018)

单位：万立方米（10000 M^3）

地 区	Region	工业取水总量 Industrial Water Got Total Amount of Industrial Water Got	#地表淡水数量 The Earth's Ssurface Fresh Water	地下淡水数量 Undergr-ound Water	自来水数量 Tap Water	重复用水数量 Repeat of Water Consump-tion
总 计	**Total**	**360060.86**	**277309.92**	**27727.35**	**44380.29**	**2206858.01**
合 肥 市	Hefei	92888.46	80471.34	200.49	11430.20	301482.60
淮 北 市	Huaibei	12523.57	1172.04	7497.41	1235.64	268038.90
亳 州 市	Bozhou	3907.99	2034.88	1521.39	250.36	58509.00
宿 州 市	Suzhou	6971.89	1911.42	4858.50	109.35	109970.86
蚌 埠 市	Bengbu	16190.79	12876.67	510.78	2763.55	195722.22
阜 阳 市	Fuyang	9654.32	4578.91	4729.11	342.47	106729.64
淮 南 市	Huainan	35980.25	30006.18	5106.77	552.97	310228.15
滁 州 市	Chuzhou	22333.58	18769.87	591.22	2853.06	40857.66
六 安 市	Luan	10508.55	8381.78	648.59	1358.78	66988.65
马鞍山市	Maanshan	41610.44	35394.61	97.63	2884.30	281155.28
芜 湖 市	Wuhu	37817.95	30972.34	642.12	5902.91	35097.53
宣 城 市	Xuancheng	13086.68	9822.83	443.06	2799.75	43323.04
铜 陵 市	Tongling	20390.49	14664.04	86.17	3926.89	242537.80
池 州 市	Chizhou	7600.15	5267.80	23.61	2229.62	20839.13
安 庆 市	Anqing	24686.20	18035.13	737.94	4922.19	124357.94
黄 山 市	Huangshan	3909.55	2950.09	32.57	818.24	1019.60

主要统计指标解释

能源生产总量

指一定时期内全省一次能源生产量的总和，是观察全省能源生产水平、规模、构成和发展速度的总量指标。一次能源生产量包括原煤，原油，天然气，水电、核电及其他动力能（如风能、地热能等）发电量，不包括低热值燃料生产量、太阳热能等的利用和由一次能源加工转换而成的二次能源产量。

能源消费总量

指全省国民经济各行业和居民家庭在一定时期消费的各种能源的总和。能源消费总量分为终端能源消费量、能源加工转换损失量和损失量三部分。

(1)终端能源消费量：指一定时期内全省各行业和居民生活消费的各种能源在扣除了用于加工转换二次能源消费量和损失量以后的数量。

(2)能源加工转换损失量：指一定时期内全省投入加工转换的各种能源数量之和与产出各种能源产品之和的差额，是观察能源在加工转换过程中损失量变化的指标。

(3)能源损失量：指一定时期内能源在输送、分配、储存过程中发生的损失和由客观原因造成的各种损失量，不包括各种气体能源放空、放散量。

能源生产弹性系数

是能源生产量的增长速度与国民经济增长速度之间的比值。计算公式为：

能源生产弹性系数＝能源生产总量年平均增长速度/国民经济年平均增长速度

本年鉴采用国内生产总值指标计算国民经济年平均增长速度。

电力生产弹性系数

是电力生产量的增长速度与国民经济增长速度之间的比值。计算公式为：

电力生产弹性系数＝电力生产量年平均增长速度/国民经济年平均增长速度

能源消费弹性系数

是能源消费增长速度与国民经济增长速度之间的比值。计算公式为：

能源消费弹性系数＝能源消费量年平均增长速度/国民经济年平均增长速度

电力消费弹性系数

是电力消费增长速度与国民经济增长速度之间的比值。计算公式为：

电力消费弹性系数＝电力消费量年平均增长速度/国民经济年平均增长速度

能源加工转换效率

指一定时期内能源经过加工、转换后，产出的各种能源产品的数量与同期内投入加工转换的各种能源数量的比率。它是观察能源加工转换装置和生产工艺先进与落后、管理水平高低等的重要指标。计算公式为：

能源加工转换效率＝能源加工、转换产出量/能源加工、转换投入量×100%

Explanatory Notes for Major Statistical Indicators

Total Energy Production

refers to a certain period of time the province's primary energy production is the sum of the province's energy production level, size, composition and development speed of the total indicators. The primary energy production includes the generation of raw coal, crude oil, natural gas, hydropower, nuclear power and other dynamic energy (such as wind energy, geothermal energy, etc.), excluding low calorific value fuel production, solar heat utilization and conversion from primary energy processing Of secondary energy production.

Total Domestic Energy Consumption

refers to the province's national economy and the families of various industries in a certain period of time the sum of the various energy consumption. The total energy consumption is divided into three parts: terminal energy consumption, energy processing conversion loss and loss.

a) terminal energy consumption: refers to a certain period of the province's various industries and residents living in a variety of energy consumption after deducting the conversion of secondary energy consumption and the amount of loss after the amount.

b) Loss During the Process of Energy Conversion: It refers to the total input of various kinds of energy for conversion, minus the total output of various kinds of energy in the province in a given period of time. It is an indicator to show the loss that occurs during the process of energy conversion.

c) Loss: It refers to the total of the loss of energy during the course of energy transport, distribution and storage and the loss caused by any objective reason in a given period of time. The loss of various kinds of gas due to gas discharges and stocktaking is excluded.

Elasticity Ratio of Energy Production

is the ratio of the growth rate of energy production and the growth rate of national economy.The formula is:

Elasticity Ratio of Energy Production=Average Annual Growth Rate of Energy Production / Average Annual Growth Rate of National Economy

This yearbook uses the Gross Domestic Product (GDP) indicator to calculate the average annual growth rate of the national economy.

Elasticity Ratio of Electricity Production

is the ratio of the growth rate of electricity production to the growth rate of the national economy. Its formula is:

Elasticity Ratio of Electricity Production=Average Annual Growth Rate of Electricity Production / Average Annual Growth Rate of National Economy

Elasticity Ratio of Energy Consumption

is the ratio of energy consumption growth rate and national economic growth rate. The formula is:

Elasticity Ratio of Energy Consumption=Average Annual Growth Rate of Energy Consumption / Average Annual Growth Rate of National Economy

Elasticity Ratio of Electricity Consumption

is the ratio of the growth rate of electricity consumption to the growth rate of the national economy. The formula is:

Elasticity Ratio of Electricity Consumption=Average Annual Growth Rate of Electricity / Average Annual Growth Rate of National Economy

Efficiency of Energy Processing and Conversion

refers to the ratio of the total output of energy products of various kinds after processing and conversion and the total input of energy of various kinds for processing and conversion in the same reference period. It is an important indicator to show the current conditions of energy processing and conversion equipment, production technique and management. The formula is:

Efficiency of Energy Processing & Conversion=Output of Energy After Processing & Conversion/Input of Energy for Processing & Conversion×100%

第七篇

Chapter 7

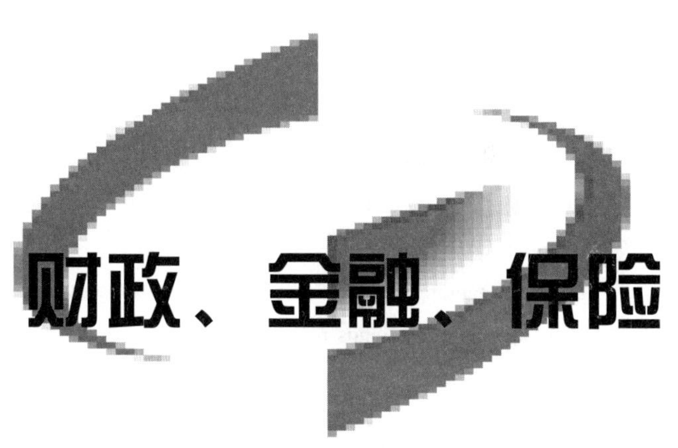

财政、金融、保险

FINANCE, BANKING AND INSURANCE

简要说明

一、本篇反映全省财政收支、金融保险业发展状况。

二、财政收支资料来源于省财政厅财政决算。

三、金融保险业资料有以下三个部分：

1、反映金融机构,包括中国人民银行、中资全国性大型银行、中资全国性中小型银行、中资区域性中小型银行、农村信用社等信贷收支情况，资料由中国人民银行合肥中心支行提供；

2、反映保险业务情况，资料由中国银行保险监督管理委员会安徽监管局提供；

3、反映股票发行及筹资情况，资料由中国证券监督管理委员会安徽监管局提供。

Brief Introduction

I. Data in this chapter show the provincial government revenue and expenditure and the development of banking and insurance.

II. Data on the government revenue and expenditure come from the Department of Finance in the province. Data are based on the final financial accounts.

III. Data of banking and insurance include the following three parts:

1. Data on the credit funds revenue and expenditure of banking institutions, including the people's Bank of China, the Chinese large national banks, Chinese-funded national small and medium-sized banks, Chinese-funded regional small and medium-sized banks , state-owned commercial banks and rural credit cooperatives are provided by Hefei Branch Office of the People’s Bank of China.

2. Data on the business of insurance are provided by Anhui Regulatory Bureau of the Banking and Insurance Regultory Commission of China.

3. Data on issuing summary for stocks are provided by Anhui Regulatory Bureau of the Securities Regulatory Commission of China.

7—1 财政收支总额及增长速度
Total Government Revenue and Expenditures and Their Increase Rate

年份 Year	财政收入 （万元） Total Revenue (10000 yuan)	财政支出 （万元） Total Expenditures (10000 yuan)	增长速度（%） Increase Rate (%) 财政收入 Total Revenue	 财政支出 Total Expenditures
2005	6565525	7130633	26.1	18.5
2008	13260466	16471253	28.2	32.4
2009	15512563	21419217	17.0	30.0
2010	20638197	25876135	33.0	20.8
2011	26330221	33029911	27.6	27.6
2012	30259871	39610080	14.9	19.9
2013	33650750	43496871	11.2	9.8
2014	36629985	46640973	8.9	7.2
2015	40122286	52390076	9.5	12.3
2016	43731840	55229501	9.0	5.4
2017	48575503	62038110	11.1	12.3
2018	53633053	65721484	10.4	5.9

7—2 财政收入相当于生产总值的比例
Fiscal Revenue is Equivalent to the Proportion of GDP

年份 Year	财政收入 （万元） Total Revenue (10000 yuan)	生产总值 （亿元） Gross Domestic Product (100 million yuan)	财政收入相当于生产总值的比例 Fiscal Revenue is Equivalent to the Proportion of GDP
2005	6565525	5350.2	12.3
2008	13260466	8851.7	15.0
2009	15512563	10062.8	15.4
2010	20638197	12359.3	16.7
2011	26330221	15300.7	17.2
2011	26330221	15300.7	17.2
2013	33650750	19229.3	17.5
2014	36629985	20848.8	17.6
2015	40122286	22005.6	18.2
2016	43731840	24117.9	18.1
2017	48575503	27018.0	18.0
2018	53633053	30006.8	17.9

7—3 中央和地方财政收入及比重

Total Revenue and Proportion of Central and Local Governments

年 份 Year	绝对数 (万元) Total Revenue (10000 yuan)			比重 (%) Proportion (%)	
	全省 Total	中央 Central Government	地方 Local Governments	中央 Central Government	地方 Local Governments
2005	6565525	2769790	3340170	42.2	50.9
2010	20638197	8318470	11493952	40.3	55.7
2014	36629985	12840729	22184418	35.1	60.6
2015	40122286	13393335	24543029	33.4	61.2
2016	43731840	14887041	26727920	34.0	61.1
2017	48575503	17842157	28124495	36.7	57.9
2018	53633053	20191132	30486705	37.6	56.8

注：2005年起财政收入包括出口货物退增值税。

a) The financial income from 2005 includes the return of VAT on export goods.

7—4 税收收入和非税收入及比重

Total Revenue and Proportion of Tax and Non-tax

年 份 Year	绝对数 (万元) Total Revenue (10000 yuan)			比重 (%) Proportion (%)	
	全省 Total	税收收入 Tax Revenue	非税收入 Non-tax Revenue	税收收入 Tax Revenue	非税收入 Non-tax Revenue
2005	3340170	2445450	894720	73.2	26.8
2010	11493952	8665517	2828435	75.4	24.6
2014	22184418	16925236	5259182	76.3	23.7
2015	24543029	17998922	6544107	73.3	26.7
2016	26727920	18575281	8152639	69.5	30.5
2017	28124495	19706808	8417687	70.1	29.9
2018	30486705	21807419	8679286	71.5	28.5

7—5 各项税收收入

Government Tax Revenue

单位：万元（10000 yuan）

年 份 Year	税收收入 Tax	增值税 Value-added Tax	营业税 Operation Tax	契 税 Contract Tax	企业所得税 Enterprises' Income Tax	个人所得税 Individual Income Tax
2005	2445450	577244	781042	178145	300808	124964
2010	8665517	1294839	2919300	959149	1065948	319746
2014	16925236	2605482	5399682	1956631	2183194	521420
2015	17998922	2731085	5868006	1725171	2355732	531350
2016	18575281	5303404	3099903	1854037	2332401	592815
2017	19706808	8033600		2442950	2747309	794104
2018	21807419	9059762		2376451	3346921	923496

7—6 地方财政收支情况

Revenue and Expenditure of Local Governments

单位：万元（10000 yuan）

指 标	Item	2015	2017	2018
收入合计	**Total Revenue**	**24543029**	**28124495**	**30486705**
增值税	Value-added Tax	2731085	8033600	9059762
企业所得税	Enterprises' Income Tax	2355732	2747309	3346921
个人所得税	Individual Income Tax	531350	794104	923496
资源税	Resources Tax	205961	214518	224737
城市维护建设税	Tax on Town maintenance and Construction	1060535	1212091	1402499
房产税	Tax on Real Estates	461524	593329	650995
印花税	Stamp Tax	215964	285112	309854
城镇土地使用税	Tax on the Use of Urban Land	1330471	1436173	1225204
土地增值税	Land Value Added Tax	904159	1208458	1478829
车船税	Vehiclesand Ship Tax	148497	207675	239824
耕地占用税	Tax on the Occupancy of Cultivated Land	451195	521187	529949
契 税	Contract Tax	1725171	2442950	2376451
烟叶税	Leaf Tobacco Tax	9272	10302	9347
环境保护税	Environmental Protection Tax			29551
专项收入	Expert Project Income	2266943	2390519	2809707
行政事业性收费	Income from Adiministrative Departments Fees	1488584	1523296	1406444
罚没收入	Penalty and Confiscatory Income	544008	600516	779911
国有资本经营收入	Stated-owned Assets Profit	228716	633276	402352
国有资源（资产）有偿使用	Income from the Paid Use of Stated-owned Resources (Assets)	1738491	2713696	2695626
其他收入	Other Income	277365	556384	585246
支出合计	**Total Expenditure**	**52390076**	**62038110**	**65721484**
一般公共服务	General Public Service	4000859	4532794	5061298
国 防	National Defence	56606	55453	62414
公共安全	Public Security	1960588	2583904	2880355
教 育	Education	8567260	10149069	11132594
科学技术	Science	1479440	2604129	2948145
文化体育与传媒	Culture, Sports and Media	881913	809365	797679
社会保障和就业	Social Security and Employment	6915386	8625260	9546709
医疗卫生与计划生育	Medical and Health Care and Family Planning	4855951	5977440	6270988
节能环保	Energy Saving and Environmental Protection	1248250	1986403	2093185
城乡社区事务	Expenses in Urban、Rural Areas and Communities	6096524	10137971	9985575
农林水事务	Expenses of Agriculture、Forest and Irrigation	5777369	6819092	7048560
交通运输	Transport	3839691	2303742	2207788
资源勘探信息等事务	Resource Exploration Information, Etc	1811970	1061078	1039105
商业服务业等事务	Commercial and Service Industry and So On	634334	347096	366460
金融监管等事务	Finance Supervision and So On	69268	135543	103331
援助其他地区	Aid Spending Elsewhere	41266	47849	56624
国土海洋气象等事务	Land and Marine Meteorology, Etc	615344	560902	487071
住房保障	Housing Safeguard	2766270	2225185	2249138
粮油物资储备	Supplies of Grain and Oil Reserves	322144	256939	259201
债务付息	Debt Servicing	262726	747736	951635
债务发行费用	Debt Issuance Costs	9695	6168	9624
其他支出	Other Expenditure	177222	64992	164005

7—7 各市地方财政收入（2018年）

Final Statement of Local Government Revenue by Region (2018)

单位：万元（10000 yuan）

地区	Region	收入合计 Total Revenue	增值税 Value-added Tax	企业所得税 Enterprises' Income Tax	个人所得税 Individual Income Tax	资源税 Resources Tax
合肥市	Hefei	7124862	2349533	720722	252538	18532
淮北市	Huaibei	703307	277821	56983	11231	21417
亳州市	Bozhou	1120003	363866	79494	14019	5542
宿州市	Suzhou	1115600	311525	53420	16159	11217
蚌埠市	Bengbu	1526523	407633	67739	14841	394
阜阳市	Fuyang	1871449	606662	105003	22649	14693
淮南市	Huainan	1053791	389108	48941	17443	34269
滁州市	Chuzhou	1992772	557207	112953	25353	16885
六安市	Luan	1224142	371803	81762	21489	11558
马鞍山市	Maanshan	1510202	608782	88054	28981	9928
芜湖市	Wuhu	3181152	1163819	269947	67000	15407
宣城市	Xuancheng	1530702	479884	71240	25346	18581
铜陵市	Tongling	737682	254326	56089	10034	20025
池州市	Chizhou	644920	171332	35249	8287	18508
安庆市	Anqing	1331958	500986	69706	21799	4473
黄山市	Huangshan	776148	171425	31843	14711	3308

地区	Region	城市维护建设税 Tax on Town Maintenance and Construction	房产税 Tax on Real Estates	印花税 Stamp Tax	城镇土地使用税 Tax on the Use of Urban Land	土地增值税 Land Value Added Tax
合肥市	Hefei	366992	239621	108546	141806	539236
淮北市	Huaibei	37737	14537	7272	25462	15407
亳州市	Bozhou	51925	18329	12207	52614	61643
宿州市	Suzhou	41187	15758	10118	51678	50054
蚌埠市	Bengbu	98877	28804	12638	57809	77995
阜阳市	Fuyang	90644	20073	18080	62942	117133
淮南市	Huainan	49746	23414	10630	40262	39373
滁州市	Chuzhou	82964	37600	17666	111456	118496
六安市	Luan	50091	22105	12569	52394	115670
马鞍山市	Maanshan	85025	43605	18338	108020	43728
芜湖市	Wuhu	197727	78038	33631	201820	99151
宣城市	Xuancheng	61334	27304	13192	119975	64576
铜陵市	Tongling	35163	16019	12055	54762	17264
池州市	Chizhou	21149	12308	5141	54711	16968
安庆市	Anqing	98905	25864	11901	43527	67497
黄山市	Huangshan	21313	25206	5283	41879	33376

7—7 续表 continued

单位：万元（10000 yuan）

地 区	Region	车船税 Tax on Vehicles and Vessels	耕地占用税 Tax on the Occupancy of Cultivated Land	契 税 Contract Tax	烟叶税 Leaf Tobacco Tax	环境保护税 Environmental Protection Tax	专项收入 Expert Project Income
合肥市	Hefei	60064	39026	808588		1004	824406
淮北市	Huaibei	8432	7561	38313		530	45259
亳州市	Bozhou	15996	34506	132327		252	87504
宿州市	Suzhou	14868	30513	106826		460	56592
蚌埠市	Bengbu	12446	34802	130353		320	108940
阜阳市	Fuyang	22119	37053	239478		317	165042
淮南市	Huainan	9777	12159	58676		731	77971
滁州市	Chuzhou	12880	85443	147488		786	106600
六安市	Luan	14001	17682	135531		360	71699
马鞍山市	Maanshan	8975	11002	84123		3385	103311
芜湖市	Wuhu	16339	18407	159724	1716	2284	262309
宣城市	Xuancheng	11783	47434	94432	6808	1083	92411
铜陵市	Tongling	5216	3362	34394		1493	50082
池州市	Chizhou	5399	6354	37443	574	956	36868
安庆市	Anqing	15513	15027	118337		677	128823
黄山市	Huangshan	6016	2576	50418	249	138	33238

地 区	Region	行政事业性收费 Income from Administrative Departments Fees	罚没收入 Penalty and Confiscatory Income	国有资本经营 State-owned Assets Profit	国有资源（资产）有偿使用 Income from the Paid Use of Stated-owned Resources (Assets)	其他收入 Other Income
合肥市	Hefei	177285	100421	2511	231128	142903
淮北市	Huaibei	56027	38008	1361	25069	14880
亳州市	Bozhou	59754	28835		80749	20441
宿州市	Suzhou	110044	65649	4525	111833	53174
蚌埠市	Bengbu	94975	31788	157255	164035	24879
阜阳市	Fuyang	96191	64559	1601	149414	37796
淮南市	Huainan	58542	43212	31692	73619	34226
滁州市	Chuzhou	86498	91369	1888	325223	54017
六安市	Luan	86478	54815	38	85203	18894
马鞍山市	Maanshan	67162	29437	420	146695	21231
芜湖市	Wuhu	151126	42436	165048	179762	55461
宣城市	Xuancheng	41380	60919	18428	262722	11870
铜陵市	Tongling	43599	15011	253	100603	7932
池州市	Chizhou	84515	15736	2900	105738	4784
安庆市	Anqing	60813	46920	2300	66673	32217
黄山市	Huangshan	26263	20038	386	260603	27879

7—8 各市财政支出（2018年）

Final Statement of Government Expenditure by Region (2018)

单位：万元（10000 yuan）

地区	Region	支出合计 Total Expenditure	一般公共服务 General Public Service	国防 National Defence	公共安全 Public Security	教育 Education
合肥市	Hefei	10049099	708805	4920	407281	1635053
淮北市	Huaibei	1667011	169187	5001	85552	294864
亳州市	Bozhou	3436073	293244	2459	138666	641005
宿州市	Suzhou	3965875	263811	3736	155490	752556
蚌埠市	Bengbu	2957942	218944	2743	141480	521270
阜阳市	Fuyang	5746681	476886	3004	217983	1068215
淮南市	Huainan	2451702	260654	2933	138212	454734
滁州市	Chuzhou	4041175	276381	3394	179153	716030
六安市	Luan	4129795	402061	3841	182042	773186
马鞍山市	Maanshan	2265572	176114	1345	97382	372347
芜湖市	Wuhu	4570422	318589	3968	175320	743925
宣城市	Xuancheng	2893598	216993	1512	125659	428450
铜陵市	Tongling	1543463	124724	1271	82429	262501
池州市	Chizhou	1544335	125791	2010	51735	220244
安庆市	Anqing	4202060	344143	2485	182204	780425
黄山市	Huangshan	1856147	184696	3559	97164	200360

地区	Region	科学技术 Science	文化体育与传媒 Culture, Sports and Media	社会保障和就业 Social Security and Employment	医疗卫生与计划生育 Medical and Health Care and Family Planning	节能环保 Energy Saving and Environmental Protection
合肥市	Hefei	919741	77072	915572	712602	554384
淮北市	Huaibei	10674	13001	201966	164278	30271
亳州市	Bozhou	52169	18062	475471	472833	131218
宿州市	Suzhou	45939	27671	522924	518237	132419
蚌埠市	Bengbu	106434	34806	383732	310889	69556
阜阳市	Fuyang	50120	33378	849802	757190	118680
淮南市	Huainan	41055	25490	390320	274132	90982
滁州市	Chuzhou	109182	32702	477188	468497	134983
六安市	Luan	107316	41824	518325	490891	95867
马鞍山市	Maanshan	116137	23272	307054	222684	116106
芜湖市	Wuhu	598199	29157	505807	399289	137241
宣城市	Xuancheng	139447	25274	319693	335577	94444
铜陵市	Tongling	60856	18350	195733	148396	50803
池州市	Chizhou	25808	16433	174195	160473	92740
安庆市	Anqing	105295	65223	507771	490299	98582
黄山市	Huangshan	58540	33283	235722	167029	97413

7—8 续表 continued

单位：万元（10000 yuan）

地 区	Region	城乡社区 Urban and Rural Communities	农林水 Agriculture, Forestry, Water Conservancy	交通运输 Transport	资源勘探信息等 Resource Exploration Information, Etc	商业服务业等 Commercial and Service Industry and So On	金融监管等 Financial Regulation Etc.
合肥市	Hefei	2571655	673871	144850	212397	121209	4728
淮北市	Huaibei	258917	132271	35177	20345	3267	1167
亳州市	Bozhou	388732	412373	104403	19217	24464	3573
宿州市	Suzhou	522187	498633	149855	14511	8844	753
蚌埠市	Bengbu	662063	255942	56011	13666	10519	1617
阜阳市	Fuyang	614142	843210	182742	33752	12570	3919
淮南市	Huainan	267109	247305	68460	31183	11183	1746
滁州市	Chuzhou	799689	427408	113271	60209	15022	2321
六安市	Luan	248646	733845	237115	27699	17732	3158
马鞍山市	Maanshan	512010	137963	34526	7958	7635	131
芜湖市	Wuhu	982858	264392	63534	38580	31414	1229
宣城市	Xuancheng	769493	194463	68762	13573	9405	1433
铜陵市	Tongling	255420	121437	58778	24751	21775	982
池州市	Chizhou	239885	207435	67655	21526	14946	460
安庆市	Anqing	514178	622042	140520	37991	18152	13235
黄山市	Huangshan	366619	233489	51244	20572	11270	474

地 区	Region	国土海洋气象等 Land and Marine Meteorology, Etc	住房保障 Housing Safeguard	粮油物资储备 Supplies of Grain and Oil and Reserve Affairs	债务付息 Debt Servicing	债务发行费用 Debt Issuance Costs	其他支出 Other Expenditure
合肥市	Hefei	58811	196078	15447	85858	1502	27263
淮北市	Huaibei	14696	177210	3287	23898	313	21669
亳州市	Bozhou	43455	150964	10877	51396	540	952
宿州市	Suzhou	28910	253031	9469	54402	379	2118
蚌埠市	Bengbu	36025	83454	5012	38951	519	4309
阜阳市	Fuyang	46809	342259	13473	60469	566	17312
淮南市	Huainan	22969	75650	5425	31667	443	10050
滁州市	Chuzhou	32538	116220	7513	66016	416	3042
六安市	Luan	32644	140644	9708	50617	686	11948
马鞍山市	Maanshan	18121	54915	3610	49304	284	6674
芜湖市	Wuhu	24144	151377	1146	97027	1071	2155
宣城市	Xuancheng	12824	61700	5398	59296	304	9898
铜陵市	Tongling	16148	54559	3256	28952	226	12116
池州市	Chizhou	16066	58040	3343	40934	452	4164
安庆市	Anqing	33666	151885	10360	61609	453	21542
黄山市	Huangshan	10505	43625	3714	31220	333	5316

7—9 各县（市）地方财政收入（2018年）

Final Statement of Local Government Revenue by County (City) (2018)

单位：万元（10000 yuan）

县（市）	County (City)	收入合计 Total Revenue	增值税 Value-added Tax	企业所得税 Enterises' Income Tax	个人所得税 Individual Income Tax	资源税 Resources Tax	城市维护建设税 Tax on Town Maintenance and Construction
合肥市本级	Hefei City at Its Own Level	4096726	1373293	405760	150829	1	239098
巢湖市	Chaohu	206164	68576	17899	3832	13846	11469
长丰县	Changfeng	388338	112546	28976	6615	125	11184
肥东县	Feidong	418575	148345	22725	4896		15775
肥西县	Feixi	515176	169337	47172	15865		18785
庐江县	Lujiang	192673	76630	17249	3347	4560	8329
淮北市本级	Huaibei City at Its Own Level	401536	156376	27111	6418	13178	22786
濉溪县	Suixi	183988	75212	25768	3322	5205	9643
亳州市本级	Bozhou City at Its Own Level	365331	120314	33205	5766	320	22543
涡阳县	Guoyang	151067	46139	7057	2505	1870	4680
蒙城县	Mengcheng	201142	60769	10521	2075	3201	6529
利辛县	Lixin	134346	37411	11417	1722	1	3960
宿州市本级	Suzhou City at Its Own Level	339039	106713	24421	5681	3216	14366
砀山县	Dangshan	105548	28472	4875	1078	1	2960
萧县	Xiaoxian	206704	43478	5862	1393	2575	4287
灵璧县	Lingbi	100231	23161	3409	1664	192	2488
泗县	Sixian	108007	29643	3224	1338		3063
蚌埠市本级	Bengbu City at Its Own Level	694149	167736	27205	6369	172	69032
怀远县	Huaiyuan	197339	66297	7476	1189		6720
五河县	Wuhe	107463	20427	3469	750	145	2033
固镇县	Guzhen	123331	32694	3754	671	5	3301
阜阳市本级	Fuyang City at Its Own Level	354654	72662	12181	7350		26032
界首市	Jieshou	221916	90993	5649	1838		15864
临泉县	Linquan	155323	46241	7721	1855	390	4843
太和县	Taihe	277490	110245	12954	2142		11208
阜南县	Funan	108338	30744	5653	1321	6	3060
颍上县	Yingshang	221239	95542	18982	2231	12062	8918
淮南市本级	Huainan City at Its Own Level	469596	95849	18539	7047	11710	16890
凤台县	Fengtai	258235	144459	5278	2964	21265	12715
寿县	Shouxian	127236	37914	9289	2218	340	3735
滁州市本级	Chuzhou City at Its Own Level	513683	153092	43364	7729	308	36186
天长市	Tianchang	363033	87671	11162	3081	2109	11169
明光市	Mingguang	131815	27438	6062	1067	407	4046
来安县	Laian	182296	57866	15471	2921	802	6084
全椒县	Quanjiao	184398	50633	11393	2088	1347	5204
定远县	Dingyuan	167513	38370	4343	1490	4099	3885
凤阳县	Fengyang	198507	60961	10349	2441	7119	5910

7—9 续表1 continued

单位：万元（10000 yuan）

县（市） County (City)	收入合计 Total Revenue	增值税 Value-added Tax	企业所得税 Enterises' Income Tax	个人所得税 Individual Income Tax	资源税 Resources Tax	城市维护建设税 Tax on Town Maintenance and Construction
六安市本级 Luan City at Its Own Level	401982	77951	25672	7868		18499
霍邱县 Huoqiu	146769	41312	5692	1698	8481	4012
舒城县 Shucheng	155598	45914	10039	2581	377	5218
金寨县 Jinzhai	114752	49418	6378	1978	267	4950
霍山县 Huoshan	102853	34663	8390	1366	231	5988
马鞍山市本级 Maanshan City at Its Own Level	584078	238894	23583	12526	3047	37954
当涂县 Dangtu	321250	119944	26644	4586	1082	13021
含山县 Hanshan	116817	43104	4680	1133	2719	4546
和县 Hexian	183791	63840	15402	5114	2389	7291
芜湖市本级 Wuhu City at Its Own Level	1180801	383080	110789	19508		99277
芜湖县 Wuhu	284598	123584	17514	5255	721	13620
繁昌县 Fanchang	315362	129435	28390	1723	10251	13975
南陵县 Nanling	202608	69649	6066	7142	1452	7210
无为县 Wuwei	247106	89565	13198	5256	2860	8956
宣城市本级 Xuancheng City at Its Own Level	223817	48896	12710	5917	1349	12467
宁国市 Ningguo	304057	96808	21143	6419	1681	13678
郎溪县 Langxi	190505	58287	6630	1933	582	5714
广德县 Guangde	256526	98164	14104	4056	6341	10154
泾县 Jingxian	146152	51191	3048	1453	723	4971
旌德县 Jingde	60660	16643	1189	723	512	1520
绩溪县 Jixi	81163	21933	2978	1178	382	2447
铜陵市本级 Tongling City at Its Own Level	358013	72483	32799	4879	11321	12492
枞阳县 Zongyang	91709	30329	6940	1011	3716	3255
池州市本级 Chizhou City at Its Own Level	249770	49249	15930	2770	-206	10292
东至县 Dongzhi	97513	24927	6996	1159	4440	2658
石台县 Shitai	18309	5978	527	375	1173	434
青阳县 Qingyang	102772	28547	3226	1221	4921	3061
安庆市本级 Anqing City at Its Own Level	499726	181016	20836	8086	174	59654
桐城市 Tongcheng	172699	69303	11682	1598	19	9364
潜山市 Qianshan	85493	28339	1756	1025	553	2958
怀宁县 Huaining	126267	43747	8091	2317	2293	4469
太湖县 Taihu	54158	18700	2634	1684	85	2085
宿松县 Susong	74631	24215	3157	1504	223	2100
望江县 Wangjiang	61946	17495	1814	825	32	1941
岳西县 Yuexi	50551	19110	2920	873	679	1875
黄山市本级 Huangshan City at Its Own Level	206769	37501	12669	4349	12	6145
歙县 Shexian	122953	32858	3937	1624	176	3324
休宁县 Xiuning	84795	22637	2741	1223	545	2500
黟县 Yixian	37145	7452	775	657	15	749
祁门县 Qimen	53607	14237	1288	978	2274	1218

7—9 续表2 continued

单位：万元（10000 yuan）

县（市） County (City)		房产税 Tax on Real Estates	城镇土地使用税 Tax on the Use of Urban Land	土地增值税 Land Value Added Tax	耕地占用税 Tax on The Occupancy of Cultivated Land	契税 Contract Tax	其他各项税收 Other Income of Tax
合肥市本级	Hefei City at Its Own Level	75848	69002	74614	25435	566305	82126
巢湖市	Chaohu	6420	6569	8870	7308	14805	6481
长丰县	Changfeng	9308	18054	36590	736	72514	6211
肥东县	Feidong	8780	21282	24020	1971	58772	12874
肥西县	Feixi	14110	20489	75964	1392	71010	7925
庐江县	Lujiang	2722	6410	9481	2184	25182	4180
淮北市本级	Huaibei City at Its Own Level	6905	7626	571	3007	24723	9378
濉溪县	Suixi	3316	7954	4709	4554	12639	4056
亳州市本级	Bozhou City at Its Own Level	7152	19222	20948	4420	44549	10296
涡阳县	Guoyang	2406	7014	8704	10149	17907	4760
蒙城县	Mengcheng	2472	7951	9775	1216	32464	6328
利辛县	Lixin	1584	6745	8778	2068	19182	4467
宿州市本级	Suzhou City at Its Own Level	6871	26572	7887	4779	26751	10062
砀山县	Dangshan	1170	3806	9699	196	16015	3063
萧县	Xiaoxian	1183	3664	5864	13597	15942	3181
灵璧县	Lingbi	1152	5463	8063	3439	7971	3280
泗县	Sixian	731	2235	6146	5039	15843	2562
蚌埠市本级	Bengbu City at Its Own Level	10307	14978	20480	1306	97081	4440
怀远县	Huaiyuan	2945	9892	7133	12036	10241	4117
五河县	Wuhe	1249	4903	3329	12655	12299	2511
固镇县	Guzhen	1232	6581	5158	5293	10732	1796
阜阳市本级	Fuyang City at Its Own Level	3946	14605	14556	2669	25526	14522
界首市	Jieshou	2382	9415	6721	6312	16417	3063
临泉县	Linquan	1089	4920	12713	9195	25037	3445
太和县	Taihe	2189	8415	13135	3852	23429	5348
阜南县	Funan	477	2927	6840	2849	22450	2905
颍上县	Yingshang	1557	10157	11330	3160	27840	4007
淮南市本级	Huainan City at Its Own Level	10886	22008	12823	5676	39756	8847
凤台县	Fengtai	5531	6505	7371	1181	8886	4162
寿县	Shouxian	868	5952	13455	5302	10034	2685
滁州市本级	Chuzhou City at Its Own Level	12192	28296	30074	8327	50490	11212
天长市	Tianchang	4475	16378	22256	8566	17542	4880
明光市	Mingguang	1723	8875	6209	13497	11579	1769
来安县	Laian	3345	10439	12199	7457	32322	2943
全椒县	Quanjiao	3734	11834	13099	1774	10727	2824
定远县	Dingyuan	3372	11018	5605	19330	9168	2577
凤阳县	Fengyang	3259	11171	10428	2507	10927	2925

7—9 续表3 continued

单位：万元（10000 yuan）

县（市） County (City)	房产税 Tax on Real Estates	城镇土地使用税 Tax on the Use of Urban Land	土地增值税 Land Value Added Tax	耕地占用税 Tax on The Occupancy of Cultivated Land	契税 Contract Tax	其他各项税收 Other Income of Tax
六安市本级 Luan City at Its Own Level	8699	17026	55655	2713	44299	5723
霍邱县 Huoqiu	2496	5521	5936	7171	12926	2772
舒城县 Shucheng	2549	3369	17981	3963	24799	3300
金寨县 Jinzhai	1208	2466	5404	587	12557	2327
霍山县 Huoshan	3822	5829	5136	1685	7716	2979
马鞍山市本级 Maanshan City at Its Own Level	19768	40520	17161	1682	44799	15363
当涂县 Dangtu	7225	25730	4682	2330	9490	5139
含山县 Hanshan	1918	6904	5032	3510	10590	1715
和县 Hexian	3646	16968	7478	1502	17386	3783
芜湖市本级 Wuhu City at Its Own Level	22909	51737	5350	6889	5896	22667
芜湖县 Wuhu	7227	23314	11070	260	15197	5577
繁昌县 Fanchang	4055	24585	3500	212	4885	4121
南陵县 Nanling	2466	11907	5355	5715	7890	3490
无为县 Wuwei	5150	8620	11853	3514	20447	3895
宣城市本级 Xuancheng City at Its Own Level	4550	26763	20915	914	8478	7743
宁国市 Ningguo	5382	33485	8319	6832	20827	4793
郎溪县 Langxi	3145	10267	6239	13489	12636	3398
广德县 Guangde	6728	17195	11046	2890	16607	5888
泾县 Jingxian	1343	4042	6928	1389	8641	2420
旌德县 Jingde	779	2054	1911	3867	3313	909
绩溪县 Jixi	1775	4818	3459	3541	3843	1016
铜陵市本级 Tongling City at Its Own Level	7468	40428	13378	1450	25532	8798
枞阳县 Zongyang	681	5165	3499	847	6425	2175
池州市本级 Chizhou City at Its Own Level	6774	15197	8616	1927	19740	3740
东至县 Dongzhi	1398	10256	987	1803	5196	2686
石台县 Shitai	268	1106	572	228	1244	368
青阳县 Qingyang	1347	13337	3693	1142	7453	1977
安庆市本级 Anqing City at Its Own Level	8303	9161	8368	2692	62790	8763
桐城市 Tongcheng	3781	12635	9031	1145	11558	3974
潜山市 Qianshan	1113	3063	2789	2229	10501	1667
怀宁县 Huaining	1528	3514	5521	792	9317	2859
太湖县 Taihu	813	2461	2254	523	8252	1963
宿松县 Susong	520	496	2842	1900	6858	1699
望江县 Wangjiang	1328	2827	3760	5072	6028	1571
岳西县 Yuexi	1043	1971	2261	674	3033	2041
黄山市本级 Huangshan City at Its Own Level	8302	10058	11289	212	23598	3162
歙县 Shexian	3332	6044	5299	279	7667	1866
休宁县 Xiuning	2237	5407	2235	502	4313	1522
黟县 Yixian	1624	2310	841	560	1557	365
祁门县 Qimen	911	1903	1806	92	3116	639

7—9 续表4 continued

单位：万元（10000 yuan）

县（市） County (City)	专项收入 Expert Projcct Income	行政事业性收费 Income from Adiministrative Departments Fees	罚没收入 Penalty and Confiscatory Income	国有资本经营 Stated-owned Assets Profit	国有资源(资产)有偿使用 Income from the Paid Use of Stated-owned Resources (Assets)	其他收入 Other Income
合肥市本级 Hefei City at Its Own Level	643454	78659	60939	2511	140359	108493
巢湖市 Chaohu	20055	7501	5483		6382	668
长丰县 Changfeng	44464	17211	4839		10409	8556
肥东县 Feidong	50708	28722	5176		14126	403
肥西县 Feixi	39961	17580	6328		7974	1284
庐江县 Lujiang	13802	7432	7565		3600	
淮北市本级 Huaibei City at Its Own Level	27271	44735	32419	3	10862	8167
濉溪县 Suixi	15544	6093	2586	1358	1207	822
亳州市本级 Bozhou City at Its Own Level	32996	16222	7182		12332	7864
涡阳县 Guoyang	10139	5046	6914		14267	1510
蒙城县 Mengcheng	11594	10122	8046		21363	6716
利辛县 Lixin	16650	14014	4027		1447	873
宿州市本级 Suzhou City at Its Own Level	17082	38263	18284	4525	10288	13278
砀山县 Dangshan	5403	5262	8048		13243	2257
萧县 Xiaoxian	10776	9705	12095		63984	9118
灵璧县 Lingbi	3753	14534	13902		6700	1060
泗县 Sixian	5722	22150	4402		5539	370
蚌埠市本级 Bengbu City at Its Own Level	69137	38102	14801	86160	53070	13773
怀远县 Huaiyuan	15162	27169	5313		19523	2126
五河县 Wuhe	6323	12828	4166		18473	1903
固镇县 Guzhen	5897	12834	3752	2175	22228	5228
阜阳市本级 Fuyang City at Its Own Level	57440	23715	28591	1601	25298	23960
界首市 Jieshou	32874	10752	5258		13756	622
临泉县 Linquan	6756	8436	9048		12434	1200
太和县 Taihe	22869	37810	8721		8085	7088
阜南县 Funan	14324	3650	5697		2474	2961
颍上县 Yingshang	11434	1362	1205		11452	
淮南市本级 Huainan City at Its Own Level	52805	30466	27615	30000	47345	31334
凤台县 Fengtai	14902	12082	3854	1447	4667	966
寿县 Shouxian	6913	10667	5495	11	10936	1422
滁州市本级 Chuzhou City at Its Own Level	35874	17426	9216	1688	35867	32342
天长市 Tianchang	17813	32045	21040		90773	12073
明光市 Mingguang	4648	5852	12593		23757	2293
来安县 Laian	9425	3594	4667		12370	391
全椒县 Quanjiao	6406	3952	2950		55879	554
定远县 Dingyuan	6709	5862	9461		38600	3624
凤阳县 Fengyang	14891	6828	29133		17177	2481

7—9 续表5 continued

单位：万元（10000 yuan）

县（市） County (City)	专项收入 Expert Projcct Income	行政事业性收费 Income from Adiministrative Departments Fees	罚没收入 Penalty and Confiscatory Income	国有资本经营 Stated-owned Assets Profit	国有资源(资产)有偿使用 Income from the Paid Use of Stated-owned Resources (Assets)	其他收入 Other Income
六安市本级 Luan City at Its Own Level	19665	37615	23833	38	46327	10399
霍邱县 Huoqiu	10755	19646	6471		11735	145
舒城县 Shucheng	7001	11072	4761		8579	4095
金寨县 Jinzhai	9289	4428	4506		5711	3278
霍山县 Huoshan	7452	4980	3871		8181	564
马鞍山市本级 Maanshan City at Its Own Level	49837	22164	9733		31852	15195
当涂县 Dangtu	25486	25956	5941		43022	972
含山县 Hanshan	6292	12066	4920		5397	2291
和县 Hexian	9594	3017	5818		18875	1688
芜湖市本级 Wuhu City at Its Own Level	169863	103994	22035	80417	37998	38392
芜湖县 Wuhu	17719	3387	4066		35935	152
繁昌县 Fanchang	17251	4043	2378		65317	1241
南陵县 Nanling	9162	11601	2643	43646	1171	6043
无为县 Wuwei	11613	20053	8505		27222	6399
宣城市本级 Xuancheng City at Its Own Level	12091	11545	26675	368	16000	6436
宁国市 Ningguo	20014	5841	6409		51255	1171
郎溪县 Langxi	7747	3199	4642		52501	96
广德县 Guangde	21758	7565	9933		21454	2643
泾县 Jingxian	7862	6466	3922	16276	24809	668
旌德县 Jingde	3725	1290	1631		20364	230
绩溪县 Jixi	3480	2232	4735		22720	626
铜陵市本级 Tongling City at Its Own Level	31835	17428	7544		64549	5629
枞阳县 Zongyang	7042	8055	2845		7932	1792
池州市本级 Chizhou City at Its Own Level	11593	72988	6561	2900	17575	4124
东至县 Dongzhi	7582	2162	4423		20840	
石台县 Shitai	951	885	429		3571	200
青阳县 Qingyang	9269	4832	1834		16626	286
安庆市本级 Anqing City at Its Own Level	73494	17662	13725	2200	12190	10612
桐城市 Tongcheng	10526	15679	6026		4814	1564
潜山市 Qianshan	8959	4250	4074		7326	4891
怀宁县 Huaining	7476	5032	4570		21759	2982
太湖县 Taihu	2576	2729	4982	100	2104	213
宿松县 Susong	7217	3060	3577		5030	10233
望江县 Wangjiang	3870	6912	2961		4889	621
岳西县 Yuexi	3201	3041	4784		2791	254
黄山市本级 Huangshan City at Its Own Level	7870	7939	9312	344	53217	10790
歙县 Shexian	6719	3724	2963		39449	3692
休宁县 Xiuning	3752	3159	1881	30	29234	877
黟县 Yixian	1761	1074	793		11177	5435
祁门县 Qimen	3403	1639	835		14681	4587

7—10 各县（市）财政支出（2018年）

Final Statement of Government Expenditure by County (City) (2018)

单位：万元（10000 yuan）

县（市）	County (City)	支出合计 Total Revenue	一般公共服务 General Public Service	国防 National Defence	公共安全 Public Security	教育 Education	科学技术 Science	文化体育与传媒 Culture, Sports and Media
合肥市本级	Hefei City at Its Own Level	5254449	164300	1720	240527	474922	773058	41501
巢湖市	Chaohu	506823	47850	684	27622	129961	4586	2629
长丰县	Changfeng	680315	74108	244	30025	131155	15467	4776
肥东县	Feidong	760836	69231	650	30643	142881	60134	7219
肥西县	Feixi	766358	100167	191	27277	133478	21520	5844
庐江县	Lujiang	626360	49140	530	13570	151126	7143	3336
淮北市本级	Huaibei City at Its Own Level	606857	72422	4748	49681	67857	7234	7873
濉溪县	Suixi	626022	40604	253	22189	135867	1320	3475
亳州市本级	Bozhou City at Its Own Level	650593	53125	1800	57150	74956	9565	3550
涡阳县	Guoyang	700289	46209	69	30260	122549	7234	4248
蒙城县	Mengcheng	650034	49621	161	21084	133946	7322	3614
利辛县	Lixin	675102	91045	429	18585	178251	418	3379
宿州市本级	Suzhou City at Its Own Level	833555	63952	2558	53426	45714	34615	10387
砀山县	Dangshan	486743	32986	303	19783	106751	726	3068
萧县	Xiaoxian	699220	36266	173	26422	131851	4774	4228
灵璧县	Lingbi	548357	30196		20672	142377	538	2408
泗县	Sixian	569376	47443	139	22773	113610	768	4956
蚌埠市本级	Bengbu City at Its Own Level	1057329	82395	1213	87006	97125	53260	26716
怀远县	Huaiyuan	669618	40718	263	12743	177506	37801	2181
五河县	Wuhe	373440	25024	303	14493	72804	2749	2631
固镇县	Guzhen	375267	26087	477	15518	78325	2200	1835
阜阳市本级	Fuyang City at Its Own Level	848450	72986	807	66265	83969	17614	8455
界首市	Jieshou	608428	32932	283	17897	95719	11689	5513
临泉县	Linquan	841850	56902		24267	195697	1028	3659
太和县	Taihe	829600	90203	502	35846	159451	2003	3358
阜南县	Funan	741907	32767	383	20568	143595	894	4869
颍上县	Yingshang	776266	58845	325	23939	151876	4107	2538
淮南市本级	Huainan City at Its Own Level	930764	117496	1755	82894	85251	31152	13164
凤台县	Fengtai	459857	31687	314	16620	87705	6678	3965
寿县	Shouxian	639808	67712	536	19244	152769	825	5437
滁州市本级	Chuzhou City at Its Own Level	710986	77619	1557	59292	70413	32352	11934
天长市	Tianchang	627440	19149	684	15601	114515	22242	4017
明光市	Mingguang	406061	30704	279	14876	70330	7702	1695
来安县	Laian	392482	26859	206	16733	57787	4955	3670
全椒县	Quanjiao	370776	23985	289	14679	64434	7902	2827
定远县	Dingyuan	625366	34453	46	25115	93047	5905	2758
凤阳县	Fengyang	466262	37831	333	21345	120626	19434	2310

7—10 续表1 continued

单位：万元（10000 yuan）

县（市）	County (City)	支出合计 Total Revenue	一般公共服务 General Public Service	国防 National Defence	公共安全 Public Security	教育 Education	科学技术 Science	文化体育与传媒 Culture, Sports and Media
六安市本级	Luan City at Its Own Level	1049746	104717	1509	70918	73790	79317	15197
霍邱县	Huoqiu	626078	50637	432	27340	134565	1531	3980
舒城县	Shucheng	505048	38754	65	22800	121432	14661	4620
金寨县	Jinzhai	534073	60989	113	18494	93601	1877	5092
霍山县	Huoshan	288414	23860	335	14311	68445	4234	3469
马鞍山市本级	Maanshan City at Its Own Level	742903	67130	916	38124	71154	34081	15863
当涂县	Dangtu	479899	41627		14899	77453	13658	500
含山县	Hanshan	278232	17722	360	9203	60889	5894	2863
和县	Hexian	391746	31011	69	15744	76151	38803	2954
芜湖市本级	Wuhu City at Its Own Level	1760766	127025	1680	87395	201038	481130	12457
芜湖县	Wuhu	436658	22282	253	14911	53806	5289	2575
繁昌县	Fanchang	400524	28427	126	15692	50881	12276	2785
南陵县	Nanling	405033	33357	262	17379	80605	23197	2614
无为县	Wuwei	634268	37145	450	14982	159931	7450	3412
宣城市本级	Xuancheng City at Its Own Level	522437	52159	550	47865	23326	25100	8010
宁国市	Ningguo	438268	27532	337	22074	80781	27429	4984
郎溪县	Langxi	344566	25939		4806	62864	29892	487
广德县	Guangde	479483	28754	272	13990	79712	18158	4534
泾县	Jingxian	296526	22489	45	12982	57787	7196	2297
旌德县	Jingde	146273	9766		7509	16582	11151	1360
绩溪县	Jixi	154006	12982		5775	28050	8475	1725
铜陵市本级	Tongling City at Its Own Level	621915	48661	413	39173	85395	36659	11036
枞阳县	Zongyang	428236	27616	522	19048	79966	5260	3227
池州市本级	Chizhou City at Its Own Level	462363	41011	1491	19037	31620	12405	8744
东至县	Dongzhi	315264	23086		11950	69305	2998	1361
石台县	Shitai	132611	10179	29	6065	15258	881	2225
青阳县	Qingyang	230805	16046	338	7992	33617	6323	2147
安庆市本级	Anqing City at Its Own Level	986366	51277	1360	55377	106055	35228	26531
桐城市	Tongcheng	460529	48575	40	21258	107563	26210	5695
潜山市	Qianshan	423188	35120	250	16856	80239	7821	5818
怀宁县	Huaining	349589	22907	140	12851	80805	5880	3577
太湖县	Taihu	468204	31259		18138	86322	928	5593
宿松县	Susong	518800	59158	645	18988	121792	7291	5648
望江县	Wangjiang	382816	30698	50	14484	75940	11905	4371
岳西县	Yuexi	369150	35610		15710	69720	6713	3795
黄山市本级	Huangshan City at Its Own Level	451444	50488	3021	32095	30995	15029	7837
歙县	Shexian	358834	24103		14760	56729	16802	5916
休宁县	Xiuning	226910	22923	48	11171	27359	7144	2869
黟县	Yixian	128253	13128	290	6741	11302	1069	4841
祁门县	Qimen	183387	20584	62	8737	20262	4843	2343

7—10 续表2 continued

单位：万元（10000 yuan）

县（市）	County (City)	社会保障和就业 Social Security and Employment	医疗卫生与计划生育 Medical and Health Care and Family Planning	节能环保 Energy Saving and Environmental Protection	城乡社区 Expenses in Urban, Rural Areas and Communities	农林水 Agriculture, Forestry, Water Conservancy	交通运输 Transport	资源勘探信息等 Resource Exploration Information, Etc
合肥市本级	Hefei City at Its Own Level	273051	235434	412582	1886005	224391	108249	170264
巢湖市	Chaohu	96951	64522	5332	19125	70141	7849	3649
长丰县	Changfeng	90967	74140	15683	76106	100028	9061	13710
肥东县	Feidong	123960	88005	48144	37094	97118	12029	1187
肥西县	Feixi	95434	82393	22659	150209	60717	2699	1619
庐江县	Lujiang	102653	93843	13490	57212	88296	4554	2759
淮北市本级	Huaibei City at Its Own Level	69490	54491	8522	131791	19466	25358	14522
濉溪县	Suixi	76536	79406	16760	75101	83847	7989	2086
亳州市本级	Bozhou City at Its Own Level	26284	26334	26411	159766	84808	49484	12138
涡阳县	Guoyang	113503	111688	18799	96312	82626	15572	1981
蒙城县	Mengcheng	109644	107265	41232	58101	54074	8428	863
利辛县	Lixin	98890	112068	8669	5364	88977	17615	908
宿州市本级	Suzhou City at Its Own Level	34635	24001	60185	245702	57810	98042	7795
砀山县	Dangshan	81559	78187	4425	22428	69246	10011	1658
萧县	Xiaoxian	111994	96479	41179	96547	97311	8030	930
灵璧县	Lingbi	91888	91466	4154	28155	68133	14551	1316
泗县	Sixian	68770	80888	7317	58288	80603	10573	645
蚌埠市本级	Bengbu City at Its Own Level	133733	94948	14981	297621	36799	31353	5612
怀远县	Huaiyuan	85904	101888	24834	40166	101469	9936	722
五河县	Wuhe	52845	44849	11056	65484	54348	6356	407
固镇县	Guzhen	55552	45319	10741	70120	46452	7469	1001
阜阳市本级	Fuyang City at Its Own Level	62712	34398	18204	178296	97399	126738	6264
界首市	Jieshou	99414	59628	35065	91529	82500	5504	5946
临泉县	Linquan	131792	150389	13256	70173	100694	10016	1620
太和县	Taihe	133895	122275	16632	108606	94606	10883	3919
阜南县	Funan	121441	120440	18552	15652	155796	12440	5194
颍上县	Yingshang	133779	108836	4627	86891	142270	9668	3395
淮南市本级	Huainan City at Its Own Level	133450	81124	53890	144191	58258	46934	22099
凤台县	Fengtai	62091	51375	18803	70460	70437	5163	1693
寿县	Shouxian	120397	108043	10115	15791	82896	15794	4618
滁州市本级	Chuzhou City at Its Own Level	48184	37651	14580	148510	39697	52557	48539
天长市	Tianchang	78219	110343	18845	155186	51540	6294	2633
明光市	Mingguang	64667	66456	8106	77807	36114	5602	1183
来安县	Laian	46154	45127	15773	67082	69444	9375	1472
全椒县	Quanjiao	42505	43082	8896	103873	32556	5207	2084
定远县	Dingyuan	85280	73301	19384	113013	113334	24099	769
凤阳县	Fengyang	55496	54732	35858	39886	46551	8419	692

7—10 续表3 continued

单位：万元（10000 yuan）

县（市）	County (City)	社会保障和就业 Social Security and Employment	医疗卫生与计划生育 Medical and Health Care and Family Planning	节能环保 Energy Saving and Environmental Protection	城乡社区 Expenses in Urban, Rural Areas and Communities	农林水 Agriculture, Forestry, Water Conservancy	交通运输 Transport	资源勘探信息等 Resource Exploration Information, Etc
六安市本级	Luan City at Its Own Level	37936	263231	32288	105422	68641	126113	11080
霍邱县	Huoqiu	112337	42226	3444	9882	176790	15344	5047
舒城县	Shucheng	81599	40105	10570	17088	96605	22080	4220
金寨县	Jinzhai	83643	39064	2277	58288	125931	15535	1315
霍山县	Huoshan	30786	28495	21133	28266	39807	4217	843
马鞍山市本级	Maanshan City at Its Own Level	92811	49894	65556	204318	30036	16179	6695
当涂县	Dangtu	64303	62055	8353	142475	22532	4580	244
含山县	Hanshan	39291	38635	5686	51753	28718	4311	224
和县	Hexian	39153	44685	8626	56902	43322	7794	227
芜湖市本级	Wuhu City at Its Own Level	153250	112380	70044	293662	48118	30038	11617
芜湖县	Wuhu	44236	34770	1763	195223	22894	2211	3468
繁昌县	Fanchang	34041	31399	8859	153837	30538	5660	4315
南陵县	Nanling	52982	52436	6371	63178	40607	4501	1025
无为县	Wuwei	83796	125721	13176	62807	71843	14809	878
宣城市本级	Xuancheng City at Its Own Level	16914	16961	12136	191202	37087	38857	3630
宁国市	Ningguo	51386	57766	13700	98311	25579	5330	5362
郎溪县	Langxi	30493	39230	3132	106574	20716	2658	669
广德县	Guangde	56380	81620	32846	88391	32562	13395	1297
泾县	Jingxian	52441	35412	18820	56597	15056	2830	746
旌德县	Jingde	16680	18778	2303	37485	13739	996	1039
绩溪县	Jixi	16057	18714	5761	39235	9694	1461	384
铜陵市本级	Tongling City at Its Own Level	58672	47252	29459	130674	13728	38531	22103
枞阳县	Zongyang	74177	71998	3640	38390	63745	6638	695
池州市本级	Chizhou City at Its Own Level	22615	19266	37198	162391	24929	28119	12876
东至县	Dongzhi	39513	40795	13294	19864	58045	10458	1313
石台县	Shitai	20399	14347	2095	4674	33565	6426	800
青阳县	Qingyang	38605	31916	4688	32121	28310	9085	2295
安庆市本级	Anqing City at Its Own Level	102267	65307	34662	258875	55808	47961	11430
桐城市	Tongcheng	56277	53828	5449	26776	62895	12148	7276
潜山市	Qianshan	48914	56431	13605	63787	64787	3785	1641
怀宁县	Huaining	49697	53777	7130	12471	59332	11980	2495
太湖县	Taihu	48902	52949	7567	39633	119065	16094	6093
宿松县	Susong	61813	83019	3414	27535	87311	19439	3770
望江县	Wangjiang	49244	54699	11872	31920	75948	6133	2403
岳西县	Yuexi	52336	41717	12326	16853	70255	21672	1819
黄山市本级	Huangshan City at Its Own Level	39705	17575	60820	98547	33536	26927	7874
歙县	Shexian	57078	46493	7212	50380	52883	5634	299
休宁县	Xiuning	31948	26319	3967	38127	34317	5440	3667
黟县	Yixian	17377	11186	4076	22477	23115	1896	699
祁门县	Qimen	26547	19650	4754	29413	30147	3280	2793

7—10 续表4 continued

单位：万元（10000 yuan）

县（市）	County (City)	商业服务业等 Commercial and Service Industry and So On	金融监管等 Financial Regulation Etc.	国土海洋气象等 Land and Marine Meteorology, Etc	住房保障 Housing Safeguard	粮油物资储备 Supplies of Graina nd Oil Reserves	债务付息支出 Debt Payments	其他支出 Other Expenditure
合肥市本级	Hefei City at Its Own Level	87461	2885	34364	58501	7609	45137	11384
巢湖市	Chaohu	807	17	6209	12265	822	5634	
长丰县	Changfeng	1134	26	5145	24237	2494	4534	7237
肥东县	Feidong	2019	143	6092	26790	1500	5960	1
肥西县	Feixi	3233	653	4141	44985	1398	7694	
庐江县	Lujiang	1204	205	2854	18661	1393	8822	5496
淮北市本级	Huaibei City at Its Own Level	1432	1044	5341	50318	1602	12539	852
濉溪县	Suixi	1712	123	5252	45430	1685	7522	18826
亳州市本级	Bozhou City at Its Own Level	12215	2453	4680	34515	630	9581	932
涡阳县	Guoyang	526	392	8313	28063	782	11076	
蒙城县	Mengcheng	690		7514	33773	1749	10895	
利辛县	Lixin	740		14709	19170	6642	9134	
宿州市本级	Suzhou City at Its Own Level	3476	568	3826	63364	1715	21616	55
砀山县	Dangshan	1172		3861	44496	432	5608	
萧县	Xiaoxian	343	15	3771	28338	992	9477	48
灵璧县	Lingbi	1360	143	5071	33460	2391	9980	
泗县	Sixian	890		7243	57425	2122	3615	1253
蚌埠市本级	Bengbu City at Its Own Level	5908	780	16153	45214	1888	23825	505
怀远县	Huaiyuan	1485	254	12993	6166	2589	7084	2844
五河县	Wuhe	610	121	4588	10570	236	3913	
固镇县	Guzhen	402	7	2262	9424	299	1687	
阜阳市本级	Fuyang City at Its Own Level	3747	3147	16702	28621	1157	12584	8234
界首市	Jieshou	601		4658	50014	2485	2339	4704
临泉县	Linquan	1836	35	7537	64477	1940	6409	60
太和县	Taihe	830	333	5177	31939	1347	7688	59
阜南县	Funan	2749	20	6176	67716	2123	8221	2226
颍上县	Yingshang	1286	225	4784	29560	624	8402	
淮南市本级	Huainan City at Its Own Level	7431	1160	9657	24640	1731	14135	50
凤台县	Fengtai	1264	556	4167	9419	1915	5462	10000
寿县	Shouxian	1000	30	7512	16695	1779	8567	
滁州市本级	Chuzhou City at Its Own Level	5517	774	14315	24064	1810	18775	2747
天长市	Tianchang	2690	120	6254	9540	791	8703	25
明光市	Mingguang	218	21	1771	12999	347	5160	
来安县	Laian	1763	107	2165	16647	1189	5954	
全椒县	Quanjiao	1361		2359	8425	646	5640	
定远县	Dingyuan	882	1042	2361	21905	1727	6787	46
凤阳县	Fengyang	874	27	2850	10044	397	8530	

7—10 续表5 continued

单位：万元（10000 yuan）

县（市） County (City)	商业服务业等 Commercial and Service Industry and So On	金融监管等 Financial Regulation Etc.	国土海洋气象等 Land and Marine Meteorology, Etc	住房保障 Housing Safeguard	粮油物资储备 Supplies of Graina nd Oil Reserves	债务付息支出 Debt Payments	其他支出 Other Expenditure
六安市本级 Luan City at Its Own Level	4797	2582	6206	29820	2291	13649	
霍 邱 县 Huoqiu	2259	33	7453	22793	588	6651	2663
舒 城 县 Shucheng	981	124	5829	11594	965	6065	4840
金 寨 县 Jinzhai	931	6	4422	14542	742	6935	64
霍 山 县 Huoshan	959	125	2577	8004	704	6465	1343
马鞍山市本级 Maanshan City at Its Own Level	3729	78	10507	17357	1474	16859	2
当 涂 县 Dangtu	468		1497	9389	109	12254	3474
含 山 县 Hanshan	556		2637	1459	795	5494	1716
和 县 Hexian	1545	29	2773	12786	1232	7911	
芜湖市本级 Wuhu City at Its Own Level	12814	533	9685	61662	44	45325	239
芜 湖 县 Wuhu	2208	135	1714	17088	155	10456	1196
繁 昌 县 Fanchang	578	143	3687	8904	92	8218	
南 陵 县 Nanling	1060	61	2364	14706	274	7977	10
无 为 县 Wuwei	1417	140	5821	21229	77	9053	
宣城市本级 Xuancheng City at Its Own Level	5453	709	4638	18186	1518	16494	1566
宁 国 市 Ningguo	743		1270	6782	717	8040	70
郎 溪 县 Langxi	275		1129	6488	257	6737	2168
广 德 县 Guangde	673	645	2428	9950	755	10035	3048
泾 县 Jingxian	784	45	725	4957	292	2596	2425
旌 德 县 Jingde	456		887	3357	623	2923	621
绩 溪 县 Jixi	320	34	542	548	385	3849	
铜陵市本级 Tongling City at Its Own Level	3789	525	5166	23343	2104	16663	8404
枞 阳 县 Zongyang	438	199	3307	21461	288	4589	3000
池州市本级 Chizhou City at Its Own Level	5856	460	3382	8462	963	20735	564
东 至 县 Dongzhi	911		2944	12355	727	5313	970
石 台 县 Shitai	6048		1199	5984	387	2034	
青 阳 县 Qingyang	1059		5068	4147	569	4796	1653
安庆市本级 Anqing City at Its Own Level	2595	7262	10642	83589	4455	20381	5241
桐 城 市 Tongcheng	667	419	2980	11917	2094	8312	80
潜 山 市 Qianshan	1550	288	3344	14273	827	3783	
怀 宁 县 Huaining	2738	288	2755	10049	545	6597	3524
太 湖 县 Taihu	4047	3257	4621	15687	610	4520	2858
宿 松 县 Susong	2301	728	3950	5350	595	5886	114
望 江 县 Wangjiang	956	211	2249	4951	495	4170	80
岳 西 县 Yuexi	1467	598	2592	5717	739	4614	4862
黄山市本级 Huangshan City at Its Own Level	2151	119	2313	9342	1213	11418	336
歙 县 Shexian	950	91	2641	9021	440	6585	749
休 宁 县 Xiuning	1159	8	1163	4681	203	3236	1124
黟 县 Yixian	1734	33	1026	3549	124	1329	2236
祁 门 县 Qimen	691	130	1293	4469	466	2437	445

7—11 金融机构（含外资）人民币信贷资金平衡表（资金来源）
Financial Institutions (including foreign) RMB Credit Balance Sheet (funding)

（年末余额）(year-end) 单位：万元（10000 yuan）

项　　目	Item	2015	2017	2018
资金来源合计	**All Sources**	**351786064**	**484568428**	**543896061**
各项存款	Deposits	344828993	456088477	506773298
境内存款	Domestic Savings	344678346	455768274	506636628
住户存款	Household Savings	170152656	205382422	229947557
活期存款	Demand Deposits	55652114	70620577	75019552
定期及其他存款	And Other Deposits on a Regular Basis	114500542	134761845	154928005
非金融企业存款	Non-financial Corporate Deposits	102684212	142021761	149290899
活期存款	Demand Deposits	48364504	73766589	77223870
定期及其他存款	And Other Deposits on a Regular Basis	54319708	68255172	72067028
广义政府存款	General Government Deposits	63549068	94005665	105040006
财政性存款	Fiscal Deposits	7122187	11153081	13120835
机关团体存款	Organizations Deposit	56426881	82852583	91919171
非银行业金融机构存款	Non-banking Financial Institutions Deposits	8292410	14358427	22358167
境外存款	Overseas Account	150647	320203	136670
金融债券	Financial Bonds	2874497	5197105	5132707
卖出回购资产	Sell Buy Assets	563450	671121	378499
借款及非银行业金融机构拆入	Borrowed Inter-bank Borrowing and Non-banking Financial Institutions	20260	260	157060
应付及暂收款	Account Payable and Temporary Credit	9574609	11744530	12340839
各项准备	Every Capital Reserve	6335952	9040293	10372727
所有者权益	Creditors' Equity	16244860	22373687	25857946
#实收资本	Paid-in Capital	6885055	8772497	9218954
其　　他	Others	-28656556	-20547046	-17117014

注：本表金融机构包括中国人民银行、政策性银行、国有商业银行、股份制商业银行、徽商银行、村镇银行、农村合作机构、邮储银行、财务公司、信托投资公司等。（下表同）

a) Financial institutions included in the people's bank of China, policy Banks, state-owned commercial Banks, joint-stock commercial Banks, the anhui merchants bank, village Banks, rural cooperative organizations, post office, Banks, financial companies, trust investment companies, etc. (the same as in the table below)

7—12 金融机构（含外资）人民币信贷资金平衡表（资金运用）
Financial Institutions (including foreign) RMB Credit Balance Sheet (fund use)

（年末余额）(year-end) 单位：万元（10000 yuan）

项 目	Item	2015	2017	2018
资金运用合计	**Total of Capital Lutilization**	**351786064**	**484568428**	**543896061**
各项贷款	Loans	254890475	344812007	388152541
境内贷款	Within the Boundaries Loan	254771765	344537436	387897166
住户贷款	Households Loans	81136853	130047068	156956329
短期贷款	Short-term Loan	18379121	26487457	30713288
消费贷款	Consumer Loans	3739195	9193848	10939244
经营贷款	Business Loans	14639926	17293609	19774044
中长期贷款	Medium and Long-term Loan	62757732	103559611	126243041
消费贷款	Consumer Loans	52751057	89034051	109866897
经营贷款	Business Loans	10006674	14525561	16376144
非金融企业及机关团体贷款	Non-financial Companies and Organizations Loans	173634911	214490368	230940837
短期贷款	Short-term Loan	65099726	72647621	74611728
中长期贷款	Medium and Long-term Loan	88823455	120757421	131257901
票据融资	Bill Financing	15825107	13875141	18438332
融资租赁	Financing Lease	3278325	6895667	6293381
各项垫款	The Advances	608297	314517	339495
境外贷款	Beyond Border Loan	118710	274571	255375
债券投资	Bond Investment	23182779	33585127	40381789
股权及其他投资	Equity and Other Investment	17920725	40664235	37671037
买入返售资产	Buy Back to Sell Assets	484640	1217418	774221
存放非银行业金融机构款项	Storage of Non-banking Financial Institutions	293988	155466	99792
联行往来（净）	Jones Lang Lasalle Exchanges (net)	49380465	56739766	68417997
境内存放二级准备金	Stored in the Secondary Reserve	30120836	31338662	9238260
外汇买卖	Foreign Exchange Trading	-118551		
应收及预付款	Receivables and Prepayments	2197351	3534302	4221552
投资性房地产	Investment of Real Estate	12921	11297	10536
固定资产	Fixed Assets	3541272	3848810	4166598

7—13 金融机构（含外资）本外币合并信贷收支
Local and Foreign Financial Institutions (including foreign) Merging the Credit Balance of Payments

（年末余额）(year-end) 单位：万元（10000 yuan）

项目	Item	2015	2017	2018
各项存款	**Deposits**	**348262317**	**461468648**	**511991544**
境内存款	Domestic Savings	348084987	461114877	511785817
住户存款	Household Savings	170723123	206282681	230837873
活期存款	Demand Deposits	55967808	71094635	75484997
定期及其他存款	And Other Deposits on a Regular Basis	114755315	135188046	155352876
非金融企业存款	Non-financial Corporate Deposits	105276372	145981599	153337903
活期存款	Demand Deposits	49867841	76268526	79175164
定期及其他存款	And Other Deposits on a Regular Basis	55408531	69713072	74162739
广义政府存款	General Government Deposits	63623102	94056925	105099773
非银行业金融机构存款	Non-banking Financial Institutions Deposits	8462391	14793672	22510267
境外存款	Overseas Account	177330	353771	205727
各项贷款	**Loans**	**261443579**	**351620307**	**394527022**
境内贷款	Within the Boundaries Loan	259663313	349287626	391891748
住户贷款	Households Loans	81139906	130050081	156959314
短期贷款	Short-term Loan	18381976	26490264	30716104
中长期贷款	Medium and Long-term Loan	62757930	103559817	126243210
非金融企业及机关团体贷款	Non-financial Companies and Organizations Loans	178523407	219237545	234932433
短期贷款	Short-term Loan	66772847	74127590	75621480
中长期贷款	Medium and Long-term Loan	92012742	124020410	134238615
票据融资	Bill Financing	15825107	13875141	18438332
融资租赁	Financing Lease	3278325	6895667	6293381
各项垫款	The Advances	634386	318736	340625
境外贷款	Beyond Border Loan	1780266	2332681	2635274

7—14 各市金融机构（含外资）本外币合并信贷收支（2018年）
Local and Foreign Financial Institutions (including foreign) Merging the Credit Balance of Payments by Region (2018)

（年末余额）(year-end) 单位：万元（10000 yuan）

地区	Region	各项存款 Deposits	住户存款 Household Savings	非金融企业存款 Non-financial Corporate Deposits	广义政府存款 General Government Deposits	非银行业金融机构存款 Non-banking Financial Institutions Deposits	各项贷款 Loans
总计	**Total**	**511991544**	**230837873**	**153337903**	**105099773**	**22510267**	**394527022**
合肥市	Hefei	156772735	40493468	64250971	45388512	6541033	141965423
淮北市	Huaibei	14845433	8015943	2646334	3336680	844597	9378115
亳州市	Bozhou	21139047	12787040	4402902	3894680	53637	16636035
宿州市	Suzhou	22958481	14204474	4856822	3895280	352	15526942
蚌埠市	Bengbu	21261142	10339668	7305521	3573073	38264	18086465
阜阳市	Fuyang	40571018	23857521	6872241	9836942	1161	26448065
淮南市	Huainan	20777799	11628756	5127197	3879102	140368	14375552
滁州市	Chuzhou	25659298	13302534	6961232	4929360	460847	20499918
六安市	Luan	26833224	14818982	6461081	5493034	57263	18485919
马鞍山市	Maanshan	22370473	11634943	8096928	2206033	405673	16304073
芜湖市	Wuhu	37436864	17498914	15255796	4603664	39473	34135011
宣城市	Xuancheng	18104577	10046278	4726519	3324781	2618	13825714
铜陵市	Tongling	14557339	7757657	3995238	1785534	1016577	11519147
池州市	Chizhou	10100132	6631411	1755936	1425459	285598	6104459
安庆市	Anqing	31588452	19463205	7082696	4821236	216947	19714237
黄山市	Huangshan	12711144	7402943	2997364	2196400	108735	8298957
安徽省本部	Based in anhui province	14304388	954137	543125	510003	12297123	3222990

7—15 人民币信贷收支情况（2018年）
Credit Receipts and Payments (2018)

（年末余额）(year-end) 单位：万元（10000 yuan）

项 目	Item	中资全国性大型银行 Chinese Large National Banks	中资全国性中小型银行 Chinese National Small and Medium-sized Banks	中资区域性中小型银行 Chinese Regional Small and Medium-sized Banks	村镇银行 Village Banks	农 村 合作机构 Rural Cooperative Organizations
各项存款	**Deposits**	**250403885**	**135428993**	**105482082**	**5482194**	**99999910**
境内存款	Domestic Savings	250304000	135393454	105482031	5482158	99999895
个人存款	Personal savings	136178284	23369946	70371176	2380234	67990942
#活期储蓄存款	Current Savings Account	48305255	9649543	17049526	605068	16444458
#定期储蓄存款	Time Deposit	40787703	7496670	51675385	1663646	50011739
#结构性存款	Structured Deposits	5412192	3308866	280283		280283
单位存款	Unit of Account	110149450	90417834	34936016	3101924	31834114
#活期存款	Demand Deposits	56496818	35541313	20277518	2076605	18200935
#定期存款	Time Deposits	14416743	11572621	6443529	582185	5861344
#保证金存款	Margin Deposits	3030112	5695503	3361854	161485	3200369
#结构性存款	Structured Deposits	3521702	10887142	264100		264100
国库定期存款	The Treasury Deposit	944762	888300	15700		15700
非存款类金融机构存款	The Deposit Financial Institutions Deposits	3031505	20717375	159139		159139
境外存款	Overseas Account	99884	35539	51	35	16
各项贷款	**Loans**	**183405724**	**117238230**	**74010269**	**3917252**	**70093017**
境内贷款	Within the Boundaries Loan	183345180	117043498	74010269	3917252	70093017
短期贷款	Short-term Loan	29503884	33688208	41587050	2694730	38892320
个人贷款及透支	Individual Loan and Overdrawing	7991377	3540995	19131600	1576814	17554786
#个人消费贷款	Individual Consumption Loan	5571545	1572766	3764074	180005	3584068
单位贷款及透支	Unit Loan and Overdrawing	21512508	29587213	21441576	1117916	20323660
#经营贷款及透支	Business Loans and Overdrafts	19354018	26760373	21193841	1117686	20076155
#固定资产贷款	Fixed Asset Loan	199098	74009	127873	230	127643
#贸易融资	Trade Financing	1959392	2752831	119862		119862
非存款类金融机构贷款	The Deposit Financial Institutions Loans		560000	1013874		1013874
中长期贷款	Medium and Long-term Loan	148956312	79023892	23454291	1112018	22342273
个人贷款	Individual Loan	77918695	28469126	15181675	990673	14191002
#个人消费贷款	Individual Consumption Loan	74240946	22999549	8452388	412476	8039911
单位贷款	Unit of the Loan	70970367	50554766	8272615	121345	8151270
#经营贷款	Management Loan	9389428	10832965	4899604	109585	4790019
#固定资产贷款	Fixed Asset Loan	60733872	38168523	3373012	11760	3361251
#并购贷款	M&A Loan	710165	604619			
#贸易融资	Trade Financing	136902	948659			
非存款类金融机构贷款	The Deposit Financial Institutions Loans	67250				
票据融资	Overseas financing Loan	4874349	4134953	8836513	110505	8726009
各项垫款	Discount	10634	196445	132415		132415
境外贷款	Beyond Border Loan	60543	194732			

注：1．本表中资全国性大型银行包括国家开发银行、中国工商银行、中国农业银行、中国银行、中国建设银行、交通银行、中国邮政储蓄银行。

2．本表中资全国性中小型银行包括中国进出口银行、中国农业发展银行、中信银行、光大银行、招商银行、兴业银行、民生银行、华夏银行、徽商银行、九江银行、杭州银行、东莞银行、上海浦东发展银行、广发银行、渤海银行。

a) the Chinese national large Banks including China development bank, industrial and commercial bank of China, agricultural bank of China, bank of China, China construction bank, bank of communications, postal savings bank of China.

b) the Chinese national small and medium-sized Banks including the export-import bank of China, agricultural development bank of China, China citic bank, everbright bank, China merchants bank, industrial bank, minsheng bank, huaxia bank, bank of anhui merchants bank, bank of jiujiang, hangzhou, dongguan bank, Shanghai pudong development bank, guangdong development bank, bank of the bohai sea.

7—16 上市公司数量
Number of Listed Companies

单位：家（unit）

年　份 Year	全省合计 Provincial Total	上交所 Shanghai Stock Exchange	深交所 Shenzhen Stock Exchange	仅发A股公司 A Share Only	发A、H股公司 A & H Share	发A、B股公司 A & B Share	仅发H股公司 H Share Only
2005	45	27	18	39	3	3	
2008	56	28	27	49	3	3	1
2009	58	28	29	51	3	3	1
2010	65	29	36	59	3	3	
2011	77	29	48	71	3	3	
2012	78	29	49	72	3	3	
2013	78	29	49	72	3	3	
2014	80	31	49	74	3	3	
2015	88	35	53	82	3	3	
2016	93	37	56	87	3	3	
2017	101	43	58	95	3	3	
2018	103	47	56	97	3	3	

7—17 股票发行及筹资情况
Issuing Summary for Stocks

年　份 Year	股票发行（万股）Amount Issued (10000 shares)		筹资额						
	A股 A Shares	H股 H Shares	合计（万元） Raised Capital (10000 yuan)	A股 A Shares	H股 H Shares	配股筹资 Shares Rights Issued	可转债筹资 Changeable Bonds	认股权行权 Stocks and Rights Issue	公司债 Corporate Bonds
2005	4000		15200	15200					
2008	119083		1765186	1458052				307134	
2009	91711		1629589	1429589					200000
2010	128849		1713126	1513126			200000		
2011	122790		3583653	1993653			30000		1560000
2012	248280		1410770	415770					995000
2013	448722		2446186	1764186			32000		650000
2014	323193		1900684	1850684					50000
2015	209644		2718299	2183299					535000
2016	1140036		10357100	9970100					387000
2017	434290		4634079	3923779			119700		590600
2018	386365		5351411	3871411			230000		1250000

注：1、2016年以前股票发行包括首次公开发行、增发股票、认股权行权。

2、2016年起股票发行包括首次公开发行、并购重组非公开发行、增发股票、认股权行权。

a) Prior to 2016, stock issuance includes initial public offering, additional shares and warrants.

b) Starting from 2016, stock issuance includes initial public offering, non-public offering of mergers and acquisitions, additional shares, and exercise of stock options.

7—18 各市股票发行及筹资情况（截止2018年）
Issuing Summary for Stocks by Region (Up to 2018)

地 区	Region	上市公司（家）Number of Listed Companies (unit)	发行股票（只）Number of Listed Shares (unit)	股份总数（万股）Number of Shares (10000 share)	#无限售股份 Unlimited Shares	当年募集资金（万元）Raised Capital (10000 yuan)	#发行股票 Amount of Listed Shares
总 计	**Total**	**103**	**109**	**11238836**	**9560792**	**5351411**	**3871411**
合 肥 市	Hefei	45	47	3615141	3092513	1476684	226684
淮 北 市	Huaibei	4	4	523176	338057	2103565	2103565
亳 州 市	Bozhou	1	2	50360	50360		
宿 州 市	Suzhou						
蚌 埠 市	Bengbu	3	3	433269	246313	828473	828473
阜 阳 市	Fuyang	1	1	55578	55578		
淮 南 市	Huainan	2	2	272974	269755		
滁 州 市	Chuzhou	4	4	153709	124015		
六 安 市	Luan	2	2	261045	231045	95700	95700
马鞍山市	Maanshan	7	8	1603293	1454771	230000	
芜 湖 市	Wuhu	13	14	1875773	1602423	189549	189549
宣 城 市	Xuancheng	8	8	416061	347707	427440	427440
铜 陵 市	Tongling	6	6	1394128	1297430		
池 州 市	Chizhou	1	1	11068	11068		
安 庆 市	Anqing	3	3	245402	191814		
黄 山 市	Huangshan	3	4	327859	247943		

注：首次公开发行、并购重组非公开发行、增发股票、认股权行权募集资金包括在发行股票中。

a) Initial public offering, merger and reorganization of non-public issues, rights to raise equity and stock rights to raise funds are included in the issuance of shares.

7—19 保险公司业务经济技术指标（2018年）
Main Professional Technical Indicators of Insurance Companies (2018)

单位：万元（10000 yuan）

项 目	Item	保费收入 Income From Premium	赔 付 Claim and Payment
合 计	**Total**	**12097265**	**4192358**
按公司类型分	**Devided By The Character of Company**		
财产保险公司	Property Insurance Companies	4601505	2566922
人身保险公司	Life Insurance Companies	7495761	1625436
按业务性质分	**Devided BY The Nature of The Business**		
财产保险业务	**Property Insurance Businesses**	**4087959**	**2227731**
企业财产险	Enterprise Property Insurance	72954	52844
家庭财产险	Family Property Insurance	12831	4722
机动车辆险	Motor Vehicle Insurance	3302946	1790971
工程保险	Engineering Insurance	26802	16784
责任保险	Liability Insurance	145036	63351
信用保险	Credit Insurance	33852	15759
保证保险	Guarantee Insurance	191885	49125
船舶保险	Ship Insurance	17436	11446
货物运输险	Freight Transport Insurance	15957	7131
特殊风险保险	Peculiar Risk Insurance	466	292
农业保险	Agriculture Insurance	262820	213165
其他保险	Other Insurance	4976	2140
人身保险业务	**Insurance Service of Life**	**8009306**	**1964627**
寿 险	Life Insurance	6120505	1271844
健康险	Health Insurance	1628269	637996
意外伤害险	Personal Accident Insurance	260532	54787

主要统计指标解释

财政收入

指国家财政参与社会产品分配所取得的收入，是实现国家职能的财力保证。财政收入所包括的内容几经变化，目前主要包括：

（1）税收收入：包括增值税、消费税、企业所得税、个人所得税、资源税、城市维护建设税、房产税、印花税、城镇土地使用税、土地增值税、车船税、耕地占用税、契税和烟叶税等。

（2）非税收入：包括专项收入、行政事业性收费收入、罚没收入、国有资本经营收入和国有资源（资产）有偿使用收入等。

财政支出

国家财政将筹集起来的资金进行分配使用，以满足社会各项事业发展和经济建设的需要，主要包括：

（1）一般公共服务：反映政府提供一般公共服务的支出。具体包括人大事务、政协事务、政府办公厅（室）及相关机构事务、发展与改革事务、统计信息事务、财政事务、税收事务、审计事务、海关事务、人力资源事务、纪检监察事务、商贸事务、知识产权事务、民族事务、港澳台事务、档案事务、民主党派及工商联事务、群众团体事务、党委办公厅（室）及相关机构事务、组织事务、宣传事务、统战事务、对外联络事务、其他共产党事务支出、网信事务、市场监督管理事务、其他一般公共服务支出。

（2）公共安全：反映政府维护社会公共安全方面的支出。具体包括武装警察部队、公安、国家安全、检察、法院、司法、监狱、国家保密、其他公共安全支出等。

（3）教育：反映政府教育支出情况。具体包括教育管理事务、普通教育、职业教育、成人教育、广播电视教育、留学教育、特殊教育、进修及培训、教育费附加安排的支出、其他教育支出。

（4）科学技术：反映国家用于科学技术方面的支出。具体包括科学技术管理事务、基础研究、应用研究、技术研究与开发、科技条件与服务、社会科学、科学技术普及、科技交流与合作、科技重大项目、其他科学技术支出。

（5）文化体育与传媒：反映政府在文化、文物、体育、广播影视、新闻出版等方面支出。

（6）社会保障和就业：反映政府在社会保障与就业方面的支出。具体包括人力资源和社会保障管理事务、民政管理事务、补充全国社会保障基金、行政事业单位离退休、企业改革补助、就业补助、抚恤、退役安置、社会福利、残疾人事业、红十字事业、最低生活保障、临时救助、特困人员救助供养、补充道路交通事故社会救助基金、其他生活救助、财政对基本养老保险基金的补助、财政对其他社会保险基金的补助、退役军人管理事务、其他社会保障和就业支出。

（7）医疗卫生：反映政府用于医疗卫生方面的支出。具体包括医疗卫生管理事务、医疗服务、社区卫生服务、医疗保障、疾病预防控制、卫生监督、其他医疗卫生支出。

（8）节能环保：反映政府用于节能环保方面的支出。具体包括环境保护管理事务、环境监测与监察、污染防治、自然生态保护、天然林保护、退耕还林、风沙荒漠治理、退牧还草、已垦草原退耕还草、能源节约利用、污染减排、可再生能源、循环经济、能源管理事务、其他节能环保支出。

（9）城乡社区：反映政府用于城乡社区事务方面的支出。包括城乡社区管理事务、城乡社区规划与管理、城乡社区公共设施、城乡社区环境卫生、建设市场管理与监督、其他城乡社区支出。

（10）农林水：反映政府用于农林水事务方面的支出。具体包括农业、林业和草原、水利、南水北调、扶贫、农业综合开发、农村综合改革、普惠金融发展支出、目标价格补贴、其他农林水支出。

（11）交通运输：反映政府用于交通运输方面的支出。具体包括公路水路运输、铁路运输、民用航空运输、成品油价格改革对交通运输的补贴、邮政业支出、车辆购置税支出、其他交通运输支出。

信贷资金

指金融机构以信用方式积聚和分配的货币资金。金融机构信贷资金的来源有各项存款、金融债券、对国际金融机构负债、流通中现金、其他项目等；信贷资金的运用有各项贷款、有价证券及投资、黄金占款、外汇买卖、财政借款及在国际金融机构中的资产等。

存款

指企业、机关、团体或居民把货币资金存入银行或其他信贷机构保管，可随时或按约定时间支取款项，并取得一定利息的一种信用活动形式。根据存款对象或性质的不同可划分为住户存款、非金融企业存款、政府存款、非银行业金融机构存款等科目。它是银行信贷资金的主要来源。

贷款

指银行或其他信贷机构根据资金必须归还的原则，按一定利率，为企业、个人等提供资金的一种信用活动形式。我国银行贷款分为短期贷款、中长期贷款、融资租赁、票据融资、各项垫款、境外贷款等。

保费

指投保人为取得保险人在约定范围内所承担赔偿责任而支付给保险人的费用。

赔款

指保险人根据保险合同的规定，向被保险人支付的赔偿保险责任损失的金额。

给付

包括死伤医疗给付和满期给付。死伤医疗给付是指保险人根据人寿保险及长期健康保险合同的规定，因被保险人在保险期内发生保险责任范围内的保险事故支付给被保险人（或受益人）的金额。满期给付是指被保险人生存期满，保险人按人寿保险合同规定支付给被保险人的满期保险金额。

注：为反映机构改革和经济社会发展的最新变化，根据《2019 年政府收支分类科目》和《2018 中国统计年鉴》对部分财政、金融统计指标解释进行了修订。

Explanatory Notes for Major Statistical Indicators

Government Revenue

refers to the revenue of the government finance by means of participating in the distribution of the social products, which is the financial resource for ensuring the government to function. The contents of government revenue have been changed several times. Now it includes the following main items:

1) Tax revenue: including value-added tax, consumption tax, enterprise income tax, personal income tax, resource tax, urban maintenance and construction tax, real estate tax, stamp tax, urban land use tax, land value-added tax, travel tax, farmland occupation tax, deed tax and tobacco leaf tax, etc.

2) Non tax revenue: Include special revenue and administrative collect fees revenue, punish revenue, state-owned capital operation revenue and state-owned resource (asset) used revenue etc.

Government Expenditure

refers to the distribution and use of the funds the government finance has raised, so as to meet the needs of social various causes and economic construction and. It includes the following main items:

(1) General public service: reflects the government's expenditure on providing general public services. Specifically, it includes NPC affairs, CPPCC affairs, government general offices (offices) and related institutional affairs, development and reform affairs, statistical information affairs, financial affairs, taxation affairs, auditing affairs, customs affairs, human resources affairs, discipline inspection and supervision affairs, trade affairs, intellectual property rights affairs, ethnic affairs, Hong Kong, Macao and Taiwan affairs, archives affairs, democratic parties and federations of industry and commerce affairs, mass organizations affairs, party committees' general offices (offices) and related institutional affairs, organizational affairs, publicity affairs, United front affairs, external liaison affairs, other communist party affairs expenditures, Internet information affairs, market supervision and management affairs, and other general public service expenditures.

(2) Public safety: reflects the government's expenditure on maintaining social public safety. Specifically, it includes armed police forces, public security, national security, procuratorial work, courts, judiciary, prisons, national security, and other public security expenditures.

(3) Education: reflects the government's expenditure on education. Specifically, it includes education management affairs, general education, vocational education, adult education, radio and television education, overseas education, special education, continuing education and training, expenses for additional arrangements for education expenses, and other education expenses.

(4) Science and technology: reflects the state's expenditure on science and technology. Specifically, it includes scientific and technological management affairs, basic research, applied research, technological research and development, scientific and technological conditions and services, social science, popularization of science and technology, scientific and technological exchanges and cooperation, major scientific and technological projects, and other scientific and technological expenditures.

(5) Culture sport and media: refers to government expenditure for cultural, cultural relic, sports, broadcast movie and TV, news publication and other expenditure.

(6) Social Security and Employment: Reflects the Government's Expenditure on Social Security and Employment. Specifically, it includes human resources and social security management affairs, civil administration affairs, supplementary national social security funds, retirement of administrative institutions, enterprise reform subsidies, employment subsidies, pension, retirement resettlement, social welfare, undertakings for the disabled, Red Cross undertakings, minimum living security, temporary assistance, assistance and support for the destitute, supplementary social assistance fund for road traffic accidents,

other living assistance, financial subsidies for the basic old-age insurance fund, financial subsidies for other social insurance funds, management affairs for retired military personnel, other social security and employment expenditures.

(7) Medical and sanitary: refers to government expenditure for medical and sanitary. Include medical and sanitary management, medical service, community sanitary service, medical guarantee, disease prevention and control, sanitary supervise and other medical and sanitary expenditure.

(8) Energy conservation and environmental protection: reflects the government's expenditure on energy conservation and environmental protection. Specifically, it includes environmental protection management affairs, environmental monitoring and supervision, pollution prevention and control, natural ecological protection, natural forest protection, returning farmland to forests, sand desert control, returning grazing to grassland, returning farmland to grassland from reclaimed grassland, energy conservation and utilization, pollution reduction, renewable energy, circular economy, energy management affairs, and other energy conservation and environmental protection expenditures.

(9) Urban and Rural Communities: reflect the Government's Expenditure on Urban and Rural Community Affairs. Including urban and rural community management affairs, urban and rural community planning and management, urban and rural community public facilities, urban and rural community environmental sanitation, construction market management and supervision, and other urban and rural community expenditures.

(10) Agriculture, forestry and water: reflect the government's expenditure on agriculture, forestry and water affairs. Specifically, it includes agriculture, forestry and grassland, water conservancy, south-to-north water diversion, poverty alleviation, comprehensive agricultural development, comprehensive rural reform, inclusive financial development expenditures, target price subsidies, and other agricultural, forestry and water expenditures.

(11) Transportation: Reflects government spending on transportation. Specifically, it includes road and waterway transportation, railway transportation, civil aviation transportation, subsidies for transportation due to refined oil price reform, postal expenses, vehicle purchase tax expenses, and other transportation expenses.

Credit Funds

refers to the monetary funds accumulated and distributed by financial institutions through credit. Sources of credit funds of financial institutions include various deposits, financial bonds, liabilities to international financial institutions, cash in circulation, other items, etc.; The use of credit funds includes loans, securities and investments, gold deposits, foreign exchange trading, financial loans and assets in international financial institutions.

Deposit

it refers to a form of credit activity in which enterprises, government agencies, organizations or residents deposit monetary funds in banks or other credit institutions for safekeeping, can withdraw money at any time or at an agreed time, and obtain certain interest. According to the object or nature of deposit, it can be divided into household deposit, non-financial enterprise deposit, government deposit, non-banking financial institution deposit and other subjects. It is the main source of bank credit funds.

Loan

it refers to a form of credit activity in which banks or other credit institutions provide funds for enterprises and individuals at a certain interest rate according to the principle that funds must be returned. Bank loans in China are divided into short-term loans, medium-term and long-term loans, financial leasing, bill financing, various advances, overseas loans, etc.

Premium

is the fee paid by the insurant to the insurer to obtain the obligation of compensation from the insurance within the agreed terms.

Settled Claim

is the compensation paid by the insurer to the insurant in accordance with the insurance contract.

Payment

includes payment for death, injury or medical treatment and mature payment. Payment for death, injury or medical treatment refers to the money paid to the insurant (or the beneficiary) in accordance with the life or health insurance contract when the insurant encounters accidents within the insured period covered in the contract. Mature payment refers to the mature payment to the insurant in accordance with the life insurance contract at the end of the insured period.

Note: In order to reflect the latest changes in institutional reform and economic and social development, the interpretation of some financial and financial statistical indicators has been revised according to the 2019 Classification of Government Revenue and Expenditure and the 2018 China Statistical Yearbook.

第八篇

Chapter 8

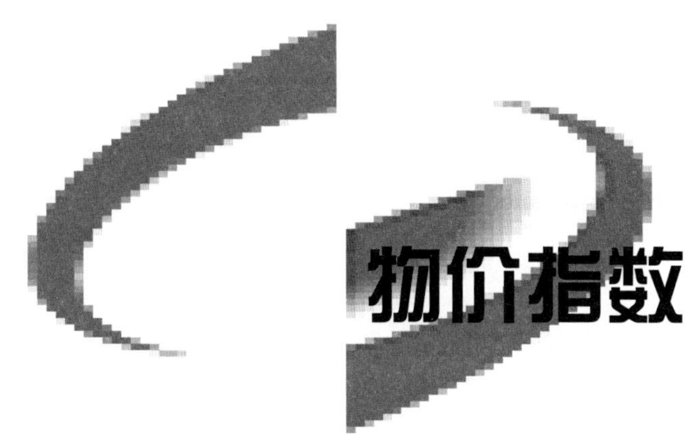

PRICE INDICES

简要说明

一、本篇价格指数资料，反映生产、流通、消费与投资等环节的价格变动趋势和变动幅度。主要包括居民消费价格指数、商品零售价格指数、农业生产资料价格指数、农产品生产者价格指数、工业生产者出厂价格指数、工业生产者购进价格指数、固定资产投资价格指数。

二、价格指数统计由国家统计局安徽调查总队组织实施，各市、县调查队依据国家统计局统一制定的价格统计调查制度向基层采集原始数据汇总后上报。

三、消费、零售价格指数都是采用分层抽样调查方法编制的，以样本推断总体，被抽选的调查市县 19 个。

四、农产品生产者价格调查采用抽样调查和重点调查相结合的调查方法，调查采用月报和季报相结合的方式，目前我省抽选的调查县为 31 个。

五、工业生产者价格调查采用重点调查和典型调查相结合的方法，调查实行月报，调查对象包括全省 16 个市的 3100 余家工业企业。

六、固定资产投资价格调查采用重点调查与典型调查相结合的方法，调查实行季报，调查对象为全省重点建筑施工企业和建设单位。

Brief Introduction

I. This price index data, reflect the production, circulation, consumption and investment and other aspects of the price trend and range of change. Mainly including consumer price index, commodity retail price index, agricultural means of production price index, agricultural producers price index, industrial producers factory price index, industrial producers purchase price index, fixed assets investment price index. 17 years of industrial added value (current price), industrial output value (current price), industrial sales output value (current price), export delivery value and other total index data are no longer published, historical year data retention.

II. The statistics of price indices is organized by the NBS Survey Office in Anhui. The survey offices of the selected cities and counties collect statistical data from the grassroots units in accordance with the scheme of prices survey stipulated by the State Statistical Bureau, tabulate them and report them to higher agencies.

III. Third, the consumer and retail price indices are compiled by stratified sampling method, and the population is inferred from the samples. There are 19 cities and counties selected for the survey.

IV. Agricultural product producer price surveys were calculated by sample survey and typical survey. The surveys were performed monthly and quarterly together including 31conties in Anhui province.

V. Data for the calculation of the price indices of industrial products are collected by Combination of key survey and typical survey method. The surveys are performed monthly including more than 3100 industrial enterprises in Anhui 16 cities.

VI. Data for the calculation of the price indices of the investment in fixed assets are collected by the key unit survey and typical survey. The surveys are performed quarterly including all important building and construction enterprises and construction units in Anhui province.

8—1 各种价格总指数
Price Indices

上年=100（preceding year=100）

年 份 Year	居民消费价格指数 General Consumer Price Index	城市居民消费价格指数 Urban Areas	农村居民消费价格指数 Rural Areas	商品零售价格指数 General Retail Price Index	工业生产者出厂价格指数 Ex-factory Industrial Producer Price Index	工业生产者购进价格指数 Industrial Producer Purchasing Price Index	农业生产资料价格指数 Price Indices of Agricultural Means of Production	固定资产投资价格指数 Investment in Fixed Assets Price Index
2005	101.4	101.0	101.9	100.6	103.3	107.1	108.3	101.0
2009	99.1	98.9	99.4	99.0	92.8	95.3	95.8	96.0
2010	103.1	103.0	103.4	103.2	109.0	111.8	102.0	105.4
2011	105.6	105.4	105.9	105.3	108.3	110.8	114.3	108.1
2012	102.3	102.2	102.4	102.1	98.3	98.2	105.3	101.0
2013	102.4	102.4	102.5	101.2	98.2	96.9	100.9	100.2
2014	101.6	101.7	101.5	100.4	97.4	97.2	99.6	100.3
2015	101.3	101.3	101.3	99.7	93.9	93.5	101.6	96.9
2016	101.8	101.8	101.6	100.8	98.5	98.4	99.4	99.2
2017	101.2	101.3	101.1	101.7	108.0	109.2	101.3	107.4
2018	102.0	102.0	102.0	101.9	103.0	105.3		105.8

8—2 各种价格定基指数
Fixed-base Price Indices

（1990=100）

年 份 Year	居民消费价格指数 General Consumer Price Index	城市居民消费价格指数 Urban Areas	农村居民消费价格指数 Rural Areas	商品零售价格指数 General Retail Price Index	工业生产者出厂价格指数 Ex-factory Industrial Producer Price Index	工业生产者购进价格指数 Industrial Producer Purchasing Price Index	农业生产资料价格指数 Price Indices of Agricultural Means of Production	固定资产投资价格指数 Investment in Fixed Assets Price Index
2005	225.7	232.5	219.8	180.8	202.4	284.2	208.0	255.1
2009	253.1	260.3	246.7	200.5	217.5	332.4	263.6	287.5
2010	260.9	268.1	255.1	206.9	237.1	371.6	268.9	303.0
2011	275.5	282.6	270.2	217.9	256.8	411.7	307.4	327.5
2012	281.8	288.8	276.7	222.5	252.4	404.3	323.7	330.8
2013	288.6	295.7	283.6	225.2	247.9	391.8	326.6	331.5
2014	293.2	300.7	287.9	226.1	241.5	380.8	325.3	332.5
2015	297.0	304.6	291.6	225.4	226.8	356.0	330.5	322.2
2016	302.3	310.1	296.3	227.2	223.4	350.3	328.5	319.6
2017	305.9	314.1	299.6	231.1	241.3	382.5	332.8	343.3
2018	312.0	320.4	305.6	235.5	248.6	402.7		363.5

注：工业生产者出厂价格、工业生产者购进价格、固定资产投资价格指数以1992年为100。
a) Ex-factory industrial producer price index, industrial producer purchasing price, the price index of investment in fixed assets are 100 in 1992.

8—3 居民消费价格分类指数（2018年）
Consumer Price Indices by Category (2018)

上年=100（preceding year=100）

类　别	Item	全　省 Provincial Indices	城　市 Urban Indices	农　村 Rural Indices
居民消费价格总指数	**General Consumer Price Index**	**102.0**	**102.0**	**102.0**
食品烟酒	**Food Tobacco and Liquor**	**102.1**	**102.4**	**101.7**
食　品	Food	102.1	102.4	101.5
粮　食	Grain	100.5	100.5	100.6
薯　类	Potatoes	111.5	113.0	109.2
豆　类	Beans	100.9	100.3	101.7
食用油	Edible Oil	98.9	99.5	98.1
菜	Vegetables	108.9	109.7	107.1
鲜　菜	Fresh Vegetables	109.6	110.4	107.7
畜肉类	Meat Class	95.2	95.2	95.3
禽肉类	Poultry Meat	106.9	107.3	106.1
水产品	Aquatic Products	98.5	98.4	98.7
蛋　类	Eggs	113.2	113.2	113.2
奶　类	Milk	101.8	101.5	102.3
干鲜瓜果类	Melons and Fruits	107.7	108.3	106.4
糖果糕点类	Candy Cakes Category	102.4	102.2	102.6
调味品	Condiment	102.2	102.3	102.1
其他食品类	Other Food and Food Processing Services	102.0	102.0	101.9
茶及饮料	Tea and Beverages	103.4	103.5	103.2
烟　酒	Tobacco and Liquor	100.7	101.4	99.8
烟　草	Tobacco	99.6	99.8	99.4
酒　类	Liquor	102.4	103.7	100.6
在外餐饮	Food for External Use	102.9	102.5	104.2
衣　着	**Clothing**	**102.0**	**101.9**	**102.4**
服　装	Garments	102.3	102.1	102.7
服装材料	Clothing Materials	102.3	102.2	102.5
其他衣着及配件	Other Clothing Accessories	100.9	100.9	100.7

8—3 续表 continued

上年=100（preceding year=100）

类 别	Item	全 省 Provincial Indices	城 市 Urban Indices	农 村 Rural Indices
衣着加工服务费	Clothing Manufacturing Services	102.6	101.9	104.2
鞋 类	Footwear	101.4	101.3	101.7
居 住	**Housing**	**102.1**	**101.7**	**102.9**
租赁房房租	Rental Housing Rentals	101.9	102.2	99.8
住房保养维修及管理	Housing Maintenance and Management	104.0	103.6	104.5
水电燃料	Water, Electricity and Fuel	102.9	102.1	104.3
自有住房	One's Own House	101.1	100.9	101.4
生活用品及服务	**Daily Necessities and Services**	**101.7**	**102.0**	**101.2**
家具及室内装饰品	Furniture and Interior Decorations	101.4	101.9	100.4
家用器具	Household Appliances	101.1	101.3	100.9
家用纺织品	Home Textiles	100.6	100.6	100.6
家庭日用杂品	Household Daily Groceries	101.7	101.9	101.4
个人护理用品	Personal Care Products	101.6	101.7	101.3
家庭服务	Family Service	106.5	106.9	105.6
交通和通信	**Means of Transportation and Communication**	**101.1**	**101.0**	**101.2**
交 通	Transportation	101.9	101.8	102.1
通 信	Communication	99.6	99.6	99.6
教育文化和娱乐	**Education Culture and Entertainment**	**102.2**	**102.2**	**102.3**
教 育	Education	102.8	102.9	102.8
文化娱乐	Cultural and Entertainment	101.1	101.2	100.7
文娱耐用消费品	Entertainment Durable Consumer Goods	98.3	98.2	98.6
旅 游	Traveling	102.3	102.1	103.8
医疗保健	**Medical Insurance**	**102.8**	**102.7**	**102.9**
药品及医疗器具	Medicine and Medical Equipment	105.4	104.7	107.0
医疗服务	Medical Service	101.5	101.7	101.3
其他用品和服务	**Other Supplies and Services**	**100.6**	**100.8**	**100.2**
其他用品类	Other Supplies	99.4	99.5	99.2
其他服务类	Other Services	101.9	103.0	99.1

8—4 商品零售价格分类指数（2018年）
Retail Price Indices by Category of Commodities (2018)

上年=100（preceding year=100）

类 别	Item	全 省 Provincial Indices	城 市 Urban Indices	农 村 Rural Indices
商品零售价格指数	**General Retail Price Index**	**101.9**	**101.9**	**102.1**
食 品	**Food**	**102.4**	**102.5**	**102.0**
粮 食	Grain	100.6	100.6	100.5
薯 类	Potatoes	113.1	114.5	108.7
豆 类	Beans	100.6	100.4	101.1
食用油	Edible Oil	99.3	99.8	98.0
菜	Vegetables	109.9	110.6	107.1
畜肉类	Meat Class	95.4	95.5	95.3
禽肉类	Poultry Meat	107.0	107.0	106.7
水产品	Aquatic Products	98.6	98.6	98.6
蛋 类	Eggs	113.3	113.5	113.0
奶 类	Milk	101.5	101.3	102.2
干鲜瓜果类	Melons and Fruits	107.5	107.7	106.5
糖果糕点类	Candy Cakes Category	102.3	102.3	102.5
调味品	Condiment	102.7	102.9	102.1
其他食品类	Other Food	102.0	102.1	101.9
在外餐饮	Food for External Use	102.6	102.3	104.5
饮料、烟酒	**Beverages, Tobacco and Liquor**	**101.6**	**102.0**	**100.3**
茶及饮料	Tea and Beverages	103.8	103.9	102.9
烟 草	Tobacco	99.7	99.8	99.3
酒 类	Liquor	103.2	103.8	100.6
服装、鞋帽	**Garments, Shoes and Hats**	**101.9**	**101.8**	**102.4**
服 装	Garments	102.1	101.9	102.7
鞋帽袜	Footwear and Hats	101.2	101.1	101.7
其他衣着配件	Other Clothing Accessories	101.3	101.5	100.3
纺织品	**Textiles**	**100.9**	**101.0**	**100.8**
服装材料	Clothing Material	101.9	101.7	102.7
床上用品	Bed Articles	100.7	100.8	100.3
家用电器及音像器材	**Household Electrical Appliance and Audio-video Supplies**	**100.0**	**99.9**	**100.3**
家庭设备	Household Facilities	101.1	101.2	101.0

8—4 续表 continued

上年=100（preceding year=100）

类　　别	Item	全　　省 Provincial Indices	城　　市 Urban Indices	农　　村 Rural Indices
文娱用耐用消费品	Durable Consumer Goods for Recreational Use	98.4	98.2	99.3
专业音像器材	Professional Video Equipment	99.0	99.2	97.8
文化办公用品	**Cultural and Office Articles**	**99.1**	**99.1**	**98.9**
日用品	**Articles for Daily Use**	**101.2**	**101.2**	**101.1**
日用百货	Daily Use Sundry Goods	101.0	101.1	100.9
厨具餐具茶具	Kitchen Utensils Tableware	101.2	101.0	102.0
清洗用品	Washing Articles	102.5	102.8	101.1
其他日用品	Other Articles for Daily Use	100.6	100.6	100.9
体育娱乐用品	**Sports and Recreational Articles**	**99.6**	**99.5**	**100.1**
体育户外用品	Sports Outdoor Supplies	99.1	98.9	100.3
娱乐用品	Recreational Articles	99.7	99.6	100.0
交通、通信用品	**Transportation and Telecommunication Articles**	**97.5**	**97.6**	**97.2**
交通运输机械	Transportation Mechanism	97.5	97.6	97.2
通信器材	Telecommunication Facility	97.5	97.5	97.3
家　具	**Furniture**	**101.9**	**102.1**	**100.6**
化妆品	**Cosmetics**	**101.6**	**101.7**	**101.5**
金银饰品	**Jewelry**	**98.4**	**98.7**	**96.9**
中西药品及医疗保健用品	**Traditional Chinese and Western Medicines and Health Care Articles**	**104.5**	**104.0**	**106.6**
医疗卫生器具	Medical and Health Equipment	102.1	102.4	100.6
中　药	Chinese Medicine	107.2	107.7	105.0
西　药	Western Medicine	105.1	104.3	108.1
保健器具及用品	Health Care Appliances and Articles	102.1	101.6	105.0
书报杂志及电子出版物	**Newspapers, Magazines and Electronic Publications**	**106.7**	**106.6**	**106.7**
教材及参考书	Teaching Materials and Reference Books	109.2	109.2	109.2
书报杂志	Newspapers and Magzines	105.0	105.1	104.6
计算机办公软件	Computer Office Software	97.5	97.6	96.9
燃　料	**Fuels**	**109.0**	**108.5**	**110.9**
煤炭及制品	Coal and Related Products	104.9	104.5	106.0
石油及制品	Petroleum and Related Products	110.0	109.4	112.8
建筑材料及五金电料	**Building Materials, Hardware and Electrical Materials**	**103.6**	**103.5**	**103.8**
建筑装璜材料	Building Decoration Materials	103.8	103.6	104.4
五金水暖	Hardware and Electrical Materials	102.7	103.0	101.3

8—5 调查市、县居民消费价格分类指数（2018年）

Consumer Price Indices by Category and by Surveyed City and County (2018)

上年=100（preceding year=100）

市　县	Surveyed City and County	总指数 General Index	食品烟酒 Food Tobacco and Liquor	食品 Food	#粮食 Grain	食用油 Edible Oil	菜 Vegetables	鲜菜 Fresh Vegetables	畜肉类 Meat Class	禽肉类 Poultry Meat	水产品 Aquatic Products	蛋类 Eggs
合肥市	Hefei	102.0	102.7	103.3	101.4	100.1	114.8	115.8	95.9	106.4	97.8	113.4
淮北市	Huaibei	102.2	102.5	102.5	102.4	99.8	107.9	108.9	95.2	110.8	100.7	110.7
亳州市	Bozhou	102.0	102.7	102.1	99.8	99.0	111.7	112.3	95.1	105.7	95.6	109.3
宿州市	Suzhou	101.9	102.2	102.5	100.3	100.0	108.7	109.6	90.8	113.9	98.3	118.5
蚌埠市	Bengbu	102.2	103.6	103.4	100.5	100.9	111.7	112.8	94.9	111.1	102.8	114.1
阜阳市	Fuyang	101.9	102.7	102.6	99.4	97.7	108.0	108.8	95.6	109.9	95.6	107.8
淮南市	Huainan	101.7	101.7	102.1	100.7	100.3	109.6	110.3	94.2	103.7	99.2	117.9
滁州市	Chuzhou	102.0	103.0	103.2	101.0	102.4	108.6	109.2	97.2	109.5	103.1	116.7
马鞍山市	Maanshan	101.6	101.1	101.3	98.3	101.2	102.8	102.9	96.9	110.2	97.3	115.5
芜湖市	Wuhu	102.3	102.6	102.4	99.4	99.8	106.7	107.2	95.9	102.9	100.7	113.4
宣城市	Xuancheng	102.0	101.9	101.3	99.9	97.0	107.4	108.2	95.0	106.5	95.9	113.8
铜陵市	Tongling	102.1	102.7	102.1	100.6	100.0	109.6	110.2	97.0	102.9	98.0	116.1
安庆市	Anqing	102.0	102.4	102.5	99.4	100.7	110.1	110.3	97.7	102.4	96.8	113.6
六安市	Luan	101.8	101.4	100.9	101.8	97.0	106.9	107.5	94.1	106.3	97.1	112.4
庐江县	Lujiang	101.9	101.3	101.5	103.2	99.0	106.5	107.1	95.2	102.7	98.8	113.9
桐城市	Tongcheng	102.5	102.8	102.2	98.5	95.9	108.0	108.6	98.2	109.1	99.7	112.6
歙县	Shexian	101.9	101.3	101.0	100.0	98.2	107.0	107.7	94.7	110.5	96.2	109.2
阜南县	Funan	102.1	101.6	101.4	100.5	99.1	106.9	107.3	91.7	108.2	101.6	115.3
金寨县	Jinzhai	101.6	101.4	101.5	100.1	98.5	107.5	108.2	96.5	103.8	96.3	113.6

市　县	Surveyed City and County	干鲜瓜果类 Melons and Fruits	茶及饮料 Tea and Beverages	烟酒 Tobacco and Liquor	在外餐饮 Food for External Use	衣着 Clothing	居住 Housing	生活用品及服务 Daily Necessities and Services	交通和通信 Means of Transportation and Communication	教育文化和娱乐 Education Culture and Entertainment	医疗保健 Medical Insurance	其他用品和服务 Other Supplies and Services
合肥市	Hefei	105.7	105.5	101.5	101.3	101.5	101.2	101.9	101.8	102.1	102.1	101.5
淮北市	Huaibei	106.5	102.7	100.5	103.5	101.6	102.5	101.7	101.1	103.2	101.7	100.7
亳州市	Bozhou	111.3	103.1	100.7	105.3	102.3	101.0	101.2	101.0	102.9	102.8	101.5
宿州市	Suzhou	111.7	105.3	101.8	101.3	101.3	102.5	101.9	101.3	101.5	102.5	98.9
蚌埠市	Bengbu	110.2	101.4	102.8	104.6	103.3	101.5	102.5	100.4	100.8	102.1	100.8
阜阳市	Fuyang	114.5	101.2	101.8	103.6	101.6	101.3	101.9	100.3	102.7	102.9	100.5
淮南市	Huainan	108.9	104.1	100.8	100.6	102.1	102.1	103.7	100.5	101.6	102.1	100.6
滁州市	Chuzhou	106.4	103.8	102.5	102.5	101.6	102.2	102.1	100.4	101.6	102.0	100.0
马鞍山市	Maanshan	107.0	106.2	99.7	100.8	101.8	101.8	102.4	100.8	102.0	102.5	101.5
芜湖市	Wuhu	109.2	102.3	103.4	102.6	100.7	102.7	101.2	100.8	102.3	105.3	99.2
宣城市	Xuancheng	106.1	101.3	101.9	104.0	102.3	102.4	101.6	100.9	102.3	102.9	100.1
铜陵市	Tongling	104.2	102.9	100.0	105.6	101.5	101.4	101.3	100.8	102.9	103.0	105.0
安庆市	Anqing	107.4	106.1	100.5	102.2	101.7	102.2	101.7	100.8	102.8	101.8	101.3
六安市	Luan	107.2	101.8	101.0	103.2	103.7	101.0	102.4	100.8	102.3	104.0	100.3
庐江县	Lujiang	104.9	104.4	99.0	102.1	101.6	102.2	101.5	100.8	104.0	102.7	101.5
桐城市	Tongcheng	109.5	100.9	100.2	109.3	101.9	103.9	101.1	101.2	102.9	102.0	99.7
歙县	Shexian	103.6	101.4	99.3	104.9	104.8	102.9	100.7	100.9	101.3	102.9	100.1
阜南县	Funan	104.7	104.2	100.6	104.1	101.9	103.0	101.4	101.3	101.6	105.2	99.1
金寨县	Jinzhai	109.8	105.4	100.2	101.2	102.7	102.8	101.3	102.0	100.4	101.4	100.1

8—6 调查市、县商品零售价格分类指数（2018年）
Retail Price Indices by Category of Commodities and Surveyed City and County (2018)

上年=100（preceding year=100）

市 县 Surveyed City and County		总指数 General Index	#食品 Food	饮料、烟酒 Beverages, Tobacco and Liquor	服装、鞋帽 Clothing, Shoes and Hats	纺织品 Textiles	家用电器及音像器材 Household Electrical Appliance and Audio-video Supplies	文化办公用品 Cultural and Office Articles	日用品 Articles for Daily Use
合肥市	Hefei	101.7	102.8	102.3	101.5	101.6	99.3	99.8	100.0
淮北市	Huaibei	102.1	102.8	100.9	101.7	99.8	100.8	98.6	102.1
亳州市	Bozhou	102.4	102.9	101.2	102.3	102.7	98.9	99.1	101.0
宿州市	Suzhou	102.2	102.2	102.5	101.3	99.2	100.4	99.0	103.3
蚌埠市	Bengbu	102.5	103.7	102.5	103.4	98.2	100.5	98.5	102.7
阜阳市	Fuyang	101.9	102.8	101.7	101.6	101.8	99.7	99.5	100.4
淮南市	Huainan	102.0	101.7	101.5	102.1	100.4	100.4	98.7	103.3
滁州市	Chuzhou	101.8	103.0	102.8	101.7	100.0	100.8	98.5	101.4
马鞍山市	Maanshan	101.3	101.2	101.1	101.7	100.2	98.8	99.2	101.5
芜湖市	Wuhu	101.8	102.5	103.2	100.6	100.6	100.1	98.3	102.0
宣城市	Xuancheng	102.4	102.0	101.8	102.3	100.3	100.4	99.6	100.2
铜陵市	Tongling	101.5	103.0	100.5	101.4	103.2	99.8	98.8	101.4
安庆市	Anqing	101.9	102.4	101.9	101.7	100.7	100.7	98.5	101.8
六安市	Luan	102.3	101.5	101.2	103.7	101.8	101.9	99.0	101.1
庐江县	Lujiang	101.8	101.4	99.8	101.6	97.7	100.7	98.9	101.7
桐城市	Tongcheng	101.9	103.4	100.3	101.8	101.0	100.9	98.8	99.8
歙县	Shexian	102.3	101.6	99.8	104.5	102.1	99.8	98.6	101.4
阜南县	Funan	102.6	101.7	101.1	101.9	104.1	100.2	99.5	101.4
金寨县	Jinzhai	102.1	101.8	100.8	102.9	100.8	99.6	98.3	101.2

市 县 Surveyed City and County		体育娱乐用品 Sports and Recreational Articles	交通、通信用品 Transportation and telecommunication Articles	家具 Furniture	化妆品 Cosmetics	金银饰品 Gold and silver jewellery	中西药品及医疗保健用品 Traditional Chinese and Western Medicines and Health Care Articles	书报杂志及电子出版物 Newspapers, Magzines and Electronic Publications	燃料 Fuels	建筑材料及五金电料 Building Materials, Hardware and Electrical Materials
合肥市	Hefei	100.0	97.8	101.9	100.7	99.6	102.6	107.8	107.5	104.5
淮北市	Huaibei	100.8	97.7	100.2	101.1	100.2	104.6	106.0	110.5	103.4
亳州市	Bozhou	99.7	98.0	102.3	100.7	97.5	106.7	107.3	110.8	102.2
宿州市	Suzhou	99.2	96.5	104.8	100.3	96.2	106.4	104.3	110.5	103.2
蚌埠市	Bengbu	97.3	97.1	104.9	103.0	99.6	105.4	105.9	109.8	101.1
阜阳市	Fuyang	100.2	97.6	102.1	103.4	95.5	104.1	107.9	107.5	103.4
淮南市	Huainan	98.4	98.2	106.1	101.2	97.7	104.0	105.5	107.5	104.7
滁州市	Chuzhou	100.8	95.7	100.0	100.7	97.8	102.7	104.8	110.2	103.8
马鞍山市	Maanshan	97.7	97.6	99.0	108.7	99.8	104.3	105.3	106.7	102.9
芜湖市	Wuhu	99.0	96.8	99.0	102.1	95.5	104.9	105.1	111.1	102.9
宣城市	Xuancheng	100.8	98.2	102.0	101.6	100.3	106.5	106.7	111.0	104.2
铜陵市	Tongling	100.2	97.3	100.4	100.3	98.6	104.1	106.2	106.1	102.5
安庆市	Anqing	99.3	97.8	102.5	100.3	100.7	103.8	106.5	108.5	102.6
六安市	Luan	101.5	97.9	101.0	101.4	98.4	108.0	106.8	108.8	102.4
庐江县	Lujiang	100.7	96.6	100.3	100.8	98.9	106.0	106.8	109.7	104.3
桐城市	Tongcheng	100.5	97.1	101.3	101.4	95.8	102.4	106.5	109.7	103.0
歙县	Shexian	99.9	98.4	97.5	100.4	96.5	108.8	106.9	110.3	103.5
阜南县	Funan	99.0	97.5	101.8	103.8	95.4	110.4	106.8	113.2	104.5
金寨县	Jinzhai	100.3	96.4	101.2	101.0	98.5	106.5	106.6	112.2	103.2

8—7 农业生产资料价格分类指数
Price Indices of Agricultural Means of Production by Category

上年=100（preceding year=100）

类　别	Item	2005	2010	2015	2017	2018
总　指　数	**General Index**	**108.3**	**102.0**	**101.6**	**101.3**	**101.5**
农用手工工具	Hand Tools for Agriculture uses	111.1	99.4	102.3	103.1	102.8
饲　料	Forage	107.6	104.5	97.4	102.4	100.8
仔畜幼畜及产品畜	Young Animals and Livestock	114.7	106.1	117.2	81.3	77.0
半机械化农具	Semi-mechanized Farm Tools	105.0	99.0	99.2	101.2	101.2
机械化农具	Mechanized Farm Machinery	106.2	96.9	99.9	101.4	100.3
化学肥料	Chemical Fertilizer	109.0	99.6	100.6	105.5	108.3
农药及农药械	Pesticide & Its Appliances	103.9	99.0	100.5	100.3	101.3
农机用油	Agricultural Oil	107.9	111.4	91.0	110.9	113.1
其他农业生产资料	Other Agricultural Means of Production		104.4	101.1	102.5	99.8
农业生产服务	Agricultural Production Service		104.0	104.5	100.7	100.4

注：农用手工工具2005年以前为小农具。仔畜幼畜及产品畜2016年以前为产品畜。农机用油2016年以前为农用机油。（下同）

a) Before 2005 hand tools for agriculture were small farm tools. Young animals and livestock products 2016 years ago for the livestock products. Agricultural oil used before 2016 for agricultural oil. (the same below)

8—8 调查市、县农业生产资料价格指数（2018年）
Price Indices of Agricultural Means of Production by Category and Surveyed City and County (2018)

上年=100（preceding year=100）

市　县 Surveyed City and County	总指数 General Index	农业手工工具 Hand Tools for Agriculture uses	饲料 Forage	仔畜幼畜及产品畜 Young Animals and Livestock	半机械化农具 Semimechanized Farm Tools	机械化农具 Mechanized Farm Machinery	化学肥料 Chemical Fertilizer	农药及农药械 Pesticide & Its Appliances	农机用油 Agricultural Oil	其他农业生产资料 Other Agricultural Means of Production	农业生产服务 Agricultural Production Service
庐江县 Lujiang	101.1	101.4	103.9	74.6	100.0	99.9	107.6	101.0	113.0	99.7	100.0
桐城市 Tongcheng	101.3	100.5	94.8	79.2	99.8	97.3	110.1	103.1	113.0	99.4	104.6
歙　县 Shexian	101.0	112.0	101.3	75.8	109.1	106.6	105.3	101.9	112.5	99.8	97.4
阜南县 Funan	100.9	103.7	98.3	75.4	101.4	98.7	107.7	101.0	112.8	98.7	100.0
金寨县 Jinzhai	103.6	100.2	104.3	82.7	98.8	101.9	109.8	98.1	113.7	102.3	100.7

8—9 农产品生产者价格指数
Producer Price Indices of Agricultural Products

上年=100（preceding year=100）

类　　别	Item	2010	2015	2017	2018
总指数	**General Index**	**110.82**	**99.76**	**98.41**	**99.04**
农业产品	**Agricultural Products**	**114.77**	**97.84**	**102.46**	**99.36**
谷　物	Cereal	109.97	98.25	103.96	96.92
小　麦	Wheat	107.65	97.93	108.50	97.50
稻　谷	Rice	110.43	99.27	101.07	95.59
玉　米	Corn	117.58	92.52	96.67	103.31
薯　类	Tubers	119.94	101.20	92.86	105.25
豆　类	Beans	115.38	95.64	99.94	92.24
油　料	Oil-bearing Crops	116.19	96.45	112.66	102.61
棉　花	Cotton	161.74	87.09	102.36	101.79
蔬　菜	Vegetables	115.16	99.96	92.87	105.18
茶	Tea	122.92	95.96	103.01	100.43
林业产品	**Forestry Products**	**106.36**	**95.26**	**96.59**	**100.96**
木　材	Timber	103.90	97.42	95.12	101.88
原　木	Logs	103.88	97.42	95.12	101.88
竹　材	Bamboo Material	103.07	93.01	97.62	97.26
牧　业(饲养动物及其产品)	**Animal Husbandry (Breeding Animals and Their Products**	**104.26**	**105.05**	**88.71**	**96.19**
活牲畜	Livestock Breeding (Live Animals)	108.25	108.47	86.14	88.33
牛	Cattle and Buffalo	105.45	98.32	101.55	105.91
羊	Sheep and Goats	111.29	80.90	104.29	118.03
猪	Pig	99.31	112.38	82.53	83.32
家　禽	Poultry	106.95	101.43	94.95	107.15
鸡	Chicken	105.93	101.61	94.30	106.29
鸭	Duck	110.51	100.00	102.96	115.26
禽　蛋	Poultry Eggs	106.65	94.19	89.98	120.42
鸡　蛋	Chicken Eggs	106.69	94.21	89.49	119.77
奶　类	Dairy Products	112.62			
渔　业	**Fishery**	**106.89**	**99.62**	**101.17**	**103.19**
淡水养殖产品	Aquatic products in Inland Water	106.89	99.62	101.17	103.19
养殖淡水鱼	Freshwater Fishes	105.57	100.47	103.64	103.29
养殖淡水虾	Freshwater Shrimps		103.53	100.62	101.61
养殖淡水蟹	Freshwater Crabs		90.15	83.23	103.87
其他淡水养殖产品	Other Freshwater Aquatic Products	111.10	94.79	94.96	103.52

8—10 工业生产者出厂价格分类指数
Producer Price Indices for Indnstrial Products by Category

上年=100（preceding year=100）

年份 Year	总指数 Total Industry Products	生产资料 Means of production	采掘工业 Mining & Quarrying Industry	原材料工业 Raw Materials Industry	加工工业 Manufa-cturing Industry	生活资料 Consumer Goods	食品 Food	衣着 Clothing	一般日用品 Articles for Daily Use	耐用消费品 Durable Consumer Goods
2005	103.25	104.91	113.04	111.06	100.47	98.93	99.60	100.32	101.84	96.67
2010	108.98	110.86	111.45	116.89	108.12	103.03	104.96	101.97	102.67	100.45
2011	108.30	109.20	104.80	111.20	108.80	105.60	108.90	107.50	106.40	100.40
2012	98.30	97.00	96.90	99.20	96.00	101.70	102.60	103.10	100.30	101.10
2013	98.20	96.90	92.90	96.60	97.50	101.50	102.60	102.70	101.60	99.90
2014	97.40	96.20	90.10	95.70	97.10	100.70	101.00	102.50	100.90	99.80
2015	93.94	91.65	81.10	91.02	93.12	100.17	99.91	101.37	100.02	100.33
2016	98.50	98.10	98.80	96.30	98.60	99.40	100.00	99.90	99.20	98.60
2017	107.98	110.80	126.41	114.71	108.17	101.06	101.37	101.45	100.51	100.95
2018	103.03	103.90	99.56	106.68	103.50	100.66	99.81	103.15	101.00	100.83

8—11 工业生产者出厂价格轻重工业分类指数
Sub-index of Light and Heavy industry of Ex-factory Industrial Producer Price Index

上年=100（preceding year=100）

年份 Year	轻工业 Light Industry	以农产品为原料 Using Farm Products as Raw Materials	以非农产品为原料 Using Non-farm Products Raw Materials	重工业 Heavy Industry	#采掘工业 Mining and Quarrying	原料工业 Raw Materials Industry	加工工业 Manufac-turing Industry
2005	99.05	99.54	98.62	106.31	112.59	111.32	101.36
2010	104.77	106.38	103.19	111.36	110.97	116.63	108.11
2011	107.70	109.90	103.60	108.50	104.80	110.90	107.70
2012	101.40	101.30	101.50	97.10	96.90	99.30	96.10
2013	101.50	102.20	100.10	96.90	92.90	96.90	97.40
2014	100.40	100.80	99.80	96.30	90.10	95.90	97.20
2015	99.64	99.47	99.96	91.82	81.10	91.17	93.33
2016	99.10	99.40	98.60	98.20	98.80	96.30	98.80
2017	101.81	102.18	101.28	110.74	126.41	114.37	108.02
2018	100.93	100.99	100.84	103.88	99.56	106.46	103.50

8—12 工业生产者购进价格分类指数
Industrial Products Purchased from the Price Indices by Category

上年=100（preceding year=100）

年份 Year	全部原材料 Total Raw and Other Materials	#燃料、动力类 Fuel and Power	黑色金属材料 Ferrous Metals	有色金属材料和电线类 Nonferrous Metals	化工原料 Industrial Chemicals	木材及纸浆 Timber and Paper Pulp	建筑材料及非金属矿类 Building Materials and Nonmetal Mine Since	其他工业原材料及半成品 Other Raw Materials and Semi-finished Products	农副产品 Agricultural and Subsidiary Products	纺织原料 Textile Raw Material
2005	107.13	114.95	108.07	116.42	106.87	103.47	106.55	104.35	98.16	95.41
2010	111.76	110.91	113.45	124.92	111.29	103.92	106.94	105.90	110.05	108.52
2011	110.80	112.90	110.10	116.10	109.50	108.70	117.40	103.90	116.30	112.10
2012	98.20	100.10	94.00	95.40	97.10	104.40	98.30	98.10	103.10	96.20
2013	96.90	91.60	96.90	93.80	97.90	99.60	95.70	98.70	103.40	100.30
2014	97.20	93.30	95.90	95.60	98.30	100.40	99.80	98.40	100.80	99.10
2015	93.46	89.45	88.16	90.58	94.04	99.73	98.66	97.40	96.65	96.88
2016	98.40	95.70	97.10	101.60	96.80	99.50	96.10	99.70	98.50	100.80
2017	109.20	114.53	114.08	122.19	109.14	104.84	105.62	104.52	101.37	104.65
2018	105.27	110.10	106.79	107.81	104.43	103.08	106.91	104.09	107.13	104.09

8—13 固定资产投资价格指数
Price Indices of Investment in Fixed Assets

上年=100（preceding year=100）

年份 Year	固定资产投资 Investment in Fixed Assets	建筑安装工程 Construction and Installation	设备工器具购置 Purchase of Equipment, Tools and Instruments	其他费用 Others
2005	101.04	100.98	100.33	102.26
2010	105.35	107.51	101.23	101.54
2011	108.13	110.99	101.93	103.96
2012	100.97	101.27	99.15	102.29
2013	100.15	100.31	98.97	101.20
2014	100.30	100.40	99.60	101.00
2015	96.87	95.45	99.31	100.78
2016	99.21	99.31	98.46	100.19
2017	107.40	109.88	100.61	100.81
2018	105.80	108.50	101.00	100.80

主要统计指标解释

居民消费价格指数

是度量消费商品及服务项目价格水平随着时间而变动的相对数，反映居民家庭购买的消费品及服务价格水平的变动情况。它是宏观经济分析和决策、价格总水平监测和调控以及国民经济经济核算的重要指标。其按年度计算的变动率通常被用来作为反映通货膨胀（或紧缩）程度的指标。

商品零售价格指数

商品的零售价格是商品在流通过程中最后一个环节的价格，是工业、商业、餐饮业和其他零售企业向城乡居民、机关团体出售生活消费品和办公用品的价格。商品零售价格指数，反映了市场商品零售价格的变动趋势和变动程度，为国家宏观调控和国民经济核算提供参考依据。同时，还可以在此基础上编制其他派生价格指数。

农产品生产者价格指数

是反映一定时期内，农产品生产者出售农产品价格水平变动趋势及幅度的相对数。该指数可以客观反映全省农产品生产者价格水平和结构变动情况，满足农业与国民经济核算需要。其中某代表品生产者价格指数是通过对全部有出售该产品行为的调查单位的个体指数进行几何平均求得的，类价格指数是通过对其所属的类（或代表品）的价格指数进行加权平均求得的。季度累计价格指数的计算方法与分季指数的计算方法相同。

农业生产资料价格指数

指反映一定时期内农业生产资料价格变动趋势和程度的相对数。其编制目的是了解农业生产中投入物质资料价格的变动状况，服务于国民经济核算。

工业生产者出厂价格指数

是反映各工业行业产品出厂价格总水平的变动趋势和程度的相对数。为国民经济核算、测算工业发展速度、宏观经济分析和调控、理顺价格体系提供依据。

工业生产者购进价格指数

是反映工业企业作为生产投入，而从物资交易市场和能源、原材料生产企业购买原材料、燃料和动力产品时，所支付的价格水平变动趋势和程度的统计指标，是扣除工业企业物质消耗成本中的价格变动影响的重要依据。

目前，我国编制的原材料、燃料和动力购进价格指数所调查的产品包括燃料动力、黑色金属、有色金属、化工、建材等九大类的900多种产品。

固定资产投资价格指数

是反映固定资产投资额价格变动趋势和程度的相对数。固定资产投资额是由建筑安装工程投资完成额、设备、工器具购置投资完成额和其他费用投资完成额三部分组成的。编制固定资产投资价格指数应首先分别编制上述三部分投资的价格指数，然后采用加权算术平均法求出固定资产投资价格总指数。

编制固定资产投资价格指数可以准确地反映固定资产投资中涉及的各类商品和取费项目价格变动趋势和变动幅度，消除按现价计算的固定资产投资指标中的价格变动因素，真实地反映固定资产投资的规模、速度、结构和效益，为国家科学地制定、检查固定资产投资计划并提高宏观调控水平，为完善国民经济核算体系提供科学的、可靠的依据。

Explanatory Notes for Major Statistical Indicators

Resident's Consumer Price Index

As relative index which measures the change in price level of a group of representative consumer goods and services with the passage of time, reflecting the changes in prices of consumer goods and services purchased by residents. It is an important index of macroscopic economic analysis and decisions, general price level monitoring, adjustment and control, and national business accounting. Its changing rate by the year is usually regarded as reflecting the degree of inflation (or tightens).

Retail Price Index

Retail price of goods is the price of the last link in the circulating course. It is the price of consumer goods and official supplies sold to urban and rural residents or organs by industrial, commercial, catering trade and other retail enterprises. Retail price index reflects the trend and degree of changes in retail price of market commodities. It offers the consulting basis of national macroscopic adjustment and control and national business accounting. Besides, other deriving price indices could be worked out basing on it.

Producer Price Indices of Agricultural Production

reflect the trend and degree of changes in producers' prices received by farmers when they sell farm products during a given period. These indices depict the change in the level and structure of producer prices for farm products of the province and meet the needs of agricultural statistics and national accounts statistics. The producer price index for a given product is calculated as the geometrical mean of individual indices for all surveyed units which sell such product, and the indices for a product category is obtained as the weighted mean of price indices for all products in the category. Method for calculating accumulative quarterly indices is the same as for calculating the individual quarterly indices.

Price Indices for Means of Agricultural Production

reflect the relative number of trend and degree of changes in the prices of the means of agricultural production during a given period. Compilation of these indices helps to understand the price changes of material input in agricultural production and serves national economic accounts.

Ex-factory Price Index of Industrial Products

reflects the trend and degree of changes in general ex-factory prices of all industrial products. It offers basis of national business accounting, calculating industrial development speed, national macroscopic analysis, adjustment and control and rationalizing the price system.

Indices of Purchasing Prices of Raw Materials, Fuels and Power

reflect changes in the level and degree of prices paid by industrial enterprises when they purchase production input such as raw materials, fuels and power from the market or from other energy or raw materials producing enterprises. These indices provide important basis for measuring the material consumption of industrial enterprises after removing influence of price changes.

At present, over 900 products in 9 categories, including fuels and power, ferrous metals, non-ferrous metals, chemicals, building materials, are covered in China for the survey to produce indices of purchasing prices of raw materials, fuels and power.

Price Index of Investment in Fixed Assets

reflects the trend and degree of changes in prices of investment in fixed assets. The investment in fixed assets consists of three components, namely the investment in construction and installation, the investment in purchases of equipment and instrument, and the investment in other items. Price index of investment in fixed assets is calculated as the weighted arithmetic mean of the price indices of the three components of investment in fixed assets.

Removing the factor of price change in the aggregates of investment at current prices, this indicator shows the changes in the prices of commodities and fees involved in the investment of fixed assets, and can be used to observe the actual size, growth, structure, and efficiency of investment in fixed assets and provides reliable and scientific data for government planning, management, decision making, and further improving the current national accounting system.

第九篇

Chapter 9

LIVELIHOOD OF
URBAN AND RURAL PEOPLE

简要说明

一、本篇资料内容主要反映城乡居民收支和生活状况，包括居民家庭基本情况、居民收支、消费水平、居住状况及主要消费品拥有量等。

二、本篇资料来源于城乡一体化住户调查。自2013年以来，城乡一体化住户调查整合城乡住户调查资源，统一调查指标、统一抽样方法、统一调查过程、统一数据处理和统一数据发布，由安徽调查总队根据国家统计局《住户收支与生活状况调查方案》组织实施，其调查目的是为全面了解全省和分市、县（区）城乡常住居民收入、生活现状及变化情况，全面准确地反映居民收入分配格局，满足各级政府制定政策计划和进行宏观管理的需要，以及社会各界的信息需求，为国民经济核算提供基础数据。

Brief Introduction

I. This chapter material content mainly reflects the urban and rural residents' income and living conditions, including residents family basic situation, income, consumption level, living condition and the main consumer ownership, etc.

II. This chapter material content is derived from the integrationization of urban and rural household survey. Since 2013, the integrationization of urban and rural household survey has been unifing urban and rural household survey resources unified index, sampling method and survey process, data processing and data releasing. According to the resident income and life condition investigation plan of the national bureau of statistics, the survey office in Anhui organized the implementation. Survey aim is for comprehensive understanding of the province and city and county (district) of urban and rural residents income, living status and changing situation, comprehensive accurately reflecting the residents income distribution pattern, providing for all levels of government policy planning and the need of macro management, and information demanding to the social, and basic data for the national economic accounting.

9—1 人民物质文化生活情况
People's Material and Cultural Life

项 目		Item		2017	2018
就 业		**Employment**			
城镇每一从业人口负担人数	（人）	Number of Persons Burdened by Each Employed Population in Cities and Towns	(person)		1.81
农村每一从业人口负担人数	（人）	Number of Persons Burdened by Each Employed Population in Rural Areas	(person)		1.75
城镇登记失业率	（%）	Urban Unemployment Rate	(%)	2.88	2.83
收 入		**Income of Rural and urban Residents**			
城镇居民可支配收入	（元）	Annual per Capita Disposable Income of Urban		31640	34393
农村居民可支配收入	（元）	Annual per Capita Net Income of Rural Residents	(yuan)	12758	13996
城镇居民恩格尔系数	（%）	Engle Coefficient of Urban Households	(%)	32.1	31.0
农村居民恩格尔系数	（%）	Engle Coefficient of Rural Households	(%)	33.5	33.0
城镇非私营单位就业人员平均工资	（元）	Average Wage for the Employment of Urban Non Private Units	(yuan)	65150	74378
现住房面积	**（平方米）**	**Per Capita Floor Space of Residential Buildings**	**(sq.m)**		
城镇常住居民人均住房建筑面积		Urban Areas (Net)		37.44	41.19
农村常住居民人均住房建筑面积		Rural Areas (Net)		50.74	52.94
交 通		**Traffic**			
城镇每百户拥有家用汽车	（辆）	Number of Home Car Cycles per 100 Households in Urban Areas	(unit)	28.57	31.98
城镇每百户拥有摩托车	（辆）	Number of Motor Cycles per 100 Households in Urban Areas	(unit)	14.74	15.21
城市公用事业		**Public Utilities in Urban Areas**			
用水普及率	（%）	Percentage of Population With Access to Tap Water	(%)	99.43	99.75
燃气普及率	（%）	Ratio of Access to Tap Water	(%)	98.57	98.56
人均公园绿地面积	（平方米）	Per Capita Park Greenery Area	(sq.m)	14.32	14.67
文 化		**Culture**			
城镇每百户有彩色电视机	（台）	Number of Color TV Sets per 100 Household in Urban Areas	(unit)	133.83	132.91
农村每百户有彩色电视机	（台）	Number of Color TV Sets per 100 Household in Rural Areas	(unit)	127.41	129.12
广播人口覆盖率	（%）	Broadcast Covering Ratio of Population	(%)	99.04	99.84
电视人口覆盖率	（%）	TV Covering Ratio of Population	(%)	99.19	99.83
教 育		**Education**			
学龄儿童入学率	（%）	Enrollment Ratio of School-age Children	(%)	99.99	99.98
每万人口中高等教育人数	（人）	Number of Higher Education per 10000 Ppopulation	(person)	225	225
卫 生		**Public Health**			
每万人医院病床数	（张）	Number of Hospital Beds per 10000 Persons	(unit)	37.45	40.10
每万人有执业（助理）医师数	（人）	Number of Licensed (Assistant) Physicians per 10000 Persons	(person)	19.41	20.05

9—2 城镇居民家庭基本情况
Basic Conditions of Urban Households

项　　目		Item		2017	2018
平均每户常住人口	**（人）**	**Average Resident Population per Household**	**(person)**	**2.9**	**3.0**
平均每一就业者负担人数（包括就业者本人）	**（人）**	**Number of Persons Supported by Each Employee Including the Employee Himself or Herself**	**(persons)**		**1.81**
平均每人全部年收入	**（元）**	**Per Capita Annual Income**	**(yuan)**	**34672**	**38470**
#可支配收入		Disposable Income		31640	34393
工资性收入		Wages Income		19756	20974
经营净收入		Net Income From Business		4721	5548
财产净收入		Property Income		2311	2708
转移净收入		Transfer Income		4852	5163
平均每人消费性支出	**（元）**	**Per Capita Annual Living Expenditures for Consumption**	**(yuan)**	**20740**	**21523**
#食　品		Food		6665	6672
衣　着		Clothing		1544	1661
居　住		Residence		4235	4910
生活用品及服务		Supplies and Services		1215	1321
交通和通信		Transportation and Communications		2914	2630
教育文化娱乐服务		Education, Cultural & Recreation Service		2372	2372
医疗保健		Medicine and Medical Service		1275	1419
其他用品和服务		Other goods and Services		520	536
平均每人消费性支出构成（人均消费性支出=100）	**(%)**	**Composition of per Capita Annual Living Expenditures for Consumption**	**(%)**	**100.00**	**100.00**
#食　品		Food		32.14	31.00
衣　着		Clothing		7.45	7.72
居　住		Residence		20.42	22.81
生活用品及服务		Supplies and Services		5.86	6.14
交通和通信		Transportation and Communications		14.05	12.22
教育文化娱乐服务		Education, Cultural & Recreation Service		11.44	11.02
医疗保健		Medicine and Medical Service		6.15	6.59
其他用品和服务		Other goods and Services		2.51	2.49

9—3 按收入等级分的城镇居民家庭年人均可支配收入（2018年）
According to the Income are Rated Annual Per Capita Disposable Income of Urban Households (2018)

单位：元（yuan）

项　　目	Item	总平均 The Total Average	低收入户 Low Income Households	中低收入户 In low and Middle-income Households	中等收入户 Middle Income Households	中高收入户 Middle High Income Families	高收入户 High Income Households
家庭总收入	**Total Income**	**38470**	**15931**	**24783**	**34131**	**46307**	**85831**
#可支配收入	Disposable Income	34393	10740	22318	31360	43099	78428
工资性收入	Wages Income	20974	6994	13603	18684	26003	48092
经营净收入	Net Income From Business	5548	745	4010	5185	6597	13741
财产净收入	Property Income	2708	1052	1592	2217	3484	6326
转移净收入	Transfer Income	5163	1948	3113	5273	7015	10270

9—4 按收入等级分的城镇居民家庭年人均支出（2018年）
According to the Per Capita Income of Urban Households are Rated Years Spending (2018)

单位：元（yuan）

项　　目	Item	总平均 The Total Average	低收入户 Low Income Households	中低收入户 In low and Middle-income Households	中等收入户 Middle Income Households	中高收入户 Middle High Income Families	高收入户 High Income Households
家庭总支出	**Total Expenditure**	**30971**	**20557**	**21324**	**27553**	**36130**	**57462**
#消费性支出	Consumption Expenditure	21523	12809	15731	19765	25719	39266
财产性支出	Property Expenditure	283	102	167	259	315	692
转移性支出	Transfer Expenditure	1760	887	1094	1503	1871	4121
#社会保障支出	Social Protection Expenditure	1408	740	923	1268	1518	3078
借贷支出	**Loan Expenditure**	**1661**	**1131**	**938**	**1342**	**1811**	**3645**

9—5 按收入等级分的城镇居民家庭年人均消费性支出（2018年）

Per Capita Annual Living Expenditure of Urban Households by Income Scale (2018)

单位：元（yuan）

项　　目	Item	总平均 The Total Average	低收入户 Low Income Households	中低收入户 In low and Middle-income Households	中等收入户 Middle Income Households	中高收入户 Middle High Income Families	高收入户 High Income Households
消费性支出	**Total Living Expenditures**	**21523**	**12809**	**15731**	**19765**	**25719**	**39266**
食品烟酒	Food Alcohol and Tobacco	6672	4359	5452	6587	7873	10356
衣　着	Clothing	1661	841	1120	1545	2034	3288
居　住	Residence	4910	2745	3618	4458	5877	9221
生活用品及服务	Supplies and Services	1321	765	810	1101	1516	2874
交通和通信	Transportation and Communications	2630	1569	1708	2212	3174	5313
教育文化娱乐服务	Education, Cultural & Recreation Service	2372	1446	1746	2300	2686	4283
医疗保健	Medicine and Medical Service	1419	856	963	1154	1880	2651
其他用品和服务	Other Commodities and Services	536	227	315	406	680	1279

9—6 按收入等级分的城镇居民家庭年人均消费性支出构成（2018年）

Composition of Per Capita Annual Living Expenditure of Urban Households by Income Scale (2018)

单位：%

项　　目	Item	总平均 The Total Average	低收入户 Low Income Households	中低收入户 In low and Middle-income Households	中等收入户 Middle Income Households	中高收入户 Middle High Income Families	高收入户 High Income Households
消费性支出	**Total Living Expenditures**	**100.00**	**100.00**	**100.00**	**100.00**	**100.00**	**100.00**
食品烟酒	Food Alcohol and Tobacco	31.00	34.03	34.66	33.33	30.61	26.37
衣　着	Clothing	7.72	6.57	7.12	7.82	7.91	8.37
居　住	Residence	22.81	21.43	23.00	22.56	22.85	23.48
生活用品及服务	Supplies and Services	6.14	5.97	5.15	5.57	5.89	7.32
交通和通信	Transportation and Communications	12.22	12.25	10.86	11.19	12.34	13.53
教育文化娱乐服务	Education, Cultural & Recreation Service	11.02	11.29	11.10	11.64	10.44	10.91
医疗保健	Medicine and Medical Service	6.59	6.68	6.12	5.84	7.31	6.75
其他用品和服务	Other Commodities and Services	2.49	1.77	2.00	2.06	2.64	3.26

9—7 按收入等级分的城镇居民家庭平均每百户年末耐用消费品拥有量（2018年）

Number of Durable Consumer Goods Owned Per 100 Urban Households at Year-end by Level of Income (2018)

项 目		Item		总平均 The Total Average	低收入户 Low Income Households	中低收入户 In low and Middle-income Households	中等收入户 Middle Income Households	中高收入户 Middle High Income Families	高收入户 High Income Households
家用汽车	（辆）	Household Automobile	(unit)	31.98	18.52	27.27	28.90	36.22	48.98
摩托车	（辆）	Motorcycle	(unit)	15.21	17.87	19.03	15.66	12.84	10.63
助力车	（辆）	Man-drawn Vehicle	(unit)	89.54	105.41	95.85	93.97	84.34	68.15
洗衣机	（台）	Washing Machine	(set)	97.80	92.42	96.23	98.90	101.68	99.78
电冰箱	（台）	Refrigerator	(set)	101.22	98.51	101.61	101.33	103.12	101.54
微波炉	（台）	Microwave Oven	(set)	61.61	41.16	54.44	63.65	71.33	77.46
彩电	（台）	Color TV	(set)	132.91	127.65	131.07	132.46	135.02	138.35
空调器	（台）	Air Conditioner	(set)	175.35	136.79	155.75	168.36	194.80	221.03
热水器	（台）	Water Heater	(set)	104.80	99.20	105.39	102.81	106.75	109.84
#太阳能热水器		Solar Water Heater		58.72	67.23	66.19	58.74	53.99	47.45
洗碗机	（台）	Dishwasher	(set)	1.22	0.66	0.38	1.32	1.04	2.73
排油烟机	（台）	Kitchen Ventilator	(set)	77.34	62.21	75.04	77.54	83.25	88.64
固定电话	（部）	Telephone	(unit)	25.92	24.92	20.88	24.77	28.06	30.96
移动电话	（部）	Mobile Telephone	(unit)	246.01	251.20	258.16	251.06	241.51	228.11
计算机	（台）	Computer	(set)	66.16	42.10	57.15	61.33	75.53	94.64
#接入互联网		Access to the internet		49.73	26.65	41.95	43.76	57.30	78.98
照相机	（架）	Camera	(unit)	14.84	4.38	8.31	12.46	16.79	32.22
中高档乐器	（台）	Medium Upscale Musical Instrument	(set)	7.49	1.89	4.42	6.92	8.11	16.09
健身器材	（套）	Healthy Equipment	(unit)	6.97	2.32	3.93	7.04	9.26	12.29

9—8 按收入等级分的城镇居民家庭平均全年购买商品数量（2018年）

Average Number of Commodities Purchased by Urban Households According to Income Grade is the Whole Year (2018)

项 目		Item		总平均 The Total Average	低收入户 Low Income Households	中低收入户 In low and Middle-income Households	中等收入户 Middle Income Households	中高收入户 Middle High Income Families	高收入户 High Income Households
洗衣机	（台/百户）	Washing Machine	(unit/100 household)	5.71	5.60	4.34	5.03	6.80	6.79
电冰箱	（台/百户）	Refrigerator	(unit/100 household)	5.50	4.73	4.34	6.09	7.56	4.75
空调器	（台/百户）	Air Conditioners	(unit/100 household)	9.26	7.89	7.01	6.63	10.04	14.75
移动电话	（部/百户）	Mobile Telephone Subscribers	(unit/100 household)	45.11	41.52	43.07	46.19	47.35	47.40
彩色电视机	（台/百户）	Color Television Set	(unit/100 household)	4.96	5.71	4.60	3.38	5.90	5.22

9—9 农村居民家庭基本情况
Basic Conditions of Rural Households

项 目	Item	2017	2018
平均每户常住人口 （人）	**Average Resident Population per Household (person)**	**2.96**	**3.08**
平均每个劳动力负担人口（含本人）（人）	**Average Number of Persons Supported by a Laborer (including the laborer himself of herself) (person)**		**1.75**
平均每人年收入 （元）	**Per Capita Annual Income (yuan)**		
总收入	Total Revenue	16983.01	18589.97
工资性收入	Wages Income	4624.02	5057.99
家庭经营收入	Household Business Income	8875.53	9478.84
财产性收入	Property Income	252.77	297.83
转移性收入	Transfer Income	3230.69	3755.31
现金收入	Cash Income	15949.79	13595.24
工资性收入	Wages Income	4591.22	5000.36
家庭经营收入	Household Business Income	8066.02	5263.16
财产性收入	Property Income	252.77	256.03
转移性收入	Transfer Income	3039.77	3075.69
平均每人年支出 （元）	**Per Capita Annual Expenditures (yuan)**		
总支出	Total Expenditure	18137.25	20988.31
消费支出	Cash Comsumption Expenditure	11106.08	12748.08
生产经营费用支出	Production and Operating Expenditure	3471.40	3524.90
财产性支出	Cash Property Expenditure	33.83	41.80
转移性支出	Cash Transfer Expenditure	341.60	484.90
部分商业保险支出	Part of Commercial Insurance Expenditure	35.58	47.57
购置资产及非经常性转移支出	Acquisition of Assets and Non-recurring Transfer Expenditure	2838.16	3515.62
借贷性支出	Lending Expenditure	310.59	625.43
现金支出	Cash Expenditure	15907.01	18379.68
现金消费支出	Cash Comsumption Expenditure	8936.32	10193.63
生产经营现金费用支出	Cash Production and Operating Expenditure	3410.93	3470.72
现金财产性支出	Cash Property Expenditure	33.83	41.80
现金转移性支出	Cash Transfer Expenditure	341.60	484.90
部分商业保险支出	Part of Commercial Insurance Expenditure	35.58	47.57
购置资产及非经常性转移支出	Acquisition of Assets and Non-recurring Transfer Expenditure	2838.16	3515.62
借贷性支出	Lending Expenditure	310.59	625.43

9—10 农村居民人均收支情况
Per Capita Cash Income and Expenditure of Rural Residents

单位：元（yuan）

项　　目	Item	2017	2018
总收入	**Total Income**	**16983.01**	**18589.97**
工资性收入	Wage Income	4624.02	5057.99
家庭经营收入	Income From Household Business	8875.53	9478.84
财产性收入	Property Income	252.77	297.83
转移性收入	Transfer Income	3230.69	3755.31
可支配收入	**Net Income**	**12758.22**	**13996.02**
期内现金收入合计	**Total Income During the Period**	**15949.79**	**17592.66**
工资性收入	Wage Income	4591.22	5000.36
家庭经营收入	Income From Household Business	8066.02	8733.88
财产性收入	Property Income	252.77	297.83
转移性收入	Transfer Income	3039.77	3560.59
期内现金支出合计	**Total Cash Expenditure in the Period**	**15907.01**	**18379.68**
现金消费支出	Cash Comsumption Expenditure	8936.32	10193.63
生产经营现金费用支出	Cash Production and Operating Expenditure	3410.93	3470.72
现金财产性支出	Cash Property Expenditure	33.83	41.80
现金转移性支出	Cash Transfer Expenditure	341.60	484.90
部分商业保险支出	Part of Commercial Insurance Expenditure	35.58	47.57
购置资产及非经常性转移支出	Acquisition of Assets and Non-recurring Transfer Expenditure	2838.16	3515.62
借贷性支出	Lending Expenditure	310.59	625.43

9—11 农村居民家庭平均每人生活消费支出
Per Capita Living Expenditure of Rural Households

单位：元（yuan）

项　目	Item	2017	2018
生活消费支出	**Living Expenditure**	**11106.08**	**12748.08**
按消费类别分	**By Category of Consumption**		
食品烟酒	Food Alcohol and Tobacco	3726.01	4208.26
衣　着	Clothing	565.64	635.01
居　住	Residence	2618.17	3013.25
生活用品及服务	Household Facilities, Articles and Services	588.96	772.45
交通通信	Transportation and Communications	1346.03	1556.14
教育文化娱乐	Cultural, Educational and Recreational Articles and Services	1074.96	1271.11
医疗保健	Medicines and Medical Services	1006.81	1036.65
其他用品和服务	Other Commodities and Services	179.51	255.21
按消费性质分	**By Source of Consumption**		
现金消费支出	**Consumption Paid in Money**	**8936.32**	**10193.63**
食品烟酒	Food Alcohol and Tobacco	3399.24	3941.08
衣　着	Clothing	565.06	634.34
居　住	Residence	953.77	918.94
生活用品及服务	Household Facilities, Articles and Services	584.20	765.47
交通通信	Transportation and Communications	1345.59	1527.76
教育文化娱乐	Cultural, Educational and Recreational Articles and Services	1074.71	1270.87
医疗保健	Medicines and Medical Services	835.69	882.33
其他用品和服务	Other Commodities and Services	178.06	252.85

9—12 农村居民家庭平均每人生活消费支出构成
Composition of per Capita Living Expenditure of Rural Households

单位：%

项　目	Item	2017	2018
生活消费支出	**Living Expenditure**		
按消费类别分	**By Category of Consumption**		
食品烟酒	Food Alcohol and Tobacco	33.55	33.01
衣　着	Clothing	5.09	4.98
居　住	Residence	23.57	23.64
生活用品及服务	Household Facilities, Articles and Services	5.30	6.06
交通通信	Transportation and Communications	12.12	12.21
教育文化娱乐	Cultural, Educational and Recreational Articles and Services	9.68	9.97
医疗保健	Medicines and Medical Services	9.07	8.13
其他用品和服务	Other Commodities and Services	1.62	2.00
按消费性质分	**By Source of Consumption**		
现金性消费	**Cash Consumption**		
食品烟酒	Food Alcohol and Tobacco	38.04	38.66
衣　着	Clothing	6.32	6.22
居　住	Residence	10.67	9.01
生活用品及服务	Household Facilities, Articles and Services	6.54	7.51
交通通信	Transportation and Communications	15.06	14.99
教育文化娱乐	Cultural, Educational and Recreational Articles and Services	12.03	12.47
医疗保健	Medicines and Medical Services	9.35	8.66
其他用品和服务	Other Commodities and Services	1.99	2.48

9—13 农村居民家庭平均每人主要消费品消费量
Per Capita Consumption of Major Consumer Goods in Rural Households

品　　名		Item		2017	2018
粮　　食	（公斤）	Grain	(kg)	165.51	159.73
#谷　物		Cereal		154.06	145.96
蔬　　菜	（公斤）	Fresh Vegetables	(kg)	96.34	94.03
食　　油	（公斤）	Edible Oil	(kg)	10.24	10.22
猪牛羊肉	（公斤）	Pork, Beef and Mutton	(kg)	21.25	24.03
家　　禽	（公斤）	Poultry	(kg)	10.07	11.62
蛋及制品	（公斤）	Eggs and Related Products	(kg)	11.24	10.79
鱼　　虾	（公斤）	Fish and Shrimp	(kg)	9.29	10.34
食　　糖	（公斤）	Sugar	(kg)	1.16	1.07
酒	（公斤）	Liquor	(kg)	13.70	14.37

9—14 农村居民家庭平均每百户年底耐用消费品拥有量
Number of Durable Consumer Goods Owned per 100 Rural Households at the Year-end

品　　名		Item		2017	2018
洗 衣 机	(台)	Washing Machine	(set)	84.83	86.23
电 冰 箱	(台)	Refrigerator	(set)	99.42	101.08
空 调 机	(台)	Air Conditioner	(set)	81.11	108.87
抽油烟机	(台)	Exhaust Fan	(set)	18.32	30.81
助 力 车	(辆)	Electric Bikes	(unit)	98.76	111.48
摩 托 车	(辆)	Motorcycle	(unit)	40.63	35.05
生活用汽车	(辆)	Automobile	(unit)	14.85	22.83
电 话 机	(部)	Telephone	(set)	30.69	22.20
移动电话	(部)	Mobile Telephone	(set)	233.76	265.59
彩色电视机	(台)	Color TV Set	(set)	129.44	129.12
照 相 机	(台)	Camera	(set)	3.92	2.95
家用计算机	(台)	Computer	(set)	22.68	25.60
热 水 器	(台)	Shower	(unit)	80.21	91.41

9—15 各市农村居民人均可支配收入情况
Municipal Rural Residents per Capita Disposable Income

单位：元（yuan）

地　区	Region	2017	2018
合肥市	Hefei	18594	20389
淮北市	Huaibei	11611	12745
亳州市	Bozhou	11591	12756
宿州市	Suzhou	10859	11941
蚌埠市	Bengbu	13769	15114
阜阳市	Fuyang	10748	11830
淮南市	Huainan	11841	12926
滁州市	Chuzhou	11947	13127
六安市	Luan	10857	11959
马鞍山市	Maanshan	19358	21267
芜湖市	Wuhu	18830	20649
宣城市	Xuancheng	14590	16013
铜陵市	Tongling	13145	14335
池州市	Chizhou	13476	14709
安庆市	Anqing	11814	12990
黄山市	Huangshan	14034	15391

9—16 各县（区）农村居民家庭人均可支配收入
Various Counties (area) the per Ccapita Disposable Income of Rural Households

单位：元（yuan）

地　区	Region	2017	2018
瑶　海　区	Yaohai District		
庐　阳　区	Luyang District	25182	
蜀　山　区	Shushan District	24675	
包　河　区	Baohe District	25595	
合肥新站区	Hefei New Station District	17596	
长　丰　县	Changfeng	19410	19515
肥　东　县	Feidong	19769	21429
肥　西　县	Feixi	17204	21832
庐　江　县	Lujiang	18162	19080
巢　湖　市	Chaohu	18302	20078
合肥高新区	Hefei New and High-tech Zone	18306	
杜　集　区	Duji District	12264	13488
相　山　区	Xiangshan District	11729	12861
烈　山　区	Lieshan District	11519	12642
濉　溪　县	Suixi	11570	12710
谯　城　区	Qiaocheng District	12873	14160
涡　阳　县	Guoyang	10850	11956
蒙　城　县	Mengcheng	11901	13091
利　辛　县	Lixin	10740	11828
埇　桥　区	Yongqiao District	11079	12186
砀　山　县	Dangshan	11096	12222
萧　　　县	Xiaoxian	10789	11873
灵　璧　县	Lingbi	10910	11974
泗　　　县	Sixian	10399	11455
龙子湖区	Longzihu District	13244	14336
蚌　山　区	Bengshang District	13525	14884
禹　会　区	Yuhui District	12858	14045
淮　上　区	Huaishang District	12876	14157
怀　远　县	Huaiyuan	13949	15309
五　河　县	Wuhe	13845	15209
固　镇　县	Guzhen	13959	15306
颍　州　区	Yingzhou District	12503	13753
颍　东　区	Yingdong District	10115	11137
颍　泉　区	Yingquan District	10895	12007
界　首　市	Jieshou	11726	12910
临　泉　县	Linquan	10292	11342
太　和　县	Taihe	11006	12117

9—16 续表1 continued

单位：元（yuan）

地 区	Region	2017	2018
阜 南 县	Funan	10256	11273
颍 上 县	Yingshang	10824	11941
大 通 区	Datong District	13754	14976
田家庵区	Tianjaan District	14458	15696
谢家集区	Xiejiaji District	13652	14919
八公山区	Bagongshan District	13841	15084
潘 集 区	Panji District	13070	14243
毛集实验区	Maoji Experimental District	13313	13920
凤 台 县	Fengtai	10062	14531
寿 县	Shouxian	12797	11056
琅 琊 区	Langya District	12793	14034
南 谯 区	Nanqiao District	12392	13581
天 长 市	Tianchang	16668	18285
明 光 市	Mingguang	11068	12163
来 安 县	Laian	11804	13000
全 椒 县	Quanjiao	12199	13394
定 远 县	Dingyuan	11149	12280
凤 阳 县	Fengyang	10491	11544
金 安 区	Jinan District	11680	12882
裕 安 区	Yuan District	11675	12887
叶 集 区	Yeji District	10657	11733
霍 邱 县	Huoqiu	10162	11165
舒 城 县	Shucheng	10916	11995
金 寨 县	Jinzhai	10098	11097
霍 山 县	Huoshan	12164	13360
花 山 区	Huashan District	26286	28823
雨 山 区	Yushan District	26478	29060
博 望 区	Bowang District	21914	24073
当 涂 县	Dangtu	21873	24050
含 山 县	Henshan	17035	18730
和 县	Hexian	17140	18862
郑蒲港新区	Zhengpugang New District		23469
镜 湖 区	Jinghu District	23192	25384
弋 江 区	Yijiang District	19137	
鸠 江 区	Jiujiang District	20240	22092
三 山 区	Sanshang District	20367	22353
芜 湖 县	Wuhu	20586	22450
繁 昌 县	Fanchang	20432	22301
南 陵 县	Nanling	20411	22380
无 为 县	Wuwei	16708	18320

9—16 续表2 continued

单位：元（yuan）

地 区	Region	2017	2018
宣 州 区	Xuanzhou District	14724	16213
宁 国 市	Ningguo	16402	18009
郎 溪 县	Langxi	14181	15542
广 德 县	Guangde	16509	18159
泾 县	Jingxian	13056	14323
绩 溪 县	Jixi	12013	13243
旌 德 县	Jingde	11711	12858
铜 官 区	Tongguan District	25099	27207
铜陵市郊区	Tongling Suburban District	23903	26054
义 安 区	Yian District	20841	22610
枞 阳 县	Zongyang	11114	12198
贵 池 区	Guichi District	14002	15283
东 至 县	Dongzhi	13483	14721
石 台 县	Shitai	9543	10513
青 阳 县	Qingyang	14185	15483
九华山景区	Jiuhuashan Mountain Scenic Area	14224	15505
迎 江 区	Yingjiang District	14800	16317
大 观 区	Daguan District	14466	15933
宜 秀 区	Yixiu District	14936	16475
桐 城 市	Tongcheng	13918	15289
潜 山 市	Qianshan	10812	11996
怀 宁 县	Huaining	13456	14789
太 湖 县	Taihu	10412	11500
宿 松 县	Susong	10490	11627
望 江 县	Wangjiang	10604	11744
岳 西 县	Yuexi	10553	11676
屯 溪 区	Tunxi District	14908	16384
黄 山 区	Huangshan District	14449	15894
徽 州 区	Huizhou District	14569	16041
歙 县	Shexian	13935	15266
休 宁 县	Xiuning	13855	15199
黟 县	Yixian	14082	15462
祁 门 县	Qimen	13856	15202

主要统计指标解释

可支配收入

指调查户在调查期内获得的、可用于最终消费支出和储蓄的总和，即调查户可以用来自由支配的收入。可支配收入既包括现金，也包括实物收入。按照收入的来源，可支配收入包含五项，分别为：工资性收入、经营净收入、财产净收入、转移净收入和自有住房折算净租金。计算公式为：

可支配收入=工资性收入+经营净收入+财产净收入+转移净收入+自有住房折算净租金

其中：经营净收入=经营收入-经营费用-生产性固定资产折旧 - 生产税净额（生产税-生产补贴）

财产净收入=财产性收入-财产性支出

转移净收入=转移性收入-转移性支出

工资性收入

指就业人员通过各种途径得到的全部劳动报酬和各种福利，包括受雇于单位或个人、从事各种自由职业、兼职和零星劳动得到的全部劳动报酬和福利。

经营净收入

指住户或住户成员从事生产经营活动所获得的净收入，是全部经营收入中扣除经营费用、生产性固定资产折旧和生产税净额（生产税减去生产补贴）之后得到的净收入。

财产净收入

指住户或住户成员将其所拥有的金融资产和自然资源交由其他机构单位、住户或个人支配而获得的回报并扣除相关的费用之后得到的净收入。财产净收入包括利息净收入、红利收入、储蓄性保险净收益和转让承包土地经营权租金净收入等。

转移性收入

指国家、单位、社会团体对住户的各种经常性转移支付和住户之间的经常性收入转移。包括政府、非行政事业单位、社会团体对居民转移的养老金或退休金、社会救济和补助、政策性生活补贴、救灾款、经常性捐赠和赔偿以及报销医疗费等；住户之间的赡养收入、经常性捐赠和赔偿以及农村地区（村委会）在外（含国外）工作的本住户非常住成员寄回带回的收入等。

消费支出

指住户用于满足家庭日常生活消费需要的全部支出，包括用于消费品的支出和用于服务性消费的支出。根据用途不同，消费支出可划分为食品烟酒、衣着、居住、生活用品及服务、交通通信、教育文化娱乐、医疗保健、其他用品及服务八大类。根据来源不同，消费支出可划分为现金消费支出、实物消费支出（含自产自用、来自单位、来自政府和其他社会组织）。

Explanatory Notes for Major Statistical Indicators

Disposable income

Refers to the DiaoZhaHu during the survey period, can be used for final consumption expenditure and the sum of savings, namely DiaoZhaHu can be used to discretionary income. Disposable income includes both cash and in-kind income. According to a source of income, disposable income contains five, respectively: salary income, operating income, net income and property transfer net income and home ownership conversion net rents. Calculation formula is:

Disposable income = salary income + business net income, net income property + home ownership transfer net income reduced net rents

Among them: business net income = operating income - operating costs - productive fixed assets depreciation by net production tax (production tax - production subsidies)

Property income = property income - property spending

Transfer net income = metastatic income - transfer spending

Wage income

Refers to the employment through various means to get all the labor remuneration and benefits, including employed by units or individuals, is engaged in a variety of freelancing, part-time and sporadic labor to get all the labor remuneration and welfare.

Business net income

Refers to the resident or resident members engaged in the production and business operation activities of net income, is all operating income deducted operating expenses, productive fixed assets depreciation and net production tax (production tax less production subsidies) after the net income.

Property income

Refers to the resident or resident members should be owned by the financial assets, natural resources by other agencies and institutions and the resident or disposal and returns and net income after deducting costs associated. Property net income includes interest income, dividend income, net income and the transfer of contracted land management rights rental deposit sex insurance net income, etc.

Metastatic income

Refers to the country, unit, society the homes of various current transfer payment and regular income transfers between households. Including government, non-executive institutions, social organizations to move people's pension or retirement, social relief and assistance, policy-related subsidies, relief of life, regular donations and compensation and reimbursement, etc.; Support between residents income, regular donations and compensation, and rural area (village) and outer (including foreign) work non-permanent members return back to the residents income, etc.

Consumer spending

Refers to the residents used to meet the needs of all family daily life consumption spending, including for consumer spending and for service consumer spending. According to different purposes, consumer spending can be divided into alcohol, tobacco, food, clothing, housing, household items and services, transportation, communication, education and cultural entertainment, health care and other products and services for the eight classes. According to different sources can be divided into consumer spending cash consumption expenditure, real consumer spending (including produce their own, from units, from government and other social organizations).

第十篇

Chapter 10

GENERAL SURVEY OF CITIES

简要说明

一、本篇资料综合部分反映全省及16个地级城市市辖区社会、经济发展和城市建设的规模、效益及综合水平等基本情况。市政公用基础设施情况部分增加了6个县级市的资料。主要内容：

1. 人口、劳动力及土地面积；

2. 综合经济指标；

3. 固定资产投资；

4. 教育、科技、文化、卫生情况；

5. 财政、金融情况；

6. 人民生活情况；

7. 社会福利、劳动保险；

8. 市政公用基础设施情况。

二、本篇资料由安徽省统计局综合处根据国家统计局《城市社会经济基本情况统计报表制度》搜集、汇总整理提供。市政公用基础设施情况资料由省住建厅提供。

Brief Introduction

I. The comprehensive information of this section reflects the basic situation of the scale, efficiency and comprehensive level of social, economic development and urban construction in the province and 16 prefecture-level cities and municipal districts. The municipal public infrastructure has increased the information of the six county-level cities. main content:

1. Population, labor force and area of land.

2. Comprehensive economic indicators.

3. Investment in fixed assets.

4. The conditions of education, science and technology, culture and health care.

5. The conditions of finance and banking.

6. People's livelihood.

7. Social welfare and labor insurance.

8. Municipal public infrastructure

II. This information is collected by Anhui Provincial Bureau of Statistics, according to the National Bureau of Statistics "Urban Social and Economic Basic Statistics Report System", summarized and provided. The municipal public infrastructure information is provided by the Provincial Office.

10—1 地级城市基本情况（2018年）
Basic Statement of Cities at Prefectural Level (2018)

指　　标		Item		全　省 Province	#市区合计 City
人口、劳动力及土地面积		**Population, Labor Force and Land Area**			
年末户籍人口	（万人）	Residence Population (year-end)	(10000 persons)	7082.89	2130.64
年平均户籍人口	（万人）	Annual Average Residence Population	(10000 persons)	7071.02	2122.59
年末城镇非私营单位从业人员人数	（万人）	Number of Employed Persons of Urban Non-private Owned Units (year-end)	(10000 persons)	592.33	
城镇私营企业和个体从业人员	（万人）	Self-employed Individuals in Urban Areas	(10000 persons)	1099.39	
行政区域土地面积	（平方公里）	Land Area	(sq.m)	140140	28992
#建成区面积		Developed Area		3416	1907
综合经济		**General Economy**			
地区生产总值(当年价格)	（亿元）	Gross Regional Product (at current price)	(100 million yuan)	30006.82	16142.21
第一产业		Primary Industry		2638.01	558.54
第二产业		Secondary Industry		13842.09	7545.83
第三产业		Tertiary Industry		13526.72	8037.84
财政、金融		**Government Finance, Banking and Insurance**			
地方财政一般预算内收入	（亿元）	Local Budgetary Financial Revenue	(100 million yuan)	3048.67	1648.51
地方财政一般预算内支出	（亿元）	Local Budgetary Financial Expenditure	(100 million yuan)	6572.15	2659.37
一般公共服务		General Public Service		506.13	210.64
科学技术		Science		294.81	183.41
教　育		Education		1113.26	394.70
文化体育与传媒		Culture, Sports and Media		79.77	27.74
社会保障和就业		Social Security and Employment		954.67	265.06
节能环保		Energy Saving and Environmental Protection		209.32	119.06
医疗卫生与计划生育		Medical and Health Care and Family Planning		627.10	205.80
住房保障		Housing Security		224.91	96.36
城乡社区事务		Expenses in Urban、Rural Areas and Communities		998.56	597.69
交通运输		Transport		220.78	94.31
人民币住户存款余额	（亿元）	Deposits of Households	(100 million yuan)	22994.76	10802.30
工　业		**Industry**			
规模以上工业法人企业		Industrial Corporate Enterprises above Designated Size			
工业企业数	（个）	Number of Enterprises	(unit)	18775	6913
内资企业		Domestic Funded Enterprises		18127	6482
港澳台商投资企业		Funded by Entrepreneurs from Hong Kong, Macao and Taiwan		261	173
外商投资企业		Foreign Funded Enterprises		387	258
从业人员年平均人数	（万人）	Annual Average Number of Employed Persons	(10000 persons)	290.12	141.50

10—1 续表1 continued

指 标		Item		全 省 Province	#市区合计 City
流动资产合计	（亿元）	Total Circulating Funds	(100 million yuan)	17789.82	12115.73
固定资产合计	（亿元）	Main Business Revenue	(100 million yuan)	18883.97	
主营业务收入	（亿元）	Main Business Revenue	(100 million yuan)	37208.02	21147.47
主营业务税金及附加	（亿元）	Main Business Taxes and Extra-charges	(100 million yuan)	593.42	461.52
本年应交增值税	（亿元）	Value Added Tax Payable	(100 million yuan)	1113.57	575.42
利润总额	（亿元）	Total Profits	(100 million yuan)	2664.22	1271.50
邮 政		**Post**			
年末邮政局（所）	（处）	Number of Post Offices (year-end)	(unit)	1943	355
内外贸易、外经		**Trade Foreign Trade and Tourism**			
限额以上批发零售贸易业商品销售总额	（亿元）	Total Sale of Enterprises Above Designed Size in Wholesale and Retail Trade	(100 million yuan)	13000.90	10862.77
社会消费品零售总额	（亿元）	Retailsale of Consumer Goods	(100 million yuan)	12100.10	7066.66
外商直接投资		Forign Drirect Investment			
当年新批项目	（个）	Number of Contracts Newly Signed	(unit)	379	272
当年实际使用外资金额	（亿美元）	Amount of Foreign Capital Actually Used	(USD 100 million)	170.02	101.59
固定资产投资		**Investment in Fixed Assets**			
固定资产投资额	（亿元）	Amount of Investment in Fixed Assets of Urban Area	(100 million yuan)		
#房地产开发投资		Total Investment in Real Estate Devlopment		5974.11	3674.01
#住 宅		Residential Buildings		4563.41	2676.41
商品房屋销售面积	（万平方米）	Floor Space of Selling House	(10000 sq.m)	10038.43	5306.48
#住 宅		Residential Buildings		8901.25	4632.57
商品房屋销售额	（亿元）	Total Sales of Commercial House	(100 million yuan)	7076.95	4193.60
#住 宅		Residential Buildings		6174.85	3622.38
商品房屋待售面积	（万平方米）	Square Commercial House for Sal	(10000 sq.m)	1682.59	1043.70
教育、文化、卫生		**Education, Culture and Public Health**			
学校数	（所）	Number of Schools	(unit)		
普通高等学校		Institutions of Higher Education		110	
中等职业教育学校		Secondary Vocational Technical School		344	167
普通中学		Regular Secondary Schools		3494	1081
小 学		Primary Schools		7908	2256
专任教师数	（人）	Number of Full-time Teachers	(person)		
普通高等学校		Institutions of Higher Education		61089	
中等职业教育学校		Secondary Vocational Technical School		27323	11857
普通中学		Regular Secondary Schools		237483	82184
小 学		Primary Schools		249323	84327

10—1 续表2 continued

指　　标		Item		全　省 Province	#市区合计 City
在校学生数		Number of Student Enrollment			
普通高等学校	（万人）	Institutions of Higher Education	(10000 persons)	113.91	
中等职业教育学校	（万人）	Secondary Vocational Technical School	(10000 persons)	75.28	33.02
普通中学	（万人）	Regular Secondary Schools	(10000 persons)	316.64	108.50
小　学	（万人）	Primary Schools	(10000 persons)	456.84	157.07
成人高等学校在校学生数	（万人）	Student Enrollment in Institutions of Higher Education for Adults	(10000 persons)	19.60	17.90
体育场馆数	（个）	Number of Stadiums , Gymnasiums and Swimming Centers	(unit)	678	
剧场、影剧院数	（个）	Number of Theaters and Music Halls	(unit)	63	
公共图书馆总藏量	（千册、件）	Total Collecters of Public Libraries	(1000 units)	29097	17096
医院数	（个）	Number of Hospitals	(unit)	1140	608
医院床位数	（张）	Number of Hospital Beds	(unit)	253595	147041
医生数（执业医师+执业助理医师）	（人）	Number of Doctors (Practicing Doctors + Practicing Mediatinuses)	(person)	126782	64843
注册护士	（人）	Registered Nurses	(person)	149703	86125
人民生活		**People's Livelihood**			
在岗职工工资总额	（亿元）	Total Wages of On-the-job worker	(100 million yuan)	4068.24	2474.62
城镇居民人均可支配收入	（元）	Annual Per Capita Disposable Income of Urban Households	(yuan)	34393	
城镇居民人均生活消费支出	（元）	Annual Per Capita Life Consumption Expenditure of Urban	(yuan)	21523	
每百户居民家庭拥有：		Per 100 Households Possessing			
家用汽车	（辆）	Automobile	(unit)	31.98	
计算机	（台）	Computer	(unit)		
人均住房建筑面积	（平方米）	Per-capita Area of Housing	(sq.m)	41.2	
社会福利、劳动保险		**Social Welfare, Labor and Insurance**			
城镇职工基本医疗保险参保人数	（万人）	Number of Staff and Workers Participated in Medical Insurance	(10000 persons)	854.58	535.34
失业保险参保人数	（万人）	Number of People Participated in Unemployed Insurance	(10000 persons)	505.52	358.13
社区服务设施数	（个）	Number of Service Facilities of Community	(unit)	8072	3149
城镇居民最低生活保障人数	（万人）	Number of People Enjoyed the Lowest Residential Living Protection Line	(10000 persons)	42.68	22.86

注：10—1和10—2表中，体育场馆数包括体育场、体育馆和游泳馆。

a) In Sheet 10-1and 10-2,The number of stadiums , gymnasiums and swimming centers,including the number of stadiums ,gymnasiums and swimming centers.

10—2 地级城市市区基本情况（2018年）
Basic Statement of Cities at Prefectural Level by Region (2018)

指　　标	Item	合肥市 Hefei	淮北市 Huaibei	亳州市 Bozhou	宿州市 Suzhou
人口、劳动力及土地面积	**Population, Labor Force and Land Area**				
年末户籍人口 （万人）	Residence Population (year-end) (10000 persons)	281.27	104.91	168.34	191.82
年平均户籍人口 （万人）	Annual Average Residence Population (10000 persons)	275.69	104.99	167.70	191.23
城镇非私营单位从业人员人数 （万人）	Number of Employed Persons of Urban Non-private Owned Units (10000 persons)	145.09	15.25	11.20	15.47
行政区域土地面积 （平方公里）	Land Area (sq.m)	1337	760	2263	2907
#建成区面积	Developed Area	466	89	71	87
综合经济	**General Economy**				
地区生产总值(当年价格) （亿元）	Gross Regional Product (at current price) (100 million yuan)	5265.58	643.31	452.75	696.14
第一产业	Primary Industry	14.41	21.94	62.74	62.58
第二产业	Secondary Industry	2276.70	363.68	186.43	255.01
第三产业	Tertiary Industry	2974.47	257.69	203.57	378.54
财政、金融	**Government Finance, Banking and Insurance**				
地方财政一般预算内收入 （亿元）	Local Budgetary Financial Revenue (100 million yuan)	536.08	51.93	63.34	59.51
地方财政一般预算内支出 （亿元）	Local Budgetary Financial Expenditure (100 million yuan)	664.11	104.05	141.06	166.22
一般公共服务	General Public Service	35.80	12.89	10.64	11.69
科学技术	Science	78.54	0.94	3.72	0.69
教　育	Education	94.46	15.85	20.63	25.80
文化体育与传媒	Culture, Sports and Media	5.31	0.95	0.68	1.30
社会保障和就业	Social Security and Employment	40.54	12.50	15.34	16.87
节能环保	Energy Saving and Environmental Protection	44.89	1.38	6.25	7.53
医疗卫生与计划生育	Medical and Health Care and Family Planning	30.95	8.49	14.18	17.12
住房保障	Housing Security	6.09	13.18	7.00	8.93
城乡社区事务	Expenses in Urban、Rural Areas and Communities	221.80	18.36	22.90	31.68
交通运输	Transport	10.87	2.75	6.28	10.67
人民币住户存款余额 （亿元）	Deposits of Households (100 million yuan)	2579.83	486.26	466.57	578.93
工　业	**Industry**				
规模以上工业法人企业	Industrial Corporate Enterprises above Designated Size				
工业企业数 （个）	Number of Enterprises (unit)	859	412	333	567
内资企业	Domestic Funded Enterprises	726	403	331	555
港澳台商投资企业	Funded by Entrepreneurs from Hong Kong, Macao and Taiwan	45	2	1	6
外商投资企业	Foreign Funded Enterprises	88	7	1	6
从业人员年平均人数 （万人）	Annual Average Number of Employed Persons (10000 persons)	32.71	11.24	4.91	3.45

蚌埠市 Bengbu	阜阳市 Fuyang	淮南市 Huainan	滁州市 Chuzhou	六安市 Luan	马鞍山市 Maanshan	芜湖市 Wuhu	宣城市 Xuancheng	铜陵市 Tongling	池州市 Chizhou	安庆市 Anqing	黄山市 Huangshan
115.67	229.88	182.20	55.76	220.48	82.49	150.26	86.40	73.77	67.17	73.83	46.39
115.28	229.43	182.21	55.77	220.44	82.54	149.54	86.70	73.83	67.16	74.00	46.18
20.16	18.45	19.31	12.69	50.74	19.07	35.46	5.22	15.14	6.99	15.82	7.55
969	1957	1544	1406	4150	704	1491	2585	1201	2539	821	2358
149	140	104	90	79	100	179	61	81	39	102	70
946.54	604.17	682.42	497.63	564.09	1160.53	2024.63	358.76	962.86	367.46	596.92	318.42
27.24	63.67	41.04	19.32	79.77	12.23	27.97	39.69	16.04	30.49	22.48	16.93
482.60	214.62	304.48	326.46	216.05	609.10	1040.08	148.55	585.51	172.47	268.90	95.20
436.71	325.88	336.91	151.85	268.27	539.19	956.58	170.52	361.30	164.50	305.55	206.29
109.84	88.71	42.35	76.52	70.42	88.83	213.15	26.78	64.60	38.06	70.62	47.76
153.96	194.86	57.30	116.95	217.62	111.57	269.43	51.20	111.52	80.67	122.96	95.88
12.71	20.52	5.44	10.34	22.78	8.58	19.74	3.74	9.71	7.06	8.60	10.40
6.37	3.04	0.76	4.10	8.50	5.78	55.00	1.20	5.56	1.56	4.78	2.87
19.13	32.19	14.69	19.53	35.51	15.79	39.86	7.93	18.25	9.99	16.62	8.47
2.82	1.34	0.34	1.54	2.47	1.70	1.78	0.19	1.51	1.01	3.07	1.73
18.92	22.95	8.41	10.49	21.00	16.43	29.07	7.93	12.16	7.40	14.77	10.28
2.29	3.05	1.24	2.81	5.84	9.34	10.71	0.57	4.72	6.94	3.73	7.74
11.91	19.56	4.19	7.55	34.10	7.73	15.49	3.71	7.64	7.20	9.63	6.34
5.73	9.86	2.87	3.67	8.37	3.13	8.95	1.14	3.31	3.44	8.52	2.19
48.76	24.13	9.94	24.28	13.51	26.09	50.78	15.17	21.70	14.83	31.13	22.62
3.23	13.42	0.14	5.43	17.99	1.78	3.67	0.32	5.21	4.12	4.93	3.50
543.76	834.92	748.07	317.15	681.56	793.22	873.92	311.34	458.50	305.94	517.53	304.79
477	495	360	411	437	441	760	247	365	257	260	232
461	489	348	365	425	397	679	242	346	249	245	221
5	6	8	20	3	25	33	2	8	3	3	3
11		4	26	9	19	48	3	11	5	12	8
6.62	6.00	12.74	10.54	5.90	11.35	18.85	0.23	7.40	2.86	4.57	2.13

10—2 续表1 continued

指标		Item		合肥市 Hefei	淮北市 Huaibei	亳州市 Bozhou	宿州市 Suzhou
流动资产合计	(亿元)	Total Circulating Funds	(100 million yuan)	4336.87	451.39	384.71	92.70
主营业务收入	(亿元)	Main Business Revenue	(100 million yuan)	5457.88	970.80	513.18	242.35
主营业务税金及附加	(亿元)	Main Business Taxes and Extra-charges	(100 million yuan)	76.24	13.60	14.40	2.80
本年应交增值税	(亿元)	Value Added Tax Payable	(100 million yuan)	117.59	39.90	17.06	7.59
利润总额	(亿元)	Total Profits	(100 million yuan)	240.25	72.79	41.81	18.79
邮　政		**Post**					
年末邮政局（所）	(处)	Number of Post Offices (year-end)	(unit)	61	11	12	7
内外贸易、外经		**Trade Foreign Trade and Tourism**					
限额以上批发零售贸易业商品销售总额	(亿元)	Total Sale of Enterprises Above Designed Size in Wholesale and Retail Trade	(100 million yuan)	4907.24	202.04	282.82	434.48
社会消费品零售总额	(亿元)	Retailsale of Consumer Goods	(100 million yuan)	2327.89	225.82	222.28	259.81
外商直接投资		Forign Drirect Investment					
当年新批项目	(个)	Number of Contracts Newly Signed	(unit)	121	5	6	8
当年实际使用外资金额	(亿美元)	Amount of Foreign Capital Actually Used	(USD 100 million)	25.93	1.52	3.83	4.38
固定资产投资		**Investment in Fixed Assets**					
房地产开发投资	(亿元)	Total Investment in Real Estate Devlopment	(100 million yuan)	1041.27	102.15	236.78	174.57
#住　宅		Residential Buildings		789.59	75.04	102.31	125.09
商品房屋销售面积	(万平方米)	Floor Space of Selling House	(10000 sq.m)	884.59	116.61	311.81	368.79
#住　宅		Residential Buildings		698.06	92.72	247.34	314.41
商品房屋销售额	(亿元)	Total Sales of Commercial House	(100 million yuan)	1201.03	77.86	208.79	245.43
#住　宅		Residential Buildings		1037.92	57.31	165.01	160.25
商品房屋待售面积	(万平方米)	Square Commercial House for Sal	(10000 sq.m)	139.05	48.25	23.06	39.31
教育、文化、卫生		**Education, Culture and Public Health**					
学校数	(所)	Number of Schools	(unit)				
中等职业教育学校		Secondary Vocational Technical School		31	6	7	5
普通中学		Regular Secondary Schools		125	72	62	75
小　学		Primary Schools		153	129	271	252
专任教师数	(人)	Number of Full-time Teachers	(person)				
中等职业教育学校		Secondary Vocational Technical School		1740	649	905	579
普通中学		Regular Secondary Schools		13059	4508	6208	6037
小　学		Primary Schools		13412	4255	7536	7556

蚌埠市 Bengbu	阜阳市 Fuyang	淮南市 Huainan	滁州市 Chuzhou	六安市 Luan	马鞍山市 Maanshan	芜湖市 Wuhu	宣城市 Xuancheng	铜陵市 Tongling	池州市 Chizhou	安庆市 Anqing	黄山市 Huangshan
682.91	257.82	502.13	414.13	239.16	1024.08	2238.76	91.17	885.62	161.58	250.65	102.04
992.52	555.86	853.71	1220.07	598.05	1995.07	3018.51	215.91	3063.51	427.99	826.79	195.27
61.62	25.76	14.37	33.60	4.56	16.41	81.46	3.01	9.08	3.28	100.03	1.29
29.85	15.89	53.98	44.78	8.64	50.84	95.04	6.28	29.24	19.78	33.42	5.53
59.73	36.19	55.44	135.36	24.93	151.81	221.98	15.49	68.16	53.99	62.99	11.79
19	45	39	10	11	11	28	5	20	9	31	36
462.00	716.03	277.10	359.43	294.07	405.01	1505.64	190.33	309.74	98.31	306.40	112.12
505.20	396.41	423.49	160.46	330.49	358.31	695.08	180.10	278.54	141.39	348.80	212.59
3	7	9	16	7	28	22	5	7	14	7	7
10.75	2.83	2.14	5.33	1.91	7.44	18.18	9.24	2.86	2.27	1.93	1.04
380.33	316.66	135.33	158.24	209.07	129.12	340.47	69.87	128.25	42.34	101.40	108.17
273.93	226.45	110.98	132.09	165.06	106.12	235.45	59.84	89.00	37.13	77.26	71.07
489.72	520.81	166.15	434.02	429.19	223.50	478.64	232.91	191.05	108.93	221.59	128.17
433.11	433.04	160.13	413.87	395.87	203.37	445.33	214.42	176.28	97.87	197.31	109.44
317.20	357.49	104.05	284.49	266.57	155.30	402.37	135.02	113.30	68.35	167.99	88.37
271.64	294.16	97.07	266.77	241.44	139.62	373.11	124.02	103.56	62.23	149.76	78.52
37.80	14.87	42.79	83.26	140.65	67.57	55.35	70.31	123.97	43.54	68.14	45.78
12	19	11	5	18	5	13	5	5	4	16	5
56	113	95	32	131	33	80	46	43	41	43	34
129	341	189	33	237	59	129	52	73	85	88	36
832	1773	683	357	1196	817	840	602	288	313	134	149
4501	8792	6470	2443	9132	2450	4933	2969	3148	2411	3353	1770
5485	9224	6725	2245	7992	2833	5240	2922	2687	2279	2236	1700

10—2 续表2 continued

指 标	Item	合肥市 Hefei	淮北市 Huaibei	亳州市 Bozhou	宿州市 Suzhou
在校学生数	Number of Student Enrollment				
中等职业教育学校 (万人)	Secondary Vocational Technical School (10000 persons)	6.08	1.98	2.29	2.30
普通中学 (万人)	Regular Secondary Schools (10000 persons)	18.00	5.13	8.22	8.19
小 学 (万人)	Primary Schools (10000 persons)	28.55	7.29	13.92	15.90
成人高等学校在校学生数 (万人)	Student Enrollment in Institutions of Higher Education for Adults (10000 persons)	7.97	0.58		0.69
体育场馆数 (个)	Number of Stadiuns, Gymnasiums and Snimming Centers (unit)	228	8	15	11
公共图书馆总藏量 (千册、件)	Total Collecters of Public Libraries (1000 units)	5402	852	774	715
医院数 (个)	Number of Hospitals (unit)	114	52	37	26
医院床位数 (张)	Number of Hospital Beds (unit)	37575	6676	4965	7938
医生数（执业医师+执业助理医师） (人)	Number of Doctors (Practicing Doctors + Practicing Mediatinuses) (person)	15958	2969	2195	3934
注册护士 (人)	Registered Nurses (person)	22784	3700	2805	4818
人民生活	**People's Livelihood**				
在岗职工工资总额 (亿元)	Total Wages of On-the-job worker (100 million yuan)	1105.92	110.62	62.67	97.01
城镇居民人均可支配收入 (元)	Annual Per Capita Disposable Income of Urban Households (yuan)	41484	31959	29711	30100
城镇居民人均生活消费支出(元)	Annual Per Capita Life Consumption Expenditure of Urban (yuan)	25339	19101	19402	17975
每百户居民家庭拥有：	Per 100 Households Possessing				
家用汽车 (辆)	Automobile (unit)	57	27	43	26
计算机 (台)	Computer (unit)	79	66	52	22
人均住房建筑面积 (平方米)	Per-capita Area of Housing (sq.m)	35.20	33.33	51.00	44.58
社会福利、劳动保险	**Social Welfare, Labor and Insurance**				
城镇职工基本医疗保险参保人数 (万人)	Number of Staff and Workers Participated in Medical Insurance (10000 persons)	165.81	38.10	11.66	15.78
失业保险参保人数 (万人)	Number of People Participated in Unemployed Insurance (10000 persons)	140.34	22.12	5.87	9.88
社区服务机构数 (个)	Number of Community Service Organizations (unit)	450	94	27	90
城镇居民最低生活保障人数 (万人)	Number of People Enjoyed the Lowest Residential Living Protection Line (10000 persons)	1.49	1.75	0.44	0.82

蚌埠市 Bengbu	阜阳市 Fuyang	淮南市 Huainan	滁州市 Chuzhou	六安市 Luan	马鞍山市 Maanshan	芜湖市 Wuhu	宣城市 Xuancheng	铜陵市 Tongling	池州市 Chizhou	安庆市 Anqing	黄山市 Huangshan
1.87	4.49	2.20	1.10	3.65	1.51	2.06	0.95	0.83	0.62	0.53	0.56
5.49	13.63	7.25	3.16	12.94	4.39	5.96	3.46	3.38	3.37	3.78	2.15
9.56	19.47	11.67	4.25	14.31	4.88	8.75	4.27	3.80	3.70	3.87	2.88
2.13	0.23	0.78	0.75	0.05	0.52	2.98		0.08	0.26	0.39	0.50
21	12	18	7	8	26	24	18	21	5	15	5
1062	443	505	746	211	1420	1169	309	1373	287	1140	691
44	59	59	9	22	36	52	13	22	14	30	19
10390	14518	10548	3738	7820	4827	13243	3954	6086	3017	4032	4032
4157	5836	4330	1670	4917	3032	5637	1590	2539	1404	2914	1761
5806	7799	6499	2274	4852	3869	7434	2082	3220	1590	4192	2401
107.75	109.67	147.21	92.87	88.60	145.54	251.61	31.22	111.01	44.17	90.36	51.01
33855	30113	32852	31230	29070	45108	38397	36554	35995	30884	31187	33551
18396	19586	19984	20919	18949	29588	22629	21091	23744	18719	17686	19246
31	28	31	35	41	54	41	56	32	43	28	38
53	61	62	77	61	74	71	71	63	67	67	78
35.00	37.90	42.58	39.80	43.00	38.00	36.00	38.65	39.24	45.70	44.90	49.00
39.63	23.10	48.39	18.77	18.96	39.82	59.90	6.22	31.32	8.20	24.95	12.75
17.65	12.42	25.85	9.13	10.75	20.30	37.35	2.52	17.50	5.20	13.98	7.27
353	240	194	225	79	287	192	221	327	78	131	161
2.31	2.61	1.78	0.49	1.08	2.39	2.79	0.52	2.29	0.50	1.03	0.56

10—3 城市市政公用基础设施基本情况
Basic Statistics on Urban Public Utilities

指 标		Item		2010	2015	2017	2018
城市面积		**Cities Areas**					
建成区面积	(平方公里)	Developed Areas	(sq.km)	1491.32	1926.36	2039.00	2109.88
城市人口密度	(人/平方公里)	Population Density of Urban Districts	(persons/sq.km)	2469	2458	2535	2599
供水、供气及供热		**Water Supply, Gas Supply and Heating**					
供水管道长度	(公里)	Length of the Pipeline for Supplying Water	(km)	14730	23842	27200	29392
供水总量	(万立方米)	Annual Supply of Tap Water	(10000 cu.m)	160816	174263	189892	200824
#居民家庭用水量		Water Consumption for Residential Use		50889	68319	79978	86209
人均日生活用水	(升)	Per Capita Water Consumption for Residential Use	(liter)	160.83	168.90	188.11	190.68
用水普及率	(%)	Percentage of Population With Access to Tap Water	(%)	96.06	98.79	99.43	99.75
天然气供气量	(万立方米)	Supply of Natural Gas	(10000 cu.m)	112190	234585	311230	342510
#家庭用量		Consumption of Coal Gas for Residential Use		25154	71773	97363	106238
液化石油气供气量	(吨)	Liquefied Petroleum Gas	(ton)	615770	736312	131054	156494
#家庭用量		Consumption of Liquefied Gas for Residential Use		166335	104259	92047	96224
供气管道长度	(公里)	Length of Gas Pipelines	(km)	10126	19949	23904	25802
燃气普及率	(%)	Percentage of Population With Access to Gas	(%)	90.52	97.55	98.57	98.56
集中供热面积	(万平方米)	Heated Area	(10000 sq.m)	2463.70	2683.76	2933.00	2673.08
公共交通		**Public Traffic**					
公共汽（电）车总数	(辆)	Number of Public Transportation Vehicles (buses and trolley buses etc.)	(unit)	11875	18622	22413	24765
出租汽车	(辆)	Taxi	(unit)	50068	55217	55810	55330
市政工程		**Municipal Engineering**					
道路长度	(公里)	Length of Paved Roads	(km)	10157	13375	13997	15018
道路面积	(万平方米)	Area of Paved Roads	(10000 sq.m)	19927	31010	34207	36927
每人拥有	(平方米)	Area of Paved Roads per Population	(sq.m)	16.01	20.82	22.19	22.95
排水管道长度	(公里)	Length of Sewer Pipelines	(km)	13136	24399	29108	30978
建成区排水管道密度	(公里/平方公里)	Density of Sewer Pipelines	(km/sq.km)	8.81	12.67	12.78	13.15
污水排放量	(万立方米)	Volume of Waste Water Discharged	(10000 cu.m)	124449	150642	153008	171689.5
污水处理厂处理量	(万立方米)	Volume of Waste Water Treated	(10000 cu.m)	89086	138293	143591	162995.4
城市绿化		**Forestation in Cities**					
绿化覆盖面积	(公顷)	Afforested Area	(hectare)	85281	112303	121253	121802
#建成区		Developed District		55927	79285	85956	89665
园林绿地面积	(公顷)	Greenery Area of Gardens	(hectare)	71463	93786	102402	107515
#建成区		Developed District		50214	71582	78211	81923
公园绿地面积	(公顷)	Park Greenery Area	(hectare)	13630	19913	22075	23606
人均公园绿地面积	(平方米)	Per Capita Park Greenery Area	(sq.m)	10.95	13.37	14.32	14.67
公园个数	(个)	Number of Parks	(unit)	247	374	432	475
公园面积	(公顷)	Area of Parks	(hectare)	8685	12043	14454	15893
市容环境卫生		**Environmental Sanitation**					
生活垃圾清运量	(万吨)	Volume of Disposal of Excrement	(10000 tons)	435.25	491.94	612.22	612.03
生活垃圾无害化处理量	(万吨)	Environment-friendly Handling Capacity of the Domestic Rubbish	(10000 tons)	281.00	489.74	611.85	612.03
生活垃圾无害化处理率	(%)	Living Refuse Treatment Rate	(%)	64.56	99.55	99.94	100.00
公共厕所	(座)	Public Lavatory	(unit)	3168	3223	3467	3826
#三类以上		Above Three Kinds		2469	2813	2972	3236

注：由于住建部制度修订，只统计用于城市生产和生活作燃料使用的气体能源。原先安庆市石化报送的约60万吨液化气系企业生产用原材料，从2017年度起不再统计。

a) Due to the revision of the Ministry of housing and construction system, only gas energy used for urban production and living as fuel is counted. About 600,000 tons of liquefied gas originally submitted by Anqing petrochemical company is the raw material for production by enterprises and will not be counted from 2017 onwards.

10—4 各市城市建设情况（2018年）
Statistics on City Construction by Region (2018)

单位：平方公里（sq.km）

地区	Region	城市现状建设用地面积 Urban Current Construction Land Area	#居住用地 For Residence	#公用设施用地 For Public Facilities	#道路与交通设施用地 Land for Roads and Traffic Facilities	#绿地与广场用地 Green Space and Square Land	征用土地面积 Land Put in Requisition for State Construction Projects	城市人口密度（人／平方公里） Population Density of Urban Area (persons/sq.km)
总计	**Total**	**2071.75**	**650.89**	**60.27**	**335.59**	**244.94**	**225.20**	**2599**
合肥市	Hefei	457.45	134.06	7.08	72.08	78.70	59.40	3810
淮北市	Huaibei	94.95	33.87	1.70	11.46	9.67	5.75	3631
亳州市	Bozhou	71.00	19.70	1.70	13.50	5.00	16.47	4200
宿州市	Suzhou	84.71	27.08	2.32	16.42	8.42	2.66	3517
蚌埠市	Bengbu	148.15	49.81	10.99	23.96	9.47	4.34	2630
阜阳市	Fuyang	138.76	61.42	2.34	22.53	7.19	52.79	2678
淮南市	Huainan	104.16	46.40	1.16	16.49	3.23	4.97	2512
滁州市	Chuzhou	89.79	26.48	3.44	18.24	6.16	8.18	1796
六安市	Luan	78.60	25.36	2.67	11.97	12.94	2.13	3657
马鞍山市	Maanshan	92.33	22.48	1.37	13.50	7.22	2.77	4279
芜湖市	Wuhu	173.61	40.00	12.00	38.00	43.00	12.35	2129
宣城市	Xuancheng	60.20	15.10	1.13	12.68	5.50	2.55	2715
铜陵市	Tongling	73.34	20.33	1.01	9.77	5.88	9.61	2604
池州市	Chizhou	39.76	14.27	0.87	7.79	3.41	2.03	1226
安庆市	Anqing	105.06	34.34	2.82	10.26	6.63	10.26	2027
黄山市	Huangshan	56.14	20.59	1.20	9.76	6.67	3.55	879
桐城市	Tongcheng	32.62	6.14	1.16	3.50	3.21	2.68	1886
天长市	Tianchang	30.25	9.07	0.33	5.62	2.80	4.12	5958
明光市	Mingguang	23.70	6.35	0.51	4.32	2.55	3.28	4650
界首市	Jieshou	22.35	5.97	0.41	4.25	5.38	5.12	2419
宁国市	Ningguo	28.72	8.37	0.64	4.21	1.06	1.56	561
巢湖市	Chaohu	47.60	16.20	3.00	2.60	8.80	6.50	7438
潜山市	Qianshan	18.50	7.50	0.42	2.68	2.05	2.13	1084

10—5 各市城市市政设施情况（2018年）
Basic Statistics on Municipal Infrastructure in Cities by Region (2018)

地区	Region	年末实有道路长度（公里）Length of Paved Roads (year-end) (km)	年末实有道路面积（万平方米）Area of Paved Roads (year-end) (10000 sq.m)	城市桥梁数（座）Number of City Bridges (unit)	城市道路照明灯（盏）Number of Street Lights (unit)	城市排水管道（公里）Length of City Sewage Pipes (km)	污水管道 Sewage Pipeline
总计	**Total**	**15018**	**36927**	**1739**	**978838**	**30978**	**12738**
合肥市	Hefei	2902	8069	643	227892	8055	3419
淮北市	Huaibei	609	1400	36	26150	990	422
亳州市	Bozhou	500	1355	15	46525	1288	512
宿州市	Suzhou	839	1849	70	58211	945	207
蚌埠市	Bengbu	947	2129	36	53300	1350	567
阜阳市	Fuyang	874	2192	137	45149	1154	475
淮南市	Huainan	872	1981	50	37725	871	350
滁州市	Chuzhou	765	2161	109	60387	2169	893
六安市	Luan	567	1608	25	29092	847	428
马鞍山市	Maanshan	522	1539	75	42777	1578	537
芜湖市	Wuhu	1511	3655	102	85417	2951	878
宣城市	Xuancheng	477	1220	64	27000	885	323
铜陵市	Tongling	372	727	30	18733	1588	698
池州市	Chizhou	447	793	34	16996	791	304
安庆市	Anqing	540	1393	83	48814	1305	850
黄山市	Huangshan	614	1036	46	42227	822	321
桐城市	Tongcheng	131	364	11	10147	302	122
天长市	Tianchang	387	668	32	12296	489	185
明光市	Mingguang	286	654	13	19765	743	332
界首市	Jieshou	153	399	36	20683	338	145
宁国市	Ningguo	231	536	47	19457	416	171
巢湖市	Chaohu	373	931	29	24200	882	528
潜山市	Qianshan	99	270	16	5895	219	72

10—6 各市城市设施水平（2018年）
Level of Public Facilities in Cities by Region (2018)

地 区	Region	城市用水普及率(%) Coverage Rate of Urban Population with Access to Tap Warer (%)	城市燃气普及率(%) Coverage Rate of Urban Population with Access to Gas (%)	人均城市道路面积(平方米) Per Capita Area of Paved Roads (sq.m)	人均公园绿地面积(平方米) Per Capita Area of Parks and Green Land (sq.m)
总 计	**Total**	**99.75**	**98.56**	**22.95**	**14.67**
合肥市	Hefei	99.90	99.93	18.80	13.34
淮北市	Huaibei	99.21	98.66	18.36	17.43
亳州市	Bozhou	100.00	96.99	37.13	15.84
宿州市	Suzhou	100.00	100.00	31.96	13.70
蚌埠市	Bengbu	100.00	100.00	22.15	13.56
阜阳市	Fuyang	99.91	95.43	24.15	19.70
淮南市	Huainan	99.91	99.90	16.81	13.14
滁州市	Chuzhou	100.00	100.00	42.57	15.22
六安市	Luan	99.70	98.50	26.46	14.94
马鞍山市	Maanshan	100.00	100.00	20.45	15.02
芜湖市	Wuhu	100.00	100.00	23.78	12.92
宣城市	Xuancheng	99.55	98.55	34.10	15.42
铜陵市	Tongling	100.00	99.91	13.58	17.78
池州市	Chizhou	99.61	99.65	25.57	17.57
安庆市	Anqing	100.00	99.76	22.07	16.28
黄山市	Huangshan	99.90	99.56	25.51	15.22
桐城市	Tongcheng	95.54	93.80	21.05	13.43
天长市	Tianchang	95.42	71.72	33.98	15.92
明光市	Mingguang	100.00	98.76	35.16	17.05
界首市	Jieshou	100.00	85.95	21.14	15.74
宁国市	Ningguo	99.17	99.17	29.76	14.71
巢湖市	Chaohu	100.00	93.92	26.09	13.17
潜山市	Qianshan	96.41	76.99	23.07	13.30

10—7 各市城市公共交通情况（2018年）

Basic Statistics on Public Transportation in Cities by Region (2018)

地 区	Region	年末公共交通运营数（辆）Number of Public Vehicles under Operation at Year-end (unit)	公共汽、电车 Bus and Trolley Bus	运营线路总长度（公里）Length of Operation Line (km)	公共汽、电车 Bus and Trolley Bus	公共交通客运总量（万人次）Passengers Transported by Public Vehicles (10000 person-times)	公共汽、电车 Bus and Trolley Bus	出租汽车（辆）Number of Taxi (unit)
总 计	**Total**	**25089**	**24765**	**39573**	**39573**	**219344**	**204020**	**55330**
合 肥 市	Hefei	7360	7036	8207	8207	79443	64119	11553
淮 北 市	Huaibei	740	740	1595	1595	5898	5898	1637
亳 州 市	Bozhou	1210	1210	1053	1053	4469	4469	3005
宿 州 市	Suzhou	978	978	1238	1238	5509	5509	3033
蚌 埠 市	Bengbu	1992	1992	1806	1806	19254	19254	3273
阜 阳 市	Fuyang	1593	1593	2204	2204	14594	14594	3714
淮 南 市	Huainan	1253	1253	1508	1508	12719	12719	3434
滁 州 市	Chuzhou	1344	1344	1676	1676	12832	12832	3252
六 安 市	Luan	1504	1504	4202	4202	10147	10147	3974
马鞍山市	Maanshan	956	956	1262	1262	7808	7808	3314
芜 湖 市	Wuhu	2066	2066	3438	3438	17145	17145	5120
宣 城 市	Xuancheng	1134	1134	4048	4048	6848	6848	2131
铜 陵 市	Tongling	677	677	830	830	8661	8661	2059
池 州 市	Chizhou	483	483	2685	2685	3032	3032	1055
安 庆 市	Anqing	1344	1344	2381	2381	8663	8663	3910
黄 山 市	Huangshan	455	455	1440	1440	2324	2324	866

10—8 各市城市绿地和园林（2018年）

Basic Statistics on Parks and Green Areas in Cities by Region (2018)

地 区	Region	绿化覆盖面积（公顷）Green Areas (hectare)	建成区 Completed Area	园林绿地面积（公顷）Area of Urban Green Areas (hectare)	公园绿地面积（公顷）Park Green Areas (hectare)	人均公园绿地面积（平方米）Park Green Areas (sq.m)	公园（个）Number of Parks (unit)	建成区绿地率（%）Per Capita ParkGreen Areas (%)	建成区绿化覆盖率（%）Green Covered Area as % of Completed Area (%)
总 计	**Total**	**121802**	**89665**	**107515**	**23606**	**14.67**	**475**	**38.83**	**42.50**
合肥市	Hefei	22893	20210	19399	5728	13.34	64	39.97	43.37
淮北市	Huaibei	4660	4058	4714	1329	17.43	17	44.60	45.82
亳州市	Bozhou	4132	2634	3708	578	15.84	19	32.09	37.10
宿州市	Suzhou	4235	3450	3236	793	13.70	32	35.94	39.70
蚌埠市	Bengbu	7076	6226	5575	1303	13.56	17	36.88	41.78
阜阳市	Fuyang	6872	5604	6280	1787	19.70	30	36.20	40.03
淮南市	Huainan	6472	4739	5068	1549	13.14	14	42.55	45.35
滁州市	Chuzhou	5212	3713	4605	773	15.22	26	38.21	41.35
六安市	Luan	4138	3335	3299	908	14.94	23	38.16	42.43
马鞍山市	Maanshan	6335	4405	6026	1130	15.02	15	41.61	44.19
芜湖市	Wuhu	7871	7551	7297	1985	12.92	23	37.50	42.18
宣城市	Xuancheng	4344	2538	4053	552	15.42	18	36.97	41.60
铜陵市	Tongling	7350	3655	6917	952	17.78	17	43.22	44.95
池州市	Chizhou	2027	1690	1553	545	17.57	9	35.32	43.50
安庆市	Anqing	4258	4169	4176	1028	16.28	11	40.24	41.04
黄山市	Huangshan	14528	3317	13410	618	15.22	29	38.82	47.15
桐城市	Tongcheng	1027	1004	938	232	13.43	7	33.28	36.20
天长市	Tianchang	1491	1329	1389	313	15.92	8	39.97	43.85
明光市	Mingguang	1218	1175	1083	317	17.05	15	38.76	43.53
界首市	Jieshou	1472	896	893	297	15.74	9	34.94	39.98
宁国市	Ningguo	1202	1134	987	265	14.71	21	33.10	39.39
巢湖市	Chaohu	2126	2100	2090	470	13.17	45	42.83	43.75
潜山市	Qianshan	863	733	817	156	13.30	6	36.51	37.59

10—9 各市城市燃气情况（2018年）
Basic Statistics on Supply of Gas in Cities by Region (2018)

地 区	Region	管道长度(公里) Length of Gas Pipelines (km)		全年供气总量 Volume of Gas Supply		用气人口(万人) Population with Access to Gas (10000 persons)	
		液化石油气 Liquefied Petroleum Gas	天然气 Natural Gas	液化石油气(吨) Liquefied Petroleum Gas (ton)	天然气(万立方米) Natural Gas (10000 cu.m)	液化石油气 Liquefied Petroleum Gas	天然气 Natural Gas
总 计	**Total**	**136.9**	**25665.4**	**156494.3**	**342509.9**	**164.0**	**1421.7**
合 肥 市	Hefei		6047.8	46268.0	108091.0	15.0	414.0
淮 北 市	Huaibei		1232.4	2225.0	12516.0	10.1	65.1
亳 州 市	Bozhou		1525.6	4560.0	8009.0	5.7	29.7
宿 州 市	Suzhou		940.7	4804.9	6827.8	8.1	49.8
蚌 埠 市	Bengbu	13.0	2177.9	1909.0	27786.4	6.7	89.4
阜 阳 市	Fuyang		916.3	19260.0	10790.0	16.6	70.0
淮 南 市	Huainan		1438.2	7280.0	12515.7	13.5	104.2
滁 州 市	Chuzhou		1372.4	2800.0	22091.2	3.6	47.2
六 安 市	Luan		737.0	2040.0	10473.0	1.2	58.7
马鞍山市	Maanshan		1235.0		27100.0	0.0	75.3
芜 湖 市	Wuhu		1711.0	30000.0	36617.0	9.1	144.6
宣 城 市	Xuancheng	3.0	530.7	4200.0	7495.7	15.0	20.3
铜 陵 市	Tongling		1061.1	1020.0	18126.0	0.2	53.3
池 州 市	Chizhou		770.3	2650.0	3102.0	4.4	26.5
安 庆 市	Anqing	1.4	737.5	4660.0	10275.2	0.0	63.0
黄 山 市	Huangshan	34.5	385.8	7098.0	1442.5	28.5	12.0
桐 城 市	Tongcheng	36.0	377.7	6449.5	1788.0	6.6	9.6
天 长 市	Tianchang		349.6		1759.1		14.1
明 光 市	Mingguang		329.6	1435.0	1230.9	2.8	15.6
界 首 市	Jieshou		490.2	2200.0	1080.0	6.7	9.5
宁 国 市	Ningguo	49.0	234.8	3122.9	2306.0	5.3	12.6
巢 湖 市	Chaohu		941.0	652.0	10426.6	0.7	32.9
潜 山 市	Qianshan		122.6	1860.0	660.7	4.5	4.5

10—10　城市供水用水情况
Water Supply and Water Use of Cities

年　份 Year	综合生产能力 (万立方米/日) Integrated Production Capacity (10000 cu.m/day)	地下水 Ground Water	供水总量 (万立方米) Water Supply (10000 cu.m)	用水总量(万立方米) Water Use (10000 cu.m) #生产运营用水 Water Used for Business	公共服务用水 Water Used for Public Services	居民家庭用水 Water Used for Residents	消防及其他用水 Water Used for Fire Fighting and Others	人均日生活用水量(升) Per Capita Water Use (liter)
2005	1032.7	156.5	206386	123285	23231	49728	10142	195.69
2010	1992.8	99.2	160816	62871	19191	50889	5155	160.83
2013	1074.0	98.8	161140	49071	20859	61328	5257	166.15
2014	1074.8	99.6	167781	49957	21627	64145	5217	166.72
2015	1094.8	98.5	174263	50110	22194	68319	4266	168.90
2016	1111.6	114.0	186543	51844	22167	76631	4677	180.19
2017	906.3	111.6	189892	52447	25090	79978	3642	188.11
2018	896.6	94.0	200824	54497	25438	86209	3561	190.68

10—11　各市城市供水用水情况（2018年）
Water Supply and Water Use of Cities by Region (2018)

地　区	Region	综合生产能力 (万立方米/日) Integrated Production Capacity (10000 cu.m/day)	地下水 Ground Water	供水总量 (万立方米) Water Supply (10000 cu.m)	用水总量(万立方米) Water Use (10000 cu.m) #生产运营用水 Water Used for Business	公共服务用水 Water Used for Public Services	居民家庭用水 Water Used for Residents	其他用水 Other Water	人均日生活用水量(升) Per Capita Water Use (liter)
总　计	**Total**	**896.6**	**94.0**	**200824**	**54497**	**25438**	**86209**	**3561**	**190.68**
合肥市	Hefei	205.5		57963	9574	10624	28376		249.18
淮北市	Huaibei	39.8	39.8	5938	2002	368	2761	67	113.32
亳州市	Bozhou	14.1	13.3	4796	1274	629	1785		181.19
宿州市	Suzhou	23.5	16.1	5833	3101	579	1805		112.89
蚌埠市	Bengbu	68.0	0.1	18443	8539	2073	6123	30	233.65
阜阳市	Fuyang	28.9	15.5	8496	2517	1247	3973	15	157.88
淮南市	Huainan	40.7		9716	1498	1264	4426	11	132.44
滁州市	Chuzhou	41.5	0.1	8267	2367	587	2486	532	165.84
六安市	Luan	28.5		7321	888	911	3130	497	182.79
马鞍山市	Maanshan	113.5		13612	6514	1024	4441	175	198.94
芜湖市	Wuhu	100.0	0.2	19347	5677	2463	7747	281	182.02
宣城市	Xuancheng	26.7	1.5	3906	547	680	2127	54	216.08
铜陵市	Tongling	29.5		7790	1193	408	3855	1103	218.21
池州市	Chizhou	16.0		3479	817	240	1665	72	169.88
安庆市	Anqing	42.5		8786	2940	883	3313	369	182.04
黄山市	Huangshan	19.5		4837	1282	302	2214	148	171.81
桐城市	Tongcheng	10.5		1500	316	246	780		170.24
天长市	Tianchang	5.0		1905	169	348	1055	97	204.88
明光市	Mingguang	8.0	1.5	1643	432	189	798	62	145.39
界首市	Jieshou	5.9	5.9	1316	313	107	795	11	131.03
宁国市	Ningguo	12.0		1660	810	7	663		102.79
巢湖市	Chaohu	12.0		2916	1281	226	1140	36	104.83
潜山市	Qianshan	5.0		1354	446	34	752		191.17

10—12 各市城市污水排放和处理情况（2018年）
City Sewage Emission and Processing by Region (2018)

单位：万立方米（10000 cu.m）

地区	Region	城市污水排放量 City Sewage discharge	城市污水处理总量 Total of Sewage Processing	污水处理厂处理量 Processing Amount of Sewage Processing Plant	其他污水处理量 Processing Amount of Others	城市污水处理率(%) Rate of City Sewage Treatment (%)	城市污水处理厂集中处理率(%) Central Processing Rate of Sewage Treatment Plant (%)
总计	**Total**	**171689**	**167779**	**162995**	**4783**	**97.72**	**94.94**
合肥市	Hefei	54840	54365	51816	2549	99.14	94.49
淮北市	Huaibei	4898	4835	4631	204	98.71	94.55
亳州市	Bozhou	5439	5290	5290		97.27	97.27
宿州市	Suzhou	4174	4108	4108		98.42	98.42
蚌埠市	Bengbu	13680	13406	12998	409	98.00	95.01
阜阳市	Fuyang	7645	7544	7544		98.67	98.67
淮南市	Huainan	8410	8337	7951	386	99.14	94.55
滁州市	Chuzhou	7285	7083	7070	13	97.23	97.05
六安市	Luan	5401	5317	5028	289	98.45	93.10
马鞍山市	Maanshan	9800	9670	9214	456	98.67	94.02
芜湖市	Wuhu	16445	15727	15351	376	95.64	93.35
宣城市	Xuancheng	3506	3340	3300	40	95.27	94.13
铜陵市	Tongling	5283	4983	4983		94.32	94.32
池州市	Chizhou	3132	2983	2983		95.24	95.24
安庆市	Anqing	7292	6855	6855		94.00	94.00
黄山市	Huangshan	3489	3370	3370		96.59	96.59
桐城市	Tongcheng	1065	1006	981	25	94.41	92.07
天长市	Tianchang	2280	2246	2246		98.51	98.51
明光市	Mingguang	1685	1642	1630	12	97.45	96.74
界首市	Jieshou	1124	1077	1052	25	95.85	93.59
宁国市	Ningguo	1265	1202	1202		94.99	94.99
巢湖市	Chaohu	2333	2253	2253		96.60	96.60
潜山市	Qianshan	1219	1138	1138		93.40	93.40

10—13 各市城市市容环境卫生情况（2018年）
Basic Statistics on Urban Sanitation in Cities by Region (2018)

地　区	Region	清扫保洁面　积（万平方米）Area under Cleaning Program (10000 sq.m)	生活垃圾清运量（万吨）Volume of Garbage Disposal (10000 tons)	生活垃圾无害化处理量（万吨）Volume of Garbage hazard-free Disposal (10000 tons)	生活垃圾无害化处理率(%) Living Refuse Treatment Rate (%)	市容环卫专用车辆设备总数（台）Number of Special Vehicles for Environmental Sanitation (unit)	公共厕所（座）Number of Public Lavatories (unit)
总　　计	**Total**	**37349**	**612**	**612**	**100**	**7053**	**3826**
合 肥 市	Hefei	7144	166	166	100	981	221
淮 北 市	Huaibei	1083	35	35	100	1022	93
亳 州 市	Bozhou	1860	25	25	100	136	300
宿 州 市	Suzhou	1886	19	19	100	148	156
蚌 埠 市	Bengbu	2545	37	37	100	725	382
阜 阳 市	Fuyang	2617	43	43	100	610	165
淮 南 市	Huainan	2867	44	44	100	191	428
滁 州 市	Chuzhou	2424	16	16	100	229	113
六 安 市	Luan	1031	20	20	100	115	288
马鞍山市	Maanshan	1550	27	27	100	216	139
芜 湖 市	Wuhu	2636	55	55	100	368	319
宣 城 市	Xuancheng	949	12	12	100	123	209
铜 陵 市	Tongling	1981	18	18	100	284	228
池 州 市	Chizhou	702	13	13	100	97	137
安 庆 市	Anqing	1502	18	18	100	763	181
黄 山 市	Huangshan	751	14	14	100	285	68
桐 城 市	Tongcheng	258	6	6	100	34	13
天 长 市	Tianchang	650	7	7	100	37	134
明 光 市	Mingguang	662	6	6	100	51	37
界 首 市	Jieshou	380	7	7	100	53	68
宁 国 市	Ningguo	689	9	9	100	79	48
巢 湖 市	Chaohu	745	12	12	100	486	54
潜 山 市	Qianshan	437	3	3	100	20	45

主要统计指标解释

供水管道长度

指从送水泵至用户水表之间所有管道的长度。不包括新安装尚未使用、水厂内以及用户建筑物内的管道。

供水总量

指报告期供水企业（单位）供出的全部水量。包括有效供水量和漏损水量。

公共服务用水

指为城区社会公共生活服务的用水。包括行政事业单位、部队营区和公共设施服务、社会服务业、批发零售贸易业、旅馆饮食业以及社会服务业等单位的用水。

居民家庭用水

居民家庭用水指城市范围内所有居民家庭的日常生活用水。包括城市居民、农民家庭、公共供水站用水。

用水普及率

指报告期末城区内用水人口与总人口的比率。计算公式：

用水普及率=城区用水人口 /（城区人口+城区暂住人口）×100%

供气总量

指报告期燃气企业（单位）向用户供应的燃气数量。包括销售量和损失量。

燃气普及率

指报告期城区内使用燃气的人口与总人口的比率。计算公式：

燃气普及率=城区用气人口 /（城区人口+城区暂住人口）×100%

排水管道长度

指所有排水总管、干管、支管、检查井及连接井进出口等长度之和。

公园绿地

城市中向公众开放的、以游憩为主要功能，有一定的游憩设施和服务设施，同时兼有健全生态、美化景观、防灾减灾等综合作用的绿化用地。

公园面积

指报告期末综合公园、专类公园和带状公园的全部占地总面积。

Explanatory Notes for Major Statistical Indicators

Length of Water Supply Pipelines

refers to the total length of all the pipelines between the water pumps and the user water meters, excluding pipelines newly installed but not used yet, and in water plant, user building's pipeline as well as.

Volume of Water Supply

refers to the total volume of water supplied by water-works (units) during the reference period, including both the effective water supply and loss during the water supply.

Consumption of Water for Public Service

refers to the water consumption of urban society public service, including the consumption of government agencies and public institutions, military barracks, public facilities, wholesale and retail outlets, restaurants, hotels, and other units providing public services.

Consumption of Water for Residential Use

refers to the consumption of water for daily life of all households in the boundary of cities, including households of urban residents and farmers, and public water supply stations.

Percentage of Urban Population with Access to Tap Water

refers to the ratio of the urban population with access to tap water to the total urban population. The formula is:

Percentage of population with access to tap water=(Urban population with access to tap water) / (Urban population)×100%

Volume of Gas Supply

refers to the total volume of gas provided to users by gas-producing enterprises (units) in a year, including the volume sold and the volume lost.

Percentage of Urban Population with Access to Gas

population of urban areas using gas during the reference period and the ratio of the total population. Formula:

Percentage of population with access to gas = (Urban population with access to gas / Urban population) x 100%

Length of Urban Sewage Pipes

refers to the total length of general drainage, trunks. branch and inspection wells, connection wells, inlets and outlets, etc.

Park Green Area

refers to green areas open to the public for amusement and rest with the facilities of amusement, rest and services. Its function includes perfecting ecology, beautifying landscape, and preventing and reducing disaster.

Park Area

Total areas of including comprehensive park, community park, topic park, belt-shaped park.

第十一篇

Chapter 11

自然资源和环境保护

NATURAL RESOURCES AND ENVIRONMENT PROTECTION

简要说明

一、自然状况包括地域、气象状况。自然资源包括土地、气候、林木、水资源。

1. 林木资料来自省林业厅；

2. 水资源资料由省水利厅和省水文局提供；

3. 气象资料由省气象中心整理提供。

二、环境保护统计资料由省环保厅提供，统计资料依据国家环保总局制定的环境统计报表制度，由各市的环境统计年报汇总整理而成，主要包括“三废”排放与处理，反映各工业行业有关“三废”排放与处理的情况。

Brief Introduction

I. Natural conditions cover region and meteorological conditions. Natural resources cover land, climate, forest and water resources.

1. Data on forest are provided by the Department of Forestry of Anhui Province.

2. Data on water conservancy are provided by the Water Conservancy Department and the Marine Products Bureau of Anhui Province.

3. The meteorological data are provided by the Provincial Meteorological Center.

II. Data on environmental protection are provided by the Provincial Environment Protection Department. Data are collected and tabulated by the prefectures and cities in accordance with the annual environmental protection reporting scheme stipulated by the State Environment Protection General Bureau. Data include mainly the discharge and treatment of waste water, waste gas and solid wastes, which show various indicators about the discharge and treatment of waste water, waste gas and solid wastes in various regions and various industrial sectors.

11—1 自然状况
Natural Conditions

项　　目		Item		2018
区　域		**Climate**		
土地总面积	（平方公里）	Total Land Area	(sq.km)	140140
山　区		Mountain		41162
平　原		Plain		34608
丘　陵		Hills		40448
圩　区		Low-lying Paddy Fields		12097
湖泊洼地		Lakes and Low-lying Lands		11122
山峰高程	**（米）**	**Height of Mountain Peak**	**(m)**	
大别山		DaBie Shan		1729.0
黄　山		Huang Shan		1864.8
九华山		JiuHua Shan		1344.4
天柱山		TianZhu Shan		1489.8
河流长度(安徽境内)	**（公里）**	**Length（Within the territory of Anhui Province）**	**(km)**	
淮　河		Huaihe River		430
长　江		Changjiang River		416
新安江		Xin An Jiang River		240
湖泊面积		**Area of Lakes**		
巢　湖	（平方公里）	ChaoHu Lake	(sq.km)	800
气　候		**Climate**		
年平均气温	（摄氏度）	Annual Average Temperature	(℃)	
淮北地区		HuaiBei Area		15.9
江淮地区		JiangHuai Area		16.8
沿江地区		Along Chang Jiang River		17.5
江南地区		Lying South of Chang Jiang		16.9
降水量	（毫米）	Precipitation	(mm)	1314.7
淮河流域		Huaihe River Basin		1180.0
淮河上游区		The Upper Reaches of Huaihe River		1037.8
淮河中游区		The Middle Reaches of Huaihe River		1182.3
淮河下游区		The Lower Reaches of Huaihe River		1180.4
沂沭泗河		Yishusi River		860.0
长江流域		Changjiang River Basin		1409.1
湖口以下干流		Main Rivers Below Hukou		1394.6
鄱阳湖水系		River System of Poyang Lake		1727.5
太湖水系		River System of Taihu Lake		1497.8
东南诸河		South-eastern Rivers		1734.0
钱塘江		Qiantang Jiang River		1734.0

11—2 自然资源
Natural Resources

项 目		Item		2017	2018
林木资源		**Forest Resources**			
人工造林面积	(千公顷)	Artificial Afforestation Area	(1000 hectares)	56.67	55.72
森林覆盖率	(%)	Forest-cover Rate	(%)	28.65	28.65
水资源		**Water Resources**			
水资源总量	(亿立方米)	Total Resources	(100 million cu.m)	784.90	835.78
淮河流域		Huaihe River Basin		271.25	333.88
淮河上游区		The Upper Reaches of Huaihe River		1.99	1.47
淮河中游区		The Middle Reaches of Huaihe River		262.15	322.15
淮河下游区		The Lower Reaches of Huaihe River		6.44	9.45
沂沭泗河		Yishusi River		0.67	0.81
长江流域		Changjiang River Basin		452.31	444.47
湖口以下干流		Main Rivers Below Hukou		417.09	417.97
鄱阳湖水系		River System of Poyang Lake		33.93	24.85
太湖水系		River System of Taihu Lake		1.29	1.65
东南诸河		South-eastern Rivers		61.34	57.43
钱塘江		Qiantang River		61.34	57.43
天然年径流量	(亿立方米)	Natural Annual Flow	(100 million cu.m)	717.82	766.67
淮河流域		Huaihe River Basin		217.90	278.49
淮河上游区		The Upper Reaches of Huaihe River		1.44	1.00
淮河中游区		The Middle Reaches of Huaihe River		211.24	269.06
淮河下游区		The Lower Reaches of Huaihe River		5.01	8.02
沂沭泗河		Yishusi River		0.21	0.41
长江流域		Changjiang River Basin		438.58	430.75
湖口以下干流		Main Rivers Below Hukou		403.36	404.25
鄱阳湖水系		River System of Poyang Lake		33.93	24.85
太湖水系		River System of Taihu Lake		1.29	1.65
东南诸河		South-eastern Rivers		61.34	57.43
钱塘江		Qiantang River		61.34	57.43
地下水天然补给资源量	(亿立方米)	Natural Supply of Ground Water	(100 million cu.m)	200.95	203.67
淮河流域		Huaihe River Basin		95.76	101.37
长江流域		Changjiang River Basin		94.90	91.68
新安江流域		Xinanjiang River Basin		10.29	10.62
淡水面积	(千公顷)	Freshwater Area	(1000 hectares)		
#养殖面积		Cultivated Area		477.18	487.17
主要矿产基础储量		**Major Mineral Basic Reserves**			
煤 炭	(亿吨)	Coal	(100 million tons)	115.98	119.89
铁 矿	(矿石，亿吨)	Iron	(Ore, 100 million tons)	21.93	21.86
铜 矿	(铜，万吨)	Copper	(Metal, 10000 tons)	214.51	219.06
钼 矿	(钼，万吨)	Molybdenum	(Metal, 10000 tons)	126.46	128.41
硫铁矿	(矿石，亿吨)	Pyrite Ore	(Ore, 100 million tons)	2.73	2.68
水泥用灰岩	(矿石，亿吨)	Limestone for cement	(Ore, 100 million tons)	40.88	41.40
玻璃用石英岩	(矿石，亿吨)	Limestone for glass	(Ore, 100 million tons)	4.22	4.14
石 膏	(矿石，亿吨)	Gypsum	(Ore, 100 million tons)	35.75	35.62
方解石	(矿石，亿吨)	Calcite	(Ore, 100 million tons)	1.58	1.61

11—3 主要城市平均气温（2018年）
Monthly Average Temperature in Major Cities (2018)

单位：摄氏度（℃）

城市	City	1月 Jan.	2月 Feb.	3月 Mar.	4月 Apr.	5月 May.	6月 June	7月 July	8月 Aug.	9月 Sept.	10月 Oct.	11月 Nov.	12月 Dec.	年平均 Annual Average
合肥市	Hefei	1.7	4.8	12.8	18.3	22.6	26.2	29.7	29.2	24.1	17.4	12.1	5.1	17.0
淮北市	Huaibei	0.3	3.7	11.3	17.0	21.6	27.2	28.8	28.3	23.0	16.7	10.3	3.0	15.9
亳州市	Bozhou	-0.3	3.9	11.6	17.1	21.8	27.2	28.9	28.6	23.1	17.4	10.5	3.5	16.1
宿州市	Suzhou	-0.5	3.1	10.4	16.0	20.9	26.3	28.3	27.8	22.3	15.9	10.0	3.3	15.3
蚌埠市	Bengbu	0.2	4.2	11.8	17.4	21.7	26.0	28.7	28.3	23.1	16.4	10.7	4.2	16.1
阜阳市	Fuyang	-0.3	4.6	12.0	17.4	22.0	26.9	29.0	28.4	23.0	17.3	10.8	4.0	16.3
淮南市	Huainan	0.4	4.1	11.7	17.3	21.5	25.6	28.7	28.2	23.2	17.1	11.2	4.3	16.1
滁州市	Chuzhou	0.7	4.0	11.6	17.1	21.6	25.4	28.8	28.6	23.2	16.5	11.0	4.7	16.1
六安市	Luan	1.4	5.2	12.9	18.5	22.2	26.2	29.0	28.2	23.4	17.5	12.0	4.8	16.8
马鞍山市	Maanshan	2.1	4.9	12.7	18.2	22.1	25.5	29.3	28.6	24.2	17.8	12.4	5.5	16.9
芜湖市	Wuhu	2.6	5.1	13.0	18.8	23.2	26.4	30.2	29.6	25.2	18.2	12.8	5.9	17.6
宣城市	Xuancheng	2.7	4.7	12.9	18.3	23.3	25.5	29.5	29.2	25.1	17.2	12.7	5.8	17.2
铜陵市	Tongling	2.9	5.4	13.4	18.8	23.5	26.3	30.2	29.2	25.0	18.0	13.0	6.1	17.7
池州市	Chizhou	2.9	5.1	12.9	18.1	23.2	25.7	29.6	28.8	24.6	17.2	12.8	5.9	17.2
安庆市	Anqing	2.9	5.7	13.3	18.6	23.3	26.2	29.7	29.2	24.9	17.9	12.9	5.8	17.5
黄山市	Huangshan	4.6	5.9	13.6	18.4	23.6	25.8	29.3	29.3	25.5	17.6	13.3	6.5	17.8

11—4 主要城市降水量（2018年）
Monthly Precipitation in Major Cities (2018)

单位：毫米（millimeters）

城市	City	1月 Jan.	2月 Feb.	3月 Mar.	4月 Apr.	5月 May.	6月 June	7月 July	8月 Aug.	9月 Sept.	10月 Oct.	11月 Nov.	12月 Dec.	全年 Annual Total
合肥市	Hefei	97.6	54.1	103.3	92.1	164.0	92.1	318.9	281.1	104.4	17.0	68.2	95.7	1488.5
淮北市	Huaibei	14.9	13.6	63.9	37.3	94.5	26.1	179.4	562.8	32.3	0.4	60.7	50.2	1136.1
亳州市	Bozhou	27.3	13.1	47.2	63.0	74.6	31.0	166.7	206.8	19.1	1.4	60.0	43.0	753.2
宿州市	Suzhou	39.4	18.1	55.7	42.1	104.9	69.6	129.3	452.4	16.7	0.6	68.4	43.6	1040.8
蚌埠市	Bengbu	71.1	23.7	98.7	43.1	386.9	253.7	121.4	249.9	41.1	7.3	92.3	68.0	1457.2
阜阳市	Fuyang	62.0	23.9	131.1	43.3	251.2	71.4	162.9	254.8	57.8	4.4	71.8	51.5	1186.1
淮南市	Huainan	82.2	33.7	86.1	56.1	393.8	171.2	114.1	208.3	42.2	8.8	116.8	70.2	1383.5
滁州市	Chuzhou	96.8	36.2	89.9	62.8	304.4	164.3	144.2	214.9	50.8	6.8	76.9	93.1	1341.1
六安市	Luan	90.3	46.2	126.5	101.1	175.5	144.1	198.8	186.0	85.0	6.2	76.1	94.9	1330.7
马鞍山市	Maanshan	119.1	52.1	120.3	86.2	133.2	81.4	88.3	262.4	36.0	15.1	53.4	121.1	1168.6
芜湖市	Wuhu	120.1	61.0	83.3	66.6	182.6	74.4	173.9	270.6	63.2	13.4	60.7	132.8	1302.6
宣城市	Xuancheng	115.7	73.3	107.6	96.6	103.5	100.1	97.5	159.8	74.9	15.1	77.5	180.1	1201.7
铜陵市	Tongling	105.1	56.1	92.2	88.1	143.1	42.8	139.9	156.2	43.1	12.6	77.7	148.0	1104.9
池州市	Chizhou	111.8	65.1	127.7	85.5	228.4	108.4	186.5	177.6	33.0	26.9	69.8	143.3	1364.0
安庆市	Anqing	106.2	65.6	119.1	129.1	248.6	88.0	172.9	57.5	62.0	25.4	52.2	111.5	1238.1
黄山市	Huangshan	96.4	71.2	141.5	310.2	296.0	173.5	229.4	33.6	63.1	38.9	97.8	187.3	1738.9

11—5 各市全年降水量（2018年）
Total Precipitation by Region (2018)

地区	Region	年降水量 Precipitation 毫米 0.001(m)	亿立方米 (100 million cu.m)	多年平均降水量（亿立方米）Average Precipitation in Many Years (100 million cu.m)	与上年比较 Compared With Last Year (±%)	与多年平均比较 Compared With The Average Precipitation of Many Years (±%)
总　计	**Total**	**1314.7**	**1833.7**	**1636.3**	**4.8**	**12.1**
合肥市	Hefei	1270.7	142.9	115.1	25.3	24.1
淮北市	Huaibei	1019.4	27.8	23.0	17.8	20.8
亳州市	Bozhou	928.0	77.7	69.1	-7.1	12.4
宿州市	Suzhou	1064.7	104.9	82.6	20.4	27.0
蚌埠市	Bengbu	1276.3	76.7	52.7	25.4	45.6
阜阳市	Fuyang	991.2	97.7	87.1	-18.5	12.1
淮南市	Huainan	1179.1	66.0	50.7	8.8	30.1
滁州市	Chuzhou	1264.2	168.5	127.4	25.3	32.3
六安市	Luan	1496.4	231.3	190.4	19.3	21.5
马鞍山市	Maanshan	1210.0	47.1	41.4	7.6	13.9
芜湖市	Wuhu	1251.2	74.7	72.8	-1.7	2.5
宣城市	Xuancheng	1533.6	189.3	178.6	9.7	6.0
铜陵市	Tongling	1147.9	33.5	39.3	-13.9	-14.8
池州市	Chizhou	1588.5	133.9	135.6	-15.1	-1.2
安庆市	Anqing	1394.3	190.4	191.8	-5.5	-0.7
黄山市	Huangshan	1743.8	171.4	178.8	-5.7	-4.1

11—6 流域分区全年降水量（2018年）
Total Precipitation by Area of Rivers (2018)

流域分区 River Area	年降水量 Precipitation 毫米 0.001(m)	亿立方米 (100 million cu.m)	多年平均降水量（亿立方米）Average Precipitation in Many Years (100 million cu.m)	与上年比较 Compared With Last Year (±%)	与多年平均比较 Compared With The Average Precipitation of Many Years (±%)
总　计 Total	**1314.7**	**1833.7**	**1636.3**	**4.8**	**12.1**
淮河流域 Huaihe River Basin	1180.0	786.2	628.4	10.2	25.1
淮河上游区 The Upper Reaches of Huaihe River	1037.8	3.8	3.5	-20.2	9.1
淮河中游区 The Middle Reaches of Huaihe River	1182.3	756.9	602.7	9.9	25.6
淮河下游区 The Lower Reaches of Huaihe River	1180.4	22.9	20.0	28.1	14.5
沂沭泗河 Yishusi River	860.0	2.6	2.2	9.3	15.7
长江流域 Changjiang River Basin	1409.1	935.8	840.8	2.4	5.1
湖口以下干流 Main Rivers Below Hukou	1394.6	883.5	48.9	-15.9	0.1
鄱阳湖水系 River System of Poyang Lake	1727.5	48.9	3.1	20.4	8.4
太湖水系 River System of Taihu Lake	1497.8	3.4	892.8	1.3	4.8
东南诸河 South-eastern Rivers	1734.0	111.7	115.2	-1.1	-3.0
钱塘江 Qiantang River	1734.0	111.7	115.2	-1.1	-3.0

11—7 各市水资源总量（2018年）

Water Resources by Region (2018)

单位：亿立方米（100 million cu.m）

地　区	Region	天　然年径流量 Natural Annual Flow by Region	山丘区地下水资源量 Ground Water Volume of Mountain and Hill Areas	山丘区河川基流量 River Flow of Mountain and Hill Areas	平原区降水入渗补给量 Permeated Precipitation Supply of Plain Areas	平原区降水入渗补给形成的河道排泄量 River Way Drainage Volume Caused by Permeated Precipitation Supply of Plain Areas	地下水资源与地表水资源不重复量 Amount of Non-repeat-calculated Water Between Ground Water and Surface Water	水资源总量 Total Amount of Water Resources by Region
总　计	**Total**	**766.67**	**102.16**	**100.66**	**95.21**	**15.74**	**69.11**	**835.78**
合 肥 市	Hefei	52.38	7.20	7.20	1.39		1.93	54.31
淮 北 市	Huaibei	8.61	0.31	0.06	4.97	0.68	4.54	13.15
亳 州 市	Bozhou	16.46			13.44	2.92	10.52	26.98
宿 州 市	Suzhou	33.16	1.63	0.38	17.07	2.67	15.65	48.81
蚌 埠 市	Bengbu	24.02	0.63	0.63	10.49	2.92	7.57	31.59
阜 阳 市	Fuyang	25.39			17.05	5.65	11.40	36.79
淮 南 市	Huainan	22.75	1.32	1.32	4.86	0.90	2.26	25.01
滁 州 市	Chuzhou	60.21	8.82	8.82	3.92		2.33	62.54
六 安 市	Luan	117.76	17.28	17.28	3.33		2.09	119.85
马鞍山市	Maanshan	19.57	1.70	1.70	2.96		1.74	21.31
芜 湖 市	Wuhu	32.07	2.52	2.52	5.04		2.23	34.30
宣 城 市	Xuancheng	96.98	18.76	18.76	1.31		0.79	97.77
铜 陵 市	Tongling	13.42	1.11	1.11	1.83		0.99	14.41
池 州 市	Chizhou	65.45	8.76	8.76	2.19		1.36	66.81
安 庆 市	Anqing	88.32	15.53	15.53	5.36		3.71	92.03
黄 山 市	Huangshan	90.12	16.59	16.59				90.12

11—8 流域分区水资源总量（2018年）

Water Resources by Area of Rivers (2018)

单位：亿立方米（100 million cu.m）

流域分区 River Area	天　然年径流量 Natural Annual Flow by Region	山丘区地下水资源量 Ground Water Volume of Mountain and Hill Areas	山丘区河川基流量 River Flow of Mountain and Hill Areas	平原区降水入渗补给量 Permeated Precipitation Supply of Plain Areas	平原区降水入渗补给形成的河道排泄量 River Way Drainage Volume Caused by Permeated Precipitation Supply of Plain Areas	地下水资源与地表水资源不重复量 Amount of Non-repeat-calculated Water Between Ground Water and Surface Water	水资源总量 Total Amount of Water Resources by Region
总　计 Total	**766.67**	**102.16**	**100.66**	**95.21**	**15.74**	**69.11**	**835.78**
淮河流域 Huaihe River Basin	278.49	22.57	21.07	73.57	15.74	55.39	333.88
淮河上游区 The Upper Reaches of Huaihe River	1.00			0.66	0.19	0.47	1.47
淮河中游区 The Middle Reaches of Huaihe River	269.06	22.43	20.93	70.09	15.51	53.09	322.15
淮河下游区 The Lower Reaches of Huaihe River	8.02	0.14	0.14	2.38		1.43	9.45
沂沭泗河 Yishusi River	0.41			0.44	0.04	0.40	0.81
长江流域 Changjiang River Basin	404.25	64.35	64.35	21.64		13.72	417.97
湖口以下干流 Main Rivers Below Hukou	24.85	4.39	4.39				24.85
鄱阳湖水系 River System of Poyang Lake	1.65	0.23	0.23				1.65
太湖水系 River System of Taihu Lake	430.75	68.97	68.97	21.64		13.72	444.47
东南诸河 South-eastern Rivers	57.43	10.62	10.62				57.43
钱塘江 Qiantang River	57.43	10.62	10.62				57.43

11—9 主要年份供水和用水情况
Water Supply and Water Use in Rural Area

年份 Year	供水总量(亿立方米) Water Supply (100 million cu.m)	地表水 Surface Water	地下水 Ground-water	其他 Others	用水总量(亿立方米) Water Use (100 million cu.m)	农业 Agricul-ture	工业 Industry	城镇公共 Urban Public	居民生活 Residents Live	生态环境补水 Ecological Protection	人均用水量(立方米/人) Per Capita Water Use (cu.m/person)
2005	208.03	189.60	17.85	0.58	208.03	116.21	67.72	2.84	19.89	1.37	328.50
2010	292.50	258.54	33.08	0.89	292.50	167.54	94.32	4.91	23.40	2.30	491.60
2011	294.63	259.90	33.40	1.33	294.63	170.92	90.62	5.27	23.86	3.96	493.70
2012	288.56	253.66	34.01	0.89	288.56	156.67	97.02	7.13	23.96	3.78	481.90
2013	296.02	260.86	33.41	1.75	296.02	165.09	98.43	7.24	24.21	4.05	490.93
2014	272.09	239.93	30.31	1.85	272.09	142.83	92.71	7.40	24.50	4.65	447.30
2015	288.66	253.88	32.49	2.29	288.66	157.50	93.51	7.87	24.88	4.90	472.20
2016	290.65	256.10	32.02	2.53	290.65	158.60	93.09	8.29	25.08	5.59	471.10
2017	290.30	256.53	30.80	2.97	290.30	158.15	92.22	8.52	25.24	6.17	464.12
2018	285.81	251.47	29.82	4.51	285.81	153.99	91.05	8.74	25.36	6.67	452.00

11—10 各市供水和用水情况（2018年）
Water Supply and Water Use by Region (2018)

地区 Region	供水总量(亿立方米) Water Supply (100 million cu.m)	地表水 Surface Water	地下水 Ground-water	其他 Others	用水总量(亿立方米) Water Use (100 million cu.m)	农业 Agricul-ture	工业 Industry	城镇公共 Urban Public	居民生活 Residents Live	生态环境补水 Ecological Protection	人均用水量(立方米/人) Per Capita Water Use (cu.m/person)
合肥市 Hefei	30.42	28.94	0.31	1.17	30.42	18.73	5.10	2.00	3.55	1.04	376.20
淮北市 Huaibei	4.36	0.82	2.96	0.57	4.36	1.79	1.43	0.17	0.85	0.12	193.30
亳州市 Bozhou	10.47	3.41	6.94	0.11	10.47	5.94	2.13	0.33	1.68	0.39	199.80
宿州市 Suzhou	9.87	2.56	7.04	0.27	9.87	4.79	2.38	0.30	2.17	0.23	173.80
蚌埠市 Bengbu	13.80	11.26	2.44	0.10	13.80	9.59	2.20	0.42	1.37	0.21	406.90
阜阳市 Fuyang	17.28	9.29	7.65	0.34	17.28	10.32	3.15	0.34	2.81	0.66	210.60
淮南市 Huainan	21.84	20.79	0.81	0.25	21.84	11.39	7.71	0.61	1.55	0.59	625.90
滁州市 Chuzhou	22.53	21.48	0.65	0.40	22.53	16.88	2.89	0.68	1.69	0.39	547.60
六安市 Luan	23.07	22.33	0.55	0.19	23.07	18.18	2.39	0.44	1.78	0.29	477.00
马鞍山市 Maanshan	33.29	32.94	0.06	0.29	33.29	8.58	22.60	0.42	1.10	0.59	1424.40
芜湖市 Wuhu	30.03	29.81	0.03	0.19	30.03	11.20	15.58	0.99	1.78	0.47	801.20
宣城市 Xuancheng	14.64	14.42	0.18	0.04	14.64	10.45	2.13	0.49	1.16	0.42	552.80
铜陵市 Tongling	13.26	12.70	0.02	0.54	13.26	4.06	7.77	0.23	0.75	0.44	821.90
池州市 Chizhou	10.01	9.97	0.01	0.03	10.01	4.58	4.22	0.32	0.60	0.31	679.10
安庆市 Anqing	26.35	26.23	0.10	0.02	26.35	14.90	8.76	0.33	1.91	0.44	561.60
黄山市 Huangshan	4.59	4.52	0.07		4.59	2.60	0.60	0.68	0.62	0.09	326.50

11—11 环境综合整治
Environmental Improvement

指　　标	Item	2010	2015	2017	2018
环境质量	**Environment Quality**				
大气可吸入颗粒物年均值（微克/立方米）	Atmospheric Particulate Matter Average (MCG/cu.m)	81	80	88	76
二氧化硫年平均值（微克/立方米）	Sulfur Dioxide in Average (MCG/cu.m)	27	22	17	13
二氧化氮年平均值（微克/立方米）	Nitrogen Dioxide in Average (MCGcu.m)	26	31	38	35
饮用水源水质达标率 (%)	Up-to-standard Rate of Drinking Water Quality (%)	93.4	96.9	95.5	95.8
区域环境噪声平均值(分贝(A))	The Average Indicator of Urban Noise (decibel)	54.1	54.0	54.1	54.9
交通干线噪声平均值(分贝(A))	The Average Indicator of Traffic Main Line Noise (decibel)	68.3	66.4	67.7	67.0
生态环境	**Eco-environment Protection**				
森林面积 （万公顷）	Area of Forest (10000 hectares)	380.4	395.9	395.9	
森林覆盖率 (%)	Forest Coverage (%)	27.53	28.65	28.65	28.65
造林总面积 （万公顷）	Total Afforestation Area (10000 hectares)	6.6	12.8	14.5	13.9
自然保护区数 （个）	Number of Nature Reserves (unit)	38	40	40	
#国家级	National Level	6	7	8	8
自然保护区面积 （万公顷）	Area of Nature Reserves (10000 hectares)	43.6	41.4	41.7	
自然保护区面积占辖区面积比重 (%)	Area of Nature Reserves in Regions (%)	3.1	3.0	3.0	
污染控制	**Pollution Control**				
一般工业固体废物综合利用率 (%)	General Industrial Solid Waste Comprehensive Utilizational Rate (%)	84.6	88.5	90.9	
危险废物处置率 (%)	Rate of Treatment of Hazardous Waste (%)	59.4	26.0	45.8	
环境建设	**Environment Improvement**				
城市污水处理厂集中处理率 (%)	Rate of Concentrating Treatment of Sewage in the City (%)	71.58	91.80	93.90	94.90
城市燃气普及率 (%)	Rate of Gas Utilization in the City (%)	90.50	97.55	98.60	98.60
建成区绿化覆盖率 (%)	Green Coverage Rate in Constructed Areas (%)	37.50	41.16	42.15	42.50

注：1．按照《环境空气质量标准》（GB3095—2012），二氧化硫和二氧化氮改为年均值（以前年度为日均值）。
2．省辖市空气质量达二级标准的城市数自2015年起采用新标准（《环境空气质量标准》（GB3095—2012））评价，与历史年份数据不可比。

a) According to the ambient air quality standard (GB3095-2012), sulfur dioxide and nitrogen dioxide to average (previous year as the average).

b) The air quality of the secondary standard of the provincial-level cities number since 2015, to adopt new standards (" ambient air quality standard "(GB3095-2012)), than with year of history data.

11—11 续表 continued

指　　标	Item	2010	2015	2017	2018
自然灾害	**Natural Disaster**				
发生地质灾害起数　（次）	Geological Disaster　(unit)	338	616	58	113
#滑　坡	Landslide	143	312	23	40
崩　塌	Collapse	164	272	33	69
人员伤亡　（人）	Casualties　(person)	12	2		
#死亡人数	Deaths	6	1		
森林病虫害防治面积　（万公顷）	Forest Area Affected and Cured from Diseasease and Pests　(10000 hectares)	30.1	34.3	46.1	
环境污染	**Pollution**				
突发环境事件次数　（次）	Suddenly Environment Event Number　(time)	30	8	4	4
#水污染	Water Pollution	10	5	1	4
大气污染	Air Pollution	8	2	2	
固体废物污染	Solid Waste Pollution	5			
人员伤亡　（人）	Personnel Casualty　(person)				
污染直接经济损失　（万元）	Direct Economic Loss Due to Pollution　(10000 yuan)	231.6	75.3	6.2	3.7
突发环境事件赔款总额　（万元）	Compensation Total Amount of Suddenly Environment Event　(10000 yuan)	133.0	2.1		
污染损害罚款总额　（万元）	Fine Total Amount of Pollution Harm　(10000 yuan)	23.0	13.0	10.0	5.0
二氧化硫排放量　（万吨）	Sulphur Dioxide Discharge　(10000 tons)	53.26	48.01	23.54	
#生活源二氧化硫排放量	Sulfur Dioxide Emissions From Domestic Sources	4.82	6.00	4.58	
氮氧化硫排放量　（万吨）	Sulfur Oxynitride Emissions　(10000 tons)		72.10	49.00	
烟（粉）尘排放量　（万吨）	Smoke (powder) Dust Emissions　(10000 tons)		54.59	28.08	
COD排放量　（万吨）	COD Discharge　(10000 tons)	41.11	87.11	49.56	
氨氮排放总量　（万吨）	Ammonia Nitrogen Discharge　(10000tons)	4.43	9.68	5.76	
城镇生活污水排放量（亿吨）	Urban Comsumption Waste Water Discharge　(100 million tons)	11.37	20.89	19.06	
#生活污水中化学需氧量排放量　（万吨）	COD Discharge from Urban Consumption Waste Water　(10000 tons)	29.63	42.72	45.96	
#生活污水中氨氮排放量　（万吨）	Ammonia Nitrogen Discharge from Urban Consumption Waste Water　(10000 ton)	3.22	5.44	5.44	
环境污染治理	**Investment in the Treatment of Environmental Pollution**				
省辖市空气质量达二级标准　（个）	Cities Directly under the Provincial Government Where the Air Quality Attains the Second Grade National Standards　(unit)	16	2	1	1

11—12 环保系统机构、人员数
Environmental Protection Agencies and Persons Engaged

年 份 Year	机构总数 (个) Number of Agencies (unit)	人员总数 (人) Total Number of Staff & Workers (person)	#科技人员 Scientific and Technical Personnel	#监测人员 Monitoring Personnel	#监察人员 Supervisory Personnel
2005	388	5128	2195	1593	1626
2009	405	5527	2513	1659	2109
2010	390	5722	2648	1767	2145
2011	429	5766	2735	1734	2223
2012	450	5816	4318	2070	3439
2013	419	5753		1624	2242
2014	425	5145		1594	1805
2015	408	5881		1596	1828
2016	458	5789		1666	2254
2017	483	5397		1636	1989

注：自2014年起，数据为编制数，不含聘用人员。

a) Since 2014, the data for the preparation of the number, excluding the employment of personnel.

11—13 生活污染物排放
Discharge of Pollutants from Daily Life

年 份 Year	城镇生活污水排放量 (万吨) Volume of Urban Waste Water Discharged From Daily Life (10000 tons)	生活污水中化学需氧量排放量 (吨) Absorption of Oxygen by Waste Water From Daily Life (ton)	生活及其他二氧化硫排放量 (吨) Emission of Sulfur Dioxide From Daily Life and Others (ton)	生活及其他烟尘排放量 (吨) Emission of Dust From Daily Life and Others (ton)
2005	93104	307257	56495	45116
2009	106259	295299	51560	50396
2010	113729	296274	48164	47958
2011	172384	450509	42246	15499
2012	186980	440215	49405	87153
2013	195091	436388	50928	44490
2014	202522	432220	52303	44368
2015	208928	427176	60002	44464
2016	190813	444042	49174	34267
2017	190594	459607	45796	35441

注：生活及其他烟尘排放量自2011年数据为生活源烟（粉）尘排放量，不包括其他排放量。

a) Life and other soot emissions in 2011 data are life (powder) smoke and dust emissions, do not include other emissions.

11—14 工业企业“三废”排放及治理
Discharge and Treatment of Waste Water, Waste Gas and Solid Wastes by Industry Enterprises

指　标	Item	2010	2015	2017
废　水	**Waste Water**			
工业废水排放总量（万吨）	Total Volume of Waste Water Discharged (10000 tons)	70971	71436	43010
#工业废水COD排放量	COD Discharge from Industrial Waste	11.48	8.29	2.95
废　气	**Waste Gas**			
工业废气排放总量（亿标立方米）	Total Volume of Industrial Waste Gas Emission (100 million cu.m)	17849	29188	31444
工业二氧化硫排放量（万吨）	Volume of Sulphur Dioxide Emission (10000 tons)	48.44	42.00	18.96
工业烟（粉）尘排放量（万吨）	Volume of Industrial Soot Emission (10000 tons)	47.11	47.80	22.21
固体废物	**Solid Wastes**			
一般工业固体废物产生量（万吨）	The Amount of General Industrial Solid Waste Generation (10000 tons)	9158	13059	12002
一般工业固体废物综合利用量（万吨）	The Amount of General Industrial Solid Waste Comprehensive Utilization (10000 tons)	7849	11763	11157
一般工业固体废物综合利用率（%）	General Industrial Solid Waste Comprehensive Utilization Rate (%)	84.55	88.48	90.90
一般工业固体废物贮存量（万吨）	The Amount of General Industrial Solid Waste Storage (10000 tons)	518	518	561
一般工业固体废物处置量（万吨）	The Amount of General Industrial Solid Waste Disposal (10000 tons)	916	1049	592
污染治理	**Pollution Treatment**			
本年建设项目竣工环保验收数（个）	Number of Environmental Protection Projects Completed in the Construction Project this Year (unit)		57	23
当年完成“三同时”环保验收项目环保投资额（万元）	The Investment in Environmental Protection of The "Three Simultaneities" Environmental Protection Acceptance Project Was Completed That Year (10000 yuan)	58895	233110	2109334
#治理废水	Treatment of Waste Water	14250	58033	5026
治理废气	Treatment of Waste Gas	30932	133921	161434
治理固体废物	Treatment of Solid Wastes		13450	
治理噪声	Noise Abatement	108	7337	
治理其他	Others	13588	20369	1942874
排污收费及使用	**Fee for Discharging Waste and Fines for Pollution**			
排污费交纳单位（个）	Number of Units Charged (unit)	15031	10034	9444
排污费征收额（万元）	Amount of Pollution Charges (10000 yuan)	55838	63771	70848

11—15 各市工业废水排放及处理（2017年）

Discharge and Treatment of Industrial Waste Water by Region (2017)

地区	Region	汇总工业企业个数（个）Number of Industrial Enterprises (unit)	工业废水排放总量（万吨）Total Volume of Waste Water Discharge (10000 tons)	#排入污水处理厂 Disperses into the Sewage Treatment Plants	工业废水中污染物排放量（吔）Total Volume Pollutant of Waste Water Discharge (ton) #化学需氧量 COD	#石油类 Petroleum
总计	**Total**	**5610**	**43009.61**	**17481.19**	**29535.50**	**222.24**
合肥市	Hefei	636	4389.46	3675.72	1583.41	8.52
淮北市	Huaibei	408	1726.57	716.51	1225.23	5.43
亳州市	Bozhou	320	1934.08	849.40	1207.24	5.08
宿州市	Suzhou	260	2241.44	906.49	1579.58	3.14
蚌埠市	Bengbu	257	1714.91	1592.56	1983.15	3.60
阜阳市	Fuyang	440	2143.77	883.06	2527.37	12.63
淮南市	Huainan	181	4991.59	354.97	1534.55	0.17
滁州市	Chuzhou	517	2360.47	1453.90	3408.99	19.15
六安市	Luan	283	686.15	308.70	651.50	3.22
马鞍山市	Maanshan	327	8600.63	1196.62	4149.83	122.67
芜湖市	Wuhu	434	3574.98	3137.47	2092.23	9.54
宣城市	Xuancheng	655	1620.20	1024.38	1782.24	6.35
铜陵市	Tongling	215	3179.87	297.48	1667.08	7.20
池州市	Chizhou	205	485.64	204.29	484.61	1.17
安庆市	Anqing	274	2659.44	676.32	2565.18	12.66
黄山市	Huangshan	198	700.43	203.30	1093.30	1.71

地区	Region	#氨氮 Ammonia & Nitrogen	废水治理设施数（套）Number of Facilities for Treatment of Waste Water (set)	废水治理设施处理能力（万吨/日）Handling Ability of Facilities for Treatmnent of Waste Water (10000cu.m/h)	废水治理设施运行费用（万元）Opearating Cost of Facilities of Waste Water (10000Yuan)
总计	**Total**	**2953.05**	**2597**	**776.48**	**252419.4**
合肥市	Hefei	161.25	349	28.39	21205.3
淮北市	Huaibei	115.35	156	25.16	10352.7
亳州市	Bozhou	64.69	115	13.40	2926.0
宿州市	Suzhou	120.02	93	26.75	7686.6
蚌埠市	Bengbu	144.88	135	20.27	9493.7
阜阳市	Fuyang	403.56	179	13.99	9358.3
淮南市	Huainan	215.42	113	86.91	9016.2
滁州市	Chuzhou	612.68	197	20.43	8047.5
六安市	Luan	72.31	137	7.04	3198.3
马鞍山市	Maanshan	184.15	225	390.09	92566.6
芜湖市	Wuhu	161.22	203	24.63	11538.7
宣城市	Xuancheng	152.83	245	11.85	9434.7
铜陵市	Tongling	171.75	128	63.32	24215.1
池州市	Chizhou	32.29	99	11.58	7026.2
安庆市	Anqing	227.34	138	19.43	24809.8
黄山市	Huangshan	113.28	85	13.22	1543.7

11—16 各市工业废气排放及处理（2017年）

Emission and Treatment of Industrial Waste Gas by Region (2017)

地 区	Region	汇总工业企业个数（个）Number of Industrial Enterprises (unit)	工业废气治理设施数（套）Number of Facilities for treat-ment of Waste Gas (set)	工业废气排放总量（亿标立方米）Total Volume of Industrial Waste Gas Emission (100 million cu.m)	工业二氧化硫排放量（吨）Volume of Sulphur Dioxide Emission by Industry (ton)
总 计	**Total**	**5610**	**14620**	**31443.64**	**189589.95**
合 肥 市	Hefei	636	1853	2073.07	9379.39
淮 北 市	Huaibei	408	945	1232.60	11867.79
亳 州 市	Bozhou	320	370	5760.27	15946.42
宿 州 市	Suzhou	260	636	883.45	12623.10
蚌 埠 市	Bengbu	257	674	660.13	3632.85
阜 阳 市	Fuyang	440	909	1178.46	19770.49
淮 南 市	Huainan	181	592	2638.97	29315.57
滁 州 市	Chuzhou	517	1084	1092.78	6495.96
六 安 市	Luan	283	537	406.69	2608.01
马鞍山市	Maanshan	327	1357	6416.27	17221.84
芜 湖 市	Wuhu	434	1543	2576.34	21424.72
宣 城 市	Xuancheng	655	1281	1085.12	10992.54
铜 陵 市	Tongling	215	1227	3104.01	11467.57
池 州 市	Chizhou	205	686	1072.93	7414.23
安 庆 市	Anqing	274	652	1183.89	6541.04
黄 山 市	Huangshan	198	274	78.66	2888.42

地 区	Region	工业氮氧化物排放量（吨）Industrial Nitrogen Oxide Emissions (ton)	工业烟（粉）尘排放量（吨）Volume of Industrial Soot Emission (ton)	废气治理设备运用运行费用（万元）Annual Expenditure for Operation (10000 yuan)
总 计	**Total**	**234460.66**	**222119.61**	**804290.41**
合 肥 市	Hefei	20098.79	13599.46	58474.56
淮 北 市	Huaibei	11056.51	8980.34	51603.82
亳 州 市	Bozhou	3776.57	3139.58	9246.83
宿 州 市	Suzhou	9662.49	6758.19	33753.30
蚌 埠 市	Bengbu	5244.77	3788.28	18779.60
阜 阳 市	Fuyang	6350.86	7583.87	35402.42
淮 南 市	Huainan	15019.76	12567.70	100571.72
滁 州 市	Chuzhou	16223.83	7834.73	24444.96
六 安 市	Luan	4201.41	4619.52	15625.62
马鞍山市	Maanshan	37559.65	68362.49	213359.42
芜 湖 市	Wuhu	39314.89	27088.85	70355.27
宣 城 市	Xuancheng	12875.53	12771.06	30167.33
铜 陵 市	Tongling	29012.76	21112.24	83733.78
池 州 市	Chizhou	11101.76	14234.84	29358.80
安 庆 市	Anqing	12380.11	7369.60	27878.20
黄 山 市	Huangshan	580.96	2308.86	1534.80

11—17 各市工业固体废物产生及处理利用（2017年）

Discharge, Treatment and Utilization of Industrial Solid Wastes by Region (2017)

地 区	Region	汇总工业企业个数（个）Number of Industrial Enterprises (unit)	一般工业固体废物产生量（万吨）The Amount of General Industrial Solid Waste Generation (10000 tons)	危险废物产生量（万吨）The Amount of Hazardous Waste Generation (10000 ton)	一般工业固体废物综合利用量（万吨）The Amount of General Industrial Solid Waste Comprehensive Utilization (10000 ton)	危险废物综合利用量（万吨）The Amount of Hazardous Waste Comprehensive Utilization (10000 ton)
总　计	**Total**	**5610**	**12002.15**	**127.69**	**11156.90**	**69.12**
合肥市	Hefei	636	846.42	10.17	713.58	4.62
淮北市	Huaibei	408	1276.81	4.25	1216.21	1.68
亳州市	Bozhou	320	204.00	0.07	201.67	0.013
宿州市	Suzhou	260	398.43	1.53	381.82	0.64
蚌埠市	Bengbu	257	168.32	2.14	161.11	0.73
阜阳市	Fuyang	440	457.44	5.77	478.93	3.44
淮南市	Huainan	181	2317.53	7.40	1976.44	0.06
滁州市	Chuzhou	517	290.47	1.80	268.84	0.12
六安市	Luan	283	983.53	1.70	1053.58	0.03
马鞍山市	Maanshan	327	2227.59	38.20	2062.89	34.77
芜湖市	Wuhu	434	394.11	8.71	315.43	0.80
宣城市	Xuancheng	655	411.07	4.29	404.97	1.39
铜陵市	Tongling	215	1478.99	32.90	1399.31	14.00
池州市	Chizhou	205	197.11	7.05	190.08	6.11
安庆市	Anqing	274	334.12	1.32	316.15	0.69
黄山市	Huangshan	198	16.22	0.38	15.90	0.04

地 区	Region	一般工业固体废物综合利用率（%）General Industrial Solid Waste Comprehensive Utilization Rate (%)	一般工业固体废物贮存量（万吨）The Amount of General Industrial Solid Waste Storage (10000 tons)	一般工业固体废物处置量（万吨）The Amount of General Industrial Solid Waste Disposal (10000 tons)	一般工业固体废物处置率（%）General Industrial Solid Waste Disposal Rate (%)
总　计	**Total**	**90.90**	**561.41**	**591.60**	**4.91**
合肥市	Hefei	84.26	117.68	15.86	1.87
淮北市	Huaibei	92.96	25.80	91.15	7.00
亳州市	Bozhou	97.39	0.01	5.40	2.65
宿州市	Suzhou	95.83	8.57	8.08	2.03
蚌埠市	Bengbu	95.64	3.48	3.99	2.37
阜阳市	Fuyang	95.35	21.44	1.97	0.43
淮南市	Huainan	84.41	179.37	185.69	8.01
滁州市	Chuzhou	92.21	1.02	22.78	7.81
六安市	Luan	98.30	12.93	5.28	0.54
马鞍山市	Maanshan	92.56	145.78	20.06	0.90
芜湖市	Wuhu	79.94	0.33	78.96	20.03
宣城市	Xuancheng	91.98	24.77	19.21	4.58
铜陵市	Tongling	91.81	17.39	107.38	7.26
池州市	Chizhou	95.74	2.69	6.77	3.41
安庆市	Anqing	94.61	0.04	18.02	5.39
黄山市	Huangshan	93.42	0.12	1.00	6.17

11—18 各市城市空气质量指标（2018年）
Ambient Air Quality in Main Cities by Region (2018)

单位：微克／立方米（MCG/cu.m）

地 区	Region	可吸入颗粒物 (PM_{10}) Clean Area	二氧化硫 (SO_2) Lightly Polluted Area	二氧化氮 (NO_2) Moderately Polluted Area	空气质量达到及好于二级的天数比例 (%) As Good and Better air Quality in 2 Days (%)
全省平均	**Average**	**76**	**13**	**35**	**71.0**
合 肥 市	Hefei	72	7	43	71.8
淮 北 市	Huaibei	91	17	34	58.9
亳 州 市	Bozhou	93	13	29	61.1
宿 州 市	Suzhou	88	16	42	58.9
蚌 埠 市	Bengbu	85	16	38	63.3
阜 阳 市	Fuyang	89	9	28	67.7
淮 南 市	Huainan	86	16	29	61.6
滁 州 市	Chuzhou	80	11	40	66.3
六 安 市	Luan	79	7	35	73.2
马鞍山市	Maanshan	76	15	38	68.5
芜 湖 市	Wuhu	68	11	42	65.2
宣 城 市	Xuancheng	63	11	34	86.0
铜 陵 市	Tongling	75	18	41	81.6
池 州 市	Chizhou	67	12	35	79.1
安 庆 市	Anqing	65	11	32	74.5
黄 山 市	Huangshan	42	11	17	98.4

11—19 各市城市道路交通噪声监测情况（2018年）
Monitoring of Urban Road Traffic Noise in Key Cities by Region (2018)

地 区	Region	监测总长度（公里） Total Length of Roads (km)	路段平均宽度（米） Average Width of Roads (m)	平均车流量(辆/小时) Average Traffic Volume (car/hour)		噪声均值（分贝） Average Noise Value (LeqdBA)
				大 型 车 Large Car	小 型 车 Small Car	
总 计	**Total**	**1776.03**	**40.14**	**139**	**1106**	**67.0**
合 肥 市	Hefei	591.70	34.88	396	719	69.0
淮 北 市	Huaibei	96.78	43.39	69	1186	68.7
亳 州 市	Bozhou	57.38	50.86	68	1855	67.9
宿 州 市	Suzhou	50.11	25.27	80	972	68.7
蚌 埠 市	Bengbu	122.21	33.88	58	578	68.7
阜 阳 市	Fuyang	29.43	45.92	297	1762	68.0
淮 南 市	Huainan	56.03	18.65	88	1248	67.9
滁 州 市	Chuzhou	65.95	30.22	59	1433	64.0
六 安 市	Luan	68.25	45.07	85	1206	66.0
马鞍山市	Maanshan	98.53	44.53	96	925	67.1
芜 湖 市	Wuhu	260.54	43.10	158	953	66.0
宣 城 市	Xuancheng	98.86	83.97	77	995	59.4
铜 陵 市	Tongling	37.38	34.04	112	2286	67.3
池 州 市	Chizhou	28.85	35.93	472	568	67.9
安 庆 市	Anqing	51.55	42.39	21	366	69.5
黄 山 市	Huangshan	62.50	30.15	81	641	65.7

11—20 水资源情况
Water Resources

年份 Year	水资源总量（亿立方米） Total Water Resources (100 million cu.m)	地表水资源量 Surface Water	地下水资源量 Ground Water	地表水与地下水资源重复量 Duplicated Measurement Between Surface Water and Groundwater	人均水资源量（立方米／人） Per Capita Water Resources (cu.m/person)
2005	719.25	672.20	195.41	148.36	1135.70
2009	733.10	685.92	185.43	138.25	1195.70
2010	939.05	876.27	197.81	135.03	1578.20
2011	602.08	544.17	143.48	85.57	1008.80
2012	700.98	640.64	159.22	98.88	1172.60
2013	585.59	525.41	144.54	84.36	974.54
2014	778.48	712.86	178.91	113.29	1279.78
2015	914.12	850.19	193.71	129.78	1495.31
2016	1245.17	1179.23	219.26	153.32	2018.30
2017	784.90	717.82	200.95	133.87	1254.88
2018	835.78	766.67	203.67	134.56	1321.68

注：水资源总量=地表水资源量＋地下水资源量－地表水与地下水资源重复量。

a) Total Water Resources=Surface Water+Ground Water-Duplicated Measurement Between Surface Water and Groundwater.

11—21 各市水资源情况（2018年）
Water Resources by Region (2018)

地区	Region	水资源总量（亿立方米） Total Water Resources (100 million cu.m)	地表水资源量 Surface Water	地下水资源量 Ground Water	地表水与地下水资源重复量 Duplicated Measurement Between Surface Water and Groundwater	人均水资源量（立方米／人） Per Capita Water Resources (cu.m/person)
总计	**Total**	**835.78**	**766.67**	**203.67**	**134.56**	**1321.68**
合肥市	Hefei	54.31	52.38	8.68	6.75	671.57
淮北市	Huaibei	13.15	8.61	5.60	1.06	583.41
亳州市	Bozhou	26.98	16.46	14.58	4.06	515.18
宿州市	Suzhou	48.81	33.16	19.84	4.19	859.18
蚌埠市	Bengbu	31.59	24.02	11.82	4.25	931.31
阜阳市	Fuyang	36.79	25.39	18.38	6.98	448.28
淮南市	Huainan	25.01	22.75	6.50	4.24	716.62
滁州市	Chuzhou	62.54	60.21	12.90	10.57	1520.18
六安市	Luan	119.85	117.76	20.79	18.70	2477.78
马鞍山市	Maanshan	21.31	19.57	4.84	3.10	911.85
芜湖市	Wuhu	34.30	32.07	7.87	5.64	915.15
宣城市	Xuancheng	97.77	96.98	20.12	19.33	3692.22
铜陵市	Tongling	14.41	13.42	3.04	2.05	893.42
池州市	Chizhou	66.81	65.45	11.01	9.65	4532.56
安庆市	Anqing	92.03	88.32	21.11	17.40	1961.84
黄山市	Huangshan	90.12	90.12	16.59	16.59	6405.12

11—22 农村环境状况

The Environment of Rural Areas

年份 Year	农村自来水普及率(%) Popularity Rate of Tape Water in Rural Areas (%)	农村卫生厕所普及率(%) Popularity Rate of Sanitation Toilet in Rural Areass (%)	农村无害化卫生厕所普及率(%) Rural Non-hazardous Sanitary Toilet Penetration Rate (%)	农村户用沼气 Marsh Gas in Rural House		太阳能热水器面积(万平方米) Solar Water Heater Area (10000 sq.m)
				用户数(万户) Number of Users (10000 Housrholds)	总产气量(万立方米) Total Volum Gas Production (10000 cu.m)	
2005	37.6	54.2		31.94	9076	172.88
2009	43.7	54.1	22.1	67.06	20654	373.16
2010	47.8	57.5	25.6	75.26	22334	422.12
2011	50.4	58.0	28.7	79.08	27677	464.40
2012	53.6	59.2	32.3	82.99	25068	503.11
2013	58.6	62.6	34.0	85.76	24693	520.07
2014	64.3	65.2	36.4	88.21	24516	539.60
2015	72.0	67.1	38.6	89.13	23992	568.58
2016	78.0	68.9	40.6	89.51	23125	586.29
2017	86.9	73.8	45.3	89.51	19447	595.39
2018	87.6	80.2	53.1	89.51	16787	604.52

11—23 各市农村环境状况（2018年）

The Environment of Rural Areas by Region (2018)

地区	Region	农村自来水普及率(%) Popularity Rate of Tape Water in Rural Areas (%)	农村卫生厕所普及率(%) Popularity Rate of Sanitation Toilet in Rural Areass (%)	农村无害化卫生厕所普及率(%) Rural Non-hazardous Sanitary Toilet Penetration Rate (%)	农村户用沼气 Marsh Gas in Rural House		太阳能热水器面积(万平方米) Solar Water Heater Area (10000 sq.m)
					用户数(万户) Number of Users (10000 Housrholds)	总产气量(万立方米) Total Volum Gas Production (10000 cu.m)	
总计	**Total**	**87.60**	**80.19**	**53.07**	**89.51**	**16786.98**	**604.52**
合肥市	Hefei	87.20	99.55	81.12	9.18	1371.09	90.11
淮北市	Huaibei	71.80	82.33	43.54	2.11	270.00	24.76
亳州市	Bozhou	98.50	72.82	52.70	3.68	710.50	39.30
宿州市	Suzhou	90.00	87.24	38.99	5.36	709.80	41.76
蚌埠市	Bengbu	75.00	91.07	42.72	2.96	385.00	23.67
阜阳市	Fuyang	98.70	50.25	32.18	9.34	1571.36	42.37
淮南市	Huainan	78.10	49.39	23.75	4.84	1528.45	27.97
滁州市	Chuzhou	87.90	87.85	65.71	5.41	1190.00	50.99
六安市	Luan	82.20	92.58	45.57	8.45	1904.00	51.34
马鞍山市	Maanshan	97.20	89.53	67.22	2.07	434.19	36.81
芜湖市	Wuhu	95.90	97.48	76.34	1.22	314.77	27.88
宣城市	Xuancheng	90.80	90.67	74.50	6.34	1169.21	48.20
铜陵市	Tongling	85.90	89.32	76.44	2.07	308.91	15.29
池州市	Chizhou	92.90	81.48	80.76	7.37	1373.40	15.18
安庆市	Anqing	80.10	82.13	58.52	15.33	2762.30	43.27
黄山市	Huangshan	86.80	90.81	55.45	3.78	784.00	25.62

11—24 农村改厕情况
Toilets Renovation in Rural Area

指 标	Item	2010	2015	2017	2018
农村改厕	**Toilets Renovation in Rural Area**				
农村总户数 （万户）	Total Rural Households （10000 subscribers）	1346.5	1434.8	1478.2	1478.2
累计使用卫生厕所户数 （万户）	Households Used Toilets （10000 subscribers）	774.9	963.2	1091.4	1185.4
卫生厕所普及率 （%）	Rate of the Sanitation Toilets （%）	57.5	67.1	73.8	80.2
农村无害化卫生厕所普及率 （%）	Rural Non-hazardous Sanitary Toilet Penetration Rate （%）	25.6	38.6	45.3	53.1
当年新增无害化卫生厕所户数 （万户）	New Harmless Sanitary Toilet Number （10000 subscribers）	37.1	59.7	70.4	114.2
累计使用卫生公厕户数 （万户）	Household Used Public Sanitation Toilets (10000 subscribers)	125.9	293.6	248.7	253.2
农村改厕投入 （万元）	Investment (10000 yuan)	33327	30794	110301	182048
#国 家	Country	21952	16161	79612	169713
集 体	Collective	3175	3925	5497	3543
个 人	Personal	7578	10157	23468	5936
其 他	Other	622	661	1724	2855
国家投入占总投入比重（%）	The Proportion of State Investment （%）	65.87	52.48	72.18	93.22

11—25 突发环境事件情况
Environmental Accidents

年 份 Year	突发环境事件次数（次） Number of Environmental Accidents (time)	水污染 Water Pollution	大气污染 Air Pollution	固体废物污染 Solid Wastes Pollution	噪声与振动危害 Noise and Vibration Pollution	其 他 Other	直接经济损失（万元） Direct Economic Losses (10000 yuan)	突发环境事件赔款总额（万元） Total Compensation for Environmental Emergencies (10000 yuan)	污染损害罚款总额（万元） Total Fines for Pollution Damage (10000 yuan)
2005	28	16	10		2		275.40	55.20	275.40
2009	22	12	3	7			625.36	17.00	
2010	30	10	8	5			231.60	23.00	133.00
2011	12	4	3	1			50.88	40.00	125.00
2012	20	7	3	5			896.50	1.00	878.00
2013	6	5	1				274.06	9.79	
2014	9	5	1	1			492.99	0.79	
2015	8	5	2			1	75.30	13.00	2.14
2016	3	1	1			1	16.00		
2017	4	1	2			1	6.20	10.00	
2018	4	4					3.70	5.00	

11—26 各市突发环境事件情况（2018年）
Environmental Accidents by Region (2018)

地区	Region	突发环境事件次数（次）Number of Environmental Accidents (time)	水污染 Water Pollution	大气污染 Air Pollution	噪声与振动危害 Noise and Vibration Pollution	其他 Other	直接经济损失（万元）Direct Economic Losses (10000 yuan)	突发环境事件赔款总额（万元）Total Compensation for Environmental Emergencies (10000 yuan)	污染损害罚款总额（万元）Total Fines for Pollution Damage (10000 yuan)
总计	**Total**	**4**	**4**				**3.65**	**5.00**	
合肥市	Hefei								
淮北市	Huaibei								
亳州市	Bozhou								
宿州市	Suzhou								
蚌埠市	Bengbu							5.00	
阜阳市	Fuyang								
淮南市	Huainan								
滁州市	Chuzhou								
六安市	Luan								
马鞍山市	Maanshan						3.65		
芜湖市	Wuhu								
宣城市	Xuancheng								
铜陵市	Tongling								
池州市	Chizhou								
安庆市	Anqing								
黄山市	Huangshan								

11—27 地质灾害及防治情况
Geological Disasters and Prevention and Cure

年份 Year	发生地质灾害起数（次）Geological Disasters (time)	#滑坡 Land-slide	#崩塌 Collapse	人员伤亡（人）Casualties (person)	#死亡人数 Deaths	直接经济损失（万元）Direct Economic Losses (10000 yuan)	地质灾害防治项目（个）Number of Projects of Prevention of Geological Disasters (unit)	地质灾害防治投资（万元）Investment of Projects of Prevention of Geological Disasters (10000 yuan)
2005	8320	1528	6445	44	40	96800.0	46	3614.3
2009	349	116	216	8	2	2179.3	156	12252.8
2010	338	143	164	12	6	2536.3	189	11352.0
2011	175	102	60	2	2	1569.6	338	27288.0
2012	350	170	157	5	3	4601.3	652	25200.8
2013	261	147	108	2	1	2247.8	624	29280.2
2014	126	49	70			590.4	537	21936.9
2015	616	312	272	2	1	13679.3	492	14205.5
2016	724	386	308			4616.4	982	25294.9
2017	58	23	33			175.2	920	30506.4
2018	113	40	69			484.4	460	23047.0

11—28 各市地质灾害及防治情况（2018年）
Geological Disasters and Prevention and Cure by Region (2018)

地区 Region	发生地质灾害起数（次）Geological Disasters (time)	#滑坡 Land-slide	#崩塌 Collapse	人员伤亡（人）Casualties (person)	#死亡人数 Deaths	直接经济损失（万元）Direct Economic Losses (10000 yuan)	地质灾害防治项目（个）Number of Projects of Prevention of Geological Disasters (unit)	地质灾害防治投资（万元）Investment of Projects of Prevention of Geological Disasters (10000 yuan)
总计 Total	**113**	**40**	**69**			**484.4**	**460**	**23047.0**
合肥市 Hefei							10	1167.1
淮北市 Huaibei								
亳州市 Bozhou								
宿州市 Suzhou							2	228.7
蚌埠市 Bengbu							2	144.0
阜阳市 Fuyang							1	29.8
淮南市 Huainan							1	144.2
滁州市 Chuzhou							10	2059.9
六安市 Luan	17	10	6			100.7	63	2035.0
马鞍山市 Maanshan							11	1810.0
芜湖市 Wuhu							29	1651.1
宣城市 Xuancheng	9	4	5			27.5	17	3105.4
铜陵市 Tongling	3		2			3.0	2	1302.7
池州市 Chizhou	4	1	3			3.7	29	1097.0
安庆市 Anqing	16	2	12			187.0	240	5468.0
黄山市 Huangshan	64	23	41			162.5	43	2804.2

11—29 自然保护基本情况
Basic Situation of Natural Protection

年份 Year	自然保护区(市级以上) Nature Reserve (above city-level)：个数（个）Number of Nature Reserves (unit)	#国家级 Nation Level	面积（万公顷）Area of Nature Reserves (10000 hectares)	#国家级 Nation Level
2005	31		34.68	
2009	38		43.84	
2010	38	6	43.61	13.14
2011	38	7	43.20	13.92
2012	38	7	43.20	13.92
2013	39	7	41.28	13.92
2014	39	7	40.97	13.92
2015	40	7	41.35	13.92
2016	40	8	41.74	14.71
2017	40	8	41.74	14.71
2018				

11—30 造林面积
Area of Afforestation

单位：公顷（hectares）

年份 Year	造林总面积 Total Area of Afforestation	#人工造林 Manual Planting	按林种用途分 by Function of Forest 用材林 Timber Forests	经济林 By-product Forests	防护林 Protection Forests	薪炭林 Fuel Forests	特种用途林 Forests for Special Purpose
2005	57457	57457	26388	4489	25727	739	114
2009	83606	70229	25314	8858	48171		1263
2010	65612	57012	17724	12380	33804	849	855
2011	88731	72747	23939	22445	41121	405	821
2012	112197	100907	36082	34663	39251	267	1934
2013	208099	202766	72712	51817	73732	248	9590
2014	157745	150871	51701	44584	54826	426	6208
2015	128415	114350	47729	25173	39216	85	2144
2016	128042	91380	22717	30178	36595	131	1759
2017	144926	56667	11445	23615	20475	26	1106
2018	138493	55718	12682	29196	12985	145	710

11—31 各市造林面积（2018年）
Area of Afforestation by Region (2018)

单位：公顷（hectares）

地区	Region	造林总面积 Total Area of Afforestation	#人工造林 Manual Planting	按林种用途分 by Function of Forest 用材林 Timber Forests	经济林 By-product Forests	防护林 Protection Forests	特种用途林 Forests for Special Purpose
总计	**Total**	**138493**	**55718**	**12682**	**29196**	**12985**	**710**
合肥市	Hefei	6435	3992	1494	2256	242	
淮北市	Huaibei	1430	1430	3	637	752	38
亳州市	Bozhou	7179	7179	1341	3058	2708	72
宿州市	Suzhou	7876	4344	66	2259	2010	9
蚌埠市	Bengbu	1580	1580	115	559	831	75
阜阳市	Fuyang	4266	4266	970	2396	888	12
淮南市	Huainan	1021	1021	1	208	808	4
滁州市	Chuzhou	12194	6590	3210	2029	1337	
六安市	Luan	21638	7086	349	5836	666	235
马鞍山市	Maanshan	3465	1157	399	407	351	
芜湖市	Wuhu	5623	3403	1266	1063	905	169
宣城市	Xuancheng	11437	1821	483	882	319	6
铜陵市	Tongling	2475	608	239	243	126	
池州市	Chizhou	15360	2371	1570	507	294	
安庆市	Anqing	21561	8055	812	6484	669	90
黄山市	Huangshan	14953	815	364	372	79	

主要统计指标解释

耕地

指种植农作物的土地，包括熟地，新开发、复垦、整理地，休闲地（含轮歇地、轮作地）；以种植农作物（含蔬菜）为主，间有零星果树、桑树或其他树木的土地；平均每年能保证收获一季的已垦滩地和海涂。耕地中包括南方宽度<1.0米，北方宽度<2.0米固定的沟、渠、路和地坎（埂）；临时种植药材、草皮、花卉、苗木等的耕地，以及其他临时改变用途的耕地。

园地

指种植以采集果、叶、根、茎、汁等为主的集约经营的多年生木本和草本作物，覆盖度大于50%和每亩株数大于合理株数70%的土地。包括用于育苗的土地。

林地

指生长乔木、竹类、灌木的土地，及沿海生长红树林的土地。包括迹地，不包括居民点内部的绿化林木用地，铁路、公路征地范围内的林木，以及河流、沟渠的护堤林。

草地

指生长草本植物为主的土地。

径流量

指在一定时段内通过河流某一过水断面的水量，用以反映一个国家或地区水资源的丰歉程度。计算公式为：

径流量=降水量-蒸发量

流域

每条河流都有自己的干流和支流，干支流共同组成这条河流的水系。每条河流都有自己的集水区域，这个集水区域就称为该河流的流域。

外流河

指直接或间接流入海洋的河流。供给外流河河水的区域称为外流区域。

内陆河

指在陆地内部干燥地区，河水沿途消失于沙漠或注入内陆湖泊的河流。供给内陆河河水的区域称为内陆区域。

矿产资源

矿产资源指由地质作用形成的，具有利用价值的，呈固态、液态、气态的自然资源，是社会生产发展的重要物质基础。目前我国已发现矿种有170多种，按其特点和用途，可分为能源矿产(如煤炭、石油、天然气、地热)、金属矿产(如铁矿、锰矿、铜矿、铅矿、铝土矿)、非金属矿产(如金刚石、石灰岩、粘土)和水气矿产(如地下水、矿泉水、二氧化碳气)四大类。其中：金属矿产按其物质成份和性质又可分为：黑色金属矿产、有色金属矿产、贵金属矿产、稀有金属矿产、稀土金属矿产、分散元素金属矿产六类。

矿产基础储量

基础储量是查明矿产资源的一部分。它能满足现行采矿和生产所需的指标要求，是控制的、探明的并通过可行性或预可行性研究认为属于经济的、边界经济的部分，用未扣除设计、采矿损失的数量表示。

平均气温

气温指空气的温度，我国一般以摄氏度为单位表示。气象观测的温度表是放在离地面约1.5米处通风良好的百叶箱里测量的，因此，通常说的气温指的是离地面1.5米处百叶箱中的温度。计算方法：月平均气温是将全月各日的平均气温相加，除以该月的天数而得。年平均气温是将12个月的月平均气温累加后除以12而得。

年平均相对湿度

指空气中实际水气压与当时气温下的饱和水气压之比。其统计方法与气温相同。

降水量

指从天空降落到地面的液态或固态(经融化后)水，未经蒸发、渗透、流失而在地面上积聚的深度。计算方法：月降水量是将全月各日的降水量累加而得。年降水量是将12个月的月降水量累加而得。

全年日照时数

指太阳实际照射地面的时数，通常以小时为单位表示。其统计方法与降水量相同。

水资源总量

指当地降水形成的地表和地下产水总量，即地表径流量与降水入渗补给量之和。

地表水资源量

指河流、湖泊以及冰川等地表水体中可以逐年更新的动态水量，即天然河川径流量。

地下水资源量

指地下饱和含水层逐年更新的动态水量，即降水和地表水入渗对地下水的补给量。

地表水与地下水重复计算量

指地表水和地下水相互转化的部分，即天然河川径流量中的地下水排泄量和地下水补给量中来源于地表水的入渗补给量。

供水总量

指各种水源为用水户提供的包括输水损失在内的毛水量。

地表水源供水量

指地表水体工程的取水量，按蓄、引、提、调四种形式统计。从水库、塘坝中引水或提水，均属蓄水工程供水量；从河道或湖泊中自流引水的，无论有闸或无闸，均属引水工程供水量；利用扬水站从河道或湖泊中直接取水的，属提水工程供水量；跨流域调水指水资源一级区或独立流域之间的跨流域调配水量，不包括在蓄、引、提水量中。

地下水源供水量

指水井工程的开采量，按浅层淡水、深层承压水和微咸水分别统计。城市地下水源供水量包括自来水厂的开采量和工矿企业自备井的开采量。

其他水源供水量

包括污水处理再利用、集雨工程、海水淡化等水源工程的供水量。

用水总量

指各类用水户取用的包括输水损失在内的毛水量。

农业用水

包括农田灌溉用水、林果地灌溉用水、草地灌溉用水、鱼塘补水和畜禽用水。

工业用水

指工矿企业在生产过程中用于制造、加工、冷却、空调、净化、洗涤等方面的用水，按新水取用量计，不包括企业内部的重复利用水量。

生活用水

包括城镇生活用水和农村生活用水。城镇生活用水由居民用水和公共用水（含第三产业及建筑业等用水）组成；农村生活用水指居民生活用水。

生态环境补水

仅包括人为措施供给的城镇环境用水和部分河湖、湿地补水，而不包括降水、径流自然满足的水量。

一般工业固体废物产生量

指未被列入《国家危险废物名录》或者根据国家规定的危险废物鉴别标准（GB5085）、固体废物浸出毒性浸出方法（GB5086）及固体废物浸出毒性测定方法（GB / T 15555）鉴别方法判定不具有危险特性的工业固体废物。计算公式是：

一般工业固体废物产生量=（一般工业固体废物综合利用量－其中：综合利用往年贮存量）+一般工业固体废物贮存量+（一般工业固体废物处置量－其中：处置往年贮存量）+一般工业固体废物倾倒丢弃量

一般工业固体废物综合利用量

指报告期内企业通过回收、加工、循环、交换等方式，从固体废物中提取或者使其转化为可以利用的资源、能源和其他原材料的固体废物量（包括当年利用的往年工业固体废物累计贮存量）。如用作农业肥料、生产建筑材料、筑路等。综合利用量由原产生固体废物的单位统计。

一般工业固体废物处置量

指报告期内企业将工业固体废物焚烧和用其他改变工业固体废物的物理、化学、生物特性的方法，达到减少或者消除其危险成分的活动，或者将工业固体废物最终置于符合环境保护规定要求的填埋场的活动中，所消纳固体废物的量。

一般工业固体废物贮存量　指报告期内企业以综合利用或处置为目的，将固体废物暂时贮存或堆存在专设的贮存设施或专设的集中堆存场所内的量。专设的固体废物贮存场所或贮存设施必须有防扩散、防流失、防渗漏、防止污染大气、水体的措施。

一般工业固体废物倾倒丢弃量

指报告期内企业将所产生的固体废物倾倒或者丢弃到固体废物污染防治设施、场所以外的量。

危险废物产生量

指当年全年调查对象实际产生的危险废物的量。危险废物指列入国家危险废物名录或者根据国家规定的危险废物鉴别标准和鉴别方法认定的，具有爆炸性、易燃性、易氧化性、毒性、腐蚀性、易传染性疾病等危险特性之一的废物。按《国家危险废物名录》（环境保护部、国家发展和改革委员会 2008 部令第 1 号）填报。

危险废物综合利用量

指当年全年调查对象从危险废物中提取物质作为原材料或者燃料的活动中消纳危险废物的量。包括本单位利用或委托、提供给外单位利用的量。

危险废物处置量

指报告期内企业将危险废物焚烧和用其他改变工业固体废物的物理、化学、生物特性的方法，达到减少或者消除其危险成分的活动，或者将危险废物最终置于符合环境保护规定要求的填埋场的活动中，所消纳危险废物的量。处置量包括处置本单位或委托给外单位处置的量。

危险废物贮存量

指将危险废物以一定包装方式暂时存放在专设的贮存设

施内的量。专设的贮存设施指对危险废物的包装、选址、设计、安全防护、监测和关闭等符合《危险废物贮存污染控制标准》(GB18597-2001)等相关环保法律法规要求，具有防扩散、防流失、防渗漏、防止污染大气和水体措施的设施。

生活垃圾清运量

指报告期收集和运送到各生活垃圾处理厂(场)和生活垃圾最终消纳点的生活垃圾数量。生活垃圾指城市日常生活或为城市日常生活提供服务的活动中产生的固体废物以及法律行政规定的视为城市生活垃圾的固体废物。包括：居民生活垃圾、商业垃圾、集市贸易市场垃圾、街道清扫垃圾、公共场所垃圾和机关、学校、厂矿等单位的生活垃圾。

生活垃圾无害化处理率

指报告期生活垃圾无害化处理量与生活垃圾产生量的比率。在统计上，由于生活垃圾产生量不易取得，可用清运量代替。计算公式为：

生活垃圾无害化处理率＝生活垃圾无害化处理量/生活垃圾产生量×100%

森林面积

包括郁闭度0.2以上的乔木林地面积和竹林面积，国家特别规定的灌木林地面积，农田林网以及村旁、路旁、水旁、宅旁林木的覆盖面积。

人工林面积

指由人工播种、植苗或扦插造林形成的生长稳定，(一般造林3-5年后或飞机播种5-7年后)每公顷保存株数大于或等于造林设计植树株数80%或郁闭度0.20以上(含0.20)的林分面积。

森林覆盖率

以行政区域为单位的森林面积占区域土地总面积的百分比。计算公式为：

森林覆盖率＝森林面积/土地总面积×100%

活立木总蓄积量

指一定范围土地上全部树木蓄积的总量，包括森林蓄积、疏林蓄积、散生木蓄积和四旁树蓄积。

森林蓄积量

指一定森林面积上存在着的林木树干部分的总材积。

造林面积

指在宜林荒山荒地、宜林沙荒地、无立木林地、疏林地和退耕地等其他宜林地上通过人工措施形成或恢复森林、林木、灌木林的过程。

人工造林

指在宜林荒山荒地、宜林沙荒地、无立木林地、疏林地和退耕地等其他宜林地上通过播种、植苗和分植来提高森林植被覆被率的技术措施。

飞播造林

通过飞机播种，为宜林荒山荒地、宜林沙荒地、其他宜林地、疏林地补充适量的种源，并辅以适当的人工措施，在自然力的作用下使其形成森林或灌草植被，提高森林植被覆被率的技术措施。

无林地和疏林地本年新封山育林

指本年开始对具有天然下种或萌蘖能力的疏林地、灌丛地、采伐迹地、火烧迹地以及荒山荒地、沙荒地等有条件的地方采取划界封禁和人工辅助措施，使其成为森林或灌草植被的面积。

用材林

指以生产木材为主要目的的森林和林木，包括以生产竹材为主要目的的竹林。

经济林

指以生产果品，食用油料、饮料、调料，工业原料和药材为主要目的的林木。经济林是人们为了取得林木的果实、叶片、皮层、胶液等产品作为工业原料或者供食用所营造的林木，如油茶、油桐、核桃、樟树、花椒、茶、桑、果等。防护林　指以防护为主要目的的森林、林木和灌木丛。包括水源涵养林，水土保持林，防风固沙林，农田、牧场防护林，护岸林，护路林等。

薪炭林

指以生产燃料为主要目的的林木。

特种用途林

指以国防、环境保护、科学实验等为主要目的的森林和林木。包括国防林、实验林、母树林、环境保护林、风景林，名胜古迹和革命纪念地的林木，自然保护区的森林。

湿地

指天然或人工、长久或暂时性的沼泽地、泥炭地或水域地带，包括静止或流动、淡水、半咸水、咸水体，低潮时水深不超过6米的水域以及海岸地带地区的珊瑚滩和海草床、滩涂、红树林、河口、河流、淡水沼泽、沼泽森林、湖泊、盐沼及盐湖。

自然保护区

指为了保护自然环境和自然资源，促进国民经济的持续发展，将一定面积的陆地和水体划分出来，并经各级人民政府批准而进行特殊保护和管理的区域个数。根据保护对象，自然保护区分为自然生态系统类、野生生物类、自然遗迹类。风景名胜区、文物保护区不计在内。

滑坡

指斜坡上不稳定的岩土体在重力作用下沿一定软弱面(或滑动带)整体向下滑动的物理地质现象。

崩塌

指陡坡上大块的岩土体在重力作用下突然脱离母体崩落的物理地质现象。

泥石流

指山地突然爆发的饱含大量泥沙、石块的特殊洪流。

地面塌陷

指地表岩、土体在自然或人为因素作用下向下陷落，并在地面形成塌陷坑(洞)的一种动力地质现象。

森林火灾次数

指发生在城市市区外的一切森林、林木和林地的火灾次数。按照受害森林面积和伤亡人数，森林火灾分为一般森林火灾、较大森林火灾、重大森林火灾和特别重大森林火灾：1. 一般森林火灾：受害森林面积在 1 公顷以下或者其他林地起火的，或者死亡 1 人以上 3 人以下的，或者重伤 1 人以上 10 人以下的；2. 较大森林火灾：受害森林面积在 1 公顷以上 100 公顷以下的，或者死亡 3 人以上 10 人以下的，或者重伤 10 人以上 50 人以下的；3. 重大森林火灾：受害森林面积在 100 公顷以上 1000 公顷以下的，或者死亡 10 人以上 30 人以下的，或者重伤 50 人以上 100 人以下的；4. 特别重大森林火灾：受害森林面积在 1000 公顷以上的，或者死亡 30 人以上的，或者重伤 100 人以上的。本条所称“以上”包括本数，“以下”不包括本数。

林业有害生物

危害森林、林木、荒漠植被、湿地植被等的病虫鼠兔及有害植物。

突发环境事件

指突然发生，造成或可能造成重大人员伤亡、重大财产损失和对全国或者某一地区的经济社会稳定、政治安定构成重大威胁和损害，有重大社会影响的涉及公共安全的环境事件。

发生地震灾害次数

指发生形成灾害(包括人员伤亡或经济损失)的所有震级的地震次数。

Explanatory Notes for Major Statistical Indicators

Cultivated Land

refers to land mainly for the regular cultivation of farm crops (including vegetables), with some fruit trees, mulberry trees and others, covers cultivated land, newly-developed land, reclaimed land, consolidated land, fallow, beach land that can guarantee one harvest per year on average. It also covers fixed ditch, canal, road and sill (ridge) with width less than 1 meter in the South and 2 meters in the North, lands planted temporarily with herbs, grass, flowers and nursery stocks, and other cultivated land with temporary change of use.

Garden Land

refers to land for intensive cultivation of perennial woody plants and herbs to collect fruits, leaves, roots, stems and juice, with a covering rate over 50% and plant number per mu over 70% of rational plant number. Land for nursery is included.

Forestland

refers to land for planting arbor, bamboo, bush shrub and land in coastal zones for planting mangrove. It includes slash, but not the green belts in residential area, forests requested for railway and highway, and the dike protection forest around rivers and ditches.

Pastureland

refers to land mainly for the growth of herbs.

Volume of Runoff

refers to the total volume of water running through a certain cross section of a river during a certain period of time, reflecting the water resource condition in a country or a region. The formula for calculating volume of runoff is as follows:

Runoff =Precipitation-Evaporation

Drainage Area

Each river has its own main stream and branches to form the water system of the river. Each river has its own catchment's area, which is also called as the drainage area of the river.

Out-flowing Rivers

refer to rivers directly or indirectly flowing into the sea. The area providing water to the out-flowing rivers is called as out-flowing area.

Inland Rivers

refer to rivers in inland dry areas that die away in desert on the way or infuse into inland lakes. The area providing water to the inland rivers is called as inland area.

Mineral Resources

refer to useful minerals, with solid state, liquid state, gaseity, due to the geological process. Minerals are important natural resources, and important material base for social development. At present, there are more than 170 types of minerals discovered in China. They can be categorized into four groups: energy producing minerals (including coal, petroleum, natural gas and terrestrial heat), metallic minerals (including iron, manganese, copper, lead and bauxite), non metallic minerals (including diamond, limestone and clay), and water/gas related minerals (including ground water, mineral water and carbon dioxide). Metallic minerals can be further classified as ferrous, non-ferrous, noble metal, rare metal, rare earth metal and dispersed metals.

Ensured Mineral Reserves

refer to the actual mineral reserves, which equal to the proven mineral reserves (including industrial reserves and prospective reserves) minus extracted parts and underground losses.

Average Temperature

refers to the air temperature. China uses centigrade as the unit. The thermometry used for weather observation is put in a breezy shutter, which is 1.5 meters high from the ground. Therefore, the commonly used temperature refers to the temperature in the breezy shutter 1.5 meters away from the ground. The calculation method is as follows:

Monthly average temperature is the summation of average daily temperature of one month divided by the actual days of that particular month.

Annual average temperature is the summation of monthly average of a year divided by 12 months.

Average Annual Relative Humidity

refers to the ratio of actual water vapour pressure to the saturation water vapour pressure under the current temperature. The calculation method is the same as that of temperature.

Volume of Precipitation

refers to the deepness of liquid state or solid state (thawed) water falling from the sky to the ground that has not been evaporated, infiltrated or run off. The calculation method is as follows:

Monthly precipitation is the summation of daily precipitation of a month.

Annual precipitation is the summation of 12 months precipitation of a year.

Annual Sunshine Hours

refer to the actual hours of sun irradiating the earth, usually expressed in hours. The calculation method is the same as that of the precipitation.

Total Water Resources

refers to total volume of surface water and groundwater and is measured as run-off for surface water and replenishment of groundwater with rainfall in local area.

Surface Water Resources

refers to total volume of year by year renewable dynamic resources which exist in rivers, lakes, glaciers and other surface water and are the natural run-off of rivers.

Groundwater Resources

refers to total volume of year by year renewable dynamic resources which exist in saturation acquifers of groundwater and are measured as replenishment of groundwater with rainfall and surface water.

Duplicated Measurement between Surface Water and Groundwater

refers to mutual exchange between surface water and groundwater, i.e. run-off of rivers includes some depletion into groundwater while groundwater includes some replenishment from surface water.

Water Supply

refers to gross water of various sources supplied to consumers, including losses during distribution.

Surface Water Supply

refers to withdrawals by surface water supply system, broken down with storage, flow, pumping and transfer. Supply from storage projects includes withdrawals from reservoirs; supply from flow includes withdrawals from rivers and lakes with natural flows no matter if there are locks or not; supply from pumping projects includes withdrawals from rivers or lakes with pumping stations; and supply from transfer refers to water supplies transferred from first-level regions of water resources or independent river drainage areas to others, and should not be covered under supplies of storage, flow and pumping.

Groundwater Supply

refers to withdrawals from supplying wells, broken down with shallow layer freshwater, deep layer freshwater and slightly brackish water. Groundwater supply for urban areas includes water mining by both waterworks and own wells of enterprises.

Other Water Supply Sources

include supplies by waste-water treatment, rain collection, seawater desalinization and other water projects.

Water Use

refers to gross water used by various water users, including losses during distribution.

Water Use by Agriculture

includes uses of water by irrigation of farming fields, forestry and orchards, irrigation of grassland, replenishment of fishing farms and water used by animal husbandry.

Water Use by Industry

refers to new withdrawals of water, excluding reuse of water within enterprises.

Water Use by Living Consumption

includes use of water for living consumption in both urban and rural areas. Urban water use by living consumption is composed of household use and public use (including tertiary industry and construction). Rural water use by living consumption includes water used by households.

Water Use by Ecological and Environmental Protection

includes replenishment of rivers and lakes and use for urban environment.

Common Industrial Solid Wastes Produced

refers to the industrial solid wastes that are not listed in the 《National Catalogue of Hazardous Wastes》, or not regarded as hazardous according to the national hazardous waste identification standards (GB5085), solid waste-Extraction procedure for leaching toxicity (GB5086) and solid waste-Extraction procedure for leaching toxicity (GB/T 15555). The calculation formula is as followed:

Common Industrial Solid Wastes Produced = (common industrial solid wastes utilized – the proportion of utilized stock of previous years) + common industrial solid waste stock + (common industrial solid wastes disposed – the proportion of disposed stock of previous years) + common industrial solid wastes discharged.

Common Industrial Solid Wastes Comprehensively Utilized

refers to volume of solid wastes from which useful materials can be extracted or which can be converted into usable resources, energy or other materials by means of reclamation, processing, recycling and exchange (including utilizing in the year the stocks of industrial solid wastes of the previous year) during the report period, e.g. being used as agricultural fertilizers, building materials or as material for paving road. Examples of such utilizations include fertilizers, building materials and road materials. The information shall be collected by the producing units of the wastes.

Common Industrial Solid Wastes Disposed

refers to the quantity of industrial solid wastes which are burnt or specially disposed using other methods to alter the physical, chemical and biological properties and thus to reduce or eliminate the hazard, or placed ultimately in the sites meeting the requirements for environmental protection during the report period.

Stock of Common Industrial Solid Wastes

refers to the volume of solid wastes placed in special facilities or special sites by enterprises for purposes of utilization or disposal during the report period. The sites or facilities should take measures against dispersion, loss, seepage, and air and water contamination.

Common Industrial Solid Wastes Discharged

refers to the volume of industrial solid wastes dumped or discharged by producing enterprises to disposal facilities or to other sites.

Hazardous Wastes Produced

refers to the volume of actual hazardous wastes produced by surveyed samples throughout the year of the survey.

Hazardous waste refers to those included in the national hazardous wastes catalogue or specified as any one of the following properties in light of the national hazardous wastes identification standards and methods: explosive, ignitable, oxidizable, toxic, corrosive or liable to cause infectious diseases or lead to other dangers. The report of this indicator should follow the 《National Catalogue of Hazardous Wastes》 (the NO.1 Ministry Order in 2008 by the Ministry of Environment Protection and National Development and Reform Commission).

Hazardous Wastes Utilized

refers to the volume of hazardous wastes that are used to extract materials for raw materials or fuel throughout the year of the survey, including those utilized by the producing enterprise and those provided to other enterprises for utilization.

Hazardous Wastes Disposed

refers to the quantity of hazardous wastes which are burnt or specially disposed using other methods to alter the physical, chemical and biological properties and thus to reduce or eliminate the hazard, or placed ultimately in the sites meeting the requirements for environmental protection during the report period.

Stock of Hazardous Wastes

refers to the volume of hazardous wastes specially packaged and placed in special facilities or special sites by enterprises. The special stock facilities should meet the requirements set in relevant environment protection laws and regulations such as "Pollution Control Standards for Hazardous Waste Stock" (GB18597-2001) in regard to package of hazardous waste, location, design, safety, monitoring and shutdown, and take measures against dispersion, loss, seepage, and air and water contamination.

Consumption Wastes Transported

refers to volume of consumption wastes collected and transported to disposal factories or sites during the reference period. Consumption wastes are solid wastes produced from urban households or from service activities for urban households, and solid wastes regarded by laws and regulations as urban consumption wastes, including those from households, commercial activities, markets, cleaning of streets, public sites, offices, schools, factories, mining units and other sources.

Ratio of Consumption Wastes Treated

refers to consumption wastes treated over that produced. In practical statistics, as it is difficult to estimate, the volume of consumption wastes produced is replaced with that transported. It is calculated as:

Ratio of consumption wastes treated = consumption wastes treated / consumption wastes produced × 100%

Forest Area

refers to the area of trees and bamboo grow with a canopy density above 0.2 degree, the area of shrubby tree according to regulations of the government, the area of forest land inside farm land and the area of trees planted by the side of villages, farm houses and along roads and rivers.

Area of Man-made Forests

refer to the area of stable growing forests, planted manually or by airplanes, with a survival rate of 80% or higher of the designed number of trees per hectare, or with a canopy density of 0.20 degree or above after 3-5 years of manual planting or 5-7 years of airplane planting.

Forest Coverage Rate

Taking the administrative jurisdiction as the unit, the percentage of area of afforested land to the area of total land. The formula for calculating forest coverage rate is as follows:

Forestry coverage rate = Area of Afforested Land / Area of Total Land × 100%

Total Standing Stock Volume

refers to the total stock volume of trees growing in land, including trees in forest, trees in sparse forest, scattered trees and trees planted by the side of villages, farm houses and along roads and rivers.

Stock Volume of Forest

refers to total stock volume of wood growing in forest area, which shows the total size and level of forest resources of a country or a region.

Area of Afforestation

refers to the total area of land suitable for afforestation, including barren hills, idle land, sand dunes, non-timber forest land, woodland and "grain for green" land, on which acres of forests, trees and shrubs are planted through manual planting.

Manual Planting

refers to technical measures of sowing, planting seedlings and divided transplanting on land suitable for afforestation, including barren hills, idle land, sand dunes, non-timber forest land, woodland and "grain for green" land to increase vegetation coverage rate of forests.

Airplane Planting

refers to technical measures of airplane planting with of appropriate artificial help taken under the influence of natural power to restore certain amount of seedlings on land suitable for afforestation, including barren hills, idle land, sand dunes, non-timber forest land, woodland and "grain for green" land, with an aim of increasing vegetation coverage rate of forests.

No-stocked Land and Sparse Forest Land Newly Closed for Afforestation This Year

refers to the area of sparse forest land, brush shrub land, stump land, burned land, barren hills, barren land, sand dunes where trees can naturally grow or sprout, which are demarcated, closed down and returned to forest, shrubbery and grass land with the assistance of special measures by men.

Timber Forests

refer to forests which are mainly for the production of timber, including bamboo groves planted to harvest bamboos.

By-product Forests

refer to forests that mainly produce fruits, nuts, edible oil, beverages, indigents, raw materials and medicine materials. By-product forests are planted to harvest the fruits, leaves, bark or liquid of trees, and consume them as food or raw materials for the manufacturing industry, such as tea-oil trees, tung oil trees, walnut trees, camphor trees, tea bushes, mulberry trees, fruit trees, etc.

Protection Forests

refer to forests, trees and bushes planted mainly for protection or preservation purpose, including water resource conservation forests, water and soil conservation forests, windbreak and dune-fixing forests, farmland and pasture protection forests, riverside protection forests, roadside protection forests, etc.

Fuel Forests

refer to forests planted mainly for fuels.

Forests for Special Purpose

refer to forests planted mainly for national defence, environment protection or scientific experiments, including national defence forests, experimental forests, mother-tree forests, environment protection forests, scenery forests, trees in historical or scenic spots, forests in natural reserves.

Wetlands

refer to marshland and peat bog, whether natural or man-made, permanent or temporary; water covered areas, whether stagnant or flowing, with fresh or semi-fresh or salty water that is less than 6 meters deep at low tide; as well as coral beach, weed beach, mud beach, mangrove, river outlet, rivers, fresh-water marshland, marshland forests, lakes, salty bog and salt lakes along the coastal areas.

Natural Reserves

refer to number of certain areas of land, or waters that have been set aside and put under special protection and management in order to protect natural environment and natural resources, and promote the sustainable development of national economy. They are subject to formal approval from governments of various levels. According to the protected targets, natural reserves can be divided into three categories: reserves of natural ecological system, natural reserves of wildlife species, and natural heritage of historical significance.Scenic spots and cultural preservation zones are not included.

Landslides

refer to the geological phenomenon of unstable rocks and earth on slopes sliding down along certain soft surface as a result of gravitational force.

Collapse

refers to the geological phenomenon of large mass of rocks or earth suddenly collapsing from the mountain or cliff as a result of gravitational force.

Mud-rock Flow

refers to the sudden rush of flood torrents containing large amount of mud and rocks in mountainous areas.

Land Subside

refers to the geological phenomenon of surface rocks or earth subsiding into holes or pits as a result of natural or human factors.

Number of Forest Fires

refers to the number of fires in forests, woods and woodland outside of the downtown areas of cities. In light of the area plagued by fires and the number of casualties, forest fires can be categorized into usual forest fires, relatively larger fires, serious forest fires and extraordinary serous forest fires: 1). Usual forest fires: the destructed forest area is less than 1 hectare, or the fire erupts in other woodland, or the number of deaths is no less than 1 but less than 3, or the number of seriously injured persons is no less than 1 but less than 10 persons. 2). Relatively larger forest fires: the destructed forest area is no less than 1 hectare but less than 100 hectares, or the number of deaths is no less than 3 but less than 10, or the number of seriously injured persons is no less than 10 but less than 50 persons. 3). Serious forest fires: the destructed forest area is no less than 100 hectares but less than 1000 hectares, or the number of deaths is no less than 10 but less than 30, or the number of seriously injured persons is no less than 50 but u less than 100 persons. 4). Extraordinary serious forest fires: the destructed forest area is no less than 1000 hectares, or the number of deaths is no less than 30, or the number of seriously injured persons is no less than 100 persons.

Forest Harmful Organisms

refer to the diseases, pests，rats and harmful plants that plague forests,wood, desert and wetland vegetation.

Environmental Emergencies

refer to environmental emergencies that caused or likely to cause significant causalities, serious property damages and pose a major threat and damage to the economic, social or political stability of the country or a region, or have significant social impact that related to the public safety.

Number of Earthquakes

the number of earthquakes of all magnitude that cause damages (including casualties or economic losses).

第十二篇

Chapter 12

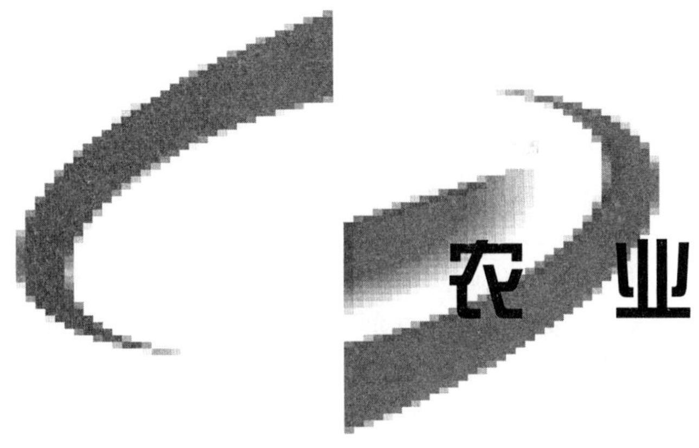

农业

AGRICULTURE

简要说明

一、本篇资料反映我省农业生产和农村经济的基本情况，内容主要包括乡村户数、人口与从业人员、耕地、农业机械拥有量、农林牧渔业产值、主要产品产量、水利设施与灌溉防涝、农村居民家庭拥有生产性固定资产等。

二、本篇资料来源：除农村居民家庭拥有生产性固定资产由国家统计局安徽调查总队提供外，其余资料均来源于省统计局农村处的农村统计调查报表制度。

农村统计调查报表制度的统计范围包括各市、县（区）辖区的各种经济类型的全部农林牧渔业以及各非农行业附属的农林牧渔业生产单位，但不包括农业科学试验机构进行的农业生产。

农村统计调查报表制度按照国家统计局统一要求，由各市、县（区）统计局收集、汇总报送，采取抽样调查、典型调查、重点调查和其他调查所取得。部分指标及林业生产情况、渔业生产情况等指标均取自同级业务部门统计资料。

土地状况和农田水利建设、灌溉防涝情况、农作物受灾情况、农业机械拥有量、国营农场基本情况等资料由省国土资源厅、省水利厅、省民政厅、省农机局、省农垦总公司提供。

Brief Introduction

I. Data in this chapter show the basic conditions of agricultural production and rural economy, including mainly number of rural households, population and number of laborers, cultivated land, quantity of agricultural machinery, output of farming, forestry, animal husbandry and fishery, output of major products, facilities of water conservancy and irrigation and flood prevention, productive fixed assets owned by the rural households.

II. Source of data: Data come from the Agricultural Statistical Reporting System stipulated by the Agricultural Office of Anhui Statistical Bureau, except Data on productive fixed assets owned by the Enterprise Survey Organization of Anhui, which is supplied by the Rural Socio-economic Survey Organization of Anhui.

Statistics on agriculture cover all agricultural production activities except activities undertaken by agriculture research institutions.

Data on agriculture are collected, tabulated and processed by the statistical bureau in cities and counties, with sample survey, survey on key units and typical units and other surveys. Data on forestry production, state farm are taken from the professional departments at the same level.

Data on Land conditions and construction of water conservancy, flood irrigation conditions, crops disaster, agricultural machinery and processing volume and state farm are provided by Provincial Department of land resources, Provincial Water Conservancy Department, Provincial Department of Civil Affairs, Provincial Bureau of Agricultural Machinery and Provincial General Company of Agricultural Reclamation.

12—1 农村基本情况和农业生产条件
Rural Basic Data and Agricultural Production Conditions

指　　标		Item		2005	2010	2015	2017	2018
乡镇数	（个）	Number of Township and Town Governments	(unit)	1466	1232	1249	1240	1239
#镇个数		Number of Town Governments		915	869	946	965	968
村民委员会	（个）	Number of Villagers' Committees	(unit)	24076	15744	14688	14482	14516
乡村户数	（万户）	Number of Rural Households	(10000 household)	1346.13	1424.31	1478.23	1473.25	1475.26
乡村人口数	（万人）	Rural Population	(10000 persons)	5241.40	5363.95	5400.85	5373.73	5379.66
#男		Male				2816.55	2802.43	2808.07
乡村劳动力资源数	（万人）	Rural labor force resources number	(10000 persons)	3165.14	3341.03	3375.57	3364.51	3365.34
#男		Male				1798.40	1795.14	1796.49
乡村从业人员数	（万人）	Number of Engaged Persons in Rural Area	(10000 persons)	2939.21	3075.86	3050.02	2999.43	3000.00
#男		Male		1574.17	1658.61	1650.48	1628.48	1625.04
#农　业		Agriculture		1766.94	1521.85	1390.25	1358.88	1363.25
农业机械总动力	（万千瓦）	Total Agricultural Machinery Power	(10000 kw)	3983.83	5409.78	6580.99	6312.86	6543.81
农用大中型拖拉机	（台）	Number of Large and Medium Agricultural Tractors	(unit)	104798	124660	220080	259555	233937
小型拖拉机	（万台）	Number of Mini-tractors	(10000 units)	207.98	236.12	214.67	207.16	207.87
联合收获机	（台）	Combine Harvester	(unit)	48739	102167	174156	205862	210501
机耕面积	（千公顷）	Area Ploughed by Tractors	(1000 hectares)	3775.15	4056.35	4287.86	7597.33	7489.51
机播面积	（千公顷）	Seeded Area by Tractors	(1000 hectares)	2329.34	3606.59	5003.90	5505.31	5750.12
机收面积	（千公顷）	Harvest Area by Tractors	(1000 hectares)	3326.47	5264.28	6440.64	6927.99	7248.94
农村用电量	（亿千瓦时）	Electricity Consumed in Rural Area	(100 million kwh)	64.22	107.41	156.75	171.31	180.79
农用化肥施用量	（万吨）	Consumption of Chemical Fertilizer	(10000 tons)	285.67	319.77	338.69	318.72	311.75
#氮　肥		Nitrogenous Fertilizer		111.08	112.14	107.58	100.75	95.61
磷　肥		Phosphate Fertilizer		38.92	35.94	34.07	32.36	28.24
农用塑料薄膜使用量	（万吨）	Used Plastic Film	(10000 tons)	7.83	8.07	9.79	9.76	9.78
#地膜使用量		Plastic Used		3.38	3.73	4.35	4.31	4.32
地膜覆盖面积	（千公顷）	Plastic Used Area	(1000 hectares)	477.76	425.57	436.96	427.54	420.72
农用柴油使用量	（万吨）	Diesel Oil Use for Agriculture	(10000 tons)	55.58	68.13	75.69	75.49	75.52
农药使用量	（万吨）	Used Agricultural Chemical Insecticides	(10000 tons)	9.48	11.66	11.10	9.94	9.42
有效灌溉面积	（千公顷）	Irrigated Area	(1000 hectares)	3330.84	3519.78	4400.34	4504.14	4538.29
规模以上机电井数	（万眼）	JiDianJing Above Designated Size	(10000 units)	19.54	19.74	23.47	27.05	27.80

注：乡镇（包括城关镇）及村民委员会个数来源于省民政厅（下同）。

a) Number of township (including county towns) and villagers committee comes from the provincial Civil Affairs department (the same below).

12—2 主要年份农林牧渔业生产情况
Output of Farming, Forestry, Animal Husbandry and Fishery

指　　标	Item	2005	2010	2015	2017	2018
农产品产量（万吨）	Yield of Farm Crops (10000 tons)					
粮　食	Grain	2605.31	3207.71	4077.23	4019.71	4007.25
谷　物	Cereal	2399.66	3055.91	3962.29	3907.74	3889.33
#稻　谷	Rice	1317.25	1440.20	1616.80	1647.46	1681.21
小　麦	Wheat	808.11	1242.37	1661.05	1644.47	1607.45
玉　米	Corn	234.97	355.01	679.04	610.66	595.61
豆　类	Beans	101.98	107.58	95.67	97.14	102.99
薯　类	Tubers	103.67	44.22	19.27	14.82	14.93
油　料	Oil-bearing Crops	270.67	176.13	171.45	154.66	158.04
#花　生	Peanuts	79.29	68.06	70.02	68.76	71.05
油菜籽	Rapeseeds	182.33	101.05	96.57	83.16	84.30
芝　麻	Sesame	89.57	0.87	1.03	0.71	1.13
棉　花	Cotton	31.10	25.76	14.75	8.60	8.85
生黄红麻	Jute and Ambary Hemp	1.94	0.25	0.18	0.10	0.12
烟　叶	Tobacco	2.60	1.77	2.63	2.09	2.01
#烤　烟	Flue-cured Tobacco	2.47	1.71	2.52	2.05	1.97
蚕　茧	Silkworm Cocoons	3.13	3.32	3.03	2.89	2.89
茶　叶	Tea	5.96	8.01	11.03	10.78	11.24
#绿　茶	Green Tea	5.49	7.42	10.27	9.98	10.22
园林水果	Garden Fruits	151.72	235.88	301.81	316.61	325.90
农产品单位面积产量（公斤/公顷）	Yield of Farm Crops per Hectare (kg/hectare)					
谷　物	Cereal	4829	5194	6036	5923	5921
棉　花	Cotton	816	918	881	976	1026
花　生	Peanuts	3324	4781	4987	4951	4929
油菜籽	Rapeseeds	1912	1966	2360	2348	2361
芝　麻	Sesames	822	1317	1501	1565	1541
生黄红麻	Jute and Ambary Hemp	2981	2658	2813	3894	4017
烤　烟	Flue-cured Tobacco	2407	2712	2548	2514	2472
茶园面积（千公顷）	Area of Tea Plantations at Year-end (1000 hectares)	117.61	127.24	156.98	165.44	176.32
果园面积（千公顷）	Area of Orchards at Year-end (1000 hectares)	104.18	109.06	130.82	138.02	141.97
大牲畜年末头数（万头）	Number of Large Animals (year-end) (10000 heads)	366.16	105.86	73.50	80.92	79.98
#牛	Cattle and Buffaloes	364.35	105.23	73.15	80.59	79.62
肉猪出栏头数（万头）	Number of Slaughtered Fattened Hogs (10000 heads)	2812.08	2737.24	2872.20	2828.90	2837.39
猪年末头数（万头）	Number of Hogs (year-end) (10000 heads)	1737.41	1419.24	1484.09	1417.20	1356.26
羊年末头数（万只）	Number of Sheep and Goats (year-end) (10000 heads)	953.03	473.08	417.99	505.11	500.59
肉类产量（万吨）	Output of Meat (10000 tons)	382.88	372.35	415.02	415.18	421.74
#禽　肉	Poultry Output	100.17	110.80	145.02	146.43	150.68
奶　类（吨）	Milk (ton)	110491	191359	286170	298412	307961
#牛　奶	Cow Milk	110186	191359	286170	298412	307961
禽　蛋（万吨）	Poultry Eggs (10000 tons)	122.06	126.70	155.01	154.70	158.26
淡水产品产量（万吨）	Total Output of Freshwater Aquatic Products (10000 tons)	177.57	193.31	209.30	217.96	224.96

注：2007—2017年数据根据第三次全国农业普查结果进行了修订和修正（下同）。
a) The 2007-2017 data were revised and revised according to the results of the third national agricultural census (the same below).

12—3 主要年份农作物总播种面积及构成
Total Sown Area and its Composition

单位：千公顷（1000 hectare）

指　标	Sector	2005	2010	2015	2017	2018
农作物总播种面积	**Total Sown Area**	**8755.19**	**8579.33**	**8780.78**	**8726.76**	**8771.11**
粮　食	Grain Crops	5988.10	6947.75	7280.73	7321.79	7316.33
谷　物	Cereal	4968.79	5883.75	6563.95	6597.80	6568.55
#稻　谷	Rice	2288.61	2338.63	2476.37	2605.15	2544.76
小　麦	Wheat	1989.53	2619.18	2857.97	2822.79	2875.86
玉　米	Corn	595.08	864.08	1206.27	1160.07	1138.56
豆　类	Beans	794.91	905.10	637.75	658.70	687.63
薯　类	Tubers	224.40	158.90	79.02	65.29	60.15
油　料	Oil-bearing Crops	1303.05	691.87	574.91	518.32	520.24
棉　花	Cotton	381.27	280.75	167.46	88.13	86.30
生　麻	Raw Hemp	12.84	1.55	1.09	0.88	0.99
糖　料	Sugar Crops	5.73	3.59	3.05	2.93	2.57
烟　叶	Tobacco	10.83	7.54	10.25	8.28	8.09
蔬　菜	Vegetables	664.87	526.36	599.62	628.17	652.16

指　标	Sector	构　成（%）　Composition				
		2005	2010	2015	2017	2018
农作物总播种面积	**Total Sown Area**					
粮　食	Grain Crops	68.39	80.98	82.92	83.90	83.41
谷　物	Cereal	56.75	68.58	74.75	75.60	74.89
#稻　谷	Rice	26.14	29.26	28.20	29.85	29.01
小　麦	Wheat	22.72	30.53	32.55	32.35	32.79
玉　米	Corn	6.80	10.07	13.74	13.29	12.98
豆　类	Beans	9.08	10.55	7.26	7.55	7.84
薯　类	Tubers	2.56	1.85	0.90	0.75	0.69
油　料	Oil-bearing Crops	14.88	8.06	6.55	5.94	5.93
棉　花	Cotton	4.35	3.27	1.91	1.01	0.98
生　麻	Raw Hemp	0.15	0.02	0.01	0.01	0.01
糖　料	Sugar Crops	0.07	0.04	0.03	0.03	0.03
烟　叶	Tobacco	0.12	0.09	0.12	0.09	0.09
蔬　菜	Vegetables	7.59	6.14	6.83	7.20	7.44

注：粮食（包括分类、品种）及棉花数据来源于国家统计局安徽调查总队（下同）。

a) The data of grain (including classification and variety) and cotton are from Anhui Investigation Team of National Bureau of Statistics (the same below).

12—4 农林牧渔业总产值及指数

Gross Output Value of Farming, Forestry, Animal Husbandry and Fishery and Related Indices

本表按当年价格计算。 (Data in value terms in this table are calculated at current prices.)

年份 Year	绝对数（万元） Gross Output Value (10000 yuan)						指数（%） Related Indices (%)					
	农林牧渔业总产值 Total of Farming, Forestry, Animal Husbandry and Fishery	农业 Farming	林业 Forestry	牧业 Animal Husbandry	渔业 Fishery	农林牧渔服务业 Agricultural Services	农林牧渔业总产值 Total of Farming, Forestry, Animal Husbandry and Fishery	农业 Farming	林业 Forestry	牧业 Animal Husbandry	渔业 Fishery	农林牧渔服务业 Agricultural Services
2005	16661915	8184809	784147	5535614	1656235	501110	101.41	97.85	105.18	103.91	106.68	115.49
2009	24471338	12469777	1112508	7634624	2339769	914660	105.54	103.99	111.33	106.41	107.50	106.93
2010	28150185	14772975	1352804	8298046	2677885	1048475	104.46	103.24	107.64	104.93	105.47	110.54
2011	32965897	16403033	1820685	10394771	3144883	1202524	103.95	103.93	109.04	102.63	103.91	108.20
2012	35522691	17864629	2094974	10741973	3491915	1329201	105.57	105.80	105.40	105.60	103.50	108.05
2013	38187303	19161918	2330736	11237306	3988152	1469191	103.41	103.24	106.93	102.01	104.63	107.94
2014	40242037	20270934	2830736	11340074	4175583	1624710	104.59	105.04	107.90	102.93	103.97	107.99
2015	41831434	20800862	2901057	12077885	4315202	1736428	104.20	104.92	105.69	102.66	103.35	105.71
2016	44323171	21370277	2910818	13197424	4661107	2183546	103.41	102.45	104.88	102.04	103.05	122.78
2017	45979418	22414199	3190831	13216891	4762099	2395398	104.08	104.44	109.61	101.86	103.24	108.40
2018	46727141	22536647	3329380	13158401	5056501	2646212	102.58	102.11	103.12	101.95	103.23	108.35

12—5 农林牧渔业增加值及构成

Value-added of Farming, Forestry, Animal Husbandry and Fishery and its Composition

本表按当年价格计算。 (Data in value terms in this table are calculated at current prices.)

年份 Year	绝对数（万元） Gross Output Value (10000 yuan)						构成（%） Composition (%)					
	农林牧渔业增加值 Value added of Farming, Forestry, Animal Husbandry and Fishery	农业 Farming	林业 Forestry	牧业 Animal Husbandry	渔业 Fishery	农林牧渔服务业 Agricultural Services	农林牧渔业增加值 Value added of Farming, Forestry, Animal Husbandry and Fishery	农业 Farming	林业 Forestry	牧业 Animal Husbandry	渔业 Fishery	农林牧渔服务业 Agricultural Services
2005	9664935	5033658	559526	2743105	1089396	239250	100.00	52.08	5.79	28.38	11.27	2.48
2009	14304609	7827748	778866	3702946	1517231	477818	100.00	54.72	5.44	25.89	10.61	3.34
2010	16553373	9273553	942064	4024718	1765315	547723	100.00	56.02	5.69	24.31	10.66	3.31
2011	19308128	10296801	1268286	5041672	2073171	628199	100.00	53.33	6.57	26.11	10.74	3.25
2012	20880043	11214300	1459356	5210072	2301941	694375	100.00	53.71	6.99	24.95	11.02	3.33
2013	22499138	12028657	1623587	5450318	2629070	767505	100.00	53.46	7.22	24.22	11.69	3.41
2014	23798254	12724828	1971886	5500162	2752628	848749	100.00	53.47	8.29	23.11	11.57	3.57
2015	24667652	13057484	2005639	5858016	2839403	907110	100.00	52.93	8.13	23.75	11.51	3.68
2016	26032193	13414927	2012019	6401536	3069087	1134624	100.00	51.53	7.73	24.59	11.79	4.36
2017	27067367	14070237	2205860	6410979	3135584	1244708	100.00	51.98	8.15	23.69	11.58	4.60
2018	27754149	14327941	2300028	6403824	3348323	1374033	100.00	51.62	8.29	23.07	12.06	4.95

12—6　土地状况（2018年）
Land Characteristics（2018）

指　　标	Item	面　积（平方公里）Area (sq.km)	占总面积（%）Percentage to Total Area (%)
总 面 积	**Total Land Ares**	**140139.85**	**100.00**
耕　地	Cultivated Land	58859.49	42.00
园　地	Gaeden Land	3454.49	2.47
林　地	Forests Land	37266.85	26.59
牧草地	Area of GrassLand	4.39	
其他农用地	Other Land for Agriculture Use	11703.47	8.35
居民点及独立工矿用地	Land for Inhabitation, Mining and Manufacturing	16545.91	11.81
交通运输用地	Land for Transport Facilities	1534.17	1.09
水利设施用地	Land for Water Conservancy Facilities	2042.57	1.46
未利用地	Unused Land	8728.51	6.23

注：数据来源于省自然资源厅（下同）。
a) Data comes from the provincial natural resources department (the same below).

12—7　主要年份林业生产情况
Basic Data of Forest Production in Major Years

指　　标	Item	2005	2010	2015	2017	2018
营林情况　(公顷)	Management of Forest　(hectares)					
人工造林面积	Artificial Afforestation Area	57457	57012	114350	56667	55718
新封山育林面积	Area of Setting Apart Mountains for Forestation	50964	20943	14066	41905	39965
新增育苗面积	Area of Growing Seedlings	7812	6709	82876	93644	86224
森林抚育面积	Area of Forest Tending		307795	560665	616556	553838
油桐籽　(吨)	Tung-oil Seeds　(ton)	3208	3054	2507	1894	1729
油茶籽　(吨)	Tea-oil Seeds　(ton)	9743	25864	78327	85763	97267
板　栗　(吨)	Chestnuts　(ton)	68786	137239	105870	101839	88895
竹材采伐量　(万根)	Determination of Bamboo Cut　(10000 units)	6315	9784	15724	15725	15631
木材采伐量　(万立方米)	Determination of Timber Cut　(10000 cu.m)	328	458	567	556	550

12—8　主要年份茶叶、水果生产情况
Tea, Fruits Production in Major Years

单位：吨、公顷（ton，Hectares）

指　　标	Item	2005	2010	2015	2017	2018
茶叶产量	Tea	59619	80149	110345	107787	112440
#绿　茶	Green Tea	54890	74192	102725	99769	102230
园林水果产量	Garden Fruits	1517201	2358815	3018139	3166089	3259002
#苹　果	Apples	278143	215407	198083	199867	364155
梨	Pears	638058	1006506	1154815	1242368	1226133
柑橘类	Citrus	12427	11319	14915	8063	22847
其他水果	Other Garden Fruits	588573	1125583	1650326	1715791	1645867
#桃	Peachs	212186	574309	758068	855182	815863
葡　萄	Grapes	173264	211142	455286	425348	482196
茶园面积	Area of Tea Plantations at Year-end	117606	127242	156982	165439	176319
年末果园面积	Area of Orchards at Year-end	104180	109061	130823	138023	141965
#苹　果	Apples	13914	12074	11348	7154	12135
梨	Pears	38605	39388	39742	40730	39989
葡　萄	Grapes	6023	7629	17152	20137	24483

12—9 主要年份牲畜饲养情况
Number of Livestock in Major Years

单位：万头（万只）（10000 heads）

年　份 Year	大牲畜年末头数 Large Animals (year-end)	牛 Cattle and Buffaloes	肉猪出栏头数 Slaughtered Fattened Hogs	猪年末头数 Hogs (year-end)	羊年末只数 Sheep and Goats (year-end)	活家禽存栏只数 Poultry
2005	366.2	364.4	2812.1	1737.4	953.0	22672.8
2009	114.2	113.6	2647.7	1464.6	494.7	24601.7
2010	105.9	105.2	2737.2	1419.2	473.1	26216.2
2011	94.3	93.8	2666.4	1437.8	448.4	27658.7
2012	88.8	88.4	2857.1	1517.7	424.7	29831.6
2013	83.1	82.5	2888.2	1567.4	410.7	30315.1
2014	74.6	74.2	2990.4	1534.6	412.5	30712.8
2015	73.5	73.2	2872.2	1484.1	418.0	31020.8
2016	68.5	68.2	2760.4	1410.1	376.9	28904.6
2017	80.9	80.6	2828.9	1417.2	505.1	23018.5
2018	80.0	79.6	2837.4	1356.3	500.6	23524.9

注：全省猪、牛、羊、禽数据来源于国家统计局安徽调查总队（下同）。
a) Data of pigs, cattle, sheep and poultry in the whole province come from Anhui Investigation Team of National Bureau of Statistics (the same below).

12—10 主要年份畜产品产量
Output of Livestock Products in Major Years

单位：吨（ton）

年　份 Year	肉类总产量 Output of Meat	禽肉产量 Poultry Output	生牛奶 Raw Milk	禽蛋 Poultry Eggs	天然蜂蜜 Honey	蚕茧 Sikworm Cocoons
2005	3828828	1001658	110186	1220556	11258	31300
2009	3589103	1043846	187791	1238697	16312	28838
2010	3723533	1108014	191359	1267030	16447	33177
2011	3707606	1179253	210337	1293867	18287	32335
2012	3923625	1253242	225039	1347119	18900	32610
2013	3980081	1293874	236741	1389427	20109	32247
2014	4073311	1299103	260392	1388606	19427	31080
2015	4150171	1450219	286170	1550134	16734	30328
2016	4079731	1539611	305344	1631743	17396	29497
2017	4151847	1464306	298412	1546998	17789	28940
2018	4217401	1506771	307961	1582579	21031	28904

12—11　农林牧渔业总产值（2018年）

Gross Output Value of Farming, Forestry, Animal Husbandry and Fishery (2018)

单位：万元（10000 yuan）

指　标	Item	按可比价格计算 Caculated According to Constant Price	按当年价格计算 At Current Prices
农林牧渔业总产值	**Total Gross Output Value**	**47163813**	**46727141**
农业产值	**Gross Output Value of Farming**	**22887406**	**22536647**
谷物及其他作物	Cereal and Other Crops	13348439	12615697
谷　物	Cereal		10395473
薯　类	Tubers		66627
油　料	Oil-bearing Crops		1012379
豆　类	Beans		499356
棉　花	Cotton		222594
生　麻	Raw Hemp		2784
糖　类	Sugar Crops		23460
烟　叶	Tobacco		51156
其他农作物	Other Crops		341870
蔬菜、食用菌及花卉盆景园艺产品	Vegetables, Edible Fungus and Flowers and Plants Bonsai Horticultural Goods	6448874	6791999
水果、食用坚果、茶、饮料和香料	Fruits, Nut, Tea, Beverage and Spice	2494447	2562566
中草药材	Chinese Medicinal Herbs	595646	566385
林业产值	**Gross Output Value of Forestry**	**3290535**	**3329380**
林木的培育和种植	Cultivation and Planting of Woods	650473	657180
竹木采运	Lumbering and Transport of Bamboo and Timber	925711	945151
林产品	Forest Products	1714351	1727049
牧业产值	**Gross Output Value of Animal Husbandry**	**13474524**	**13158401**
牲畜饲养	Animals Breeding	1512268	1696144
#牛的饲养	Cattle and Buffaloes Breeding		545079
羊的饲养	Sheep and Goats Breeding		1028662
猪的饲养	Hogs Breeding	7080194	5899218
家禽的饲养	Poultry Breeding	4027219	4622802
狩猎和捕捉动物	Animals Hunting and Catching	55139	70523
其他畜牧业	Other Animal Husbandry	799703	869714
渔业产值	**Gross Output Value of Fishery**	**4915906**	**5056501**
淡水产品	Freshwater Aquatic Products	4915906	5056501
#养　殖	Cultured		4071858
#鱼　类	Fishes		2687654
虾蟹类	Shrimps and Crabs		2155443
农林牧渔服务业	**Agricultural Services**	**2595441**	**2646212**

12—12 农作物主要产品生产和结构情况（2018年）
Production of Major Farm Products (2018)

指　　标	Item	播种面积（千公顷）Sown Area (1000 hectares)	结　构 Composition	产　量（万吨）Yield (10000 tons)
农作物总播种面积	**Total**	**8771.11**	**100.00**	
粮食作物合计	Grain Crops	7316.33	83.41	4007.25
#夏收粮食	Summer-Harvest Crops	2876.31	32.79	1607.51
谷　物	Cereal	6568.55	74.89	3889.33
稻　谷	Rice	2544.76	29.01	1681.21
早　稻	Early Rice	182.70	2.08	112.61
中稻和一季晚稻	Middle-season Rice and Single-crop Late Rice	2172.80	24.77	1469.38
双季晚稻	Late Rice	189.26	2.16	99.22
小　麦	Wheat	2875.86	32.79	1607.45
冬小麦	Winter Wheat	2875.86	32.79	1607.45
玉　米	Corn	1138.56	12.98	595.61
其他谷物	Other Cereal	9.37	0.11	5.06
豆类合计	Beans	687.63	7.84	102.99
#大　豆	Soybean	649.89	7.41	97.49
薯　类	Tubers	60.15	0.69	14.93
#马铃薯	Potato	4.78	0.05	1.56
油料合计	Oil-bearing Crops	520.24	5.93	158.04
#花　生	Peanuts	144.15	1.64	71.05
油菜籽	Rapeseeds	357.02	4.07	84.30
芝　麻	Sesame	7.33	0.08	1.13
棉　花	Cotton	86.30	0.98	8.85
生麻合计	Fiber Crops	0.99	0.01	0.32
糖料合计	Sugar Crops	2.57	0.03	10.10
烟叶合计	Tobacco	8.09	0.09	2.01
中草药材	Crude Drugs	85.22	0.97	
蔬菜（含菜用瓜）	Vegetables (including gourd)	652.16	7.44	2118.21
瓜果类（果用瓜）	Melon and Fruit (Fruited Melon)	80.05	0.91	317.93
#西　瓜	Watermelon	64.46	0.73	270.92
草　莓	Strawberry	9.13	0.10	22.70
其他作物	Other Crops	19.18	0.22	

12—13　各市农村基本情况（2018年）
Basic Statement of Rural Area by Region (2018)

地　区	Region	乡镇数（个）Number of Township and Town Governments (unit)	#镇数 Town Governments	村民委员会（个）Number of Villagers' Committees (unit)	乡村户数（户）Number of Households (household)
总　　计	**Total**	**1239**	**968**	**14516**	**14752622**
合 肥 市	Hefei	81	65	1284	1181111
淮 北 市	Huaibei	18	18	277	404120
亳 州 市	Bozhou	79	72	1176	1355815
宿 州 市	Suzhou	94	71	1159	1333406
蚌 埠 市	Bengbu	55	43	889	762331
阜 阳 市	Fuyang	149	125	1544	2345312
淮 南 市	Huainan	71	59	794	741381
滁 州 市	Chuzhou	94	85	964	916330
六 安 市	Luan	130	87	1745	1485218
马鞍山市	Maanshan	35	33	393	423419
芜 湖 市	Wuhu	44	44	640	725770
宣 城 市	Xuancheng	78	60	719	749392
铜 陵 市	Tongling	34	27	368	338262
池 州 市	Chizhou	45	37	578	393254
安 庆 市	Anqing	131	84	1295	1217132
黄 山 市	Huangshan	101	58	691	380369

地　区	Region	乡村人口数（人）Rural Population (person)	乡村从业人员数（人）Number of Rural Laborers (person)	#男 Male	#农业 Agriculture
总　　计	**Total**	**53796553**	**30000004**	**16250432**	**13632510**
合 肥 市	Hefei	4243282	2406663	1302703	895860
淮 北 市	Huaibei	1496844	730015	405939	447385
亳 州 市	Bozhou	5230280	2846683	1525716	1296941
宿 州 市	Suzhou	5100854	2980510	1592398	1366356
蚌 埠 市	Bengbu	2986554	1709974	928211	903130
阜 阳 市	Fuyang	9105244	5067489	2709570	2101966
淮 南 市	Huainan	2540065	1517904	834199	600624
滁 州 市	Chuzhou	3431649	1931099	1045545	975197
六 安 市	Luan	5233717	2785539	1546826	1404030
马鞍山市	Maanshan	1455684	792504	436251	313126
芜 湖 市	Wuhu	2399830	1405638	761399	528379
宣 城 市	Xuancheng	2340729	1335327	728321	611260
铜 陵 市	Tongling	1161845	691474	384742	309366
池 州 市	Chizhou	1383381	734283	390603	411769
安 庆 市	Anqing	4482973	2345897	1278678	1100414
黄 山 市	Huangshan	1203622	719005	379331	366707

12—14 各市农、林、牧、渔业总产值及指数（2018年）

Gross Output Value of Farming, Forestry, Animal Husbandry and Fishery and Related Indices by Region (2018)

本表绝对数按当年价格计算，指数按可比价格计算。
Absolute figures in this table are calculated at current prices while indices are calculated at comparable prices.

地区	Region	绝对数（万元） Gross Output Value of Farming, Forestry, Animal Husbandry and Fishery (10000 yuan)					
		农林牧渔业总产值 Total	农业 Farming	林业 Forestry	牧业 Animal Husbandry	渔业 Fishery	农林牧渔服务业 Agricultural Services
总计	**Total**	**46727141**	**22536647**	**3329380**	**13158401**	**5056501**	**2646212**
合肥市	Hefei	4748227	2448395	211604	1247570	736181	104477
淮北市	Huaibei	1082677	603544	38021	366899	46788	27425
亳州市	Bozhou	3843130	2697193	136736	779011	92587	137603
宿州市	Suzhou	4996922	2582967	168601	1411937	96175	737242
蚌埠市	Bengbu	3482845	1817505	118794	1090746	352662	103138
阜阳市	Fuyang	6196362	2874567	465491	1972559	220531	663214
淮南市	Huainan	2081469	1151119	49509	494715	337371	48755
滁州市	Chuzhou	3968832	1852373	116836	1062025	627029	310569
六安市	Luan	3690223	1670208	382265	1197827	363813	76110
马鞍山市	Maanshan	1527428	712971	27212	243976	434409	108860
芜湖市	Wuhu	2431736	1195105	163842	451642	544866	76281
宣城市	Xuancheng	2398899	1059524	266807	680566	300115	91887
铜陵市	Tongling	814347	349923	70176	163426	201509	29313
池州市	Chizhou	1328328	529184	173856	304408	244152	76728
安庆市	Anqing	3552136	1503031	329440	1057713	596565	65387
黄山市	Huangshan	979106	525633	197948	204356	24834	26335

地区	Region	指数（上年=100） Gross Output Value of Farming, Forestry, Animal Husbandry and Fishery (preceding year=100)					
		农林牧渔业总产值 Total	农业 Farming	林业 Forestry	牧业 Animal Husbandry	渔业 Fishery	农林牧渔服务业 Agricultural Services
总计	**Total**	**102.58**	**102.11**	**103.12**	**101.95**	**103.23**	**108.35**
合肥市	Hefei	101.65	102.74	107.17	97.56	103.38	106.01
淮北市	Huaibei	101.40	101.38	84.31	104.79	88.87	109.91
亳州市	Bozhou	103.08	103.67	103.98	100.90	101.00	109.17
宿州市	Suzhou	103.20	103.76	96.65	100.44	101.37	109.00
蚌埠市	Bengbu	102.95	101.58	101.29	105.26	101.75	108.92
阜阳市	Fuyang	103.38	101.88	106.25	103.34	102.18	109.05
淮南市	Huainan	102.70	104.63	104.46	98.53	101.50	109.40
滁州市	Chuzhou	102.91	101.89	103.38	102.02	103.98	110.60
六安市	Luan	102.43	102.60	105.07	100.69	103.28	110.06
马鞍山市	Maanshan	102.44	101.88	105.05	102.66	103.32	101.70
芜湖市	Wuhu	102.63	102.55	104.33	99.65	104.42	106.00
宣城市	Xuancheng	102.79	103.27	113.42	98.23	101.65	108.07
铜陵市	Tongling	102.10	103.12	105.77	99.02	101.43	105.00
池州市	Chizhou	103.00	101.21	106.21	102.92	103.21	109.06
安庆市	Anqing	103.37	101.86	106.86	104.15	103.40	109.28
黄山市	Huangshan	102.54	101.32	101.25	106.97	102.33	104.60

注：全省农林牧渔业总产值指数按农产品生产者价格指数缩减计算。

a) The index of gross output value of agriculture, forestry, animal husbandry and fishery of the whole province reduces calculating according to producer's price index of agricultural products.

12—15 各市农、林、牧、渔业增加值及构成（2018年）
Value-added of Farming, Forestry, Animal Husbandry and Fishery and its Composition by Region (2018)

本表按当年价格计算。 (Data in value terms in this table are calculated at current prices.)

地区	Region	绝对数（万元） Gross Output Value (10000 yuan)					
		农林牧渔业增加值 Value-added of Farming, Forestry, Animal Husbandry and Fishery	农业 Farming	林业 Forestry	牧业 Animal Husbandry	渔业 Fishery	农林牧渔服务业 Agricultural Services
总计	**Total**	**27754149**	**14327941**	**2300028**	**6403824**	**3348323**	**1374033**
合肥市	Hefei	2835870	1490482	147227	659662	478563	59936
淮北市	Huaibei	669891	377839	23642	221390	30031	16989
亳州市	Bozhou	2166606	1646975	110424	286883	59867	62457
宿州市	Suzhou	2926789	1580588	119470	768622	67550	390560
蚌埠市	Bengbu	2139355	1098790	83686	639374	257020	60485
阜阳市	Fuyang	3451022	1672961	279588	1013833	140420	344220
淮南市	Huainan	1265972	693672	29266	313509	198116	31409
滁州市	Chuzhou	2398165	1085320	80599	586270	455063	190913
六安市	Luan	2012410	938409	248173	562505	217745	45578
马鞍山市	Maanshan	931726	438730	15692	128062	286010	63232
芜湖市	Wuhu	1366125	658350	102708	237734	331538	35795
宣城市	Xuancheng	1405150	640929	183835	333986	195218	51182
铜陵市	Tongling	514854	229532	45383	97534	127519	14886
池州市	Chizhou	782874	343358	125225	139984	140901	33406
安庆市	Anqing	2033871	830302	226856	578844	364128	33741
黄山市	Huangshan	583211	320928	126469	108418	13211	14185

地区	Region	构成（%） Composition (%)					
		农林牧渔业增加值 Value-added of Farming, Forestry, Animal Husbandry and Fishery	农业 Farming	林业 Forestry	牧业 Animal Husbandry	渔业 Fishery	农林牧渔服务业 Agricultural Services
总计	**Total**	**100.00**	**51.62**	**8.29**	**23.07**	**12.06**	**4.95**
合肥市	Hefei	100.00	52.56	5.19	23.26	16.88	2.11
淮北市	Huaibei	100.00	56.40	3.53	33.05	4.48	2.54
亳州市	Bozhou	100.00	76.02	5.10	13.24	2.76	2.88
宿州市	Suzhou	100.00	54.00	4.08	26.26	2.31	13.34
蚌埠市	Bengbu	100.00	51.36	3.91	29.89	12.01	2.83
阜阳市	Fuyang	100.00	48.48	8.10	29.38	4.07	9.97
淮南市	Huainan	100.00	54.79	2.31	24.76	15.65	2.48
滁州市	Chuzhou	100.00	45.26	3.36	24.45	18.98	7.96
六安市	Luan	100.00	46.63	12.33	27.95	10.82	2.26
马鞍山市	Maanshan	100.00	47.09	1.68	13.74	30.70	6.79
芜湖市	Wuhu	100.00	48.19	7.52	17.40	24.27	2.62
宣城市	Xuancheng	100.00	45.61	13.08	23.77	13.89	3.64
铜陵市	Tongling	100.00	44.58	8.81	18.94	24.77	2.89
池州市	Chizhou	100.00	43.86	16.00	17.88	18.00	4.27
安庆市	Anqing	100.00	40.82	11.15	28.46	17.90	1.66
黄山市	Huangshan	100.00	55.03	21.68	18.59	2.27	2.43

12—16 各市土地利用情况（2018年）
Land Use by Region (2018)

单位：千公顷 (1000 hectares)

地　区	Region	土地调查面积 Area under Land Survey	农用地 Land for Ageicuture Use	#耕地 Arable Land	#园地 Garden Land	#牧草地 Grazing and Pasture Land
总　计	**Total**	**14013.98**	**11128.88**	**5885.95**	**345.45**	**0.44**
合肥市	Hefei	1144.51	818.34	558.84	5.52	
淮北市	Huaibei	274.14	200.37	167.51	2.65	
亳州市	Bozhou	852.12	689.51	599.54	4.00	
宿州市	Suzhou	993.88	767.44	576.32	72.80	
蚌埠市	Bengbu	595.07	449.11	378.80	1.18	0.01
阜阳市	Fuyang	1011.82	769.20	648.06	0.74	
淮南市	Huainan	553.23	413.82	340.76	2.20	0.09
滁州市	Chuzhou	1351.60	1067.47	716.39	5.80	0.01
六安市	Luan	1545.08	1284.62	527.22	45.87	0.08
马鞍山市	Maanshan	404.91	298.19	174.52	1.10	0.02
芜湖市	Wuhu	602.60	441.57	267.88	3.58	0.02
宣城市	Xuancheng	1231.25	1077.14	248.57	68.59	
铜陵市	Tongling	292.26	189.75	94.07	0.74	
池州市	Chizhou	839.87	724.03	138.35	18.43	
安庆市	Anqing	1353.80	1035.71	380.75	31.81	0.20
黄山市	Huangshan	967.84	902.61	68.37	80.44	

12—17 各市主要农业机械年末拥有量（2018年）
Agricultural Machinery at the Year-end by Region (2018)

地　区	Region	农业机械总动力（万千瓦） Total Power of Agricultural Machinery (10000 kw)	大中型拖拉机（台） Large and Medium Agricultural Tractors (unit)	小型拖拉机（台） Mini-tractors (unit)
总　计	**Total**	**6543.81**	**233937**	**2078698**
合肥市	Hefei	485.00	14830	200473
淮北市	Huaibei	267.65	15192	101299
亳州市	Bozhou	780.51	34736	138763
宿州市	Suzhou	758.45	33107	158221
蚌埠市	Bengbu	556.54	14423	298069
阜阳市	Fuyang	701.51	42347	114247
淮南市	Huainan	451.56	12031	211299
滁州市	Chuzhou	718.53	29201	391688
六安市	Luan	584.90	13990	159939
马鞍山市	Maanshan	155.16	4478	35235
芜湖市	Wuhu	215.98	5232	48347
宣城市	Xuancheng	234.35	3486	54504
铜陵市	Tongling	88.90	1755	22859
池州市	Chizhou	134.76	1513	36321
安庆市	Anqing	327.33	7498	91289
黄山市	Huangshan	82.67	118	16145

12—18 各市有效灌溉面积、农用化肥施用、用电情况（2018年）

Irrigated Area and Consumption of Chemical Fertilizer and Electricity in Rural Area by Region (2018)

地　区	Region	有效灌溉面积（千公顷）Irrigated Area (1000 hectares)	化肥施用量（吨）Consumption of Chemical Fertilizer (ton)	#氮肥 Nitrogenous Fertilizer	磷肥 Phosphate Fertilizer	钾肥 Potash Fertilizer
总　计	**Total**	**4538.29**	**3117504**	**956125**	**282434**	**278678**
合肥市	Hefei	459.69	243242	79379	35085	32745
淮北市	Huaibei	144.02	105851	18173	2614	3736
亳州市	Bozhou	489.75	293165	56871	26321	29148
宿州市	Suzhou	440.89	315375	87557	23608	29639
蚌埠市	Bengbu	246.47	301092	104402	30476	24745
阜阳市	Fuyang	460.65	350882	87424	16307	22973
淮南市	Huainan	283.33	279515	114657	20741	14986
滁州市	Chuzhou	490.99	344765	111779	44199	24316
六安市	Luan	434.12	174433	68195	12893	18814
马鞍山市	Maanshan	149.85	77607	24843	5925	4206
芜湖市	Wuhu	198.01	173978	44835	17628	17595
宣城市	Xuancheng	202.50	115285	37770	10233	9570
铜陵市	Tongling	84.62	55558	17281	9523	10534
池州市	Chizhou	110.77	56898	20392	1689	6885
安庆市	Anqing	282.01	194892	65933	24067	26551
黄山市	Huangshan	60.62	34966	16634	1125	2235

地　区	Region	农村用电量（万千瓦时）Electricity Consumed in Rural Area (10000 kwh)	农用塑料薄膜使用量（吨）Used Plastic Film (ton)	#地膜使用量 Used of Plastic Film	地膜覆盖面积（公顷）The Area of Plastic Film Covered (hectares)	农用柴油使用量（吨）Consumption of Diesel Oil for Farm Use (ton)	农药使用量（吨）Consumption of Agricultural Pesticide (ton)
总　计	**Total**	**1807897**	**97828**	**43150**	**420717**	**755174**	**94177**
合肥市	Hefei	171227	14262	3697	28666	67057	4177
淮北市	Huaibei	40234	772	269	3653	23489	2593
亳州市	Bozhou	117857	7596	3416	38574	88324	7447
宿州市	Suzhou	128778	16120	9861	62999	114237	19509
蚌埠市	Bengbu	118045	9245	5396	69703	60554	5725
阜阳市	Fuyang	210546	20886	4640	49161	53518	6630
淮南市	Huainan	138612	1988	1077	17297	85954	11756
滁州市	Chuzhou	111593	3792	2201	39420	51265	5362
六安市	Luan	124441	5241	3060	22126	54238	5000
马鞍山市	Maanshan	64201	3388	1023	14645	13836	3466
芜湖市	Wuhu	152752	2471	1211	28438	41054	2175
宣城市	Xuancheng	140281	3500	2343	14637	11862	3282
铜陵市	Tongling	71013	746	419	4574	7040	1623
池州市	Chizhou	40277	469	293	4237	24054	4749
安庆市	Anqing	147958	5341	2879	17502	51406	8001
黄山市	Huangshan	30082	2011	1365	5085	7286	2682

12—19 各市农作物播种面积（2018年）
Total Sown Areas of Farm Crops by Region (2018)

单位：公顷（hectare）

地区	Region	农作物总播种面积 Total Sown Area	粮食作物播种面积 Sown Area of Grain Crops	谷物 Cereal	#稻谷 Rice	小麦 Wheat	玉米 Corn	豆类 Soybeans	薯类 Tubers	油料 Oil-bearing Crops	#花生 Peanuts	油菜籽 Rapeseeds
总计	**Total**	**8771109**	**7316327**	**6568547**	**2544760**	**2875857**	**1138560**	**687630**	**60150**	**520237**	**144152**	**357020**
合肥市	Hefei	681658	525604	508897	363610	130423	14250	13526	3180	49591	12292	36796
淮北市	Huaibei	290327	275670	211316		135320	75940	64073	282	1496	479	622
亳州市	Bozhou	1018209	875477	717651	4180	437140	268980	151277	6549	7354	5328	1097
宿州市	Suzhou	1035165	942143	770899	1270	471460	297630	155046	16198	27978	24452	3513
蚌埠市	Bengbu	631644	515681	486249	106780	247790	131580	27784	1648	52160	50377	1385
阜阳市	Fuyang	1115720	973196	820830	69380	502800	248530	144653	7713	19960	6768	11183
淮南市	Huainan	570030	531941	509880	276110	230030	3740	21288	773	8869	2025	6726
滁州市	Chuzhou	906648	833545	792526	420930	337070	34480	36217	4802	34209	24648	9353
六安市	Luan	727658	610323	593778	406542	168290	18740	14281	2265	53529	8863	39979
马鞍山市	Maanshan	230110	176941	172380	118550	50820	3010	3771	790	23191	723	22250
芜湖市	Wuhu	326217	221713	212110	162030	44640	5440	7685	1918	31366	1066	30059
宣城市	Xuancheng	279198	218451	206122	156050	44730	5310	8392	3938	25695	1462	23662
铜陵市	Tongling	139335	101123	96828	80258	13240	3330	3600	694	21523	663	20766
池州市	Chizhou	165363	117979	111420	90866	13954	6600	5960	598	29642	528	28750
安庆市	Anqing	557861	345821	316521	254483	48150	13580	23712	5587	109726	4099	100721
黄山市	Huangshan	95966	50719	41140	33720		7420	6364	3215	23948	379	20158

地区	Region	芝麻 Sesame	棉花 Cotton	生麻 Fiber Crops	糖料 Sugar Crops	烟叶 Tobacco	#烤烟 Fluecured Tobacco	中草药材 Crude Drugs	蔬菜 Vegetables	瓜果类 Melon	#西瓜 Watermelon	草莓 Strawberry
总计	**Total**	**7326**	**86300**	**987**	**2566**	**8094**	**7977**	**85219**	**652157**	**80047**	**64456**	**9129**
合肥市	Hefei	410	14459	99	194			1142	81231	8758	3630	4271
淮北市	Huaibei	395	90		2	1		100	9161	3440	2391	27
亳州市	Bozhou	909	1550		127	50	50	56627	68272	8738	8418	191
宿州市	Suzhou	13	970		88			736	48322	13681	13132	398
蚌埠市	Bengbu	340	121		40			239	50826	8154	7560	214
阜阳市	Fuyang	1717	2342	80	364	9		8197	94379	16304	14019	1327
淮南市	Huainan	117	634		47			328	23004	4692	3026	1199
滁州市	Chuzhou	100	2734		888			3241	26948	2834	2253	265
六安市	Luan	393	6774	792	151	9		2563	50948	2129	1741	213
马鞍山市	Maanshan	203	2632	4	32				25296	1933	1448	135
芜湖市	Wuhu	204	10213	2	196	1623	1623	700	55922	2700	2295	213
宣城市	Xuancheng	100	489		46	5585	5487	3361	23104	1532	1021	259
铜陵市	Tongling	54	3296	7	17			480	11234	1132	970	77
池州市	Chizhou	334	5969		36	429	429	1061	9324	845	432	43
安庆市	Anqing	1918	33836	3	72			2459	59291	2216	1324	239
黄山市	Huangshan	119	189		266	388	388	3985	14895	959	796	58

12—20　各市主要农产品单位面积产量（2018年）
Yield of Major Farm Crops per Hectare by Region (2018)

单位：公斤/公顷（kg/hectare）

地　区	Region	谷　物 Cereals	棉　花 Cotton	花　生 Peanuts	油菜籽 Rapeseeds	芝　麻 Sesame	烤　烟 Fluecured Tobacco	蔬　菜 Vegetables	瓜果类 Melon
总　计	**Total**	**5921**	**1026**	**4929**	**2361**	**1541**	**2472**	**32480**	**39718**
合肥市	Hefei	5869	870	3788	2750	1807		25656	25978
淮北市	Huaibei	6390	979	3741	2174	1241		40330	43022
亳州市	Bozhou	6479	1016	6522	3013	1309	3700	39529	43551
宿州市	Suzhou	5229	916	4925	2063	1692		41762	48188
蚌埠市	Bengbu	5607	948	6591	1860	1306		45791	54321
阜阳市	Fuyang	5956	924	2744	2519	1595		41063	45537
淮南市	Huainan	6211	1034	4668	2534	1889		34323	30899
滁州市	Chuzhou	5714	1039	3543	2609	1390		33973	31929
六安市	Luan	5807	975	3753	1985	2038		22691	30801
马鞍山市	Maanshan	6280	1062	2965	2692	1586		29852	24989
芜湖市	Wuhu	6502	1104	2834	2798	1716	2921	26577	31976
宣城市	Xuancheng	6154	1053	3424	2426	2240	2375	21977	25822
铜陵市	Tongling	5932	1007	2719	2386	1833		26336	26981
池州市	Chizhou	5718	1095	2528	2373	1584	2434	27472	17231
安庆市	Anqing	6011	1076	2978	2258	1463		23265	17650
黄山市	Huangshan	6618	833	2296	1571	1429	1856	17940	19994

12—21 各市主要农产品产量（2018年）
Yield of Major Farm Crops by Region (2018)

单位：吨（ton）

地 区	Region	粮 食 Grain	谷 物 Cereal	#稻 谷 Rice	小 麦 Wheat	玉 米 Corn	豆 类 Beans	薯 类 Tubers	油 料 Oil-bearing Crops	#花 生 Peanuts
总 计	**Total**	**40072505**	**38893305**	**16812100**	**16074505**	**5956100**	**1029900**	**149300**	**1580376**	**710548**
合 肥 市	Hefei	3013528	2986580	2380433	549942	53202	19358	7590	148800	46560
淮 北 市	Huaibei	1441808	1350345		965532	384509	90781	682	3634	1792
亳 州 市	Bozhou	4878428	4649958	23859	3022666	1563090	211533	16937	39307	34747
宿 州 市	Suzhou	4299184	4031305	8471	2562831	1457150	228278	39602	127692	120424
蚌 埠 市	Bengbu	2770621	2726565	673969	1393451	658669	39721	4335	335196	332015
阜 阳 市	Fuyang	5134165	4888786	443013	3083401	1361761	226618	18761	50148	18574
淮 南 市	Huainan	3202174	3166751	1975099	1171868	19784	33424	1998	26718	9452
滁 州 市	Chuzhou	4599494	4528301	2680138	1695743	152167	59345	11848	112190	87340
六 安 市	Luan	3478456	3448111	2672185	694575	80338	23746	6598	117753	33259
马鞍山市	Maanshan	1090329	1082541	831612	239854	11074	5894	1895	62392	2144
芜 湖 市	Wuhu	1396991	1379118	1141052	207702	30363	13389	4485	87587	3021
宣 城 市	Xuancheng	1291415	1268459	1032114	205224	30951	13082	9874	63088	5006
铜 陵 市	Tongling	581653	574389	501371	55466	17552	5623	1641	51535	1803
池 州 市	Chizhou	647932	637094	554537	50158	32399	9249	1589	70204	1335
安 庆 市	Anqing	1953766	1902730	1660449	176092	64614	37846	13190	248053	12206
黄 山 市	Huangshan	292560	272273	233795		38477	12012	8275	36079	870

地 区	Region	油菜籽 Rapeseeds	芝 麻 Sesame	棉 花 Cotton	生 麻 Fiber Crops	烟 叶 Tobacco	蔬 菜 Vegetables	瓜果类 Melon	#西 瓜 Water-melon	草 莓 Strawb-erry
总 计	**Total**	**842971**	**11286**	**88509**	**3234**	**20079**	**21182078**	**3179315**	**2709238**	**227035**
合 肥 市	Hefei	101200	741	12574	128		2084083	227514	115539	96737
淮 北 市	Huaibei	1352	490	88		1	369464	147995	105724	477
亳 州 市	Bozhou	3305	1190	1574		185	2698749	380548	365594	5188
宿 州 市	Suzhou	7246	22	889			2018011	659256	645255	8557
蚌 埠 市	Bengbu	2576	444	115			2327382	442937	415711	9493
阜 阳 市	Fuyang	28166	2738	2164	376	25	3875497	742439	573629	55804
淮 南 市	Huainan	17043	221	655			789555	144980	102765	26464
滁 州 市	Chuzhou	24403	139	2842			915502	90486	84990	2783
六 安 市	Luan	79357	801	6606	2695	80	1156051	65575	52555	5461
马鞍山市	Maanshan	59886	322	2796	5		755142	48303	40328	2282
芜 湖 市	Wuhu	84105	350	11279	6	4740	1486251	86334	78345	4240
宣 城 市	Xuancheng	57402	224	515		13284	507752	39559	34784	3340
铜 陵 市	Tongling	49558	99	3318	4		295857	30542	27811	1485
池 州 市	Chizhou	68236	529	6539		1044	256145	14560	14165	203
安 庆 市	Anqing	227470	2806	36399	20		1379422	39113	34296	3688
黄 山 市	Huangshan	31666	170	158		720	267215	19174	17747	833

12—22　各市茶叶、水果生产情况（2018年）
Tea, Fruits Production by Region (2018)

单位：吨（ton）

地　区	Region	茶　叶 Tea	#绿　茶 Green Tea	园林水果 Garden Fruits	#苹　果 Apples	梨 Pears	葡　萄 Grapes
总　计	**Total**	**112440**	**102230**	**3259002**	**364155**	**1226133**	**482196**
合 肥 市	Hefei	1973	1973	228055	130	22407	87812
淮 北 市	Huaibei			151153	11824	9148	41039
亳 州 市	Bozhou			101160	4245	27838	17096
宿 州 市	Suzhou			1971045	338967	998070	141853
蚌 埠 市	Bengbu			114743	1235	52089	20434
阜 阳 市	Fuyang			160587	7019	55424	39270
淮 南 市	Huainan			87836		19723	19954
滁 州 市	Chuzhou	307	307	126869	72	7434	34271
六 安 市	Luan	25368	25212	123373	303	15077	23491
马鞍山市	Maanshan	308	308	39156	241	4404	14127
芜 湖 市	Wuhu	2320	2297	47422	48	2897	21348
宣 城 市	Xuancheng	29023	26989	21019		3779	2605
铜 陵 市	Tongling	547	482	5520		131	2773
池 州 市	Chizhou	11209	7360	7297	20	336	1723
安 庆 市	Anqing	13088	12843	33946	51	3361	7337
黄 山 市	Huangshan	28297	24459	39821		4015	7063

12—23　各市牲畜饲养情况（2018年）
Number of Livestock by Region (2018)

单位：头（只）（heads）

地　区	Region	大牲畜年末头数 Large Animals (year-end)	牛 Cattle and Buffaloes	肉猪出栏头数 Slaughtered Fattened Hogs	猪年末头数 Hogs (year-end)	羊年末只数 Sheep and Goats (year-end)	活家禽（万只） Poultry (10000 heads)
总　计	**Total**	**799751**	**796211**	**28373883**	**13562594**	**5005868**	**23525**
合 肥 市	Hefei	44572	44572	2684008	1185529	69135	2827
淮 北 市	Huaibei	20812	20812	583385	326199	130486	538
亳 州 市	Bozhou	69077	68437	2607474	1232954	814955	1110
宿 州 市	Suzhou	104071	103475	3580806	2079050	1494333	2309
蚌 埠 市	Bengbu	143796	143796	2014237	929741	517650	2101
阜 阳 市	Fuyang	201019	200044	4138197	2044606	1206017	2589
淮 南 市	Huainan	44206	44090	1180394	535993	244831	922
滁 州 市	Chuzhou	41627	41627	2789011	1446826	270172	1811
六 安 市	Luan	38542	38542	2856389	1399698	178798	1608
马鞍山市	Maanshan	9354	9354	510638	220713	44516	580
芜 湖 市	Wuhu	6123	6123	790976	306488	20195	1201
宣 城 市	Xuancheng	18012	18012	1032386	541331	37383	2541
铜 陵 市	Tongling	3797	3797	354351	194717	5022	643
池 州 市	Chizhou	4752	4752	636684	256474	6625	716
安 庆 市	Anqing	61320	60405	2338027	1110194	72400	1680
黄 山 市	Huangshan	14723	14425	530635	291993	15696	287

12—24 各市畜产品产量（2018年）
Output of Livestock Products by Region (2018)

单位：吨（ton）

地 区	Region	肉类总产量 Output of Meat	猪 肉 Pork	牛 肉 Beef	羊 肉 Mutton	禽 肉 Poultry
总 计	**Total**	**4217401**	**2438935**	**87041**	**171419**	**1506771**
合肥市	Hefei	436004	231451	2606	1867	199345
淮北市	Huaibei	90802	53674	3166	5796	28166
亳州市	Bozhou	299915	209914	6983	26228	56394
宿州市	Suzhou	461086	309288	10903	47534	91142
蚌埠市	Bengbu	398514	180927	18985	19896	178706
阜阳市	Fuyang	563836	362088	22887	39613	136269
淮南市	Huainan	182108	101944	3914	11771	63771
滁州市	Chuzhou	386117	234682	4732	8489	137989
六安市	Luan	379558	251700	2270	7153	117794
马鞍山市	Maanshan	97895	44425	426	1431	51613
芜湖市	Wuhu	176487	70074	1152	537	103994
宣城市	Xuancheng	276998	92958	1204	938	178731
铜陵市	Tongling	60598	32117	298	181	27948
池州市	Chizhou	88185	51883	518	362	35198
安庆市	Anqing	312086	199129	5170	1560	105070
黄山市	Huangshan	56155	47069	850	250	7985

地 区	Region	生牛奶 Cow Milk	禽 蛋 Poultry Eggs	天然蜂蜜 Honey	蚕 茧 Sikworm Cocoons
总 计	**Total**	**307961**	**1582579**	**21031**	**28904**
合肥市	Hefei	74634	192028	65	5264
淮北市	Huaibei	4556	58936		
亳州市	Bozhou	9230	71414		
宿州市	Suzhou	2479	274814	3966	161
蚌埠市	Bengbu	200053	84435		
阜阳市	Fuyang	10438	164143	1897	740
淮南市	Huainan	20942	75191	4	
滁州市	Chuzhou	2193	113476	32	
六安市	Luan	4801	93495	195	7612
马鞍山市	Maanshan	43426	24344	4013	
芜湖市	Wuhu		79832	10	
宣城市	Xuancheng		54480	1537	5145
铜陵市	Tongling		39911	163	
池州市	Chizhou		36834	228	1491
安庆市	Anqing		155057	1496	6002
黄山市	Huangshan	2927	18749	7425	2489

12—25　各市水产品产量（2018年）
Output of Aquatic Products by Region (2018)

单位：吨（ton）

地　区	Region	水产品总产量 Total Aquatic Products	养殖产量 Cultured Products	捕捞产量 Fishing Products	鱼　类 Fish	虾蟹类 Crustacean	贝　类 Shell-fish	其它类 Others
总　计	**Total**	**2249625**	**1990499**	**259126**	**1697805**	**424777**	**79860**	**47183**
合肥市	Hefei	229373	180960	48413	155334	67782	2385	3872
淮北市	Huaibei	24670	23964	706	24556	102	1	11
亳州市	Bozhou	50821	44967	5854	47288	2916	528	89
宿州市	Suzhou	43873	41136	2737	38951	4241	127	554
蚌埠市	Bengbu	120459	94136	26323	93026	14778	3131	9524
阜阳市	Fuyang	103453	91053	12400	86596	13447	2328	1082
淮南市	Huainan	174571	141830	32741	145471	18982	7440	2678
滁州市	Chuzhou	348396	328500	19896	242848	94096	9071	2381
六安市	Luan	222525	192433	30092	164295	48604	5784	3842
马鞍山市	Maanshan	111037	101102	9935	60669	39470	10161	737
芜湖市	Wuhu	164502	148189	16313	116843	30214	5096	12349
宣城市	Xuancheng	112148	97675	14473	72838	27121	8537	3652
铜陵市	Tongling	100200	93000	7200	83921	7823	7416	1040
池州市	Chizhou	133920	126082	7838	117461	8909	6051	1499
安庆市	Anqing	295554	273610	21944	234290	45822	11672	3770
黄山市	Huangshan	14123	11862	2261	13418	470	132	103

12—26 国营农场基本情况
Basic Statistics on State Farms

指 标		Item		2005	2010	2015	2017	2018
农场数	（个）	Number of Farms	(unit)	25	21	20	20	20
职工人数	（人）	Number of Staff and Workers	(person)	44849	44759	38045	34598	34352
耕地面积	（千公顷）	Cultivated Area	(1000 hectares)	32.98	34.75	29.56	30.22	30.21
农业机械总动力	（千瓦）	Total Power of Agricultural Machinery	(1000 watts)	316001	454679	454076	466117	438237
农业机械拥有量	（台、辆）	Ownership of Agricultural Machinery	(unit)					
大中型农用拖拉机		Large and Medium Agricultural Tractors		1765	2568	2886	3024	2906
小型及手扶拖拉机		Mini and Walking Agricultural Tractors		5569	6111	5244	5010	5008
农用排灌动力机械		Machinery for Agricultural Drainage and Irrigation		3802	5115	4173	4226	6086
联合收获机		Combine Harvesters		730	1078	1372	1312	1294
农用载重汽车		Trucks for Agricultural Use		71	181	175	184	641
农用化肥施用量	（吨）	Consumption of Chemical Fertilizers	(ton)	47187	66814	70658	60352	57962
农业总产值	（万元）	Gross Agricultural Output Value	(10000 yuan)	102784	176197	204563	210620	210352
农作物总播种面积	（千公顷）	Sown Area of Farm Crops	(1000 hectares)	55.57	68.53	59.31	55.62	58.23
粮食作物		Grain		44.24	61.04	55.13	51.84	51.94
棉 花		Cotton		6.20	3.77	0.32	0.07	0.13
油 料		Oil-bearing Crops		3.98	1.58	0.85	0.58	0.54
年末实有茶园面积		Area of Tea Plantations (year-end)		3.38	3.15	2.36	2.22	2.22
年末实有果园面积		Area of Orchards (year-end)		1.14	1.09	1.35	1.36	1.32
主要农产品产量		Yield of Major Farm Crops						
粮食作物	（吨）	Grain	(ton)	233538	340720	341888	332757	328445
棉 花	（吨）	Cotton	(ton)	8730	5431	888	162	243
油 料	（吨）	Oil-bearing Crops	(ton)	7258	3283	1977	1718	1741
茶 叶	（吨）	Tea	(ton)	10460	10894	12804	14111	14922
水 果	（吨）	Fruits	(ton)	16776	26589	13597	37254	17430
畜牧业、渔业生产		Production of Animal Husbandry and Fishery						
大牲畜年末头数	（头）	Number of Large Animals (year-end)	(head)	9581	7799	2462	2496	2300
猪年末头数	（头）	Number of Hogs	(head)	19660	38821	45099	46805	40900
羊年末只数	（只）	Number of Sheep and Goats	(head)	6319	5561	8692	10660	9000
畜产品产量	（吨）	Output of Livestock Products	(ton)					
肉类总产量		Pork, Beef and Mutton		5556	11037	15475	14456	12602
#猪 肉		Pork		2778	4553	6450	6539	5522
生牛奶		Milk		18982	19018	1510	2144	1945
禽 蛋		Poultry Eggs		2605	3346	1808	3331	3465
水产品总产量	（吨）	Total Output of Aquatic Products	(ton)	3431	4777	5741	6189	8250

注：本表为农垦系统数据。

a) Data in this table cover those of the land reclamation department.

12—27 各县（市）农村基本情况（2018年）
Basic Statement of Rural Area by County or City (2018)

县（市）	County (City)	乡镇数（个）Number of Township and Town Governments (unit)	#镇数 Town Governm-ents	村民委员会（个）Number of Villagers' Commit-tees (unit)	乡村从业人员数（人）Number of Rural Laborers (person)	#男 Male
合肥市辖区	Hefei Reigon of City	8	7	109	181295	101863
巢湖市	Chaohu	12	11	128	349452	186282
长丰县	Changfeng	14	10	257	381365	209152
肥东县	Feidong	18	12	319	475712	264929
肥西县	Feixi	12	8	262	449997	249254
庐江县	Lujiang	17	17	209	568842	291223
淮北市辖区	Huaibei Reigon of City	7	7	64	254744	141030
濉溪县	Suixi	11	11	213	475271	264909
亳州市辖区	Bozhou Reigon of City	22	20	259	709812	389612
涡阳县	Guoyang	20	20	297	771121	401241
蒙城县	Mengcheng	14	12	275	636640	337081
利辛县	Lixin	23	20	345	729110	397782
宿州市辖区	Suzhou Reigon of City	24	15	313	743483	395559
砀山县	Dangshan	13	13	139	501005	250520
萧县	Xiaoxian	23	18	249	669521	385275
灵璧县	Lingbi	19	13	290	594312	311259
泗县	Sixian	15	12	168	472189	249785
蚌埠市辖区	Bengbu Reigon of City	12	8	186	308399	167535
怀远县	Huaiyuan	18	15	334	685058	368828
五河县	Wuhe	14	12	193	369158	202842
固镇县	Guzhen	11	8	176	347359	189006
阜阳市辖区	Fuyang Reigon of City	22	20	254	991510	531798
界首市	Jieshou	15	12	128	401858	212120
临泉县	Linquan	23	21	308	1147483	605546
太和县	Taihe	31	30	287	912159	477570
阜南县	Funan	28	20	304	740580	400529
颍上县	Yingshang	30	22	263	873899	482007
淮南市辖区	Huainan Reigon of City	27	22	310	459742	250788
凤台县	Fengtai	16	12	213	319383	177160
寿县	Shouxian	25	22	234	679303	373488
毛集区	Maoji District	3	3	37	59476	32763
滁州市辖区	Chuzhou Reigon of City	8	8	77	139962	76557
天长市	Tianchang	14	14	117	330260	165274
明光市	Mingguang	13	12	135	289206	158621
来安县	Laian	12	11	130	223982	120705
全椒县	Quanjiao	10	10	94	188672	103212
定远县	Dingyuan	22	16	196	393836	221498
凤阳县	Fengyang	15	14	215	365181	199678

12—27 续表 continued

县（市）	County (City)	乡镇数（个）Number of Township and Town Governments (unit)	#镇数 Town Governm-ents	村民委员会（个）Number of Villagers' Commit-tees (unit)	乡村从业人员数（人）Number of Rural Laborers (person)	#男 Male
六安市辖区	Luan Reigon of City	40	26	613	1099632	609999
霍邱县	Huoqiu	30	21	398	777984	435836
舒城县	Shucheng	21	15	394	480054	268569
金寨县	Jinzhai	23	12	215	268306	146304
霍山县	Huoshan	16	13	125	159563	86118
马鞍山市辖区	Maanshan Reigon of City	7	6	113	144473	82639
当涂县	Dangtu	11	10	117	218738	119026
含山县	Hanshan	8	8	95	188942	102785
和县	Hexian	9	9	68	240351	131801
芜湖市辖区	Wuhu Reigon of City	5	5	125	363960	203957
芜湖县	Wuhu	5	5	69	143451	82397
繁昌县	Fanchang	6	6	70	123286	67894
南陵县	Nanling	8	8	155	290230	152048
无为县	Wuwei	20	20	221	484711	255103
宣城市辖区	Xuancheng Reigon of City	15	12	163	409985	225130
宁国市	Ningguo	13	8	102	167267	92314
郎溪县	Langxi	9	7	83	148386	82069
广德县	Guangde	9	6	103	291563	158915
泾县	Jingxian	11	9	132	167332	91954
绩溪县	Jixi	11	8	75	81256	42648
旌德县	Jingde	10	10	61	69538	35291
铜陵市辖区	Tongling Reigon of City	15	12	178	281399	153101
枞阳县	Zongyang	19	15	190	410075	231641
池州市辖区	Chizhou Reigon of City	9	9	150	270488	145765
东至县	Dongzhi	15	12	234	280660	144684
石台县	Shitai	8	6	78	51862	28140
青阳县	Qingyang	13	10	116	131273	72014
安庆市辖区	Anqing Reigon of City	12	5	67	142004	81960
桐城市	Tongcheng	12	12	196	370485	199570
潜山市	Qianshan	16	11	164	271695	152182
怀宁县	Huaining	20	15	204	387733	208962
太湖县	Taihu	15	10	174	250746	141051
宿松县	Susong	22	9	190	381632	205697
望江县	Wangjiang	10	8	118	349167	182540
岳西县	Yuexi	24	14	182	192435	106716
黄山市辖区	Huangshan Reigon of City	26	18	179	161821	84914
歙县	Shexian	28	15	182	264760	139657
休宁县	Xiuning	21	10	153	142036	76434
黟县	Yixian	8	5	66	50168	25986
祁门县	Qimen	18	10	111	100220	52340

12—28 各县（市）土地利用情况（2018年）
Land Use by County or City (2018)

单位：千公顷　(1000 hectares)

县（市）	County (City)	土地调查面积 Area under Land Survey	农用地 Land for Ageicuture Use	#耕地 Arable Land	#园地 Garden Land	#牧草地 Grazing and Pasture Land
合肥市辖区	Hefei Reigon of City	133.68	64.29	48.64	0.25	
巢湖市	Chaohu	204.61	124.42	77.84	0.98	
长丰县	Changfeng	184.14	149.85	110.97	0.11	
肥东县	Feidong	218.17	172.38	120.62	0.21	
肥西县	Feixi	169.54	127.80	85.26	1.81	
庐江县	Lujiang	234.37	179.60	115.51	2.16	
淮北市辖区	Huaibei Reigon of City	75.98	41.82	29.07	2.59	
濉溪县	Suixi	198.16	158.55	138.44	0.06	
亳州市辖区	Bozhou Reigon of City	226.29	175.29	150.16	3.82	
涡阳县	Guoyang	210.99	174.67	154.39	0.05	
蒙城县	Mengcheng	214.39	176.68	153.65	0.08	
利辛县	Lixin	200.45	162.87	141.34	0.05	
宿州市辖区	Suzhou Reigon of City	290.75	219.16	176.25	2.55	
砀山县	Dangshan	119.67	94.80	26.24	58.52	
萧县	Xiaoxian	185.36	134.28	100.86	11.19	
灵璧县	Lingbi	212.40	170.19	142.15	0.49	
泗县	Sixian	185.70	149.01	130.82	0.05	
蚌埠市辖区	Bengbu Reigon of City	96.94	62.23	48.98	0.60	0.01
怀远县	Huaiyuan	219.20	173.19	147.40	0.06	
五河县	Wuhe	142.86	105.65	88.84	0.26	
固镇县	Guzhen	136.07	108.04	93.58	0.26	
阜阳市辖区	Fuyang Reigon of City	195.67	139.67	119.40	0.05	
界首市	Jieshou	66.78	50.34	43.12	0.21	
临泉县	Linquan	183.88	143.18	123.07	0.23	
太和县	Taihe	186.72	149.99	129.44	0.10	
阜南县	Funan	180.07	136.46	108.22	0.11	
颍上县	Yingshang	198.70	149.56	124.81	0.04	
淮南市辖区	Huainan Reigon of City	154.41	102.80	79.35	1.70	0.09
凤台县	Fengtai	103.99	76.23	64.26	0.15	
寿县	Shouxian	294.83	234.79	197.15	0.35	
滁州市辖区	Chuzhou Reigon of City	140.54	106.99	48.88	0.99	0.01
天长市	Tianchang	175.42	127.87	98.95	0.07	
明光市	Mingguang	235.03	187.67	115.35	0.71	
来安县	Laian	149.86	115.93	82.04	0.36	
全椒县	Quanjiao	156.84	133.13	79.14	2.37	
定远县	Dingyuan	300.18	243.88	183.87	0.50	
凤阳县	Fengyang	193.73	152.00	108.16	0.80	

12—28 续表 continued

单位：千公顷 (1000 hectares)

县（市）	County (City)	土地调查面积 Area under Land Survey	农用地 Land for Ageicuture Use	#耕地 Arable Land	#园地 Garden Land	#牧草地 Grazing and Pasture Land
六安市辖区	Luan Reigon of City	413.93	322.05	199.36	2.37	0.07
霍邱县	Huoqiu	323.92	242.20	198.06	0.05	
舒城县	Shucheng	210.95	178.19	61.56	3.98	0.01
金寨县	Jinzhai	391.90	355.49	45.07	29.87	
霍山县	Huoshan	204.38	186.69	23.17	9.60	
马鞍山市辖区	Maanshan Reigon of City	73.30	43.15	22.32	0.17	
当涂县	Dangtu	96.97	68.03	42.45	0.25	
含山县	Hanshan	102.78	86.46	46.04	0.53	0.02
和县	Hexian	131.86	100.55	63.71	0.15	
芜湖市辖区	Wuhu Reigon of City	149.06	84.95	57.61	0.07	0.03
芜湖县	Wuhu	64.95	45.96	31.28	0.82	
繁昌县	Fanchang	58.43	44.46	16.62	0.31	
南陵县	Nanling	125.95	106.33	51.16	1.65	
无为县	Wuwei	204.21	159.87	111.21	0.73	
宣城市辖区	Xuancheng Reigon of City	258.51	206.47	88.20	10.27	
宁国市	Ningguo	246.69	227.45	17.55	21.56	
郎溪县	Langxi	110.06	86.77	42.96	6.84	
广德县	Guangde	211.61	182.44	42.83	13.69	
泾县	Jingxian	203.32	186.81	27.96	8.51	
绩溪县	Jixi	110.36	102.38	13.11	6.72	
旌德县	Jingde	90.70	84.82	15.96	1.00	
铜陵市辖区	Tongling Reigon of City	105.84	64.92	25.48	0.36	
枞阳县	Zongyang	186.42	124.83	68.59	0.38	
池州市辖区	Chizhou Reigon of City	253.89	205.37	49.96	1.62	
东至县	Dongzhi	325.00	277.30	58.83	7.55	
石台县	Shitai	141.38	136.43	4.82	5.66	
青阳县	Qingyang	119.60	104.93	24.74	3.60	
安庆市辖区	Anqing Reigon of City	81.04	41.07	16.69	0.38	0.01
桐城市	Tongcheng	155.27	115.74	53.76	2.49	0.18
潜山市	Qianshan	168.80	145.54	41.03	4.32	
怀宁县	Huaining	135.76	103.47	58.13	0.24	0.01
太湖县	Taihu	203.91	172.78	46.30	6.35	
宿松县	Susong	236.99	146.09	80.90	1.37	
望江县	Wangjiang	134.80	88.39	63.46	0.48	
岳西县	Yuexi	237.23	222.63	20.48	16.18	
黄山市辖区	Huangshan Reigon of City	235.74	207.67	20.68	10.14	
歙县	Shexian	212.24	196.04	12.74	37.50	
休宁县	Xiuning	212.62	202.55	17.06	14.52	
黟县	Yixian	85.74	81.78	8.17	4.25	
祁门县	Qimen	221.50	214.57	9.72	14.03	

12—29 各县（市）农林牧渔业总产值（2018年）
Gross Putput Value of Farming, Forestry, Animal Husbandry and Fishery by County or City (2018)

本表按当年价格计算　(Data in value terms in this table are calculated at current prices.)　单位：万元（10000 yuan）

县（市）	County (City)	农林牧渔业 Farming, Forestry, Animal Husban and Fishery	农　业 Farming	林　业 Forestry	牧　业 Animal Husban	渔　业 Fishery	农林牧渔服务业 Agricultural Services
合肥市辖区	Hefei Reigon of City	250068	151662	33722	52289	5066	7329
巢　湖　市	Chaohu	601041	324011	22029	125170	116176	13655
长　丰　县	Changfeng	998892	525004	34234	296894	123110	19650
肥　东　县	Feidong	1118007	537674	48009	322753	184991	24580
肥　西　县	Feixi	899020	411831	38627	300061	128250	20251
庐　江　县	Lujiang	881199	498213	34983	150403	178588	19012
淮北市辖区	Huaibei Reigon of City	356988	179643	16991	132945	21719	5690
濉　溪　县	Suixi	725689	423901	21030	233954	25069	21735
亳州市辖区	Bozhou Reigon of City	1122504	889239	18357	168610	20272	26026
涡　阳　县	Guoyang	815188	545118	15710	206047	17818	30495
蒙　城　县	Mengcheng	994021	678446	61865	169245	33205	51260
利　辛　县	Lixin	911417	584390	40804	235109	21292	29822
宿州市辖区	Suzhou Reigon of City	1199303	659019	33795	329686	26531	150270
砀　山　县	Dangshan	698299	422294	25700	90660	7781	151865
萧　　县	Xiaoxian	1097013	520779	60526	351506	17144	147058
灵　璧　县	Lingbi	1027982	506307	27451	328148	15606	150470
泗　　县	Sixian	974325	474568	21129	311937	29113	137579
蚌埠市辖区	Bengbu Reigon of City	456843	283771	17095	107817	34256	13904
怀　远　县	Huaiyuan	1057182	569335	48514	272194	134361	32778
五　河　县	Wuhe	892241	384988	25789	299368	152960	29136
固　镇　县	Guzhen	1076579	579411	27396	411367	31085	27320
阜阳市辖区	Fuyang Reigon of City	1250246	637189	54697	385912	36043	136405
界　首　市	Jieshou	503688	247632	40485	160184	8423	46964
临　泉　县	Linquan	1402923	644155	72577	519524	27033	139634
太　和　县	Taihe	1024108	458094	65867	345187	21731	133229
阜　南　县	Funan	1014447	506424	91635	255393	57488	103507
颍　上　县	Yingshang	1000950	381073	140230	306359	69813	103475
淮南市辖区	Huainan Reigon of City	578635	343285	6071	123916	89039	16324
凤　台　县	Fengtai	515703	263281	9536	169910	57458	15518
寿　　县	Shouxian	901266	494707	31162	184710	175334	15353
毛　集　区	Maoji District	85865	49846	2740	16179	15540	1560
滁州市辖区	Chuzhou Reigon of City	309665	150366	14410	96346	36490	12053
天　长　市	Tianchang	547782	247067	13872	105232	153659	27952
明　光　市	Mingguang	591763	234651	23027	132440	179558	22087
来　安　县	Laian	383818	186432	9162	137808	34216	16200
全　椒　县	Quanjiao	440636	195128	12633	83121	68654	81100
定　远　县	Dingyuan	1050471	518948	27148	310707	75043	118625
凤　阳　县	Fengyang	644697	319781	16584	196371	79409	32552

12—29 续表 continued

单位：万元（10000 yuan）

县（市）	County (City)	农林牧渔业 Farming, Forestry, Animal Husban and Fishery	农业 Farming	林业 Forestry	牧业 Animal Husban	渔业 Fishery	农林牧渔服务业 Agricultural Services
六安市辖区	Luan Reigon of City	1459756	740291	116697	483564	96905	22299
霍邱县	Huoqiu	1008929	400002	84874	384685	129041	10327
舒城县	Shucheng	570845	210523	103655	164925	69659	22083
金寨县	Jinzhai	361764	186447	41641	90402	26963	16311
霍山县	Huoshan	288929	132945	35398	74251	41245	5090
马鞍山市辖区	Maanshan Reigon of City	198439	80371	3839	45253	61534	7442
当涂县	Dangtu	481945	147862	4960	57600	247653	23870
含山县	Hanshan	389716	187476	11413	60157	71810	58860
和县	Hexian	457328	297262	7000	80966	53412	18688
芜湖市辖区	Wuhu Reigon of City	515692	313817	16253	79253	88535	17834
芜湖县	Wuhu	329106	190307	9142	51883	71775	5999
繁昌县	Fanchang	181593	70797	36706	37771	32118	4201
南陵县	Nanling	532758	223380	44732	119268	136548	8830
无为县	Wuwei	872587	396804	57009	163467	215890	39417
宣城市辖区	Xuancheng Reigon of City	711009	318572	33091	163745	166730	28871
宁国市	Ningguo	372174	176696	36483	126343	18878	13774
郎溪县	Langxi	270543	119783	19609	50445	70570	10136
广德县	Guangde	394716	162937	64856	126463	25018	15442
泾县	Jingxian	305066	120876	61824	105372	6246	10748
绩溪县	Jixi	223003	124231	12134	73844	4295	8499
旌德县	Jingde	122388	36429	38810	34354	8378	4417
铜陵市辖区	Tongling Reigon of City	378397	215253	23447	79638	43246	16813
枞阳县	Zongyang	435950	134670	46729	83788	158263	12500
池州市辖区	Chizhou Reigon of City	536296	213307	52305	125499	126364	18821
东至县	Dongzhi	523823	211513	51709	119888	92077	48636
石台县	Shitai	74967	40793	22585	10106	357	1126
青阳县	Qingyang	193242	63571	47257	48915	25354	8145
安庆市辖区	Anqing Reigon of City	270931	108236	13253	60379	82092	6971
桐城市	Tongcheng	531157	209224	45202	190453	79947	6331
潜山市	Qianshan	417130	201833	93565	105958	10415	5359
怀宁县	Huaining	367382	172552	22810	110315	49139	12566
太湖县	Taihu	467521	123627	58750	226762	53442	4940
宿松县	Susong	722573	348865	31090	142661	192037	7920
望江县	Wangjiang	520636	203198	13752	160291	124442	18953
岳西县	Yuexi	254806	135496	51018	60894	5051	2347
黄山市辖区	Huangshan Reigon of City	309781	130813	84994	74388	14182	5404
歙县	Shexian	272447	179733	18090	66370	3274	4980
休宁县	Xiuning	228307	117640	52981	42173	5755	9758
黟县	Yixian	65536	31259	17311	13080	743	3143
祁门县	Qimen	103035	66188	24572	8345	880	3050

12—30 各县（市）主要经济作物产量（2018年）
Yield of Farm Crops and Area of Cultivated Land by County or City (2018)

单位：吨（ton）

县（市）	County (City)	油料 Oil-bearing Crops	油菜籽 Rapeseeds	棉花 Cotton	生麻 Raw Hemp	糖料 Sugar Crops
合肥市辖区	Hefei Reigon of City	1534	978	129		
巢湖市	Chaohu	28681	19524	3014	128	2227
长丰县	Changfeng	17611	12339	1788		492
肥东县	Feidong	66056	46842	4520		1016
肥西县	Feixi	18536	9695	1775		1179
庐江县	Lujiang	16382	11822	1348		2738
淮北市辖区	Huaibei Reigon of City	1729	1147	59		90
濉溪县	Suixi	1905	205	29		
亳州市辖区	Bozhou Reigon of City	3605	681	968		
涡阳县	Guoyang	1889	160	136		658
蒙城县	Mengcheng	28411	820	188		3740
利辛县	Lixin	5402	1644	282		24
宿州市辖区	Suzhou Reigon of City	17780	481	151		2164
砀山县	Dangshan	7630	510	90		
萧县	Xiaoxian	9018	2699	249		389
灵璧县	Lingbi	15771	186	330		186
泗县	Sixian	77493	3370	69		275
蚌埠市辖区	Bengbu Reigon of City	4574	1045	24		98
怀远县	Huaiyuan	31448	752	63		724
五河县	Wuhe	47120	541	11		454
固镇县	Guzhen	252054	238	17		
阜阳市辖区	Fuyang Reigon of City	11219	6266	806		3456
界首市	Jieshou	2532	1006	217	9	270
临泉县	Linquan	11058	5845	232	53	6221
太和县	Taihe	4502	1756	257	68	6091
阜南县	Funan	14733	8597	206	246	3632
颍上县	Yingshang	6104	4696	446		1251
淮南市辖区	Huainan Reigon of City	10410	6235	207		314
凤台县	Fengtai	4973	1220	10		204
寿县	Shouxian	11167	9525	439		598
毛集区	Maoji District	168	63			32
滁州市辖区	Chuzhou Reigon of City	2751	1592	100		202
天长市	Tianchang	1595	1178			
明光市	Mingguang	45019	2476	142		27548
来安县	Laian	9734	3745	161		
全椒县	Quanjiao	4898	2667	1325		300
定远县	Dingyuan	18981	3858	981		3104
凤阳县	Fengyang	29212	8887	134		1410

12—30 续表 continued

单位：吨（ton）

县（市）	County (City)	油料 Oil-bearing Crops	油菜籽 Rapeseeds	棉花 Cotton	生麻 Raw Hemp	糖料 Sugar Crops
六安市辖区	Luan Reigon of City	62538	41093	3757	2514	264
霍邱县	Huoqiu	19536	12309	1013	78	3167
舒城县	Shucheng	23200	19860	1768	14	292
金寨县	Jinzhai	8653	2755		77	
霍山县	Huoshan	3826	3340	68	12	
马鞍山市辖区	Maanshan Reigon of City	6828	6740	20		74
当涂县	Dangtu	21804	21750	1134		6
含山县	Hanshan	19659	18121	1404	5	871
和县	Hexian	14101	13275	238		238
芜湖市辖区	Wuhu Reigon of City	36022	35804	3175		617
芜湖县	Wuhu	13664	12606	878	4	1678
繁昌县	Fanchang	4098	3995	416		725
南陵县	Nanling	5702	5304	74		2754
无为县	Wuwei	28101	26396	6736	2	1834
宣城市辖区	Xuancheng Reigon of City	14863	12684	337		676
宁国市	Ningguo	11323	10880	19		62
郎溪县	Langxi	7478	7129	93		120
广德县	Guangde	11894	11358	50		
泾县	Jingxian	7079	6518	6		245
绩溪县	Jixi	8715	7636	3		63
旌德县	Jingde	1736	1197	6		330
铜陵市辖区	Tongling Reigon of City	31634	30263	1522	4	456
枞阳县	Zongyang	19901	19295	1796		58
池州市辖区	Chizhou Reigon of City	26324	25897	3375		151
东至县	Dongzhi	33291	31981	3131		518
石台县	Shitai	5827	5756	21		
青阳县	Qingyang	4762	4602	12		46
安庆市辖区	Anqing Reigon of City	13010	12687	3094		
桐城市	Tongcheng	22189	21651	1841		26
潜山市	Qianshan	15283	12145	1987	15	8
怀宁县	Huaining	30152	28167	4059		545
太湖县	Taihu	23658	22650	4317		156
宿松县	Susong	66514	54886	8790	5	341
望江县	Wangjiang	72963	71643	12224		
岳西县	Yuexi	4284	3641	86		243
黄山市辖区	Huangshan Reigon of City	5358	4555	31		2357
歙县	Shexian	15726	13993	16		9566
休宁县	Xiuning	8416	7179	12		1120
黟县	Yixian	3640	3571	21		187
祁门县	Qimen	2939	2368	78		83

12—31　各县（市）茶叶、水果生产情况（2018年）
Tea, Fruits Production by County or City (2018)

单位：吨（ton）

县（市）	County (City)	茶叶 Tea	#绿茶 Green Tea	园林水果 Garden Fruits	#葡萄 Grapes
合肥市辖区	Hefei Reigon of City			40249	27265
巢湖市	Chaohu	461	461	18259	3084
长丰县	Changfeng			42928	3748
肥东县	Feidong	11	11	52290	3272
肥西县	Feixi	12	12	33128	12178
庐江县	Lujiang	1489	1489	41201	38265
淮北市辖区	Huaibei Reigon of City			131336	34634
濉溪县	Suixi			19817	6405
亳州市辖区	Bozhou Reigon of City			24978	545
涡阳县	Guoyang			20322	3215
蒙城县	Mengcheng			34868	8437
利辛县	Lixin			20992	4899
宿州市辖区	Suzhou Reigon of City			102174	20125
砀山县	Dangshan			1481210	28590
萧县	Xiaoxian			304045	78226
灵璧县	Lingbi			63646	9142
泗县	Sixian			19970	5770
蚌埠市辖区	Bengbu Reigon of City			37498	8058
怀远县	Huaiyuan			29569	5010
五河县	Wuhe			24926	3212
固镇县	Guzhen			22750	4154
阜阳市辖区	Fuyang Reigon of City			35503	8359
界首市	Jieshou			13446	1852
临泉县	Linquan			56063	22336
太和县	Taihe			6129	1216
阜南县	Funan			38398	926
颍上县	Yingshang			11048	4581
淮南市辖区	Huainan Reigon of City			36998	12062
凤台县	Fengtai			15894	1726
寿县	Shouxian			34416	6011
毛集区	Maoji District			528	155
滁州市辖区	Chuzhou Reigon of City	165	165	11386	1932
天长市	Tianchang	15	15	5269	3099
明光市	Mingguang	26	26	18539	1475
来安县	Laian	33	33	22689	13568
全椒县	Quanjiao	55	55	25801	2878
定远县	Dingyuan	2	2	22085	6637
凤阳县	Fengyang	11	11	21100	4682

12—31 续表 continued

单位：吨（ton）

县（市）	County (City)	茶叶 Tea	#绿茶 Green Tea	园林水果 Garden Fruits	#葡萄 Grapes
六安市辖区	Luan Reigon of City	7971	7970	106168	16519
霍邱县	Huoqiu			5940	725
舒城县	Shucheng	2678	2567	7896	5434
金寨县	Jinzhai	7611	7567	1961	458
霍山县	Huoshan	7108	7108	1408	355
马鞍山市辖区	Maanshan Reigon of City	81	81	4704	2640
当涂县	Dangtu	2	2	16277	7200
含山县	Hanshan	195	195	14113	2825
和县	Hexian	30	30	4062	1462
芜湖市辖区	Wuhu Reigon of City	30	12	9488	8424
芜湖县	Wuhu	1527	1527	7752	1626
繁昌县	Fanchang	62	62	5690	2820
南陵县	Nanling	420	420	1500	50
无为县	Wuwei	281	276	22992	8428
宣城市辖区	Xuancheng Reigon of City	10493	9526	5683	394
宁国市	Ningguo	2800	2800	4640	750
郎溪县	Langxi	6482	6482	1102	320
广德县	Guangde	4581	3561	3445	725
泾县	Jingxian	2237	2190	3016	157
绩溪县	Jixi	1775	1775	2208	67
旌德县	Jingde	655	655	925	192
铜陵市辖区	Tongling Reigon of City	182	182	4298	1798
枞阳县	Zongyang	365	300	1222	975
池州市辖区	Chizhou Reigon of City	1708	1356	3121	806
东至县	Dongzhi	3714	2235	1421	649
石台县	Shitai	5447	3429	1476	4
青阳县	Qingyang	340	340	1279	264
安庆市辖区	Anqing Reigon of City	21	16	706	30
桐城市	Tongcheng	435	432	1085	337
潜山市	Qianshan	3200	3137	1830	487
怀宁县	Huaining	192	192	4940	33
太湖县	Taihu	2967	2967	12800	880
宿松县	Susong	526	352	6657	5086
望江县	Wangjiang	92	92	5007	349
岳西县	Yuexi	5655	5655	921	135
黄山市辖区	Huangshan Reigon of City	3377	3362	5161	546
歙县	Shexian	8981	8981	30648	6369
休宁县	Xiuning	7441	6335	1346	46
黟县	Yixian	2235	1904	1688	61
祁门县	Qimen	6263	3877	978	41

12—32 各县（市）畜牧业、渔业生产情况（2018年）
Production of Animal Husbandry, Fishery by County or City (2018)

县（市）	County (City)	出栏猪（头）Sjaughtered Fattened Hogs (heads)	出栏牛（头）Sjaughtered Cattle and Buffaloes (heads)	出栏羊（只）Sjaughtered Sheep and Goats (heads)	出栏活家禽（万只）Sjaughtered Poultry (10000 heads)	禽蛋产量（吨）Output of Poultry Eggs (ton)	水产品产量（吨）Output of Aquatic Products (ton)
合肥市辖区	Hefei Reigon of City	65742	338	4868	743.17	12876	2337
巢湖市	Chaohu	233809	1537	34785	1478.14	16716	41273
长丰县	Changfeng	775723	5306	49035	2403.60	28002	41026
肥东县	Feidong	826815	6986	23741	1637.52	47763	51970
肥西县	Feixi	464520	2565	19624	3685.12	58047	40907
庐江县	Lujiang	317399	659	6837	1466.59	28624	51860
淮北市辖区	Huaibei Reigon of City	198377	9492	97604	700.24	19021	12970
濉溪县	Suixi	385008	9052	297389	969.76	39915	11700
亳州市辖区	Bozhou Reigon of City	806371	19236	355343	882.00	20935	12231
涡阳县	Guoyang	678673	4394	612712	674.00	17034	13270
蒙城县	Mengcheng	621926	10193	375242	647.00	15310	13506
利辛县	Lixin	500504	11962	637097	1191.00	18135	11814
宿州市辖区	Suzhou Reigon of City	1106111	27921	517404	2113.20	56148	14050
砀山县	Dangshan	202343	968	795850	381.00	23304	4445
萧县	Xiaoxian	677611	20721	880864	977.00	68311	7980
灵璧县	Lingbi	763901	16639	428452	926.00	88006	6790
泗县	Sixian	830840	9982	591123	1582.00	39045	10608
蚌埠市辖区	Bengbu Reigon of City	206233	7760	55107	1694.24	7715	16025
怀远县	Huaiyuan	534708	25487	503352	2149.08	13577	44864
五河县	Wuhe	433691	60097	276568	1054.27	18618	48640
固镇县	Guzhen	839605	26895	546871	5504.57	44525	10930
阜阳市辖区	Fuyang Reigon of City	894791	24877	726855	2626.68	32794	18759
界首市	Jieshou	223350	8620	368680	625.00	12990	5522
临泉县	Linquan	886416	47742	665956	1391.65	32362	9390
太和县	Taihe	708615	7755	443253	848.08	17623	11080
阜南县	Funan	658011	26733	356080	1108.66	34118	13731
颍上县	Yingshang	767014	29812	360479	1402.33	34256	44971
淮南市辖区	Huainan Reigon of City	184709	8569	72238	891.80	21113	38767
凤台县	Fengtai	199522	8547	195753	984.00	25142	29370
寿县	Shouxian	765345	7422	421480	1526.10	25770	97874
毛集区	Maoji District	30818	1429	10127	92.60	3166	8560
滁州市辖区	Chuzhou Reigon of City	180402	1084	83681	589.00	4526	23356
天长市	Tianchang	106684	1719	107463	407.00	24926	71850
明光市	Mingguang	350812	9109	58640	1397.00	17487	72014
来安县	Laian	162031	2029	61342	2887.00	7583	27830
全椒县	Quanjiao	318389	1442	70899	1211.00	10192	61800
定远县	Dingyuan	1301952	6056	85079	775.00	23769	38495
凤阳县	Fengyang	368741	10342	137115	1177.00	24993	53051

12—32 续表 continued

县（市）	County (City)	出栏猪（头）Sjaughtered Fattened Hogs (heads)	出栏牛（头）Sjaughtered Cattle and Buffaloes (heads)	出栏羊（只）Sjaughtered Sheep and Goats (heads)	出栏活家禽（万只）Sjaughtered Poultry (10000 heads)	禽蛋产量（吨）Output of Poultry Eggs (ton)	水产品产量（吨）Output of Aquatic Products (ton)
六安市辖区	Luan Reigon of City	1114501	3974	131449	2084.00	17803	56055
霍邱县	Huoqiu	1101303	5521	295306	1996.00	51512	105960
舒城县	Shucheng	250862	912	4555	1518.76	19932	36100
金寨县	Jinzhai	229815	2955	56015	317.00	3168	12600
霍山县	Huoshan	159908	540	15598	266.00	1080	11810
马鞍山市辖区	Maanshan Reigon of City	101675	1800	20509	566.00	4466	13506
当涂县	Dangtu	128200	335	45563	721.00	4619	57173
含山县	Hanshan	103528	400	20985	507.00	8630	18800
和县	Hexian	177235	231	9832	1184.50	6629	21558
芜湖市辖区	Wuhu Reigon of City	109745	638	5263	1160.00	9361	28410
芜湖县	Wuhu	87332	359	11886	455.00	7720	29100
繁昌县	Fanchang	72400	750	2200	535.00	10850	11739
南陵县	Nanling	294860	3500	7900	2500.00	22250	33843
无为县	Wuwei	226639	1082	9979	996.00	29651	61410
宣城市辖区	Xuancheng Reigon of City	175516	856	22386	3669.00	11517	64219
宁国市	Ningguo	164958	505	7020	2411.00	10789	7700
郎溪县	Langxi	102400	520	11300	579.00	8970	25800
广德县	Guangde	301850	119	18596	3265.36	16560	7600
泾县	Jingxian	149490	3789	3351	1383.00	3878	3114
绩溪县	Jixi	87120	5000	4800	51.00	1410	1810
旌德县	Jingde	51052	1685	2025	70.15	1356	1905
铜陵市辖区	Tongling Reigon of City	180323	1140	6885	996.58	23311	38700
枞阳县	Zongyang	174028	745	1689	350.00	16600	61500
池州市辖区	Chizhou Reigon of City	308136	1623	9767	895.00	18783	61768
东至县	Dongzhi	219714	597	7939	598.00	12255	53772
石台县	Shitai	21015	111	267	37.00	719	225
青阳县	Qingyang	87819	936	372	561.00	5077	18155
安庆市辖区	Anqing Reigon of City	80485	370	6136	240.07	6974	44174
桐城市	Tongcheng	256650	1068	4860	368.00	44052	34997
潜山市	Qianshan	309000	1308	11089	583.00	13680	5100
怀宁县	Huaining	300555	1463	3858	987.45	22672	26824
太湖县	Taihu	530000	10040	28500	3200.00	7700	32359
宿松县	Susong	448808	15759	11823	1251.00	17982	83916
望江县	Wangjiang	293542	2680	9549	1448.00	37401	66932
岳西县	Yuexi	118987	3973	13500	81.00	4596	1252
黄山市辖区	Huangshan Reigon of City	140711	2833	3066	249.93	3779	7554
歙县	Shexian	195060	1336	6923	107.00	9870	1634
休宁县	Xiuning	130531	1130	1332	88.00	3827	3553
黟县	Yixian	29248	256	802	28.92	623	698
祁门县	Qimen	35085	129	1540	31.50	650	684

主要统计指标解释

农林牧渔业总产值

农林牧渔业总产值是以货币表现的农林牧渔业全部产品总量和对农林牧渔业生产活动进行的各种支持性服务活动的价值。它反映一定时期内农林牧渔业生产总规模和总成果，是观察农林牧渔业生产水平和发展速度，研究农林牧渔业内部比例关系、农林牧渔业与工业、农林牧渔业与国家建设、人民生活比例关系的重要指标，同时也是计算农林牧渔业劳动生产率和农林牧渔业增加值的基础资料。1957 年以前的农业总产值中包括了厩肥和农民自给性手工业（如农民自制衣服、鞋、袜，自己从事粮食初步加工等）。1958 年及以后的农业总产值，林业中增加了村及村以下竹木采伐产值；牧业中取消了厩肥产值；副业中取消了农民自给性手工业产值，增加了村及村以下办的工业产值；渔业中增加了海洋捕捞水产品产值。1980 年及以后的农业总产值，在副业中增加了农民家庭兼营工业商品部分的产值。从 1984 年起村及村以下工业产值划归工业。从 1993 年起取消副业，将野生动物的捕猎划入牧业，野生植物采集和农民家庭兼营商品性工业划归农业。2003 年起，取消农业中的农民家庭兼营商品性工业，增加了农林牧渔服务业。

粮食产量

指全社会的产量。包括国有经济经营的、集体统一经营的和农民家庭经营的粮食产量，还包括工矿企业办的农场和其他生产单位的产量。粮食除包括稻谷、小麦、玉米、高粱、谷子及其他杂粮外，还包括薯类和豆类。其产量计算方法，豆类按去豆荚后的干豆计算；薯类（包括甘薯和马铃薯，不包括芋头和木薯）1963 年以前按每 4 公斤鲜薯折 1 公斤粮食计算，从 1964 年开始改为按 5 公斤鲜薯折 1 公斤粮食计算。城市郊区作为蔬菜的薯类（如马铃薯等）按鲜品计算，并且不作粮食统计。其他粮食一律按脱粒后的原粮计算。

油料产量

指全部油料作物的生产量。包括花生、油菜籽、芝麻、葵花籽、胡麻籽（亚麻籽）和其他油料。不包括大豆、木本油料和野生油料。花生以带壳干花生计算。

水产品产量

指人工养殖的水产品和天然生长的水产品的捕捞量。包括海水的鱼类、虾蟹类、贝类和藻类以及内陆水域的鱼类、虾蟹类和贝类，不包括淡水生植物。

猪、牛、羊肉产量

指当年出栏并已屠宰、除去头蹄下水后带骨肉（即胴体重）的重量。

期初（末）畜禽存栏头（只）数

指报告期初（末）农村各种合作经济组织和国营农场、农民个人、机关、团体、学校、工矿企业、部队等单位以及城镇居民饲养的大牲畜、猪、羊、家禽等畜禽的存栏数。

耕地

指种植农作物的土地，包括熟地，新开发、复垦、整理地、休闲地（含轮歇地、轮作地）；以种植农作物（含蔬菜）为主，间有零星果树、桑树或其他树木的土地；平均每年能保证收获一季的已垦滩地和海涂。耕地中包括南方宽度＜1.0 米，北方宽度＜2.0 米固定的沟、渠、路和地坎（埂）；临时种植药材、草皮、花卉、苗木等的耕地，以及其他临时改变用途的耕地。

农作物播种面积

指实际播种或移植有农作物的面积。凡是实际种植有农作物的面积，不论种植在耕地上还是种植在非耕地上，均包括在农作物播种面积中。在播种季节基本结束后，因遭灾而重新改种和补种的农作物面积，也包括在内。

有效灌溉面积

指具有一定的水源，地块比较平整，灌溉工程或设备已经配套，在一般年景下当年能够进行正常灌溉的耕地面积。

农用化肥施用量

指本年内实际用于农业生产的化肥数量，包括氮肥、磷肥、钾肥和复合肥。化肥施用量要求按折纯量计算数量。折纯量是指把氮肥、磷肥、钾肥分别按含氮、含五氧化二磷、含氧化钾的百分之一百成份进行折算后的数量。复合肥按其所含主要成分折算。

农业机械总动力

指主要用于农、林、牧、渔业的各种动力机械的动力总和。包括耕作机械、排灌机械、收获机械、农用运输机械、植物保护机械、牧业机械、林业机械、渔业机械和其他农业机械〔内燃机按引擎马力折成瓦（特）计算、电动机按功率折成瓦（特）计算〕。不包括专门用于乡、镇、村、组办工业、基本建设、非农业运输、科学试验和教学等非农业生产方面用的动力机械与作业机械。

农林牧渔业劳动力

指全社会直接参加农林牧渔业生产活动的劳动力。

Explanatory Notes for Major Statistical Indicators

Gross Output Value of Farming, Forestry, Animal Husbandry and Fishery

refers to the total value of products and all kinds of supporting services of farming, forestry, animal husbandry and fishery, which reflects the total scale and result of agricultural production during a given period. It is an important indicator to observe the production level and the development speed of farming, forestry, animal husbandry and fishery and to research into the interior proportion relations of farming, forestry, animal husbandry and fishery, the proportion relations of farming, forestry, animal husbandry and fishery to industry, national construction and the lives of the people. It is also the basic data to calculate the labor productivity and value-added of farming, forestry, animal husbandry and fishery. Prior to 1957, Chinas gross agricultural output value included barnyard manure and handicraft products for self-consumption (clothes, shoes, stockings, and initial grain processing undertaken by peasant s). Since 1958, cutting and felling of bamboo and trees by villages and other cooperative organizations under villages have been included in forestry; value of barnyard manure has been excluded from animal husbandry; self consumed handicraft s has been excluded from sideline occupations, while the output value of industries run by villages and cooperative organizations under village had been included in sideline occupations and the out put value of fish catches by mot or fishing boats has been added to fishery. Since 1980, the value of handicraft products made for sale by individuals in households had been added to sideline occupations. Since 1984, industries run by villages and under villages have been included in the sector of industry. Since 1993, the subdivision of sideline occupations has been canceled, and the hunting of wild animals has been classified into animal husbandry, and the gathering of wild plants and commodity industry run by rural household have been included in farming. Since 2003, the commercial industrial activities undertaken by rural households as sideline production have been cancelled and the farming, forestry, animal husbandry and fishery services have been included in farming.

Grain Yield

refers to the yield in the whole country including grains produced by state farms, collective units, industrial enterprises and mines. Grain includes rice, wheat, corn, sorghum, millet and other miscellaneous grains as well as tubers and beans. Output of beans refers to dry beans without pods. The output of tubers (sweet potatoes and potatoes, not including taros and cassava) was converted into that of grain at the ratio 4:1, i.e. 4 kilograms of fresh tubers was equivalent to 1 kilogram of grain up to 1963.Since 1964 the ratio for conversion has been 5:1. Tubers supplied as vegetables (such as potatoes) in cities and suburbs are calculated as fresh vegetables and their output is not included in the output of grain. Output of all other grains refers to husked grain.

Yield of Oil-bearing Crops

refers to the total yield of oil bearing crops of various kinds, including peanuts, (dry, in shell) rapeseeds, sesame, sunflower seeds, flax seeds, and other oil bearing crops. Soybeans, oil-bearing woody plants, and wild oil-bearing crops are not included.

Output of Aquatic Products

refers to catches of both artificially cultured and naturally grown aquatic products, including fish, shrimps, crabs and shellfish in sea and inland water as well as seaweed. Freshwater plants are not included.

Output of Pork, Beef, and Mutton

refers to the meat of slaughtered hogs, cattle, sheep and goats with head, feet, and offal taken away.

Number of Livestock or Poultry in Stock at Beginning (or End)

refers to the total number of large animals, pigs, sheep, fowls, etc. raised by rural cooperative organizations, state farms, rural individuals, government agencies, schools, industrial and mining enterprises, army, and urban residents at the beginning (or end) of the reference period.

Cultivated Area (Area under cultivation)

refers to farmland which is plowed constantly for growing crops, including cultivated land, New development, reclamation, finishing, leisure (including (including a break, a rotation)land; land mainly to the cultivation of crops (vegetables), land of sporadic fruit trees or mulberry tree or other trees; beaches and coastal land average annual can ensure the harvest one season , Including South width < 1.0 m, north width < 2.0 m fixed ditch, drainage, roads and sill (ridge); cultivated land temporarily planted herbs, grass, flowers, nursery stock , and other temporarily change of use of cultivated land

Sown Area of Crops

refers to area of land sown or transplanted with crops regardless of being in cultivated area or non cultivated area.

Area of land re-sown due to natural disasters is also included.

Irrigated Area

refers to areas that are effectively irrigated, i.e. level land which has water source and complete sets of irrigation facilities to lift and move adequate water for irrigation purpose under normal conditions.

Consumption of Chemical Fertilizers in Agriculture

refers to the quantity of chemical fertilizers applied in agriculture in the year, including nitrogenous fertilizer, phosphate fertilizer, potash fertilizer, and compound fertilizer. The consumption of chemical fertilizers is required in calculation to convert the gross weight into weight containing 100% effective component (e.g. 100% nitrogen content in nitrogenous fertilizer, 100% phosphorous pent oxide contents in phosphate fertilizer, 100% potassium oxide contents in potash fertilizer). Compound fertilizer is converted with its major component.

Total Power of Farm Machinery

refers to total mechanical power of machinery used in farming, forestry, animal husbandry, and fishery, including plough , irrigation and drainage, harvesting, transport, plant protection, stock breeding, forestry and fishery. The power of internal combustion engines is required to convert horsepower into watts and the power of electric motors is required to be converted into watts. Machinery employed for non agricultural purposes, such as the machines used in township run and village-run industry, construction, non agricultural transport, scientific experiments and teaching, is excluded.

Labour Force Engaged in Farming, Forestry, Animal Husbandry and Fishery

refers to the total laborers who are directly engaged in production of farming, forestry, animal husbandry and fishery.

第十三篇

Chapter 13

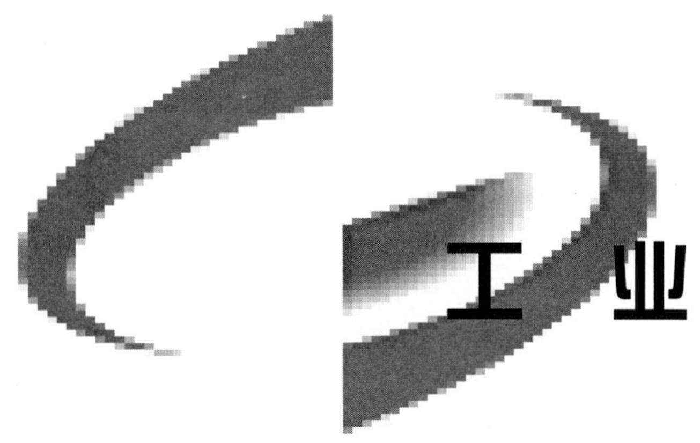

INDUSTRY

简要说明

一、本篇主要包括以下几部分汇总资料：

1. 全部工业企业按登记注册类型、行业分组的企业单位数和工业总产值(其中 1995 年后工业总产值均按新规定计算)。

2. 全部年主营业务收入在 2000 万元及以上的工业企业按地区和行业分组的主要经济指标和经济效益指标，主要包括工业总产值、工业增加值、资产、流动资产、固定资产、流动负债、所有者权益、主营业务收入、主营业务税金及附加、利润总额、应交增值税、总资产贡献率、资产负债率、成本费用利润率、流动资产周转次数、产品销售率等指标。

3. 大中型工业企业的主要经济指标和经济效益指标。

4. 主要工业产品产量和生产能力等。

二、1998 年开始工业统计范围为全部国有企业及年主营业务收入在 500 万元及以上的非国有工业法人单位，2011 年开始工业统计范围为年主营业务收入在 2000 万元及以上的工业法人单位。与历史年份不具可比性。

三、行业分类按《国民经济行业分类》(GB/T 4754-2011)标准划分。

四、资料来源：由省统计局工业处根据国家统计局工业统计报表制度收集、汇总、整理提供。

Brief Introduction

Ⅰ. Data in this chapter cover the following parts:

1. The number of industrial enterprises, the gross industrial output value of all industrial enterprises classified by registration status and industrial division. (The gross industrial output value is calculated according to the new stipulation after 1995.)

2. Main economic indicators and efficiency indicators of all state-owned industrial enterprises, and of non-state enterprises each with an main business revenue of over five million yuan, classified by region and by industrial division, including gross industrial output value, industrial value-added, capital, circulating assets, fixed assets, liquid liabilities, creditor's equity, main business revenue, main business tax and extra-charges, sales profit, total profits, ratio of value-added to gross industrial output value, ratio of profits and taxes to funds and output value, turnover of working capital and overall labor productivity.

3. Main economic indicators and efficiency indicators of large and medium size industrial enterprises.

4. Output and production capacity of key industrial products.

Ⅱ. Since 1998, the coverage of industrial statistics is all state-owned industrial enterprises and non-state enterprises each with main business revenue over five million yuan.

Data on gross industrial output value have been adjusted since 1995.

Ⅲ. Data by branch of industry are based on <National Industrial Classification of all Economic Activities>((GB/T 4754-2011).

Ⅳ. Source of data: All data are prepared and provided by the Division of Industrial Statistics, Anhui Statistical Bureau, in accordance with the industrial statistical reporting system of SSB. Data are collected, tabulated and processed by the statistical bureau in the prefectures and cities.

13—1　工业分行业职工人数
Number of Staff and Workers in Industry by Industrial Branch

单位：人（person）

项　目	Item	2017	2018
总　计	**Total**	**2980970**	**2821468**
采掘业	**Mining and Quarrying**	**220970**	**209921**
煤炭开采和洗选业	Mining and Washing of Coal	166154	158071
黑色金属矿采选业	Mining and Processing of Ferrous Metal Ores	30136	29696
有色金属矿采选业	Mining and Processing of Non-Ferrous Metal Ores	9417	7798
非金属矿采选业	Mining and Processing of Nonmetal Ores	13896	13065
开采辅助活动	Mining Auxiliary Activities	1102	1291
制造业	**Manufacturing**	**2650449**	**2503774**
农副食品加工业	Processing of Food from Agriculture Products	143999	126669
食品制造业	Manufacture of Foods	64947	59822
酒、饮料和精制茶制造业	Manufacture of Wine, Beverages and Refined Tea	67462	62241
烟草制品业	Manufacture of Tobacco	11337	10756
纺织业	Manufacture of Textile	110703	103670
纺织服装、服饰业	Manufacture of Textile Wearing Apparel and Clothing	196133	180070
皮革毛皮羽毛及其制品和制鞋业	Manufacture of Leather, Furs, Feather and Related Products	53651	49741
木材加工及木竹藤棕草制品业	Processing of Timber, Manufacture of Wood, Bamboo, Rattan, Palm and Straw Products	48700	46241
家具制造业	Manufacture of Furniture	30379	29422
造纸及纸制品业	Manufacture of Paper and Paper Products	26668	24441
印刷和记录媒介复制业	Printing, Reproduction of Recording Media	37474	34081
文教工美体育和娱乐用品制造业	Manufacture of Culture, Education, Art, Sports and Entertainment Supplies	65872	63327
石油加工、炼焦和核燃料加工业	Processing of Petroleum, Coking and Processing of Nuclear Fuel	6159	6379
化学原料和化学制品制造业	Manufacture of Raw Chemical Materials and Chemical Products	123673	115761
医药制造业	Manufacture of Medicines	71317	70172
化学纤维制造业	Manufacture of Chemical Fibers	10059	8292
橡胶和塑料制品业	Manufacture of Rubber and Plastics	132352	130174
非金属矿物制品业	Manufacture of Non-metallic Mineral Products	199023	191343
黑色金属冶炼和压延加工业	Smelting and Pressing of Ferrous Metals	83026	57798
有色金属冶炼和压延加工业	Smelting and Pressing of Non-ferrous Metals	54220	46947
金属制品业	Manufacture of Metal Products	98142	119146
通用设备制造业	Manufacture of General Purpose Machinery	158770	153337
专用设备制造业	Manufacture of Special Purpose Machinery	116470	107323
汽车制造业	Manufacture of Automobile	211807	192624
铁路船舶航空航天和其他运输设备制造业	Manufacture of Railroads, Ships, Aerospace and Other Transportation Equipments	20907	18658
电气机械和器材制造业	Manufacture of Electrical Machinery and Equipment	273373	253237
计算机通信和其他电子设备制造业	Manufacture of Computers, Communication and Other Electronic Equipmer	192914	199233
仪器仪表制造业	Manufacture of Measuring Instruments and Machinery	15269	14371
其他制造业	Manufacture of Others	11929	12896
废弃资源综合利用业	Industry of Comprehensive Utilization of Waste Resources	9896	11033
金属制品、机械和设备修理业	Industry of Metal Products, Machinery and Equipment Repair	3818	4569
电力、热力、燃气及水生产和供应业	**Electricity, Heat, Gas and Water Production and Supply Industry**	**109551**	**107773**
电力、热力生产和供应业	Production and Supply of Electric Power and Heat Power	83672	81214
燃气生产和供应业	Production and Supply of Gas	9489	10123
水的生产和供应业	Production and Supply of Water	16390	16436

注：不含规模以下私营单位。

a) Excluding scale under the private sector.

13—2 规模以上工业企业主要经济指标（2018年）
Main Indicators Above Designated Size Industrial Enterprises (2018)

项　目	Item	企业单位数（个）Number of Enterprises (unit)	资产合计 Total Assets
总　　计	**Total**	**18775**	**36673.63**
总计中：	**Of the Total:**		
内资企业	Domestic Funded Enterprise	18127	33218.65
国有企业	State-owned Enterprise	40	1827.54
集体企业	Collective-owned Enterprise	47	29.11
股份合作企业	Share Holding Cooperative Enterprises	15	16.18
联营企业	Joint Owned Enterprises	1	0.30
有限责任公司	Limited Liability Corporations	6324	15913.54
股份有限公司	Share-holding Corporations Ltd.	693	7200.72
私营企业	Private Enterprises	11003	8230.37
其他企业	Other Enterprises	4	0.88
港澳台商投资企业	Enterprises Funded by Entrepreneurs from Hong Kong, Macao and Taiwan	261	1784.97
外商投资企业	Foreign Funded Enterprises	387	1670.01
总计中：	**Of the Total:**		
国有及国有控股企业	State Controlling Share Hold Enterprises	718	15327.14
总计中：	**Of the Total:**		
轻工业	Light Industry	8366	8705.46
重工业	Heavy Industry	10409	27968.17
总计中：	**Of the Total:**		
大型企业	Large-sized Enterprises	252	16972.65
中型企业	Medium-sized Enterprises	1255	7670.22
小型企业	Small Enterprises	17268	12030.77

单位：亿元（100 million yuan）

流动资产合计 Circulating Funds	#存货 Stock	#产成品 Finished Product	非流动资产合计 Total Non-current Assets	固定资产原价 Original Value of Fixed Assets	固定资产累计折旧 Accumulated Depreciation of Fixed Assets	负债合计 Total Liabilities
17789.82	**3678.35**	**1468.52**	**18883.97**	**19206.55**	**8094.73**	**20693.69**
15741.31	3351.30	1350.67	17477.50	17479.09	7341.45	18743.58
366.43	44.11	3.00	1461.11	2086.43	1013.50	1081.07
16.80	3.63	1.42	12.31	14.15	6.88	10.79
9.82	2.10	0.78	6.36	6.84	3.15	7.37
0.25	0.15	0.04	0.05	0.14	0.09	0.10
7045.14	1535.71	600.44	8868.40	8604.87	3387.34	9279.85
3691.94	663.89	261.23	3508.78	3252.82	1619.64	4046.06
4610.33	1101.27	483.36	3620.21	3513.39	1310.65	4318.15
0.60	0.43	0.40	0.28	0.44	0.20	0.21
1009.45	118.34	35.42	775.53	789.73	280.93	1111.41
1039.07	208.72	82.44	630.94	937.73	472.35	838.69
5478.58	1053.78	329.73	9848.56	10381.77	4644.51	9186.73
5039.24	1397.34	547.19	3666.22	3483.41	1375.37	4398.12
12750.59	2281.02	921.33	15217.75	15723.14	6719.36	16295.57
7408.90	1333.43	447.65	9563.75	9585.25	4532.12	9950.11
3874.54	826.85	349.47	3795.67	3871.62	1547.34	4310.05
6506.38	1518.07	671.40	5524.56	5749.68	2015.26	6433.52

13—2 续表1 continued

项　　目	Item	流动负债 Liquid Liabilities	非流动负债 Long-term Liabilities
总　　计	**Total**	**16151.20**	**4463.80**
总计中：	**Of the Total:**		
内资企业	Domestic Funded Enterprise	14472.10	4193.22
国有企业	State-owned Enterprise	700.38	380.69
集体企业	Collective-owned Enterprise	9.46	1.27
股份合作企业	Share Holding Cooperative Enterprises	5.76	1.61
联营企业	Joint Owned Enterprises	0.10	0.00
有限责任公司	Limited Liability Corporations	6873.29	2380.74
股份有限公司	Share-holding Corporations Ltd.	3056.93	987.61
私营企业	Private Enterprises	3825.98	441.30
其他企业	Other Enterprises	0.21	0.00
港澳台商投资企业	Enterprises Funded by Entrepreneurs from Hong Kong, Macao and Taiwan	909.45	201.90
外商投资企业	Foreign Funded Enterprises	769.65	68.68
总计中：	**Of the Total:**		
国有及国有控股企业	State Controlling Share Hold Enterprises	6201.09	2975.28
总计中：	**Of the Total:**		
轻工业	Light Industry	3945.44	418.94
重工业	Heavy Industry	12205.77	4044.85
总计中：	**Of the Total:**		
大型企业	Large-sized Enterprises	7295.05	2655.07
中型企业	Medium-sized Enterprises	3477.06	825.36
小型企业	Small Enterprises	5379.10	983.37

单位：亿元（100 million yuan）

所有者权益 Creditors' Equity	#实收资本 Capital Hold	主营业务收入 Revenue from principal Business	主营业务成本 Cost of Principal Business	主营业务税金及附加 Business and Extra Charges	利润总额 Total Profits	本年应付职工薪酬 Wages Payable in This Year	本年应交增值税 Value Added Tax Payable
15979.93	**7713.33**	**37208.02**	**31405.87**	**593.42**	**2664.22**	**2402.53**	**1113.57**
14475.06	6831.45	33167.86	27846.92	573.37	2424.39	2190.02	1000.71
746.47	373.22	1244.92	1181.45	4.60	31.57	108.52	23.18
18.32	3.29	33.24	27.56	0.42	1.68	4.05	1.17
8.81	6.00	10.63	8.94	0.13	0.62	1.09	0.30
0.20	0.09	1.06	0.86		0.09	0.09	0.05
6633.62	3685.46	14725.59	12258.14	411.12	1023.70	1004.08	489.61
3154.66	1017.70	4752.49	3799.51	75.21	471.52	383.69	152.27
3912.29	1745.66	12397.38	10568.10	81.88	895.11	688.44	334.11
0.67	0.03	2.56	2.37	0.01	0.11	0.06	0.02
673.56	398.52	2069.83	1919.89	8.03	84.37	79.52	54.73
831.32	483.36	1970.32	1639.05	12.03	155.45	132.99	58.13
6140.41	3154.01	11031.14	9208.64	401.95	699.09	858.44	347.50
4307.27	1662.22	11709.06	9611.38	307.88	875.40	753.39	363.74
11672.66	6051.11	25498.96	21794.48	285.55	1788.82	1649.15	749.83
7022.53	2866.99	13604.26	11329.84	428.03	958.53	1023.86	441.51
3360.16	1865.25	6452.38	5362.05	51.39	528.76	517.21	212.57
5597.24	2981.09	17151.38	14713.98	114.00	1176.93	861.46	459.49

13—2 续表2 continued

行 业	Sector	企业单位数 (个) Number of Enterprises (unit)	资产合计 Total Assets
按行业分	**Grouped by Sector**		
煤炭开采和洗选业	Mining and Washing of Coal	20	2927.37
黑色金属矿采选业	Mining and Processing of Ferrous Metal Ores	59	589.72
有色金属矿采选业	Mining and Processing of Non-Ferrous Metal Ores	50	110.72
非金属矿采选业	Mining and Processing of Nonmetal Ores	175	183.74
开采辅助活动	Mining Auxiliary Activities	6	4.42
农副食品加工业	Processing of Food from Agriculture Products	1608	1030.96
食品制造业	Manufacture of Foods	482	361.27
酒、饮料和精制茶制造业	Manufacture of Wine, Beverages and Refined Tea	385	698.98
烟草制品业	Manufacture of Tobacco	5	323.76
纺织业	Manufacture of Textile	678	559.97
纺织服装、服饰业	Manufacture of Textile Wearing Apparel and Clothing	1022	362.51
皮革毛皮羽毛及其制品和制鞋业	Manufacture of Leather, Furs, Feather and Related Products	329	223.45
木材加工及木竹藤棕草制品业	Processing of Timber, Manufacture of Wood, Bamboo, Rattan, Palm and Straw Products	584	246.37
家具制造业	Manufacture of Furniture	311	161.98
造纸及纸制品业	Manufacture of Paper and Paper Products	224	448.95
印刷和记录媒介复制业	Printing, Reproduction of Recording Media	330	232.63
文教工美体育和娱乐用品制造业	Manufacture of Culture, Education, Art, Sports and Entertainment Supplies	538	226.18
石油加工、炼焦和核燃料加工业	Processing of Petroleum, Coking and Processing of Nuclear Fuel	43	204.05
化学原料和化学制品制造业	Manufacture of Raw Chemical Materials and Chemical Products	968	2142.56
医药制造业	Manufacture of Medicines	480	1019.91
化学纤维制造业	Manufacture of Chemical Fibers	47	155.05
橡胶和塑料制品业	Manufacture of Rubber and Plastics	1097	1175.46
非金属矿物制品业	Manufacture of Non-metallic Mineral Products	2077	2385.83
黑色金属冶炼和压延加工业	Smelting and Pressing of Ferrous Metals	133	1391.10
有色金属冶炼和压延加工业	Smelting and Pressing of Non-ferrous Metals	219	1430.27
金属制品业	Manufacture of Metal Products	1087	1031.68
通用设备制造业	Manufacture of General Purpose Machinery	1146	1561.91
专用设备制造业	Manufacture of Special Purpose Machinery	917	1176.29
汽车制造业	Manufacture of Automobile	884	2755.89
铁路船舶航空航天和其他运输设备制造业	Manufacture of Railroads, Ships, Aerospace and Other Transportation Equipments	160	204.03
电气机械和器材制造业	Manufacture of Electrical Machinery and Equipment	1223	3455.65
计算机通信和其他电子设备制造业	Manufacture of Computers, Communication and Other Electronic Equipments	647	3494.67
仪器仪表制造业	Manufacture of Measuring Instruments and Machinery	149	156.84
其他制造业	Manufacture of Others	122	78.52
废弃资源综合利用业	Industry of Comprehensive Utilization of Waste Resources	186	110.84
金属制品、机械和设备修理业	Industry of Metal Products, Machinery and Equipment Repair	11	127.74
电力、热力生产和供应业	Production and Supply of Electric Power and Heat Power	226	3392.16
燃气生产和供应业	Production and Supply of Gas	78	258.51
水的生产和供应业	Production and Supply of Water	69	271.71

单位：亿元（100 million yuan）

流动资产合计 Circulating Funds	#存货 Stock	#产成品 Finished Product	非流动资产合计 Total Non-current Assets	固定资产原价 Original Value of Fixed Assets	固定资产累计折旧 Accumulated Depreciation of Fixed Assets	负债合计 Total Liabilities
580.63	35.49	19.87	2346.74	1660.34	734.13	1962.28
97.75	10.13	4.66	491.98	253.03	98.24	342.34
47.34	5.23	3.19	63.38	48.62	17.87	74.56
65.01	8.01	4.55	118.73	87.52	28.35	103.22
3.30	0.50	0.45	1.12	1.90	0.83	2.17
566.99	201.22	74.00	463.97	450.65	156.42	502.13
178.16	51.02	21.97	183.11	209.61	87.75	184.15
402.70	144.73	35.34	296.28	264.60	93.00	311.57
237.64	169.63	11.48	86.12	127.18	76.15	86.76
257.70	83.97	42.43	302.27	253.46	105.26	280.73
210.61	52.96	23.31	151.90	167.50	60.21	183.85
136.86	41.56	19.94	86.58	77.75	26.13	113.83
132.87	40.32	17.37	113.50	121.42	47.39	110.35
89.88	24.35	9.65	72.10	65.10	19.65	69.18
179.68	31.28	13.78	269.27	172.30	59.06	252.15
134.62	34.24	15.84	98.01	116.68	47.32	102.10
133.81	37.81	18.78	92.37	98.74	39.56	108.29
75.75	30.42	9.49	128.30	239.23	106.10	110.56
1064.39	201.55	94.82	1078.17	1105.01	468.00	1120.25
594.00	142.10	56.81	425.91	333.84	118.22	533.70
72.05	12.84	6.37	83.00	75.63	34.91	75.72
653.68	164.54	75.03	521.78	537.02	252.58	564.20
1222.87	202.94	91.57	1162.96	1338.51	562.87	1186.83
701.57	199.22	69.68	689.53	1361.46	777.75	798.28
730.66	231.14	67.61	699.61	536.85	207.74	967.95
666.96	170.51	86.57	364.72	422.50	195.03	568.48
902.51	204.35	81.52	659.57	558.56	228.79	761.90
709.97	165.75	64.67	466.32	374.34	141.63	657.08
1517.22	217.71	97.37	1238.67	1041.52	483.57	1829.22
118.50	26.49	11.28	85.53	88.38	29.07	122.19
2382.04	392.18	207.43	1073.61	966.38	420.14	2035.35
1997.76	223.04	87.95	1496.91	1396.85	452.26	1948.87
104.42	21.43	5.24	52.42	53.26	22.51	67.85
49.54	12.90	5.64	28.99	29.12	9.84	25.39
69.84	14.53	6.82	41.00	62.79	31.84	61.58
98.32	22.13	1.38	29.42	30.01	15.76	36.42
416.24	35.33	2.28	2975.93	4138.83	1716.23	2143.91
92.67	4.96	1.93	165.83	147.56	44.13	156.72
93.31	9.84	0.45	178.40	192.50	78.42	131.57

13—2 续表3 continued

行　业	Sector	流动负债 Liquid Liabilities	非流动负债 Long-term Liabilities
按行业分	**Grouped by Sector**		
煤炭开采和洗选业	Mining and Washing of Coal	1099.14	863.14
黑色金属矿采选业	Mining and Processing of Ferrous Metal Ores	253.45	88.75
有色金属矿采选业	Mining and Processing of Non-Ferrous Metal Ores	57.08	16.86
非金属矿采选业	Mining and Processing of Nonmetal Ores	83.63	19.33
开采辅助活动	Mining Auxiliary Activities	1.87	0.30
农副食品加工业	Processing of Food from Agriculture Products	446.84	51.18
食品制造业	Manufacture of Foods	162.25	16.88
酒、饮料和精制茶制造业	Manufacture of Wine, Beverages and Refined Tea	286.99	22.52
烟草制品业	Manufacture of Tobacco	86.71	0.05
纺织业	Manufacture of Textile	242.90	33.79
纺织服装、服饰业	Manufacture of Textile Wearing Apparel and Clothing	163.97	14.95
皮革毛皮羽毛及其制品和制鞋业	Manufacture of Leather, Furs, Feather and Related Products	105.85	7.75
木材加工及木竹藤棕草制品业	Processing of Timber, Manufacture of Wood, Bamboo, Rattan, Palm and Straw Products	93.14	14.97
家具制造业	Manufacture of Furniture	62.18	6.48
造纸及纸制品业	Manufacture of Paper and Paper Products	199.11	52.89
印刷和记录媒介复制业	Printing, Reproduction of Recording Media	93.58	7.50
文教工美体育和娱乐用品制造业	Manufacture of Culture, Education, Art, Sports and Entertainment Supplies	99.62	8.15
石油加工、炼焦和核燃料加工业	Processing of Petroleum, Coking and Processing of Nuclear Fuel	107.22	3.34
化学原料和化学制品制造业	Manufacture of Raw Chemical Materials and Chemical Products	894.80	224.39
医药制造业	Manufacture of Medicines	451.07	80.17
化学纤维制造业	Manufacture of Chemical Fibers	54.34	21.21
橡胶和塑料制品业	Manufacture of Rubber and Plastics	380.64	179.72
非金属矿物制品业	Manufacture of Non-metallic Mineral Products	1015.14	161.73
黑色金属冶炼和压延加工业	Smelting and Pressing of Ferrous Metals	706.71	91.17
有色金属冶炼和压延加工业	Smelting and Pressing of Non-ferrous Metals	638.78	322.86
金属制品业	Manufacture of Metal Products	515.29	47.92
通用设备制造业	Manufacture of General Purpose Machinery	645.85	115.40
专用设备制造业	Manufacture of Special Purpose Machinery	582.95	69.55
汽车制造业	Manufacture of Automobile	1544.39	283.04
铁路船舶航空航天和其他运输设备制造业	Manufacture of Railroads, Ships, Aerospace and Other Transportation Equipments	105.13	16.25
电气机械和器材制造业	Manufacture of Electrical Machinery and Equipment	1885.37	147.81
计算机通信和其他电子设备制造业	Manufacture of Computers, Communication and Other Electronic Equipments	1542.89	404.77
仪器仪表制造业	Manufacture of Measuring Instruments and Machinery	62.92	4.71
其他制造业	Manufacture of Others	23.57	1.80
废弃资源综合利用业	Industry of Comprehensive Utilization of Waste Resources	55.38	3.25
金属制品、机械和设备修理业	Industry of Metal Products, Machinery and Equipment Repair	22.63	13.71
电力、热力生产和供应业	Production and Supply of Electric Power and Heat Power	1157.78	977.28
燃气生产和供应业	Production and Supply of Gas	130.07	26.65
水的生产和供应业	Production and Supply of Water	90.00	41.58

单位：亿元（100 million yuan）

所有者权益 Creditors' Equity	#实收资本 Capital Hold	主营业务收入 Revenue from principal Business	主营业务成本 Cost of Principal Business	主营业务税金及附加 Business and Extra Charges	利润总额 Total Profits	本年应付职工薪酬 Wages Payable in This Year	本年应交增值税 Value Added Tax Payable
965.09	452.21	812.57	522.75	21.18	87.74	248.75	77.31
247.39	178.87	187.39	151.39	3.64	18.89	23.36	8.79
36.16	26.56	43.26	35.36	0.83	0.46	5.77	1.44
80.52	42.99	158.38	107.44	5.52	21.48	9.27	6.99
2.25	1.89	3.80	3.33	0.03	0.06	0.59	0.21
528.83	223.54	2134.83	1893.33	7.53	121.68	76.68	29.60
177.12	84.19	598.44	508.76	2.81	39.57	36.80	13.59
387.41	120.98	577.89	368.56	37.44	92.69	43.38	32.00
237.00	40.91	351.20	109.94	199.90	5.69	24.11	42.77
279.23	109.91	701.08	607.93	4.18	49.45	56.45	16.84
178.66	68.33	873.36	767.89	5.41	49.54	93.52	22.51
109.61	49.12	390.63	336.23	2.27	34.13	27.77	11.94
136.02	53.79	562.16	491.59	3.37	40.13	28.39	16.64
92.80	30.43	272.68	225.82	1.60	22.40	17.71	7.44
196.79	98.96	346.66	291.09	2.24	31.20	17.27	11.69
130.53	46.52	350.48	297.91	1.93	26.71	21.53	9.64
117.82	39.77	417.25	357.01	2.68	32.78	35.94	12.55
93.49	86.17	562.26	417.82	97.64	28.28	7.74	21.28
1022.31	439.96	2091.91	1702.14	16.18	188.59	97.06	55.18
486.20	209.23	897.55	676.59	8.69	74.18	61.11	30.95
79.33	41.31	99.22	82.49	0.61	8.79	6.13	4.23
611.26	234.17	1321.90	1120.65	8.08	99.28	96.22	44.27
1199.00	559.58	2649.00	2067.98	24.18	374.00	144.89	110.58
592.82	194.56	1932.34	1696.22	14.27	152.13	76.34	62.37
462.31	165.22	3233.60	3085.06	9.28	69.39	41.46	38.62
463.20	209.83	1372.36	1169.42	7.64	102.06	88.83	39.67
800.08	357.58	1480.36	1234.12	10.12	118.70	118.95	42.10
519.21	264.04	1113.85	919.40	7.74	85.61	83.72	31.77
926.67	371.59	2409.16	2153.54	27.68	76.55	183.36	38.91
81.84	57.53	156.54	130.86	1.02	8.75	16.80	3.65
1420.30	616.72	3689.81	3088.44	26.80	276.93	218.52	103.02
1545.80	1075.19	2613.21	2289.55	11.46	145.45	205.25	72.83
88.99	33.02	151.73	114.26	1.11	17.15	14.21	4.27
53.13	17.29	103.83	81.13	0.51	10.50	10.04	3.90
49.27	27.00	360.67	325.23	4.61	24.93	8.02	23.06
91.32	25.18	39.93	32.44	0.24	3.37	5.85	0.29
1248.25	970.19	1893.17	1735.01	11.42	93.29	128.89	54.68
101.78	30.36	188.70	161.79	0.73	19.43	9.79	2.90
140.14	58.63	64.87	45.43	0.87	12.25	12.07	3.10

13—3 规模以上工业企业主要经济效益指标（2018年）

Main Indicators on Economic Benefit Above Designated Size Industrial Enterprises by Industrial Branch (2018)

项　目	Item
总　　计	**Total**
总计中：	**Of the Total:**
内资企业	Domestic Funded Enterprise
国有企业	State-owned Enterprise
集体企业	Collective-owned Enterprise
股份合作企业	Share Holding Cooperative Enterprises
联营企业	Joint Owned Enterprises
有限责任公司	Limited Liability Corporations
股份有限公司	Share-holding Corporations Ltd.
私营企业	Private Enterprises
其他企业	Other Enterprises
港澳台商投资企业	Enterprises Funded by Entrepreneurs from Hong Kong, Macao and Taiwan
外商投资企业	Foreign Funded Enterprises
总计中：	**Of the Total:**
国有及国有控股企业	State Controlling Share Hold Enterprises
总计中：	**Of the Total:**
轻工业	Light Industry
重工业	Heavy Industry
总计中：	**Of the Total:**
大型企业	Large-sized Enterprises
中型企业	Medium-sized Enterprises
小型企业	Small Enterprises

总资产贡献率 (%) Ratio of Total Assets to Industrial Output Value (%)	资产负债率 (%) Assets-liability Ratio (%)	流动资产周转次数 (次/年) Number of Times of Annual of Turnover Circulating Funds (times/year)	工业成本费用利润率 (%) Ratio of Profits to Industrial Cost (%)	产品销售率 (%) Proportion of Products Sold (%)
12.88	**56.43**	**2.13**	**7.62**	**96.77**
13.02	56.42	2.15	7.81	96.57
3.95	59.15	3.43	2.58	99.67
11.50	37.06	2.01	5.27	100.81
7.05	45.53	1.09	6.26	100.03
47.58	33.20	4.19	8.92	100.00
13.13	58.31	2.14	7.44	97.19
10.60	56.19	1.33	10.67	97.57
16.95	52.47	2.71	7.74	95.24
16.79	23.57	4.27	4.64	94.24
8.97	62.27	2.10	4.12	97.93
14.22	50.22	1.97	8.24	98.94
10.58	59.94	2.08	6.75	98.59
18.59	50.52	2.37	8.10	95.98
11.10	58.26	2.04	7.41	97.17
11.74	58.62	1.91	7.47	97.99
11.21	56.19	1.70	8.69	97.08
15.54	53.48	2.65	7.34	95.82

13—3 续表 continued

行业	Sector
按行业分	**Grouped by Sector**
煤炭开采和洗选业	Mining and Washing of Coal
黑色金属矿采选业	Mining and Processing of Ferrous Metal Ores
有色金属矿采选业	Mining and Processing of Non-Ferrous Metal Ores
非金属矿采选业	Mining and Processing of Nonmetal Ores
开采辅助活动	Mining Auxiliary Activities
农副食品加工业	Processing of Food from Agriculture Products
食品制造业	Manufacture of Foods
酒、饮料和精制茶制造业	Manufacture of Wine, Beverages and Refined Tea
烟草制品业	Manufacture of Tobacco
纺织业	Manufacture of Textile
纺织服装、服饰业	Manufacture of Textile Wearing Apparel and Clothing
皮革毛皮羽毛及其制品和制鞋业	Manufacture of Leather, Furs, Feather and Related Products
木材加工及木竹藤棕草制品业	Processing of Timber, Manufacture of Wood, Bamboo, Rattan, Palm and Straw Products
家具制造业	Manufacture of Furniture
造纸及纸制品业	Manufacture of Paper and Paper Products
印刷和记录媒介复制业	Printing, Reproduction of Recording Media
文教工美体育和娱乐用品制造业	Manufacture of Culture, Education, Art, Sports and Entertainment Supplies
石油加工、炼焦和核燃料加工业	Processing of Petroleum, Coking and Processing of Nuclear Fuel
化学原料和化学制品制造业	Manufacture of Raw Chemical Materials and Chemical Products
医药制造业	Manufacture of Medicines
化学纤维制造业	Manufacture of Chemical Fibers
橡胶和塑料制品业	Manufacture of Rubber and Plastics
非金属矿物制品业	Manufacture of Non-metallic Mineral Products
黑色金属冶炼和压延加工业	Smelting and Pressing of Ferrous Metals
有色金属冶炼和压延加工业	Smelting and Pressing of Non-ferrous Metals
金属制品业	Manufacture of Metal Products
通用设备制造业	Manufacture of General Purpose Machinery
专用设备制造业	Manufacture of Special Purpose Machinery
汽车制造业	Manufacture of Automobile
铁路船舶航空航天和其他运输设备制造业	Manufacture of Railroads, Ships, Aerospace and Other Transportation Equipments
电气机械和器材制造业	Manufacture of Electrical Machinery and Equipment
计算机通信和其他电子设备制造业	Manufacture of Computers, Communication and Other Electronic Equipments
仪器仪表制造业	Manufacture of Measuring Instruments and Machinery
其他制造业	Manufacture of Others
废弃资源综合利用业	Industry of Comprehensive Utilization of Waste Resources
金属制品、机械和设备修理业	Industry of Metal Products, Machinery and Equipment Repair
电力、热力生产和供应业	Production and Supply of Electric Power and Heat Power
燃气生产和供应业	Production and Supply of Gas
水的生产和供应业	Production and Supply of Water

总资产贡献率 (%) Ratio of Total Assets to Industrial Output Value (%)	资产负债率 (%) Assets-liability Ratio (%)	流动资产周转次数 (次/年) Number of Times of Annual of Turnover Circulating Funds (times/year)	工业成本费用利润率 (%) Ratio of Profits to Industrial Cost (%)	产品销售率 (%) Proportion of Products Sold (%)
8.40	67.03	1.54	11.03	99.01
6.52	58.05	1.98	10.27	72.20
3.29	67.34	0.99	1.01	101.79
20.41	56.18	2.44	16.32	93.97
6.84	49.05	1.17	1.58	99.79
16.76	48.71	3.78	6.02	96.11
16.33	50.97	3.41	6.96	94.41
23.78	44.58	1.47	19.63	91.78
77.00	26.80	1.50	3.91	100.19
13.51	50.13	2.74	7.51	97.09
21.93	50.72	4.16	6.01	95.54
22.62	50.94	2.86	9.50	96.35
25.53	44.79	4.24	7.70	96.86
20.18	42.71	3.07	8.87	96.84
11.37	56.17	1.94	9.71	95.75
17.29	43.89	2.63	8.16	95.84
22.16	47.88	3.12	8.55	96.34
72.97	54.18	7.66	6.26	99.60
13.19	52.29	2.03	9.60	97.82
11.88	52.33	1.52	8.97	93.04
9.94	48.84	1.38	9.70	97.86
13.63	48.00	2.05	7.99	97.33
22.14	49.75	2.19	16.30	95.82
17.31	57.38	2.78	8.50	99.16
9.01	67.68	4.47	2.17	98.34
15.66	55.10	2.08	7.92	94.59
11.56	48.78	1.69	8.42	96.25
11.34	55.86	1.59	8.20	95.35
6.10	66.38	1.67	3.12	98.02
7.37	59.89	1.33	5.89	96.98
12.43	58.90	1.61	7.77	96.73
7.08	55.77	1.33	5.78	97.01
14.67	43.26	1.47	12.53	97.98
19.52	32.33	2.10	11.36	94.53
48.18	55.55	5.18	7.42	97.02
3.13	28.51	0.43	8.56	96.73
6.11	63.20	4.60	5.14	99.35
9.25	60.63	2.10	10.95	99.09
6.32	48.42	0.80	19.09	94.03

13—4 国有控股工业企业主要经济指标（2018年）
Main Indicators of State-owned and State-holding Industrial Enterprises (2018)

项　　目	Item	企业单位数（个）Number of Enterprises (unit)	资产合计 Total Assets
总　　计	**Total**	**718**	**15327.14**
总计中：	**Of the Total:**		
内资企业	Domestic Funded Enterprise	682	15061.86
国有企业	State-owned Enterprise	40	1827.54
有限责任公司	Limited Liability Corporations	553	9439.36
股份有限公司	Share-holding Corporations Ltd.	89	3794.96
港澳台商投资企业	Enterprises Funded by Entrepreneurs from Hong Kong, Macao and Taiwan	15	59.12
外商投资企业	Foreign Funded Enterprises	21	206.16
总计中：	**Of the Total:**		
轻工业	Light Industry	132	1263.70
重工业	Heavy Industry	586	14063.43
总计中：	**Of the Total:**		
大型企业	Large-sized Enterprises	93	11548.11
中型企业	Medium-sized Enterprises	174	2267.13
小型企业	Small Enterprises	451	1511.90
按行业分	**Grouped by Sector**		
煤炭开采和洗选业	Mining and Washing of Coal	16	2909.36
黑色金属矿采选业	Mining and Processing of Ferrous Metal Ores	13	441.19
有色金属矿采选业	Mining and Processing of Non-Ferrous Metal Ores	7	46.20
非金属矿采选业	Mining and Processing of Nonmetal Ores	9	47.29
开采辅助活动	Mining Auxiliary Activities	2	3.81
农副食品加工业	Processing of Food from Agriculture Products	25	32.00
食品制造业	Manufacture of Foods	8	8.72
酒、饮料和精制茶制造业	Manufacture of Wine, Beverages and Refined Tea	4	154.19
烟草制品业	Manufacture of Tobacco	3	316.96
纺织业	Manufacture of Textile	9	94.43
纺织服装、服饰业	Manufacture of Textile Wearing Apparel and Clothing	10	13.50
皮革毛皮羽毛及其制品和制鞋业	Manufacture of Leather, Furs, Feather and Related Products	1	27.50
木材加工及木竹藤棕草制品业	Processing of Timber, Manufacture of Wood, Bamboo, Rattan, Palm and Straw Products	1	0.80
家具制造业	Manufacture of Furniture	1	4.50
造纸及纸制品业	Manufacture of Paper and Paper Products	1	7.18
印刷和记录媒介复制业	Printing, Reproduction of Recording Media	10	11.42
文教、工美、体育和娱乐用品制造业	Manufacture of Culture, Education, Art, Sports and Entertainment Supplies	1	0.82
石油加工、炼焦和核燃料加工业	Processing of Petroleum, Coking and Processing of Nuclear Fuel	2	119.25
化学原料和化学制品制造业	Manufacture of Raw Chemical Materials and Chemical Products	46	616.22
医药制造业	Manufacture of Medicines	18	73.85
化学纤维制造业	Manufacture of Chemical Fibers	2	98.49
橡胶和塑料制品业	Manufacture of Rubber and Plastics	19	112.02
非金属矿物制品业	Manufacture of Non-metallic Mineral Products	83	617.01
黑色金属冶炼和压延加工业	Smelting and Pressing of Ferrous Metals	12	1102.68
有色金属冶炼和压延加工业	Smelting and Pressing of Non-ferrous Metals	12	862.67
金属制品业	Manufacture of Metal Products	25	89.94
通用设备制造业	Manufacture of General Purpose Machinery	39	266.65
专用设备制造业	Manufacture of Special Purpose Machinery	36	240.32
汽车制造业	Manufacture of Automobile	47	1578.91
铁路船舶航空航天和其他运输设备制造业	Manufacture of Railroads, Ships, Aerospace and Other Transportation Equipments	12	111.84
电气机械和器材制造业	Manufacture of Electrical Machinery and Equipment	25	387.75
计算机通信和其他电子设备制造业	Manufacture of Computers, Communication and Other Electronic Equipments	40	1605.69
仪器仪表制造业	Manufacture of Measuring Instruments and Machinery	5	44.93
废弃资源综合利用业	Industry of Comprehensive Utilization of Waste Resources	6	18.17
其他制造业	Manufacture of Others	3	14.76
金属制品、机械和设备修理业	Industry of Metal Products, Machinery and Equipment Repair	2	115.81
电力、热力生产和供应业	Production and Supply of Electric Power and Heat Power	104	2789.54
燃气生产和供应业	Production and Supply of Gas	17	119.39
水的生产和供应业	Production and Supply of Water	42	221.35

单位：亿元（100 million yuan）

流动资产合计 Circulating Funds	#存货 Stock	#产成品 Finished Product	非流动资产合计 Total Non-current Assets	固定资产原价 Original Value of Fixed Assets	固定资产累计折旧 Accumulated Depreciation of Fixed Assets	负债合计 Total Liabilities
5478.58	**1053.78**	**329.73**	**9848.56**	**10381.77**	**4644.51**	**9186.73**
5321.09	1000.29	311.01	9740.77	10167.38	4514.56	9034.91
366.43	44.11	3.00	1461.11	2086.43	1013.50	1081.07
3232.57	693.91	217.12	6206.79	5846.15	2358.95	5556.45
1722.09	262.28	90.89	2072.87	2234.80	1142.11	2397.40
33.99	10.51	3.75	25.13	32.06	12.20	39.26
123.50	42.98	14.97	82.66	182.33	117.74	112.55
819.53	308.94	83.91	444.17	456.80	245.56	530.37
4659.04	744.84	245.82	9404.39	9924.96	4398.95	8656.35
4111.81	790.00	227.12	7436.31	7691.57	3602.36	6943.96
844.06	165.50	66.50	1423.07	1649.72	706.61	1355.79
522.71	98.29	36.10	989.19	1040.48	335.54	886.98
572.90	34.52	19.07	2336.47	1649.00	727.17	1953.50
68.43	3.89	1.73	372.76	161.51	61.51	253.78
4.40	1.18	0.70	41.81	31.60	8.65	28.82
9.17	0.98	0.51	38.12	25.58	9.73	22.26
2.82	0.43	0.41	0.99	1.72	0.74	1.90
22.18	13.11	7.00	9.82	12.43	4.37	19.49
4.20	1.72	1.44	4.52	6.39	2.87	5.40
109.20	31.20	4.86	44.99	31.87	12.07	55.85
234.47	168.72	11.24	82.49	122.58	74.22	83.86
28.61	6.69	3.48	65.82	27.39	14.33	34.75
9.04	0.35	0.17	4.46	7.67	3.81	4.80
16.83	7.76	4.03	10.68	6.37	1.95	13.77
0.29	0.16	0.07	0.51	0.70	0.25	1.29
3.90	0.06	0.01	0.60	0.88	0.48	3.76
4.82	3.60	2.75	2.36	2.50	0.82	1.80
7.49	1.79	0.78	3.94	7.25	4.34	3.93
0.35	0.23		0.48	0.53	0.05	0.72
22.89	14.39	3.56	96.36	196.65	91.77	58.90
229.44	48.87	20.87	386.78	445.76	206.53	418.57
45.95	12.79	4.58	27.90	31.45	13.26	35.32
44.29	3.88	1.34	54.20	47.03	26.32	42.16
52.32	10.73	5.96	59.70	55.19	22.94	44.95
271.45	42.96	19.97	345.56	456.31	210.45	321.97
547.86	140.18	43.24	554.81	1100.48	629.71	627.03
378.80	147.10	32.34	483.87	353.12	141.36	614.28
60.29	17.80	9.32	29.66	30.99	13.03	45.48
158.77	33.45	16.23	107.88	100.16	46.75	103.94
135.45	31.54	8.97	104.87	53.34	16.89	157.04
825.57	66.63	26.70	753.34	512.55	263.86	1138.67
69.27	14.09	7.43	42.57	43.23	14.32	70.90
293.79	62.28	46.89	93.96	116.34	64.70	242.17
720.65	59.84	18.27	885.05	868.40	270.08	763.65
31.77	7.51	0.23	13.16	12.37	6.12	17.03
12.17	4.12	0.96	6.00	6.98	3.68	4.35
13.18	2.39	1.47	1.58	2.77	1.56	8.08
89.04	19.69	0.21	26.77	24.44	12.32	31.67
262.83	26.44	2.14	2526.72	3592.74	1575.63	1763.57
31.40	1.49	0.66	87.99	76.75	21.84	81.19
82.33	9.21	0.15	139.03	158.74	64.01	106.12

13—4 续表 continued

项 目	Item	流动负债 Liquid Liabilities	非流动负债 Long-term Liabilities
总 计	**Total**	**6201.09**	**2975.28**
总计中:	**Of the Total:**		
内资企业	Domestic Funded Enterprise	6059.25	2965.30
国有企业	State-owned Enterprise	700.38	380.69
有限责任公司	Limited Liability Corporations	3600.73	1945.36
股份有限公司	Share-holding Corporations Ltd.	1758.14	639.26
港澳台商投资企业	Enterprises Funded by Entrepreneurs from Hong Kong, Macao and Taiwar	35.87	3.38
外商投资企业	Foreign Funded Enterprises	105.96	6.60
总计中:	**Of the Total:**		
轻工业	Light Industry	486.97	41.91
重工业	Heavy Industry	5714.12	2933.37
总计中:	**Of the Total:**		
大型企业	Large-sized Enterprises	4697.73	2246.23
中型企业	Medium-sized Enterprises	948.16	406.14
小型企业	Small Enterprises	555.20	322.92
按行业分	**Grouped by Sector**		
煤炭开采和洗选业	Mining and Washing of Coal	1090.48	863.01
黑色金属矿采选业	Mining and Processing of Ferrous Metal Ores	183.35	70.44
有色金属矿采选业	Mining and Processing of Non-Ferrous Metal Ores	21.35	7.47
非金属矿采选业	Mining and Processing of Nonmetal Ores	19.84	2.42
开采辅助活动	Mining Auxiliary Activities	1.60	0.30
农副食品加工业	Processing of Food from Agriculture Products	18.81	0.69
食品制造业	Manufacture of Foods	4.61	0.79
酒、饮料和精制茶制造业	Manufacture of Wine, Beverages and Refined Tea	53.63	2.22
烟草制品业	Manufacture of Tobacco	83.81	0.05
纺织业	Manufacture of Textile	23.07	10.19
纺织服装、服饰业	Manufacture of Textile Wearing Apparel and Clothing	4.37	0.43
皮革毛皮羽毛及其制品和制鞋业	Manufacture of Leather, Furs, Feather and Related Products	12.72	1.05
木材加工及木竹藤棕草制品业	Processing of Timber, Manufacture of Wood, Bamboo, Rattan, Palm and Straw Products	1.29	
家具制造业	Manufacture of Furniture	3.75	0.01
造纸及纸制品业	Manufacture of Paper and Paper Products	1.64	0.16
印刷和记录媒介复制业	Printing, Reproduction of Recording Media	3.51	0.43
文教、工美、体育和娱乐用品制造业	Manufacture of Culture, Education, Art, Sports and Entertainment Supplies	0.72	
石油加工、炼焦和核燃料加工业	Processing of Petroleum, Coking and Processing of Nuclear Fuel	58.80	0.10
化学原料和化学制品制造业	Manufacture of Raw Chemical Materials and Chemical Products	277.91	140.66
医药制造业	Manufacture of Medicines	29.02	6.31
化学纤维制造业	Manufacture of Chemical Fibers	30.84	11.32
橡胶和塑料制品业	Manufacture of Rubber and Plastics	37.19	7.77
非金属矿物制品业	Manufacture of Non-metallic Mineral Products	245.26	76.71
黑色金属冶炼和压延加工业	Smelting and Pressing of Ferrous Metals	557.04	69.99
有色金属冶炼和压延加工业	Smelting and Pressing of Non-ferrous Metals	358.54	255.74
金属制品业	Manufacture of Metal Products	40.42	5.05
通用设备制造业	Manufacture of General Purpose Machinery	95.66	8.28
专用设备制造业	Manufacture of Special Purpose Machinery	124.44	32.60
汽车制造业	Manufacture of Automobile	921.31	217.36
铁路船舶航空航天和其他运输设备制造业	Manufacture of Railroads, Ships, Aerospace and Other Transportation Equipments	60.81	10.09
电气机械和器材制造业	Manufacture of Electrical Machinery and Equipment	231.77	10.40
计算机通信和其他电子设备制造业	Manufacture of Computers, Communication and Other Electronic Equipments	477.99	285.66
仪器仪表制造业	Manufacture of Measuring Instruments and Machinery	15.53	1.50
其他制造业	Manufacture of Others	4.34	0.01
废弃资源综合利用业	Industry of Comprehensive Utilization of Waste Resources	8.08	
金属制品、机械和设备修理业	Industry of Metal Products, Machinery and Equipment Repair	18.15	13.52
电力、热力生产和供应业	Production and Supply of Electric Power and Heat Power	946.14	808.57
燃气生产和供应业	Production and Supply of Gas	59.44	21.75
水的生产和供应业	Production and Supply of Water	73.87	32.25

单位：亿元（100 million yuan）

所有者权益 Creditors' Equity	#实收资本 Capital Hold	主营业务收入 Revenue from principal Business	主营业务成本 Cost of Principal Business	主营业务税金及附加 Business and Extra Charges	利润总额 Total Profits	本年应付职工薪酬 Wages Payable in This Year	本年应交增值税 Value Added Tax Payable
6140.41	**3154.01**	**11031.14**	**9208.64**	**401.95**	**699.09**	**858.44**	**347.50**
6026.94	3081.38	10561.74	8779.65	400.42	684.49	839.63	339.52
746.47	373.22	1244.92	1181.45	4.60	31.57	108.52	23.18
3882.91	2267.95	6616.50	5344.39	351.92	430.74	523.02	234.70
1397.56	440.21	2700.32	2253.81	43.90	222.19	208.09	81.64
19.87	17.77	65.60	59.54	0.29	1.22	5.01	0.98
93.60	54.86	403.80	369.45	1.24	13.38	13.80	6.99
733.33	161.98	1204.60	767.77	217.48	84.53	92.04	76.52
5407.08	2992.03	9826.54	8440.88	184.47	614.56	766.40	270.98
4604.16	2039.07	8539.10	7114.54	383.00	499.94	686.96	271.78
911.33	658.62	1446.68	1207.66	11.75	115.21	118.70	45.45
624.92	456.32	1045.36	886.45	7.20	83.94	52.79	30.27
955.87	448.30	797.98	512.58	20.85	85.85	246.04	75.56
187.40	157.23	106.27	85.36	2.59	14.15	19.29	5.49
17.38	10.48	9.99	8.55	0.40	-1.53	3.79	0.59
25.03	11.78	24.49	14.33	1.02	5.41	1.93	1.46
1.91	1.70	3.10	2.78	0.02	0.01	0.55	0.18
12.50	6.56	70.04	61.90	0.11	1.51	3.55	0.46
3.32	1.12	5.80	5.03	0.05	0.23	0.81	0.14
98.35	8.25	84.37	22.08	12.36	22.40	12.96	10.14
233.10	39.75	346.46	106.07	199.82	5.68	22.86	42.55
59.68	7.80	33.89	29.25	0.23	1.90	4.84	0.36
8.70	2.40	7.78	4.40	0.08	0.29	2.40	0.57
13.74	2.42	35.25	28.34	0.21	1.81	2.51	1.11
-0.49	0.12	1.15	1.14		-0.04	0.07	0.05
0.74	0.55	5.35	4.81		0.09	0.30	0.22
5.39	0.90	1.71	0.71	0.03	0.40	0.73	0.19
7.49	2.54	8.48	7.34	0.07	0.18	1.51	0.22
0.11	0.20	0.72	0.67	0.01		0.11	0.02
60.35	59.69	440.93	309.68	96.89	22.48	5.43	17.96
197.65	101.60	395.00	325.61	4.03	26.68	21.22	10.11
38.53	17.47	61.77	40.23	0.65	5.50	5.88	3.61
56.33	24.55	43.35	36.70	0.33	2.82	2.58	2.47
67.07	33.33	58.99	52.36	0.47	1.30	5.31	1.68
295.04	146.49	557.56	350.44	6.93	167.67	40.96	35.55
475.65	116.34	1289.51	1103.10	11.25	123.75	58.64	38.44
248.39	54.48	1758.02	1697.42	3.37	14.60	18.15	6.62
44.47	18.41	73.17	63.84	0.31	2.57	7.10	1.14
162.71	72.83	249.43	213.82	1.57	17.72	25.74	5.34
83.28	45.98	117.98	95.46	0.90	7.15	12.62	3.94
440.23	141.36	1122.02	1063.58	19.05	-7.35	75.84	1.30
40.94	36.79	43.71	35.89	0.33	0.67	8.48	0.80
145.58	34.71	510.47	439.45	3.02	36.50	27.83	13.20
842.04	643.84	783.04	657.35	3.19	56.18	72.64	10.91
27.90	1.86	22.92	16.75	0.11	2.87	3.69	0.57
13.82	2.56	11.82	5.50	0.04	2.13	2.69	0.29
6.68	2.60	78.02	72.62	0.28	4.30	0.50	2.16
84.13	23.09	28.93	23.45	0.17	2.46	4.71	0.01
1025.98	822.54	1719.20	1606.06	10.17	59.79	120.11	49.39
38.20	9.86	76.82	70.83	0.31	3.31	4.33	0.63
115.23	41.52	45.64	33.16	0.72	7.66	9.76	2.08

13—5 国有控股工业企业主要经济效益指标（2018年） Main Indicators on Economic Benefit of State-owned and State-holding Industrial Enterprises (2018)

项　　目	Item
总　　计	**Total**
总计中：	**Of the Total:**
内资企业	Domestic Funded Enterprise
国有企业	State-owned Enterprise
有限责任公司	Limited Liability Corporations
股份有限公司	Share-holding Corporations Ltd.
港澳台商投资企业	Enterprises Funded by Entrepreneurs from Hong Kong, Macao and Taiwan
外商投资企业	Foreign Funded Enterprises
总计中：	**Of the Total:**
轻工业	Light Industry
重工业	Heavy Industry
总计中：	**Of the Total:**
大型企业	Large-sized Enterprises
中型企业	Medium-sized Enterprises
小型企业	Small Enterprises
按行业分	**Grouped by Sector**
煤炭开采和洗选业	Mining and Washing of Coal
黑色金属矿采选业	Mining and Processing of Ferrous Metal Ores
有色金属矿采选业	Mining and Processing of Non-Ferrous Metal Ores
非金属矿采选业	Mining and Processing of Nonmetal Ores
开采辅助活动	Mining Auxiliary Activities
农副食品加工业	Processing of Food from Agriculture Products
食品制造业	Manufacture of Foods
酒、饮料和精制茶制造业	Manufacture of Wine, Beverages and Refined Tea
烟草制品业	Manufacture of Tobacco
纺织业	Manufacture of Textile
纺织服装、服饰业	Manufacture of Textile Wearing Apparel and Clothing
皮革毛皮羽毛及其制品和制鞋业	Manufacture of Leather, Furs, Feather and Related Products
木材加工及木竹藤棕草制品业	Processing of Timber, Manufacture of Wood, Bamboo, Rattan, Palm and Straw Products
家具制造业	Manufacture of Furniture
造纸及纸制品业	Manufacture of Paper and Paper Products
印刷和记录媒介复制业	Printing, Reproduction of Recording Media
文教、工美、体育和娱乐用品制造业	Manufacture of Culture, Education, Art, Sports and Entertainment Supplies
石油加工、炼焦和核燃料加工业	Processing of Petroleum, Coking and Processing of Nuclear Fuel
化学原料和化学制品制造业	Manufacture of Raw Chemical Materials and Chemical Products
医药制造业	Manufacture of Medicines
化学纤维制造业	Manufacture of Chemical Fibers
橡胶和塑料制品业	Manufacture of Rubber and Plastics
非金属矿物制品业	Manufacture of Non-metallic Mineral Products
黑色金属冶炼和压延加工业	Smelting and Pressing of Ferrous Metals
有色金属冶炼和压延加工业	Smelting and Pressing of Non-ferrous Metals
金属制品业	Manufacture of Metal Products
通用设备制造业	Manufacture of General Purpose Machinery
专用设备制造业	Manufacture of Special Purpose Machinery
汽车制造业	Manufacture of Automobile
铁路船舶航空航天和其他运输设备制造业	Manufacture of Railroads, Ships, Aerospace and Other Transportation Equipments
电气机械和器材制造业	Manufacture of Electrical Machinery and Equipment
计算机通信和其他电子设备制造业	Manufacture of Computers, Communication and Other Electronic Equipments
仪器仪表制造业	Manufacture of Measuring Instruments and Machinery
废弃资源综合利用业	Industry of Comprehensive Utilization of Waste Resources
其他制造业	Manufacture of Others
金属制品、机械和设备修理业	Industry of Metal Products, Machinery and Equipment Repair
电力、热力生产和供应业	Production and Supply of Electric Power and Heat Power
燃气生产和供应业	Production and Supply of Gas
水的生产和供应业	Production and Supply of Water

总资产贡献率 (%) Ratio of Total Assets to Industrial Output Value (%)	资产负债率 (%) Assets-liability Ratio (%)	流动资产周转次数 (次/年) Number of Times of Annual of Turnover Circulating Funds (times/year)	工业成本费用利润率 (%) Ratio of Profits to Industrial Cost (%)	产品销售率 (%) Proportion of Products Sold (%)
10.58	**59.94**	**2.08**	**6.75**	**98.59**
10.60	59.99	2.05	6.92	98.58
3.95	59.15	3.43	2.58	99.67
12.00	58.86	2.11	7.07	98.15
10.33	63.17	1.64	8.62	99.03
4.66	66.40	2.00	1.84	96.27
10.66	54.60	3.34	3.38	99.22
30.31	41.97	1.55	8.66	95.80
8.80	61.55	2.17	6.56	98.99
11.14	60.13	2.15	6.25	98.65
8.61	59.80	1.76	8.42	98.41
9.25	58.67	2.04	8.54	98.43
8.31	67.15	1.54	10.96	98.99
6.29	57.52	1.59	13.43	52.75
0.14	62.37	3.04	-10.43	115.30
17.98	47.07	2.68	29.66	99.64
5.74	49.92	1.12	0.32	99.75
8.61	60.92	3.18	2.18	94.06
6.09	61.92	1.49	3.56	99.71
29.45	36.22	0.85	37.33	76.11
78.55	26.46	1.50	4.03	100.09
3.09	36.80	1.18	5.69	98.82
5.66	35.55	0.91	3.68	105.09
12.99	50.05	2.10	5.42	95.91
1.69	162.03	3.98	-3.51	101.35
6.99	83.49	1.58	1.55	100.00
9.00	25.02	0.36	30.80	108.55
4.04	34.45	1.16	2.15	99.54
3.88	87.09	2.11	0.30	100.00
116.13	49.39	19.69	6.81	100.78
8.44	67.93	1.80	6.96	99.53
13.63	47.83	1.36	9.68	83.63
6.55	42.81	0.98	6.96	99.04
3.52	40.13	1.19	2.08	98.28
34.96	52.18	2.08	42.29	97.81
16.71	56.86	2.36	10.73	99.94
2.92	71.21	4.66	0.84	99.44
5.44	50.56	1.24	3.48	95.47
9.33	38.98	1.62	7.33	100.87
5.89	65.35	0.89	6.32	89.67
1.81	72.12	1.47	-0.60	100.96
2.44	63.39	0.64	1.55	104.68
13.62	62.45	1.93	6.88	98.87
5.09	47.56	1.10	7.59	98.36
7.96	37.90	0.73	13.91	100.01
13.43	23.94	0.98	22.09	99.54
47.04	54.73	5.92	5.84	99.74
2.27	27.35	0.35	8.40	100.00
5.72	63.22	6.62	3.58	99.38
3.99	68.00	2.51	4.33	99.85
4.84	47.94	0.66	15.99	93.38

13—6 外商投资和港澳台商投资工业企业主要经济指标（2018年）
Main Indicators of Industrial Enterprises with Hong Kong, Macao, Taiwan and Foreign Funds (2018)

项　目	Item	企业单位数（个）Number of Enterprises (unit)	资产合计 Total Assets
总　计	**Total**	**648**	**3454.98**
总计中：	**Of the Total:**		
港澳台商投资企业	Enterprises Funded by Entrepreneurs from Hong Kong, Macao and Taiwan	261	1784.97
外商投资企业	Foreign Funded Enterprises	387	1670.01
总计中：	**Of the Total:**		
轻工业	Light Industry	263	924.19
重工业	Heavy Industry	385	2530.79
总计中：	**Of the Total:**		
大型企业	Large-sized Enterprises	42	1581.93
中型企业	Medium-sized Enterprises	137	956.48
小型企业	Small Enterprises	469	916.56
按行业分	**Grouped by Sector**		
黑色金属矿采选业	Mining and Processing of Ferrous Metal Ores	2	21.32
非金属矿采选业	Mining and Processing of Nonmetal Ores	2	1.11
农副食品加工业	Processing of Food from Agriculture Products	25	99.01
食品制造业	Manufacture of Foods	20	69.50
酒、饮料和精制茶制造业	Manufacture of Wine, Beverages and Refined Tea	14	62.57
纺织业	Manufacture of Textile	21	28.42
纺织服装、服饰业	Manufacture of Textile Wearing Apparel and Clothing	41	38.01
皮革毛皮羽毛及其制品和制鞋业	Manufacture of Leather, Furs, Feather and Related Products	12	27.91
木材加工及木竹藤棕草制品业	Processing of Timber, Manufacture of Wood, Bamboo, Rattan, Palm and Straw Products	5	2.95
家具制造业	Manufacture of Furniture	2	7.28
造纸及纸制品业	Manufacture of Paper and Paper Products	10	48.24
印刷和记录媒介复制业	Printing, Reproduction of Recording Media	7	20.29
文教工美体育和娱乐用品制造业	Manufacture of Culture, Education, Art, Sports and Entertainment Supplies	15	10.04
石油加工、炼焦和核燃料加工业	Processing of Petroleum, Coking and Processing of Nuclear Fuel	3	41.67
化学原料和化学制品制造业	Manufacture of Raw Chemical Materials and Chemical Products	59	385.96
医药制造业	Manufacture of Medicines	15	39.35
化学纤维制造业	Manufacture of Chemical Fibers	2	0.69
橡胶和塑料制品业	Manufacture of Rubber and Plastics	34	174.05
非金属矿物制品业	Manufacture of Non-metallic Mineral Products	29	193.95
黑色金属冶炼和压延加工业	Smelting and Pressing of Ferrous Metals	6	43.01
有色金属冶炼和压延加工业	Smelting and Pressing of Non-ferrous Metals	7	190.14
金属制品业	Manufacture of Metal Products	24	73.44
通用设备制造业	Manufacture of General Purpose Machinery	45	161.53
专用设备制造业	Manufacture of Special Purpose Machinery	34	97.05
汽车制造业	Manufacture of Automobile	54	255.13
铁路船舶航空航天和其他运输设备制造业	Manufacture of Railroads, Ships, Aerospace and Other Transportation Equipments	2	1.67
电气机械和器材制造业	Manufacture of Electrical Machinery and Equipment	50	352.30
计算机通信和其他电子设备制造业	Manufacture of Computers, Communication and Other Electronic Equipments	32	577.76
仪器仪表制造业	Manufacture of Measuring Instruments and Machinery	4	25.80
其他制造业	Manufacture of Others	2	2.21
废弃资源综合利用业	Industry of Comprehensive Utilization of Waste Resources	3	0.97
金属制品、机械和设备修理业	Industry of Metal Products, Machinery and Equipment Repair	1	1.72
电力、热力生产和供应业	Production and Supply of Electric Power and Heat Power	29	278.84
燃气生产和供应业	Production and Supply of Gas	32	93.63
水的生产和供应业	Production and Supply of Water	5	27.45

单位：亿元（100 million yuan）

流动资产合计 Circulating Funds	#存货 Stock	#产成品 Finished Product	非流动资产合计 Total Non-current Assets	固定资产原价 Original Value of Fixed Assets	固定资产累计折旧 Accumulated Depreciation of Fixed Assets	负债合计 Total Liabilities
2048.51	**327.06**	**117.85**	**1406.47**	**1727.46**	**753.28**	**1950.10**
1009.45	118.34	35.42	775.53	789.73	280.93	1111.41
1039.07	208.72	82.44	630.94	937.73	472.35	838.69
579.87	99.14	40.38	344.32	433.80	194.46	498.59
1468.64	227.92	77.48	1062.15	1293.66	558.82	1451.51
1129.73	149.96	52.28	452.21	547.11	275.24	945.01
439.03	87.21	30.32	517.45	691.43	299.95	493.48
479.75	89.88	35.25	436.81	488.92	178.08	511.61
0.53	0.30	0.12	20.78	17.84	8.40	11.47
0.87	0.06	0.03	0.24	0.35	0.23	0.18
52.22	23.40	14.65	46.80	48.04	16.99	61.53
25.43	5.83	2.27	44.07	40.90	20.35	37.47
23.50	4.54	0.37	39.07	48.33	18.37	28.69
15.14	5.58	1.75	13.28	17.70	10.35	17.91
27.46	5.38	1.64	10.56	14.60	6.70	23.05
14.83	2.33	0.58	13.07	13.45	5.13	12.01
2.36	0.63	0.30	0.59	0.59	0.21	2.43
5.63	0.40	0.34	1.65	2.25	1.03	6.42
25.22	2.51	0.96	23.02	25.85	8.75	22.78
15.05	2.29	1.60	5.24	9.47	5.31	5.94
6.63	1.88	0.82	3.41	4.84	2.08	3.52
23.47	4.26	0.84	18.20	30.03	10.64	24.78
177.21	16.66	7.63	208.75	149.58	62.12	171.30
25.03	6.71	2.80	14.32	18.35	7.06	15.53
0.60	0.30	0.17	0.09	0.38	0.31	0.37
91.21	22.32	12.88	82.84	137.68	68.36	90.34
101.25	13.91	5.45	92.70	114.16	35.85	59.47
28.30	8.94	3.87	14.71	32.42	19.12	20.00
142.81	33.44	8.08	47.33	73.69	38.88	150.96
30.41	8.94	2.83	43.03	34.49	11.65	26.41
108.79	26.31	10.23	52.74	69.27	34.04	87.84
68.44	21.11	9.92	28.61	41.58	22.90	29.72
157.11	30.38	11.88	98.02	117.84	54.23	114.35
1.55	0.17	0.06	0.12	0.23	0.13	0.37
262.08	34.55	10.25	90.21	127.85	67.32	203.10
475.88	33.22	3.80	101.87	99.49	30.69	484.87
18.31	2.41	0.52	7.49	11.10	6.47	11.90
1.28	0.39	0.14	0.93	1.05	0.22	1.44
0.77	0.32	0.24	0.21	0.21	0.11	0.77
1.32	0.13	0.03	0.40	0.41	0.05	0.46
66.37	4.63	0.08	212.47	347.93	153.81	154.57
43.09	2.26	0.56	50.54	51.52	13.84	53.39
8.34	0.59	0.16	19.11	23.98	11.58	14.77

13—6 续表 continued

项　目	Item	流动负债 Liquid Liabilities	非流动负债 Long-term Liabilities
总　计	**Total**	**1679.10**	**270.58**
总计中：	**Of the Total:**		
港澳台商投资企业	Enterprises Funded by Entrepreneurs from Hong Kong, Macao and Taiwan	909.45	201.90
外商投资企业	Foreign Funded Enterprises	769.65	68.68
总计中：	**Of the Total:**		
轻工业	Light Industry	467.45	30.72
重工业	Heavy Industry	1211.66	239.86
总计中：	**Of the Total:**		
大型企业	Large-sized Enterprises	905.17	39.84
中型企业	Medium-sized Enterprises	372.52	120.96
小型企业	Small Enterprises	401.42	109.77
按行业分	**Grouped by Sector**		
黑色金属矿采选业	Mining and Processing of Ferrous Metal Ores	9.64	1.83
非金属矿采选业	Mining and Processing of Nonmetal Ores	0.18	
农副食品加工业	Processing of Food from Agriculture Products	56.65	4.81
食品制造业	Manufacture of Foods	34.51	2.96
酒、饮料和精制茶制造业	Manufacture of Wine, Beverages and Refined Tea	25.27	3.42
纺织业	Manufacture of Textile	16.69	1.22
纺织服装、服饰业	Manufacture of Textile Wearing Apparel and Clothing	20.37	2.45
皮革毛皮羽毛及其制品和制鞋业	Manufacture of Leather, Furs, Feather and Related Products	11.98	0.04
木材加工及木竹藤棕草制品业	Processing of Timber, Manufacture of Wood, Bamboo, Rattan, Palm and Straw Products	2.28	0.15
家具制造业	Manufacture of Furniture	6.41	0.01
造纸及纸制品业	Manufacture of Paper and Paper Products	19.79	2.99
印刷和记录媒介复制业	Printing, Reproduction of Recording Media	5.81	0.13
文教工美体育和娱乐用品制造业	Manufacture of Culture, Education, Art, Sports and Entertainment Supplies	3.17	0.34
石油加工、炼焦和核燃料加工业	Processing of Petroleum, Coking and Processing of Nuclear Fuel	21.78	3.00
化学原料和化学制品制造业	Manufacture of Raw Chemical Materials and Chemical Products	159.78	11.51
医药制造业	Manufacture of Medicines	12.52	3.01
化学纤维制造业	Manufacture of Chemical Fibers	0.37	
橡胶和塑料制品业	Manufacture of Rubber and Plastics	74.29	15.94
非金属矿物制品业	Manufacture of Non-metallic Mineral Products	53.88	5.59
黑色金属冶炼和压延加工业	Smelting and Pressing of Ferrous Metals	19.50	0.50
有色金属冶炼和压延加工业	Smelting and Pressing of Non-ferrous Metals	96.50	54.46
金属制品业	Manufacture of Metal Products	17.92	8.49
通用设备制造业	Manufacture of General Purpose Machinery	84.08	3.76
专用设备制造业	Manufacture of Special Purpose Machinery	25.94	3.77
汽车制造业	Manufacture of Automobile	107.20	7.15
铁路船舶航空航天和其他运输设备制造业	Manufacture of Railroads, Ships, Aerospace and Other Transportation Equipments	0.37	
电气机械和器材制造业	Manufacture of Electrical Machinery and Equipment	189.75	13.35
计算机通信和其他电子设备制造业	Manufacture of Computers, Communication and Other Electronic Equipments	440.59	44.28
仪器仪表制造业	Manufacture of Measuring Instruments and Machinery	11.22	0.68
其他制造业	Manufacture of Others	1.09	0.35
废弃资源综合利用业	Industry of Comprehensive Utilization of Waste Resources	0.77	
金属制品、机械和设备修理业	Industry of Metal Products, Machinery and Equipment Repair	0.44	0.02
电力、热力生产和供应业	Production and Supply of Electric Power and Heat Power	85.56	69.01
燃气生产和供应业	Production and Supply of Gas	50.84	2.55
水的生产和供应业	Production and Supply of Water	11.96	2.81

单位：亿元（100 million yuan）

所有者权益 Creditors' Equity	#实收资本 Capital Hold	主营业务收入 Revenue from principal Business	主营业务成本 Cost of Principal Business	主营业务税金及附加 Business and Extra Charges	利润总额 Total Profits	本年应付职工薪酬 Wages Payable in This Year	本年应交增值税 Value Added Tax Payable
1504.88	**881.88**	**4040.16**	**3558.95**	**20.06**	**239.83**	**212.51**	**112.86**
673.56	398.52	2069.83	1919.89	8.03	84.37	79.52	54.73
831.32	483.36	1970.32	1639.05	12.03	155.45	132.99	58.13
425.60	254.86	1142.71	932.85	8.03	94.56	80.22	37.83
1079.28	627.01	2897.45	2626.09	12.03	145.26	132.30	75.03
636.92	281.47	2049.94	1816.33	8.83	129.32	100.40	70.28
463.01	310.97	789.79	665.72	5.75	53.75	68.63	23.00
404.95	289.44	1200.42	1076.89	5.48	56.76	43.48	19.58
9.84	3.92	6.65	4.80	0.18	0.74	0.62	0.47
0.93	0.36	0.71	0.43	0.01	0.09	0.07	0.05
37.48	51.54	165.57	145.45	0.42	8.42	9.65	1.92
32.03	24.22	84.56	72.64	0.34	3.92	6.14	2.07
33.89	20.22	51.30	39.94	1.23	6.38	3.66	2.48
10.51	11.64	30.88	27.41	0.16	1.19	3.28	0.32
14.96	8.95	61.78	53.92	0.41	3.19	7.50	1.40
15.89	5.68	56.17	43.22	0.62	12.44	3.48	3.07
0.52	0.42	3.26	3.08	0.01	0.03	0.23	0.04
0.86	1.14	8.02	7.11	0.01	0.10	0.61	0.22
25.46	18.91	32.47	27.71	0.23	2.47	0.96	0.80
14.35	3.80	17.56	12.44	0.18	3.77	1.28	0.98
6.52	3.21	15.77	13.09	0.12	1.33	2.37	0.57
16.89	15.24	59.56	52.32	0.59	3.23	1.18	2.22
214.67	92.27	280.68	212.73	2.75	25.90	16.28	13.18
23.82	7.27	40.24	24.94	0.29	4.15	2.88	1.25
0.32	0.28	0.47	0.37	0.01	0.00	0.08	0.02
83.71	50.72	145.14	119.21	1.14	8.98	14.44	5.32
134.49	64.44	106.45	82.00	1.48	15.95	6.34	5.08
23.01	25.19	57.77	53.87	0.32	0.28	3.43	1.41
39.18	15.86	783.94	763.84	0.73	5.96	2.57	0.93
47.03	34.56	51.39	41.52	0.30	7.39	4.07	1.09
73.69	36.41	166.90	144.86	0.97	13.35	13.03	4.82
67.33	44.15	91.05	72.59	0.65	11.72	6.93	2.62
140.78	60.65	243.99	196.84	1.77	23.25	25.21	7.93
1.30	0.30	0.89	0.72	0.01	0.04	0.11	0.03
149.20	49.77	466.46	393.54	2.74	36.16	33.42	16.87
92.89	109.67	750.06	741.61	0.67	3.15	27.08	29.23
13.90	7.93	29.81	20.67	0.24	2.59	2.00	0.87
0.77	0.69	2.84	2.36	0.03	0.19	0.59	0.05
0.20	0.19	5.44	5.59	0.06	0.05	0.04	0.48
1.26	0.10	2.52	1.75	0.01	0.57	0.24	0.00
124.27	92.00	136.55	113.65	1.00	17.42	7.23	3.34
40.25	12.68	73.39	58.23	0.25	11.00	3.74	1.29
12.68	7.51	9.91	4.50	0.13	4.43	1.78	0.42

13—7 外商投资和港澳台商投资工业企业主要经济效益指标（2018年）

Main Indicators on Economic Benefit of Industrial Enterprises with Hong Kong, Macao, Taiwan and Foreign Funds (2018)

项 目	Item
总 计	**Total**
总计中：	**Of the Total:**
港澳台商投资企业	Enterprises Funded by Entrepreneurs from Hong Kong, Macao and Taiwan
外商投资企业	Foreign Funded Enterprises
总计中：	**Of the Total:**
轻工业	Light Industry
重工业	Heavy Industry
总计中：	**Of the Total:**
大型企业	Large-sized Enterprises
中型企业	Medium-sized Enterprises
小型企业	Small Enterprises
按行业分	**Grouped by Sector**
黑色金属矿采选业	Mining and Processing of Ferrous Metal Ores
非金属矿采选业	Mining and Processing of Nonmetal Ores
农副食品加工业	Processing of Food from Agriculture Products
食品制造业	Manufacture of Foods
酒、饮料和精制茶制造业	Manufacture of Wine, Beverages and Refined Tea
纺织业	Manufacture of Textile
纺织服装、服饰业	Manufacture of Textile Wearing Apparel and Clothing
皮革毛皮羽毛及其制品和制鞋业	Manufacture of Leather, Furs, Feather and Related Products
木材加工及木竹藤棕草制品业	Processing of Timber, Manufacture of Wood, Bamboo, Rattan, Palm and Straw Products
家具制造业	Manufacture of Furniture
造纸及纸制品业	Manufacture of Paper and Paper Products
印刷和记录媒介复制业	Printing, Reproduction of Recording Media
文教工美体育和娱乐用品制造业	Manufacture of Culture, Education, Art, Sports and Entertainment Supplies
石油加工、炼焦和核燃料加工业	Processing of Petroleum, Coking and Processing of Nuclear Fuel
化学原料和化学制品制造业	Manufacture of Raw Chemical Materials and Chemical Products
医药制造业	Manufacture of Medicines
化学纤维制造业	Manufacture of Chemical Fibers
橡胶和塑料制品业	Manufacture of Rubber and Plastics
非金属矿物制品业	Manufacture of Non-metallic Mineral Products
黑色金属冶炼和压延加工业	Smelting and Pressing of Ferrous Metals
有色金属冶炼和压延加工业	Smelting and Pressing of Non-ferrous Metals
金属制品业	Manufacture of Metal Products
通用设备制造业	Manufacture of General Purpose Machinery
专用设备制造业	Manufacture of Special Purpose Machinery
汽车制造业	Manufacture of Automobile
铁路船舶航空航天和其他运输设备制造业	Manufacture of Railroads, Ships, Aerospace and Other Transportation Equipments
电气机械和器材制造业	Manufacture of Electrical Machinery and Equipment
计算机通信和其他电子设备制造业	Manufacture of Computers, Communication and Other Electronic Equipments
仪器仪表制造业	Manufacture of Measuring Instruments and Machinery
其他制造业	Manufacture of Others
废弃资源综合利用业	Industry of Comprehensive Utilization of Waste Resources
金属制品、机械和设备修理业	Industry of Metal Products, Machinery and Equipment Repair
电力、热力生产和供应业	Production and Supply of Electric Power and Heat Power
燃气生产和供应业	Production and Supply of Gas
水的生产和供应业	Production and Supply of Water

总资产贡献率 (%) Ratio of Total Assets to Industrial Output Value (%)	资产负债率 (%) Assets-liability Ratio (%)	流动资产周转次数 (次/年) Number of Times of Annual of Turnover Circulating Funds (times/year)	工业成本费用利润率 (%) Ratio of Profits to Industrial Cost (%)	产品销售率 (%) Proportion of Products Sold (%)
11.50	**56.44**	**2.04**	**6.10**	**98.45**
8.97	62.27	2.10	4.12	97.93
14.22	50.22	1.97	8.24	98.94
16.19	53.95	2.04	8.70	98.48
9.79	57.35	2.04	5.10	98.43
13.71	59.74	1.90	6.40	98.65
9.33	51.59	1.86	7.07	98.01
9.97	55.82	2.53	4.92	98.39
6.78	53.82	13.26	12.11	97.97
14.57	16.34	0.82	13.86	112.65
11.58	62.15	3.19	5.34	97.39
9.36	53.92	3.54	4.54	99.13
17.75	45.85	2.26	13.96	97.77
6.32	63.01	2.07	3.94	99.69
13.62	60.65	2.26	5.45	97.17
58.00	43.05	3.79	27.39	98.95
5.21	82.51	1.39	0.84	99.12
5.25	88.22	1.57	1.20	99.66
8.19	47.22	1.31	8.15	97.82
24.47	29.30	1.19	26.79	106.77
20.79	35.02	2.38	9.24	101.80
14.96	59.47	2.88	5.23	98.92
11.28	44.38	1.71	9.30	100.82
15.59	39.47	1.62	11.40	100.48
2.67	53.39	0.79	-0.57	103.32
9.88	51.91	1.66	6.35	99.11
11.87	30.66	1.18	15.40	99.53
5.14	46.49	2.09	0.47	98.99
6.26	79.39	5.52	0.77	100.04
13.13	35.96	1.74	14.91	97.64
12.29	54.38	1.73	7.58	96.54
15.63	30.62	1.35	14.53	92.40
13.31	44.82	1.63	10.02	99.35
5.19	21.95	0.59	4.85	92.77
17.38	57.65	1.87	8.00	95.97
5.70	83.92	1.58	0.42	97.84
13.67	46.14	1.69	9.21	98.27
12.54	65.14	2.23	6.99	99.20
59.63	79.19	7.09	0.82	92.59
33.70	26.95	1.93	28.47	100.00
9.41	55.43	2.09	14.40	99.06
13.54	57.01	1.75	16.86	99.84
18.54	53.81	1.32	61.71	95.84

13—8 私营工业企业主要经济指标（2018年）
Main Indicators of Private Enterprises (2018)

项　目	Item	企业单位数（个）Number of Enterprises (unit)	资产合计 Total Assets
总　　计	**Total**	**11003**	**8230.37**
总计中：	**Of the Total:**		
私营独资	Private Sole-source Investment Enterprise	291	67.06
私营合伙	Private Partnership Enterprise	31	6.49
私营有限责任公司	Private Companies with Limited Liabilities	10226	7292.23
私营股份有限公司	Private Share-holding Companies with Limited Liabilities	455	864.59
总计中：	**Of the Total:**		
轻工业	Light Industry	5118	3389.51
重工业	Heavy Industry	5885	4840.87
总计中：	**Of the Total:**		
大型企业	Large-sized Enterprises	38	1316.36
中型企业	Medium-sized Enterprises	489	1451.62
小型企业	Small Enterprises	10476	5462.39
按行业分	**Grouped by Sector**		
煤炭开采和洗选业	Mining and Washing of Coal	2	5.72
黑色金属矿采选业	Mining and Processing of Ferrous Metal Ores	22	71.11
有色金属矿采选业	Mining and Processing of Non-Ferrous Metal Ores	25	28.03
非金属矿采选业	Mining and Processing of Nonmetal Ores	100	60.69
开采辅助活动	Mining Auxiliary Activities	2	0.42
农副食品加工业	Processing of Food from Agriculture Products	1071	627.82
食品制造业	Manufacture of Foods	302	161.52
酒、饮料和精制茶制造业	Manufacture of Wine, Beverages and Refined Tea	215	179.32
纺织业	Manufacture of Textile	403	197.29
纺织服装、服饰业	Manufacture of Textile Wearing Apparel and Clothing	583	190.63
皮革毛皮羽毛及其制品和制鞋业	Manufacture of Leather, Furs, Feather and Related Products	214	97.96
木材加工及木竹藤棕草制品业	Processing of Timber, Manufacture of Wood, Bamboo, Rattan, Palm and Straw Products	349	141.96
家具制造业	Manufacture of Furniture	197	107.60
造纸及纸制品业	Manufacture of Paper and Paper Products	153	333.21
印刷和记录媒介复制业	Printing, Reproduction of Recording Media	208	132.97
文教工美体育和娱乐用品制造业	Manufacture of Culture, Education, Art, Sports and Entertainment Supplies	333	135.15
石油加工、炼焦和核燃料加工业	Processing of Petroleum, Coking and Processing of Nuclear Fuel	24	36.56
化学原料和化学制品制造业	Manufacture of Raw Chemical Materials and Chemical Products	534	445.44
医药制造业	Manufacture of Medicines	226	264.39
化学纤维制造业	Manufacture of Chemical Fibers	25	18.55
橡胶和塑料制品业	Manufacture of Rubber and Plastics	703	376.80
非金属矿物制品业	Manufacture of Non-metallic Mineral Products	1257	860.60
黑色金属冶炼和压延加工业	Smelting and Pressing of Ferrous Metals	71	83.85
有色金属冶炼和压延加工业	Smelting and Pressing of Non-ferrous Metals	127	160.99
金属制品业	Manufacture of Metal Products	697	409.45
通用设备制造业	Manufacture of General Purpose Machinery	683	475.32
专用设备制造业	Manufacture of Special Purpose Machinery	522	395.31
汽车制造业	Manufacture of Automobile	492	390.20
铁路船舶航空航天和其他运输设备制造业	Manufacture of Railroads, Ships, Aerospace and Other Transportation Equipments	97	47.44
电气机械和器材制造业	Manufacture of Electrical Machinery and Equipment	709	1037.29
计算机通信和其他电子设备制造业	Manufacture of Computers, Communication and Other Electronic Equipments	328	473.22
仪器仪表制造业	Manufacture of Measuring Instruments and Machinery	96	55.16
其他制造业	Manufacture of Others	75	33.43
废弃资源综合利用业	Industry of Comprehensive Utilization of Waste Resources	96	53.10
金属制品、机械和设备修理业	Industry of Metal Products, Machinery and Equipment Repair	4	6.90
电力、热力生产和供应业	Production and Supply of Electric Power and Heat Power	39	112.66
燃气生产和供应业	Production and Supply of Gas	11	14.86
水的生产和供应业	Production and Supply of Water	8	7.43

单位：亿元（100 million yuan）

流动资产合计 Circulating Funds	#存货 Stock	#产成品 Finished Product	非流动资产合计 Total Non-current Assets	固定资产原价 Original Value of Fixed Assets	固定资产累计折旧 Accumulated Depreciation of Fixed Assets	负债合计 Total Liabilities
4610.33	**1101.27**	**483.36**	**3620.21**	**3513.39**	**1310.65**	**4318.15**
36.31	9.29	4.87	30.75	32.72	12.40	26.59
4.02	1.64	1.13	2.46	2.88	0.98	2.11
4091.76	984.09	437.76	3200.64	3203.48	1202.65	3932.65
478.24	106.25	39.59	386.35	274.31	94.62	356.80
1846.67	507.29	219.45	1542.83	1388.48	495.12	1755.79
2763.66	593.98	263.91	2077.37	2124.91	815.53	2562.36
640.75	94.53	31.23	675.61	487.96	227.68	703.08
813.89	221.84	94.55	637.74	608.92	228.91	769.57
3155.70	784.90	357.58	2306.86	2416.51	854.06	2845.50
3.93	0.24	0.24	1.79	0.60	0.38	4.43
12.53	2.24	0.76	58.58	38.11	11.10	55.27
20.69	2.86	1.45	7.33	7.20	3.57	19.69
23.33	3.62	2.25	37.37	29.95	10.21	31.05
0.32	0.03	0.00	0.10	0.11	0.04	0.18
352.96	121.94	37.49	274.86	262.58	90.17	295.01
87.40	27.72	11.41	74.12	93.17	42.40	81.05
97.63	35.40	14.87	81.70	72.04	23.54	84.69
108.70	36.60	20.08	88.60	101.71	40.14	108.13
104.86	28.97	12.91	85.77	86.56	28.84	92.31
65.06	20.66	10.38	32.91	33.90	11.80	58.83
77.29	22.24	10.46	64.67	67.08	24.41	64.29
60.06	16.97	7.21	47.54	38.12	10.89	42.16
118.16	16.41	6.10	215.06	107.91	34.61	192.52
72.24	20.01	9.33	60.73	66.30	22.89	63.42
80.80	23.86	10.47	54.35	57.56	23.67	70.04
25.72	10.84	4.66	10.84	10.17	3.02	23.64
255.75	65.24	28.32	189.69	198.09	68.98	232.61
149.06	35.74	17.75	115.33	94.24	29.96	135.40
10.09	4.00	1.91	8.46	9.94	3.33	11.18
212.45	56.86	24.75	164.35	186.50	74.17	179.58
481.61	85.77	39.19	378.99	394.26	149.24	472.16
51.52	19.17	12.80	32.33	122.56	95.37	57.66
94.04	29.79	13.21	66.95	62.37	19.02	87.78
258.47	66.97	24.41	150.99	168.64	62.19	221.77
249.13	57.71	26.34	226.36	175.35	64.77	204.06
230.17	50.68	20.05	165.15	161.24	60.29	196.57
217.44	59.53	29.69	172.77	182.83	67.13	229.42
25.32	6.59	2.63	22.11	24.33	8.50	26.44
660.13	99.44	48.87	377.16	302.16	105.19	602.56
271.13	53.04	24.19	202.09	196.17	77.94	226.45
31.96	5.58	2.44	23.20	20.75	6.05	25.04
20.47	4.11	1.82	12.97	14.04	3.98	10.58
32.17	7.27	3.11	20.93	29.86	14.99	28.61
6.12	1.81	1.11	0.78	1.01	0.63	2.79
32.75	0.41	0.03	79.91	83.69	11.43	69.38
7.11	0.60	0.44	7.75	8.55	4.55	8.14
1.77	0.32	0.23	5.66	3.76	1.23	3.24

13—8 续表 continued

项　目	Item	流动负债 Liquid Liabilities	非流动负债 Long-term Liabilities
总　　计	**Total**	**3825.98**	**441.30**
总计中：	**Of the Total:**		
私营独资	Private Sole-source Investment Enterprise	23.59	1.47
私营合伙	Private Partnership Enterprise	2.08	0.03
私营有限责任公司	Private Companies with Limited Liabilities	3490.25	393.64
私营股份有限公司	Private Share-holding Companies with Limited Liabilities	310.05	46.17
总计中：	**Of the Total:**		
轻工业	Light Industry	1542.25	191.22
重工业	Heavy Industry	2283.73	250.08
总计中：	**Of the Total:**		
大型企业	Large-sized Enterprises	583.50	119.58
中型企业	Medium-sized Enterprises	698.35	65.67
小型企业	Small Enterprises	2544.12	256.05
按行业分	**Grouped by Sector**		
煤炭开采和洗选业	Mining and Washing of Coal	4.43	
黑色金属矿采选业	Mining and Processing of Ferrous Metal Ores	40.56	14.57
有色金属矿采选业	Mining and Processing of Non-Ferrous Metal Ores	13.72	5.37
非金属矿采选业	Mining and Processing of Nonmetal Ores	28.86	1.95
开采辅助活动	Mining Auxiliary Activities	0.18	0.00
农副食品加工业	Processing of Food from Agriculture Products	257.05	34.77
食品制造业	Manufacture of Foods	69.34	8.11
酒、饮料和精制茶制造业	Manufacture of Wine, Beverages and Refined Tea	74.72	8.57
纺织业	Manufacture of Textile	97.14	9.63
纺织服装、服饰业	Manufacture of Textile Wearing Apparel and Clothing	81.86	8.57
皮革毛皮羽毛及其制品和制鞋业	Manufacture of Leather, Furs, Feather and Related Products	54.45	4.31
木材加工及木竹藤棕草制品业	Processing of Timber, Manufacture of Wood, Bamboo, Rattan, Palm and Straw Products	53.49	9.01
家具制造业	Manufacture of Furniture	36.29	5.35
造纸及纸制品业	Manufacture of Paper and Paper Products	146.75	45.64
印刷和记录媒介复制业	Printing, Reproduction of Recording Media	57.56	4.95
文教工美体育和娱乐用品制造业	Manufacture of Culture, Education, Art, Sports and Entertainment Supplies	64.07	5.72
石油加工、炼焦和核燃料加工业	Processing of Petroleum, Coking and Processing of Nuclear Fuel	23.41	0.24
化学原料和化学制品制造业	Manufacture of Raw Chemical Materials and Chemical Products	210.68	21.53
医药制造业	Manufacture of Medicines	119.32	14.86
化学纤维制造业	Manufacture of Chemical Fibers	8.85	2.28
橡胶和塑料制品业	Manufacture of Rubber and Plastics	162.01	14.51
非金属矿物制品业	Manufacture of Non-metallic Mineral Products	420.48	44.04
黑色金属冶炼和压延加工业	Smelting and Pressing of Ferrous Metals	49.10	8.16
有色金属冶炼和压延加工业	Smelting and Pressing of Non-ferrous Metals	75.06	6.85
金属制品业	Manufacture of Metal Products	201.28	15.70
通用设备制造业	Manufacture of General Purpose Machinery	185.01	18.65
专用设备制造业	Manufacture of Special Purpose Machinery	181.58	10.97
汽车制造业	Manufacture of Automobile	208.22	19.48
铁路船舶航空航天和其他运输设备制造业	Manufacture of Railroads, Ships, Aerospace and Other Transportation Equipments	23.26	2.68
电气机械和器材制造业	Manufacture of Electrical Machinery and Equipment	564.34	37.49
计算机通信和其他电子设备制造业	Manufacture of Computers, Communication and Other Electronic Equipments	208.18	17.30
仪器仪表制造业	Manufacture of Measuring Instruments and Machinery	22.98	1.84
其他制造业	Manufacture of Others	9.61	0.95
废弃资源综合利用业	Industry of Comprehensive Utilization of Waste Resources	23.78	2.16
金属制品、机械和设备修理业	Industry of Metal Products, Machinery and Equipment Repair	2.62	0.09
电力、热力生产和供应业	Production and Supply of Electric Power and Heat Power	35.98	33.40
燃气生产和供应业	Production and Supply of Gas	7.02	1.12
水的生产和供应业	Production and Supply of Water	2.74	0.50

单位：亿元（100 million yuan）

所有者权益 Creditors' Equity	#实收资本 Capital Hold	主营业务收入 Revenue from principal Business	主营业务成本 Cost of Principal Business	主营业务税金及附加 Business and Extra Charges	利润总额 Total Profits	本年应付职工薪酬 Wages Payable in This Year	本年应交增值税 Value Added Tax Payable
3912.29	**1745.66**	**12397.38**	**10568.10**	**81.88**	**895.11**	**688.44**	**334.11**
40.48	11.25	233.75	203.55	1.33	15.93	9.68	6.15
4.38	1.58	20.92	17.89	0.13	2.00	1.07	0.58
3359.64	1537.45	11407.84	9748.20	73.66	823.16	618.65	308.05
507.79	195.38	734.88	598.45	6.76	54.01	59.04	19.33
1633.72	638.37	5456.73	4667.74	34.52	397.88	309.24	135.87
2278.57	1107.29	6940.65	5900.35	47.36	497.22	379.20	198.24
613.28	225.18	995.59	817.88	7.50	96.19	62.72	24.22
682.05	302.68	1930.50	1626.61	13.88	148.87	151.73	64.19
2616.96	1217.81	9471.28	8123.61	60.50	650.05	473.99	245.71
1.30	1.27	2.75	2.52		0.01	0.05	0.25
15.84	13.00	38.86	32.64	0.40	0.54	1.80	1.59
8.34	7.83	21.94	18.28	0.21	0.88	1.09	0.51
29.64	15.04	72.88	53.01	2.10	8.60	4.02	2.98
0.24	0.17	0.24	0.17		0.01	0.02	0.02
332.81	108.86	1318.90	1167.91	5.24	80.96	43.21	19.53
80.47	30.01	329.54	281.55	1.39	24.24	17.95	7.05
94.63	38.23	224.28	173.01	4.77	25.94	9.78	7.13
89.16	42.14	355.28	306.45	2.22	26.06	25.75	9.38
98.32	36.07	447.40	390.38	2.77	27.54	45.48	11.44
39.14	20.51	198.77	177.12	0.94	10.94	12.56	4.70
77.67	32.38	317.23	275.43	1.93	23.86	16.74	9.24
65.44	19.91	164.15	134.01	1.06	14.37	11.13	4.45
140.69	61.80	227.20	187.20	1.56	23.96	10.91	8.67
69.54	25.28	229.71	198.15	1.07	15.88	12.37	5.23
65.11	23.92	262.55	226.96	1.50	19.11	21.39	7.81
12.92	9.85	51.34	47.08	0.12	1.69	0.85	0.82
212.82	88.76	728.86	610.86	4.90	60.91	28.53	13.83
128.99	57.07	318.91	256.80	2.08	23.52	14.98	10.25
7.37	4.64	27.60	21.99	0.15	4.09	1.94	0.31
197.22	94.14	689.49	589.77	3.95	53.70	38.66	21.00
388.44	179.70	1157.14	976.82	9.08	80.91	55.81	35.72
26.19	15.32	296.98	277.76	1.11	13.50	6.83	11.54
73.21	29.72	322.98	296.40	2.56	14.83	9.45	8.29
187.68	89.15	783.86	660.85	3.66	64.74	44.76	20.92
271.33	102.05	576.79	479.68	3.96	41.89	42.40	16.00
198.74	83.65	555.62	470.71	3.73	38.28	34.37	14.59
160.78	68.51	555.99	472.71	3.67	34.03	42.30	17.39
21.00	9.65	75.98	64.39	0.46	5.04	5.31	1.75
434.73	236.88	1227.70	1032.78	7.68	83.59	70.39	30.11
246.77	137.56	478.96	402.42	3.36	38.76	40.73	13.56
30.12	15.62	62.59	50.03	0.43	6.93	5.28	1.91
22.85	6.51	57.85	47.24	0.23	5.02	4.38	1.95
24.49	12.96	170.22	150.36	3.35	13.10	4.47	12.56
4.10	0.56	5.05	4.22	0.02	0.22	0.53	0.08
43.28	21.47	19.44	12.25	0.14	5.05	1.06	0.90
6.72	2.82	14.72	12.42	0.06	1.41	0.79	0.34
4.19	2.68	7.65	5.77	0.03	1.01	0.35	0.35

13—9 私营工业企业主要经济效益指标（2018年）
Main Indicators on Economic Benefit of Private Industrial Enterprises (2018)

项　目	Item
总　　计	**Total**
总计中：	**Of the Total:**
私营独资	Private Sole-source Investment Enterprise
私营合伙	Private Partnership Enterprise
私营有限责任公司	Private Companies with Limited Liabilities
私营股份有限公司	Private Share-holding Companies with Limited Liabilities
总计中：	**Of the Total:**
轻工业	Light Industry
重工业	Heavy Industry
总计中：	**Of the Total:**
大型企业	Large-sized Enterprises
中型企业	Medium-sized Enterprises
小型企业	Small Enterprises
按行业分	**Grouped by Sector**
煤炭开采和洗选业	Mining and Washing of Coal
黑色金属矿采选业	Mining and Processing of Ferrous Metal Ores
有色金属矿采选业	Mining and Processing of Non-Ferrous Metal Ores
非金属矿采选业	Mining and Processing of Nonmetal Ores
开采辅助活动	Mining Auxiliary Activities
农副食品加工业	Processing of Food from Agriculture Products
食品制造业	Manufacture of Foods
酒、饮料和精制茶制造业	Manufacture of Wine, Beverages and Refined Tea
纺织业	Manufacture of Textile
纺织服装、服饰业	Manufacture of Textile Wearing Apparel and Clothing
皮革毛皮羽毛及其制品和制鞋业	Manufacture of Leather, Furs, Feather and Related Products
木材加工及木竹藤棕草制品业	Processing of Timber, Manufacture of Wood, Bamboo, Rattan, Palm and Straw Products
家具制造业	Manufacture of Furniture
造纸及纸制品业	Manufacture of Paper and Paper Products
印刷和记录媒介复制业	Printing, Reproduction of Recording Media
文教工美体育和娱乐用品制造业	Manufacture of Culture, Education, Art, Sports and Entertainment Supplies
石油加工、炼焦和核燃料加工业	Processing of Petroleum, Coking and Processing of Nuclear Fuel
化学原料和化学制品制造业	Manufacture of Raw Chemical Materials and Chemical Products
医药制造业	Manufacture of Medicines
化学纤维制造业	Manufacture of Chemical Fibers
橡胶和塑料制品业	Manufacture of Rubber and Plastics
非金属矿物制品业	Manufacture of Non-metallic Mineral Products
黑色金属冶炼和压延加工业	Smelting and Pressing of Ferrous Metals
有色金属冶炼和压延加工业	Smelting and Pressing of Non-ferrous Metals
金属制品业	Manufacture of Metal Products
通用设备制造业	Manufacture of General Purpose Machinery
专用设备制造业	Manufacture of Special Purpose Machinery
汽车制造业	Manufacture of Automobile
铁路船舶航空航天和其他运输设备制造业	Manufacture of Railroads, Ships, Aerospace and Other Transportation Equipments
电气机械和器材制造业	Manufacture of Electrical Machinery and Equipment
计算机通信和其他电子设备制造业	Manufacture of Computers, Communication and Other Electronic Equipments
仪器仪表制造业	Manufacture of Measuring Instruments and Machinery
其他制造业	Manufacture of Others
废弃资源综合利用业	Industry of Comprehensive Utilization of Waste Resources
金属制品、机械和设备修理业	Industry of Metal Products, Machinery and Equipment Repair
电力、热力生产和供应业	Production and Supply of Electric Power and Heat Power
燃气生产和供应业	Production and Supply of Gas
水的生产和供应业	Production and Supply of Water

总资产贡献率 (%) Ratio of Total Assets to Industrial Output Value (%)	资产负债率 (%) Assets-liability Ratio (%)	流动资产周转次数 (次/年) Number of Times of Annual of Turnover Circulating Funds (times/year)	工业成本费用利润率 (%) Ratio of Profits to Industrial Cost (%)	产品销售率 (%) Proportion of Products Sold (%)
16.95	**52.47**	**2.71**	**7.74**	**95.24**
36.29	39.65	6.44	7.35	95.83
42.75	32.52	5.20	10.60	92.80
17.53	53.93	2.81	7.73	95.23
10.30	41.27	1.55	7.83	95.30
17.80	51.80	2.97	7.84	95.10
16.35	52.93	2.54	7.66	95.36
10.96	53.41	1.60	10.25	98.82
16.50	53.01	2.39	8.31	95.12
18.51	52.09	3.02	7.35	94.91
5.26	77.33	0.70	0.48	100.64
5.25	77.72	3.10	1.43	81.21
6.67	70.26	1.06	4.22	99.95
23.59	51.16	3.13	13.79	95.87
7.49	43.12	0.75	4.89	100.00
18.38	46.99	3.75	6.52	94.74
21.30	50.18	3.80	7.88	93.61
21.96	47.23	2.34	12.96	95.40
20.21	54.81	3.28	7.93	96.88
22.37	48.42	4.28	6.55	93.24
18.29	60.05	3.06	5.81	96.87
25.79	45.29	4.11	8.14	95.65
19.30	39.18	2.76	9.53	96.47
11.68	57.78	1.93	11.53	94.27
17.65	47.70	3.20	7.39	93.83
21.97	51.83	3.26	7.85	96.40
7.96	64.65	2.00	3.39	91.47
18.88	52.22	2.89	9.00	96.45
14.23	51.21	2.14	7.98	90.86
25.03	60.27	2.74	17.36	96.10
21.80	47.66	3.26	8.42	96.93
15.54	54.86	2.41	7.55	93.99
31.68	68.77	5.77	4.74	99.22
17.75	54.53	3.55	4.62	94.92
23.60	54.16	3.05	8.97	95.76
13.88	42.93	2.32	7.81	94.87
15.03	49.73	2.43	7.37	96.10
15.00	58.79	2.59	6.45	93.02
16.25	55.73	3.01	7.11	95.47
12.57	58.09	1.87	7.27	95.76
12.47	47.85	1.84	8.41	96.58
17.46	45.40	1.97	12.37	97.31
22.38	31.65	2.83	9.76	92.25
55.22	53.88	5.31	8.41	97.90
5.05	40.51	0.82	4.51	68.39
6.59	61.58	0.59	34.37	99.28
12.72	54.80	2.12	10.20	100.20
18.76	43.65	4.31	15.14	95.62

13—10 大中型工业企业主要经济指标（2018年）
Main Indicators of Large and Medium-sized Industrial Enterprises (2018)

项 目	Item	企业单位数（个）Number of Enterprises (unit)	资产合计 Total Assets
总 计	**Total**	**1507**	**24642.86**
总计中：	**Of the Total:**		
内资企业	Domestic Funded Enterprise	1328	22104.45
国有企业	State-owned Enterprise	22	1803.13
集体企业	Collective-owned Enterprise	3	6.95
股份合作企业	Share Holding Cooperative Enterprises	2	7.52
有限责任公司	Limited Liability Corporations	573	11125.84
股份有限公司	Share-holding Corporations Ltd.	201	6393.02
私营企业	Private Enterprises	527	2767.98
港澳台商投资企业	Enterprises Funded by Entrepreneurs from Hong Kong, Macao and Taiwan	64	1291.84
外商投资企业	Foreign Funded Enterprises	115	1246.57
总计中：	**Of the Total:**		
轻工业	Light Industry	625	4753.31
重工业	Heavy Industry	882	19889.55
总计中：	**Of the Total:**		
大型企业	Large-sized Enterprises	252	16972.65
中型企业	Medium-sized Enterprises	1255	7670.22
按行业分	**Grouped by Sector**		
煤炭开采和洗选业	Mining and Washing of Coal	17	2921.27
黑色金属矿采选业	Mining and Processing of Ferrous Metal Ores	11	480.87
有色金属矿采选业	Mining and Processing of Non-Ferrous Metal Ores	5	19.89
非金属矿采选业	Mining and Processing of Nonmetal Ores	2	10.14
开采辅助活动	Mining Auxiliary Activities	1	2.36
农副食品加工业	Processing of Food from Agriculture Products	48	304.73
食品制造业	Manufacture of Foods	36	127.84
酒、饮料和精制茶制造业	Manufacture of Wine, Beverages and Refined Tea	31	460.55
烟草制品业	Manufacture of Tobacco	3	316.48
纺织业	Manufacture of Textile	64	294.65
纺织服装、服饰业	Manufacture of Textile Wearing Apparel and Clothing	125	133.08
皮革毛皮羽毛及其制品和制鞋业	Manufacture of Leather, Furs, Feather and Related Products	32	106.10
木材加工及木竹藤棕草制品业	Processing of Timber, Manufacture of Wood, Bamboo, Rattan, Palm and Straw Products	12	16.98
家具制造业	Manufacture of Furniture	11	48.51
造纸及纸制品业	Manufacture of Paper and Paper Products	13	318.49
印刷和记录媒介复制业	Printing, Reproduction of Recording Media	20	72.25
文教工美体育和娱乐用品制造业	Manufacture of Culture, Education, Art, Sports and Entertainment Supplies	31	48.04
石油加工、炼焦和核燃料加工业	Processing of Petroleum, Coking and Processing of Nuclear Fuel	4	184.07
化学原料和化学制品制造业	Manufacture of Raw Chemical Materials and Chemical Products	60	1421.27
医药制造业	Manufacture of Medicines	48	541.13
化学纤维制造业	Manufacture of Chemical Fibers	5	121.52
橡胶和塑料制品业	Manufacture of Rubber and Plastics	58	649.33
非金属矿物制品业	Manufacture of Non-metallic Mineral Products	86	1056.99
黑色金属冶炼和压延加工业	Smelting and Pressing of Ferrous Metals	19	1292.14
有色金属冶炼和压延加工业	Smelting and Pressing of Non-ferrous Metals	30	1158.05
金属制品业	Manufacture of Metal Products	65	470.61
通用设备制造业	Manufacture of General Purpose Machinery	100	889.70
专用设备制造业	Manufacture of Special Purpose Machinery	68	642.72
汽车制造业	Manufacture of Automobile	142	2255.72
铁路船舶航空航天和其他运输设备制造业	Manufacture of Railroads, Ships, Aerospace and Other Transportation Equipments	11	98.24
电气机械和器材制造业	Manufacture of Electrical Machinery and Equipment	154	2385.44
计算机通信和其他电子设备制造业	Manufacture of Computers, Communication and Other Electronic Equipments	132	3066.78
仪器仪表制造业	Manufacture of Measuring Instruments and Machinery	4	53.37
其他制造业	Manufacture of Others	4	10.80
废弃资源综合利用业	Industry of Comprehensive Utilization of Waste Resources	3	7.64
金属制品、机械和设备修理业	Industry of Metal Products, Machinery and Equipment Repair	3	117.60
电力、热力生产和供应业	Production and Supply of Electric Power and Heat Power	28	2232.35
燃气生产和供应业	Production and Supply of Gas	9	151.04
水的生产和供应业	Production and Supply of Water	12	154.14

单位：亿元（100 million yuan）

流动资产合计 Circulating Funds	#存货 Stock	#产成品 Finished Product	非流动资产合计 Total Non-current Assets	固定资产原价 Original Value of Fixed Assets	固定资产累计折旧 Accumulated Depreciation of Fixed Assets	负债合计 Total Liabilities
11283.45	**2160.28**	**797.12**	**13359.42**	**13456.87**	**6079.47**	**14260.17**
9714.68	1923.11	714.51	12389.76	12218.33	5504.27	12821.68
355.82	43.35	2.76	1447.31	2072.95	1007.54	1067.65
2.32	0.52	0.18	4.63	4.71	1.95	3.41
4.22	0.80	0.05	3.30	2.48	1.17	3.20
4591.19	980.44	357.21	6534.65	6159.59	2539.40	6597.10
3306.49	581.62	228.53	3086.52	2881.72	1497.62	3677.67
1454.64	316.37	125.78	1313.35	1096.88	456.59	1472.65
755.08	78.20	17.94	536.76	560.12	224.39	792.52
813.68	158.98	64.67	432.89	678.42	350.80	645.97
2807.40	741.12	245.55	1945.91	1689.94	731.52	2455.12
8476.05	1419.17	551.57	11413.51	11766.93	5347.94	11805.04
7408.90	1333.43	447.65	9563.75	9585.25	4532.12	9950.11
3874.54	826.85	349.47	3795.67	3871.62	1547.34	4310.05
576.65	35.22	19.60	2344.62	1659.36	733.70	1957.53
71.41	4.14	1.93	409.46	194.94	73.40	273.33
3.30	0.90	0.66	16.59	11.98	4.98	9.20
3.09	0.58	0.36	7.05	8.64	5.66	2.43
1.71	0.42	0.41	0.65	1.00	0.36	1.23
162.82	43.80	13.66	141.90	91.61	28.41	181.77
61.63	16.21	6.07	66.21	97.22	44.21	71.95
285.33	100.77	14.63	175.21	150.54	57.37	190.82
234.28	168.94	11.30	82.20	121.98	74.35	85.50
112.08	36.77	17.47	182.57	113.35	51.71	135.27
77.35	18.13	7.42	55.73	68.25	26.57	78.61
60.81	17.06	7.86	45.29	35.56	11.87	46.00
9.34	1.83	1.01	7.64	10.04	3.80	7.61
25.59	3.36	0.81	22.92	14.73	4.34	20.20
110.38	16.01	7.16	208.10	105.65	35.66	183.90
41.56	11.98	6.98	30.68	30.85	11.43	25.25
30.52	10.49	4.71	17.53	17.25	6.69	16.29
64.01	27.95	8.12	120.06	230.13	102.71	103.37
681.74	111.50	50.85	739.53	719.38	319.37	753.39
295.94	72.73	22.59	245.19	169.73	64.96	274.16
58.59	7.12	4.50	62.93	52.17	26.46	62.75
349.27	83.11	34.28	300.06	280.14	145.71	317.08
481.51	74.26	34.87	575.49	659.21	283.86	473.01
633.39	175.35	62.96	658.75	1320.03	761.57	733.35
537.31	194.64	49.87	620.75	461.55	178.71	770.23
315.46	90.38	46.59	155.15	187.90	109.08	280.94
511.73	106.87	44.72	377.97	273.35	116.99	379.92
381.90	91.68	36.39	260.82	165.40	64.20	385.32
1232.28	143.99	63.15	1023.43	798.81	391.05	1530.82
62.42	12.54	7.32	35.81	41.50	15.15	68.59
1681.06	271.30	151.23	704.38	639.23	303.59	1468.94
1728.59	151.90	53.52	1338.18	1249.59	403.08	1712.52
33.49	7.94	0.26	19.89	22.51	11.79	18.91
7.04	1.75	0.95	3.76	5.55	2.29	3.27
3.74	0.67	0.11	3.90	11.82	8.20	3.77
89.97	19.70	0.21	27.64	26.90	13.92	32.64
160.72	21.65	1.42	2071.63	3187.52	1498.11	1440.65
54.57	2.51	0.98	96.48	90.67	28.57	94.40
50.87	4.15	0.16	103.27	130.84	55.62	65.25

13—10 续表 continued

项　　目	Item	流动负债 Liquid Liabilities	非流动负债 Long-term Liabilities
总　　计	**Total**	**10772.10**	**3480.43**
总计中:	**Of the Total:**		
内资企业	Domestic Funded Enterprise	9494.42	3319.62
国有企业	State-owned Enterprise	690.99	376.66
集体企业	Collective-owned Enterprise	3.22	0.19
股份合作企业	Share Holding Cooperative Enterprises	1.71	1.49
有限责任公司	Limited Liability Corporations	4737.12	1857.89
股份有限公司	Share-holding Corporations Ltd.	2779.54	898.14
私营企业	Private Enterprises	1281.85	185.25
港澳台商投资企业	Enterprises Funded by Entrepreneurs from Hong Kong, Macao and Taiwan	679.28	113.24
外商投资企业	Foreign Funded Enterprises	598.40	47.57
总计中:	**Of the Total:**		
轻工业	Light Industry	2201.41	247.42
重工业	Heavy Industry	8570.69	3233.01
总计中:	**Of the Total:**		
大型企业	Large-sized Enterprises	7295.05	2655.07
中型企业	Medium-sized Enterprises	3477.06	825.36
按行业分	**Grouped by Sector**		
煤炭开采和洗选业	Mining and Washing of Coal	1094.39	863.14
黑色金属矿采选业	Mining and Processing of Ferrous Metal Ores	191.26	82.07
有色金属矿采选业	Mining and Processing of Non-Ferrous Metal Ores	7.10	2.10
非金属矿采选业	Mining and Processing of Nonmetal Ores	2.02	0.41
开采辅助活动	Mining Auxiliary Activities	1.13	0.09
农副食品加工业	Processing of Food from Agriculture Products	153.47	27.88
食品制造业	Manufacture of Foods	68.65	3.30
酒、饮料和精制茶制造业	Manufacture of Wine, Beverages and Refined Tea	176.94	13.32
烟草制品业	Manufacture of Tobacco	85.45	0.05
纺织业	Manufacture of Textile	114.84	18.74
纺织服装、服饰业	Manufacture of Textile Wearing Apparel and Clothing	71.32	6.56
皮革毛皮羽毛及其制品和制鞋业	Manufacture of Leather, Furs, Feather and Related Products	43.51	2.47
木材加工及木竹藤棕草制品业	Processing of Timber, Manufacture of Wood, Bamboo, Rattan, Palm and Straw Products	6.34	1.28
家具制造业	Manufacture of Furniture	19.79	0.41
造纸及纸制品业	Manufacture of Paper and Paper Products	135.77	48.13
印刷和记录媒介复制业	Printing, Reproduction of Recording Media	24.25	1.00
文教工美体育和娱乐用品制造业	Manufacture of Culture, Education, Art, Sports and Entertainment Supplies	15.74	0.55
石油加工、炼焦和核燃料加工业	Processing of Petroleum, Coking and Processing of Nuclear Fuel	100.04	3.33
化学原料和化学制品制造业	Manufacture of Raw Chemical Materials and Chemical Products	564.78	188.61
医药制造业	Manufacture of Medicines	220.57	53.60
化学纤维制造业	Manufacture of Chemical Fibers	44.14	18.61
橡胶和塑料制品业	Manufacture of Rubber and Plastics	158.49	158.59
非金属矿物制品业	Manufacture of Non-metallic Mineral Products	375.74	94.40
黑色金属冶炼和压延加工业	Smelting and Pressing of Ferrous Metals	647.51	85.83
有色金属冶炼和压延加工业	Smelting and Pressing of Non-ferrous Metals	502.93	267.30
金属制品业	Manufacture of Metal Products	252.37	28.57
通用设备制造业	Manufacture of General Purpose Machinery	321.08	58.85
专用设备制造业	Manufacture of Special Purpose Machinery	335.68	49.64
汽车制造业	Manufacture of Automobile	1271.46	258.02
铁路船舶航空航天和其他运输设备制造业	Manufacture of Railroads, Ships, Aerospace and Other Transportation Equipments	58.36	10.23
电气机械和器材制造业	Manufacture of Electrical Machinery and Equipment	1370.13	98.81
计算机通信和其他电子设备制造业	Manufacture of Computers, Communication and Other Electronic Equipments	1330.48	382.05
仪器仪表制造业	Manufacture of Measuring Instruments and Machinery	16.52	2.40
其他制造业	Manufacture of Others	2.79	0.48
废弃资源综合利用业	Industry of Comprehensive Utilization of Waste Resources	3.00	0.77
金属制品、机械和设备修理业	Industry of Metal Products, Machinery and Equipment Repair	19.12	13.52
电力、热力生产和供应业	Production and Supply of Electric Power and Heat Power	840.72	599.92
燃气生产和供应业	Production and Supply of Gas	71.43	22.97
水的生产和供应业	Production and Supply of Water	52.82	12.42

单位：亿元（100 million yuan）

所有者权益 Creditors' Equity	#实收资本 Capital Hold	主营业务收入 Revenue from principal Business	主营业务成本 Cost of Principal Business	主营业务税金及附加 Business and Extra Charges	利润总额 Total Profits	本年应付职工薪酬 Wages Payable in This Year	本年应交增值税 Value Added Tax Payable
10382.69	**4732.24**	**20056.64**	**16691.89**	**479.42**	**1487.29**	**1541.07**	**654.07**
9282.76	4139.80	17216.91	14209.83	464.84	1304.22	1372.03	560.80
735.48	369.37	1235.20	1173.47	4.54	31.06	106.36	22.93
3.55	1.37	6.59	5.29	0.09	0.36	1.52	0.23
4.32	4.26	3.50	2.89	0.02	0.31	0.41	0.12
4528.74	2446.38	8981.17	7342.55	371.34	618.61	702.02	321.15
2715.34	790.56	4064.34	3241.14	67.48	408.82	347.28	127.96
1295.33	527.85	2926.10	2444.48	21.38	245.06	214.45	88.40
499.33	278.71	1263.90	1168.78	5.87	58.55	62.64	47.35
600.60	313.73	1575.83	1313.27	8.71	124.52	106.40	45.93
2298.19	757.02	4842.81	3681.89	263.84	422.36	390.88	196.50
8084.51	3975.22	15213.83	13009.99	215.58	1064.92	1150.19	457.57
7022.53	2866.99	13604.26	11329.84	428.03	958.53	1023.86	441.51
3360.16	1865.25	6452.38	5362.05	51.39	528.76	517.21	212.57
963.74	450.90	809.45	519.90	21.17	87.72	248.68	77.06
207.54	159.27	114.55	88.05	3.06	17.17	20.70	6.69
10.69	2.98	4.98	4.65	0.17	-1.46	3.47	0.47
7.72	2.18	14.34	9.17	0.40	2.21	1.62	0.36
1.13	1.13	2.51	2.29	0.02	0.03	0.45	0.17
122.96	71.67	341.21	287.65	1.25	23.04	24.06	3.97
55.89	24.61	237.18	199.89	0.87	16.62	16.93	5.53
269.72	58.62	307.54	151.27	31.01	69.47	29.92	24.06
230.98	40.65	348.88	108.36	199.84	5.63	23.69	42.61
159.38	50.32	240.95	210.91	1.34	17.57	27.48	4.86
54.47	21.13	331.80	296.60	1.74	16.14	40.26	8.45
60.10	20.28	140.86	113.11	1.17	19.41	14.27	5.87
9.37	5.09	48.38	42.43	0.40	3.02	2.94	1.64
28.30	5.95	53.87	41.20	0.43	4.83	5.58	1.72
134.59	60.79	145.97	115.80	1.06	19.13	6.22	6.11
47.00	13.08	63.52	50.19	0.40	6.43	6.34	1.84
31.76	7.24	74.10	58.16	0.70	9.58	9.27	2.16
80.71	79.29	527.32	387.37	97.49	25.70	6.85	20.38
667.88	252.01	1023.85	803.01	9.12	109.43	52.45	27.59
266.97	100.96	383.26	267.27	2.97	33.57	36.95	15.23
58.76	28.83	61.58	52.47	0.31	3.89	3.62	2.90
332.25	100.61	435.96	358.78	2.98	36.24	46.67	19.65
583.98	258.78	759.88	490.55	9.36	216.30	61.06	50.20
558.79	163.43	1665.61	1442.62	13.24	146.99	71.05	58.09
387.82	116.95	2204.39	2099.32	6.56	46.47	31.30	24.26
189.66	69.69	480.03	398.87	1.81	46.46	40.03	11.28
509.78	188.09	652.12	535.08	4.34	65.54	63.35	18.91
257.40	133.63	354.49	282.59	2.74	30.27	39.43	11.08
724.89	261.21	1709.99	1553.83	22.92	36.66	135.02	19.54
29.64	23.40	47.25	38.99	0.26	1.74	8.54	1.19
916.50	299.58	2453.83	2047.37	19.65	192.11	151.13	66.00
1354.25	969.82	2105.26	1867.39	7.92	105.15	167.88	56.81
34.46	8.67	40.73	28.30	0.31	3.78	5.46	1.25
7.53	2.23	20.20	12.83	0.06	2.82	3.11	0.51
3.87	1.43	88.08	77.96	1.77	7.20	2.16	9.30
84.96	23.60	29.76	24.22	0.18	2.47	4.85	0.09
791.70	613.80	1600.71	1514.49	9.44	43.11	114.77	43.53
56.65	9.73	98.44	86.19	0.42	8.05	5.92	1.25
88.89	30.63	33.82	22.77	0.52	6.82	7.56	1.46

13—11 大中型工业企业主要经济效益指标（2018年）
Main Indicators on Economic Benefit of Large and Medium-sized Industrial Enterprises (2018)

项　目	Item
总　计	**Total**
总计中：	**Of the Total:**
内资企业	Domestic Funded Enterprise
国有企业	State-owned Enterprise
集体企业	Collective-owned Enterprise
股份合作企业	Share Holding Cooperative Enterprises
有限责任公司	Limited Liability Corporations
股份有限公司	Share-holding Corporations Ltd.
私营企业	Private Enterprises
港澳台商投资企业	Enterprises Funded by Entrepreneurs from Hong Kong, Macao and Taiwan
外商投资企业	Foreign Funded Enterprises
总计中：	**Of the Total:**
轻工业	Light Industry
重工业	Heavy Industry
总计中：	**Of the Total:**
大型企业	Large-sized Enterprises
中型企业	Medium-sized Enterprises
按行业分	**Grouped by Sector**
煤炭开采和洗选业	Mining and Washing of Coal
黑色金属矿采选业	Mining and Processing of Ferrous Metal Ores
有色金属矿采选业	Mining and Processing of Non-Ferrous Metal Ores
非金属矿采选业	Mining and Processing of Nonmetal Ores
开采辅助活动	Mining Auxiliary Activities
农副食品加工业	Processing of Food from Agriculture Products
食品制造业	Manufacture of Foods
酒、饮料和精制茶制造业	Manufacture of Wine, Beverages and Refined Tea
烟草制品业	Manufacture of Tobacco
纺织业	Manufacture of Textile
纺织服装、服饰业	Manufacture of Textile Wearing Apparel and Clothing
皮革毛皮羽毛及其制品和制鞋业	Manufacture of Leather, Furs, Feather and Related Products
木材加工及木竹藤棕草制品业	Processing of Timber, Manufacture of Wood, Bamboo, Rattan, Palm and Straw Products
家具制造业	Manufacture of Furniture
造纸及纸制品业	Manufacture of Paper and Paper Products
印刷和记录媒介复制业	Printing, Reproduction of Recording Media
文教工美体育和娱乐用品制造业	Manufacture of Culture, Education, Art, Sports and Entertainment Supplies
石油加工、炼焦和核燃料加工业	Processing of Petroleum, Coking and Processing of Nuclear Fuel
化学原料和化学制品制造业	Manufacture of Raw Chemical Materials and Chemical Products
医药制造业	Manufacture of Medicines
化学纤维制造业	Manufacture of Chemical Fibers
橡胶和塑料制品业	Manufacture of Rubber and Plastics
非金属矿物制品业	Manufacture of Non-metallic Mineral Products
黑色金属冶炼和压延加工业	Smelting and Pressing of Ferrous Metals
有色金属冶炼和压延加工业	Smelting and Pressing of Non-ferrous Metals
金属制品业	Manufacture of Metal Products
通用设备制造业	Manufacture of General Purpose Machinery
专用设备制造业	Manufacture of Special Purpose Machinery
汽车制造业	Manufacture of Automobile
铁路船舶航空航天和其他运输设备制造业	Manufacture of Railroads, Ships, Aerospace and Other Transportation Equipments
电气机械和器材制造业	Manufacture of Electrical Machinery and Equipment
计算机通信和其他电子设备制造业	Manufacture of Computers, Communication and Other Electronic Equipments
仪器仪表制造业	Manufacture of Measuring Instruments and Machinery
其他制造业	Manufacture of Others
废弃资源综合利用业	Industry of Comprehensive Utilization of Waste Resources
金属制品、机械和设备修理业	Industry of Metal Products, Machinery and Equipment Repair
电力、热力生产和供应业	Production and Supply of Electric Power and Heat Power
燃气生产和供应业	Production and Supply of Gas
水的生产和供应业	Production and Supply of Water

总资产贡献率 (%) Ratio of Total Assets to Industrial Output Value (%)	资产负债率 (%) Assets-liability Ratio (%)	流动资产周转次数 (次/年) Number of Times of Annual of Turnover Circulating Funds (times/year)	工业成本费用利润率 (%) Ratio of Profits to Industrial Cost (%)	产品销售率 (%) Proportion of Products Sold (%)
11.58	**57.87**	**1.84**	**7.86**	**97.67**
11.52	58.00	1.83	8.08	97.52
3.95	59.21	3.51	2.56	99.67
9.75	49.00	2.84	5.77	100.19
5.87	42.53	0.83	9.71	100.45
12.85	59.30	2.03	7.37	97.63
10.34	57.53	1.27	10.80	97.53
13.87	53.20	2.04	8.98	96.34
9.11	61.35	1.74	4.64	97.62
15.11	51.82	2.03	8.20	99.13
19.28	51.65	1.79	9.64	96.80
9.73	59.35	1.85	7.33	97.99
11.74	58.62	1.91	7.47	97.99
11.21	56.19	1.70	8.69	97.08
8.41	67.01	1.55	11.07	99.01
6.93	56.84	1.65	15.49	60.14
-3.96	46.25	2.53	-15.09	130.99
30.67	23.92	4.65	18.79	99.49
9.64	51.96	1.48	1.18	100.00
10.42	59.65	2.12	7.12	101.66
18.55	56.28	3.96	7.27	96.70
27.41	41.43	1.11	30.94	89.01
78.68	27.02	1.51	3.93	98.41
8.84	45.91	2.19	7.58	98.39
20.51	59.07	4.30	5.10	97.65
25.92	43.36	2.33	15.59	97.10
31.97	44.83	5.18	6.68	91.18
15.08	41.65	2.13	9.73	99.25
9.73	57.74	1.33	14.64	98.00
12.52	34.95	1.58	10.85	98.93
26.36	33.90	2.43	14.96	100.44
78.85	56.15	8.51	6.14	99.69
11.32	53.01	1.57	11.39	99.46
10.45	50.66	1.30	9.46	90.29
7.10	51.64	1.06	6.76	97.59
9.64	48.83	1.29	8.69	98.46
26.85	44.75	1.62	38.17	97.41
17.77	56.75	2.66	9.63	99.17
7.08	66.51	4.16	2.13	99.27
14.17	59.70	1.55	10.36	91.06
10.48	42.70	1.35	10.38	98.06
7.62	59.95	0.95	9.02	93.64
4.42	67.86	1.48	2.05	99.03
4.18	69.82	0.77	3.79	100.75
12.22	61.58	1.55	7.97	97.01
6.01	55.84	1.24	5.15	97.16
9.75	35.43	1.26	9.76	99.58
31.46	30.30	2.89	16.16	99.76
239.34	49.34	23.57	9.15	100.00
2.37	27.76	0.35	8.18	100.00
5.72	64.54	10.08	2.75	99.46
6.76	62.50	1.86	8.47	100.00
5.82	42.33	0.76	20.71	91.92

13—12 各市全部规模以上工业企业主要经济指标（2018年）
Main Indicators Above Designated Size Industrial Enterprises by Region (2018)

单位：亿元（100 million yuan）

地区	Region	企业单位数（个）Number of Enterprises (unit)	资产合计 Total Assets	流动资产合计 Circulating Funds	非流动资产合计 Total Non-current Assets	固定资产原价 Original Value of Fixed Assets	负债合计 Total Liabilities	#流动负债 Liquid Liabilities
总计	**Total**	**18775**	**36673.63**	**17789.82**	**18883.97**	**19206.55**	**20693.69**	**16151.20**
合肥市	Hefei	2231	8792.85	4880.45	3912.40	4143.23	5026.58	4127.76
淮北市	Huaibei	682	1898.08	640.46	1257.62	1103.31	976.59	756.03
亳州市	Bozhou	818	1023.71	518.44	505.27	442.34	550.78	438.72
宿州市	Suzhou	1151	889.90	337.18	552.72	649.52	458.91	323.32
蚌埠市	Bengbu	1106	1863.14	948.06	915.07	720.48	1012.50	770.90
阜阳市	Fuyang	1867	1565.00	724.78	840.22	1007.93	801.01	654.53
淮南市	Huainan	670	2658.46	590.24	2068.22	1746.18	1803.18	933.10
滁州市	Chuzhou	1598	2398.19	1255.86	1142.33	1250.04	1302.94	1070.96
六安市	Luan	913	1222.95	562.36	660.59	634.34	731.81	607.33
马鞍山市	Maanshan	1071	2944.38	1359.49	1585.06	1833.22	1593.36	1335.69
芜湖市	Wuhu	1873	5087.54	2847.77	2239.77	2271.35	2918.45	2512.02
宣城市	Xuancheng	1399	1650.79	925.44	725.35	723.61	834.52	593.09
铜陵市	Tongling	567	1933.65	920.39	1013.27	1021.55	1321.25	902.65
池州市	Chizhou	564	644.33	272.03	372.30	419.40	366.09	309.23
安庆市	Anqing	1742	1753.69	801.90	951.79	1088.21	793.00	633.66
黄山市	Huangshan	523	346.96	204.97	141.99	151.82	202.72	182.23

地区	Region	所有者权益 Creditors Equity	#实收资本 Total Capital Hold	主营业务收入 Revenue from principal Business	主营业务成本 Cost of Principal Business	主营业务税金及附加 Business and Extra Charges	利润总额 Total Profits	本年应交增值税 Value Added Tax Payable
总计	**Total**	**15979.93**	**7713.33**	**37208.02**	**31405.87**	**593.42**	**2664.22**	**1113.57**
合肥市	Hefei	3766.27	1988.12	7071.39	6029.73	86.91	353.05	172.24
淮北市	Huaibei	921.49	317.50	1462.67	1169.21	25.01	109.12	52.03
亳州市	Bozhou	472.94	197.66	957.87	752.08	19.49	92.64	36.08
宿州市	Suzhou	430.99	204.01	1495.53	1310.58	10.21	100.98	49.01
蚌埠市	Bengbu	850.64	377.04	2276.20	1964.19	66.82	96.11	37.04
阜阳市	Fuyang	763.92	295.45	2602.31	2216.59	48.75	192.23	105.10
淮南市	Huainan	855.27	614.87	1138.48	924.21	15.65	72.19	59.95
滁州市	Chuzhou	1095.26	559.74	3102.25	2460.28	48.39	407.12	95.60
六安市	Luan	491.14	291.61	950.52	804.67	11.87	59.13	24.62
马鞍山市	Maanshan	1351.09	623.67	2768.19	2364.25	21.84	243.86	94.81
芜湖市	Wuhu	2169.09	949.49	4710.29	3955.74	93.24	349.01	164.09
宣城市	Xuancheng	816.27	333.32	1550.75	1288.62	12.70	137.26	58.49
铜陵市	Tongling	612.40	296.12	3255.50	3035.75	11.02	86.79	34.32
池州市	Chizhou	278.24	160.33	676.42	549.21	6.72	83.46	25.71
安庆市	Anqing	960.69	434.69	2771.06	2226.19	111.90	259.45	91.03
黄山市	Huangshan	144.24	69.73	418.59	354.56	2.91	21.84	13.47

13—13　各市国有控股工业企业主要经济指标（2018年）
Main Indicators of State-owned and State Holding Majority Shares Industrial Enterprises by Region (2018)

单位：亿元（100 million yuan）

地区	Region	企业单位数(个) Number of Enterprises (unit)	资产合计 Total Assets	流动资产合计 Circulating Funds	非流动资产合计 Total Non-current Assets	固定资产原价 Original Value of Fixed Assets	负债合计 Total Liabilities	#流动负债 Liquid Liabilities
总　计	**Total**	**718**	**15327.14**	**5478.58**	**9848.56**	**10381.77**	**9186.73**	**6201.09**
合肥市	Hefei	201	4023.62	1737.97	2285.64	2567.76	2207.82	1604.73
淮北市	Huaibei	30	1271.79	325.02	946.77	856.12	676.48	509.97
亳州市	Bozhou	19	360.69	128.90	231.78	197.44	202.89	130.20
宿州市	Suzhou	28	209.18	42.84	166.34	250.70	157.46	81.89
蚌埠市	Bengbu	47	620.19	281.54	338.65	316.08	350.30	230.69
阜阳市	Fuyang	17	381.07	108.28	272.79	362.96	217.85	146.68
淮南市	Huainan	44	2191.79	389.17	1802.63	1409.80	1547.18	748.42
滁州市	Chuzhou	38	504.00	154.43	349.57	416.63	289.07	182.60
六安市	Luan	25	226.31	44.18	182.12	236.00	140.57	91.05
马鞍山市	Maanshan	52	1663.71	703.51	960.20	1330.83	943.68	769.37
芜湖市	Wuhu	64	1773.55	856.22	917.33	836.06	1123.93	868.19
宣城市	Xuancheng	33	224.45	71.90	152.55	229.04	127.03	73.30
铜陵市	Tongling	47	1243.97	481.59	762.38	744.12	886.77	551.81
池州市	Chizhou	13	135.26	29.58	105.68	141.00	61.54	37.16
安庆市	Anqing	51	476.78	119.43	357.34	462.30	241.93	167.23
黄山市	Huangshan	9	20.78	3.99	16.79	24.93	12.22	7.80

地区	Region	所有者权益 Creditors Equity	#实收资本 Total Capital Hold	主营业务收入 Revenue from principal Business	主营业务成本 Cost of Principal Business	主营业务税金及附加 Business and Extra Charges	利润总额 Total Profits	本年应交增值税 Value Added Tax Payable
总　计	**Total**	**6140.41**	**3154.01**	**11031.14**	**9208.64**	**401.95**	**699.09**	**347.50**
合肥市	Hefei	1815.79	1069.26	2730.83	2361.81	66.73	101.39	43.17
淮北市	Huaibei	595.32	213.97	568.87	401.60	8.78	54.67	32.87
亳州市	Bozhou	157.79	54.25	203.84	124.05	13.46	34.46	15.94
宿州市	Suzhou	51.72	34.08	138.09	118.42	1.57	7.45	7.26
蚌埠市	Bengbu	269.89	109.05	347.21	241.43	55.18	19.08	16.04
阜阳市	Fuyang	163.23	49.19	267.47	196.03	24.63	30.80	16.42
淮南市	Huainan	644.61	500.30	610.94	466.64	13.13	40.69	48.68
滁州市	Chuzhou	214.93	126.53	551.96	437.64	30.18	58.22	26.87
六安市	Luan	85.74	78.25	142.30	122.54	1.34	9.46	3.89
马鞍山市	Maanshan	720.04	333.14	1519.40	1312.35	13.49	141.44	44.09
芜湖市	Wuhu	649.62	205.27	971.90	794.60	66.58	74.72	35.60
宣城市	Xuancheng	97.42	66.89	161.10	125.86	1.47	25.44	9.20
铜陵市	Tongling	357.20	138.53	2030.17	1923.14	5.77	31.93	16.26
池州市	Chizhou	73.72	37.53	109.06	81.78	1.09	21.62	5.53
安庆市	Anqing	234.85	132.45	661.22	485.12	98.48	47.11	25.28
黄山市	Huangshan	8.56	5.31	16.78	15.63	0.07	0.61	0.41

13—14 各市外商投资和港澳台商投资工业企业主要经济指标（2018年）

Main Indicators on Economic Benefit of Industrial Enterprises with Hong Kong, Macao, Taiwan and Foreign Funds by Region (2018)

单位：亿元（100 million yuan）

地区	Region	企业单位数（个） Number of Enterprises (unit)	资产合计 Total Assets	流动资产合计 Circulating Funds	非流动资产合计 Total Non-current Assets	固定资产原价 Original Value of Fixed Assets	负债合计 Total Liabilities	#流动负债 Liquid Liabilities
总计	**Total**	**648**	**3454.98**	**2048.51**	**1406.47**	**1727.46**	**1950.10**	**1679.10**
合肥市	Hefei	145	1342.58	989.04	353.54	509.98	893.14	817.84
淮北市	Huaibei	14	46.97	17.62	29.35	42.28	26.05	23.09
亳州市	Bozhou	4	11.29	4.11	7.17	8.02	5.46	5.37
宿州市	Suzhou	25	68.19	30.75	37.43	37.45	30.38	22.31
蚌埠市	Bengbu	34	203.59	56.65	146.94	53.04	72.14	57.81
阜阳市	Fuyang	17	69.95	22.64	47.31	54.80	34.25	27.59
淮南市	Huainan	17	167.42	35.12	132.30	193.90	102.03	57.78
滁州市	Chuzhou	83	242.41	107.61	134.81	163.38	125.51	97.71
六安市	Luan	22	59.66	21.11	38.55	44.41	30.27	27.52
马鞍山市	Maanshan	53	144.10	77.85	66.25	78.48	76.64	65.51
芜湖市	Wuhu	107	653.77	402.68	251.09	307.32	291.04	274.94
宣城市	Xuancheng	36	50.98	31.20	19.78	24.96	20.84	19.69
铜陵市	Tongling	22	257.27	179.17	78.10	124.20	190.71	132.96
池州市	Chizhou	15	26.23	12.00	14.23	19.67	12.65	11.12
安庆市	Anqing	36	94.88	52.91	41.96	57.19	30.85	29.81
黄山市	Huangshan	18	15.68	8.03	7.65	8.41	8.14	8.05

地区	Region	所有者权益 Creditors Equity	#实收资本 Total Capital Hold	主营业务收入 Revenue from principal Business	主营业务成本 Cost of Principal Business	主营业务税金及附加 Business and Extra Charges	利润总额 Total Profits	本年应交增值税 Value Added Tax Payable
总计	**Total**	**1504.88**	**881.88**	**4040.16**	**3558.95**	**20.06**	**239.83**	**112.86**
合肥市	Hefei	449.44	314.77	1528.69	1359.81	5.38	57.93	55.36
淮北市	Huaibei	20.93	14.56	39.27	34.98	0.75	0.72	0.66
亳州市	Bozhou	5.83	2.49	1.85	0.65	0.00	1.15	0.22
宿州市	Suzhou	37.80	14.63	96.96	77.21	0.76	16.73	3.55
蚌埠市	Bengbu	131.45	37.52	102.96	87.55	0.57	10.23	1.81
阜阳市	Fuyang	35.70	21.56	69.63	60.45	0.84	5.02	2.99
淮南市	Huainan	65.39	48.28	93.87	74.98	0.59	13.44	1.98
滁州市	Chuzhou	116.90	104.41	277.02	233.61	1.72	28.82	11.26
六安市	Luan	29.40	17.49	45.64	36.84	0.91	4.49	1.51
马鞍山市	Maanshan	67.45	57.08	157.79	136.20	0.91	9.76	4.16
芜湖市	Wuhu	362.73	168.86	594.37	493.44	4.68	58.40	18.47
宣城市	Xuancheng	30.14	9.69	53.91	44.21	0.43	5.72	1.70
铜陵市	Tongling	66.57	34.10	867.25	835.61	1.57	11.35	4.16
池州市	Chizhou	13.58	6.60	28.29	20.79	0.20	4.35	1.22
安庆市	Anqing	64.02	26.57	69.43	51.19	0.68	11.21	3.50
黄山市	Huangshan	7.54	3.28	13.23	11.43	0.08	0.50	0.31

13—15 各市私营工业企业主要经济指标（2018年）

Main Indicators of Private Enterprises by Region (2018)

单位：亿元（100 million yuan）

地区	Region	企业单位数（个） Number of Enterprises (unit)	资产合计 Total Assets	流动资产合计 Circulating Funds	非流动资产合计 Total Non-current Assets	固定资产原价 Original Value of Fixed Assets	负债合计 Total Liabilities	#流动负债 Liquid Liabilities
总　计	**Total**	**11003**	**8230.37**	**4610.33**	**3620.21**	**3513.39**	**4318.15**	**3825.98**
合肥市	Hefei	1232	1451.60	940.26	511.33	463.60	863.90	799.52
淮北市	Huaibei	486	339.08	168.96	170.12	147.77	175.59	138.49
亳州市	Bozhou	315	220.40	128.16	92.23	87.31	112.18	96.47
宿州市	Suzhou	542	262.15	114.65	147.50	152.97	104.08	88.71
蚌埠市	Bengbu	724	401.62	240.86	160.76	154.36	215.49	191.96
阜阳市	Fuyang	1182	559.61	302.62	257.00	269.64	256.15	223.98
淮南市	Huainan	388	178.61	100.15	78.46	81.68	85.57	69.78
滁州市	Chuzhou	1095	914.49	526.91	387.59	399.49	465.62	416.93
六安市	Luan	648	520.09	257.05	263.05	215.80	323.31	275.39
马鞍山市	Maanshan	616	768.72	366.56	402.33	254.68	386.85	324.04
芜湖市	Wuhu	897	893.98	473.60	420.37	526.85	462.83	414.15
宣城市	Xuancheng	933	590.65	344.70	245.95	249.14	326.38	303.52
铜陵市	Tongling	294	165.39	103.58	61.81	61.14	87.22	75.87
池州市	Chizhou	315	214.04	113.04	100.99	94.28	116.23	103.07
安庆市	Anqing	988	560.97	307.93	253.05	284.75	225.59	201.99
黄山市	Huangshan	348	188.98	121.30	67.68	69.95	111.16	102.10

地区	Region	所有者权益 Creditors Equity	#实收资本 Total Capital Hold	主营业务收入 Revenue from principal Business	主营业务成本 Cost of Principal Business	主营业务税金及附加 Business and Extra Charges	利润总额 Total Profits	本年应交增值税 Value Added Tax Payable
总　计	**Total**	**3912.29**	**1745.66**	**12397.38**	**10568.10**	**81.88**	**895.11**	**334.11**
合肥市	Hefei	587.69	247.04	1452.08	1219.79	6.79	80.98	36.37
淮北市	Huaibei	163.49	61.45	568.27	508.63	4.93	21.75	9.48
亳州市	Bozhou	108.21	52.47	289.05	247.54	2.13	19.18	7.11
宿州市	Suzhou	158.07	68.04	572.65	502.21	3.90	36.00	16.40
蚌埠市	Bengbu	186.13	64.53	1257.02	1142.40	5.51	38.89	8.92
阜阳市	Fuyang	303.46	124.43	1256.68	1082.56	10.78	92.12	43.86
淮南市	Huainan	93.04	40.74	281.43	249.94	1.25	12.94	5.45
滁州市	Chuzhou	448.87	197.74	1483.99	1163.23	10.53	217.23	34.92
六安市	Luan	196.79	120.13	484.76	424.09	2.90	19.38	10.50
马鞍山市	Maanshan	381.94	159.84	688.48	579.14	3.66	54.46	26.24
芜湖市	Wuhu	431.15	229.57	1329.10	1143.30	8.82	77.80	52.35
宣城市	Xuancheng	264.27	120.41	794.41	680.42	6.87	53.80	27.73
铜陵市	Tongling	78.17	50.40	248.82	221.77	1.92	9.91	4.86
池州市	Chizhou	97.81	51.22	245.44	194.75	2.76	26.80	6.06
安庆市	Anqing	335.38	123.54	1183.36	985.23	7.33	120.14	34.68
黄山市	Huangshan	77.82	34.10	261.85	223.08	1.81	13.72	9.20

13—16 各市大中型工业企业主要经济指标（2018年）
Main Indicators of Large-scale and Medium-scale Industrial Enterprises by Region (2018)

单位：亿元（100 million yuan）

地区	Region	企业单位数（个）Number of Enterprises (unit)	资产合计 Total Assets	流动资产合计 Circulating Funds	非流动资产合计 Total Non-current Assets	固定资产原价 Original Value of Fixed Assets	负债合计 Total Liabilities	#流动负债 Liquid Liabilities
总计	**Total**	**1507**	**24642.86**	**11283.45**	**13359.42**	**13456.87**	**14260.17**	**10772.10**
合肥市	Hefei	309	7013.86	3809.04	3204.82	3364.67	3997.32	3234.10
淮北市	Huaibei	51	1438.68	443.78	994.90	811.32	742.29	593.80
亳州市	Bozhou	43	409.17	188.36	220.81	184.98	207.20	166.60
宿州市	Suzhou	59	320.59	99.07	221.51	306.93	220.28	135.05
蚌埠市	Bengbu	67	1091.11	539.33	551.78	382.61	583.90	450.85
阜阳市	Fuyang	90	705.42	286.38	419.04	554.16	394.21	303.87
淮南市	Huainan	38	2149.56	383.98	1765.58	1506.83	1573.50	768.72
滁州市	Chuzhou	162	1301.96	677.07	624.90	730.12	721.44	593.15
六安市	Luan	69	603.66	244.55	359.11	364.12	360.53	296.76
马鞍山市	Maanshan	88	2322.81	990.96	1331.85	1541.87	1273.84	1050.86
芜湖市	Wuhu	221	3673.74	2007.42	1666.32	1577.67	2143.15	1820.86
宣城市	Xuancheng	95	928.46	517.80	410.66	399.70	420.74	210.28
铜陵市	Tongling	43	1477.17	633.45	843.73	836.38	1015.15	682.45
池州市	Chizhou	25	302.07	108.06	194.01	243.25	163.95	131.79
安庆市	Anqing	131	846.05	328.14	517.90	615.74	409.93	306.18
黄山市	Huangshan	16	58.56	26.04	32.52	36.52	32.74	26.77

地区	Region	所有者权益 Creditors Equity	#实收资本 Total Capital Hold	主营业务收入 Revenue from principal Business	主营业务成本 Cost of Principal Business	主营业务税金及附加 Business and Extra Charges	利润总额 Total Profits	本年应交增值税 Value Added Tax Payable
总计	**Total**	**10382.69**	**4732.24**	**20056.64**	**16691.89**	**479.42**	**1487.29**	**654.07**
合肥市	Hefei	3016.55	1540.02	5459.70	4683.23	77.50	260.84	126.53
淮北市	Huaibei	696.39	222.58	721.42	507.95	18.51	78.38	39.48
亳州市	Bozhou	201.97	60.32	322.14	217.31	14.54	39.39	17.87
宿州市	Suzhou	100.30	47.70	317.26	270.28	2.67	26.51	13.08
蚌埠市	Bengbu	507.21	202.10	650.85	499.56	57.39	39.26	23.29
阜阳市	Fuyang	311.20	93.09	950.39	801.77	35.76	69.67	52.46
淮南市	Huainan	576.06	430.59	665.45	514.45	13.43	41.83	49.08
滁州市	Chuzhou	580.52	296.43	1651.30	1295.56	38.57	225.50	58.30
六安市	Luan	243.13	160.54	352.66	286.29	8.01	27.38	11.26
马鞍山市	Maanshan	1048.97	453.79	1886.81	1607.22	15.81	180.45	60.12
芜湖市	Wuhu	1530.59	576.25	2617.29	2162.70	78.35	213.36	92.94
宣城市	Xuancheng	507.72	178.00	593.10	476.21	5.50	65.76	24.49
铜陵市	Tongling	462.02	185.03	2292.67	2126.72	7.55	72.26	24.72
池州市	Chizhou	138.12	69.30	345.19	288.57	2.94	49.28	15.99
安庆市	Anqing	436.11	206.13	1178.64	914.04	102.54	93.97	42.73
黄山市	Huangshan	25.82	10.38	51.78	40.02	0.35	3.45	1.74

13—17 工业主要产品生产能力
Main Prodnct Productivity of Industrial Enterprises

项 目		Item		2016	2017
原 煤	(吨)	Raw Coal	(ton)	184350000	170240000
卷 烟	(万支)	Cigarettes	(10000 pieces)	17560800	17899920
棉纺锭／纺纱量	(锭／吨)	Cotton Spinning / Spinning Amount	(ingot/ton)	3635165	3886899
气流纺锭／纺纱量	(头／吨)	Air Spindle / Spinning Amount	(unit/ton)	122632	187926
棉布织机／布	(台／万米)	Cotton Looms / cloth	(unit/10000 meters)	129184	106963
原油加工能力／原油加工量	(吨/吨)	Processing Capacity of Crude Oil / Processing Amount of Crude Oil	(ton/ton)	10000000	9000000
焦 炭	(吨)	Cofe	(ton)	13351600	13541600
烧碱(折100%)	(吨)	Caustic Soda (=100%)	(ton)	790000	820000
碳化钙(电石，折300升／千克)	(吨)	Calcium Carbide (calcium carbide, = 300 liters / kg)	(ton)	1700	
农用氮磷钾化学肥料总计(折纯)	(吨)	Total of Agricultural N, P and K Chemical fertilizers (=pure)	(ton)	6810910	4769258
初级形态塑料	(吨)	Primary form Plastic	(ton)	1960908	1862116
化学纤维	(吨)	Chemical Fiber	(ton)	471800	539080
硅酸盐水泥熟料	(吨)	Silicate Cement Grog	(ton)	152195000	152713000
水 泥	(吨)	Cement	(ton)	186230001	181424162
平板玻璃	(重量箱)	Plate Glass	(weight cases)	42677259	39442900
生 铁	(吨)	Pig Iron	(ton)	26542500	25613400
粗 钢	(吨)	Thick Steel	(ton)	32917000	33575000
钢 材	(吨)	Rolled Steel	(ton)	39831555	40190866
铁合金	(吨)	Ferroalloy	(ton)	84272	130710
金属切削机床	(台)	Metal-cutting Machine Tools	(unit)	116658	118197
挖掘机	(台)	Excavating Machine	(unit)	15976	15180
汽 车	(辆)	Motor Vehicles	(unit)	2216822	2192600
#基本型乘用车(轿车)		Basic Passenger Car (car)		1540422	1755800
民用钢质船舶	(载重吨)	Civil Steel Ship	(carrying capacity ton)	4972978	2915742
太阳能电池	(千瓦)	Solor Battery	(kilowatt)	6605832	9233925
家用电冰箱	(台)	Household Refrigerators	(unit)	39915863	36704778
房间空气调节器	(台)	Air Conditioners	(unit)	43177064	47330264
微型计算机设备	(台)	Microcomputer Equipment	(unit)	44588915	44544245
移动通信手持机(手机)	(台)	Mobile Communication Handset (mobile phone)	(unit)	3300000	2200000
彩色电视机	(台)	Color TV	(unit)	18644184	24070320
发电设备容量总计／发电量	(万千瓦/万千瓦小时)	Capacity of Power Generation Equipment / Generating Capacity	(10000 kilowatt /10000 kilowatt hour)	5355.7	5762.43
#火电设备容量／发电量		Capacity of Thermal Power Equipment		4919.9	5147.48
水电设备容量／发电量		Capacity of Water Power Equipment		230.5	212.44
风电设备容量／发电量		Capacity of Wind Power Equipment		123.9	148.53

13—18 主要工业产品产量
Output of Major Industrial Products

项　　目		Item		2005	2010	2015	2016	2017
原　煤	（万吨）	Raw Coal	(10000 tons)	8434	13030	13404	12236	11724
洗　煤	（万吨）	Coal Washing	(10000 tons)	823	1603	4414	3909	3953
铁矿石原矿量	（万吨）	Iron Ore Products	(10000 tons)	1100	3237	4697	5357	3726
铜金属含量	（吨）	Amount Contained of Copper	(ton)	66466	129145	209072	209527	166044
混合饲料	（万吨）	Blending Feed	(10000 tons)	161.0	121.9	100.1	118.5	92.9
原　盐	（吨）	Raw Salt	(ton)	567340	1461487	1496473	1535994	1525465
大　米	（万吨）	Rice	(10000 tons)	156.8	1042.1	1713.3	1781.1	17204989
食用植物油	（万吨）	Edible Vegetable Oil	(10000 tons)	49.99	66.23	127.70	143.40	112.30
乳制品	（吨）	Dairy Products	(ton)	54343	664812	943722	1061697	1051432
罐　头	（吨）	Can (tin)	(ton)	61143	308924	586059	600401	606517
鲜、冻畜肉	（万吨）	Fresh and Frozen Meat	(10000 tons)	14.8	59.0	142.9	120.6	124
糖　果	（吨）	Candy	(ton)	4289	27682	87107	97563	126710
酱　油	（吨）	Soy Sauce	(ton)	7021	41281	107292	114033	54767
发酵酒精	（万千升）	Fermented Alcohol	(10000 kl)	25.5	68.0	37.4	38.7	38.9
白　酒	（万千升）	Liquor	(10000 kl)	22.4	48.0	46.5	44.9	43.9
啤　酒	（万千升）	Beer	(10000 kl)	115.5	154.1	119.2	105.9	96.0
精制茶	（吨）	Refined Tea	(ton)	57042	178927	257143	268653	258602
卷　烟	（亿支）	Cigarettes	(100 million pieces)	1031	1226	1269	1003	1027
纱	（吨）	Yarn	(ton)	383057	565419	1111904	1149391	1096499
布	（万米）	Cloth	(10000 m)	56293	108663	141398	165400	140765
棉　布	（万米）	Cotton Cloth	(10000 m)	37373	82439	43565	45823	45680
印染布	（万米）	Printing and Dyeing Cloth	(10000 m)	18332	18392	18462	27828	22037
绒线（毛线）	（吨）	Knitting Wool	(ton)	1996	528	2227	2016	1956
丝	（吨）	Silk	(ton)	3807	6438	8057	6069	5142
丝织品	（万米）	Silk Fabrics	(10000 m)	2867	4005	7196	7400	6178
服　装	（万件）	Clothing	(10000 units)	11288	53505	117020	117158	105360
梭织服装		Shuttled Clothing		5079	30888	79439	79369	73606
针织服装		Knit Clothing		3625	22617	37582	37789	31754
人造板	（万立方米）	Man-made Board	(10000 cu.m)	200.2	573.0	1495.8	1390.3	1287.0
机制纸及纸板	（万吨）	Machine-made Paper and Paperboard	(10000 tons)	111.1	221.1	306.3	343.8	350.4
纸制品	（万吨）	Paper Products	(10000 tons)	22.8	69.0	181.2	179.2	1447401
原油加工量	（万吨）	Volume of Processed Crude Oil	(10000 tons)	416.0	476.6	689.3	538.4	750.6
汽　油	（万吨）	Gasoline	(10000 tons)	86.0	97.0	216.6	176.4	243.4
柴　油	（万吨）	Diesel Oil	(10000 tons)	177.4	196.0	281.0	197.5	251.9
燃料油	（万吨）	Fuel Oil	(10000 tons)	8.3	12.4	1.8	1.2	0.5
液化石油气	（万吨）	Liquefied Petroleum	(10000 tons)	30.5	34.1	58.3	48.2	67.6
焦　炭	（万吨）	Coke	(10000 tons)	487.9	839.6	958.5	972.6	1057.6
硫酸（折100%）	（万吨）	Sulfuric Acid (100%)	(10000 tons)	202.5	439.7	630.1	655.5	583.1
浓硝酸（折100%）	（万吨）	Enriched Nitric Acid (100%)	(10000 tons)	32.5	54.5	63.1	58.8	55.5
氢氧化钠（烧碱）（折100%）	（万吨）	Caustic Soda (100%)	(10000 tons)	18.8	29.0	72.0	75.0	78.3
碳酸钠（纯碱）	（万吨）	Soda Ash	(10000 tons)	24.1	35.4	76.9	88.7	86.6
合成氨	（万吨）	Synthetic Ammonia	(10000 tons)	231.4	266.4	344.8	326.4	316.1
农用氮肥磷钾化学肥料总计	（万吨）	Chemical Fertilizers	(10000 tons)	204.1	255.4	309.7	290.9	233.3
氮肥（折含N100%）	（万吨）	Nitrogen Fertilizers	(10000 tons)	148.2	201.5	228.3	205.2	182.0

13—18　续表　continued

项　　目		Item		2005	2010	2015	2016	2017
磷　肥	（万吨）	Phosphate Fertilizers	(10000 tons)	55.9	54.0	81.4	85.7	50.9
化学农药	（万吨）	Chemical Pesticide	(10000 tons)	3.7	15.1	19.8	19.5	10.9
塑料树脂及共聚物	（万吨）	Plastics	(10000 tons)	26.9	56.9	120.4	132.2	1367515
肥　皂	（吨）	Soap	(ton)	22803	20704			
合成洗涤剂	（万吨）	Synthetic Detergents	(10000 tons)	41.3	74.6	79.4	81.3	88.8
牙膏（自然支）	（万支）	Toothpaste	(10000 units)	65764	77835			
化学原料药	（吨）	Chemical Medicine	(ton)	18960	9208	40473	40767	48033
中成药	（吨）	Traditional Chinese Medicine	(ton)	9672	26190	49709	49171	45879
化学纤维	（万吨）	Chemical Fiber	(10000 tons)	11.4	22.0	27.0	35.3	39.0
轮胎外胎	（万条）	Tires	(10000 units)	1073.6	3744.3	2829.6	4792.0	4958.3
塑料制品	（万吨）	Plastic Products	(10000 tons)	73.5	186.8	338.7	363.8	3847937
塑料薄膜	（吨）	Plastic Film	(ton)	173228	166674	348278	395435	449693
水　泥	（万吨）	Cement	(10000 tons)	3218	7874	13085	13391	13394
大理石板材	（万平方米）	Marble Plate	(10000 sq.m)	3.30	13.90	535.00	650.60	597.90
花岗石板材	（万平方米）	Granite Plate	(10000 sq.m)	11.60	109.82	497.60	539.40	641.80
平板玻璃	（万重量箱）	Plate Glass	(10000 weight cases)	507.7	1044.3	2302.5	3264.2	3769.5
生　铁	（万吨）	Pig Iron	(10000 tons)	1105.7	1844.9	2092.5	2242.7	2265.4
钢	（万吨）	Steel	(10000 tons)	1105.6	1853.8	2506.0	2731.3	2793.4
钢　材	（万吨）	Rolled Steel	(10000 tons)	1141.6	2446.4	3334.7	3225.8	3143.9
铁道用钢材		Steel Use for Railway		14.8	11.9	12.5	10.5	14.0
中小型钢材		Rolled-steel, Medium and Small		124.7	158.5	234.9	59.8	32.4
无缝钢管		Seamless Steel Pipe		25.4	20.0	72.6	65.8	65.4
线　材		Wire Rod		171.9	301.1	209.8	195.1	189.5
铜	（万吨）	Copper	(10000 tons)	35.9	83.1	131.1	129.4	128.0
工业锅炉	（蒸吨）	Industrial Boilers	(ton)	2478	5196	31760	33261	29142
内燃机	（万千瓦）	Internal Combustion Engines	(10000 kw)	713.1				
金属切削机床	（台）	Metal-cutting Machine Tools	(unit)	11769	26283	81268	80788	83524
起重设备	（吨）	Derrick Equipment	(ton)	54935	334543	869451	911361	348147
叉　车	（台）	Forklift	(unit)	20303	40613	58094	63168	69069
泵	（台）	Pump	(unit)	82312	409494	2046093	2682386	4924202
轴　承	（万套）	Bearing	(10000 sets)	8055	23665	76633	86571	94374
矿山设备	（吨）	Mining Equipment	(ton)	112593	74055	587194	594939	575106
小型拖拉机	（台）	Mini-tractors	(unit)	119899	17833	15316	5812	3838
农业运输机械	（辆）	Machinery for Agricultural Transportation	(unit)	32287				
汽　车	（辆）	Motor Vehicles	(unit)	401087	1244735	1257681	1596742	1335141
载货汽车		Trucks		116639	273645	210804	267948	226975
公路汽车		Coach		84980	78426	37578	25483	21511
交流电动机	（万千瓦）	Alternating Current Motor	(10000 kw)	515.8	1599.5	2200.0	2329.3	2190.5
变压器	（万千伏安）	Transformer	(10000 KVA)	1758.6	4136.9	4408.4	4665.0	3860.0
蓄电池	（千伏安时）	Storage Battery	(KVA.h)	806458	6610665	19170259	19514133	20486429
家用洗衣机	（万台）	Household Washing Machines	(10000 units)	441.8	1267.0	1725.2	2006.4	2056.0
家用电冰箱	（万台）	Household Refrigerators	(10000 units)	530.4	2078.9	2888.2	3058.8	3338.3
电风扇	（万台）	Electric Fans	(10000 units)	2.9		34.9		
房间空气调节器	（万台）	Air Conditioners	(10000 units)	515.0	1666.1	3176.1	3113.9	3781.2
电视机	（万部）	TV Sets	(10000 units)	374.4	395.3	1176.9	1277.1	1399.6
#彩色电视机		Color TV		374.4	395.3	1176.9	1277.1	1399.6
微型电子计算机	（万部）	Micro-computers	(10000 unit)	4.3	1.8	1801.5	1659.8	18767672
发电量	（亿千瓦时）	Electricity	(100 million kwh)	645.7	1443.9	2034.2	2206.2	2419.7
火　电		Thermal Power		634.9	1420.2	1954.7	2129.9	2305.7
水　电		Hydropower		10.9	18.9	30.9	43.0	41.6
煤　气	（亿立方米）	Gas	(100 million cu.m)	147.6	286.6	326.8	391.8	394.5

13—19 各市主要工业产品产量（2017年）
Output of Major Industrial Products by Region (2017)

项　　目		Item		合 肥 市 Hefei	淮 北 市 Huaibei	亳 州 市 Bozhou	宿 州 市 Suzhou
铁矿石原矿量	（万吨）	Iron Ore Products	(10000 tons)	520.7	233.1		
原　盐	（万吨）	Raw Salt	(10000 tons)				
大　米	（万吨）	Rice	(10000 tons)	227.8			2.6
混合饲料	（万吨）	Blending Feed	(10000 tons)	1.2	33.4		3.4
食用植物油	（万吨）	Edible Vegetable Oil	(10000 tons)	30.8	5.4	4.8	
白　酒	（千升）	Liquor	(kl)	4818	40589	125712	10463
精制茶	（吨）	Refined Tea	(ton)	8609		22	
纱	（吨）	Yarn	(ton)	13584	72263	54016	136985
布	（万米）	Cloth	(10000 m)	1947	12330	6209	6661
机制纸及纸板	（万吨）	Machine-made Paper and Paperboard	(10000 tons)	7.9		4.9	52.5
原油加工量	（万吨）	Volume of Processed Crude Oil	(10000 tons)				
农用氮肥磷钾化学肥料总计	（万吨）	Chemical Fertilizers	(10000 tons)	34.9			
中成药	（吨）	Traditional Chinese Medicine	(ton)	3012.8	97.6		2349.5
化学纤维	（万吨）	Chemical Fiber	(10000 tons)	8.4			
轮胎外胎	（万条）	Tires	(10000 units)	4510.5			
水　泥	（万吨）	Cement	(10000 tons)	1851.3	1003.5	254.3	746.2
平板玻璃	（万重量箱）	Plate Glass	(10000 weight cases)	397.7			4.3
生　铁	（万吨）	Pig Iron	(10000 tons)				
钢	（万吨）	Steel	(10000 tons)				
成品钢材	（万吨）	Steel Products	(10000 tons)	132.0			9.3
铜	（万吨）	Copper	(10000 tons)				
叉　车	（台）	Forklift	(unit)	64838			
汽　车	（辆）	Motor Vehicles	(unit)	537880			362.0
载货汽车		Trucks		207572			
家用洗衣机	（万台）	Household Washing Machines	(10000 units)	1871.0			
家用电冰箱	（万台）	Household Refrigerators	(10000 units)	2929.0			
房间空气调节器	（万台）	Air Conditioners	(10000 units)	1407.1			
彩色电视机	（万部）	Color TV	(10000 units)	934.9			
发电量	（亿千瓦时）	Electricity	(100 million kwh)	176.9	203.5	104.0	120.0

蚌埠市 Bengbu	阜阳市 Fuyang	淮南市 Huainan	滁州市 Chuzhou	六安市 Luan	马鞍山市 Maanshan	芜湖市 Wuhu	宣城市 Xuancheng	铜陵市 Tonglin	池州市 Chizhou	安庆市 Anqin	黄山市 Huangshan
			0.9	2711.5	167.5	42.5				49.7	
			152.5								
214.6	105.1	203.2	304.5	158.3	83.0	92.2	56.3	51.7	29.9	177.7	13.8
6.9	10.8	10.1	13.5	1.8		0.5	11.3				
7.7	4.6	9.6	0.1	7.8	13.7	1.1	9.5	0.8	8.2	7.7	0.4
28668	74539	1195	8171	29470	28286		10916	64854	520	11132	
			772	45532	393		13883	29	21156	4395	163812
140057	234888	20575	47968	8749	5369	90989	26577	20183	6352	192152	25792
4904	3593	1661			2694	6195	7766	8823		14547	63436
2.8	15.0	0.6	7.4	3.5	197.0	15.9	14.8	0.6	0.9	24.1	2.5
										750.6	
	90.3	31.2	15.8					53.7	2.6	4.8	
144.8	8049.0	1198.1	9996.0	2638.9	367.0	6720.0	1037.3		578.5	7906.5	1782.5
	6.3		12.2	1.3	0.1		3.0			7.5	
			94.3			322.2		31.2			
290.3	311.5	971.1	1217.2	449.6	1513.7	1679.3	812.3	925.2	339.1	831.8	197.8
293.3			790.1			1947.4				336.7	
	4.1				1822.0	439.2	0.2				
					1976.0	423.2	54.2	159.9	180.1		
19.1	1.7		53.0	12.1	2069.2	552.1	106.8	147.2	36.8	3.1	1.5
								128.0			
	2974			615	560	82					
20390	1765		120161		17638	636351				594.0	
	1765				17638						
			184.9								
			409.3								
			149.5			2224.5					
	3.3		451.4						10.0		
69.6	79.1	622.3	63.6	77.9	262.8	175.9	74.9	187.7	40.0	172.5	0.6

主要统计指标解释

工业

指从事自然资源的开采，对采掘品和农产品进行加工和再加工的物质生产部门。具体包括：(1)对自然资源的开采，如采矿、晒盐等(但不包括禽兽捕猎和水产捕捞)；(2)对农副产品的加工、再加工，如粮油加工、食品加工、缫丝、纺织、制革等；(3)对采掘品的加工、再加工，如炼铁、炼钢、化工生产、石油加工、机器制造、木材加工等，以及电力、自来水、煤气的生产和供应等；(4)对工业品的修理、翻新，如机器设备的修理、交通运输工具(如汽车)的修理等。

工业统计调查单位为独立核算法人工业企业。

独立核算法人工业企业指从事工业生产经营活动的单位。独立核算法人工业企业应同时具备以下条件：①依法成立，有自己的名称、组织机构和场所，能够承担民事责任；②独立拥有和使用资产，承担负债，有权与其他单位签订合同；③独立核算盈亏，并能够编制资产负债表。

国有及国有控股企业

指国有企业加上国有控股企业。国有企业(即原全民所有制工业或国营工业)指企业全部资产归国家所有，并按《中华人民共和国企业法人登记管理条例》规定登记注册的非公司制的经济组织。包括国有企业、国有独资公司和国有联营企业。1957 年以前的公私合营和私营工业，后均改造为国营工业，1992 年改为国有工业，这部分工业的资料不单独分列时，均包括在国有企业内。国有控股企业是对混合所有制经济的企业进行的“国有控股”分类。它是指这些企业的全部资产中国有资产(股份)相对其他所有者中的任何一个所有者占资(股)最多的企业。该分组反映了国有经济控股情况。

本篇涉及的其他企业登记注册类型的解释详见综合篇。

轻工业

指主要提供生活消费品和制作手工工具的工业。按其所使用的原料不同，可分为两大类：(1)以农产品为原料的轻工业，是指直接或间接以农产品为基本原料的轻工业。主要包括食品制造、饮料制造、烟草加工、纺织、缝纫、皮革和毛皮制作、造纸以及印刷等工业；(2)以非农产品为原料的轻工业，是指以工业品为原料的轻工业。主要包括文教体育用品、化学药品制造、合成纤维制造、日用化学制品、日用玻璃制品、日用金属制品、手工工具制造、医疗器械制造、文化和办公用机械制造等工业。

重工业

指为国民经济各部门提供物质技术基础的主要生产资料的工业。按其生产性质和产品用途，可以分为下列三类：(1)采掘(伐)工业，是指对自然资源的开采，包括石油开采、煤炭开采、金属矿开采、非金属矿开采等工业；(2)原材料工业，指向国民经济各部门提供基本材料、动力和燃料的工业。包括金属冶炼及加工、炼焦及焦炭、化学、化工原料、水泥、人造板以及电力、石油和煤炭加工等工业；(3)加工工业，是指对工业原材料进行再加工制造的工业。包括装备国民经济各部门的机械设备制造工业、金属结构、水泥制品等工业，以及为农业提供的生产资料如化肥、农药等工业。

根据上述划分原则，修理业中以重工业产品为修理作业对象的划为重工业，反之划为轻工业。

工业总产值

(1)定义：

工业总产值是工业企业在一定时期内生产的以货币形式表现的工业最终产品或提供工业性劳务活动的总价值量。它反映一定时间内工业生产的总规模和总水平。

(2)计算原则：

工业生产的原则，即凡是企业在报告期生产的经检验合格的产品，不管是否在报告期销售，均包括在内。

最终产品的原则，即凡是计入工业总产值的产品，必须是本企业生产的经检验合格的，不需要再进行任何加工的最终产品。如果企业有中间产品(半成品)对外销售，则对外销售的中间产品应视为企业的最终产品。

工厂法原则，即工业总产值是以工业企业作为基本计算(核算)单位，即按企业的最终产品计算工业总产值。按这种方法计算的工业总产值，不允许同一产品价值在企业内部重复计算，不能把企业内部各个车间(分厂)生产的成果相加，但允许企业间的重复计算。

(3)内容及计算方法：

1995 年全国工业普查对工业总产值(原规定)的内容及计算原则和方法做了某些修订，修订后的工业总产值(新规定)包括三项内容：即本期生产成品价值、对外加工费收入、在制品半成品期末期初差额价值三部分。

本期生产成品价值：指企业本期生产，并在报告期内不再进行加工，经检验、包装入库的全部工业成品(半成品)价值合计，包括企业生产的自制设备及提供给本企业在建工程、其他非工业部门和福利部门等单位使用的成品价值。本期生产成品价值为按自备原材料生产的产品的数量乘以本期不含增值税(销项税额)的产品实际销售平均单价计算；会计核算中按成本价格转帐的自制设备和自产自用的成品，按成本价格计算生产成品价值。生产成品价值中不包括用定货者来料加工的成品(半成品)价值。

对外加工费收入：指企业在报告期内完成的对外承接的工业品加工(包括用定货者来料加工产品)的加工费收入和对外工业修理作业所取得的加工费收入。对外加工费收入按不含增值税(销项税额)的价格计算，可根据会计“产品销售收入”科目的有关资料取得。

对于本企业对内非工业部门提供的加工修理、设备安装的劳务收入，如果企业会计核算基础较好，能取得这部分资料，而且这部分价值所占比重较大，应包括在对外加工费收入中。

自制半成品在制品期末期初差额价值：指企业报告期在制品期末减期初的差额价值，本指标一般可以从会计核算资料中取得。如果会计产品成本核算中不计算半成品、在制品的成本，则总产值中也不包括这部分价值，反之则包括。

(4)工业总产值统计范围变化和计算方法修订情况：

1984年以前工业总产值不包括村办工业，村办工业总产值划归农业。1984年以后工业总产值包括村办工业。

1995年工业普查对工业总产值计算方法做了修订，即从1995年始按新修订(新规定)方法计算工业总产值。新规定与原规定的区别如下：

全价与加工费的计算原则不同：新规定为凡自备原材料，不论其生产繁简程度如何，一律按全价计算工业总产值；凡来料加工，允许按加工费计算工业总产值。原规定则视生产加工的繁简程度不同，规定哪些行业按全价，哪些行业按加工费计算工业总产值。

自制半成品、在产品期末期初差额价值的计算原则不同：新规定要求，凡会计产品成本核算时计算了成本的差额价值，总产值中就应包括，否则可不包括；原规定则按生产周期六个月的界限区分，凡生产周期六个月以上的企业，总产值计算中应包括这部分差额价值，否则可不包括。

计算价格不同：新规定按不含增值税(销项税额)的价格计算；原规定则按含增值税(销项税额)的价格计算。

工业增加值

指工业企业在报告期内以货币表现的工业生产活动的最终成果。

工业增加值有两种计算方法：一是生产法，即工业总产出减去工业中间投入加上应交增值税；二是收入法，即从收入的角度出发，根据生产要素在生产过程中应得到的收入份额计算，具体构成项目有固定资产折旧、劳动者报酬、生产税净额、营业盈余，这种方法也称要素分配法。

资产总计

指企业拥有或控制的能以货币计量的经济资源，包括各种财产、债权和其他权利。资产按流动性分为流动资产、长期投资、固定资产、无形资产、递延资产和其他资产。该指标根据企业会计“资产负债表”中“资产总计”项目的期末数增列。

流动资产

指企业可以在一年内或者超过一年的一个生产周期内变现或者耗用的资产，包括现金及各种存款、短期投资，应收及预付款项、存货等。

固定资产原价

指企业在建造、购置、安装、改建、扩建、技术改造某项固定资产时所支出的全部货币总额。它一般包括买价、包装费、运杂费和安装费等。

固定资产净值

指固定资产原价减去历年已提折旧额后的净额。计算公式为：

固定资产净值=固定资产原价-累计折旧

负债合计

指企业所承担的能以货币计量，将以资产或劳务偿付的债务，偿还形式包括货币、资产或提供劳务。负债一般按偿还期长短分为流动负债和长期负债。根据会计“资产负债表”中“负债合计”的年末数填列。

所有者权益合计

指企业投资人对企业净资产的所有权。企业净资产为企业全部资产与企业全部负债的差额，包括实收资本、资本公积、盈余公积、未分配利润等。根据会计“资产负债表”中“所有者权益”项的期末数填列。

主营业务收入

指会计“利润表”中对应指标的本年累计数。未执行2001年《企业会计制度》的企业，用“产品销售收入”的本期累计数代替。

主营业务成本

指会计“利润表”中对应指标的本年累计数。未执行2001年《企业会计制度》的企业，用“产品销售成本”的本期累计数代替。

主营业务税金及附加

指会计“利润表”中对应指标的本年累计数。未执行2001

年《企业会计制度》的企业，用“产品销售税金及附加” 的本期累计数代替。

利润总额

指企业在生产经营过程中各种收入扣除各种耗费后的盈余，反映企业在报告期内实现的盈亏总额，包括营业利润、补贴收入、投资净收益和营业外收支净额。根据会计“利润表”中的对应指标的本期累计数填列。

本年应交增值税

指企业按税法规定，从事货物销售或提供加工、修理修配劳务等增加货物价值的活动本期应交纳的税金。指企业在报告期应交增值税额。计算公式为：

本年应交增值税=销项税额-（进项税额-进项税额转出）-出口抵减内销产品应纳税额-减免税款+出口退税

本年进项税额指工业企业在报告期内购入货物或接受应税劳务而支付的、准予从销项税额中抵扣的增值税额。

本年销项税额指工业企业在报告期内销售货物或提供应税劳务应收取的增值税额。

从业人员平均人数

是指报告期内每天拥有的从业人员人数。其计算公式为：

月平均人数=报告月内每天实有人数之和/报告月日历日数

季平均人数=季内各月平均人数之和/3

年平均人数=年内各月平均人数之和/12

总资产贡献率

反映企业全部资产的获利能力，是企业经营业绩和管理水平的集中体现，是评价和考核企业盈利能力的核心指标。计算公式为：

总资产贡献率（%）=（利润总额+税金总额+利息支出）/平均资产总额×100%

公式中：税金总额为产品销售税金及附加与应交增值税之和；平均资产总额为期初期末资产之和的算术平均值。

资产负债率

该指标既反映企业经营风险的大小，也反映企业利用债权人提供的资金从事经营活动的能力。计算公式为：

资产负债率（%）=负债总额/资产总额×100%

资产与负债均为报告期期末数。

流动资产周转次数

指一定时期内流动资产完成的周转次数，反映投入工业企业流动资金的周转速度。计算公式为：

流动资产周转次数=主营业务收入/全部流动资产平均余额

公式中：全部流动资产平均余额为期初和期末的流动资产之和的算术平均值。

成本费用利润率

反映企业投入的生产成本及费用的经济效益，同时也反映企业降低成本所取得的经济效益。计算公式为：

成本费用利润率（%）=利润总额/成本费用总额×100%

公式中：成本费用总额为主营业务成本、销售费用、管理费用、财务费用之和。

产品销售率

该指标反映工业产品已实现销售的程度，是分析工业产销衔接情况，研究工业产品满足社会需求的指标。计算公式为：

产品销售率（%）=工业销售产值/工业总产值（现价）×100%

Explanatory Notes for Major Statistical Indicators

Industry

refers to the material production sector which is engaged in the extraction of natural resources and processing and reprocessing of minerals and agricultural products, including (1) extraction of natural resources, such as mining, salt production (but not including hunting and fishing); (2) processing and reprocessing of farm and sideline produces, such as rice husking, flour milling, wine making, oil pressing, silk reeling, spinning and weaving, and leather making; (3) manufacture of industrial products, such as steel making, iron smelting, chemicals manufacturing, petroleum processing, machine building, timber processing; water and gas production and electricity generation and supply; (4)repairing of industrial products such as the repairing of machinery and means of transport (including cars).

In industrial statistics surveys, the units of enquiry are corporate industrial enterprises with independent accounting systems.

Corporate industrial enterprises with independent accounting systems refer to enterprises engaging in industrial production activities, which meet the following requirements: (1) They are established legally, having their own names, organizations, location and able to take civil liability; (2) They possess and use their assets independently, assume liabilities and are entitled to sign contracts with other units; (3) They are financially independent and compile their own balance sheets.

State-owned and State-holding Enterprises

refer to state-owned enterprises plus State-holding enterprises. State-owned enterprises (originally known as State-run enterprises with ownership by the whole society) are non-corporate economic entities registered in accordance with the Regulation of the People's Republic of China on the Management of Registration of Legal Enterprises, where all assets are owned by the State. Included in this category are State-owned enterprises, State-funded corporations and State-owned joint-operation enterprises. Joint State-private industries and private industries, which existed before 1957, were transformed into state-run industries since 1957, and into State-owned industries after 1992. Statistics on those enterprises are included in the State-owned industries instead of being grouped them separately. State-holding enterprises are a sub-classification of enterprises with mixed ownership, referring to enterprises where the percentage of State assets (or shares by the State) is larger than any other single share holder of the same enterprise. This sub-classification illustrates the control of the State over a particular industry.

For explanation of enterprises of other types of registration covered in this chapter, please refer to General Survey.

Light Industry

refers to the industry that produces consumer goods and hand tools. It consists of two categories, depending on the materials used:

(1) Industries using farm products as raw materials. These are the branches of light industry which directly or indirectly use farm products as basic raw materials, including the manufacture of food and beverages, tobacco processing, textile, clothing, fur and leather manufacturing, paper making, printing, etc.

(2) Industries using non-farm products as raw materials. These are the branches of light industry which use manufactured goods as raw materials, including the manufacture of cultural, educational articles and sports goods, chemicals, synthetic fibre, chemical products for daily use, glass products for daily use, metal products for daily use, hand tools, medical apparatus and instruments, and the manufacture of cultural and office machinery.

Heavy Industry

refers to the industry which produces capital goods, and provides various sectors of the national economy with necessary material and technical basis for production. It consists of the following three branches according to the purpose of production or the use of products:

(1) Mining, quarrying and logging industry, which refers to the industry that extracts natural resources, including extraction of petroleum, coal, metal and non-metal ores.

(2) Raw materials industry refers to the industry that provides various sectors of the national economy with raw materials, fuels and power. It includes smelting and processing of metals, coking and coke chemistry, chemical materials and building materials such as cement, plywood, and power, petroleum refining and coal dressing.

(3) Manufacturing industry which refers to the industry that processes raw materials. It includes machine-building industries which equip sectors of the national economy; industries producing metal structure and cement products; and industries producing means of agricultural production, such as chemical fertilizers and pesticides.

In accordance with the above principles of classification,

the repairing trades, which are engaged primarily in repairing products of heavy industry, are classified as heavy industry while those which are engaged in repairing products of light industry are classified as light industry.

Gross Industrial Output Value

(1) Definition: Gross industrial output value is the total volume of final industrial products produced and industrial services provided during a given period in monetary terms. It reflects the total achievements and overall scale of industrial production during a given period.

(2) Principles for calculation:

Statistics on industrial production follow the principle that all products produced by the enterprises and accepted through quality check during the reference period are to be included no matter whether they are sold or not during the reference period.

Determination of final products follows the principle that all products that are included in the calculation of gross industrial output value are the final products of the enterprise which have been accepted through quality check and require no further processing. If an enterprise has intermediate (semi-finished) products to sell, these intermediate products are considered as the final products of the enterprise.

Gross industrial output value is calculated following the principle of factory approach, i.e. industrial enterprise is used as the basic accounting unit in calculating the gross industrial output value. By this approach, value of the same product is not to be double-counted, and the output value of different workshops (branch factories) within the enterprise should not be added. However, this approach allows the possibility of double counting between enterprises.

(3) Content and method of calculation: The old definition of gross industrial output value was modified during the 1995 National Industrial Census. The revised (new) definition of gross industrial output value consists of 3 components: value of the finished products during the reference period, income from processing for external parties, and value of change in semi-finished products between the end and the beginning of the reference period.

Value of finished products during the reference period: refers to the value of all finished (semi-finished) industrial products that are produced during the reference period without the need for further processing, checked for acceptance, packed and put into the warehouse of the enterprise, including the value of own-produced equipment and the value of products provided to the projects under construction of the enterprise, and to other non-industrial or welfare units. Value of finished products during the reference period is calculated by the quantity of products produced using own materials multiplied by the average unit prices at which products are sold (excluding value-added tax). Own-produced equipment and products produced for own use are valued at cost prices as in the case of enterprise accounting. Value of finished products does not include the value of finished products (semi-finished products) that are produced using the materials from the clients who place the orders.

Income from external processing: refers to income from contracted external processing of industrial products (including processing of industrial products using materials from the clients), and the income from industrial repairing work provided to other parties. Income from external processing is calculated using information from the item "products sales income" in the enterprise accounting at the prices with value-added tax excluded.

For income from services such as processing, repairing and installation of equipment provided to non-industrial units within the enterprise, if the accounting work of the enterprise is good enough to separate it from other records, and the share of such services is significant, it should also be included in the income from external processing.

Value of change in semi-finished products between the end and the beginning of the reference period: refers to the value of change in semi-finished products between the end and the beginning of the reference period, which generally can be obtained from accounting records of enterprises. If the enterprise accounting excludes the cost of semi-finished products, then it should not be included in the gross industrial output value, and the reverse if otherwise.

(4) Changes in the scope and method of calculation of the gross industrial output value

Prior to 1984, the value of rural industry run by villages was classified into agriculture instead of industry. Since 1984, it has been included in the gross industrial output value. Method of calculation for the gross industrial output value was modified in the industrial census in 1995. The difference in the new method as compared with the old one is outlined below:

Principle in using full value vs. processing fee: The new method stipulates that all products produced using own materials are to be calculated with full value in reporting the gross industrial output value irrespective of the complexity of production, and for external processing, it allows calculation using processing fee. In the old method, however, the use of full value or processing fee was determined by the degree of complexity of production in different branches of industries.

Principle in determining the value of change in semi-finished products: The new method requires that value of change in semi-finished products should be included in the gross industrial output value if it is included in the accounting record of the enterprise, otherwise it should not be included. In the old method, it is determined by the type of enterprises in terms of production cycle. If the production cycle is over 6 months, the value of change in semi-finished products is included in the gross industrial output value, otherwise it is not.

Difference in prices: The new method uses prices excluding value-added tax in the calculation of gross industrial output value, while the old method used prices including value-added tax.

Value-added of Industry

refers to the final results of industrial production of industrial enterprises in money terms during the reference period.

Industrial value-added can be calculated by two approaches: the production approach, i.e. gross industrial output value minus intermediate input plus value-added tax, and the income approach, i.e. income for various factors used in the course of production, including depreciation of fixed assets, remuneration of labourers, net of production tax, and operating surplus.

Total Assets

refer to all economic resources, in monetary term, these are owned or controlled by enterprises, including properties, creditor's equity and other economic rights of all forms. Classified by the degree of liquidity, total assets include working capitals, long-term investment, fixed assets, intangible assets, deferred assets and other assets. Data on this indicator can be obtained by the year-end figures of total assets in the Assets and Liability Table of accounting records of enterprises.

Working Capital

refers to capital that an enterprise can cash or use during one year or one production cycle that may exceed one year, including cash and savings deposits of various forms, short-term investment, money receivable and prepaid money, inventories, etc.

Annual Average Value of Working Capital

refers to the average value of all working capital of the enterprise during the reference period.

Original Value of Fixed Assets

refers to the total value, in monetary terms, that an enterprise spent on fixed assets, through construction, purchase, installation, transformation, expansion or technical upgrading. Generally, it covers cost of purchase, packing, transportation and installation, etc.

Net Value of Fixed Assets

refers to the original value of fixed assets minus depreciation over the years, i.e.:

Net value of fixed assets = original value of fixed assets - cumulative depreciation

Total Liabilities

refer to payable liabilities of enterprises that have to be repaid in terms of money, assets or labour services. In terms of payment, it can be divided into liquid liabilities and long-term liabilities. Data on this item is obtained from the ending figures on total liabilities from the Assets and Liability Table from the enterprises.

Total Equity

refers to the ownership of net assets of enterprise by its investors. Net assets equal total assets minus total liabilities of the enterprise, including the paid-in capital, accumulation of capital and operating surplus and non-distributed profits. Data are obtained from the ending figures on "total equity" from the "balance sheets".

Revenue from Principal Business

refers to the annual accumulation of the corresponding item in the "profit table" of the accountant. For enterprises that do not follow the 2001 Enterprise Accounting Standards, the year-end accumulation of revenue from the sales of products is used as a substitute.

Cost of Principal Business

refers to the annual accumulation of the corresponding item in the "profit table" of the accountant. For enterprises that do not follow the 2001 Enterprise Accounting Standards, the year-end accumulation of cost for the sales of products is used as a substitute.

Tax and Extra Charges from Principal Business

refer to the annual accumulation of the corresponding item in the "profit table" of the accountant. For enterprises that do not follow the 2001 Enterprise Accounting Standards, the year-end accumulation of tax and extra charges from the sales of products is used as a substitute.

Total Profits

refers to the balance of various incomes minus various spendings in the course of operation, reflecting the total profits and losses of enterprises in reporting period. It includes: operating profits, income from subsidies, net investment income and net income from activities other than operation. Data are obtained from the annual accumulation of the corresponding item in the "profit table" of the accountant.

Value-added Tax Payable in the Current Year

refers to the payable tax of enterprises which engaged in selling of goods or providing services that bring added value to the goods, such as processing, repairing, fitting and other activities should be paid according to Tax Law. It refers to the amount of the value-added tax which should be paid by the enterprises during the reference period. The formula is as follows:

Value-added Tax Payable in the Current Year = tax on sales-(tax on purchase-transferred tax on purchase)-exports deduct tax payable on domestic sales-tax relief+the export tax rebate.

Tax on Purchase in Current Year

refers to goods purchased by industrial enterprises or value added tax that should be paid but being granted the right to deduct from the tax on sales.

Tax on Sales in Current Year

refers to value added tax on industrial enterprises from sales of goods or taxable services that should be charged value added tax.

Average Annual Number of Employed Persons

Employed persons refer to all those who are employed in enterprises and receive remunerations there from, including currently working employees, retirees who are re-employed, teachers of local-run schools, as well as foreigners, staff from Hong Kong, Macao and Taiwan, part-time employees and persons with second job who are employed by the enterprise, and employees of other units temporarily working in the enterprises, but excluding former employees who left the enterprise with their employment records still being kept by the enterprises.

Average number of employed persons refers to the number of employee everyday during the reference period, calculated with the following formula:

Monthly average number = sum of actual employees everyday in reference month / number of calendar dates in reference month

Quarterly average number = sum of monthly average number in reference quarter / 3

Annual average number = sum of monthly average number in reference year / 12

Ratio of Profits, Taxes and Interests to Average Assets

reflects the profit-making capability of all assets of the enterprise and is a key indicator manifesting the performance and management and evaluating the profit-making potential of the enterprise. It is calculated as follows:

Ratio of Profits, Taxes and Interests to Average Assets (%) = (total profits + total taxes + interest payment) / average assets × 100%

In the above formula, total taxes is the sum of tax and extra charges on the sales of products and value-added tax payable; and average assets is the arithmetic mean of the sum of beginning assets and ending assets.

Ratio of Debts to Assets

reflects both the operation risk and the capability of the enterprise in making use of the capital from the creditors. It is calculated as follows:

Ratio of Debts to Assets (%) = total debts / total assets × 100%

Both assets and debts are figures at the end of the reference period.

Turnover of Working Capital

refers to the number of times of turnover of working capital in a given period of time, which reflects the speed of the turnover of working capital of industrial enterprises, and is calculated as follows:

Turnover of Working Capital = sales revenue of products / average balance of total working capital

In the above formula, average balance of total working capital refers to the arithmetic mean of the sum of working capital at the beginning and at the end of the reference period.

Ratio of Profits to Total Industrial Costs

refers to the ratio of profits realized in a given period to the total costs in the same period, which reflects the economic efficiency of input cost and is calculated as follows:

Ratio of Profits to Total Industrial Cost (%) = total profits / total costs × 100%

Total costs in the above formula are the sum of cost of products sold, marketing cost, management cost and financial cost.

Sales Ratio of Products

is an indicator reflecting the actual sale of industrial products, analyzing the production-selling and supply-demand relations. It is calculated as:

Sales Ratio of Products (%) = value of industrial sales / gross industrial output value (current prices) × 100%

第十四篇

Chapter 14

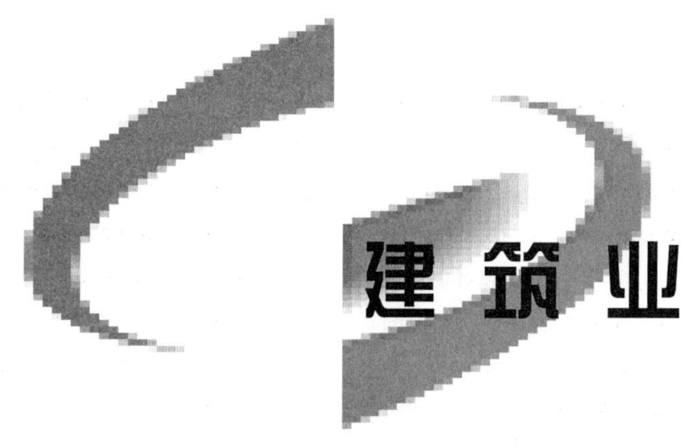

CONSTRUCTION

简要说明

一、本篇资料反映我省建筑业概况和发展情况。主要包括建筑业企业生产经营情况，指标有企业个数、从业人员数、建筑业总产值、房屋建筑面积、机械设备、资产负债、利润税金、劳动生产率、技术装备率等。此外，2003 年及以前还包括农村建筑队主要指标。

二、建筑业企业资料由省统计局固定资产投资处提供。建筑业统计范围从 1996 年年报起由原城镇及城镇以上各种经济类型的建筑业企业扩大到具有建筑业资质等级的各种经济类型的建筑业企业，资料来源依据国家统计局制定的“建筑业统计报表制度”收集的有关年报资料。

Brief Introduction

I. Data in this chapter show the general situation and the development of the construction in the province. They cover mainly the situation of production and management of the enterprises of construction, including number of enterprises number of employed persons, gross output value, floor space of the building, machinery and equipment, assets and liabilities, profits and taxes, labor productivity, per capita machinery, etc. They also cover the main indicators of the rural construction teams at 2003 and before.

II. Data on the enterprises of construction in this chapter are provided by the Division of Statistics in Investment in Fixed Assets, Anhui Statistical Bureau. The coverage of construction statistics has been enlarged since 1996 when the annual statistical reports were submitted. The original coverage includes all the construction enterprises of various types of ownership at and above town level. The new coverage includes all the construction enterprises of various types of ownership with qualification. Data are collected in accordance with the “reporting scheme of construction statistics” stipulated by the National Bureau of Statistics.

14—1 建筑业企业概况
Main Indicators on Construction Enterprises

年份 Year	总计 Total	内资 Domestic Funded	#国有企业 State-owned Enterprises	#集体企业 Collective Enterprise	港澳台商投资企业 Funded from Hong Kong, Macao and Taiwan	外商投资企业 Foreign Funded	国有及国有控股企业 State Controlling Funded Hold Enterprises
企业单位数（个） Number of Enterprises (unit)							
2005	1946	1934	193	278	8	4	321
2009	2408	2394	172	151	7	7	259
2010	2469	2457	168	139	6	6	249
2011	2528	2516	153	134	6	6	249
2012	2662	2651	154	126	6	5	252
2013	2757	2745	122	85	5	7	234
2014	2807	2797	88	79	5	5	229
2015	2867	2857	72	70	4	6	223
2016	3037	3030	56	62	4	3	237
2017	3216	3208	53	58	4	4	231
2018	3980	3975	43	52	4	1	226
从业人员（万人） Number of Persons Engaged (10000 persons)							
2005	98.57	98.13	16.67	13.45	0.32	0.11	24.35
2009	143.53	143.14	27.00	7.67	0.14	0.26	37.65
2010	157.97	157.62	31.79	6.68	0.16	0.19	42.66
2011	167.01	166.73	29.85	5.60	0.12	0.15	42.27
2012	168.90	168.62	26.89	5.84	0.15	0.13	37.08
2013	176.88	176.62	21.48	4.17	0.13	0.13	38.52
2014	171.57	171.39	7.16	4.18	0.08	0.10	36.64
2015	168.82	168.65	6.16	3.75	0.08	0.09	32.13
2016	168.09	167.95	7.18	3.28	0.08	0.06	33.77
2017	171.56	171.43	3.45	2.99	0.07	0.05	33.74
2018	186.92	186.82	2.28	2.56	0.09		37.52
总产值（万元） Gross Output Value (10000 yuan)							
2005	9230814	9194875	2678924	815820	25256	10683	3674953
2009	22399290	22338010	6799816	777343	26469	34812	9256453
2010	28649619	28583665	8940053	743385	32530	33424	12034370
2011	35996220	35922882	8871556	799971	27509	45829	14371631
2012	42304412	42221898	9479797	940326	27020	55494	15572915
2013	49635516	49560201	9286296	605431	19409	55906	17750941
2014	54829260	54766827	4202697	634176	19529	42904	19626151
2015	56959353	56899036	3137078	634536	11800	48518	18858827
2016	60471125	60433001	3612219	569888	7026	26677	20500444
2017	68296702	68247114	1181390	576187	14160	35428	23956953
2018	78884540	78829984	672974	538159	54230	326	28105196

注：1. 附营施工单位的生产活动在整个建筑生产活动中所占份额极小，加之资料不全，因而在总计中已略去。
2. 2005年及以后年份为总承包和专业承包建筑业企业，城镇集体和农村建筑队不作统计。

a) The production activity of subsidiary construction units is omitted in the total because the portion is very small and the data are incomplete.

b) After 2005, Data are general contracting and professional contract of construction enterprises, Cities collective and construction crew of countryside doesn't count.

14—2 主要年份建筑业企业主要经济指标
Main Economic Indicators on Construction Enterprises

指标		Item		2005	2010	2015	2017	2018
企业单位数	（个）	Number of Construction Enterprises	(unit)	1946	2469	2867	3216	3980
从业人数	（万人）	Staff and Workers (annual average)	(10000 persons)	98.57	157.97	168.82	171.56	186.92
自有固定资产原价	（万元）	Fixed Assets Owned (original value)	(10000 yuan)	2403291	4034386	5676268	6297917	7170780
自有固定资产净值	（万元）	Fixed Assets Owned (net value)	(10000 yuan)	1666488	2744333	4337451	4696738	3866689
自有机械设备净值	（万元）	Net Value of Machinery and Equipment Owned	(10000 yuan)	889068	1466999	1749198	1640768	1851995
自有机械设备总台数	（台）	Number of Machinery and Equipment Owned	(unit)	383944	415557	398670	403155	343108
自有机械设备总功率	（万千瓦）	Total Power of Machinery and Equipment Owned	(10000 kw)	464.92	663.58	904.82	863.36	913.89
建筑业总产值	（万元）	Gross Output Value of Construction	(10000 yuan)	9230814	28649619	56959353	68296702	78884540
建筑工程		Construction Projects		7859068	25058430	48827159	57908246	67286379
安装工程		Installation Projects		993979	2468351	4354850	5292527	6209795
其　　他		Others		377768	1122838	3777345	5095930	5388365
固定资产本年折旧	（万元）	Depreciation of Fixed Assets	(10000 yuan)	139061	260805	345217	380787	512152
应付职工薪酬	（万元）	Payable Employee compensation	(10000yuan)			7791355	7917989	13347655
主营业务税金及附加	（万元）	Main Business Tax and Additon	(10000yuan)	300229	1043879	1669272	752931	628771
应交增值税	（万元）	Value Added Tax Payable	(10000yuan)				1224588	1858543
营业利润	（万元）	Business Profit	(10000yuan)			1864170	2109864	2520341
利润总额	（万元）	Total Profits	(10000 yuan)	178167	983596	1872829	2119449	2546515
利税总额	（万元）	Total Taxes	(10000 yuan)	498536	2101151	3612761	4096968	5033829
劳动生产率（按总产值计算）	（元/人）	Overall Labor Productivity In Terms of Gross Output Value	(yuan/person)	95803	177486	340696	388522	421493
房屋建筑施工面积	（万平方米）	Floor Space of Buildings Under Construction	(10000 sq.m)	9870	23296	41480	44221	46758
房屋建筑竣工面积	（万平方米）	Floor Space of Buildings Completed	(10000 sq.m)	5081	10512	15554	14981	15894
技术装备率	（元/人）	Value of Machines per Laborer	(yuan/person)	9020	9287	10463	9334	9896
动力装备率	（千瓦/人）	Power of Machines per Laborer	(kw/person)	4.72	4.20	5.41	4.91	4.88
房屋建筑面积竣工率	（%）	Ratio of Floor Space of Buildings Completed	(%)	51.48	45.13	37.50	33.88	33.99
产值利润率	（%）	Ratio of Profit to Gross Output Value	(%)	1.93	3.43	3.29	3.10	3.23
产值利税率	（%）	Ratio of Per-tax Profit to Gross Output Value	(%)	5.40	7.33	6.34	6.00	6.38

14—3 劳务分包建筑业企业主要经济指标（2018年）
Main Economic Indicators of Subcontracting Construction Enterprises (2018)

指 标		Item		合 计 Total	国有及国有控股企业 State-owned and State-controlled Enterprises
生产情况		**Producing Indicators**			
企业单位数	（个）	Number of Enterprises	(unit)	293	9
建筑业总产值	（万元）	Gross Output Value of Costruction	(10000 yuan)	1488675	279976
#装饰装修产值		Outpnt Value of Construction Pecoration		208519	
年末从业人数	（万人）	Number of Employed Persons at the Year-end	(10000 person)	13.93	3.73
#现场施工工人		Persons On-site Construction		11.60	3.71
财务状况		**Financial Indicators**			
资产负债		Assets and Liabilities			
固定资产原价	（万元）	Prime Cost of Fixed Assets	(10000 yuan)	54095	795
本年折旧	（万元）	Depreciation This Year	(10000 yuan)	9505	23
资产总计	（万元）	Total of Assets	(10000 yuan)	715832	190394
负债合计	（万元）	Total of Liabilities	(10000 yuan)	497345	176912
实收资本	（万元）	Paicl-up Capital	(10000 yuan)	114452	8501
损益及分配		Profit and Loss and Distribution			
营业收入	（万元）	Business Earning	(10000 yuan)	1486800	272093
#主营业务收入		Main Business Earning		1451687	272034
营业成本	（万元）	Sales Cost	(10000 yuan)	1397474	267900
#主营业务成本		Main Business Cost		1360691	267443
营业税金及附加	（万元）	Business Tax and Surcharges	(10000 yuan)	18066	1259
#主营业务税金及附加		Main Business Tax and Affixation		16932	1257
销售费用	（万元）	Total Expense	(10000 yuan)	5365	
管理费用	（万元）	Management expense	(10000 yuan)	27651	2254
应交增值税	（万元）	Value-added Tax Payable	(10000 yuan)	43460	6756
财务费用	（万元）	Financial expense	(10000 yuan)	2475	163
营业利润	（万元）	Operating Profit	(10000 yuan)	43319	2093
利润总额	（万元）	Total of Profit	(10000 yuan)	43101	2069
从业人员工资总额	（万元）	Labour Reward of Staff and Workers	(10000 yuan)	834375	138977
全部从业人员年平均人数	（万人）	Average Number of Staff and Workers	(10000 person)	13.80	4.02

14—4 建筑业企业主要生产指标（2018年）
Main Indicators on Construction Enterprises (2018)

指标	Item	合计 Total Enterprises	总承包 General Contractor	专业承包 Professional Contractor
企业单位个数 （个）	Number of Enterprises in Charge of Construction (unit)	3980	2852	1128
签订的合同额 （万元）	Volume of Signed Contracts (10000 yuan)	149087893	139378052	9709841
直接从建设单位承揽工程完成的产值 （万元）	Accomplished Output Value of the Project Taken Directly from Construction Units (10000 yuan)	78113097	70990534	7122563
自行完成施工产值	Output Value Completed by Self	77382879	70432032	6950848
分包出去工程产值	Engineering Subcontract Value	730217	558502	171715
从建设单位以外承揽工程完成的产值 （万元）	Accomplished Output Value of the Project Not Taken from Construction Units (10000 yuan)	1501661	1227795	273866
建筑业总产值 （万元）	Gross Output Value of Construction (10000 yuan)	78884540	71659826	7224714
#装饰装修产值	Decoration and Fixing UP	3026189	1574766	1451423
在外省完成产值	In Other Provinces	19646041	17567692	2078349
#建筑工程	Construction Projects	67286379	63340336	3946044
安装工程	Installation Projects	6209795	4258924	1950871
其他	Others	5388365	4060566	1327799
竣工产值 （万元）	Output Value of Buildings Completed (10000 yuan)	34218484	30857166	3361318
房屋建筑施工面积 （万平方米）	Floor Space of Buildings Under Construction (10000 sq.m)	46758.38	46051.56	706.82
#本年新开工	Newly Started Projects in this Year	17734.58	17344.31	390.27
房屋建筑竣工面积 （万平方米）	Floor Space of Buildings Completed (10000 sq.m)	15894.47	15445.07	449.41
房屋竣工价值 （万元）	Value of Buildings Completed (10000 yuan)	21286071	20971623	314448
直接从事生产经营活动的平均人数 （万人）	The Average Number of People Directly Engaged in Production and Business Activities (10000 person)	187.15	167.58	19.57
从业人员 （万人）	Employed Persons at the Year-End (10000 person)	186.92	167.94	18.98
#工程技术人员	Engineering Technical Personnel	23.69	21.02	2.67
劳动生产率 （元/人）	Overall Labor Productivity (yuan/person)	421493	427613	369099
房屋建筑面积竣工率 （%）	Rate of Floor Space of Buildings Completed (%)	33.99	33.54	63.58

内资企业 Domestic Funded	#集体 Collective-owned	#私营 Private	港澳台商投资企业 Funded Enterprises from Hong Kong, Macao and Taiwan	外商投资企业 Foreign Funded	国有及国有控股企业 State Controlling Funded Hold Enterprises	房屋建筑业 Building	土木工程建筑业 Civil Engineering	建筑安装业 Construction Installation Industry	建筑装饰和其他建筑业 Architectural Decoration and Other Construction Industry
3975	52	2098	4	1	226	1851	1076	451	602
148993952	610797	35516680	93615	326	72012894	85258582	54590182	5634777	3604353
78058540	532490	25062621	54230	326	28009975	45792437	25927277	3703919	2689464
77328323	531790	24820643	54230	326	27845664	45454263	25627200	3637129	2664287
730217	700	241979			164311	338174	300077	66789	25177
1501661	6369	571019			259532	717294	572426	159353	52588
78829984	538159	25391661	54230	326	28105196	46171557	26199626	3796483	2716875
3001410	5941	1775841	24780		356879	1414790	201332	76513	1333555
19615770	269958	2270129	29945	326	13586141	8182621	9658865	1390033	414523
67262218	334108	20629650	23835	326	25458780	41353046	22238269	1737181	1957884
6180361	13789	2345228	29434		1769631	2702525	1875708	1399685	231877
5387405	190261	2416783	961		876785	2115986	2085648	659617	527114
34201742	410728	13080870	16416	326	9023083	23081391	7878660	1834004	1424430
46753	335.80	15697.46	5.82		16661.40	42273	3622	578	286
17733	264.68	7342.51	0.14		4051.72	15848	1451	292	143
15891.92	271.75	6925.80	2.56		3151.58	14506.92	900.04	343.79	143.73
21269655	278779	8765378	16416		4732487	19624250	1206576	344745	344745
187.06	2.52	78.61	0.09		37.67	127.09	42.17	9.96	7.93
186.82	2.56	77.23	0.09		37.52	127.34	42.34	9.52	7.72
23.64	0.30	9.97	0.04		4.26	14.56	6.43	1.62	1.08
421421	213912	323016	571444	130480	746050	363304	621262	381135	342413
33.99	80.93	44.12	43.95		18.92	34.32	24.85	59.52	50.20

14—5 建筑业企业主要财务指标（2018年）
Main Financial Indicators on Construction Enterprises (2018)

指 标	Item	企业数（个）Number of Enterprises (unit)	流动资产合计 Circulating Funds	#存货 Stock
总 计	**Total**	**3980**	**54919808**	**9084586**
#国有及国有控股企业	State Controlling Share Hold Enterprises	226	23015947	3742620
按登记注册类型分	**Grouped by registration Type**			
内资企业	Domestic Funded Enterprise	3975	54810740	9026324
国有企业	State-owned Enterprise	43	614789	117326
集体企业	Collective-owned Enterprise	52	158876	57235
股份合作企业	Share Holding Cooperative Enterprises	13	38446	5560
联营企业	Joint Owned Enterprises	3	24144	6302
国有独资企业	State Owned Company	42	9762196	1959766
有限责任公司	Limited Liability Corporations	1631	24460136	3687832
股份有限公司	Share-holding Corporations Ltd.	93	5839882	1039767
私营企业	Private Enterprises	2098	13912270	2152536
其他企业	Other Enterprises			
港澳台商投资企业	Enterprises Funded by Entrepreneurs from Hong Kong, Macao and Taiwan	4	105600	58261
外商投资企业	Foreign Funded Enterprises	1	3467	
按国民经济行业分	**Grouped by Sector**			
房屋建筑业	Building	1851	28783604	5343438
土木工程建筑业	Civil Engineering	1076	21450928	3007487
#铁路道路隧道和桥梁工程建筑业	Railroad Road Tunnel &Bridge Engineering Enterprises	720	12037897	1484783
建筑安装业	Construction Installation Industry	451	2766681	496239
建筑装饰和其他建筑业	Architectural Decoration and Other Construction Industry	602	1918595	237422
建筑装饰和装修业	Architectural Decoration and Decoration Industry	494	1358356	169868
按资质等级分	**By Qualification Standard**			
施工总承包	Chief Construction Contract	2852	49614838	8318748
特 级	Top Grade	27	17479999	2996581
一 级	First Grade	236	16581682	2410942
二 级	Second Grade	808	9321006	1879573
三级及以下	Third Grade and Below	1781	6232151	1031652
专业承包	Professional Contract	1128	5304970	765838
一 级	First Grade	139	2207968	325225
二 级	Second Grade	457	1792215	274401
三级及以下	Third Grade and Below	532	1304787	166211

单位：万元（10000 yuan）

固定资产原价 Original Value of Fixed Assets	累计折旧 Progessive Depreciation	#本年折旧 Depreciation this Year	资产总计 Total of Assets	负债合计 Total of Liabilities	#流动负债 Current Liabilities	所有者权益 Creditors' Equity	#实收资本 Capital Hold	#国家资本 National Capital
7170780	**3026534**	**512152**	**71033671**	**47892433**	**42002923**	**23141238**	**11881643**	**1872750**
2739817	1358381	202067	29570421	23603914	22028744	5966507	3111663	1736268
7168950	3025661	512023	70922910	47801264	41911753	23121646	11867967	1870430
99328	43557	3361	704583	548931	483894	155651	97322	80407
78771	44005	5303	220859	97491	77219	123368	60694	
22131	9801	1071	57448	41758	41222	15690	10848	473
10765	6008	705	29022	9348	9053	19674	2382	384
1318977	742038	110933	12418188	10043359	9139003	2374829	1067191	796570
3135084	1206642	204687	32095087	21732157	18474707	10362931	5398707	885564
493636	202855	39800	8319684	6321894	5714092	1997790	724163	101713
2010257	770756	146163	17078039	9006326	7972564	8071714	4506661	5321
1790	836	129	107290	91138	91137	16153	10476	720
39	38		3471	32	32	3439	3200	1600
3159886	1149172	220968	34997954	23373906	19615804	11624048	6032609	621703
3277914	1567799	238313	30246862	21305371	19547293	8941491	4448735	1136677
1784744	794839	135070	16605157	11381823	10865501	5223334	3157270	742010
452650	191360	29498	3445826	1985998	1744152	1459829	687678	37749
280331	118203	23374	2343030	1227159	1095675	1115871	712621	76622
180139	65511	15848	1659929	849094	750754	810835	516998	22250
6265533	2626429	451018	64201472	43893331	38444102	20308141	10457055	1700124
1772443	878570	134413	23115683	18374517	16230861	4741166	2194798	784652
1839905	742712	122741	21865418	14797187	12808985	7068230	2724247	629633
1522851	635432	104919	11320109	6582133	5906455	4737976	2953025	147921
1130334	369716	88945	7900263	4139494	3497801	3760769	2584986	137918
905247	400105	61134	6832199	3999102	3558821	2833097	1424588	172626
259239	119934	16865	2813633	1799539	1655760	1014094	469937	125458
323833	141791	20283	2291235	1223462	1108243	1067773	514665	10248
322176	138380	23987	1727331	976102	794818	751230	439986	36921

14—5 续表 continued

指 标	Item	主营收入 Project Settlement Income	主营成本 Project Settlement Cost	主营税金及附加 Project Settlement Tax and Extra Charges
总 计	**Total**	**68312961**	**62032806**	**628771**
#国有及国有控股企业	State Controlling Share Hold Enterprises	25672027	23785228	99982
按登记注册类型分	**Grouped by registration Type**			
内资企业	Domestic Funded Enterprise	68264037	61989255	628630
国有企业	State-owned Enterprise	686676	644540	8911
集体企业	Collective-owned Enterprise	510320	452917	11262
股份合作企业	Share Holding Cooperative Enterprises	176625	158816	1710
联营企业	Joint Owned Enterprises	18099	14388	403
国有独资企业	State Owned Company	11044369	10203403	37645
有限责任公司	Limited Liability Corporations	30545088	27736679	274736
股份有限公司	Share-holding Corporations Ltd.	4823084	4307915	24672
私营企业	Private Enterprises	20459778	18470596	269290
其他企业	Other Enterprises			
港澳台商投资企业	Enterprises Funded by Entrepreneurs from Hong Kong, Macao and Taiwan	48597	43082	140
外商投资企业	Foreign Funded Enterprises	326	469	2
按国民经济行业分	**Grouped by Sector**			
房屋建筑业	Building	38531623	35416722	400134
土木工程建筑业	Civil Engineering	23451372	21183663	147735
#铁路道路隧道和桥梁工程建筑业	Railroad Road Tunnel &Bridge Engineering Enterprises	14213858	13006984	93779
建筑安装业	Construction Installation Industry	3643971	3082683	46088
建筑装饰和其他建筑业	Architectural Decoration and Other Construction Industry	2685995	2349739	34816
建筑装饰和装修业	Architectural Decoration and Decoration Industry	1900411	1659831	25251
按资质等级分	**By Qualification Standard**			
施工总承包	Chief Construction Contract	61301505	56042331	554343
特 级	Top Grade	19710765	18314257	90936
一 级	First Grade	20300632	18658927	161349
二 级	Second Grade	11752058	10643935	163660
三级及以下	Third Grade and Below	9538051	8425212	138398
专业承包	Professional Contract	7011455	5990475	74429
一 级	First Grade	2942938	2547817	27008
二 级	Second Grade	2285971	1936317	28251
三级及以下	Third Grade and Below	1782546	1506342	19170

单位：万元（10000 yuan）

其他业务利润 Other Business Profit	销售费用 Operating Expense	管理费用 Management Expense	财务费用 Financial Expenses	营业利润 Operating Profit	利润总额 Total Profit	应交所得税 Payable Income Tax	应交增值税 Value-added Tax Payable	本年应付工资薪酬 Total Payable Wages this Year
42924	**333200**	**2224998**	**589981**	**2520341**	**2546515**	**500341**	**1858543**	**13347655**
24268	37623	842563	205942	663765	671785	93936	499185	4128761
42924	333200	2221972	589900	2517959	2544134	499622	1857605	13341184
508	3783	20374	394	11924	12047	3374	27197	131008
99	7715	27505	2399	8168	8127	3319	31385	123119
8	1900	7483	502	6223	6211	2100	12153	38288
	692	1162	59	1394	1402	193	467	4929
11677	6620	377452	131879	229921	234284	40616	215768	1704885
21240	182418	1000636	262149	1204876	1225114	205571	847684	5698379
2409	20498	173166	66968	220737	222280	42869	61175	1055949
6984	109574	614194	125550	834718	834668	201580	661777	4584628
		2739	127	2758	2758	719	929	6277
		287	-46	-377	-377		10	194
13680	112420	902396	401349	1317048	1319641	297323	1177951	8079412
23483	98519	972003	165870	885956	910538	149306	470345	4083118
9163	54986	500181	29578	564782	570920	87606	265412	2361356
2707	97008	214156	9251	195041	193889	30373	126490	631911
3054	25253	136443	13511	122296	122447	23338	83758	553214
2964	20009	96641	10176	89837	89214	17563	57610	414001
36466	189876	1809483	561279	2153800	2178356	441036	1639043	11968710
21589	8971	586722	220280	484948	487147	59124	358524	3297876
6652	29328	488890	217306	795263	800609	161935	539638	4195464
5262	61134	340756	68000	440236	457351	121017	400086	2483144
2963	90443	393116	55693	433353	433248	98960	340796	1992226
6458	143324	415515	28702	366541	368159	59304	219500	1378945
1737	79473	134999	7489	139592	137724	21210	90224	521346
2248	39795	164687	12674	119243	121121	21173	69933	496119
2473	24057	115829	8539	107705	109314	16921	59344	361480

14—6 按登记注册类型分建筑业企业主要经济指标（2018）

According to the Construction Enterprise Registration Type Points Leading Economic Indicators (2018)

指　标		Item		合　计 Total Enterprises	内资企业 Domestic Funded
企业单位数	（个）	Number of Construction Enterprises	(unit)	3980	3975
从业人数	（万人）	Staff and Workers (annual average)	(10000 persons)	186.92	186.82
自有固定资产原价	（万元）	Fixed Assets Owned (original value)	(10000 yuan)	7170780	7168950
自有固定资产净值	（万元）	Fixed Assets Owned (net value)	(10000 yuan)	3866689	3865732
建筑业总产值	（万元）	Gross Output Value of Construction	(10000 yuan)	78884540	78829984
建筑工程		Construction Projects		67286379	67262218
安装工程		Installation Projects		6209795	6180361
其　他		Others		5388365	5387405
固定资产本年折旧	（万元）	Depreciation of Fixed Assets	(10000 yuan)	512152	512023
应付职工薪酬	（万元）	Payable Employee compensation	(10000yuan)	13347655	13341184
主营业务税金及附加	（万元）	Main Business Tax and Additon	(10000yuan)	628771	628630
应交增值税	（万元）	Value-added Tax Payable	(10000yuan)	1858543	1857605
营业利润	（万元）	Business Profit	(10000yuan)	2520341	2517959
利润总额	（万元）	Total Profits	(10000 yuan)	2546515	2544134
利税总额	（万元）	Total Taxes	(10000 yuan)	5033829	5030368
劳动生产率（按总产值计算）	（元/人）	Overall Labor Productivity (In Terms of Gross Output Value)	(yuan/person)	421493	421421
房屋建筑施工面积	（万平方米）	Floor Space of Buildings Under Construction	(10000 sq.m)	46758.38	46752.56
房屋建筑竣工面积	（万平方米）	Floor Space of Buildings Completed	(10000 sq.m)	15894.47	15891.92
房屋建筑面积竣工率	（%）	Ratio of Floor Space of Buildings Completed	(%)	33.99	33.99
产值利润率	（%）	Ratio of Profit to Gross Output Value	(%)	3.23	3.23
产值利税率	（%）	Ratio of Per-tax Profit to Gross Output Value	(%)	6.38	6.38

#国　有 State-owned	#集　体 Collective-owned	港澳台商投资企业 Funded Enterprises from Hong Kong, Macao and Taiwan	#港澳台商独资企业 Hong Kong and Taiwan-funded Enterprises	外商投资企业 Foreign Funded	#外商独资企业 A Wholly Foreign Owned Enterprise
43	52	4	3	1	
2.29	2.56	0.10	0.09		
99328	78771	1790	1431	39	
55771	34767	955	858	2	
672974	538159	54230	50296	326	
536469	334108	23835	23835	326	
13251	13789	29434	25780		
123254	190261	961	681		
3361	5303	129	108		
131008	123119	6277	5419	194	
8911	11262	140	140	2	
27197	31385	929	908	10	
11924	8168	2758	2698	-377	
12047	8127	2758	2698	-377	
48155	50774	3827	3747	-366	
297947	213912	571444	548485	130480	
239.45	335.80	5.82	5.82		
104.22	271.75	2.56	2.56		
43.52	80.93	43.95	43.95		
1.79	1.51	5.09	5.36	-115.67	
7.16	9.43	7.06	7.45	-112.23	

14—7 建筑业企业房屋建筑完成情况（2018年）
Floor Space of Buildings Completed by Construction Enterprises (2018)

指 标	Item	房屋建筑竣工面积（万平方米）Completed Area of Building Construction (10000 sq.m)	#国有及国有控股企业 State Controlling Funded Hold Enterprises	房屋竣工价值（万元）Value of the Completed House (10000 yuan)	#国有及国有控股企业 State Controlling Funded Hold Enterprises
总 计	**Total**	**15894.47**	**3151.58**	**21286071**	**4732487**
住 宅	Residential Buildings	10729.10	2444.97	14514777	3453690
商业及服务用房屋	Buildings Used for Business and Services	919.41	154.81	1481362	297074
批发和零售用房	Buildings Used for Wholesale and Retail	418.26	16.89	641128	23746
住宿用房	Buildings Used for Accommodation	26.22	3.01	40958	5527
餐饮用房	Buildings Used for Catering Services	111.57	94.94	211950	192640
商务会展用房屋	Buildings Used for	17.01		15054	
居民服务业用房	Buildings Used for Resident Services	346.35	39.97	572273	75161
办公用房	Office Buildings	735.40	61.27	920344	101916
科研、教育、医疗用房	Buildings Used for Scientific Research,Education, Medical Services	689.21	136.04	1003580	305562
科研用房	Buildings Used for Scientific Research	33.68	16.09	61331	30498
教育用房	Buildings Used for Education	535.50	65.66	685122	114776
卫生医疗用房	Buildings Used for Sanitation and Medical Services	120.03	54.28	257128	160288
文化、体育和娱乐用房	Buildings Used for Culture, Physical Training and Entertainment	85.98	29.61	147518	74218
厂房及建筑物	Workshops and Buildings	2264.03	308.57	2635527	419730
厂 房	Workshops	1259.39	149.67	1393837	181709
仓 库	Storehouses	91.68	2.10	122178	1264
其他用房	Others	379.66	14.22	460785	79035

14—8 各市建筑业企业房屋建筑完成情况（2018年）

Floor Space of Buildings Completed by Construction Enterprises by Region (2018)

地 区	Region	房屋建筑竣工面积（万平方米）Completed Area of Building Construction (10000 sq.m)	#住 宅 Residential Buildings	房屋竣工价 值（万元）Value of the Completed House (10000 yuan)	#住 宅 Residential Buildings
总 计	**Total**	**15894.47**	**10729.10**	**21286070.8**	**14514777**
合 肥 市	Hefei	6125.72	4459.01	8673071.6	6171158
淮 北 市	Huaibei	100.46	56.58	120035.8	64015
亳 州 市	Bozhou	405.42	175.96	515531.8	262056
宿 州 市	Suzhou	624.01	381.37	720838.9	482563
蚌 埠 市	Bengbu	940.51	706.88	1490884.7	1059668
阜 阳 市	Fuyang	579.89	406.43	701848.6	489559
淮 南 市	Huainan	205.45	124.79	271360.2	209540
滁 州 市	Chuzhou	1288.40	880.24	1655828.2	1187154
六 安 市	Luan	700.84	494.98	850738.2	626447
马鞍山市	Maanshan	836.12	592.76	1331160.5	854707
芜 湖 市	Wuhu	1281.92	800.22	1744136.4	1113336
宣 城 市	Xuancheng	558.05	302.56	725030.7	383554
铜 陵 市	Tongling	415.23	280.30	445106.7	316516
池 州 市	Chizhou	601.55	335.63	558710.7	380533
安 庆 市	Anqing	1000.90	581.88	1212170.5	751178
黄 山 市	Huangshan	230.02	149.51	269617.3	162794

14—9 各市按登记注册类型和行业分的建筑业企业单位数（2018年）

Number of Construction Enterprises by Registration Status, Section and Region (2018)

单位：个（unit）

地 区	Region	合 计 Total Enterprises	内资企业 Domestic Funded	港澳台商投资企业 Funded by Entrepreneurs from Hong Kong, Macao and Taiwan	外商投资企业 Foreign Funded	国有及国有控股企业 State-owned and State-controlled Enterprises	房屋工程建筑业 Building	土木工程建筑业 Civil Engineering	建筑安装业 Construction Installation Industry	建筑装饰和其他建筑业 Architectural Decoration and Other Construction Industry
总　计	**Total**	**3980**	**3975**	**4**	**1**	**226**	**1851**	**1076**	**451**	**602**
合肥市	Hefei	1364	1361	2	1	73	422	425	226	291
淮北市	Huaibei	48	47	1		7	22	13	6	7
亳州市	Bozhou	97	97			8	64	25	6	2
宿州市	Suzhou	163	163			14	96	39	20	8
蚌埠市	Bengbu	191	191			16	81	49	26	35
阜阳市	Fuyang	183	183			20	105	55	7	16
淮南市	Huainan	104	104			9	68	15	14	7
滁州市	Chuzhou	238	237	1		9	129	62	26	21
六安市	Luan	148	148			7	92	43	6	7
马鞍山市	Maanshan	149	149			10	76	40	11	22
芜湖市	Wuhu	350	350			17	182	90	27	51
宣城市	Xuancheng	179	179			3	87	49	20	23
铜陵市	Tongling	152	152			7	73	31	12	36
池州市	Chizhou	164	164			3	92	32	20	20
安庆市	Anqing	379	379			18	219	95	22	43
黄山市	Huangshan	71	71			5	43	13	2	13

14—10 各市按经济类型和行业分的建筑业总产值（2018年）

Overall Output Value of Enterprises in Charge of Construction by Ownership and Region (2018)

单位：万元（10000 yuan）

地 区	Region	合 计 Total Enterprises	内资企业 Domestic Funded	港澳台商投资企业 Funded by Entrepreneurs from Hong Kong, Macao and Taiwan	外商投资企业 Foreign Funded	国有及国有控股企业 State-owned and State-controlled Enterprises	房屋工程建筑业 Building	土木工程建筑业 Civil Engineering	建筑安装业 Construction Installation Industry	建筑装饰和其他建筑业 Architectural Decoration and Other Construction Industry
总　计	**Total**	**78884540**	**78829984**	**54230**	**326**	**28105196**	**46171557**	**26199626**	**3796483**	**2716875**
合肥市	Hefei	39192700	39142722	49652	326	20182407	20958939	14671972	1971587	1590202
淮北市	Huaibei	548818	548174	644		387290	106636	426562	14150	1470
亳州市	Bozhou	1232813	1232813			270665	948574	266166	11297	6776
宿州市	Suzhou	3700674	3700674			1622888	1116496	1669711	878098	36368
蚌埠市	Bengbu	6267071	6267071			832480	3374259	2724875	65326	102612
阜阳市	Fuyang	2419866	2419866			425770	1597544	758070	27157	37095
淮南市	Huainan	778094	778094			133330	447891	280167	43462	6574
滁州市	Chuzhou	4310703	4306769	3934		74416	3515999	506802	206040	81863
六安市	Luan	1977496	1977496			36506	1433639	504845	13280	25732
马鞍山市	Maanshan	4203451	4203451			2166781	3609299	365768	30441	197944
芜湖市	Wuhu	6044041	6044041			1405511	3570211	2064610	170987	238233
宣城市	Xuancheng	1903108	1903108			92362	1162198	592892	48097	99920
铜陵市	Tongling	1649967	1649967			227987	1008805	396427	88044	156692
池州市	Chizhou	1229011	1229011			7368	890243	143529	174918	20322
安庆市	Anqing	2741376	2741376			215782	1874916	767290	52324	46846
黄山市	Huangshan	685351	685351			23654	555907	59940	1276	68229

14—11 各市建筑业企业生产情况（2018年）
Production Indicators on Construction Enterprises by Region (2018)

地 区	Region	企业单位个数（个）Number of Enterprises (unit)	总产值（万元）Total Output Value (10000 yuan)	建筑工程 Construction	安装工程 Installation	其他产值 Other Output Value	竣工产值（万元）Outpu Value of Buildings Completed (10000 yuan)
总　计	**Total**	**3980**	**78884540**	**67286379**	**6209795**	**5388365**	**34218484**
合肥市	Hefei	1364	39192700	33420219	3924698	1847783	15415543
淮北市	Huaibei	48	548818	392872	76763	79183	179192
亳州市	Bozhou	97	1232813	910001	57560	265252	741715
宿州市	Suzhou	163	3700674	2870026	353843	476805	1812747
蚌埠市	Bengbu	191	6267071	5471474	157258	638340	2378074
阜阳市	Fuyang	183	2419866	2161970	129063	128833	1041719
淮南市	Huainan	104	778094	651964	51481	74649	375906
滁州市	Chuzhou	238	4310703	3724621	225636	360446	2122726
六安市	Luan	148	1977496	1676244	90864	210387	1253585
马鞍山市	Maanshan	149	4203451	3869454	174966	159031	1728628
芜湖市	Wuhu	350	6044041	5237833	513291	292917	2295642
宣城市	Xuancheng	179	1903108	1574544	136055	192509	1068953
铜陵市	Tongling	152	1649967	1296198	158486	195284	879127
池州市	Chizhou	164	1229011	1038250	70439	120322	764661
安庆市	Anqing	379	2741376	2424181	71979	245216	1765661
黄山市	Huangshan	71	685351	566529	17415	101408	394605

地 区	Region	房屋建筑施工面积（万平方米）Floor Space of Building Under Construction (10000 sq.m)	房屋建筑竣工面积（万平方米）Floor Space of Building Completed (10000 sq.m)	自有施工机械设备 Machinery and Equipment Owned: 净值（万元）Net Value (10000 yuan)	总台数（台）Number (unit)	总功率（万千瓦）Total Power (10000 kw)	期末从业人数（万人）Staff and Workers (annual average) (10000 persons)
总　计	**Total**	**46758.38**	**15894.47**	**1851995**	**343108**	**913.89**	**186.92**
合肥市	Hefei	24537.13	6125.72	891832	145086	300.66	80.04
淮北市	Huaibei	261.16	100.46	17400	5037	8.74	2.36
亳州市	Bozhou	658.91	405.42	16373	5280	5.76	3.56
宿州市	Suzhou	1312.02	624.01	139409	24678	298.50	10.03
蚌埠市	Bengbu	3386.18	940.51	97180	10120	19.97	13.10
阜阳市	Fuyang	2087.69	579.89	40918	19240	29.32	7.46
淮南市	Huainan	423.36	205.45	12284	2943	5.48	2.49
滁州市	Chuzhou	2096.29	1288.40	54786	23994	39.49	11.96
六安市	Luan	1243.84	700.84	54137	9239	25.51	7.55
马鞍山市	Maanshan	2789.59	836.12	55377	11492	32.49	6.65
芜湖市	Wuhu	2572.08	1281.92	262103	17721	31.90	13.00
宣城市	Xuancheng	1127.62	558.05	43110	9644	11.24	5.52
铜陵市	Tongling	1052.08	415.23	29816	10575	41.25	4.87
池州市	Chizhou	928.93	601.55	14606	10562	18.13	3.77
安庆市	Anqing	1736.89	1000.90	103719	31340	35.80	11.14
黄山市	Huangshan	544.61	230.02	18947	6157	9.64	3.43

14—12 各市建筑业企业主要财务指标（2018年）
Main Financial Indicators on Construction Enterprises by Region (2018)

单位：万元（10000 yuan）

地　区	Region	流动资产合计 Circulating Funds	固定资产原价 Original Value of Fixed Asseds	累计折旧 Accumulated Depreciation	#本年 This Year	资产总计 Total Assets	负债合计 Total Liabilities	所有者权益 Creditors' Equity	#实收资本 Capital Hold
总　计	**Total**	**54919808**	**7170780**	**3026534**	**512152**	**71033671**	**47892433**	**23141238**	**11881643**
合肥市	Hefei	28906117	3410882	1483151	242419	37560998	26266246	11294753	5128793
淮北市	Huaibei	551420	102295	52744	2297	632980	449015	183965	149420
亳州市	Bozhou	627513	76398	23499	6317	827876	507055	320822	243918
宿州市	Suzhou	2659597	571824	267851	51886	3646712	2488934	1157778	495825
蚌埠市	Bengbu	4178714	235741	98890	20031	6133127	4633244	1499883	610318
阜阳市	Fuyang	1913204	172809	69059	9732	2198581	1394191	804389	466477
淮南市	Huainan	1008711	116260	41587	6088	1271508	970730	300778	207824
滁州市	Chuzhou	2064583	278271	89649	21729	2464406	1430402	1034004	545551
六安市	Luan	1342902	258884	110005	14966	1802174	765187	1036987	555193
马鞍山市	Maanshan	2907872	254463	115857	17941	3373916	2404834	969082	586737
芜湖市	Wuhu	3440646	585771	240850	44428	4208064	2600338	1607725	942298
宣城市	Xuancheng	1054168	208858	97123	16211	1464814	930767	534047	377054
铜陵市	Tongling	1140537	186476	78289	9566	1396435	916694	479741	271274
池州市	Chizhou	720955	111035	35985	8039	910645	496627	414017	272145
安庆市	Anqing	1966561	495924	177386	34345	2504637	1275921	1228716	813981
黄山市	Huangshan	436308	104888	44612	6157	636798	362247	274551	214836

地　区	Region	主营收入 Main Business Income	主营成本 Main Business Cost	主营税金及附加 Main Business and Extra Charges	销售费用 Operating Expense	管理费用 Management Expense	财务费用 Financial Expenses	营业利润 Operating Profit	利润总额 Total Profit	本年应付薪酬总额 Payable Salary This Year
总　计	**Total**	**68312961**	**62032806**	**628771**	**333200**	**2224998**	**589981**	**2520341**	**2546515**	**13347655**
合肥市	Hefei	34757815	31717459	270410	152792	1160267	330303	1180868	1184472	6571663
淮北市	Huaibei	502166	454851	6733	1029	28567	6616	4473	4024	86129
亳州市	Bozhou	801120	712898	11923	5416	26032	6186	30715	30724	178753
宿州市	Suzhou	3372003	2981907	46575	30922	142784	49884	112759	112242	543626
蚌埠市	Bengbu	4258802	3865569	27986	17952	138838	54453	173976	174562	838981
阜阳市	Fuyang	1989005	1809858	21108	8563	53767	13822	85747	84900	420711
淮南市	Huainan	1171520	1058128	11699	1706	30854	3242	66205	65286	127598
滁州市	Chuzhou	3141998	2866397	32758	17315	81369	24875	115239	116216	867066
六安市	Luan	2178302	1970257	26072	7293	46940	14574	103588	104502	391809
马鞍山市	Maanshan	3868096	3582358	20935	4986	79667	20005	143277	144425	603392
芜湖市	Wuhu	5545500	5028174	56634	34146	199299	18734	209716	229884	1148981
宣城市	Xuancheng	1289405	1149902	23494	5537	48147	8620	55504	56458	293838
铜陵市	Tongling	1169150	1024480	14024	7218	51859	10783	46606	46678	318561
池州市	Chizhou	978801	854414	16209	12995	34378	5676	55551	55427	181016
安庆市	Anqing	2642110	2360080	35543	22440	86154	18376	113241	113889	623824
黄山市	Huangshan	647167	596073	6670	2892	16077	3831	22877	22827	151706

主要统计指标解释

建筑业统计单位

指从事房屋、构筑物建造和设备安装活动的法人企业。建筑业法人企业应具有建筑业资质并能够独立核算，同时其应具备以下条件：①依法成立，有自己的名称、组织机构和场所，能够承担民事责任；②独立拥有和使用资产，承担负债，有权与其他单位签订合同；③独立核算盈亏，能够编制资产负债表。

建筑业总产值

是以货币形式表现的建筑业企业在一定时期内生产的建筑业产品和提供的服务的总和。建筑业总产值包括：

⑴建筑工程产值：指列入建筑工程预算内的各种工程价值。

⑵安装工程产值：指设备安装工程价值，不包括被安装设备本身的价值。

⑶其他产值：建筑业总产值中除建筑工程、安装工程以外的产值。包括房屋构筑物修理产值、非标准设备制造产值、总包企业向分包企业收取的管理费以及不能明确划分的施工活动所完成的产值。

a. 房屋构筑物修理产值：指房屋和构筑物修理所完成的产值，但不包括被修理房屋、构筑物本身价值和生产设备的修理价值。

b. 非标准设备制造产值：指加工制造没有定型的非标准生产设备的加工费和原材料价值(如化工厂、炼油厂用的各种罐、槽，矿井生产统一使用的各种漏斗、三角槽、阀门等)以及附属加工厂为本企业承建工程制作的非标准设备的价值。

房屋建筑施工面积

指在报告期内施过工的全部房屋建筑面积，包括本期新开工的房屋面积、上期施工跨入本期继续施工的房屋面积、上期停缓建在本期恢复施工的房屋面积、本期竣工的房屋面积及本期施工后又停缓建的房屋面积。

房屋建筑竣工面积

指在报告期内房屋建筑按照设计要求全部完工，达到了使用条件，经验收鉴定合格，正式移交使用单位的房屋建筑面积。

自有机械设备年末总功率

指本企业自有施工机械、生产设备、运输设备以及其他设备等列为在册固定资产的生产性机械设备年末总功率，按设定能力或查定能力计算。包括机械本身的动力和为该机械服务的单独动力设备，如电动机等。计算单位用千瓦，动力换算可按 1 马力＝0.735 千瓦折合成千瓦数。电焊机、变压器、锅炉不计算动力。

Explanatory Notes for Major Statistical Indicators

Statistical Unit in the Construction Industry

refers to a corporate enterprise engaged in the construction of buildings and structures and in the installation of equipment. A corporate construction enterprise should have qualification certificates with independent accounting system, and should meet the following 3 requirements: a) being set up in line with relevant legal basis, having its full name, organization and location, and capable of taking civil liabilities; b) independently possessing and using its assets and assuming its liabilities, and entitled to sign contracts with other institutions; and c) making independent accounts of its profits and losses, and capable of compiling its own balance sheet.

Gross Output Value of Construction

refers to total of construction products and services, expressed in money terms, produced or rendered by construction and installation enterprises during a given period of time. It includes:

(1) Output value of construction projects: the value of projects covered by the project budgets;

(2) Output value of installation projects: the value of the installation of equipment, (excluding the value of the equipment to be installed);

(3) Other output values: the output value of construction industry apart from that of construction projects and installation projects. It includes: output value of repair of buildings and structures; output value of non-standard equipment manufacturing; overhead expenses received by contracted enterprises from the sub-contracted enterprises and the completed output value of construction activities for which there is no clear definition.

a. Output value of repair of buildings and structures: the value created through the repairs of buildings or structures. It does not include the value of buildings or structures being repaired and the value of the repair of production equipment;

b. Output value of manufactured non-standard equipment: the value of non-standard production equipment, including raw materials and manufacturing cost, made for the construction project (i.e., chemical plant; kettles or tanks used by refineries; various fillers, triangle tanks, valves used by mines). It also includes the output value of equipment manufactured by subsidiary workshops.

Floor Space of Buildings Under Construction

refers to floor space of buildings under construction during the reference period, including the floor space of buildings for which construction has newly started; buildings for which construction has started earlier and is continuing during the reference period; and buildings for which construction has been suspended earlier but has restarted during the reference period; buildings completed during the reference period; and buildings under construction but construction has subsequently been during the reference period.

Floor Space of Buildings Completed

refers to the floor space of buildings that are completed in the reference period in accordance with the requirements of the design, up to the standard for being put into use, and having been checked and accepted by departments concerned as qualified ones.

Total Power of Machinery and Equipment Owned by the End of Year

refers to the total power of machinery and equipment owned by the enterprises, and listed as the fixed assets of the enterprises by the end of the year, including machinery and equipment for construction, production and transportation. The power of the machinery is calculated on basis of the designed or verified capacity, covering the power of the machinery/equipment and the separate power equipment serving the machinery/equipment (such as electric motors), but excluding welders, transformers and boilers. The unit used for the calculation of power is kilowatt, with horsepower converted to kilowatt by 1 horsepower=0.735 kilowatt.

第十五篇

Chapter 15

TRANSPORT, POST AND TELECOMMUNICATION SERVICES

简要说明

一、交通运输业资料主要包括：铁路、公路、水路、民航四种运输方式的线路里程、运输设备拥有量，各种运输方式完成的货物运输量等。

邮电通信业资料主要包括：全省邮电局(所)及邮路情况，邮电通信主要电路及设备拥有量，主要邮电业务完成情况，邮电通信发展水平等资料。

二、有关交通运输资料分别来源于上海铁路局，省交通运输厅，民航安徽监管办，东航安徽分公司，省公安厅及本局有关年报资料。邮电通信业资料来源于省邮政管理局、通信管理局。

三、各部门资料调查范围及统计单位。

1. 铁路资料：包括国家以及国有控股合资铁路运营情况，资料来源于国家铁道部反馈数据。

2. 公路、水运、港口资料：公路和水运线路里程为年末通车和通航里程数(不含在建和未正式投入使用的公路和航道)由省交通运输厅提供。民用和公路营运车辆拥有量分别由省公安厅、省交通运输厅和农机局提供。

3. 民航运输资料：民航运输统计对象为我省境内从事民用航空运输飞行和通用飞行的东方航空公司安徽分公司。

4. 邮电通信资料：邮电通信包括邮政和电信业务。邮电业务量按业务范围分为国内业务量和国际及港澳业务量(对台业务量统计在港澳中)。

Brief Introduction

I. Data of transport cover mainly the length of the routes of railways, highways, waterways and civil aviation transport, the ownership of the transport equipment, the freight traffic and passenger traffic accomplished by various means of transportation.

Data of post and telecommunications cover mainly the situation of post and telecommunications offices and postal routes, the telephone lines, telegraph lines and the ownership of the telecommunication facilities, the principal postal and telecommunications services rendered, and the level of the development of the postal and telecommunications services, etc.

II. Data on transport come from Shanghai Railway Bureau, the Department of Transportation, Civil Aviation Administration of Anhui Province, China Eastern Anhui Branch, the Department of Public Security and related annual report of Anhui Statistical Bureau. Data of postal and telecommunication services come from provincial postal administration, communications administration.

III. The statistical coverage and statistical units of the various data:

1. Data on railways Include State-owned holding joint capital railway operation situation Data come from National Railway Department .

2. Data on highways, waterways and ports: The length of highways and waterways refer to the length open to traffic or navigation at the end of the year (not including the mileage of highways and waterways under construction but not officially put into use.) and Data are provided by the Department of Communication. Data on the stock of the highway civilian and transport business vehicles are provide by the Department of Public Security and Department of transportation and Agricultural Machinery Bureau .

3. Data on the civil aviation transport: The statistical units of the civil aviation transport include the enterprises registered in Anhui and engaged in the civil aviation transport flights and flights for general purpose, including the enterprises directly under the Civil Aviation Administration of Anhui Province or not under it.

4. Data on post and telecommunications: The post and telecommunications statistics cover postal and telecommunication services. The business volume of post and telecommunications is classified by business area into the domestic volume, the volume between China mainland and Hong Kong and Macao (including Taiwan) and the international volume.

15—1 交通运输业基本情况
Basic Conditions of Transportation

指　　标	Item	2005	2010	2015	2017	2018
运输线路长度（公里）	Length of Transportation Routes (km)					
铁路营业里程	Railways in Operation	2353	2850	4169	4275	4275
公　路	Highways	72807	149382	186940	203285	208826
内　河	Navigable Inland Waterways	5587	5587	5729	5729	5729
民　航	Total Civil Aviation Routes	72263	76303	103676	99075	91964
#国际航线	International Routes	11616	6575	15303	12294	14696
客运量总计（万人）	Total Passenger Traffic (10000 persons)	72871	159597	87107	69429	63659
铁　路	Railways	3486	5552	8553	11470	12306
国　家	National	3307	5552			
地　方	Local and Joint Venture Railways	179				
公　路	Highways	68927	153697	78072	57365	50770
水　运	Waterways	244	139	185	253	240
民　航	Total Civil Aviation Routes	214	208	297	341	343
旅客周转量总计（万人公里）	Total Passenger-kilometers (10000 passenger-km)	8062657	15027550	12582090	11961320	12061575
铁　路	Railways	3008651	4680584	6429489	7436462	7837055
国　家	National	2908851	4680584			
地　方	Local and Joint Venture Railways	99800				
公　路	Highways	4812462	10101874	5748829	4071095	3768861
水　运	Waterways	3093	2684	3843	4062	3912
民　航	Total Civil Aviation Routes	238451	242408	399929	449701	451747
货运量总计（万吨）	Total Freight Traffic (10000 tons)	67128	228106	345756	403421	406628
铁　路	Railways	10386	12091	10158	8932	7932
国　家	National	8638	12091			
地　方	Local and Joint Venture Railways	1748				
公　路	Highways	49614	183658	230649	280471	283817
水　运	Waterways	7125	32355	104947	114015	114877
民　航	Total Civil Aviation Routes	3.0	2.2	2.3	2.4	2.1
货物周转量总计（万吨公里）	Total Freight Ton-kilometers (10000 tons-km)	15664802	71536800	104025651	114145165	117836922
铁　路	Railways	8837574	10165481	7393851	7313918	7009337
国　家	National	8577452	10165481			
地　方	Local and Joint Venture Railways	260122				
公　路	Highways	4226699	50049069	47218724	51796822	54516155
水　运	Waterways	2596868	11319581	49409946	55031194	56308790
民　航	Total Civil Aviation Routes	3661	2669	3130	3231	2639
民用汽车拥有量（辆）	Number of Civil Vehicles Owned (unit)	804952	2432339	5128318	7160878	8200687
载客汽车辆数	Number of Buses and Cars	436372	1409937	4081562	6057912	6984472
载货汽车辆数	Number of Trucks	332139	663361	875638	997919	1118662
私人汽车拥有量	Number of Motor Vehicles Owned by Individuals	354139	1661937	4231254	6178299	7122704
民用运输船舶拥有量（艘）	Number of Civil Transport Vessels (unit)	33372	29186	28800	25509	25065
#机动船	Motor Vessels	30439	27041	27475	24488	24308
驳　船	Barges	2933	2145	1325	1021	757
私人运输船舶拥有量（艘）	Number of Private-owned Transport Vessels (unit)	10010	4278	1882	1567	1630
机动船	Motor Vessels	9989	4262	1882	1567	1630
驳　船	Barges	21	16			

注：1．2015年交通运输部组织开展了公路水路运输量小样本调查工作，重新调整基数，客、货运量及周转量与2014年数据不具可比性。

2．运输线路长度中的内河长度为通航里程数。

a) In 2015 the ministry of transport organization work conducted highway water traffic small sample survey, readjust base, passenger and freight volume and turnover are not comparable with the 2014 data.

b) Transportation line length of inland river navigation mileage in length.

15—2 运输路线长度
Length of Transportation Routes

单位：公里（km）

指　标	Item	2005	2010	2015	2017	2018
铁　路	**Railways**					
营业里程（省境内）	Length of Railways in Operation (within the boundaries of the province)	2353	2850	4169	4275	4275
公　路	**Highways**					
公路里程	Total Length of Highways	72807	149382	186940	203285	208826
国道、省道	National and Provincial Routes	10997	12412	13829	15496	27532
县　道	County Routes	24200	23970	24253	23636	13546
乡　道	Village and town Routes	36606	36226	36498	36600	34438
专用公路	Special Highways	1004	1004	1002	1002	576
高速公路	Express-way	1501	2929	4249	4673	4836
一级公路	First Class	338	499	3166	4151	4863
二级公路	Second Class	9633	10504	10667	10879	11595
三级公路	Third Class	12537	15306	18920	20897	19939
四级公路	Forth Class	43074	113106	145875	160482	166708
等外公路	Highway Below Class IV	5724	7042	4063	2204	885
在公路里程中：	Of the Total Length of Highways:					
晴雨通车里程	Length of Highways Opened to Traffic Despite Rain or Shine	69975	145514	184290	200756	206209
绿化里程	Length of Forestation Highways	49843	60448	143833	160545	167282
水　运	**Waterways**					
内河航道通航里程	Length of Navigable Inland Waterways	5587	5587	5729	5729	5729
民　航	**Total Civil Aviation Routes**					
国际航线	International Routes	11616	6575	15303	12294	14696
国内航线	Domestic Routes	60647	69728	88373	86781	77268

15—3 运输线路质量
Quality of Transportation Routes

指　　标	Item		2005	2010	2015	2017	2018
铁路营业里程　（公里）	**Length of Railways in Operation**	**(km)**	**2353**	**2850**	**4169**	**4275**	**4275**
#复线里程　（公里）	Double-Tracking Length	(km)	1080	1523	2753		
复线里程比重　(%)	Proportion	(%)	45.9	53.4	66.0		
公路线路里程　（公里）	**Length of Highways**	**(km)**	**72807**	**149382**	**186940**	**203285**	**208826**
#等级公路里程　（公里）	Expressway and Class I to IV Highways	(km)	67083	142340	182877	201081	207942
等级公路里程比重　(%)	Proportion	(%)	92.1	95.3	97.8	98.9	99.6
内河航道里程　（公里）	**length of Navigable Inland Waterways**	**(km)**		**6507**	**6612**	**6612**	**6612**
#等级航道里程　（公里）	Standard Waterways	(km)		5226	5345	5345	5345
等级航道里程比重　(%)	Proportion	(%)		80.3	80.8	80.8	80.8

15—4 内河港口码头吞吐量
Volume of Passenger and Freight Handled in Ports of Inland Rivers

年　份 Year	旅客吞吐量（万人） Passenger Handled (10000 persons)	#旅客离港量 Out-port	货物吞吐量（万吨） Cargo Handled (10000 tons)	#集装箱（万标准箱） Container (10000 standard cases)
2005	182.49	137.49	17156.70	11.26
2008	203.00	118.28	27267.01	23.91
2009	96.11	54.61	26449.00	19.91
2010	69.18	57.00	32502.00	22.20
2011	105.00	54.20	37418.60	38.80
2012	70.05	35.44	36097.20	45.58
2013	78.52	41.35	39617.52	52.67
2014	76.38	39.52	43837.92	76.42
2015	62.14	31.79	48044.32	95.59
2016	64.31	32.59	51917.40	114.75
2017	54.71	27.56	51249.41	138.38
2018	57.71	29.15	51134.97	148.73

注：1. 2011年以后统计范围为通过能力在200万吨以上内河港口，以及从事外贸、集装箱的港口，与历年数据具有不可比性。
2. 港口吞吐量年报统计包含全省16个港口。

a) After 2011 statistic range are ports of capacity of 2000000 tons and over in inland river, and portsengaged in foreign trade, container port. the data of the past years are not comparable.

b) The annual port throughput report includes 16 ports in the province.

15—5 主要港口分货类吞吐量
Volume of Throughput in Major Ports by Type of Freight

单位：万吨（10000 tons）

货 类	Type of Goods	2010	2015	2017	2018
吞吐量合计	**Total Throughput**	**1049.70**	**1180.02**	**12805.88**	**12015.95**
煤炭及制品	Coal and Products	571.73	777.91	1923.13	1934.41
石油天然气及制品	Petroleum, Natural Gas and Products			138.38	133.24
金属矿石	Metal Ores	185.02	3.13	650.98	1205.12
钢 铁	Steel and Iron	99.79	31.85	404.13	453.76
矿建材料	Mineral Building	24.97	8.80	3915.85	3841.60
水 泥	Cement	8.70	7.18	3868.87	3186.29
木 材	Timber				
非金属矿石	Nonmetal Ores	5.14	26.50	1177.30	365.02
化肥及农药	Chemical Fertilizers and Pesticides		0.04	0.09	
盐	Salt			12.48	20.32
粮 食	Grain			45.63	54.28
机械、设备、电器	Machinery , Equipment, Electric Apparatus	0.13		0.06	
化工原料及制品	Industrial Chemicals and Products	10.33	2.18	119.10	140.31
轻工、医药产品	Light industry, Medical Products			0.65	3.08
农林牧渔业产品	Agriculture, Forestry, Animal Husbandry and Fishery Products	0.08		0.16	9.44
其 他	Other	143.81	322.43	549.06	669.03

注：2017年之前数据是安徽皖江物流（集团）股份公司涉水的吞吐量，以后是芜湖港的吞吐量数据。
a) The data before 2017 is the throughput of Anhui Wanjiang logistics (group) co., ltd. The throughput data of Wuhu Port will follow.

15—6 各市公路客货运输量（2018年）
Volum of Highway Transportation By Region (2018)

地 区	Region	客运量（万人）Passenger Traffic (10000 persons)	旅客周转量（万人公里）Passenger-kilometers (10000 passenger-km)	货运量（万吨）Freight Traffic (10000 tons)	货物周转量（万吨公里）Freight Ton-kilometers (10000 tons-km)
总 计	**Total**	**50769.7**	**3768860.9**	**283817.1**	**54516155.0**
合肥市	Hefei	7434.4	635459.7	34142.7	3532019.7
淮北市	Huaibei	1347.5	125050.0	14293.8	2195436.7
亳州市	Bozhou	3496.2	300370.4	30104.7	8255895.9
宿州市	Suzhou	3270.0	202842.3	25497.0	5188261.7
蚌埠市	Bengbu	2049.4	171549.7	23826.1	7196587.4
阜阳市	Fuyang	6020.8	447660.1	49516.1	12561028.1
淮南市	Huainan	2918.7	211568.2	12756.1	567996.4
滁州市	Chuzhou	3806.1	213998.7	17206.9	3922134.9
六安市	Luan	4281.1	361756.5	23801.2	4330487.1
马鞍山市	Maanshan	1780.9	87036.3	7396.8	424051.2
芜湖市	Wuhu	2456.1	127646.0	7998.4	972294.4
宣城市	Xuancheng	2262.5	112611.5	9586.0	1336380.6
铜陵市	Tongling	1358.7	97823.7	3789.1	353599.4
池州市	Chizhou	1197.0	114701.1	4109.8	369933.1
安庆市	Anqing	4222.1	339429.8	14267.6	2158067.7
黄山市	Huangshan	2868.4	219356.9	5524.8	1151980.7

15—7 主要年份公路线路年底到达数（按技术等级分）
Length of Highway Routes at the Year-end (classified by technical level)

单位：公里（km）

年份 Year	公路里程总计 Total Length of Highways	等级路 Express-way and Class I to IV Hughway	高速 Express-way	一级 First Class	二级 Second Class	三、四级公路 Third and Forth Class	等外公路 Highway Below Class IV
2005	72807	67083	1501	338	9633	55611	5724
2010	149382	142340	2929	499	10504	128412	7042
2015	186940	182877	4249	3166	10667	164795	4063
2016	197588	194136	4543	3833	10727	175033	3453
2017	203285	201081	4673	4151	10879	181379	2204
2018	208826	207942	4836	4863	11595	186647	885

15—8 公路线路年底到达数（按技术等级分）（2018年）
Length of Highway Routes at the Year-end (classified by technical level) (2018)

单位：公里（km）

项目	Item	公路里程总计 Total Length of Highways	等级公路 Expressway and Class I to IV Highway 合计 Total	高速 Express-way	一级 First Class	二级 Second Class	三级 Third Class	四级 Forth Class	等外公路 Highway Below Class IV
上年年底到达数	End of Last Year	203285	201081	4673	4151	10879	20897	160482	2204
国道	National Routes	10925	10925	3596	2469	4136	521	203	
省道	Provincial Routes	4571	4571	1077	892	2168	264	170	
县道	County Routes	23636	23636		314	3545	14739	5037	
乡道	Village and town Routes	36600	36215		13	394	3562	32246	385
专用公路	Highways for Special Use	1002	1002			46	241	715	
村道	Village Routes	126551	124731		463	589	1570	122110	1820
本年新建数	Newly Built in This Year	5875	5875	163	168	11		5532	
国道	National Routes	202	202	38	158	6			
省道	Provincial Routes	141	141	125	10	6			
县道	County Routes								
乡道	Village and town Routes								
专用公路	Highways for Special Use								
村道	Village Routes	5532	5532					5532	
本年改建变更数	Changed in This Year	-334	986		545	705	-958	694	-1320
国道	National Routes	-121	-121	-2	162	-248	-27	-6	
省道	Provincial Routes	11814	11785	2	835	2856	5304	2788	29
县道	County Routes	-10090	-10090		-184	-1976	-5648	-2283	
乡道	Village and town Routes	-2162	-1829		10	51	-356	-1534	-334
专用公路	Highways for Special Use	-426	-426				-100	-325	
村道	Village Routes	651	1666		-279	22	-131	2055	-1015
本年年底到达数	End of This Year	208826	207942	4836	4863	11595	19939	166708	885
国道	National Routes	11006	11006	3632	2789	3893	494	197	
省道	Provincial Routes	16526	16497	1204	1737	5030	5567	2958	29
县道	County Routes	13546	13546		131	1570	9092	2754	
乡道	Village and town Routes	34438	34387		23	445	3206	30712	51
专用公路	Highways for Special Use	576	576			46	141	390	
村道	Village Routes	132734	131929		183	611	1438	129697	804

15—9 各市公路线路年底到达数（按技术等级分）（2018年）

Length of Highway Routes at the Year-end by Region (classified by technical level) (2018)

单位：公里（km）

地区	Region	公路里程 总计 Total Length of Highways	等级公路 Expressway and Class I to IV Highway 合计 Total	高速 Express-way	一级 First Class	二级 Second Class	三级 Third Class	四级 Forth Class	等外公路 Highway Below Class IV
总计	**Total**	**208826**	**207942**	**4836**	**4863**	**11595**	**19939**	**166708**	**885**
合肥市	Hefei	19026	18744	481	749	1245	1855	14414	282
淮北市	Huaibei	4379	4379	89	151	233	750	3156	
亳州市	Bozhou	15574	15574	320	202	476	1595	12981	
宿州市	Suzhou	17452	17452	359	501	1003	1657	13931	
蚌埠市	Bengbu	9451	9451	185	305	415	1143	7403	
阜阳市	Fuyang	17911	17892	256	490	642	1610	14895	18
淮南市	Huainan	8367	8255	191	141	447	944	6532	113
滁州市	Chuzhou	17941	17931	553	257	1279	1681	14162	10
六安市	Luan	22091	22078	362	506	1179	1859	18172	12
马鞍山市	Maanshan	7222	7195	215	329	585	781	5284	27
芜湖市	Wuhu	10984	10816	276	324	672	1187	8357	167
宣城市	Xuancheng	12024	12024	356	301	690	1035	9641	
铜陵市	Tongling	4684	4658	119	172	428	369	3570	25
池州市	Chizhou	8734	8627	244	192	664	601	6927	107
安庆市	Anqing	19613	19609	374	103	854	1466	16812	5
黄山市	Huangshan	7101	7094	352	80	495	928	5239	7
广德县	Guangde	3150	3061	74	56	166	167	2599	89
宿松县	Susong	3122	3101	31	4	122	310	2633	21

15—10 公路密度及通达情况

Density and Reaching Status of Highways

指标	Item	2005	2010	2015	2017	2018
公路密度	**Density of Highway**					
以国土面积计算（公里/百平方公里）	By Area of Territory (km/100 sq.m)	52.23	107.16	134.10	145.83	149.80
以人口数量计算（公里/万人）	By Population (km/10000 persons)	11.27	21.98	26.95	28.93	29.58
公路通达	**Reaching Status of Highways**					
乡镇数量（个）	Number of Townships (unit)	1547	1382	1378	1379	1379
#不通公路	Without Highway Communication	1				
不通公路乡镇所占比重（%）	Proportion of Townships Without Highway Communication (%)	0.06				
行政村数量（个）	Number of Villages (unit)	25553	17274	17069	17028	17028
#不通公路	Without Highway Communication	187	5	1	1	1
不通公路行政村所占比重（%）	Proportion of Villages Without Highway Communication (%)	0.73	0.03	0.01	0.01	0.01

15—11 主要年份民用车辆拥有量
Possession of Civil Vehicles

单位：万辆（10000 units）

指　　标	Item	2005	2010	2015	2017	2018
总　计	**Total**	**575.48**	**909.66**	**1045.85**	**1228.28**	**1318.60**
载客汽车	Passenger Vehicles	43.64	140.99	408.16	605.79	698.45
大　型	Large	2.87	3.82	4.41	5.10	5.43
中　型	Medium	4.10	4.94	2.69	2.50	2.52
小　型	Small	29.62	124.91	396.83	594.79	687.23
微　型	Minicar	7.05	7.31	4.22	3.41	3.26
载货汽车	Trucks	33.21	66.34	87.56	99.79	111.87
重　型	Heavy	5.09	20.24	30.37	34.74	38.65
中　型	Medium	12.86	12.41	3.68	2.88	2.96
轻　型	Light	13.74	33.12	53.28	62.07	70.19
微　型	Mini	1.52	0.56	0.23	0.10	0.06
其他汽车	Others	29.00	35.90	17.11	10.50	9.76
摩托车	Motorcycles	246.50	409.38	286.87	265.77	252.35
拖拉机	Tractors	218.46	248.58	236.68	233.12	231.06
挂　车	Trailers	4.65	8.45	9.46	13.30	14.92
其他类型车	Other Types of Vehicle	0.02	0.02	0.01		0.005
机动车驾驶员　（万人）	Number of Motor Drivers　(10000 persons)	439.73	692.42	1121.82	1392.43	1504.97
＃汽车驾驶	Automobile Drivers	258.40	475.65	977.45	1281.45	1407.97

15—12 主要年份私人车辆拥有量
Possession of Private Vehicles

单位：辆（unit）

指　　标	Item	2005	2010	2015	2017	2018
总　计	**Total**	**583762**	**5726403**	**7086580**	**8824130**	**9635950**
载客汽车	Passenger Vehicles	229835	1078206	3670696	5615172	6506645
大　型	Large	4396	4293	837	663	605
中　型	Medium	18314	22519	6980	4056	4279
小　型	Small	154414	988464	3622767	5577865	6470813
微　型	Minicar		62930	40112	32588	30948
载货汽车	Trucks	121068	285022	432142	495442	554111
重　型	Heavy		28064	33303	31193	33876
中　型	Medium	41398	42674	15412	11893	12042
轻　型	Light	60221	209976	381491	451524	507639
微　型	Mini		4308	1936	832	554
其他汽车	Others	232859	298709	128416	105047	61948
摩托车	Motorcycles		4058172	2850875	2657696	2508347
挂　车	Trailers		6249	4422	4674	4885
其他类型车	Other Types of Vehicle		45	29	17	14

注：2005年度的“其他汽车”指标数据包括摩托车、拖拉机、其他类型车的合计。

a) "Others" index of the 2005 annual data includes motorcycles, tractors and other types of vehicles combined.

15—13 民用车辆拥有量营运情况（2018年）
Civilian Vehicles Capacity of Transportion Situation (2018)

单位：万辆（10000 units）

指标	Item	总计 Total			总计中 In the Total			报废 Write-off
			营运 For Business	非营运 Not for Business	进口 Import	个人 Individual	新注册 Registered Newly	
总　计	**Total**	**1318.60**	**107.50**	**978.87**	**22.55**	**963.60**	**123.19**	**7.55**
#校　车	The School Bbus	0.97						
汽　车	Number	820.07	87.71	731.39	22.35	712.27	114.05	5.26
载客汽车	Passenger Vehicles	698.45	14.65	682.83	22.26	650.66	98.15	3.63
#大　型	Large	5.43	4.08	1.00				
中　型	Medium	2.52	0.91	0.99	0.03	0.43	0.17	0.18
小　型	Small	687.23	9.63	677.60	21.96	647.08	97.26	3.09
微　型	Minicar	3.26	0.03	3.23	0.26	3.09	0.15	0.10
#轿　车	Cars	460.80	9.44	451.36	9.90	435.48	60.79	1.92
载货汽车	Trucks	111.87	68.93	42.93	0.08	55.41	14.81	1.26
#重　型	Heavy	38.65	37.72	0.93	0.04	3.39	4.79	0.58
中　型	Medium	2.96	2.52	0.44	0.0004	1.20	0.17	0.09
轻　型	Light	70.19	28.68	41.52	0.04	50.76	9.84	0.57
微　型	Mini	0.06	0.02	0.05		0.06	0.00	0.01
#普通载货	General Trucks	54.19	20.60	33.59	0.04	40.48	6.03	0.51
其他汽车	Others	9.76	4.13	5.63	0.01	6.19	1.09	0.36
#三轮汽车	Tricar	3.79	2.11	1.68		3.20	0.42	0.13
低速货车	Low-Speed Truck	2.08	1.59	0.49		1.44		0.16
摩托车	Motorcycles	252.35	4.94	247.40	0.20	250.83	6.59	2.05
普　通	General	250.34	4.94	245.40	0.20	248.83	6.52	2.03
轻　便	Portable	2.01	0.00	2.01		2.00	0.07	0.03
拖拉机	Tractors	231.26						
挂　车	Trailers	14.92	14.85	0.07	0.002	0.49	2.55	0.24
其他类型车	Other Types of Vehicle	0.005	0.0001	0.004		0.001	0.0004	0.0002
机动车驾驶员（万人）	Number of Motor Drivers (10000 persons)	1504.97						
#汽车驾驶员	Automobile Drivers	1407.97						

15—14 各市民用车辆拥有量（2018年）
Possession of Civil Vehicles by Region (2018)

单位：辆（unit）

地 区	Region	汽 车 Number	载客汽车 Buses and Cars	载货汽车 Ordinary Trucks	其他汽车 Other Motor Vehicles	摩托车 Motorcycle	拖拉机 Tractors	挂 车 Trailers	其他类型车 Other Types of Vehicle	机动车驾驶员（人） Number of Motor Drivers (person)
总 计	**Total**	**13186026**	**6984472**	**1118662**	**97553**	**2523460**	**2312635**	**149199**	**45**	**15049740**
合肥市	Hefei	2346325	1784055	144865	10068	179120	215303	12914		2431301
淮北市	Huaibei	543040	236057	38602	4989	137805	116491	9096		515325
亳州市	Bozhou	972493	421530	146708	12859	198315	173499	19582		1079654
宿州市	Suzhou	859003	423814	92613	8452	131520	191328	11276		1095538
蚌埠市	Bengbu	794492	305417	78694	2505	77611	312492	17772	1	799828
阜阳市	Fuyang	1418995	620713	202323	24100	387336	156594	27929		1314127
淮南市	Huainan	676639	292415	41236	2516	112039	223330	5103		785298
滁州市	Chuzhou	978435	354248	65163	2621	120216	420889	15298		908804
六安市	Luan	975654	444419	99091	3195	245651	173929	9369		1439809
马鞍山市	Maanshan	368277	258941	19885	1959	45196	39713	2540	43	577325
芜湖市	Wuhu	711577	520299	45000	3152	86647	53579	2900		979509
宣城市	Xuancheng	635912	348423	41051	7677	174885	57990	5886		796041
铜陵市	Tongling	254324	163629	16636	2288	45722	24614	1434	1	361023
池州市	Chizhou	339830	149303	17955	1677	131618	37834	1443		356945
安庆市	Anqing	1006946	469185	53704	3009	379338	98787	2923		1196253
黄山市	Huangshan	285397	178135	14692	6068	66505	16263	3734		412960

15—15 各市私人车辆拥有量（2018年）
Possession of Private Vehicles by Region (2018)

单位：辆（unit）

地 区	Region	汽车总计 Total	载客汽车 Passenger Vehicles	大型 Large	中型 Medium	小型 Small	载货汽车 Trucks	中型 Light-heavy	轻型 Light	其他汽车 Others
总 计	**Total**	**7122703**	**6506644**	**605**	**4279**	**6470812**	**554111**	**12042**	**507639**	**61948**
合肥市	Hefei	1658954	1626469	70	1105	1618948	28216	231	27014	4269
淮北市	Huaibei	249910	224567	16	100	222906	20987	724	14997	4356
亳州市	Bozhou	501615	404796	52	222	400782	85890	1783	81142	10929
宿州市	Suzhou	469599	403680	65	209	400327	58696	1407	50088	7223
蚌埠市	Bengbu	314176	287029	97	288	284684	26000	503	24728	1147
阜阳市	Fuyang	719381	589779	27	204	586680	113844	972	110464	15758
淮南市	Huainan	291530	271252	8	202	269185	19180	254	18010	1098
滁州市	Chuzhou	360219	328536	20	237	326750	30593	930	25953	1090
六安市	Luan	474870	420860	27	383	418380	52563	1794	48798	1447
马鞍山市	Maanshan	244816	237127	18	110	235907	6994	170	6298	695
芜湖市	Wuhu	495389	479747	3	218	478173	13821	302	12721	1821
宣城市	Xuancheng	359448	328422	26	248	327032	25250	1076	21558	5776
铜陵市	Tongling	162640	151553	103	247	150667	9420	136	8760	1667
池州市	Chizhou	153705	140940	14	48	140657	11768	441	10132	997
安庆市	Anqing	490863	446949	52	373	445510	42173	1184	38700	1741
黄山市	Huangshan	175588	164938	7	85	164224	8716	135	8276	1934

注：本表与15—13中私人汽车拥有量有差异，系取数时间节点不同造成，属合理波动。

a) The table 15-13 private car ownership has the difference and is reasonable, bacause of taking some time in different nodes.

15—16 公路营运汽车拥有量
Possession of Vehicles for Highway Business Transportation

年 份 Year	汽车总计 (辆) Total Number (unit)	载客汽车 Passenger Car 辆数 (辆) Number (unit)	载客汽车 客位 (客位) Number of Seats (seat)	载货汽车 Trucks 辆数 (辆) Number (unit)	#普通载货汽车 Ordinary Trucks	吨位 (吨) Capacity (ton)	#普通载货汽车 Ordinary Trucks
2005	265746	43515	691381	222231	215938	917083	861406
2009	454224	86344	1054876	367880	349971	2089256	1892368
2010	472861	36815	868682	436046	417858	2723868	2504762
2011	551229	37683	908227	513546	496083	3366246	3121167
2012	647425	38143	946386	609282	585617	4318585	4015249
2013	695637	34410	897033	661227	550291	4727364	4182303
2014	723137	33528	896263	689609	570989	5194403	4606239
2015	669790	29429	833188	640361	497353	5185429	4436908
2016	685228	29224	825011	656004	447396	5898712	2904883
2017	689867	28169	822520	661698	418424	6379438	2859672
2018	719683	25862	784811	693821	369831	7040325	2636022

注：不包含出租车、公交车（下表同）。
a) Not including taxi, bus (the same the following table)。

15—17 各市公路营运汽车拥有量（2018年）
Possession of Vehicles for Highway Business Transportation by Region (2018)

地区	Region	汽车总计 (辆) Total Number (unit)	载客汽车 Passenger Car 辆数 (辆) Number (unit)	载客汽车 客位 (客位) Number of Seats (seat)	载货汽车 Trucks 辆数 (辆) Number (unit)	#普通载货汽车 Ordinary Trucks	吨位 (吨) Capacity (ton)	#普通载货汽车 Ordinary Trucks
总 计	**Total**	**719683**	**25862**	**784811**	**693821**	**369831**	**7040325**	**2636022**
合肥市	Hefei	103954	3357	124133	100597	52457	727725	232042
淮北市	Huaibei	34340	433	17274	33907	17749	451121	173915
亳州市	Bozhou	86454	1926	49976	84528	39665	693524	352905
宿州市	Suzhou	60884	1637	52882	59247	36939	619945	263323
蚌埠市	Bengbu	66994	1008	34645	65986	26712	831906	223450
阜阳市	Fuyang	109989	3293	90641	106696	58578	1148692	462299
淮南市	Huainan	30062	1625	40969	28437	15974	250577	72291
滁州市	Chuzhou	52144	2000	63582	50144	23679	687067	244610
六安市	Luan	59926	1777	66274	58149	38109	459174	199619
马鞍山市	Maanshan	14164	982	27500	13182	7778	165455	70681
芜湖市	Wuhu	19389	949	36529	18440	10737	187571	87457
宣城市	Xuancheng	22751	1270	34258	21481	5110	317277	62842
铜陵市	Tongling	8354	689	18466	7665	4703	83194	36328
池州市	Chizhou	9052	434	15005	8618	5677	95375	49639
安庆市	Anqing	32178	2954	63829	29224	23317	184060	85024
黄山市	Huangshan	9048	1528	48848	7520	2647	137662	19597

15—18 各市民用运输船舶拥有量（2018年）
Number of Civil Transport Vessels Owned by Region (2018)

地 区	Region	总艘数（艘）Total Number (unit)	机动船 Motor Vessels				驳船 Barges	
			艘数（艘）Number (unit)	净载重量（吨）Dead Weight Tonnage (ton)	载客量（客位）Passenger Capacity (seat)	功率（千瓦）Drawing Power (km)	艘数（艘）Number (unit)	净载重量（吨）Dead Weight Tonnage (ton)
总 计	**Total**	**25065**	**24308**	**46649669**	**14782**	**10584294**	**757**	**393021**
合肥市	Hefei	1658	1693	2103719	1687	533550	11	7090
淮北市	Huaibei	131	131	62162		25134		
亳州市	Bozhou	1657	1564	2113041		571045	44	23526
宿州市	Suzhou	533	527	409291		138221	3	1430
蚌埠市	Bengbu	3605	3543	5971524		1515316	62	32074
阜阳市	Fuyang	2945	2546	6946225		1319996	301	140715
淮南市	Huainan	1856	1435	2811129		633720	268	143352
滁州市	Chuzhou	1287	1204	723984		254957	9	5420
六安市	Luan	1649	1582	3598019	1960	664974	25	13264
马鞍山市	Maanshan	1333	1240	2763092		640699	10	3000
芜湖市	Wuhu	3940	3903	8681659	1680	1983049	17	14870
宣城市	Xuancheng	1951	2032	3692285	650	868669		
铜陵市	Tongling	1058	1135	2588650		543130		
池州市	Chizhou	946	940	2719718	1990	517018		
安庆市	Anqing	789	669	1441405	667	354832	7	8280
黄山市	Huangshan	171	164	23766	6148	19984		

15—19 各市私人运输船舶拥有量（2018年）
Number of Private-owned Transport Vessels Owned by Region (2018)

地 区	Region	总艘数（艘）Total Number (unit)	机动船 Motor Vessels			
			艘数（艘）Number (unit)	净载重量（吨）Dead Weight Tonnage (ton)	载客量（客位）Passenger Capacity (seat)	功率（千瓦）Drawing Power (km)
总 计	**Total**	**1630**	**1630**	**953650**		**370380**
合肥市	Hefei	373	373	256827		85927
淮北市	Huaibei					
亳州市	Bozhou					
宿州市	Suzhou					
蚌埠市	Bengbu					
阜阳市	Fuyang					
淮南市	Huainan					
滁州市	Chuzhou	16	16	9290		3780
六安市	Luan					
马鞍山市	Maanshan	61	61	29742		10808
芜湖市	Wuhu					
宣城市	Xuancheng	1051	1051	584429		245956
铜陵市	Tongling	68	68	44488		14426
池州市	Chizhou	41	41	26553		8035
安庆市	Anqing					
黄山市	Huangshan	20	20	2321		1448

15—20 全省机场运输业务量（2018年）
Traffic Capacity of Airports (2018)

指　　标	Item	运输起降架次（次）Number of Sorties of Taking-off and Landing	旅　　客（人）Number of Passengers (person)	货邮合计（吨）Goods and Postal Parcels (ton)
总　　计	**Total**	**113180**	**13599945**	**74984**
国内航线	Domestic Routes	107317	12937809	68465
港澳台航线	Hong Kong, Macao and Taiwan Routes	1733	200488	1025
国际航线	International Routes	4130	461648	5495
进　　港	Arrival	56590	6000700	37307
国内航线	Domestic Routes	53649	5671133	33640
港澳台航线	Hong Kong, Macao and Taiwan Routes	867	102005	638
国际航线	International Routes	2074	227562	3029
出　　港	Departure	56590	7599245	37678
国内航线	Domestic Routes	53668	7266676	34825
港澳台航线	Hong Kong, Macao and Taiwan Routes	866	98483	387
国际航线	International Routes	2056	234086	2466

注：货邮吞吐量不包括行李，2007以前年度包含行李。

a) Do not include baggage, goods or throughput of 2007 previous year includes luggage.

15—21 民航机场吞吐量（2018年）
Volume of Passenger and Freight Handled in Civil Airports (2018)

项　　目	Item	旅客吞吐量（人）Passenger Handled (person)	#发　运　量 Delivered	货物吞吐量（吨）Cargo Handled (ton)	#发　运　量 Delivered
合　　计	**Total**	**13599945**	**7599245**	**74984.4**	**37677.7**
合肥机场	Hefei Airport	11110596	6074881	69787.3	34601.8
黄山机场	Huangshan Airport	761230	436479	2250.6	1162.7
安庆机场	Anqing Airport	477634	336993	1728.0	1430.1
阜阳机场	Fuyang Airport	799575	441603	383.8	128.9
池州机场	Chizhou Airport	450910	309289	834.7	354.2

15—22 东航（安徽公司）基本情况
Basic Statistics on Anhui Branch of the Eastern Air Lines, Inc.

指　　标	Item	2005	2010	2015	2017	2018
定期航班航线条数（条）	Number of Civil Aviation Routes (unit)	63	57	65	64	57
#国内航线	Domestic Routes	57	53	59	58	52
定期航班线里程（公里）	Length of Civil Aviation Routes (km)	72263	76303	103676	99075	91964
#国内航线	Domestic Routes	60647	69728	88373	86781	77268
民用航班飞行机场（个）	Number of Civil Airports (unit)	45	50	51	43	43
民用飞机架数（架）	Number of Civil Aircraft (unit)	11	7	15	18	18
客运量（万人）	Passenger Traffic (10000 person)	214.05	208.17	297.13	340.88	343.01
旅客周转量（万人公里）	Passenger-kilometers (10000 passenger-km)	238451.4	242408.1	399928.8	449700.9	451747.2
货（邮）运量（吨）	Freight Traffic (ton)	29753.4	21814.2	22896.5	24005.7	21115.3
货（邮）周转量（万吨公里）	Freight Ton-kilometers (10000 ton-km)	3661.38	2668.88	3130.38	3231.24	2639.27
总周转量（万吨公里）	Total Air Traffic Ton-kilometers (10000 ton-km)	24977.00	24248.62	38569.34	42911.57	42386.06
#国际航线	International Routes	1584.94	145.12	3320.70	4033.67	3673.49
国内航线	Domestic Routes	23392.06	24103.50	35248.64	38877.90	38712.57

15—23 邮电业务基本情况
Basic Statistics of Postal and Telecommunications Services

指　　标	Item	2010	2015	2017	2018
邮电业务总量　（万元）	**Business Volume of Postal and Telecommunications Services (10000 yuan)**	**3003244**	**7400263**	**9153406**	**25745591**
函　件　（万件）	Number of Letters (10000 pcs)	21121	8391	4925	3973
国内普通包裹　（万件）	Domestic ordinary parcel (10000 pcs)	151	76	74	59
快　递　（万件）	Pieces of Express Mail Services (10000 pcs)	1303	2991	86332	112322
报刊期发数　（万份）	Issue of Newspapers and Magazines (10000 copies)	602	597	509	488
固定长途电话通话时长　（亿分钟）	Length of Long-distance Calls of Fixed Telephone (100 million minutes)	24.8	24.4	9.4	7.7
移动短信业务量　（万条）	Mobile Short Note Business Volume (10000 unit)	3150048	1774145	1180149	1900712
固定互联网宽带接入用户　（万户）	Internet Wide Band Turning on Users (10000 households)	342.02	887.94	1323.70	1662.41
移动电话年末用户　（万户）	Number of Mobile Telephone Subsecribers at Year-end (10000 subscribers)	2798.70	4232.61	4884.30	5535.78
#4G移动电话用户	4G Mobile Phone Subscribers		1253.74	3485.50	3072.71
3G移动电话用户	3G Mobile Phone Subscribers	119.14	1211.51	442.50	1647.06
固定电话年末用户　（万户）	Number of Fixed Telephone Subsecribers at Year-end (10000 subscribers)	1230.97	739.43	551.40	517.22
城　市	Urban	612.89	505.34	392.64	374.22
#住　宅	Household	388.29	260.36	190.15	167.35
农　村	Rural	618.08	234.09	158.73	143.00
#住　宅	Household	561.73	197.90	127.48	111.61
邮路及农村投递路线总长度　（公里）	Length of Postal Routes and Rural Delivery Routes (km)	196442	194231	331317	293227
#汽车邮路	Highway Routes	41321	44152	145859	145227
铁路邮路	Railway Routes	2434	1109	1109	1109

注：1. 2017年电信数据使用新的不变单价（下同）。
2. 2018年邮电业务总量统计口径与去年不同（下同）。
a) New constant unit price will be used for telecommunication data in 2017 (the same below).
b) Statistical caliber of the total postal and telecommunications business in 2018 is different from that of last year (the same below).

15—24 各市邮电业务量（2018年）
Post and Telecommunication Services by Region (2018)

地区	Region	邮电业务总量（万元）Business Volume of Post and Telecommunications (10000 yuan)	邮政业务总量 Business Volume of Post	电信业务总量 Business Volume of Telecommunications	函件（万件）Number of Letters (10000 pcs)	快递（万件）Pieces of Express Mail Services (10000 pcs)	报刊期发数（万份）Newspapers and Magazines Circulation (10000 copies)	国内普通包裹（万件）Domestic Ordinary Parcel (10000 pcs)
总计	**Total**	**25745591**	**3167459**	**22578132**	**3972.63**	**112322.38**	**487.85**	**59.15**
合肥市	Hefei	5958627	1034265	4924362	1630.39	47287.66	74.77	16.48
淮北市	Huaibei	897143	59260	837883	113.74	1721.28	12.96	1.68
亳州市	Bozhou	1735087	177814	1557273	54.09	5183.73	23.88	4.08
宿州市	Suzhou	1809049	158883	1650166	559.59	4258.63	30.17	3.51
蚌埠市	Bengbu	1462786	176645	1286141	113.41	6335.73	22.48	2.42
阜阳市	Fuyang	2731076	210522	2520553	207.28	5369.95	49.69	4.30
淮南市	Huainan	1135587	75014	1060573	85.31	1709.64	22.22	3.36
滁州市	Chuzhou	1637293	157613	1479679	150.42	4577.65	31.63	3.83
六安市	Luan	1474118	160384	1313733	29.01	5146.99	42.98	1.31
马鞍山市	Maanshan	971809	70517	901292	297.38	1893.72	23.54	2.15
芜湖市	Wuhu	1916209	342466	1573744	279.26	13819.86	30.00	4.22
宣城市	Xuancheng	990878	121726	869152	37.08	4276.01	29.84	3.85
铜陵市	Tongling	540520	57597	482923	22.93	1183.74	15.18	1.52
池州市	Chizhou	505204	55696	449508	62.64	1180.96	16.18	0.93
安庆市	Anqing	1349603	236452	1113150	258.66	6061.89	44.58	3.70
黄山市	Huangshan	602074	72604	529470	71.44	2314.95	17.75	1.81

地区	Region	固定互联网宽带接入用户（万户）Internet Wide Band Turning on Users (10000 subscriber)	移动电话年末用户（万户）Number of Mobile Telephone Subscribers (10000 subscriber)	4G移动电话用户 4G Mobile Phone Subscribers	固定电话年末用户（万户）Year-end Installed Telephones (10000 subscriber)	城市 Urban	农村 Rural	公用电话（万部）Public Telephone (10000 unit)
总计	**Total**	**1662.41**	**5535.80**	**4122.84**	**517.21**	**374.22**	**143.00**	**31.64**
合肥市	Hefei	315.06	1006.50	788.85	117.91	104.84	13.07	7.87
淮北市	Huaibei	60.66	183.90	142.76	16.85	13.42	3.41	0.93
亳州市	Bozhou	108.32	394.54	293.56	20.13	10.87	9.26	1.61
宿州市	Suzhou	123.45	451.96	336.49	25.54	15.94	9.60	2.08
蚌埠市	Bengbu	84.01	288.88	218.38	29.35	21.81	7.53	1.51
阜阳市	Fuyang	171.06	619.59	457.63	38.30	21.90	16.40	2.10
淮南市	Huainan	80.11	266.67	185.89	24.02	20.77	3.26	2.78
滁州市	Chuzhou	105.98	348.52	263.21	33.25	19.15	14.09	3.03
六安市	Luan	101.22	363.15	279.56	27.49	13.61	13.89	0.21
马鞍山市	Maanshan	69.98	227.70	157.74	25.78	22.24	3.54	0.95
芜湖市	Wuhu	123.78	371.32	264.03	39.59	33.53	6.06	2.93
宣城市	Xuancheng	77.09	249.16	181.43	24.95	14.68	10.28	0.72
铜陵市	Tongling	41.22	124.17	83.17	15.58	14.57	1.01	1.02
池州市	Chizhou	41.59	134.45	97.90	16.24	8.73	7.50	0.54
安庆市	Anqing	112.53	374.50	275.02	41.33	22.98	18.35	1.87
黄山市	Huangshan	46.36	130.78	97.24	20.90	15.16	5.74	1.48

15—25 邮电局所数及邮递线路（年底数）
Postal and Telecommunication Services Facilities (year-end)

单位：处（unit）

年份 Year	邮政信筒信箱 Postal Mailbox	邮路总长度（公里） Length of Postal Routes (km)	#汽车邮路 Highway Routes	铁路邮路 Railway Routes	农村投递线路（公里） Rural Delivery Routes (km)
2005	6378	70599	51111	1725	135688
2009	6736	86463	50607	2485	150570
2010	6693	45541	41321	2434	150902
2011	4554	55668	52939	2292	132819
2012	3961	188698	43722	2355	133560
2013	4641	48523	45995	2355	144838
2014	3704	46185	44960	1110	151640
2015	2401	45393	44152	1109	148838
2016	2511	61376	60144	1109	141849
2017	2533	185191	145859	1109	146126
2018	2273	146343	145227	1109	146884

注：由于邮政系统调整，2010年、2012年的邮路总长度与往年口径不同，不具可比性。

a) As the postal system adjustment, the caliber of Length of postal routes in 2010,2012 and previous years were different, did not have the commeasurability.

15—26 各市邮电局所数及邮递线路（2018年）
Postal and Telecommunication Services Facilities by Region (2018)

单位：处（unit）

地区	Region	邮政局所 Number of Post and Telecommunications Offices	邮政信筒信箱 Postal Mailbox	邮路总长度（公里） Length of Postal Routes (km)	#汽车邮路 Highway Routes	铁路邮路 Railway Routes	农村投递线路（公里） Rural Delivery Routes (km)
总计	**Total**	**1943**	**2273**	**146343**	**145227**	**1109**	**146884**
合肥市	Hefei	185	245	42020	40904	1109	13843
淮北市	Huaibei	47	56	763	763		3604
亳州市	Bozhou	102	103	2857	2857		15291
宿州市	Suzhou	126	126	2409	2409		18848
蚌埠市	Bengbu	90	92	28471	28471		7898
阜阳市	Fuyang	196	201	9490	9490		11936
淮南市	Huainan	123	213	3805	3805		5276
滁州市	Chuzhou	164	189	3759	3759		12041
六安市	Luan	171	187	4252	4252		10912
马鞍山市	Maanshan	69	68	1043	1043		3276
芜湖市	Wuhu	98	128	21960	21960		3034
宣城市	Xuancheng	126	146	2908	2908		9767
铜陵市	Tongling	66	82	743	743		2634
池州市	Chizhou	78	99	1236	1236		7002
安庆市	Anqing	179	181	17242	17242		14264
黄山市	Huangshan	123	157	3386	3386		7259

主要统计指标解释

铁路营业里程

又称营业长度（包括正式营业和临时营业里程），指办理客货运输业务的铁路正线总长度。凡是全线或部分建成双线及以上的线路，以第一线的实际长度计算；复线、站线、段管线、岔线和特殊用途线以及不计算运费的联络线都不计算营业里程。铁路营业里程是反映铁路运输业基础设施发展水平的重要指标，也是计算客货周转量、运输密度和机车车辆运用效率等指标的基础资料。

公路里程

是指凡达到交通部《公路工程技术标准》规定的技术等级公路，并经公路主管部门正式验收交付使用的里程。包括大中城市的郊区公路以及通过城镇街道的里程和桥梁、隧道、渡口的长度，不包括大中城市的街道、厂矿、林区生产用道和农业生产用道的里程。两条或多条公路共同经由同一路段，只计算一次，不得重复计算里程长度。按公路技术等级分：等级公路里程和等外公路里程，等级公路里程可分为高速公路、一级公路、二级公路、三级公路、四级公路里程。

内河航道里程

是指凡能通航机动船、木帆船以及运输排筏（指利用排筏经营运输），其枯水期水深在 0.3 米及以上的天然河流、人工河渠、湖泊、水库航道里程。不包括仅供放流木材的河道。湖泊、水库航道里程（库区航道）按固定航线计算。两省以河为界的航道里程，双方均按一半计算，以免重复。

民用航空航线里程

指民用运输班机飞行的航线长度。航线长度指机场之间的距离。航空航线里程以年末到达数为准，因气候关系不能全年通航的航线，按年末情况统计，如果年末能继续通航则计入总长度，否则应扣除不计。计算航线里程可按重复和不重复两种方法，前者是指各航线相加的总和，后者则要扣除各航线之间的重复区段计算。

货（客）运量

指在一定时期内，各种运输工具实际运送的货物（旅客）数量。它是反映运输业为国民经济和人民生活服务的数量指标，也是制定和检查运输生产计划、研究运输发展规模和速度的重要指标。货运按吨计算，客运按人计算。货物不论运输距离长短、货物类别，均按实际重量统计。旅客不论行程远近或票价多少，均按一人一次客运量统计；半价票、小孩票也按一人统计。

货物（旅客）周转量

指在一定时期内，由各种运输工具运送的货物（旅客）数量与其相应运输距离的乘积之总和。它是反映运输业生产总成果的重要指标，也是编制和检查运输生产计划，计算运输效率、劳动生产率以及核算运输单位成本的主要基础资料。计算货物周转量通常按发出站与到达站之间的最短距离，也就是计费距离计算。计算公式为：

货物（旅客）周转量＝Σ货物（旅客）运输量×运输距离。

民用汽车拥有量

指报告期末，在公安交通管理部门按照《机动车注册登记工作规范》，已注册登记领有民用车辆牌照的全部汽车数量。汽车拥有量统计的主要分类：根据汽车结构分为载客汽车、载货汽车及其他汽车；根据汽车所有者不同分为个人（私人）汽车、单位汽车；根据汽车的使用性质分为营运汽车、非营运汽车；根据汽车大小规格不同载客汽车分为大型、中型、小型和微型，载货汽车分为重型、中型、轻型和微型。

邮电业务总量（又称通信业务总量）

是以货币形式表现的通信企业为社会提供各类通信服务的总和。是用于观察通信业务发展变化总趋势的综合性总量指标。根据专业性质分为邮政业务总量和电信业务总量。电信业务总量又可细分为本地网通信业务总量、长途通信业务总量、移动通信业务总量、数据通信业务总量、电报业务总量等。按通信范围可分为：国内通信业务总量、国际及港澳台通信业务总量。计算公式为：

邮电业务总量＝Σ（各类通信业务量×不变单价）+出租代维及其他业务收入

＝邮政业务总量+电信业务总量

邮政业务总量＝Σ（各类邮政业务量×不变单价）+邮政出租代维及其他业务收入

电信业务总量＝Σ（各类电信业务量×不变单价）+电信出租代维及其他业务收入

移动电话用户

指通过移动电话交换机进入移动电话网、占用移动电话号码的电话用户。用户数量以报告期末在移动电话营业部门实际办理登记手续进入移动电话网的户数进行计算，一部移动电话统计为一户。计量单位：户。

电话用户

指接入国家公众固定电话网，并按固定电话业务进行经营管理的电话用户。1997 年以前，电话用户分为市内电话用户和农村电话用户。“市内电话用户”是指接入县城及县以上城市的电话网上的电话用户；“农村电话用户”是指接入县邮电局农话台及县以下农村电话交换点，以县城为中心（除市话用户外）联通县、乡（镇）、行政村、村民小组的用户。从 1997 年起，电话用户数分组调整为以用户所在区域划分为“城市电话用户”和“乡村电话用户”，与过去的按市内电话和农村电话划分方法不同。而电话用户总数、电话机总部数统计范围不变。

住宅电话用户

指安装在居民住宅或农民家里并按照住宅电话用户登记注册和收费的电话用户。包括私人付费、单位付费和按规定免费安装的住宅电话用户。

Explanatory Notes for Major Statistical Indicators

Length of Railways in Operation

refers to the total length of the trunk line under passenger and freight transportation (including both full operation and temporary operation). The calculation is based on the actual length of the first line even if this line has a full or partial double track or more tracks, excluding double tracks, station sidings, tracks under the charge of stations, branch lines, special-purpose lines and the non-payable connecting lines. The length of railways in operation is an important indicator to show the development of the infrastructure for the railway transport, and also the essential data to calculate volume of passenger freight transport, traffic density and utilization efficiency of the locomotives and carriages.

Length of Highways

refers to the length of highways which are built in conformity with the grades specified by the (Highway Engineering Standard) formulated by the Ministry of Communications, and have been formally checked and accepted by the departments of highways and put into use. The length of highways includes that of the suburb highways at large and medium-sized cities, highways passing through streets at small cities and towns, and also the length of bridges and ferries. It does not include the length of streets in big and medium-sized cities and highways built for the production purpose at factories, mines, forest areas and agricultural areas. If two or more highways go the same section of the way, the length of the section is only calculated for once and no duplication is allowed. They could be classified by technical level into class highway and substandard highways. Class highway includes express-way and first class, second class, third class and forth class highway.

Length of Navigable Inland Waterways

refers to the length of the natural rivers, artificial rivers and canals, lakes, and reservoirs open to navigation that deep in 0.3 meters and above in dry season, which enables the transport by motor vessel, wooden sailing boats and rafts (using rafts to transport), excluding river courses which are only used to float odd logs. If two provinces take river as circle, the length of section is only calculated half to both sides, so as not to repeat.

Length of Civil Aviation Routes

refers to the length of all routes for regular civil aviation flights and it is usually the distance between airports. The length is calculated at the end of the year as the standard. The lines that can't open all through the year because of the weather are calculated at the end of the year. If it could continue and open at the end of the year, it should be calculated, otherwise it should be deducted and disregarded. There are usually two ways to calculate the length: duplicated calculation and unduplicated calculation. The former is to put the length of all air routes together, and the later is not to allow the duplication in calculation.

Freight (Passenger) Traffic

refers to the volume of freight (passenger) transported with various means. Freight transport is calculated in tons and passenger traffic is calculated in the number of persons. Despite the type of freight and traveling distance, the freight transport is calculated in the actual weight of the goods: and despite the traveling distance and ticket price, the passenger traffic is calculated by the principle that one person can be counted only once in one travel. The passenger who travels with a half price ticket or a child ticket is also calculated as one person. The freight (passenger) traffic provides a quantitative measure to show how the transport industry serves the national economy and people, and is also an important indicator for planning the transport industry and for studying the development scale and speed of the transport industry.

Freight Ton-kilometers (Passenger-kilometers)

refer to the sum of the products of the volume of transported cargo (passengers) multiplying by the transport distance, usually using ton-kilometer and passenger-kilometer as units for measurement. Normally, the shortest distance between the departure station and the destination station (i.e., the payable distance) is the basis to calculate the freight ton-kilometers. This is an important indicator to show the total results of the transport industry, to prepare and examine the transport plan and to measure the efficiency, the labour productivity and the unit cost of transport. The formula is as follows:

Freight Ton-kilometers (Passenger-kilometers) =∑ {Freight (Passenger) Traffic × Distance of Transportation}

Measuring unit: ton-kilometer (person-kilometer)

Possession of Civil Motor Vehicles

refer to the total numbers of vehicles that are registered and received vehicles license tags according to the Work Standard for Motor Vehicles Registration formulated by the Transport Management Office under the department of public security at the end of the reference period. They are divided into categories. According to the structure of motor vehicles, they are divided into passenger vehicles, trucks and others; according to ownership into private vehicles and vehicles for the unit's use; according to kind of usage into working vehicles and non-working vehicles; and according to size of vehicles into large passenger vehicles, medium-sized passenger vehicles, small passenger vehicles and mini passenger vehicles, heavy trucks, light-heavy trucks, light trucks and mini-trucks.

Business Volume of Post and Telecommunications (Also called Business Volume of Communications)

refers to the total amount of communications services, expressed in currency terms, provided by communications enterprises for the society. It is a comprehensive indicator reflects the total trend of communication service. It could be divided into business volume of post and telecommunication by type and business volume of telecommunication includes business volume of local network, long-distance, mobile communication, digital communication and telegram. It could be divided into domestic, international and business volume of Hong Kong, Macao and Taiwan by the coverage. The formula is as follows:

Business Volume of Post and Telecommunications = Σ (Transaction of Communication Service × Constant Price) + Income from Leasing Maintenance and other Services

= Business Volume of Postal Services + Business Volume of Telecommunication Services

Business Volume of Postal Services =Σ (Transaction of Postal Service × Constant Price) + Income from Leasing, Maintenance and other Services

Business Volume of Telecommunication Services = Σ (Transaction of Telecommunication Service × Constant Price) + Income from Leasing, Maintenance and other Services

Mobile Telephone Subscribers

refer to the persons who own mobile telephone number connected with the mobile telephone communication network and have registered in mobile communication enterprises. The number of subscribers is calculated only when the subscribers who have gone through all the register formalities and entered into the mobile telephone network at the end of the report. One mobile telephone is treated as a subscriber.

Telephone Subscribers

refer to subscribers that are connected to the public line telephone network provided with telephone services. Before 1997, telephone subscribers were classified as city subscribers and village subscribers. City subscribers referred to those connected to city telephone networks in county towns and cities, while village subscribers referred to those connected to village telephone stations at and below counties. Since 1997, the classification of telephone subscribers was modified on the basis of physical location of the subscribers as "urban telephone subscribers" and "rural telephone subscribers", which is different from the previous classification of categorizing "local telephones" and "rural telephones", while the definition of total subscribers and total number of telephones remain unchanged.

Household Telephone Subscribers

refer to telephone sets installed in the dwelling units of residents or peasant families and registered and charged according to house telephone subscribers. They included three types of payment for the service: private payment, unit payment and free installing service.

第十六篇

Chapter 16

DOMESTIC TRADE

简要说明

一、本篇资料反映我省国内市场发展情况和批发零售业、餐饮业和住宿业商品经营情况。主要内容有批发零售业商品流通，限额以上批发零售企业、住宿餐饮企业财务状况，社会消费品零售总额、亿元商品交易市场成交情况等。

二、本篇资料是根据国家统计局的批发零售、住宿餐饮业统计报表制度进行搜集和加工整理。

本资料的调查范围：财务状况报表为各种经济类型的限额以上批发和零售业法人企业、住宿和餐饮业法人企业。社会消费品零售总额报表为有零售业务的各种经济类型的企业、行政事业单位。以上统计报表从基层起报，自下而上逐级综合上报，主要采取全面调查方法，局部资料有的以抽样调查推断，有的利用工商、税务等部门的有关资料推算。

三、限额以上批发和零售业、住宿和餐饮业统计限额标准：批发业：年主营业务收入在2000万元及以上；零售业：年主营业务收入在500万元及以上；住宿业：年主营业务收入在200万元及以上；餐饮业：年主营业务收入在200万元及以上。

Brief Introduction

I. This data reflect the situation of our province in the domestic market development and wholesale and retail, restaurant and hotel industry commodity business. Main contents are wholesale and retail commodity circulation, limitation above wholesale and retail enterprise, accommodation catering enterprises financial situation, total retail sales of social consumer goods, commodities trading market clinch a deal for $one hundred million.

II. Data in this chapter are collected and processed in accordance with the statistical reporting scheme on wholesale and retail sale trades as well as accommodation industry, catering trade, stipulated by the National Bureau of Statistics.

Statistical coverage: Statistics on financial conditions include all corporate enterprises of wholesale, retail, catering trade above the designated size and star size accommodation. Statistics on retail sales of consumer goods include all enterprises, institutional units and peasants engaged in retail sale business. The method used in data collection is a complete enumeration, under which all units are covered in the survey and data are reported from lower to higher level statistical offices. For local data, sample surveys are used, and in some cases, administrative registers from industrial and commercial administration and taxation administration are used in the estimation.

Ⅲ. Criteria for wholesale and retail sale trades, hotels and catering services above designated size are as follows: wholesale trade, having 20 or more employees at year-end with annual sales over 20 million yuan; retail trade, having 60 or more employees at year-end with annual sales over 5 million yuan; hotels, certified hotels with star-ranking; catering services, having 40 or more employees with annual income over 2 million yuan.

16—1 国内贸易基本情况
Basic Conditions of Domestic Trade

指　　标	Item	2005	2010	2015	2017	2018
法人机构　（个）	**Number of Corporation Unit　(unit)**					
批发零售业	Engaged in Wholesale and Retail Trades	815	2449	6530	7209	7434
住宿餐饮业	Accommodation and Catering Trade	460	1021	1780	1764	1814
从业人员　（万人）	**Persons Engaged　(10000 persons)**					
批发零售业	Engaged in Wholesale and Retail Trades	12.8	26.2	37.5	37.3	37.5
住宿餐饮业	Accommodation and Catering Trade	5.3	10.2	12.6	11.9	12.8
批发零售贸易业　（亿元）	**Wholesale and Retail Trade　(100 million yuan)**					
商品购进总额	Total Purchases	1513.1	4653.0	8389.5	10172.7	11206.3
商品销售总额	Total Sale	1615.5	5144.1	9454.9	11491.6	13000.9
商品库存总额	Total Inventory	116.2	397.5	757.1	948.0	1222.3
社会消费品零售总额（亿元）	**Total Retail Sales of Consumer Goods (100 million yuan)**	**1776.7**	**4300.5**	**8908.0**	**11192.6**	**12100.1**
按销售单位所在地分	By Location of Establishments					
城　镇	Urban		3605.9	7188.3	9397.2	10156.7
#城　区	City		2436.6	4953.5	6094.3	6573.5
乡　村	Rural		694.6	1719.8	1795.4	1943.4
按消费形态分	Grouped by consumption patterns					
餐饮收入	Catering income		527.9	995.9	1410.9	1522.5
商品零售	Commodity retail		3772.6	7912.1	9781.8	10577.5

注：1．2005年及以后的商品购进总额、销售总额、库存总额为限额以上口径。
　　2．2005年社会消费品零售总额是根据第二次经济普查结果重新调整后的数据。
　　3．2010—2014年社会消费品零售总额是根据第三次经济普查结果重新调整后的数据。
　　4．2010年起，社会消费品零售总额分组调整为“按销售单位所在地分”、“按消费形态分”。

a) In 2005 years and after that , total purchase and sales of goods,, total inventory were Above limit caliber.
c) In 2005 , total retail sales of social consumer goods was based on the results of the second economic census to readjust the data.
c) From 2010-2014 ,total retail sales of social consumer goods was based on the results of the third economic census to readjust the data.
d) From 2010 , Groups of the total retail sales of social consumer goods was adjusted to be "the location of the unit where the unit it is , "consumption patterns".

16—2 限额以上批发零售、住宿餐饮业基本情况（2018年，按登记注册类型分）

Basic Conditions of Enterprises Above Designated Size in Wholesale and Retail Sale and Catering Trade by Registration (2018)

指　　标	Item	法人企业（个）Number of Corporation Enterprises (unit)	从业人数（人）Engaged Persons (person)
总　　计	**Total**	**9248**	**502756**
批发业合计	**Wholesale Trade**	**2434**	**118652**
国有控股	State-holding Enterprises	210	31924
内　资	Domestic-funded	2412	111854
国　有	State-owned	37	10454
集　体	Collective-owned	5	387
股份合作	Cooperative	1	50
联　营	Joint Ownership	1	17
有限责任公司	Limited Liability Corporations	893	44294
股份有限公司	Share-holding Corporations Ltd.	63	11709
私　营	Private	1399	44329
其　他	Other	13	614
港澳台商投资	With Investment from Hong Kong, Macao and Taiwan	8	2554
合资经营	Joint-venture	5	2208
独资经营	With Sole Fund	3	346
外商投资	With Foreign Investment	4244	1886
中外合资经营	Joint-venture	3376	1501
外　资	Solely Foreign Funded	743	309
外商投资有限公司	Foreign Investment Corporations Ltd.	117	75
零售业合计	**Retail Trade**	**5000**	**255929**
国有控股	State-holding Enterprises	125	22650
内　资	Domestic-funded	4949	238911
国　有	State-owned	12	1538
集　体	Collective-owned	23	632
股份合作	Cooperative	8	203
联　营	Joint Ownership	1	51
有限责任公司	Limited Liability Corporations	1462	97763
股份有限公司	Share-holding Corporations Ltd.	84	18471
私　营	Private	3342	119769
其　他	Other	17	484
港澳台商投资	With Investment from Hong Kong, Macao and Taiwan	42	14013
合资经营	Joint-venture	6	3716
独资经营	With Sole Fund	34	9775
股份有限公司	Share-holding Corporations Ltd.	2	522
外商投资	With Foreign Investment	9	3005
中外合资经营	Joint-venture	4	2053
外　资	Solely Foreign Funded	1	423
外商投资有限公司	Foreign Investment Corporations Ltd.	2	318
其他外商投资	Other Foreign Investment	2	211

16—2 续表 continued

指　标	Item	法人企业(个) Number of Corporation Enterprises (unit)	从业人数(人) Engaged Persons (person)
住宿业合计	**Accommodation**	**562**	**41583**
国有控股	State-holding Enterprises	48	6914
内　资	Domestic-funded	553	39305
国　有	State-owned	13	1265
集　体	Collective-owned	2	136
有限责任公司	Limited Liability Corporations	182	17035
股份有限公司	Share-holding Corporations Ltd.	7	756
私　营	Private	346	19970
其　他	Other	3	143
港澳台商投资	With Investment from Hong Kong, Macao and Taiwan	8	2223
合资经营	Joint-venture	2	262
独资经营	With Sole Fund	6	1961
外商投资	With Foreign Investment	1	55
外　资	Solely Foreign Funded	1	55
餐饮业合计	**Catering Trade**	**1252**	**86592**
国有控股	State-holding Enterprises	16	5562
内　资	Domestic-funded	1249	86428
国　有	State-owned	3	260
集　体	Collective-owned	5	191
有限责任公司	Limited Liability Corporations	303	22293
股份有限公司	Share-holding Corporations Ltd.	10	879
私　营	Private	927	62753
其　他	Other	1	52
港澳台商投资	With Investment from Hong Kong, Macao and Taiwan	2	102
合资经营	Joint-venture	1	31
独资经营	With Sole Fund	1	71
外商投资	With Foreign Investment	1	62
外商投资有限公司	Foreign Investment Corporations Ltd.	1	62

16—3 限额以上批发零售业商品购进、销售和库存情况（2018年，按注册类型分）

Total Purchases, Sales and Inventory of Enterprises Above Designated Size in Wholesale and Retail Trade by Registration (2018)

单位：万元（10000 yuan）

指　　标	Item	购进总额 Total Purchases Value	#进口 Imports	销售总额 Total Sales Value	批发 Wholesale Value	零售 Retail Value	年末库存总额 Stock (year-end)
总　　计	**Total**	**112062960**	**5752368**	**130009048**	**83375142**	**46633906**	**12222697**
批发业合计	**Wholesale Trade**	**76478045**	**5098411**	**86806750**	**80359484**	**6447266**	**5259355**
国有控股	State-holding Enterprises	29759755	1739578	32891415	30862670	2028745	2290813
内　资	Domestic-funded	67614328	2803725	76849310	71809951	5039359	4707474
国　有	State-owned	3829078	23723	6771698	6749302	22396	440403
集　体	Collective-owned	54841		56189	52077	4112	1442
股份合作	Cooperative	51365		41909	41621	289	10093
联　营	Joint Ownership	6220		6219	4462	1757	173
有限责任公司	Limited Liability Corporations	39238844	1183367	43534691	41159613	2375078	2244819
股份有限公司	Share-holding Corporations Ltd.	8518602	1303104	7888497	6901863	986634	787843
私　营	Private	15774536	293531	18394358	16769496	1624862	1218240
其　他	Other	140842		155748	131519	24229	4462
港澳台商投资	With Investment from Hong Kong, Macao and Taiwan	5592122	2294687	5635931	4722692	913239	247690
合资经营	Joint-venture	3502962	295717	3491542	2578304	913239	246075
独资经营	With Sole Fund	2089159	1998970	2144388	2144388		1616
外商投资	With Foreign Investment	3271595		4321510	3826841	494669	304190
中外合资经营	Joint-venture	2000284		2889439	2402107	487332	190134
外　资	Solely Foreign Funded	1237121		1390935	1390935		111848
外商投资有限公司	Foreign Investment Corporations Ltd.	34046		41004	33666	7338	2191
零售业合计	**Retail Trade**	**35584916**	**653957**	**43202298**	**3015658**	**40186640**	**6963342**
国有控股	State-holding Enterprises	6164653	25407	8154181	1356270	6797912	1047462
内　资	Domestic-funded	33806123	638588	40670094	3004937	37665158	6708076
国　有	State-owned	162344		197623	539	197084	8332
集　体	Collective-owned	52301		57658	370	57288	6833
股份合作	Cooperative	10559		12547	111	12435	2810
联　营	Joint Ownership	5879		7014		7014	34
有限责任公司	Limited Liability Corporations	15238127	411495	18128384	1118033	17010352	4095473
股份有限公司	Share-holding Corporations Ltd.	14824677	411495	17678588	1086420	16592168	4078890
私　营	Private	3729389	18901	5356205	1041433	4314771	903539
其　他	Other	37349		50677	7113	43564	2009
港澳台商投资	With Investment from Hong Kong, Macao and Taiwan	1526970	15369	2216072	10721	2205351	219553
合资经营	Joint-venture	706912	15369	929233	5051	924182	125083
独资经营	With Sole Fund	779300		1239937	5670	1234267	94471
股份有限公司	Share-holding Corporations Ltd.	40758		46901		46901	
外商投资	With Foreign Investment	251823		316132		316132	35713
中外合资经营	Joint-venture	130392		190870		190870	22663
外　资	Solely Foreign Funded	28094		28579		28579	4044
外商投资有限公司	Foreign Investment Corporations Ltd.	50312		56207		56207	3522
其他外商投资	Other Foreign Investment	43026		40475		40475	5484

16—4 限额以上批发零售业商品购进、销售和库存情况（2018年，按行业分）

Total Purchases, Sales and Inventory of Enterprises Above Designated Size in Wholesale and Retail Trade by Sector (2018)

(按2017年行业代码分组 Grouped by industry code for 2017)　　　　单位：万元（10000 yuan）

指　标	Item	购进总额 Total Purchases Value	销售总额 Total Sales Value	批　发 Wholesale Value	零　售 Retail Value	年末库存总　额 Stock (year-end)
总　计	**Total**	**112062960**	**130009048**	**83375142**	**46633906**	**12222697**
批发业合计	**Wholesale Trade**	**76478045**	**86806750**	**80359484**	**6447266**	**5259355**
农、林、牧、渔产品批发	Wholesale of Agriculture, Forest, Animal Husbandry and Fshery Products	1148167	1286714	1255895	30820	389108
谷物、豆及薯类批发	Wholesale of Corn, Bean and Potato	551767	589675	574915	14760	308368
种子批发	Wholesale of Seed	305376	387778	382689	5089	60060
畜牧渔业饲料批发	Wholesale of Animal Husbandry and Fishery Feed	109296	118078	116120	1958	1704
棉、麻批发	Wholesale of Cotton, Linen	73584	75078	74922	156	7461
林业产品批发	Wholesale of Foresty Products	43953	45552	40734	4817	4498
牲畜批发	Wholesale of Livestock	12883	13948	9909	4039	422
其他农牧产品批发	Wholesale of Other Agricultural Products	51309	56606	56605	1	6596
食品、饮料及烟草制品批发	Wholesale of Food, Beverages and Tobaccos	9452273	14214148	13330272	883876	969816
米、面制品及食用油批发	Wholesale of Rice, Flour and Edible Oil	1601405	1787418	1696315	91103	400253
糕点、糖果及糖批发	Wholesale of Cakes, Candy and Sugar	73213	79687	65299	14388	4880
果品、蔬菜批发	Wholesale of Fruits, Vegetables	506283	559128	426501	132627	6476
肉、禽、蛋、奶及水产品批发	Wholesale of Meat, Poultry, Eggs, Milk and Aquatic Products	937105	1039910	860780	179130	22101
盐及调味品批发	Wholesale of Salt and Spices	180603	220358	206410	13948	9800
营养及保健品批发	Wholesale of Nutrition and Health Care Products	70047	83640	71355	12285	4368
酒、饮料及茶叶批发	Liquor, Beverage and Tea Wholesale	1917576	3282906	2870889	412017	173739
烟草制品批发	Wholesale of Tobaccos	3300952	6089546	6080149	9397	291978
其他食品批发	Wholesale of Other Food	865089	1071555	1052574	18981	56223
纺织、服装及家庭用品批发	Wholesale of Textiles, Clothing and Household Goods	8168384	9585055	8476752	1108303	617886
纺织品、针织品及原料批发	Wholesale of Textiles, Knitwear and Raw Materials	820798	933387	922708	10679	37814
服装批发	Wholesale of Garments	649028	706617	682620	23996	22873
鞋帽批发	Wholesale of Shoes and Hats	35366	46020	37899	8121	3107
化妆品及卫生用品批发	Wholesale of Cosmetics and Health Supplies	1191858	1917752	1864762	52990	82975
厨具卫具及日用杂货批发	Wholesale of Kitchen Utensils and Daily Groceries	133183	135078	99223	35855	5935
灯具、装饰物品批发	Wholesale of Lamps and Decorative Items	355815	388679	384669	4010	13336
家用视听设备批发	Wholesale of Domestic Audio-visual Equipment	1573820	1692907	1649165	43741	111326
日用家电批发	Wholesale of Household Appliances	3347127	3694502	2777995	916506	336552
其他家庭用品批发	Wholesale of Other Household Goods	61390	70115	57711	12404	3967

16—4 续表1 continued

单位：万元（10000 yuan）

指 标	Item	购进总额 Total Purchases Value	销售总额 Total Sales Value	批 发 Wholesale Value	零 售 Retail Value	年末库存总 额 Stock (year-end)
文化、体育用品及器材批发	Wholesale of Culture, Sports Appliances and Equipments	3218320	3419402	3253191	166212	590843
文具用品批发	Wholesale of Stationery	651462	699270	694327	4944	34461
体育用品及器材批发	Wholesale of Sporting goods and equipment	32074	29493	27593	1900	1539
图书批发	Wholesale of Book	607648	655690	510048	145642	78644
音像制品、电子和数字出版物批发	Wholesale of Audio-visual Products, Electronic and Digital Publications	936277	995755	995755		443503
首饰、工艺品及收藏品批发	Wholesale of Jewelry, Crafts and Collectibles	28110	42307	38380	3927	14904
其他文化用品批发	Wholesale of Other Cultural Goods	962750	996888	987089	9799	17791
医药及医疗器材批发	Wholesale of Medicines and Medical Appliances	9669284	11527536	10098342	1429195	792375
西药批发	Wholesale of Western Medicine	8428651	9997296	8672103	1325194	633548
中药批发	Wholesale of Traditional Chinese Medicine	746123	888068	809631	78437	87359
医疗用品及器材批发	Wholesale of Medical Supplies and Equipment	494510	642172	616608	25564	71468
矿产品、建材及化工产品批发	Wholesale of Mineral Products, Building Materials and Chemical Products	29474224	30154503	28058805	2095699	1139142
煤炭及制品批发	Wholesale of Coal and Related Products	9768673	9975265	9936756	38509	174117
石油及制品批发	Wholesale of Petroleum and Related Products	6540173	5135553	3525042	1610511	174512
非金属矿及制品批发	Wholesale of Western Medicine	98489	109519	97131	12388	5036
金属及金属矿批发	Wholesale of Metal Materials	5269024	6208812	6158540	50271	303759
建材批发	Wholesale of Building Materials	4397585	4946152	4655629	290523	218771
化肥批发	Wholesale of Chemical Fertilizer	1614692	1719978	1699760	20218	123584
农药批发	Wholesale of Pesticides	124280	140674	140556	118	23442
农用薄膜批发	Wholesale of Agricultural Film	43920	43226	43226		1161
其他化工产品批发	Wholesale of Other Chemical Products	1617387	1875325	1802164	73161	114760
机械设备、五金交电及电子产品批发	Wholesale of Machinery, Hardware and Electronic Equipment	11978876	12773822	12097398	676423	615693
农业机械批发	Wholesale of Agricultural Machinery	233793	257433	237302	20130	21475
汽车及零配件批发	Wholesale of Motor Vehicles and Spare Parts	3988471	4365261	3993435	371826	308474
摩托车及零配件批发	Wholesale of Motorcycles and Their Parts	177213	189982	167290	22693	3106
五金产品批发	Wholesale of Hardware	138978	194067	186558	7509	4408
电气设备批发	Wholesale of Household Electrical Appliances	1003821	1023608	1016102	7506	53496
计算机、软件及辅助设备批发	Wholesale of Computer, Software and Assistant Appliances	4464850	4529926	4508723	21203	61550
通讯设备批发	Wholesale of Communication Equipment	707333	788171	705508	82663	14494
广播影视设备批发	Wholesale of Radio, Film and Television Equipment	133059	150937	72156	78780	10668
其他机械设备及电子产品批发	Wholesale of Other Mechanical Equipment and Electronic Products	1131357	1274439	1210326	64113	138023

16—4 续表2 continued

单位：万元（10000 yuan）

指 标	Item	购进总额 Total Purchases Value	销售总额 Total Sales Value	批发 Wholesale Value	零售 Retail Value	年末库存总额 Stock (year-end)
贸易经纪与代理	Trade Broker and Agency	320438	363996	361387	2610	62862
贸易代理	Trade Agent	310332	353278	350668	2610	62829
一般物品拍卖	Auction of General Goods	394	445	445		3
其他贸易经纪与代理	Other Trade Broker and Agency	9713	10273	10273		31
其他批发业	Other Wholesale Industry Art Agency	3048078	3481574	3427445	54130	81630
再生物资回收与批发	Recycling and Renewable Materials Wholesale	2263811	2496109	2471901	24208	52302
互联网批发	Wholesale of Internet	45084	57032	37651	19381	2623
其他未列明的批发	Wholesale of Other Unlisted	739183	928434	917893	10541	26705
零售业合计	**Retail Trade**	**35584916**	**43202298**	**3015658**	**40186640**	**6963342**
综合零售	Integrated Retail	7767890	9788265	716265	9072000	2278621
百货零售	Retail of General Merchandise	3808359	5373754	606952	4766802	977112
超级市场零售	Retail of Supermarkets	3896204	4304679	104591	4200089	1288819
便利店零售	Retail of Convenience Store	14329	21012		21012	5640
其他综合零售	Retail of Others	48997	88820	4722	84098	7050
食品、饮料及烟草制品专门零售	Retail of Food, Beverages and Tobaccos	1413059	1721923	273940	1447983	141389
粮油零售	Retail of Grain and Oil	141448	165315	12298	153016	12411
糕点、面包零售	Retail of Cakes, Bread	41476	49266	6735	42532	15001
果品、蔬菜零售	Retail of Fruit, Vegetables	254287	306524	46200	260324	7795
肉、禽、蛋、奶及水产品零售	Retail of Meat, Poultry, Eggs, Milk and Aquatic Products	204778	258471	12982	245489	11275
营养和保健品零售	Retail of Nutrition and health care products	59599	74056	11847	62209	4696
酒、饮料及茶叶零售	Retail of Wine, tea and beverages	610270	718456	173517	544939	78793
烟草制品零售	Retail of Tobacco Products	15691	16910	783	16127	3326
其他食品零售	Retail of Other Food	85510	132924	9578	123347	8093
纺织、服装及日用品专门零售	Special Retail of Textiles, Garments and Daily Consumer Articles	763784	1060940	46432	1014508	133684
纺织品及针织品零售	Retail of Textile and Knitwear	91571	161840	12643	149197	4274
服装零售	Retail of Garments	455474	602544	19756	582788	92166
鞋帽零售	Retail of Shoes and Hats	66068	91016	2379	88637	19108
化妆品及卫生用品零售	Retail of Cosmetics and Health Supplies	23090	45822	183	45639	2295
厨具卫具及日用杂货零售	Retail of Kitchen Utensils and Daily Groceries	17270	20649	2303	18346	2654
钟表、眼镜零售	Retail of Watches, Glasses	24088	32899	203	32697	2737
自行车等代步设备零售	Retail of Bicycle and Other Transportation Equipment	33756	39352	2995	36357	3141
其他日用品零售	Retail of Other Daily Necessities	52467	66818	5970	60848	7309
文化、体育用品及器材专门零售	Retail of Culture, Sports Appliances and Equipments	840975	1139791	89181	1050610	166366
文具用品零售	Retail of Stationery	82786	95086	25414	69672	8977
体育用品及器材零售	Retail of Sporting Goods and Equipment	10693	13717	1054	12663	1855
图书、报刊零售	Retail of Books, Newspapers	468482	589124	20419	568705	60704

16—4 续表3 continued

单位：万元（10000 yuan）

指 标	Item	购进总额 Total Purchases Value	销售总额 Total Sales Value	批 发 Wholesale Value	零 售 Retail Value	年末库存总 额 Stock (year-end)
珠宝首饰零售	Retail of Jewelry	149678	270423	29409	241014	72328
工艺美术品及收藏品零售	Retail of Arts and Crafts and Collectibles	70917	82286	3205	79081	13885
乐器零售	Retail of Instruments	7420	22714	2310	20403	1471
照相器材零售	Retail of Photographic equipment	6192	8064	2737	5327	464
其他文化用品零售	Retail of Other Cultural Goods	43965	57676	4633	53043	5870
医药及医疗器材专门零售	Retail of Medicines and Medical Appliances	1020720	1365143	235000	1130144	173438
西药零售	Retail of Western Medicine	984709	1245227	204125	1041102	169744
中药零售	Retail of Traditional Chinese Medicine	29910	101646	17277	84369	2891
医疗用品及器材零售	Retail of Medical Supplies and Equipment	6101	18271	13598	4673	804
汽车、摩托车、零配件和燃料及其他动力销售	Sales of Automobiles, Motorcycles, Spare Parts and Fuel and Other Power	16861578	19645196	1174495	18470701	3333397
汽车新车零售	Retail of New Car	11946328	12883597	286674	446458	3173972
汽车旧车零售	Retail of Used Car	112129	135547	76	19601	6981
汽车零配件零售	Retail of Auto Parts	135214	141519	5	2727	12719
摩托车及零配件零售	Retail of Motorcycles and Spare Parts	101224	112206	4051	180	8891
机动车燃料零售	Retail of Motor Vehicle Fuel	4565044	6370167	883690	2	130833
机动车燃气零售	Retail of Motor Vehicle Gas	1639	2161			1
家用电器及电子产品专门零售	Special Retail of Household Electric Appliances and Electronic Products	2800420	3274278	218078	329306	229325
家用视听设备零售	Retail of Home Audio-visual Equipment	1301262	1457976	76712	1381264	112739
日用家电零售	Retail of Household Appliances	935285	1088529	58513	1030016	84295
计算机、软件及辅助设备零售	Retail of Computer, Software and Assistant Appliances	303151	438194	16710	421484	18763
通讯设备零售	Retail of Communication Equipments	214419	238258	61665	176594	7875
其他电子产品零售	Retail of Other Electronic Products	46303	51321	4479	46842	5653
五金、家具及室内装修材料专门零售	Retail of Hardware, Furniture and Decoration Materials	824908	1057102	63031	994071	53376
五金零售	Retail of Hardware	161972	178363	8797	169566	7321
灯具零售	Retail of Lamps	15444	20439	1940	18499	2556
家具零售	Retail of Furniture	386890	540818	5968	534850	19700
涂料零售	Retail of Paint	4946	5947	71	5875	2333
卫生洁具零售	Retail of Sanitary Ware	18403	23485	1095	22390	3040
木制装饰材料零售	Retail of Wooden Decorative Materials	56084	80040	14664	65376	2170
陶瓷、石材装饰材料零售	Retail of Ceramic, Stone Decoration Materials	69460	81670	6228	75442	6185
其他室内装修材料零售	Retail of Other Interior Decoration Materials	111710	126341	24269	102072	10071
货摊、无店铺及其他零售业	Retail of Stalls, No Shop and Other	3291581	4149659	199237	3950423	453746
互联网零售	Retail of Internet	3133749	3817681	187366	3630315	443831
邮购及电视、电话零售	Retail of Television, Telephone and Mail Order		145689		145689	
自动售货机零售	Retail of Vending Machine	3605	4457	820	3637	267
生活用燃料零售	Retail of Living Fuel	100196	122436	2821	119615	5318
其他未列明的零售	Retail of Other Unlisted	54030	59396	8229	51166	4329

16—5 限额以上批发零售业主要商品分类销售额（2018年）

Total Sales of Enterprises Above Designated Size in Wholesale and Retail Sale by Category of Main Commodities (2018)

单位：万元（10000 yuan）

指标	Item	合计 Total	批发 Wholesale	零售 Retail Sale
总计	**Total**	**130815788**	**79285325**	**51530462**
粮油、食品、饮料、烟酒类	Grain and Edible Vegetable Oil, Food, Beverages, Tobacco and Liquor	26178140	15525367	10652773
粮油、食品类	Grain and Edible Vegetable Oil, Food	12852407	5760621	7091786
#粮油类	Grain and Edible Vegetable Oil	3761223	2249103	1512120
肉禽蛋类	Meat, Poultry and Eggs	1904473	1000152	904320
水产品类	Aquatic Products	410498	111940	298558
蔬菜类	Vegetables	1310670	483000	827670
干鲜果品类	melons and Fruits	1015525	345991	669534
饮料类	Beverages	1449421	329078	1120343
烟酒类	Tobacco and Liquor	11876312	9435668	2440645
服装鞋帽、针、纺织品类	Garments, Footwear, Hats, Knitwear and Textiles	5144505	1587050	3557456
服装类	Garments	3111088	663389	2447699
鞋帽类	Footwear and Hats	827860	221388	606472
针、纺织品类	Knitwear and Textiles	1205557	702272	503285
化妆品类	Cosmetics	1144920	412110	732810
金银珠宝类	Gold, Silver and Jewelry	1084252	197630	886622
日用品类	Articles for Daily Use	3292999	1729617	1563382
儿童玩具类	Toys	213023	19501	193522
五金、电料类	Hardware and Electrical Materials	825848	518657	307191
体育、娱乐用品类	Sports and Recreation Articles	304674	46719	257954
#照相器材类	Photographic Equipment Class	4960	8	4952
书报杂志类	Newspapers and Magazines	987941	446899	541043
电子出版物及音像制品类	E-journal and Video Products	33746	1195	32551
家用电器和音像器材类	Household Appliances and Video Appliances	9736039	4962527	4773512
中西药品类	Traditional Chinese and Western Medicines	11944378	9380584	2563794
西药	Western Medicines	8632917	6835319	1797598
中草药及中成药	Chinese Herbal Medicine and Proprietary Chinese Medicine	1801544	1264407	537136
文化、办公用品类	Cultural and Official Goods	5822602	5003241	819361
#计算机及其配套产品	Computer and Its Supporting Products	4924964	4587802	337162
家具类	Furniture	1168067	60200	1107867
通讯器材类	Communication Appliances	1583510	826532	756977
煤炭及制品类	Coal and Related Product	7942591	7887165	55426
木材及制品类	Wood and Wooden Product	185035	185035	
石油及制品类	Petroleum and Related Product	11948001	4523729	7424272
化工材料类	Raw Chemical Materials	4668209	4668209	
化肥类	Chemical Fertilizer	1491104	1491104	
金属材料类	Metal Materials	9804602	9804602	
建筑及装潢材料类	Building and Decoration Materials	2081047	1332272	748775
机电产品及设备类	Mechanical and Electrical Products	2891494	2662690	228805
农机类	Agricultural Machinery	250737	250737	
汽车类	Automobile	16446458	2592856	13853602
种子饲料类	Seed and Feedstuff	531014	531014	
棉麻类	Cotton, Hemp	188794	187038	1756
其他类	Other	4878131	4213315	664816

16—6 限额以上批发零售企业主要财务指标情况（2018年，按登记注册类型分）

Main Financial Indicators of Enterprises Above Designated Size in Wholesale and Retail Sale by Registration (2018)

指　　标	Item	流动资产合　计 Circulating Funds	#存　　货 Stock
批发零售企业总计	**Total**	**47936840**	**8239165**
批发企业合计	**Wholesale Trade**	**34375261**	**4972270**
国有控股	State-holding Enterprises	13905352	2048942
内　资	Domestic-funded	30735621	4407396
国　有	State-owned	2569365	452631
集　体	Collective-owned	5516	1371
股份合作	Cooperative	17045	2675
联营企业	Joint Ownership Enterprises	574	173
有限责任公司	Limited Liability Company	16366633	1936488
股份有限公司	Share-holding Corporations Ltd.	5452440	824460
私　营	Private	6317279	1187263
其　他	Other	6769	2335
港澳台商投资	With Investment from Hong Kong, Macao and Taiwan	1713137	242254
合资经营	Joint-venture	926815	240638
独资经营	With Sole Fund	786322	1616
外商投资	With Foreign Investment	1926503	322620
中外合资经营	Joint-venture	1476081	220380
外　资	Solely Foreign Funded	445390	100035
外商投资股份有限公司	Share-holding Corporations Ltd	5013	2188
其他外商投资企业	Other Foreign Funded Enterprises	19	17
零售企业合计	**Retail Trade**	**13561579**	**3266895**
国有控股	State Controlling Share Hold Enterprises	3496964	321366
内　资	Domestic-funded	12930171	3072621
国　有	State-owned	21325	6545
集　体	Collective-owned	5454	1296
股份合作	Cooperative	5581	2457
联　营	Joint Ownership Enterprises	1832	34
有限责任公司	Limited Liability Corporations	5075440	1310281
股份有限公司	Share-holding Corporations Ltd.	2702257	208498
私　营	Private	5103790	1541604
其　他	Other	14493	1906
港澳台商投资	With Investment from Hong Kong, Macao and Taiwan	534823	162036
合资经营企业	Joint-venture	259401	129982
合作经营企业	Cooperative Management		
独资经营	With Sole Fund	269062	32054
投资股份有限公司	Share-holding Corporations Ltd.	6360	
外商投资	With Foreign Investment	96585	32239
中外合资经营	Joint-venture	61113	19744
外　资	Solely Foreign Funded	6435	3547
投资股份有限公司	Share-holding Corporation Ltd.	22416	3911
其他外商投资企业	Other Foreign Funded Enterprises	6621	5036

单位：万元（10000 yuan）

固定资产合计 Total Fixed Assets	固定资产原价 Original Value of Fixed Assets	累计折旧 Progessive Deprecia-tion	#本年折旧 Deprecia-tion this Year	资产总计 Total of Assets	负债合计 Total of Liabilities	流动负债 Working Liabilities	所有者权益 Creditors' Equity	#实收资本 Capital Hold	#国家资本 National Capital
4452480	**7058487**	**2546796**	**534580**	**61287517**	**42392153**	**40337217**	**18895175**	**14948967**	**2742907**
1691473	**2766701**	**1050136**	**194019**	**41537841**	**29717161**	**28365084**	**11820490**	**10378251**	**2136615**
670755	1139122	461756	63410	17661231	10673947	9904521	6987284	2532369	2051309
1591137	2567325	951140	177053	37620281	25881722	24585880	11738370	10220479	2136615
266814	461150	194336	22680	3481820	961149	861677	2520671	354770	348910
1448	2676	1228	75	7835	1816	1816	6019	2042	18
	734	275	38	20650	17901	17901	2748	3000	
391	624	232	36	965	146	146	819	20	
649556	998486	332533	77017	19380434	14895631	14529324	4484804	7960432	1410498
178538	344299	163846	19292	7199458	4555982	3935920	2643476	726875	376905
487156	750852	256960	57511	7515222	5444749	5234937	2070283	1168490	284
6775	8505	1730	404	13898	4349	4159	9549	4849	
58982	100480	41498	12017	1883881	1627842	1576791	256040	28783	
50128	89676	39548	10129	1088294	834021	789737	254274	26340	
8854	10804	1951	1888	795587	793821	787054	1766	2443	
41354	98896	57498	4949	2033678	2207598	2202413	-173919	128989	
25900	77449	51504	3830	1531938	1814620	1811230	-282681	77874	
15446	21428	5983	1111	496700	388008	386213	108691	51054	
	11	6	6	5018	4968	4968	50	50	
	9	5	2	23	3	3	21	10	
2761008	**4291786**	**1496660**	**340561**	**19749676**	**12674992**	**11972133**	**7074685**	**4570716**	**606292**
583466	945183	355208	52486	5189143	3044003	2931520	2145140	791403	590591
2543397	3878530	1309154	298998	18784091	11899186	11198876	6884905	4336597	606292
19657	37527	17870	2386	72166	51558	50975	20609	7479	6830
3379	7115	3736	1119	11096	5193	3152	5903	3987	
1269	2996	1727	204	7117	2807	2113	4310	1994	
18	155	137	5	1850	1886	1886	-37	120	
1154738	1761181	598122	142783	7465367	4680205	4437586	2785162	1990310	345854
420499	649392	226902	37227	3864818	2687994	2543236	1176824	420060	253113
936124	1410281	458510	114740	7338154	4462889	4153379	2875265	1902739	495
7714	9883	2150	535	23523	6654	6548	16869	9908	
209818	365973	156149	32313	851510	566012	564552	285498	193018	
93518	107916	14392	9965	418987	252004	251215	166983	97690	
112050	248865	136815	21314	421863	306969	306297	114895	92538	
4250	9192	4942	1035	10660	7039	7039	3620	2790	
7792	47283	31357	9250	114076	209794	208706	-95718	41101	
6555	39883	25666	8562	75128	121770	121770	-46642	10082	
458	4735	3806	458	8587	75898	74909	-67310	15394	
667	2426	1759	218	23377	12125	12025	11253	10500	
	240	128	13	6984	2	2	6982	5126	

16—6 续表 continued

指　标	Item	主营收入 Project Settlement Income	主营成本 Project Settlement Cost	主营税金及附加 Project Settlement Tax and Extra Charges
批发零售企业总计	**Total**	**113507200**	**101915459**	**1061142**
批发企业合计	**Wholesale Trade**	**75884473**	**68783855**	**922057**
国有控股	State-holding Enterprises	28452139	25599546	787696
内　资	Domestic-funded	67276086	61318584	898101
国　有	State-owned	5856823	4192064	756086
集　体	Collective-owned	53221	49407	153
股份合作	Cooperative	41793	39834	60
联营企业	Joint Ownership Enterprises	6104	5838	
有限责任公司	Limited Liability Company	37967056	35819411	81271
股份有限公司	Share-holding Corporations Ltd.	6909091	6485696	8649
私　营	Private	16288516	14586110	51617
其　他	Other	153482	140225	266
港澳台商投资	With Investment from Hong Kong, Macao and Taiwan	4836083	4582050	9251
合资经营	Joint-venture	3009875	2782392	6803
独资经营	With Sole Fund	1826208	1799658	2448
外商投资	With Foreign Investment	3772305	2883222	14705
中外合资经营	Joint-venture	2536449	1754024	12854
外　资	Solely Foreign Funded	1200394	1100041	1734
外商投资股份有限公司	Share-holding Corporations Ltd	35348	29083	113
其他外商投资企业	Other Foreign Funded Enterprises	114	74	3
零售企业合计	**Retail Trade**	**37622727**	**33131604**	**139085**
国有控股	State Controlling Share Hold Enterprises	6963187	6366858	17010
内　资	Domestic-funded	35447842	31420928	127964
国　有	State-owned	154669	140856	125
集　体	Collective-owned	52799	44931	366
股份合作	Cooperative	14913	13157	114
联　营	Joint Ownership Enterprises	6043	5053	20
有限责任公司	Limited Liability Corporations	15836451	14052697	56314
股份有限公司	Share-holding Corporations Ltd.	4556630	4202877	8036
私　营	Private	14776212	12918804	62939
其　他	Other	50126	42555	50
港澳台商投资	With Investment from Hong Kong, Macao and Taiwan	1895847	1488842	9911
合资经营企业	Joint-venture	781992	592486	4337
合作经营企业	Cooperative Management			
独资经营	With Sole Fund	1071629	861539	5467
投资股份有限公司	Share-holding Corporations Ltd.	42227	34817	107
外商投资	With Foreign Investment	279038	221834	1210
中外合资经营	Joint-venture	166214	121501	505
外　资	Solely Foreign Funded	25069	20288	59
投资股份有限公司	Share-holding Corporation Ltd.	47515	41810	613
其他外商投资企业	Other Foreign Funded Enterprises	40240	38235	33

单位：万元（10000 yuan）

其他业务利润 Other Business Profit	销售费用 Operating Expense	管理费用 Management Expense	财务费用 Financial Expenses	营业利润 Operating Profit	利润总额 Total Profit	应交所得税 Payable Income Tax	本年应付工资薪酬 Total Payable Wages this Year
229524	**5176545**	**2091568**	**361581**	**3570776**	**3583824**	**566338**	**2618853**
65183	**3028204**	**1055336**	**172667**	**2294870**	**2309030**	**407933**	**1183508**
17689	714637	389018	44646	1183459	1192438	238995	501545
53259	2178097	936161	178005	2133813	2151903	388553	1045466
1475	105524	237330	-48071	641522	642895	158314	217033
	1006	758	51	1846	1846	62	1301
	186	183	866	326	326		283
	92	51	7	115	115		63
15593	1091388	328716	108848	712028	725314	128482	407246
11425	205001	85862	55748	229007	232991	15026	117503
24766	773423	281668	60372	539320	538768	86174	299524
	1478	1592	184	9648	9648	494	2513
7630	131241	53141	8143	55128	64962	19664	20058
7551	126107	46385	7975	43000	52786	11981	10272
79	5134	6756	168	12128	12176	7682	9786
4293	718867	66035	-13481	105929	92165	-284	117984
4293	648061	49971	-13246	92787	79040	-1949	94141
	65349	16002	-199	12440	12424	1663	22949
	5446	61	-37	677	677		879
	11	1	1	25	25	2	15
164341	**2148341**	**1036231**	**188914**	**1275906**	**1274794**	**158405**	**1435345**
47445	311532	150129	7042	201267	198157	16288	195569
150348	1822794	966507	184549	1183406	1192233	143287	1318076
2086	7306	3909	216	4627	4310	819	7566
	1647	1490	338	4037	4036	232	2743
82	569	667	-14	217	253	52	809
	683	292	40	-3	-3		387
63841	877159	426883	77885	495067	498730	68708	597658
27428	190503	76926	9679	127052	122343	7206	129705
56911	742922	454693	96172	548888	559069	66255	577474
	2004	1648	234	3521	3495	14	1733
4447	281256	62846	-93	93595	81832	14090	91917
-201	140494	21331	-1737	34880	35382	9334	27581
4648	133481	41515	1533	57249	44986	4589	60552
	7281		111	1466	1464	167	3784
9546	44292	6879	4458	-1094	730	1029	25352
7820	29216	4863	2920	-693	944	434	18203
555	4994	402	1432	-1537	-1357		2142
970	8243	1019	28	1476	1469	580	4125
201	1840	595	79	-340	-327	15	883

16—7 限额以上批发零售企业主要财务指标情况（2018年，按行业分）
Main Financial Inventory of Enterprises Above Designated Size in Wholesale and Retail by Sector (2018)

(按2017年行业代码分组 Grouped by industry code for 2017)

指标	Item	流动资产合计 Circulating Funds	#存货 Stock
总计	**Total**	**47936840**	**8239165**
批发业合计	**Wholesale Trade**	**34375261**	**4972270**
农、林、牧、渔产品批发	Wholesale of Agricultural, Forestry, Animal Husbandry and Fishery Products	683264	297202
食品、饮料及烟草制品批发	Wholesale of Food, Beverages and Tobaccos	5447672	1002714
#米、面制品及食用油批发	Wholesale of Rice, Flour and Edible Oil	895708	387321
烟草制品批发	Wholesale of Tobaccos	1959968	289673
纺织、服装及家庭用品批发	Wholesale ofTextile, Clothing and Household Goods	4114439	651687
#服装批发	Wholesale of Garments	397481	21916
文化、体育用品及器材批发	Wholesale of Culture, Sports Appliances and Equipments	2315673	524630
医药及医疗器材批发	Wholesale of Medicines and Medical Appliances	4971274	737726
矿产品、建材及化工产品批发	Wholesale of Mineral Products, Building Materials and Chemical Products	9342103	1047992
#煤炭及制品批发	Wholesale of Coal and Related Products	1442101	151732
石油及制品批发	Wholesale of Petroleum and Related Products	3139003	154103
金属及金属矿批发	Wholesale of Metal Materials	1908587	266438
建材批发	Wholesale of Building Materials	1301477	213933
化肥批发	Wholesale of Chemical Fertilizer	873970	117801
机械设备、五金交电及电子产品批发	Wholesale of Machinery, Hardware and Electronic Equipment	6433374	578710
#汽车及零配件批发	Wholesale of Automobiles and Spare Parts	2838699	290725
电气设备批发	Wholesale of Electrical Equipments	403858	47484
计算机、软件及辅助设备批发	Wholesale of Computer, Software and Assistant Appliances	2054642	28401
贸易经纪与代理	Trade Broker and Agency	89626	55932
其他批发	Other Wholesale not Classified Elsewhere	977838	75677
零售业合计	**Retail Trade**	**13561579**	**3266895**
综合零售	Integrated Retail	2595162	612791
#百货零售	Retail of General Merchandise	1623211	274815
超级市场零售	Retail of Supermarkets	908331	326701
食品、饮料及烟草制品专门零售	Retail of Food, Beverages and Tobaccos	519460	144202
纺织、服装及日用品专门零售	Special Retail of Textiles, Garments and Daily Consumer Articles	379101	132996
#服装零售	Retail of Garments	217073	86649
文化、体育用品及器材专门零售	Retail of Culture, Sports Appliances and Equipments	659577	163861
#体育用品及器材零售	Sporting Goods and Equipment Retail	11333	1410
图书、报刊零售	Books, Newspapers and Retail	392615	60752
医药及医疗器材专门零售	Retail of Medicines and Medical Appliances	669662	176148
#西药零售	Retail of Western Medicine	630790	169894
中药零售	Retail of Traditional Chinese Medicine	24466	4310
汽车、摩托车、燃料及零配件专门零售	Retail of Motor Vehicles, Motorcycles, Fuel and Parts	6376827	1472589
#汽车新车零售	Retail of New Cars	3813750	1303930
机动车燃油零售	Retail of Motor Vehicle Fuel	2431752	142519
家用电器及电子产品专门零售	Special Retail of Household Electric Appliances and Electronic Products	1025913	219961
#日用家电零售	Retail Sales of Household Appliances	371112	84472
计算机、软件及辅助设备零售	Retail of Computer, Software and Assistant Appliances	109817	17205
通信设备零售	Retail Sales of Communication Equipment	40995	6763
五金、家具及室内装饰材料专门零售	Special Retail of Hardware, Furniture and Decoration Materials	269283	53911
货摊、无店铺及其他零售	Stalls, No Shops and Other Retail Outlets	1066594	290437

单位：万元（10000 yuan）

固定资产合计 Total Fixed Assets	固定资产原价 Original Value of Fixed Assets	累计折旧 Progessive Deprecia-tion	#本年折旧 Deprecia-tion this Year	资产总计 Total of Assets	负债合计 Total of Liabilities	流动负债 Working Liabilities	所有者权益 Creditors' Equity	#实收资本 Capital Hold	#国家资本 National Capital
4452480	**7058487**	**2546796**	**534580**	**61287517**	**42392153**	**40337217**	**18895175**	**14948967**	**2742907**
1691473	**2766701**	**1050136**	**194019**	**41537841**	**29717161**	**28365084**	**11820490**	**10378251**	**2136615**
204702	259816	54532	14434	1089825	552038	500741	537787	235504	68829
431378	729347	291966	41437	6880673	3225339	3070578	3655145	816097	476140
83866	119553	32361	7333	1038680	818315	799079	220365	134084	96761
203227	380466	177240	19969	2248462	218483	216884	2029980	25927	20167
104964	201961	96753	11621	4552194	4420895	4304134	131299	250558	21288
10457	27012	16555	1885	611012	475631	402462	135381	41212	3180
24138	46529	22379	2750	2888664	1744398	1612224	1144267	284907	214949
306311	471970	165243	43783	5780195	4330091	4188013	1450104	3762170	69011
430473	742701	304811	51114	12055687	8343662	7749601	3712024	2216698	1226675
59724	93671	33947	4354	2361703	1347651	1344471	1014051	867672	713929
189642	352526	159945	24691	3799203	2622152	2163151	1177051	231583	117325
48216	83045	34828	5495	2334818	1888620	1815581	446198	445341	112151
47216	81000	30633	8001	1647626	1033534	1006715	614092	407517	250934
53490	75482	20693	3914	1176169	846835	840369	329334	167356	17392
128417	210008	71175	16161	7039833	6088460	5929579	951373	2708675	50897
60060	85689	25646	5753	3008894	2587995	2497812	420899	2501971	50779
3566	5604	2038	339	423420	361989	361638	61431	55871	
7860	10199	2339	653	2067909	1941348	1937286	126561	13983	
4201	5514	1313	303	94390	74643	74620	19747	10147	168
56889	98855	41965	12417	1156381	937637	935595	218744	93496	8657
2761008	**4291786**	**1496660**	**340561**	**19749676**	**12674992**	**11972133**	**7074685**	**4570716**	**606292**
1103557	1776959	660264	127534	4605331	3216258	3020746	1389072	1011264	88031
688072	1049944	358623	68624	2941672	1885603	1792777	1056069	538359	46431
406912	714207	297407	57875	1588291	1281387	1179407	306904	458288	41540
120599	173051	51328	13969	1225058	379374	352605	845685	687382	1665
31809	48274	16105	4859	513184	397221	377655	115964	61415	219
16798	26040	8899	2408	325960	270051	252846	55909	35880	9
56639	92235	35324	7311	784259	357544	329055	426715	132854	51979
5341	5822	480	180	17390	15513	15513	1877	1750	
25048	45472	20423	3295	446309	167715	158968	278594	64933	51739
54755	90849	34176	7211	807231	571717	553684	235514	140049	497
51650	86338	32773	6795	763448	545155	527122	218294	133135	497
2735	3777	1043	286	28883	16003	16003	12880	4534	
978843	1547500	556381	128423	8756944	5936038	5633271	2820905	1467192	440322
555774	859889	300448	86765	4922176	3717438	3522852	1204737	899622	7880
405394	659045	246768	39773	3667721	2098100	1994303	1569621	537561	429589
105184	146685	40235	10772	1210306	772355	752826	437950	213545	2701
28340	44933	16171	3589	425451	276130	270281	149320	63054	550
6715	11078	4352	1225	122618	52841	49490	69777	48135	51
2442	3673	1231	437	45138	19013	18369	26125	14546	
146308	204605	57780	25015	508353	303107	255483	205247	102213	
163314	211629	45068	15469	1339011	741378	696809	597633	754804	20878

16—7 续表 continued

指 标	Item	主营收入 Project Settlement Income	主营成本 Project Settlement Cost
总 计	**Total**	**113507200**	**101915459**
批发业合计	**Wholesale Trade**	**75884473**	**68783855**
农、林、牧、渔产品批发	Wholesale of Agricultural, Forestry, Animal Husbandry and Fishery Products	1214286	1082808
食品、饮料及烟草制品批发	Wholesale of Food, Beverages and Tobaccos	12323729	9489581
#米、面制品及食用油批发	Wholesale of Rice, Flour and Edible Oil	1625897	1565235
烟草制品批发	Wholesale of Tobaccos	5216516	3643474
纺织、服装及家庭用品批发	Wholesale ofTextile, Clothing and Household Goods	8403979	7097169
#服装批发	Wholesale of Garments	646456	601471
文化、体育用品及器材批发	Wholesale of Culture, Sports Appliances and Equipments	2927482	2773199
医药及医疗器材批发	Wholesale of Medicines and Medical Appliances	9901733	8872946
矿产品、建材及化工产品批发	Wholesale of Mineral Products, Building Materials and Chemical Products	26364415	25438640
#煤炭及制品批发	Wholesale of Coal and Related Products	8630979	8446268
石油及制品批发	Wholesale of Petroleum and Related Products	4437796	4211757
金属及金属矿批发	Wholesale of Metal Materials	5393011	5234241
建材批发	Wholesale of Building Materials	4432200	4254276
化肥批发	Wholesale of Chemical Fertilizer	1557222	1487096
机械设备、五金交电及电子产品批发	Wholesale of Machinery, Hardware and Electronic Equipment	11346970	10830587
#汽车及零配件批发	Wholesale of Automobiles and Spare Parts	3825162	3627307
电气设备批发	Wholesale of Electrical Equipments	990027	968860
计算机、软件及辅助设备批发	Wholesale of Computer, Software and Assistant Appliances	3975933	3875755
贸易经纪与代理	Trade Broker and Agency	333175	311685
其他批发	Other Wholesale not Classified Elsewhere	3068704	2887241
零售业合计	**Retail Trade**	37622727	33131604
综合零售	Integrated Retail	**8526308**	**7318422**
#百货零售	Retail of General Merchandise	4639538	4022016
超级市场零售	Retail of Supermarkets	3789374	3215253
食品、饮料及烟草制品专门零售	Retail of Food, Beverages and Tobaccos	1562876	1320130
纺织、服装及日用品专门零售	Special Retail of Textiles, Garments and Daily Consumer Articles	940879	755463
#服装零售	Retail of Garments	541869	419358
文化、体育用品及器材专门零售	Retail of Culture, Sports Appliances and Equipments	1030410	847465
#体育用品及器材零售	Sporting Goods and Equipment Retail	11982	10955
图书、报刊零售	Books, Newspapers and Retail	550405	445443
医药及医疗器材专门零售	Retail of Medicines and Medical Appliances	1167074	958301
#西药零售	Retail of Western Medicine	1051420	850621
中药零售	Retail of Traditional Chinese Medicine	98164	92321
汽车、摩托车、燃料及零配件专门零售	Retail of Motor Vehicles, Motorcycles, Fuel and Parts	17058561	15796775
#汽车新车零售	Retail of New Cars	11271481	10431065
机动车燃油零售	Retail of Motor Vehicle Fuel	5452908	5072628
家用电器及电子产品专门零售	Special Retail of Household Electric Appliances and Electronic Products	2718836	2361556
#日用家电零售	Retail Sales of Household Appliances	965020	814820
计算机、软件及辅助设备零售	Retail of Computer, Software and Assistant Appliances	381785	346475
通信设备零售	Retail Sales of Communication Equipment	212537	191426
五金、家具及室内装饰材料专门零售	Special Retail of Hardware, Furniture and Decoration Materials	943211	769554
货摊、无店铺及其他零售	Stalls, No Shops and Other Retail Outlets	3674571	3003938

单位：万元（10000 yuan）

主营税金及附加 Project Settlement Tax and Extra Charges	其他业务利润 Other Business Profit	销售费用 Operating Expense	管理费用 Management Expense	财务费用 Financial Expenses	营业利润 Operating Profit	利润总额 Total Profit	应交所得税 Payable Income Tax	本年应付工资薪酬 Total Payable Wages this Year
1061142	**229524**	**5176545**	**2091568**	**361581**	**3570776**	**3583824**	**566338**	**2618853**
922057	**65183**	**3028204**	**1055336**	**172667**	**2294870**	**2309030**	**407933**	**1183508**
3378	2458	38482	36497	11580	54437	58231	3599	36560
738432	5320	779202	336269	-30162	1068272	1072818	245333	423443
3541	285	56771	16808	12190	15755	16882	2046	24129
711884	1000	96749	208182	-53930	617718	618983	157312	207394
23739	10715	1046635	111981	-13	148110	138331	11241	225665
522	1809	18919	10087	7472	18213	19085	2772	12744
2806	2451	53284	24819	29936	134468	135276	1044	31409
29734	14854	470193	248646	60347	228002	241923	44235	150965
34961	9716	319652	154011	77457	435407	434855	49676	164712
8193	1887	35661	25452	11714	153341	150501	17732	16849
3821	2605	127746	25286	6652	72137	71894	8538	52624
5325	1950	46841	29821	23662	75156	75570	6520	21441
12176	1799	40149	36187	12409	77295	78808	11220	40867
2506	433	22789	18954	6903	26530	27052	2811	16192
18115	19621	276682	96919	11662	131874	129400	32572	120742
5336	2961	148882	23475	-1674	33909	33635	6328	44782
1097	19	16981	5406	800	-1815	-1234	286	3599
5664	9790	26011	28071	6735	33631	33654	13272	12467
374	21	2711	1865	664	11007	11010	2688	1970
70519	26	41362	44329	11196	83294	87186	17546	28043
139085	164341	2148341	1036231	188914	1275906	1274794	158405	1435345
43778	**91967**	**691040**	**359728**	**49506**	**252443**	**242248**	**47432**	**466399**
29617	40639	243393	195026	30485	190140	179095	36309	198284
13270	50789	441030	158623	18613	59786	60492	10454	261141
7556	2004	97945	52018	7896	82436	84003	7400	84737
4051	637	97787	39059	4334	42320	42494	4610	65626
2794	382	77030	19246	2939	21207	21326	3225	49233
6829	7699	60656	47177	4443	68276	71370	3250	57037
12	380	321	254	179	260	271	26	279
1621	6349	40741	32424	-260	34785	37879	139	38083
4866	4210	121236	51494	6126	29069	31484	4242	116283
4040	4206	118338	49214	6041	27200	29622	4088	113031
760	4	1968	1567	68	1464	1459	70	2626
33813	52793	521409	275818	92892	419393	415952	48937	399968
24341	42356	333311	215560	86271	240011	243496	32022	302376
7560	10079	179759	52700	5473	157154	150297	9375	87725
8619	1850	154480	68926	12096	117840	118585	10953	103853
2776	385	48777	22433	5262	73065	73359	6924	31422
1069	269	10884	10391	748	12811	12710	548	11984
436	98	11351	7297	371	4475	4542	431	10782
15755	723	48063	37675	6510	60472	61188	6675	29563
13817	2459	355726	104337	5111	203657	207470	24906	111879

16—8 限额以上住宿餐饮业经营情况（2018年）
Above Designated Accommodation Catering Business (2018)

指　标	Item	营业额 Turnover
总　计	**Total**	**2368587**
住宿业合计	**Total of Accommodation Enterprises**	**750726**
国有控股	State-holding Enterprises	124143
按登记注册类型分组	**Grouped Type of Registration**	
内　资	Domestic-funded	702217
国　有	State-owned	16552
集　体	Collective-owned	1226
股份合作企业	Cooperative	
有限责任公司	Limited Liability Company	319201
股份有限公司	Share-holding Corporations Ltd.	15077
私　营	Private	349229
其　他	Other	933
港澳台商投资	With Investment from Hong Kong, Macao and Taiwan	47197
外商投资企业	Enterprises with Foreign Investment	1312
按国民经济行业分	**Grouped by Sector**	
旅游饭店	Tourist Hotel	573745
一般旅馆	Common Hotel	
经济型连锁酒店	Economical Hotel Chain	41000
其他一般旅馆	Other General Hotels	119687
其他住宿服务	Other Accommodation Service	15429
餐饮业合计	**Catering Trade**	**1617861**
国有控股	State-holding Enterprises	99952
按登记注册类型分组	**Grouped Type of Registration**	
内　资	Domestic-funded	1614111
国　有	State-owned	4172
集　体	Collective-owned	2757
有限责任公司	Limited Liability Company	410636
股份有限公司	Share-holding Corporations Ltd.	15718
私　营	Private	1180268
其　他	Other	560
港澳台商投资企业	With Investment from Hong Kong, Macao and Taiwan	2407
外商投资企业	Enterprises with Foreign Investment	1343
按国民经济行业分（按2017年行业代码分组）	**Grouped by Sector (Grouped by industry code for 2017)**	
正餐服务	Dinner	1224605
快餐服务	Fast Food	281554
饮料及冷饮服务	Drink and Cold Drink Service	2956
餐饮配送及外卖送餐服务	Catering and Delivery Services	99318
其他餐饮业	Other Catering Service	9428

单位：万元（10000 yuan）

客房收入 Room Revenue	餐费收入 Meals Income	商品销售收入 Commodity Sales	其他收入 Other Income	客房数 （间） Guestroom Number (unit)	床位数 （个） Bed Capacity (unit)	餐位数 （位） Number of Seating Arrangement (unit)
554971	**1613312**	**125436**	**74867**	**205962**	**325223**	**1693754**
382860	**304528**	**18000**	**45338**	**84291**	**135221**	**228386**
51031	55727	4613	12771	8214	13666	26373
360137	284233	17226	40622	81769	131271	222271
5989	8194	786	1583	1621	3031	5850
877	343		6	234	440	250
154333	132492	9396	22980	37448	58809	110858
7926	6381	104	666	988	1822	4090
190303	136615	6925	15386	41193	66633	100743
709	208	15	2	285	536	480
22285	19427	774	4711	2375	3709	5315
439	868		5	147	241	800
268071	251488	13816	40371	59143	95382	188732
32991	5880	944	1186	7643	11868	7450
71930	41847	3089	2822	15723	25207	28818
9147	5172	151	959	1693	2618	3196
172111	**1308785**	**107436**	**29529**	**121671**	**190002**	**1465368**
3859	46876	37436	11782	959	1787	36572
171602	1305749	107365	29394	121371	189522	1464306
1027	2732	239	174	238	407	1322
413	2192	117	36	116	226	926
59831	282347	48859	19600	99228	151731	904223
2688	11474	1146	411	518	842	7635
107508	1006581	57005	9174	21181	36136	549400
136	424			90	180	800
	2407					562
509	629	71	135	300	480	500
171918	961116	73455	18116	121421	189402	1367397
193	236106	33980	11276	250	600	56055
	2818	1	137			788
	99318					30050
	9428					11078

16—9 限额以上住宿业和餐饮企业主要财务指标情况（2018年）

Main Financial Indicators of Enterprises Above Designated Size in Catering Trades by Status of Registration and by Sector (2018)

指　标	Item	流动资产合计 Circulating Funds	#存　货 Stock
总　计	**Total**	**1848389**	**129478**
住宿业合计	**Total of Accommodation Enterprises**	**868831**	**40445**
国有控股	State-holding Enterprises	94323	8294
按登记注册类型分组	**Grouped Type of Registration**		
内　资	Domestic-funded	833565	39377
国　有	State-owned	7049	536
集　体	Collective-owned	1117	90
股份合作企业	Cooperative		
有限责任公司	Limited Liability Company	381230	21052
股份有限公司	Share-holding Corporations Ltd.	16305	586
私　营	Private	427622	17080
其　他	Other	243	33
港澳台商投资	With Investment from Hong Kong, Macao and Taiwan	34337	959
外商投资企业	Enterprises with Foreign Investment	928	109
按国民经济行业分（按2017年行业代码分组）	**By Sector (Grouped by industry code for 2017)**		
旅游饭店	Tourist Hotel	717557	29386
一般旅馆	Common Hotel	135590	7345
民宿服务	Residential Service	153	9
露营地服务	Campsite Service		
其他住宿服务	Other Accommodation Service	15531	3705
餐饮业合计	**Catering Trade**	**979558**	**89033**
国有控股	State-holding Enterprises	41497	5516
按登记注册类型分组	**Grouped Type of Registration**		
内　资	Domestic-funded	951548	88251
国　有	State-owned	1559	146
集　体	Collective-owned	509	121
股份合作企业	Cooperative		
有限责任公司	Limited Liability Company	285800	23638
股份有限公司	Share-holding Corporations Ltd.	13612	477
私　营	Private	649870	63857
其　他	Other	198	12
港澳台商投资企业	With Investment from Hong Kong, Macao and Taiwan	506	83
外商投资企业	Enterprises with Foreign Investment	27505	699
按国民经济行业分（按2017年行业代码分组）	**Grouped by Sector (Grouped by industry code for 2017)**		
正餐服务	Dinner	848209	76682
快餐服务	Fast Food	88609	10750
饮料及冷饮服务	Drink and Cold Drink Service	767	74
餐饮配送及外卖送餐服务	Catering and Delivery Services	37321	1322
其他餐饮业	Other Catering Service	4654	206

单位：万元（10000 yuan）

固定资产合计 Total Fixed Assets	固定资产原价 Original Value of Fixed Assets	累计折旧 Progessive Deprecia-tion	#本年折旧 Deprecia-tion this Year	资产总计 Total of Assets	负债合计 Total of Liabilities	流动负债 Working Liabilities	所有者权益 Creditors' Equity	#实收资本 Capital Hold	#国家资本 National Capital
1871909	**2883468**	**994373**	**189125**	**5029569**	**3580243**	**2673597**	**1449416**	**1523492**	**76854**
1013481	**1626323**	**597889**	**92470**	**2617567**	**1976919**	**1456487**	**640648**	**904529**	**67267**
159522	292206	132683	12150	299123	195048	186977	104075	135319	60819
846613	1376270	514705	77783	2267548	1663061	1262141	604487	724293	67267
14107	28059	13951	1636	23238	18090	17810	5148	7664	7664
	2057	1932	307	3580	195	71	3385	338	
387581	662945	275349	34207	1059917	846646	636056	213270	339669	55171
24376	38790	14414	1662	49186	36729	27642	12457	11946	223
420126	644014	208950	39943	1131023	761220	580383	369802	364605	4209
	407	108	28	606	181	181	425	70	
164517	246397	81880	14622	346619	310003	190491	36616	178344	
2351	3655	1304	65	3400	3855	3855	-455	1892	
861764	1396138	529233	77272	2201262	1717394	1262189	483869	751101	63781
127402	189796	61770	13082	350876	200481	172955	150395	139747	2411
164	206	40	18	773	276	270	497	393	
24150	40182	6846	2097	64656	58768	21073	5888	13289	1074
858428	**1257145**	**396483**	**96655**	**2412002**	**1603324**	**1217110**	**808767**	**618963**	**9588**
25822	48246	22424	3822	89426	57902	52421	31524	15671	9010
857663	1254755	394858	96553	2341547	1548744	1188289	792893	603192	9588
	2048	1123	110	3208	1751	1723	1458	327	327
	888	603	41	1441	2299	2239	-858	168	
265018	364446	98821	26226	707447	493510	360531	213937	181105	9034
27380	32132	4752	1288	46414	44613	35673	1800	11264	
564049	855217	289541	68883	1582803	1006437	787988	576456	410229	226
	23	17	4	235	135	135	100	100	
	896	316	99	1094	665	556	429	325	
	1495	1310	3	69361	53915	28265	15446	15446	
785132	1145589	358382	84621	2157299	1461010	1080145	696379	586871	9488
66350	99181	32831	10406	200137	115339	110136	84798	21385	100
703	1109	406	133	1549	1430	1429	118	604	
2569	4905	2336	1320	44510	24300	24206	20211	7046	
3674	6361	2528	174	8507	1245	1194	7263	3058	

16—9 续表 continued

指　标	Item	主营收入 Project Settlement Income	主营成本 Project Settlement Cost
总　计	**Total**	**2268204**	**1115977**
住宿业合计	**Total of Accommodation Enterprises**	**703367**	**304488**
国有控股	State-holding Enterprises	114166	49097
按登记注册类型分组	**Grouped Type of Registration**		
内　资	Domestic-funded	657183	293586
国　有	State-owned	13543	5690
集　体	Collective-owned	1189	576
股份合作企业	Cooperative		
有限责任公司	Limited Liability Company	301362	132021
股份有限公司	Share-holding Corporations Ltd.	14135	7777
私　营	Private	326049	147151
其　他	Other	906	372
港澳台商投资	With Investment from Hong Kong, Macao and Taiwan	44946	10571
外商投资企业	Enterprises with Foreign Investment	1238	330
按国民经济行业分（按2017年行业代码分组）	**By Sector (Grouped by industry code for 2017)**		
旅游饭店	Tourist Hotel	535659	221403
一般旅馆	Common Hotel	151777	77326
民宿服务	Residential Service	836	360
露营地服务	Campsite Service		
其他住宿服务	Other Accommodation Service	15095	5399
餐饮业合计	**Catering Trade**	**1564837**	**811489**
国有控股	State-holding Enterprises	92155	46556
按登记注册类型分组	**Grouped Type of Registration**		
内　资	Domestic-funded	1561306	809594
国　有	State-owned	3960	1471
集　体	Collective-owned	2734	1587
股份合作企业	Cooperative		
有限责任公司	Limited Liability Company	396259	209350
股份有限公司	Share-holding Corporations Ltd.	15225	8188
私　营	Private	1142601	588667
其　他	Other	528	330
港澳台商投资企业	With Investment from Hong Kong, Macao and Taiwan	2263	1135
外商投资企业	Enterprises with Foreign Investment	1267	761
按国民经济行业分（按2017年行业代码分组）	**Grouped by Sector (Grouped by industry code for 2017)**		
正餐服务	Dinner	1184172	648296
快餐服务	Fast Food	270733	108109
饮料及冷饮服务	Drink and Cold Drink Service	2913	1698
餐饮配送及外卖送餐服务	Catering and Delivery Services	99070	48165
其他餐饮业	Other Catering Service	7949	5221

单位：万元（10000 yuan）

主营税金及附加 Project Settlement Tax and Extra Charges	其他业务利润 Other Business Profit	销售费用 Operating Expense	管理费用 Management Expense	财务费用 Financial Expenses	营业利润 Operating Profit	利润总额 Total Profit	应交所得税 Payable Income Tax	本年应付工资薪酬 Total Payable Wages this Year
34317	**59405**	**571055**	**354835**	**64393**	**143576**	**151618**	**23077**	**600417**
13704	**7214**	**174279**	**187756**	**37773**	**-3722**	**-5631**	**4393**	**211518**
2776	241	32932	33231	1366	-1592	-1337	610	45580
12718	6529	162876	155901	31381	10076	8474	4368	197325
231		5182	2902	42	-841	-617	8	6879
7		217	198	8	184	182	8	543
6233	4145	79276	80821	13542	-2138	-1644	1384	99170
262		497	3362	978	1348	1396	265	4171
5958	2385	77544	68327	16808	11471	9103	2679	85910
28		160	290	3	53	53	24	651
983	685	10898	31497	6314	-13763	-14067	25	13828
3		505	358	78	-36	-38		366
10735	6697	140534	157238	34072	-17346	-18144	3094	169320
2408	433	29699	26831	3069	12218	11032	1197	37322
16		137	97	3	199	199	9	157
545	85	3909	3589	629	1207	1281	94	4720
20613	**52192**	**396776**	**167079**	**26620**	**147298**	**157249**	**18684**	**388898**
788	40	37067	6898	-43	856	910	546	31134
20602	52192	396334	166425	26618	146773	156725	18674	387828
15		1690	760	-22	-14	-5	5	1292
19	35	1246	420	7	-570	-570	33	950
5711	1632	97149	47929	7358	27264	27968	3577	104584
548	6	2500	2067	491	233	380	22	4763
14303	50519	293585	115210	18784	119873	128963	15039	275993
7		165	38		-11	-11		246
4		401	391	1	332	332	10	642
8		42	263	1	193	193		428
18824	3864	228527	145778	25744	122904	131119	14952	273742
1477		129522	14379	584	15767	15481	3167	82265
64	8	723	282	45	103	109	22	868
191	48320	37143	5920	101	7582	9598	436	30040
58		861	720	147	943	943	108	1984

16—10 限额以上批发和零售业连锁经营情况（2018年）
Basic Conditions of Chain-Enterprise Above Quota Wholesale and Retail (2018)

指　标		Item		合　计 Total	直销店 Directly-run Shops	加盟店 Alliance Shops
门店总数	（个）	Gross Number of Shops	(unit)	11603	5904	5699
从业人数	（人）	Number of People Engaged	(person)	91815	78549	13266
零售营业面积	（平方米）	Area of Business	(sq.m)	6762938	6325087	437851
连锁门店商品购进额	（万元）	Total Purchases	(10000 yuan)	16022821	14790640	1232181
#统一配送商品购进额		Centralized Purchase and Delivery		11567159	10645056	922103
#自有配送中心配送商品购进额		Total Revenue of Purchasing by Self Purchase and Delivery		5592304	5084862	507442
非自有配送中心配送商品购进额		Total Revenue of Purchasing by Non-self Purchase and Delivery		464972	283623	181349
连锁门店商品销售额	（万元）	Sales Value of Commodities	(10000 yuan)	16908592	16167125	741467
#零售额		Revenue of Retail Sales		10961884	10687814	274070

16—11 限额以上住宿和餐饮业连锁经营情况（2018年）
Basic Conditions of Chain-Enterprise Above Quota Lodging and food and Beverage Industry (2018)

指　标		Item		合　计 Total	直销店 Directly-run Shops	加盟店 Alliance Shops
门店总数	（个）	Gross Number of Shops	(unit)	855	855	
从业人数	（人）	Number of People Engaged	(person)	19825	19825	
餐饮营业面积	（平方米）	Area of Business	(sq.m)	380520	380520	
客房数	（间）	Guestroom Number	(unit)	212	212	
床位数	（个）	Bed Capacity	(unit)	322	322	
餐位数	（位）	Number of Seating Arrangement	(unit)	79254	79254	
连锁门店商品购进(采购)额	（万元）	Chain shops Commodity Purchasing Volume	(10000 yuan)	82176	82176	
#统一配送商品购进额		Centralized Purchase and Delivery		80769	80769	
#自有配送中心配送商品购进(采购)额		Total Revenue of Purchasing by Self Purchase and Delivery		31462	31462	
非自有配送中心配送商品购进(采购)额		Total Revenue of Purchasing by Non-self Purchase and Delivery		37880	37880	
连锁门店营业额	（万元）	Chain shops Turnover	(10000 yuan)	262693	262693	
#餐费收入		Catering Income		255830	255830	
商品销售额		Total Sales of Goods		4202	4202	

16—12 各市限额以上批发和零售业连锁经营情况（2018年）

Basic Conditions of Chain-Enterprise Above Quota Wholesale and Retail by Region (2018)

地 区 Region	门店总数 (个) Gross Number of Shops (unit)	从业人员 (人) Number of People Engaged (person)	零售营业面积 (平方米) Area of Business (sp.m)	商品购进总额 (万元) Total Purchases (10000 yuan)	#统一配送商品购进额 Centralized Purchase and Delivery	#自有配送中心配送 Total Revenue of Purchasing by Self	商品销售额 (万元) Sales Value of Commodities (10000 yuan)	零售额 Retail
总 计 Total	**11603**	**91815**	**6762938**	**16022821**	**11567159**	**5592304**	**16908592**	**10961884**
合 肥 市 Hefei	9346	71204	5461107	13512304	9726176	4817335	14981112	9189627
淮 北 市 Huaibei								
亳 州 市 Bozhou	88	1099	24255	59365			64735	64735
宿 州 市 Suzhou								
蚌 埠 市 Bengbu	551	3234	130995	128686	128686		150546	150546
阜 阳 市 Fuyang	839	7099	232210	1131865	573039	330078	412891	368782
淮 南 市 Huainan	104	1563	81559	106425	106425	27493	94947	56503
滁 州 市 Chuzhou	98	2228	92870	85333	85333	85333	121289	121289
六 安 市 Luan								
马鞍山市 Maanshan	84	672	129268	260652	259382	256417	261522	242432
芜 湖 市 Wuhu	72	687	82308	145183	142295		148733	146647
宣 城 市 Xuancheng	224	2100	98090	77194	77194	75648	82458	82458
铜 陵 市 Tongling								
池 州 市 Chizhou								
安 庆 市 Anqing	197	1929	430276	515814	468629		590359	538865
黄 山 市 Huangshan								

16—13 各市限额以上住宿和餐饮业连锁经营情况（2018年）

Basic Conditions of Chain-Enterprise Above Quota Lodging and Food and Beverage Industry by Region (2018)

地 区 Region	门店总数 (个) Gross Number of Shops (unit)	从业人员 (人) Number of People Engaged (person)	餐饮营业面积 (平方米) Area of Business (sp.m)	客房数 (间) Guestroom Number (unit)	床位数 (个) Bed Capacity (unit)	餐位数 (位) Number of eating Arrangement (unit)	商品购进总额 (万元) Total Purchases (10000 yuan)	营业额 (万元) Turnover (10000 yuan)
总 计 Total	**855**	**19825**	**380520**	**212**	**322**	**79254**	**82176**	**262693**
合 肥 市 Hefei	843	19054	353820			71649	78192	250006
淮 北 市 Huaibei								
亳 州 市 Bozhou								
宿 州 市 Suzhou								
蚌 埠 市 Bengbu								
阜 阳 市 Fuyang								
淮 南 市 Huainan								
滁 州 市 Chuzhou								
六 安 市 Luan								
马鞍山市 Maanshan	8	594	16700	212	322	6185	3069	10241
芜 湖 市 Wuhu								
宣 城 市 Xuancheng								
铜 陵 市 Tongling								
池 州 市 Chizhou								
安 庆 市 Anqing	4	177	10000			1420	915	2446
黄 山 市 Huangshan								

16—14 各市限额以上批发零售企业主要财务指标情况（2018年）
Main Financial Indicators of Enterprises Above Designated Size in Wholesale and Retail by Region (2018)

地 区	Region	企业数(个) Number of Enterprises (unit)	流动资产合计 Circulating Funds	#存货 Stock	固定资产合计 Total Fixed Assets	固定资产原价 Original Value of Fixed Assets
总 计	**Total**	**7434**	**47936840**	**8239165**	**4452480**	**7058487**
合肥市	Hefei	1409	23829370	3467695	1199238	2027300
淮北市	Huaibei	207	912993	148197	79189	135513
亳州市	Bozhou	509	1487586	226721	181308	256688
宿州市	Suzhou	468	1268237	226289	228381	336917
蚌埠市	Bengbu	445	1959547	323668	263213	412337
阜阳市	Fuyang	691	3088969	721039	351808	568865
淮南市	Huainan	372	1456860	234057	132602	224590
滁州市	Chuzhou	440	1335106	410991	358334	528501
六安市	Luan	362	1127685	253772	188214	300078
马鞍山市	Maanshan	182	1286026	300723	132588	228732
芜湖市	Wuhu	836	5608047	825155	515455	767078
宣城市	Xuancheng	315	886750	191842	228384	350670
铜陵市	Tongling	217	1363418	413138	115084	179616
池州市	Chizhou	206	625970	89948	81778	136163
安庆市	Anqing	591	1320109	293647	339425	498429
黄山市	Huangshan	184	380167	112283	57480	107009

16—15 各市限额以上住宿和餐饮企业主要财务指标情况（2018年）
Main Financial Indicators of Enterprises Above Designated Size in Catering Trades by Status of Registration and by Sector by Region (2018)

地 区	Region	企业数(个) Number of Enterprises (unit)	流动资产合计 Circulating Funds	#存货 Stock	固定资产合计 Total Fixed Assets	固定资产原价 Original Value of Fixed Assets
总 计	**Total**	**1814**	**1848389**	**129478**	**1871909**	**2883468**
合肥市	Hefei	405	562512	41196	662023	1053552
淮北市	Huaibei	28	25924	2245	5570	16144
亳州市	Bozhou	90	64358	3187	54809	85095
宿州市	Suzhou	72	35498	3503	77120	115668
蚌埠市	Bengbu	94	50196	6323	63986	113892
阜阳市	Fuyang	127	81177	5067	83194	109139
淮南市	Huainan	109	79001	4653	67899	102568
滁州市	Chuzhou	116	94524	14620	96517	129466
六安市	Luan	98	76779	5184	82471	124020
马鞍山市	Maanshan	53	93242	3596	29380	62750
芜湖市	Wuhu	194	163496	9550	224371	326462
宣城市	Xuancheng	85	81544	3657	103283	136711
铜陵市	Tongling	66	80680	2258	17965	37062
池州市	Chizhou	57	30503	1586	60835	93539
安庆市	Anqing	147	121741	18072	145191	206679
黄山市	Huangshan	73	207217	4784	97296	170723

单位：万元（10000 yuan）

累计折旧 Progessive Deprecia-tion	#本年折旧 Deprecia-tion this Year	资产总计 Total of Assets	负债合计 Total of Liabilities	#流动负债 Working Liabilities	所有者权益 Creditors' Equity	#实收资本 Capital Hold	#国家资本 National Capital
2546796	**534580**	**61287517**	**42392153**	**40337217**	**18895175**	**14948967**	**2742907**
811186	162081	29803439	21725552	21109189	8077888	5865593	1859561
55269	9818	1162060	826409	782917	335651	199338	21716
74371	18474	1835327	1267711	1225823	567617	295134	18723
105783	20501	1827261	1086657	1059454	740604	376192	99161
145048	38045	2467167	1767323	1233188	699844	3327573	46999
215600	46671	3792695	2454934	2306299	1337571	525030	139045
89084	14896	1720958	1121451	1106352	599507	267051	96158
156797	34064	2009296	1207654	1139010	801642	387681	91853
110869	19913	1519390	847958	815636	671432	732056	36287
94998	16188	1582676	1162277	1113514	420400	281951	51169
246040	67344	6893270	5119593	4822433	1773676	1183117	118342
121553	21377	1250582	639975	624310	610607	216414	45643
63735	13079	1635036	1259092	1239013	375944	193986	46593
54001	11113	1286605	507695	483404	778910	588117	22986
154694	35114	2000980	1114182	1004292	886798	416653	17759
47769	5903	500776	283691	272384	217085	93083	30913

单位：万元（10000 yuan）

累计折旧 Progessive Deprecia-tion	#本年折旧 Deprecia-tion this Year	资产总计 Total of Assets	负债合计 Total of Liabilities	#流动负债 Working Liabilities	所有者权益 Creditors' Equity	#实收资本 Capital Hold	#国家资本 National Capital
994373	**189125**	**5029569**	**3580243**	**2673597**	**1449416**	**1523492**	**76854**
388532	70063	1603464	1238915	912194	364549	441404	36102
8582	1041	34651	23668	12298	10983	9580	
29790	5845	144137	87323	74322	56814	41047	7324
38508	6119	123165	65536	59083	57629	57040	2074
49887	10125	133395	85320	77601	48075	29323	1364
25866	7424	216992	122316	101496	94676	60195	1228
34558	8191	161860	113804	87193	48146	49548	3333
32927	8030	259749	126053	118894	133697	129009	4860
46307	10248	243325	163678	140938	79647	74390	
33369	4428	206679	171718	117079	34961	47716	848
92000	17350	499917	371365	244366	128551	172721	3100
33426	11373	251733	129574	93235	122160	60337	5323
18715	2929	138493	107757	87630	30736	46087	
32695	9072	128322	81344	61932	46978	44488	
55968	8064	404038	232600	159213	171438	125905	294
73242	8825	479651	459273	326125	20378	134703	11006

16—14 续表 continued

地　区	Region	主营收入 Project Settlement Income	主营成本 Project Settlement Cost	主营税金及附加 Project Settlement Tax and Extra Charges	其他业务利润 Other Business Profit
总　计	**Total**	**113507200**	**101915459**	**1061142**	**229524**
合肥市	Hefei	45280073	40998696	235954	118402
淮北市	Huaibei	2210597	2028866	23796	4834
亳州市	Bozhou	3731670	3056657	60928	16315
宿州市	Suzhou	4685779	4224792	57691	3150
蚌埠市	Bengbu	5033096	4481609	61068	2011
阜阳市	Fuyang	11319298	10163534	111473	21718
淮南市	Huainan	2767449	2500775	45279	7230
滁州市	Chuzhou	4932019	4452363	63278	12146
六安市	Luan	3111832	2656812	63328	5050
马鞍山市	Maanshan	4296540	3900085	47985	4851
芜湖市	Wuhu	14641182	13167141	93389	17237
宣城市	Xuancheng	2294809	1993915	52693	3211
铜陵市	Tongling	3095696	2967949	28102	1810
池州市	Chizhou	1043299	884297	25891	604
安庆市	Anqing	3886206	3395678	66334	9217
黄山市	Huangshan	1177656	1042292	23953	1739

16—15 续表 continued

地　区	Region	主营收入 Project Settlement Income	主营成本 Project Settlement Cost	主营税金及附加 Project Settlement Tax and Extra Charges	其他业务利润 Other Business Profit
总　计	**Total**	**2268204**	**1115977**	**34317**	**59405**
合肥市	Hefei	983890	442095	11175	53570
淮北市	Huaibei	23684	13236	131	
亳州市	Bozhou	71114	41517	1175	21
宿州市	Suzhou	47934	24761	565	242
蚌埠市	Bengbu	88877	48313	1437	27
阜阳市	Fuyang	111732	66773	1987	
淮南市	Huainan	66490	37080	1051	3
滁州市	Chuzhou	145848	75959	2352	64
六安市	Luan	94034	47875	1536	232
马鞍山市	Maanshan	51311	28339	733	12
芜湖市	Wuhu	182995	91729	3157	3542
宣城市	Xuancheng	68711	32830	865	1091
铜陵市	Tongling	54016	25931	1310	
池州市	Chizhou	39979	19527	1608	70
安庆市	Anqing	144058	74504	2801	257
黄山市	Huangshan	93531	45508	2435	276

单位：万元（10000 yuan）

销售费用 Operating Expense	管理费用 Management Expense	财务费用 Financial Expenses	营业利润 Operating Profit	利润总额 Total Profit	应交所得税 Payable Income Tax	本年应付工资薪酬 Total Payable Wages this Year
5176545	**2091568**	**361581**	**3570776**	**3583824**	**566338**	**2618853**
2443883	810550	167215	1035948	1024455	159567	1064480
78878	38909	9620	37892	41262	10601	44808
304573	93566	8975	215498	214901	43138	104455
123014	85133	10080	143521	140496	15590	84966
145572	111146	36225	217537	218747	20643	100292
411095	227027	35277	373652	381255	61271	162313
92909	59197	7799	75948	77296	11514	74782
159285	90698	9197	181767	189173	25149	142901
158198	65785	11432	180467	179636	36442	111052
209331	58074	3927	111181	110091	20212	96464
651867	186770	22574	598749	602674	95533	285773
112344	64541	5116	87450	93299	20074	80868
61683	38872	10328	39339	39332	8219	44282
40769	28040	2494	65112	64972	7642	43167
134157	101216	18393	177501	176185	23625	141493
48988	32045	2927	29213	30050	7118	36757

单位：万元（10000 yuan）

销售费用 Operating Expense	管理费用 Management Expense	财务费用 Financial Expenses	营业利润 Operating Profit	利润总额 Total Profit	应交所得税 Payable Income Tax	本年应付工资薪酬 Total Payable Wages this Year
571055	**354835**	**64393**	**143576**	**151618**	**23077**	**600417**
330307	144536	25701	40589	41492	12554	277516
4521	4897	1143	-262	-146	94	6732
12393	10942	1615	3432	3462	422	18711
10367	8379	1180	3098	3207	219	13655
15305	13186	1026	7155	7128	458	18415
18882	11074	2928	10309	10340	1476	22543
13150	8894	2545	3466	3690	370	15375
15707	14805	1678	35260	35221	1588	22080
20360	15209	3811	5413	12219	1019	27106
14161	11761	2607	-525	-455	280	18521
32799	30411	4191	20819	21318	1863	50380
17410	14325	2501	501	898	618	20849
13253	10322	631	4762	2886	207	15761
7118	6310	745	4752	4864	121	10752
25373	21950	3761	16355	16811	1184	31366
19952	27834	8331	-11549	-11315	605	30655

16—16 各市限额以上批发零售业商品购进、销售和库存情况（2018年）

Total Purchases, Sales and Inventory of Enterprises Above Designated Size in Wholesale and Retail and Inventory by Region (2018)

单位：万元（10000 yuan）

地　区	Region	从业人员（人） Persons Engaged (persons)	购进总额 Total Purchases Value	#进　口 Imports	销售总额 Total Sales Value	批　发 Wholesale Value	零　售 Retail Value	年末库存总　额 Stock (year-end)
总　计	**Total**	**374581**	**112062960**	**5752368**	**130009048**	**83375142**	**46633906**	**12222697**
合肥市	Hefei	123854	46698835	4822149	52248125	36405201	15842924	4399055
淮北市	Huaibei	9351	2277311	710	2533799	1732533	801265	200841
亳州市	Bozhou	17944	2978924	9735	4053524	2490981	1562543	1764805
宿州市	Suzhou	15611	4668114	5961	5391738	3397518	1994220	387200
蚌埠市	Bengbu	16431	4716258	171668	5698274	2727364	2970910	365561
阜阳市	Fuyang	33725	10870083	49985	13132974	7851015	5281959	723863
淮南市	Huainan	13610	2963231	14810	3180356	1674214	1506142	250477
滁州市	Chuzhou	20644	5052305	9114	5604856	3317514	2287341	630851
六安市	Luan	17428	3133630	23605	3575508	1589688	1985820	259571
马鞍山市	Maanshan	12069	4574787	9902	4982837	3837778	1145060	391494
芜湖市	Wuhu	38948	13297019	529427	16507836	11297917	5209919	816794
宣城市	Xuancheng	12873	2352086	6203	2749528	1427037	1322490	1046585
铜陵市	Tongling	6605	3022990	24136	3520637	2654111	866526	445910
池州市	Chizhou	6909	737278	1273	1195613	391340	804273	110152
安庆市	Anqing	22795	3604700	41511	4288849	1962038	2326811	311540
黄山市	Huangshan	5784	1115409	32178	1344596	618893	725703	117999

16—17 各市限额以上住宿餐饮业经营情况（2018年）

Above Designated Accommodation Catering Business by Region (2018)

单位：万元（10000 yuan）

地　区	Region	从业人员（人） Persons Engaged (persons)	营业额 Turnover	客房收入 Room Revenue	餐费收入 Meals Income	商品销售收入 Commodity Sales	其他收入 Other Income	客房数（间） Guestroom Number (unit)	床位数（个） Bed Capacity (unit)	餐位数（位） Number of Seating Arrangement (unit)
总　计	**Total**	**128175**	**2368587**	**554971**	**1613312**	**125436**	**74867**	**205962**	**325223**	**1693754**
合肥市	Hefei	54559	1026292	170196	744411	77476	34208	36705	57198	342942
淮北市	Huaibei	1676	24564	7873	16017	291	384	1603	2483	12676
亳州市	Bozhou	4690	72434	17441	52066	1887	1039	4749	7663	36100
宿州市	Suzhou	3873	50036	18300	30087	913	737	3717	6159	21436
蚌埠市	Bengbu	4123	92567	26922	61011	2607	2027	4966	8099	32447
阜阳市	Fuyang	5959	121383	33794	78112	6213	3265	5994	9794	32505
淮南市	Huainan	4176	68200	14369	50223	2635	973	3877	6270	44961
滁州市	Chuzhou	5007	151420	40079	99234	10575	1532	7365	12141	51480
六安市	Luan	6743	97974	30105	61557	1955	4357	93316	142582	779822
马鞍山市	Maanshan	3681	53862	10896	39258	1770	1938	2759	4418	42942
芜湖市	Wuhu	9377	186939	48283	125422	7239	5995	9944	15559	61602
宣城市	Xuancheng	4963	78644	29556	43298	1698	4092	6766	11419	61730
铜陵市	Tongling	3501	57236	10386	44431	899	1520	2123	3497	47646
池州市	Chizhou	2488	41718	17130	23338	685	564	4425	7422	24429
安庆市	Anqing	7371	147308	42152	95140	6978	3038	9035	15166	63025
黄山市	Huangshan	5988	98011	37489	49708	1616	9198	8618	15353	38011

16—18 亿元商品交易市场情况（2018年）
Market Above 100 million Yuan (2018)

指　　标	Item	市场个数（个）Number of Markets (unit)	年末摊位数（个）Number of Booths (unit)	总成交额（万元）Transaction Value (10000 yuan)
全　　省	**Total**	**124**	**122370**	**30229733**
综合市场	**Comprehensive Markets**	**45**	**65530**	**13272159**
生产资料综合市场	The Material of Production Comprehensive Markets	3	10879	2336876
工业品综合市场	Markets for Manufactured Goods	10	27803	2304616
农业品综合市场	Markets for Agricultural Goods	22	16242	5903738
其他综合市场	Other Comprehensive Markets	10	10606	2726929
专业市场	**Specialized markets**	**79**	**56840**	**16957574**
生产资料市场	The Material of Production Markets	15	6677	5063908
农产品市场	Agricultural Product Markets	23	11680	2681654
食品饮料烟酒市场	Food, Drink, Tobacco and Liquor	5	2843	651706
纺织品服装鞋帽市场	Textile, Clothing, Shoes and Hats	8	11718	827513
日用品及文化用品市场	Daily Necessities and Cultual Product Markets			
电器通讯器材电子设备市场	Electrical Communication Equipment Electronic Equipment Markets	1	3248	903734
医药医疗用品及器材市场	Medicine and Medical Supplies and Equipment Markets	2	7001	3564036
家具五金及装饰材料市场	Furniture, Hardware and Decorative Materials Markets	16	8882	1331233
汽车摩托车及零配件市场	Automobile and Motorcycle Spare Parts Markets	6	2090	1355761
花鸟鱼虫市场	Flower, Bird, Fish, Insect Markets	1	1200	299548
其他专业市场	Other Professional Markets	2	1501	278481

16—19 各市亿元商品交易市场情况（2018年）
Market Above 100 million Yuan by Region (2018)

地　区	Region	市场个数（个）Number of Markets (unit)	年末摊位数（个）Number of Booths (unit)	营业面积（平方米）Business Area (sq.m)	总成交额（万元）Transaction Value (10000 yuan)
总　　计	**Total**	**124**	**122370**	**12727076**	**30229733**
合 肥 市	Hefei	35	24790	3130798	10391423
淮 北 市	Huaibei	6	7879	219789	600879
亳 州 市	Bozhou	3	8675	167359	3796932
宿 州 市	Suzhou	2	1357	811600	122801
蚌 埠 市	Bengbu	4	9648	884382	3013397
阜 阳 市	Fuyang	19	14770	1716119	3627421
淮 南 市	Huainan	4	1580	192400	397844
滁 州 市	Chuzhou	12	10269	1171628	888103
六 安 市	Luan	1	612	8660	22578
马鞍山市	Maanshan	4	1482	179920	626645
芜 湖 市	Wuhu	12	21657	1608537	2062178
宣 城 市	Xuancheng	6	4545	44887	1397750
铜 陵 市	Tongling	3	1521	286000	287764
池 州 市	Chizhou	5	2187	354505	232976
安 庆 市	Anqing	7	11118	1918092	2705323
黄 山 市	Huangshan	1	280	32400	55719

16—20 亿元以上商品交易市场摊位分类情况（2018年）
Classification of Commodity Exchange Markets of Transaction Value over 100 Million Yuan (2018)

指 标	Item	年末摊位数（个）Number of Booths (unit)	总成交额（万元）Transaction Value (10000 yuan)
合 计	**Total**	**122370**	**30229733**
粮油、食品类	Grain and Oil, Food	31324	9628068
饮料类	Beverage Category	2556	499905
烟酒类	Smoke Wine	1764	414363
服装鞋帽、针、纺织品类	Clothing, Shoes, Hats and Textiles	25495	2502482
化妆品类	Cosmetics	555	58125
金银珠宝类	Gold, Silver and Jeweler	1363	335846
日用品类	Articles for Daily Use	5937	458479
五金、电料类	Hardware & Electrical Materials	4361	350231
体育、娱乐用品类	Sports & Recreational Articles	381	122749
书报杂志类	Newspapers and Magazines	220	143487
电子出版物及音像制品类	E-journal and Video Products	97	4923
家用电器和音像器材类	Household Appliances and Video Equipments	1856	776866
中西药品类	Traditional Chinese and Western Medicine	6635	3585581
文化办公用品类	Cultural and official Goods	1008	223287
家具类	Furniture	2519	1185243
通讯器材类	Communication Appliances	170	22957
煤炭及制品类	Coal and Related Products		
木材及制品类	Wood and Wooden Products	1029	223172
石油及制品类	Petroleum and Related Products	1	245
化工材料及制品类	Raw Chemical Materials and Related Products	599	200914
金属材料类	Metal Materials	1991	3978928
建筑及装潢材料类	Building and Decoration Materials	14562	2118409
机电产品及设备类	Mechanical & Electrical Products	2297	964846
汽车类	Automobile	1183	1371048
种子饲料类	Seed and Feedstuff	633	63489
棉麻类	Cotton and Hemp	70	38503
其他类	Others	13764	957587

注：国家统计局报表制度商品分类目录发生变化。
a) Changes takea place in the catalogue of the report system of the National Bureau of statistics.

16—21 各市社会消费品零售总额（2018年）
Total Retailsale of Consumer Goods in Major Years by Region (2018)

单位：万元（10000 yuan）

地 区	Region	社会消费品零售总额 Total Retail Sales of Consumer Goods	城 镇 Urban	城 区 City	乡 村 Rural	餐饮收入 Catering Income	商品零售 Commodity Retail
全 省	**Total**	**121000516**	**101566939**	**65735005**	**19433577**	**15225369**	**105775147**
合 肥 市	Hefei	29767420	28932013	23123976	835406	3370189	26397231
淮 北 市	Huaibei	3244805	2567690	2062685	677115	154085	3090720
亳 州 市	Bozhou	5900454	4402034	1443867	1498420	714399	5186055
宿 州 市	Suzhou	5543424	4553809	1595734	989614	546424	4997000
蚌 埠 市	Bengbu	8234556	7559100	5575181	675456	1019795	7214761
阜 阳 市	Fuyang	9621987	7428020	3862400	2193967	1476846	8145141
淮 南 市	Huainan	6090160	4456209	2974484	1633952	927838	5162322
滁 州 市	Chuzhou	6390567	5360923	2468003	1029644	904032	5486535
六 安 市	Luan	6684739	3612565	2274108	3072175	812399	5872340
马鞍山市	Maanshan	5899493	5383752	3160037	515741	768644	5130849
芜 湖 市	Wuhu	10282625	9290864	6940222	991761	1152700	9129925
宣 城 市	Xuancheng	5212329	3310126	1303531	1902203	555845	4656484
铜 陵 市	Tongling	3649675	3126935	2441375	522741	765645	2884030
池 州 市	Chizhou	2555016	1961143	1290751	593873	384193	2170822
安 庆 市	Anqing	8148861	6470196	3474495	1678665	906279	7242582
黄 山 市	Huangshan	3774406	3151561	1744157	622845	766055	3008351

16—22 各县（市）社会消费品零售总额（2018年）
Total Retailsale of Consumer Goods in Major Years by County or City (2018)

单位：万元（10000 yuan）

县（市）	County or City	社会消费品零售总额 Total Retail Sales of Consumer Goods	城镇 Urban	乡村 Rural	餐饮收入 Catering Income	商品零售 Commodity Retail
合肥市辖区	Hefei Region of City	23435222	23375492	59731	2328379	21106844
巢湖市	Chaohu	1152118	1005561	146557	291275	860843
长丰县	Changfeng	1454504	1239379	215125	221191	1233313
肥东县	Feidong	1328716	1164715	164001	184157	1144559
肥西县	Feixi	1226760	1091459	135301	138751	1088008
庐江县	Lujiang	1170100	1055408	114691	206436	963664
淮北市辖区	Huaibei Region of City	2258181	1641985	616197	102745	2155436
濉溪县	Suixi	986624	925706	60918	51340	935283
亳州市辖区	Bozhou Region of City	2222750	2109705	113045	234560	1988190
涡阳县	Guoyang	1270744	803903	466841	166720	1104024
蒙城县	Mengcheng	1307125	743178	563947	159142	1147983
利辛县	Lixin	1099835	745248	354587	153977	945858
宿州市辖区	Suzhou Region of City	2598147	2212679	385467	31761	2566385
砀山县	Dangshan	658245	525707	132538	174719	483526
萧县	Xiaoxian	1111543	886533	225010	179975	931569
灵璧县	Lingbi	647727	519283	128444	102333	545394
泗县	Sixian	527761	409607	118155	57636	470126
蚌埠市辖区	Bengbu Region of City	5052022	5040004	12018	700405	4351617
怀远县	Huaiyuan	1541173	1181268	359905	120670	1420503
五河县	Wuhe	900441	654082	246359	80340	820101
固镇县	Guzhen	740920	683747	57174	118379	622541
阜阳市辖区	Fuyang Region of City	3964061	3071417	892644	599868	3364193
界首市	Jieshou	713528	549417	164111	110597	602931
临泉县	Linquan	1125679	866773	258906	174480	951198
太和县	Taihe	1894619	1458857	435762	293666	1600953
阜南县	Funan	941857	725230	216627	145988	795869
颍上县	Yingshang	982243	756327	225916	152248	829995
淮南市辖区	Huainan Region of City	4234936	3199185	1035752	528120	3706816
凤台县	Fengtai	822218	616664	205554	213777	608441
寿县	Shouxian	1033006	640360	392646	185941	847065
滁州市辖区	Chuzhou Region of City	1604573	1581376	23197	119824	1484749
天长市	Tianchang	1003103	846294	156809	131118	871985
明光市	Mingguang	819842	689424	130419	164522	655321
来安县	Laian	735185	542432	192752	142381	592804
全椒县	Quanjiao	725112	588296	136816	112152	612960
定远县	Dingyuan	724480	639817	84662	68201	656279
凤阳县	Fengyang	778273	473284	304989	165834	612438

16—22 续表 continued

单位：万元（10000 yuan）

县（市）	County or City	社会消费品零售总额 Total Retail Sales of Consumer Goods	城镇 Urban	乡村 Rural	餐饮收入 Catering Income	商品零售 Commodity Retail
六安市辖区	Luan Region of City	3304945	1509307	1795638	334590	2970355
霍邱县	Huoqiu	1145870	818468	327401	246392	899478
舒城县	Shucheng	969181	550349	418833	86413	882768
金寨县	Jinzhai	806355	422345	384010	97321	709034
霍山县	Huoshan	458389	312096	146293	47683	410706
马鞍山市辖区	Maanshan Region of City	3583103	3452270	130833	454308	3128795
当涂县	Dangtu	975952	829771	146181	136408	839544
含山县	Hanshan	580165	457690	122475	76239	503926
和县	Hexian	760273	644021	116252	101689	658584
芜湖市辖区	Wuhu Region of City	6950767	6940222	10545	641691	6309076
芜湖县	Wuhu	665235	433067	232168	88261	576974
繁昌县	Fanchang	574155	391063	183092	128798	445356
南陵县	Nanling	797226	480843	316383	96627	700599
无为县	Wuwei	1295242	1045669	249573	197323	1097919
宣城市辖区	Xuancheng Region of City	1801011	827034	973977	124894	1676117
宁国市	Ningguo	1106450	771503	334947	76345	1030105
郎溪县	Langxi	433285	321834	111451	90334	342951
广德县	Guangde	808789	574062	234727	97055	711734
泾县	Jingxian	424763	292491	132272	82617	342146
绩溪县	Jixi	375596	296721	78875	52583	323013
旌德县	Jingde	262435	226481	35954	32017	230418
铜陵市辖区	Tongling Region of City	2785368	2737997	47371	683536	2101832
枞阳县	Zongyang	864308	388938	475370	82109	782199
池州市辖区	Chizhou Region of City	1413917	1286810	127107	212560	1201357
东至县	Dongzhi	512361	283498	228863	66385	445976
石台县	Shitai	150926	87166	63760	25474	125453
青阳县	Qingyang	477811	303669	174142	79775	398036
安庆市辖区	Anqing Region of City	3488031	3256128	231904	436150	3051881
桐城市	Tongcheng	1056793	917659	139134	87320	969474
潜山市	Qianshan	720274	569017	151258	106166	614109
怀宁县	Huaining	904376	372906	531471	112290	792087
太湖县	Taihu	529154	238119	291035	27845	501308
宿松县	Susong	686077	604222	81855	77381	608696
望江县	Wangjiang	462653	343272	119381	29432	433221
岳西县	Yuexi	301503	168874	132629	29696	271807
黄山市辖区	Huangshan Region of City	2125903	1929965	195938	453583	1672319
歙县	Shexian	780740	556561	224179	140148	640593
休宁县	Xiuning	435541	345762	89780	64741	370800
黟县	Yixian	140353	105437	34916	41636	98717
祁门县	Qimen	291869	213837	78032	65947	225922

主要统计指标解释

批发业

指批发商向批发、零售单位及其他企事业、机关单位批量销售生活用品和生产资料的活动，以及从事进出口贸易和贸易经纪与代理的活动。批发商可以对所批发的货物拥有所有权，并以本单位、公司的名义进行交易活动；也可以不拥有货物的所有权，而以中介身份做代理销售商。还包括各类商品批发市场中固定摊位的批发活动。

零售业

指百货商店、超级市场、专门零售商店、品牌专卖店、售货摊等主要面向最终消费者（如居民等）的销售活动。包括以互联网、邮政、电话、售货机等方式的销售活动，还包括在同一地点，后面加工生产，前面销售的店铺（如前店后厂的面包房）。不包括：谷物、种子、饲料、牲畜、矿产品、生产用原料、化工原料、农用化工产品、机械设备（乘用车、计算机及通信设备等除外）等生产资料的销售(列入批发业)；非零售单位附带的零售活动，如汽车修理单位销售汽车零件（列入单位主业所对应的行业类别中)；商业零售单位所在商厦的物业管理（列入物业管理）；商业零售单位所在的商品市场、商业大厦的市场管理活动（列入市场管理）。

批发和零售业商品购进、销售、库存额

指各种登记注册类型的批发和零售业企业(单位)以本企业(单位)为总体的，从国内、国外市场购进的商品总量，销售和出口的商品总量，库存的商品总量等情况。该指标可以反映商品流转过程中商品的购进、销售、库存之间的比例关系和存在的问题。

商品购进额

指从本企业以外的单位和个人购进（包括从国外直接进口）作为转卖或加工后转卖的商品金额（含增值税）。商品购进包括：（1）从工农业生产者、批发和零售业企业、住宿和餐饮业企业、出版社或报社的出版发行部门和其他服务业企业购进的商品；（2）从机关团体、事业单位购进的商品；（3）从海关、市场管理部门购进的缉私和没收的商品；（4）从居民收购的废旧商品等。不包括：（1）企业为本单位自身经营用，不是作为转卖而购进的商品，如材料物资、包装物、低值易耗品、办公用品等；（2）未通过买卖行为而收入的商品，如接受其他部门移交的商品、借入的商品、收入代其他单位保管的商品、其他单位赠送的样品、加工回收的成品等；（3）经本单位介绍，由买卖双方直接结算，本单位只收取手续费的业务；（4）销售退回和买方拒付货款的商品；（5）商品溢余。

商品销售额

指对本单位以外的单位和个人出售的商品金额（包括售给本单位消费用的商品，含增值税）。商品销售包括（1）售给城乡居民和社会集团消费用的商品；（2）售给农业、工业、建筑业、运输邮电业、服务业、公用事业等国民经济各行业用于生产、经营用的商品，包括售予批发和零售业作为转卖或加工后转卖的商品；（3）对国（境）外直接出口的商品。不包括：（1）未通过买卖行为付出的商品，如随机构变动移交给其他企业单位的商品、借出的商品、归还受其他单位委托代保管的商品、付出的加工原料和赠送给其他单位的样品等；（2）经本单位介绍，由买卖双方直接结算，本单位只收取手续费的业务；（3）购货退回的商品；（4）商品损耗和损失；（5）出售本单位自用的废旧物资。

商品库存额

指报告期末各种登记注册类型的批发和零售业企业(单位)已取得所有权的商品。它反映批发和零售业企业(单位)的商品库存情况和对市场商品供应的保证程度。商品库存包括：(1)存放在批发和零售业经营单位(如门市部、批发站、采购站、经营处)的仓库、货场、货柜和货架中的商品；(2)挑选、整理、包装中的商品；(3)已记入购进而尚未运到本单位的商品，即发货单或银行承兑凭证已到而货未到的商品；(4)寄放他处的商品，如因购货方拒绝付款而暂时存在购货方的商品；(5)委托其他单位代销(未作销售或调出)尚未售出的商品；(6)代其他单位购进尚未交付的商品。不包括：所有权不属于本单位的商品；委托外单位加工的商品；外贸企业代理其他单位从国外进口尚未付给订货单位的商品；代国家物资储备部门保管的商品等。

连锁总店（总部）

指负责连锁企业资源（商号、商誉、经营模式、服务标准、管理模式等等）的开发、配置、控制或使用等功能的企业核心管理机构。连锁经营是指经营同类商品或服务，使用统一商号的若干店铺，在同一总店（总部）的管理下，采取统一采购或特许经营等方式，实现规模效益的组织形式，包括直营连锁、特许连锁和自愿连锁三种形式。其中，直营连

锁是指连锁店铺由连锁公司全资或控股开设，在总部的直接控制下，开展统一经营的连锁经营形式；特许连锁是指拥有注册商标、企业标志、专利、专有技术等经营资源的企业（特许人），以合同形式将其拥有的经营资源许可其他经营者（被特许人）使用，被特许人按合同约定在统一的经营模式下开展经营，并向特许人支付特许经营费用的连锁经营形式；自愿连锁是指若干个店铺或企业自愿组合起来，在不改变各自资产所有权关系的情况下，以同一个品牌形象面对消费者，以共同进货为纽带开展的连锁经营形式。

亿元以上商品交易市场

指年成交额在亿元及以上的商品交易市场。商品交易市场是指经有关部门和组织批准设立，有固定场所、设施，有经营管理部门和监管人员，若干市场经营者入内，常年或实际开业三个月以上，集中、公开、独立地进行生活消费品、生产资料等现货商品交易以及提供相关服务的交易场所，包括各类消费品市场、生产资料市场等。

社会消费品零售总额

指企业（单位、个体户）通过交易直接售给个人、社会集团非生产、非经营用的实物商品金额，以及提供餐饮服务所取得的收入金额。个人包括城乡居民和入境人员，社会集团包括机关、社会团体、部队、学校、企事业单位、居委会或村委会等。

Explanatory Notes for Major Statistical Indicators

Wholesale Trade

refers to the activities of wholesaler selling at wholesale commodities for daily use and capital goods to enterprises of wholesale and retail trades and other enterprises, institutions and government offices, including the activities of wholesaler engaged in import and export and acting as a trade agent. The wholesaler may have the right of ownership over the commodities of wholesale and trade in the name of its own's or a company, the wholesaler may not have the right of ownership, only acts an agent. The wholesale trade also include the activities of wholesaler at the fixed stalls of the wholesale market of different commodities.

Retail Trade

refers to the activities of department store, supermarket, franchised store, brand store, retail stall and on-the-spot-making-selling store selling commodities to the final consumers (citizens) by any means including internet, post, telephone, sales machine. Retail trade excludes the activities of sales of capital goods such a grain, seed, feed, livestock, mineral products, raw material for production, industrial chemicals, chemical products for farm, machine and equipment (vehicle, computer and communication equipment), and the activities of supplementary sales of non-retailer such as the sales of spare parts of car repair business (listed as branch in correspondence with principle business), property management of buildings of retail units (listed as property management); market management of commercial markets and buildings of retail units (listed as market management) .

Purchase, Sales and Stock of Commodities by Wholesale and Retail Trades

refer to the total volume of commodities purchased, total volume of sales and exports, and the stock of commodities by wholesale and retail enterprises (establishments) of different status of registration from domestic and overseas markets. This indicator reflects the relationship among purchase, sales and stock of commodities in the circulation of goods and reveals the existing problems.

Total Purchases of Commodities

refer to the total value of purchases of commodities by enterprises (establishments) from other establishments or individuals (including direct import from abroad) for the purpose of re-selling, either with or without further processing of the commodities purchased. The commodities include: (1) commodities purchased from agricultural and industrial producer, wholesaler, retailer, publishing house and other service business; (2) commodities purchased from institutions and government departments; (3) confiscated goods purchased from the customs authorities or market management agencies; (4) second-hand goods and wastes purchased from residents; The commodities exclude 1. commodities purchased by enterprises (establishments) for use in their own business operation, commodities obtained without buying or selling procedures such as materials, consumable goods of low value, office appliance, etc. 2. received goods without trading, such as goods handed over from others, borrowed goods, preserved goods for others, donated goods from others, processed and retrieved goods, etc. 3. goods of direct settlement between buyer and seller with handling fees introduced by others, 4. goods returned or refused to pay by the buyer, 5. excessive goods.

Total Sales of Commodities

refer to value of commodities sold by the establishments to other establishments and individuals (including goods sold for self consumption, including the value-added tax). The commodities include: (1) commodities sold to urban and rural residents and social groups for their consumption; (2) commodities sold to establishments in all industries for their production and operation, including agriculture, industry, construction, transportation, post and telecommunications, catering services, and public utility including commodities sold to wholesale and retail establishments for re-selling, with or without further processing; and (3) commodities for direct export to abroad. Excluded are (1) extended commodities without trading, such as goods handed over to other enterprises and institutions because of the change of organizations, lent goods, returned goods preserved for others, extended processing materials and samples donated to others, (2) goods of direct settlement between buyer and seller with handling fees introduced by others, 3. goods returned after purchase, (4) damaged and spoiled goods, (5) waste and used goods of self use,

Total Stock of Commodities

refers to total commodities possessed by wholesaler and retailer of various types of registration status at the end of the reference period, reflecting the commodity stock level of various wholesaler and retailer and the potential for market supply. It includes: (1) commodities located in storage, garages, counters, and shelves of operating places of wholesale and retail trades (such as sale stores, wholesale centres, procurement stations and operating offices); (2) commodities in the process of being selected, sorted, and packed; (3) commodities not arrived but recorded as purchase in the account, i.e. commodities not arrived but payment receipts for the commodities from the sellers or the banks arrived; (4) commodities deposited in other places rather than places mentioned above, for instance: commodities in the hold of purchasers temporarily due to the refusal of payment; (5) commodities entrusted to other units to sell but not sold yet; (6) commodities purchased for other units but not delivered yet. Commodities not included as stock are those not owned by the enterprises (units), commodities on commission for processing, imported commodities of agency of foreign trade enterprise but not yet delivered to ordering units and finally those put in stock on behalf of the state material reserves units.

Chain Head Stores (headquarter)

refer to the core leading stores responsible for development, allocation, administration and utilization of resources (name of stores, brand of stores, operation model, service standard, management way, etc.) of chain stores. Chain stores refers to the stores engaged in providing homogeneous commodities or services, with the central leadership of head store (headquarters) and guided by common policies, conduct centralized purchase and distributed selling of commodities, in order to gain better efficiency through standardized operation. The chain stores include regular chain stores, franchise chain stores and voluntary chain stores. Regular Chain store refers to chain stores that are invested or controlled by the headquarters. They operate under direct and unified management from the headquarters. Franchise chain store refers to the chain stores (franchisees) which are franchised with operation resources such as trade marks, names, patent and operation know-how by the franchisors in form of contract and pay the operation fees to the franchisors. Voluntary chain store refers to the stores operate jointly on the voluntary bases while maintaining their status of independent legal entities with full ownership of their assets. They sell goods of same brand from same channel of resource to the consumers.

Large Commodity Markets with Transaction Value over 100 Million Yuan

refers to the commodity markets with an annual transaction at and above 100 million. The commodity market refers to the markets approved and managed by related departments, where there are fixed sites, facilities, managers and administration offices, where there are a certain number of traders to operate for three month and above or all the year, where the commodities including the articles for daily consumption and capital goods and services are traded in a centralized, independent and open way. Such market includes markets of daily goods and market of capital goods, etc.

Total Retail Sales of Consumer Goods

refer to the amount obtained by enterprises (units, self-employed individuals) through direct sales of non-production and non-business physical commodity to individuals, social institutions, and revenue from providing catering services. Individuals include rural and urban households, population from abroad, social institutions include government agencies, social organizations, military units, schools, institutions, neighbourhood (village) committees.

第十七篇

Chapter 17

FOREIGN TRADE AND ECONOMIC COOPERATION

简要说明

一、我省进出口贸易的规模、进出口商品结构、贸易伙伴国的进出口总额以及三资企业的进出口变化情况，根据合肥海关资料加工整理。

二、利用外资资料来源于省商务厅，根据国家商务部和国家统计局共同制订的《利用外资统计制度》加工、整理而成。

三、外商投资企业注册登记情况。资料来源于省工商行政管理局，根据国家工商行政管理局制订的《工商行政管理系统统计报表制度》进行统计、加工、整理而得。凡以工商行政管理机关核准注册，在我省的中外合资经营企业、中外合作经营企业、外商独资企业、中外股份公司、在华从事经营活动的外国及港澳台地区企业及外国公司在我省境内设立的分支机构均列入统计范围。

四、对外承包工程和劳务合作的发展状况。资料来源于省商务厅，根据国家商务部与国家统计局共同制订的《对外承包工程和劳务合作统计制度》通过全面调查方法进行加工、整理而得。

Brief Introduction

I. Data on scale of import and export, commodity structure, total volume of import and export to trade partner and change in import and export of joint, cooperative or exclusively foreign-funded ventures are collected in accordance with the data provided by the Hefei Customs.

II. Data on overall situation of the utilization of foreign capital in Anhui come from the Provincial Department of Commerce and are tabulated in accordance with the "Statistical Scheme on the Utilization of Foreign Capital" designed by the Ministry of Commerce and Economic Cooperation and the National Bureau of Statistics.

III. Data on the registration of the foreign-funded enterprises in various regions come from the Provincial Administration for Industry and Commerce and are tabulated in accordance with the "Statistical Reporting Scheme in the Administrative System of Administration for Industry and Commerce" stipulated by the State Administration for Industry and Commerce. The statistical coverage includes all the Sino-foreign joint ventures, Sino-foreign cooperative enterprises, ventures exclusively with foreign investment, Sino-foreign shareholding companies, foreign enterprises and enterprises of Hong Kong, Macao and Taiwan engaged in commercial activities and the branch offices of the foreign companies, which have been approved by and registered at the Administration for Industry and Commerce to set up in boundary of Anhui Province.

IV. Data on development of the contracted projects, labor services cooperation and design and consultation service with foreign countries come from the Provincial Department of Commerce and are collected with the method of complete enumeration and are tabulated in accordance with the "Statistical Reporting Scheme on the Contracted Projects and Labor Services Cooperation with Foreign Countries" jointly stipulated by the Ministry of Commerce and Economic Cooperation and the National Bureau of Statistics.

17—1 对外经济贸易基本情况
Foreign Trade and Economic Cooperation

单位：万美元（USD 10000）

指标	Item	2005	2010	2015	2017	2018
进出口总额	**Total Imports and Exports**	**911971**	**2427677**	**4880808**	**5363607**	**6297422**
出口总额	Total Exports	519038	1241288	3311424	3048164	3620916
初级产品	Primary Products	37045	78229	182463	197567	222291
工业制成品	Industrial Manufactured Goods	481993	1163059	3128960	2850597	3398625
进口总额	Total Imports	392933	1186388	1569384	2315443	2676506
初级产品	Primary Products	208280	629398	797477	1100379	1282841
工业制成品	Industrial Manufactured Goods	184653	556991	771907	1215064	1393665
进出口差额	Import and Export Balance	+126105	+54900	+1742040	+732721	+944410
利用外商直接投资	**Foreign Direct Investment Utilization**					
新批项目（个）	The New Projects (unit)	421	281	289	338	379
合同外资额	The Contract Amount of Foreign Investment	155358	216462	393800	905549	607542
实际利用外商直接投资额	The Actual Use of Foreign Direct Investment	68845	501446	1361945	1589652	1700160
外商投资企业基本情况	**The Basic Situation of Enterprises With Foreign Investment**					
年底登记户数（户）	At The End of The Registration Number (household)	2165	2546	5063	6135	6611
投资总额	The Total Amount of Investment	1548601	3032426	10648647	8664121	11298422
注册资本	Registered Capital	890476	1734905	3091647	4890363	5948884
#外　方	Foreign	593280	1293032	2234387	3522679	4343816
对外承包工程和劳务合作	**Foreign Contracted Projects and Labor Service Cooperation**					
对外承包工程新签合同额	Newly Signed Contract of Foreign Contracted Projects	36396	151147	307024	525243	505342
对外承包工程完成营业额	Foreign Contracted Projects Completed Turnover	12585	192746	269258	345443	301379
劳务人员实际收入总额	Labor Income Amount			11118	10059	7409
外派劳务人数（人）	Expatriate Population (person)	5756	12631	10500	11574	9539
年末在外劳务人员（人）	At the end of the Year in Foreign Labor Service Personnel (person)	11042	20236	23691	20027	19675
对外投资	**Foreign Investment**					
新批境外企业（机构）数（家）	A new Batch of Overseas Enterprises (Institutions) Number (home)	15	44	133	75	99
协议对外投资额	Agreement of Foreign Investment	704	112504	318197	106033	134079
实际对外投资额	The Actual Amount of Foreign Investment	1841	80966	96846	92712	145014

注：2013年以后外商投资企业年底登记户数含外商投资企业分支机构。

a) By the end of 2013 registration number of enterprises with foreign investment include branches of enterprises.

17—2 海关出口商品分类金额
Value of Exports by Category of Commodities (Customs Statistics)

单位：万美元（USD 10000）

指　　标	Item	2005	2010	2015	2017	2018
总　额	**Total**	**519038**	**1241288**	**3311424**	**3048164**	**3620916**
初级产品	Primary Goods	37045	78229	182463	197567	222291
食品及主要供食用的活动物	Food and Live Animals Used Chiefly for Food	22603	47659	90668	89505	93838
饮料及烟类	Beverages and Tobacco	17	129	217	498	1125
非食品原料	Non-edible Raw Materials	14288	29947	36791	33995	42625
矿物燃料、润滑油及有关原料	Mineral Fuels, Lubricants and Related Materials	16	65	403	3309	4732
动、植物油脂及腊	Animal and Vegetable Oils, Fats and Wax	121	428	54384	70260	79971
工业制成品	Manufactured Goods	481993	1163059	3128960	2850597	3398625
化学品及有关产品	Chemicals and Related Products	60227	148644	217230	231023	279812
轻纺产品、橡胶制品、矿冶产品及其制品	Light and Textile Industrial Products, Rubber Products, Minerals Metallurgical Products	205767	281446	906051	696174	767512
机械及运输设备	Machinery and Transport Equipment	142220	421797	1210348	1348884	1750275
杂项制品	Miscellaneous Products	72718	310905	644557	406989	429663
未分类的商品	Goods not Classified	1061	267	150774	167526	171363

17—3 海关进口商品分类金额
Value of Imports by Category of Commodities (Customs Statistics)

单位：万美元（USD 10000）

指　　标	Item	2005	2010	2015	2017	2018
总　额	**Total**	**392933**	**1186388**	**1569384**	**2315443**	**2676506**
初级产品	Primary Goods	208280	629398	797477	1100379	1282841
食品及主要供食用的活动物	Food and Live Animals Used Chiefly for Food	8113	27272	107868	176305	214324
饮料及烟类	Beverages and Tobacco	4	110	596	1819	3631
非食品原料	Non-edible Raw Materials	189954	568818	643688	825991	959464
矿物燃料、润滑油及有关原料	Mineral Fuels, Lubricants and Related Materials	8101	26226	28190	59729	74781
动、植物油脂及腊	Animal and Vegetable Oils, Fats and Wax	2108	6971	17136	36535	30642
工业制成品	Manufactured Goods	184653	556991	771907	1215064	1393665
化学品及有关产品	Chemicals and Related Products	30386	60091	110446	110000	140046
轻纺产品、橡胶制品、矿冶产品及其制品	Light and Textile Industrial Products, Rubber Products, Minerals Metallurgical Products	42157	85325	174572	213771	197901
机械及运输设备	Machinery and Transport Equipment	102515	367495	224899	561380	638982
杂项制品	Miscellaneous Products	9595	43856	100118	163466	195235
未分类的商品	Goods not Classified		224	161872	166447	221501

17—4 海关进出口商品分类金额

Value of Imports and Exports by Category of Commodities (Customs Statistics)

单位：万美元（USD 10000）

品 名	Item	2017		2018	
		出 口 Exports	进 口 Imports	出 口 Exports	进 口 Imports
总 值	**Total**	**3048164**	**2315443**	**3620916**	**2676506**
初级产品	**Primary Goods**	**197567**	**1100379**	**222291**	**1282841**
食品及活动物	Food and Live Animals	89505	176305	93838	214324
活动物	Live Animals	412		467	
肉及肉制品	Meat and Related Products	181	58137	149	92734
乳品及蛋品	Dairy Products and Eggs	70	13197	99	19146
鱼、甲壳及软体类动物及其制品	Fish, Shellfish and Mollusks and Related Products	5278	751	7157	1365
谷物及其制品	Cereals and Related Products	8818	20998	11174	24033
蔬菜及水果	Vegetables and Fruits	22743	22705	22578	23496
糖、糖制品及蜂蜜	Sugar, Sugar Products and Honey	9403	722	10047	1120
咖啡、茶、可可、调味料及其制品	Coffee, Tea, Coco, Spices and Related Products	25894	1487	27093	2755
饲料（不包括未碾磨谷物）	Feed (excluding unbranded cereal)	1558	12513	1485	15787
杂项食品	Miscellaneous Food	15148	45793	13588	33887
饮料及烟类	Beverages and Tobacco	498	1819	1125	3631
饮 料	Beverages	134	1819	220	3631
烟草及其制品	Tobacco and Its Products	364		905	
非食用原料（燃料除外）	Inedible Material (excluding fuel)	33995	825991	42625	959464
生皮及生毛皮	Raw Hides and Raw Furs	52	817	46	632
油籽及含油果实	Oil Seeds and Fruits Containing Oil	3694	21830	4663	35800
生橡胶（包括合成橡胶及再生橡胶）	Raw Rubber (including synthetic rubber and reclaimed rubber)	707	22761	635	19786
软木及木材	Cork and Timber	238	10202	255	9450
纸浆及废纸	Paper Pulp and Waste Paper	2138	68359	2493	64076
纺织纤维（羊毛条除外）及其原料	Textile Fibers (excluding wool taps) and Related Waste Material	6696	13162	7918	11455
天然肥料及矿物（煤、石油及宝石除外）	Natural Fertilizer and Mineral (excluding coal, petroleum and precious stone)	1242	4670	1249	7029
金属矿砂及金属废料	Metal Ore and Metal Waste Material	12	678803	41	802984
其他动、植物原料	Other Animal and Plant Material	19216	5387	25324	8252
矿物燃料、润滑油及有关原料	Mineral Fuel, Lubrication Oil and Related Raw Material	3309	59729	4732	74781
煤、焦炭及煤砖	Coal, Coke and Briquette	436	27587	152	43517
石油、石油产品及有关原料	Petroleum, Petroleum Products and Related Material	2811	30584	4539	30823
天然气及人造气	Natural Gas and Person Gas-producing	62	1558	41	441
动植物油、脂及蜡	Animal Fat, Vegetable Oil and Wax	70260	36535	79971	30642
动物油、脂	Animal Fat	165	7977	147	3821
植物油、脂	Vegetable Oil	196	19782	91	20890
已加工的动植物油、脂及动植物蜡	Processed Animal Fat, Vegetable Oil and Wax	774	793	1904	500
其他动植物油、脂及蜡	Other Animal Fat,Vegetable Oil and Wax	69125	7983	77829	5430
工业制品	**Industrial Products**	**2850597**	**1215064**	**3398625**	**1393665**
化学成品及有关产品	Chemical Products and Related Products	231023	110000	279812	140046
有机化学品	Organic Chemical Products	86899	26679	101162	43723
无机化学品	Inorganic Chemical Products	20032	11178	19041	12444

17—4 续表 continued

单位：万美元（USD 10000）

品名	Item	2017 出口 Exports	2017 进口 Imports	2018 出口 Exports	2018 进口 Imports
染料、鞣料及着色料	Dyestuff, Tanning Material and Coloring Material	19921	3701	29876	4687
医药品	Medical and Pharmaceutical Products	24643	1315	27178	2050
精油、香料及盥洗、光洁制品	Essential Oil, Perfume, Sanitary and Surface Finishing Articles	16361	4805	20645	5310
制成废料	Produced Wasted Articles	19186		21942	
初级形状的塑料	Primary Shaped Plastics	19045	50328	26495	55855
非初级形状的塑料	Non-primary Shaped Plastics	16649	8733	20758	11546
其他化学原料及产品	Other Chemical Material and Products	8287	3261	12714	4430
轻纺产品、橡胶制品、矿冶产品及其制品	Textile Products, Rubber Products, Mining and Metallurgical Products	696174	213771	767512	197901
皮革、皮革制品及已鞣毛皮	Leather and Its Products and Tan Hide	25211	107	28495	277
橡胶制品	Rubber Products	42837	22206	47981	20598
软木及木制品（家具除外）	Cork and Wooden Products (excluding furniture)	14501	970	16951	980
纸及纸板、纸浆、纸及纸板制品	Paper, Paperboard, Paper Pulp and Paper Products	33698	4236	40882	8299
纺纱、织物、制成品及有关产品	Spinning, Fabric and Related Products	320569	40240	330575	41853
非金属矿物制品	Nonmetal Mineral Products	48461	34589	52964	35763
钢铁	Iron and Steel	104183	15428	127581	14707
有色金属	Nonferrous Metal	41853	87472	41905	66757
金属制品	Metal Products	64861	8524	80179	8666
机械及运输设备	Machinery and Transportation Equipment	1348884	561380	1750275	638982
动力机械及设备	Dynamic Machinery and Equipment	56416	33918	71756	39860
特种工业专用机械	Special Industrial Machinery	377821	66670	587449	64596
金工机械	Metalworking	11693	63724	15752	29089
通用工业机械设备及零件	General Industrial Machinery Equipment and Accessories	219911	255048	277216	324959
办公用机械及自动数据处理设备	Office Machinery and Automatic Data Processing Equipment	61091	80338	68860	99715
电信和声音的录制及重放装置设备	Telecommunication, Sound Recording and Playing Equipment	87121	5912	125434	5794
电力机械、器具及其电气零件	Electric Machinery, Implements and Spare Parts	322205	48856	375004	64351
陆路车辆（包括气垫式）	Land Route Vehicles (including hover-motor)	198841	6233	210356	8988
其他运输设备	Other Transportation Equipment	13785	682	18446	1629
杂项制品	Miscellaneous Manufactured Articles	406989	163466	429663	195235
活动房屋、卫生水道、供热及照明装置	Prefabricated House, Sanitation, Water Pipe, Heating and Lighting Installation	24809	408	24599	399
家具及其零件、褥垫及类似填充制品	Furniture and Accessories, Mattress, Bedding Articles	67188	137	82984	173
旅行用品、手提包及类似品	Box and Bag, Travel Goods	18971	31	21022	22
服装及衣着附件	Garments, Clothing Accessories	6872	226	9335	454
鞋靴	Footwear	48917	18	46768	28
专业、科学及控制用仪器装置	Professional, Scientific and Dominating Instrument	120672	109301	96838	136314
摄影器材、光学物品及钟表	Photographic Equipment, Optical Goods, Clocks and Watches	5746	29134	10183	29157
杂项制品	Miscellaneous Manufactured Articles	113816	24211	137934	28688
未分类的商品	Goods Not Classified	167526	166447	171363	221501

17—5 安徽省同各国（地区）进出口总额
Anhui's Foreign Trade With Related Countries and Territories

单位：万美元（USD 10000）

国 别（地区）	Country (region)	2017			2018		
		进出口总额 Total	出口总额 Exports	进口总额 Imports	进出口总额 Total	出口总额 Exports	进口总额 Imports
合 计	**Total**	**5363607**	**3048164**	**2315443**	**6297422**	**3620916**	**2676506**
亚 洲	**Asia**	**2352739**	**1326346**	**1026393**	**2562248**	**1414321**	**1147926**
阿富汗	Afghanistan	444	444		822	674	148
巴 林	Bahrain	1957	1951	6	2325	2325	
孟加拉国	Bangladesh	26602	25912	689	29013	28578	435
文 莱	Brunei	2878	2878		11185	11185	
缅 甸	Myanmar	9766	9748	19	12231	12129	102
柬埔寨	Cambodia	12763	12499	264	9268	8507	762
朝 鲜	Democratic People's Republic of Korea	5999	5999	1	246	235	12
香 港	Hong Kong	158064	151137	6927	179478	168786	10692
印 度	India	180165	153019	27145	198069	160255	37815
印度尼西亚	Indonesia	86616	47523	39094	96877	54417	42460
伊 朗	Iran	108455	102654	5801	93211	90504	2707
伊拉克	Iraq	17073	17073		20708	20708	
以色列	Israel	19067	14301	4766	20879	15690	5189
日 本	Japan	446329	145084	301246	495879	177810	318069
约 旦	Jordan	3130	3130		4082	4055	26
科威特	Kuwait	8806	8705	101	9742	9231	511
老 挝	Laos	12552	1376	11176	11048	1092	9956
黎巴嫩	Lebanon	3266	3266		3393	3383	10
澳 门	Macao	832	832		1647	1646	
马来西亚	Malaysia	125641	53415	72226	123423	52409	71014
马尔代夫	Maldives	202	202		208	208	
蒙 古	Mongolia	1454	1454		2198	2157	41
尼泊尔	Nepal	331	331		868	868	
阿 曼	Oman	8840	6195	2645	6850	6645	205
巴基斯坦	Pakistan	45258	32231	13027	45389	34594	10795
巴勒斯坦	Palestine	173	173		199	199	
菲律宾	The Philippines	49519	30089	19431	67082	42353	24728
卡塔尔	Qatar	4661	2693	1967	5879	4123	1756
沙特阿拉伯	Saudi Arabia	37364	29338	8027	39965	29323	10642
新加坡	Singapore	57137	30891	26246	67799	40357	27442
韩 国	Republic of Korea	277268	101201	176067	309629	96718	212911
斯里兰卡	Sri Lanka	6133	5102	1031	6310	5467	843
叙利亚	Syria	1408	1408		1934	1934	
泰 国	Thailand	79686	44886	34800	86108	52061	34048
土耳其	Turkey	47685	38274	9411	43377	37450	5928
阿联酋	United Arab Emirates	43508	39685	3823	40801	37484	3317
也门共和国	Arab Republic of Yemen	2668	2668		2955	2955	
越 南	Viet Nam	158616	139786	18830	140574	120019	20555
台 湾	Taiwan	217427	45613	171814	257650	54126	203525
东帝汶	East Timor	135	135				
哈萨克斯坦	Kazakhstan	4261	4244	18	8197	8197	
吉尔吉斯坦	Kirghiz Tanzania	2641	1706	935	6397	5529	868

17—5 续表1 continued

单位：万美元（USD 10000）

国 别（地区）	Country (region)	2017 进出口总额 Total	2017 出口总额 Exports	2017 进口总额 Imports	2018 进出口总额 Total	2018 出口总额 Exports	2018 进口总额 Imports
塔吉克斯坦	Tajikistan	365	338	27	563	465	98
土库曼斯坦	Turkmenistan	796	626	170	554	366	188
乌兹别克斯坦	Uzbekistan	6489	5658	832	8272	7011	1261
亚洲其他	Other of Asia	67741		67741	88964	93	88867
非 洲	**Africa**	**253548**	**175590**	**77958**	**302017**	**211101**	**90916**
阿尔及利亚	Algeria	18626	18614	13	21709	21673	36
安哥拉	Angola	8864	8864		5412	5378	34
贝 宁	Benin	5697	5697		3083	3033	50
博茨瓦那	Botswana	162	162		208	208	
布隆迪	Burundi	8	8		123	122	1
喀麦隆	Cameroon	1827	1827		2976	2976	
佛得角	Cape Verde	136	136		322	322	
中 非	Central Africa	9	9				
乍 得	Chad	69	28	42	339	55	283
科摩罗	Comoros	36	36				
刚 果	The Congo	443	443		317	317	
吉布提	Djibouti	1506	1506		1945	1945	
埃 及	Egypt	20911	20441	470	33531	33287	244
赤道几内亚	Equatorial Guinea	32	32				
埃塞俄比亚	Ethiopia	14913	9381	5532	9603	3937	5666
加 蓬	Gabon	414	326	88	403	332	71
冈比亚	Gambia	412	412		521	498	23
加 纳	Ghana	15334	15178	155	16069	15600	469
几内亚	Guinea	3352	3352		3862	3862	
几内亚比绍	Guineabissau	1	1				
科科迪瓦	Cote D'ivoire	3741	3690	51	4913	4913	
肯尼亚	Kenya	6348	3461	2887	7896	5262	2634
利比里亚	Liberia	346	346		277	277	
利比亚	Libya	1453	1453		1688	1688	
马达加斯加	Madagascar	1192	1183	9	1351	1341	10
马拉维	Malawi	221	210	11	223	161	61
马 里	Mali	922	270	652	798	538	261
毛里塔尼亚	Mauritania	1312	1312		2999	1818	1181
毛里求斯	Mauritius	1127	1127		1248	1248	
摩洛哥	Morocco	7988	6459	1529	9215	8718	497
莫桑比克	Mozambique	3605	2598	1007	6786	4121	2664
纳米比亚	Namibia	756	756		721	721	
尼日尔	Niger	3108	212	2896	6194	239	5956
尼日利亚	Nigeria	18452	17077	1375	26953	24937	2016
留尼汪	Reunion	204	204		195	195	
卢旺达	Rwanda	71	71		202	202	
圣多和普林	St and More Spring	2	2				
塞内加尔	Senegal	4618	4523	95	4641	4542	99
塞舌尔	Seychelles	53	53		207	207	
塞拉利昂	Sierra Leone	566	563	3	764	764	

17—5 续表2 continued

单位：万美元（USD 10000）

国　别（地区）	Country (region)	2017 进出口总额 Total	2017 出口总额 Exports	2017 进口总额 Imports	2018 进出口总额 Total	2018 出口总额 Exports	2018 进口总额 Imports
索马里	Somali	377	377		478	478	
南　非	South Africa	42848	24705	18142	48868	29474	19393
苏　丹	Sudan	10577	2186	8391	16329	1727	14603
坦桑尼亚	Tanzania	7528	3934	3595	8170	5579	2591
多　哥	Togo	4990	4073	918	11377	6236	5142
突尼斯	Tunisia	3322	3318	4	4609	4596	12
乌干达	Uganda	1008	839	169	1637	1500	136
布基纳法索	Burkina Faso	184	184		446	446	
扎伊尔	Zaire	8091	1693	6398	10783	3290	7493
赞比亚	Zambia	23716	1574	22142	19155	1244	17912
津巴布韦	Zimbabwe	704	491	213	2053	675	1378
莱索托	Lesotho	5	5				
斯威士兰	Swaziland	119	119				
厄立特里亚	Eritrea	1180	9	1171	138	138	
马约特岛	Mayuete Island	36	36				
南苏丹共和国	Republic of South Sudan	18	18				
非洲其他	Other of Africa	6	6		280	281	
欧　洲	**Europe**	**848099**	**597048**	**251052**	**1007569**	**723070**	**284499**
比利时	Belgium	27268	18352	8915	28072	22339	5732
丹　麦	Denmark	13174	12406	768	19989	17187	2803
英　国	United Kingdom	88836	76785	12051	103047	89008	14039
德　国	Germany	179382	89643	89739	189993	105459	84534
法　国	France	64614	51873	12741	76866	64035	12832
爱尔兰	Ireland	6868	3834	3034	5784	4264	1520
意大利	Italy	63728	46700	17028	68082	55667	12415
卢森堡	Luxembourg	770	359	411	693	42	652
荷　兰	Netherlands	81315	62693	18622	123052	78157	44896
希　腊	Greece	9451	7235	2216	9832	8976	857
葡萄牙	Portugal	6059	4989	1070	8028	6449	1578
西班牙	Spain	61242	41237	20004	77211	54283	22928
塞浦路斯	Cyprus	568	474	94	577	564	13
阿尔巴尼亚	Albania	542	420	122	496	459	37
安道尔	Andorra	7	7				
奥地利	Austria	18487	6390	12097	22853	8804	14049
保加利亚	Bulgariy	2084	1820	264	4487	3219	1268
芬　兰	Finland	10408	6565	3843	14045	9850	4196
匈牙利	Hungary	5936	4228	1708	7790	5878	1913
冰　岛	Iceland	440	435	5	466	447	19
列支敦士登	Principality of Liechtenstein	40	20	20			
马耳他	Malta	482	440	42	388	308	80
摩纳哥	Monaco	4	4				
挪　威	Norway	4967	4316	651	7151	6255	896
波　兰	Poland	37085	34687	2399	44636	40644	3991
罗马尼亚	Romania	9219	6734	2486	9845	8879	966
瑞　典	Sweden	15343	11237	4105	29287	17075	12212
瑞　士	Switzerland	8258	4769	3490	13461	8379	5082

17—5 续表3 continued

单位：万美元（USD 10000）

国 别（地区）	Country (region)	2017			20178		
		进出口总额 Total	出口总额 Exports	进口总额 Imports	进出口总额 Total	出口总额 Exports	进口总额 Imports
爱沙尼亚	Estonia	2378	2364	15	3701	3216	485
拉脱维亚	Latvia	2272	2043	228	2651	2538	114
立陶宛	Lithuania	2724	2637	87	4872	4741	131
格鲁吉亚	Georgia	969	957	12	957	948	9
亚美尼亚	Armenia	6927	334	6594	5372	422	4950
阿塞拜疆	Azerbaijan	278	238	40	508	508	
白俄罗斯	Byelorussia	1730	1606	123	3699	1602	2097
摩尔多瓦	Moldora	294	233	61	623	547	77
俄罗斯	Russia	57304	47107	10198	60416	51361	9055
乌克兰	Ukraine	15817	10417	5400	23333	16831	6501
斯洛文尼亚	Slovenia	4571	3691	880	5701	4460	1241
克罗地亚	Croatia	4162	2364	1798	3311	2858	453
捷克共和国	Czech	16144	8671	7473	20387	11079	9308
斯洛伐克	Slovak	15147	14905	243	5244	4807	437
前南马其顿	Macedonia	257	197	60	360	266	94
波 黑	Bosnia	156	146	10	229	222	7
黑 山	Montenegro	138	138				
拉丁美洲	**Latin America**	**743932**	**264027**	**479905**	**970944**	**355511**	**615433**
安提瓜	Antigua	23	23				
阿根廷	Argentina	27142	21665	5477	28104	20607	7496
阿鲁巴岛	Aruba Island	91	91				
巴哈马	The Bahamas	105	105		150	149	1
巴巴多斯	Barbados	131	125	6	109	101	7
伯利兹	Belize	82	82		114	114	
玻利维亚	Bolivia	5730	3555	2176	3762	2550	1213
巴 西	Brazil	126068	59931	66138	175584	80925	94659
智 利	Chile	274926	42495	232431	331353	53275	278078
开曼群岛	Cayman Islands	4	4				
哥伦比亚	Colombia	18930	18215	715	22847	19804	3043
多米尼克	Commonwealth of Dominica	27	27				
哥斯达黎加	Costa Rica	4008	3973	35	4167	3909	258
古 巴	Cuba	601	601		853	853	
库腊索岛	Curacao	95	95				
多米尼加	Dominican	4941	2934	2007	4134	4038	96
厄瓜多尔	Ecuador	8114	8029	85	13361	13147	214
法属圭亚那	French Guiana	55	55				
格林纳达	Grenada	5	5				
瓜德罗普	Guaderopu	111	111		186	186	
危地马拉	Guatemala	3474	3366	108	3837	3654	183
圭亚那	Guyana	285	285		322	322	
海 地	Haiti	1197	1197		928	928	

17—5 续表4 continued

单位：万美元（USD 10000）

国 别（地区）	Country (territory)	2017 进出口总额 Total	2017 出口总额 Exports	2017 进口总额 Imports	2018 进出口总额 Total	2018 出口总额 Exports	2018 进口总额 Imports
洪都拉斯	Honduras	998	997	1	1294	1281	13
牙买加	Jamaica	922	922		1148	1148	
马提尼克	Matinik	17	17				
墨西哥	Mexico	72711	52931	19780	128089	100670	27419
蒙特塞拉特	Montserrat						
尼加拉瓜	Nicaragua	822	822		615	615	
巴拿马	Panama	7191	6710	481	8510	8469	42
巴拉圭	Paraguay	3716	3706	10	3568	3566	3
秘 鲁	Peru	160100	16860	143240	215761	22800	192960
波多黎各	Puerto Rico	1249	1249		1814	1803	11
圣卢西亚	Saint Lucia	10	10				
圣马丁岛	Saint Martin Island	17	17				
圣文格林纳	Saint Article Greener	20	20				
萨尔瓦多	El Salvador	1125	1113	12	1201	1184	18
苏里南	Surinam	311	311		439	439	
特立一巴哥	Trinidad and Tobago	699	699		704	704	
乌拉圭	Uruguay	10638	4280	6358	13990	4276	9714
委内瑞拉	Venezuela	7186	6341	845	3535	3528	7
英属维尔京群岛	Virgin	6	6				
荷属安第列斯群岛	Antilles Guilder Ang	48	48				
北美州	**North America**	**880228**	**617840**	**262387**	**1114558**	**836369**	**278188**
加拿大	Canada	95665	53352	42313	136225	69841	66383
美 国	United States	784552	564478	220074	978224	766513	211711
百慕大	Bermuda Is.	10	10				
大洋洲	**Oceanic**	**285031**	**67312**	**217719**	**338038**	**79325**	**258713**
澳大利亚	Australia	257630	53093	204537	307588	67612	239976
库克群岛	Cook Islands	3	3				
斐 济	Fiji	1168	1168		1495	1495	
新喀里多尼	New Karidoni	117	117		129	129	
瓦努阿图	Vanuatu	92	85	7			
新西兰	New Zealand	17858	6919	10939	27144	8942	18202
巴布亚新几内亚	Papua New Guinea	2703	466	2237	1084	555	530
所罗门群岛	Solomon Is.	128	128		171	171	
汤 加	Tonga	25	25				
萨摩亚	Samoa	71	71		131	131	
基里巴斯	Kiribati	17	17				
密克罗尼西	Micronesia	2	2				
马绍尔群岛	Marshall Island	5044	5044				
贝劳共和国	Palau	37	37				
法属波利尼西亚	French Polynesia	125	125		138	133	4
大洋洲其他	Other of Oceanic	9	9		158	157	1
国别(地区)不详	**Nationality (Area) Unclear**	**30**		**30**	**2048**	**1219**	**831**

17—6 进出口商品贸易方式总值（2018年）

Total Value of Import and Export Trade Way (2018)

单位：万美元（USD 10000）

指　标	Item	进出口 Imports & Exports 金额 Value	比重(%) Portion (%)	出口 Exports 金额 Value	比重(%) Portion (%)	进口 Imports 金额 Value	比重(%) Portion (%)
总　计	**Total**	**6245452**	**100.00**	**3608961**	**100.00**	**2636490**	**100.00**
一般贸易	General Trade	4481485	71.76	2492658	69.07	1988826	75.43
来料加工装配贸易	Assembly Processing Trade	89603	1.43	34726	0.96	54877	2.08
进料加工贸易	Processing With Imported Trade	1262501	20.21	931623	25.81	330878	12.55
对外承包工程出口货物	Exports Contracted Projects	30593	0.49	30593	0.85		
外商投资企业作为投资进口的设备、物品	Foreign-invested Enterprises as the Import Investment of Equipment, Goods	19850	0.32			19850	0.75
出料加工	Material Processing	2612	0.04	676	0.02	1936	0.07
保税仓库进出境货物	Inward and Outward Goods of Free Trade Storehouse	102379	1.64	4385	0.12	97994	3.72
海关特殊监管区域物流货物	Logistics Goods in Areas Under Special Customs Supervision	254427	4.07	114300	3.17	140127	5.31
其　他	Other	2002	0.03			2002	0.08

17—7 外国及港澳台直接投资（按投资方式）

Foreign and Hong Kong, Macao and Taiwan Direct Investment (fdi) (by way)

单位：万美元（USD 10000）

指　标	Item	2005	2010	2015	2017	2018
新批项目	**A new Batch of Project**	**421**	**281**	**289**	**338**	**379**
#合资经营	Joint Ventures Enterprises	168	100	131	166	193
合作经营	Cooperative Operation Enterprises	18	8	5	2	1
独资经营	Foreign Own Investment Enterprises	233	172	151	165	180
外商投资股份制	Foreign Invested Shareholding Enterprises	2	1	2	5	5
合同外资额	**More Foreign Contract**	**155358**	**216462**	**393800**	**905549**	**607542**
#合资经营	Joint Ventures Enterprises	41919	47726	165755	594278	157801
合作经营	Cooperative Operation Enterprises	9563	9115	10827	700	17184
独资经营	Foreign Own Investment Enterprises	102721	156738	215805	287915	425962
外商投资股份制	Foreign Invested Shareholding Enterprises	1155	2883	1414	22655	6595
实际利用外商直接投资额	**Actual Use of Foreign Direct Investment**	**68845**	**501446**	**1361945**	**1589652**	**1700160**
#合资经营	Joint Ventures Enterprises	24801	173910	433218	509571	529434
合作经营	Cooperative Operation Enterprises	2316	3922	7181	7074	18489
独资经营	Foreign Own Investment Enterprises	41728	307925	864674	1019302	1076193
外商投资股份制	Foreign Invested Shareholding Enterprises		15689	56871	53404	76044

17—8 外国和港澳台地区直接投资（按行业）（2018年）

Direct Investment of Foreign Countries, Hong Kong, Macao and Taiwen by Sector (2018)

指标	Item	新签协议 Newly Signed Agreement		实际投资合计（万美元） Total Actual Investment (USD 10000)	期末实有企业数（个） Number of Enterprises at the End of the Period (unit)	
		合同数（个） Number of Contracts (unit)	投资额（万美元） Investment (USD 10000)			#本期新增企业 Newly Increased In this Period
总计	**Total**	**379**	**607542**	**1700160**	**6611**	**810**
按投资方式分	**Grouped by Type of Investment**					
#合资企业	Joint Ventures Enterprises	193	157801	529434	1486	197
合作企业	Cooperative Operation Enterprises	1	17184	18489	40	1
外资企业	Foreign Investment Enterprises	180	425962	1076193	1788	209
外商投资股份制	Foreign Invested Shareholding Enterprises	5	6595	76044	55	4
按国民经济行业分	**Grouped by Sector**					
农林牧渔业	Farming, Forestry, Animal Husbandry and Fishery	5	13087	20551	77	3
采矿业	Mining and Quarrying			13065	21	
制造业	Manufacturing	150	146135	855986	1706	124
电力、热力、燃气及水的生产和供应业	Production and Supply of Electricity, Heat, Gas and Water	12	17309	161495	213	14
建筑业	Construction	5	10953	18253	122	9
批发和零售业	Wholesale and Retail Trade	9	776	12554	468	47
交通运输、仓储及邮政业	Transportation, Storage and Postal Services	43	12711	55198	1348	191
住宿和餐饮业	Accommodation and Catering Trade	30	13822	24882	642	69
信息传输、软件和信息技术服务业	Information Transmission, Software and Information Technology Services	7	20089	26543	96	7
金融业	Banking	14	24749	27280	440	72
房地产业	Real Estate Trade	8	24939	410077	253	17
租赁和商务服务业	Leasing and Commercial Services	40	132064	38196	568	113
科学研究和技术服务业	Scientific Research and Technical Services	39	146233	13315	457	118
水利、环境和公共设施管理业	Water Conservancy, Environmental and Public Facilities Management	3	1142	7813	38	4
居民服务、修理和其他服务业	Residents Service, Repair and Other Services	3	682	8897	94	11
教育	Education	4	622		16	2
卫生、社会工作	Health and Social Work	3	12822		6	4
文化、体育和娱乐业	Culture, Sports and Entertainment	4	29411	5450	45	5
其他行业	Others				1	

17—9 外国和港澳台地区直接投资（按国别和地区）（2018年）

Direct Investment of Foreign Countries and Hong Kong, Macao and Taiwen by Countries and Regions (2018)

指标	Item	新签协议 Newly Signed Agreement		实际投资合计（万美元） Total Actual Investment (USD 10000)	期末实有企业数（个） Number of Enterprises at the End of the Period (unit)	
		合同数（个） Number of Contracts (unit)	投资额（万美元） Investment (USD 10000)			#本期新增企业 Newly Increased In this Period
合　计	**Total**	**379**	**607542**	**1700160**	**6611**	**810**
亚　洲	**Asia**	**278**	**508594**	**1318240**	**3720**	**543**
日　本	Japan	12	3757	33746	315	19
韩　国	Republic of Korea	23	4860	14448	153	25
香　港	Hong Kong	138	422710	1037816	2447	352
澳　门	Macao	2	114	235	24	2
台　湾	Taiwan	78	45812	142505	534	108
亚洲其他	Other of Asia	25	31341	89490	247	37
非　洲	**Africa**	**7**	**1476**	**7026**	**68**	**12**
埃　及	Egypt	1			7	2
毛里求斯	Mauritius	2	799		13	1
塞舌尔	Seychelles	2	640	7026	26	4
非洲其他	Other of Africa	2	37		22	5
欧　洲	**Europe**	**31**	**53564**	**173241**	**475**	**44**
英　国	United Kingdom	3	4138	13618	72	10
德　国	Germany	6	5054	51289	110	12
法　国	France			33871	48	3
俄罗斯	Russia	5	8347	133	22	3
欧洲其他	Other of Europe	17	36025	74330	223	16
拉丁美洲	**Latin America**	**17**	**23392**	**122194**	**431**	**30**
巴　西	Brazil			2639	4	
开曼群岛	Cayman Islands	5	14230	356	124	11
英属维尔京群岛	Virgin	7	7638	112383	271	13
拉丁美洲其他	Other of Latin America	5	1524	6816	32	6
北美洲	**North America**	**43**	**12380**	**55374**	**994**	**66**
加拿大	Canada	13	3575	12250	70	9
美　国	United States	29	8455	37947	898	57
北美洲其他	Other of North America	1	350	5177	26	0
大洋洲	**Oceanic**	**13**	**8136**	**24085**	**162**	**15**
澳大利亚	Australia	8	302	7448	78	8
新西兰	New Zealand			4295	14	2
萨摩亚	Samoa	5	7834	8962	41	5
大洋洲其他	Other of Oceanic			3380	29	
其　他	**Other**				**761**	**100**

17—10 按国别（地区）对外投资
According to the Country (region) of Foreign Investment

国　别（地区）	Country (region)	新批境外企业(机构)数（个） A new Batch of Foreign Enterprises (institutions) (unit)		协议对外投资额（万美元） Foreign Investment Agreement（USD 10000）		实际对外投资额（万美元） Actual Foreign Investment（USD 10000）	
		2017	2018	2017	2018	2017	2018
合　计	**Total**	**75**	**99**	**106033**	**134079**	**92712**	**145014**
亚　洲	**Asia**	**44**	**62**	**36903**	**86555**	**26351**	**74794**
印度尼西亚	Indonesia	1	3	305	3055	5484	4302
中国香港	Hong Kong	19	17	7996	54976	17264	60312
中国澳门	Macao	1		1012		10	8
泰　国	Thailand	1	5	1750	10799	719	3682
缅　甸	Myanmar	2	3	14630	5060	740	1336
老　挝	Laos		1		5	34	699
马来西亚	Malaysia		2		591	24	9
日　本	Japan	2		453	41	220	
塞浦路斯	Cyprus					188	
孟加拉国	Bangladesh	2	2	5	590	5	
韩　国	Republic of Korea		1		750	285	9
印　度	India						
越　南	Viet Nam	5	10	1978	3558	598	786
柬埔寨	Cambodia	4	4	2597	1285	723	2258
阿联酋	United Arab Emirates	1	1	110	480		30
巴基斯坦	Pakistan	1	2	5	2205		116
菲律宾	The Philippines						
台　湾	Taiwan	1	2		67	20	67
阿　曼	Oman					12	
巴　林	Bahrain					23	
阿富汗	Afghanistan						
蒙　古	Mongolia		2		112		
斯里兰卡	Sri Lanka						
吉尔吉斯斯坦	Kirghiz Tanzania	1		5000			
乌兹别克斯坦	Uzbekistan		1				
伊　朗	Iran	1		76			77
以色列	Israel	2		985			
尼泊尔	Nepal		1		28		
文　莱	Brunei		1		5		
新加坡	Singapore		3		2932		1103
沙特阿拉伯	Saudi Arabia		1		16		
非　洲	**Africa**	**2**	**7**	**520**	**1827**	**3646**	**7476**
马拉维	Malawi	1				6	
津巴布韦	Zimbabwe					89	84
赞比亚	Zambia					557	
安哥拉	Angola		1		100		2
尼日利亚	Nigeria		4		227		
莫桑比克	Mozambique					1501	4200

17—10 续表 continued

国 别（地区）	Country (region)	新批境外企业(机构)数（个） A new Batch of Foreign Enterprises (institutions) (unit)		协议对外投资额（万美元） Foreign Investment Agreement （USD 10000）		实际对外投资额（万美元） Actual Foreign Investment （USD 10000）	
		2017	2018	2017	2018	2017	2018
坦桑尼亚	Tanzania		1		200	313	368
埃塞俄比亚	Ethiopia	1		520	1000	1051	567
乌干达	Uganda		1		300		
肯尼亚	Kenya					129	255
阿尔及利亚	Algeria						
马达加斯加	Madagascar						2000
欧 洲	**Europe**	**15**	**9**	**35962**	**30689**	**24154**	**15437**
瑞 典	Sweden	1		1854		1000	
英 国	United Kingdom	1	1	8	3671		1694
德 国	Germany	6	1	4258	18	2219	2361
法 国	France			3353	8559	4600	3439
意大利	Italy	2	3	15470	10998	15540	1035
荷 兰	Netherlands		1		29	197	
俄罗斯	Russia	2	2	669	294	533	293
匈牙利	Hungary					50	
波 兰	Poland	1		300			136
威尔士	Wales	1		165			
挪 威	Norway						
捷 克	Czech	1		9885	4500	14	4015
芬 兰	Finland		1		2620		2464
拉丁美洲	**Latin America**	**2**	**4**	**12881**	**2993**	**576**	**4254**
巴 西	Brazil		1	12423	150	390	1600
哥斯达黎加	Costa Rica					7	7
格林纳达	Grenada						
墨西哥	Mexico	2		458	100	155	162
秘 鲁	Peru					24	18
开曼群岛	Cayman Islands		2		2743		1420
厄瓜多尔	Ecuador						6
英属维尔京群岛	Virgin						1041
玻利维亚	Bolivia		1				
北美洲	**North America**	**12**	**13**	**19768**	**8875**	**37607**	**42043**
美 国	United States	11	12	19268	8387	2196	13670
加拿大	Canada	1	1	500	488	35411	28373
大洋洲	**Oceanic**		**4**		**3558**	**30**	**8**
澳大利亚	Australia		4		3558	30	8

17—11 按国别（地区）对外承包工程和劳务合作
According to the Country (region) of Foreign Contracted Projects and Labor Service Cooperation

国 别（地区）	Country (region)	承包工程（万美元） Contracted Projects（USD 10000）				劳务合作（人） Labor Service Cooperation (person)			
		新签合同额 New Signing Stood		完成营业额 Complete Turnover		外派劳务人数 Field Services Number		年末在外人数 Out at the End of the Number	
		2017	2018	2017	2018	2017	2018	2017	2018
合 计	**Total**	**525243**	**505342**	**345443**	**301379**	**11574**	**9539**	**20027**	**19675**
亚 洲	**Asia**	**93926**	**315637**	**129739**	**155108**	**8867**	**7486**	**13296**	**13875**
阿 曼	Oman	35100	546	1128	10706	452	779	452	1226
乌兹别克斯坦	Uzbekistan	2158	10800		631		126		125
老 挝	Laos	1071	5141	6977	3662	164	29	519	390
新加坡	Singapore					236	171	623	620
巴基斯坦	Pakistan	2372	24072	1138	6390	125	410	88	348
科威特	Kuwait	15940		15752	14751	177	127	165	139
中国香港	Hong Kong		24550		6535			12	12
尼泊尔	Nepal	492	89	416	706	26		26	
蒙 古	Mongolia		44652	25405	7227	37	255	102	64
越 南	Viet Nam	1880	104	7287	10164	716	1050	837	1350
泰 国	Thailand								
印 度	India	259	7186	1021	1135	65	1	108	24
沙特阿拉伯	Saudi Arabia		5702	14616	6592	827	75	3018	2258
日 本	Japan					399	394	1135	1039
马来西亚	Malaysia	2848	16852	12422	24332	2877	1591	3568	2597
土耳其	Turkey	3053		31	586	5	72	2	64
孟加拉国	Bangladesh		45700		10027	401	181	522	244
印度尼西亚	Indonesia	1386	31766	22115	14362	1000	290	852	470
伊 朗	Iran			3032	10349				
中国澳门	Macao			3237	3164				
斯里兰卡	Sri Lanka	69	1218		414		66	2	60
柬埔寨	Cambodia	792		5980	308	179	20	75	63
缅 甸	Myanmar	1246	20518	340	1014	22	59	28	24
菲律宾	The Philippines	103	22552		3160		56		56
文 莱	Brunei	25000	10000	5484	18895	1159	1496	1162	2517
非 洲	**Africa**	**391311**	**170692**	**191223**	**118671**	**1874**	**1558**	**5251**	**4291**
埃 及	Egypt								
喀麦隆	Cameroon		620	4177	474	14	21	27	51
中 非	Central Africa								
埃塞俄比亚	Ethiopia	31573	1084	38381	21566	67	267	116	224
赞比亚	Zambia	30261	10712	14405	14856	140	62	215	210
马拉维	Malawi	2200	3510	4353	1707	7		1	
科特迪瓦	Cote D'ivoire	116	26825	911	317	3	10	4	8
吉布提	Djibouti	420		1332	177	6		13	
莫桑比克	Mozambique	6187	118096	22256	11382				
阿尔及利亚	Algeria	8056	1682	29387	21908	1226	726	3824	2598

17—11 续表 continued

国 别（地区）	Country (region)	承包工程（万美元）Contracted Projects（USD 10000）				劳务合作（人）Labor Service Cooperation (person)			
		新签合同额 New Signing Stood		完成营业额 Complete Turnover		外派劳务人数 Field Services Number		年末在外人数 Out at the End of the Number	
		2017	2018	2017	2018	2017	2018	2017	2018
坦桑尼亚	Tanzania		1000	1282	565				
乌干达	Uganda	1119		216	798	14		14	14
多 哥	Togo								
突尼斯	Tunisia	11008		8406	2192	34	37	20	20
毛里塔尼亚	Mauritania			10107	1538	39	56	24	9
几内亚	Guinea	57000		243	250				
肯尼亚	Kenya	5061		2131	1580	8	6	52	11
加 纳	Ghana	1533		958	502	21	4	21	22
安哥拉	Angola	82327	813	35944	22237	90	235	341	505
赤道几内亚	Equatorial Guinea			2387	8	11		27	
苏 丹	Sudan		20		20				
马达加斯加	Madagascar	8089	1868	2026	976				
刚果(布)	Fresh Fruit (cloth)							6	6
刚果(金)	Fresh Fruit (gold)	143048	460	4832	9067	60	20	94	114
津巴布韦	Zimbabwe	300	1348	574	923	4		3	3
塞拉利昂	Sierra Leone	279	343	60	364	20	30	21	41
尼日利亚	Nigeria	2734	2312	3799	3672	102	71	404	418
加 蓬	Gabon			2896	1510	8		24	24
莱索托	Lesotho			98					
欧 洲	**Europe**	**523**	**2999**	**7891**	**17011**	**178**	**14**	**341**	**191**
俄罗斯联邦	Russia		420		706	41	1	41	
白俄罗斯	Byelorussia	523	2579	4562	4446	137	13	243	99
法 国	France								
英 国	United Kingdom				70				
黑 山	Montenegro			3329	7259			57	49
瑞 士	Switzerland								
拉丁美洲	**Latin America**	**11279**	**12980**	**14558**	**9745**	**655**	**457**	**1139**	**1318**
委内瑞拉	Venezuela	2979	2722	10913	2463	36	15	76	33
阿根廷	Argentina	4		27					
巴巴多斯	Barbados	21	970	27	370		15	62	15
古 巴	Cuba			34		10		5	5
玻利维亚	Bolivia	5326					23	2	7
巴 西	Brazil				361				
巴拿马	Panama	900	4923	2458	5386	547	372	934	1191
格林纳达	Grenada			44					
厄瓜多尔	Ecuador	2050	2884	1012	1124	61	32	59	67
哥斯达黎加	Costa Rica		1481	41	41				
北美洲	**North America**	**28102**		**2002**	**776**		**24**		
美 国	United States	28102		2002	776		24		
大洋洲	**Oceanic**	**102**	**3035**	**30**	**68**				
西萨摩亚	Western Samoa	102	387	30	68				

17—12 外商投资企业年末企业数、投资总额及注册资本（2018年）
Number, Investment and Registered Capital of Foreign-funded Enterprises (2018)

项　　目	Item	企业数（个）Number of Registered Enterprises (unit)	投资总额（万美元）Total Investment (USD 10000)	注册资本（万美元）Registered Capital (USD 10000)	#外方 Capital Invested by Foreign Partner
总　计	**Total**	**6611**	**11298422**	**5948884**	**4343816**
按投资方式分	**Grouped by Type of Investment**				
#中外合资	Joint Ventures Enterprises	1486	5758412	3041821	1693069
中外合作	Cooperative Operation Enterprises	40	205006	78969	53477
外资企业	Foreign Investment Share Enterprises	1788	4993643	2476396	2476396
外商投资股份制	Foreign Invested Shareholding Enterprises	55	341362	336848	108543
合作开发	Cooperative Development	25		14850	12331
其　他	Others	3217			
按国民经济行业分	**Grouped by Sector**				
农林牧渔业	Farming, Forestry, Animal Husbandry and Fishery	77	344661	180300	159205
采矿业	Mining and Quarrying	21	40605	23391	19118
制造业	Manufacturing	1706	5992576	3091896	2220618
热力、燃气及水的生产和供应业	Production and Supply of Electricity, Heat, Gas and Water	213	838435	261928	195214
建筑业	Construction	122	126781	58874	41035
批发和零售业	Wholesale and Retail Trade	468	55938	30927	27720
交通运输、仓储及邮政业	Transportation, Storage and Postal Services	1348	610497	332934	262472
住宿和餐饮业	Accommodation and Catering Trade	642	89792	65068	59115
信息传输、软件和信息技术服务业	Information Transmission, Software and Information Technology Services	96	192345	108821	71510
金融业	Banking	440	324556	212890	123550
房地产业	Real Estate Trade	253	480633	331585	268657
租赁和商务服务业	Leasing and Commercial Services	568	805211	566126	313459
科学研究和技术服务业	Scientific Research and Technical Services	457	1113486	539826	464784
水利、环境和公共设施管理业	Water Conservancy, Environmental and Public Facilities Management	38	95117	43516	33904
居民服务、修理和其他服务业	Residents Service, Repair and Other Services	94	9389	6804	4217
教　育	Education	16	8437	2682	1971
卫生、社会工作	Health and Social Work	6	70603	44137	32442
文化、体育和娱乐业	Culture, Sports and Entertainment	45	98721	46861	44601
其他行业	Others	1	640	320	224

17—13 各市外商投资企业年末企业数、投资总额及注册资本（2018年）

Number, Investment and Registered Capital of Foreign-funded Enterprises by Region (2018)

地 区	Region	企业数（个）Number of Registered Enterprises (unit)	投资总额（万美元）Total Investment (USD 10000)	注册资本（万美元）Registered Capital (USD 10000)	#外 方 Capital Invested by Foreign Partner
总 计	**Total**	**6611**	**11298422**	**5948884**	**4343816**
合肥市	Hefei	2517	5500235	3027902	2036324
淮北市	Huaibei	148	127925	57244	40216
亳州市	Bozhou	144	311914	141141	107631
宿州市	Suzhou	216	211015	93943	78766
蚌埠市	Bengbu	293	594265	287785	228946
阜阳市	Fuyang	226	342156	180289	146564
淮南市	Huainan	213	427461	141817	118381
滁州市	Chuzhou	350	342587	160752	134624
六安市	Luan	266	290774	118606	100323
马鞍山市	Maanshan	417	766110	361411	274176
芜湖市	Wuhu	750	945555	500945	385953
宣城市	Xuancheng	255	196940	102895	78014
铜陵市	Tongling	180	143276	86090	54049
池州市	Chizhou	166	636422	473033	407595
安庆市	Anqing	294	351901	159284	104693
黄山市	Huangshan	176	109888	55748	47561

17—14 各市商品进出口总额
Import and Export Commodities by Region

单位：万美元（USD 10000）

地 区	Region	2017 进出口总额 Total	2017 出口总额 Exports	2017 进口总额 Imports	2018 进出口总额 Total	2018 出口总额 Exports	2018 进口总额 Imports	同比增长% Increased by %
总　　计	**Total**	**5363607**	**3048164**	**2315443**	**6297422**	**3620916**	**2676506**	**17.4**
合 肥 市	Hefei	2495869	1456590	1039279	3081266	1824608	1256657	23.5
淮 北 市	Huaibei	60809	55761	5048	71844	66210	5634	18.1
亳 州 市	Bozhou	66444	60233	6211	83393	71751	11642	25.5
宿 州 市	Suzhou	57859	50745	7114	74240	64914	9326	28.3
蚌 埠 市	Bengbu	177126	93974	83152	148037	70904	77133	-16.4
阜 阳 市	Fuyang	110960	96399	14561	137723	118892	18831	24.1
淮 南 市	Huainan	29925	27294	2631	48303	43740	4563	61.4
滁 州 市	Chuzhou	277479	189408	88071	310254	231144	79110	11.8
六 安 市	Luan	71890	60647	11243	81305	72013	9292	13.1
马鞍山市	Maanshan	380465	158896	221569	448049	195132	252917	17.8
芜 湖 市	Wuhu	637683	414397	223286	687565	441644	245921	7.8
宣 城 市	Xuancheng	152958	140137	12821	185125	170243	14881	21.0
铜 陵 市	Tongling	554566	57098	497468	624145	45930	578214	12.5
池 州 市	Chizhou	76844	20024	56820	76346	20832	55513	-0.6
安 庆 市	Anqing	138991	105549	33442	144729	106344	38385	4.1
黄 山 市	Huangshan	73740	61011	12729	95100	76614	18486	29.0

17—15 各市外商直接投资
Foreign Direct Investment by Region

地 区	Region	项目（个）Number of Projects (unit) 2017	2018	同比增长% Increased by	合同外资额（万美元）Contract Value (USD 10000) 2017	2018	实际利用外资额（万美元）Used Value (USD 10000) 2017	2018	同比增长% Increased by
总　　计	**Total**	**338**	**379**	**12.1**	**905549**	**607542**	**1589652**	**1700160**	**7.0**
合 肥 市	Hefei	129	148	14.7	181435	247789	302037	323000	6.9
淮 北 市	Huaibei	10	6	-40.0	5260	2799	66695	25697	-61.5
亳 州 市	Bozhou	13	7	-46.2	74606	4287	78064	90108	15.4
宿 州 市	Suzhou	10	10		5128	17442	78510	91805	16.9
蚌 埠 市	Bengbu	7	15	114.3	4432	103058	160963	139845	-13.1
阜 阳 市	Fuyang	9	16	77.8	87875	81945	21934	41213	87.9
淮 南 市	Huainan	8	13	62.5	6227	42329	23859	28525	19.6
滁 州 市	Chuzhou	26	25	-3.8	74222	13156	122355	139230	13.8
六 安 市	Luan	12	12		17533	14623	43786	50306	14.9
马鞍山市	Maanshan	20	34	70.0	52402	21994	227642	248490	9.2
芜 湖 市	Wuhu	28	30	7.1	25976	13427	268730	291642	8.5
宣 城 市	Xuancheng	15	19	26.7	8153	10961	92386	112397	21.7
铜 陵 市	Tongling	17	7	-58.8	13038	7009	27025	32806	21.4
池 州 市	Chizhou	9	8	-11.1	328384	2241	39006	39588	1.5
安 庆 市	Anqing	15	17	13.3	9070	20143	19339	25494	31.8
黄 山 市	Huangshan	10	12	20.0	11808	4339	17321	20014	15.5

17—16 各市外国和港澳台地区直接投资（2018年）

Direct Investment of Foreign Countries, Hong Kong, Macao and Taiwen by Sector by Region (2018)

地区	Region	新签协议 Newly Signed Agreement		实际投资合计（万美元）Total Actual Investment (USD 10000)	期末实有企业数（个）Number of Enterprises at the End of the Period (unit)	
		合同数（个）Number of Contracts (unit)	投资额（万美元）Investment (USD 10000)			#本期新增企业 Newly Increased In this Period
总计	**Total**	**379**	**607542**	**1700160**	**6611**	**810**
合肥市	Hefei	148	247789	323000	2517	348
淮北市	Huaibei	6	2799	25697	148	23
亳州市	Bozhou	7	4287	90108	144	13
宿州市	Suzhou	10	17442	91805	216	23
蚌埠市	Bengbu	15	103058	139845	293	31
阜阳市	Fuyang	16	81945	41213	226	29
淮南市	Huainan	13	42329	28525	213	49
滁州市	Chuzhou	25	13156	139230	350	32
六安市	Luan	12	14623	50306	266	27
马鞍山市	Maanshan	34	21994	248490	417	51
芜湖市	Wuhu	30	13427	291642	750	65
宣城市	Xuancheng	19	10961	112397	255	23
铜陵市	Tongling	7	7009	32806	180	28
池州市	Chizhou	8	2241	39588	166	15
安庆市	Anqing	17	20143	25494	294	35
黄山市	Huangshan	12	4339	20014	176	18

主要统计指标解释

进出口总额

指实际进出我国国境的货物总金额。包括对外贸易实际进出口货物，来料加工装配进出口货物，国家间、联合国及国际组织无偿援助物资和赠送品，华侨、港澳台同胞和外籍华人捐赠品，租赁期满归承租人所有的租赁货物，进料加工进出口货物，边境地方贸易及边境地区小额贸易进出口货物（边民互市贸易除外），中外合资企业、中外合作经营企业、外商独资经营企业进出口货物和公用物品，到、离岸价格在规定限额以上的进出口货样和广告品（无商业价值、无使用价值和免费提供出口的除外），从保税仓库提取在中国境内销售的进口货物，以及其他进出口货物。进出口总额用以观察一个国家在对外贸易方面的总规模。我国规定出口货物按离岸价格统计，进口货物按到岸价格统计。

商品经营单位所在地进、出口额

指所在地海关注册登记的有进出口经营权的企业实际进、出口额。

商品目的地进口额和商品货源地出口额

目的地进口额是指进口货物的消费、使用或最终抵运地的实际进口额；货源地出口额是指出口货物的产地或原始发货地的实际出口额。

利用外资

指我国各级政府、部门、企业和其他经济组织通过对外借款、吸收外商直接投资以及用其他方式筹措的境外现汇、设备、技术等。

对外借款

是我国利用外资的重要部分。指通过对外正式签订借款协议，从境外筹措的资金，包括外国政府贷款、国际金融组织贷款、外国银行商业贷款、出口信贷以及对外发行债券等。1996 年及以前还包括对外发行股票。

外商直接投资

指外国企业和经济组织或个人（包括华侨、港澳台胞以及我国在境外注册的企业）按我国有关政策、法规，用现汇、实物、技术等在我国境内开办外商独资企业、与我国境内的企业或经济组织共同举办中外合资经营企业、合作经营企业或合作开发资源的投资（包括外商投资收益的再投资），以及经政府有关部门批准的项目投资总额内企业从境外借入的资金。

对外承包工程

指各对外承包公司以招标议标承包方式承揽的下列业务：⑴承包国外工程建设项目，⑵承包我国对外经援项目，⑶承包我国驻外机构的工程建设项目，⑷承包我国境内利用外资进行建设的工程项目，⑸与外国承包公司合营或联合承包工程项目时我国公司分包部分，⑹对外承包兼营的房屋开发业务。对外承包工程的营业额是以货币表现的本期内完成的对外承包工程的工作量，包括以前年度签订的合同和本年度新签订的合同在报告期内完成的工作量。

对外劳务合作

指以收取工资的形式向业主或承包商提供技术和劳动服务的活动。我国对外承包公司在境外开办的合营企业，中国公司同时又提供劳务的，其劳务部分也纳入劳务合作统计。劳务合作营业额按报告期内向雇主提交的结算数（包括工资、加班费和奖金等）统计。

Explanatory Notes for Major Statistical Indicators

Total Imports and Exports at Customs

refer to the value of commodities imported into and exported from the boundary of China. They include the actual imports and exports through foreign trade, imported and exported goods under the processing and assembling trades and materials, supplies and gifts as aid given gratis between governments and by the United Nations and other international organizations, and contributions donated by overseas Chinese, compatriots in Hong Kong and Macao and Chinese with foreign citizenship, leasing commodities owned by tenant at the expiration of leasing period, the imported and exported commodities processed with imported materials, commodities trading in border areas (excluding mutual exchange goods), the imported and exported commodities and articles for public use of the Sino-foreign joint ventures, cooperative enterprises and ventures exclusively with foreign own investment. Also included are import or export of samples and advertising goods for whose CIF or FOB value are beyond the permitted ceiling (excluding goods of no trading or use value and free commodities for export), imported goods sold in China from bonded warehouses and other imported or exported goods. The indicator of the total imports and exports at customs can be used to observe the total size of external trade in a country. In accordance with the stipulation of the Chinese government, imports are calculated at CIF, while exports are calculated at FOB.

Import Export Value by Location of China's Foreign Trade Managing Units

refers to actual value of imports and exports carried out by corporations which have been registered by the local customhouse and are vested with right to run import export business.

Import Value of Commodities by the Places of their Destination and Export Value of Commodities by the Places of their Origin in China

The former indicator refers to the value of import commodities of the places of their consumption, utilization or the places of their final destination. The latter indicator refers to the value of export commodities of the places of their origin or the places of the commodities dispatched.

Utilization of Foreign Capital

refers to remittance, equipment and technology financed from abroad, by loans, foreign direct investment and other forms undertaken by the Chinese governments at all levels, by various departments, enterprises and other economic units.

Foreign Borrowings

an important part of China's utilization of foreign capital, it refer to funds borrowed from abroad through formal signing of borrowing agreements with foreign institutions, including loans of foreign governments, loans of international financial institutions, commercial loans of foreign banks, export credit, and funds raised by Chinese bonds (and shares before 1996) issued abroad.

Direct Investment by Foreign Entrepreneurs

refers to the investments inside China by foreign enterprises and economic organizations or individuals (including overseas Chinese, compatriots from Hong Kong and Macao, and Chinese enterprises registered abroad), following the relevant policies and laws of China, for the establishment of ventures exclusively with foreign own investment, Sino-foreign joint ventures and cooperative enterprises or for co-operative exploration of resources with enterprises or economic organizations in China. It includes the re investment of the foreign entrepreneurs with the profits gained from the investment and the funds that enterprises borrow from abroad in the total investment of projects which are approved by the relevant department of the government.

Contracted Projects with Foreign Countries

refer to projects undertaken by Chinese contractors (project contracting companies) through bidding process. They include: (1)overseas civil engineering construction projects financed by foreign investors; (2)overseas projects financed by the Chinese government through its foreign aid programs; (3)construction projects of Chinese diplomatic missions, trade offices and other institutions stationed abroad; (4)construction projects in China financed by foreign investment; (5)sub-contracted projects to be taken by Chinese contractors through a joint umbrella project with foreign contractor(s); (6)housing development projects. The business income from international contracted projects is the work volume of contracted projects completed during the reference period, expressed in monetary terms, including completed work on projects signed in previous years.

Service Cooperation with Foreign Countries

refers to the activities of providing technology and labour services to employers or contractors in the forms of receiving salaries and wages. Labour services providing by contractual joint ventures of Chine statistics of service co operation with foreign countries. The business income of labour service co operation is the income in the form of wages and salaries, overtime pay, bonuses and other remuneration received from the employers during the reference period.

第十八篇

Chapter 18

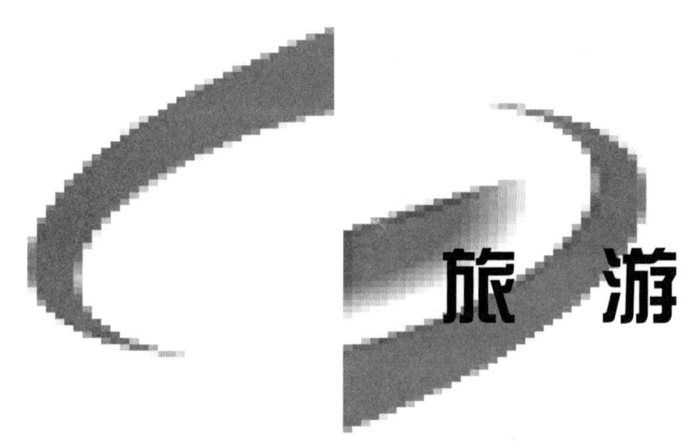

TOURISM

简要说明

一、旅游业发展情况。入境国际旅游(外国人、华侨、港澳同胞和台湾同胞)人数、不同经济类型的涉外饭店数量及规模情况的资料来源于省旅游局。

二、全省及各市国内旅游资料，是安徽省统计局、安徽省旅游局根据国家旅游局的抽样调查方案和工作要求，组织调查取得。

Brief Introduction

I. Development of tourism: Data on total number of international tourists received (foreigners, overseas Chinese, Chinese compatriots from Hong Kong, Macao and Taiwan), number of tourist hotel in various types and their scale come from the Provincial Tourism Administration.

II. Data on domestic tourism in the province and all cities are collected by the Provincial Statistical Bureau and the Provincial Tourism Administration in accordance with the sample survey scheme stipulated by the State Tourism Administration.

18—1 旅游事业发展
Development of Tourism

指　　标	Item	2005	2010	2015	2017	2018
入境旅游人数　（人次）	Total Number of International Tourists Inbound (person-time)	632895	1984174	4446289	5491518	6070422
外 国 人	Foreigners	410580	1173988	2591842	3209788	3540644
港澳和台湾同胞	Compatriots from Hong Kong, Macao and Taiwan	222315	810186	1854447	2281730	2529778
国内旅游人数 （万人次）	Total Number of Domestic Tourists (10000 person-time)	4684	15349	44404	62627	72147
旅游收入	Income of Tourism					
国际旅游外汇收入(万美元)	Foreign Exchange Earnings (USD 10000)	18558.9	82025.2	226287.5	288078.5	318757.1
国内旅游收入 （亿元）	Earnings from Domestic Tourism (100 million yuan)	289.0	1094.8	3980.5	6002.4	7030.0
旅游部门基本情况	**Basic Statement of Tourism Departments**					
旅游星级宾馆　（个）	Tourist Hotels With Star Class (unit)	373	453	441	331	308
#五星级	Five Star Class	5	14	26	38	29
四星级	Four Star Class	38	88	128	115	117
三星级	Three Star Class	111	182	214	142	141
二星级	Two Star Class	202	166	72	35	21
旅游涉外或星级宾馆	Tourist Hotels Concerning Foreign Affairs or With Star Class					
客　房　（间）	Number of Rooms (unit)	34759	44982	50546	46117	40049
床　位　（张）	Number of Beds (unit)	67782	81867	87708	77158	67674
客房出租率　（%）	Room Occupancy (%)	63.19	59.27	49.00	54.37	54.87
经营情况	Business Status					
营业收入　（亿元）	Business Income (100 million yuan)	51.75	50.38	50.89	45.91	63.47
利润总额　（万元）	Total Profits (10000 yuan)	16961.0	21964.0	-24339.9	8010.8	3045.7

18—2 各市旅游星级饭店（宾馆）住宿设施情况（2018年）

Accommodation Facilities of Hotels Concerning Foreign Affairs by Region (2018)

地　区	Region	饭　店 (宾馆) (个) Number of Hotels (unit)					客　房 (间) Number of Rooms (unit)	床　位 (张) Number of Beds (unit)
			五星级 Five Star Class	四星级 Four Star Class	三星级 Three Star Class	二星级 Two Star Class		
总　计	**Total**	**308**	**29**	**117**	**141**	**21**	**40049**	**67674**
合 肥 市	Hefei	44	8	17	18	1	8087	12580
淮 北 市	Huaibei	3	1		2		481	795
亳 州 市	Bozhou	13	1	5	6	1	1590	2747
宿 州 市	Suzhou	6	1	3	2		913	1378
蚌 埠 市	Bengbu	15	4	5	6		1851	3246
阜 阳 市	Fuyang	4	1	1	2		857	1326
淮 南 市	Huainan	24		5	12	7	2000	3174
滁 州 市	Chuzhou	11	1	4	5	1	947	1552
六 安 市	Luan	21	1	10	10		2536	4529
马鞍山市	Maanshan	16	2	6	6	2	1894	3173
芜 湖 市	Wuhu	28	2	11	14	1	3695	6095
宣 城 市	Xuancheng	22	1	7	12	2	2478	3870
铜 陵 市	Tongling	6		2	2	2	507	829
池 州 市	Chizhou	25		9	16		2761	4692
安 庆 市	Anqing	35	2	11	19	3	3413	6199
黄 山 市	Huangshan	35	4	21	9	1	6039	11489

注：本表星级宾馆（酒店）指2018年底止已得到国家旅游局或省旅游局批准的，不包括已报未批部分。

a) The star class of hotel in this table refer to be approved by the National Tourism Administration or Anhui Tourism Administration up to the Year-end of 2018 excluding those hed been reported but unapproved.

18—3 国际旅游外汇收入及构成

Foreign Exchange Earnings and It's Composition

指　标	Iten	2010		2015		2017		2018	
		数额 (万美元) Value (10000 USD)	比重 (%) Percentage (%)	数额 (万美元) Value (10000 USD)	比重 (%) Percentage (%)	数额 (万美元) Value (10000 USD)	比重 (%) Percentage (%)	数额 (万美元) Value (10000 USD)	比重 (%) Percentage (%)
总　计	**Total**	**82025.2**	**100.00**	**226287.5**	**100.00**	**288078.5**	**100.00**	**318757.1**	**100.00**
长途交通	Long Distance Transportation	26986.3	32.90	87392.2	38.62	102844.0	35.70	49726.1	15.60
#民　航	Air	12385.8	15.10	46818.9	20.69	54446.8	18.90	42394.7	13.30
铁　路	Railway	8202.5	10.00	12129.0	5.36	14403.9	5.00	5737.6	1.80
汽　车	Highway	6398.0	7.80	8983.6	3.97	10947.0	3.80	1593.8	0.50
游　览	Visiting	3691.1	4.50	7693.8	3.40	12099.3	4.20	25181.8	7.90
住　宿	Accommodation	8776.7	10.70	19868.0	8.78	27655.5	9.60	37294.6	11.70
餐　饮	Cater	7874.4	9.60	13192.6	5.83	14692.0	5.10	33469.5	10.50
商品销售	Commodity Sale	19111.9	23.30	43990.3	19.44	61936.9	21.50	98814.7	31.00
娱　乐	Entertainment	4839.5	5.90	10431.9	4.61	13539.7	4.70	12750.3	4.00
邮电通讯	Postal and Communication	1886.6	2.30	4367.4	1.93	6913.9	2.40	3506.3	1.10
市内交通	Local Transportation	1558.5	1.90	4548.4	2.01	6049.6	2.10	8287.7	2.60
其他服务	Other Service	7300.2	8.90	34803.0	15.38	39466.8	13.70	49726.1	15.60

18—4　接待外国人旅游人数（按国别分）
Number of Foreign Tourists by Country

单位：人次（person−time）

指　标	Item	2005	2010	2015	2017	2018
总　计	**Total**	**410580**	**1173988**	**2591842**	**3209788**	**3540644**
#日　本	Japan	47040	135277	173519	208815	242848
韩　国	Republic of Korea	188096	405538	841117	935021	978324
新加坡	Singapore	13392	43507	143828	150297	159155
美　国	United States	37124	101700	214812	288440	332571
英　国	United Kingdom	7639	49069	85577	118515	130454
法　国	France	13839	63837	84823	110812	124031
德　国	Federal Republic Of Germany	16012	52934	95489	116660	137481
俄罗斯	Russia	1636	23990	53880	72167	85697

18—5　国内旅游情况人数结构（按年龄、身份和职业分）（2018年）
Number of Domestic Tourists by Age, Identity and Occupation (2018)

单位：万人次（10000 person-time）

指　标	Item	按身份分组 By Identity			按职业分组 By Occupation								
		人数合计 Total	城镇居民 Urban Residents	非城镇居民 Unurban Residents	公务员 Public Servicers	事业单位工作人员 Institution Staff	企业工作人员 Enterprise Staff	社会团体工作人员 Social Organizations Staff	个体户 Self-employed	农民 Peasants	离退休人员 Retirees	学生 Students	其他 Other
合　计	**Total**	**72147.2**	**50258.6**	**21888.6**	**2694.1**	**10548.6**	**19887.3**	**7867.7**	**14082.4**	**2530.0**	**3431.2**	**9287.4**	**1574.7**
55岁以上	55 and Over	7608.8	5228.8	2380.0	173.4	798.5	1117.3	689.7	1186.5	487.5	3016.0		105.7
45—54岁	45—54	11417.0	7901.9	3515.1	358.4	1701.2	3619.3	1490.5	2815.4	660.9	415.2		301.7
35—44岁	35—44	19160.3	13600.3	5560.0	907.4	3376.0	7069.2	2341.1	4470.7	583.1			344.4
25—34岁	25—34	19643.9	14404.3	5239.7	1015.4	3874.4	5983.8	2104.7	4601.3	445.5		1087.0	460.3
24岁以下	24 and Under	14317.2	9123.4	5193.8	239.5	798.5	2097.7	1241.7	1008.4	353.0		8200.5	312.6

18—6 国内旅游主要经济指标
Main Economic Indicators of Domestic Tourism

年 份 Year	人 数 (万人次) Total Number (10000 persons)	总收入 (亿元) Total Income (100 million yuan)	一日游 One-day Tour 人数 (万人次) Total Number (10000 persons)	一日游 One-day Tour 收入 (亿元) Income (100 million yuan)	过夜旅游 Overnight Tour 人数 (万人次) Total Number (10000 persons)	过夜旅游 Overnight Tour 收入 (亿元) Income (100 million yuan)
2005	4684.0	289.0	917.0	20.4	3767.0	268.6
2009	12268.0	863.8	3901.0	165.5	8367.0	698.3
2010	15349.0	1094.8	5332.0	212.7	10017.0	882.1
2011	22534.8	1815.0	8378.8	385.8	14156.0	1429.2
2012	29229.1	2519.1	9615.2	458.3	19613.9	2060.8
2013	33601.1	2903.2	11981.3	666.1	21619.8	2237.1
2014	37898.8	3309.7	14968.1	883.9	22930.7	2425.8
2015	44403.7	3980.5	19705.1	1244.9	24698.6	2735.6
2016	52241.2	4763.6	24472.0	1630.7	27769.2	3132.9
2017	62627.0	6002.4	31911.0	2306.3	30716.0	3696.1
2018	72147.2	7030.0	38727.2	2832.8	33420.0	4197.2

18—7 各市国内旅游主要经济指标（2018年）
Main Economic Indicators of Domestic Tourism by Region (2018)

地 区	Region	总收入 (亿元) Total Income (100 million yuan)	一日游 One-day Tour 人数 (万人次) Total Number (10000 persons)	一日游 One-day Tour 收入 (亿元) Income (100 million yuan)	过夜旅游 Overnight Tour 人数 (万人次) Total Number (10000 persons)	过夜旅游 Overnight Tour 收入 (亿元) Income (100 million yuan)
总 计	**Total**	**7030.0**	**38727.2**	**2832.8**	**33420.0**	**4197.2**
合肥市	Hefei	1721.6	6890.6	682.1	5961.1	1039.6
淮北市	Huaibei	109.5	895.9	45.1	770.5	64.4
亳州市	Bozhou	204.3	1408.9	78.5	1289.0	125.9
宿州市	Suzhou	178.2	1363.9	73.5	1249.7	104.7
蚌埠市	Bengbu	293.8	2490.7	126.6	1964.2	167.2
阜阳市	Fuyang	201.0	1468.1	80.0	1297.3	121.1
淮南市	Huainan	185.0	1506.5	76.2	1278.0	108.8
滁州市	Chuzhou	238.0	1411.0	91.4	1331.3	146.6
六安市	Luan	284.6	1915.3	122.1	1702.5	162.6
马鞍山市	Maanshan	300.1	2181.9	135.1	1682.6	165.1
芜湖市	Wuhu	707.3	3112.5	303.1	2587.1	404.2
宣城市	Xuancheng	314.0	1924.7	119.6	1755.3	194.4
铜陵市	Tongling	181.2	1236.3	77.8	1025.5	103.5
池州市	Chizhou	692.7	3369.0	278.5	2975.9	414.2
安庆市	Anqing	694.6	3938.0	297.7	2964.9	396.9
黄山市	Huangshan	724.0	3613.9	245.7	3585.3	478.4

18—8　国内旅游人均花费（2018年）

Per Capita Costs of Domestic Tourism (2018)

单位：元（yuan）

指　　标	Item	平均每人花费 Per Capita Expenditure	交通费 Local Transportation	住宿费 Accommod-ation	餐饮费 Cater	购物费 Commodity Sale	游览费 Tour Admission Fee
总花费	Total Expenditure	974.4	192.3	137.9	152.5	256.4	97.0
一日游	One-day Tour	731.5	166.1		119.4	223.6	90.0
过夜花费	Overnight Tour	1255.9	219.3	276.6	178.5	294.3	116.0
#宾馆饭店	Living in Hotel	1396.8	230.3	377.3	199.7	308.3	120.0
#住亲友家	Living in Relative's or Friend's Home	921.9	195.4		159.5	284.9	98.5

18—9　各市国内旅游人均花费（2018年）

Per Capita Costs of Domestic Tourism by Region (2018)

单位：元（yuan）

地　区	Region	平均每人花费 Per Capita Expenditure	交通费 Local Transportation	住宿费 Accommod-ation	餐饮费 Cater	购物费 Commodity Sale	平均逗留天数（天） Average Number of Days (day)
总　计	**Total**	**974.4**	**192.3**	**137.9**	**152.5**	**256.4**	**1.72**
合肥市	Hefei	1339.6	234.6	177.7	188.1	471.9	1.92
淮北市	Huaibei	657.2	136.5	84.7	105.8	199.6	1.57
亳州市	Bozhou	757.4	155.8	106.7	121.4	171.7	1.72
宿州市	Suzhou	681.7	173.3	104.7	97.5	122.3	1.72
蚌埠市	Bengbu	659.4	164.3	100.6	91.5	119.7	1.58
阜阳市	Fuyang	727.0	174.0	105.3	110.9	130.9	1.76
淮南市	Huainan	664.3	139.9	97.0	135.5	122.0	1.66
滁州市	Chuzhou	867.9	187.3	120.7	138.4	235.7	1.71
六安市	Luan	786.8	177.1	108.1	151.0	158.5	1.79
马鞍山市	Maanshan	776.7	174.4	100.4	138.0	170.7	1.60
芜湖市	Wuhu	1241.0	209.2	143.3	174.0	360.4	1.68
宣城市	Xuancheng	853.3	153.6	145.2	151.5	235.5	1.82
铜陵市	Tongling	801.2	169.8	95.8	139.4	199.9	1.58
安庆市	Anqing	1091.7	212.8	151.7	157.0	292.1	1.65
池州市	Chizhou	1006.2	183.5	115.5	147.3	286.7	1.69
黄山市	Huangshan	1005.7	217.6	135.8	141.7	252.5	1.64

18—10 国家级黄山风景区旅游事业发展情况
Development of Tourism of Huang Shan Scenic at National Level

指　标		Item		2005	2010	2015	2017	2018
接待人数	（人次）	Tourists Received	(person-time)	1709658	2518346	3182811	3368688	3380016
接待海外游客		Overseas Tourists		159980	256753	160002	170165	177002
国内游客		Domestic Tourists		1549678	2261593	3022809	3198523	3203014
营业收入	（万元）	Business Income	(10000 yuan)	75017	168945	252527	286990	297389
#游览设施		Touring Facilities		41505	78812	104293	103015	106745
住宿设施		Lodging Facilities		14517	19832	31575	34141	34584
娱乐设施		Entertainment Facilities		334	524	473	929	1098
餐饮设施		Catering Facilities		7427	14580	22545	24296	25681
商业设施		Commercial Facilities		500	785	709	1394	1647
外汇收入	（万美元）	Foreign Exchange Earnings	(USD 10000)	2080	5398	5354	5731	6004
涉外宾馆（酒店）住宿设施		Lodging Facilities of Tourist Hotels						
宾馆（酒店）	（个）	Number of Hotels	(unit)	14	14	10	10	10
#五星级		Five Star Class			2	3	3	3
四星级		Four Star Class		6	8	7	7	7
三星级		Three Star Class		4	1			
二星级		Two Star Class		2				
客　房	（间）	Number of Rooms	(unit)	1496	2728	2474	2461	2381
床　位	（张）	Number of Beds	(unit)	4562	5690	5235	5367	5165
客房出租率	（%）	Room Occupancy	(%)	62	51	51	60	52
旅游车辆	（辆）	Number of Touring Vehicles	(unit)	95	131	147	155	154
#大型车辆		Large-sized Vehicles		65	96	141	141	140
中型车辆		Middle-sized Vehicles		5	6	2	10	10
小型车辆		Small-sized Vehicles		25	29	4	4	4

18—11　国家级九华山风景区旅游事业发展情况
Development of Tourism of Jiu Hua Shan Scenic at National Level

指　　标		Item		2005	2010	2015	2017	2018
接待人数	（人次）	Tourists Received	(person-time)	648308	4001139	9712500	10109475	10825302
接待海外游客		Overseas Tourists		24695	150009	350011	366019	396400
国内游客		Domestic Tourists		623613	3851130	9362489	9743456	10428902
营业收入	（万元）	Business Income	(10000 yuan)	28962	390008	1080332	1204126	1307300
#游览设施		Touring Facilities		11006	156003	432131	481529	536573
住宿设施		Lodging Facilities		7240	97502	270083	301031	335525
娱乐设施		Entertainment Facilities		579	7800	21509	23962	26694
餐饮设施		Catering Facilities		4345	58501	162049	180498	201047
商业设施		Commercial Facilities		5792	70201	194559	217106	207461
外汇收入	（万美元）	Foreign Exchange Earnings	(USD 10000)	307				23124
涉外宾馆（酒店）住宿设施		Lodging Facilities of Tourist Hotels						
宾馆（酒店）	（个）	Number of Hotels	(unit)	8	9	10	8	6
#五星级		Five Star Class						
四星级		Four Star Class		1	2	3	3	2
三星级		Three Star Class		4	7	7	5	4
二星级		Two Star Class		3				
客　房	（间）	Number of Rooms	(unit)	646	831	1064	1041	532
床　位	（张）	Number of Beds	(unit)	1266	1551	2014	1926	991
客房出租率	（%）	Room Occupancy	(%)	58	65	62	60	63
旅游车辆	（辆）	Number of Touring Vehicles	(unit)	64	112	139	131	147
#大型车辆		Large-sized Vehicles		32	61	59	47	137
中型车辆		Middle-sized Vehicles		22	17	76	80	
小型车辆		Small-sized Vehicles		10	34	4	4	10

18—12 风景名胜区（2018年）
Scenic Spots (2018)

名　称 Name	级 别 Grade	主要特点 Main Characteristics	类 别 Kinds	面　积 (平方公里) Area(sq.km)	地 址 Address
黄　山	国家级	世界自然和文化遗产，中国十大风景名胜。以“奇松、怪石、云海、温泉”四绝而闻名	山岳型	154	黄山市
九华山	国家级	中国四大佛教名山之一，是佛教地藏菩萨道场。始于唐开元年间，现存古寺庙94座，佛像1万余尊、文物五千余件	山岳型	120	池州市
天柱山	国家级	“擎天一柱”海拔1450米，道、佛教同存，汉武帝封“南岳”。佛教二、三祖修行地。李白、白居易、苏轼等400余摩崖碑刻	山岳型	82.46	潜山市
琅琊山	国家级	宋代大文学家欧阳修《醉翁亭》而闻名，有著名醉翁亭、醒图、琅琊寺等	山岳型	78.2	滁州市
齐云山	国家级	中国四大道教名山之一，始于唐，盛于明，兴于清，有道教墓葬22外和大量摩崖石碑刻，属丹霞地貌	山岳型	110.4	休宁县
采石矶	国家级	长江三大名矶之首，有“采石山水甲江南”之誉。唐代大诗人李白留下许多不朽诗篇，并在附近香山归宿		48	马鞍山市
巢　湖	国家级	中国五大淡水湖之一，著名姥山、褒禅山、中庙、范增墓等景点	湖泊型	1000	巢湖市
花山谜窟	国家级	人工石窟群，口小内大，有36处，最高30米。所建年代？为何建？何年成？为“千古之谜”		80.6	黄山市
太极洞	国家级	洞龄2.5亿年，长5400多米，分干、水洞而得名。宋代范仲淹等留下不少碑文石刻，《中国石林》称为“桂林山水，广德石洞”	溶洞型	20	广德县
花亭湖	国家级	著名人口湖，有龙山、西风湖、佛图寺、海会寺等六大景区和温泉，沿湖生长方形法华竹而绝名	湖泊型	250	太湖县
浮　山	省　级	古火山之一，佛教禅宗鼻祖慧可大师道场，中国禅宗发祥地。有36岩、72洞、26怪石、34奇峰。南宋以来480多摩崖石刻	山岳型	45	枞阳县
天堂寨	省　级	主峰天堂顶海拔129米，有天塘“瑶池”。大小瀑布100余条而闻名，大别山山脉第二高峰	山岳型	37.2	金寨县
太平湖	省　级	安徽最大人工湖，有“西山观鱼，三峡水趣，桂林景色，龙门”等五大景区。堪与太湖媲美，漓江竟秀	湖泊型	260	黄山区
敬亭山	省　级	原名昭亭山，晋文帝时改为敬亭山，南齐谢眺以来李白等文人留下诗文800余篇，为中国著名“江南诗山”	山岳型	15.3	宣城市
白崖寨	省　级	建寨700余年，寨十华里，宽1米，高2.8—5米，大块岩石砌成。有炮台、点将台等，誉称“南国小长城”	山岳型	57	宿松县
西　山	省　级	溶洞、石、峰、泉、花、树、禽为一体，有古乌霞寺，著名“牡丹之乡”。唐代诗人李白等留下脍炙人口的诗文	山岳型	22.6	南陵县
齐山——秋浦仙境	省　级	全长180公里，是著名“诗河”。李白、杜牧、苏轼等留下40余首诗篇，有古石城遗址，昭明钓台、仰天堂古迹名胜	山岳型	25.78	池州市
石台溶洞群	省　级	石台称为“溶洞之县”，有蓬莱、鱼龙、慈云等100余处溶洞。著名“蓬莱仙洞”长3000余米，钟乳奇秀，玲珑剔透	溶洞型	29.3	池州市
小孤山	省　级	孤峰如柱，兀立长江，称“长江绝岛”，有古炮台、烽火石等古战场遗迹，古刹启秀寺是长江中唯一“妈祖古庙”		8.5	宿松县

18—12　续表　continued

名　　称 Name	级 别 Grade	主要特点 Main Characteristics	类　别 Kinds	面　　积 （平方公里） Area(sq.km)	地　址 Address
凤阳山	省　级	有明中都皇故城、明皇陵石刻、鼓楼台、龙兴寺、古钟、离城、佛教古寺、卧牛湖、奇洞等	山岳型	45	凤阳县
涂山——白乳泉	省　级	大禹娶涂山氏为妻，著名“启母石”——涂山氏化身。唐贞元年白乳泉得名，誉为“天下第七泉”	山岳型	66.35	怀远县
南岳山—佛子岭水库	省　级	古岳庙留汉武帝封石刻门楣，有书法家于佑仁题“小南岳”等文人石刻，为“远东第一坝”	山岳、湖泊型	175	霍山县
万佛山—龙河口水库	省　级	“世界第一人工土石大坝”，有周瑜祖坟、祖慈钓鱼台、五老观太极等景观，国家级保护动植物50余种	山岳、湖泊型	207	舒城县
皇藏峪	省　级	汉高祖称帝前因避秦兵而藏身此地，封为“皇藏峪”。有天然洞穴、井泉、峰峦叠翠、涧水淙淙	山岳型	22.76	萧　县
八公山	省　级	西汉淮南王刘安等八公在此炼丹并食之成仙得名，有珍珠、玛瑙等24泉、淮南王、碧霞元君庙等	山岳型	90	淮南市
大龙山	省　级	山势雄伟、蜿蜒似龙，有92峰、82岩、72岭、82洞、32壑、108奇石和乌、白、黄、赤四大名溪和6大瀑布等	山岳型	120	安庆市
颍州西湖	省　级	北宋宰相晏殊、文学家欧阳修、苏轼等留下113首诗篇。原碑林长廓、八卦阵、八仙石雕和“会老堂”等		24.32	阜阳市
龙须湖	省　级	湖水容量3252万立方米，植被丰富，珍禽野兽较多，湖光山色、风光秀美	湖泊型	110	郎溪县
铜锣寨	省　级	碧峰伟崖，陡不可攀，海拔1096米，有奇松、怪石、云海、温泉“四绝”，素称“江北小黄山”	山岳、古关寨	47	霍山县
大华山	省　级	云峰寺始唐朝，地藏王在此结庵1300余年。太平军的“羊破寨”、庆云寺等，东石笋高38米，为“中华第一石笋”	山岳型	56	六安市
合肥环城公园—西郊	省　级	西郊有蜀山风景、董铺和大房郢水库、森林公园、科学岛等，著名北宋“包拯”——包公祠座落环城公园	城市近郊公园	32	合肥市
紫蓬山	省　级	三国名刹——西庐寺，魏将李典，宋名将葛升墓，淮军名将刘铭传故居。有21米高的如来大佛，五百罗汉、文昌阁等	山岳型	48	肥西县
五柳	省　级	著名“呵泉、龙泉、珍珠泉”等，大方寺、闵祠等股商文化遗址和众多汉墓		26	宿州市
凤凰山	省　级	宋代古民居，荆公书堂，大明寺，莲花寺和大雄宝殿等自然和人文景观20余处	山岳型	28.4	铜陵市
司空山	省　级	中华佛教禅宗发源地，有“祖禅刹、三祖洞、乌牛古石、南崖瀑布”等，赵朴初题为“禅宗第一山”	山岳型	46.8	岳西县
大历山	省　级	唐玄宗二年始建“翠观庵”，明建“尧舜寺”，有法藏寺、尧池、舜井、伏虎洞、白龙洞等，钟乳奇异，山色峻美	山岳型	26	东至县
卜塘	省　级	山恋叠峰、沟壑纵横、林木绢绣、飞泉叮咚，竹海、古树、清泉、钟鼓并称“四绝”	山岳型	45	马鞍山市
龙子湖	省　级	禹王庙、汤和墓、东明皇陵、中都城、龙兴寺、栖岩寺和淮河风情园等	湖泊型	36.2	蚌埠市
汤池	省　级	汉文帝建庐江国时称“坑泉”，水温63℃，为“华东第一温泉”，有三国周郎和小乔沐浴池、古寺、十三庵等	温泉	22.5	庐江县

18—13 国家级重点文物保护单位
National Grade Main Cultural Relics

名 称 Name	时 代 Era	地 址 Address	批 次 Batch	公布时间 Announcement Time
新四军军部旧址	1938–1941	泾县云岭乡	第一批	1961.3
明中都皇故城及皇陵石刻	明	凤阳县	第二批	1982.2
安丰塘（芍陂）	春秋–清	寿县	第三批	1988.1
龙川胡氏宗祠	明–清	绩溪县瀛洲乡	第三批	1988.1
潜口民宅	明–清	黄山市徽州区尘潜口村	第三批	1988.1
许国石坊	明	歙县	第三批	1988.1
花戏楼	清	亳州市谯城区	第三批	1988.1
广教寺双塔	宋	宣州市宣州区敬亭山	第三批	1988.1
和县猿人遗址	旧石器时代	和县陶店乡	第三批	1988.1
薛家岗遗址	新石器时代	潜山县	第四批	1996.11
大工山–凤凰山铜矿遗址	西周至宋	南陵县、铜陵市	第四批	1996.11
棠樾石牌坊群	明、清	歙县郑村乡	第四批	1996.11
老屋阁及绿绕亭	明	黄山市徽州区西溪南村	第四批	1996.11
罗东舒祠（宝伦阁）	明	黄山市徽州区呈坎村	第四批	1996.11
渡江战役总前委旧址	1949年3月–4月	肥东县撮镇瑶岗村	第四批	1996.11
陈山遗址	旧石器时代	宣州市宣州区	第五批	2001.6
凌家滩遗址	新石器时代	含山县	第五批	2001.6
尉迟寺遗址	新石器时代	蒙城县	第五批	2001.6
寿春城遗址	战国	寿县	第五批	2001.6
寿州窑遗址	南朝至塘	淮南市	第五批	2001.6
柳孜运河码头遗址	唐至宋	濉溪县	第五批	2001.6
繁昌窑遗址	宋	繁昌县	第五批	2001.6
皖南土墩墓群	西周至春秋	南陵县、繁昌县	第五批	2001.6
曹氏家族墓群	东汉、三国	亳州市谯城区	第五批	2001.6
朱然家族墓地	三国	马鞍山市	第五批	2001.6
水西双塔	宋	泾县	第五批	2001.6
亳州古地道	宋、元	亳州市谯城区	第五批	2001.6
白崖寨	元至清	宿松县	第五批	2001.6
程氏三宅	明	黄山市屯溪区	第五批	2001.6
呈坎村古建筑群	明、清	黄山市徽州区	第五批	2001.6
渔梁坝	唐至清	歙县	第五批	2001.6
宏村古建筑群	明、清	黟县	第五批	2001.6
西递村古建筑群	明、清	黟县	第五批	2001.6
寿县古城墙	宋至清	寿县	第五批	2001.6
查济古建筑群	宋至清	泾县	第五批	2001.6
天柱山山谷流泉摩崖石刻	宋至清	潜山市	第五批	2001.6
人字洞遗址	旧石器时代	繁昌县	第六批	2006.5
临涣城址	战国	濉溪县	第六批	2006.5
李白墓	唐	当涂县	第六批	2006.5
蒙城万佛塔	宋	蒙城县	第六批	2006.5
溪头三槐堂	明	休宁县	第六批	2006.5
振风塔	明	安庆市迎江区	第六批	2006.5
郑氏宗祠	明	歙县	第六批	2006.5
江村古建筑群	明至清	旌德县	第六批	2006.5
南屏村古建筑群	明至清	黟县	第六批	2006.5
祁门古戏台	明至清	祁门县	第六批	2006.5
许村古建筑群	明至民国	歙县	第六批	2006.5
黄田村古建筑群	清	泾县	第六批	2006.5
世太史第	清	安庆市迎江区	第六批	2006.5
竹山书院	清	歙县	第六批	2006.5
齐云山石刻	宋至清	休宁县	第六批	2006.5
李氏庄园	清	霍邱县	第六批	2006.5
刘铭传旧居	清	肥西县	第六批	2006.5
冯玉祥旧居	1936－1937年	巢湖市居巢区	第六批	2006.5
半塔保卫战旧址	1941年	来安县	第六批	2006.5
淮海战役总前委和华东野战军指挥部旧址	1948年	濉溪县、萧县	第六批	2006.5

18—14　省级文物保护单位
Provincial Cultural Relic Preservation Institutions

名　　称 Name	时　　代 Era	地　　址 Address	批　　次 Batch	公布时间 Announcement Time
古遗址（77处）				
龙潭洞遗址	旧石器时代	和县	第一批	1981年9月8日
银山遗址	旧石器时代	巢湖市	第二批	1986年7月3日
陈山旧石器出土地点	旧石器时代	宣城市宣州区	第三批	1989年5月27日
官山、毛竹山遗址	旧石器时代	宁国市	第四批	1998年5月4日
人字洞遗址	旧石器时代	繁昌县	第五批	2004年10月28日
薛家岗遗址	新石器时代	潜山县	第一批	1981年9月8日
张四墩遗址	新石器时代	安庆市	第一批	1981年9月8日
大城头遗址	新石器时代	肥东县	第一批	1981年9月8日
大陈墩遗址	新石器时代	肥东县	第一批	1981年9月8日
青凤岭遗址	新石器时代	亳州市	第一批	1981年9月8日
钓鱼台遗址	新石器时代	亳州市	第一批	1981年9月8日
胡家村遗址	新石器时代	绩溪县	第一批	1981年9月8日
花家寺遗址	新石器时代	萧县	第一批	1981年9月8日
傅庄遗址	新石器时代	亳州市	第三批	1989年5月27日
石山孜遗址	新石器时代	濉溪县	第三批	1989年5月27日
侯家寨遗址	新石器时代	定远县	第四批	1998年5月4日
尉迟寺遗址	新石器时代	蒙城县	第四批	1998年5月4日
古埂遗址	新石器时代	肥西县	第四批	1998年5月4日
玉石山遗址	新石器时代	灵璧县	第四批	1998年5月4日
凌家滩遗址	新石器时代	含山县	第四批	1998年5月4日
灰角寺遗址	新石器时代	太和县	第四批	1998年5月4日
黄家堰遗址	新石器时代	望江县	第四批	1998年5月4日
下阳遗址	新石器时代	广德县	第四批	1998年5月4日
双墩遗址	新石器时代	蚌埠市	第五批	2004年10月28日
中土坑遗址	新石器时代	祁门县	第五批	2004年10月28日
夫子城遗址	新石器时代	安庆市	第五批	2004年10月28日
小山口遗址	新石器时代	宿州市	第五批	2004年10月28日
古台寺遗址	新石器时代	宿州市	第五批	2004年10月28日
红墩寺遗址	新石器——商周	霍邱县	第三批	1989年5月27日
濮家墩遗址	新石器——商周	滁州市	第二批	1986年7月3日
阮墩遗址	新石器——商周	繁昌县	第五批	2004年10月28日
孙家城土城遗址	新石器——商周	怀宁市	第五批	2004年10月28日
东城都遗址	新石器——西周	六安市	第四批	1998年5月4日
化家湖遗址	新石器——汉	濉溪县	第五批	2004年10月28日
“伍奢冢”遗址	新石器——汉	利辛县	第五批	2004年10月28日
大城墩遗址	新石器——隋唐	含山县	第二批	1986年7月3日
斗鸡台遗址	夏、商	寿县	第四批	1998年5月4日
老邱堆遗址	殷	临泉县	第一批	1981年9月8日
倪邱集遗址	殷	太和县	第一批	1981年9月8日
青莲寺遗址	商周	寿县	第四批	1998年5月4日
贺胜台遗址	商周	阜南县	第四批	1998年5月4日
欧墩遗址	商周	郎溪县	第四批	1998年5月4日
烟墩山遗址	商周	马鞍山市	第五批	2004年10月28日
花城遗址	周	舒城县	第四批	1998年5月4日
牯牛山遗址	周	南陵县	第四批	1998年5月4日
石梁土城遗址	商周、唐宋	天长市	第三批	1989年5月27日
大工山古矿冶遗址	西周——宋	南陵县	第三批	1989年5月27日

18—14 续表1 continued

名　称 Name	时　代 Era	地　址 Address	批　次 Batch	公布时间 Announcement Time
凤凰山铜矿遗址（木鱼山、金牛洞、铜井山遗址、罗家村大炼渣）	西周——宋	铜陵市	第四批	1998年5月4日
古昭关遗址	春秋	含山县	第三批	1989年5月27日
钟离城遗址	春秋	凤阳县	第一批	1981年9月8日
寿春城遗址（含西南小城）	战国	寿县	第四批	1998年5月4日
陈胜、吴广起义遗址	秦	宿州市	第一批	1981年9月8日
蕲县古城遗址	秦	宿州市	第二批	1986年7月3日
垓下遗址	秦	固镇县	第二批	1986年7月3日
新阳城遗址	秦汉	界首市	第四批	1998年5月4日
东城遗址	秦——唐	定远县	第四批	1998年5月4日
龙城遗址	汉	肥东县	第一批	1981年9月8日
六安西古城遗址	汉	六安市	第一批	1981年9月8日
谷阳城遗址	汉	固镇县	第五批	2004年10月28日
北平城遗址	汉	涡阳县	第五批	2004年10月28日
临涣古城遗址	汉—元	濉溪县	第二批	1986年7月3日
三国新城遗址	三国	合肥市	第四批	1998年5月4日
寿州窑址	六朝——唐	淮南市	第一批	1981年9月8日
白土寨窑址	唐——宋	萧县	第一批	1981年9月8日
琴溪窑址	唐——宋	泾县	第二批	1986年7月3日
霞间窑址	五代——北宋	绩溪县	第三批	1989年5月27日
东门渡窑址	五代——北宋	芜湖县	第四批	1998年5月4日
清流关	南唐——宋	滁州市	第三批	1989年5月27日
柯家村遗址	宋	繁昌县	第一批	1981年9月8日
下符桥窑址	宋	霍山县	第二批	1986年7月3日
天静宫遗址	宋	涡阳县	第四批	1998年5月4日
汤池果树窑址	宋	庐江县	第五批	2004年10月28日
“古井贡酒”古井及窖池	宋——明	亳州市	第四批	1998年5月4日
明王台遗址	元	亳州市	第一批	1981年9月8日
明中都城城址	明	凤阳县	第一批	1981年9月8日
琉璃瓦窑址	明	当涂县	第一批	1981年9月8日
谢朓楼遗址	清	宣城市宣州区	第四批	1998年5月4日
古墓葬（45处）				
汤王墓	商	亳州市	第一批	1981年9月8日
武王墩	周	长丰县	第一批	1981年9月8日
万牛墩土墩墓群	周	繁昌县	第三批	1989年5月27日
千峰山土墩墓群	西周——春秋	南陵县	第二批	1986年7月3日
共姬墓	春秋	淮北市	第五批	2004年10月28日
黄泥孤堆（黄歇墓）	战国	淮南市	第五批	2004年10月28日
廉颇墓	战国	寿县	第五批	2004年10月28日
严氏孤堆	战国——汉	长丰县	第一批	1981年9月8日
薛家孤堆	汉	亳州市	第一批	1981年9月8日
虞姬墓	汉	灵璧县	第二批	1986年7月3日
刘安墓	汉	寿县	第二批	1986年7月3日
放王岗古墓群	汉	巢湖市	第四批	1998年5月4日
董园2号石墓	东汉	亳州市	第一批	1981年9月8日
曹四孤堆	东汉	亳州市	第一批	1981年9月8日
张园汉暮	东汉	亳州市	第四批	1998年5月4日
古城画像石墓	东汉	濉溪县	第四批	1998年5月4日
周瑜墓	三国	庐江县	第三批	1989年5月27日
朱然墓	三国·吴	马鞍山市	第二批	1986年7月3日
宋山古墓	三国·吴	马鞍山市	第四批	1998年5月4日
李白墓	唐	当涂县	第一批	1981年9月8日

18—14 续表2 continued

名　称 Name	时　代 Era	地　址 Address	批　次 Batch	公布时间 Announcement Time
何城墓	唐	庐江县	第五批	2004年10月28日
陈翥墓	北宋	铜陵县	第四批	1998年5月4日
明皇陵	明	凤阳县	第一批	1981年9月8日
汤和墓	明	蚌埠市	第二批	1986年7月3日
郑之珍墓	明	祁门县	第三批	1989年5月27日
万孺人墓	明	广德县	第五批	2004年10月28日
常氏三王墓	明	怀远县	第五批	2004年10月28日
化明塘严氏墓	明	五河县	第五批	2004年10月28日
余珊墓	明	桐城市	第五批	2004年10月28日
方以智墓	清	枞阳县	第一批	1981年9月8日
戴东原墓	清	休宁县	第一批	1981年9月8日
渐江墓	清	歙县	第二批	1986年7月3日
邓石如墓	清	怀宁县	第二批	1986年7月3日
姚鼐墓	清	枞阳县	第二批	1986年7月3日
戴名世墓	清	桐城市	第二批	1986年7月3日
刘大木魁墓	清	枞阳县	第三批	1989年5月27日
梅文鼎墓	清	宣城市宣州区	第三批	1989年5月27日
姚莹墓	清	桐城市	第三批	1989年5月27日
梅清墓	清	宣城市宣州区	第四批	1998年5月4日
赵文楷墓	清	太湖县	第四批	1998年5月4日
吴汝纶墓	清	枞阳县	第四批	1998年5月4日
孝子墩古墓	清	长丰县	第五批	2004年10月28日
施闰章墓	清	宣城市宣州区	第五批	2004年10月28日
皋陶墓		六安市	第三批	1989年5月27日
六安汉代王陵墓地	西汉	六安市金安区		2007年8月9日
古建筑（234处）				
芍陂遗址	春秋——清	寿县	第二批	1986年7月3日
汉阙遗址及水牛墓	汉	淮北市	第五批	2004年10月28日
七门堰	汉——清	舒城县	第四批	1998年5月4日
杏花村古井	唐	池州市贵池区	第三批	1989年5月27日
禹王宫	唐——清	怀远县	第三批	1989年5月27日
渔梁坝	唐——清	歙县	第三批	1989年5月27日
西风禅寺及摩崖石刻	唐——近代	太湖县	第五批	2004年10月28日
广教寺双塔	宋	宣城市宣州区	第一批	1981年9月8日
景德寺塔	北宋	宣城市宣州区	第四批	1998年5月4日
多宝庵塔	北宋	六安市	第四批	1998年5月4日
天寿寺塔	宋	广德县	第一批	1981年9月8日
万佛塔	宋	蒙城县	第一批	1981年9月8日
太平塔	宋	潜山市	第一批	1981年9月8日
广济寺塔	宋	芜湖市	第一批	1981年9月8日
黄金塔	宋	无为县	第一批	1981年9月8日
长庆寺塔	宋	歙县	第一批	1981年9月8日
水西大观塔及小方塔	宋	泾县	第一批	1981年9月8日
米公祠	宋	无为县	第一批	1981年9月8日
黄山塔	宋	当涂县	第二批	1986年7月3日
净居寺塔	宋	青阳县	第五批	2004年10月28日
东谯楼	宋	歙县	第五批	2004年10月28日
新州石塔	南宋	歙县	第一批	1981年9月8日
伟溪塔	南宋	祁门县	第三批	1989年5月27日
万寿塔	南宋	和县	第四批	1998年5月4日
仙人塔	南宋	宁国市	第四批	1998年5月4日
望江寺塔	南宋	六安市	第四批	1998年5月4日

18—14 续表3 continued

名　称 Name	时　代 Era	地　址 Address	批　次 Batch	公布时间 Announcement Time
上水关、下水关、广惠桥	宋、明、唐	滁州市	第五批	2004年10月28日
亳州古地下道	宋——元	亳州市	第二批	1986年7月3日
寿县古城墙	宋——清	寿县	第二批	1986年7月3日
丰乐亭	宋——清	滁州市	第二批	1986年7月3日
衙署前门	宋——清	芜湖市	第五批	2004年10月28日
硖山口《慰农亭》及摩崖石刻	宋——清	凤台县	第五批	2004年10月28日
法华禅庵塔	元	明光市	第二批	1986年7月3日
寿县孔庙	元——清	寿县	第五批	2004年10月28日
白崖寨	元——清	宿松县	第二批	1986年7月3日
曹门厅	明	歙县	第一批	1981年9月8日
方文泰宅	明	歙县	第一批	1981年9月8日
老屋阁及绿绕亭	明	歙县	第一批	1981年9月8日
苏雪痕宅	明	歙县	第一批	1981年9月8日
罗润坤、罗来龙宅	明	歙县	第一批	1981年9月8日
张林福宅	明	歙县	第一批	1981年9月8日
方春福宅	明	歙县	第一批	1981年9月8日
三槐堂	明	休宁县	第一批	1981年9月8日
方士载宅	明	歙县	第一批	1981年9月8日
贞白门	明	歙县	第一批	1981年9月8日
觉寂塔	明	潜山市	第一批	1981年9月8日
迎江寺及振风塔	明	安庆市	第一批	1981年9月8日
龙兴寺	明	凤阳县	第一批	1981年9月9日
圣僧庵壁画	明	歙县	第一批	1981年9月8日
潜口明代民居建筑群	明	歙县	第二批	1986年7月3日
程氏宅	明	黟县	第二批	1986年7月3日
胡文光刺史坊	明	黟县	第二批	1986年7月3日
奕世尚书坊	明	绩溪县	第二批	1986年7月3日
郑村忠烈坊	明	歙县	第二批	1986年7月3日
黄村进士第	明	休宁县	第二批	1986年7月3日
太和县文庙大成殿	明	太和县	第二批	1986年7月3日
寿县清真寺	明	寿县	第二批	1986年7月3日
六角楼	明	黄山市	第三批	1989年5月27日
冯村进士坊	明	绩溪县	第三批	1989年5月27日
鼓楼基座	明	凤阳县	第三批	1989年5月27日
程大位故居	明	黄山市屯溪区	第三批	1989年5月27日
大观亭	明	歙县	第四批	1998年5月4日
郑氏宗祠	明	歙县	第四批	1998年5月4日
丰口四面坊	明	歙县	第四批	1998年5月4日
殷尚书坊及大司徒坊	明	歙县	第四批	1998年5月4日
韩氏宗祠	明	黟县	第四批	1998年5月4日
梓坞祠堂	明	休宁县	第四批	1998年5月4日
程氏宗祠	明	黄山市屯溪区	第四批	1998年5月4日
岩寺文峰塔	明	黄山市徽州区	第四批	1998年5月4日
长春社	明	黄山市徽州区	第四批	1998年5月4日
五教堂	明	绩溪县	第三批	1989年5月27日
敦履堂	明	绩溪县	第四批	1998年5月4日
父子进士坊	明	旌德县	第四批	1998年5月4日
叶家桥	明	当涂县	第四批	1998年5月4日
清溪塔	明	池州市贵池区	第四批	1998年5月4日
兴济桥	明	池州市贵池区	第四批	1998年5月4日
汪氏宗祠	明	石台县	第四批	1998年5月4日
净信寺	明	青阳县	第四批	1998年5月4日

18—14　续表4　continued

名　称 Name	时　代 Era	地　址 Address	批　次 Batch	公布时间 Announcement Time
法云寺塔	明	岳西县	第四批	1998年5月4日
观音寺塔	明	六安市	第四批	1998年5月4日
江淮桥	明	含山县	第四批	1998年5月4日
运河桥	明	阜南县	第四批	1998年5月4日
薛阁塔	明	亳州市	第四批	1998年5月4日
玉虚宫牌坊	明	休宁县	第四批	1998年5月4日
柯乔门坊	明	青阳县	第四批	1998年5月4日
中江塔	明	芜湖市	第五批	2004年10月28日
水东花戏楼	明	宣城市宣州区	第五批	2004年10月28日
明代城墙	明	郎溪县	第五批	2004年10月28日
耿村明代耿姓民宅	明	广德县	第五批	2004年10月28日
叶集江西会馆	明	六安市	第五批	2004年10月28日
天心堂	明	歙县	第五批	2004年10月28日
金紫祠	明	黄山市徽州区	第五批	2004年10月28日
敬本堂	明	歙县	第五批	2004年10月28日
大邦伯祠	明	歙县	第五批	2004年10月28日
金柱塔	明	当涂县	第五批	2004年10月28日
司谏第	明（弘治）	歙县	第一批	1981年9月8日
许国石坊	明（1583年）	歙县	第一批	1981年9月8日
程氏三宅	明末	屯溪	第一批	1981年9月8日
宝伦阁	明末清初	歙县	第一批	1981年9月8日
石牌坊群	明——清	歙县	第一批	1981年9月8日
太平桥	明——清	歙县	第一批	1981年9月8日
化城寺	明——清	九华山风景区	第一批	1981年9月8日
龙川胡氏宗祠	明——清	绩溪县	第二批	1986年7月3日
太平山房	明——清	青阳县	第二批	1986年7月3日
安城堡	明——清	太湖县	第二批	1986年7月3日
桐城县文庙	明——清	桐城市	第二批	1986年7月3日
江宁会馆	明——清	亳州市	第三批	1989年5月27日
霍山文庙	明——清	霍山县	第三批	1989年5月27日
镇淮楼	明——清	和县	第三批	1989年5月27日
南谯楼	明——清	歙县	第三批	1989年5月27日
舒余庆堂	明——清	黟县	第三批	1989年5月27日
道德中宫	明——清	亳州市	第三批	1989年5月27日
安庆谯楼	明——清	安庆市	第四批	1998年5月4日
查济民居（含宝公祠、德厅屋、进士门、二甲祠、洪公祠、怀素堂）	明——清	泾县	第四批	1998年5月4日
许氏宗祠及听泉楼	明——清	绩溪县	第三批	1989年5月27日
慈光阁	明——清	黄山风景区	第四批	1998年5月4日
姥山塔	明——清	巢湖市	第四批	1998年5月4日
吴氏大宗祠	明——清	泾县	第五批	2004年10月28日
三溪乐成桥	明——清	旌德县	第五批	2004年10月28日
毛坦厂老街重点古建筑	明——清	六安市	第五批	2004年10月28日
杜氏宗祠	明——清	池州市贵池区	第五批	2004年10月28日
榉根关古徽道	明——清	石台县	第五批	2004年10月28日
金氏宗祠	明——清	东至县	第五批	2004年10月28日
屏山村古建筑群	明——清	黟县	第五批	2004年10月28日
南屏村古建筑群	明——清	黟县	第五批	2004年10月28日
洪坑牌坊群及洪氏家庙	明——清	徽州区	第五批	2004年10月28日
合一堂	明——清	祁门县	第五批	2004年10月28日
古城岩明清建筑群	明——清	休宁县	第五批	2004年10月28日
稠墅牌坊群	明——清	歙县	第五批	2004年10月28日

18—14 续表5 continued

名 称 Name	时 代 Era	地 址 Address	批 次 Batch	公布时间 Announcement Time
棠樾古民居	明——清	歙县	第五批	2004年10月28日
池河太平桥	明——清	定远县	第五批	2004年10月28日
左忠毅公祠	明——清	桐城市	第五批	2004年10月28日
章氏宗祠	明——清	池州市贵池区	第五批	2004年10月28日
太和城关清真寺	明——清	太和县	第四批	1998年5月4日
祁门古戏台群	明——清	祁门县	第三批	1989年5月27日
教弩台旧址	清	合肥市	第一批	1981年9月8日
陶公祠	清	东至县	第一批	1981年9月8日
华祖庵	清	亳州市	第一批	1981年9月8日
包公祠	清	合肥市	第一批	1981年9月8日
琅琊寺	清	滁州市	第一批	1981年9月8日
太白楼	清	马鞍山市	第一批	1981年9月8日
醉翁亭	清	滁州市	第一批	1981年9月8日
花戏楼	清	亳州市	第一批	1981年9月8日
西递清代民居建筑群	清	黟县	第二批	1986年7月3日
泗县文庙大成殿	清	泗县	第二批	1986年7月3日
踏歌岸阁	清	泾县	第二批	1986年7月3日
铁砚山房	清	怀宁	第二批	1986年7月3日
旌德文庙	清	旌德县	第三批	1989年5月27日
文昌阁	清	泾县	第三批	1989年5月27日
资福寺	清	阜阳市	第三批	1989年5月27日
沫河口关卡	清	五河县	第三批	1989年5月27日
显通寺	清	淮北市	第三批	1989年5月27日
半山阁	清	桐城市	第三批	1989年5月27日
蒙城文庙	清	蒙城县	第四批	1998年5月4日
阜阳文峰塔	清	阜阳市	第四批	1998年5月4日
南京巷钱庄	清	亳州市	第四批	1998年5月4日
闵子骞祠及墓	清	宿州市	第四批	1998年5月4日
林探花府	清	宿州市	第四批	1998年5月4日
国光楼	清	全椒县	第四批	1998年5月4日
中庙	清	巢湖市	第四批	1998年5月4日
武壮公祠	清	庐江县	第四批	1998年5月4日
振湖塔	清	肥东县	第四批	1998年5月4日
包氏宗祠	清	肥东县	第四批	1998年5月4日
四望堡寨址	清	霍山县	第四批	1998年5月4日
世太史第	清	安庆市	第四批	1998年5月4日
安庆关南清真寺	清	安庆市	第四批	1998年5月4日
廖河戏台	清	宿松县	第四批	1998年5月4日
雷阳书院	清	望江县	第四批	1998年5月4日
杨家祠堂	清	潜山县	第四批	1998年5月4日
东流双塔	清	东至县	第四批	1998年5月4日
崇德堂戏台	清	石台县	第四批	1998年5月4日
李氏宗祠	清	青阳县	第四批	1998年5月4日
曹氏宗祠	清	青阳县	第四批	1998年5月4日
侯家祠堂	清	朗溪县	第四批	1998年5月4日
溥公祠	清	旌德县	第四批	1998年5月4日
黄田村古民居群	清	泾县	第四批	1998年5月4日
翟氏宗祠	清	泾县	第四批	1998年5月4日
金溪花戏楼	清	泾县	第四批	1998年5月4日
汪氏住宅	清	绩溪县	第四批	1998年5月4日
湖村民居（余社旺宅、章祖望宅、章祖强宅、章秀珍宅）	清	绩溪县	第四批	1998年5月4日

18—14　续表6　continued

名　称 Name	时　代 Era	地　址 Address	批　次 Batch	公布时间 Announcement Time
绩溪文庙	清	绩溪县	第四批	1998年5月4日
周氏宗祠	清	绩溪县	第四批	1998年5月4日
檀干园	清	黄山市徽州区	第四批	1998年5月4日
宏村民居（承志堂、三立堂、南湖书院）	清	黟县	第四批	1998年5月4日
竹山书院	清	歙县	第四批	1998年5月4日
吴氏宗祠	清	歙县	第四批	1998年5月4日
潘氏宗祠	清	歙县	第四批	1998年5月4日
风雨廊桥	清	歙县	第四批	1998年5月4日
庐州府城隍庙戏楼	清	合肥市	第五批	2004年10月28日
大孔祠堂	清	合肥市	第五批	2004年10月28日
唐五房圩转心楼	清	肥西县	第五批	2004年10月28日
父子进士祠堂	清	肥东县	第五批	2004年10月28日
尹氏宗祠	清	长丰县	第五批	2004年10月28日
云氏宗祠及《长生殿》戏文砖雕贞节坊	清	广德县	第五批	2004年10月28日
江村古民居群	清	旌德县	第五批	2004年10月28日
胡炳衡宅	清	绩溪县	第五批	2004年10月28日
石家村古建筑群	清	绩溪县	第五批	2004年10月28日
周氏祠堂	清	宁国市	第五批	2004年10月28日
六安古城墙	清	六安市	第五批	2004年10月28日
褚氏祠堂	清	舒城县	第五批	2004年10月28日
狮山中学玉玺楼	清	霍山县	第五批	2004年10月28日
霍邱文庙	清	霍邱县	第五批	2004年10月28日
祇园寺	清	九华山风景区	第五批	2004年10月28日
百岁宫	清	九华山风景区	第五批	2004年10月28日
甘露寺	清	九华山风景区	第五批	2004年10月28日
严氏宗祠	清	石台县	第五批	2004年10月28日
宁氏宗祠	清	青阳县	第五批	2004年10月28日
赛金花故居	清	黟县	第五批	2004年10月28日
倪望重宅（“一府六县”）	清	祁门县	第五批	2004年10月28日
苏氏宗祠与海宁学舍	清	黄山市黄山区	第五批	2004年10月28日
希范堂	清	黄山市黄山区	第五批	2004年10月28日
程氏宗祠	清	黄山市黄山区	第五批	2004年10月28日
钟鼓楼	清	休宁县	第五批	2004年10月28日
曹氏二宅	清	歙县	第五批	2004年10月28日
员公支祠	清	歙县	第五批	2004年10月28日
周氏宗祠	清	歙县	第五批	2004年10月28日
古戏台、火神庙、嘉祐院古建筑群	清	明光市	第五批	2004年10月28日
尊胜禅院旧址	清	来安县	第五批	2004年10月28日
程文炳宅	清	阜阳市颍东区	第五批	2004年10月28日
臧家公馆	清	界首市	第五批	2004年10月28日
徐氏宗祠暨杨虎城在太和旧居	清	太和县	第五批	2004年10月28日
孙氏宗祠	清	岳西县	第五批	2004年10月28日
占庄老屋	清	潜山市	第五批	2004年10月28日
萧县文庙	清	萧县	第五批	2004年10月28日
建德文庙大成殿	清——民国	东至县	第三批	1989年5月27日
黄宾虹故居	清——民国	歙县	第三批	1989年5月27日
尤家花园及故居	清——民国	颍上县	第五批	2004年10月28日
肉身殿	民国	九华山风景区	第一批	1981年9月8日
李家圩地主庄园	民国	霍邱县	第一批	1981年9月8日
贞一堂	民国	祁门县	第四批	1998年5月4日
淮南市日寇侵华罪行遗址	1939—1945年	淮南市（含：万人坑、碉堡水牢、秘密水牢、窑神庙）	第二批	1986年7月3日

18—14 续表7 continued

名 称 Name	时 代 Era	地 址 Address	批 次 Batch	公布时间 Announcement Time
管鲍祠		颍上县	第二批	1986年7月3日
陋室		和县	第二批	1986年7月3日
霸王祠		和县	第二批	1986年7月3日
石窟寺及石刻（30处）				
九女坟画像石刻	汉	宿州市	第二批	1986年7月3日
小孤山石刻	南北朝——清	宿松县	第三批	1989年5月27日
花山石窟群	唐——清	黄山市屯溪区	第五批	2004年10月28日
玉蟹泉摩崖石刻	唐——宋——清	凤阳县	第四批	1998年5月4日
琴高山摩崖石刻	唐——清	泾县	第五批	2004年10月28日
刘冲崖刻	唐——清	九华山风景区	第五批	2004年10月28日
琅琊山摩岩崖石刻及碑刻	唐——民国	滁州市	第四批	1998年5月4日
黄山摩崖石刻	唐—近代	黄山风景区	第五批	2004年10月28日
程九万墓石刻	宋	青阳县	第四批	1998年5月4日
磐石山摩崖造像	宋	灵璧县	第四批	1998年5月4日
华阳洞石刻	宋	含山县	第五批	2004年10月28日
刘源题字石刻	宋末元初	潜山县	第一批	1981年9月8日
米芾芜湖县学记碑和明刻李阳冰歉卦碑	宋、明	芜湖市	第一批	1981年9月8日
王乔洞石窟造像	宋——明	巢湖市	第一批	1981年9月8日
浮山摩崖石刻	宋——清	枞阳县	第一批	1981年9月8日
山谷流泉摩岩石刻	宋——清	潜山县	第一批	1981年9月8日
齐云山碑刻及摩岩石刻	宋——清	休宁县	第一批	1981年9月9日
新安碑园石刻	宋——清	歙县	第二批	1986年7月3日
齐山摩崖石刻	宋——清	池州市	第三批	1989年5月27日
贵池区万罗山摩崖石刻	宋——民国	池州市贵池区	第四批	1998年5月4日
吴复墓石刻	明	肥东县	第三批	1989年5月27日
阮峰墓石刻	明	枞阳县	第四批	1998年5月4日
汪珊墓石刻	明	青阳县	第四批	1998年5月4日
陈德墓石刻	明	凤阳县	第五批	2004年10月28日
报恩寺罗汉	明末清初	寿县	第一批	1981年9月8日
金鸡碑及五猖神庙碑	清	怀宁县	第二批	1986年7月3日
汪由敦墓石刻	清	休宁县	第三批	1989年5月27日
杨捷墓石刻	清	天长市	第四批	1998年5月4日
张廷玉墓石刻	清	桐城市	第四批	1998年5月4日
慧居寺菩萨、罗汉塑像	清——民国	九华山风景区	第一批	1981年9月8日
近现代重要史迹及代表性建筑（69处）				
王步文故居	清	岳西县温泉镇	第四批	1998年5月4日
刘铭传故居	清	肥西县南分路乡	第四批	1998年5月4日
胡适故居	清	绩溪县	第四批	1998年5月4日
李鸿章故居及享堂	清	合肥市	第四批	1998年5月4日
安庆天主堂	清	安庆市	第五批	2004年10月28日
英驻芜领事署	清	芜湖市	第五批	2004年10月28日
天主堂	清	芜湖市	第五批	2004年10月28日
圣雅各中学旧址	清	芜湖市	第五批	2004年10月28日
怀远教会建筑旧址	清	怀远县	第五批	2004年10月28日
许世英故居	清	东至县	第五批	2004年10月28日
李克农故居	清	巢湖市	第五批	2004年10月28日
汪晓娣等宅（孙起孟旧居）	清	休宁县	第五批	2004年10月28日
太平天国英王府及太平天国英王府壁画	清	安庆市	第五批	2004年10月28日
三河大捷遗迹及古民居	清、近代	肥西县	第五批	2004年10月28日
安徽大学红楼及敬敷书院旧址	清、近代	安庆市	第五批	2004年10月28日
王稼祥故居	近代	泾县	第二批	1986年7月3日
吴樾故居	近代	桐城市	第二批	1986年7月3日

18—14 续表8 continued

名　称 Name	时　代 Era	地　址 Address	批　次 Batch	公布时间 Announcement Time
施从云墓	近代	桐城市	第二批	1986年7月3日
冯玉祥故居	近代	巢湖市	第三批	1989年5月27日
张治中故居	近代	巢湖市	第三批	1989年5月27日
老芜湖海关	近代	芜湖市	第五批	2004年10月28日
观瀑楼及听涛居	近代	黄山风景区	第五批	2004年10月28日
黄山古观景亭	近代	黄山风景区	第五批	2004年10月28日
张乐行故居	1810年——?	涡阳县	第一批	1981年9月8日
捻军会盟旧址	1855年	涡阳县	第一批	1981年9月8日
太平军枞阳会议旧址	1858年	枞阳县	第一批	1981年9月8日
太平军攻城图壁画	太平天国	绩溪县	第一批	1981年9月8日
同仁医院旧址	1906年	安庆市	第四批	1998年5月4日
熊成基安庆起义会议旧址	1908年	安庆市	第一批	1981年9月8日
熊、范二烈士专祠	1912年	安庆市	第四批	1998年5月4日
砀山天主教堂	1917年	砀山县	第四批	1998年5月4日
安徽邮务管理局旧址	1926年	安庆市	第四批	1998年5月4日
中共安徽地委旧址	1926-1927年	安庆市	第四批	1998年5月4日
中国国民党安徽省党部旧址	1926年-1927年	安庆市	第四批	1998年5月4日
“四 ·九”暴动旧址	1928年	阜阳县	第一批	1981年9月8日
立夏节起义旧址	1929年	金寨县	第一批	1981年9月8日
红军第11军32师成立旧址	1929年	金寨县	第一批	1981年9月8日
列宁小学旧址	1929—1931年	金寨县	第一批	1981年9月8日
独山革命旧址群	1929—1932年	六安市	第一批	1981年9月8日
赤城县赤色邮政局旧址	1930年	金寨县	第四批	1998年5月4日
六安中心县委、六英霍暴动总指挥部旧址	1930年	金寨县	第五批	2004年10月28日
苏家埠战斗旧址	1932年	六安市	第一批	1981年9月8日
红军中央独立第2师司令部旧址	1934年	岳西县	第一批	1981年9月8日
中共鄂豫皖省委会议旧址	1934年	金寨县	第一批	1981年9月8日
皖南苏区江边特区革命委员会旧址	1934年	黟县	第一批	1981年9月8日
中国工农红军第二十八军重建会议旧址	1935年	岳西县	第一批	1981年7月3日
中共皖浙赣省委驻地旧址	1936—1937年	休宁县	第四批	1998年5月4日
南方八省红军游击队集中地旧址	1938年	歙县	第一批	1981年9月8日
安徽省民众总动员委员会旧址	1938年	六安市	第四批	1998年5月4日
中共鄂豫皖区委员会旧址	1938—1939年	金寨县	第一批	1981年9月8日
新四军四支队驻舒旧址	1938.2 —1939.6	舒城县	第五批	2004年10月28日
新四军军部旧址	1938—1941年	泾县	第一批	1981年7月3日
新四军四师司令部旧址	1938—1941年	涡阳县	第一批	1981年7月3日
半塔保卫战旧址	1940年	来安县	第一批	1981年9月8日
新四军七师司令部旧址	1941—1945年	无为县	第三批	1989年5月27日
抗大八分校旧址	1942—1945年	天长市	第四批	1998年5月4日
野人寨抗日阵亡将士墓	1943年	潜山县	第四批	1998年5月4日
陈独秀墓	1947年	安庆市	第四批	1998年5月4日
淮海战役双堆集战场旧址	1948年11月	濉溪县	第一批	1981年9月8日
渡江战役期间总前委旧址	1949年3—4月	肥东县	第二批	1986年7月3日
渡江战役中线指挥部旧址	1949年	枞阳县	第一批	1981年9月8日
新四军抗日殉国烈士墓	1949年	泾县	第一批	1981年9月8日
渡江战役总前委孙家圩子旧址	1949年	蚌埠市	第五批	2004年10月28日
中共淮海战役总前委旧址	近现代	濉溪县、萧县	第一批	1981年9月8日
洪家大屋	近现代	祁门县	第一批	1981年9月8日
林散之墓	1991年	马鞍山市采石风景区	第五批	2004年10月28日
安徽省博物馆陈列展览大楼	1956年	合肥市庐阳区		2007年8月9日
江淮大戏院主体建筑	1956年	合肥市庐阳区		2007年8月9日
金寨革命烈士陵园	建国后	金寨县		2009年2月25日

18—15 自然保护区
Nature Protection Areas

名　称 Name	级　别 Grade	保护对象 Protection Objects	类　型 Kinds	面　积 (公顷) Area(hectares)	地　址 Address
铜陵淡水豚	国家级	淡水豚类、珍稀鱼类	野生动物	31518	铜陵、贵池、枞阳、无为等县市
古牛绛	国家级	森林生态系统及珍稀动植物	森林生态	6713.3	祁门县、石台县
鹞落坪	国家级	北亚热带常绿阔叶林及濒危动植物	森林生态	12300	岳西县
金寨天马	国家级	北亚热带常绿落叶阔叶混交林	森林生态	28913.7	金寨县
升金湖	国家级	白鹳等珍稀鸟类及湿地生态系统	野生动物	33400	东至县、贵池区
安徽扬子鳄	国家级	扬子鳄及其生境	野生动物	18565	宣州区、郎溪县、广德县、泾县、南陵县
安徽清凉峰	国家级	中亚热带常绿阔叶林及珍稀濒危动植物	森林生态	7811.2	绩溪县、歙县
沱　湖	省　级	湿地生态系统及鸟类	内陆湿地	4200	五河县
石臼湖	省　级	珍稀水禽及其生境	内陆湿地	10667	当涂县
安庆沿江湿地	省　级	珍稀水禽及湿地生态系统	内陆湿地	120000	宜秀区、桐城市、望江县、枞阳县、宿松县、太湖县
板　仓	省　级	森林生态、珍稀动植物、水源涵养林	森林生态	1523.2	潜山市
枯井园	省　级	北亚热带常绿阔叶林、原麝、白冠长尾雉、兰科植物	森林生态	4000	岳西县
十里山	省　级	中亚热带常绿阔叶林及其珍稀动植物	森林生态	1936	黄山市黄山区
九龙峰	省　级	森林生态系统	森林生态	2720	黄山市黄山区
天　湖	省　级	阔叶林及野生动植物	森林生态	4500	黄山市徽州区
六股尖	省　级	森林与野生动植物	森林生态	2747	休宁县
岭　南	省　级	森林及野生动植物	森林生态	2771	休宁县
五溪山	省　级	森林及珍稀动植物	森林生态	4050	黟县
查　湾	省　级	森林及珍稀动植物	森林生态	1600	祁门县
皇甫山	省　级	北亚热带落叶阔叶林和鸟类资源	森林生态	3600	滁州市南谯区
女山湖	省　级	湿地生态系统及水生动植物	内陆湿地	21000	明光市
颍州西湖	省　级	湿地及水生生物	内陆湿地	11000	阜阳市颍州区
八里河	省　级	白鹳、白头鹤、大鸨、琵琶、鸳鸯等珍稀鸟类	野生动物	14600	颍上县
大方寺	省　级	落叶阔叶次生林	森林生态	2080	宿州市埇桥区
砀山酥梨	省　级	砀山酥梨种质资源	野生植物	8892	砀山县
砀山黄河故道	省　级	湿地生态系统和越冬水禽	内陆湿地	2180	砀山县
皇藏峪	省　级	银杏、黄檀、小叶朴等	森林生态	2067	萧县
萧县黄河故道	省　级	湿地生态系统	内陆湿地	6316	萧县
沱　河	省　级	珍稀水禽及其生境	内陆湿地	2463	泗县
东西湖	省　级	水鸟及其生境	野生动物	14200	霍邱县
舒城万佛山	省　级	北亚热带常绿阔叶林及珍稀动植物	森林生态	2000	舒城县
霍山佛子岭	省　级	水源涵养林、珍稀野生动植物	森林生态	6667	霍山县
十八索	省　级	白鹳、小天鹅等珍稀鸟类及湿地生态系统	野生动物	7500	池州市贵池区
老　山	省　级	亚热带常绿阔叶林森林生态系统及金钱松、云豹、珍稀鸟类	森林生态	16909	池州市贵池区
盘　台	省　级	森林生态系统及动植物	森林生态	540	青阳县
板　桥	省　级	北中亚热带常绿阔叶林及珍稀动植物	森林生态	5000	宁国市

主要统计指标解释

旅游人数

(1)入境旅游人数：指报告期内来我国观光、度假、探亲访友、就医疗养、购物、参加会议或从事经济、文化、体育、宗教活动的外国人、港澳台同胞等入境游客。统计时，外国人、港澳台同胞每入境一次统计 1 人次。

(2)出境人数：指中国（大陆）居民因公或因私出境前往其他国家、中国香港特别行政区、澳门特别行政区和台湾省观光、度假、探亲访友、就医疗养、购物、参加会议或从事经济、文化、体育、宗教活动的人数，即出境游客。统计时，按每出境一次统计 1 人次。

(3)国内旅游人数：指在报告期内在中国（大陆）观光游览、度假、探亲访友、就医疗养、购物、参加会议或从事经济、文化、体育、宗教活动的中国（大陆）居民人数，其出游的目的不是通过所从事的活动谋取报酬。统计时，国内游客按每出游一次统计 1 人次。

国际旅游(外汇)收入

指入境游客在中国（大陆）境内旅行、游览过程中用于交通、参观游览、住宿、餐饮、购物、娱乐等全部花费。

国内旅游收入

又称旅游总花费。指国内游客在国内旅行、游览过程中用于交通、参观游览、住宿、餐饮、购物、娱乐等全部花费。

国际旅行社

指经营业务范围包括入境旅游业务、出境旅游业务和国内旅游业务的旅行社。

国内旅行社

指经营范围仅限于国内旅游业务的旅行社。

星级饭店

指设备、设施、服务符合《旅游饭店星级的划分与评定》(GB/T14308-2003)，通过相关旅游管理部门评定，并取得星级饭店称号的饭店（含预备星级饭店）。

Explanatory Notes for Major Statistical Indicators

Number of Tourists

(1) Visitor arrivals refer to the number of foreigners, Chinese compatriots from Hong Kong, Macao and Taiwan Chinese (mainland) who come to China (mainland) for sight-seeing, vacation, visiting relatives, medical treatment, shopping, attending conference, or to engage in economic, cultural, sports and religious activities. In compiling statistics, each time of entering China is counted as one person-time.

(2) Number of Chinese residents going abroad refer to the number of Chinese (mainland) residents going to other countries, Hong Kong Special Administrative region, Macao Special Administrative region and Taiwan for on official or private purposes, for sight-seeing, vacation, visiting relatives, medical treatment, shopping, attending conference, or to engage in economic, cultural, sports and religious activities. In compiling statistics, each time of leaving is counted as one person-time.

(3) Number of domestic tourists refers to the number of Chinese (mainland) residents who travel within China (mainland) for sight-seeing, vacation, visiting relatives, medical treatment, shopping, attending conference, or to engage in economic, cultural, sports and religious activities. In compiling statistics, each time of travelling is counted as one person-time.

Foreign Exchange Earnings from International Tourism

refer to the total expenditure of foreigners, overseas Chinese, Chinese compatriots from Hong Kong, Macao and Taiwan during their stay in the mainland of China on transportation, sighting, accommodation, food, shopping and entertainment.

Income from Domestic Tourism

refer to expenditure of domestic tourists on transportation, sighting, accommodation, food, shopping and entertainment while they travel.

International Travel Agencies

refer to travel agencies engaged in tourism entering China, Chinese residents going abroad and domestic tourism.

Domestic Travel Agencies

refer to travel agencies only engaged in domestic tourism.

Star-rated Hotels

refer to hotels rated with stars as assessed by the relevant tourism authorities according to GB/T14308-2003 standard with reference to their infrastructure, facilities and service levels.

第十九篇

Chapter 19

EDUCATION AND SCIENCE

简要说明

一、教育统计资料包括公办教育和民办教育、学历教育和非学历教育。具体有高等教育（研究生教育、普通高等教育和成人高等教育）中等教育（高中阶段教育和初中阶段教育）、初等教育（小学）、学前教育、特殊教育（盲聋哑和弱智儿童学校等）以及教育经费等资料。主要指标包括学校数、在校学生数、招生数、毕业生数、教职工数和专任教师数、教育经费等。

教育事业统计资料由省教育厅提供；技工学校的资料由省人力资源和社会保障厅提供。

二、科技统计资料主要内容包括：全社会以及工业企业、政府部门属研究机构、高校的研究与试验发展（R&D）活动情况；国内外专利申请和授权情况；技术市场交易情况；开发区高新技术企业主要经济指标；科协系统科技活动情况；质量监督检验检疫等综合技术服务部门业务活动情况等。

资料来源：全省综合资料、企业及有关行业企事业单位的研究与试验发展（R&D）活动情况由省统计局文化产业处提供；政府部门属研究机构的研究与试验发展（R&D）活动情况、技术市场成交情况由省科技厅提供；科协系统科技活动资料由省科协提供；产品质量监督抽查、专利等资料，分别由省质量技术监督局、省知识产权局等部门提供。

Brief Introduction

I. Data on education cover the situations on education funded by government and non-government agencies, and the education with and without academic credentials including higher education (education of postgraduates, general higher education and adult education), secondary education (senior and junior high schools), elementary education (primary schools), preschool education, special education (schools for the blind, deaf-mutes and mentally retarded) and their expenditure. The main indicators include the number of schools, the number of students enrolled, the number of new students enrolled, the number of graduates, the number of staff and workers, the number of full-time teachers, sources and outlay of education funding, and education expenditure from the State budget.

The provincial Ministry of Education provides statistical data on education undertakings and education funding. Data on technical training schools are provided by provincial Ministry of Human Resources and Social Security.

II. The whole society as well as industrial enterprises, research institutions subordinated to government departments, colleges and universities of research and development (R&D) activities; Domestic and foreign patent application and authorization; Technology market; Development zone high-tech enterprises the main economic indicators; Association for science and technology system of science and technology activity; General administration of quality supervision, inspection and quarantine and other integrated technology services business activity, etc

Sources of data: The province comprehensive information of enterprises and institutions, enterprises and related industry research and development (R&D) activities by the provincial bureau of cultural industry, provide; Research institutions subordinated to government departments of research and development (R&D) activities, technical market clinch a deal the data provided by the provincial department of science; Association for science and technology system of science and technology activity information is provided by the provincial association for science and technology; Product quality supervision and spot check, patent information, respectively by the provincial bureau of quality and technical supervision, provincial intellectual property office and other departments to provide.

19—1 教育事业基本情况
Basic Statistics on Education

指 标	Item	2005	2010	2015	2017	2018
学校数 （所）	**Number of Schools (unit)**					
普通高等学校	Regular Institutions of Higher Education	81	100	108	109	110
中等学校	Secondary Schools	4533	4241	3884	3790	3797
普通中等专业学校	Regular Specialized Secondary Schools	98	108	123	147	184
中等技术学校	Technical Secondary Schools	79	95	109	135	172
中等师范学校	Teacher Secondary Schools	19	13	14	12	12
普通中学	Regular Secondary Schools	3948	3738	3524	3472	3494
高 中	Senior Secondary Schools	760	743	666	662	661
初 中	Junior Secondary Schools	3188	2995	2858	2810	2833
职业中学	Vocational Secondary Schools	487	345	237	171	119
小 学	Primary Schools	20142	13997	9119	8108	7908
幼儿园	Kindergartens	2715	4018	6988	8257	8782
特殊教育	Special Schools	67	62	68	72	73
专任教师 （万人）	**Number of Full-time Teachers (10000 persons)**					
普通高等学校	Regular Institutions of Higher Education	3.24	4.93	5.81	6.04	6.11
中等学校	Secondary Schools	22.04	25.18	25.44	25.91	26.29
普通中等专业学校	Regular Specialized Secondary Schools	0.61	0.77	1.11	1.52	1.90
普通中学	Regular Secondary Schools	19.70	23.01	22.72	23.35	23.75
高 中	Senior Secondary Schools	5.11	6.69	7.63	7.80	7.86
初 中	Junior Secondary Schools	14.59	16.32	15.09	15.55	15.89
职业中学	Vocational Secondary Schools	1.73	1.40	1.61	1.04	0.64
小 学	Primary Schools	25.95	24.57	23.83	24.50	24.93
幼儿园	Kindergartens	1.65	2.96	6.66	8.30	9.01
特殊教育	Special Schools	0.10	0.12	0.14	0.16	0.17
招生数 （万人）	**New Student Enrollment (10000 persons)**					
普通高等学校	Regular Institutions of Higher Education	19.87	29.69	35.00	33.26	33.60
中等学校	Secondary Schools	185.31	158.37	120.21	124.25	125.90
普通中等专业学校	Regular Specialized Secondary Schools	7.85	10.44	9.45	12.26	14.83
普通中学	Regular Secondary Schools	155.43	129.74	100.77	105.49	105.88
高 中	Senior Secondary Schools	43.46	42.41	36.33	35.27	35.89
初 中	Junior Secondary Schools	111.97	87.33	64.44	70.22	69.99
职业中学	Vocational Secondary Schools	22.03	18.19	9.99	6.50	5.19
小 学	Primary Schools	81.52	81.90	74.55	76.98	81.78
幼儿园	Kindergartens	50.02	66.60	97.48	90.16	95.04
特殊教育	Special Schools	0.24	0.22	0.51	0.50	0.50
在校学生 （万人）	**Student Enrollment (10000 persons)**					
普通高等学校	Regular Institutions of Higher Education	58.91	93.90	113.07	114.74	113.91
中等学校	Secondary Schools	534.19	484.20	362.06	363.83	371.05
普通中等专业学校	Regular Specialized Secondary Schools	18.55	28.93	27.53	33.88	39.42
普通中学	Regular Secondary Schools	460.86	406.58	303.63	310.67	316.64
高 中	Senior Secondary Schools	116.90	127.60	113.55	108.50	107.47
初 中	Junior Secondary Schools	343.96	278.99	190.08	202.16	209.17
职业中学	Vocational Secondary Schools	54.78	48.68	30.90	19.28	14.99
小 学	Primary Schools	584.11	460.44	422.50	440.52	456.84
幼儿园	Kindergartens	72.38	100.82	185.65	200.85	207.24
特殊教育	Special Schools	1.80	1.40	1.93	2.74	3.15
毕业生数 （万人）	**Graduates (10000 persons)**					
普通高等学校	Regular Institutions of Higher Education	11.70	23.22	29.25	32.28	33.52
中等学校	Secondary Schools	160.90	163.94	129.43	117.22	117.33
普通中等专业学校	Regular Specialized Secondary Schools	3.78	9.61	8.49	8.85	9.84
普通中学	Regular Secondary Schools	142.61	136.57	107.39	99.37	100.58
高 中	Senior Secondary Schools	30.10	44.38	43.30	37.57	36.92
初 中	Junior Secondary Schools	112.52	92.19	64.09	61.70	63.67
职业中学	Vocational Secondary Schools	14.51	17.76	13.54	9.00	6.90
小 学	Primary Schools	116.25	87.41	64.32	69.13	68.23
幼儿园	Kindergartens	40.24	38.89	70.40	73.43	80.36
特殊教育	Special Schools	0.20	0.16	0.13	0.16	0.20

19—2 研究生数
Number of Postgraduates

单位：人（person）

年 份 Year	研究生数 Number of Postgraduates					
	在学人数 Student Enrollment	硕士 Master	招生数 New Student Enrollment	硕士 Master	毕业生数 Graduates	硕士 Master
2005	21505	17865	8198	7000	4148	3300
2010	38991	34669	14047	12728	9302	8224
2013	46506	41112	16312	14727	13205	11976
2014	46590	41505	16249	14835	13859	12704
2015	50410	44517	17946	16158	15409	14115
2016	51738	45293	18523	16580	15994	14665
2017	57761	49842	22255	20013	16577	15209
2018	63464	54597	23870	21276	17705	16103

19—3 普通高等学校本科分科学生数
Number of Students of the Ordinary College Undergraduate Course Branch

单位：人（person）

项 目	Item	2017			2018		
		毕业生数 Graduates	招生数 New Student Enrollment	在校学生数 Student Enrollment	毕业生数 Graduates	招生数 New Student Enrollment	在校学生数 Student Enrollment
合 计	**Total**	**152059**	**165945**	**649355**	**154074**	**172983**	**664949**
哲 学	Philosophy	39	47	167	38	88	219
经济学	Economics	9958	11137	43475	10162	11512	44926
法 学	Law	3087	3559	13202	3053	3893	14205
教育学	Education	4490	5724	20157	4760	6319	21392
文 学	Literature	13261	14445	53721	13002	15691	56801
历史学	History	452	432	1601	446	514	1686
理 学	Science	13056	12260	47855	11898	12915	48823
工 学	Engineering	55343	63327	247929	58277	65062	251609
农 学	Agriculture	3034	3276	11985	3210	3289	11661
医 学	Medicine	12010	11699	52281	10902	12185	53570
管理学	Management	27096	28338	112337	27828	29137	113717
艺术学	Art	10233	11701	44645	10498	12378	46340

注：2013年起，根据教育部统一部署，使用新颁布的《高等学校本科专业目录》，新增了艺术学学科。

a) Since 2013, according to the unified deployment of the ministry of education, the use of new catalogue of the institutions of higher learning undergraduate, new art discipline.

19—4 普通高等学校专科分科学生数
Number of Students of the Ordinary College Specialty Undergraduate Branch

单位：人（person）

项 目	Item	2017 毕业生数 Graduates	2017 招生数 New Student Enrollment	2017 在校学生数 Student Enrollment	2018 毕业生数 Graduates	2018 招生数 New Student Enrollment	2018 在校学生数 Student Enrollment
合 计	**Total**	**170727**	**166690**	**498046**	**181108**	**162996**	**474163**
农林牧渔大类	Farm, Forest, Animal and Fishery Category	2042	1482	4635	1790	1350	4111
资源环境与安全大类	Resource Environment and Security Category	1493	942	2919	1056	652	2338
能源动力与材料大类	Energy Dynamics and Materials	1313	1002	3413	1169	1043	3187
土木建筑大类	Civil Architecture	16590	12344	39560	15534	10520	34264
水利大类	Water Conservancy Category	901	759	2190	782	1051	2482
装备制造大类	Equipment Manufacturing Category	22545	19450	61721	24214	17142	53281
生物与化工大类	Biology and Chemical Industry	1104	812	2661	1008	553	2196
轻工纺织大类	Light Industrial Textile Category	862	670	2044	592	618	1894
食品药品与粮食大类	Food and Medicine and Food	2235	2697	8000	2667	2797	7866
交通运输大类	Major Transportation Sectors	3404	5846	14279	3749	7515	17755
电子信息大类	Electronic Information Category	17355	22333	64213	21323	22034	64081
医药卫生大类	Medical and Health Category	25353	26000	72401	25715	25406	72091
财经商贸大类	Finance and Trade	45631	40261	129767	48953	36284	116222
旅游大类	Tourism Category	5580	5371	16130	5708	5509	15739
文化艺术大类	Cultural and Artistic Categories	5644	5029	16675	6638	5614	15366
新闻传播大类	News Communication	1477	1779	5207	1980	2018	5313
教育与体育大类	Education and Sports	14483	15613	41206	15274	17434	42850
公安与司法大类	Public Security and Judicial Categories	1589	2630	6725	1668	2524	7473
公共管理与服务大类	Public Administration and Services	1126	1670	4300	1288	2932	5654

19—5 普通高等学校分科专任教师数（2018年）
Number of Full-time Teachers by Field of Study in Regular Higher Educational Institutions (2018)

单位：人（person）

项 目	Item	合 计 Total	正高级 With Chief Senior Title	副高级 With Deputy Senior Title	中 级 With Middle-rank Title	初 级 With Junior Title	未定职级 Undetermined rank
合 计	**Total**	**61089**	**5786**	**17014**	**24764**	**10139**	**3386**
哲 学	Philosophy	1622	135	510	700	205	72
经济学	Economics	4197	310	1129	1746	758	254
法 学	Law	2718	189	685	1168	439	237
教育学	Education	4672	252	1228	1970	896	326
文 学	Literature	7849	360	1887	3773	1474	355
历史学	History	620	81	184	232	102	21
理 学	Science	7828	1338	2644	2571	941	334
工 学	Engineering	16113	1719	4704	6418	2394	878
农 学	Agriculture	1119	183	369	383	133	51
医 学	Medicine	5518	699	1679	2129	815	196
管理学	Management	5198	355	1228	2221	1062	332
艺术学	Art	3635	165	767	1453	920	330

19—6 普通中等专业学校分科学生数（2018年）

Number of Students by Field of Study in Regular Specialized Secondary Schools (2018)

单位：人（person）

项目	Item	毕业生数 Graduates	招生数 New Student Enrollment	在校学生数 Student Enrollment
合计	**Total**	**98443**	**148282**	**394154**
农林牧渔类	Farm, Forestry, Herd Fish Class	2649	4810	13371
资源环境类	Resources Environment Class	292	336	462
能源与新能源类	Energy and New Energy Class	148	386	504
土木水利类	Construction Water Conservation Class	2921	3437	8906
加工制造类	Processing Manufacture Class	15926	20095	54326
石油化工类	Petroleum Chemical Industry Class	284	171	491
轻纺食品类	Light Industry and Food Class	799	1029	2797
交通运输类	Transportation Class	8082	12914	33644
信息技术类	Information Technology Class	15329	28794	69218
医药卫生类	Medicine Health Class	15228	16201	47335
休闲保健类	Leisure Health Care Class	209	1271	2684
财经商贸类	Finance and Economics Business Class	12754	16903	45997
旅游服务类	Tourist Service Class	3805	7883	19860
文化艺术类	Cultural and art Class	5859	13464	33476
体育与健身	Sports and Fitness Class	1498	2048	5364
教育类	Education Class	10506	15093	49495
司法服务类	Judicial Service Class		24	24
公共管理与服务类	Public Administration and Service Class	340	1160	2510
其他	Other	1814	2263	3690

19—7 普通中等专业学校分科专任教师数（2018年）

Full-time Teachers in Regular Specialized Secondary Schools by Field of Study (2018)

单位：人（person）

项目	Item	合计 Total	正高级 With Chief Senior Title	副高级 With Deputy Senior Title	中级 With Middle-rank Title	初级 With Junior Title	未定职级 Undetermined rank
总计	**Total**	**18951**	**11**	**5373**	**7127**	**4473**	**1967**
文化基础课	Cultural Base	6701	3	2056	2602	1470	570
专业课	Professional Course	11257	6	3163	4067	2755	1266
农林牧渔类	Farm, Forestry, Herd Fish Class	845		243	369	197	36
资源环境类	Resources Environment Class	93		27	41	23	2
能源与新能源类	Energy and New Energy Class	37		7	19	10	1
土木水利类	Construction Water Conservation Class	294		78	106	84	26
加工制造类	Processing Manufacture Class	1924	3	628	724	428	141
石油化工类	Petroleum Chemical Industry Class	70		47	19	4	
轻纺食品类	Light Industry and Food Class	151		43	46	47	15
交通运输类	Transportation Class	559		97	155	233	74
信息技术类	Information Technology Class	1905	2	547	731	449	176
医药卫生类	Medicine Health Class	443	1	108	146	113	75
休闲保健类	Leisure Health Care Class	51		9	15	16	11
财经商贸类	Finance and Economics Business Class	1118		319	419	261	119
旅游服务类	Tourist Service Class	509		138	190	130	51
文化艺术类	Cultural and art Class	981		218	323	271	169
体育与健身	Sportsand Fitness Class	560		148	212	142	58
教育类	Education Class	1167		346	368	218	235
司法服务类	Judicial Service Class	15		4	5	3	3
公共管理与服务类	Public Administration and Service Class	216		57	92	51	16
其他	Other	319		99	87	75	58
实习指导课	Practice and Instruction	993	2	154	458	248	131

19—8 技工学校数和学生数
Number of Technical Schools, Students, Staff and Teachers

年 份 Year	学校数（所） Schools (unit)	在校学生数（人） Student Enrollment (person)	毕业生数（人） Graduates (person)	招生数（人） New Student Enrollment (person)	教职工数（人） Staff and Teachers (person)
2005	109	86431	27287	34393	6031
2009	93	93647	31393	31836	6716
2010	93	93647	31393	31836	6716
2011	91	71144	34252	25768	6284
2012	88	56048	22674	20686	6452
2013	86	49126	17668	18570	6649
2014	83	44703	16922	16362	6537
2015	83	43809	18683	18979	6313
2016	86	56378	19328	24735	7676
2017	89	89513	16399	54595	7519
2018	81	127560	17979	61286	8996

注：1、学校数包括技师学院、高级技工学校和普通技工学校。
2、在校学生数包括初级、中级、高级及其以上学制教育和培训人数。
3、招生数包括招收的学制教育和培训人数。

a) the number of schools includes technician school, senior technical schools and ordinary technical schools.
b) the number of students Enrollment, includes students in primary, intermediate, advanced education ,over education system schools and the number of trained people.
c) the number of students enrolled in the school includes students enrolled in education system schools and the number of training people schools.

19—9 初中毕业生和小学毕业生升学率及小学学龄儿童入学率
Percentage of Graduates of Junior Secondary Schools and Primary Schools Entering Higher Level Schools, Percentage of School-Age Children Enrolled

年 份 Year	初中毕业生升学率 Percentage of Graduates of Junior Secondary Schools Entering Senior Secondary Schools Entering Senior			小学毕业生升学率 Percentage of Graduates of Primary Schools Entering Junior Secondary Schools			小学学龄儿童入学率 Percentage of School-age Children Enrolled		
	初中毕业生数（万人） Graduates of Junior Secondary Schools (10000 persons)	高级中等学校招生数（万人） Students Entering Senior Secondary Schools (10000 persons)	升学率（%） Percentage of Graduates of Junior Secondary Schools Entering Senior Secondary Schools	小学毕业生数（万人） Graduates of Primary Schools (10000 persons)	初级中等学校招生数（万人） Students Entering Junior Secondary Schools (10000 persons)	升学率（%） Percentage of Graduates of Junior Schools Entering Junior Secondary Schools	学龄儿童数（万人） School-age Children (10000 person)	已入学学龄儿童数（万人） School-age Children Enrolled in Schools (10000 persons)	入学率（%） Enrollment Ratio
2005	117.50	71.10	60.51	116.25	115.73	99.56	549.35	546.83	99.54
2009	101.67	74.70	73.47	98.37	99.17	100.81	466.60	466.03	99.88
2010	101.67	74.70	73.47	98.37	99.17	100.81	466.60	466.03	99.88
2011	92.21	77.91	84.49	76.94	76.09	98.89	431.67	430.72	99.78
2012	86.96	75.08	86.34	72.09	68.94	95.63	395.59	395.29	99.92
2013	72.40	69.10	95.44	65.49	65.26	99.65	401.48	400.29	99.70
2014	66.63	63.98	96.02	63.41	63.21	99.68	407.48	407.41	99.98
2015	64.09	67.01	96.80	64.32	64.44	100.18	415.45	415.30	99.96
2016	62.13	60.74	97.75	66.94	67.66	101.09	423.87	423.76	99.97
2017	61.70	59.51	96.50	69.13	70.22	101.60	434.11	434.11	99.99
2018	63.67	65.32	96.30	68.22	69.99	102.60	450.06	449.99	99.98

19—10 平均每万人口各级教育在校学生及构成情况
All Levels of Education Students per Million Population and Composition

年 份 Year	各级教育在校学生数占全省人口(%) All Levels of Education in the School Student Number Accounts for the Population (%)	平均每万人口中（人） On average every ten thousand people（person）					各级教育学生占学生总数（%） Education students at all levels of the total number (%)				
		高等教育 Higher Education	高中阶段 High School	初中阶段 Junior Middle School Stage	小 学 Primary Schools	学前教育 Preschool Education	高等教育 Higher Education	高中阶段 High School	初中阶段 Junior Middle School Stage	小 学 Primary Schools	学前教育 Preschool Education
2005	20.86	111	279	554	904	112	5.66	14.24	28.25	46.14	5.72
2010	19.58	184	350	455	751	164	9.66	18.40	23.89	39.42	8.63
2013	19.83	220	371	334	683	280	11.66	19.65	17.66	36.18	14.85
2014	19.04	224	351	319	688	287	12.00	18.77	17.07	36.82	15.34
2015	19.11	231	324	312	695	305	12.36	17.37	16.73	37.19	16.34
2016	18.63	226	307	316	700	314	12.12	16.50	16.96	37.59	16.83
2017	18.83	225	298	326	711	324	11.88	15.82	17.33	37.76	17.22
2018	19.13	225	299	334	730	331	11.73	15.27	17.48	38.18	17.32

注：高等教育包括研究生、普通本专科、成人本专科；高中阶段包括普通高中、中职(普通中专、职业高中和成人中专）；初中阶段包括普通初中和职业初中。

a) Higher education including graduate students, the common programs, adult programs; High school stage includes ordinary high school, secondary vocational (ordinary technical secondary school, vocational high school and adult school); Junior middle school stage includes ordinary junior high school and vocational middle school.

19—11 各级各类学校生师比
At Various Levels and School Teacher Ratio

年 份 Year	普通高等学校 Regular Institutions of Higher Education	中等职业学校 Secondary Vocational School	普通高中 Regular Secondary Schools	初中阶段 Junior Middle School Stage	小 学 Primary Schools	幼 儿 园 Kindergartens
2005	17.5	31.3	22.9	23.5	22.5	43.8
2008	18.1	35.8	21.1	19.8	20.7	42.2
2009	18.0	34.9	20.4	18.5	19.6	37.5
2010	18.0	35.8	19.1	17.1	18.7	34.1
2011	18.3	29.5	18.4	15.5	18.2	32.3
2012	18.2	29.2	18.0	13.2	16.8	36.7
2013	18.3	28.5	17.0	12.6	17.2	32.9
2014	18.3	28.5	16.0	12.4	17.5	29.7
2015	18.5	27.7	14.9	12.6	17.7	27.9
2016	18.3	27.3	14.3	12.8	17.9	25.4
2017	18.8	27.4	13.9	13.0	18.0	24.2
2018	18.2	27.6	13.7	13.2	18.3	23.0

注：中等职业学校数据中不含技工学校数据。

a) Secondary vocational schools in the data do not contain vestibule school data.

19—12 各级学校女学生和女教师数
Number of Female Students and Teachers by Level of School

指　　标	Item	2005	2010	2015	2017	2018
女学生数　　（万人）	**Number of Female Students　(10000 persons)**	**546.15**	**479.02**	**418.10**	**432.78**	**438.42**
普通高等学校	Regular Institutions of Higher Education	25.50	44.81	56.87	57.86	57.27
普通中等专业学校	Regular Specialized Secondary Schools	10.52	16.33	15.09	17.20	19.31
普通中学	Regular Secondary Schools	211.58	186.49	139.43	142.31	145.28
职业中学	Vocational Secondary Schools	25.14	21.86	13.96	8.54	6.72
小　学	Primary Schools	273.41	209.53	192.76	201.74	209.85
女学生占学生总数的百分比(%)	**Percentage of Female Students to Total Students (%)**	**46.39**	**45.97**	**46.58**	**47.09**	**46.55**
普通高等学校	Regular Institutions of Higher Education	43.29	47.72	50.30	50.40	50.27
普通中等专业学校	Regular Specialized Secondary Schools	56.71	56.44	54.80	50.77	48.98
普通中学	Regular Secondary Schools	45.91	45.87	45.92	45.81	45.88
职业中学	Vocational Secondary Schools	45.89	44.91	45.17	44.30	44.86
小　学	Primary Schools	46.81	45.51	45.62	45.80	45.93
女教师数　　（万人）	**Number of Female Teachers　(10000 persons)**	**18.19**	**21.44**	**24.65**	**27.42**	**28.87**
普通高等学校	Regular Institutions of Higher Education	1.19	2.00	2.48	2.64	2.72
普通中等专业学校	Regular Specialized Secondary Schools	0.23	0.33	0.49	0.66	0.84
普通中学	Regular Secondary Schools	5.78	7.91	8.77	9.55	9.97
职业中学	Vocational Secondary Schools	0.50	0.48	0.56	0.38	0.24
小　学	Primary Schools	10.48	10.71	12.36	14.19	15.10
女教师占教师总数的百分比(%)	**Percentage of Female Teachers to Total Teachers(%)**	**35.51**	**39.07**	**44.76**	**48.57**	**52.90**
普通高等学校	Regular Institutions of Higher Education	36.82	40.56	42.62	43.68	44.50
普通中等专业学校	Regular Specialized Secondary Schools	38.25	43.14	43.55	43.63	44.08
普通中学	Regular Secondary Schools	29.36	34.39	38.62	40.89	41.80
职业中学	Vocational Secondary Schools	28.79	34.43	34.94	36.82	37.80
小　学	Primary Schools	40.40	43.58	51.86	57.94	60.56

19—13 各级各类成人教育基本情况（2018年）
Basic Situation of Adult Education of All Types and at All Levels (2018)

单位：人（person）

指 标	Item	学校数（所）Schools (unit)	毕业生数 Graduates	招生数 New Student Enrollment	在校学生数 Student Enrollment	教职工人数 Teachers and Staff	专任教师 Full-time Teachers
成人高等教育	**Adult's Higher Education**	6	73606	92593	195952	1060	552
#成人高等学校	Adult Education Schools	6	530	5504	7530	1060	552
广播电视大学	Radio and TV Universities	1	412	2764	3271	282	139
职工、农民高等学院	Schools of Higher Education for Staff, Workers and Peasants	3	84	2658	4147	136	82
管理干部学院	Colleges for Management Cadres	1	34	82	112	642	331
教育学院	Institute of Education	1					
成人中等专业学校	**Specialized Secondary Schools for Adults**	41	89808	94138	208738	1051	788
成人中小学校	**Secondary and Primary Schools for Adults**						
成人中学	Secondary Schools for Adults						
职工中学	Staff Middle School						
农民中学	Secondary Schools for Peasants						
成人小学	Primary Schools for Adults						
成人技术培训学校	**Technical Training Schools for Adults**	364	156075		169098	2409	1835
职工技术培训学校	Technical Training Schools for Staff and Workers	38	69022		65002	830	759
农民技术培训学校	Technical Training Schools for Peasants	232	76060		83096	876	542
其他培训机构（含社会培训机构）	Other Training Organs (Including Social Training Organs)	94	10993		21000	703	534

19−14 民办教育基本情况（2018年）
Statstics for Non-state Education (2018)

单位：人（person）

项 目	Item	校数（所）Number of Schools (unit)	毕业生数 Numer of Students Graduated	招生数 New Enrollment	在校学生数 Enrolled Students	教职工数 Teachers and Staff	专任教师 Full-time Teachers
合 计	**Total**	**6520**	**877086**	**964827**	**2731982**	**211545**	**136448**
民办高等教育	**Civilian-run Higher Education**	**22**	**56488**	**57310**	**195718**	**13194**	**9785**
民办中等教育	**Civilian-run Secondary Education**	**660**	**275002**	**306415**	**855723**	**76963**	**45627**
高中阶段教育	Senior High School Education	306	117358	137981	357845	42486	19101
民办普通高中	Civilian-run Senior High Schools	201	67746	73840	207858	35334	13739
民办中等职业教育	Civilian-run Secondary Vocational Education	105	49612	64141	149987	7152	5362
初中阶段教育	Junior High School Education	354	157644	168434	497878	34477	26526
民办小学	**Civilian-run Primary Schools**	**309**	**79557**	**52776**	**402434**	**11384**	**19105**
民办幼儿园	**Civilian-run Kindergartens**	**5529**	**466039**	**548326**	**1278107**	**110004**	**61931**

注：表中民办普通高中教职工数包括高级中学、完全中学和十二年一贯制学校的教职工及高中教师数；中等职业教育不含技工学校数字。
资料来源：安徽省教育厅。

a) In the table, the number of teaching staff in private ordinary high schools includes the number of teaching staff and high school teachers in senior high schools, complete high schools and 12-year system schools. Secondary vocational education does not include figures for technical schools.

Source: Anhui Municipal Commission of Education.

19—15 各市普通高等学校和中等专业学校情况（2018年）
Number of Specialized Secondary Schools by Region and Type (2018)

单位：人（person）

地区	Region	学校数（所）Number of Schools (unit) 高等 Higher	中等 Medium	毕业生数 Number of Graduates 高等 Higher	中等 Medium	招生数 New Student Enrollment 高等 Higher	中等 Medium	在校学生数 Student Enrollment 高等 Higher	中等 Medium
总计	**Total**	**110**	**184**	**335182**	**98443**	**335979**	**148282**	**1139112**	**394154**
合肥市	Hefei	50	36	149487	21576	147692	30891	497131	79370
淮北市	Huaibei	3	4	11554	4818	10848	6129	38717	16307
亳州市	Bozhou	2	10	3564	7295	5450	13491	13035	32561
宿州市	Suzhou	3	12	7359	6642	7408	12783	25102	37284
蚌埠市	Bengbu	5	14	15250	6245	16538	7287	61614	20559
阜阳市	Fuyang	5	14	10552	8932	10291	17066	36823	44302
淮南市	Huainan	6	4	18691	5919	16379	5504	59775	16006
滁州市	Chuzhou	4	7	14703	7824	15041	10333	53418	30541
六安市	Luan	4	8	13007	5537	10726	8696	36300	22985
马鞍山市	Maanshan	5	9	14412	2928	17584	4648	56125	11947
芜湖市	Wuhu	9	21	37051	3338	39621	7356	133672	15966
宣城市	Xuancheng	1	10	2721	5267	2832	5960	7180	16816
铜陵市	Tongling	3	8	10832	2156	9049	4460	34062	9789
池州市	Chizhou	3	6	7672	829	8314	2797	26115	8855
安庆市	Anqing	5	11	11981	5764	12087	6086	37413	17894
黄山市	Huangshan	2	10	6346	3373	6119	4795	22630	12972

19—16 各市特殊教育情况（2018年）
Basic Statistics on Special Education by Region (2018)

单位：人（person）

地区	Region	学校数（所）Number of Schools (unit)	毕业生数 Number of Graduates	招生数 New Student Enrollment	在校学生数 Student Enrollment	教职工数 Number of Staff and Teachers	专任教师 Full-time Teachers
总计	**Total**	**73**	**1970**	**5009**	**31450**	**1942**	**1748**
合肥市	Hefei	6	289	542	2844	241	235
淮北市	Huaibei	2	75	185	901	48	45
亳州市	Bozhou	4	106	525	4254	171	163
宿州市	Suzhou	6	53	247	2492	210	169
蚌埠市	Bengbu	5	97	249	1716	104	99
阜阳市	Fuyang	7	285	1264	5811	247	215
淮南市	Huainan	3	110	215	1410	92	84
滁州市	Chuzhou	5	148	228	1674	106	106
六安市	Luan	7	161	394	2360	130	118
马鞍山市	Maanshan	3	111	128	1001	76	73
芜湖市	Wuhu	5	84	182	1096	118	92
宣城市	Xuancheng	6	120	205	1326	101	76
铜陵市	Tongling	2	38	55	449	52	47
池州市	Chizhou	2	124	128	1040	44	41
安庆市	Anqing	8	124	374	2521	173	159
黄山市	Huangshan	2	45	88	555	29	26

19—17 各市普通中学分城乡学校数和在校学生数（2018年）

Number of Regular Secondary Schools and Student Enrollment by Urban and Rural Areas and by Region (2018)

地 区	Region	学校数（所） Number of Regular Secondary Schools (unit)							
		合 计		城 区		镇 区		乡 村	
		Total	高中 Senior Secondary Schools	Urban Areas	高中 Senior Secondary Schools	Counties and Towns	高中 Senior Secondary Schools	Rural Areas	高中 Senior Secondary Schools
总 计	**Total**	**3494**	**661**	**604**	**225**	**1678**	**400**	**1212**	**36**
合肥市	Hefei	350	103	104	40	161	59	85	4
淮北市	Huaibei	121	21	54	14	40	7	27	
亳州市	Bozhou	294	27	28	8	150	17	116	2
宿州市	Suzhou	251	47	19	8	133	35	99	4
蚌埠市	Bengbu	181	39	29	11	76	25	76	3
阜阳市	Fuyang	429	51	49	17	207	28	173	6
淮南市	Huainan	189	43	55	20	81	22	53	1
滁州市	Chuzhou	268	49	34	14	141	34	93	1
六安市	Luan	334	52	27	9	140	39	167	4
马鞍山市	Maanshan	105	20	27	8	47	10	31	2
芜湖市	Wuhu	215	44	50	17	118	25	47	2
宣城市	Xuancheng	150	20	22	6	90	14	38	
铜陵市	Tongling	84	29	23	12	47	17	14	
池州市	Chizhou	98	23	20	8	45	14	33	1
安庆市	Anqing	310	73	44	24	146	43	120	6
黄山市	Huangshan	115	20	19	9	56	11	40	

地 区	Region	在校学生数（人） Student Enrollment (person)							
		合 计		城 区		镇 区		乡 村	
		Total	高中 Senior Secondary Schools	Urban Areas	高中 Senior Secondary Schools	Counties and Towns	高中 Senior Secondary Schools	Rural Areas	高中 Senior Secondary Schools
总 计	**Total**	**3166406**	**1074716**	**879351**	**377264**	**1844238**	**661127**	**442817**	**36325**
合肥市	Hefei	393556	155228	168440	64649	206247	87263	18869	3316
淮北市	Huaibei	105556	39496	48696	22076	47581	17420	9279	
亳州市	Bozhou	315302	85194	61178	25841	197814	55732	56310	3621
宿州市	Suzhou	266452	83683	41471	19732	185620	62849	39361	1102
蚌埠市	Bengbu	168794	55412	33155	15917	101483	35314	34156	4181
阜阳市	Fuyang	524655	146009	90443	36730	332042	98415	102170	10864
淮南市	Huainan	163347	50861	57247	25405	84910	25456	21190	
滁州市	Chuzhou	187476	65008	58712	25907	109578	38821	19186	280
六安市	Luan	259081	90175	72348	32335	135292	56606	51441	1234
马鞍山市	Maanshan	96140	37271	40755	15588	45685	20208	9700	1475
芜湖市	Wuhu	160387	64395	45112	19024	101828	42162	13447	3209
宣城市	Xuancheng	100529	33749	32768	14124	60848	19625	6913	
铜陵市	Tongling	69749	28073	27506	12728	38105	15345	4138	
池州市	Chizhou	76414	30851	28410	12649	40416	17920	7588	282
安庆市	Anqing	224152	89705	53003	26537	125636	56407	45513	6761
黄山市	Huangshan	54816	19606	20107	8022	31153	11584	3556	

19—18 各市普通中学分城乡招生数和毕业生数（2018年）

Number of New Student Enrollment and Graduates of Regular Secondary Schools by Urban and Rural Areas and by Region (2018)

单位：人（person）

地 区	Region	招生数 New Student Enrollment							
		合计 Total	高中 Senior Secondary Schools	城区 Urban Areas	高中 Senior Secondary Schools	镇区 Counties and Towns	高中 Senior Secondary Schools	乡村 Rural Areas	高中 Senior Secondary Schools
总 计	**Total**	**1058796**	**358860**	**291281**	**123444**	**619243**	**223235**	**148272**	**12181**
合肥市	Hefei	132607	52269	55981	21544	70867	29772	5759	953
淮北市	Huaibei	36204	13616	16546	7561	16597	6055	3061	
亳州市	Bozhou	109760	30833	20560	8651	68287	19769	20913	2413
宿州市	Suzhou	92525	27527	14146	6676	63753	20438	14626	413
蚌埠市	Bengbu	58202	18333	11547	5425	34442	11368	12213	1540
阜阳市	Fuyang	176103	49662	29783	11966	111913	34387	34407	3309
淮南市	Huainan	54850	16527	18787	8066	28858	8461	7205	
滁州市	Chuzhou	60091	20573	19249	8168	34916	12344	5926	61
六安市	Luan	87884	30782	24393	10333	46914	19844	16577	605
马鞍山市	Maanshan	30330	12005	13031	5052	14032	6532	3267	421
芜湖市	Wuhu	51688	21241	14771	6245	33030	14057	3887	939
宣城市	Xuancheng	32679	11289	10683	4651	19947	6638	2049	
铜陵市	Tongling	21560	9147	8819	4127	11510	5020	1231	
池州市	Chizhou	25117	10237	9553	4099	13265	6066	2299	72
安庆市	Anqing	71935	28504	17056	8358	41096	18691	13783	1455
黄山市	Huangshan	17261	6315	6376	2522	9816	3793	1069	

地 区	Region	毕业生数 Number of Graduates							
		合计 Total	高中 Senior Secondary Schools	城区 Urban Areas	高中 Senior Secondary Schools	镇区 Counties and Towns	高中 Senior Secondary Schools	乡村 Rural Areas	高中 Senior Secondary Schools
总 计	**Total**	**1005871**	**369152**	**281269**	**127261**	**588054**	**229385**	**136548**	**12506**
合肥市	Hefei	122451	51016	52124	20612	63592	29184	6735	1220
淮北市	Huaibei	32930	12153	14887	6664	15006	5489	3037	
亳州市	Bozhou	93651	26429	19514	8144	58983	17805	15154	480
宿州市	Suzhou	88543	34102	14847	7778	61272	25318	12424	1006
蚌埠市	Bengbu	52306	19871	10369	5222	33598	14334	8339	315
阜阳市	Fuyang	160638	48664	29495	12731	100635	31642	30508	4291
淮南市	Huainan	50887	18033	19071	9087	25807	8946	6009	
滁州市	Chuzhou	62426	23269	18718	9087	37140	14182	6568	
六安市	Luan	80708	29056	22740	11102	41719	17698	16249	256
马鞍山市	Maanshan	32741	13424	13288	5554	16210	7350	3243	520
芜湖市	Wuhu	50411	19696	12633	4777	33501	14168	4277	751
宣城市	Xuancheng	33350	11861	10891	4840	20255	7021	2204	
铜陵市	Tongling	25002	10370	9276	4466	14213	5904	1513	
池州市	Chizhou	25190	11115	9205	4621	13315	6365	2670	129
安庆市	Anqing	76596	33238	18053	9910	42106	19790	16437	3538
黄山市	Huangshan	18041	6855	6158	2666	10702	4189	1181	

19—19 各市小学分城乡学校数和在校学生数（2018年）

Basic Statistics on Primary Schools by Urban and Rural Areas and by Region (2018)

地 区	Region	学校数（所）Number of Primary Schools (unit)	城区 Urban Areas	镇区 Counties and Towns	乡村 Rural Areas	在校学生数（人）Student Enrollment (person)	城区 Urban Areas	镇区 Counties and Towns	乡村 Rural Areas
总 计	**Total**	**7908**	**773**	**2120**	**5015**	**4568379**	**1053681**	**2072987**	**1441711**
合肥市	Hefei	515	136	186	193	531505	249338	234862	47305
淮北市	Huaibei	303	76	61	166	156095	61791	52920	41384
亳州市	Bozhou	1115	40	209	866	531121	69310	235125	226686
宿州市	Suzhou	780	24	175	581	499306	51363	231069	216874
蚌埠市	Bengbu	641	34	111	496	303735	41612	133450	128673
阜阳市	Fuyang	1345	68	353	924	797121	110430	353103	333588
淮南市	Huainan	449	66	101	282	251218	74624	94980	81614
滁州市	Chuzhou	226	35	109	82	239675	62571	130088	47016
六安市	Luan	595	24	148	423	325471	65631	148645	111195
马鞍山市	Maanshan	224	46	69	109	117870	44138	50748	22984
芜湖市	Wuhu	288	51	124	113	193180	61552	100762	30866
宣城市	Xuancheng	159	19	81	59	134103	34648	80817	18638
铜陵市	Tongling	212	36	82	94	71155	27158	30962	13035
池州市	Chizhou	201	29	64	108	83765	27562	37887	18316
安庆市	Anqing	723	70	200	453	262188	50413	121830	89945
黄山市	Huangshan	132	19	47	66	70871	21540	35739	13592

地 区	Region	毕业生数（人）Number of Graduates (person)	城区 Urban Areas	镇区 Counties and Towns	乡村 Rural Areas	招生数（人）New Student Enrollment (person)	城区 Urban Areas	镇区 Counties and Towns	乡村 Rural Areas
总 计	**Total**	**682282**	**145653**	**313406**	**223223**	**817793**	**201231**	**366744**	**249818**
合肥市	Hefei	75977	33290	32481	10206	100348	48774	44851	6723
淮北市	Huaibei	22293	8654	8124	5515	28954	11377	9611	7966
亳州市	Bozhou	78804	8623	36362	33819	89700	13195	38289	38216
宿州市	Suzhou	63808	6551	31081	26176	91942	9289	41257	41396
蚌埠市	Bengbu	40243	5234	16676	18333	55359	7965	25384	22010
阜阳市	Fuyang	119526	14911	54452	50163	144577	21500	62170	60907
淮南市	Huainan	38056	10299	14295	13462	42766	13544	16206	13016
滁州市	Chuzhou	39880	8826	22070	8984	42053	12111	22553	7389
六安市	Luan	53571	9753	23660	20158	55821	12390	25948	17483
马鞍山市	Maanshan	17812	6620	7405	3787	20903	7880	9170	3853
芜湖市	Wuhu	30656	8184	16583	5889	36555	13096	18465	4994
宣城市	Xuancheng	21513	4573	13261	3679	23025	6507	13610	2908
铜陵市	Tongling	12035	4307	5132	2596	12255	4824	5414	2017
池州市	Chizhou	14594	4598	6610	3386	14977	5174	6590	3213
安庆市	Anqing	42559	8048	19578	14933	45896	9473	21265	15158
黄山市	Huangshan	10955	3182	5636	2137	12662	4132	5961	2569

19—20 各市职业中学基本情况（2018年）
Basic Statistics on Vocational Secondary Schools by Region (2018)

单位：人（person）

地　区	Region	学校数（所）Number of Schools (unit)	毕业生数 Number of Graduates	招生数 New Student Enrollment	在校学生数 Student Enrollment	教职工数 Number of Staff and Teachers	专任教师 Full-time Teachers
总　计	**Total**	**119**	**68961**	**51880**	**149918**	**7583**	**6437**
合肥市	Hefei	13	3286	4452	10762	661	529
淮北市	Huaibei	3	280	173	485	397	193
亳州市	Bozhou	6	7050	8456	21698	362	315
宿州市	Suzhou	7	2361		2951	303	209
蚌埠市	Bengbu	1	1063	578	2289	60	58
阜阳市	Fuyang	24	11282	12038	30320	2013	1789
淮南市	Huainan	17	6046	6464	17109	695	577
滁州市	Chuzhou	7	6330	3994	7102	627	607
六安市	Luan	17	8230	8311	26016	1154	1018
马鞍山市	Maanshan		1097	871	2569		
芜湖市	Wuhu	1	4874	19	4452	36	34
宣城市	Xuancheng	3	3356	2449	8518	230	181
铜陵市	Tongling	1	672	21	216	128	99
池州市	Chizhou	1	2508		403	91	91
安庆市	Anqing	15	8571	3270	12248	813	732
黄山市	Huangshan	3	1955	784	2780	13	5

19—21 各市幼儿园基本情况（2018年）
Basic Statistics on Kindergartens by Region (2018)

单位：人（person）

地　区	Region	园数（所）Number of Schools (unit)	毕业生数 Number of Graduates	招生数 New Student Enrollment	幼儿数 Student Enrollment	教职工数 Number of Staff and Teachers	教师 Teachers
总　计	**Total**	**8782**	**803600**	**950374**	**2072420**	**152493**	**90115**
合肥市	Hefei	1076	100302	124006	293010	26361	13593
淮北市	Huaibei	294	31372	35878	80218	5080	3571
亳州市	Bozhou	840	89146	95204	206991	13674	9479
宿州市	Suzhou	911	88618	122558	239025	13878	9838
蚌埠市	Bengbu	473	56820	71719	136272	8339	4569
阜阳市	Fuyang	1262	136114	160695	334834	20160	12689
淮南市	Huainan	407	40769	45272	99196	7130	3812
滁州市	Chuzhou	522	40284	41108	109852	7347	4921
六安市	Luan	768	54747	62941	132536	10901	6238
马鞍山市	Maanshan	287	20634	23172	55823	6244	3241
芜湖市	Wuhu	520	35012	38659	99298	11051	5852
宣城市	Xuancheng	419	22796	16220	66065	6880	3742
铜陵市	Tongling	154	11771	16207	29171	2819	1475
池州市	Chizhou	184	14426	15406	35632	2658	1500
安庆市	Anqing	474	47831	66974	117306	7155	3909
黄山市	Huangshan	191	12958	14355	37191	2816	1686

19—22 各级各类学校教育经费收入情况（2018年）
Basic Statistics on Educational Funds in Various Schools (2018)

单位：万元（10000 yuan）

指标	Item	合计 Total	国家财政性教育经费 Government Appropriation for Education	公共财政预算教育经费 The Budget of Public Finance Education Funds	民办学校中举办者投入 Conducting Investment of Voluntary School	社会捐赠经费 Donations for Education	事业收入 Undertaking Revenue	其他收入 Other Income
总计	**Total**	15011779	12315191	12190053	95945	21812	2298569	280263
高等教育	Institutions of Higher Education	2733273	1749125	1699997	5940	8993	859116	110098
普通高等学校	Regular Institutions of Higher Education	2683360	1721692	1672564	5940	8993	837299	109436
本科学校	Undergraduate Courses Schools	1787844	1064652	1022013	5531	8845	623854	84962
专科学校	Junior College	90438	76502	76386		26	13796	115
职业学校	Vocational Schools	805078	580538	574165	410	121	199649	24359
成人高等学校	Institutions of Higher Education for Adults	49912	27433	27433			21817	662
高中阶段教育	High School Education	2703984	2144181	2125228	13165	5430	502095	39112
中等职业学校	Vocational Secondary Schools	909084	793435	784964	3444	869	91308	20027
中等专业学校	Specialized Secondary Schools	692002	614335	609444	573	705	63510	12878
职业高中	Vocational Schools	168317	141108	138539	1996	163	22637	2412
#农　村	Rural Areas	110982	101511	100453	714	104	8218	435
技工学校	Technical Schools	27899	21982	20971			1418	4499
成人中等专业学校	Specialized Secondary Schools for Adults	20866	16010	16010	875	1	3742	237
普通高中	Senior Secondary Schools	1794900	1350746	1340264	9721	4561	410787	19085
#农　村	Rural Areas	1048087	773322	764155	5311	1436	260649	7368
义务教育	Compulsory education	8126650	7538065	7502464	56720	6666	428373	96825
普通初中	Regular Junior Secondary Schools	3157648	2802433	2787923	35658	4759	282994	31804
#农　村	Rural Areas	2322361	2106894	2102422	32337	696	179065	3368
普通小学	Regular Primary Schools	4969002	4735632	4714541	21062	1907	145379	65021
#农　村	Rural Areas	3719792	3590995	3573142	13946	914	109740	4197
特殊教育	Special Education	64521	63580	59446	63	45	74	758
学前教育	Preschool Education	984406	458914	449651	20057	641	489808	14986
#农　村	Rural Areas	629237	320448	314610	10641	227	294587	3334
其　他	Others	398948	361326	353268		37	19100	18483

19—23 全省科技活动基本情况
Basic Statistics on Scientific and Technological Activities

指 标	Item	2005	2010	2015	2017	2018
科技活动	**Scientific and Technological Activities**					
科技机构数 (个)	Number of Scientific Technological Research Institutions (unit)	917	2221	4817	6018	6221
研究与试验发展人员（万人）	Research and Experimental Developers (10000 persons)			20.48	22.82	23.27
研究与试验发展经费支出 (亿元)	Expenditure on R&D (100 million yuan)	45.61	163.72	431.75	564.92	648.95
#基础研究	Basic Research	4.12	12.23	24.31	36.87	42.28
应用研究	Applied Research	9.15	15.66	33.48	45.18	50.88
试验发展	Experimental Development	27.99	135.83	373.96	482.87	555.79
#政府资金	Government Fund	14.48	36.07	86.42	93.34	104.91
企业资金	Self-raised Funds by Enterprise	27.40	118.86	331.07	445.85	524.72
#相当于GDP比例 (%)	Proportion of Expenditure on R&D to GDP (%)	0.85	1.32	1.96	2.09	2.16
科技成果及获奖数 (项)	**Achievements in S&T and National Prizes Won (item)**					
重大科学技术成果	Number of Major Achievements in Science and Technology	546	780	705	377	
国家发明奖	Number of National Invention Prizes Awarded		2		1	1
国家科学技术进步奖	Number of National Scientific and Technological Progress Prizes Awarded	3	5	10	4	10
获国家自然科学奖	Number of National Natural Sciences Prize Awarded	1	2	3	2	2
技术市场成交额 (万元)	**Transaction Value in Technical Market (10000 yuan)**	**142553**	**461470**	**1905334**	**2495697**	**3213131**
专 利	**Patent**					
专利申请受理量 (件)	Total Patent Applications Examined (unit)	3516	47128	127709	175871	207428
发 明	Creation and Inventions	903	6396	68314	93527	108782
实用新型	Utility Models	1715	17367	51559	72332	86914
外观设计	Designs	898	23365	7836	10012	11732
专利申请授权量 (件)	Total Patent Applications Authorized (unit)	1939	16012	59039	58213	79747
发 明	Creation and Inventions	238	1111	11180	12440	14846
实用新型	Utility Models	1072	8839	41094	38304	55445
外观设计	Designs	629	6062	6765	7469	9456

19—24 县级以上政府部门属研究与开发机构及科技信息与文献机构数、人员数

State-owned Research and Development Institutions and Information and Literature Institutions at and Above County Level and Persons Engaged

年份 Year	合计 Total		自然科学技术领域 Field of Natural Sciences and Humanities			社会、人文科学技术领域 Field of Social Sciences and Humanities			科技信息和文献机构 Scientific-technical Information and Literature Institutions		
	机构（个）Institutions (unit)	从业人员（人）Employees (person)	机构（个）Institutions (unit)	从业人员（人）Employees (person)	科技活动人员 S&T Personnel	机构（个）Institutions (unit)	从业人员（人）Employees (person)	科技活动人员 S&T Personnel	机构（个）Institutions (unit)	从业人员（人）Employees (person)	科技活动人员 S&T Personnel
2005	125	6425	100	5764	4155	8	327	292	17	334	307
2009	104	6224	81	5397	4278	7	343	310	16	484	454
2010	104	6227	83	5405	4402	7	335	313	14	487	455
2011	100	6318	80	5641	4699	7	336	280	13	341	325
2012	98	6527	77	5832	5027	7	334	297	14	361	356
2013	101	6964	80	6258	5450	7	331	305	14	375	335
2014	97	7117	76	6468	5867	7	309	257	14	340	307
2015	95	7203	75	6514	5949	7	310	259	13	379	334
2016	93	6934	72	6169	5588	9	383	334	12	382	341
2017	93	7208	73	6465	6850	8	354	319	12	389	378
2018	90	7327	71	6588	7180	8	372	328	11	367	309

19—25 县级以上政府部门属研究与开发机构及科技信息与文献机构科技经费筹集和支出总额

Total Funds and Total Expenditures of State-owned Research and Development Institutions and Information and Literature Institutions at and Above County Level

单位：万元（10000 yuan）

年份 Year	合计 Total		自然科学技术领域 Field of Natural Sciences and Humanities			社会、人文科学技术领域 Field of Social Sciences and Humanities			科技信息和文献机构 Scientific-technical Information and Literature Institutions		
	科技活动收入 S&T Income	科技经费内部支出 Intramural Expenditure on S&T	科技活动收入 S&T Income	政府资金 Government Funds	科技经费内部支出 Intramural Expenditure on S&T	科技活动收入 S&T Income	政府资金 Government Funds	科技经费内部支出 Intramural Expenditure on S&T	科技活动收入 S&T Income	政府资金 Government Funds	科技经费内部支出 Intramural Expenditure on S&T
2005	69881	66852	63694	51429	61396	3991	2268	3026	2196	1774	2430
2009	156716	103130	142846	107400	91744	6543	4455	5364	7327	5182	6022
2010	191056	134839	172837	149390	118150	8210	5816	6851	10009	8608	9837
2011	225659	175123	212688	142596	163397	7812	5551	7352	5159	4306	4374
2012	234114	194232	219720	158395	182437	7423	7315	5435	6971	6213	6359
2013	237275	216299	221116	183338	201724	8067	5294	6268	8091	7204	8307
2014	272412	263631	255037	193514	250498	8512	6590	6338	8863	8059	6795
2015	302593	245986	284101	220104	230394	9923	6841	8160	8569	7954	7432
2016	278931	240220	257619	202083	221267	11947	8796	10180	9365	8094	8774
2017	361779	323452	334873	268752	302397	15791	11719	12257	11115	9647	8798
2018	400500	361335	368656	269594	337449	19168	9521	11572	12676	12300	12313

19—26 自然科学和技术领域经费收入（2018年）
Receipts in the Field of Natural Science and Technology (2018)

单位：万元（10000 yuan）

指　　标	Item	科技活动收　入 S&T Income	政　府资　金 Government Funds	非政府资　金 Non-Government Funds	生产经营活动收入 Production Activities Income	其他收入 Others
总　　计	**Total**	**368656**	**269594**	**99062**	**18669**	**24479**
按隶属关系分	**Group by Administrative Relationship**					
省级部门属	Under the Provincial Departments	167241	84607	82634	5299	12131
地市级部门属	Under the Prefectural Departments	19120	16782	99062	849	2188
中央部门属	Under the Departments of the State Council	232964	168205	99062	12521	10160
中国科学院	Under the Chinese Academy of Science	231193	167241	99062	12521	9551
按学科领域分	**Group by Branch of Science**					
自然科学	Natural Science	251847	179672	72175	13449	15017
农业科学	Agriculture	47651	39627	8024	652	4563
医学科学	Medicine	12754	9828	2925	785	773
工程科学与技术	Engineering and Technology	56405	40467	15938	3784	4126

19—27 自然科学和技术领域经费支出（2018年）
Expenditures in the Field of Natural Science and Technology (2018)

单位：万元（10000 yuan）

指　　标	Item	科技经费内部支出 Intramural Expenditure on S&T	#人　员劳务费 Personnel Expendi-ture	设　　备购置费 Expenditure for Equipment	其　　他日常支出 Other Routine Expenditure	生产经营支　出 Expenditure of Production	其他支出 Others
总　　计	**Total**	**337449**	**112864**	**39727**	**132680**	**21726**	**23543**
按隶属关系分	**Group by Administrative Relationship**						
省级部门属	Under the Provincial Departments	109957	38136	18211	46610	8453	9076
地市级部门属	Under the Prefectural Departments	18185	10756	1552	5115	908	3666
中央部门属	Under the Departments of the State Council	209306	63971	19964	80956	12365	10802
中国科学院	Under the Chinese Academy of Science	207362	62596	19642	80708	12365	10372
按学科领域分	**Group by Branch of Science**						
自然科学	Natural Science	228867	70600	21306	92516	13415	12539
农业科学	Agriculture	46322	21820	3034	17979	937	5851
医学科学	Medicine	10712	2143	798	4980	3229	727
工程科学与技术	Engineering and Technology	51548	18301	14589	17205	4145	4427

19—28 科协系统科技活动情况（2018年）

Basic Statistics on Scientific and Technological Activities of Associations for Science and Technology (2018)

项　目		Item		科协合计 Total Number of Associations for Science & Technology	省科协 provincial Associations	省级学会 Provincial-level Learned Societies
机构数	（个）	**Number of Associations or Learned Societies**	**(unit)**	**168**	**1**	**154**
人员数	（人）	**Personnel**	**(person)**			
机　关		Associations		840	39	
直属单位		Enterprises and Non-profit Organizations Attached to Associations or Learned Societies		483	127	
学会理事		Members of Councils				12518
学术活动		**Academic Activities**				
国内学术会议		Domestic Academic Meetings				
次　数	（次）	Number	(times)	96	2	266
参加人数	（人次）	Number of Participants	(person-time)	112541	559	54101
交流论文数	（篇）	Number of Papers Presented	(unit)	931	769	4469
国际学术会议		International Meetings Held in China				
次　数	（次）	Number	(times)	1		8
参加人数	（人次）	Number of Participants	(person-time)	150		111
交流论文数	（篇）	Number of Papers Presented	(unit)	21		34
国际民间科技交流		International Folk Exchange of S&T				
接待来访科技团组	（个）	International Group on S&T Received Home	(unit)	12	5	15
接待总人数	（人次）	Person Received	(person-time)	173	12	105
外派科技团组	（个）	Number of Study Tours Sent Aboard	(unit)	2	2	
外派总人数	（人次）	Total People Sent Aboard	(person-time)	12	12	
科技培训		**Training Program**				
参加培训人数	（人次）	Number of Training	(person-time)	209087	830	45925
科普活动		**Activities for Popular Science**				
讲座次数	（次）	Number of Lectures	(times)	380	28	57
听讲座人数	（人次）	Number of Participants	(person-time)	260926	5750	29893
展览次数	（次）	Number of Exhibitions	(times)	568	44	
参观展览人数	（万人次）	Number of Participants	(10000 person-time)	349	65	
青少年科技竞赛次数	（次）	Number of Teenagers Participating in Science and Technology Competitions	(time)	162	9	
出　版		**Publications**				
科技期刊种数	（种）	Number of Academic Journals	(kind)	2		35
论文集种数	（种）	Number of Collections of Articles	(kind)			
论文集发行量	（册）	Number of Copies Distributed	(copies)			
科技报纸种数	（种）	Number of Scientific & Technological Newspapers	(kind)	1	1	

19—29 研究与试验发展（R&D）研究机构情况（2018年）
Institution of Research and Development (2018)

指 标	Item	机构数 （个） Number of Institutions (unit)	研究与试验发展人员 （人） R&D Personnel (person)	博 士 Doctor's Degree	研究与试验发展经费支出 （万元） R&D Funds Disburse (10000 yuan)	科研用仪器设备原价 （万元） Initial cost Used Scientific Research Equipment (10000 yuan)	进 口 Import
总 计	**Total**	**6181**	**167250**	**8837**	**4915854**	**7482815**	**857527**
按隶属关系分	**Grouped by Subordination Relations**						
中 央	Central	240	19889	3371	917612	1326027	454158
地 方	Local	5941	147361	5466	3998242	6156789	403369
按国民经济行业分	**Grouped by Sector**						
农、林、牧、渔业	Agriculture, Forestry, Animal Husbandry and Fishery	38	89	3	608	816	62
采矿业	Mining	42	1995	28	25620	232119	6008
制造业	Manufacturing	5244	129292	2520	3760374	5741130	294867
电力、热力、燃气及水生产和供应业	Electricity, Heat, Gas and Water Production and Supply Industry	16	1128	29	56697	76825	869
建筑业	Construction	98	7503	147	204162	203800	2781
交通运输、仓储和邮政业	Transport, Storage and Postal Services	4	106		3083	1632	
信息传输、软件和信息技术服务业	Information Transmission, Software and Information Technology Services	46	3059	35	69876	14436	
租赁和商务服务业	Leasing and Commercial Services	5	85	5	1483	911	
科学研究和技术服务业	Scientific Research and Technical Services	181	16152	2696	692541	767094	274137
水利、环境和公共设施管理业	Water Conservancy, Environmental and Public Facilities Management	1	27		548	32	
教 育	Education	501	7254	3356	90654	435689	278034
卫生和社会工作	The Department of Health and Social Work						
文化、体育和娱乐业	Culture, Sports and Entertainment	5	560	18	10208	8331	769
按执行部门分组	**Grouped by Execution Department**						
科研机构	Scientific Research Institution	97	12078	2299	608218	693217	267927
高等院校	Institutions of Higher Learning	501	7254	3356	90654	435689	278034
企 业	Companies	5564	146621	2854	4176598	6337600	308879
事业单位	Institution	19	1297	328	40385	16310	2686

19—30 科技活动、研究与试验发展（R&D）人员（2018年）

People in Science and Technology Activity, Research and Development (2018)

指　标	Item	调　查 单位数 （个） Number of Investigation Units (unit)	有研究与试验发展活动单位 Activity for R&D
总　计	**Total**	**20467**	**5079**
按隶属关系分	**Grouped by Subordination Relations**		
中　央	Central	291	123
地　方	Local	20176	4956
按国民经济行业分	**Grouped by Sector**		
农、林、牧、渔业	Agriculture, Forestry, Animal Husbandry and Fishery	139	21
采矿业	Mining	310	33
制造业	Manufacturing	18077	4412
电力、热力、燃气及水的生产和供应业	Electricity, Heat, Gas and Water Production and Supply Industry	373	23
建筑业	Construction	402	51
交通运输、仓储和邮政业	Transport, Storage and Postal Services	136	4
信息传输、计算机服务和软件业	Information Circulation, Computer Services and Software	177	28
租赁和商务服务业	Leasing and Commercial Services	49	3
科学研究和技术服务业	Scientific Research and Technical Services	397	259
水利、环境和公共设施管理业	Water Conservancy, Environmental and Public Facilities Management	60	5
教　育	Education	218	197
卫生和社会工作	The Department of Health and Social Work	39	
文化、体育和娱乐业	Culture, Sports and Entertainment	44	1

研究与试验发展人员（人）Staff of R&D (person)	#研究人员 Staff of Researcher	#全时人员 Staff of Full Time	#博士 Doctor's Degree	研究与试验发展人员折合全时当量（人年）Full-time Equivalent of R&D Personnel (man-years)	#研究人员 Staff of Researcher	基础研究 Basic Research	应用研究 Apply Researcher	试验发展 Experimental and Development Researcher
232730	**97042**	**151894**	**12702**	**147149**	**61301**	**11809**	**14936**	**120408**
26465	17779	19017	5086	19332	13595	4877	3701	10755
206265	79263	132877	8486	127818	47707	6932	11236	109649
186	106	65	10	122	84			122
9469	3052	2133	28	4412	1395		191	4221
156911	47064	111694	2520	101534	30643	105	1204	100226
1616	713	910	29	797	322		6	792
5515	2456	3566	147	3574	1600	66	144	3363
452	141	289		293	95			293
2400	1216	1878	35	1522	762		23	1498
110	33	67	5	70	23		7	62
20351	13894	15527	2832	17263	12469	3612	4839	8812
102	47	72		63	30			63
30782	25586	13323	7918	14435	12084	7326	6642	468
248	137	223	18	202	112		22	179

19—31 研究与试验发展（R&D）产出情况（2018年）
Output of Research and Development (2018)

指　标	Item	专利申请数（件）Patent Applications (piece)	发明专利 Inventions
总　计	**Total**	**75892**	**36229**
按隶属关系分	**Grouped by Subordination Relations**		
中　央	Central	8455	5657
地　方	Local	67437	29520
按国民经济行业分	**Grouped by Sector**		
农、林、牧、渔业	Agriculture, Forestry, Animal Husbandry and Fishery	26	25
采矿业	Mining	678	226
制造业	Manufacturing	54912	25608
电力、热力、燃气及水的生产和供应业	Electricity, Heat, Gas and Water Production and Supply Industry	1006	341
建筑业	Construction	2051	979
交通运输、仓储和邮政业	Transport, Storage and Postal Services	34	15
信息传输、计算机服务和软件业	Information Circulation, Computer Services and Software	667	425
租赁和商务服务业	Leasing and Commercial Services	12	12
科学研究和技术服务业	Scientific Research and Technical Services	2919	1911
水利、环境和公共设施管理业	Water Conservancy, Environmental and Public Facilities Management	29	18
教　育	Education	13444	6593
卫生和社会工作	The Department of Health and Social Work		
文化、体育和娱乐业	Culture, Sports and Entertainment	44	34

专 利 授权数 （件） Patents Granted (piece)	发明专利 Inventions	有效发明 专 利 数 （件） Number of patents In Force (piece)	专利所有权 转让及许可数 （件） Patent all Power Transfer and Clearance Number (piece)	专利所有 权转让及 许可收入 （万元） Patent all Power Transfer and Clearance Income (10000 yuan)	集成电路 布图设计 登 记 数 （件） Registration Number of Integrated Circuit Layout (unit)	植 物 新品种权 授 予 数 （项） Granted Number of Plant Variety Right (unit)	形成国家 或 行 业 标 准 数 （项） Standard Number of Formed Nation and Industry (unit)	发 表 科技论文 （篇） Scientific Papers Issued (piece)	出 版 科技著作 （种） Publica- tion on Science and Technology (kind)
8463	**2955**	**73097**	**296**	**1965**	**140**	**77**	**1389**	**52185**	**1129**
1934	1448	11895	56	741	31	1	197	11566	58
6529	1507	61202	240	1224	109	76	1192	40619	1071
		3					1	27	
		847					7	505	
		54963					1117	3331	
		486					8	642	
		3281					56	1293	
		57					1	107	
		588						57	
		11						10	
1209	740	4968	50	591	29	46	174	4251	47
		3						6	
7254	2215	7794	246	1374	111	31	14	38611	1058
		96					11	3	

19—32 研究与试验发展（R&D）经费支出情况（2018年）
Research and Development Funds and Internal Expenditure (2018)

单位：万元（10000 yuan）

项　目	Item	研究与试验发展经费支出 Expenditure for R&D	按活动类型分 By Activities 基础研究 Fundamental Research	应用研究 Applied Rescarch	试验发展 Experimental	#人员劳务费 Labor Expenses
总　计	**Total**	**6489541**	**422790**	**508762**	**5557988**	**1683220**
按执行部门分组	**Grouped by Execution Department**					
科研机构	Scientific Research Institution	608218	178395	191863	237960	148641
高等学校	Institutions of Higher Learning	381593	209147	153686	18760	80649
工业企业	Industrial Enterprise	4973027	3437	77108	4892482	1224459
非工业企业	Non-Industrial Enterprise	384960	7909	27710	349341	171797
事业单位	Institution	141742	23902	58395	59445	57674
按隶属关系分组	**Grouped by Subordination Relations**					
中　央	Central	1105428	269183	206801	629444	276050
地　方	Local	5384113	153607	301961	4928544	1407170

19—33 各市研究与试验发展（R&D）研究机构情况（2018年）
Institution of Research and Development by Region (2018)

地　区	Region	机构数（个）Number of Institutions (unit)	研究与试验发展人员（人）R&D Personnel (person)	博　士 Doctor's Degree	研究与试验发展经费支出（万元）R&D Funds Disburse (10000 yuan)	科研用仪器设备原价（万元）Initial cost Used Scientific Research Equipment (10000 yuan)	进　口 Import
总　计	**Total**	**6181**	**167250**	**8837**	**4915854**	**7482815**	**857527**
合 肥 市	Hefei	1458	72373	5684	2501766	4665147	563865
淮 北 市	Huaibei	85	2129	157	25204	196951	2028
亳 州 市	Bozhou	157	2773	106	49713	45685	9002
宿 州 市	Suzhou	136	2617	98	46157	55684	2172
蚌 埠 市	Bengbu	478	9831	236	284399	350462	87682
阜 阳 市	Fuyang	528	7144	340	183460	224799	12064
淮 南 市	Huainan	94	2183	158	40217	39528	4264
滁 州 市	Chuzhou	668	10713	256	332588	234387	12504
六 安 市	Luan	178	4499	133	76882	178156	14918
马鞍山市	Maanshan	597	9906	374	264118	288346	40337
芜 湖 市	Wuhu	465	15859	622	418115	502637	22707
宣 城 市	Xuancheng	380	9262	81	186132	198542	18413
铜 陵 市	Tongling	186	3929	170	193459	124318	11691
池 州 市	Chizhou	101	1560	49	46972	63777	4306
安 庆 市	Anqing	503	9767	332	216643	268821	48553
黄 山 市	Huangshan	167	2705	41	50030	45575	3021

19—34 各市科技活动、研究与试验发展（R&D）人员（2018年）
People in Science and Technology Activity, Research and Development by Region (2018)

地区	Region	调查单位数（个） Number of Investigation Units (unit)	有研究与试验发展活动单位 Activity for R&D	研究与试验发展人员（人） Staff of R&D (person)	#女性 Female	#研究人员 Staff of Researcher	全时人员 Staff of Full Time	非全时人员 Staff of Non-Full Time	博士毕业 Doctor
总计	**Total**	**20467**	**5079**	**232730**	**51810**	**97042**	**151894**	**80836**	**13572**
合肥市	Hefei	2938	866	86032	20860	45533	58888	27144	8802
淮北市	Huaibei	717	56	7639	717	2278	2051	5588	289
亳州市	Bozhou	853	175	3917	1284	1052	2468	1449	112
宿州市	Suzhou	1220	166	3718	1061	1456	2356	1362	107
蚌埠市	Bengbu	1177	454	15725	4106	7263	10480	5245	836
阜阳市	Fuyang	1937	355	6020	1674	2341	3901	2119	449
淮南市	Huainan	729	124	7033	1263	3399	2639	4394	175
滁州市	Chuzhou	1679	624	14984	3380	4925	10309	4675	358
六安市	Luan	963	150	5948	1638	2001	4282	1666	151
马鞍山市	Maanshan	1161	440	14289	2618	5263	8909	5380	517
芜湖市	Wuhu	1999	489	31191	5677	10899	21988	9203	802
宣城市	Xuancheng	1482	319	10900	2482	2419	7418	3482	90
铜陵市	Tongling	620	181	9450	1287	2869	6262	3188	255
池州市	Chizhou	607	167	3659	829	1154	2245	1414	65
安庆市	Anqing	1814	382	9077	2088	3220	5730	3347	479
黄山市	Huangshan	560	128	3131	843	960	1964	1167	85

地区	Region	硕士毕业 Master	本科毕业 University Degree	其他学历 Other	研究与试验发展人员折合全时当量（人年） Full-time Equivalent of R&D Personnel (man-years)	#研究人员 Staff of Researcher	基础研究 Basic Research	应用研究 Apply Researcher	试验发展 Experimental and Development Researcher
总计	**Total**	**36977**	**91923**	**90258**	**147149**	**61302**	**11809**	**14937**	**120404**
合肥市	Hefei	21264	31787	24179	54974	29818	8305	7791	38879
淮北市	Huaibei	785	2970	3595	3822	1184	241	170	3411
亳州市	Bozhou	396	1661	1748	2558	671	82	290	2186
宿州市	Suzhou	500	1367	1744	2226	822	84	309	1834
蚌埠市	Bengbu	2794	6429	5666	11504	5154	978	1779	8748
阜阳市	Fuyang	1140	2345	2086	3796	1389	149	313	3334
淮南市	Huainan	873	2995	2990	3732	1782	367	616	2749
滁州市	Chuzhou	1306	6259	7061	10667	3481	143	855	9669
六安市	Luan	691	2422	2684	3412	1140	64	192	3156
马鞍山市	Maanshan	1892	6041	5839	9276	3253	203	579	8495
芜湖市	Wuhu	2430	12827	15132	17743	5999	655	813	16276
宣城市	Xuancheng	314	4766	5730	8189	1867		173	8016
铜陵市	Tongling	738	3807	4650	4961	1675	201	706	4055
池州市	Chizhou	434	1405	1755	2216	617	53	143	2021
安庆市	Anqing	982	3665	3951	5974	1913	185	189	5600
黄山市	Huangshan	436	1169	1441	2086	529	101	20	1964

19—35　各市研究与试验发展（R&D）产出情况（2018年）

Output of Research and Development by Region (2018)

地　区	Region	专利申请数（件）Patent Applica-tions (piece)	发明专利 Inventions	专利授权数（件）Patents Granted (piece)	发明专利 Inventions	有效发明专利数（件）Number of patents In Force (piece)	专利所有权转让及许可数（件）Patent all Power Transfer and Clearance Number (piece)
总　计	**Total**	**75892**	**36229**	**8463**	**2955**	**73097**	**296**
合肥市	Hefei	28877	14796	4240	1912	29740	182
淮北市	Huaibei	762	285	72	18	1231	1
亳州市	Bozhou	1561	681	53	2	980	
宿州市	Suzhou	976	419	68	19	790	
蚌埠市	Bengbu	3560	1779	622	306	4092	1
阜阳市	Fuyang	4332	1694	280	14	1903	
淮南市	Huainan	1194	419	239	36	1416	3
滁州市	Chuzhou	5139	2643	455	88	3213	20
六安市	Luan	2297	878	209	24	1194	
马鞍山市	Maanshan	5368	2544	284	179	7068	33
芜湖市	Wuhu	11021	5455	1513	299	12980	40
宣城市	Xuancheng	2899	1336			3355	
铜陵市	Tongling	1954	851	47	10	1813	
池州市	Chizhou	1421	450	31	5	750	9
安庆市	Anqing	3706	1783	274	42	2024	7
黄山市	Huangshan	825	216	76	1	548	

地　区	Region	专利所有权转让及许可收入（万元）Patent all Power Transfer and Clearance Income (10000 yuan)	集成电路布图设计登记数（件）Registration Number of Integrated Circuit Layout (unit)	植物新品种权授予数（项）Granted Number of Plant Variety Right (unit)	形成国家或行业标准数（项）Standard Number of Formed Nation and Industry (unit)	发表科技论文（篇）Scientific Papers Issued (piece)	出版科技著作（种）Publication on Science and Technology (kind)
总　计	**Total**	**1965**	**140**	**77**	**1389**	**52185**	**1129**
合肥市	Hefei	1653	80	55	554	30800	443
淮北市	Huaibei	5		2	19	1259	31
亳州市	Bozhou			4	11	437	12
宿州市	Suzhou			2	15	927	27
蚌埠市	Bengbu	6	19		44	4248	75
阜阳市	Fuyang			2	38	1479	67
淮南市	Huainan	8		2	19	1363	33
滁州市	Chuzhou	27	8	6	51	1938	87
六安市	Luan		21	2	36	750	24
马鞍山市	Maanshan	191	4		82	1547	31
芜湖市	Wuhu	71	8		102	4269	199
宣城市	Xuancheng			2	47	135	24
铜陵市	Tongling				101	859	28
池州市	Chizhou				8	440	14
安庆市	Anqing	4			240	1341	27
黄山市	Huangshan				22	393	7

19—36 各市研究与试验发展（R&D）经费支出情况（2018年）

Research and Development Funds and Internal Expenditure by Region (2018)

单位：万元（10000 yuan）

地区	Region	研究与试验发展经费 Expenditure for R&D	按活动类型分 By Activities			按支出用途分 By Expenditure	
			基础研究 Fundamental Research	应用研究 Applied Rescarch	试验发展 Experimental	日常性支出 Daily Expenditure	资产性支出 Assets Expenditure
总　计	**Total**	**6489541**	**422790**	**508762**	**5557988**	**5524739**	**964802**
合 肥 市	Hefei	2566521	348444	291097	1926980	2218001	348520
淮 北 市	Huaibei	136454	2410	1543	132502	125489	10965
亳 州 市	Bozhou	82417	2465	5816	74136	67559	14858
宿 州 市	Suzhou	87991	1335	5067	81589	78741	9251
蚌 埠 市	Bengbu	459611	25621	58342	375649	391816	67795
阜 阳 市	Fuyang	179797	2992	7328	169478	132847	46950
淮 南 市	Huainan	152446	9116	26076	117254	125704	26742
滁 州 市	Chuzhou	421320	10002	37266	374052	359827	61493
六 安 市	Luan	129502	1174	2660	125668	99521	29981
马鞍山市	Maanshan	487457	2290	11676	473491	441810	45647
芜 湖 市	Wuhu	984942	10589	31338	943016	816398	168544
宣 城 市	Xuancheng	232381		4770	227611	187094	45286
铜 陵 市	Tongling	233610	2774	18847	211989	203177	30433
池 州 市	Chizhou	73254	165	1541	71548	60204	13050
安 庆 市	Anqing	203682	2638	4975	196069	171361	32322
黄 山 市	Huangshan	58156	777	422	56957	45190	12966

19—37 高等学校科技活动情况

Basic Statistics on Higher Education for Scientific and Technological Activities

指　标	Item	2005	2010	2015	2017	2018
科技活动人员（人）	S&T Personnel (person)	24530	31082	62567	63809	76323
研究与发展人员全时当量（人年）	Full-time Equivalent of R&D Personnel (man.year)	5022	7337	13541	12666	14435
#基础研究	Fundamental Research	1500	3273	6579	6335	7326
应用研究	Applied Research	2501	3471	6319	5974	6642
试验发展	Experimental Development	397	595	644	357	468
研究与发展经费支出（万元）	R&D Expenditure (10000 yuan)	66574	141849	272859	325563	381593

19—38 工业企业科技活动基本情况
Basic Statistics on Science and Technology Activities of Industrial Enterprises

指　　标	Item	2017	2018
有研究与试验发展活动的企业 (个)	Number of Enterprises Having R&D Activities (unit)	4697	4468
有研究与试验发展活动的企业占全部企业的比重 (%)	Percentage of Enterprises Having R&D Activities to Total Number of Enterprises (%)	24.88	23.80
科技机构数 (个)	Number of Scientific and Technological Institutions (unit)	5110	5302
科技活动人员 (万人)	Personnel Engaged in S&T Activities (10000 persons)	18.26	16.80
研究与试验发展折合全时人员 (万人年)	Full-time Equivalent of R&D Personnel (10000 man-year)	10.36	10.67
科技机构科技活动人员数 (万人)	Personnel Engaged in S&T Activities in S&T Institutions (10000 persons)	13.70	13.24
开发新产品经费支出 (亿元)	Expenditure on New Product Development (100 million yuan)	511.71	571.13
研究与试验发展经费支出 (亿元)	Expenditure on R&D (100 million yuan)	436.12	497.30
#政府资金	Government Funds	18.74	19.89
企业资金	Self-raised Funds by Enterprises	414.86	475.45
研究与试验发展经费支出占主营业务收入的比重 (%)	Percentage of Expenditure on R&D To Sales Revenue (%)	1.01	1.28
技术引进经费支出 (亿元)	Expenditure for Acquisition of Foreign Technology (100 million yuan)	2.85	1.86
消化吸收经费支出 (亿元)	Expenditure for Assimilation of Technology (100 million yuan)	1.71	0.65
购买国内技术支出 (亿元)	Expenditure for Purchase of Domestic Technology (100 million yuan)	4.71	11.51
专利申请数 (件)	Patent Applications (piece)	52916	56596
#发明专利数	Invention Patents	24394	26175
拥有发明专利数 (件)	Invention Patents Owned (piece)	49810	56296

19—39 各市工业企业研究与试验发展（R&D）基本情况（2018年）

R&D Basic Situation of Industrial Enterprise by Region (2018)

地 区	Region	企业单位数（个）Number of Enterprises (unit)	#有研究与试验发展活动 Activity for R&D	#有科技机构 Unit Of S&T	新产品销售收入（万元）Revenue of New Pproduct Sales (10000 yuan)	研究与试验发展人员合计（人）Staff Of R&D (person)	#参加项目人员 Staff of Participa-ting in Project	#女性 Female
总 计	**Total**	**18760**	**4468**	**4281**	**95323850**	**167996**	**157364**	**31818**
合肥市	Hefei	2224	635	616	30960105	49675	46501	9747
淮北市	Huaibei	682	41	44	3052154	6629	6362	350
亳州市	Bozhou	818	169	131	1204967	3562	3361	1117
宿州市	Suzhou	1151	153	109	916942	2438	2305	591
蚌埠市	Bengbu	1102	411	372	3541451	9884	9265	2174
阜阳市	Fuyang	1867	325	442	4522939	4464	4222	1180
淮南市	Huainan	668	93	61	797685	4329	3925	549
滁州市	Chuzhou	1598	574	507	10392742	12795	11992	2751
六安市	Luan	914	136	134	1874664	5271	4694	1411
马鞍山市	Maanshan	1071	412	411	5648257	11254	10350	1750
芜湖市	Wuhu	1872	447	333	14592657	26646	25172	4321
宣城市	Xuancheng	1398	280	322	3151158	9914	9215	2226
铜陵市	Tongling	567	161	145	8123701	7726	7434	888
池州市	Chizhou	564	157	88	1198376	3050	2850	554
安庆市	Anqing	1741	358	433	4418530	7825	7340	1637
黄山市	Huangshan	523	116	133	927521	2534	2376	572

地 区	Region	#研究人员 Staff of Researcher	#全时人员 Staff of Full Time	研究与试验发展人员折合全时当量合计（人年）Total Work Volume of Conversion Staff of Full Time (person year)	#研究人员 Staff of Researcher	应用研究人员 Staff of Apply Researcher	试验发展人员 Staff of Experimental and Development Researcher
总 计	**Total**	**50829**	**114737**	**106744**	**32360**	**1401**	**105238**
合肥市	Hefei	19205	35729	30794	12140	295	30470
淮北市	Huaibei	1370	1529	3243	665		3243
亳州市	Bozhou	845	2362	2422	592	209	2142
宿州市	Suzhou	738	1781	1594	486	12	1583
蚌埠市	Bengbu	2620	6882	7608	2006	172	7437
阜阳市	Fuyang	1328	3249	3041	900	7	3034
淮南市	Huainan	1942	1543	2081	915	95	1986
滁州市	Chuzhou	3542	8964	9091	2531	46	9045
六安市	Luan	1490	3999	3041	865	1	3040
马鞍山市	Maanshan	3236	7427	7632	2166	19	7613
芜湖市	Wuhu	7741	19937	15540	4533	120	15420
宣城市	Xuancheng	1821	6625	7336	1320	122	7214
铜陵市	Tongling	1698	5342	3893	926	185	3703
池州市	Chizhou	685	2104	2036	475	57	1979
安庆市	Anqing	2065	5397	5497	1464	61	5435
黄山市	Huangshan	503	1867	1894	374		1894

19—40 各市工业企业研究与试验发展（R&D）经费情况（2018年）

R&D Funds Basic Situation of Industrial Enterprise by Region (2018)

单位：万元（10000 yuan）

地 区	Region	研究与试验发展经费内部支出合计 Expenditure for R&D	按活动类型分组 Grouped by Active Type：应用研究支出 Applied Research Expenditure	试验发展支出 Experiment Development Expanditure	按支出用途分组 Grouped by Using of Funds：经常费支出 Normal Funds Expenditure	#人员劳务费 Salary	资产性支出 Capital Expenditure	#土建工程 Construction Project
总　计	**Total**	**4973027**	**77108**	**4892482**	**4292833**	**1224459**	**680195**	**16724**
合肥市	Hefei	1529584	16065	1512872	1367589	565345	161995	2989
淮北市	Huaibei	130925		130925	121413	40890	9513	134
亳州市	Bozhou	81497	5557	73588	66682	13662	14816	366
宿州市	Suzhou	69899	953	68946	61974	8900	7925	495
蚌埠市	Bengbu	332291	7115	325176	293133	42926	39159	1359
阜阳市	Fuyang	159785	310	159474	118799	18014	40986	1040
淮南市	Huainan	83487	4000	79487	73840	34660	9647	411
滁州市	Chuzhou	361170	2221	358949	316867	73554	44303	623
六安市	Luan	120818	228	120590	94364	24410	26454	347
马鞍山市	Maanshan	443024	2469	440555	401938	74296	41086	1521
芜湖市	Wuhu	912215	21451	890764	753563	185594	158653	4493
宣城市	Xuancheng	210833	4123	206711	168182	52406	42651	499
铜陵市	Tongling	216209	9609	206161	188912	31333	27297	1075
池州市	Chizhou	71665	1094	70571	58714	12460	12951	434
安庆市	Anqing	194198	1913	192285	164266	33565	29932	778
黄山市	Huangshan	55428		55428	42599	12444	12830	160

地 区	Region	按资金来源分组 Grouped by Source of Funds：政府资金 Government	企业资金 Enterprise	境外资金 Alien	研究与试验发展经费外部支出 Outside Expenditure	对境内研究机构支出 Foreign Research Institution	对境内高等学校支出 Demestic University
总　计	**Total**	**198924**	**4754508**	**9757**	**245230**	**39907**	**42302**
合肥市	Hefei	84604	1435770	6661	119406	13416	9534
淮北市	Huaibei	1656	128909	360	4283	1068	2787
亳州市	Bozhou	4299	76996	129	7635	753	5964
宿州市	Suzhou	2527	67056	315	1052	190	478
蚌埠市	Bengbu	11468	318277	200	9440	774	1670
阜阳市	Fuyang	12385	147196	107	8860	1404	6859
淮南市	Huainan	3129	80262	97	10735	3807	3201
滁州市	Chuzhou	17120	343244	409	6514	2636	1325
六安市	Luan	2650	117438	77	1355	264	301
马鞍山市	Maanshan	13301	429142	158	8182	1253	3549
芜湖市	Wuhu	15193	894533	625	47398	10426	2329
宣城市	Xuancheng	12607	198145	30	5608	472	1161
铜陵市	Tongling	4184	212012	13	7282	1597	718
池州市	Chizhou	4532	66436	117	1486	438	286
安庆市	Anqing	7435	185838	459	3906	1039	1914
黄山市	Huangshan	1835	53256		2089	371	226

19—41 各市工业企业全部研究与试验发展（R&D）项目和政策情况（2018年）

All R&D Itens and Policies Situation of Industrial Enterprise by Region (2018)

地 区	Region	项目数 (项) Number of Items (unit)	参加项目人员 (人) Staff Taken Part in Items (person)	项目人员折合全时当量 (人年) ZFull-time Equivalent of Staff Taken Part in Items (person/year)	全部项目经费内部支出 (万元) All Project Interior Expense (10000 yuan)	使用来自政府部门的科技活动资金 (万元) Using from Government Department's Technique Cctivity Fund (10000 yuan)	研究开发费用加计扣除减免税 (万元) Total Research and Development Expense Counting Tax Reliefs (10000 yuan)	高新技术企业减免税 (万元) Tax Reliefs of High and New Technology Enterprises (10000 yuan)
总　计	**Total**					**224188**	**449804**	**507558**
合肥市	Hefei					94853	133842	190238
淮北市	Huaibei					3063	14013	22778
亳州市	Bozhou					4042	3422	1343
宿州市	Suzhou					3286	10423	2804
蚌埠市	Bengbu					12440	22674	10513
阜阳市	Fuyang					15524	21595	8387
淮南市	Huainan					4046	5359	2747
滁州市	Chuzhou					18663	25674	30023
六安市	Luan					3092	8141	6793
马鞍山市	Maanshan					13655	28099	23055
芜湖市	Wuhu					17067	97219	112668
宣城市	Xuancheng					14411	21605	42496
铜陵市	Tongling					4689	9812	6532
池州市	Chizhou					4690	7547	7847
安庆市	Anqing					8199	35072	33824
黄山市	Huangshan					2468	5309	5512

19—42 各市工业企业自主知识产权和技术情况（2018年）

Self-owned Intellectual Property Rights and Technology Situation Industrial Enterprise by Region (2018)

地区	Region	专利申请数（件）Number of Patent Application (unit)	发明专利 Patent of Invention	有效发明专利数（件）Invention Number of Patents Effectively (unit)	境外授权 Overseas Authorization	专利所有权转让及许可数（项）Patent all Power Transfer and Clearanc eNumber (item)	专利所有权转让及许可收入（万元）Patent all Power Transfer and Clearance Income (10000 yuan)	发表科技论文（篇）Publish Technical Papers (unit)
总　计	**Total**	**56596**	**26175**	**56296**	**471**			**4478**
合肥市	Hefei	17845	8283	20021	234			2334
淮北市	Huaibei	607	214	990				368
亳州市	Bozhou	1478	676	978				80
宿州市	Suzhou	788	348	713				58
蚌埠市	Bengbu	2769	1378	2895	4			164
阜阳市	Fuyang	3847	1580	1808	2			203
淮南市	Huainan	751	305	1133	10			202
滁州市	Chuzhou	4318	2338	2883	4			76
六安市	Luan	1984	806	1116	2			76
马鞍山市	Maanshan	3761	1474	3701	27			269
芜湖市	Wuhu	8551	4456	11869	170			337
宣城市	Xuancheng	2860	1330	3349	5			28
铜陵市	Tongling	1767	805	1652	5			119
池州市	Chizhou	1360	433	729				14
安庆市	Anqing	3167	1542	1938	8			135
黄山市	Huangshan	743	207	521				15

地区	Region	拥有注册商标数（件）Registered Trademark Nubmer (unit)	境外注册 Overseas Registered	形成国家行业标准数（项）National and Industry Standard Number (item)	引进技术经费支出（万元）Introduction Technology funds Experditure (10000 yuan)	消化吸收经费支出（万元）Digestion Absorption Funds Experditure (10000 yuan)	购买国内技术经费支出（万元）Purchasing Domestic Technology Funds Experditure (10000 yuan)	技术改造经费支出（万元）Technological Transformation Funds Experditure (10000 yuan)
总　计	**Total**	**22192**	**4271**	**1132**	**18588**	**6457**	**115070**	**1899775**
合肥市	Hefei	7530	1791	360	9868	1936	76870	644328
淮北市	Huaibei	987	292	18	15	43	47	22525
亳州市	Bozhou	1575	108	10			2360	3926
宿州市	Suzhou	360	7	13	133	26	320	52742
蚌埠市	Bengbu	950	80	29	33		835	30859
阜阳市	Fuyang	1249	12	35	117	0	1007	152693
淮南市	Huainan	355	1	9			17339	131688
滁州市	Chuzhou	833	18	49	41		588	102671
六安市	Luan	433	19	33	229	26	1240	19953
马鞍山市	Maanshan	1079	120	72	3635	2833	4301	276124
芜湖市	Wuhu	3918	1713	99	2847	600	5544	117848
宣城市	Xuancheng	790	33	45	206	677	342	58307
铜陵市	Tongling	439	12	93	301		311	162788
池州市	Chizhou	177	3	6	12	17	44	2365
安庆市	Anqing	868	48	239	1115	299	3912	114114
黄山市	Huangshan	649	14	22	35		10	6846

19—43 省级以上开发区主要经济指标
Main Economic Indicators of Development Areas above the Provincial Level

项　　目		Item		2015	2017	2018
全区经营（销售）收入	（万元）	Business (Sales) Income	(10000 yuan)	314724127	408010464	443598989
规模以上工业营业收入		Industrial Operating Income Above Scale		211910986	254673128	259168927
资质以内建筑业营业收入		Business Income of Construction Industry Within Qualification			20855361	27574628
限额以上批发零售业销售收入		Sales Revenue of Wholesale and Retail Trade Above Quota			48775890	64200457
限额以上住宿餐饮业营业收入		Operating Income of Catering Industry With Accommodation Above Limit			543339	703912
房地产业销售收入		Real Estate Sales Revenue			18540864	13012895
规模以上服务业企业营业收入		Business Income of Service Enterprises Above Scale			11472856	14615894
进出口总额	（万美元）	Total Import and Export	(USD 10000)	2582213	3452866	4756448
出口额		Export		1938440	2115652	2977348
进口额		Import		643773	1337213	1779100
税收总额	（万元）	Total Tax	(10000 yuan)	8909247	12049495	17148222
财政收入	（万元）	Financial Revenue	(10000 yuan)	11939449	17081723	22563125
土地收入	（万元）	Revenue From Land		2644345	4571504	4785107
利用外商直接投资情况		Foreign Direct Investments				
当年新批进区外商投资企业	（个）	Foreign Investment Enterprises Entered this Year(unit)		139	164	278
当年实际利用外商直接投资额	（万美元）	Foreign Direct Investment Amount Actually Used this Year	(USD 10000)	792249	950023	1335188
利用内资情况（在建亿元以上项目）		Domestic Investment (Construction project of one hundred million yuan of above)				
项目个数	（个）	Project Number	(unit)	1948	1855	3139
到位省外境内资金额	（万元）	In Place of Domestic Funds Outside the Province	(10000 yuan)	33644733	42375921	73900498

注：2018年省级以上开发区数量为130家，2017年以前为90家。
a) There will be 130 development zones above the provincial level in 2018 and 90 before 2017.

19—44 部分国家级开发区主要经济指标（2018年）
Main Economic Indicators of Some National Development Zones (2018)

指　　标		Item		合肥高新技术产业开发区 Hefei New High Technology Industry Devlopment District
全区经营（销售）收入	（万元）	Business (Sales) Income	(10000 yuan)	26129082
规模以上工业营业收入		Industrial Operating Income Above Scale		12428307
资质以内建筑业营业收入		Business Income of Construction Industry Within Qualification		3884259
限额以上批发零售业销售收入		Sales Revenue of Wholesale and Retail Trade Above Quota		4916480
限额以上住宿餐饮业营业收入		Operating Income of Catering Industry With Accommodation Above Limit		92325
房地产业销售收入		Real Estate Sales Revenue		717989
规模以上服务业企业营业收入		Business Income of Service Enterprises Above Scale		3431496
进出口总额	（万美元）	Total Import and Export	(USD 10000)	340582
出口总额		Total Export		236274
进口总额		Total Import		104308
税收总额	（万元）	Total Tax	(10000 yuan)	1919600
财政收入	（万元）	Financial Revenue	(10000 yuan)	2285811
新批进区外商投资企业	（个）	Number of Foreign Funded Enterprises Approved Into Development Areas	(unit)	31
实际利用外商直接投资额	（万美元）	Foreign Direct Investment Amount Actually Used this Year	(USD 10000)	53600
亿元以上省外境内投资项目	（个）	Investment Projects (outside the provice, Above 100 million yuan)	(unit)	63
亿元以上项目到位省外境内资金额	（万元）	Investment Projects of Gaining Fund (outside the provice, Above 100 million yuan)	(10000 yuan)	1031796

合肥经济技术开发区 Hefei Economy and Technology Development District	芜湖经济技术开发区 Wuhu Economy and Technology Development District	芜湖高新技术产业开发区 Wuhu New High Technology Industry Devlopment District	蚌埠高新技术产业开发区 Bengbu New High Technology Industry Devlopment District	马鞍山经济技术开发区 Maanshan Economy and Technology Development District	马鞍山慈湖高新技术开发区 Maanshan New High Technology Industry Devlopment District	铜陵经济技术开发区 Tongling Economy and Technology Development District	安庆经济技术开发区 Anqing Economy and Technology Development District	滁州经济技术开发区 Chuzhou Economy and Technology Development District	池州经济技术开发区 Chizhou Economy and Technology Development District
40817422	21366402	8857480	6349874	6281544	4138790	12412518	7672417	14609704	2372270
18167508	13125775	5283725	2370648	3789857	2292236	10471580	5743343	7465971	1303377
4939482	316086	544491	2251186	245159	313789	245607	192506	1124162	291755
11749363	2679896	1714154	1120498	1142352	412039	460551	659276	1213497	488136
133537	12518	31691	12371		2673	4601	20310	4135	2321
704064	94204	333533	131095	77382		27567	27795	658798	1967
1046990	889556	728449	214076	207459	95599	136282	65260	218477	47487
1159783	506660	19902	15300	43643	41067	182045	29915	146676	16123
726320	329073	14103	11032	20385	32698	22495	15961	94088	2359
433463	177587	5799	4268	23258	8369	159550	13954	52588	13764
1250270	952654	364882	213027	237923	141129	190218	149803	413828	74943
2262768	938694	805348	341967	372952	144643	280880	175688	480907	87290
12	7	3	2	8	6	1	1	5	1
54080	76423	24648	37575	49815	33036	11733	5056	34539	9180
34	71	157	56	61	38	91	28	18	50
1210602	1967551	2365430	1405616	1800000	1041250	2215913	1020500	1514856	506200

19—45 各市省级以上开发区主要经济指标（2018年）

Main Economic Indicators of Development Areas above the Provincial Level by Region (2018)

地区	Region	全区经营（销售）收入（万元）Business (Sales) Income (10000 yuan)	规上工业营业收入 Industrial Operating Income Above Scale	资质以内建筑业营业收入 Business Income of Construction Industry Within Qualification	限额以上批发零售业销售收入 Sales Revenue of Wholesale and Retail Trade Above Quota	限额以上住宿餐饮业营业收入 Operating Income of Catering Industry With Accommodation Above Limit	房地产业销售收入 Real Estate Sales Revenue	规模以上服务业营业收入 Business Income of Service Enterprises Above Scale	进出口总额（万美元）Total Import and Export (USD 10000)
总　　计	**Total**	**443598989**	**259168927**	**27574628**	**64200475**	**703912**	**13012895**	**14615894**	**4756448**
合 肥 市	Hefei	132282878	60062992	14187963	27796226	312864	3758377	6157035	2443389
淮 北 市	Huaibei	8525896	7150398	42421	420272	2544	45864	156599	64193
亳 州 市	Bozhou	16366797	6807657	211549	1653269	31040	1155771	524045	69796
宿 州 市	Suzhou	10593845	6171753	350207	1781352	15907	244157	424830	45169
蚌 埠 市	Bengbu	25231193	14988058	4716962	2103120	46498	793782	727822	19088
阜 阳 市	Fuyang	37658951	22661986	832972	7605412	39361	1551355	358876	137724
淮 南 市	Huainan	5247130	2248413	172525	1438492	398	202361	311900	30843
滁 州 市	Chuzhou	31464784	19251111	1270507	2070480	20652	2230580	373066	304169
六 安 市	Luan	15666110	8838850	546146	1781414	20629	328380	126546	76429
马鞍山市	Maanshan	21682435	14043384	808338	2578898	8409	883875	508034	173798
芜 湖 市	Wuhu	62513574	41496139	2060630	8819731	116184	762789	3643525	746458
宣 城 市	Xuancheng	18435680	12861922	748232	1488976	16975	283685	313933	175912
铜 陵 市	Tongling	19149625	14122250	451027	2166998	14665	66749	285561	206624
池 州 市	Chizhou	7221155	5325399	495647	638050	7571	68365	122550	74147
安 庆 市	Anqing	25331128	19390182	585656	1353067	43511	501872	326838	114433
黄 山 市	Huangshan	6227809	3748433	93847	504718	6704	134934	254732	74276

地区	Region	出口额 Export	进口额 Import	税收总额（万元）Total Tax (10000 yuan)	财政收入（万元）Financial Revenue (10000 yuan)	新批进区外商投资企业（个）Foreign Investment Enterprises Entered this Year (unit)	实际利用外商直接投资（万美元）Foreign Direct Investment Amount Actually Used this Year (USD 10000)	亿元以上省外境内投资项目个数（个）Investment Projects (outside the provice, Above 100 million yuan) (unit)	亿元以上项目到位省外境内资金额（万元）Investment Projects of Gaining Fund (outside the provice, Above 100 million yuan) (10000 yuan)
总　　计	**Total**	**2977348**	**1779100**	**17148222**	**22563125**	**278**	**1335188**	**3139**	**73900498**
合 肥 市	Hefei	1438325	1005064	5605458	7545158	76	221637	255	8592540
淮 北 市	Huaibei	58513	5680	280371	305010	19	24889	107	2320077
亳 州 市	Bozhou	59486	10310	653639	713235	10	85108	326	6149505
宿 州 市	Suzhou	40826	4343	408057	583781	11	45835	183	2240317
蚌 埠 市	Bengbu	14630	4458	637527	945722	5	90646	171	5818467
阜 阳 市	Fuyang	117819	19905	1186278	1847520	13	35643	95	1692825
淮 南 市	Huainan	27540	3303	290112	570464	6	7533	69	2405011
滁 州 市	Chuzhou	226293	77876	1206047	1511377	28	132350	241	7028531
六 安 市	Luan	68645	7784	806270	1041827	12	51604	143	3319353
马鞍山市	Maanshan	97527	76271	777841	1160349	26	178454	206	6491150
芜 湖 市	Wuhu	480162	266296	2498674	3045221	27	265552	511	11824929
宣 城 市	Xuancheng	161858	14054	1022952	1125498	18	111839	214	5028036
铜 陵 市	Tongling	30009	176615	445446	545715	6	22030	158	3548944
池 州 市	Chizhou	18900	55247	432489	519364	6	29727	182	2086584
安 庆 市	Anqing	78866	35567	649589	816462	10	18123	236	4484981
黄 山 市	Huangshan	57949	16327	247472	286425	5	14218	42	869246

19—46 合肥国家高新技术产业开发区企业经营状况（2018年）

Enterprises Business of Hefei National Development Zone for New and High-level Technology Industries (2018)

经济类型 Ownership	企业数（家）Enterprises (unit)	总产值（万元）Gross Output Vaue (10000 yuan)	总收入（万元）Total Revenue (10000 yuan)	技术性收入 Technical Revenue	利税总额（万元）Total Pre-tax Profit (10000 yuan)	利润 Profit	出口创汇（万美元）Foreign Exchange Earned Through Export (USD 10000)	年末职工人数（人）Number of Staff and Norkers at Year-end (person)	全员劳动生产率（万元/人）Overall Labor Productivity (10000 yuan /person)
总计 Total	**1512**	**36420340**	**50082779**	**11343870**	**7775058**	**4940974**	**7673752**	**263946**	**190.0**
国有经济 State-owned	465	18492888	29202599	6803172	6121608	3387702	4598254	146939	198.7
私营企业 Private	889	3383647	4116034	263218	380301	361330	125219	46804	88.0
股份制经济 Share Holding	115	3473768	5952340	636122	563518	529236	416309	43247	137.6
中外合资 Sino-foreign Joint Venture	15	1470368	1597142	82873	123843	91173	244715	7973	200.0
港澳台侨与大陆合资 China-Hong Kong/macao/ Taiwan Joint Venture	5	191092	168581		13040	12051	16508	1351	124.8
港澳台侨独资企业 H.K/Macao/Taiwan Funded	6	7333721	7224158	3548380	473754	468248	2202426	11676	618.9
其他经济 Others	17	2074856	1821925	10105	98994	91234	70321	5956	306.0
总计中：三资企业 Joint, Cooperative or Exclusi-vely Foreign-funded Ventures	31	3527843	3401638	92976	224046	183761	315035	13633	249.5

19—47 合肥国家高新技术产业开发区产品概况（2018年）

Products of Hefei National Development Zone for New and High-level Technology Industries (2018)

单位：万元（10000 yuan）

技术领域	Field of Technology	产值 Output Value	年销售收入 Annual Sales Revenue	出口额 Volume of Export
总计	**Total**	**36420340**	**50082779**	**7673752**
电子与信息	Electronics and Information Industry	13996612	18986712	4985202
生物医药技术	Biology and Medicine	4688345	4873168	75102
新材料	New Materials	2212534	2359656	193813
光机电一体化	Photoelectric, Mechanical and Electrical products	3759792	4118383	673472
新能源高效节能	New Energy Sources and Energy Saving Devices	6221733	6978801	886690
环境保护	Environmental Protection	310291	452939	5756
航空航天技术	Aviation Technology	294	440	
核应用技术	Nuclear Application Technology	10010	9839	
其他高技术	Other High-level Technology	4556027	6311772	228703
非高技术	Unhigh-level Technology	664702	5991069	625014

19—48 全省监督抽查产品质量情况
Results of Sampling Check on Product Quality Under Provincial Supervision

年 份 Year	抽查企业（个） Number of Enterprises Selected (unit)	无不合格品企业数（个） Number of Enterprises Without Products Unqualified	抽 查 产 品 Products Selected in Sampling		合格产品（批次） Number of Products Qualified (kind)	样品合格率（%） Rate of Sample Products Qualified (%)
			（类） Number of Types	（种） Number of Kinds		
2005	16282	12966	12	99	14656	80.59
2009	19424	17100	12	103	21981	89.34
2010	11459	10154	12	110	12954	90.77
2011	17537	16009	12	157	25077	93.75
2012	15754	14565	12	151	18681	93.27
2013	13851	13086	12	134	16397	93.93
2014	2728	2585	8	88	2953	95.26
2015	2291	2181	8	79	2558	96.00
2016	3440	3193	8	86	3476	93.32
2017	3814	3568	7	81	3762	93.72
2018	2699	2608	8	90	2979	96.94

注：根据省政府减轻企业负担的要求，2014年我省对企业产品定检明显减少。

a) According to the requirements of the provincial government to reduce the burden of enterprises, in 2014, the province of enterprise products regular checks were significantly reduced.

19—49 技术市场成交情况（2018年）
Business of Technological Markets (2018)

项 目	Item	成交项目（项） Transaction Projects (item)	成交金额（万元） Transaction Value (10000 yuan)
按卖方分合计	**Seller Total**	**20347**	**3213131**
企业法人	Enterprise Artificial Person	17278	3000864
事业法人	Institution Artificial Person	3013	164348
社团法人	Social Organization Artificial Person	2	517
自然人	Natural Person	33	11716
机关法人	Agencies & Organization Artificial Person	15	29800
其 他	Others	6	5886
按买方分合计	**Buyer Total**	**20347**	**3213131**
企业法人	Enterprise Artificial Person	14774	2211986
事业法人	Institution Artificial Person	2488	177406
社团法人	Social Organization Artificial Person	47	2722
自然人	Natural Person	211	130316
机关法人	Agencies & Organization Artificial Person	2691	664625
其 他	Others	136	26075

19—50 三种专利申请受理、授权量
Three Types of Patent Applications Examined and Authorized

单位：项（item）

指　　标	Item	2005	2010	2015	2017	2018
申请受理量合计	**Total Applications Examined**	**3516**	**47128**	**127709**	**175871**	**207428**
发　　明	Creations and Inventions	903	6396	68314	93527	108782
实用新型	Utility Models	1715	17367	51559	72332	86914
外观设计	Designs	898	23365	7836	10012	11732
申请受理人情况	**People of Acceptance of the Application**					
个　　人	Individual	2282	22412	27793	31183	42247
大专院校	Universities and Colleges	209	1121	8583	13234	13849
科研单位	Research Institutions	167	738	1772	1955	1593
企　　业	Enterprises	839	22693	87600	126519	146657
机关团体	Government Agencies and Organizations	19	164	1961	2980	2686
申请授权量合计	**Total Applications Authorized**	**1939**	**16012**	**59039**	**58213**	**79747**
发　　明	Creations and Inventions	238	1111	11180	12440	14846
实用新型	Utility Models	1072	8839	41094	38304	55445
外观设计	Designs	629	6062	6765	7469	9456
申请受权人情况	**Authorized Person of the Application**					
个　　人	Individual	1234	4852	9457	7377	9371
大专院校	Universities and Colleges	85	503	5374	6474	6900
科研单位	Research Institutions	70	364	781	820	868
企　　业	Enterprises	537	10254	43200	43133	62108
机关团体	Government Agencies and Organizations	13	39	227	409	500

19—51 各市三种专利申请受理、授权量（2018年）
Three Types of Patent Applications Examined and Authorized by Region (2018)

单位：项（item）

地 区	Region	申请受理量合计 Total Applications Examined	发明 Creations and Inventions	实用新型 Utility Models	外观设计 Designs	申请受理人情况 People of Acceptance of the Application 个人 Individual	大专院校 Universities and Colleges	科研单位 Research Institutions	企业 Enterprises	机关团体 Government Agencies and Organizations
总计	**Total**	**207428**	**108782**	**86914**	**11732**	**42247**	**13849**	**1593**	**146657**	**2686**
合肥市	Hefei	65814	32831	29321	3662	8100	5538	1479	49585	761
淮北市	Huaibei	4827	2500	2142	185	2483	165		2169	10
亳州市	Bozhou	6154	2945	2641	568	2815	161	4	3129	45
宿州市	Suzhou	3996	1881	1642	473	1705	161	3	2100	27
蚌埠市	Bengbu	9406	4997	3849	560	3099	473	60	5556	212
阜阳市	Fuyang	13065	6244	5780	1041	3722	475		8662	188
淮南市	Huainan	5460	2550	2672	238	1895	1387	6	2080	77
滁州市	Chuzhou	14399	7193	6439	767	2802	714		10693	190
六安市	Luan	8979	2801	5400	778	2861	432		5470	216
马鞍山市	Maanshan	11338	6175	4872	291	1076	697	5	9405	155
芜湖市	Wuhu	36205	25340	9800	1065	5977	2847	30	26779	566
宣城市	Xuancheng	7213	3857	2899	457	1324	35		5824	30
铜陵市	Tongling	4263	2173	1799	291	585	44	2	3589	43
池州市	Chizhou	4617	1587	2717	313	588	138		3848	43
安庆市	Anqing	9507	4915	3879	713	2843	289		6257	118
黄山市	Huangshan	2185	793	1062	330	372	293	4	1511	5

地 区	Region	申请授权量合计 Total Applications Authorized	发明 Creations and Inventions	实用新型 Utility Models	外观设计 Designs	申请受权人情况 Authorized Person of the Application 个人 Individual	大专院校 Universities and Colleges	科研单位 Research Institutions	企业 Enterprises	机关团体 Government Agencies and Organizations
总计	**Total**	**79747**	**14846**	**55445**	**9456**	**9371**	**6900**	**868**	**62108**	**500**
合肥市	Hefei	28438	5597	19753	3088	1709	2384	741	23366	238
淮北市	Huaibei	1276	255	873	148	376	88		811	1
亳州市	Bozhou	2007	470	1165	372	627	64	1	1315	
宿州市	Suzhou	1503	320	875	308	589	97		817	
蚌埠市	Bengbu	3290	659	2220	411	595	207	46	2436	6
阜阳市	Fuyang	4892	512	3509	871	1171	215	5	3487	14
淮南市	Huainan	2313	426	1738	149	444	840	2	1016	11
滁州市	Chuzhou	4707	703	3282	722	476	407	2	3814	8
六安市	Luan	3944	254	3207	483	844	246		2842	12
马鞍山市	Maanshan	5577	1126	4196	255	256	361		4925	35
芜湖市	Wuhu	10781	2816	6843	1122	580	1534	60	8459	148
宣城市	Xuancheng	3271	740	2172	359	323	16		2932	
铜陵市	Tongling	1567	214	1233	120	152	19	4	1392	
池州市	Chizhou	1780	150	1377	253	247	38		1482	13
安庆市	Anqing	3304	452	2271	581	826	225	3	2237	13
黄山市	Huangshan	1097	152	731	214	156	159	4	777	1

主要统计指标解释

普通高等学校

指按国家规定的设置标准和审批程序批准举办的，通过国家普通高等教育招生考试，招收高中毕业生为主要培养对象，实施高等学历教育的全日制大学、独立设置的学院和高等专科学校、高等职业学校及其他普通高教机构。

成人高等学校

指按照国家规定的设置标准和审批程序批准举办的，指通过全国成人高等教育招生考试，招收具有高中毕业或同等学历的人员为主要培养对象，利用函授、业余、脱产等多种形式对其实施高等学历教育的学校。包括职工高等学校、农民高等学校、管理干部学院、教育学院、独立函授学院、广播电视大学、其他成人高教机构等。其他成人高教机构是承担国家成人招生计划任务不计校数的机构。

小学学龄儿童入学率即小学学龄儿童净入学率

指小学教育在校学龄人口数占小学教育国家规定年龄组人口总数的百分比。计算公式为：

小学净入学率＝小学在校学龄人口数/小学校内外学龄人口数×100%

财政性教育经费

包括财政预算内教育经费，各级政府征收用于教育的税费，企业办学校教育经费，校办产业、勤工俭学和社会服务收入用于教育的经费。

研究与试验发展（R&D）

指在科学技术领域，为增加知识总量，以及运用这些知识去创造新的应用进行的系统的创造性的活动，包括基础研究、应用研究、试验发展三类活动。国际上通常采用 R&D 活动的规模和强度指标反映一国的科技实力和核心竞争力。

基础研究

指为了获得关于现象和可观察事实的基本原理的新知识(揭示客观事物的本质、运动规律，获得新发现、新学说)而进行的实验性或理论性研究，它不以任何专门或特定的应用或使用为目的。其成果以科学论文和科学著作为主要形式。用来反映知识的原始创新能力。

应用研究

指为获得新知识而进行的创造性研究，主要针对某一特定的目的或目标。应用研究是为了确定基础研究成果可能的用途，或是为达到预定的目标探索应采取的新方法(原理性)或新途径。其成果形式以科学论文、专著、原理性模型或发明专利为主。用来反映对基础研究成果应用途径的探索。

试验发展

指利用从基础研究、应用研究和实际经验所获得的现有知识，为产生新的产品、材料和装置，建立新的工艺、系统和服务，以及对已产生和建立的上述各项作实质性的改进而进行的系统性工作。

R&D 人员

指参与研究与试验发展项目研究、管理和辅助工作的人员，包括项目（课题）组人员，企业科技行政管理人员和直接为项目（课题）活动提供服务的辅助人员。反映投入从事拥有自主知识产权的研究开发活动的人力规模。

R&D 人员全时当量

指全时人员数加非全时人员按工作量折算为全时人员数的总和。例如：有两个全时人员和三个非全时人员（工作时间分别为 20%、30%和 70%)，则全时当量为 2+0.2+0.3+0.7=3.2 人年。为国际上比较科技人力投入而制定的可比指标。

R&D 经费内部支出合计

指调查单位用于内部开展 R&D 活动（基础研究、应用研究和试验发展）的实际支出。包括用于 R&D 项目（课题）活动的直接支出，以及间接用于 R&D 活动的管理费、服务费、与 R&D 有关的基本建设支出以及外协加工费等。不包括生产性活动支出、归还贷款支出以及与外单位合作或委托外单位进行 R&D 活动而转拨给对方的经费支出。

R&D 经费内部支出中政府资金

指 R&D 经费内部支出中来自各级政府部门的各类资金，包括财政科学技术拨款、科学基金、教育等部门事业费以及政府部门预算外资金的实际支出。

R&D 经费内部支出中企业资金

指 R&D 经费内部支出中来自本企业的自有资金和接受其他企业委托而获得的经费，以及科研院所、高校等事业单位从企业获得的资金的实际支出。

新产品销售收入

指报告期企业销售新产品实现的销售收入。

发明（专利）

指对产品、方法或者其改进所提出的新的技术方案。是国际通行的反映拥有自主知识产权技术的核心指标。

实用新型（专利）

指对产品的形状、构造或者其结合所提出的适于实用的新的技术方案。反映具有一定技术含量的技术成果情况。

外观设计（专利）

指对产品的形状、图案、色彩或者其结合所作出的富有美感并适于工业上应用的新设计。反映拥有自主知识产权的外观设计成果情况。

Explanatory Notes for Major Statistical Indicators

Regular Institutions of Higher Education

refers to the national standards set by the provisions of the approval and approval procedures, through the national general higher education entrance examination, recruiting high school graduates as the main training object, the implementation of higher education full-time university, independent set of colleges and colleges, higher Vocational schools and other general institutions of higher education.

Institutions of Higher Education for Adults

refers to the provisions of the country in accordance with the provisions of the standards and approval procedures approved by the National Adult Higher Education Admissions Examination, to recruit high school graduates or equivalent qualifications as the main training object, the use of correspondence, amateur, full-time and other forms of its implementation Higher education of the school. Including the institutions of higher education for workers, peasant higher schools, management cadres colleges, educational colleges, independent correspondence schools, radio and television universities, other adult higher education institutions. Other adult institutions of higher education are institutions that are responsible for the national adult enrollment program.

The enrollment rate of primary schoolchildren is the net enrollment rate of primary school age children

refers to the percentage of the total number of school-age population in primary school education in primary school age group. The formula is:

Primary school enrollment rate = primary school population of school age population / primary school school age population ×100%

Government Appropriation for Education

refers to State budgetary fund for education, taxes and fees collected by governments at all levels that are used for education purpose, education fund for enterprise-run schools, income from school-run enterprises, work-study programme and social services that are used for education purpose.

Research and Development (R&D)

refers to systematic and creative activities in the field of science and technology aiming at increasing the knowledge and using the knowledge for new application. R&D includes 3 categories of activities: basic research, applied research and experimentation for development. The scale and intensity of R&D are widely used internationally to reflect the strength of S&T and the core competitiveness of a country in the world.

Basic Research

refers to empirical or theoretical research aiming at obtaining new knowledge on the fundamental principles regarding phenomena or observable facts to reveal the intrinsic nature and underlying laws and to acquire new discoveries or new theories. Basic research takes no specific or designated application as the aim of the research. Results of basic research are mainly released or disseminated in the form of scientific papers or monographs. This indicator reflects the innovation capacity for original knowledge.

Applied Research

refers to creative research aiming at obtaining new knowledge on a specific objective or target. Purpose of the applied research is to identify the possible uses of results from basic research, or to explore new (fundamental) methods or new approaches. Results of applied research are expressed in the form of scientific papers, monographs, fundamental models or invention patents. This indicator reflects the exploration of ways to apply the results of basic research.

Experiments and Development

refer to systematic activities aiming at using the knowledge from basic and applied researches or from practical experience to develop new products, materials and equipment, to establish new production process, systems and services, or to make substantial improvement on the existing products, process or services. Results of experiment and development activities are embodied in patents, exclusive technology, and monotype of new products or equipment. In social sciences, experiment and development activities refer to the process of converting the knowledge from basic or applied researches into feasible programmes (including conduct of demonstration projects for assessment and evaluation). There are no experiment and development activities in the science of humanities. This indicator reflects the capability of transferring the results of S&T into technique and products, and measures the realization of S&T in spearheading the economic and social development.

Scientists and Engineers

refer to persons who have completed university or higher education or obtained titles of senior and middle level professional positions.

R&D Personnel

refer to persons engaged in research, management and

supporting activities of R&D, including persons in the project teams, persons engaged in the management of S&T activities of enterprises and supporting staff providing direct service to the research projects. This indicator reflects the size of personnel engaged in R&D activities with independent intellectual property.

Full-time Equivalent of R&D Personnel

refers to the sum of the full-time persons and the full-time equivalent of part-time persons converted by workload. For instance, if there are 2 full-time persons and 3 part-time workers (20%, 30% and 70% of working hours respectively on R&D activities), the full-time equivalent are 2+0.2+0.3+0.7=3.2 person-years. This is an internationally comparable indicator of S&T manpower input.

Total Internal Expenditure of Funds on R&D

refers to the real expenditure of surveyed units on their own R&D activities (basic research, application study, test and development) including direct expenditure on R&D activities, indirect expenditure of management and services on R&D activities, expenditure on capital construction and material processing by others. Excluding the expenditure on production activities, return of loan, and fees transferred to cooperated and entrusted agencies on R&D activities.

Internal Expenditure of Government Funds

refers to the expenditure of funds on R&D activities from government agencies at different levels, including appropriate funds on science and technology from financial departments, scientific funds, operating expenses from education departments and the real expenditure of extra budgetary funds from government agencies.

Internal Expenditure of Funds of Enterprises

refers to the expenditure of funds on R&D activities from self-raised funds of enterprises and funds from other enterprises through entrustment, and the expenditure of funds of institutions, such as institution of scientific research and universities, from enterprises.

Sales Income of New Products

refers to the real sales income of new products of the enterprises at the reporting period.

Patented Inventions

refer to new technical proposals to the products or methods or their modifications. This is universal core indicator reflecting the technologies with independent intellectual property.

Patented Utility Models

refer to the practical and new technical proposals on the shape and structure of the product or the combination of both. This indicator reflects the condition of technological results with certain technical content.

Designs

refer to the aesthetics and industrially applicable new designs for the shape, pattern and colour of the product, or their combinations. This indicator reflects the appearance design achievements with independent intellectual property.

第二十篇

Chapter 20

PUBLIC HEALTH AND SOCIAL SERVICES

简要说明

一、本篇主要反映卫生、民政、劳动保障事业的发展情况。

卫生部分主要包括卫生机构、卫生人员、卫生设施，医疗服务，农村和社区卫生、妇幼保健、医疗保障制度等情况。

民政事业和劳动保障统计资料主要包括社会服务企事业机构、人员、床位情况，优抚和社会救济情况，社区服务设施和农村社会保障网络情况，婚姻服务情况等情况。

二、卫生部分的资料来自省卫生厅。民政事业和劳动保障统计资料分别由省民政厅、省人力资源和社会保障厅依据统计报表制度整理提供。省人力资源和社会保障厅提供的分市数据，均为老区划口径数据。

Brief Introduction

I. Data in this chapter mainly reflect the development of public health, civil affairs, labor and social security.

Data on public health include mainly the number of health institutions, health personnel, health facility; health expenses, medical services, rural and community health, maternal and child health, and health security system.

Data on civil affairs and labor and social security include: institutions, personnel and beds of social services， social welfare relief, community service facilities and rural network of social security, marriage registration service, etc.

II. Data on public health are mainly from data based on statistical reporting form scheme by the Ministry of Health. Data on civil affairs, labor and social security are from the Ministry of Civil Affairs and the Ministry of Human Resources and Social Security. Man club hall, data, are all old diameter data.

20—1 医疗卫生机构数
Number of Health Institutions

单位：个（unit）

年份 Year	总计 Total	#医院 Hospitals	社区卫生服务中心（站） Community Health Service Center (station)	乡镇卫生院 Township Hospitals	村卫生室 Village Health Room	疾病预防控制中心（防疫站） Disease Prevention and Controlling Center (Epidemic Prevention Station)	专科疾病防治院（所、站） Specialized Disease Prevention and Treatment Canters (stations)	妇幼保健院（所、站） Maternity and Child Care Centers (stations)	急救中心（站） First-aid Center (station)	卫生监督所 Health Supervision Centers
2005	32044	683	635	1980	22847	132	54	117	5	41
2009	24736	713	986	1702	17719	124	47	118	10	103
2010	23019	730	1730	1437	15636	124	50	119	11	110
2011	22884	916	1924	1395	15321	124	52	119	11	111
2012	23278	930	1948	1384	15306	121	52	118	12	119
2013	24645	938	1942	1387	15310	120	50	121	13	113
2014	24824	968	1941	1398	15288	121	48	121	14	113
2015	24853	1018	1930	1382	15295	121	47	121	14	113
2016	24388	1042	1908	1371	15276	121	47	120	14	112
2017	24484	1095	1882	1367	15331	121	48	118	15	113
2018	24926	1140	1891	1365	15317	120	45	120	16	112

20—2 医疗卫生机构人员数
Number of Engaged Persons in Health Institutions

单位：人（person）

年份 Year	人员合计 Total	卫生技术人员 Medical Technical Personnel	#执业(助理)医师 Licensed (Assistant) Doctors	注册护士 Registered Nurse	每万人口专业卫生技术人员数 Number of Medical Technical Personnel per 10000 Population
2005	193973	159788	66102	47329	26.11
2009	244477	202382	79230	69291	33.01
2010	247493	205403	81097	76550	34.48
2011	315514	217709	84773	84495	36.48
2012	334736	236172	92009	95042	39.44
2013	353835	253549	98630	103404	42.05
2014	365650	267964	103738	111544	44.05
2015	377387	280768	107792	119303	45.70
2016	390346	296668	113810	128434	47.88
2017	407530	313546	120857	138166	50.13
2018	426851	333492	126782	149703	52.74

注：本表2011年起人员含村卫生室人员情况。每万人口专业卫生技术人员按常住人口计算。

a) From 2011, Data in this table personnel include village health room staff.Professional health workers of Per 10000 population is calculated by permanent population.

20—3 医疗卫生机构、床位、人员数（2018年）
Number of Health Units, Beds and Staff (2018)

指 标	Item	机构数（个）Health Institu-tions (unit)	床位数（张）Beds (unit)	人员数（人）Persons Engaged (person)	卫生技术人员 Medical technical Personnel
总 计	**Total**	**24926**	**328123**	**426851**	**333492**
医 院	Hospitals	1140	253595	265075	225016
综合医院	Comprehensive Hospitals	723	177059	190744	163714
中医医院	Hospitals of Traditional Chinese Medicine	113	34403	35688	30845
中西医结合医院	Hospitals Combined by Medium Doctors	24	3165	3694	2956
专科医院	Specialized Hospitals	262	36873	34086	26914
口腔医院	Stomatological Hospitals	22	364	1481	1195
眼科医院	Ophthalmology Hospitals	36	2159	2487	1668
耳鼻喉科医院	Ear, Nose and Throat Hospitals	4	170	147	124
肿瘤医院	Malignant Tumour Hospitals	10	2786	3167	2694
心血管病医院	Cardiovascular Disease Hospitals	1	221	293	237
妇产(科)医院	Gynecology Hospitals	33	2258	4082	2824
儿童医院	Children's Hospitals	4	1256	1980	1678
精神病医院	Mental Hospitals	35	13982	6746	5499
传染病医院	Infection Hospitals	10	3127	2890	2421
皮肤病医院	Dermatological Hospitals	3	125	178	137
结核病医院	Tubercle Hospitals	2	1284	1147	1020
麻风病医院	Leprosy Hospitals	3	26	6	4
骨科医院	Orthopedic Hospitals	20	1884	1698	1438
康复医院	Rehabilitation Hospitals	23	3411	3287	2623
整形外科医院	Plastic Surgery Hospital	4	205	418	243
美容医院	Cosmetology Hospitals	7	337	684	365
其他专科医院	Other Specialized Hospitals	45	3278	3395	2744
护理院	Nursing Hospitals	18	2095	863	587
基层医疗卫生机构	The Basic Medical Institutions	23076	67023	137407	89826
社区卫生服务中心(站)	Community Health Service Center (station)	1891	8290	20361	18177
社区卫生服务中心	Community Health Center	394	8290	11957	10547
社区卫生服务站	Community Health Service Station	1497		8404	7630
卫生院	Commune Hospitals	1366	58508	53914	47523
街道卫生院	Hospitals in the Streets	1	50	34	31
乡镇卫生院	Township Hospitals	1365	58458	53880	47492
中心卫生院	Center Hospitals	449	27565	25533	22695
乡卫生院	Rural Hospitals	916	30893	28347	24797
村卫生室	Village Health Room	15317		47623	10017
门诊部	Outpatient Departments	432	225	5976	4950
诊所、卫生所、医务室	Clinics、Health Institute、Medical Office	4070		9533	9159
专业公共卫生机构	Professional Public Health Institutions	605	7045	21209	17126
疾病预防控制中心	Disease Prevention and Controlling Center	120		4817	3813
专科疾病防治院（所、站）	Specialized Disease Prevention and Treatment Canters (stations)	45	2542	2012	1509
健康教育所（站、中心）	Health Education Offices (stations or centers)	4		23	6
妇幼保健院（所、站）	Maternity and Child Care Centers (stations)	120	4499	9551	7987
急救中心（站）	First-aid Center (station)	16	4	496	275
采供血机构	Blood Collecting and Supply Organizations	22		1144	888
卫生监督所(中心)	Health Supervision Centers	112		2444	2099
计划生育技术服务机构	Birth Control Technical Services	166		722	549
其他卫生机构	Other Health Institutions	105	460	3160	1524
疗养院	Sanatoriums	4	460	244	155
医学科学研究机构	Research Institutes of Medical Science	10		243	134
医学在职培训机构	Medical On-the-job Training Organizations	20		294	161
临床检验中心（所、站）	Clinical Testing Center (station)	22		1565	684
统计信息中心	Statistical Information Center	4		28	
其 他	Other	45		786	390

20—4 医疗卫生机构各类人员数（2018年）
Persons Engaged in Health Care Institutions by Type of Occupation (2018)

单位：人（person）

指标	Item	合计 Total	卫生技术人员 Medical Technical Personnel	执业(助理)医师 Licensed (Assistant) Doctors	注册护士 Registered Nurse	药师(士) Pharmacist	技师(士) Technology Division
总计	**Total**	**426851**	**333492**	**126782**	**149703**	**14998**	**19603**
按经济类型分	**By the type**						
公立	The Male Stands	321109	252674	96887	109968	12128	15424
国有	Countries Have	233662	200095	69728	94710	9338	12342
集体	Sets the Body	87447	52579	27159	15258	2790	3082
非公立	The Public	105742	80818	29895	39735	2870	4179
#联营	United Camp	2066	1255	491	594	43	58
私营	Private	58652	46085	18206	22019	1546	2174
按主办单位分	**According To The Organizer**						
政府办	Set Up by Government	276920	233631	85412	104402	11568	14722
#卫生部门	The Health Sector	275270	232377	84923	103868	11518	14632
社会办	Set Up by Society	89988	50998	21956	22410	1783	2591
个人办	Set Up by Individual	59943	48863	19414	22891	1647	2290

指标	Item	其他 Other	乡村医生和卫生员 Village Doctors and Assistants	其他技术人员 Other Technical Personnel	管理人员 Administrative Personnel	工勤技能人员 Logistics Technical Workers
总计	**Total**	**22406**	**37606**	**16467**	**16031**	**23255**
按经济类型分	**By the type**					
公立	The Male Stands	18267	30553	12370	9960	15552
国有	Countries Have	13977	1632	10559	8539	12837
集体	Sets the Body	4290	28921	1811	1421	2715
非公立	The Public	4139	7053	4097	6071	7703
#联营	United Camp	69	436	60	121	194
私营	Private	2140	3213	2395	3067	3892
按主办单位分	**According To The Organizer**					
政府办	Set Up by Government	17527	7015	11844	9388	15042
#卫生部门	The Health Sector	17436	7015	11767	9221	14890
社会办	Set Up by Society	2258	29436	2137	3373	4044
个人办	Set Up by Individual	2621	1155	2486	3270	4169

20—5 各市医疗卫生机构人员数（2018年）

Number of Persons Engaged in Health Institutions by Region (2018)

单位：人（person）

地　区	Region	合　计 Total	卫　生技术人员 Medical Technical Personnel	执业(助理)医师 Licensed (Assistant) Doctors	注　册护　士 Registered Nurse	药　师（士） Pharmacist	技　师（士） Technology Division
总　计	Total	426851	333492	126782	149703	14998	19603
合肥市	Hefei	74201	60999	22320	29564	2399	3515
淮北市	Huaibei	14500	11572	4603	5289	511	610
亳州市	Bozhou	28939	19992	7198	8904	895	1321
宿州市	Suzhou	31491	23450	9406	9730	1168	1532
蚌埠市	Bengbu	25423	19958	7219	9554	887	1125
阜阳市	Fuyang	55060	41361	15403	18225	1696	2501
淮南市	Huainan	23259	18044	6229	8683	818	1108
滁州市	Chuzhou	23944	18161	6840	8059	824	1017
六安市	Luan	27844	21309	9261	8273	956	1358
马鞍山市	Maanshan	16086	13088	5045	5922	593	770
芜湖市	Wuhu	27231	22527	8885	10201	1023	1219
宣城市	Xuancheng	17409	14316	5506	6220	739	808
铜陵市	Tongling	11474	9293	3546	4201	482	527
池州市	Chizhou	9835	7809	3001	3294	360	460
安庆市	Anqing	28908	22312	8880	9320	1154	1189
黄山市	Huangshan	11247	9301	3440	4264	493	543

地　区	Region	其　他 Other	乡村医生和卫生员 Village Doctors and Assistants	其　他技术人员 Other Technical Personnel	管理人员 Administrative Personnel	工勤技能人　员 Logistics Technical Workers
总　计	Total	22406	37606	16467	16031	23255
合肥市	Hefei	3201	2110	3415	3785	3892
淮北市	Huaibei	559	923	694	465	846
亳州市	Bozhou	1674	5226	1133	673	1915
宿州市	Suzhou	1614	4080	962	1207	1792
蚌埠市	Bengbu	1173	2175	925	916	1449
阜阳市	Fuyang	3536	7204	1987	1767	2741
淮南市	Huainan	1206	1723	950	1120	1422
滁州市	Chuzhou	1421	2687	884	614	1598
六安市	Luan	1461	3385	799	1014	1337
马鞍山市	Maanshan	758	739	718	622	919
芜湖市	Wuhu	1199	1048	1123	1157	1376
宣城市	Xuancheng	1043	906	606	580	1001
铜陵市	Tongling	537	831	387	475	488
池州市	Chizhou	694	972	325	269	460
安庆市	Anqing	1769	3046	1194	1097	1259
黄山市	Huangshan	561	551	365	270	760

20—6 各市医疗卫生机构数（2018年）

Number of Medical Health Institutions by Region (2018)

单位：个（unit）

地 区	Region	总 计 Total	#医 院 Hospitals	社区卫生服务中心（站）Community Health Service Center (station)	乡镇卫生院 Township Hospitals	村卫生室 Village Health Room
总 计	**Total**	**24926**	**1140**	**1891**	**1365**	**15317**
合 肥 市	Hefei	2293	171	201	98	1111
淮 北 市	Huaibei	755	70	145	28	306
亳 州 市	Bozhou	1890	78	115	92	1288
宿 州 市	Suzhou	1826	81	104	107	1337
蚌 埠 市	Bengbu	1359	81	144	61	916
阜 阳 市	Fuyang	2930	120	170	167	1756
淮 南 市	Huainan	1437	78	177	79	827
滁 州 市	Chuzhou	1592	70	114	100	1038
六 安 市	Luan	2321	32	128	133	1832
马鞍山市	Maanshan	1016	63	100	39	434
芜 湖 市	Wuhu	1505	81	136	55	748
宣 城 市	Xuancheng	1235	47	67	82	793
铜 陵 市	Tongling	626	30	77	34	366
池 州 市	Chizhou	1006	33	28	59	597
安 庆 市	Anqing	2086	73	148	130	1351
黄 山 市	Huangshan	1049	32	37	101	617

地 区	Region	疾病预防控制中心(防疫站) Disease Prevention and Controlling Center (Epidemic Prevention Station)	专科疾病防治院(所.站) Specialized Disease Prevention and Treatment Canters (stations)	妇幼保健院(所.站) Maternity and Child Care Centers (stations)	急救中心(站) First-aid Center (station)	卫生监督所 Health Supervision Centers
总 计	**Total**	**120**	**45**	**120**	**16**	**112**
合 肥 市	Hefei	11	7	12	4	11
淮 北 市	Huaibei	5	1	5		2
亳 州 市	Bozhou	5		5		5
宿 州 市	Suzhou	6	1	6	1	6
蚌 埠 市	Bengbu	8	1	9	1	4
阜 阳 市	Fuyang	9	2	9	1	9
淮 南 市	Huainan	9	2	10	1	8
滁 州 市	Chuzhou	8	2	9	1	9
六 安 市	Luan	8		8		7
马鞍山市	Maanshan	8	5	7	1	7
芜 湖 市	Wuhu	9	6	8	1	9
宣 城 市	Xuancheng	8	4	8	1	8
铜 陵 市	Tongling	3	2	5	1	4
池 州 市	Chizhou	6	3	3	1	6
安 庆 市	Anqing	9	7	9	1	9
黄 山 市	Huangshan	8	2	7	1	8

20—7 各市医疗卫生机构床位数（2018年）

Number of beds of Medical Health Institutions by Region (2018)

单位：张（unit）

地　区	Region	总　计 Total	#医　院 Hospitals	#综合医院 Comprehensive Hospitals	中医医院 Hospitals of Traditional Chinese Medicine	中西医结合医院 Hospitals Combined by Medium Doctors
总　计	**Total**	**328123**	**253595**	**177059**	**34403**	**3165**
合 肥 市	Hefei	54910	48042	29097	5074	1538
淮 北 市	Huaibei	12592	9252	6900	1224	
亳 州 市	Bozhou	22387	14250	9694	3238	370
宿 州 市	Suzhou	23995	16323	14017	1308	135
蚌 埠 市	Bengbu	21076	17101	13341	1650	103
阜 阳 市	Fuyang	44205	32749	22786	4590	
淮 南 市	Huainan	18778	14470	11833	850	
滁 州 市	Chuzhou	19159	14419	10366	2210	540
六 安 市	Luan	20226	12874	8062	2919	
马鞍山市	Maanshan	9596	7922	5550	1304	
芜 湖 市	Wuhu	21226	18133	11715	2757	
宣 城 市	Xuancheng	13571	10824	7164	2045	182
铜 陵 市	Tongling	9428	7815	5445	620	259
池 州 市	Chizhou	7192	5913	4054	1071	
安 庆 市	Anqing	21158	16773	11597	2778	18
黄 山 市	Huangshan	8624	6735	5438	765	20

地　区	Region	专科医院 Specialized Hospitals	社区卫生服务中心（站） Community Health Service Center (station)	乡镇卫生院 Township Hospitals	专科疾病防治院（所.站） Specialized Disease Prevention and Treatment Canters (stations)	妇幼保健院（所.站） Maternity and Child Care Centers (stations)
总　计	**Total**	**36873**	**8290**	**58458**	**2542**	**4499**
合 肥 市	Hefei	11233	990	4175	416	924
淮 北 市	Huaibei	1128	658	1362	956	364
亳 州 市	Bozhou	898	766	7204		157
宿 州 市	Suzhou	863	514	6928	40	140
蚌 埠 市	Bengbu	2007	512	3297	20	142
阜 阳 市	Fuyang	4943	1274	9804	10	288
淮 南 市	Huainan	1739	870	2792	342	278
滁 州 市	Chuzhou	1303	440	3951	130	200
六 安 市	Luan	1863	297	6497		558
马鞍山市	Maanshan	858	183	1144	24	318
芜 湖 市	Wuhu	3661	411	2246	274	142
宣 城 市	Xuancheng	1333	471	2155	26	91
铜 陵 市	Tongling	1463	231	819	88	475
池 州 市	Chizhou	788	30	1055	117	56
安 庆 市	Anqing	2380	476	3484	99	326
黄 山 市	Huangshan	413	167	1545		40

20—8 计划生育状况
Family Planning

项　　目		Item		2017	2018	2018年比2017年增减 Increase /decrese in 2018 over 2017
已婚育龄妇女人数（户籍）	（人）	Number of Married Women of Child-bearing Age (registered)	(person)	13459683	13667741	1.55
实际采取节育措施人数(户籍)	（人）	Number of Women Actually Taking Birth Control Measures (registered)	(person)	11961414	11339741	-5.20
符合政策生育（户籍）	（人）	In Line With the Policy of Birth (registered)	(person)	792476	737671	-6.92
政策符合率（户籍）	(%)	Policy Rate (registered)	(%)	89.31	89.25	-0.06

资料来源：安徽省卫生健康委员会。
Source: Anhui provincial health committee.

20—9 医疗机构门诊、住院服务情况（2018年）
Outpatient Service of Medical Institution、the Situation of Hospital Service (2018)

机构类别	Institution Category	总诊疗人次数（人次） Total Number of Patients Treated (person-times)	门、急诊 Out-patients and Emergency Patients	入院人数（人） Hospital Admissions (person)	出院人数（人） Being Out of Hospital (person)	每百门、急诊入院人数（人） Hospital Admissions per 100 Out-patient Times and Emergency Patient-times (person)
总　计	**Total**	**297646911**	**284975755**	**10110645**	**10096781**	**5.0**
#医　院	Hospitals	118227498	114880874	8248154	8227956	7.2
社区卫生服务中心(站)	Community Health Service Centers	25602209	23767306	125256	123253	0.5
卫生院	Commune Hospitals	59005095	56237915	1531808	1540989	2.7
村卫生室	Village Clinics	72565377	68864241			
门诊部	Clinics	2645697	2355679	5697	5697	
诊所、卫生所、医务室	Clinics、Health Institute、Medical Office	12565828	12423769			
专科疾病防治院（所、站）	Speclalized Disease Prevention and Treatment Centers (stations)	170753	168173	19174	18825	11.4
妇幼保健院（所、站）	Maternity and Child Care Centers (stations)	6496541	5920176	178746	178232	3.0
疗养院	Sanatoriums	16829	6538	1810	1829	27.7

20—10 重大传染病救治及救助情况
Significant Infectious Diseases Treatment and Rescue Situation

指 标	Item	2015	2017	2018
重大传染病救治财政投入（万元）	Significant Financial Investment for Treatment of Infectious Diseases (10000 yuan)			
艾滋病	AIDS	1920	2304	2400
结核病	Tuberculosis	810	810	810
晚期血吸虫病	Advanced Schistosomiasis	2451	2282	1840
重大传染病免费救治（人）	Free Treatment of Major Infectious Diseases (person)			
艾滋病	AIDS	4000	7257	8355
结核病	Tuberculosis	9000	9901	9803
晚期血吸虫病	Advanced Schistosomiasis	4813	4661	4778

20—11 医疗机构病床使用情况（2018年）
Utilization of Hospital Beds at and Above County Level (2018)

机构类别	Type of Hospital	病床周转次数（次）Turnover of Beds (times)	病床工作日（日）Number of Days per Bed in Use in a Year (days)	病床使用率（%）Utilization Rate of Beds (%)	出院者平均住院日（日）Average Hospitalization Period (days)
总 计	**Total**	32.7	281.6	77.2	8.3
医 院	Hospitals	34.1	303.9	83.3	8.7
社区卫生服务中心（站）	Community Health Service Centers	17.0	156.5	42.9	8.0
卫生院	Commune Hospitals	29.0	203.8	55.8	6.5
专科疾病防治院（所、站）	Speclalized Disease Prevention and Treatment Centers (stations)	7.9	241.2	66.1	29.6
妇幼保健院（所、站）	Maternity and Child Care Centers (stations)	42.1	237.2	65.0	5.7
疗养院	Sanatoriums	4.0	145.8	40.0	16.7

20—12 主要年份医院病床使用情况
Hospital Beds Usage in Main Years

年 份 Year	实有床位(张) Hospital Beds (number)	出院人数(人) Patients Discharged from Hosptials (person)	病床周转次数(次) Turnover of Beds (time)	病床工作日(日) Number of Days per Bed in Use in a Year (days)	病床使用率(%) Utilization Rate (%)	出院者平均住院日(日) Average Stay Days in Hospital (day)
2005	82224	1866751	24	251	68.6	10
2009	113785	3318862	30	311	85.3	10
2010	122171	3718022	31	313	85.9	10
2011	139738	4388588	33	318	87.2	10
2012	157817	5151804	34	323	88.1	9
2013	171508	5544366	33	317	86.8	9
2014	187730	8181303	34	320	87.7	9
2015	202713	6502924	34	310	85.0	9
2016	216448	7037582	35	309	84.6	9
2017	233142	7841303	36	315	86.3	9
2018	253595	8227956	34	304	83.3	9

注：部分没有医疗运营的医院，病床未参与汇总。
a) Some hospitals that do not have medical operations have beds that do not participate in the summary.

20—13 各市医院病床使用情况（2018年）
Hospital Beds Usage by Region (2018)

地 区	Region	实有床位(张) Hospital Beds (number)	出院人数(人) Patients Discharged from Hosptials (person)	病床周转次数(次) Turnover of Beds (time)	病床工作日(日) Number of Days per Bed in Use in a Year (days)	病床使用率(%) Utilization Rate (%)	出院者平均住院日(日) Average Stay Days in Hospital (day)
总 计	**Total**	**253595**	**8227956**	**34**	**304**	**83.3**	**9**
合肥市	Hefei	48042	1455853	33	326	89.4	10
淮北市	Huaibei	9252	271218	29	291	79.6	10
亳州市	Bozhou	14250	563095	41	304	83.2	7
宿州市	Suzhou	16323	626901	40	312	85.4	8
蚌埠市	Bengbu	17101	556984	34	311	85.2	9
阜阳市	Fuyang	32749	1052458	33	276	75.7	8
淮南市	Huainan	14470	463834	33	300	82.1	9
滁州市	Chuzhou	14419	517978	37	299	82.0	8
六安市	Luan	12874	486835	39	329	90.2	8
马鞍山市	Maanshan	7922	220862	29	274	75.1	9
芜湖市	Wuhu	18133	514744	31	300	82.3	9
宣城市	Xuancheng	10824	349784	34	289	79.2	8
铜陵市	Tongling	7815	195303	25	293	80.3	11
池州市	Chizhou	5913	180067	31	282	77.2	9
安庆市	Anqing	16773	563877	36	322	88.2	9
黄山市	Huangshan	6735	208163	32	294	80.5	9

20—14 主要年份乡镇卫生院病床使用情况
Hospital Beds Usage of Beds of Township Hospitals in Main Years

年　份 Year	实有床位(张) Hospital Beds (number)	出院人数(人) Patients Discharged from Hosptials (person)	病床周转次数(次) Turnover of Beds (time)	病床工作日(日) Number of Days per Bed in Use in a Year (days)	病床使用率(%) Utilization Rate (%)	出院者平均住院日(日) Average Stay Days in Hospital (day)
2005	36873	1177482	36	142	38.9	4
2009	51302	2054152	43	221	60.4	5
2010	48944	1495925	32	194	53.1	5
2011	47226	1281046	29	187	51.2	6
2012	48289	1645159	36	219	59.9	6
2013	49781	1709374	36	228	62.4	6
2014	50871	1706132	35	226	62.0	6
2015	50973	1596190	33	221	60.6	7
2016	51316	1563326	32	221	60.6	7
2017	56560	1718011	33	224	61.2	6
2018	58458	1540988	29	204	55.9	7

20—15 各市乡镇卫生院病床使用情况（2018年）
Hospital Beds Usage of Beds of Township Hospitals by Region (2018)

地　区	Region	实有床位(张) Hospital Beds (number)	出院人数(人) Patients Discharged from Hosptials (person)	病床周转次数(次) Turnover of Beds (time)	病床工作日(日) Number of Days per Bed in Use in a Year (days)	病床使用率(%) Utilization Rate (%)	出院者平均住院日(日) Average Stay Days in Hospital (day)
总　计	**Total**	**58458**	**1540988**	**29**	**204**	**55.9**	**7**
合肥市	Hefei	4175	96051	25	191	52.2	7
淮北市	Huaibei	1362	21771	17	135	36.9	6
亳州市	Bozhou	7204	260632	39	268	73.5	6
宿州市	Suzhou	6928	189793	30	215	58.9	7
蚌埠市	Bengbu	3297	75177	28	235	64.3	8
阜阳市	Fuyang	9804	290791	32	221	60.6	6
淮南市	Huainan	2792	98674	41	240	65.7	5
滁州市	Chuzhou	3951	83811	22	170	46.4	7
六安市	Luan	6497	222673	37	243	66.7	6
马鞍山市	Maanshan	1144	15464	14	122	33.3	10
芜湖市	Wuhu	2246	10907	7	54	14.8	7
宣城市	Xuancheng	2155	39397	20	154	42.3	10
铜陵市	Tongling	819	9612	12	109	29.7	7
池州市	Chizhou	1055	30678	31	212	58.0	6
安庆市	Anqing	3484	65190	21	141	38.5	6
黄山市	Huangshan	1545	30367	22	141	38.6	6

20—16 主要年份村卫生室基本情况
The Basic Situation of Health Room in Main Years

年 份 Year	机构数（个）Health Institutions (unit)	按设置、主办单位分 Grouped by Managing Organization					乡村医生和卫生员（人）Rural Doctors and Health Workers (person)		
		村 办 Set Up by Village	乡卫生院设点 Spot of Township Commune Hospital	联合办 Joint Set Up	私人办 Private Set Up	其 他 Others		乡村医生 Rural Doctors	卫生员 Health Workers
2005	22847	11339	580	2393	7466	1069	46523	43416	3107
2009	17788	8236	3202	1258	3730	1362	54844	52607	2237
2010	15636	7912	3501	1020	1748	1455	55784	53638	2146
2011	15321	7534	4053	1120	1155	1459	55282	52875	2407
2012	15306	7659	4045	1097	1011	1494	53068	50171	2897
2013	15310	7823	3507	1454	945	1581	51640	48365	3275
2014	15288	7215	3152	1481	947	2493	48261	45217	3044
2015	15295	7192	3182	1484	947	2490	45914	42955	2959
2016	15276	7155	2771	1936	928	2486	43365	40470	2895
2017	15331	7083	2850	1880	900	2618	40869	38000	2869
2018	15317	7106	2965	1849	872	2525	37606	34969	2637

20—17 各市村卫生室基本情况（2018年）
The Basic Situation of Health Room by Region (2018)

地 区	Region	机构数（个）Health Institutions (unit)	按设置、主办单位分 Grouped by Setting Up and Managing Organizations					乡村医生和卫生员（人）Rural Doctors and Health Workers (person)		
			村 办 Set Up by Village	乡卫生院设点 Spot of Township Commune Hospital	联合办 Joint Set Up	私人办 Private Set Up	其 他 Others		乡村医生 Rural Doctors	卫生员 Health Workers
总 计	**Total**	**15317**	**7106**	**2965**	**1849**	**872**	**2525**	**37606**	**34969**	**2637**
合肥市	Hefei	1111	141	447	206	69	248	2110	1912	198
淮北市	Huaibei	306	170	107	14		15	923	891	32
亳州市	Bozhou	1288	660	228	246	11	143	5226	4735	491
宿州市	Suzhou	1337	749	217	134	50	187	4080	3843	237
蚌埠市	Bengbu	916	628	145	20	20	103	2175	2087	88
阜阳市	Fuyang	1756	1030	267	67	2	390	7204	6484	720
淮南市	Huainan	827	45	335	67	33	347	1723	1533	190
滁州市	Chuzhou	1038	428	375	92	22	121	2687	2422	265
六安市	Luan	1832	593	343	647	3	246	3385	3312	73
马鞍山市	Maanshan	434	362	27	2	43		739	716	23
芜湖市	Wuhu	748	299	254	45	71	79	1048	1014	34
宣城市	Xuancheng	793	436	76	22	177	82	906	878	28
铜陵市	Tongling	366	190	52	20	7	97	831	765	66
池州市	Chizhou	597	282	32	19	130	134	972	958	14
安庆市	Anqing	1351	867	28	144	38	274	3046	2885	161
黄山市	Huangshan	617	226	32	104	196	59	551	534	17

20—18 民政行业单位基本情况（2018年）
Basic Conditions of Civil Affairs Agencies (2018)

项　　目	Item	单位数 （个） Number of Enterprises (unit)	职工人数 （人） Number of Staff and Workers (person)
民政行政机关	Civil Affairs Administrative Departments	122	2554
民政事业单位	Civil Affairs Institutions	9807	54921
优抚安置单位	Agencies for Serviceman		
救灾储备单位	Salvation and Institutions		
社区服务中心	Community Service Centers	9060	37181
婚姻登记服务类单位	Marriage Registration Institutions	32	226
提供住宿的法定社会服务机构	Statutory Social Service Institutions for Accommodation	1680	16841
救助类单位	Salvation Institutions	46	456
殡仪类单位	Funeral and Interment Institutions	141	2934
福利彩票发行单位	Welfare Lottery Issuing Institutions	43	755
慈善团体	Charity Institutions		
老龄行政机构	Aging Population Institutions		
其他事业单位	Other Institutions	22	119
民间组织	Non-governmental Organizations	30777	421048
社会团体	Social Organizations	13991	161965
基金会	Fund Organizations	151	1208
民办非企业单位	Non-enterprise Units Run by NGO	16635	257875
基层群众自治组织	Grass Roots Autonomy Organizations	17951	82517
社区居委会	Neighborhood Committee	3435	18799
村委会	Village Committee	14516	63718

20—19 全省民政服务事业费支出情况
Expenditure on Civil Affairs service in the Province

单位：万元（10000 yuan）

指　　标	Item	2005	2010	2015	2017	2018
总　　计	**Total**	**250782**	**971558**	**1812234**	**2205761**	**1654232**
抚　恤	Comfort and Compensate a Bereaved Family	60170	166651	295775	344910	
退役安置	Retired Resettlement	23766	85706	165427	154456	
社会福利	Social Welfare	8589	48429	183619	284926	344614
社会救助	Social Assistance	106656	543753	987512	1231309	1130117
自然灾害生活救助	Natural Disaster Life Aid	26157	31916	38823	34627	
民政管理事务	Civil Administration	16570	35842	79831	109763	113221
行政事业单位离退休	Retired Administrative Institutions	3770	11670	16394	18041	9994
其　他	Other	5104	47592	44852	27730	56286

20—20 社会福利事业单位基本情况（2018年）
Basic Statistics on Social Welfare Institutions (2018)

项 目	Item	单位数（个）Number of Homes (unit)	工作人员（人）Number of Staff and Workers (person)	床位（张）Number of Beds (unit)	年末收养人数（人）Number of Persons Housed (person)
提供住宿的法定社会服务机构	Provide accommodation of legal and social service agencies	1680	16923	225930	111693
#光荣院	Homes for Disabled Veterans	23	91	2502	1068
社会福利院	Social Welfare Homes	54	1140	8663	4039
儿童福利院	Baby Welfare Homes	33	842	6033	2753
城镇老年性福利机构	Urban Elderly Welfare Units	530	6377	67703	28177
农村老年性福利机构	Rural Elderly Welfare Units	978	7671	135309	73883
优抚安置单位	Units for Arranging the Family Members of Martyrs and Disabled Veterans				
救助类单位	Rescue Agencies	46	456	4792	1306
儿童福利机构数	Number of Child Welfare Institutions	33	842	6033	2753
流浪儿童救助保护中心数	Number of Rescue and Protection Centers for Street Children	5	32	544	407
救助流浪乞讨儿童人数	Number of Homeless and Begging Children Rrescued				

20—21 享受补助、救济人员情况
Persons Receiving Subsidies or Relief Funds

单位：人、元/人月、户（person、Yuan/person、household）

指 标	Item	2010	2015	2017	2018
城乡居民最低生活保障人数	**Number of Persons Receiving Lowest Cost-of-living in Urban Area and Rural Area**	**3030182**	**2609965**	**2034019**	**2233240**
城镇居民最低生活保障人数	Number of Persons Receiving Lowest Cost-of-living in Urban Area	883944	646672	479292	426833
农村居民最低生活保障人数	Number of Persons Receiving Lowest Cost-of-living in Rural Area	2146238	1963293	1554727	1806407
城市最低生活保障平均标准	Average Standard of Urban Minimum Living Standards	254.1	455.0	531.0	570.0
农村最低生活保障平均标准	Average Standard of Subsistence Allowances for Rural Residents	111.6	206.0	369.0	491.0
传统救济情况	**Traditional Relief**				
农村定期救济户数	Number of Households Receiving Periodic Relief in Rural Areas	519831	467220	438231	415279
#困难户	Households in Urgent Need	52199	44723	40520	38333
五保户	Households Enjoying the Five Guarantees	467632	422497	397711	376946

20—22 婚姻服务情况
Number of Marriage and Divorces

指　　标		Item		2005	2010	2015	2016	2017	2018
内地居民登记结婚	(对)	Registered Marriages	(couple)	439401	650861	737989	713361	672438	619146
初　　婚	(人)	First Marriages	(person)	832838	1038265	1240023	1141695	1050732	950906
再　　婚	(人)	Remarriages	(person)	45964	263457	238179	285027	294144	287386
离　　婚	(对)	Divorces	(couple)	57476	109634	181207	217237	241690	243913
离婚率	(‰)	Divorce Rate	(‰)	1.77	3.22	5.22	6.22	6.87	6.89

注：本表数据由民政厅、法院提供。

a) The data in this table were provided by Provincial Civil Affairs Department and court.

20—23 各市婚姻服务情况（2018年）
Number of Marriage and Divorces by Region (2018)

地　　区	Region	内地居民登记结婚 (对) Registered Marriages (couple)	初　婚 (人) First Marriages (person)	再　婚 (人) Remarriages (person)	登记离婚数 (对) Quantity of Registered Divorcing (couple)	离婚率 (‰) Divorce Rate (‰)
总　计	**Total**	**619146**	**950906**	**287386**	**210785**	**5.96**
省本级	Provincial Level	1845	3349	341	188	
合肥市	Hefei	75023	99669	50377	33014	8.80
淮北市	Huaibei	21309	34578	8040	6988	6.43
亳州市	Bozhou	63810	108211	19409	18958	5.80
宿州市	Suzhou	59550	98563	20537	18226	5.56
蚌埠市	Bengbu	32820	49941	15699	13383	7.00
阜阳市	Fuyang	108017	170624	45410	31348	5.86
淮南市	Huainan	30873	46817	14929	10854	5.57
滁州市	Chuzhou	43649	67968	19330	13949	6.14
六安市	Luan	43370	67103	19637	13280	4.51
马鞍山市	Maanshan	19348	28552	10144	7523	6.56
芜湖市	Wuhu	31298	46001	16595	11534	5.94
宣城市	Xuancheng	18995	26174	11816	8582	6.14
铜陵市	Tongling	11200	16363	6037	4257	4.98
池州市	Chizhou	10143	15536	4750	3967	4.89
安庆市	Anqing	37955	56322	19588	10979	4.15
黄山市	Huangshan	9941	15135	4747	3755	5.06

注：本表数据由民政厅提供，离婚人数不包括法院的调解和判决离婚数。

a) Data in this table are provided by provincial department of civil affairs. The number of divorces excludes those mediated and iudged by courts.

20—24 城乡居民最低生活和社会保障网络基本情况

Basic Statistics on People Receiving Lowest Cost-of-living and Social Security Network in Urban and Rural Area

年份 Year	城镇社区服务设施数（个） Number of Urban Welfare Facilities (unit)	社区服务单位个数 Number of Community Service	城乡居民最低生活保障 People Receiving Lowest Cost-of-living in Urban and Rural Area			
			城镇低保人数（万人） Number of Persons Receiving Lowest Cost-of-living in Urban Area (10000 person)	保障金额（万元） Amount of Money (10000 yuan)	农村低保人数（万人） Number of Persons Receiving Lowest Cost-of-living in Rural Area (10000 person)	保障金额（万元） Amount of Money (10000 yuan)
2005	6815	327	97.72	76012.5	25.12	3594.9
2010	3623		88.40	197149.3	214.62	195417.7
2013	5452	3869	78.27	296775.2	216.05	357833.9
2014	7638	4172	72.41	289567.6	208.92	369713.0
2015	7969	4321	64.67	281671.7	196.33	387606.0
2016	8086	4431	54.41	264900.8	149.82	414943.5
2017	7860	4198	47.93	257672.9	155.47	460018.1
2018	8072	4232	42.68	238542.4	180.64	623792.0

20—25 各市城乡居民最低生活和社会保障网络基本情况（2018年）

Basic Statistics on People Receiving Lowest Cost-of-living and Social Security Network in Urban and Rural Area by Region (2018)

地区	Region	城镇社区服务设施数（个） Number of Urban Welfare Facilities (unit)	城乡居民最低生活保障 People Receiving Lowest Cost-of-living in Urban and Rural Area			
			城镇低保人数（人） Number of Persons Receiving Lowest Cost-of-living in Urban Area (person)	保障金额（万元） Amount of Money (10000 yuan)	农村低保人数（人） Number of Persons Receiving Lowest Cost-of-living in Rural Area (person)	保障金额（万元） Amount of Money (10000 yuan)
总　计	**Total**	**8072**	**426833**	**238542.4**	**1806407**	**623792.0**
合肥市	Hefei	902	34314	23396.3	164399	67292.8
淮北市	Huaibei	137	22738	11423.5	30364	9908.6
亳州市	Bozhou	159	10077	4265.3	166582	42641.8
宿州市	Suzhou	186	18081	8606.1	279831	74567.9
蚌埠市	Bengbu	605	35056	19743.5	83910	33255.4
阜阳市	Fuyang	1076	43909	23925.1	293939	107561.0
淮南市	Huainan	522	27712	14028.0	79644	29411.8
滁州市	Chuzhou	1078	31627	18697.6	111727	41573.3
六安市	Luan	194	40004	18361.6	169920	58014.0
马鞍山市	Maanshan	485	31610	17317.4	39958	19109.7
芜湖市	Wuhu	611	42746	30138.2	68323	30026.6
宣城市	Xuancheng	482	12564	7378.6	66263	26710.9
铜陵市	Tongling	370	26505	14850.7	21842	9619.0
池州市	Chizhou	95	9529	5542.1	48185	15188.5
安庆市	Anqing	354	28907	15022.8	147367	46284.4
黄山市	Huangshan	812	11454	5845.6	34153	12626.3

20—26 工伤保险情况
Sitution of Industrial Injury Insurance

单位：人、万元（person, 10000 yuan）

项　　目	Item	2010	2015	2017	2018
参保人数	Insurance Population	3594632	5288777	5655081	6035228
农民工人数	Number of Rural Workers	1239885	1464977	1405958	1348047
享受伤残待遇人数	Number of Enjoy Wounded and Disabled Treatment Population	39101	71780	84651	89535
享受工伤保险待遇的职业病人数	Number of Enjoy Industrial Injury Insurance Treatment Population	5407	2606	3176	3388
因工死亡人数	Number of On-duty Deaths	575	610	660	715
供养亲属人数	Number of Support Relatives	4348	11105	20185	23140
基金收入	Fund Revenue	65403	216014	244741	240437
基金支出	Fund Expense	42040	162053	175864	205923
累计结余	Accumulative Surplus	107429	374900	486563	521078
储备金	Reserve Fund	9785	40935	54496	17926

20—27 各市城镇职工基本医疗保险情况（2018年）
Urban Employee Basic Medical Insurance by Region (2018)

地　区	Region	参保人数（人） Insurance Population (person)			基金（万元） Fund (10000 yuan)			
		合计 Total	职工小计 Total of Staffs & Workers	退休人员小计 Total of Retirees	收入 Income	支出 Expenditure	累计结余 Accumulative Surplus	个人帐户 Personal Account
总　计	**Total**	**8545807**	**6072862**	**2472945**	**3094988**	**2291906**	**4051747**	**1640400**
合 肥 市	Hefei	2399476	1912466	487010	1059202	714973	1658817	431081
淮 北 市	Huaibei	427902	260023	167879	148130	107516	178600	107252
亳 州 市	Bozhou	250396	191660	58736	87591	62590	150582	54903
宿 州 市	Suzhou	328138	251989	76149	93586	59333	197627	59522
蚌 埠 市	Bengbu	512309	322242	190067	149212	122215	160648	94824
阜 阳 市	Fuyang	445271	321981	123290	149952	109890	198996	107750
淮 南 市	Huainan	584518	332034	252484	183129	152918	165306	85661
滁 州 市	Chuzhou	452790	332845	119945	178627	120522	253580	122239
六 安 市	Luan	352224	251787	100437	124223	86245	199600	72805
马鞍山市	Maanshan	510746	318385	192361	173464	142912	139161	91271
芜 湖 市	Wuhu	778616	548914	229702	254575	212928	210087	130220
宣 城 市	Xuancheng	343357	244910	98447	127360	100037	125136	50611
铜 陵 市	Tongling	347503	235323	112180	98461	87604	134023	71527
池 州 市	Chizhou	150546	110355	40191	55731	40512	65126	37965
安 庆 市	Anqing	449438	296329	153109	145762	120887	133157	65734
黄 山 市	Huangshan	212577	141619	70958	65985	50825	81300	57033

注：合肥市医疗保险基金收入、支出、累计结余项目中包含省本级相应项目基金。

a) The medcial insurance fund income,expenditure and accumulative suplus of Hefei city including provincial corresponding item fund.

20—28 城镇职工基本养老保险情况
Town Worker is Basic Endowment Insurance

年 份 Year	参保职工（人）Active Contributors (person)		离休、退休退职人员年末人数（人）Retirees at the Year-end (person)	基金收支情况（万元）Revenue and Expenses (10000 yuan)		
	年末数 Number at the year-end	#企业 Enterprises		基金收入 Fund Revenue	基金支出 Fund Expense	累计可用结余基金 Total Usable Balance
2005	3469852	3383325	1247613	1247813	1052615	590319
2009	4586947	4492001	1694577	3006151	2334678	2805587
2010	4920498	4824616	1774880	3432478	2708340	3529725
2011	5377490	5245417	1915225	4594510	3341022	4783213
2012	5784030	5648688	2053564	5084201	3974490	5892924
2013	5922049	5812695	2191238	6249422	4688128	7454218
2014	5969045	5860399	2323449	6807025	5441083	8820160
2015	6108539	6001183	2466593	7917525	6313752	10423933
2016	6343078	6237503	2579290	8394118	6965752	11852299
2017	7541145	6491344	3228587	10202349	8115654	13938994
2018	7988093	6874864	3429090	21051657	18176103	16814548

注：因试点改革单位口径部分调整，历年数据有部分调整。

a) Due to the partial adjustment of the caliber of the pilot reform unit, the data over the years have been partially adjusted.

20—29 各市城镇职工基本养老保险情况（2018年）
Town Worker is Basic Endowment Insurance by Region (2018)

地 区	Region	参保职工（人）Active Contributors (person)		离休、退休退职人员年末人数（人）Retirees at the Year-end (person)	基金收支情况（万元）Revenue and Expenses (10000 yuan)		
		年末数 Number at the year-end	#企业 Enterprises		基金收入 Fund Revenue	基金支出 Fund Expense	累计可用结余基金 Total Usable Balance
总 计	**Total**	**7988093**	**6874864**	**3429090**	**21051657**	**18176103**	**16814548**
合肥市	Hefei	1988368	1877561	446252	3367471	2321328	4442889
淮北市	Huaibei	392227	355634	119186	674250	586966	899300
亳州市	Bozhou	275113	205256	100615	824744	767291	242958
宿州市	Suzhou	297624	210113	140691	1038613	998754	184289
蚌埠市	Bengbu	470928	409597	210801	1076043	1034577	81816
阜阳市	Fuyang	369485	242200	189896	1447139	1402037	212273
淮南市	Huainan	424957	367996	221042	965096	973015	80118
滁州市	Chuzhou	408132	332110	200638	1087335	1052362	464884
六安市	Luan	292517	209310	165891	1124517	1027662	299783
马鞍山市	Maanshan	438548	394045	245627	1069977	1054532	121065
芜湖市	Wuhu	644089	578864	342770	1435288	1411363	239142
宣城市	Xuancheng	477842	424918	182100	915239	843431	518173
铜陵市	Tongling	244610	212666	115238	540626	541541	125278
池州市	Chizhou	153068	121577	61822	385615	374505	113083
安庆市	Anqing	511984	417632	234344	1014696	947954	165100
黄山市	Huangshan	183469	146049	87911	585795	561142	125033

注：总计数中含省直数据。

a) Provincial data is contained in the total number.

20—30 主要年份城镇居民参加基本医疗保险情况
Main Urban Residents to Participate in the Basic Medical Insurance of Year

年 份 Year	参保人数（人） People Participated in Medical Insurance (person)	基金收支情况（万元） Revenue and Expenses (10000 yuan)		
		基金收入 Revenue	基金支出 Expenses	累计结余 Balance at Year-end
2010	9308874	184683	133787	206781
2011	9535889	252180	176054	275948
2012	9747635	321603	236587	356475
2013	9448680	417549	344626	402958
2014	10165339	372422	326502	448820
2015	9742940	451113	370514	520002
2016	8395682	473304	370684	592066
2017	12988590	802481	664496	794527
2018	16152976	1070620	1005906	936516

注：2014年基金收支数据不包含市级统筹单位上解下拨基金收支。

a) 2014 fund balance of payments data does not include the city as a whole unit over financing the fund balance of payments.

20—31 各市城镇居民参加基本医疗保险情况（2018年）
Main Urban Residents to Participate in the Basic Medical Insurance by Region (2018)

地 区	Region	参保人数（人） People Participated in Medical Insurance (person)	基金收支情况（万元） Revenue and Expenses (10000 yuan)		
			基金收入 Revenue	基金支出 Expenses	累计结余 Balance at Year-end
总 计	**Total**	**16152976**	**1070620**	**1005906**	**936516**
合肥市	Hefei	1720729	123481	87760	167232
淮北市	Huaibei	327044	22301	18763	21160
亳州市	Bozhou	8689	281	1262	26890
宿州市	Suzhou	499864	33390	25093	72149
蚌埠市	Bengbu	374726	25915	15676	57536
阜阳市	Fuyang	30919	1271	559	8020
淮南市	Huainan	689663	48591	50415	33565
滁州市	Chuzhou	3860101	253261	251750	174820
六安市	Luan	5227325	351990	371140	125171
马鞍山市	Maanshan	475200	32355	26682	30543
芜湖市	Wuhu	1048740	76600	65407	83521
宣城市	Xuancheng	564038	12238	11957	15692
铜陵市	Tongling	523793	34766	35395	28089
池州市	Chizhou	87336	6498	4130	14255
安庆市	Anqing	537511	34133	29045	55725
黄山市	Huangshan	177298	13548	10872	22149

注：合肥市参保人数、基金收入、支出、累计结余项目中包含省本级相应项目基金。

a) In Hefei City, number of insurance, fund income and expenditure, the accumulative surplus items include in the provincial level corresponding project fund.

20—32 新型农村合作医疗基本情况
Basic Information of New Type Rural Cooperative Medical

年　份 Year	参合人口 (万人) Participation Population (10000 persons)	参合率 (%) Participation Rate	补偿受益 (万人次) Compensation Benefit (10000 persons times)	住院率 (%) Hospitalization Rate (%)	住院实际补偿比 (%) Hospitalization Compensation Rate (%)	基金总额 (万元) The Total Volume of Funds (10000 yuan)	当年筹资 (万元) Yearly Raised Fund (10000 yuan)	农民缴纳 Fund from Farmers	基金支出 (万元) Fund Expenditure (10000 yuan)	住　院 Hospitalization
2005	614.0	81.2	181.7	3.1	23.2	20506	17377	6271	14805	12554
2010	4750.2	96.0	4260.2	6.3	46.3	806508	721088	142982	632122	528925
2013	5149.6	100.6	10382.2	9.0	59.8	2326103	1895768	309303	1775728	1340230
2014	5190.8	101.0	10232.7	9.6	60.0	2659934	2129677	363169	2064647	1515114
2015	5191.0	101.8	10039.0	9.7	58.5	3116916	2551820	519018	2232031	1597854
2016	5121.0	102.0	9532.0	10.5	61.8	3676921	2854539	615320	2549181	1836585
2017	4653.7	103.1	9470.2	12.0	64.8	3924902	2907727	699798	2746777	1991723
2018	4687.0	107.0	10248.0	12.7	65.3	4381757	3178810	837365	3203518	2284614

20—33 各市新型农村合作医疗基本情况（2018年）
Basic Information of New Type Rural Cooperative Medical by Region (2018)

地　区 Region	参合人口 (万人) Participation Population (10000 persons)	参合率 (%) Participation Rate	补偿受益 (万人次) Compensation Benefit (10000 persons times)	住院率 (%) Hospitalization Rate (%)	住院实际补偿比 (%) Hospitalization Compensation Rate (%)	基金总额 (万元) The Total Volume of Funds (10000 yuan)	当年筹资 (万元) Yearly Raised Fund (10000 yuan)	农民缴纳 Fund from Farmers	基金支出 (万元) Fund Expenditure (10000 yuan)	住　院 Hospitalization
总　计 Total	**4687.0**	**107.0**	**10248.0**	**12.7**	**65.3**	**4381757**	**3178810**	**837365**	**3203518**	**2284614**
合肥市 Hefei	405.0	106.0	757.0	12.1	60.4	348820	270806	72832	274040	208719
淮北市 Huaibei	131.0	105.0	222.0	11.3	67.0	122630	89652	23667	85324	54381
亳州市 Bozhou	561.0	107.0	1464.0	13.5	71.9	479328	381187	101149	391918	266045
宿州市 Suzhou	514.0	106.0	1362.0	13.3	66.9	464787	343249	92590	339060	247006
蚌埠市 Bengbu	271.0	108.0	685.0	13.8	66.9	282530	180521	48825	182754	138781
阜阳市 Fuyang	919.0	107.0	2092.0	12.2	67.8	913515	629270	165857	628393	452182
淮南市 Huainan	231.0	102.0	272.0	12.2	61.4	250403	160365	41471	158161	124272
滁州市 Chuzhou	376.0	113.0	765.0	14.4	63.0	385257	247995	62080	261918	206071
六安市 Luan										
马鞍山市 Maanshan	129.0	100.0	246.0	11.4	57.5	106155	86261	23247	86277	57335
芜湖市 Wuhu	205.0	131.0	421.0	10.4	60.9	171115	138652	36965	138171	86937
宣城市 Xuancheng	221.0	101.0	522.0	11.4	66.9	156327	120568	31755	117886	69568
铜陵市 Tongling	80.0	96.0	112.0	11.9	59.1	63612	56227	14439	53491	37379
池州市 Chizhou	132.0	101.0	148.0	12.6	65.3	128852	91435	23820	93310	65825
安庆市 Anqing	404.0	99.0	946.0	11.5	65.1	282112	222918	57785	231676	155548
黄山市 Huangshan	106.0	100.0	234.0	13.6	64.3	90178	72532	19042	76536	53965

注：六安市已实行城乡医保合一，故无此数据。
a) Lu' an city has implemented the integration of urban and rural medical insurance, so there is no such data.

20—34 各市失业保险基本情况（2018年）
Basic Conditions of Unemloyment Insurance by Region (2018)

单位：万人（10000 persons）

地 区	Region	本年参保人数 Contributors This Year				
		合计 Total	企业 Enterprises	国有企业 State-owned Enterprises	集体企业 Collected-owned Enterprises	事业单位 Institutions
总 计	**Total**	**505.52**	**377.36**	**172.31**	**26.11**	**98.75**
合肥市	Hefei	160.66	131.86	72.76	2.96	11.99
淮北市	Huaibei	26.08	22.76	10.15	0.84	3.31
亳州市	Bozhou	16.11	9.12	2.85	0.72	5.96
宿州市	Suzhou	20.68	11.83	3.60	4.15	8.85
蚌埠市	Bengbu	23.71	15.91	5.19	0.76	7.20
阜阳市	Fuyang	26.18	15.77	8.60	2.56	9.15
淮南市	Huainan	31.66	26.54	23.07	2.93	5.06
滁州市	Chuzhou	23.60	17.18	3.51	1.85	6.38
六安市	Luan	19.74	10.90	3.36	1.18	8.00
马鞍山市	Maanshan	27.05	21.82	7.35	1.49	4.02
芜湖市	Wuhu	44.87	37.65	11.76	1.95	7.04
宣城市	Xuancheng	18.37	13.85	2.49	1.37	4.25
铜陵市	Tongling	19.62	16.21	8.44	2.00	3.41
池州市	Chizhou	8.78	6.25	1.29	0.34	2.44
安庆市	Anqing	27.03	12.22	6.55	0.85	8.73
黄山市	Huangshan	11.38	7.49	1.34	0.16	2.96

地 区	Region	领取失业保险金人数 Beneficiaries of Unemployment Insurance this year	基金（万元） Fund (10000 yuan)		
			收入 Income	支出 Expenditure	累计结余 Accumulative Surplus
总 计	**Total**	**14.90**	**269692.55**	**234384.70**	**1185546.58**
合肥市	Hefei	5.40	81955.33	79717.95	409358.28
淮北市	Huaibei	0.79	17862.39	21206.15	51642.09
亳州市	Bozhou	0.17	6478.56	2243.41	43132.51
宿州市	Suzhou	0.27	6436.13	3654.83	39654.90
蚌埠市	Bengbu	1.05	10794.03	13243.05	28645.33
阜阳市	Fuyang	0.45	15934.10	6386.46	73222.53
淮南市	Huainan	1.09	17501.40	24467.71	91868.18
滁州市	Chuzhou	0.74	19854.94	10101.56	62829.93
六安市	Luan	0.37	9756.38	5027.50	66175.24
马鞍山市	Maanshan	1.07	17224.19	17888.60	76240.01
芜湖市	Wuhu	1.33	22813.56	20536.58	30894.19
宣城市	Xuancheng	0.56	9232.28	7541.00	35804.98
铜陵市	Tongling	0.53	9087.03	7719.73	37110.78
池州市	Chizhou	0.26	4092.80	3206.04	23803.11
安庆市	Anqing	0.52	12742.56	7447.80	74602.30
黄山市	Huangshan	0.30	7926.87	3996.33	40562.22

20—35 城乡居民基本养老保险情况
Situation of Rural and Rural Residents Old-age Insurance

单位：万人、万元（10000 persons, 10000 yuan）

项　目	Item	2015	2017	2018
参保人数	People Participated in	3397	3429	3488
年末领取养老金人数	At the end of the Number of Pensioners	895	915	924
本年基金收入	This Fund Income	1395616	1502072	2155772
个人缴费	Individual Paying	338859	362631	589618
集体补助	Collective Subsidy	34	90	12
政府补贴	Government Subsidy	1018734	1044621	1454313
利息收入	Interest Income	30684	79758	95645
其他收入	Other Earning	4306	1982	5835
转移收入	Income Transfer	2999		10350
本年基金支出	This Fund Spending	956987	965420	1392836
养老金支出	Old-age Pension Expenditure	943815	936419	1364822
其他支出	Other Spending	12036	1982	606
转移支出	Transfer Spending	1136	9850	3799
年末基金滚存结余	Fund Blance Year-end	2206120	3216890	3979825

注：自2014年起，对城乡居民基本养老保险情况相关指标进行微调。
a) Since 2014, the basic old-age insurance for urban and rural residents is related indicators for fine-tuning.

20—36 各市生育保险情况（2018年）
Birth Insurance Situation by Region (2018)

地　区	Region	参保人数（人） Insurance Population (person)	#女　性 Female	基金收支情况（万元） Revenue and Expenses (10000 yuan) 基金收入 Fund Revenue	基金支出 Fund Expense	累计可用结余基金 Total Usable Balance
总　计	**Total**	**5863147**	**2344847**	**123011**	**114857**	**123918**
合 肥 市	Hefei	1858742	726899	10580	12123	6929
淮 北 市	Huaibei	235054	72729	9784	6249	7789
亳 州 市	Bozhou	206078	80807	4577	4338	6520
宿 州 市	Suzhou	201484	84135	4373	4195	9054
蚌 埠 市	Bengbu	266164	120601	8576	7674	6628
阜 阳 市	Fuyang	296131	124142	6792	7104	8888
淮 南 市	Huainan	289023	128176	13448	7705	9898
滁 州 市	Chuzhou	302445	117704	6885	6207	14520
六 安 市	Luan	221026	81943	5142	5341	8697
马鞍山市	Maanshan	599180	273175	6160	7784	10280
芜 湖 市	Wuhu	456573	178502	20089	19487	5417
宣 城 市	Xuancheng	217995	73078	5449	5530	5174
铜 陵 市	Tongling	208072	71003	4801	5510	4460
池 州 市	Chizhou	89351	35409	3154	2891	2878
安 庆 市	Anqing	288188	118831	9808	8825	10595
黄 山 市	Huangshan	127641	57713	3393	3896	6194

注：合肥市含省直数据。基金收支余不包含市级统筹单位上解下拨基金收支。
a) Hefei data was made. Fund more than balance does not include the city as a whole unit over financing the fund balance of payments.

20—37 人力资源服务机构综合情况（2018年）
Human Resources Service Organization Comprehensive Situation (2018)

项 目		Item		公共就业服务机构 Public Employment Service Organization	公共人才服务机构 Public Talented Person Service Organization	国有性质服务企业 State-owned Service Enterprise	私营性质服务企业 Private Service Enterprise
服务机构数	（个）	Service Organization	(unit)	26	14	48	892
从业人员人数	（人）	Population of Jobholder	(person)	373	142	3349	41531
#大专及以下		Junior College and Below		197	69	1944	34606
本 科		Undergraduate Course		170	67	1106	6483
硕士及以上		Master and Above		6	6	299	442
#取得职业资格人数		Obtaining Professional Qualification Population		208	36	416	8942
设立固定招聘场所	（个）	Fixed Employment Advertise Place	(unit)	20	11	34	819
总资产	（万元）	Total Assets	(10000 yuan)	4364	555	329617	793963
建立人力资源服务网站	（个）	Human Resources Service Network	(unit)	13	8	15	400
全年营业总收入	（万元）	Annual Business Gross Income	(10000 yuan)	7512	648	649097	2330815

注：仅统计县以上机构。
a) Only institutions above the county level are counted.

20—38 人力资源服务业务基本情况（2018年）
Human Resources Service Basic Situation (2018)

项　　目	Item	公共就业服务机构 Public Employment Service Organization	公共人才服务机构 Public Talented Person Service Organization	国有性质服务企业 State-owned Service Enterprise	私营性质服务企业 Private Service Enterprise
服务人员总数 (人)	Total of Service Personnel Registration (person)	506029	148362	295451	10078239
登记要求流动人员 (人)	Nubmer of Registration Requesting Flowing Personnel (person)	166057	85428	123053	2728456
#大专及以下	Junior College and Below	128575	54443	101310	1553327
本　科	Undergraduate Course	35446	26094	20569	918224
硕士及以上	Master and Above	2036	4891	1174	256905
实现就业和流动人数 (人)	Realizing Employment and Flowing Population (person)	108936	70213	80902	1304779
服务用人单位数 (个)	Number of Service Personnel Units (unit)	12781	12514	5641	90563
#国有企、事业单位	State-owned Enterprise and Institution	562	892	1432	8202
私营企业	Private Enterprise Foreign-funded Enterprise	10420	9874	3431	71393
外资企业	Foreign-funded Enterprise	252	94	496	2986
建立人力资源数据库 (个)	Establishment Human Resources Database (unit)	16	11	29	644
现存数据库求职信息总量 (人次)	Total of Extant Database Seeking Employment Information (person time)	321877	184009	527747	8567951
#全年入库求职信息	Whole Year Warehousing Seeking Employment Information	36818	27611	128107	2432366
现场招聘服务	Scene Employment Advertise Service				
举办招聘会次数 (次)	Number of Times of Conducting Job Fair (time)	1630	762	534	5172
#毕业生专场	Graduate Specially	154	208	129	1683
农民工专场	Peasant Laborer Specially	180	93	132	1732
参会用人单位 (家)	Attending the Meeting Employer (unit)	15658	9918	1282	87755
提供招聘岗位 (个)	Providing Employment Post (unit)	352911	359004	103029	1350564
参会求职人数 (人)	Attending the Meeting Seeking Employment Population (person)	342250	169058	178778	1333505
网络招聘服务 (条)	Network Employment Advertise Service (unit)				
发布岗位信息	Issue Post Information	140024	33811	11963	5002376
发布求职信息	Issue Seeking Employment Information	60389	14888	18595	2550670
劳务(人才)派遣服务	The Service (talented person) to Dispatch to Serve				
派遣单位 (个)	Detached Organization (unit)	457	31	1578	15334
派遣人员总量 (人)	Total of Detached Personnel (person)	10021	291	40607	450663
登记要求派遣人数 (人)	Registration Requesting Detached Population (person)	712	376	14752	422399
人力资源管理咨询	Human Resources Management Consulting				
服务用人单位 (个)	Service Employer Unit (unit)	4332	2623	2712	16025
人力资源外包服务	Human Resources Outsourcing Service				
服务用人单位 (个)	Service Employer Unit (unit)	2	2	88	17605
流动人员档案管理	Flowing Personnel Record Management				
现存档案数量 (人)	Number of Extant File (person)	405045	374913	54493	236621
依托档案提供服务 (次)	Depending on the File to Provide Service (time)	43947	129813	29523	130754
培训服务	Training Service				
举办培训班 (个)	Conducting Training Class (unit)	399	81	1236	6193
参加人数 (人)	Participating Population (person)	20620	3343	102563	227866
测评服务	Evaluation Service				
测评人数 (人)	Evaluation Population (person)	3	1	7691	97967
猎头服务	Headhunting Service				
成功推荐人才 (人)	Successful to Recommend Talented Person (person)		124	185	16283

20—39 各市职业技能鉴定综合情况（2018年）

Vocational Skill Appraisal Comprehensive Situation by Region (2018)

单位：人（person）

地区	Region	鉴定机构数（个） Number of Appraisal Institution (unit)			考评人员人数 Number of Evaluation Staff	鉴定考核人数 Appraisal Number of Assessment			
		小计 Total	#鉴定中心 Appraisal Center	#职业技能鉴定所 Vocational Skill Appraisal Institution		小计 Total	初级 Primary	中级 Middle-level	高级 High level
总计	**Total**	**363**	**19**	**344**	**10499**	**376192**	**122189**	**143860**	**97042**
合肥市	Hefei	108	2	106	3251	92753	18555	48190	21357
淮北市	Huaibei	13	1	12	415	22401	6106	6742	8579
亳州市	Bozhou	12	1	11	632	21684	4699	12951	3792
宿州市	Suzhou	14	1	13	126	20794	8849	5712	5711
蚌埠市	Bengbu	16	1	15	395	18870	2632	9132	6398
阜阳市	Fuyang	19	1	18	500	16697	6212	6216	3806
淮南市	Huainan	28	1	27	1126	23214	12285	4627	5331
滁州市	Chuzhou	11	1	10	581	21413	6915	8032	5968
六安市	Luan	21	1	20	233	16247	5533	4841	5343
马鞍山市	Maanshan	22	1	21	664	25706	12588	5296	6420
芜湖市	Wuhu	33	1	32	1103	26167	6723	12839	5980
宣城市	Xuancheng	12	2	10	495	19103	9176	4358	5258
铜陵市	Tongling	12	1	11	483	13225	4621	4645	3606
池州市	Chizhou	13	1	12	114	12227	7391	1837	2756
安庆市	Anqing	20	2	18	187	14759	5373	5075	3890
黄山市	Huangshan	9	1	8	194	10932	4531	3367	2847

地区	Region			获取证书人数 Number of Obtaining a Certificate					
		技师 Technician	高级技师 Senior Technician	小计 Total	初级 Primary	中级 Middle-level	高级 High level	技师 Technician	高级技师 Senior Technician
总计	**Total**	**11547**	**1554**	**317329**	**106912**	**120938**	**82988**	**5989**	**502**
合肥市	Hefei	3635	1016	81373	16973	41682	21174	1329	215
淮北市	Huaibei	889	85	18960	5609	5353	7613	324	61
亳州市	Bozhou	242		19624	4681	11057	3653	233	
宿州市	Suzhou	522		16378	7966	4776	3427	209	
蚌埠市	Bengbu	624	84	16013	2498	8726	4308	417	64
阜阳市	Fuyang	458	5	13037	4574	4861	3342	260	
淮南市	Huainan	783	188	19392	10443	3933	4510	427	79
滁州市	Chuzhou	498		16192	5110	6024	4655	403	
六安市	Luan	530		12051	5024	3390	3411	226	
马鞍山市	Maanshan	1281	121	18846	9906	3178	5290	429	43
芜湖市	Wuhu	583	42	21806	5603	10699	4983	486	35
宣城市	Xuancheng	304	7	17278	8419	4073	4546	238	2
铜陵市	Tongling	349	4	11055	4161	3690	2939	264	1
池州市	Chizhou	243		10931	6652	1653	2480	146	
安庆市	Anqing	419	2	13468	4763	4476	3810	417	2
黄山市	Huangshan	187		10925	4530	3367	2847	181	

注：本年合肥市数据中包含省直。

a) This year in hefei data contains was made.

主要统计指标解释

医疗卫生机构

指从卫生（卫生计生）行政部门取得《医疗机构执业许可证》、《计划生育技术服务许可证》，或从民政、工商、机构编制管理部门取得法人单位登记证书，为社会提供医疗服务、公共卫生服务或从事医学科研和医学在职培训等工作的单位。医疗卫生机构包括医院、基层医疗卫生机构、专业公共卫生机构、其他医疗卫生机构。

医院

包括综合医院、中医医院、中西医结合医院、民族医院、各类专科医院和护理院，不包括专科疾病防治院、妇幼保健院和疗养院，包括医学院校附属医院。

基层医疗卫生机构

包括社区卫生服务中心、社区卫生服务站、街道卫生院、乡镇卫生院、村卫生室、门诊部、诊所(医务室)。

专业公共卫生机构

包括疾病预防控制中心、专科疾病防治机构、妇幼保健机构（含妇幼保健计划生育服务中心）、健康教育机构、急救中心（站）、采供血机构、卫生监督机构、取得《医疗机构执业许可证》或《计划生育技术服务许可证》的计划生育技术服务机构。

其他医疗卫生机构

包括疗养院、临床检验中心、医学科研机构、医学在职教育机构、卫生监督（监测、检测）机构、医学考试中心、农村改水中心、人才交流中心、统计信息中心等卫生事业单位。

卫生人员

指在医疗卫生机构工作并由单位支付工资的人员。包括在编及合同制人员、返聘和临聘本单位半年以上人员（如护士、医师等），不包括离退休人员、退职人员、离开本单位仍保留劳动关系人员、返聘和临聘本单位不足半年人员。多点执业医师一律计入第 1 执业单位在岗职工数，不再计入第 2、3 执业单位在岗职工数。

卫生技术人员

包括执业医师、执业助理医师、注册护士、药师（士）、检验技师（士）、影像技师、卫生监督员和见习医（药、护、技）师（士）等卫生专业人员。不包括从事管理工作的卫生技术人员(如院长、副院长、党委书记等)。

其他卫生技术人员

包括见习医(药、护、技)师(士)等卫生专业人员，不包括药剂员、检验员、护理员等。见习医师(士)指毕业于高中等院校医学专业但尚未取得医师执业证书的医师和医士。

其他技术人员

指从事医疗器械修配、卫生宣传、科研、教学等技术工作的非卫生专业人员。

管理人员

指担负领导职责或管理任务的工作人员。包括从事医疗服务、公共卫生、医学科研与教学等业务管理工作的人员；主要从事党政、人事、财务、信息、安全保卫等行政管理工作的人员。

工勤技能人员

指承担技能操作和维护、后勤保障、服务等职责的工作人员。工勤技能人员分为技术工和普通工。技术工包括护理员(工)、药剂员(工)、检验员、收费员、挂号员等，但不包括实验员、技术员、研究实习员(计入其他技术人员)，经济员、会计员和统计员等(计入管理人员)。

乡村医生和卫生员

指从当地卫生和计生行政部门获得“乡村医生”证书的人员；卫生员是指村卫生室中未获得“乡村医生”证书的人员。

实有床位数

指年底固定实有床位数，包括正规床、简易床、监护床、超过半年加床、正在消毒和修理床位、因扩建或大修而停用床位。不包括产科新生儿床、接产室待产床、库存床、观察床、临时加床和病人家属陪侍床。

参加新农合人数

指根据本地新农合实施方案到年内新农合筹资截止时已缴纳新农合资金的人口数。

新农合当年基金支出

指本年度实际从新农合基金帐户中支出用于新农合补偿的资金。

新农合补偿支出受益人次

指年内新农合参合人员因病就医获得补偿的人次数，包括住院、家庭帐户形式、门诊、特殊病种大额门诊、住院正常分娩、体检和其他补偿人次之和。

新农合本年度筹资总额

指为本年度筹集的、实际进入新农合专用帐户的基金数额。包括本年度中央及地方财政配套资金、农民个人交纳资金（含民政部门及其他相关部门代缴的救助资金）、新农合基金本年度产生的全部利息收入及其他渠道实际筹集到的新农合基金额。筹资数额以进入新农合专用帐户的基金数额为准，不含上年结转额资金。

城市居民最低生活保障人数

指在报告期末家庭平均收入在当地规定的最低生活保障线以下的城镇居民数。包括“三无”对象，失业人员和在职、下岗、退休人员等。

农村居民最低生活保障人数

指报告期末在建立农村最低生活保障制度的地区，得到当地政府或集体给予最低生活保障的农业人口家庭人数。

五保户

指无法定抚养义务人，或者虽有法定抚养义务人，但是抚养人无抚养能力的；无劳动能力的；无生活来源的老年人、残疾人和未成年人。

离婚率

指当年离婚人数占户籍人口的比重，计算公式为：

离婚率＝当年离婚人数/户籍人数×1000‰。

社会福利企业

指以集中安置有一定劳动能力的残疾人员就业为目的（残疾职工占生产人员10%以上）、带有社会福利性质的企业总称。主要包括福利工厂、假肢厂和其他福利企业。

社区服务设施数

指报告期末设立的以非营利为目的，为本社区居民服务，特别是为老年人、残疾人、儿童服务的社区服务中心、活动站、服务站、养老院、老年公寓（托老所），残疾人工疗站、残疾儿童日托所、家务服务站、婚姻介绍所等福利性设施以及职工社会保险管理服务的机构数。几种不同类型的社区服务单位，共用一个场所的，只能统计为一个社区服务设施。成为社区服务设施的条件：（1）是独立核算单位；（2）有固定的从业人员；（3）有一定的服务项目；（4）有一定的场所。

城镇职工基本养老保险

1.（参保）职工人数

指报告期末按照国家法律、法规和有关政策规定参加基本养老保险并在社保经办机构已建立缴费记录档案的职工人数，包括中断缴费但未终止养老保险关系的职工人数，不包括只登记未建立缴费记录档案的人数。

2.（参保）离退休人员人数

指报告期末参加基本养老保险的离休、退休和退职人员的人数。

3.基金收入

指根据国家有关规定，由纳入基本养老保险范围的缴费单位和个人按国家规定的缴费基数和缴费比例缴纳的养老保险基金，以及通过其他方式取得的形成基金来源的收入。包括单位和职工个人缴纳的基本养老保险费、基本养老保险基金利息收入、上级补助收入、下级上解收入、转移收入、财政补贴和其他收入。

4.基金支出

指按照国家政策规定的开支范围和开支标准从养老保险基金中支付给参加基本养老保险的个人的养老金、丧葬抚恤补助，以及由于保险关系转移、上下级之间调剂资金等原因而发生的支出。包括离休金、退休金、退职金、各种补贴、医疗费、死亡丧葬补助费、抚恤救济费、社会保险经办机构管理费、补助下级支出、上解上级支出、转移支出、其他支出等。

5.基金累计结余

指截止报告期末基本养老保险基金收支相抵后的累计余额。

城镇职工基本医疗保险

1.参保人数

指报告期末按国家有关规定参加相应基本医疗保险的人数。

2.基金收入

指由用人单位和个人按照国家规定的缴费基数、缴费比例或缴费标准缴纳的基本医疗保险基金，财政补助资金以及通过其他方式取得的形成基金来源的款项，包括：单位缴纳收入、个人缴纳收入、财政补助收入（含医疗救助补助个人收入）、财政补贴收入、利息收入、其他收入和转移收入等。

3.基金支出

指按照国家政策规定的开支范围和开支标准，从基本医疗保险基金中支付给参保人员的医疗保险待遇支出，包括住院医疗费用支出、门急诊医疗费用支出、个人账户基金支出、其他支出、转移支出等。

4.基金累计结余

指截止报告期末基本医疗保险基金累计结余金额。

失业保险

1.参保人数

指报告期末按照国家法律、法规和有关政策规定参加了失业保险的城镇企业、事业单位的职工及地方政府规定参加失业保险的其他人员的人数。

2.基金收入

指报告期内筹集的失业保险基金的总额，包括失业保险费收入、利息收入、财政补贴收入、其他收入、转移收入、上级补助收入、下级上解收入。

3.基金支出

指报告期内为保障失业人员基本生活、促进其再就业等支出的基金总额，包括失业保险金支出、医疗补助金支出、丧葬补助金和抚恤金支出、职业培训和职业介绍补贴支出、其他费用支出、其他支出、转移支出、补助下级支出、上解上级支出等。

4.基金累计结余

指截止报告期末失业保险基金收支相抵后的累计余额。

工伤保险

1.参加保险人数

指报告期末依据国家有关规定参加工伤保险的职工人数和有雇工的个体工商户的雇工数。

2.享受保险待遇人数

指年初至报告期末因工伤或职业病而享受工伤保险待遇的人数。为享受工伤医疗待遇中未评定等级的人数、享受伤残待遇人数以及享受因工死亡待遇人数之和。

3.基金收入

指根据国家有关规定，由参加工伤保险的单位按国家规定的缴费基数和缴费比例缴纳的工伤保险基金，以及通过其他形式取得的形成基金来源的款项。包括：单位缴纳的社会统筹基金收入、财政补贴收入、利息收入、其他收入、转移收入等。

4.基金支出

指按照国家政策规定的开支范围和开支标准从工伤保险基金中支付给参加工伤保险的人员及供养直系亲属工伤保险待遇支出及其他支出。包括工伤医疗费、伤残补助金、工亡补助金、护理费、丧葬补助费、工伤预防费用、职业康复费用和其他支出。

5.基金累计结余

指截止报告期末工伤保险基金累计结余金额。

Explanatory Notes for Major Statistical Indicators

Medical and Health Care Institutions

refers to the health (health care) administrative departments to obtain "medical institutions permit", "family planning technical service permit", or from the civil affairs, industry and commerce, institutional management and management departments to obtain legal person registration certificate for the community to provide medical services, public Health services or engaged in medical research and medical on-the-job training and other work units. Medical and health institutions include hospitals, primary health care institutions, professional public health institutions, other medical and health institutions.

Hospitals

Including general hospitals, Chinese medicine hospitals, Chinese and Western medicine hospitals, ethnic hospitals, all kinds of specialist hospitals and nursing homes, excluding specialist disease prevention and treatment hospital, maternal and child health centers and nursing homes, including medical college affiliated hospitals.

Health Care Institutions at Grass-root Level

include community health service centers, community health service stations, urban health centers, township health centers, village clinics, outpatient departments and clinics (health centers).

Specialized Public Health Institutions

include centers for disease control and prevention, specialized disease prevention and treatment institutions, women and children care agencies(including women and children health care family planning service center), health education institutions, first aid centers, blood gathering and supplying institutions, health supervision and inspection agencies, and family planning technical service centers that obtained the Certification of Health Care Institution or certification of family planning technical service centers.

Other Medical and Health Care Institutions

including medical centers, clinical testing centers, medical research institutions, medical in-service education institutions, health supervision (monitoring, testing) institutions, medical examination centers, rural water centers, talent exchange centers, statistical information centers and other health institutions.

Health Care Employees

means a person who works in a medical and health institution and is paid by a unit. (Including nurses, physicians, etc.), excluding retirees, retirees, leaving the unit still retain labor relations personnel, re-employment and employment of the unit is not enough Half a year staff. Multi-point practitioners are included in the number of workers in the first practice in the number of workers, no longer included in the first 2,3 units in

Number of Persons Participated in the New Rural Cooperative Medical System

refers to the number of persons who have given payment to the new cooperative medical system by the deadline of fundraising during the year according to the implementation plan of the new system.

the number of workers on duty.

Medical Technical Personnel

refer to the professional staff engaged in health care, including licensed doctors, licensed assistant doctors, registered nurses, pharmacists, laboratory technicians, imaging staff, health care supervisors and intern doctors, pharmacists, nurses, and technical personnel, excluding the medical technical personnel engaged in managerial job (e.g. president, vice president and secretary of the party committee etc).

Other health technical personnel

including trainee medical (medicine, nursing, skills) (and), and other health professionals, not including the apothecary, inspector, nurse, etc. Trainee doctors graduated from high school (and) such as college medical professional but not yet get physicians practicing certificate of doctors and healers.

Other technical staff

Refers to is engaged in medical equipment and replacement, health education, scientific research, teaching and other technical work of health professionals.

Management personnel

refers to the leadership or management shoulder the task of staff. Including medical services, public health, medicine, scientific research and teaching personnel for the management of the business such as; Mainly engaged in the party and government, personnel, finance, information, security and other administrative work.

Those logistics skills personnel

means for skills operation and maintenance, logistics, services and other staff duties. Those logistics skills staff divided into technical and direct labor. Technology including caregivers (engineering), apothecary (work), the analyst, cashier, registered member, etc., but does not include laboratory technician, technician, research assistant (included in the other technicians), economy, accountant and statistician (included in the management personnel).

Rural doctors and medical corpsman

from the local health and family planning administrative department of personnel to obtain "country doctor" certificate; Medics refers to not get "country doctor" certificate in village clinics.

Actual data

refers to the fixed end of actual data, including regular bed, simple bed, guardianship, more than half a year, an additional disinfection and repair, because of the expansion or overhaul and stop using bed. Not including obstetrics bed of newborn babies, delivery room to look obstetric table, inventory bed, bed, temporary extra bed and escort, the bed of the patient's family.

Expenditure of Funds for the New Rural Cooperative Medical System This Year

refers to expenditures on compensation funds for the new rural cooperative medical system from the fund account of new cooperative medical system this year.

Persons Benefited from the Compensation Expenditure of

New Rural Cooperative Medical System

refers to the number of persons participated in the new system who have been compensated for medical treatment in the year, including hospitalization, family account form, out-patient, large special diseases out-patient, normal childbirth in hospital, medical examination and other compensations

Funds Raised for the New Rural Cooperative Medical System this Year

refers to the amount of funds raised this year and put into the special new rural cooperative medical account, including the matching funds of central and local governments, paid money by farmers (including relief funds paid by the civil affairs department and other relevant departments), all the interest income generated this year of the funds and funds actually raised from other channels this year. The amount of funding equals to the funds entering into the special new rural cooperative medical account, excluding the carry-over funds from the previous year.

Number of Urban Residents Entitled to Minimum Living Allowances

refers to the number of those whose average family income is below a minimum local standard by the end of the reporting period, including both the employed and unemployed, laid off and retired, and those jobless people without stable residence or valid IDs.

Number of Rural Residents Entitled to Minimum Living Allowances

refers to the number of those receiving the minimum living allowances from the local government or community in the rural areas where this allowances system is in place as of the end of the reporting period.

Households Enjoying Five Guarantees

refers to those senior citizens, handicapped or under-aged who, without labour ability, can not make a living by themselves and whose statutory providers are unable to support them or who have no statutory providers at all.

The divorce rate

Refers to the number of divorce proportion of the population, the calculation formula is:

Divorce rate = the number of divorce, the household registration number * 1000 ‰.

Social Welfare Enterprises

refers to those welfare-oriented enterprises employing a significant number of handicapped people with certain labour ability (handicapped employees shall exceed 10% of the production staff), including welfare factories, artificial limb plants as well as other welfare enterprises.

Number of Service Facilities in Communities

refers to the number non-profit welfare facilities set up community residents' in particular the community-based centers that serve senior citizens, the handicapped or children, recreational centers, service centers, nursing homes, apartments for the elderly (nursery for the aged), work and treatment stations for the handicapped, day-care centers for handicapped children, domestic help agencies and dating services, as well as social insurance management agencies for the employees. Different types of community service providers that share the same premise are regarded as one community service facility. The requirements for a social service facility of communities include: (1) independent accounting; (2) fixed employees; (3) provision of certain services; and (4) with certain places.

Basic Pension Insurance of staff and workers in unban

1. Number of staff and workers covered

refer to staff and workers participating in the basic pension insurance programme according to national laws, regulations and related policies at the end of the reference period, who have already had payment records in social security management agencies, including those who have interrupt payment without terminating the insurance programme. Those who have registered in the programme but with no payment records are not included.

2. Number of retirees participating in the basic pension insurance programme

refer to the number of retirees participating in basic pension insurance programmes by the end of the reference period.

3. Revenue of the basic pension insurance programme

refers to payments made by employers and individuals participating in the pension insurance programme in accordance with the basis and proportion stipulated in State regulations, and income from other sources that become source of pension insurance fund, including the premium paid by employers and staff and workers, interest income, subsidies from higher level agencies, income as transfer from subordinate agencies, transferred income, government financial subsidies and other income.

4. Expenditure of basic pension insurance programme

refer to payment made on pensions and funeral subsidies to those retired and resigned people covered in pension insurance programmes according to related national policies on scope and standard of expenditure. Also included are expenditure which arises due to shift of the insurance relationship or adjustment of funds among agencies. More specifically, included are pensions for resigned people, pensions for retired people, pension for people quitting jobs, various subsidies, medical fees, funeral subsidies, compensation payments, management fees for social security agencies, expenses on subsidies to lower subordinates, expenses as transfer to agencies at higher level, transferred expenditure and other expenditure.

5. Balance of basic pension insurance programme

refers to the balance of basic pension insurance funds at the end of the reference period after deducting expenses from revenue.

Basic Medical Care Insurance of staff and workers in unban

1. Number of people participating in the insurance programme

refers to people participating in the basic medical care insurance programme according to related regulations as at the end of reference period.

2. Revenue of the insurance programme

refers to payments made by employers and individuals participating in the medical care insurance programme in accordance with the basis and proportion stipulated in State regulations, and income from other sources that become source of medical insurance fund, including income paid by units, individual paid income, financial assistance's income (including individual income from medicaid), financial subsidies' income, interest income, transfer income and other income.

3. Expenditure of the insurance programme

refers to payment made to people covered in basic medical care insurance programme within the scope and standards of expenditure according to related national policies, and medical care payment , including medical expenses of hospital inpatients, medical expenses for outpatients and emergency patients, payment from individual accounts transfer and othe expenditure r expenditure.

4. Balance of the basic medical care insurance programme

refers to the balance of medical care insurance funds at the end of the reference period.

Unemployment Insurance

1. Number of people covered

refers to staff and workers in urban enterprises or institutions who have participated in the unemployment insurance programme according to relevant policies and regulations, and other people who have participated according to local government regulations, as at the end of reference period.

2. Revenue of the unemployment insurance programme

refers to the total unemployment insurance funds raised in the reference period, including unemployment insurance premium, interest income, financial subsidies, other income, transferred income, subsidies from higher level agencies and income as transfer from subordinate agencies..

3. Expenditure of the unemployment insurance programme

refers to total expenses during the reference period to guarantee the basic livelihood of unemployed people, and to encourage their re-employment. Included are unemployment relief, medical fees, funeral subsidies, compensation payments, training expenses, management fees for unemployment insurance agencies, subsidies to lower level agencies, expenses as transfer to higher level agencies, transferred expenditure and other expenditure.

4. Balance of the unemployment insurance programme

refers to the balance of revenue of the programme after deducting expenses at the end of the reference period.

Work Injury Insurance

1. Number of people covered

refers to staff and workers who have participated in the work injury insurance programme and number of employees in private business according to relevant national regulations at the end of the reference period.

2. Number of beneficiaries

refers to number of people benefited from work injury insurance, as a result of work injury or occupational disease. It is the sum of beneficiaries from the work injury medical treatment withut rating, disabilities and deaths at work places.

3. Revenue of the work injury insurance programme

refers to payments made by employers participating in the work injury insurance programme in accordance with the basis and proportion stipulated in State regulations, and income from other sources that become source of work injury insurance fund, including income of social comprehensive funds paid by employers, government financial subsidies, interest income and other income.

4. Expenditure of the work injury insurance programme

refers to payments made from work injury insurance funds to those who participated in the work injury insurance programme and their direct dependents within the scope and standards of expenditure according to related national policies, and other expenditure, including medical fees for work injury, injury and disability subsidies, death subsidies, nursing fees, funeral subsidies, injury prevention fees, occupational rehabilitation fees and other expenditure.

5. Balance of the work injury insurance programme

refers to the balance of the work injury funds at the end of the reference period.

Maternity Insurance

1. Number of people covered

refers to people who have participated in the maternity insurance programme according to relevant regulation at the end of the reporting period.

2. Number of enjoying insurance

refers to people of sum who enjoy treatment of inductrial injury insurance, medical treatment for not rating work-related injuries , the disability beneficiaries and the worker death and treatment at the beginning of the year to the end of the reporting period

3. Revenue of maternity insurance

refers to payments made by employers participating in the maternity insurance programme in accordance with the basis and proportion stipulated in State regulations, and income from other sources that become source of maternity insurance fund, including income of funds paid by employers, interest income ,transfer income and other income.

4. Expenditure of the maternity insurance programme

refers to payments made from maternity insurance funds to staff and workers who participate in the maternity insurance programme within the scope and standards of expenditure in accordance with related national policies, expenses paid for pregnancy, child delivery or surgeries related to family planning, and other expenditure, including allowance for child bearing, medical fees and other expenditure.

5. Balance of the maternity programme

refers to the balance of the maternity insurance funds at the end of reference period.

第二十一篇

Chapter 21

CULTURE AND SPORTS

简要说明

一、本篇主要反映文化、体育、新闻出版、广播电影电视事业的发展情况。

文化部分主要包括艺术表演团体、艺术表演场所、公共图书馆、文化馆、文化站、广播、电视、新闻出版以及文物等文化事业的机构、人员、经费和业务活动情况。体育部分主要包括群众体育和竞技体育，主要内容有体育系统职工情况，竞技体育成绩，群众体育活动等情况。

二、根据各部门制定的统计报表制度汇总加工整理而成。艺术业、图书馆业、群众文化服务业的资料主要来自省文化厅；文物资料来自省文物局；广播、电视、新闻出版资料来自省新闻出版广电局；体育部分的资料来自省体育局。

Brief Introduction

I. Data in this chapter mainly reflect the development of culture; sports; news and publication; and radio broadcasting, films and television.

Data on culture cover mainly the situations on institutions, personnel and business activities of cultural undertakings including arts performing groups and performance venues; public libraries; museums; cultural centres; archives; cultural stations; broadcasting; films; television; news and publication; and cultural relics. Data on sports cover mass sports (sports for all) and athletic sports, including mainly the number of staff and workers in sports departments, number of stadiums and gymnasiums, achievements in athletic sports events, mass sports activities and the international exchanges of sports delegations.

II. Data are collected and tabulated in accordance with the statistical reporting schemes stipulated by the departments concerned. Data on the arts, libraries, mass culture are provided by the Ministry of Culture. Data on archives are from State Archives Administration. Data on cultural relics are from State Administration of Cultural Heritage. Data on radio, film and television are mainly from State Administration of Radio, Film and Television. Radio, television, press and publication data from provincial press and publication, NHK; The sports section of the data from the provincial sports bureau.

21—1　文化艺术和文物事业机构、人员情况（2018年）

Number of Institutions and Personnel in Culture, Art and Cultural Relies (2018)

机构类别	Category of Institution	机构数（个）Number of Institutions (unit)	从业人员（人）Number of Persons Engaged (person)
文化及相关产业	**Culture and Relative Industry**	**19915**	**150098**
艺术业	Art Industry	2969	45091
艺术表演团体	Art Performance Troupes	2859	43000
话剧、儿童剧、滑稽剧团	Drama, Children, Plays and Comedy Troupes	396	4864
歌舞、音乐类	Dance, Music Class	74	2433
京剧、昆曲类	Beijing Opera and Kunqu Classes	4	230
#京　剧	Beijing Opera Troupes	4	230
地方戏曲类	The Local Drama Class	509	8984
杂技、魔术、马戏类	Acrobatics, Magic, Circus	234	2964
曲艺类	Folk art Classes	133	1506
综合性艺术表演团体	Comprehensive Performing Arts Groups	1509	22019
艺术表演场所	Art Centers	107	2066
剧场、影剧院	Theaters and Music Halls	63	942
其它艺术单位	Other Art Unit	3	25
图书馆事业	Libraries	126	1504
群众文化事业	Mass Culture	1559	5979
省级文化馆、群众艺术馆	Provincial Cultural Building & People's Art Center	1	36
地市级文化馆、群众文化馆	Prefeture-level City Cultural Building & People's Art Center	16	297
县、市文化馆	County & City Cultural Building	105	1137
文化站	Cultural Stations	1437	4509
乡镇文化站	Township Cultural Stations	1284	4099
艺术教育事业	Culture and Education	4	140
文艺科研	Literary and Scientific Research	11	143
文化科技研究	Cultural Science and Technology Research	3	40
综合性艺术研究	Comprehensive Artistic Research	3	23
地方戏艺术研究	Local Opera art Research	4	74
其他科研机构	Other Scientific Research Institution	1	6
文化市场经营单位	Cultural Market Management Unit	14672	88365
文物业	Cultural Relics	306	3644
文物机构合计	Total of Cultural Relic Organization	104	612
文物保护管理机构	Cultural Relic Protection Management Organization	93	511
文物科研机构	Scientific and Research Historical Relics Agency	1	43
其他文物机构	Other Historical Relics Agency	10	58
博物馆合计	Museums	201	2995
艺术类博物馆	Art Museum	19	215
综合性博物馆	Comprehensive Museum	90	1566
历史类博物馆	History Class Museum	56	693
其它博物馆	Other Museum	36	521
文物商店	Cultural Relics Agencies	1	37
其　他	Other	268	5232

注：艺术事业机构数，包括非公有制艺术表演团体及场所。

a) Number of art institutions, including the non-public sectors of the performing arts groups and places.

21—2 艺术表演团体演出情况（2018年）
Basic Statistics on Performance of Art Troupes (2018)

种类	Item	演出场数（场）Number of Performances (shows)	到农村演出 Shows in Rural Areas	国内演出观众人数（千人次）Number of Audience While Perfoming at Home (1000 person-times)
总计	**Total**	**505150**	**390780**	**199599**
国有剧团	Troupes Sponsored by State-owned Units	9460	6130	6074
集体经营剧团	Troupes Sponsored by Collective Units	200	120	109
其他	Other	495490	384530	193416
按剧种分	**Art Troupes**			
话剧、儿童剧、滑稽剧团	Drama, Children, Plays and Comedy Troupes	32250	24190	9185
歌舞、音乐类	Dance, Music Class	7520	4030	3326
京剧、昆曲类	Beijing Opera and Kunqu Classes	990	710	125
#京剧	Beijing Opera Troupes	990	710	125
地方戏曲类	The Local Drama Class	58470	50490	18321
杂技、魔术、马戏类	Acrobatics, Magic, Circus	55730	19990	12635
曲艺类	Folk art Classes	3770	3170	2493
综合性艺术表演团体	Comprehensive Performing Arts Groups	346420	288200	153515

注：演出场数包括非公有制企业数据。
a) Doing a including non-public enterprise data.

21—3 群众艺术馆、文化馆站业务活动及经费情况（2018年）
Basic Statistics on Activities and Expenditures of Mass Art Centers and Cultural Centers (2018)

项目	Item	总计 Total	群众艺术馆、文化馆 Mass Art Centers Cultural Centers	文化站 Cultural Stations
单位数（个）	Number of Units (unit)	1559	122	1437
举办展览（个）	Exhibition (unit)	6968	1175	5793
组织文艺活动（次）	Art Performances and Story-telling Sessions (times)	47403	10402	37001
举办训练班	Training Coirses			
班次（次）	Number of Classes (times)	29214	11835	17379
培训人次（万人次）	Training People (10000 person-times)	214.88	78.26	136.62
群众艺术馆、文化馆负责指导单位	Units Responsible for Guiding Mass Art Centers and Cultural Centers		2831	
馆办文艺团体（个）	Literature Groups Hold by Art and Cultural Buildings		403	
群众业余演出团、队（个）	Part-time Art Groups (unit)		2409	
总支出（万元）	Total Expenditures (10000 yuan)	69337.5	32334.4	37003.1

21—4 公共图书馆业务活动及经费情况（2018年）
Facilities, Services and Expenditures of Public Libraries (2018)

项　目	Item	总　计 Total	省级公共图书馆 Public Libraries at Provincial Level	地市级公共图书馆 Public Libraries at Prefectural Level	县级公共图书馆 Public Libraries at County Level
公共图书馆（个）	Number of Public Libraries (unit)	126	1	21	104
总藏量（千册）	Total Collections (1000 volumes)	29097	3523	9380	16194
图　书	Books	24412	2807	7697	13908
#古　籍	Ancient Works	628	355	151	121
报　刊	Newspapers and Periodicals	1783	343	549	890
开架书刊（千册）	Open Books and Periodicals (1000 volumes)	14061	570	5218	8274
有效借书证数（千个）	Valid Card Number (1000 unit)	1991	229	1005	757
图书流通情况	Circulation of Books				
总流通人次（千人次）	Total Number of Circulation (1000 person-times)	33409	1675	8246	23487
书刊文献外借册次（千册次）	CeCi Borrow Books and Literature (1000 volume-times)	22291	1304	5987	15000
为读者服务举办各种活动	Service Activities Provided for Readers				
次　数（次）	Number of Activities (times)	3396	92	943	2361
参加人数（千人次）	Number of Readers Involved (1000 person-times)	604	15	134	455
总支出（万元）	Total Expenditures (10000 yuan)	37629	6265	15842	15522
#基本支出	Basic Expenditures	21789	3493	8321	9974
#新增藏量购置费	The New Inventory Purchase Expense	4413	622	1962	1828
本年新增藏量（千册）	This Year the New Inventory (1000 volumes)	2890	104	964	1822
公用房屋建筑面积（千平方米）	Floor Space of Public Buildings (1000 sq.m)	511	37	198	275
#书　库	Stack Rooms	92	8	41	43
阅览室	Reading Rooms	162	9	73	81
阅览室坐席数（个）	Seating Capacity of Reading Rooms (unit)	42573	1659	17133	23781

注：总藏量不包括电子图书。
a) A total does not include electronic books.

21—5 博物馆、文物机构业务活动及经费情况（2018年）
Facilities, Services and Expenditures of Museums and Cultural Relic Agencies (2018)

项　目	Item	文物保护管理机构 protection and Management Agencies	文物科研机构 Scientific and Research Historical Relics Preservation	其他文物机构 Other Agencies	博物馆 Museums
藏　品（件）	Number of Units (unit)	47412	17397	2327	787699
#一级品	Number of Exhibitions (unit)	288	27	4	2366
业务活动	Art Performances and Story-telling Sessions				
陈列展览（个）	Training Courses (unit)	88			930
参观人次（千人次）	Number of Classes (1000 person-times)	2540			30256
总支出（万元）	Total Expenditures (10000 yuan)	14299	6182	2797	58802
#基本支出	Basic Expenditures	5779	1013	805	24491
修缮费	Cultural Centers in County Towns				
增加值（万元）	Cultural Clubs (10000 yuan)	6579	5192	568	28331

21—6 档案事业基本情况（2018年）
Basic Statistics on Archiving Institution (2018)

项　　目		Item		合　计 Total	省　属 Under the Jurisdiction of Province	市　属 Under the Jurisdiction of the City	区县属 Under the Jurisdiction of a District/County
档案馆个数	**（个）**	**Number of National Archives**	**(unit)**	**149**	**7**	**34**	**108**
建筑面积	**（平方米）**	**Floor Space of Building**	**(sq.m)**	**510101**	**23768**	**195239**	**291094**
馆藏档案情况		**Files Colllected in Archives**					
全　宗	（个）	Full Archives	(unit)	13293	322	2756	10215
案　卷	（万卷件）	Records	(10000 rolls)	4213.74	197.47	1218.23	2798.03
建国前档案	（万卷件）	Files Prior to Foundation of PRC	(10000 rolls)	16.86	7.60	4.51	4.75
建国后档案	（万卷件）	Files After Foundation of PRC	(10000 rolls)	4196.87	189.87	1213.72	2793.29
录音、录像、影片档案	（盘）	Tape,Video,and Film Files	(piece)	30162	4576	5059	20527
照片档案	（张）	Photo Files	(disc)	1021792	287113	584508	150171
缩微胶片		Microfiche					
平片、开窗卡	（张）	Flat and Window-open Microfich	(disc)				
卷　片	（万幅）	Rolled Microfiche	(10000 rolls)				
档案利用情况		**File Utilization**					
本年利用档案人次	（人次）	Persons Using Files in the Year	(person-times)	343267	9369	77336	256562
本年利用资料人次	（人次）	Persons Using Datas in the Year	(person-times)	6614	104	831	5679
本年利用档案数量	（万卷件次）	Files Used in the Year	0000 roll.times)	70.28	3.66	22.11	44.50
本年利用资料数量	（册次）	Datum Used in the Year	(volume-times)	11595	218	2463	8914
本年编研档案、资料	（万字）	Files and Data Prepared and Studied in the Year	(10000 Chinese characters)	1424.4	518.8	360.0	545.6

资料来源：安徽省档案局。
Source: Anhui Municipal Bureau of Archives.

21—7 广播、电视事业发展情况
Basic Statistics on Broadcasting and Television Stations

指　　标		Item		2017	2018
职工人数	（人）	Number of Staff and Workers	(person)	33832	32135
广播电视台	（座）	Broadcasting and TV Station	(set)	78	78
省级广播电视台		Provincial Broadcasting and TV Station		1	1
市级广播电视台		City Broadcasting and TV Station		16	16
县级广播电视台		County Broadcasting and TV Station		61	61
中波发射台及转播台	（座）	Number of Broadcast Transmission Stations and Relaying Stations	(set)	25	25
中波发射机功率	（千瓦）	Broadcast Power of Transmitters	(kw)	1137	1389
广播人口覆盖率	（%）	Listener Rating	(%)	99.04	99.84
调频电视发射台及转播台	（座）	FM TV Station and Broadcast Station	(set)	166	109
调频发射机功率	（千瓦）	Frequency Modulation Transmitter Power	(kw)	793.13	791.70
电视发射机功率	（千瓦）	Power of Trandmitters	(kw)	1024.65	1046.22
电视人口覆盖率	（%）	Viewer Rating	(%)	99.19	99.83

21—8 广播、电视覆盖率
Listeners and Viewers Rate

指　　标	Item	覆盖人口（万人） Covered Population (10000 persons)		覆盖率（%） Covering Ratio (%)	
		2017	2018	2017	2018
广　　播	**Broadcasting**	**6959.75**	**7046.41**	**99.04**	**99.84**
中央台节目	Program I of China National Broadcasting	6905.32	6996.93	98.27	99.14
省级台节目	Program I of Provincial Broadcasting	6914.14	7022.48	98.39	99.50
地市级台节目	Program I of Prefectural (city) Broadcasting	6677.89	6710.25	95.03	95.08
县级台节目	Programs of County Broadcasting	4547.16	4584.38	64.71	64.96
电　　视	**Television**	**6970.43**	**7045.20**	**99.19**	**99.83**
中央台节目	Relaying Program I of CCTV	6943.26	7019.43	98.81	99.46
省级台节目	Program I of Provincial Television	6935.67	7028.36	98.70	99.59
地市级台节目	Programs of Prefectural (city) Television	6674.15	6683.77	94.98	94.70
县级台节目	Programs of County Television	4815.51	4881.60	68.53	69.17

21—9 广播、电视节目制作时间
Basic Statistics on Broadcasting and Television

单位：小时（hour）

指　　标	Item	2017	2018
广播节目制作	**Production of Broadcasting**	**177955**	**187384**
新　闻	News Programs	35722	34997
专　题	Special Subject Programs	62683	59894
综　艺	Variety Entertainment	28408	27858
广播剧	Broadcasting Play	1274	1830
广　告	Advertisement	18735	19935
其　他	Others	31133	42870
电视节目制作	**Production of TV Programs**	**76538**	**78913**
新　闻	News Programs	28014	30451
专　题	Special Subject Programs	20790	20662
综　艺	Variety Entertainment	10130	9219
影视剧	TV Play	372	494
广　告	Advertisement	11192	12806
其　他	Others	6040	5281

21—10 广播、电视宣传基本情况（2018年）
Basic Statistics on Broadcasting and Television (2018)

项目	Item	节目套数（套）Number of Programs (set)	全年公共节目播出时间（小时）Time of Program Transmission All the Year (hour)	制作节目时间（小时）Time of Making Program (hour)	#新闻节目 News Programs	专题节目 Special Subject Programs	综艺节目 Variety Emtertainment
无线广播合计	**All Radio Broadcasting Stations**	**105**	**558614**	**187384**	**34997**	**59894**	**27858**
省级	Provincial	9	73513	52166	7564	18989	2781
市县级	City and County	96	485101	135218	27433	40905	25077
电视播映合计	**All Television Stations**	**111**	**646173**	**78913**	**30451**	**20662**	**9219**
省级	Provincial	8	44784	14193	7344	3170	1434
市县级	City and County	103	601389	64720	23107	17492	7785

注：全省广播电视节目制作时间包括各级广播电视台和社会影视节目制作机构制作的时间。

a) The provincial radio and television programme production time including broadcast television and film and television programme production social organizations at all levels to make the time.

21—11 图书、杂志和报纸出版数量
Number of Books, Magazines and Newspaper Published

年份 Year	图书 Books Published: 种类（种）Number of Publications (kind)	新出版 New Publications	总印数（万册）Printed Copies (10000 copies)	总印张数（万印张）Printed Sheets (10000 sheets)	杂志 Magazines Published: 种类（种）Number of Publications (kind)	每期平均印数（万册）Average Printed Copies Per Issue (10000 copies)	总印数（万册）Printed Copies (10000 copies)	总印张数（万印张）Printed Sheets (10000 sheets)	报纸 Newspapers Publised: 种类（种）Number of Publications (kind)	每期平均印数（万册）Average Printed Copies Per Issue (10000 copies)	总印数（万份）Printed Copies (10000 copies)	总印张数（万印张）Printed Sheets (10000 sheets)
2005	3970	1847	25220	118056	177	433	5804	17418	97	393	98134	302498
2009	5560	1331	27204	172802	176	432	5977	23776	97	472	105905	357801
2010	5646	2669	23891	163954	178	404	5842	23115	98	519	116988	470953
2011	7804	4087	25185	186306	180	397	5948	24675	98	505	120769	528120
2012	9094	5210	24440	173709	180	405	6172	25657	98	514	125807	526148
2013	9440	5469	25800	200400	180	397	6227	26000	98	517	124700	509100
2014	9934	5227	25579	192396	180	355	5627	24474	98	500	121176	464623
2015	8902	4832	27329	207650	180	313	5251	24574	98	480	104830	375622
2016	9441	5212	24892	182768	180	291	5017	23305	98	363	79488	201261
2017	9745	4864	30704	235287	180	259	4399	20008	98	325	71577	155571
2018	10040	4248	32077	236527	180	233	4321	19742	98	299	67725	139280

21—12 主要年份少年儿童读物和课本出版情况
Number of Books Published for Children and Textbooks in Major Years

年份 Year	种数(种) Number of Publications (knd)		总印数(万册) Printed Copies (10000 copies)		总印张(千印张) Printed Sheets (1000 sheets)	
	儿童读物 Books for Children	课本 Textbooks	儿童读物 Books for Children	课本 Textbooks	儿童读物 Books for Children	课本 Textbooks
2005	399	310	873	15293	20428	671142
2010	1094	449	1489	10563	90700	789666
2015	1244	1091	1927	11827	153008	853487
2016	1111	950	3931	8544	237680	608753
2017	1149	873	5117	9440	472917	688157
2018	1687	805	5240	10885	329790	775487

21—13 主要年份出版印刷生产情况
Conditions of Printing in Main Year

年份 Year	企业数(个) Number of Enterprises (unit)	工业销售产值(万元) Industrial Sales Value (10000 yuan)	印刷产量 Output of Printing		装订产量(万令) Output of Bookbinding (10000 ream)	用纸量(万令) Amout of Paper Used (10000 ream)
			黑白(万令) Black and White (10000 ream)	彩色(万对开色令) Color (10000 bisect color ream)		
2005	238	160224	849.00	2773.00	530.00	1030.00
2010	258	302870	1094.23	2715.25	809.97	1040.70
2015	258	488208	858.99	3876.95	999.02	1737.36
2016	274	560524	923.24	4402.86	1187.64	2124.14
2017	303	579647	838.00	5228.00	1400.00	2433.00
2018	305	570830	758.74	4273.30	1295.83	1947.48

21—14 主要年份出版物发行机构数和网点数
Issuing Institutions and Spots of Publication in Main Year

年份 Year	发行机构合计(处) Total	国有书店及国有发行点 State-owned Bookstore and Issuing Spots	出版社 Press	网上书店 Online Bookstore	文化教育广电邮政系统 Cultural, Educational Broad-casting and Postal Systems	新华书店系统外批发网点 Wholesale Spots Outside Xinhua Bookstore	集体个体零售 Collective and Personal Retail	新华书店系统出版社自办发行从业人数(人) Persons Engaged in Own Issuance of Presses of Xinhua Book-Store System (persons)	
								全部职工 All Staff	#国有书店及发行点 State-owned Bookstores and Issuing Spots
2005	5950	498	10		1436	248	3758	5253	5155
2010	7723	579	11	1	3576	330	3226	5029	4878
2015	8275	630	11	77	3657	302	3598	5073	5008
2016	8275	630	11	77	3657	302	3598	5073	5008
2017	8984	586	11	608	3657	346	3776	5573	5508
2018	8034	617	11	738	2454	332	3882	6000	5759

21—15 体育活动基本情况
Basic Statement of Sports

指　　标	Item	2005	2010	2015	2017	2018
举办全民健身活动次数（次）	Times of Activities That the Whole Nation in Health Conducted (times)	1354	2920	2176	2508	3127
参加全民健身活动人数（万人）	People Participating the Activities That the Whole Nation in Health (10000 person)	149.28	324.76	337.88	305.00	361.00
优秀运动员（人）	Number of Athletes in Grades (person)	1408	852	657	677	763
运动健将	International Master of Sports	35	159	185	180	175
一级运动员	First Grade Sportsman	86	280	207	246	283
二级运动员	Second Grade Sportsman	1287	160	125	120	127
等级教练员人数（人）	Number of Coaches in Grades (person)		652	633	632	636
等级裁判员发展人数（人）	Number of Referees in Grades (person)		864	489	401	772
在国内外比赛中获奖牌数（枚）	Number of Medals Won in the Matches Both Inside and Outside the Country (unit)	78.5	160	116	126	159
金　牌	Gold Medals	22.5	57	35	37	47
银　牌	Silver Medals	27	42	31	38	45
铜　牌	Bronze Medals	29	61	50	51	67
体育俱乐部（个）	Sports Club (unit)		445	1013	1263	1547
青少年体育俱乐部	Youth Sports Club		172	459	521	582
社区体育健身俱乐部	Community Sports Fitness Club		177	554	742	965
其它体育俱乐部	Other Sports Club		46			

注：1. 优秀运动员2008年以前为等级运动员。
2. 由于裁判员审批制度改革，2015年我省未审批一级裁判员，以致裁判员发展人数比上年大幅度减少。

a) Before 2008, Top athletes were athlete in Grades .

b) Due to the referee for examination and approval system reform, in 2015 our province level for examination and approval of the referee, so that the number of referees development greatly reduced over the previous year.

21—16 全省体育场地数
Number of Stadiums and Gymnasiums

单位：个（unit）

指　　标	Item	2015		2016		2017	
		总计 Total	体育系统 Sports System	总计 Total	体育系统 Sports System	总计 Total	体育系统 Sports System
总　　计	**Total**	**56391**	**957**	**57911**	**962**	**58773**	**965**
#体育场	Stadiums	299	35	302	38	304	40
体育馆	Gymnasiums	82	39	84	41	84	41
游泳跳水馆	Swimming and Diving Centers	142	16	142	16	142	16
室内外游泳池	Indoor and Outdoor Swimming Pools	217	25	217	25	218	26
运动场	Playground	365	16	365	16	365	16
小运动场	Small Playground	3492	3	3492	3	3492	3
篮、排球场	Basketball and Volleyball ground	25329	200	26844	200	25329	200

注：2013年体育场地普查后，原由体育系统援建的小型体育场地（主要是篮球场）自2014年起不计入体育系统。

a) After 2013 census of sports venues, little sports venues(mainly basketball courts) built by sports system originally are not included in the sports system since 2014.

21—17 体育系统职工人数（2018年）
Number of Staff and Workers in Sports System (2018)

单位：人（person）

人员分类	Category of Personnel	合计 Total	#优秀运动队 Excellent Sports Teams	体育运动学校 Physical Education and Sports Schools	业余学校 Sparetime Sports Schools	公共体育场馆 Public Stadiums and Cymnasiums	机关人员 Officers
总　　计	**Total**	**3741**	**961**	**142**	**331**	**169**	**890**
公务员	Public Servants	667					667
运动员	Athletes	684	679				
专职教练员	Full-time Coaches	596	115	80	201	2	
专职文化教师	Full-time Teachers	287		37	15		
科技人员	Scientific and Technical Personnel	27			1		
医务人员	Medical Personnel	20	3	2	1		
管理人员	Administrative Personnel	524	118	10	45	100	
其　　他	Others	936	46	13	68	67	223

21—18 等级运动员、等级裁判员发展人数（2018年）
Number of Athletes and Referees in Grades by Type of Sports (2018)

单位：人（person）

运动项目	Item	等级运动员 Number of Athletes in Grades	运动健将 International Master of Sports	一级 First Grade Sportsman	二级 Second Grade Sportsman	等级裁判员 Number of Referees in Grades	国际、国家级 International National Referees	一级 First Grade Referees	二级 Second Grade Referees
总　　计	**Total**	**1624**	**73**	**350**	**1201**	**772**		**18**	**754**
田　　径	Track and Field	278	6	13	259				
游　　泳	Swimming	272		32	240	123			123
体　　操	Gymnastics	6	3	3					
举　　重	Weightlifting	10		7	3				
拳　　击	Boxing	26	7	3	16				
中国式摔跤	Chinese style wrestling	7	1	3	3				
国际式摔跤	Wrestling	61		16	45	2			2
柔　　道	Judo	38		4	34				
跆拳道	Kickboxing	13	4	5	4	12			12
击　　剑	Fencing	20		7	13				
赛　　艇	Racing Shell	36		22	14				
皮划艇	Canoeing	49	2	12	35				
射　　击	Shooting	19	3	8	8	6			6
足　　球	Football	7		3	4	8			8
篮　　球	Basketball	183	3	39	141	71		6	65
排　　球	Volleyball	40		15	25				
乒乓球	Table Tennis	79		26	53	66		12	54
羽毛球	Badminton	35		14	21	144			144
网　　球	Tennis	50			50				
手　　球	Handball	78	8	14	56				
技　　巧	Skill	20	8		12				
武　　术	Wu Shu	135	1	17	117	146			146
其　　他	Others	162	27	87	48	194			194

注：等级运动员与等级裁判员为当年市以上体育行政部门审批数。一级裁判员审批已下放协会，此项数据目前缺失。

a) Number of Grade athletes and referees is approval number in the year above the city levle of the sports administrative departments. The first-class referee's approval has been delegated to the association, and this data is currently missing.

主要统计指标解释

文化及相关产业

指为社会公众提供文化、娱乐产品和服务的活动以及与这些活动有关联的活动的集合。根据提供文化、娱乐产品和服务活动的属性特点，划分为公益性文化活动和经营性文化活动两大类。

文化及相关产业是第三产业的重要组成部分。是在我国《国民经济行业分类》基础上的派生分类，有文化服务和相关文化服务两大类：

艺术表演团体

指由文化部门主办或实行行业管理（经文化市场行政部门审批或已申报登记并领取相关许可证），专门从事表演艺术等活动的各类专业艺术表演团体，含民间职业剧团。如话剧团、方言话剧团、滑稽剧团、儿童剧团、歌剧团、木偶团、皮影团等以及由若干剧种组成的综合性专业艺术表演团体。不包括群众业余文艺表演团体。

艺术表演场所

指由文化部门主办或实行行业管理（经文化市场行政部门审批或已申报登记并领取相关许可证），有观众席、舞台、灯光设备，公开售票、专供文艺团体演出的文化活动场所。附属于文化部门机构内非独立核算的剧场、排演场，公开营业的也应单独统计。

广播节目综合人口覆盖率

指根据国家广电总局制定的《广播电视人口覆盖率统计技术标准和方法》进行统计调查的，在对象区内采用无线、有线、卫星等技术手段能够收听到包括中央、省、地市、县广播节目其中任意一套的人口数占全省总人口数的百分比。

电视节目综合人口覆盖率

指根据国家广电总局制定的《广播电视人口覆盖率统计技术标准和方法》进行统计调查的，在对象区内采用无线、有线、卫星等技术手段能够收看到包括中央、省、地市、县级电视节目中任意一套的人口数占全省总人口数的百分比。

等级运动员人数

指经考核正式批准授予等级运动员称号的人数。运动员等级分为国际级运动健将、运动健将、一级运动员、二级运动员、三级运动员、少年级运动员。

等级裁判员人数

指经考核正式批准授予等级裁判员称号的人数。裁判员等级分为国际裁判、国家级裁判、一级裁判、二级裁判、三级裁判。

体育场

指有 400 米跑道（中心含足球场），有固定道牙，跑道 6 条以上，并有固定看台的室外田径场地。体育场按看台容纳观众人数分为：甲级 25000 人以上，乙级 15000-25000 人，丙级 5000-15000 人，丁级 5000 人以下。

体育馆

指有固定看台，可供篮球、排球、羽毛球、乒乓球、体操等项目训练比赛活动用的室内运动场地。体育馆按看台容纳观众人数分为：甲级 6000 人以上，乙级 4000-6000 人，丙级 2000-4000 人，丁级 2000 人以下。

Explanatory Notes for Major Statistical Indicators

Culture and Related Industries

refer to the aggregate of activities, providing the mass with culture goods, amusement goods and services. According to the characteristics of culture goods, amusement goods and services, they can be classified into two categories, or nonprofit cultural activities and profit cultural activities.

Culture and related industries is the important component of the tertiary industry. These are the derivative sector from the Industrial Classification of the National Economy and are composed of two categories of culture services and related cultural services.

Arts Performance Troupes

refer to the various professional performing arts groups, which sponsored by the cultural sectors or guided by the cultural society (approved by the cultural market administration, or registered and permitted with the relative certificate), including non-governmental troupes, such as drama troupes, dialect troupes, comedy troupes, children troupes, Opera troupes, puppetry troupes, Shadowgraph troupes, etc., comprehensive professional arts performance troupes. The mass amateur arts performance troupes are not included.

Arts Performance Places

refer to the various sites for cultural activities, which sponsored by the cultural sectors or guided by the cultural society (approved by the cultural market administration, or registered and permitted with the relative certificate), with the facility of auditorium, stage, and lighting, and selling tickets in public. The theaters and rehearse sites which are affiliated to the cultural sectors without independent financial accounts which are open to the public should be covered independently.

Radio Coverage of Population

refers to the percentage of population, which can listen to one of central, provincial, city, prefecture, and county radio programs by wireless, cable, satellite and other technical means, in the surveying area, to national total population, according to Statistical Standard and Method on Television and Radio Coverage of Population established by the State Administration of Broadcasting, Film and Television.

Television Coverage of Population

refers to the percentage of population, which can watch one of central, provincial, city, prefecture, and county television programs by wireless, cable, satellite and other technical means, in the surveying area, to national total population, according to Statistical Standard and Method on Television and Radio Coverage of Population established by the State Administration of Broadcasting, Film and Television.

Number of Athletes in Grades

refers to the number of athletes who have been given titles through examination. The titles of athletes include international masters of sports, masters of sports, first-grade, second-grade and third-grade sportsmen and young athletes.

Number of Referees in Grades

refers to the number of referees who have been given titles after examination. They are classified as international referees, national referees and referees of the first, second and third grades.

Stadiums

refer to stadiums for track and field events with six lane 400-meter tracks around soccer fields, permanent track marks and permanent bleachers. Stadiums are classified according to seating capacity. They include: Class A stadiums seating 25000 people each. Class B stadiums seating 15000 to 25000 people each. Class C stadiums seating 5000 to 15000 people each, and Class D stadiums seating fewer than 5000 people.

Gymnasiums

refer to indoor sports grounds with permanent seats in which basketball, volleyball. badminton, table tennis and gymnastics competitions can be held. Gymnasiums are classified according to seating capacity. They include Class A gymnasiums seating over 6000 people. Class B gymnasiums seating 4000 to 6000 people. Class C gymnasiums seating 2000 to 4000 people, and Class D gymnasiums seating fewer than 2000 people.

第二十二篇

Chapter 22

PUBLIC MANAGEMENT AND OTHERS

简要说明

本篇主要包括社会活动参与、公检法司、残疾人事业和妇联干部情况等内容。

一、社会活动参与的内容主要包括历届安徽省人大代表和政协委员情况以及工会组织和妇联组织情况。

二、公检法司的资料主要包括公安机关的刑事案件立案情况和治安案件查处情况，交通、火灾事故情况，人民检察院的办案情况，人民法院审理案件和收结案情况，以及律师、公证、调解工作等情况。

Brief Introduction

Data in this chapter show statistics on participation in social activities, public security, procuratorial, legal and judicial affairs, disabled persons, women's Federation cadres and so on.

I. Data on participation in social activities cover mainly information on representatives to the National People's Congress (NPC), members of the Chinese People's Political Consultative Conference (CPPCC) and National trade unions. Data on number of NPC and CPPCC representatives are provided by NPC and CPPCC respectively.

II. Data on public security, procuratorial, legal and judicial affairs cover information such as criminal cases registered and offense cases handled by the public security agencies, traffic or fire accidents, cases handled by procuratorate's offices, cases accepted and settled by the people's courts, and statistics on lawyers, notarization and mediation.

22—1 历届安徽省人民代表大会代表人数
Number of Anhui Province the National People's Congress Represents

单位：人（person）

			代表总数 Total Number of Deputies	#女代表 Female Deputies	占代表总数(%) As Percentage to Total	少数民族代表 Ethnic Minority Deputies	占代表总数(%) As Percentage to Total
一　届	First Congress	(1954)	448	69	15.40	8	1.79
二　届	Second Congress	(1958)	496	68	13.71	9	1.81
三　届	Third Congress	(1964)	497	96	19.32	9	1.81
五　届	Fifth Congress	(1978)	998	196	19.64	28	2.81
六　届	Sixth Congress	(1983)	813	167	20.54	34	4.18
七　届	Seventh Congress	(1988)	729	157	21.54	28	3.84
八　届	Eighth Congress	(1993)	729	164	22.50	27	3.70
九　届	Ninth Congress	(1998)	728	195	26.79	35	4.81
十　届	Tenth Congress	(2003)	732	204	27.87	33	4.64
十一届	Eleventh Congress	(2008)	730	212	29.04	34	4.66
十二届	Twelfth Congress	(2013)	730	210	28.77	34	4.66
十三届	Thirteenth Congress	(2018)	723	225	31.12	37	5.12

22—2 历届政协安徽省委员会委员人数
Number of Anhui Province Political Consultative Conference Committee Member

单位：人（person）

			委员总数 Total Number of Deputies	#中国共产党委员 Deputies from the Communist Party of China	占委员总数(%) As Percentage to Total	少数民族委员 Ethnic Minority Deputies	占委员总数(%) As Percentage to Total
一　届	First Congress	(1954)	171	53	30.99	6	3.51
二　届	Second Congress	(1958)	308	88	28.57	8	2.60
三　届	Third Congress	(1964)	372	108	29.03	18	4.84
四　届	Fourth Congress	(1978)	506	297	58.70	21	4.15
五　届	Fifth Congress	(1983)	724	231	31.91	30	4.14
六　届	Sixth Congress	(1988)	694	234	33.72	40	5.76
七　届	Seventh Congress	(1993)	705	245	34.75	40	5.67
八　届	Eighth Congress	(1998)	730	273	37.40	37	5.07
九　届	Ninth Congress	(2003)	740	278	37.57	37	5.00
十　届	Tenth Congress	(2008)	745	286	38.39	38	5.10
十一届	Eleventh Congress	(2013)	745	297	39.87	39	5.23
十二届	Twelfth Congress	(2018)	738	291	39.43	39	5.28

22—3 妇联组织及工作情况
Basic Statistics of Women's Associations

项　目		Item		2015	2017	2018
妇联组织数	（个、所）	Number of Women's Associations	(unit)	25227	25722	26014
妇联兴办各类家长学校	（个）	Number of Householders' Schools Set Up by Women's Associations	(unit)	10066	10128	9327
妇联自办托幼园所	（所）	Number of Nurseries and Kindergartens Set Up by Women's Associations	(unit)	44	43	25
妇联陪审员人数	（人）	Number of Juniors in Women's Associations	(person)	236	205	278
妇联维权干部中取得律师资格证书的人数	（人）	Number of Upholding Right Cadres in Women's Associations Got Lawyer Credentials	(person)	9	11	11
三八绿色工程		March Eighth Green Project				
基地个数	（个）	Number of Bases	(unit)	130	14	14
基地亩数	（亩）	Area of Bases	(mu)	50100	3311	3311
农村妇女学校数	（所）	Number of Rural Woman Schools	(unit)	3550		
受表彰情况		Basic Statistics on Commendation				
评选巾帼建功标兵数	（人）	Women Pacesetters in Performing Meritorious Services	(person)	181	582	814
巾帼文明示范岗数	（个、所）	Number of Woman's Civilization Demonstration Posts	(unit)	762	681	562
三八红旗手	（人）	March 8th Red Banner Winners	(person)	2290	3138	2503
三八红旗集体	（个）	March 8th Red Banner Groups	(unit)	774	359	723
五好文明家庭	（户）	"Five Good" Civilized Families	(household)	10749		4985

22—4 工会组织情况
Basic Statistics on Trade Unions

年份 Year	工会基层组织数（个） Number of Grassroots Unions (unit)	全省已建工会组织的基层单位职工与会员人数（人） Membership and Number of Staff and Workers in Grassroots Unions (person)						工会专职工作人员人数（人） Number of Full-time Personnel of Unions (person)
		职工人数 Number of Staff and Workers	#女职工 Female	#农民工 Rural Workers	会员人数 Membership	#女会员 Female	#农民工 Rural Workers	
2005	35828	4599881	1614030		4384087	1502544		13684
2010	61256	7102254	2437677	2282833	6663678	2317129	2082135	29837
2015	123883	9570411	3397069	3998758	9047175	3305332	3845470	27793
2016	131712	10667134	3761104	5197062	10088989	3661149	5021361	30939
2017	117092	10019988	3599689	4789114	9476496	3493671	4619929	27588
2018	95980	8577026	3168773	3756221	8042552	3045444	3586416	24972

22—5 妇女参政议政状况
Basic Conditions on Women's Participating in the Administration and Discussion of State Affairs

项目	Item	2010	2015	2017	2018
省(区、市)人大代表数（人）	Provincial (area, city) National People's Congress number (persons)	739	740	742	723
#女性	Female	212	208	209	224
省(区、市)政协委员数（人）	Provincial (area, city) CPPCC Member Number (persons)	743	740	721	737
#女性	Female	165	166	166	170
中共党员人数（万人）	The number of members of the Communist Party of China (10000 persons)	315.90	350.99	352.00	356.40
#女性	Female	59.20	75.13	82.53	84.80
省级政府领导班子中女干部配备率(%)	Female Cadres Portion of Provincial Rank Government Leading Group (%)	100.00	100.00	100.00	100.00
地级政府领导班子中女干部配备率(%)	Female Cadres Portion of Region Rank Government Leading Group (%)	100.00	75.00	75.00	93.80
县级政府领导班子中女干部配备率(%)	Female Cadres Portion of County Rank Government Leading Group (%)	87.60	90.10	90.48	94.30

22—6 妇女儿童教育培训情况
Basic Conditions on Women and Children's Education and Training

项目	Item	2010	2015	2017	2018
小学学龄儿童入学率(%)	Percentage of School-age Children Enrolled (%)	99.93	99.96	99.99	99.98
女性	Female	99.90	99.96	99.99	99.99
男性	Male	99.90	99.96	99.99	99.98
九年义务教育巩固率(%)	9 Years Compulsory Education Consolidation Rate (%)		93.0	93.8	94.2
高中阶段毛入学率(%)	The Gross Enrollment Rate of High School (%)	80.0	92.0	90.5	91.7
高等教育毛入学率(%)	The Gross Enrollment Rate of Higher Education (%)	24.3	40.6	47.7	52.2

22—7 妇女卫生保健状况
Basic Conditions on Women Hygiene

项　　目	Item	2010	2015	2017	2018
农村集中式供水受益人口比例 (%)	Proportion of Population Benefiting From Centralized Water Supply in Rural Areas (%)	31.70	73.10	88.10	89.00
农村享有卫生厕所的人口覆盖率 (%)	Coverage Rate of people Who Enjoy Sanitary Toilet (%)	57.55	67.10	73.83	80.20
妇幼保健机构病床数 (张)	Number of Sickbeds in Maternity and Child Care Organs (unit)	3265	3454	4026	3628
妇幼保健机构医生数 (人)	Number of Doctors in Maternity and Child Care Organs (person)	2248	2305	3281	2933
孕产妇系统管理率 (%)	Percentage of Pregnant and Lying-in Women Under System Management (%)	39.04	85.30	84.57	86.57
住院分娩率 (%)	Percentage of Childbirths in Hospital (%)	98.69	99.95	99.99	99.99
孕产妇死亡率 (1/10万)	Death Rate of Pregnant and Lying-in Women (1/100 thousand)	25.46	17.26	16.42	10.98
已婚育龄妇女避孕率 (%)	Contraception Rate of Married Women in Their Childbearing Age (%)	89.71	87.05	89.20	88.80
婚前医学检查率 (%)	Percentage of Medical Examinations Before Marriage (%)	68.92	94.00	95.13	95.40

22—8 儿童卫生保健状况
Basic Conditions on Children Hygiene

项　　目	Item	2010	2015	2017	2018
婴儿死亡率 (‰)	Death Rate of Infants (‰)	10.70	4.54	4.09	3.37
5岁以下儿童死亡率 (‰)	Death Rate of Children Below Five (‰)	13.32	6.85	5.46	4.60
住院分娩出生缺陷发生率 (‰)	Percentge of Childbirth Defects in Hospital (‰)	12.11	11.52	12.66	16.10
卡介苗接种率 (%)	Rate of Inoculating With BCG Vaccine (%)	99.68	99.80	99.88	99.83
脊髓灰质炎疫苗接种率 (%)	Rate of Inoculating With Polio Vaccine (%)	99.66	99.75	99.74	99.52
百白破疫苗接种率 (%)	Rate of Inoculating With Joint Vaccine of Pertussis, Diphtheria and Tetanus	99.64	99.56	99.45	99.42
麻疹疫苗接种率 (%)	Rate of Inoculating With Measles Vaccine (%)	99.61	99.75	99.71	99.56
乙肝疫苗接种率 (%)	Rate of Inoculating With Hepatitis B Vaccine (%)	99.68	99.92	99.82	99.62
7岁以下儿童保健管理率 (%)	Percentage of Children Below Seven Under Health Management (%)	61.43	90.91	90.50	91.45
0–6个月婴儿纯母乳喂养率(%)	0-6 Month Baby Breastfeeding rate (%)	65.65	65.77	70.78	73.20
5岁以下儿童中重度贫血患病率 (%)	Prevalence of Severe Anemia Rate of Children Under 5 Years of Age (%)	1.13	0.85	0.81	0.65
5岁以下儿童低体重患病率(%)	Low Weight Rate of Children Under 5 Years of Age (%)	0.99	0.66	0.63	0.59

22—9 残疾人事业基本情况
Basic Information of People With Disabilities

指　　标	Item		2015	2017	2018
康　复	**Rehabilitation**				
社区康复	Community Rehabilitation				
开展社区康复服务工作的市辖区（个）	Municipal Districts Carrying Out Community Rehabilitation Services	(unit)	44	47	50
开展社区康复服务工作的县（市）（个）	Counties (cities) Carrying Out Community Rehabilitation Services	(unit)	57	66	60
社区康复协调员（人）	Community Rehabilitation Coordinator	(person)	15976	15734	16541
视力残疾接受基本康复服务	Visual Disabilities Receive Basic Rehabilitation Services				
盲　人（人）	Blind Man	(person)		65593	61187
低视力者（人）	Low Vision Person	(person)		15672	28378
听力残疾接受基本康复服务	Hearing Disabilities Receive Basic Rehabilitation Services				
0−6岁儿童（人）	Children 0-6 Years Old	(person)		981	1235
7−17岁儿童（人）	Children 7-17 Years Old	(person)		1316	2871
成　人（人）	Adult	(person)		24113	42689
肢体残疾接受基本康复服务	Physical Disabilities Receive Basic Rehabilitation Services				
0−6岁儿童（人）	Children 0-6 Years Old	(person)		1658	2364
7−17岁儿童及成人（人）	Children and Adults Aged 7-17	(person)		349065	391243
智力残疾接受基本康复服务	Intellectual Disabilities Receive Basic Rehabilitation Services				
0−6岁儿童（人）	Children 0-6 Years Old	(person)		1641	2096
7−17岁儿童及成人（人）	Children and Adults Aged 7-17	(person)		71051	73316
精神残疾接受基本康复服务	Mental Disabilities Receive Basic Rehabilitation Services				
0−6岁孤独症儿童（人）	Autistic Children Aged 0-6	(person)		651	978
7−17岁孤独症儿童（人）	Autistic Children Aged 7-17	(person)		2495	2923
成　人（人）	Adult	(person)		130172	138100
辅助器具	Auxiliary Appliance				
假　肢（人）	Artificial Limb	(person)		867	3042
矫形器（人）	Orthosis	(person)		2219	769
其他辅助器具（人）	Other Auxiliary Equipment	(person)		81408	149974
康复机构	Rehabilitation Organization				
残疾人康复机构（个）	Rehabilitation Institution for Disabled Persons	(unit)		228	237
#残联系统康复机构	Rehabilitation Mechanism for Disabled Persons' Federation System			60	61
康复机构在岗人员（人）	On-the-job Personnel in Rehabilitation Institutions	(person)	6753	5914	5800
康复人才	Rehabilitation Talents				
培训康复管理人员（人次）	Training of Rehabilitation Management Personnel	(person-time)	1496	1408	1412
培训康复业务人员（人次）	Training of Rehabilitation Personnel	(person-time)	5564	6874	4366
培训社区康复协调员（人）	Training of Community Rehabilitation Coordinators	(person)	15868	10607	14853
教　育	**Education**				
普通高等院校录取残疾考生（人）	Colleges and Universities Admit Disabled Candidates	(person)	460	496	545

22—9 续表 continued

指　　标	Item		2015	2017	2018
社会保障和托养	**Social Security and Support**				
获得困难残疾人生活补贴（人）	Receiving Living Allowance for People With Disabilities in Difficulty	(person)		702000	788000
获得重度残疾人护理补贴（人）	Receiving Nursing Subsidy for Severely Disabled Persons	(person)		678000	749000
托养服务	Care Service				
托养机构（个）	Support Mechanism	(unit)		243	305
本年度机构托养残疾人（人）	This Year, The Organization Supports The Disabled	(person)		6233	7270
本年度享受居家服务残疾人（人）	Disabled People Who Enjoy Home Service This Year	(person)		10168	14194
本年度接受“阳光家园计划”资助的人数（人）	Number of Recipients of "Sunshine Home Pproject" This Year	(person)		11760	11760
本年度托养服务和管理人员培训人数（人）	Number of Support Service and Management Personnel Trained This Year	(person)		359	102
扶　贫	**Poverty Alleviation**				
本年度退出建档立卡贫困残疾户（户）	This Year's Exit From Filing Lika Poor Disabled Households	(households)		51300	74003
本年度退出建档立卡贫困残疾人（人）	This Year's Exit From Filing Lika Poor Disabled	(person)		68611	100084
康复扶贫贷款扶持残疾人（人）	Rehabilitation Poverty Alleviation Loan to Support Disabled People	(person)		1497	213
接受农村实用技术培训残疾人（人次）	Disabled Persons Receiving Practical Technical Training in Rural Areas	(person-time)		24662	20603
扶贫基地安置带动残疾人（人）	Poverty Alleviation Base Resettlement Drives Disabled People	(person)		2059	2017
农村贫困残疾人危房改造（户）	Reconstruction of Dilapidated Buildings for Poor Disabled People in Rural Areas	(households)		11245	15447
维　权	**Activist**				
侵害残疾人合法权益大要案查处（件）	Investigation of Major Cases of Infringement on the Legitimate Rights and Interests of Disabled Persons	(unit)			
残疾人接受法律救助服务（人次）	Disabled People Receive Legal Aid Services	(person-time)		13	20
系统开展无障碍环境建设地市、县（个）	Systematic Development of Barrier-free Environment Construction in Cities and Counties	(unit)		80	81
省级残疾人信访	Petition for Disabled People at Provincial Level				
来　信（件）	Letters	(unit)		78	43
来　访（人次）	Visit	(person-time)		55	110
#集体访批次（批次）	Group Visit Batch	(batch)		1	3
集体访人次（人次）	Group Visits	(person-time)		9	32
来　电（通）	Call	(unit)		6992	2035
残联组织建设	**Organization Building of Disabled Persons' Federation**				
省市县乡残联实有人员（人）	Provinces, Cities, Counties and Townships Disabled Persons' Federation Has Actual Personnel	(person)	3364	3697	3470
乡镇（街道）、村（社区）残疾人专职委员实有人数（人）	Actual Number of Full-time Members of Disabled People in Villages and Towns (streets) and Villages (communities)	(person)	18801	18832	18137

22—10 律师、公证、调解、司法鉴定、法律援助工作基本情况
Basic Statistics on Lawyers, Notarization and Mediation

指标		Item		2005	2010	2015	2017	2018
律师工作		**Lawyers**						
律师事务所	(个)	Number of Law Offices	(unit)	407	500	668	760	828
律师	(人)	Lawyers	(person)	3820	5019	7687	9923	12458
专职律师		Full-time Lawyers		3424	4411	6913	8515	9485
兼职律师		Part-time Lawyers		347	281	381	413	430
公职律师		Government Lawyers		49	97	205	802	2022
公司律师		Corporation Counsel		11	11	11	15	337
法援律师		Legal Aid Lawyers		258	246	185	187	184
聘请担任常年法律顾问的单位	(处)	Number of Units With Permanent Legal Advisors	(unit)	10322	10945	16941	19846	28046
民事、经济诉讼代理	(件)	Civil, Economic Litigation Agents	(case)	89734	69615	121621	172752	193354
刑事诉讼辩护及代理	(件)	Defense and Agent of Criminal Cases	(case)	18217	15164	25107	34162	42377
行政诉讼代理	(件)	Agent of Administrative Action	(case)	3089	1428	3621	5908	5706
非诉讼法律事务	(件)	Number of Non-litigious legal Affairs	(case)	23253	5188	8783	10977	15006
妇女儿童法律援助机构数	(个)	Number of Legal Aid Institutions for Women and Children	(unit)	67	114	143	138	147
得到法律援助机构援助的妇女人数	(人)	Number of Women Assisted by Legal Aid Agencies	(person)	2127	7064	18394	24265	20906
得到法律援助机构援助的儿童人数	(人)	Number of Children Assisted by Legal Aid Agencies	(person)	1635	2365	4956	5150	4784
司法鉴定工作		**Judicial Appraisal Work**						
司法鉴定所	(个)	Judicial Appraisal Unit	(unit)	87	104	118	118	120
司法鉴定人员	(人)	Judicial Appraisal Personnel	(person)	1295	1493	1698	1808	1776
办理司法鉴定事项	(件)	Handing Judicial Appraisal Waork	(case)	15116	37927	86958	118639	126371
公证工作		**Notarization**						
公证处	(个)	Number of Notary Offices	(unit)	108	84	83	85	86
公证人员	(人)	Notaries personnel	(person)	666	769	893	937	996
#公证员		Notaries		399	350	394	388	399
公证员助理		Assistant Notaries		100	201	256	263	302
办理公证事项	(件)	Notarized Matters	(unit)	250658	375828	320383	408671	360651
涉外及港澳台公证事项	(件)	And Hong Kong, Macao and Taiwan Notarization Matters Involving Foreign Elements	(case)	29105	53614	56578	54755	55136
人民调解工作		**Number of People's Mediation**						
司法助理员	(人)	Number of Judicial Assistants	(person)	4148	4307	4911	4896	5293
人民调解委员会	(个)	Number of people's Mediation Committees	(unit)	31180	23094	20866	21122	20878
人民调解员	(人)	People's mediatorss	(person)	205785	139366	103912	105475	99424
调解民间纠纷	(件)	Number of Civil Disputes Mediated	(case)	198869	329660	630117	563240	572215

22—11 劳动人事争议仲裁委员会受理及处理案件情况（2018年）

Accepted and Settled Cases by Labor Dispute Arbitration Committee (2018)

单位：件（case）

案件类别	Category of Cases	合计 Total	国有企业 State-owned Enterprises	城镇集体企业 Urban Collective-owned Enterprises
上期未结案件数	**Number of Cases Left Over from Last Period**	**467**	**15**	
案件受理情况	**Cases Accepted**			
案件数	Number of Cases	29278	1267	125
#集体争议案件数	Number of Collective Disputes	348	15	6
涉及劳动者人数（人）	Number of Related to Laborers (person)	37703	1746	156
#集体争议涉及劳动者人数	Number of Collective Dispute Related Laborers	7257	385	42
案件处理情况	**Case Settled**			
结案件数	Number of Cases Settled	28844	1211	120
处理方式	**Manners of Settlement**			
仲裁调解	By Mediation	17658	742	89
仲裁裁决	By Arbitration Lawsuit	9949	446	31
其他方式	Others	1237	23	
处理结果	**Result of Settlement**			
用人单位胜诉	Won by Units	4408	203	5
劳动者胜诉	Lawsuit Won by Laborers	13384	421	40
双方部分胜诉	Lawsuit Partly Won by Both Parties	9340	501	45
本期未结案数	**Number of Cases Dissettled**	**901**	**71**	**5**
案外调解争议数	**Number of Cases Settled by Other Forms**	**13890**	**335**	**43**

案件类别	Category of Cases	外商投资及港澳台投资企业 Foreign Funded and Hong Kong, Macao & Taiwan Chinese Funded Enterprises	私营企业 Private Enterprises	其他 Others
上期未结案件数	**Number of Cases Left Over from Last Period**	**6**	**394**	**31**
案件受理情况	**Cases Accepted**			
案件数	Number of Cases	618	25466	705
#集体争议案件数	Number of Collective Disputes	5	304	4
涉及劳动者人数（人）	Number of Related to Laborers (person)	616	32370	801
#集体争议涉及劳动者人数	Number of Collective Dispute Related Laborers		5897	106
案件处理情况	**Case Settled**			
结案件数	Number of Cases Settled	578	25164	203
处理方式	**Manners of Settlement**			
仲裁调解	By Mediation	347	15332	404
仲裁裁决	By Arbitration Lawsuit	219	8691	255
其他方式	Others	12	1141	44
处理结果	**Result of Settlement**			
用人单位胜诉	Won by Units	68	4059	23
劳动者胜诉	Lawsuit Won by Laborers	268	12098	273
双方部分胜诉	Lawsuit Partly Won by Both Parties	233	7657	305
本期未结案数	**Number of Cases Dissettled**	**46**	**695**	**33**
案外调解争议数	**Number of Cases Settled by Other Forms**	**376**	**12393**	**357**

22—12 公安机关立案的刑事案件情况
Criminal Cases Registered in Public Security Organs

案件类别	Category of Cases	立案（起） Number of cases Registered (case)		构成（%） Composition (%)	
		2017	2018	2017	2018
总　计	**Total**	**191355**	**177448**	**100.00**	**100.00**
杀　人	Homicide	258	223	0.13	0.13
伤　害	Injury	2915	2338	1.52	1.32
抢　劫	Robbery	483	365	0.25	0.21
强　奸	Rape	787	891	0.41	0.50
拐卖人口	Kidnapping and Selling People	466	340	0.24	0.19
盗　窃	Larceny	129195	104769	67.52	59.04
诈　骗	Fraud	26622	36651	13.91	20.65
伪造、变造货币，持有使用伪造货币	Forging and Fabricating Bills or Using Forged Bills	46	47	0.02	0.03
其　他	Others	30583	31824	15.98	17.93

22—13 公安机关受理、查处治安案件情况
Offense Cases Against Public order Handled by Public Security Organs

单位：起（case）

案件类别	Category of Cases	2017		2018	
		受理 Number of Cases Accepted to be Treated	查处 Number of Cases Investigated and Treated	受理 Number of Cases Accepted to be Treated	查处 Number of Cases Investigated and Treated
总　计	**Total**	**681071**	**646711**	**660960**	**639640**
扰乱单位、公共场所秩序	Disturbing Unit & Public Order	3379	3268	3229	3165
寻衅滋事	Making Trouble	2607	2460	3363	3289
阻碍执行职务	Handling Public Affairs	1646	1637	1745	1738
非法携带枪支、弹药、管制刀具	Illegal Holding of Gun、Ammo & Tube Cutting Tool	1301	1259	705	696
违反危险物质管理规定	Violation of Management Rule of Dangerous Material	2658	2572	2953	2867
殴打他人	Hitting other People	257206	249875	222057	217242
盗　窃	Stealing	96662	87099	100600	91049
诈骗、抢夺、敲诈勒索财物	Swindle Snatch & Blackmail Blackmailing Money & Goods	12075	11089	11812	10940
哄　抢	Making Scramble	33	34	36	35
卖淫、嫖娼	Prostitution & Go Whoring	2310	2280	4155	4204
赌　博	Gambling	12375	12167	14008	13935
其　他	Other	288819	272971	296297	290480

22—14 各市公安机关立案的刑事案件情况（2018年）

Criminal Cases Registered in Public Security Organs By Region (2018)

单位：起（case）

地区	Region	总计 Total	杀人 Homicide	伤害 Injury	抢劫 Robbery	强奸 Rape	拐卖人口 Kidnapping and Selling People
总计	**Total**	**177448**	**223**	**2338**	**365**	**891**	**340**
合肥市	Hefei	47902	38	354	68	117	59
淮北市	Huaibei	6074	4	149	10	33	1
亳州市	Bozhou	7657	26	32	21	92	17
宿州市	Suzhou	11272	19	14	46	103	17
蚌埠市	Bengbu	10737	19	277	16	57	9
阜阳市	Fuyang	13534	37	350	67	134	87
淮南市	Huainan	7677	10	165	23	62	7
滁州市	Chuzhou	13223	11	226	17	47	38
六安市	Luan	8884	12	150	26	52	26
马鞍山市	Maanshan	8778	5	146	14	17	15
芜湖市	Wuhu	13519	8	144	18	36	12
宣城市	Xuancheng	6240	11	89	11	50	6
铜陵市	Tongling	5241	6	62	5	14	4
池州市	Chizhou	4311	3	39	9	20	4
安庆市	Anqing	9115	9	103	12	45	34
黄山市	Huangshan	3284	5	38	2	12	4

地区	Region	盗窃 Larceny	诈骗 Fraud	伪造、变造货币，持有使用伪造货币 Forging and Fabricating Bills or Using Forged Bills	其他 Others	青少年刑事案件作案成员占全部作案成员比重(%) Proportion of Young People In Criminal Cases
总计	**Total**	**104769**	**36651**	**47**	**31824**	**16.44**
合肥市	Hefei	29741	11562	4	5959	23.71
淮北市	Huaibei	3675	1293		909	19.13
亳州市	Bozhou	3905	1324	4	2236	16.89
宿州市	Suzhou	6430	1989	9	2645	12.02
蚌埠市	Bengbu	6411	2240	4	1704	12.08
阜阳市	Fuyang	8296	1916	5	2642	16.74
淮南市	Huainan	4343	1272	4	1791	14.56
滁州市	Chuzhou	7920	2590	8	2366	12.18
六安市	Luan	5636	1505		1477	14.04
马鞍山市	Maanshan	5584	1464	4	1529	15.27
芜湖市	Wuhu	7788	3152		2361	12.46
宣城市	Xuancheng	3131	1342	2	1598	11.80
铜陵市	Tongling	3623	908		619	15.69
池州市	Chizhou	2496	1006		734	18.10
安庆市	Anqing	4294	2211	2	2405	18.46
黄山市	Huangshan	1496	877	1	849	15.75

22—15 各市公安机关查处治安案件情况（2018年）

Offense Caese Against Public order Handled by Public Security Organs By Region (2018)

单位：起（case）

地区	Region	总计 Total	扰乱单位、公共场所秩序 Disturbing Unit & Public Order	寻衅滋事 Making Trouble	阻碍执行职务 Handling Public Affairs	非法携带枪支、弹药、管制刀具 Illegal Holding of Gun、Ammo & Tube Cutting Tool	违反危险物质管理规定 Violation of Management Rule of Dangerous Material
总　计	**Total**	**639640**	**3165**	**3289**	**1738**	**696**	**2867**
合肥市	Hefei	136202	423	298	270	104	532
淮北市	Huaibei	33976	80	114	38	20	68
亳州市	Bozhou	38931	146	157	101	27	202
宿州市	Suzhou	32992	99	451	73	33	108
蚌埠市	Bengbu	20197	373	167	83	17	84
阜阳市	Fuyang	34593	585	706	297	71	669
淮南市	Huainan	29613	96	119	65	48	56
滁州市	Chuzhou	109459	93	92	53	50	114
六安市	Luan	37693	346	322	190	71	74
马鞍山市	Maanshan	11855	110	121	72	39	85
芜湖市	Wuhu	47349	117	133	72	63	635
宣城市	Xuancheng	14217	153	171	140	33	62
铜陵市	Tongling	20044	117	111	54	32	18
池州市	Chizhou	9152	120	53	38	12	23
安庆市	Anqing	33855	242	176	126	41	126
黄山市	Huangshan	29512	65	98	66	35	11

地区	Region	殴打他人 Hitting Other People	盗窃 Stealing	诈骗、抢夺、敲诈勒索财物 Swindle Snatch & Blackmail Blackmailing Money & Goods	哄抢 Making Scramble	卖淫、嫖娼 Prostitution & Go Whoring	赌博 Gambling	其他 Other
总　计	**Total**	**217242**	**91049**	**10940**	**35**	**4204**	**13935**	**290480**
合肥市	Hefei	28417	26656	3847	22	1464	2075	72094
淮北市	Huaibei	7993	2251	299		89	315	22709
亳州市	Bozhou	6263	7371	546		53	188	23877
宿州市	Suzhou	13551	3897	305		78	272	14125
蚌埠市	Bengbu	8384	1343	141	1	66	543	8995
阜阳市	Fuyang	10359	12965	988	1	373	1859	5720
淮南市	Huainan	7333	6423	1001	2	168	1536	12766
滁州市	Chuzhou	54776	2675	207	4	383	1829	49183
六安市	Luan	16026	6684	1016		129	481	12354
马鞍山市	Maanshan	2703	5793	484		90	431	1927
芜湖市	Wuhu	17959	3125	229		345	1820	22851
宣城市	Xuancheng	5351	3404	719	3	149	582	3450
铜陵市	Tongling	4102	2003	452		84	361	12710
池州市	Chizhou	2876	1544	154		31	98	4203
安庆市	Anqing	15295	4305	443	1	247	665	12188
黄山市	Huangshan	15854	610	109	1	455	880	11328

22—16 检察机关处理申诉案件情况（2018年）
Appeals Handled by Procurator's Offices (2018)

单位：件（case）

案件类别	Category of Cases	受理 Cases Accepted	立案复查 Cases Registered of Reinvestigation	结案 Cases Settled	改变原决定 Original Decision Changed
总　计	**Total**	**7618**	**642**	**624**	**22**
不服刑事拘留	Appeals Against Criminal Detention	21			
不服不立案	Appeals Against Rejection of The Case	483			
不服逮捕	Appeals Against Arrest	22			
不服不批捕	Appeals Against Rejection of Arrest	64	10	10	
不服不起诉	Appeals Against Rejection of Prosecute	156	123	116	15
不服撤案	Appeals Against Withdrawal of the Case	21	1	2	
不服原免于起诉	Appeals Against Original Exemption of Lawsuit	5		3	1
不服刑事判决	Appeals Against Judgment of Criminal Case	1356	481	475	6
不服劳教	Appeals Against Judgment of Reeducation Through Labor				
其　他	Others	5490	27	18	

22—17 人民法院行政一审案件收结案情况（2018年）
First Trial Administrative Cases Accepted and Settled by Courts (2018)

单位：件（case）

项　目	Item	收案 Cases Accepted	结案 Cases Settled	判决 Judgment	不予立案 Not to File a Case	驳回起诉 Reject	撤诉 Withdrwal	调解 Mediation	其他 Other
总　计	**Total**	**8186**	**8540**	**3732**	**418**	**2156**	**1772**	**65**	**397**
公　安	Public Security	852	878	477	28	112	230	2	29
资　源	Resources	1094	1169	410	98	300	279	32	50
城　建	City Construction	2124	2190	982	90	624	360	13	121
工　商	Industry and Commerce	154	154	47	8	47	49	1	2
卫　生	Health	26	24	9	2	2	8		3
环　保	Environmental Protection	66	69	34	1	23	7		4
交　通	Traffic	59	60	22	2	7	29		
税　务	Tax	25	24	3	4	3	14		
其　他	Others	3786	3972	1748	185	1038	796	17	188

22—18 人民法院刑事一审案件收结案情况（2018年）
First Trial Criminal Cases Accepted and Settled by Courts (2018)

单位：件（case）

案件类别	Category of Cases	收案 Cases Accepted	结案 Cases Settled
总　计	**Total**	**41462**	**42054**
危害公共安全罪	Offences Against Public Security	15030	15149
破坏社会主义市场经济秩序罪	Offences Against Socialist Economic Order	1736	1848
侵犯公民人身权利、民主权利罪	Offences Against Citizens' Personal and Democratic Rights	6397	6548
侵犯财产罪	Offences Against Properties	9604	9661
妨碍社会管理秩序罪	Offences Against Social Management of order	7843	7772
危害国防利益罪	Offences Against National Defense	2	2
贪污贿赂罪	Offences on Corruption and Bribery	780	946
渎职罪	Offences on Dereliction of Duty	67	126
其　他	Others	3	2

22—19 人民法院合同纠纷一审案件收结案情况（2018年）
First Trial Cases of Contract Disputes Accepted and Settled by Courts (2018)

单位：件（case）

项目	Item	收案 Cases Accepted	结案 Cases Settled	判决 Hudgement	不予受理 Off the Docket
总计	**Total**	**317791**	**326101**	**137060**	**161**
确认合同效力	Confirm the Validity of the Contract	1739	1776	845	2
买卖合同	Sales Contract	40406	41473	16849	10
建设用地使用权合同	Construction Land Use Right Contract	144	140	88	
房地产开发经营合同	Real Estate Development and Operation Contract	81	79	39	1
房屋买卖合同	Housing Sales Contract	21434	22168	8476	3
赠与合同	Contract of Gift	172	188	74	
借款合同	Loan Contract	137119	141010	65239	58
银行卡	Bank Card	5210	5255	3118	
租赁合同	Lease Contract	14150	14616	7012	6
承揽合同合同	Contract of Employment	3323	3492	1389	2
建设工程合同	Construction Contract	14412	14860	6899	20
运输合同	Contract of Carriage	1640	1694	712	1
委托合同	Commissioning Contract	1281	1322	736	1
农村土地承包合同	Rural Land Contract	1757	1791	572	1
服务合同	Service Contract	32365	32540	4183	12
其他	Others	42558	43697	20829	44

项目	Item	驳回起诉 Reject	撤诉 Withdrwal	调解 Mediation	其他 Other
总计	**Total**	**9640**	**96003**	**81543**	**1694**
确认合同效力	Confirm the Validity of the Contract	151	586	169	23
买卖合同	Sales Contract	1227	11377	11613	397
建设用地使用权合同	Construction Land Use Right Contract	7	26	18	1
房地产开发经营合同	Real Estate Development and Operation Contract	2	28	7	2
房屋买卖合同	Housing Sales Contract	432	4919	8263	75
赠与合同	Contract of Gift	8	68	36	2
借款合同	Loan Contract	4221	35553	35500	439
银行卡	Bank Card	71	1737	326	3
租赁合同	Lease Contract	375	4089	3087	47
承揽合同合同	Contract of Employment	116	1005	929	51
建设工程合同	Construction Contract	567	3964	3268	142
运输合同	Contract of Carriage	43	437	485	16
委托合同	Commissioning Contract	37	350	190	8
农村土地承包合同	Rural Land Contract	67	627	522	2
服务合同	Service Contract	396	20518	7396	35
其他	Others	1920	10719	9734	451

22—20 人民法院婚姻家庭、继承、权属、侵权纠纷及其他民事一审案件收结案情况（2018年）

First Trial Civil Cases of Marriage and Family, Inheritance, Right and Infringement Disputes and Other Civil Cases Accepted and Settled by Courts (2018)

单位：件（case）

项目	Item	收案 Cases Accepted	结案 Cases Settled	判决 Hudgement	不予受理 Off the Docket
总计	**Total**	**195928**	**202722**	**82668**	**140**
婚姻家庭	Marriage and Family	88616	90512	35605	19
继承	Inheritance	2242	2310	704	1
物权	Real Right	9161	9690	4135	38
知识产权与竞争	Intellectual Property and Competition	5892	6210	1879	2
劳动争议、人事争议	Labor Disputes and Personnel Disputes	18145	18524	6313	49
与公司、证券、保险、票据等有关的民事	Civil Affairs Related to Companies, Securities, Insurance, Bills, Etc.	9266	9640	4572	14
侵权责任	Tort Liability	53178	55942	24400	10
适用特别程序案件案由	The Cause of Action for Cases Applying Special Procedures	1335	1364	835	5
其他	Others	8093	8530	4225	2

项目	Item	驳回起诉 Reject	撤诉 Withdrwal	调解 Mediation	其他 Other
总计	**Total**	**3506**	**44595**	**70830**	**983**
婚姻家庭	Marriage and Family	964	21944	31515	465
继承	Inheritance	41	462	1084	18
物权	Real Right	696	3259	1515	47
知识产权与竞争	Intellectual Property and Competition	22	2877	1399	31
劳动争议、人事争议	Labor Disputes and Personnel Disputes	621	3392	7942	207
与公司、证券、保险、票据等有关的民事	Civil Affairs Related to Companies, Securities, Insurance, Bills, Etc.	316	1940	2703	95
侵权责任	Tort Liability	566	8577	22290	99
适用特别程序案件案由	The Cause of Action for Cases Applying Special Procedures	131	371	18	4
其他	Others	149	1773	2364	17

22—21 交通和火灾事故发生情况
Basic Statistics on Traffic Accidents and Fires

指　　标	Item	2005	2010	2015	2017	2018
交通事故发生数（起）	Number of Traffic Accidents (case)	17474	7714	13736	11454	11328
一次性死亡三人以上事故	Accidents With More Than Three Deaths One Time	85	54	26	26	17
交通事故损失（万元）	Losses of Traffic Accidents (10000 yuan)	6118.0	2349.6	6122.5	5420.0	5502.0
一次性死亡三人以上事故	Accidents With More Than Three Deaths One Time	306.0	116.6	181.2	321.0	140.0
火灾事故发生数（起）	Number of Fires (case)	9182	5174	10880	9467	7861
特　　大	Extraordinarily Serious	1	13			
重　　大	Serious	6	47			
较　　大	Larger			2	2	3
一　　般	Ordinary	9175	5114	10878	9465	7858
火灾事故损失（万元）	Losses of Fires (10000 yuan)	3393.4	8474.3	11221.0	12842.0	13691.0
特　　大	Extraordinarily Serious	361.5	2495.1			
重　　大	Serious	370.9	2500.7			
较　　大	Larger			74.0	88.0	145.0
一　　般	Ordinary	2661.0	3478.5	11147.0	12754.0	13546.0

22—22 交通事故情况（2018年）
Basic Statistics on Traffic Accidents (2018)

指　　标	Region	发生数（起）Number of Araffic Accidents (case)	死亡人数（人）Number of Deaths (person)	受伤人数（人）Number of Injuries (person)	损失折款（万元）Losses Coverted Into Cash (10000 yuan)
总　　计	**Total**	**11328**	**2642**	**12499**	**5502**
#一次性死亡三人以上事故	Accidents With More Than Three Deaths One Time	17	57	45	140
机动车	Motor-driven Vehicles	8969	2315	9678	5041
汽　车	Automobiles	6689	1853	6965	4595
摩托车	Motorcycles	1689	284	2119	317
拖拉机	Tractors	239	79	235	59
农业运输车	Transport Vehicles for Agricultural Use	286	72	304	49
非机动车	Non-motor-driven Vehicles	2180	266	2662	335
#自行车	Bicycles	106	16	113	20
#其它非机动车	Other Non-motor-driven Vehicles	2074	250	2549	315
行人、乘车人	Pedestrians	107	41	83	64

注：机动车相关指标有重复计算。

a) Motor vehicle related indicators have repeated calculation.

22—23 主要年份火灾事故情况
Basic Statistics on Fires in Main Year

年　份 Year	发生数 (起) Number of Traffic Accidents (case)	死亡人数 (人) Number of Deaths (person)	受伤人数 (人) Number of Injuries (person)	直接经济损失 (万元) Losses Converted into Cash (10 000 yuan)	人口火灾发生率 (1/10万人) Average Number of Fires Per 100 Thousand Persons
2005	9182	93	98	4956.1	11.8
2008	5882	72	29	8618.6	8.7
2009	5475	45	24	8400.4	8.1
2010	5174	35	21	8474.3	8.0
2011	5400	33	13	5496.0	9.1
2012	5377	33	13	5293.0	7.8
2013	11706	61	56	16320.2	16.9
2014	12319	35	44	14043.6	17.8
2015	10880	28	47	11221.0	15.7
2016	10181	31	24	11501.0	14.5
2017	9467	31	23	12842.0	13.5
2018	7861	36	26	13691.0	12.4

22—24 火灾事故发生情况（2018年）
Basic Statistics on Fires (2018)

项　目　Item	合　计 Total	按事故发生程度分 By Serious Degree of Fires			
		特　大 Extraordinarily Serious	重　大 Serious	较　大 Larger	一　般 Ordinary
发　生（起）Fires (case)	7861			3	7858
死　亡（人）Deaths (person)	36			10	26
受　伤（人）Injuries (person)	26			1	25
损失折款（万元）Losses Converted Into Cash (10000 yuan)	13691			145	13546
平均每起事故损失（元）Average Loss Per Fire (yuan)	17416			483316	17238

22—25 各市交通事故情况（2018年）
Basic Statistics on Traffic Accidents by Region (2018)

地区	Region	合计 Total				城区 Urban Areas		
		发生数（起）Number of Traffic Accidents (case)	死亡人数（人）Number of Deaths (person)	受伤人数（人）Number of Injuries (person)	损失折款（万元）Losses Coverted Into Cash (10000 yuan)	发生数（起）Number of Traffic Accidents (case)	死亡人数（人）Number of Deaths (person)	受伤人数（人）Number of Injuries (person)
总计	**Total**	**11328**	**2642**	**12499**	**5502**	**4462**	**1035**	**4644**
合肥市	Hefei	1914	470	2074	1305	922	208	891
淮北市	Huaibei	338	64	406	116	219	31	256
亳州市	Bozhou	648	183	670	189	243	64	248
宿州市	Suzhou	547	168	545	204	230	63	213
蚌埠市	Bengbu	650	117	657	269	391	46	373
阜阳市	Fuyang	500	161	516	494	70	54	36
淮南市	Huainan	929	123	1276	286	309	61	424
滁州市	Chuzhou	315	169	259	202	94	38	74
六安市	Luan	876	218	1040	466	446	119	540
马鞍山市	Maanshan	562	128	509	427	296	58	266
芜湖市	Wuhu	1103	215	1181	279	322	80	315
宣城市	Xuancheng	392	154	354	137	154	74	146
铜陵市	Tongling	241	63	285	110	93	13	106
池州市	Chizhou	309	103	328	99	74	32	67
安庆市	Anqing	1380	215	1627	671	235	59	250
黄山市	Huangshan	620	91	767	220	364	35	439

22—26 各市火灾事故情况（2018年）
Basic Statistics on Fires by Region (2018)

地区	Region	发生数（起）Number of Fires (case)	死亡人数（人）Number of Deaths (person)	受伤人数（人）Number of Injuries (person)	直接经济损失（万元）Direct Losses (10000 yuan)	人口火灾发生率（1/10万人）Average Number of Fires Per 100 Thousand People
总计	**Total**	**7861**	**36**	**26**	**13691**	**11.1**
合肥市	Hefei	1401	7	3	4908	18.4
淮北市	Huaibei	979			340	44.5
亳州市	Bozhou	82	2	1	179	1.2
宿州市	Suzhou	220			1460	3.3
蚌埠市	Bengbu	1505	1	3	395	39.6
阜阳市	Fuyang	228	8	5	1860	2.1
淮南市	Huainan	846	3		150	21.7
滁州市	Chuzhou	163	2	7	290	3.6
六安市	Luan	273	1	2	296	4.6
马鞍山市	Maanshan	537	1		226	23.3
芜湖市	Wuhu	203	3		515	5.2
宣城市	Xuancheng	504	1		315	18.0
铜陵市	Tongling	105			439	6.2
池州市	Chizhou	95		4	309	5.9
安庆市	Anqing	404	6	1	1684	7.6
黄山市	Huangshan	316	1		325	21.1

22—27 灾害情况（2018年）
Statistics on Disasters (2018)

项 目	Item	自然灾害直接经济损失（亿元） Direct Losses of Natural Disasters (100 million yuan)	农业经济损失 Agricultural Losses	农作物灾害（万公顷） Area of Crop Disaster (10000 hectare) 受灾面积 Areas Covered	绝收面积 Areas of Total Crop Failure	受灾人口（万人） Population Covered (10000 persons)
总 计	**Total**	**138.30**	**71.00**	**86.40**	**11.20**	**729.80**
#旱 灾	Drought					
洪涝灾	Floods	11.00	7.60	14.90	2.20	112.20

注：旱灾、洪涝灾中每个地块受灾一次即统计一次，但总计中全年每个地块只统计受灾最重的一次。
a) Each plot of land affected by drought and flood is counted once, but in total, each plot of land affected by the disaster is counted only once in the whole year.

22—28 救灾情况
Statistics on Disaster Relief

单位：万元 (10000 yuan)

项 目	Item	财政资金投入 Investment of Financial Fund 2017	2018	救灾物资投入（折款） Input of relief materials (discount) 2017	2018	接受捐赠下拨 Appropriation to Lower Levels From Donation 2017	2018
总 计	**Total**	**31401**	**38950**	**679.5**	**600.0**		
中 央	Central Government	27280	2000		562.0		
省 级	Provincial-level	2100	478	71.5	32.8		
地 市	Prefecture-level	324	426		152.9		
县 级	County-level	1697		608.0			64.0

注：2017年全省无因灾接受捐赠下拨资金。
a) In 2017, the province received no donations and allocated funds due to disasters.

22-29 福利彩票
Welfare Lottery

项 目		Item		2017	2018
福利彩票发行额	(亿元)	Circulation of Welfare Lottery	(100 million yuan)	74.06	75.85
福利彩票公益金提取额	(亿元)	Public Welfare Funds Drawn from Welfare Lottery	(100 million yuan)	20.59	21.39

22-30 体育彩票
Sport Lottery

项 目		Item		2017	2018
体育彩票销售额	(亿元)	Circulation of Sport Lottery	(100 million yuan)	60.37	97.28
体育彩票公益金提取额	(亿元)	Public Welfare Funds Drawn from Sport Lottery	(100 million yuan)	14.64	21.48

主要统计指标解释

律师

指依法取得律师执业证书，接受委托或者指定，为当事人提供法律服务的执业人员。

公证人员

指在公证处工作的人员总称，包括公证处主任、副主任、公证员、公证员助理和其他从事辅助性工作的人员。

公证文书

指公证处根据当事人申请，依照事实和法律，按照法定程序制作的，具有法律效力的司法证明文书。

调解人员

指在人民调解委员会担负调解民间一般民事纠纷和轻微违法行为引起纠纷的工作人员，包括调解委员会的委员和调解小组的调解员。

调解民间纠纷

指调解委员会依照法律规定，根据自愿原则，用说服教育的方法调解民间发生的有关民事权利和义务的争执，促成当事双方达到协议和谅解，解决纠纷。包括婚姻家庭纠纷，财产权益纠纷等，不包括法院受理调解的民事案件数。

特别重大火灾

指造成 30 人以上死亡，或者 100 人以上重伤，或者 1 亿元以上直接财产损失的火灾。

重大火灾

指造成 10 人以上 30 人以下死亡，或者 50 人以上 100 人以下重伤，或者 5000 万元以上 1 亿元以下直接财产损失的火灾。

较大火灾

指造成 3 人以上 10 人以下死亡，或者 10 人以上 50 人以下重伤，或者 1000 万元以上 5000 万元以下直接财产损失的火灾。

一般火灾

指造成 3 人以下死亡，或者 10 人以下重伤，或者 1000 万元以下直接财产损失的火灾。

人民检察院直接立案侦查案件

指按照管辖的规定，由人民检察院直接立案侦查的贪污贿赂犯罪、渎职犯罪、国家机关工作人员利用职权实施的侵犯公民人身权利和民主权利的犯罪以及经省级人民检察院决定立案侦查的国家机关工作人员利用职权实施的其他重大犯罪案件。

立案

指检察机关对犯罪线索进行初步调查后，认为存在职务犯罪事实并需要追究刑事责任时，依法决定作为刑事案件进行侦查的诉讼活动，是追究犯罪的开始。

大案

贪污贿赂犯罪案件指贪污、贿赂数额在 5 万元以上，挪用公款案在 10 万元以上，其他案件在 50 万元以上。渎职犯罪大案一般为直接经济损失 5 万元以上，死亡 1 人以上或者重伤 3 人以上的案件；或虽然没有造成经济损失和伤亡，但犯罪情节恶劣或造成严重后果的案件。

要案

指县、处级以上干部的犯罪案件。该指标主要反映职务犯罪案件中县、处级以上干部被人民检察院依法立案侦查的情况。

青少年罪犯

指人民法院在报告期内判决发生法律效力的有罪判决中 14 周岁以上不满 25 周岁的罪犯。其中 14 周岁以上不满 18 周岁的罪犯为未成年罪犯。

行政案件

指公民、法人和其他组织不服行政机关作出的具体行政行为，向人民法院提起行政诉讼，人民法院依法审理的案件。

单独赔偿

指单独提起行政赔偿的案件。当事人对行政行为的合法性没有争议，就行政侵权造成的损害赔偿单独提起赔偿诉讼。

受理劳动争议案件数

指劳动争议仲裁委员会根据国家有关规定，对劳动争议当事人的申请予以审查，符合受理条件而正式立案、准备处理的劳动争议案件数。

收案

是指人民法院在报告期（月、季、年）内对符合诉讼法规定的立案条件，已决定立案的案件数。

结案

是指人民法院在统计报告期内，审理完毕或认为不需要再审理，决定结束审理或者做出实体或程序方面处理的案件数。

Explanatory Notes for Major Statistical Indicators

Lawyers

refers to the legally obtained a lawyer's practice certificate, accept entrust or specify, for the parties to provide legal services practitioners.

Notary Personnel

refers to the floorboard of notarization work personnel, including the notary office director and deputy director, notaries, assistant notaries, and other personnel engaged in the work of supporting.

Notary Documents

refer to the judicial notary documents drawn up at the request of the interested party and are in accordance with facts and the law and following certain legal proceedings.

Mediators

refer to workers on people's mediation committees responsible for mediating in civil disputes and cases of slight infraction of the law. They include members of the mediation committees and mediators of mediation groups.

Mediation of Civil Disputes

refers to mediation committees' work in mediating in civil disputes concerning civil rights and duties through persuasion and education in accordance with the provisions of law on a voluntary basis, so as to solve disputes by helping the parties involved come to an agreement and understanding. These disputes include divorce cases and disputes over property ownership, but exclude the civil cases to be handled by the court.

Especially big fire

refers to a case which has caused over 30 deaths; or over 100 serious injuries; or a direct property loss over 100 million yuan.

Serious Fire Case

refers to a case which has caused over 10 to 30 deaths; or over 50 to 100 serious injuries; or a direct property loss over 50 million to 100 million yuan.

Big fire

refers to the three people above 10 people died here, or at least 10 people under 50 people seriously injured, or 10 million yuan and 50 million yuan the following direct property losses of fire.

Ordinary Fire Case

refers to a case which has caused less than three deaths; or less than 10 serious injuries; or a direct property loss less than 10 million yuan.

Cases Registered and Handled Directly by People's Procuratorate Offices

refer to those serious criminal cases that, according to the functional jurisdiction, are registered and handled by the People's Procuratorate Offices, including the ones on bribery and corruption, the ones on abuse and dereliction of duty, offences against citizens' personal and democratic rights by government officials abusing their powers; and that are registered and handled by the provincial Procuratorate offices in relation to other major crimes committed by government officials by abusing their powers.

Acceptance of Case

refers to the decision made by the procurators office to confirm the act of crime after initial investigation and to start legal proceedings of the case as criminal case.

Large Case

In case of corruption and bribery, it refers to the case involves a bribery of over 50000 yuan, or a misappropriation of over 100000, or other cases involving 500000 yuan. In case of offence on dereliction of duty, it refers to the case that causes an economic loss of over 50000, loss of one life, or severe injury of 3 persons; or a case that displays extremely disgusting behavior of the offender or results in grave aftermath.

Key Cases

refer to crimes committed by county and director-level officials. This indicator reflects the situation of those county and director-level officials involved in criminal cases registered and handled by People's Procuratorate offices.

Juvenile Criminals

refers to the offenders within the age range of 14 to 25 convicted guilty by the court during the reporting period while those between 14 and 18 are defined as minor offenders.

Administrative Cases

refers to the cases filed by citizens, corporations and other organizations against the specific administrative conducts of administrative authorities and handled by the court.

Separate Compensation

refers to cases that are separately filed for administrative compensation by the party who has no dispute on the legality of administrative conducts but brings proceedings separately to claim for damages caused by administrative tort.

Number of Labour Disputes Cases Accepted

refers to the number of cases of labour disputes submitted that, after being reviewed by the labour dispute arbitration committees in line with the relevant national regulations, are accepted and registered for treatment.

Cases Accepted

refers to the number of cases During the report period (month ,season ,year) that meet the specification of procedural law: and are determined in Acceptance of Cases.

Cases Settled

refers to the number of cases During the report period that are finished or need not checked, are determined in finishing and are Made a substantive or procedural aspects of processing.

第二十三篇

Chapter 23

省级和县级主要经济指标及位次

MAIN ECONOMIC INDICATORS AND THEIR ORDERS OF PRECEDENCE OF PROVINCE AND COUNTY

简要说明

一、本篇包括全国分省(市)主要年份经济指标及位次和本省县级主要经济指标及位次。

二、各县资料均来自本年鉴各篇。

三、人均指标依据年平均人数计算。

Brief Introduction

I. This chapter includes main economic indicators and their orders of precedence of provinces and counties of Anhui in major years.

II. Data of counties are extracted from the concerned data in other chapters in this yearbook.

III. Per capita indicators are calculated in accordance with annual average population.

23—1 全国分省（市）主要年份生产总值及位次

Gross Domestic Product and Their Orders of Precedence in Major Years by Province or City

本表按当年价格计算 (Data in value terms in this table are calculated at current prices.) 单位：亿元（100 million yuan）

省（市）	Province or City	2005	位次 Order of Precedence	2010	位次 Order of Precedence	2015	位次 Order of Precedence	2017	位次 Order of Precedence	2018	位次 Order of Precedence
全　国	**National Total**	**187319**		**413030**		**689052**		**827122**		**900309**	
北　京	Beijing	6969.52	10	14113.58	13	23014.59	13	28014.94	12	30319.98	12
天　津	Tianjin	3905.64	20	9224.46	20	16538.19	19	18549.19	18	18809.64	19
河　北	Hebei	10012.11	6	20394.26	6	29806.11	7	34016.32	8	36010.27	9
山　西	Shanxi	4230.53	16	9200.86	21	12766.49	24	15528.42	23	16818.11	22
内蒙古	Inner Mongolia	3905.03	21	11672.00	15	17831.51	16	16096.21	21	17289.22	21
辽　宁	Liaoning	8047.26	8	18457.27	7	28669.02	10	23409.24	14	25315.35	14
吉　林	Jilin	3620.27	22	8667.58	22	14063.13	22	14944.53	24	15074.62	24
黑龙江	Heilongjiang	5513.70	14	10368.60	16	15083.67	21	15902.68	22	16361.62	23
上　海	Shanghai	9247.66	7	17165.98	9	25123.45	12	30632.99	11	32679.87	11
江　苏	Jiangsu	18598.69	2	41425.48	2	70116.38	2	85869.76	2	92595.40	2
浙　江	Zhejiang	13417.68	4	27722.31	4	42886.49	4	51768.26	4	56197.15	4
安　徽	**Anhui**	**5350.17**	**15**	**12359.33**	**14**	**22005.63**	**14**	**27018.00**	**13**	**30006.82**	**13**
福　建	Fujian	6554.69	13	14737.12	12	25979.82	11	32182.09	10	35804.04	10
江　西	Jiangxi	4056.76	17	9451.26	19	16723.78	18	20006.31	16	21984.78	16
山　东	Shandong	18366.87	3	39169.92	3	63002.33	3	72634.15	3	76469.67	3
河　南	Henan	10587.42	5	23092.36	5	37002.16	5	44552.83	5	48055.86	5
湖　北	Hubei	6590.19	12	15967.61	11	29550.19	8	35478.09	7	39366.55	7
湖　南	Hunan	6596.10	11	16037.96	10	28902.21	9	33902.96	9	36425.78	8
广　东	Guangdong	22557.37	1	46013.06	1	72812.55	1	89705.23	1	97277.77	1
广　西	Guangxi	3984.10	18	9569.85	18	16803.12	17	18523.26	19	20352.51	18
海　南	Hainan	918.75	28	2064.50	28	3702.76	28	4462.54	28	4832.05	28
重　庆	Chongqing	3467.72	23	7925.58	23	15717.27	20	19424.73	17	20363.19	17
四　川	Sichuan	7385.10	9	17185.48	8	30053.10	6	36980.22	6	40678.13	6
贵　州	Guizhou	2005.42	26	4602.16	26	10502.56	25	13540.83	25	14806.45	25
云　南	Yunnan	3462.73	24	7224.18	24	13619.17	23	16376.34	20	17881.12	20
西　藏	Tibet	248.80	31	507.46	31	1026.39	31	1310.92	31	1477.63	31
陕　西	Shanxi	3933.72	19	10123.48	17	18021.86	15	21898.81	15	24438.32	15
甘　肃	Gansu	1933.98	27	4120.75	27	6790.32	27	7459.90	27	8246.07	27
青　海	Qinghai	543.32	30	1350.43	30	2417.05	30	2624.83	30	2865.23	30
宁　夏	Ningxia	612.61	29	1689.65	29	2911.77	29	3443.56	29	3705.18	29
新　疆	Xinjiang	2604.19	25	5437.47	25	9324.80	26	10881.96	26	12199.08	26

注：1．因分级核算，各省、市、自治区汇总数不等于全国数据。（下同）

2．2016年及以前年份各省、市、自治区数据为不含研发支出新增GDP。（下同）

3．2018年数据为初步核算数。（下同）

a) Because of the sizing calculation, the provinces, municipalities and autonomous regions hui is not equal to the total data (The same below).

b) The data of provinces, municipalities and autonomous regions in 2016 and previous years are new GDP excluding R & D expenditures. (the same below)

c) The data for 2018 are preliminary accounting figures (the same below).

23—2 全国分省（市）主要年份生产总值第一产业及位次

Gross Domestic Product of Precedence and Their Orders of Precedence by Province or City

本表按当年价格计算 (Data in value terms in this table are calculated at current prices.) 单位：亿元（100 million yuan）

省（市）	Province or City	2005	位次 Order of Precedence	2010	位次 Order of Precedence	2015	位次 Order of Precedence	2017	位次 Order of Precedence	2018	位次 Order of Precedence
全　国	**National Total**	**21807**		**39363**		**60862**		**65468**		**64734**	
北　京	Beijing	88.68	28	124.36	29	140.21	29	120.42	30	118.69	30
天　津	Tianjin	112.38	26	145.58	27	208.82	28	168.96	28	172.71	28
河　北	Hebei	1400.00	6	2562.81	3	3439.45	5	3129.98	7	3338.00	7
山　西	Shanxi	262.42	25	554.48	24	783.16	25	719.16	25	740.64	25
内蒙古	Inner Mongolia	589.56	18	1095.28	17	1617.42	18	1649.77	19	1753.82	19
辽　宁	Liaoning	882.41	12	1631.08	11	2384.03	12	1902.28	16	2033.30	15
吉　林	Jilin	625.61	17	1050.15	19	1596.28	20	1095.36	22	1160.75	22
黑龙江	Heilongjiang	684.60	15	1302.90	14	2633.50	9	2965.25	9	3000.96	10
上　海	Shanghai	90.26	27	114.15	30	109.82	30	110.78	31	104.37	31
江　苏	Jiangsu	1461.51	4	2540.10	4	3986.05	3	4045.16	4	4141.72	4
浙　江	Zhejiang	892.83	11	1360.56	13	1832.91	15	1933.92	15	1967.01	16
安　徽	**Anhui**	**966.50**	**9**	**1729.02**	**9**	**2456.69**	**11**	**2582.27**	**11**	**2638.01**	**11**
福　建	Fujian	827.36	13	1363.67	12	2118.10	13	2215.13	13	2379.82	13
江　西	Jiangxi	727.37	14	1206.98	15	1772.98	16	1835.26	17	1877.33	17
山　东	Shandong	1963.51	1	3588.28	1	4979.08	1	4832.71	1	4950.52	1
河　南	Henan	1892.01	2	3258.09	2	4209.56	2	4139.29	3	4289.38	3
湖　北	Hubei	1082.13	8	2147.00	8	3309.84	8	3528.96	6	3547.51	6
湖　南	Hunan	1100.65	7	2325.50	6	3331.62	7	2998.40	8	3083.59	8
广　东	Guangdong	1428.27	5	2286.98	7	3345.54	6	3611.44	5	3831.44	5
广　西	Guangxi	912.50	10	1675.06	10	2565.45	10	2878.30	10	3019.37	9
海　南	Hainan	300.75	24	539.83	25	854.72	24	962.84	23	1000.11	23
重　庆	Chongqing	463.40	20	685.38	21	1150.15	22	1276.09	21	1378.27	21
四　川	Sichuan	1481.14	3	2482.89	5	3677.30	4	4262.35	2	4426.66	2
贵　州	Guizhou	368.94	22	625.03	22	1640.61	17	2032.27	14	2159.54	14
云　南	Yunnan	661.69	16	1108.38	16	2055.78	14	2338.37	12	2498.86	12
西　藏	Tibet	48.04	31	68.72	31	98.04	31	122.72	29	130.25	29
陕　西	Shanxi	435.77	21	988.45	20	1597.63	19	1741.45	18	1830.19	18
甘　肃	Gansu	308.06	23	599.28	23	954.09	23	859.75	24	921.30	24
青　海	Qinghai	65.34	30	134.92	28	208.93	27	238.41	27	268.10	27
宁　夏	Ningxia	72.07	29	159.29	26	237.76	26	250.62	26	279.85	26
新　疆	Xinjiang	509.99	19	1078.63	18	1559.08	21	1551.84	20	1692.09	20

23—3 全国分省（市）主要年份生产总值第二产业及位次

Gross Domestic Product of Secondary Industry and Their Orders of Precedence in Major Years by Province or City

本表按当年价格计算 (Data in value terms in this table are calculated at current prices.) 单位：亿元（100 million yuan）

省（市）	Province or City	2005	位次 Order of Prece-dence	2010	位次 Order of Prece-dence	2015	位次 Order of Prece-dence	2017	位次 Order of Prece-dence	2018	位次 Order of Prece-dence
全国	**National Total**	**88084**		**191630**		**282040**		**334623**		**366001**	
北京	Beijing	2026.51	17	3388.38	23	4542.64	24	5326.76	24	5647.65	24
天津	Tianjin	2135.07	16	4840.23	19	7704.22	18	7593.59	17	7609.81	18
河北	Hebei	5271.57	6	10707.68	6	14386.87	6	15846.21	6	16040.06	8
山西	Shanxi	2357.04	14	5234.00	16	5194.27	22	6778.89	20	7089.19	19
内蒙古	Inner Mongolia	1773.21	20	6367.69	14	9000.58	14	6399.68	21	6807.30	21
辽宁	Liaoning	3869.40	8	9976.82	7	13041.97	10	9199.80	15	10025.10	14
吉林	Jilin	1580.83	21	4506.31	21	7005.71	20	6998.51	19	6410.85	22
黑龙江	Heilongjiang	2971.68	11	5204.11	17	4798.08	23	4060.60	26	4030.94	26
上海	Shanghai	4381.20	7	7218.32	12	7991.00	16	9330.67	14	9732.54	15
江苏	Jiangsu	10524.96	2	21753.93	2	32044.45	2	38654.87	1	41248.52	1
浙江	Zhejiang	7164.75	4	14297.93	4	19711.67	4	22232.08	4	23505.88	4
安徽	**Anhui**	**2245.90**	**15**	**6436.62**	**13**	**10946.83**	**12**	**12838.28**	**11**	**13842.09**	**11**
福建	Fujian	3175.92	9	7522.83	10	13064.82	9	15354.29	8	17232.36	6
江西	Jiangxi	1917.47	19	5122.88	18	8411.57	15	9627.98	13	10250.21	13
山东	Shandong	10478.62	3	21238.49	3	29485.90	3	32942.84	3	33641.72	3
河南	Henan	5514.14	5	13226.38	5	17917.37	5	21105.52	5	22034.83	5
湖北	Hubei	2852.12	12	7767.24	9	13503.56	7	15441.75	7	17088.95	7
湖南	Hunan	2612.57	13	7343.19	11	12810.82	11	14145.49	10	14453.54	10
广东	Guangdong	11356.60	1	23014.53	1	32613.54	1	38008.06	2	40695.15	2
广西	Guangxi	1510.68	23	4511.68	20	7717.52	17	7450.85	18	8072.94	17
海南	Hainan	240.83	30	571.00	30	875.82	30	996.35	30	1095.79	30
重庆	Chongqing	1564.00	22	4359.12	22	7069.37	19	8584.61	16	8328.79	16
四川	Sichuan	3067.23	10	8672.18	8	13248.08	8	14328.13	9	15322.72	9
贵州	Guizhou	821.16	27	1800.06	27	4147.83	25	5428.14	23	5755.54	23
云南	Yunnan	1426.42	24	3223.49	24	5416.12	21	6204.97	22	6957.44	20
西藏	Tibet	63.52	31	163.92	31	376.19	31	513.65	31	628.37	31
陕西	Shanxi	1951.36	18	5446.10	15	9082.13	13	10882.88	12	12157.48	12
甘肃	Gansu	838.56	26	1984.97	26	2494.77	27	2561.79	27	2794.67	27
青海	Qinghai	264.61	29	744.63	29	1207.31	29	1162.41	29	1247.06	29
宁夏	Ningxia	281.05	28	827.91	28	1379.60	28	1580.57	28	1650.26	28
新疆	Xinjiang	1164.79	25	2592.15	25	3596.40	26	4330.89	25	4922.97	25

23—4 全国分省（市）主要年份生产总值第三产业及位次

Gross Domestic Product of Precedence Industry and Their Orders of Precedence in Main Years by Province or City

本表按当年价格计算 (Data in value terms in this table are calculated at current prices.) 单位：亿元（100 million yuan）

省（市）	Province or City	2005	位次 Order of Prece-dence	2010	位次 Order of Prece-dence	2015	位次 Order of Prece-dence	2017	位次 Order of Prece-dence	2018	位次 Order of Prece-dence
全　国	**National Total**	**77428**		**182038**		**346150**		**427032**		**469575**	
北　京	Beijing	4854.33	5	10600.84	5	18331.74	5	22567.76	5	24553.64	5
天　津	Tianjin	1658.19	16	4238.65	14	8625.15	14	10786.64	15	11027.12	15
河　北	Hebei	3340.54	7	7123.77	7	11979.79	12	15040.13	11	16632.21	11
山　西	Shanxi	1611.07	17	3412.38	19	6789.06	20	8030.37	22	8988.28	21
内蒙古	Inner Mongolia	1542.26	20	4209.02	15	7213.51	19	8046.76	21	8728.10	22
辽　宁	Liaoning	3295.45	8	6849.37	8	13243.02	8	12307.16	13	13256.95	14
吉　林	Jilin	1413.83	22	3111.12	22	5461.14	24	6850.66	24	7503.02	24
黑龙江	Heilongjiang	1857.42	15	3861.59	17	7652.09	16	8876.83	18	9329.72	19
上　海	Shanghai	4776.20	6	9833.51	6	17022.63	6	21191.54	6	22842.96	6
江　苏	Jiangsu	6612.22	2	17131.45	2	34085.88	2	43169.73	2	47205.16	2
浙　江	Zhejiang	5360.10	4	12063.82	4	21341.91	4	27602.26	4	30724.26	4
安　徽	**Anhui**	**2137.77**	**14**	**4193.69**	**16**	**8602.11**	**15**	**11597.45**	**14**	**13526.72**	**13**
福　建	Fujian	2551.41	13	5850.62	13	10796.90	13	14612.67	12	16191.86	12
江　西	Jiangxi	1411.92	23	3121.40	21	6539.23	21	8543.07	19	9857.24	18
山　东	Shandong	5924.74	3	14343.14	3	28537.35	3	34858.60	3	37877.43	3
河　南	Henan	3181.27	9	6607.89	9	14875.23	7	19308.02	7	21731.65	7
湖　北	Hubei	2655.94	12	6053.37	11	12736.79	11	16507.38	10	18730.09	10
湖　南	Hunan	2882.88	10	6369.27	10	12759.77	10	16759.07	9	18888.65	9
广　东	Guangdong	9772.50	1	20711.55	1	36853.47	1	48085.73	1	52751.18	1
广　西	Guangxi	1560.92	18	3383.11	20	6520.15	22	8194.11	20	9260.20	20
海　南	Hainan	377.17	28	953.67	28	1972.22	28	2503.35	28	2736.15	28
重　庆	Chongqing	1440.32	21	2881.08	24	7497.75	17	9564.03	16	10656.13	16
四　川	Sichuan	2836.73	11	6030.41	12	13127.72	9	18389.74	8	20928.75	8
贵　州	Guizhou	815.32	26	2177.07	25	4714.12	25	6080.42	25	6891.37	25
云　南	Yunnan	1374.62	24	2892.31	23	6147.27	23	7833.00	23	8424.82	23
西　藏	Tibet	137.24	31	274.82	31	552.16	31	674.55	31	719.01	31
陕　西	Shanxi	1546.59	19	3688.93	18	7342.10	18	9274.48	17	10450.65	17
甘　肃	Gansu	787.36	27	1536.50	27	3341.46	27	4038.36	27	4530.10	27
青　海	Qinghai	213.37	30	470.88	30	1000.81	30	1224.01	30	1350.07	30
宁　夏	Ningxia	259.49	29	702.45	29	1294.41	29	1612.37	29	1775.07	29
新　疆	Xinjiang	929.41	25	1766.69	26	4169.32	26	4999.23	26	5584.02	26

23—5 全国分省（市）主要年份固定资产投资及位次
Urban Investment in Fixed Assets and Their Orders of Precedence in Main Years by Province or City

单位：亿元（100 million yuan）

省（市）	Province or City	2005	位次 Order of Precedence	2010	位次 Order of Precedence	2015	位次 Order of Precedence	2017	位次 Order of Precedence	2018年增速位次 Growth Rank in 2018
全国	**National Total**	**75096.48**		**270251.99**		**551590.04**		**631683.96**		
北京	Beijing	2595.41	10	5350.84	22	7446.02	26	8307.33	23	26
天津	Tianjin	1367.48	24	6252.22	20	11814.57	21	11274.69	21	27
河北	Hebei	3361.65	7	14621.72	6	28905.74	5	33012.23	5	17
山西	Shanxi	1671.91	19	5845.23	21	13744.59	17	5722.16	26	18
内蒙古	Inner Mongolia	2563.54	11	8838.67	12	13529.15	18	13827.85	18	31
辽宁	Liaoning	3669.71	5	15793.64	4	17640.37	13	6444.75	25	22
吉林	Jilin	1595.92	21	7695.62	16	12508.59	20	13130.90	19	23
黑龙江	Heilongjiang	1638.17	20	6495.85	19	9884.28	24	11079.65	22	25
上海	Shanghai	3198.57	8	5106.86	24	6349.39	27	7240.95	24	20
江苏	Jiangsu	6211.87	2	22809.04	1	45905.17	2	53000.21	2	19
浙江	Zhejiang	4756.95	4	11980.32	8	26664.72	6	31125.99	9	15
安徽	**Anhui**	**2140.03**	**14**	**11104.35**	**9**	**23803.93**	**10**	**28816.37**	**10**	**2**
福建	Fujian	1970.12	15	7992.46	14	20973.98	11	26110.34	11	4
江西	Jiangxi	1933.93	16	8470.19	13	16993.90	14	21770.43	13	5
山东	Shandong	7274.83	1	22585.11	2	47381.46	1	54236.03	1	21
河南	Henan	3528.29	6	15799.22	3	34951.28	3	43890.36	3	13
湖北	Hubei	2433.23	12	9959.91	10	26086.42	7	31872.57	6	6
湖南	Hunan	2174.91	13	9301.29	11	24324.17	9	31328.08	7	11
广东	Guangdong	5760.73	3	15270.71	5	29950.48	4	37403.91	4	8
广西	Guangxi	1554.25	22	6719.29	17	15654.95	15	19908.27	14	7
海南	Hainan	351.51	29	1278.62	29	3355.40	29	4125.40	28	28
重庆	Chongqing	1786.43	17	6597.78	18	14208.15	16	17440.57	16	16
四川	Sichuan	2989.60	9	12552.58	7	24965.56	8	31235.89	8	10
贵州	Guizhou	916.09	26	2945.78	27	10676.70	22	15288.01	17	1
云南	Yunnan	1550.18	23	5308.93	23	13069.39	19	18474.89	15	3
西藏	Tibet	187.22	31	463.26	31	1295.68	31	1975.60	31	12
陕西	Shanxi	1761.18	18	7744.17	15	18231.03	12	23468.21	12	9
甘肃	Gansu	790.22	27	3054.73	26	8626.60	25	5696.35	27	24
青海	Qinghai	312.56	30	967.44	30	3144.17	30	3819.86	29	14
宁夏	Ningxia	382.71	28	1397.52	28	3426.42	28	3640.12	30	29
新疆	Xinjiang	1210.09	25	3274.20	25	10525.42	23	11795.64	20	30

注：各省数据不包括跨地区项目投资。
a) Every provincial data does not include inter-regional project investment.

23—6 全国分省（市）主要年份农林牧渔业总产值及位次

Gross Output Value of Farming, Forestry, Animal Husbandry, and Fishery and Their Orders of Precedence in Main Years by Province or City

本表按当年价格计算 (Data in value terms in this table are calculated at current prices.) 单位：亿元（100 million yuan）

省（市） Province or City	2005	位次 Order of Precedence	2010	位次 Order of Precedence	2015	位次 Order of Precedence	2017	位次 Order of Precedence	2018	位次 Order of Precedence
全　国 National Total	**39450.89**		**69319.76**		**107056.36**		**114653.12**		**113579.52**	
北　京 Beijing	268.85	26	328.02	26	368.24	28	308.32	29	296.77	29
天　津 Tianjin	258.41	27	317.33	27	467.44	27	471.89	27	390.50	28
河　北 Hebei	2600.83	3	4309.42	3	5978.88	5	6142.48	8	5707.00	7
山　西 Shanxi	483.80	24	1047.85	22	1522.64	24	1519.73	25	1460.64	25
内蒙古 Inner Mongolia	980.21	18	1843.57	18	2751.55	20	2822.45	20	2985.32	20
辽　宁 Liaoning	1671.57	9	3106.53	9	4686.71	10	4398.47	12	4061.93	14
吉　林 Jilin	1050.49	17	1850.28	16	2880.62	16	2618.88	21	2184.34	21
黑龙江 Heilongjiang	1294.41	14	2536.30	12	5044.93	9	5680.30	9	5624.29	8
上　海 Shanghai	233.39	28	287.03	29	302.62	30	261.59	30	289.58	30
江　苏 Jiangsu	2576.98	4	4297.14	4	7030.76	3	7210.41	3	7192.46	4
浙　江 Zhejiang	1428.28	12	2172.86	14	2933.44	15	3212.49	16	3157.25	18
安　徽 Anhui	**1666.19**	**10**	**2955.45**	**10**	**4390.80**	**11**	**4727.55**	**11**	**4672.71**	**11**
福　建 Fujian	1396.15	13	2307.06	13	3717.87	13	4302.49	13	4229.52	12
江　西 Jiangxi	1142.99	15	1900.58	15	2859.10	17	3187.63	17	3148.57	19
山　东 Shandong	3741.81	1	6650.94	1	9549.63	1	9298.19	1	9397.39	1
河　南 Henan	3309.70	2	5734.20	2	7641.27	2	7913.41	2	7757.94	2
湖　北 Hubei	1775.58	8	3501.99	8	5728.56	6	6560.16	5	6207.83	6
湖　南 Hunan	2056.24	7	3787.47	6	5630.75	7	6269.46	6	5361.62	9
广　东 Guangdong	2447.57	6	3754.86	7	5520.03	8	6215.28	7	6318.12	5
广　西 Guangxi	1448.37	11	2720.99	11	4197.12	12	4742.76	10	4909.24	10
海　南 Hainan	475.88	25	821.31	25	1323.91	25	1528.18	24	1535.73	24
重　庆 Chongqing	662.19	21	1021.13	23	1738.15	22	2009.36	22	2052.41	22
四　川 Sichuan	2457.46	5	4081.81	5	6377.84	4	6963.78	4	7195.65	3
贵　州 Guizhou	571.84	22	997.82	24	2738.67	21	3389.82	15	3619.52	16
云　南 Yunnan	1068.58	16	1810.53	19	3383.09	14	3808.84	14	4108.88	13
西　藏 Tibet	67.74	31	100.77	31	149.46	31	178.16	31	195.47	31
陕　西 Shanxi	730.72	20	1666.06	20	2813.50	18	3070.45	18	3239.99	17
甘　肃 Gansu	521.53	23	1057.02	21	1722.09	23	1907.67	23	1659.36	23
青　海 Qinghai	94.04	30	201.32	30	319.27	29	364.10	28	405.93	27
宁　夏 Ningxia	138.00	29	305.94	28	483.02	26	513.91	26	575.77	26
新　疆 Xinjiang	831.06	19	1846.18	17	2804.42	19	3054.92	19	3637.79	15

23—7 全国分省（市）主要年份工业增加值及位次

Value-added of Industry and Their Orders of Precedence in Main Years by Province or City

本表按当年价格计算 (Data in value terms in this table are calculated at current prices.) 单位：亿元（100 million yuan）

省（市）	Province or City	2005	位次 Order of Precedence	2010年比上年增长位次 Compared to Last Year	2015年比上年增长位次 Compared to Last Year	2017年比上年增长位次 Compared to Last Year	2018年比上年增长位次 Compared to Last Year
全国	**National Total**	**66425.20**					
北京	Beijing	1705.40	15	27	27	23	24
天津	Tianjin	1783.00	13	1	4	29	29
河北	Hebei	3219.00	7	22	25	26	19
山西	Shanxi	1712.00	14	8	30	18	26
内蒙古	Inner Mongolia	1135.50	20	14	7	27	15
辽宁	Liaoning	3007.40	8	18	31	25	3
吉林	Jilin	1200.80	19	12	22	24	22
黑龙江	Heilongjiang	2166.30	10	26	28	28	28
上海	Shanghai	3994.70	5	17	29	21	30
江苏	Jiangsu	8054.00	3	24	11	13	21
浙江	Zhejiang	4904.70	4	23	25	9	13
安徽	**Anhui**	**1373.90**	**17**	**4**	**7**	**6**	**4**
福建	Fujian	2235.20	9	11	6	11	6
江西	Jiangxi	828.50	24	9	5	5	8
山东	Shandong	8411.90	1	27	17	20	19
河南	Henan	3228.00	6	14	7	12	14
湖北	Hubei	1847.90	12	4	7	14	15
湖南	Hunan	1535.90	16	7	14	15	12
广东	Guangdong	8290.00	2	19	18	16	17
广西	Guangxi	833.10	23	1	12	17	23
海南	Hainan	138.00	30	16	24	30	18
重庆	Chongqing	716.40	25	1	2	3	31
四川	Sichuan	2034.40	11	6	12	8	10
贵州	Guizhou	561.60	27	25	3	4	7
云南	Yunnan	1018.10	21	27	21	2	2
西藏	Tibet	17.40	31	30	1	1	1
陕西	Shanxi	1267.20	18	13	19	10	5
甘肃	Gansu	601.80	26	21	20	31	24
青海	Qinghai	179.50	29	10	16	18	9
宁夏	Ningxia	202.30	28	19	14	7	10
新疆	Xinjiang	933.30	22	31	23	22	26

注：工业为月度快报口径。

a) Data in the table are preliminary statistics.

23—8 全国分省（市）主要年份社会消费品零售总额及位次

Total Retail Sales of Consumer Goods and Their Orders of Precedence in Main Years by Province or City

本表按当年价格计算 (Data in value terms in this table are calculated at current prices.) 单位：亿元（100 million yuan）

省（市）	Province or City	2005	位次 Order of Precedence	2010	位次 Order of Precedence	2015	位次 Order of Precedence	2017	位次 Order of Precedence	2018	位次 Order of Precedence
全　国	**National Total**	**67958.7**		**154554.0**		**300930.8**		**366262.0**		**380986.9**	
北　京	Beijing	2902.8	11	6229.3	10	10338.0	12	11575.4	13	11747.7	14
天　津	Tianjin	1190.1	23	2902.6	22	5257.3	23	5729.7	24	5533.0	24
河　北	Hebei	2952.9	10	6821.8	6	12990.7	8	15907.6	8	16537.1	8
山　西	Shanxi	1401.2	17	3207.9	19	6033.7	21	6918.1	22	7338.5	21
内蒙古	Inner Mongolia	1344.1	19	3337.3	17	6107.7	20	7160.2	21	7311.1	22
辽　宁	Liaoning	2999.0	6	6809.6	7	12787.2	9	13807.2	10	14142.8	11
吉　林	Jilin	1460.8	16	3501.8	16	6651.9	16	7855.8	18	7520.4	20
黑龙江	Heilongjiang	1760.1	15	4001.0	15	7640.2	15	9099.2	15	9317.4	15
上　海	Shanghai	2973.0	8	6036.9	11	10131.5	13	11830.3	12	12668.7	12
江　苏	Jiangsu	5699.9	3	13482.3	3	25876.8	3	31737.0	3	33230.4	3
浙　江	Zhejiang	4631.7	4	10163.2	4	19784.7	4	24308.0	4	25007.9	4
安　徽	**Anhui**	**1765.0**	**14**	**4151.5**	**14**	**8908.0**	**14**	**11192.6**	**14**	**12100.1**	**13**
福　建	Fujian	2345.8	13	5310.0	13	10505.9	11	13013.0	11	14317.4	10
江　西	Jiangxi	1236.2	21	2932.9	21	5925.5	22	7488.1	20	7566.4	19
山　东	Shandong	6126.4	2	14211.6	2	27761.4	2	33649.0	2	33605.0	2
河　南	Henan	3358.4	5	7893.5	5	15740.4	5	19666.8	5	20594.7	5
湖　北	Hubei	2964.6	9	6719.4	8	14003.2	6	17394.1	7	18333.6	6
湖　南	Hunan	2459.1	12	5775.3	12	12024.0	10	14854.9	9	15638.3	9
广　东	Guangdong	7882.6	1	17414.7	1	31517.6	1	38200.1	1	39501.1	1
广　西	Guangxi	1397.0	18	3271.8	18	6348.1	19	7813.0	19	8291.6	17
海　南	Hainan	268.6	28	623.8	28	1325.1	28	1618.8	28	1717.1	28
重　庆	Chongqing	1215.8	22	2878.0	23	6424.0	18	8067.7	17	7977.0	18
四　川	Sichuan	2981.4	7	6634.7	9	13877.7	7	17480.5	6	18254.5	7
贵　州	Guizhou	606.9	27	1482.7	25	3283.0	25	4154.0	25	3971.2	25
云　南	Yunnan	1034.4	24	2500.3	24	5103.2	24	6423.1	23	6826.0	23
西　藏	Tibet	73.1	31	180.8	31	408.5	31	523.3	31	597.6	31
陕　西	Shanxi	1322.4	20	3147.7	20	6578.1	17	8236.4	16	8938.3	16
甘　肃	Gansu	632.8	26	1369.4	26	2907.2	26	3426.6	26	3428.3	26
青　海	Qinghai	160.5	30	346.0	30	691.0	30	839.0	30	835.6	30
宁　夏	Ningxia	174.3	29	403.6	29	789.6	29	930.5	29	935.8	29
新　疆	Xinjiang	637.8	25	1324.5	27	2606.0	27	3044.0	27	3187.0	27

23—9 全省分县（市）主要经济指标及位次（2018年）
Main Economic Indicators and Their Orders of Precedence of All Counties (2018)

县（市）	County (City)	生产总值（亿元）Gross Demestic Product (100 million yuan)		人均生产总值（元）Per Capita Gross Demestic Product (yuan)		地方财政收入（万元）Local Government Revenue (10000 yuan)		人均地方财政收入（元）Per Capita Local Fiscal Revenue (yuan)		财政支出（万元）Government Expenditure (10000 yuan)	
		指标 Amount	位次 Order of Prece-dence	指标 Amount	位次 Order of Prece-dence	指标 Amount	位次 Order of Prece-dence	指标 Amount	位次 Order of Prece-dence	指标 Amount	位次 Order of Prece-dence
巢湖市	Chaohu	381.37	7	44418	12	206164	16	2401.17	28	506823	25
长丰县	Changfeng	477.72	3	61485	7	388338	3	4998.16	8	680315	9
肥东县	Feidong	619.54	2	57754	8	418575	2	3901.94	15	760836	5
肥西县	Feixi	703.08	1	84585	2	515176	1	6197.92	5	766358	4
庐江县	Lujiang	317.68	10	26315	37	192673	21	1596.02	39	626360	16
濉溪县	Suixi	341.88	8	30412	32	183988	24	1636.67	38	626022	18
涡阳县	Guoyang	300.27	13	17739	52	151067	31	892.47	56	700289	7
蒙城县	Mengcheng	294.40	15	20426	48	201142	18	1395.56	46	650034	12
利辛县	Lixin	229.96	26	13312	58	134346	34	777.72	58	675102	10
砀山县	Dangshan	204.11	34	20402	49	105548	45	1055.00	50	486743	27
萧县	Xiaoxian	298.27	14	21368	46	206704	15	1480.84	44	699220	8
灵璧县	Lingbi	222.65	28	17261	53	100231	48	777.02	59	548357	22
泗县	Sixian	208.94	32	21727	45	108007	43	1123.17	49	569376	21
怀远县	Huaiyuan	311.53	11	23482	42	197339	20	1487.48	43	669618	11
五河县	Wuhe	215.84	30	31239	29	107463	44	1555.33	42	373440	45
固镇县	Guzhen	240.74	25	36723	20	123331	38	1881.28	32	375267	44
界首市	Jieshou	216.04	29	26101	38	221916	13	2681.02	24	608428	20
临泉县	Linquan	211.05	31	9190	61	155323	30	676.31	60	841850	1
太和县	Taihe	272.26	19	15346	56	277490	9	1564.08	40	829600	2
阜南县	Funan	179.98	39	10432	60	108338	42	627.93	61	741907	6
颍上县	Yingshang	279.59	17	15651	55	221239	14	1238.44	47	776266	3
凤台县	Fengtai	272.31	18	40245	15	258235	10	3178.83	20	459857	33
寿县	Shouxian	178.58	41	12780	59	127236	36	910.52	54	639808	13
天长市	Tianchang	400.05	5	63252	6	363033	4	5739.98	6	627440	15
明光市	Mingguang	152.61	48	23674	41	131815	35	2044.87	30	406061	38
来安县	Laian	179.86	40	36793	19	182296	26	3729.13	16	392482	41
全椒县	Quanjiao	161.93	47	35600	24	184398	23	4053.93	13	370776	46
定远县	Dingyuan	201.76	35	20681	47	167513	28	1717.03	35	625366	19
凤阳县	Fengyang	207.97	33	26460	36	198507	19	2525.69	27	466262	31
霍邱县	Huoqiu	227.45	27	13900	57	146769	32	896.95	55	626078	17

23—9 续表1 continued

县（市）	County (City)	生产总值（亿元）Gross Demestic Product (100 million yuan)		人均生产总值（元）Per Capita Gross Demestic Product (yuan)		地方财政收入（万元）Local Government Revenue (10000 yuan)		人均地方财政收入（元）Local Per Capita Government Revenue (yuan)		财政支出（万元）Government Expenditure (10000 yuan)	
		指标 Amount	位次 Order of Prece-dence	指标 Amount	位次 Order of Prece-dence	指标 Amount	位次 Order of Prece-dence	指标 Amount	位次 Order of Prece-dence	指标 Amount	位次 Order of Prece-dence
舒城县	Shucheng	197.34	37	19788	51	155598	29	1560.23	41	505048	26
金寨县	Jinzhai	113.94	52	16676	54	114752	41	1679.52	37	534073	23
霍山县	Huoshan	176.69	42	48691	10	102853	46	2834.40	23	288414	53
当涂县	Dangtu	385.78	6	80695	4	321250	5	6719.66	4	479899	28
含山县	Hanshan	173.58	43	38886	17	116817	40	2617.04	25	278232	54
和县	Hexian	198.21	36	36538	21	183791	25	3387.92	19	391746	42
芜湖县	Wuhu	270.81	20	77816	5	284598	8	8177.74	2	436658	35
繁昌县	Fanchang	283.14	16	102461	1	315362	6	11412.25	1	400524	40
南陵县	Nanling	245.52	23	44547	11	202608	17	3676.11	17	405033	39
无为县	Wuwei	438.15	4	36163	23	247106	12	2039.53	31	634268	14
宁国市	Ningguo	323.03	9	84024	3	304057	7	7908.84	3	438268	34
郎溪县	Langxi	148.67	49	42653	13	190505	22	5465.60	7	344566	50
广德县	Guangde	260.14	21	50032	9	256526	11	4933.73	9	479483	29
泾县	Jingxian	107.16	53	30424	31	146152	33	4149.37	11	296526	52
绩溪县	Jixi	73.43	57	41886	14	81163	53	4629.50	10	154006	58
旌德县	Jingde	42.98	59	28761	34	60660	56	4059.34	12	146273	59
枞阳县	Zongyang	259.50	22	26721	35	91709	50	944.34	52	428236	36
东至县	Dongzhi	167.83	46	30528	30	97513	49	1773.76	34	315264	51
石台县	Shitai	26.50	61	24532	39	18309	61	1694.67	36	132611	60
青阳县	Qingyang	103.38	54	37548	18	102772	47	3500.00	18	230805	55
桐城市	Tongcheng	300.41	12	39745	16	172699	27	2284.86	29	460529	32
潜山市	Qianshan	169.58	44	28995	33	85493	51	1461.80	45	423188	37
怀宁县	Huaining	244.67	24	34650	26	126267	37	1788.20	33	349589	49
太湖县	Taihu	129.60	50	22333	43	54158	57	933.26	53	468204	30
宿松县	Susong	193.44	38	22103	44	74631	54	852.72	57	518800	24
望江县	Wangjiang	126.91	51	19839	50	61946	55	968.36	51	382816	43
岳西县	Yuexi	98.75	55	23910	40	50551	59	1223.98	48	369150	47
歙县	Shexian	168.71	45	35599	25	122953	39	2594.35	26	358834	48
休宁县	Xiuning	90.29	56	33617	28	84795	52	3157.11	21	226910	56
黟县	Yixian	32.15	60	34371	27	37145	60	3970.84	14	128253	61
祁门县	Qimen	68.34	58	36481	22	53607	58	2861.49	22	183387	57

23—9 续表4 continued

县（市）	County (City)	农林牧渔业总产值（万元）Gross Output Value of Farming, Forestry, Animal Husbandry and Fishery (10000 yuan) 指标 Amount	位次 Order of Precedence	人均农林牧渔业总产值（元）Per Capita Gross Outpnt Value of Farming, Forestry, Animal Husbandry and Fishery (yuan) 指标 Amount	位次 Order of Precedence	农民人均可支配收入（元）Capita Net Income of Rural Households (yuan) 指标 Amount	位次 Order of Precedence	社会消费品零售总额（万元）Total Retail Sale of Consumer Goods (10000 yuan) 指标 Amount	位次 Order of Precedence	人均社会消费品零售总额（元）Per Capita Total Retail Sale of Consumer Goods (yuan) 指标 Amount	位次 Order of Precedence
巢湖市	Chaohu	601041	26	7000.27	38	20077.95	7	1152118	10	13418.61	22
长丰县	Changfeng	998892	12	12856.38	3	19514.51	8	1454504	3	18720.40	6
肥东县	Feidong	1118007	2	10422.03	7	21429.20	6	1328716	4	12386.25	29
肥西县	Feixi	899020	17	10815.82	5	21831.74	5	1226760	8	14758.75	17
庐江县	Lujiang	881199	19	7299.49	33	19079.53	9	1170100	9	9692.62	40
濉溪县	Suixi	725689	22	6455.38	44	12709.65	37	986624	19	8776.53	45
涡阳县	Guoyang	815188	21	4815.92	60	11956.23	46	1270744	7	7507.23	49
蒙城县	Mengcheng	994021	13	6896.71	41	13091.00	33	1307125	5	9069.09	43
利辛县	Lixin	911417	15	5276.15	58	11828.10	49	1099835	15	6366.90	56
砀山县	Dangshan	698299	24	6979.84	39	12221.84	39	658245	43	6579.48	55
萧县	Xiaoxian	1097013	3	7859.05	29	11872.90	48	1111543	13	7963.14	47
灵璧县	Lingbi	1027982	7	7969.26	26	11974.06	45	647727	44	5021.40	60
泗县	Sixian	974325	14	10132.07	8	11454.61	55	527761	48	5488.23	58
怀远县	Huaiyuan	1057182	5	7968.70	27	15308.73	19	1541173	2	11616.88	33
五河县	Wuhe	892241	18	12913.55	2	15209.22	23	900441	25	13032.23	23
固镇县	Guzhen	1076579	4	16422.05	1	15306.33	20	740920	35	11301.94	34
界首市	Jieshou	503688	35	6085.17	50	12910.23	35	713528	40	8620.29	46
临泉县	Linquan	1402923	1	6108.63	49	11342.07	56	1125679	12	4901.45	61
太和县	Taihe	1024108	8	5772.42	52	12117.19	42	1894619	1	10679.09	36
阜南县	Funan	1014447	9	5879.80	51	11272.92	57	941857	23	5459.07	59
颍上县	Yingshang	1000950	11	5603.07	55	11941.50	47	982243	20	5498.35	57
凤台县	Fengtai	515703	34	6348.22	46	14531.16	28	822218	27	10121.36	37
寿县	Shouxian	901266	16	6449.60	45	11055.92	60	1033006	17	7392.35	51
天长市	Tianchang	547782	29	8661.08	17	18285.19	13	1003103	18	15860.25	12
明光市	Mingguang	591763	27	9180.14	15	12163.40	41	819842	28	12718.38	26
来安县	Laian	383818	44	7851.55	30	12999.95	34	735185	36	15039.27	15
全椒县	Quanjiao	440636	39	9687.24	10	13394.49	30	725112	37	15941.33	11
定远县	Dingyuan	1050471	6	10767.47	6	12280.13	38	724480	38	7426.01	50
凤阳县	Fengyang	644697	25	8202.76	22	11544.12	53	778273	33	9902.30	38
霍邱县	Huoqiu	1008929	10	6165.85	48	11164.89	58	1145870	11	7002.73	54

23—9 续表5 continued

县（市）	County (City)	农林牧渔业总产值（万元）Gross Output Value of Farming, Forestry, Animal Husbandry and Fishery (10000 yuan) 指标 Amount	位次 Order of Precedence	人均农林牧渔业总产值（元）Per Capita Gross Outpnt Value of Farming, Forestry, Animal Husbandry and Fishery (yuan) 指标 Amount	位次 Order of Precedence	农民人均可支配收入（元）Capita Net Income of Rural Households (yuan) 指标 Amount	位次 Order of Precedence	社会消费品零售总额（万元）Total Retail Sale of Consumer Goods (10000 yuan) 指标 Amount	位次 Order of Precedence	人均社会消费品零售总额（元）Per Capita Total Retail Sale of Consumer Goods (yuan) 指标 Amount	位次 Order of Precedence
舒城县	Shucheng	570845	28	5724.03	54	11995.49	44	969181	22	9718.26	39
金寨县	Jinzhai	361764	47	5294.81	57	11096.80	59	806355	30	11801.87	32
霍山县	Huoshan	288929	50	7962.23	28	13360.49	31	458389	52	12632.16	27
当涂县	Dangtu	481945	36	10080.95	9	24049.88	1	975952	21	20414.20	4
含山县	Hanshan	389716	43	8730.75	16	18729.66	11	580165	45	12997.35	24
和县	Hexian	457328	38	8430.19	20	18862.33	10	760273	34	14014.55	19
芜湖县	Wuhu	329106	48	9456.65	14	22449.86	2	665235	42	19115.10	5
繁昌县	Fanchang	181593	57	6571.44	43	22301.33	4	574155	46	20777.38	3
南陵县	Nanling	532758	30	9666.33	12	22380.12	3	797226	31	14464.82	18
无为县	Wuwei	872587	20	7202.06	34	18320.04	12	1295242	6	10690.52	35
宁国市	Ningguo	372174	45	9680.64	11	18009.24	15	1106450	14	28779.93	1
郎溪县	Langxi	270543	52	7761.90	31	15542.27	16	433285	54	12430.98	28
广德县	Guangde	394716	42	7591.52	32	18159.37	14	808789	29	15555.32	14
泾县	Jingxian	305066	49	8661.06	18	14322.88	29	424763	55	12059.35	31
绩溪县	Jixi	223003	55	12719.99	4	13242.79	32	375596	56	21423.82	2
旌德县	Jingde	122388	58	8190.16	23	12858.49	36	262435	59	17562.05	7
枞阳县	Zongyang	435950	40	4489.05	61	12197.58	40	864308	26	8899.92	44
东至县	Dongzhi	523823	32	9528.31	13	14720.59	27	512361	49	9319.81	41
石台县	Shitai	74967	60	6938.88	40	10512.85	61	150926	60	13969.62	21
青阳县	Qingyang	193242	56	6581.05	42	15483.45	17	477811	50	16272.33	9
桐城市	Tongcheng	531157	31	7027.38	36	15288.70	21	1056793	16	13981.72	20
潜山市	Qianshan	417130	41	7132.30	35	11995.89	43	720274	39	12315.62	30
怀宁县	Huaining	367382	46	5202.89	59	14789.17	26	904376	24	12807.83	25
太湖县	Taihu	467521	37	8056.42	25	11499.92	54	529154	47	9118.49	42
宿松县	Susong	722573	23	8256.02	21	11627.25	52	686077	41	7839.02	48
望江县	Wangjiang	520636	33	8138.75	24	11743.77	50	462653	51	7232.34	53
岳西县	Yuexi	254806	53	6169.56	47	11676.35	51	301503	57	7300.22	52
歙县	Shexian	272447	51	5748.72	53	15266.05	22	780740	32	16473.88	8
休宁县	Xiuning	228307	54	8500.39	19	15199.41	25	435541	53	16216.20	10
黟县	Yixian	65536	61	7005.86	37	15461.82	18	140353	61	15003.88	16
祁门县	Qimen	103035	59	5499.91	56	15202.47	24	291869	58	15579.68	13

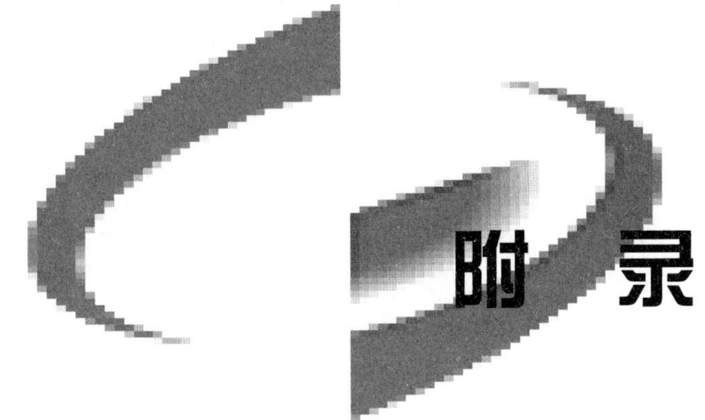

附　录

APPENDIX

简要说明

一、附表 1：安徽农民工非农就业基本情况，由安徽调查总队提供。

二、附表 2：企业信息化建设情况由省局服务业调查中心提供。

Brief Introduction

Ⅰ. The attached schedule 1 : Basic Situation of Non-agricultural Employment of Migrant Workers in Anhui Province, data is from Anhui Province survey organization of National bureau of statistics.

Ⅱ. The attached schedule 2: The information construction of enterprises is provided by the Service Industry Investigation Center of the Provincial Bureau.

附录1　安徽农民工非农就业基本情况
Basic Situation of Non-agricultural Employment of Migrant Workers in Anhui Province

指　标	Item	2015	2017	2018
农民工总量　（万人）	**Total Number of Migrant Workers (10000 person)**	**1858.8**	**1918.1**	**1952.4**
外出农民工	Outgoing Migrant Workers	1371.4	1415.4	1429.1
住户中外出农民工	Migrant Workers Migrant Workers	823.4	835.7	890.0
举家外出农民工	Family Migrant Workers	548.0	579.7	539.0
本地农民工	Local Migrant Workers	487.4	502.6	523.3
外出农民工不同地区就业比例（%）	**Employment Proportion of Migrant Workers in Different Regions (%)**			
去往本省	Go to the Province	28.0	29.9	32.0
#去往乡外县内	Go to the County Outside the County	12.5	13.5	15.1
去往县外省内	Go to the County Outside the Province	15.6	16.4	16.9
去往省外	Go Outside the Province	72.0	70.1	68.0
#去往东部地区	Go to the Eastern Region	67.2	65.2	63.0
去往京津冀地区	Go to Beijing-Tianjin-Hebei Region	3.8	3.6	2.7
去往江浙沪地区	Go to Jiangsu, Zhejiang and Shanghai Region	56.9	57.6	53.9
去往中部地区（安徽除外）	Go to the Central Area (Except Anhui)	2.5	2.2	2.3
去往港澳台及国外	Go to Hong Kong, Macao, Taiwan and Abroad	0.1	0.3	0.2
不同行业农民工就业比例　（%）	**The Proportion of Migrant Workers in Different Industries (%)**			
第一产业	Primary Industry	0.4	0.9	0.5
第二产业	Secondary Industry	55.4	53.4	50.6
#制造业	Manufacturing	27.0	27.4	26.1
建筑业	Construction	25.3	23.3	21.9
第三产业	Tertiary Industry	44.2	45.7	48.9
#批发和零售业	Wholesale and Retail Trades	12.7	12.2	11.6
交通运输、仓储和邮政业	Transport, Storage and Post	6.5	7.1	6.9
住宿和餐饮业	Hotels and Catering Services	6.9	6.3	7.1
居民服务、修理和其他服务业	Services to Households, Repair and Other Services	10.4	10.8	11.4
不同劳动合同农民工所占比例（%）	**The Proportion of Migrant Workers in Ddifferent Labor Contracts (%)**			
无固定期限劳动合同工	No Fixed Term Labor Contract Wworkers	12.8	12.2	10.1
一年及以上劳动合同工	One Year and Above Labor Contract Workers	15.7	15.2	21.4
一年以下劳动合同工	A Year of Labor Contract Workers	2.4	1.4	3.0
没有劳动合同	There is No Labor Contract	54.2	58.2	59.1
自　营	Self-employed	14.0	11.5	14.9
其　他	Other	0.9	1.6	6.4
外出务工月收入　（元）	**Monthly Income for Migrant Workers (yuan)**	**3698.1**	**4123.8**	**4779.7**

附录2—1　企业电子商务情况（2018年）
Enterprise E-commerce by Registration (2018)

指　标	Item	企业数（个） Number of Enterprises (unit)
总　计	**Total**	**39819**
总计中：	**Of the Total:**	
内资企业	Domestic-funded	39001
国有企业	State-owned	321
集体企业	Collective-owned	178
股份合作企业	Cooperative	43
联营企业	Joint Ownership Enterprises	7
有限责任公司	Limited Liability Company	15107
股份有限公司	Share-holding Corporations Ltd.	1197
私营企业	Private	21990
其他企业	Other	158
港、澳、台商投资企业	With Investment from Hong Kong, Macao and Taiwan	372
外商投资企业	With Foreign Investment	446
按行业分：	**Grouped by Sector**	
采矿业	Mining	293
制造业	Manufacturing	17524
电力、热力、燃气及水生产和供应业	Production and Supply of Electricity, Heat, Gas and Water	370
建筑业	Construction	4135
批发和零售业	Wholesale and Retail Trades	7339
交通运输、仓储和邮政业	Transport, Storage and Post	1490
住宿和餐饮业	Hotels and Catering Services	1786
信息传输、软件和信息技术服务业	Information Transmission, Software and Information Technology	582
金融业	Financial Intermediation	
房地产业	Real Estate	4135
租赁和商务服务业	Leasing and Business Services	758
科学研究和技术服务业	Scientific Research and Technical Services	500
水利、环境和公共设施管理业	Management of Water Conservancy, Environment	158
居民服务、修理和其他服务业	Services to Households, Repair and Other Services	148
教　育	Education	176
卫生和社会工作	Health and Social Service	144
文化、体育和娱乐业	Culture, Sports and Entertainment	281

有电子商务的企业数 Number of E-Commerce Enterprises	电子商务销售的企业数 Number of E-Commerce Selling Enterprises	有电子商务采购的企业数 Number of E-Commerce Purchasing Enterprises	电子商务销售额（万元） E-commerce Sales (10000 yuan)	面向大陆区域以外的销售额 Sales to Mainland Area	电子商务采购额（万元） E-commerce Purchases (10000 yuan)	面向大陆区域以外的采购额 For Those from Outside the Mainland Area
4704	**3635**	**2632**	**48644126**	**1499822**	**21031821**	**126655**
4587	3556	2566	37126762	1410361	19289920	117788
45	37	27	6114849	10	5087235	
14	9	8	23506	2	5479	20
4	2	2	3567	3190	371	
1575	1145	929	17009546	210975	4710571	28200
225	173	131	6853965	578216	7370394	15814
2708	2179	1460	7115234	617968	2114972	73474
16	11	9	6094		897	280
59	43	32	7818619	10110	248853	994
58	36	34	3698746	79351	1493048	7873
8	5	4	1033170		1293	
2115	1556	1411	27776405	1057485	10832298	76396
22	7	15	19241		1754349	
169	23	159	25014	36	1011289	130
1280	1189	506	14819320	361672	6581169	3597
68	44	33	139676	2524	22618	
530	514	154	171293	57	3675	1
140	98	94	3471538	72162	320128	46099
137	28	123	58807		65614	15
65	47	34	1031825	5523	286958	290
32	10	28	7392	324	148924	
40	36	20	19586	39	863	125
14	11	8	8050		351	
16	7	13	1369		648	
5	3	3	2597		210	
63	57	27	58842		1435	2

附录2—2 企业通过互联网开展的活动情况（2018年）
Enterprises Activities Through the Internet by Registration (2018)

指 标	Item	企业数（个）Number of Enterprises (unit)	使用互联网的企业 Enterprises Using the Internet 数量（个）Number (unit)	比重(%) Proportion (%)
总 计	**Total**	**39819**	**39715**	**99.7**
总计中：	**Of the Total:**			
内资企业	Domestic-funded	39001	38899	99.7
国有企业	State-owned	321	319	99.4
集体企业	Collective-owned	178	178	100.0
股份合作企业	Cooperative	43	43	100.0
联营企业	Joint Ownership Enterprises	7	7	100.0
有限责任公司	Limited Liability Company	15107	15055	99.7
股份有限公司	Share-holding Corporations Ltd.	1197	1195	99.8
私营企业	Private	21990	21944	99.8
其他企业	Other	158	158	100.0
港、澳、台商投资企业	With Investment from Hong Kong, Macao and Taiwan	372	372	100.0
外商投资企业	With Foreign Investment	446	444	99.6
按行业分：	**Grouped by Sector**			
采矿业	Mining	293	293	100.0
制造业	Manufacturing	17524	17488	99.8
电力、热力、燃气及水生产和供应业	Production and Supply of Electricity, Heat, Gas and Water	370	368	99.5
建筑业	Construction	4135	4119	99.6
批发和零售业	Wholesale and Retail Trades	7339	7328	99.9
交通运输、仓储和邮政业	Transport, Storage and Post	1490	1486	99.7
住宿和餐饮业	Hotels and Catering Services	1786	1784	99.9
信息传输、软件和信息技术服务业	Information Transmission, Software and Information Technol	582	581	99.8
金融业	Financial Intermediation			
房地产业	Real Estate	4135	4109	99.4
租赁和商务服务业	Leasing and Business Services	758	756	99.7
科学研究和技术服务业	Scientific Research and Technical Services	500	498	99.6
水利、环境和公共设施管理业	Management of Water Conservancy, Environment	158	158	100.0
居民服务、修理和其他服务业	Services to Households, Repair and Other Services	148	148	100.0
教 育	Education	176	175	99.4
卫生和社会工作	Health and Social Service	144	144	100.0
文化、体育和娱乐业	Culture, Sports and Entertainment	281	280	99.6

收发电子邮件 E-mail		了解商品和服务的信息 Commodity and Service Information		从政府机构获取信息 Access Information From Government		与政府机构互动 Interaction With Government		使用网上银行 Using Online Bank		使用其他金融服务 Using Other Financial Services	
数　量（个）number (unit)	占使用互联网企业的比重（%）The Proportion of Enterprises Using the Internet (%)	数　量（个）number (unit)	占使用互联网企业的比重（%）The Proportion of Enterprises Using the Internet (%)	数　量（个）number (unit)	占使用互联网企业的比重（%）The Proportion of Enterprises Using the Internet (%)	数　量（个）number (unit)	占使用互联网企业的比重（%）The Proportion of Enterprises Using the Internet (%)	数　量（个）number (unit)	占使用互联网企业的比重（%）The Proportion of Enterprises Using the Internet (%)	数　量（个）number (unit)	占使用互联网企业的比重（%）The Proportion of Enterprises Using the Internet (%)
36110	**90.9**	**23747**	**59.8**	**25165**	**63.4**	**14011**	**35.3**	**33518**	**84.4**	**5505**	**13.9**
35320	90.8	23196	59.6	24544	63.1	13565	34.9	32805	84.3	5351	13.8
293	91.8	179	56.1	250	78.4	132	41.4	249	78.1	42	13.2
152	85.4	98	55.1	98	55.1	49	27.5	123	69.1	19	10.7
36	83.7	27	62.8	27	62.8	18	41.9	37	86.0	9	20.9
7	100.0	3	42.9	5	71.4	3	42.9	6	85.7	0	0.0
13815	91.8	8787	58.4	9644	64.1	5465	36.3	12773	84.8	2193	14.6
1123	94.0	816	68.3	885	74.1	567	47.4	1051	87.9	274	22.9
19750	90.0	13194	60.1	13523	61.6	7271	33.1	18439	84.0	2799	12.8
144	91.1	92	58.2	112	70.9	60	38.0	127	80.4	15	9.5
359	96.5	249	66.9	274	73.7	196	52.7	311	83.6	63	16.9
431	97.1	302	68.0	347	78.2	250	56.3	402	90.5	91	20.5
270	92.2	156	53.2	211	72.0	118	40.3	235	80.2	32	10.9
16403	93.8	11491	65.7	12007	68.7	7077	40.5	15166	86.7	2577	14.7
357	97.0	184	50.0	274	74.5	162	44.0	290	78.8	52	14.1
3821	92.8	2045	49.6	2987	72.5	1497	36.3	3607	87.6	513	12.5
6399	87.3	4837	66.0	3590	49.0	1759	24.0	5986	81.7	944	12.9
1309	88.1	657	44.2	848	57.1	405	27.3	1184	79.7	199	13.4
1348	75.6	877	49.2	796	44.6	370	20.7	1307	73.3	121	6.8
554	95.4	432	74.4	403	69.4	295	50.8	489	84.2	119	20.5
3701	90.1	1932	47.0	2705	65.8	1562	38.0	3469	84.4	656	16.0
692	91.5	409	54.1	444	58.7	250	33.1	630	83.3	119	15.7
457	91.8	288	57.8	349	70.1	206	41.4	420	84.3	78	15.7
142	89.9	79	50.0	98	62.0	59	37.3	132	83.5	22	13.9
124	83.8	72	48.6	83	56.1	40	27.0	120	81.1	14	9.5
155	88.6	70	40.0	108	61.7	52	29.7	136	77.7	17	9.7
127	88.2	70	48.6	102	70.8	64	44.4	121	84.0	13	9.0
251	89.6	148	52.9	160	57.1	95	33.9	226	80.7	29	10.4

附录2—2 续表 continued

指 标	Item	提供客户服务 Providing for Customer Service 数 量（个）number (unit)	占使用互联网企业的比重(%) The Proportion of Enterprises Using the Internet (%)
总 计	**Total**	**17943**	**45.2**
总计中：	**Of the Total:**		
内资企业	Domestic-funded	17500	45.0
国有企业	State-owned	130	40.8
集体企业	Collective-owned	47	26.4
股份合作企业	Cooperative	19	44.2
联营企业	Joint Ownership Enterprises	2	28.6
有限责任公司	Limited Liability Company	6770	45.0
股份有限公司	Share-holding Corporations Ltd.	654	54.7
私营企业	Private	9808	44.7
其他企业	Other	70	44.3
港、澳、台商投资企业	With Investment from Hong Kong, Macao and Taiwan	205	55.1
外商投资企业	With Foreign Investment	238	53.6
按行业分：	**Grouped by Sector**		
采矿业	Mining	95	32.4
制造业	Manufacturing	8424	48.2
电力、热力、燃气及水生产和供应业	Production and Supply of Electricity, Heat, Gas and Water	135	36.7
建筑业	Construction	1328	32.2
批发和零售业	Wholesale and Retail Trades	3509	47.9
交通运输、仓储和邮政业	Transport, Storage and Post	639	43.0
住宿和餐饮业	Hotels and Catering Services	782	43.8
信息传输、软件和信息技术服务业	Information Transmission, Software and Information Technology	401	69.0
金融业	Financial Intermediation		
房地产业	Real Estate	1585	38.6
租赁和商务服务业	Leasing and Business Services	360	47.6
科学研究和技术服务业	Scientific Research and Technical Services	235	47.2
水利、环境和公共设施管理业	Management of Water Conservancy, Environment	73	46.2
居民服务、修理和其他服务业	Services to Households, Repair and Other Services	75	50.7
教 育	Education	84	48.0
卫生和社会工作	Health and Social Service	80	55.6
文化、体育和娱乐业	Culture, Sports and Entertainment	138	49.3

拨打互联网电话或召开视频会议 Dial Internet telephone or Hold Video Conference		在线提供产品 Provide Online Product		发布消息或即时消息 Release Messages or Instant Messages		员工培训 Staff Training		对外或对内招聘 External or Interna Lrecruitment		其　他 Other	
数　量（个） number (unit)	占使用互联网企业的比重（%） The Proportion of Enterprises Using the Internet (%)	数　量（个） number (unit)	占使用互联网企业的比重（%） The Proportion of Enterprises Using the Internet (%)	数　量（个） number (unit)	占使用互联网企业的比重（%） The Proportion of Enterprises Using the Internet (%)	数　量（个） number (unit)	占使用互联网企业的比重（%） The Proportion of Enterprises Using the Internet (%)	数　量（个） number (unit)	占使用互联网企业的比重（%） The Proportion of Enterprises Using the Internet (%)	数　量（个） number (unit)	占使用互联网企业的比重（%） The Proportion of Enterprises Using the Internet (%)
7304	**18.4**	**7261**	**18.3**	**15276**	**38.5**	**13425**	**33.8**	**17101**	**43.1**	**10969**	**27.6**
6863	17.6	7058	18.1	14814	38.1	13003	33.4	16551	42.5	10754	27.6
71	22.3	52	16.3	137	42.9	129	40.4	104	32.6	84	26.3
9	5.1	10	5.6	39	21.9	47	26.4	28	15.7	54	30.3
4	9.3	6	14.0	11	25.6	12	27.9	15	34.9	14	32.6
1	14.3			2	28.6	3	42.9	1	14.3	5	71.4
3239	21.5	2619	17.4	6210	41.2	5500	36.5	6683	44.4	4245	28.2
403	33.7	355	29.7	692	57.9	580	48.5	708	59.2	345	28.9
3110	14.2	3990	18.2	7652	34.9	6677	30.4	8941	40.7	5950	27.1
26	16.5	26	16.5	71	44.9	55	34.8	71	44.9	57	36.1
191	51.3	102	27.4	214	57.5	197	53.0	248	66.7	116	31.2
250	56.3	101	22.7	248	55.9	225	50.7	302	68.0	99	22.3
37	12.6	28	9.6	75	25.6	88	30.0	76	25.9	66	22.5
3150	18.0	3738	21.4	6633	37.9	5413	31.0	7780	44.5	4473	25.6
173	47.0	38	10.3	184	50.0	193	52.4	156	42.4	102	27.7
501	12.2	276	6.7	1567	38.0	1544	37.5	1796	43.6	1358	33.0
1308	17.8	1639	22.4	2600	35.5	2485	33.9	2806	38.3	1976	27.0
235	15.8	141	9.5	562	37.8	448	30.1	499	33.6	413	27.8
194	10.9	304	17.0	566	31.7	529	29.7	720	40.4	518	29.0
292	50.3	250	43.0	389	67.0	345	59.4	423	72.8	186	32.0
961	23.4	439	10.7	1641	39.9	1510	36.7	1767	43.0	1203	29.3
171	22.6	142	18.8	374	49.5	307	40.6	369	48.8	239	31.6
115	23.1	81	16.3	255	51.2	199	40.0	277	55.6	145	29.1
26	16.5	34	21.5	70	44.3	53	33.5	74	46.8	47	29.7
20	13.5	21	14.2	51	34.5	51	34.5	53	35.8	46	31.1
27	15.4	25	14.3	77	44.0	80	45.7	77	44.0	59	33.7
31	21.5	19	13.2	83	57.6	69	47.9	92	63.9	56	38.9
63	22.5	86	30.7	149	53.2	111	39.6	136	48.6	82	29.3